복 있는 사람

오직 여호와의 율법을 즐거워하여 그 율법을 주야로 묵상하는 자로다.
저는 시냇가에 심은 나무가 시절을 좇아 과실을 맺으며 그 잎사귀가 마르지 아니함 같으니
그 행사가 다 형통하리로다. (시편 1:2-3)

이 책은 신학자나 단순한 역사학자가 쓴 루터 전기와는 전혀 다른 책으로서, 독서의 기쁨과 신선한 통찰을 제공한다. 이 책을 읽는 독자의 눈앞에는 사회사와 문화사, 그리고 특히 한 온 여성 종교사학자의 꼼꼼한 원천 자료 독법으로 재구성한 루터가 성큼 다가온다. 이 루터는 루터를 종교개혁의 영웅적 아이콘으로 숭배하는 경건한 신자들의 감수성에 약간의 흠집을 낸다. 왜냐하면 이 책은 우리에게 친숙하게 알려진 루터의 밝은 빛의 이면을 상당히 체계적으로 보여주기 때문이다. 루터의 시성화聖化도 아니요 루터를 모욕하거나 폄하하지도 않지만, 이 책은 루터에 대한 영웅주의적 읽기, 교파주의적 읽기, 심지어 신학적 읽기에 대해서도 문제를 제기한다. 로퍼는 주로 루터가 쓴 소책자, 편지들을 자세히 분석하고 해석한다. 이런 접근으로 독자들은 로마가톨릭에 대해, 비텐베르크를 무정부 상황으로 몰아간 뮌처와 그의 집단에 대해, 그리고 북독일 제후들에게 반란을 일으킨 농민들에 대해, 유대교와 유대인들에 대해, 성만찬에 관해 다른 이해를 가졌던 츠빙글리에 대해 루터가 왜 그토록 다층적인 수준으로 격렬한 적의를 표출했는지를 좀 더 명료하게 이해할 수 있다. 비록 루터의 생각에 전적으로 동의하지 않더라도 루터의 격렬한 논쟁의 어조를 파악할 수는 있다. 그렇다면 우리는 이 책을 읽은 후 낯선 루터 때문에 실망할까? 결코 아니다. 우리는 루터의 종교개혁이 루터 자신에게 기쁨과 흥분은 물론이요 얼마나 큰 분노, 두려움 그리고 증오와 같은 뜨거운 감정들을 불러일으켰는지를 반추함으로써 루터가 감수한 희생을 더욱 감사하게 회상한다. 이 책은 루터를 있는 그대로 받아들이고 사랑하도록 도와준다. 확실히 로퍼의 박진감 넘치는 『마르틴 루터』는 독서의 기쁨을 선사하는 수작秀作이다.

김회권
숭실대학교 기독교학과 교수

사람은 자기가 걸어야 할 길을 선택하는 존재이지만, 때로는 길에 의해 선택된 사람도 있는 법이다. 자기의 의도와는 무관하게 두드러지게 뛰어난 존재로 역사의 무대에 서야 했던 루터도 자신이 가는 길에 의해 선택된 사람 중 한 사람이다. 마사 누스바움Martha Nussbaum은 "정신은 복잡한 고고학을 갖고 있다"고 말했다. 한 사람을 깊이 이해하기 위해서는 그 정신의 지층을 탐색해야 한다는 말일 것이다. 종교사학자인 린들 로퍼는 루터라는 인물이 어떻게 형성되었는지를 밝히기 위해 그가 살았던 시대, 장소, 상황, 그리고 사람들에 주목한다. 격정적일 뿐 아니라 모순에 찬 인물이기도 한 루터는 자신의 사회적 세계와 교섭하며 자기 신학을 정교하게 가다듬었다. 저자는 마치 고딕 건축물이 중력을 거스르며 하나의 중심을 향해 솟아오르듯 루터의 정신 혹은 신학이 어떻게 발전했는지를 세밀하게 추적한다. 실수와 우연, 나약함과 격정, 그리고 부끄러움까지도 한 인간의 정신을 주조하는 일에 빠질 수 없는 요소라는 사실이 흥미롭다. 미시적인 역사 관점에서 전개되는 이야기는 너무나 흥미진진해서 어쩌면 독자들은 마치 그 현장에 서 있는 듯한 느낌을 받을지도 모르겠다. 이 책의 간행으로 우리는 우리와 다를 바 없던 한 사람, 그러나 진리 탐구에 지칠 줄 모르는 열정을 보였던 루터의 모습을 생생하게 그릴 수 있게 되었다.

김기석

청파교회 담임목사

2017년 루터 종교개혁 500주년과 함께 루터를 조명하는 책들이 봇물 터지듯 쏟아져 나왔다. 그중에서도 유독 눈에 띄는 책들이 있다면 하인츠 쉴링Heinz Schilling, 앤드류 페트그리Andrew Pettegree, 스콧 핸드릭스Scott H. Hendrix, 그리고 린들 로퍼Ryndal Roper의 루터 평전이다. 통찰력으로 가득 찬 로퍼의 루터 평전을 우리말로 읽을 수 있다니 흥분되는 일이 아닐 수 없기에, 나는 기쁜 마음으로 독자들의 정독을 권하는 바이다. 왜 많은 루터 전기들이 있는데 또 로퍼의 책을 읽으라고 권하는가? 첫째, 본서는 이 시대의 가장 탁월한 여성 종교사학자 중 한 사람이 10년의 세월 동안 탐구한 농축된 결과를 담고 있기 때문이다. 10년의 지난至難한 연구와 탐색의 결과가 담긴 책이라면 그것은 그 사람의 인생이다. 감히 단언하건대 이 책을 읽노라면 지적인 기쁨이 무엇인지를 알게 될 뿐 아니라, 그 기쁨을 맛보게 될 것이다. 둘째, 본서는 루터 신학 배후에 있는 루터의 심리와 삶을 보게 해주는 책이기 때문이다. 이를 위해 로퍼가 사용하는 가장 중요한 1차 사료史料가 루터의 편지이다. 편지야말로 한 사람의 심리 상태를 가장 잘 보여주는 자료이다. 본서는 독자들이 루터의 내면을 바라보게 함으로써 루터의 신학을 보다 잘 이해하도록 돕는다. 그래서 이 책은 에릭 에릭슨Erik Erickson의 단순한 심리학적 루터 이해를 뛰어넘는 하나의 정신분석적이면서 동시에 신학적인 루터 평전이다. 셋째, 본서는 만들어진 루터가 아니라 있는 그대로의 루터를 우리에게 제시하기 때문이다. 책의 제목이 말하듯 사람들은 자신이 서 있는 위치에 따라 루터를 변절자로 혹은 예언자로 만들었다. 그러나 로퍼는 "나는 루터를 우상으로 만들고 싶지도 않고 모욕하고 싶지도 않다. 그렇다고 그를 일관성이 있는 인물로 만들고 싶지도 않다"고 말한다. 독자들은 이 책에서 가공된 루터가 아니라 실제 그대로의 루터를 만나게 될 것이다.

박경수
장로회신학대학교 역사신학 교수

2,000년이나 지난 이 시기에도 사도 바울의 생애, 사상, 배경, 심리 등에 관한 책과 논문이 끊임없이 쏟아져 나온다. 더 나올 것이 무엇이 있냐고 의문을 제기한 바로 그 지점에서, 그 의문이 또 다른 연구와 작품을 낳는다. 16세기 종교개혁과 개신교의 창시자 루터에 관해서도 같은 말을 할 수 있다. 지난 500년 간 루터에 관한 글은 문자 그대로, 수를 셀 수 없을 만치 많이 나왔다. 그러나 루터에 관한 새로운 표상이 등장하면 등장할수록, 그 표상에 대한 동의, 반박, 재해석, 타협을 논하는 글이 이어지며, 논쟁은 또 다른 논쟁을 부른다. 종교개혁 500주년을 맞은 해에 루터에 관한 새로운 해석을 담은 책이 한국에도 많이 소개되었다. 그러나 2017년 이전에 서양에서 출간된 가장 최신작이자, 가장 종합적이며, 찬사를 가장 많이 받은 린들 로퍼의 평전을 우리는 우리말로 아직 접하지 못하고 있었다. 성인도 아니고, 악마도 아닌 인간 루터를 그가 살았던 장소, 그가 누린 관계, 그가 품었던 심리를 중심으로 새로이 펼쳐 놓은 로퍼의 명저가 번역자 박규태와 복 있는 사람의 치열한 편집의 수고를 거쳐 이제 우리 손에도 들린다. 이 책은 종교개혁 이후를 살아가는 한국 독자에게 주어진 선물이다.

이재근
웨스트민스터신학대학원대학교 선교학 교수

이제껏 나온 서적 가운데 가장 상세한 루터 평전이다. 단순히 루터에 관한 것뿐만 아니라 16세기 사회상을 파노라마처럼 한눈에 볼 수 있도록 세밀하게 배려하고 있는 책이다. 이 책이 특별한 것은 개혁자를 치켜세우는 영웅담도 아니고, 루터파들이 말하듯 위대한 신학자로 칭송하는 그런 이야기도 아니기 때문이다. 종교 심리학이라는 독특한 관점을 통해, 루터가 살았던 시대와 문화를 꿰뚫어 가며 시대의 아들로서 살아온 인간 루터의 모습을 담담하지만 여과 없이 보여준다. 어떤 대목에선 개혁의 신화와 통념이 무너지는 아스라한 경험을 하게 될 것이고, 또 어떤 대목에선 예기치 못한 동정과 카타르시스도 얻게 될 것이다. 그렇게 린들 로퍼는 신화를 부수고 새로운 터전 위에 인간 루터를 구축한다. 이 책을 통해 독자들이 접하게 될 이야기는 단순히 루터라는 한 인물에 제한되지 않는다. 오히려 독자는 인간 루터가 되어 16세기 역사의 마당으로 소환된다. 그리곤 그가 살았던 시대와 문화, 역사적 인물들의 심리를 누비는 특별한 역사 여행을 하게 될 것이다. "고전"의 가치가 단순히 메시지를 전하는 데 그치지 않고 새롭고 다양한 토론을 불러일으키는 것이라면, 바로 이 책이 그 이름에 걸맞는 지적 공간을 제공해 줄 것이다. 이 책은 고전이 될 자격이 있다.

최주훈
중앙루터교회 담임목사

⟨1⟩, ⟨2⟩

"성질이 불같은 한스 루더는 거친 남자들의 세계인 광산업계에서 자기 길을 어떻게 뚫고 나가야 할지 알았다. 그가 아버지로서 루터에게 보여준 모습도 정확히 그러했을 것이다.…어머니 안나 루더는 아이제나흐의 존경받는 집안 출신으로, 분명 아들에게 강력한 영향을 미쳤을 것이다.…공부 좀 했다는 친척들 덕에 이 어머니는 아들과 더 세련된 세상인 아이제나흐를 이어 주는 다리가 되었다."

한스 루더와 안나 루더

〈3〉

"루터는 그의 스승이자 고해신부였던 슈타우피츠의 제안에 따라 새로 설립된 비텐베르크 대학교에서 강의를 시작했다.…교수직에 오른 이후 루터는 대학교를 개혁하는 데 적극 나선다. 그리고 1517년에 이르러 95개 논제가 세상에 등장했다.…이 논제들은 놀라울 정도로 순식간에 온 독일을 휩쓸었으며…이는 제국 변두리에 불과했던 비텐베르크를 완전히 바꿔 놓았다."

비텐베르크

⟨4⟩

"슈팔라틴은 루터의 가장 중요한 동지 중 한 사람이며…학자다운 냉철함과 궁정 사람다운 당당함, 그리고 뛰어난 직관과 현실감각이 어우러진 인물이었다.…두 사람은 함께 일하며 엄청난 창조성을 발휘하는 동지 관계를 형성했다."

게오르크 슈팔라틴

⟨5⟩, ⟨6⟩

"1523년부터 여러 무리의 수녀들이 수녀원을 탈출해 비텐베르크에 도착하기 시작했다. 루터는 이 수녀들의 정착을 도왔고, 중매쟁이 역할까지 했다.…수녀들 중에는 카타리나 폰 보라도 있었다.…루터가 결혼 의사를 밝혔을 때 혼사를 주도한 것은 카타리나였다.…루터는 강단 있는 한 여성이 자신을 유혹하고 좌지우지한 것이 행복했던 것 같다."

마르틴 루터와 카타리나 폰 보라

⟨7⟩

"루터는 손아래인 멜란히톤을 자신보다 뛰어난 학자로 존경했으며, 병약해 보이는 그를 염려하기도 했다.…말년의 루터는 멜란히톤이 루터파의 중요한 신념을 희석시킨다며 그를 의심하고 공격했으며, 둘은 심각한 불화를 겪기도 했지만…두 사람의 관계와 우정은 종교개혁을 떠받치는 버팀목이었다."

마르틴 루터와 필리프 멜란히톤

마르틴 루터

Ryndal Roper

MARTIN LUTHER: RENEGADE AND PROPHET

마르틴 루터 — 인간, 예언자, 변절자

복 있는 사람

린들 로퍼 지음
박규태 옮김

마르틴 루터

2019년 1월 14일 초판 1쇄 인쇄
2019년 1월 21일 초판 1쇄 발행

지은이 린들 로퍼
옮긴이 박규태
펴낸이 박종현

도서출판 복 있는 사람
주소 서울특별시 마포구 연남동 246-21 (성미산로23길 26-6)
전화 02-723-7183(편집), 7734(영업·마케팅)
팩스 02-723-7184
이메일 hismessage@naver.com
등록 1998년 1월 19일 제1-2280호

ISBN 978-89-6360-270-7 03230

이 도서의 국립중앙도서관 출판예정도서목록(CIP)은 서지정보유통지원시스템 홈페이지(http://seoji.nl.go.kr)와 국가자료공동목록시스템(http://www.nl.go.kr/kolisnet)에서 이용하실 수 있습니다. (CIP 제어번호: 2018039875)

MARTIN LUTHER: RENEGADE AND PROPHET
by Ryndal Roper

Copyright © 2016 by Ryndal Roper
All rights reserved.

This Korean edition was published by The Blessed People Publishing Co. in 2019
by arrangement with Lyndal Roper c/o Aitken Alexander Associates
through KCC(Korea Copyright Center Inc.), Seoul.

이 책은 (주)한국저작권센터(KCC)를 통한 저작권자와의 독점계약으로 복 있는 사람에서 출간되었습니다. 저작권법에 의해 한국 내에서 보호를 받는 저작물이므로 무단전재와 복제를 금합니다.

아버지 스탠 로퍼 1926-2016에게 이 책을 바칩니다.

차례

021　0.　서론
046　01.　만스펠트와 광업
071　02.　대학생
094　03.　수도원
132　04.　비텐베르크
172　05.　여행과 논박들
204　06.　라이프치히 논쟁
234　07.　그리스도인의 자유
273　08.　보름스의회
304　09.　바르트부르크에서
338　10.　카를슈타트와 그리스도인의 도시 비텐베르크
372　11.　흑곰 여관
399　12.　농민전쟁
420　13.　결혼과 육체
469　14.　붕괴
491　15.　아우크스부르크
523　16.　강한 성城
553　17.　친구와 원수
578　18.　증오
600　19.　이스라엘의 병거와 마병

636　감사의 글
641　옮긴이의 글

그림 목록 644　주 648　참고 문헌 750　찾아보기 771

일러두기

1. 이 책은 인명과 서명 등의 정확한 이해를 위해 독역본(*Der Mensch Martin Luther: Die Biographie*, S. Fischer Verlag, 2016)을 참조했다.

2. 인명과 지명 등은 국립국어원의 외래어 표기 원칙을 주로 따랐으며, 중요한 고유명사의 규범적 표기는 2017년 종교개혁 500주년 기념사업으로 발표한 루터교회와 가톨릭교회의 공동위원회 보고서 『갈등에서 사귐으로』(한국그리스도교신앙과직제협의회, 2017)와 교육부 편수 자료(2017)를 참조했다.

3. "♦" 표시한 괄호 안은 지은이 주註이고, "◇" 표시한 괄호 안은 옮긴이 주로, 독역본 해당 부분 인용도 있다. 독역본에만 있는 내용은 "독역본"으로 표시했다.

4. 성경 인용은 『성경전서 개역개정판』 제4판(대한성서공회, 2005)을 따랐다.

0.
서론

　개신교 신자들은 숫기 없는 수사였던 마르틴 루터가 자신이 쓴 **95**개 논제를 만성절(모든 성인의 날 대축일, **11**월 **1**일)° 전날인 **1517**년 **10**월 **31**일에 비텐베르크 성城 교회Castle Church 문에 못 박아 게시하고 서구 기독교 세계를 뒤흔든 종교 혁명이라 할 사건에 불붙이면서 종교개혁이 시작되었다는 것을 거의 신조信條처럼 여긴다. 루터와 가장 가까운 동역자였고 이 사건을 명쾌하게 서술하여 우리에게 전해 준 필리프 멜란히톤Philipp Melanchthon(루터의 종교개혁에 협력한 인문주의자로, 독일의 신학자·종교개혁자)°은 이 **95**개 논제 게시가 "복음의 빛"이 더 빨리 되살아나게 했다고 보았다. 루터 자신도 그 순간을 종교개혁의 출발점으로 기념하길 좋아했고, 나중에 살아가는 동안 벗들과 그 순간을 기념하며 건배했다.¹

　　역사의 실상을 조금 벗겨보는 일, 그중에서도 특히 중요한 의미가 있는 사건의 실상을 밝히는 일은 늘 유익하다. 가톨릭 역사학자 에르빈 이저로Erwin Iserloh(독일의 가톨릭교회 역사학자)°가 1962년에 지적했듯이, 루터 자신은 이 사건을 전혀 언급하지 않았으며, 다만 자신이 마인츠 대주교 알브레히트Albrecht von Brandenburg(마인츠 선제후였으며, 교황청에 면벌부 판매권을 요청했다)°와 브란덴부르크 주교 히에로니무스 스쿨테투스Hieronymus Scultetus(브란덴부르크와 하벨베르크 주교)°에게 편지를 보내, 교황 이름을 내건 무분별한 면벌부(가톨릭에서는 "대사부大赦符"라 칭한다. 고해성사를 통해 죄는 사면되어도 그 죄의 벌은 남아 있다. 이 잠벌暫罰은 보속을 통해 사면되는데, 이 보속을 면제해 주는 것이 "대사"이다)° 판매를 가차 없이 비판하면서 자신이 내건 논제도 동봉했다는 것만 이야기했다.² 루터가 비텐베르크 성 교회 문에 95개 논제를 붙였다는 이야기는 멜란히톤과 루터의 비서 게오르크 뢰러Georg Rörer를 통해 우리에게 전해졌지만, 이 두 사람 가운데 누구도 당시 비텐베르크에서 그 사건을 목격하지 않았다.³ 그 사건을 훨씬 더 무뚝뚝하게 이야기하면서, 루터가 95개 논제를 교회 문에 못 박지 않고 그냥 붙였을 수도 있다고 말하는 이들도 있다.⁴

루터가 못을 사용했는지 아니면 풀을 사용했는지는 앞으로도 밝혀지지 않을 것이나, 그가 10월 31일에 독일 전역을 통틀어 가장 중요한 교회 인사인 알브레히트 대주교에게 95개 논제를 보낸 것은 확실하다. 논제와 동봉한 편지는 확연히 자신에 찬 어조, 아니 차라리 오만하다 싶다 할 어조를 띠고 있었다. 루터의 편지는 대주교의 비위를 맞추는 말로 시작해, 대주교가 그의 양떼를 돌보지 않음을 철저히 통박하고, 만일 알브레히트가 적절한 행동을 취하지 않는다면, "누군가가 일어나서, 출판물로" 그것을 사는 이는 연옥에 머무는 시간을 줄일 수 있다고 약속하며 면벌부를 판매하고 있던 "설교자들의 입을 다물게 할 수도 있다"고 위협했다.⁵ 루터는 비슷한 편지를 자신의 직속상관인 브란덴부르크 주교에게도 썼는데, 그가 천명한 논제들을 비텐베르크 같은 촌구석에 게시하는 것보다 오히려 이런 편지들이 반응을 확실히 끌어 내는 자극제가 되었다. 이미 그 당시에도 분명히 드러났지만, 루터가 가진 달란트 가운데 하나는 세인이 자신을 주목하게 하는 사건을 벌이거나 사람들의 이목을 잡아끄는 일을 행하는 능력이었다.

　　루터의 종교개혁은 이후 통일된 가톨릭교회를 영원히 갈라놓았고, 심지어 가톨릭교Catholicism(가톨릭주의)°가 유럽 대부분 지역에서 그 독점권을 잃으면서, 서구 사회가 세속화 과정으로 나아가게 한 출발점이 되었다고 볼 수 있다. 그러나 이 모든 일은 그런 일이 가장 일어나지 않을 것 같은 장소에서 시작되었다. 조그마한 신생 대학 비텐베르크 대학교는 그 이름을 좀 알리려고 발버둥치고 있었다. 비텐베르크라는 마을 자체도 건설 중인 곳이라, "집은 진흙집이요, 골목길은 더러웠으며, 소로小路와 계단, 대로大路도 모두 진창이 가득했다." 남녘의 인문주의자들이 조롱했듯이, 비텐베르크는 스트라스부르나 뉘른베르크나 아우크스부르크처럼, 그 시대 유행을 이끌던 이탈리아와 교류하던 제국의 대도시들에서 멀리 떨어진 땅끝에 자리하고 있었다. 심지어 루터도 비텐베르크가 문명에서 멀리 떨어져 있어서 "조금만 더 멀리 떨어졌으면 야만국에 속했을 것"이라고 말할 정도였다.[6] 루터 자신도 혁명과 거리가 멀었다. 서른네 살 생일을 눈앞에 두었을 즈음, 이미 열두 해를 수사修士로 보낸 루터는 아우구스티누스 수도회를 통해 자신의 길을 개척하면서, 신뢰받는 행정가요 대학교수가 되어 있었다. 그가 그때까지 출간한 저작은 거의 없었고, 대중을 상대로 한 그의 글쓰기 경험도 주로 논쟁에 필요한 논제, 주해 결과를 담은 글, 그리고 게으른 동료들을 위해 대필한 설교 정도였다. 교회는 반응을 더디 보였으나, 95개 논제는 독일을 단번에 사로잡았다. 성직자와 평신도를 불문하고 엄청난 독자가 이 논제를 읽었다. 딱 두 달이 지나자, 95개 논제는 독일 전역에 알려졌고, 이

내 독일 밖까지 알려졌다.

    1517년 10월 31일에 실제로 무슨 일이 일어났든, 이 논제 자체가 가지는 중요한 의미는 의심할 나위가 없다. 종교개혁은 진정 텍스트 하나가 불을 붙였다. 본디 95개 논제는 학계의 논쟁을 염두에 두고 번호를 붙여 제시한 명제들을 모은 것이었으나, 이 경우에는 그런 논쟁이 전혀 일어나지 않았으며, 루터도 그런 논쟁을 일으킬 뜻이 전혀 없었던 것 같다. 95개 논제는 처음부터 끝까지 죽 이어지는 산문으로 쓴 글도 아니었고, 진리를 선언한 글도 아니었다. 오히려 이 논제가 제시한 것은 가설에 입각한 주장이었고 이 주장은 이후 논쟁을 통해 검증을 받아야 했다. 아울러 이 논제는 너무 간결해서 그 요지를 이해하기가 어려웠다. 루터가 쓴 95개 논제 텍스트 사본은 거의 남아 있지 않으며, 비텐베르크 자체에서 나온 텍스트도 전혀 남아 있지 않다.[7] 큰 종이에 한쪽만 인쇄한 것으로 보아, 이 논제는 애초부터 벽에 붙일 요량으로 만든 것이었다. 교회 문에 이를 붙였다는 이야기에 일말의 진리가 있을 수 있음을 시사한다. 하지만 활자 크기 때문에 사람들이 이 논제를 읽기는 힘들었을 것이다. 논제 텍스트 맨 위에는 이 논제를 비텐베르크에서 토론해야 한다는 루터 명의의 권고문이 더 큰 활자로 적혀 있었다.[8]

    첫 번째 논제는 다음과 같이 시작한다.

우리의 주님이며 선생이신 예수 그리스도께서 '회개하라' 마 4:17 등을 말씀하셨을 때, 신자의 전체 삶이 회개하는 삶이 되기를 그분은 원하셨다.

Dominus et magister noster Iesus Christus dicendo 'Penitentiam agite etc.' omnem vitam fidelium penitentiam esse voluit.

라틴어 원문은 주동사 *voluit*가 강조되어 있다. 곧 그리스도가 신자의 삶이 그렇게 되기를 **원하셨다**에 강조점을 둔다. 루터는 곧이어 이를 단지, 기도하거나, 솔직히 말해, 면벌부를 사는 것처럼, 사제가 부과하는 신앙 형벌의 이행을 의미하는 말로 해석해서는 안 된다고 잘라 말한다. 이 말은 그 단순함 때문에 사람이 속기 쉬우나, 사실 이 말에는 중세 후기 교회의 전 체계를 철저히 비판하는 속뜻이 담겨 있었다.[9]

어떻게 이런 단순한 메시지가 그런 속뜻을 함축하고 소동을 일으킬 수 있었을까? 루터는 면벌부를 비판한 첫 인물도 아니었고 유일한 인물도 아니었다. 이를테면, 루터의 고해신부요 아우구스티누스 수도회 수사였던 요한 폰 슈타우피츠Johann von Staupitz(아우구스티누스 수도회 독일 관구장)도 1516년에 한 설교에서 그런 비판을 했다. 어찌 보면, 루터는 은혜의 본질과 관련하여 아우구스티누스 이후로 오랫동안 지속된 주장, 곧 우리 자신의 선행으로 구원을 확보하기는 절대 불가능하며 하나님의 자비에 의지해야만 한다는 주장을 그저 확실하고 분명하게 말했을 뿐이다. 하지만 루터는 고해성사가 영적 연단에서 금전 거래로 왜곡, 변질되었다고 단언했다. 나중에 루터 자신이 회상했듯이, 그의 분노에 불붙인 것은 도미니크 수도회 수사인 요하네스 테첼Johannes Tetzel이 가까운 마을 위터보크Jüterbog에서 한 설교였다. 그는 심지어 자신이 파는 면벌부가 아주 효험이 커서 동정녀 마리아를 겁탈한 사람조차도 연옥에서 틀림없이 완전한 사면을 얻게 할 것이라는 주장까지 했다. 분명 면벌부 문제는 신학과 정치 양 분야에서 활발한 토론 주제였지만, 처음에 일부 사람들은 면벌부 논쟁을 그저 수도회끼리 자주 벌이던 승강이 가운데 하나요, 도미니크 수도회와 루터가 속한 아우구스티누스 수도회 사이의 오랜 라이벌 관계가 낳은 문제쯤으로 여겼다.

그러나 이 문제는 그런 차원을 훨씬 넘는 것이었다. 루터는 그리스도인이 선행을 하거나, 성물聖物을 보거나 면벌부를 얻음으로써 스스로 연옥을 벗어날 길을 얻는 것은 불가능하다고 주장했다. 이를 통해 그는 교회가 성례(성사)˚를 시행하여 죄를 용서하고 구원을 촉진할 수 있다는 중세 교회의 주장을 공격했다. 그는 이런 관행이 죄와 회개 그리고 구원의 본질을 근본부터 오해했음을 보여준다고 여겼다. 개신교 연대기 기록자인 프리드리히 미코니우스Friedrich Myconius는 나중에 루터가 섬긴 일부 교구민이 루터가 "자신들을(자신들이 지은 죄를)˚ 사하려 하지 않는다"며 불평했다고 기록했다. 루터가 그리한 것은 "그들이 진정으로 회개하는 모습도 보이지 않고 개선의 모습을 보이지도 않을" 뿐 아니라, "간음과 매춘과 고리대금업과 부정한 재물 그리고 이런 죄와 악행을 버리려 하지 않으면서" 테첼에게 산 면벌부 문서만 들고 나타나 자신들을 사해 달라 했기 때문이었다.[10]

  루터는 회개(보속)˚에 관한 이해를 공격함으로써, 은연중에 교황제 교회(가톨릭교회)˚의 핵심, 그리고 그 교회의 전 재정 체계와 조직 체계에 타격을 가하고 있었다. 이들 체계는 사람이 다른 이들을 위해 기도함으로써 그 다른 이들이 연옥에 머무는 시간을 줄일 수 있다는 집단 구원 체계를 토대로 작동한다. 이런 구원 체계는 고인의 영혼을 위한 미사를 해마다 되풀이하는 성직 프롤레타리아 사제 전체에게 지급할 보수를 제공했다. 이 구원 체계는 망자亡者가 연옥을 쉽게 통과하도록 이들의 영혼을 위해 기도했던 구빈원의 경건한 평신도 여성에게 지급할 돈도 마련해 주었다. 이 구원 체계는 그들이 섬기는 지체들을 위해 기도하는 소위 미사를 집전하고, 행렬 의식(사제와 신자가 열을 지어 행진하는 가톨릭 의식)˚을 거행하고, 특별 제단에 필요한 재정을 제공한 형제들에게 대가를 제공했다. 요컨대, 이 구원 체계가 대다수 중세 그리스도인의 신앙생활과 사회생활을 형성한 틀이 되었다. 그 중심에 "공로"―다른 이들에게 나눠 줄 수 있는 은혜—가 쌓인 보고寶庫를 관리하는 청지기인 교황이 있었다. 이 때문에 면벌부 공격은 머지않아 교황권에 의문을 제기하는 일로 이어졌다.

아무도 사람들에게 면벌부를 사라고 강요하지 않았으나, 면벌부를 팔고 사는 거대한 시장이 존재했다. 면벌부 판매자가 마을에 도착하면, 다음과 같은 일이 벌어졌다.

> 공단貢緞이나 금색 옷감에 기록한 교황 칙서papal bull(면벌부를 인정하는 문서로 교황의 납 인장이 찍혀 있다)◆를 갖고 이리저리 돌아다니면, 모든 사제와 수사와 마을 의회 의원과 교사와 학생과 뭇 남녀와 하녀와 어린아이가 모두 깃발과 촛불을 든 채 열 지어 행렬하고 노래 부르며 이 칙서를 맞이했다. 모든 종을 울리고, 모든 오르간을 연주했다.…(면벌부 판매자는)◆ 인도를 받아 교회 안으로 들어갔으며, 교황 기를 달곤 했던 교회 중앙에는 붉은 십자가가 세워졌다."

이런 체계가 얼마나 효과 있게 조직되어 있었는지, 심지어 지역별로 면벌부를 양피지에 인쇄했으며, 면벌부를 구입하는 사람을 대신하여 다른 사람의 이름을 적을 수 있는 칸도 있었다.

루터의 95개 논제가 등장한 시점도 이 논제가 폭발력을 갖게 한 요인이었다. 만성절에는 작센 통치자요 루터의 주군인 선제후 프리드리히 3세Friedrich III("프리드리히 현공"으로도 불린다)◇가 가진 장엄한 성물 컬렉션을 비텐베르크 성 교회에서 수 킬로미터 떨어진 곳에서 찾아온 순례자들에게 전시하고, 이 성물을 본 모든 사람에게 면벌부를 주었다. 95개 논제는 필시 이 축하 행사가 열릴 때 아니면 그 직전에 게시했을 것이다. 사실, 글을 읽지 못하는 순례자들은 이 논제를 읽지 못했을 것이며, 글을 읽을 수 있는 마을 사람들도 이 논제를 이해하려면 진땀깨나 흘렸을 것이다. 그러나 루터의 글을 받아들인 사람들은 그날이 가진 중요한 의미를 충분히 이해했을 것이며, 비텐베르크에 있던 루터의 동료 신학자들도 마찬가지였을 것이다. 비텐베르크 신학자들이 보기에, 루터가 내건 논제는 그들 자신의 생계가 걸린 문제였다. 비텐베르크 대학교는 만성절 재단이 출연하는 자금에 의존했는데, 이 자금은 결국 죽은 자를 위한 미사 집전과 연옥에 머무는 시간을 줄이고자 성물을 보러 온 순례자들에게서 나왔기 때문이다.

전하는 말에 따르면, 요하네스 테첼의 면벌부 광고 마차는 "금화가 돈궤에서 쩔렁 소리를 내는 순간, 그 영혼은 연옥에서 하늘로 뛰어오른다"고 광고하며 달렸다는데, 당시 루터는 그가 공격하는 이 특별한 "면벌부 스캔들"이 요하네스 테첼의 엉터리 설교를 뛰어넘어 훨씬 더 많은 문제와 얽혀 있음을 알지 못했다. 도리어 테첼의 활동은 교회의 돈줄이 된 일련의 중대한 관행을 조장했다. 사람들은 이 설교자(요하네스 테첼)°가 벌어들인 돈이 로마로 흘러들어 가 성 베드로 대성당을 재건하는 비용으로 사용된다고 추측했다. 사실, 테첼이 벌어들인 돈 가운데 절반은 당시 가장 부유한 상인 자본가인 아우크스부르크의 푸거Fugger 은행가銀行家(16세기에 번영한 독일 아우크스부르크의 대상인大商人 집안)°로 직접 흘러들어 갔으며, 마인츠 대주교 알브레히트도 이 은행가에 빚을 지고 있었다. 강력한 제후 가문의 작은 아들이었던 알브레히트는 23세에 마그데부르크Magdeburg 대주교가 되었다. 그러나 그 뒤, 독일에서 가장 부유한 교구인 마인츠 대교구에서 예기치 않게 대주교 자리가 비는 일이 생겼다. 놓칠 수 없는 기회였으나, 교황은 주교의 여러 겸직을 금하려고 했으며, 알브레히트가 마그데부르크 대주교직을 승계한 뒤, 주교

가 이후 적어도 30년은 그 자리에 있어야 한다고 명령했다.[12]

이 싸움은 알브레히트가 성 베드로 대성당 건축을 돕고자 21,000두카텐(13세기에서 20세기 초까지 유럽에서 통용되던 금화)°을 기부하기로 함으로써 그에게 유리하게 끝났다. 그러나 그에겐 이 돈이 없었다. 그래서 그는 교회가 독점자본에 관여해 뱃속을 채우는 푸거가의 행태를 고리대금업으로 간주했음에도 불구하고, 그 푸거가에게서 돈을 빌렸다. 돈을 빌린 알브레히트는 테첼이 거둬들인 돈과 같은 공금을 유용하여 푸거가에게 빌린 돈을 갚아 나갔다. 다시 말해, 루터가 제시한 논제는 교황권을 겨냥한 공격이기도 하지만, 그에겐 알려져 있지 않았던 이, 곧 독일에서 가장 힘이 세고 유럽에서 가장 부유한 금융가 중 하나를 공격한 것이기도 했다.

짧게 보면, 95개 논제에 대응하여 일어난 일은 많지 않았다. 논쟁도 전혀 벌어지지 않았다. 브란덴부르크 주교도 루터가 보낸 편지에 답신을 보내지 않은 것 같다. 오히려 루터가 브란덴부르크 주교에게 자신이 제시한 논제를 더 충실히 설명하며 변호한 글을 보내자, 주교는 루터에게 출간을 늦출 것을 권했으며, 루터는 이를 주교가 자신의 생각에 공감한 것이라 믿었다. 그러나 이는 루터의 판단 착오였다. 마인츠 대주교 알브레히트는 이 논제가 도착했을 때 마인츠를 벗어나 아샤펜부르크Aschaffenburg에 있었는데, 그는 이 논제를 받은 뒤에도 끝내 답신을 보내지 않았다. 알브레히트는 답신을 보내는 대신, 마그데부르크 대학교에 이 문서를 보내 신학적 판단을 내려 달라고 요청했고, 이어 로마에도 이 문서를 보냈다. 이 조치는 교황청이 이단 조사에 나서게 하는 계기가 되었으며, 이를 통해 루터의 논제는 중대 사안으로 등장한다. 관료 같은 (답답하고 제 몸의 안위부터 챙기는)° 알브레히트의 행동은 이 문제가 더 이상 독일의 어느 작은 지방에만 영향을 미치는 쟁점이 아님을 의미했다. 이 일은 온 세계 교회가 관련된 사건이 되었다.

◆ ◆ ◆

루터의 삶과 일상생활의 무대가 되었던 세계는 아주 좁았다. 그는 작센의 아이스레벤Eisleben에서 태어났는데, 우연치곤 기이하게도, 역시 그곳에서 죽었다. 그는 거기서 북쪽으로 11킬로미터 남짓 떨어진 광산촌 만스펠트Mansfeld에서 자랐고, 역시 거기서 서남쪽으로 72킬로미터 떨어진 에르푸르트Erfurt에 있는 대학교에 진학했으며, 여생 대부분을 거기서 동북쪽으로 80킬로미터 떨어진 비텐베르크에서 보냈다. 그가 용감하게 신성로마제국 경계 밖으로 나간 일이 딱 한 번 있었다. 그때 그는 로마를 방문했는데, 이 방문은 단지 교황에 반대할 이야깃거리를 제공하는 원천이 되었고, 그는 독일 것이 아닌 모든 것에 과민한 거부반응을 일으켰다. 루터는 작센 영내를 넓게 여행했지만, 법률상의 보호 박탈 형 imperial ban(신성로마제국 황제나 의회나 제국 법원의 형벌로, 이를 받은 자는 생명권과 재산권을 포함한 모든 법익을 더 이상 보호받지 못한다. 루터는 1521년 이 형을 받았다)°을 받은 뒤에는 작센 통치자가 자신을 보호하지 못할 곳까지 멀리 나아갈 용기를 내지 못했다. 생을 마칠 무렵에는 나빠진 건강 때문에 활동 범위가 더 위축되어, 교회에 설교하러 갈 때도 작은 마차에 의지해야 했다. 하지만 루터는 각지에서 편지로 소식을 전해 줄 통신원과 성직자로 이루어진 네트워크를 개발했다. 루터는 그들을 적절히 임명하여 배치하고 그들이 이력을 쌓도록 했다. 이 네트워크의 범위는 제국과 제국 밖까지 아울렀다. 루터가 일으킨 종교개혁의 영향은 독일에서 이탈리아, 잉글랜드, 프랑스, 스칸디나비아와 동유럽까지 퍼졌다.

       그의 전기 줄거리를 간단히 말해 본다. 그의 어린 시절은 주목할 만한 것이 없으나, 하나 예외가 있다. 그는 광산촌 출신이었다. 16세기에 대다수 마을을 특징지은 것은 수공업과 소규모 기업이라는 세계였으며, 이런 환경이 아주 많은 인문주의자와 학자를 배출했으나, 광업 경제는 그런 세계와 사뭇 달랐다. 루터 집안은 아들 교육에 투자했고, 이 아들에겐 그 집안이 영위하는 광업을 보호하는 데 도움이 될 직업인 법률가가 되어야 할 운명을 지웠다. 하지만 1505년, 이 젊은이는 법학 공부를 그만두고 에르푸르트에 있는 아우구스티누스 수도회 수도원에 들어감으로써 아버지를 실망시켰다. 거기서 그는 요한 폰 슈타우피츠의 영향을 받는다. 아우구스티누스 수도회를 대표하여 새 비텐베르크 대학교 설립을 이끌던 이 인물은 젊은 수사(마르틴 루터)더러 상급 과정에 올라가 신학을 더 깊이 공부하고 박사 학위를 받으라고 설득했다. 수도회에서 차츰 위 서열로 올라간 마르틴 루터는 마침내 슈타우피츠의 대학교 직위를 물려받았고, 비텐베르크 대학교를 개혁하는 데 적극 나섰다. 그러다 1517년에 이르러, 95개 논제가 불쑥 세상에 등장했다.

    이 논제는 완전한 신학 프로그램을 담고 있지 않았다. 오히려 루터는 반대에 부딪히며 과격해졌고, 다른 이들의 논박과 공격은 루터가 그의 신학을 발전시키고 그의 사상을 더 깊이 갈고닦는 계기가 되었다. 종교개혁은 루터가 하이델베르크, 아우크스부르크, 라이프치히에서 대적들과 벌인 일련의 논쟁과 논전論戰을 통해 등장했다. 루터는 이단이 받는 형벌이 기둥에 묶고 불태워 죽이는 것임을 알았으며, 만일 그가 옥에 갇혀 교회의 심문을 받는다면 생명을 잃을 가능성이 큼을 알았다. 이는 곧 루터를 대적하는 자들이 점점 더 거세게 퍼붓는 논박과 순교 위협이라는 이중의 압력 속에서 루터의 신학이 형성되었음을 의미했다.

    1521년, 이제는 전체 독일이 아는 인물이 된 루터는 보름스의회 중 제국 전체의 신분제의회assembly of estates(성직자·귀족·시민의 신분별로 구성되어, 절대 국가의 성립 이전까지 존재했던 의회)가 열리는 자리에서 황제 앞에 출두하라는 소환을 받았다. 그가 위험을 무릅쓰고 출두하지는 않으리라고 생각한 이가 많았다. 그러나 루터 자신이 말했듯이, 그도 "지붕에 있는 타일(기왓장)˚만큼이나…많은 마귀가 있음"을 알긴 알았지만, 어떤 것도 그를 제지하진 못했다. 그가 보름스에서 보여준 용기는 숨이 멎게 할 만큼 굉장했다. 일개 평민이 황제와 제국에서 가장 힘센 제후諸侯에 맞서 싸우고 교회의 힘에 저항한 일은 결코 잊을 수 없는 비범한 사건이었다. 역사의 분기점을 이룬 이 사건이 오히려 루터의 신학보다 더 사람들을 종교개혁으로 끌어들여, 그들에게 소망과 기대를 품게 했을 것이다. 여느 혁명운동에서나 그러하듯이, 루터의 사상도 사람들이 거리에서 혹은 설교 때 들은 것을 통해, 또는 그가 한 일을 전하는 소식을 통해 확대되고 굴절되었다.

보름스의회는 황제의 확고한 유죄판결로 끝을 맺었다. 이제 목숨을 잃을 위험에 빠진 루터는 보름스에서 돌아가는 길에 그가 속한 영방 통치자요 그의 보호자인 프리드리히 현공의 지시를 받은 이들에게 납치당해, 안전히 바르트부르크Wartburg 성으로 피신했다. 거기서 그는 외부와 단절된 채 열 달을 보내면서, 맹렬하게 글을 쓰고 신약성경을 번역했다. 그러는 사이, 비텐베르크의 종교개혁은 그가 없이도 신속히 진행되었으며, 폰 카를슈타트von Karlstadt, Andreas Rudolf Bodenstein(루터와 함께 종교개혁에 영향을 주었으며, 급진적이고 철저한 개혁을 지향한 독일의 신학자)˚의 지도 아래, 점점 더 과격해지고 빈민 구제와 도덕 문제도 다루게 되었다. 루터는 1522년 3월에 비텐베르크로 돌아오자마자, 개혁 조치들이 너무 빠르게 이루어졌다며 이 조치들을 되돌릴 것을 요구했다. 아울러 그는 카를슈타트와 확실하게 단절했다. 이미 카를슈타트는 주의 만찬(성찬)˚과 관련하여 그리스도가 빵과 포도주 안에 실제로 임재하지 않는다고 주장하면서 루터와 다른 길을 걷기 시작했는데, 루터는 이 견해를 맹렬히 거부했다.

　　이 분열은 미래를 알려 주는 전조였다. 사람들이 루터의 신학을 이해하면서, 이 신학을 그들 자신의 경험에 적용했기 때문이었다. 어쩌면 루터는 이런 과정에 반대했을지도 모른다. 그러나 상황은 그의 통제를 벗어났다. 종교개혁은 확산과 동시에 분열하기 시작했다. 독일 남부, 스위스의 여러 마을, 슐레지엔, 심지어 작센 안에서도 많은 사람이 성찬에 그리스도의 몸이 참으로 임재함을 부인하는 이들에게 설복당했다. 제국 전역의 마을에서는 사람들이 복음의 자유를 요구하고, 복음에 합당한 설교자를 세우겠다고 주장하면서, 기성 권위를 뒤집기 시작했다. 루터를 대적한 자들이 처음부터 예언했듯이, 그의 메시지는 혁명을 가져왔다. 1524년, 농민전쟁(중세 유럽의 봉건 사회가 무너지는 과정에서 농민들이 귀족과 봉건 영주를 대적해 일으킨 반란)°이 터졌다. 이 전쟁은 그때까지 독일에서 일어난 봉기 가운데 가장 컸고, 프랑스대혁명 때까지 유럽에서 그에 비길 만한 예를 찾을 수 없었다. 처음에 루터는 양쪽을 공정히 비판하는 것 같았다. 농민들을 질책하는 한편, 구약의 예언자처럼 통치자들도 비판했다. 그러나 그는 결국 제후들을 지지했다. 이런 입장을 취하면서, 루터의 종교개혁이 사회문제에서는 보수주의라는 것이 분명해졌다.

　　농민전쟁이 정점에 이르는 사이, 루터는 결혼하기로 결심했다. 그는 결혼을 "마귀 괴롭히기"라고 설명했는데, 이는 분명 새신랑이 자기 결혼을 정당화한 말 가운데 가장 기이한 말이었다.[13] 그의 결혼은 실로 충격이었으나, 이 대담함은 마귀에게도 그랬지만 교회에도 큰 도전이었다. 그는 사제이자 수사였고, 그의 신부인 카타리나 폰 보라Katharina von Bora도 수녀였다. 다시 말해, 두 사람은 모두 독신 서원을 한 이들이었다. 마르틴 루터는 이제 더 이상 안색이 창백한 금욕주의 수사가 아니었다. 그는 인생에서 새로운 국면에 들어섰고, 머지않아 아버지가 되었다. 그렇다고 그가 이제는 버림받아 황폐해진 수도원을 떠날 필요는 없었다. 작센 통치자들은 루터와 그 상속인들에게 수도원 건물을 그냥 제공했다. 이 건물에 자리한 루터 집은, 방문객, 학생, 루터의 동료들이 한데 어울려 살면서, 대규모 개신교 목사관의 원형이 되었다.

그러나 새 교회를 세워야 했다. 1530년, 황제 카를 5세Karl V(신성로마제국의 황제, 종교개혁에 반대하였다가 아우크스부르크 화의에서 루터파를 공인하였다)°는 독일에서 재차 의회를 열었는데, 이번에는 아우크스부르크에서 열었다. 이제 루터파와 가톨릭의 화해는 불가능하다는 것이 분명해졌다. 그러나 종교개혁 자체도 이때에 이르러 성찬을 둘러싸고 갈라졌는데, 루터 반대자들에겐 의회에서 발언할 기회가 주어지지 않았다. 루터는 생애 마지막 몇 년을 대부분 "성찬 상징설을 주장하는 자들sacramentarians"[가톨릭의 화체설transubstantiation(가톨릭은 "실체 변화"라고 칭한다)과 루터파의 공재설共在說, consubstantiation(빵의 실체와 함께, 빵과 함께 빵 안에 그리스도의 몸도 실체적으로 현존한다는 설)을 부인하고, 예수의 몸과 피의 상징적 임재라는 주장을 하는 자]°과 모종의 합의를 이루는 데 보냈다. 마침내 불안한 합의가 이루어지긴 했으나, 이 합의는 루터에게 자신이 시종일관 옳았다는 확신을 심어 주었다. 하지만 이것은 미래에 종교개혁 운동을 괴롭힐 불화거리를 제공한 심리적 원동력이 되었다. 동시에 루터가 교황에 반대하며 구사하는 수사修辭도 점점 더 신랄해졌다. 교황이 곧 적그리스도라는 루터의 공공연한 비판은 루터 신학의 근본 공리로 굳어졌고, 한때 그를 따랐던 이들과 벌인 맹렬한 논쟁 그리고 그가 분노에 차서 유대인에게 퍼부은 비방이 그의 말년에 더 깊은 흔적을 남겼다. 루터가 세상을 떠난 뒤, 루터 자신이 속한 운동의 서로 다른 그룹 사이에서 불화가 일어났고, 이는 결국 루터파 안에 분열이라는 유산을 남겼으며, 각 그룹은 앞다퉈 자신들이 루터의 권위를 이어받았다고 주장했다.

◆ ◆ ◆

겉으로 드러난 사실은 이러하나, 이런 사실들은 이 책이 시종일관 초점을 맞춘 것, 곧 루터 내면에서 일어난 발전을 전해 주지 않는다. 루터는 어떻게 보름스에서 황제와 지배계급에 저항할 내면의 힘을 갖게 되었을까? 그를 이 지점까지 밀어붙인 원동력은 무엇이었을까? 루터는 왜 종교개혁 초기에 그와 가까운 지지자였던 안드레아스 카를슈타트와 관계를 끊었을까? 루터는 왜 번번히 자신과 가장 가까웠던 동역자들과 사이가 틀어지고, 격렬한 반목을 했으며, 그를 따른 이들에겐 자신들도 그의 분노를 살 수 있다는 두려움을 갖게 만들었을까? "그들은 내가 아내를 얻길 결코 원하지 않는다"고 확신했던 사람이 어떻게 결혼한 목사의 모델이 되었을까? 이 책은 루터가 불붙인 종교 변화가 만든 여러 인상 깊은 변형을 이해하기 쉽게 제시한다. 루터라는 인간 자체가—좋은 측면은 물론이요 나쁜 측면에서도—역사에 엄청난 영향을 끼쳤기 때문이다. 루터의 비범한 용기와 목적의식이 종교개혁을 행하게 했지만, 동시에 그의 완고한 고집과 자신의 반대자들을 마귀로 몰아붙인 그의 능력은 종교개혁을 거의 파멸시킬 뻔했다.

역사 심리학psycho-history(심리학적 방법으로 역사적 사건과 인물을 분석하는 학문)°은 사람의 복잡한 성격과 역사 과정을 아주 어린 시절에 굳어진 기본 패턴으로 설명하려는 경향 때문에 오랫동안 혹평을 받았다. 루터의 삶은 심리학의 관점에서 서술한 몇몇 아주 유명한 평전에 영감을 제공했다. 그런 평전 가운데 에릭 에릭슨Erik Homburger Erikson(발달심리학자·정신분석학자인 독일계 미국인)°이 쓴 『청년 마르틴 루터Young Martin Luther』, 그리고 에리히 프롬Erich Seligmann Fromm(정신분석학자·철학자인 독일계 미국인)°이 쓴 『자유로부터의 도피The Fear of Freedom』에도 이 개혁자를 다룬 장이 있다.[14] 에릭슨도 청소년을 연구한 발달심리학자였으며, 글이 살아 숨 쉬는 그의 책은 2차 대전 후에 미국에서 출간되었으나, 지금도 고전으로 남아 있다. 그러나 루터의 종교개혁이 지닌 가장 중요한 특징 중 하나는 종교개혁은 한 **청년**이 일으킨 개혁이 아니라는 점이다. 이 책에서 논증하겠지만, 비록 루터와 아버지의 관계가 그의 성격과 종교성(신앙)°의 근간을 이루고, 아버지 중심의 관계에 관한 그의 이해가 그의 신학에 만연해도, 아버지라는 인물은 그를 형성한 부분에 불과했다.

루터 평전은 최악의 환원주의 역사 기록reductionist history(역사를 기본적인 하나의 원리나 요인으로 설명하려는 역사 기록)°의 전형이 되었다. 바로 그런 사람의 평전을 정신분석의 영향 아래 다시 서술하려고 시도하는 것이 무모해 보일지도 모르겠다.[15] 혹자는 이런 접근법이 루터를 성인聖人으로 묘사한 16세기 루터 성인전이 그랬던 것처럼 개인의 영향력을 과대평가함으로써 루터의 사상이 왜 그토록 많은 이들에게 호소력을 가질 수 있었고 그 사상이 어떻게 한 사회운동을 형성했는지를 이해하지 못하게 할 위험이 있다고 주장할지도 모르겠다. 나아가 이런 논증은 신학을 가벼이 여김으로써, 주요 사상을 무의식적 소망이나 갈등의 산물로 환원하고, 성찬에서 하나님의 임재에 관한 생각과 회개의 본질에 관한 생각을 왜 그토록 절박하게 주장했는지를 파악하지 못하게 할 수도 있다.

하지만 루터와 관련하여 남아 있는 자료가 아주 풍부하기 때문에, 우리는 필시 16세기의 다른 어떤 사람보다 루터 내면의 삶에 관하여 더 많은 것을 알 수 있으며, 그가 주고받은 편지를 통해 그와 그의 친구 및 동지의 관계를 추적하고 심지어 그의 꿈까지 살펴볼 수도 있다. 그의 작품을 모은 유명한 바이마르판Weimar Edition(루터 탄생 400주년인 1883

년에 시작하여 2009년에 간행되었다)°은 120권이나 되는데, 이 중에는 편지 모음집 11권과 탁상 담화 6권이 포함되어 있다. 루터의 신학이 어떻게 발전했는지 상세하게 추적하고 특정 사건이 일어난 때를 훨씬 더 정확히 밝히는 데 이 풍부한 자료를 사용한 역사학자가 많았지만, 나는 이 자료를 사용하여 루터 바로 그 사람을 이해하고 싶다. 나는 16세기에 살았던 한 개인이 그 주위 세계를 어떻게 인식했는지, 그가 왜 그 세계를 그런 식으로 보았는지 이해하고 싶다. 나는 루터 내면의 풍경을 탐구하여, 몸body과 마음mind을 분리하여 보는 우리 현대 이전 시대에 형성된, 육체flesh와 영혼spirit에 관한 그의 생각을 더 잘 이해하고 싶다. 나는 특히 루터의 여러 모순에 관심이 있다. 여기 어떤 사람이 있다. 그는 그 어떤 사상가보다 독하게 여성을 혐오하는 발언을 몇 차례 했던 사람이건만, 역설적으로 결혼의(부부의)° 성관계를 지지했을 뿐 아니라, 심지어 이런 성관계가 아내와 남편에게 육체의 쾌락을 주어야 한다는 중대한 주장도 제시했다. 이 명백한 역설을 이해하려고 애쓰는 것이야말로 내가 도저히 거부할 수 없었던 도전이다.

어마어마한 카리스마를 지녔던 루터는 친구도 화끈하게 사귀었지만, 그와 마찬가지로 자신이 보기에 틀렸거나 성실하지 않다고 생각하는 이들은 가차 없이 내쳤다. 루터의 신학은 자신의 성격에서 나왔는데, 처음으로 그의 전기를 쓴 사람 가운데 하나이자 그와 가장 가까운 동지였던 멜란히톤은 이렇게 주장했다. "말하자면 그의 성격이" 그의 신학을 증명한 "가장 큰 증거였다."[16] 루터의 신학을 그의 편지와 설교와 논문과 대화 그리고 성경 주해에서 나타나는 그의 심리 갈등과 접목하면, 그의 신학이 더 생생히 살아난다. 우리가 교파 중심 시각으로 연구하고, 축적한 기존 결과물을 제쳐 놓고 이렇게 원原 자료를 다시 새로운 시각으로 읽는다면, 멀게만 보이고 난해해 보이던 신학 문제들이 그와 그 시대 사람들에겐 왜 그토록 심히 중요했는지, 그런 문제들이 어떤 면에서 오늘 우리에게도 여전히 중요할 수 있는지 알게 될 것이다. 따라서 정신분석이 제시한 통찰을 끌어다 쓰면, 인간 루터뿐 아니라, 그가 삶을 바쳤고 남긴 유산이 아직도 엄청난 힘을 발휘하고 있는 혁명적 종교 원리도 더 풍성히 이해할 길이 열린다.

이 책은 종교개혁 전반을 다룬 통사가 아니며, 비텐베르크의 종교개혁을 다룬 역사서도 아니다. 더구나 이 책으로 나중에 루터교 Lutheranism(루터주의)가 된 사상을 통틀어 해석, 제시하는 것도 불가능하다. 하지만 이 책은 전후(2차 대전 후)º 서구 학계의 학문 연구 결과가 남쪽의 도시들을 사로잡으면서 독일에서 일어난 종교개혁에 관한 우리의 이해도 왜곡되었다고 강력히 주장한다. 이것은 냉전의 유산이다. 서방 세계 역사가들이 동구의 아카이브를 사용하기가 힘들었던 냉전 당시, 이들과 같은 분야에 종사하던 독일민주공화국(동독)º 사람들은 처음엔 루터보다 오히려 사회운동, 그리고 종교적 급진주의자요 혁명가였던 토마스 뮌처Thomas Müntzer(천년왕국설을 기반으로 민중의 저항권을 주장하면서 루터와 대립했다. 농민전쟁을 주도했다)º의 유산에 관심을 가졌다. 그 결과, 사회사의 관점에서 루터교를 조망하는 연구는 지금도 부족하며, 그러다 보니, 남쪽의 주요 도시에서 일어난 종교개혁 운동의 진전을 설명하는 자료와 비교할 때, 루터가 일으킨 종교개혁 운동의 진전을 풍부하고 정밀하게 설명하는 자료는 존재하지 않는다. 전후 서독 역사가들은 그들 자신의 과거에서 민주주의 혈통을 찾는 일에 정신없이 열중했기 때문에, 자신들의 손으로 뽑은 의회를 가진 독립 자유시獨立 自由市를 이상처럼 받들었다. 이 역사가들은, 여러 지역에서 민중이 일으킨 종교개혁이 다양성을 띠었으며 이런 다양한 종교개혁이 성례와 형상(성상)º 그리고 사회 개혁과 관련하여 제시한 사상도 루터의 그것과 사뭇 달랐다고 지적함으로써, 종교개혁을 정치 순응주의political conformism 및 복종과 동일시하는 위험천만한 결과를 피하고 싶었다. 그러나 이런 태도는 종교개혁에 관한 우리의 판단을 왜곡하는 결과를 가져왔다. 루터교가 태어난 고향의 사회 정황 및 문화 정황은 남쪽 도시들의 그것과 사뭇 달랐건만, 우리는 루터교를 그 고향의 사회 정황 및 문화 정황에 비춰 올바로 평가하지 못하고 있다. 루터교가 표방한 정치적 가치와 경제구조도 남쪽의 그것과 달랐다. 아울러 우리는 루터교가 나중에 칼뱅주의의 선구인 개혁파와 씁쓸한 반목을 하며 우호 관계를 끊는 비극을 겪으면서도 이 개혁파와 어떻게 대화를 나누며 발전했는지를 이해하지 못한다. 이 책이 이런 흠결을 바로잡기는 불가능하지만, 그래도 나는 루터를 형성한 사회 정황 및 문화 정황에서 루터를 살펴봄으로써 누구도 예상치 못한 새로운 시각으로 루터 신학을 조망할 접근법을 제시하고 싶다.

◆ ◆ ◆

루터는 내가 그를 받아들이려 하기 전부터 내 삶의 일부였다. 그는 내 어린 시절을 특징짓는 인물 중 하나였다. 우리 아버지가 몇 년 동안 장로교 목사였기 때문이다. 나는 그저 단순히 목사의 딸a daughter of the manse(가난해도 교양이 있는 집 자식이란 뜻)°이었으나, 공인으로 가정생활을 영위하는 것이 우리 부모에게 입힌 피해를 목격했다. 이상한 검은 수단cassock(성직자가 입는 검은 평상복)°과 가운은 아버지를 또 다른 존재로 바꿔 버리는 것 같았다. 아버지에겐 신학책이 바닥에서 천장까지 쌓여 있는 서재가 있었으나, 회중은 아버지보다 지성미가 덜했던 아버지 전임자를 그리워했다. 이 모든 모습을 지켜보면서, 나는 권위와 관련된 쟁점들을 마주하게 되었다. 회중이 우리 아버지에게 부여한 권위, 설교단과 호주 기후에 그리 적합하지 않은 무겁고 검은 성직자 옷이 주는 진지함, 그리고 이런 역할이 아버지에게 준 긴장 같은 것이 그런 쟁점이었다. 회중이 동의하지 않으면, 목사관에서 아무것도 고칠 수 없었고 가구(비품)˚ 하나도 고를 수 없었다. 회중 가운데 한 사람은 이런 말까지 했다. "하나님 일을 하는 데 카펫이 필요하지는 않죠."

역사의 기이한 우연이었는지, 당시 멜버른 장로교회는, 호주의 대학교에 몸담고 있던 몇몇 신학자가 루터파 교수들이 있는 튀빙겐에서 공부하고 온 탓에, 외관상 이 장로교회 창립자라 할 수 있는 장 칼뱅보다 루터의 영향을 더 많이 받았다. 몇 년 뒤, 우리 아버지는 그 교회를 떠났고 나는 박사과정 연구를 시작했다. 나는 튀빙겐에서 헤이코 오베르만Heiko Augustinus Oberman(종교개혁 전문가인 네덜란드의 역사학자·신학자) 교수와 공부했다. 그는 네덜란드의 학자로서 튀빙겐 대학교에 "중세 후기와 종교개혁 연구소Institute for Late Middle Ages and Reformation"를 설립했으며, 그의 연구 성과는 중세 후기의 신학에 관한 우리의 이해를 바꾸었다. 첫 학기에 나는 나중에 그의 루터 연구서로 출간될 강의를 들었는데, 이 연구서는 지금도 내 마음에 가장 탁월한 루터 평전으로 남아 있는 고전이다. 내가 튀빙겐에서 공부하던 시절에 그 대학교 가톨릭 신학 교수였던 한스 큉Hans Küng(스위스의 가톨릭 사제·신학자)˚은 교황의 무류성無謬性에 의문을 제기했다는 이유로 가톨릭 신학을 가르칠 권한을 잃었다. 이를 보니, 루터가 여러 세기 전에 이미 제기했던 권위와 자유 그리고 순종과 관련된 문제들이 아주 명백한 현실로 살아 있는 것 같았다. 이런 일은 뜨거운 쟁점이었으며, 이 쟁점들이 내 지성과 인격을 다 쏟은 여러 관심사의 중심에 루터 신학이 자리하게 했다.

루터 평전은 대부분 교회사학자가 쓴다. 그런 점에서 최근에 (일반)˚ 역사학자인 하인츠 쉴링Heinz Schilling(독일의 역사학자)˚이 내놓은 탁월한 평전은 아주 훌륭한 예외다. 이 평전은 루터를 더 넓고 균형 잡힌 역사 맥락에서 바라보면서, 루터의 대적이었던 카를 5세도 루터와 같은 비중으로 다룬 첫 작품이다.[17] 나는 교회사학자가 아니라, 지난 수십 년 동안의 사회사와 문화사, 그리고 특히 페미니즘 운동으로 형성된 종교사학자다. 나는 루터를 우상으로 만들고 싶지도 않고 모욕하고 싶지도 않다. 그렇다고 그를 일관성이 있는 인물로 만들고 싶지도 않다. 나는 루터를 이해하고 싶고, 그와 프로테스탄트주의(개신교)°가 불붙인 격변을 이해하되, 권위 및 순종과 관련해 이해할 뿐 아니라, 양성兩性의 관계, 즉, 남성과 여성이 그 육체의 실존을 어떻게 인식했는가와 관련해 이해하고 싶다.

내가 대학원 공부를 시작했을 때만 해도, 독일은 동서로 나뉘어 있어서, 서방 학자가 종교개혁 당시 루터파의 활동 지역인 동독에서 연구하는 예가 아주 적었다. 그 희소한 예외 가운데 한 사람이 고故 밥 스크리브너Robert William Scribner(독일어권 종교개혁을 중점적으로 연구한 호주의 역사학자)°였다. 그는 에르푸르트Erfurt(통일 이전에는 동독이었다)°에서 종교개혁을 다룬 논문으로 철학 박사 학위를 받았으며, 나중에 나의 박사 과정 지도 교수가 되었다. 지역 중심의 종교개혁 연구는 대부분 울리히 츠빙글리Huldrych Zwingli(스위스의 종교개혁자)°나 마르틴 부처Martin Bucer(독일의 종교개혁자)° 같은 개혁자의 신학에서 영향을 받은 지역, 다시 말해 루터파의 종교개혁 지역이 아닌 독일 남부 마을들을 다루었다.[18] 동독의 학계를 보면, 농민전쟁 그리고 루터와 대립했던 혁명 지도자 토마스 뮌처라는 인물에 초점을 맞추었다. 그러면서 비텐베르크 사회사는 대부분 다루지 않은 채 그대로 두었다. 그 결과, 종교개혁을 다룬 역사 서술은 심히 왜곡되었다. 작센이나 비텐베르크의 사회 세계와 문화 세계를 인식하지 못한 채 쓴 평전이 대부분이었으며, 이 때문에 이런 평전은 루터를 시공간을 초월하여 우뚝 서 있는 고독한 신학 영웅으로 바라보는 시각을 더 강화하는 경향이 있었다. 그럼에도 불구하고 이런 상황을 뒤엎는 순간이 몇 번 있었다. 기묘한 역설이라면, 비텐베르크를 가장 잘 다루었고 아직까지도 타의 추종을 불허하는 학술 연구서가 초기 여성운동의 유산을 증언하는 연구서라는 점이다. 경제사학자요 사회사학자인 에디트 에셴하겐Edith Eschenhagen이 비텐베르크의 세무 기록을 분석하여 1927년에 내놓은 연구 논문이 바로 그것이다.[19]

이 모든 작품은 2006년에 이 책과 관련한 연구를 시작하던 내게 강한 영향을 주었으며, 루터의 종교개혁을 이해하려면 장소 의식sense of place이 본질이라는 내 생각은 확고해졌다. 나는 가능한 한 많은 시간을 프리드리히 현공의 성에 자리 잡은 비텐베르크 아카이브에서 보냈다. 점심시간에는 비텐베르크를 여기저기 돌아다녔다. 나는 루터가 비텐베르크로 가기 전에 살았던 곳들을 모두 방문했고, 루터 관련 사실을 밝히려는 목적보다 오히려 그 지역 경제와 권력 구조를 파악하려는 목적 때문에 아카이브에서 기록을 검토할 때가 많았다. 루터의 친구와 적을 불문하고 그와 같은 시대 사람들이 그에 관해 쓴 기록들을 읽었다. 그리고 이를 통해 루터의 대적들이 종종 루터의 심리와 동기를 놀라울 정도로 예리하게 간파했음을 발견했다. 그러나 나는 그의 편지를 읽음으로써 가장 큰 기쁨을 얻었고 루터라는 사람을 가장 풍성하게 만났다. 나는 그 편지를 종교개혁 속의 여러 사건을 확증하거나 어떤 사건이 일어난 시기를 알려고 읽은 게 아니라, 그의 감정을 전달하고 그와 다른 이들의 관계를 밝히는 문헌 자료로서 읽었다. 루터가 쓴 편지는 일이 일어나게 하려고 쓴 것이었다. 그의 실수, 잘못, 자기 정당화, 그리고 특정한 단어를 좋아하는 모습은 그를 움직였던 것에 관하여 많은 정보를 알려 준다. 이를테면, 루터는 종교개혁 초기에 *invidia*, 곧 질투를 끊임없이 이야기하면서, 자신의 대적에게 이 말을 적용했다. 그러나 루터의 대적이 돈도 없고 권력도 없는 일개 수사(루터)°를 질투했을 리는 만무하다. 오히려 루터야말로 자신이 질투하는 이들에게 집착할 이유가 가득했다. 나는 그의 신학 관심사 가운데 많은 것이 그의 심리 상태를 형성한 치열한 갈등과 긴밀한 관련이 있음을 반성하기reflect 시작했다.

어쩌면 루터의 편지 쓰기 습관이 가장 흥미로운 통찰을 제공했을지도 모르겠다. 루터에게는 수사 시절부터 비서가 있었다. 그러나 중병으로 쓰지 못할 때만 제외하곤, 자신이 직접 편지를 썼다. 그의 손—작고 깔끔하며 잘생긴 손—은 자신 있게 편지지를 따라 움직였다. 루터는 자신에게 필요한 종이가 어느 정도의 크기인지 거의 늘 알고 있었는데, 이는 자신이 쓸 말이 어느 정도 분량인지 미리 가늠할 줄 아는 그의 비범한 능력을 시사한다. 여러 해 동안 그의 손 글씨는 대체로 변함이 없었으며, 다만 조금 작아지고 더 각지게 변한 경향이 있었다. 이는 분명 손의 근육이 긴장하여 단단해졌기 때문일 것이다. 그 시대에는 편지가 보통 인편으로 전달되었기 때문에 편지가 위조되거나 중간에 빼앗기는 일이 벌어졌으며, 모든 관공서는 초안을 정리해 두었다. 그러나 루터는 특이하게도 사본을 전혀 보관하지 않았다. 이는 그와 편지를 주고받는 이들에게 엄청난 힘을 실어 주었다. 그들만이 루터가 쓴 기록을 가졌기 때문이다. 그러나 루터는 이에 개의치 않고, 자신의 "필적"을 언제라도 바꿀 수 있다며 농담을 했는데, 이는 그의 두드러진 자신감을 보여 주는 증거다.

이처럼 형식에 매이지 않는 쾌활함이 루터의 가장 매력 있는 성격 가운데 하나다. 명민하고 매력이 있는 데다 그 인격을 그대로 편지에 담아 쓸 줄 알았던 그는 무엇이 자기 편지를 받은 이에게 웃음을 안겨 줄지 확실히 알고 있었다. 그는 순수한 관심으로 질병을 탐구할 뿐 아니라, 바로 본론으로 들어가서 자신과 편지를 주고받는 이의 고통을 직접 대면할 수 있는 방법도 정확히 알고 있었다. 다른 무엇보다도, 그의 편지는 그가 사람들에게 분명히 내뿜었을 카리스마를 우리도 느끼게 하며, 그와 편지를 주고받는 이들이 그의 친구로 지내며 틀림없이 경험했을 순전한 기쁨을 느끼게 한다. 루터는 그가 맺은 여러 관계를 통해 이해해야지 그를 그저 종교개혁이라는 신화 속의 고독한 영웅으로 이해해서는 안 된다고 내가 확신하게 된 것은 바로 루터가 친구에게 보인 우정과 대적에게 표출한 적의가 생생했기 때문이다. 루터의 신학은 다른 이들과 나눈 대화와 토론을 통해 형성되었다. 그러고 보면, 그가 95개 논제를 제시할 때 사용했던 형식인 논박論駁, disputation이 그가 죽을 때까지 소중히 여긴 지적 도구로 남아 있는 것도 결코 우연이 아니다.

아울러 이 책은 루터 신학에서 우리가 익히 알지 못했던 모습도 제시한다. 우리는 그를 "오직 은혜로 구원받음"을 옹호하고, 성경은 교리 문제의 유일한 권위라는 원리인 **오직 성경**sola scriptura을 역설한 사람으로 여기곤 한다. 그러나 루터가 이것만큼 중요시했던 것은 그리스도가 성찬에 실제로 임재하신다Real Presence는 주장이었다. 바로 이 쟁점이야말로 교회 예전을 의심하고 신적인 것이 물질로 드러날 수 있다는 생각에 의심을 품은 현대의 많은 개신교 신자들이 가장 낯설어 하는 문제일 것이다. 그러나 이 문제는 루터의 말년을 장악한 문제였고, 그가 가장 깊은 에너지를 쏟았을 뿐 아니라, 종교개혁도 분열시켰다. 하지만 사상가로서 루터의 가장 독창적인 면도 여기에 있다. 즉, 그는 상징sign(기표)°과 상징된 것signified(기의)°으로 쉽게 구분하는 것을 거부하고, 그리스도는 실제로 성찬에 **임재하시며**, 이것은 참으로 그리스도의 몸과 피**이다**라고 주장했다. 루터는 지성인이었지만, 그가 "창녀"라 부른 "이성理性"을 신뢰하지 않았다.[20] 성찬에 관한 그의 생각은 육체성physicality(물성)°을 놀라울 정도로 편하게 받아들였던 그의 입장과 같지만, 현대 평전들은 선뜻 따르기가 어려운 특징이다. 금욕주의를 심히 반대한 사상가인 루터는 육체와 영혼의 구분을 끊임없이 비판하고 뒤집었다. 그의 사상이 지닌 이런 측면도 우리가 주목하지 않을 수 없는 그의 유산 가운데 하나다. 이것 역시 루터의 신학을 인간 루터와 관련해 이해해야 할 이유다.

루터의 종교개혁은 기쁨과 흥분은 물론이요 분노, 두려움 그리고 증오와 같은 뜨거운 감정들을 불러일으켰다. 루터 자신도 심히 감정적인 인물이었다. 그러나 대부분의 종교개혁 역사서들은 이런 감정들을 루터 신학의 발전과 어울리지 않거나 무관하다 여겨 삭제했다. 역사학자와 신학자가 지금은 아주 낯선 것들, 가령 그의 충격적인 마귀 강박증, 악의가 가득한 반反유대주의, 세련되지 않은 논쟁 같은 것들을 붙들고 씨름하기는 어렵다. 하지만 그의 내면세계와 그의 사상과 감정이 봇물처럼 터지게 한 상황들을 탐구함으로써 종교개혁의 새로운 시각이 활짝 열린다.

01.

만스펠트와 광업

"나는 농부의 아들이다. 내 증조부와 조부 그리고 아버지도 모두 진짜 농부였다."[1] 루터는 이렇게 단호히 말했다. 이는 다만 반쪽 진실이었다. 그는 농사꾼 집안에서 태어났을지라도, 자라기는 광산촌에서 자랐다. 그가 자란 환경은 나중에 그에게 깊은 영향을 미쳤다. 루터는 만스펠트에서 어린 시절을 보냈다. 이곳은 같은 이름을 가진 영지 안에 자리한 작은 광산촌이었다. 마차들이 부린 석탄이 진창길을 따라 쌓여 있었고, 제련소 화로에서 나는 냄새가 공중을 떠돌고 있었다. 그는 평생 만스펠트 사람으로 남으려 했다. 자신을 가리켜 "만스펠트 출신"이라 말했고, 에르푸르트 대학교에 입학할 때도 "만스펠트 출신 마르티누스 루더Martinus luhder ex mansfelt"로 들어갔으며, 그가 죽을 때까지 만스펠트 백작count[유럽 귀족의 작위 가운데 하나이다. 중세 유럽에서 공公의 작위를 가진 군주가 다스리던 지역을 공국公國으로 부르며 구분하지만, 백작의 경우는 다르다. 원서대로 백작 작위와 백작령伯爵領(백작이 다스리는 지역)을 "백伯"으로 통칭한다]°들과 편지를 주고받았다.² 1546년, 루터는 여러 백 사이에 벌어진 또 다른 다툼을 해결하고자 병든 몸을 이끌고 그의 마지막 여행지가 될 아이스레벤을 향해 여행을 떠났다. 그는 이 여정이 그의 목숨을 대가로 요구할 수도 있음을 알았으며, 실제로 그런 일이 벌어졌다. 그는 죽는 자리에서도 만스펠트에서 일어난 문제를 바로잡으려고 애쓰다 숨을 거두었다. 그러나 오늘날 우리가 루터에 관해 가진 이미지에는 만스펠트와 관련된 이런 깊은 연관성이 거의 완전히 지워졌다.³ 대다수 평전은 루터의 어린 시절을 거의 이야기하지 않는다. 만스펠트는, 그가 태어난 아이스레벤이나 그가 삶의 대부분을 보낸 비텐베르크와 달리, 단 한 번도 루터파의 순례지가 되지 않았다. 그러나 루터를 제대로 알려면, 그의 출신 세계를 이해해야 한다.

만스펠트 지역에서는 1200년경부터 광산 채굴이 이루어졌지만, 15세기 중엽에 이르러 새로 등장한 정련 공정 덕분에 최초로 제련 공정을 거친 뒤 은과 순동純銅을 분리할 수 있었다.⁴ 자본 집약이 고도로 이루어진 이 기술혁신은 라이프치히와 뉘른베르크의 큰 금융가들이 광업에 참여하게 했고, 이는 다시 만스펠트 지역에 경제 대호황을 가져다주었다. 만스펠트는 이내 유럽에서 가장 큰 은 생산지 가운데 하나가 되었고, 유럽 대륙에서 생산되는 구리銅 가운데 4분의 1을 생산했다.⁵ 구리는 주석이나 아연을 합금해 청동이나 황동으로 만들어져서 뉘른베르크 같은 마을들에서 생산한 수백 가지 가정 생활용품에 사용했고, 사람들이 집에서 쓰려고 유리와 도자기는 물론 금속 접시와 팬 등 여러 비품들을 마련하기 시작하면서, 이 시대에 일어난 생활 방식 혁명에서 큰 역할을 했다. 루터의 아버지 한스 루더Hans Luder(이 집안의 성은 인도·게르만어에 따른 다양한 변화를 겪었다. Lüder, Luder, Loder, Ludher, Lotter, Lutter 등이

루터가 태어난 아이스레벤.   〈1〉

그것이다. 한스 루더의 아들인 개혁자 마르틴은 1512년 또는 1517년경에 자신의 성을 "Luther"로 택했다. Jürgen Udolph, Martinus Luder-Eleutherius-Martin Luther: Warum änderte Martin Luther seinen Namen?, Universitätsverlag Winter, 2016)°는 1480년대에 새로운 광업 임차권이 경매에 붙여진다는 소식을 듣고, 처음에는 아이스레벤으로 옮겼다가 나중에 만스펠트로 옮겼다. 그 소식은 루더 자신의 모친 집안과 닿은 연줄에게 들은 것 같은데, 바로 저 아이스레벤에서 루터가 1483년에 태어났다.

　　루터 자신은 나중에 자기 아버지를 "금속 노동자이자 광부"라 묘사했지만, 한스 루더가 가난뱅이에서 부자가 되었다고 말한 초기 루터 평전 작가들의 이야기는 진실이 아니다.⁶ 그의 집안 식구는 분명 교육받은 사람은 아니었지만, 그래도 한스는 분명 곡괭이를 들고 땅속 갱도로 내려가 두건을 쓰고 쪼그려 앉아 힘들게 일하는 사람은 아니었다.⁷ 그전에 루더 집안은 농부였는데, 그는 장남이었어도 상속을 받지 못했다. 루더의 부모가 살았던 뫼라Möhra 지역의 관습에 따르면, 막내아들이 농토를 물려받았다. 물려받은 재산의 가치는 필시 자식들이 고르게 나누었을 것이며, 덕분에 맏아들도 어느 정도 재산을 얻었을 것이다. 최근 연구 결과도 한스가 어느 정도 경험을 쌓았을 뫼라 근처에서 루더 집안이 초보 단계의 구리 제련소를 소유했을 수도 있다고 제안한다.[8] 하지만 그는 분명 앞날이 상당히 유망하다는 평판을 얻었던 것 같다. 그렇지 않으면 아이제나흐Eisenach라는 도시에 터를 잡은 집안인 린데만Lindemann 가문—이 집안 식구 중에는 만스펠트 마을의 최고위 관리였고 자신 역시 제련 마이스터smelter-master였던 안토니우스 린데만Anthonius Lindemann이 있었다—이 1479년에 딸을 직업도 없고 재산을 물려받을 가망도 없는 젊은이와 약혼시키지 않았을 것이다.[9] 이는 현명한 결정이었음이 드러난다. 곧 루더는 광산을 경영하게 되었을 뿐 아니라, 늦어도 1491년에 이르러 시의회 부속기관으로 만스펠트의 네 구역을 대표하는 4인회Vierer의 한 사람이 되었고, 종국에는 광산 감독관Schauherr이 된다. 이 덕분에 그는 이 지역에서 광업을 관리하는 가장 중요한 다섯 관리 가운데 한 사람이 되었다.[10] 16세기 초에 이르자, 그는 다른 제련소와 합작회사 형태로 7개의 제련소를 경영하였고, 만스펠트에서 유력한 활동가 가운데 한 사람이 되었다.

1500년에 만스펠트는 인구가 대략 2,000명에서 3,000명가량이었고, 빈민을 돌볼 5개 "병원"과 병자를 돌볼 구호소도 있었다. 이보다 특이한 점은 만스펠트에는 소년들이 다니는 라틴어 학교도 자랑거리였다는 점이다. 만스펠트는 골짜기에 자리하였고, 사람들이 드나드는 성문 넷과 큰 정문 둘이 있었다. 만스펠트의 "구역들"은 훨씬 작았던 첫 장착지에서 시작해 급속도로 성장했다.[11] 만스펠트의 두 주요 도로 가운데 하나는 언덕을 가파르게 감싸고 올라가 중앙 광장에 있는 교회에 이르렀으며, 바로 이 도로 위에 제련 마이스터들과 만스펠트 백의 관리들이 소유한 집이 있었다. 만스펠트 수호성인인 성^聖 게오르크St. Geoge(전설에 따르면, 그리스 태생의 로마 군인으로 기독교 신앙을 부인하기를 거부하다 순교했다)°에게 봉헌한 이 교회는 13세기에 지어졌으나, 루터가 10대 초반이었을 때 불에 타서 무너졌다(얼빠진 오르간 연주자가 오르간 송풍기를 덥히는 불을 끄지 않은 바람에 일어난 불이었다). 교회 재건은 1497년에 시작하여 1502년에 마쳤고, 찬양대석은 1518-1520년에 드디어 완공되었다.[12] 그 지역 사람들은 칼을 휘두르는 기사 성 게오르크가 만스펠트 근처 린트베르크 언덕에서 용과 싸운 만스펠트 백이었다고 믿었다. 만스펠트 백들은 허구인 이런 연관성을 자신에게 유리하게 활용했고, 이 성인을 그들의 주화와 분수와 문 위에 그렸다. 심지어 성 게오르크 풍향계도 있었다.[13]

한스 루더 집은 여행객이 쉬었다 갈 수 있는 두 간이 숙소 가운데 하나였던 "황금 반지 여관Golden Ring tavern" 반대편에 있었다. 만스펠트는 함부르크에서 에르푸르트를 거쳐 뉘른베르크에 이르는 교역로에 위치했지만, 여행객들은 만스펠트 백을 방문하거나 광업에 참여할 일이 없으면 딱히 만스펠트에서 여정을 중단하고 쉴 이유가 거의 없었다.[14] 루더 집은 지금도 있으며, 이전에 생각했던 것보다 두 배는 컸으리라고 믿어진다(우리는 한스 루더가 이 집을 정확히 언제 구입했는지 모른다. 그러나 그가 1507년에 이 집을 소유하고 있던 것만은 확실하다).[15] 이 집에는 마차가 통과할 수 있는 넓은 출입구와 축사 겸 광, 그리고 마구간이 있다.[16] 이 집에서 바라보면 광업의 결과물이 어디에서나 보였을 것이다. 광재slag(광석을 제련한 후에 남은 찌꺼기)° 더미가 마을 풍경에 곰보 자국을 남겨 놓았고, 마을 아래에 있는 큰 못은 성벽 밖에 있는 두 제련소에서 흘러나온 광재수로 오염되었다. 길을 따라 성 게오르크 교회 앞에 있는 광장 쪽으로 더 올라가면, 루터의 가장 친한 친구 한스 라이니케Hans Reinicke가 살던 큰 집이 있다. 라이니케 아버지도 광산 소유주이자 만스펠트에서 가장 잘나가는 인사 가운데 하나였다. 옆집, 그러니까 루터 집과 학교 사이에는 루터의 또 다른 친구인 니켈 욈러Nickel Öhmler가 살았는데, 그는 나중에 결혼해 루터의 친척이 되었다.

마을 위쪽에는 만스펠트 백의 성이 그 위용을 드러내고 있었다. 루터 같은 젊은 친구에게 그 마을을 다스리는 자의 권력을 그 성만큼 깊은 인상을 준 것이 또 있었으리라고 상상하기는 힘들다. 만스펠트 백 가운데는 장자 상속제primogeniture가 존재하지 않았으며 대신 모든 아들이 상속했다. 루터가 소년이었을 때는 만스펠트 백에 세 계보가 있었지만 1501년, 영지를 분할하는 공식 협약을 맺었을 때, 만스펠트를 다스리는 집단은 적어도 다섯 백으로 구성되어 있었다.[17] 새삼 놀랄 일은 아니지만, 그들이 늘 사이좋게 지낸 것은 아니었으며, 이들이 갈등한 요인 가운데 하나가 바로 그 성 때문이었다. 루터가 어렸을 때, 그곳에는 두 성이 있었으며, 여기에 다른 두 거처, 빵집 둘, 양조장 둘, 마구간, 그리고 이 두 성을 가르는 벽이 더 있었고, 이 벽에는 함께 사용하는 길이 있었다. 1474년에 이 만스펠트 백들이 덴마크 왕(크리스티안 1세)°과 이 왕의 기사 150명을 초대하여 사흘 동안 접대한 것으로 보아, 그 성은 틀림없이 인상 깊은 건축물이었던 것 같다.[18] 1501년, 알브레히트 백은 그곳에 세 번째 성을 세우기로 결정하지만, 다른 만스펠트 백들의 반대에 부딪혔다. 이 다툼은 결국 진정되었고, 알브레히트는 그의 야심을 실현하도록 허락받았다. 광산으로 인한 부 덕분에, 손바닥만 했던 이 르네상스 시대의 세 성―하나는 빨간색, 하나는 노란색, 하나는 파란색이 칠해져 있었고, 교회당으로 가는 길을 함께 쓰고 있었다―은 이제 다시 지어져 독일에서 가장 훌륭한 요새를 갖춘 성군城群, castle complex 가운데 하나가 되었다. 사람들은 이 여러 백 가운데 한 사람이 교회 제단 뒤를 장식할 그림으로 예수가 십자가형을 당하는 장면을 묘사한 그림을 의뢰하

만스펠트 성의 제단화. 〈2〉

면서, 자신이 가장 증오하는 공동 통치자를 예수 오른편에 있는 강도로 그리게 했다고 믿었다. 사실인지 아닌지 모르지만, 이 강도는 그림에 아주 독특한 개성을 부여하는 특징들을 갖고 있는데, 특이하게도 벌거벗지 않고 도리어 화려하며 알록달록한 반바지 차림을 한 망나니(사형집행자)° 복장을 뽐내고 있다. 망나니는 사람들이 수치스럽게 여겨 피했기 때문에, 이런 묘사는 속이 뻥 뚫리는 모욕이었을 것이다.[19]

루더 집안은 잘 살았다.[20] 이 집안 식구들은 중부 유럽에서 수입한 소고기가 더 흔한 식품이던 그 시절에 이보다 상당히 비싼 음식인 부드러운 새끼 돼지고기를 즐겼다. 이들은 또 자신들이 덫을 놓아 잡은 새를 먹었다. 새를 유인하는 데 사용된 거위 뼈로 만든 호루라기가 집 밖에 있는 쓰레기 더미에 있었던 것으로 보아, 이 집안 식구 가운데 적어도 한 사람은 새 사냥에 빠진 사람이었다. 식재료가 풍성한 부엌이 있었고, 여기에는 소박하게 만든 초록색과 노란색 접시와 도자기 그릇이 갖춰져 있었다. 그뿐만 아니라, 이 시대에는 아직 사치품이었던 음료수 잔도 있었다.[21] 이 집안은 분명 식도락을 즐기는 집안이었고, 삶의 즐거움을 만끽했으며, 쌈쌈이에 구애받아 생활비를 아끼는 집안이 아니었다.

16세기 도시에 살았던 대다수 집을 보면, 집주인의 아내도 일터에서 생업을 같이하면서, 도제와 도제 수습이 끝난 일꾼을 독려하고, 때로는 장부도 정리했다. 그러나 광산을 소유한 계층에서는 남편의 영역과 아내의 영역이 칼같이 구분되어 있었다. 광부들은 가족과 함께 그들 집에 살았으나, 제련 마이스터의 아내는 그들을 먹이고 생활을 유지할 책임이 없었다. 한스 루더 자신도 매일 성벽 밖에 있는 일터로 일하러 갔으며, 연기와 수직갱도와 수평갱도가 있는 이 낯선 세계에 몸을 담그고 살았다. 그러는 동안, 루터의 어머니(한스 루더의 아내)°는 종 및 자녀와 함께 집에 있었다. 이런 영역 분리는 19세기 부르주아의 그것과 오히려 더 비슷하며, 근세 초기 독일 소도시와 농촌에서 보통 볼 수 있었던 모습과 사뭇 달랐다. 근세 초기 독일 소도시와 농촌에서는 여자는 가금류를 키우고, 식용 식물을 재배하며, 유제품을 만드는 일을 하고, 장을 보러 갔다. 이런 곳에서는 여자가 과부가 되면, 농장이나 사업을 물려받을 수 있어야 했다. 따라서 루더 집안이 남성과 여성을 엄격하게 구별한 것은 상당히 특이한 일이었다. 아마도 이것이 루터가 후에 젠더gender(생물학적 의미의 성별인 섹스sex와 비교되는 사회적인 의미의 성별)°의 역할에

관한 생각을 피력하면서 성sex의 차이를 과장한 이유를 설명하는 데 도움이 될 것이다. "남자는 어깨가 넓고 골반이 좁아서 지성을 소유하고 있다. 여자는 어깨가 좁고 골반이 넓다. 여자는 집에 머물러야 한다. 여자가 창조된 방식이 이를 알려 준다. 여자는 앉을 수 있는 넓은 골반과 널찍한 둔부를 갖고 있다."[22]

여자도 낮은 사회 계급에 속한 광부 일을 전혀 하지 않은 것은 아니었다. 16세기 초에 기록된 회계장부를 보면, 광부의 아내가 매주 번 금액도 남편이 매주 번 금액과 함께 기록했는데, 이는 여자들이 광업에서 차지하는 중요성을 알려 주는 증거다.[23] 여자들은 남편과 함께 핸들을 돌려 수직갱도 안으로 무거운 짐을 나르고 밖으로 무거운 짐을 꺼내는가 하면, 자녀들과 함께 품질에 따라 원광석을 구분하여 분쇄하는 일을 도왔다. 여자들은 허리가 끊어질 정도로 힘든 석탄 파쇄 작업을 하여, 용광로 안에 바를 석회를 만드는 데 필요한 고운 가루를 만들었다. 아울러 먼지투성이인 광부의 옷을 빨았고, 남편이 집에 가져온 광재를 난방에 활용했다.

루터의 아버지는 고도로 숙련된 기술이 필요한 구리 제련 과정

게오르크 아그리콜라Johannes Agricola, 1494-1566가 광업을 다룬 논문 De re metallica, 1556에 있는 그림들. 체구가 건장한 두 여성이 긴 탁자 위에서 원광석을 부수고 있다. 이 방법은 19세기에도 여전히 사용하곤 했다. 다른 두 여자는 석탄을 잘게 부수고, 거대한 송풍기 뒤편에서는 짧은 치마를 입은 여성이 일하며 왔다갔다 하는 모습을 볼 수 있다.[24]

⟨3⟩, ⟨4⟩
⟨5⟩

이 잘 돌아가게 감독하고 광산을 훌륭하게 경영한 제련 마이스터 가운데 한 사람이었다. 용광로, 곧 "화로" 하나에 수직갱도가 하나씩 배분되었으며, 제련소로 쓰는 **움막**Hütten은 시냇가에 자리하고 있었다. 수력으로 용광로에 바람을 불어넣어 불이 타오르게 하는 송풍기를 돌렸기 때문이다. 제련소 움막 하나에 화로가 몇 개 있었던 것 같으며, 1508년에 만스펠트에는 대략 95개 "화로"가 있었고, 40명쯤 되는 제련 마이스터가 이 화로를 운영했다.[25] 이 마이스터들은 광부를 공급하고 광부들과 함께 지하로 내려가 일하던 광부단鑛夫團 단장과 계약을 맺었다. 따라서 노동관계는 중개를 통해 형성되었다. 1507년에 일어난 사건처럼, 광부들이 노동조건에 반발하여 들고일어났을 때, 이 광부들은 자신들의 불만을 글로 써서 중개자를 통해 만스펠트 백들에게 전달했다. 만스펠트 백들도 광부들의 인내를 아주 오랫동안 시험해서는 안 된다는 것을 알았다. 백들은 봉기한 이 시골 사람들을 처형할 수도 있었지만, 그 대신 12명 남짓한 주동자들에게 100굴덴Gulden(14세기부터 19세기까지 특히 독일에서 통용되던 금화. 후에는 은화도 나왔다)°이나 되는 어마어마한 벌금을 물리면서, 이 벌금의 분할 납부를 허용했다.[26] 당국은 그들이 가진 힘을 행사해야 했지만, 고도로 숙련된 기술을 가진 노동력은 너무나 귀중했기에 낭비할 수가 없었다. 자신들이 숙련된 기술자임을 알고 이를 자랑스러워했던 광부들은 포기하지 않았으며, 1511년에는 자신들의 이익을 증진하고자 형제단을 결성했다.[27]

이 시대 법원 기록은 광업 세계의 삶이 어떠했는지를 알 수 있는 희귀한 몇몇 사례를 제공한다. 수직갱도에서 목재, 사다리, 설비를 훔치는 일이 끊임없이 발생했고, 폭행 역시 결코 먼 세상 이야기가 아니었다.[28] 한 남자는 헤트슈테트Hettstedt 근처에 있는 창가娼家에서 창녀를 죽였다가 이 죄목으로 처형당했다. 또 다른 이는 한 남자를 죽이고 그 시신을 광산 수직갱도 아래로 던졌으며(그 역시 자기 목숨으로 죗값을 치렀다), 또 다른 사람은 자기 아버지를 공격하여, 아버지가 일할 수 없을 정도로 손에 심각한 부상을 입었다.[29] 당시 형법은 로마법과 더 오랜 전통이 뒤섞인 것이었는데, 이 전통은 중재(합의)◇를 강조했다. 이 때문에 살인자도 여전히 피해자 가족에게 배상함으로써 사건을 마무리 지을 수 있었지만, 그럼에도 1507년에서 1509년 사이에 적어도 범죄자 3명이 살인 죄목으로 처형당했다.[30]

맡은 일이 다른 광부 그룹 사이에서도 분쟁이 끊이지 않았다. 권양기捲揚機를 올리는 사람Haspeler은 수직갱도 굴착자Sinker를 증오했다. 수직갱도 굴착자는 대부분 슐레지엔 출신이었는데, 결혼을 경멸했다. 이들은 결혼하지 않고 여자 친구와 광산 근처 집에서 동거했으며, 닭과 다른 가축도 집에서 함께 키웠다.[31] 채굴 작업은 위험한 일이었다. 수직갱도에서 시작하는 수평갱도는 좁았으며, 광부들은 배를 바닥에 대고 엎드려 일해야 했다. 빛도 거의 들지 않았다. 날씨라도 나빠지면, 램프가 갑자기 꺼지면서 유황 가스가 수직갱도에 쌓여, 아직 그 아래에 있던 광부들은 가스에 중독되었다. 사람들은 그 가스가 황과 금속에서 나온 나

쁜 공기가 만든 것이며, 갱도에 차오르면 사람들은 그 냉기로 결국 죽음에 이른다고 믿었다.[32]

채굴 작업은 목이 타는 일이었다. 그러나 물은 마실 수 없는 물이어서, 양조업이 만스펠트의 또 다른 주요 산업이 되었다. 알코올은 싸움을 불러일으키는 연료였다. 더구나 모든 사람이 칼을 갖고 다녀, 싸움이 벌어지면 유혈극으로 비화하곤 했다. 싸움은 대부분 여관이나 술집에서 벌어졌다.[33] 이 술집 저 술집 돌아다니며 싸움이나 벌이는 건달이었던 루터 삼촌 "작은 한스"도 1536년에 한 술집에서 벌어진 싸움판에서 죽음을 맞았다.[34] 사람들은 싸울 때 손에 잡히는 것은 무엇이든 사용했다. 여관에 있던 램프를 쥐고 상대방을 후려치는가 하면, 맥주잔을 들어 상대방 머리를 내려치기도 했다. 그러나 동시에 이 맥주잔은 동료 의식을 상징하는 것으로 중요한 의미가 있었다. 다른 이를 모욕할 때면 존경할 사람과 맥주잔을 같이 쓸 자격이 없는 놈이라는 말로 모욕하곤 했다.[35] 사람들 사이의 유대를 다지는 의식이 있으면 으레 술판이 벌어졌으며, 술 마시기 시합이 벌어지면 꿈쩍 않고 꼿꼿이 그 자리에 서서 버텨야 했다. 사람들이 좋아하는 술 마시기 시합을 하려면 "돌려 가며 마시는 술잔"이 필요했는데, 이 술잔에는 서로 폭이 다른 띠들을 사용하여 여러 개 골을 만들었으며, 술 마시기 시합에 참여하는 사람은 자신이 마시기 시작한 골에서 정확히 그다음 골까지 술을 들이켜야 했다. 루더 집안 역시 이런 술잔을 적어도 하나 갖고 있었다.

이렇게 주먹다짐이 잦은 문화이다 보니, 이런 모욕이 일상사였다. "네 에미가 신심 깊은(즉, 정숙한)◆ 여자면 밖으로 나와 나랑 한판 붙고, 네 애비가 건달이면 안에 처박혀 있어라." 여관에는 기사도騎士道 같은 건 거의 없었다. 사내라는 인간들은 툭하면 여자에게 "예전에도 틀림없이 그랬을 테니" 헤트슈테트에 가서 사제와 수사를 데리고 함께 놀라고 말했다. 그러면 또 다른 사내는 화가 나서 "만스펠트를 다 뒤져도 정숙한 여편네는 고작해야 두셋이야"라고 소리쳤다. 같이 일하는 사람에게 네 마누라도 이 두셋에 들어가느냐는 질문을 받은 사람은 속이 끓어도 입을 꾹 다물었다.[36] 일 때문에 벌인 말다툼도 순식간에 개인의 성적이며 윤리적이며 사회적 처신을 둘러싼 말싸움으로 전락할 수 있었다. 그 사회의 중심 범주인 명예는 성적이며 경제적인 양자의 문제였기 때문이다.

     루터가 어렸을 때, 한스 루더는 사람들이 유념해야 할 유력자 중 하나였을 것이다. 그는 건장한 몸을 지닌 힘센 사내였다. 한번은 선술집에서 싸움이 벌어졌다. 그러자 그는 싸우던 두 사람에게 맥주를 끼얹어 둘을 떼어 놓은 뒤, 한 술 더 떠 두 사람 머리에서 피가 흘러내릴 때까지 머리통을 맥주잔으로 후려 갈겼다.[37] 그는 만만하게 다룰 상대도 아니었다. 우리는 그가 권양기를 돌리는 사람이 높은 요금을 받는다며 고소하고, 또 다른 광산 경영자가 루더 자신의 원광석을 훔친다고 주장하며 그 광산 경영자를 고소한 사실도 우리는 알고 있다(이렇게 고소당한 이는 루더가 도리어 자기 석탄을 가져갔다고 맞고소했다).[38] 법원 기록은 광산 경영자끼리 벌인 분쟁으로 가득하다. 조금 놀라운 것은 만스펠트에서 광업이 정점에 이르렀던 16세기 초에 수직갱도가 194개나 있었다는 것이다. 그래서 자기 광산 구역이 어디서 시작하고 다른 이의 광산 구역은 어디서 끝나는지 분간하기가 힘들었을 수도 있다. 걸핏하면 광산 감독관을 불러 광산 경계석 위치를 확인하는 일이 벌어졌다. 갱도는 벌집처럼 언덕 속에 뻗어 있었다. 가장 긴 갱도는 놀랍게도 13.5킬로미터나 되었다. 사람이 이 갱도를 통해 만스펠트 성에서 아이스레벤에 다다를 수 있다는 소문까지 돌았다.

     그뿐만 아니라, 만스펠트는 현기증이 날 정도로 복잡한 금융 약정 천지였다. 광업은 구조상 사람들이 한데 힘을 합쳐 유지해야 할 부분이 많았다. 당시 기록을 보면, 돈이 적은 집단인 광산 운영자 사이에서 돈이 오갈 때, 혹은 뉘른베르크의 자본가들이 돈을 빌려줄 때, 그리고 광산을 포기하거나 재배분할 때, 이들 사이에서 이루어진 대출과 맞대출counter-loan과 보증 등이 난마亂麻처럼 얽혀 있는 모습을 엿볼 수 있다.[39] 한스 루더는 이렇게 서로 다툼을 벌이는 몇몇 세력 사이에 끼어 옴짝달싹 못하는 처지였을 것이다. 광산을 빌려주고 법률에 따른 계약 조건을 수시로 변경하여 끊임없이 더 많은 돈을 짜내려 한 만스펠트 백들, 제 잇속을 차리는 일에만 귀신같이 빠른 다른 광산 운영자들, 실제로 노동을 통해 땅에서 부를 생산했고 마침내 자신들의 이익을 지킬 단체를 조직하기 시작한 광부들, 그리고 멀리 떨어져 있었지만 자신에게 유리한 대출 조건을 강요하여 빚을 지기는 아주 쉬워도 빚을 갚기는 아주 어렵게 한 뉘른베르크와 라이프치히의 자본가들이 그런 세력이었다.

이런 경제 관계는 새로운 것이었고, 복잡했다. 새로운 광산 소유주들이 대규모로 광업 임차권을 획득하고 15세기에 들어와 은 정련 기술이 도입되자, 외부에서 자본가들이 들어왔다. 이런 발전으로 법과 경제와 사회는 심히 불확실한 관계가 되었다. 백들이 준 새 광업 임차권은 더 이상 영구 임차권이 아니라 기한부 임차권期限附 賃借權이었으며, 광산 소유자라는 소규모 엘리트 집단 사이에서 이중의 법률 약정이 체결되었다. 하지만 성공은 결코 보장되지 않았다. 일부 투자자는 엄청난 돈을 긁어모았다. 하이델베르크Heidelberg가家와 드라흐슈테트Drachstedt가家 같은 집안은 믿기 힘든 부를 축적했다. 그러나 다른 이들은 빚의 수렁으로 점점 더 깊이 빠져들었다.

만스펠트 광산 소유주들은 필요한 자본과 기계를 확보하고자 자주 힘을 합쳐야 했다. 그러나 이들은 다른 이들의 참여를 불허하는 영구 합작회사를 만드는 대신, 상인들처럼, 일정 기간만 동업하기로 약정하는 계약에 의존했다.⁴⁰ 한스 루더는 그 나름대로 길을 개척하여 만스펠트에서 유력한 자리에 올랐다. 16세기의 두 번째 10년(1510년대)°에는 "화로"(용광로)°를 7개나 가졌으며, 일꾼도 아마 200명은 되었던 것 같다.⁴¹ 아울러 그는 법률 계약을 이해하고 상인 자본가와 백들에게서 자신의 이익을 지켜 줄 누군가가 필요함을 알고 있었다. 이런 점이 그의 아들에게 법학 공부를 시키겠다는 결심을 하게 한 요인이 된 것 같다. 루더는 법학 박사이며 1520년대 후반에 만스펠트 지역에서 가장 부유한 광산 소유주가 된 드라흐슈테트 박사와 동업했는데, 이 역시 한스가 아들에게 법학 공부를 시켜야겠다는 생각을 갖게 했을지도 모른다.⁴²

계약이 보호하지 못하면, 혈연이 대신 보호할 수도 있었다. 20개에서 30개 집안으로 이루어진 작은 광업 엘리트 집단의 모든 구성원처럼, 한스 루더도 혼맥婚脈을 형성해 그의 지위를 공고히 다졌다. 아들 서넛(우리는 아들 수를 확실히 모른다)과 딸 넷을 두었던 한스 루더는 왕조를 만들 꿈을 꾸었을지도 모르지만, 그의 아들 둘은 1506년과 1507년에, 그리고 딸 하나는 1520년에 역병으로 죽었다.⁴³ 세 딸은 지역 유지와 결혼했다. 도로테아Dorothea는 마켄로트Mackenrodt 집안사람과 결혼했는데, 이 집안은 적어도 한 세기 동안 그 지역에 거주했으며, 삶의 든든한 보장이 될 여러 칭호를 가진 특권계층이었다. 어머니Lindemann(집안의 Margarethe)° 이름을 딴 마르가레테Margarethe는 하인츠 카우프만Heinz Kaufmann과 결혼했다. 카우프만은 1508년부터 1512년까진 단 한 개 "화로"만 운영했으나, 나중에는, 마르틴 루터의 동생 야콥Jacob(집안 식구들은 그를 "야쿠프"라 불렀다)처럼, 장인(한스 루더)°과 제휴한다. 셋째 누이는 클라우스 폴너Klaus Polner와 결혼했는데, 폴너도 루더처럼 확실한 임차권을 갖지 못한 광산 소유주 그룹에 속해 있었다.⁴⁴

그러나 한스 루더의 이 모든 세심한 계산과 장기 전략은 결국 물거품이 되었다. 만스펠트에 있는 광산들은 만스펠트의 다섯 백이 함께 관리했고, 이들이 교대로 사법권을 행사했다. 이는 공정한 체계처럼 보이지만, 광업의 수입이 위용을 과시하며 마을 전체를 내려다보는 르네상스식 궁전들을 충분히 유지할 돈을 충당해야 했다. 루터가 고향을 떠나고 오랜 시간이 흐른 뒤, 그러니까 1520년대 이르면, 이런 균형을 유지하기가 점점 더 어려워진다. 만스펠트 백들은 광업 임차권을 가진 이들에게서 계속 돈을 짜냈지만, 광산 수입은 줄기 시작했다. 광층鑛層은 더 깊어져 닿기가 이전보다 힘들어졌고, 물은 계속 퍼 올려야 했기 때문에, 기계가 더 필요했다. 제련 마이스터 숫자가 줄었으며, 이전에는 광산 운영자에게 돈을 빌려주던 은 정련 회사들Saigergesellschaften이 이제는 제련 마이스터에게 돈을 빌려주면서 결국 광산 소유권을 차지하기 시작했다.[45] 자존심도 강하고 누구에게도 의지하지 않았던 한스 루더도 1520년대에 이르자 빚을 갚을 수 없게 되어 자신이 증오하던 자본가들을 위해 일할 수밖에 없는 신세가 되었다. 그가 위해 일한 자본가는 슈바르차Schwarza에 있는 **은 정련 상업회사**Saigerhandelgesellschaft였는데, 그의 연봉은 50굴덴이었으며, 그 옆에 감독자가 붙어 있는 비참한 처지가 되고 말았다.[46] 그가 1530년에 세상을 떠날 때는 아들에게 물려줄 광산이 만스펠트에 하나도 남지 않았으며, 그나마 좀 남아 있던 가산家産만을 자식들이 고르게 나눠 가졌다.[47] 1508년만 해도 만스펠트에는 제련 마이스터가 42명이나 있었으나, 1536년에는 그 수가 절반으로 줄었다.[48] 1560년대에 이르면, 만스펠트 백들이 직접 만스펠트 광산을 경영하고, 광업에 투자한 이들은 모두 파산했다.[49] 16세기 말에 이르면, 광맥이 바닥을 드러내고 독일의 은 생산은 경쟁자인 신세계(신대륙)°의 은에 밀려났다.

한스 루더와 그와 같은 시대를 살았던 사람들은 아무도 이해하지 못하고 통제할 수 없어서 결국 그들을 파멸시킨 경제 관계들을 이해하려고 애썼다. 그들에겐 경제 이론이란 것도 없었고, 부가 어떻게 형성되는지도 거의 이해하지 못했다. 뉘른베르크와 라이프치히 자본가들이 이윤을 챙기는 사이에 광산 소유주들은 갑자기 거지 신세가 된 이유를 그들 가운데 어느 누구도 몰랐다. 경제사상은 부에 한계가 있다는 가설에 기초를 두고 있다. 한 사람이 부를 취하면, 다른 사람은 부를 얻을 수 없다. 그 시대 사람들은 금속이 수은과 황의 혼합으로 만들어지며 행성의 영향으로 형성된다고 믿었다. 광업은 운이 좌우했다. 점쟁이가 있었고, 이런저런 조언을 담은 책이 인쇄되어 있었지만, 노다지 광맥이 어디에 있는지 아는 이는 아무도 없었다. 만스펠트 사람들의 삶 곳곳에 운명의 존재가 자리하고 있었다는 것이 조금 놀랍기는 하다.

광업과 관련된 풍성한 민간전승이 있었으며, 이는 루터에게 큰 영향을 미쳤다. 루터는 제련 과정에 물이 꼭 있어야 함을 보면서, 인간에게 장난치는 못된 생물인 "닉스nix"(독일 신화에서 유래한 물에 산다는 존재)°, 곧 물의 요정이 있다는 믿음을 품고 자랐다. 당시 사람들은 광산에서 발견되는 화석을 땅의 영과 하늘의 영이 만든 그림이라 믿었고, 기이하고 으스스한 빛들이 풍부한 광맥을 알려 준다고 믿었다. 어른 루터는 이 빛들이 사탄의 작품이라 생각했다. 사탄을 우두머리 사기꾼이라 여긴 루터는 이렇게 썼다. "광산에서는 사탄이 사람들을 괴롭히고 속이며, 사람들 눈앞에 여러 영을 두어, 사실은 아무것도 없는 곳에서 어마어마한 원광과 은을 보았다고 믿게 만든다." 사실 루터도 겉으로는 광업과 관련된 수많은 미신을 물리쳤지만, 행운이 존재한다는 생각은 고수했다. 루터는 일부 사람들이 풍부한 원광을 찾은 것이 행운 때문임을 인정했다. 루터는 이런 글을 쓰기도 했다. "난 광업 쪽엔 운이 없어. 마귀가 하나님 것인 이 선물을 내게 허용하려 하지 않기 때문이야."[50] 자주 그

당시 광업과 관련된 민간전승을 보면, 각 원광석은 그에 해당하는 행성을 갖고 있었는데, 구리는 금성이었다. 울리히 뤼라인 폰 칼브 Ulrich Rülein von Calw가 1527년에 쓴 광업 관련 책을 보면, 구리를 벌거벗은 몸으로 거울을 들여다보는 가슴 큰 여신으로 묘사한다. 여신의 굽이치는 머리 다발은 등으로 풍성하게 쏟아져 내리고, 정의를 상징하는 저울이 여신의 오른손에 들려 있다.

〈6〉

랬지만, 루터는 예전부터 내려오는 행운에 관한 믿음에 신학적 설명을 덧칠하여 제시했다. 대신, 비록 절반은 농담이었을지언정, 그런 행운이 마귀의 힘 때문이라고 제시했다.

광산 소유주들의 쓰라린 경험이 루터의 경제사상을 형성했다. 그가 살면서 나중에 "도둑"과 "강도" 그리고 "제 잇속만 챙기는 대지주"들이 부리는 "얕은 수작"에 가끔씩 분노한 것은 푸거가※ 같은 대자본가들을 상대로 대중 사이에 널리 퍼져 있던 증오심을 표출한 것이었다. 이런 대자본가들은 고리대금이라는 죄악을 저질렀으며, 광물 교역 같은 부의 원천을 독점하려고 했다.[51] 루터는 죄라는 도덕 언어로 경제 행위를 설명하면서, 대자본가들의 탐욕을 죽음에 이르는 일곱 죄악[칠죄종-본죄의 일곱 가지 근원. 교만, 인색, 시기(질투), 분노, 음욕, 탐욕(탐식), 나태]◇

중 하나라며 혹독하게 비판했지만, 이런 윤리적 접근법을 취하는 바람에 새로운 자본주의 메커니즘을 다루지 못했다. 그는 많은 상업 활동을 기독교에 어긋나는 것으로 여겨 거부했으며, 평생 고리대금은 죄라는 태도를 견지했다. 그러나 그는 돈을 빌려줄 때 기본 이율을 받고 빌려주는 것은 묵인했다. 루터는 훗날 작센 공이 소유한 광산의 지분을 제공하겠다는 제의를 받았다. 이 지분이면 그가 마침 필요로 했던 300굴덴이 해마다 그에게 돌아오게 되어 있었다. 그러나 루터는 이 제의를 거부하면서 이렇게 선언했다. "나는 교황의 이louse이며, 그를 괴롭힙니다. 그는 나를 지켜 주고, 나는 그의 재물에 얹혀 삽니다." 루터는 자본가가 되고 싶지 않았다. 그에게 지분은 소꿉놀이에 쓰는 **가짜 돈**Spielgeld(노름판의 판돈)° 같은 것이었다.[52]

나중에 결국 루터가 95개 논제를 공표하게 했던 설교자 요하네스 테첼이 1508년에 면벌부를 팔기 시작할 때, 동정녀 마리아의 모친이요 현지 광부의 수호성인이었던 안나의 이름을 따서 지은 새 광업 지역인 성聖 안나베르크St. Annaberg로 곧장 달려간 일은 놀라운 일이 아니었다. 광부들은 그들이 불러 모을 수 있는 보호자는 다 불러 모아야 했다. 나중에 이 마을의 루터파 설교자인 미코니우스가 말한 것처럼, 광부들은 "그들이 돈궤에 돈을 넣고 은혜와 면벌부를 사기만 하면, 성 안나베르크 주위의 산들이 최고의 순은으로 변하길" 소망했으며, "그들이 누군가의 영혼을 위해 돈궤에 넣은 주화가 짤랑 소리를 내자마자, 그 영혼은 마지막 숨을 거두는 순간 하늘로 곧장 날아오르길" 소망했다.[53]

광업 세계 어디에나 불확실성과 위험과 위태로운 일들이 도사리고 있다는 사실이 루터의 영혼에 들어와 자리 잡았으며, 이런 사실 때문에 그가 하나님의 전능하심을 깊이 확신하게 되었을지도 모르겠다. 다시 말해, 인간은 하나님을 만날 때 하나님 앞에서 자신을 완전히 드러내며, 그를 보호해 줄 중개자나 전략은 전혀 존재하지 않는다는 것을 깨닫게 되었는지도 모른다. 마술은 통하지 않았고, 보험도 존재하지 않았으며, 법이 제공하는 보호도 보잘 것 없었다. 광부들은 성인, 특히 성 안나를 부를 수 있었다. 그러나 결국 그는 홀로 하나님을 대면했다.

◆ ◆ ◆

1527년경, 루카스 크라나흐 Lucas Cranach der Ältere, 1472-1553(북방 르네상스의 대표적인 독일의 화가)는 루터의 부모가 비텐베르크로 아들을 찾아왔을 때 이 부부 초상화를 그렸다. 한스 초상화는 힘이 넘쳐 보이는 몸에 땅딸막하면서도 단단해 보이는 용모를 지닌 남자를 보여준다. 그를 보면, 부지런히 움직이길 좋아하고 가만히 앉아 있는 일에는 거의 진저리를 칠 것 같으며, 두 손을 어색하게 오므리고 있다. 그는 재산깨나 있는 사람들이 좋아하는 색깔인 검은색 옷을 입었으며, 이런 옷에 반드시 필요한 모피 깃 달린 옷을 입고 있다. 누가 봐도 루터와 꼭 닮았다. 그도 아들 루터처럼 깊이 들어간 눈과 살이 축 늘어진 턱을 가졌으며, 루터는 이를 그대로 물려받았다. 루터의 어머니 마르가레테가 쓴 하얀 두건과 입은 하얀 셔츠는 루터의 아버지가 입은 어두운 색을 보완한다. 그림은 소박하고 전통을 따른 옷차림과 보석 하나 걸치지 않은 마르가레테를 묘사하여 그를 아내의 모범으로 제시하지만, 앞으로 튀어나온 턱은 그녀가 전통에 그리 매이지 않은 성격이었음을 시사한다. 크라나흐가 연필과 수채로 한스 루더를 그린 스케치도 남아 있는데, 이는 필시 초상을 그리려고 연구한 작품인 것 같다. 얼굴에만 초점을 맞춰 보면, 이런 점이 더 두드러진다. 빛을 쳐다보는 한스의 눈은 찡그러져 있고 그의 얼굴은 볕에 그을려 있다. 영락없이 바깥에서 일하는 데 익숙한 사람의 모습이다. 입은 다부지고, 코는 우뚝하다. 이는 자기 생각을 주저 없이 이야기하는

"한스 루더", 루카스 크라나흐, 1527년.

⟨7⟩

데 익숙한 사람의 모습이다. 그러나 동시에 그늘진 얼굴은 그가 이젠 힘이 빠진 사람이요 늙어 가는 가장임을 알려 준다. 이 초상화가 그려졌을 때, 광업이 영광을 누리던 시절은 이미 끝난 뒤였다.

한스 루더가 아버지로서 어떤 부류에 속하는 사람이었는지 알기는 어렵다. 전통을 따르는 경건한 신자였던 그는 그 세대가 보통 하는 신앙생활을 했다. 성 안나 형제회와 성 게오르크 형제회 회원이었던 그는 지역 모임인 마리아 형제회 설립을 돕기도 했다. 아헨 뿔 나팔Aachhorn 조각이 루더 집에서 발견되었는데, 이는 이 집안의 누군가가 7년이나 걸리는 유명한 순례를 다녀왔을 수도 있음을 보여준다. 성물을 전시할 때 이 뿔 나팔을 불었다.[54] 그러나 루터의 강렬한 영성이 그 아버지에게서 나왔는가는 의문이다. 한스 루더는 일을 처리할 때 자신의 능력에 의지하곤 했던 사람이었다. 그는 다른 이들을 위해 일하려 하지 않고, 자신이 책임자가 되는 쪽을 택했다. 우리는 루터가 1521년에 보름스의회가 끝난 뒤 뫼라에 있던 아버지 친척들을 방문했다가 아버지 친척이 아주 많은 것을 알고 깜짝 놀란 사실을 알고 있다. 이로 보아, 분명 한스 루더는 일단 자립한 뒤에는 많은 친척과 접촉을 끊었던 것으로 보인다.⁵⁵ 그는 그의 능숙한 기술과 재주를 누구에게서도 물려받지 않고, 스스로 터득했다. 하지만 그의 집안 배경이 광업에 관한 기초 지식은 어느 정도 제공했을지 몰라도, 이런 배경이 규모가 큰 광산 사업을 어떻게 경영해야 하는지, 막대한 자본을 어떻게 운영해야 하는지, 또는 각양각색인 노동자들을 어떻게 훈련해야 하는지는 가르쳐 줄 수 없었다. 성질이 불같고 누구에게도 지지 않으려던 이 남자는 거친 사나이 세계에서 자신의 길을 어떻게 뚫고 나가야 하는지 알았다. 그런 그가 아버지로서 보여준 모습도 정확히 그런 모습이었을 것이다. 한스는 아들이 아버지와 다른 인생길을 가려는 것을 받아들이지 못했던 것 같다. 루터가 수도원에 들어갔을 때 일어난 부자父子 사이의 격렬한 충돌은 한스가 아들을 그야말로 자기 분신처럼 여겼고, 자신이 아들 루터를 생각하며 설계한 인생을 바로 그 아들이 거부했을 때 아주 깊은 상처를 받았음을 알려 준다.

아버지에게서 성공하겠다는 굳은 포부를 물려받은 루터는 누가 봐도 맏아들처럼 보일 수 있지만, 어쩌면 그에겐 일찍 죽은 형이 있었을지도 모르겠다.⁵⁶ 루터 집은 아이들로 바글바글했다. 루터는 동생 야콥이 가까운 단짝이었던 것 같다. 두 형제의 어머니(마르가레테)°가 이런 말을 했다는 이야기도 있을 정도다. "두 녀석은 늘 서로 죽고 못 사는 사이였지. 두 놈 모두 다른 형제와는 살갑게 지내려 하지도 않았어. 한 놈이 없으면 다른 한 놈은 입맛도 똑 떨어지고 놀이에도 흥미가 없더라고."⁵⁷ 어쩌면 루터도 다른 많은 맏이처럼 새로 동생이 태어난 것에 민감한 반응을 보이며, 이 새 동생이 엄마의 관심을 독차지하는 것에 질투를 느꼈을지 모르겠다. 젖먹이는 보통 두 해 동안 엄마 젖을 먹었다. 1532년, 루터는 임신한 아내 카타리나 폰 보라(루터는 1525년 결혼을 했으며, 모두 여섯 명의 자녀를 낳았다. 요하네스1526-1575, 엘리자베트1527-1528, 막달레나1529-1542, 마르틴1531-1565, 파울1533-1593, 마르가레테1534-1570)가 어린 아들 마르틴Martin에게 젖을 먹이는 모습을 보며 이렇게 말했다. "손님 하나는 집 안에 있고 손님 하나는 문에 있는데, 두 손님을 다 먹이려니 힘들군."[58] 1533년, 부부의 다섯째 아이 파울Paul이 태어났을 때, 루터는 파울을 품에 안고 이렇게 중얼거렸다. "아담도 틀림없이 맏아들 가인을 끔찍이도 사랑했으렷다. 그런데 그런 아들놈이 제 아우를 죽이다니." 어찌 보면 이것은 옛 사람들처럼 자식이 무슨 짓을 해도 아비는 자식을 사랑함을 인정한 말이지만, 달리 보면 이 요상한 말은 부모의 관심에서 밀려난 맏이가 얼마나 질투를 느끼는지를 드러내는 것일 수도 있다.[59] 루터 위로 형이 있었든 없었든, 그의 아버지가 고른 투자 대상은 루터를 교육하는 것이었다. 이런 특별 대우는 루터로 하여금 자부심을 갖게 하고, 자신도 아버지처럼 성공할 능력이 있다는 확신을 품게 했을 것이다.

하지만 루터는 이런 특별 대우를 받으면서 형제자매들에게 죄책감을 느끼고, 그들이 질투할까 싶어 걱정했을지도 모른다. 루터는 자신이 받은 대학 교육이 얼마나 비싼 것인지 알았다. 루터를 에르푸르트에서 공부시키려고 제련소에서 두 해 동안 번 돈을 다 써야 했다. 분명 루터 아버지는 이런 사실을 명심하라고 아들에게 신신당부했을 것이다.[60] 아울러 루터는 자신을 가르치는 데 든 이 돈이 그의 형제자매에게는 사용되지 않았다는 것도 알았다. 일곱 아니면 여덟이었을 그의 형제자매 가운데 다섯이 어른이 될 때까지 살아남았다. 부모는 이들을 양육해야 했고 이들이 결혼할 때는 지참금도 마련해야 했다. 결국 그 모든 돈이 한스 루더가 광산 일을 하여 번 돈에서 나왔다. 한스 루더네 자식들은 아버지가 만스펠트의 광산에서 번 돈으로 자신들의 앞길을 개척해야 했다. 이런 가정 경제구조는 이 가족 사이에서 공통된 목적의식을 길러 주었을 것이다. 이 가족은 루터가 살던 내내 끈끈한 유대 관계를 유지했던 것 같다.[61] 루터의 부모가 죽었을 때 유산을 놓고 동기同氣 사이에 좋지 않은 감정이 일었다. 유산을 공평하게 나눠야 했는데, 이에 따른 격앙이 어쩌면 과거에 있었던 갈등을 되살렸는지도 모르겠다. 루터는 맏이답게 갈등을 평화롭게 해결하는 역할을 하여, 결국 재산 분할 갈등을 해결했다. 그러면서 그는 이제 모든 "미움과 마뜩하지 않음"은 제쳐 놓아야 한다고 강조했다.[62] 그러나 맏이의 특권이 딸린 루터의 지위는 때로 질투와 씁쓸한 뒤끝도 함께 남겼을지 모른다. 루터는 다른 형제자매가 그를 질투한다는 생각을 할 때마다 거의 과민에 가까운 반응을 보였는데, 이런 그의 반응은 그의 성격 중 한 특징으로 단단히 자리 잡게 된다.

루터와 같은 세대 학자는 대부분 공업이 주산업인 마을 출신이었으며, 많은 학자가 제국의 큰 마을과 이런 마을의 우아한 패션, 그리고 그 시민들이 가진 자부심에 익숙한 이들이었다. 반면 루터의 성격은 이들과 사뭇 다르고 더 거친 세계에서 형성되었다. 루터는 만스펠트에서 성장한 덕분에 강인함, 그리고 어려움도 마다하지 않고 몸으로 직접 부딪히려는 성품을 가졌을 것이다. 이런 성품은 이후 여러 해에 걸쳐 한계까지 내몰리는 시험을 받게 된다. 루터는 그의 아버지와 다른 광산 소유주에게서 인맥을 형성하는 것이 중요함을 배웠을 것이며, 이런 자질 덕분에 종교개혁도 가능했을 것이다. 루터는 지도자라면 어찌해야 하는지, 그리고 지도자라면 복종이 아니라 맹렬한 비난과 논박과 모욕을 예상해야 한다는 것을 배웠을 것이다. 루터는 만스펠트에서 성장하면서, 정치란 권위와 계급 구분을 바탕으로 삼을 뿐 아니라, 언덕 위에서 마을을 내려다보며 다스리는 백들과 그가 "시커먼 광부들"이라 일컬은 이들, 곧 언덕 아래에서 일하던 이들은 분명히 구별된다는 사실에 그 토대를 두고 있다는 의식을 점점 깊이 가졌을 것이다.[63] 사회라는 측면에서 보면, 만스펠트는 루터에게 친구와 혈연의 중요성을 가르쳐 주었다. 루터는 결혼을 통해 그의 만스펠트 친구 대다수와 친척이 되었고, 여러 해 뒤에 이와 같은 패턴을 그대로 되풀이하게 된다. 루터파 성직자들이 서로 결혼해, 혈연이라는 끈으로 결합한 새로운 전문직 카스트professional caste를 형성했기 때문이다.[64] 신학 측면에서 보면, 그의 어린 시절은 그에게 하나님과 인간 사이에는 결코 이을 수 없는 먼 거리가 있으며 하나님의 섭리는 예측하지 못한다는 생각을 강하게 품게 해주었을 수도 있다. 광부와 재난 사이에도 전혀 예측할 수가 없었다. 모든 광부가 노다지 벼락을 맞을 수도 있었지만, 모든 것을 잃은 광부가 더 많았다. 그러나 행운의 여신을 신뢰하지도 않고 미신에 매달리지도 않았던 사람들은 돌아가는 세상사에 현명한 현실주의를 견지하며, 별(점성술)°을 믿는 것에 코웃음을 쳤을지도 모른다.

02.
대학생

1497년, 청년기에 접어든 루터는 만스펠트를 떠나 마그데부르크에 있는 학교에 진학했다. 그때 그는 열네 살이었으며, 실력 있는 제련 마이스터였던 아버지의 미래도 아직은 장밋빛처럼 보였다. 루터는 광산 감독관의 아들인 한스 라이니케와 함께 갔다. 언제나 야심만만했던 루터의 아버지는 루터에게 마을에서 가장 명망 있는 사람의 아들이 받는 것과 똑같은 교육을 시키고 싶었다. 청년 루터는 대주교의 관리인 파울 모스하우어Paul Moshauer 박사 집에 묵었는데, 그도 광업을 하는 집안 출신이었다.[1]

명민한 이 두 젊은이는 뚜렷이 대비되는 길을 걸어간다. 루터는 에르푸르트에 있는 대학교로 갔다가 수사가 되지만, 라이니케는 가업을 따르고 스물여덟 살쯤 되었을 때인 1511년에 결혼했다. 1512년이 되자, 루터는 수도원에서 부수도원장이자 학습 감독이 되었으며, 라이니케는 그의 첫 제련소를 둘이나 경영했다.[2] 1519년, 루터가 유명해지긴 했으나 돈 한 푼 없는 수사 신세일 때, 라이니케는 만스펠트에 있던 가족의 집을 물려받았으며, 1522년에는 만스펠트에서 가장 부유한 광산 소유주 가운데 한 사람이 되었다.³ 반면, 루터는 보름스의회에 등장하여 세상에 이름을 알렸고, 1522년에는 바르트부르크 성에 피신해 있었다. 1520년대와 1530년대를 통틀어, 그 시대의 모든 광산 소유주 가운데 오직 한스 라이니케만 성공을 거두었다. 그는 슈타이나흐Steinach 정련 회사에 돈을 댄 자본가 대열에 합류했고, 만스펠트의 은 생산을 지배했으며, 광산 소유주들의 대변인 역할을 했다. 이 20년 동안, 루터는 세계에 이름을 알린 사람이 되었다.⁴

　　루터도 라이니케와 같은 삶을 살려면 살 수 있었으나, 그런 삶을 선택하지 않았다. 두 사람은 내내 친구로 남았고 끝까지 인연을 이어 갔다. 둘의 우정은 두 사람의 인생에 든든한 닻이 되었다. 1530년, 아우크스부르크의회가 열리는 동안, 라이니케가 루터를 방문했다. 이 개혁자는 그때 코부르크Coburg 성에서 외로움에 시달리고 있었다. 바로 이때, 한스 루더가 세상을 떠났다는 급한 소식이 전해졌다. 이 소식을 알린 이가 바로 라이니케였다. 루터는 아버지가 세상을 떠난 직후 친구가 보낸 편지가 도착하자, 이를 얼른 훑어보고 이렇게 말했다. "아버지가 돌아가신 것을 이제 알았다." 멜란히톤은 이런 말을 했다. "루터와 라이니케, 두 사람은 유별나다 할 만큼 서로 챙겼다. 본디 둘이 기질이 서로 어느 정도 맞았기 때문일 수도 있고, 어릴 때부터 같이 공부하며 자라서 그랬을 수도 있다." 1538년, 라이니케가 죽자, 루터는 앓아 누웠다. 루터는 "내 몸의 절반인 벗"이 떠났다는 소식을 몇 달이나 듣지 못했다. 이 소식이 루터에게 얼마나 심각한 충격일지를 알았던 루터 주위 사람들이 그 소식을 알리지 않았기 때문이다.⁵ 소년 시절부터 함께했던 이들의 경험이 이 두 사람을 평생 하나로 묶어 주었다.

둘을 묶어 준 이 끈은 소년 시절에 즐거움을 함께한 것만큼이나 비참한 고통을 함께 겪었기 때문일지도 모른다. 루터는 그의 세대가 받았던 가르침에 넌더리를 치며 통렬히 비판했다. "우리는 어디에서나 일자무식이요 유익하거나 가치 있는 것은 가르치지도 못하는 교사와 선생을 참아야 했다. 사실, 그들은 심지어 공부하는 방법이나 가르치는 방법조차도 몰랐다."[6] 그는 이런 말을 1524년에 썼는데, 이 말 뒤에 자리한 어떤 씁쓸함은 또 다른 회상과 관련이 있을지도 모르겠다. 그는 학교에서 "어느 날 아침 잇달아 열다섯 번이나 두들겨 맞은 일이 있었다." 루터는 어린아이를 때리고 벌주어야 한다는 점은 인정하면서도 "그렇게 때리거나 벌주는 사람은 동시에 어린아이를 사랑해야 한다"고 주장했다.[7] 조그만 광산촌이었던 만스펠트에 나름의 라틴어 학교가 있었다는 것은 놀라운 일이다. 이는 이 마을의 유지들이 가진 문화적 열망을 알려 준다. 이런저런 흠이 있긴 했어도, 이 학교는 적어도 루터라는 어린 소년의 의식에 라틴어를 깊이 새기는 데는 분명 성공했다. 나중에 루터가 이 언어를 자유자재로 구사하고, 라틴어를 사용하여 온갖 감정을 모두 표현하며, 여러 사상을 정확하게 형성할 수 있는 능력을 계발할 수 있었던 것은 오로지 그가 아주 오랜 세월 동안 이 언어와 친숙하게 지낸 덕분이었다.

라틴어는 온 유럽에서 학자들이 논쟁을 벌이고 지성인들이 토론을 벌일 때 쓰는 언어였다. 이런 언어를 배우는 것은 그들만의 세계로 들어가는 첫걸음이었다. 여자 어린아이들 대부분은 라틴어를 배우지 않았다. 그러나 이 언어를 배운 이들은 모든 고전 문헌을 만날 수 있었고, 영웅과 군인과 여신과 우화의 세계를 만날 수 있었다. 루터가 이 길을 따라 멀리 나아갈수록, 그는 아버지의 궤도에서 더 멀어졌다. 그는 나이든 사람들이 이해하지 못하는 언어를 알았고, 한스 루더가 짐작조차 못하는 지식과 지적 분석에 다가갈 수 있었다. 그러나 어떤 의미에서 보면, 바로 이것이야말로 루터 아버지가 루터에게 원하던 것이었다.

두 젊은이가 마그데부르크로 떠날 때, 이들은 별처럼 빛나는 미래로 이어지는 길에 들어선 것 같았다. 그러나 겨우 1년 뒤인 1498년, 루터는 마그데부르크에서 훗날 그의 삶에서 중요한 역할을 할 마을인 아이제나흐Eisenach에 있는 학교로 옮긴다. 겉만 보면, 이 전학은 이상했다. 아이제나흐에 있던 학교가 특별히 유명하다거나 크지도 않았을 뿐더러, 마을 자체도 거주자가 3,000명에서 4,000명에 불과하여 그 부나 특권이 마그데부르크와 비교조차 할 수 없었기 때문이다. 14세기가 저물고 15세기로 넘어갈 때, 아이제나흐는 작센 통치자들에게서 독립하고픈 마음에 베틴 전쟁에서 들지 말아야 할 편을 들고 말았다. 그 결과, 아이제나흐는 베틴 공公이 선호하는 주거지라는 지위를 잃고, 이때부터 베틴 공은 아이제나흐 대신 고타와 바이마르를 선호하기 시작했다. 14세기에는 역병이 마을을 거듭 엄습했고, 유대인 학살이 있었으며, 결국 유대인들은 추방되었다. 지배 엘리트 사이의 다툼과 라이프치히에 작센을 관할하는 새 고등법원을 세운 일은 아이제나흐가 법률 중심지로서 가진 위상을 떨어뜨렸다. 아이제나흐의 부는 줄어든 반면, 모든 사람이 마을에 내야 할 세금이 늘면서, 이제 아이제나흐는 다른 곳보다 뒤떨어진 곳이 되었다.[8]

하지만 루터 어머니 집안은 아이제나흐 출신이었다. 루터 외가 사람들은 아이제나흐에서 존경받는 시민이었으며, 루터가 전학한 것도 어머니가 부추겼기 때문일 수 있다.[9] 루터 어머니는 분명 이 똑똑한 아들에게 강력한 영향을 미쳤지만, 루터 어머니에 관한 증거도 그리 많지 않고, 이 모자母子의 관계를 알려 주는 정보도 거의 없다. 그래도 우리는 루터 어머니의 배경이 남편의 그것과 사뭇 다르다는 점은 분명히 안다.

어쩌면 청년 루터는 어머니에게서 얻은 것이 결국은 부친이 그를 위해 깔아 놓은 길을 따르지 않기로 결심한 여러 이유 가운데 하나였을 수도 있다.

훗날 루터는 어머니가 "자신이 쓸 땔감을 모두 등에 지고 날랐다"고 회상했다. 루카스 크라나흐가 그린 루터 어머니 초상을 보면 등이 조금 구부정하다. 우리는 이를 보면서 이 여성이 물을 긷거나 무거운 짐을 져 나르는 일은 종들에게 맡기고 우아하게 살아가는 여느 시민의 아내가 아니었음을 느낄 수 있다. 그러나 루터 어머니에겐 공부 좀 했다는 친척들이 있었으며, 덕분에 이 어머니는 아들과 더 세련된 세상인 아이제나흐를 이어 주는 다리가 되었다.[10] 루터가 그의 멘토이자 고해신부인 요한 폰 슈타우피츠가 쓴 『하나님의 사랑에 관하여 Von der Liebe Gottes』(1518년)를 어머니에게 드리면서 손으로 직접 "사랑하는 어머니께"라고 써서 증정한 일은 주목할 만하다.[11]

초기에 루터 평전을 쓴 사람 중 하나인 요하네스 마테지우스 Johannes Mathesius(루터의 『탁상 담화』 편집자)°는 루터가 라틴어 성경 책을 처음 발견했을 때의 이야기를 했는데, 이 성경에는 루터가 애초에 상상했던 것보다 훨씬 많은 "텍스트들과 서신서와 복음서들"이 있었다. 루터는 흥분하여 성경을 넘기다가 사무엘과 어머니 한나의 이야기에 이르렀다. 그는 이 이야기를 읽으며 "진심으로 즐거워하고 기뻐했다."[12] 한나―마테지우스는 "안네 Anne"라 칭했다―는 아이를 낳지 못했으나, 자신의 기도 응답으로 잉태하자 그 아이의 이름을 "하나님께서 들으셨다"로 지었다. 한나는 이 아들이 경건한 삶을 살게 하고자 그를 제사장 엘리에게 맡겼다. 마테지우스의 글을 읽은 이들도 기억하겠지만, 사무엘은 어릴 때 하나님께 세 번이나 부르심을 받았으며, 마침내 "여호와여, 말씀하옵소서. 주의 종이 듣겠나이다"라고 대답했다.[13] 그 뒤, 사무엘은 어머니가 바라던 제사장이 되지 않고 선지자가 되었다. 루터의 친한 벗인 세 사람—마테지우스, 요한 아우리파버Johann Aurifaber, 그리고 안톤 라우터바흐Anton Lauterbach—은 1531년과 1538년 그리고 1540년에 각자가 기록한 루터의 『탁상 담화』에서 루터가 처음 성경 책을 보았을 때의 일을 모두 나름대로 기록하여 제시한다. 이로 보아, 이 이야기는 분명 루터가 즐겨 했던 이야기였다. 루터의 감성이 이 이야기를 의미심장하게 느꼈다는 것은 곧 "한나"라고도 알려져 있는 그의 어머니가 그의 종교적 소명 의식에 대단히 중대한 영향을 주었을 수도 있음을 시사한다. 루터도 나중에는 스스로 예언자라 칭하면서, 결국 어머니가 상상했을 법한 길과 다른 길을 가게 된다.¹⁴

루터의 어머니는 나중에 이 개혁자가 마귀의 자손임을 보여주고 싶었던 가톨릭 논객들의 표적이 된다. 한 예로, 16세기 후반에 활동한 가톨릭 논쟁가 요하네스 나스Johannes Nas는 아무 근거도 없이 루터의 어머니가 욕실 하녀—이는 수치스러운 직업이었으며 몸가짐이 헤픈 여자를 가리키는 대명사였다—로 일했다고 주장했다. 화려한 자색 옷을 입은 낯선 남자가 루터 어머니를 유혹하면서, 만일 그녀(루터 어머니)◊가 자신에게 몸을 바치기만 하면 고생 끝이요 부자 남편을 잡게 되리라고 약속했다는 것이다. 결국 루터는 마귀가 틀림없는 놈과 정을 통해 낳은 놈이었다. 이것은 성관계를 이용한 중상 비방이었지만, 루터와 같은 시대 사람으로서 처음에는 루터의 사상에 공감했다가 나중에는 루터에 단호히 맞서는 이로 돌아선 가톨릭 신자 요하네스 코흐레우스Johannes Cochlaeus도 일찍이 1533년에 이런 비열한 비난을 퍼부었다. 그는 "수도원에서 도망친 더러운 수사요, 땅도 없고 사람도 없는 비열한 수녀의 엉덩이(기둥서방)◊이며, 그들 말대로 욕실 하녀 소생인 비천한 저능아"라고 루터를 비난했다.¹⁵ 루터는 이런 공격들을 웃어넘겼다. 그는 자기가 욕실 하녀의 아들 아니면 저능아일 거라는 공격을 비웃었다. 그가 그런 사람일 리는 만무했다. 그러나 그런 그도, 무심한 체했지만, 이런 모욕을 기억했다가 몇 차례 인용하긴 했다.[16]

◆ ◆ ◆

비록 영광스러운 시절은 지나고 많이 쇠락하긴 했지만, 그래도 아이제나흐는 루터의 고향과 사뭇 달랐다. 만스펠트는 광재 더미와 술집의 마을이었지만, 아이제나흐는 교회와 수도원 그리고 책을 뽐냈다. 루터의 외가 친척 가운데는 대학을 졸업하고 의사, 학자, 행정관리, 변호사로서 이력을 쌓은 이들이 많았다. 이런 배경으로 루터는 대학에 진학할 생각을 했고 공인으로 활동하는 삶을 살도록 자극했을 것이다. 중요한 것은 그가 1520년에 자신의 부모가 보헤미아 출신이라는 주장─루터가 후스파 이단과 연관이 있다는 오명을 뒤집어씌우려고 꾸민 것이었다─에 분노하며 이를 논박했을 때, 아이제나흐와 거기 사는 그의 친척들을 이렇게 언급했다는 점이다. "내 친족이 거의 다 아이제나흐에 있다. 나는 거기서 알려진 사람이며 오늘날도 그들은 나를 인정하며…거기만큼 나를 잘 아는 마을도 없다."[17] 루터의 학문과 신앙의 정체성에 강력한 영향을 행사한 이들은 아버지 집안이 아니라 어머니 집안이었다.

아이제나흐도 만스펠트처럼 바르트부르크 성의 그림자에 자리 잡고 있었다. 하지만 아이제나흐 사람들과 주변 귀족들의 관계는 바람 잘 날이 없었다. 13세기에 브라반트의 조피Sophie von Brabant(헤센가의 조상인 브라반트 공작 부인)°는 지역 주민들이 **쥠쇠**Klemme라 부르는 요새를 이 마을에 건설했다. 이는 지역 주민들을 통제하려고 세운 것이었다. 그러나 지역 주민들은 기회가 되는 대로 그 요새를 즐거이 파괴했다.[18] 거듭 충돌이 일어났다. 심지어 1304년에는 아이제나흐 주민들이 자신의 방어를 강화하고자 성모마리아 교회의 탑을 부수기도 했다. 이런 신성모독 행위는 결국 이 마을 전체가 파문당하는 결과로 이어졌다. 1306-1308년에는 마을 주민들이 독립하려고, 아예 바르트부르크 성으로 밀고 들어가는 일까지 벌어졌다. 이 일이 실패하면서, 주민들 자신이 포위당한 채 공격당하고 말았다. 이 모든 역사는 아이제나흐 사람들에게 그들 자신이 누구인가를 반성하게 하는 강력한 정체성을 심어 주었고, 언덕 위에 사는 지배자들을 상대로 싸움도 마다하지 않는 적대감을 심어 주었다.[19]

아이제나흐는 이렇다 할 산업이 별로 없고, 종교의식이 전문인 마을이었다. 17세기의 한 연대기 기록자가 쓴 것처럼, 아이제나흐는 "마을 전체가 진정한 종교 중심지"였으며, 온 마을에 교회 관련 시설이 가득 있었다. 이 기록자는 한 재단, 세 교구 교회, 일곱 수도원, 그리고 소예배당이 아홉 개나 있다고 적었다. 성聖 마리아 교회에는 제단이 스물세 개나 있었고, 성 게오르크 교회에는 열여덟 개나 있었으며, 이 모든 제단에 성직자들이 배치되어야 했다. 하지만 시민들의 자부심이 이 연대기 기록자의 그것을 능가했을지도 모르겠다. 이 "수도원" 가운데 몇몇은 큰 시설이 아니었기 때문이다.[20]

아이제나흐도 만스펠트처럼 성 게오르크를 받들어 모시는 마을이었다. 그러나 아이제나흐는 용을 죽인 자(성 게오르크)°의 상무尚武 정신과 균형을 맞춰, 이 마을만이 섬기는 성인, 곧 성 엘리자베트Heilige Elisabeth von Thüringen(헝가리 공주)°를 따로 더 섬기고 있었다. 이 성녀는 1221년에 튀링겐의 루트비히 4세Ludwig IV. der Heilige와 결혼하고 바르트부르크에서 살았다. 이 무렵, 프란체스코 수도회 수사들이 아이제나흐에 이르렀으며, 엘리자베트는 이들을 몸과 마음을 다해 돌봐 주었다. 세상이 놀랄 정도로 세상 가치를 뒤집은 엘리자베트는 세상을 다스리는 백들의 권력과 허장성세虛張聲勢를 거부하고, 성에서 아래 마을로 내려가 비천하고 소외당한 이들과 함께 시간을 보내면서, 병든 자들을 돌보고 병원 건축을 추진했다. 엘리자베트를 둘러싼 전설이 많다. 한 번은 남편이 출타했는데, 나병 환자를 남편 침대에 재운 적도 있었다. 돌아온 남편은 이 이야기를 듣고 당연히 화를 냈다. 그러나 그가 침대보를 잡아당겼을 때 발견한 것은 침대보 위에 새겨진 십자가 형상뿐이었다. 하지만 루트비히가 십자군 원정에서 죽자, 그 아우인 하인리히 폰 라스페Heinrich von Raspe가 섭정해서 엘리자베트를 성에서 쫓아냈다. 엘리자베트는 프란체스코 수도회 수사들에게 피신해야 했으며, 수사들은 엘리자베트를 숨겨 주었다.[21]

사실, 하인리히가 잔인했다는 역사적 증거는 없다. 엘리자베트는 자진하여 마르부르크로 가서 거기서 금욕 생활을 실천하며 산 것 같다. 실제로 엘리자베트는 자신이 이 왕조의 큰 자산임을 증명했으며, 하인리히도 직접 엘리자베트를 기리는 교회를 세웠다. 엘리자베트는 루터의 삶에서 중요한 인물로 남게 된다. 세월이 흐른 뒤에도 루터는 여전히 엘리자베트의 전기를 줄줄 이야기할 수 있었고, 엘리자베트가 태어난 날과 죽을 때의 나이도 이야기할 수 있었다.[22] 다른 성인들은 루터가 퍼붓는 독설의 표적이 되었지만, 그런 그도 엘리자베트는 결코 험담하지 않았다. 심지어 루터는 자신의 첫딸 이름을 엘리자베트라 지었다.

사람들이 아낌없는 보속補贖을 행하고 유력 인사들이 급작스러운 영적 회심을 통해 겸손해졌다는 사연들도 영성 충만한 마을이라는 아이제나흐의 명성을 더 높여 주었다. 드레푸르트 남작 헤르만Baron Hermann von Dreffurt은 강도질과 오입질, 폭력을 일삼는 삶을 살다가, 1329년에 자신의 길이 잘못되었음을 깨닫고 아이제나흐로 가서 프란체스코 수도회 수사가 되었다. 20년 가까운 세월이 흐른 뒤, 이 수사는 죽음을 앞두고 자신을 "이전에 학생들이 화장실로 썼던" 곳에 묻어 달라고 요청했다.²³ 그러나 이런 열렬한 영성에도 바람직하지 않은 면이 있었다. 루터와 멜란히톤 둘 다 아이제나흐에서 움직이는 상像이라는 극악極惡한 사례를 본 일을 떠올렸다.²⁴ 이 상은 잘 속는 사람들을 속여 이것이 마치 기적을 통해 움직이면서 이를 올려다보는 신자들과 눈을 맞추거나 신자들과 소통하는 것처럼 믿게 하려고 여러 부분을 조정할 수 있게 만든 성인상聖人像이었다. 이는 예배자 안에 강력한 감정을 집어넣으려고 고안한 예배 문화의 일부였지만, 이에 회의를 품은 이들에겐 손 쉬운 표적이 되었다.

아이제나흐에 도착한 루터는 저녁을 구걸해야 했다. 이 젊은 친구는 찬양대에 섰을 정도로 목소리가 훌륭했다. 그는 하늘이 주신 이 선물을 탁발하는 데 사용할 수 있었다. 이 훌륭한 목소리는 나중에 그가 설교자로서 발휘한 능력으로 그리고 그가 작곡한 찬송으로 꽃피게 된다. 탁발托鉢은 흔한 일이었다. 사유재산이 금지였던 프란체스코 수도회 수사들은 적선을 구하는 것을 경건한 일로 보았다. 학교 학생들도 마찬가지로 자신들을 부양하는 데 든 돈을 갚고자 으레 탁발을 했다. 그러나 루터가 나중에 탁발을 호되게 비판하곤 했다는 사실은 그가 이런 탁발을 아주 마뜩잖게 여겼음을 알려 주는 것일 수 있다. 1520년경, 그는 한 친구에게 탁발로 목숨을 연명하느니 장사를 배우겠다고 썼다. 그는 바로 그 시대 수도원주의(금욕과 탁발을 중시하던 삶)◦를 비판하면서, 수사들이 "온 나라를 돌아다니는 게 어떤 유익도 주지 않았고 앞으로도 전혀 유익을 주지 않을 것"이라고 비판했다. 그러면서 그는 이런 충고를 덧붙였다. "나는 이 집(수도원)◦들을 열 곳 혹은 필요하면 필요한 수만큼 함께 묶어 한 시설로 만들고, 이곳에 적절한 양식을 공급함으로써 탁발이 필요 없게 만들라고 권고한다."²⁵

루터는 4년 동안 어머니의 세계에서 살면서, 사람들에게 존경받던 어머니 쪽 친척인 샬베Schalbe 집안의 집에 머물렀다. 하인리히 샬베 Heinrich Schalbe는 시의회 의원이었고, 1495년과 1499년에 시장으로 봉직했다.[26] 이 집안은 프란체스코 수도회 수사처럼 검소하고 소박하며 선행을 하며 살았으며, 작은 형제회가 운영하고 본디 성 엘리자베트 자신이 설립한 시설의 일부였던 한 작은 수도원을 몸과 마음을 다해 도왔다.[27] 이런 경건은 루터에게 깊은 영향을 주었다. 루터가 1507년에 첫 미사를 집전할 때 이 집안사람들더러 그 자리에 와서 축하해 달라고 초청하고 싶어 할 정도로, 이 집안은 루터에게 아주 중요했다. 루터는 이 미사 참석 때문에 이 집안사람들이 감당할 비용을 알고서 초청을 단념했다.

루터의 아이제나흐 학창 생활은 거의 알려져 있지 않다. 학교 건물은 그다지 깊은 인상을 주지 못했을 것이다. 1507년에 무너졌기 때문이다.[28] 루터 주치의였고 초기 루터 전기 저자 중 한 사람인 마테우스 라체베르거Matthäus Ratzeberger의 이야기는, 어쩌면 비록 거짓일 수도 있지만, 학생과 배움을 존중하던 당시 분위기를 전해 준다. 교장은 학생들 앞에서 늘 모자를 벗고 모든 교사에게도 자신처럼 하라고 하면서, 교사들에게 자신들이 지금 미래의 시장이나 재상이나 박식한 박사나 섭정에게 말하는 것일 수도 있다고 이야기하곤 했다.[29] 이렇게 학생을 존중했다는 이야기는 루터가 자신의 어린 시절을 회상하며 말했던 구타 이야기와 아주 동떨어져 있지만, 이 학교가 이 젊은 친구의 지성이 꽃피게 해주었을 가능성은 있다. 만스펠트에서 라틴어 초보를 다 뗀 루터는 이제 문학 작품에 주목하기 시작했다. 그는 고전에 심취했는데, 이는 그의 문체에 아주 큰 영향을 주었다. 그는 시를 사랑하기 시작했다. 나중에 그가 회상한 것에 따르면, 처음으로 읽은 시는 당대의 시인인 밥티스타 만투아누스Baptista Mantuanus(이탈리아 인문주의자)°의 시였다. 이보다 이르지 않다면 그때 오비디우스(고대 로마의 시인)°의 『메타모르포세스Metamorphoses』

와 이솝 우화도 읽은 것 같다.³⁰

　　루터는 스승 가운데 한 사람인 비간트 굴데네프Wigand Guldenäpf와 줄곧 사귐을 이어 갔으며, 학교를 떠나고 15년이 지난 뒤에 자신이 한 설교 한 편을 필사하여 이 스승에게 보내기도 했다. 역시 그보다 나이가 위였고 성 마리아 교회 본당 부제였던 요하네스 브라운Johannes Braun도 각별한 친구가 되었다. 브라운은 1470년에 에르푸르트 대학교에 입학하고도 성 게오르크 학교와 긴밀한 관계를 유지하면서, 학생들을 자기 집에 꾸준히 초대하고 이들에게 책을 빌려주기도 했다. 그는 학문에 힘쓰는 분위기를 장려했는데, 이런 분위기는 흡사 학교 교사들과 이들이 이전에 가르쳤던 제자들로 이루어진 인문주의자 모임과 비슷했으며, 이런 분위기가 나중에 16세기 후반의 교육 현장에서 볼 수 있는 한 특징이 된다. 루터는 샬베 집안사람들뿐 아니라 브라운도 자신이 집전하는 첫 미사의 증인이 되길 원했다.³¹ 이 두 사람은 나이 차이가 있었지만 루터가 아이제나흐에서 학업을 마친 뒤에도 사귐을 오랫동안 이어 갔으며, 이 사귐은 루터가 대학에 들어간 뒤 첫 몇 해는 물론이요 수사가 되기로 결심한 뒤에도 이어졌다. 하지만 루터가 비텐베르크로 떠난 뒤에는 이 둘의 관계가 시들해진 것 같다. 루터는 나중에 이 친구에게 편지를 보내, 비록 "차갑고 오만한 북풍이 사랑의 온기를 모조리 꺼 버렸다"는 생각이 들지만, 사실 자신이 연락하지 못했던 것은 단지 편지를 쓸 "시간이나 여유"가 없었기 때문일 뿐이라며, 두 사람의 우정을 재차 확인했다. 그러나 이런 설명도 나이 든 친구를 안심시키지 못했을 수도 있다.³²

　　루터가 아이제나흐에서 보낸 날들은 분명 오래도록 이어질 인상을 그에게 남겼다. 나중에 루터에게 중요한 의미를 갖게 될 또 다른 인물, 곧 변절자라는 말을 듣게 될 프란체스코 수도회 수사 요한 힐텐Johann Hilten 이야기를 루터에게 한 이들도 바로 샬베 집안사람들이었다.³³

힐텐은 1470년대에 묵시 예언을 하기 시작하면서, 튀르크의 힘을 경고하고 수도원주의를 공공연히 비판했다. 그는 결국 아이제나흐의 옥에 갇혔다. 나중에 루터파 전도자들이 전한 말에 따르면, 그는 이곳에서 15세기가 저물고 16세기로 넘어갈 무렵에 굶어 죽었다고 한다. 수사들의 잔인함에 희생당한 셈이다. 이로부터 수십 년이 흐른 1529년, 이 이야기는 루터가 친구인 프리드리히 미코니우스를 방문할 때 다시 수면 위로 떠올랐다. 이 무렵에 이르자, 루터와 힐텐의 비슷한 점들이 두드러지게 나타났다. 둘 다 에르푸르트 대학교를 졸업하고 수사가 되었다가 교회에 반기를 들었다. 더구나, 튀르크 사람들이 빈을 포위 공격하면서, 힐텐의 경고가 앞날을 미리 내다본 것이었음이 비로소 확실히 드러났다. 집에 도착한 루터는 흥분하여 미코니우스에게 편지를 보내, 미코니우스가 이 수사에 관하여 알 수 있는 것은 모조리 알기를 원하며, 어떤 것도 빠뜨리지 말라고 요청했다.[34]

  루터는 왜 이토록 흥분했을까? 힐텐은 조만간 누군가가 일어나 교황제를 공격하리라고 분명하게 예언했었다. 루터가 애초에 미코니우스에게 들은 이야기에 따르면, 이런 사건이 1514년에 있으리라는 예언이 있었지만, 그런 예언자가 1516년에 나타나리라고 알려 준 다른 예언도 있었다. 루터 입장에서는 후자가 더 도움이 되는 예언이었다. 나중에 루터 전기를 쓴 사람들은, 비록 한 해가 틀리긴 했지만, 그래도 이 예언을 루터가 하나님께 사명을 받았음을 보여주는 증거로 보았다. 루터 자신도 1516년이라는 때에 수긍하며 이 예언을 인용하면서, 이 예언이 말하는 예언자가 바로 자신이라고 믿었다. 루터의 가장 중요한 동역자 멜란히톤은 루터파 신앙의 근본 신조를 모은 1530년의 아우크스부르크 신앙고백Confessio Augustana의 『변증Apologie』을 쓸 때, 수도서원修道誓願, monastic vows을 다룬 부분을 힐텐의 인생 이야기와 힐텐이 "바리새인처럼 표독하고 질투가 많은" 수사들에게 학대당한 이야기로 시작했다. 덧붙여 멜란히톤은 힐텐이 마치 세례요한이 그랬던 것처럼 죽기 전에 이런 예언을 했다고 말한다. "또 다른 사람이 오리니…그가 너희 수사들을 파멸시키겠으며…너희는 결코 그에게 맞서지 못하리라."35

이리하여 힐텐은 루터 성인전聖人傳 안으로 들어오게 되었고, 16세기 말은 물론 17세기에도 힐텐이 한 예언들이 재차 출간되었다. 후대 루터파 신자들이 볼 때, 힐텐은 루터가 하나님의 사람임을 알려 준 예언자요 증인이었다. 그러나 동시에 힐텐은 괴상한 영웅이기도 했다. 사랑하는 사람에게 피로 쓴 편지를 잇따라 보내는가 하면, 그의 잔혹한 묵시주의는 불안한 정신 상태를 암시하기도 했다. 한동안 루터 집에 같이 살았던 루터파 연대기 기록자 루트비히 라부스Ludwig Rabus가 힐텐의 예언을 언급하면서도 힐텐을 그가 작성한 루터파 순교자와 "하나님이 택하신 자들" 목록에 포함시키지 않은 것도 무언가 시사한다.

어린 시절이 한 인간을 형성하는 역할에 관한 루터의 인식은 우리의 그것과 사뭇 달랐다. 루터가 힐텐에 주목한 이유는 수사이자 선견자라는 사람이 루터가 다니던 학교 옆에 있는 수도원에 갇힘으로써 루터의 어린 시절을 구성하는 일부분이 되었기 때문이 아니었다. 오히려 루터는 힐텐이 스스로 예언자 역할을 하는 자요 수사들에 맞선 십자군임을 확증했다고 느꼈다. 중요한 것은 한 개인이 아니라 하나님의 계획이었다. 그렇지만 동시에 루터의 관심이 루터 자신의 감정적 전망을 훨씬 더 분명하게 드러내 보인다. 루터는 1531년에 멜란히톤의 『변증』을 읽으면서, 힐텐의 이름에는 붉은 표시를 하고, 책 여백에는 자신이 "열네댓 살" 소년으로 아이제나흐에서 샬베 집안에 머물 때 이 수사에 관하여 들은 일을 기억한다고 적었다. 루터 친구(멜란히톤)°의 이해에 따르면, 힐텐의 예언 때문에 루터는 금욕적 수도원주의에 맞선 투쟁이 루터 신학의 중심에 자리하게 되었다. 멜란히톤이 루터파 신학에 중요한 의미가 있는 이 문서에 이 운동(루터파)°의 창설자에 얽힌 내밀한 진실을 기록한 것은 그 때문이었다.³⁶

아울러 멜란히톤은 아이제나흐와 루터 어머니의 세계가 루터의 영성 발전에서 차지하는 중요성을 간접적으로 인정했다. 분명 샬베 집안과 요하네스 브라운을 중심으로 한 그룹이 루터의 경건한 자세를 형성한 것으로 보인다.³⁷ 이 경건(신앙)°에 강한 여성적 측면이 결합되었을지도 모르겠다. 성 안나와 마리아는 루터의 신앙 세계에서 중요한 인물이었으며, 루터가 아이제나흐에서 보낸 시절을 둘러싼 신화와 이야기는 집을 멀리 떠나 어머니 없이 생활하면서 부드러움을 갈구하던 한 젊은이의 모습을 암시한다. 한 전승은 과부였던 우르줄라 코타Ursula Cotta가 루터가 노래하는 것을 좋아하고 탁발을 꺼린 것에 공감하여 그를 집으로 데려와 보살펴 주었다고 한다. 또 다른 이야기는 집안의 나머지 사람들이 교회에 있는 동안 홀로 남겨진 채 열에 시달리던 루터가 손과 무릎으로 부엌까지 기어가서 필요한 물을 마신 사연이다.³⁸ 이런 이야기들이 허위일 수도 있지만, 어쩌면 이런 이야기들은 루터가 아이제나흐에서 어머니와 자신을 이어 주는 연결이 필요했고 그 연결을 발견했던 그의 심리적 실재를 아마도 반영했을 것이다.

◆ ◆ ◆

1501년, 루터는 아이제나흐를 떠나 에르푸르트에 있는 대학교로 갔다. 이곳은 그가 존경하고 그보다 나이가 많은 친구 요하네스 브라운이 다니던 학교였다. 이 대학교는 라이벌 대학교인 라이프치히 대학교보다 루터 고향 집에서 더 멀리 떨어져 있었지만, 아이제나흐와 그곳에 있던 루터의 외가와는 더 가까웠다. 루터는 성 게오크르 학사學舍에 묵었을 수도 있고(그랬다면 만스펠트 수호성인의 이름을 딴 또 다른 시설을 고른 셈이다), 아니면 성 미카엘 교회Michaeliskirche, 하늘 문 근처인 암플로니우스 학교의 기숙사Collegium Amplonianum에 들어갔을 가능성도 있다. 이곳은 당시 학생 기숙사 중 가장 큰 곳이었다. 이 시설들은 수도원에 버금가는 엄격한 생활 방식을 따랐다. 학생들은 오후 8시에 취침하고 오전 4시에 일어나야 했으며, 루터는 방 하나를 다른 이와 함께 썼을 것이다. 하지만 많은 학생이 나름대로 이런 규칙을 피할 길을 찾았던 것 같다. 루터는 에르푸르트를 이렇게 씁쓸히 회상했다. "에르푸르트는 창가娼家요 맥줏집이다. 이 두 교훈이 바로 학생들이 그곳 김나지움에서 얻은 것이다."[39]

1392년에 설립된 에르푸르트 대학교는 독일에서 대학 인허를 받은 교육기관 가운데 가장 오래된 곳이며, 16세기 초에는 탁월한 인문주의자들의 모임을 자랑하고, 고전 학문의 부활과 원천(원전 자료)°으로 돌아가는 일에 관심을 기울였다. 루터도 이런 지성의 흐름에 영향을 받았다. 하지만 루터는 분명, 에오바누스 헤수스Eobanus Hessus(독일의 라틴어 문학가·시인)°와 콘라트 무티안Konrad Mutian(독일의 인문주의자)°처럼, 에르푸르트 지성계를 이끌던 인문주의자들과 전혀 접촉하지 않고, 대신 나중에 그의 친구가 된 두 사람, 곧 게오르크 슈팔라틴Georg Spalatin(독일의 신학자·인문주의자)° 및 요하네스 랑Johannes Lang(독일의 신학자)°과 돈독한 사귐을 가졌다. 이 둘은 모두 무티안을 따르던 무리에 속해 있었다. 역시 인문주의자인 크로투스 루베아누스Crotus Rubeanus도 훗날 루터를 자신의 좋은 친구라 묘사하며 학문을 향한 열의가 자신과 루터를 하나로 묶어 주었다고 기억했지만, 그가 루터에게 "내 영혼은 늘 자네와 함께 있었네"라고 단언하며 둘의 친분을 주장한 말에는 어쩌면 과장된 면도 있는 것 같다.[40] 요컨대 그가 루터에게 이런 편지를 쓴 해는 1519년이었는데, 이때는 루터가 유명해진 뒤였기 때문이다.

루터는 처음에 상당히 평범한 학생으로 출발했다. 그는 학사 학위 과정에 입학한 **57**명 가운데 **30**번째였다.⁴¹ 우리는 무엇이 이 대학교에서 루터의 상상력의 문을 열게 했는지 모른다. 그러나 그것은 아마도 철학이었을 것이다. 물론 루터는 이 과목을 억지로 공부해야 한다는 것에 불만을 토로했다.⁴² 에르푸르트 대학교는 **새 길**via moderna(근대의 방법)◇과 유명론唯名論—**14**세기 오컴Ockham, William of(영국의 스콜라 철학자. 철저한 경험론을 바탕으로 인식의 보편성을 부정했다)◇으로 거슬러 올라가는 철학 사조—의 온상이었다. 루터의 스승 가운데는 나중에 표준 교재가 될 교과서를 쓴 **최첨단**cutting-edge(유명론의 특징인 "면도날"을 연상케 한다)◇ 유명론자들도 있었다. **새 길**은 토마스 아퀴나스Aquinas, Thomas(이탈리아의 신학자·철학자)와 던스 스코터스Duns Scotus(영국의 스콜라 철학자)◇의 **옛 길** via antiqua(오래된 방법)◇과 구별된다. 아리스토텔레스 철학에 뿌리를 둔 **옛 길**은 사물은 현재 있는 그대로 존재한다는 입장에서 출발했다. 왜냐하면 사물은 한 보편자의 한 개별자이기 때문이다. 하지만 유명론자는 보편자들이라는 것은 실제로 존재하지 않는 실재entity이며, 개별 사물들의 품목에 단순히 붙인 이름이라고 주장했다.

루터는 **20**년 뒤, 다음 세대에서는 틀림없이 딴 세상 이야기처럼 보일 이 논쟁을 다음과 같이 묘사했다.

> 그들이 벌인 논쟁과 말다툼은 이런 것이었으니, 곧 **후마니타스** humanitas(인간성)◇라는 말과 이런 유에 해당하는 말들이—토마스(토마스 아퀴나스)◇와 다른 이들이 주장하듯이—모든 인간에게서 발견되는 하나의 보편적인 인간성을 의미하는지의 문제였다. 오컴주의자들과 "용어론자들terminists"(보편자는 이름도 아니고 개념도 아니며, 정신의 반성reflection 작용을 일컫는 용어일 뿐이라는 자

들)°도 "그렇다"라고 하겠지만, 이들은 이 공통의 "인간성"은 개별적인 모든 인간들을 의미할 뿐이라고 한다. 마치 그려진 인간 모습이 모든 인간 존재를 가리키는 것처럼 말이다.[43]

루터를 형성한 것은 당시 등장하던 인문주의가 내건 강령이 아니라, **새 길**이 활용한 여러 기술이었다. 루터가 비록 나중에는 철학을 비판하지만, 그래도 그를 형성한 것은 철학의 논증 방식이었다.[44] 루터는 나중에 자신이 과거에 오컴주의 쪽에 있었음을 분명히 밝혔다. 오컴주의자들은 비판적 사고를 독려하고, 경험으로 확증할 수 있는 증거가 중요함을 강조했다. 루터의 스승이던 우징엔의 바르톨로메우스 아르놀디 Bartholomäus Arnoldi von Usingen와 요도쿠스 트루트페터Jodocus Trutfetter는 원천으로 돌아가는 인문주의 원리에 충실하여, 중세에 나온 아리스토텔레스 원전 주석뿐 아니라, 아리스토텔레스 원전 자체도 사용했다. 이런 원전을 그들이 물려받은 주석과 방주傍註를 통해 안개 속을 보듯 보지 않고 오히려 원전 자체를 붙들고 씨름하였다. 이것은 분명 현기증 나는 일이었을 것이다.

이때만 해도 나중에 루터의 생각이 따를 길을 알려 준 것이 전혀 없었다. 루터는 아리스토텔레스 철학에 열중하기보다, 필시 키케로와 리비우스, 그리고 베르길리우스를 계속 공부했던 것 같다. 1505년경, 루터는 자유 과목 석사 학위Magister Artium를 받았다. 나중에 그가 학위 취득 축하 행사를 묘사한 말을 보면 어떤 성취감 같은 것을 엿볼 수 있다. "학생들이 석사 학위를 받자, 사람들이 횃불을 가져와 그들에게 영예를 돌렸다. 그때의 장엄함과 영광은 형언할 수 없을 만큼 컸다. 시간이 가면 사라지는 이 세상의 어떤 기쁨도 그것에 비길 수는 없다고 생각한다."[45] "석사"가 되면, 학생은 특별한 석사 반지와 비레타biretta(중세의 대학교 학위 수여식에서 썼던 학사모 같은 사각모자)°를 받고 연설을 해야 했다. 루터 아버지는 이제 아들을 허물없이 "너du"라 부르지 않고, 존경하는 마음을 담아 공손하게 "귀하Ihr"라 불렀다.[46] 석사가 된 루터는 법학을 공부하기로 결심하는데, 이는 아버지의 권유가 작용한 것이 틀림없다. 돌아가는 모든 사정으로 보아, 이제 루터는 2년 뒤면 만스펠트로 돌아가, 장차 아우들과 누이들이 그리한 것처럼, 그 지역 유지인 광산 소유주 집안의 여인과 결혼을 하고, 그가 배운 법률 지식을 자기 집안의 이익을 증진하는 데 사용할 것처럼 보였다.

◆ ◆ ◆

그러나 그렇게 되지 않았다. 루터의 삶은 완전히 바뀌게 된다. 루터가 에르푸르트에서 보낸 시간을 살펴보면 세 사건이 두드러지는데, 이 세 사건은 겉보기엔 성공 가도를 달릴 게 확실해 보였던 이 젊은이가 당시 어떤 극심한 고통을 겪고 있었음을 암시한다. 첫 번째 사건은 친구요 같이 공부하던 이가 병으로 쓰러져 죽은 일이었다. 이 친구의 죽음은 루터에게 깊은 영향을 주었으며, 루터를 우울증에 빠뜨렸던 것으로 보인다. 그다음 사건은 그가 고향인 만스펠트로 가던 길에 일어났다. 에르푸르트에서 1킬로미터 가까이 갔을 때쯤, 그는 어떤 이유로 자신이 가진 칼에 그만 다리의 동맥이 끊어지는 부상을 입고 말았다. 손가락으로 상처 부위를 눌러 지혈하려 했으나, 다리가 붓기 시작했다. 그렇게 피를 흘리다간 루터는 이내 죽음을 맞을 수도 있었다. 공포에 사로잡힌 그는 "오, 마리아여, 도와주소서!"라고 기도했다. 그 상처를 치료할 의사를 불러왔지만, 루터가 침상에 누운 그날 밤, 상처 부위가 터지고 말았다. 루터는 다시 마리아에게 자신을 구해 달라고 간구했다. 그의 기도가 응답을 받은 건지, 그 상처가 나았다. 루터는 여러 해 뒤 이 이야기를 식탁에서 하면서 이 이야기 줄거리를 멋지게 뒤집어, 진짜 기적은 마리아가 자기 생명을 구해 준 게 아니라, 그리스도인이 마땅히 믿어야 할 그리스도를 믿지 않고 마리아를 믿다가 죽지 않게 하나님이 자신을 지켜 주신 것이라고 말했다.[47]

얼마 지나지 않아 이와 비슷한 사건이 또 일어났는데, 이번 사건은 훨씬 심각한 결과를 초래했다. 역시 루터는 어딘가로 가고 있었다. 어느 여름날, 만스펠트에서 에르푸르트로 돌아가는 길이었다. 그가 슈토테른하임Stotternheim 근처에 이르렀을 때, 천둥이 치며 무시무시한 폭풍우가 몰아닥쳤다. 겁에 질린 루터는 광부들의 수호성인인 성 안나에게 자신을 구해 주시면 수도원에 들어가겠다고 서원했다. 그의 반응이 지나친 것처럼 보일 수도 있지만, 당시 사람들은 마귀나 마녀가 폭풍우를 일으킨다고 믿었으며, 이런 사나운 폭풍우가 오면 이를 물리치려고 교회 종을 울리기도 했다. 이전처럼 이번에도 루터는 예수께 간구하지 않고 한 성녀에게 기도했다. 루터는 1539년에 이 이야기를 하면서, 이번에도 이야기 줄거리를 이렇게 비틀었다. 하나님은 자비를 베푸사, 안나라는 말을 성녀의 이름이 아니라 "은혜"를 뜻하는 히브리어로 받아들이셨다. 루터는 농담 섞인 이런 해석을 내세워, 자신이 폭풍우에서 한 서원이 사실은 하나님의 또 다른 간섭이었으며, 역시 이 경우도 어떤 성녀가 중보한 일이 아니었음을 주장했다.[48]

이 폭풍우가 지나가자, 루터는 자기 서원을 지켰다. 1505년 7월 17일, 루터는 에르푸르트에서 아우구스티누스 수도회에 들어갔다. 이것은 중대한 발걸음이었다. 이 일은 아버지가 세웠던 계획을 단숨에 무너뜨렸다. 한스 루더가 아들의 교육에 투자한 것은 다 헛것이 되고 말았다. 루터는 학위 가운과 반지를 만스펠트 고향 집으로 보내, 자기 삶에서 이 부분은 이제 다 과거지사가 되었으며 새 길을 가겠다고 부모에게 선언했다. 루터는 아버지가 자신에게 사 주었던 법학 교과서 중 상태가 좋은 몇 권을 팔고, 나머지 책은 수도원에 기증했다.[49] 그런 다음, 자기와 같이 공부한 모든 동료 학생을 음악과 여흥을 곁들인 거나한 만찬에 초대했다. 파티가 절정에 이르렀을 때, 루터는 충격을 받은 동료들에게 수사가 되기로 결심했다고 말하면서, 마치 멜로드라마에 나오는 대사처럼 "오늘 너희가 본 나를 다시는 못 볼 거다!"라고 선언했다.[50] 그런 다음, 그는 수도원으로 출발했다. 흐느껴 우는 동료들이 함께 갔다. 루터는 드라마 속 한 장면처럼 자신이 살아왔던 육신의 세상과 작별하고, 마치 예수와 제자들의 마지막 만찬 같은 모양으로 장도壯途에 올랐다.[51]

루터가 수도원에 들어간 일은 크나큰 불순종 행위였으며, 아버지의 계획은 물론이요 만스펠트 사회가 중시하는 가치들을 퇴짜 놓은 행위였다. 일단 수도원에 들어간 루터는 한 달 동안 외부와 격리되었다. 이 바람에 화난 루터의 부모는 끼어들 수가 없었고, 루터 친구들 역시 루터의 마음을 돌리려는 시도를 할 수 없었다. 더구나 루터는 직접 집으로 돌아가 그의 결심을 설명하지 않고, 자신의 결심을 편지로 가족에게 알렸다. 격노한 루터 아버지는 매서운 답신을 보내면서, 예전처럼 다시 루터를 "너"라 불렀다. 처음에는 아들이 수도원에 들어가는 것을 허락하지 않았던 루터 아버지는, 루터가 나중에 말하듯이, 결국 "마지못해" 아들에게 지고 말았다. 이와 관련하여 루터 아버지가 1506년에 역병으로 두 자식을 잃은 뒤에야 비로소 루터에게 양보했다는 이야기도 있다.

루터가 1507년에 사제로서 처음 집전했던 미사에 관한 이야기를 살펴보면, 그가 아버지 뜻을 거역함으로써 치러야 했던 대가가 무엇인지 분명하게 드러난다. 그 미사에는 루터 아버지도 참석했다. 제병祭餠(가톨릭의 성찬용 빵)°이 그리스도의 몸이 되는 축성consecration 순간에, 루터는 만일 수도원 부원장이 그리하지 못하게 막지 않았으면 거기서 도망치고 말았을 급작스런 공포를 체험했다.[52] 루터는 1537년에 이런 사연을 말했는데, 그를 공포에 빠뜨린 것은 **영원하시고 참되신 하나님 당신께**tibi aeterno Deo et vero라는 말이었다. 이 사건은 사제가 이제 그리스도의 몸이 된 빵을 보여주거나 이를 신자에게 나눠 주는 미사의 기적과 관련이 있었다.

이어 루터의 첫 미사 집전을 축하하는 잔치가 열렸다. 늘 자신을 과시하는 사람이었던 루터의 아버지는 이 잔치에 쓰라고 20굴덴을 내놓았다. 그러나 아버지와 아들은 누가 봐도 여전히 냉랭했다. 루터는 식탁 앞에 앉은 모든 사람 앞에서 아버지에게 이제 자신의 결심을 받아 주시는 거냐고 물었다. 그러자 한스 루더는 이렇게 대답했다. "부모에게 순종하라는 넷째 계명을 기억해라"(가톨릭과 루터교는 넷째 계명이고, 정교회와 개혁파는 다섯 번째 계명이다)°. 폭풍우에서 일어났다는 사건 뒤에 "만일 악령이 있다면 어떻게 할 거지?" 아버지는 아들에게 그렇게 물었다. 이는 아주 심각한 비난이었다. 그것도 하필 루터가 이 땅에서 그리스도의 대리자로 행해야 할 일을 처음으로 행한 직후에 이런 비난을 하다니. 그 식탁에 모인 사람은 모두 사탄이 신자를 감쪽같이 속여 사실은 마귀에게서 나온 환영幻影을 마치 하나님으로부터 온 환영인 것처럼 생각하게 만들 수 있음을 알았다. 어떤 치밀한 말도 루터 아버지의 이 말만큼 한 젊은이의 영적 소명 의식과 확신을 흔들어 놓을 수는 없었다. 루터가 여러 해 뒤에 이 이야기를 하면서, 아버지가 한 말이 식탁 앞에 앉은 다른 손님 앞에서 한 말임을 강조한 것을 보면, 그가 그때 받았던 충격이 여전했다는 게 생생히 드러난다.[53] 루터는 1521년에 멜란히톤에게 보낸 한 편지에서 이렇게 회상했다. "(그 일이) 어찌나 내 마음에 뿌리 깊이 박혔던지 우리 아버지 입에서 나온 말 가운데 내가 그것만큼 끈덕지게 기억한 말도 없었다네."[54] 루터의 대적들, 가령 처음에는 코흐레우스 그리고 나중에 요하네스 나스도, 폭풍우가 한 역할에 의문을 제기하는 것이 중요함을 간파했다. 나스는 그 천둥이 하나님의 재가裁可가 아니었다고 비웃었다. 그것은 하나님의 진노를 보여주는 증거였다.[55]

루터 전기를 쓴 심리학자 에릭 에릭슨은 루터와 아버지의 불편한 관계가 루터의 신학에 반영되었다고 주장했는데, 이는 분명 옳은 주장이다. 하나님은 한스 루더가 루터의 아버지일 수 있었던 것보다 훨씬 강력하게 루터의 아버지가 되셨다.[56] 그러나 루터의 신학에는 이보다 더 많은 것이 존재했다. 하나님은 본질상 알 수 없는 분이며, 십자가 고난에 숨어 계신 분임을 루터는 강조하면서 인간과 하나님과의 분리된 거리를 하나님 이해로 파악했다. 루터는 하나님의 본성이 지닌 아버지의 측면을 하나도 빼지 않고 모두 강조했다. 루터는 예수를 누군가의 친구로 다정하게 바라보는 복음주의 시각을 취하지 않았다. 남자다움과 선대fathers에 대한 루터의 관념은 그와 아버지father의 관계, 그리고 만스펠트라는 거친 세계가 만든 것이었다. 루터를 형성한 이는 아버지 한스 루더만이 아니었다. 루터의 어머니도 심히 중요했으며, 루터의 남동생들과 누이들도 마찬가지로 중요했다. 그렇지만 루터의 반항은 분명 그를 교황과 황제를 포함하여 당시 사람들이 가부장의 권위라고 이해한 모든 권위에 맞서는 사람으로 성장하게 했다. 이런 인물들에 맞서 자신의 소신을 굽히지 않고 주장할 수 있는 능력은 분명 루터 자신의 내면에서 나왔으며, 그 첫 단계가 바로 아버지를 거역한 것이었다.

03.
수도원

루터는 수련 수사修鍊修士가 되었을 때 에르푸르트 수도원이 낳은 가장 유명한 아들인 안드레아스 차하리아스 Andreas Zacharias 무덤 옆의 높은 제단 앞에 무릎을 꿇어야 했다. 이 행위는 무릎을 꿇고 간원懇願하는 자의 몸이 제단 앞 돌의 냉기를 느끼는 순간, 그 대상에 자기 육신을 낮춘다는 느낌과 자신의 영혼과 차하리아스의 영혼이 하나가 된다는 느낌을 주었을 것이다. 제법 유명한 신학자였던 차하리아스는 콘스탄츠 공의회(1414-1418년)에서 보헤미아 종교개혁자인 얀 후스 Jan Hus(콘스탄츠 공의회에서 이단자로 단죄되어 화형에 처해졌다)°의 신학을 공격함으로써 이름이 알려졌다. 사람들은 그가 1415년에 후스가 이단으로서 화형당하게 한 원인 제공자라고 믿었다. 그러나 이런 판단은 어쩌면 불공정할 것 같다. 후스는 일찍이 성찬에서 평신도에게도 빵과 포도주를 주어야 한다고 요구했다. 역설적인 것은 루터 자신도 나중에 종교개혁의 영웅이 된

후스와 견해를 같이한 예가 많았다는 점이다.[1]

에르푸르트 수도원은 청년 루터가 훗날의 개혁자 루터로 바뀌는 데 중요한 역할을 했다. 그는 왜 아우구스티누스 수도회를 택했을까? 에르푸르트에는 견실하고 규모 있는 수도원이 많았다. 아우구스티누스 수도회 수도원이 하나 더 있었으며, 카르투시오 수도회(1084년 쾰튼의 성 브루노가 설립한 수도회)°, 성모의 종 수도회, 도미니크 수도회, 프란체스코 수도회도 모두 에르푸르트에 수도원이 있었다. 루터가 아이제나흐에서 프란체스코 수도회와 인연을 맺었던 것을 생각하면, 프란체스코 수도회가 특히 매력이 있었을지도 모른다. 하지만 이 지성인(루터)°은 규율을 엄수하는 아우구스티누스 수도회 수도원—"검은 수도원Schwarzes Kloster"으로 알려진—을 택했다. 이 수도원의 많은 수사들은 에르푸르트 대학교 교수이기도 했으며, 수도원에는 훌륭한 도서관이 있었다. 루터가 이 수도원에 있는 동안, 수도원은 새 건물들을 지으며 확장 공사를 했고, 시민들 사이에서 이 수도원의 명성이 아주 자자했다. 이 수도원은 45명에서 60명에 이르는 수사가 있어 규모 있는 공동체를 이루고 있었다. 사람들이 후히 내놓아 계속 늘어 가던 기부금이 이 수도원을 떠받치고 있었고, 수도원은 에르푸르트 안과 주변에 상당한 재산을 소유하고 있었다.[2]

아울러 이 수도원은 수도회 안에서 벌어진 큰 싸움에 휘말려 있었다. 아우구스티누스 수도회 안에는 원래 규칙을 엄격히 준수하길 원하는 엄수파(엄격파)observant와 규칙에 보다 유연한 소위 수도파(완화파) conventuals가 다투고 있었다. 수도회는, 후대에 가서 규칙에 순종하는 태도가 느슨해졌음을 발견하면, 갱신에 나서는 일을 되풀이하곤 했다. 루터 당시를 기준으로 가장 최근에 일어난 아우구스티누스 수도회 개혁 운동은 1480년대에 시작하여 16세기 초까지 줄기차게 이어졌으며, 에르푸르트 수도원은 튀링겐 지역에서 엄수파를 이끌던 주요 수도원 가운데 하나였다. 이런 관심사들의 본질은 개혁자인 안드레아스 프롤레스 Andreas Proles(루터의 고해신부였던 요한 폰 슈타우피츠의 선임 신부)°가 1489년에 던진 질문에서 어렴풋이 엿볼 수 있다. 형제들은 "개혁된 수도원이 으레 그러하듯이, 수도원 식당에서 긴 식탁 앞에 모여 앉아 함께 식사하는가? 형제들은 아무 말도 하지 않고 조용히 먹는가? 형제 가운데 어떤 이들이 정규 식사 시간이 아닌 다른 시간에 혼자 음식을 먹거나 음료를 마시는가?"³ 엄수파 수도원은 아침 기도시간에 어김없이 출석하고 매주 금요일에는 총고해總告解, general confession에 참석할 것을 수사들에게 명령했다. 성무일도hours는 어김없이 지켜야 했고, 심지어 옷가지를 포함한 모든 재산은 공동소유였다.⁴ 청빈, 정결, 순명이 수도회 신앙생활의 기초였으며, 이것들을 엄격히 지켜야 했다.

결국 루터는 학문 연구의 사명감이 강하고, 그가 학생이었던 대학교와 긴밀한 유대 관계가 있으며, 아우구스티누스 수도회 규칙을 강하게 고수하는 수도원을 택했다. 더구나 그는 에르푸르트에 머무르면서 이전에 성장했던 자그마한 마을과 다른 환경을 골랐다. 에르푸르트는 24,000명이나 되는 주민이 북적거리던 큰 도시 공동체였으며, 아이제나흐나 만스펠트보다 훨씬 컸다. 이 도시가 루터에게 준 인상은 그가 이 도시의 전체 크기를 지나치게 크게 평가한 점에서 얼추 짐작할 수 있다. 그는 이 도시에 "벽난로(가구 수)°가 18,000개 있다"고 믿었는데, 이는 실제 숫자보다 적어도 세 배는 많은 수치였다.⁵ 에르푸르트에는 큰 교회 건물들이 있었다. 이 도시의 넓은 광장에 우뚝 솟아 이탈리아의 대성당처럼 웅장한 계단 꼭대기에 자리 잡은 대성당은 여전히 이 도시를 위압하며 위용을 뽐내고 있었다. 이 도시의 어떤 건물도 이 성당과 겨룰 수 없었을 것이다.

에르푸르트는 번화한 마을이었다. 루터는 이 도시 1년 수입이 엄청나서 80,000굴덴이나 된다고 짐작했다.[6] 그가 나중에 말했듯이, "에르푸르트는 으뜸가는 곳이요, 금광이며, 설령 불타 무너진다 해도 틀림없이 거기에 자리 잡을 도시"[7]였다. 이 도시의 강력한 상인 엘리트는 대청大靑(염료의 재료)° 교역에서 얻은 이윤으로 큰 부자가 되었는데, 대청은 이 상인들보다 부유한 도시민이 좋아하던 것으로 파란색이나 당시 유행하던 검은색으로 옷에 물들이는 염료였다. 에르푸르트 뒤쪽에는 넓은 곡창 지대가 있어서 이 도시 시민들은 곤궁한 시절도 충분히 헤쳐 나갈 수 있었다.[8]

하지만 에르푸르트는 루터가 머물던 이전의 에르푸르트가 아니었다. 이 도시는 간절히 원했던 도시의 자유를 한 번도 얻지 못했다. 에르푸르트는 남쪽에 자리한 전설 같은 도시들—뉘른베르크, 울름, 아우크스부르크, 스트라스부르—처럼 제국 자유시가 되길 원했다. 이 도시들은 지역 제후에게 복종하지 않고 황제에게만 복종하며, 그들 스스로 법률을 제정할 수 있었다. 그러나 에르푸르트는 작센과 마인츠 대주교령이라는 두 경쟁 세력 사이에 끼어 있었다. 이 둘은 모두 에르푸르트의 부를 착취하고 싶었다. 작센과 마인츠 대주교령이 이견을 드러내며 다툼을 벌일 때만 해도, 에르푸르트는 이 둘을 서로 싸우게 하여 둘 다 물리칠 수 있었다. 하지만 에르푸르트에 불행한 일이 벌어졌다. 작센의 아달베르트Adalbert von Sachsen가 1482년에 마인츠 대주교로 뽑히면서, 튀링겐 지방이 작센 선제후가 물려받을 재산으로 흡수되었다. 이는 이제 작센과 마인츠 대주교령이 일심동체로 행동할 일이 많아졌음을 의미했다. 1483년, 에르푸르트 시민들은 허리가 휠 정도로 무거운 배상금과 함께 해마다 "보호금"을 작센에 지급할 것을 강요받았고, 결국 한 세대 동안 무거운 세금을 짊어지는 신세가 되었다. 1509년에는 에르푸르트시의

채무가 500,000굴덴으로 늘어났다. 엎친 데 덮친 격으로, 1472년에는 화재로 도시 대부분이 파괴되었으며, 이는 재정에 부담을 주었다.[9] 상황이 이렇다 보니, 세금을 면제받던 성직자는 속절없이 이 마을에 닥친 재앙의 희생양이 되었다. 에르푸르트의 반(反)성직자주의가 얼마나 뿌리 깊었는가는 종교개혁 초기 몇 년 동안에 여실히 드러났다. 종교개혁 초창기에 가장 큰 파괴를 몰고 온 반성직자주의 폭동 중 일부가 에르푸르트에서 일어났다.

그뿐만 아니라, 에르푸르트 내부의 정치 상황도 몹시 혼란스러

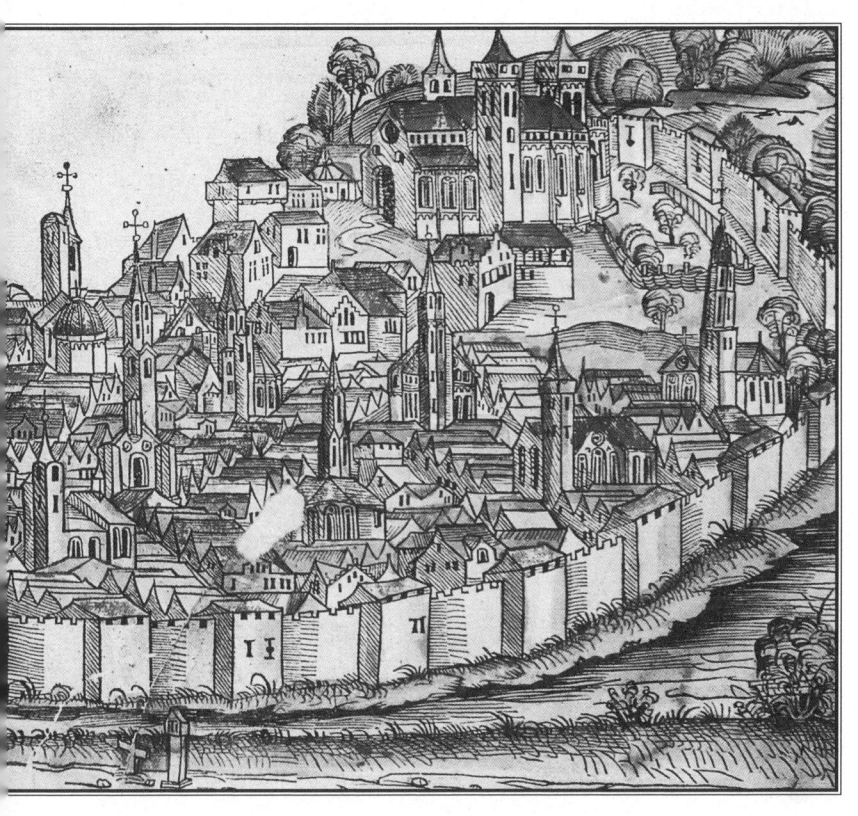

하르트만 셰델의 "세계 연대기Weltchronik", 에르푸르트, 1493년. 대성당은 맨 왼쪽에 있는 큰 건물인데, 대성당으로 올라가는 계단이 보인다. 맞은편에 성 세베루스 교회가 있다. 〈8〉

웠다. 1509년에는 에르푸르트가 주로 작센을 지지하고 작센으로부터 보호받길 원했던 귀족 엘리트와 마인츠 대주교 우리엘Uriel에게 마음이 기운 민중으로 갈라지면서, 시민 봉기가 일어났다. 마인츠 대주교는 에르푸르트시 안에 그 하수인들을 심어 놓았으며, 이들은 높은 세금과 재앙에 빠진 시 재정 때문에 소외당한 시민들 가운데서 불안을 조장하는 데 성공했다. 극소수 귀족이 도시를 지배하는 바람에, 경제상 중요한 위치에 있던 대청 상인들이나 길드 소속 민중은 실상 아무런 정치권력을 행사하지 못했다. 민중은 에르푸르트의 비참한 재정 상황이 어느 정도인지 깨달았다. 그러자 시장은 이 폭풍을 극복하려고 "우리는 모두 한 공동체"임을 강조하고 자신을 가리켰다(자신을 따라 달라고 요구했다)°. 이것은 엄청난 실수였다. 이는 마치 "공동의 이익"이 자신의 이익(도시의 공동재산이 자신의 쌈짓돈)°을 의미하는 것처럼 보였다. 그는 곧 도시 밖에서 교수대에 달려 최후를 맞았다.[10] 명예로운 장사葬事를 거부당한 그의 시신은 여우 털로 만든 코트를 입은 채 교수대에 달려 바람 부는 대로 이리저리 흔들리는 신세가 되었다. 이는 굴욕 중의 굴욕이었다. 여우 털이 가장 값싼 털이었기 때문이다.

이후 여러 해 동안, 작센과 마인츠의 하수인들이 지배권을 차지하려고 싸웠으며, 이들은 각기 에르푸르트의 여러 파벌을 조종했다. 작센 사람들은 에르푸르트를 제국의 압제 아래 두려고 애썼다.[11] 반면, 마인츠 대주교는 귀족을 배제한 새 정치 구조를 지지했으며, 1514년에는 훨씬 더 급진성을 띤 시의회가 도시를 이끌던 정치집단의 몰락을 이끌었다.[12] 에르푸르트에 있던 성직자들과 수도원들은 혼란에 빠졌다. 에르푸르트시가 빚을 갚을 수 없게 된다면, 에르푸르트의 주요 채권자인 그들이 재정 손실을 입게 된다는 점도 혼란의 한 원인이었다. 이렇게 유혈 사태를 동반한 난투극이 끝없이 이어지는 동안, 대다수 수도원은 마을 유지들과 합세하여 작센의 이익을 옹호했다. 이 기간 동안, 마인츠 대주교는 가장 사악한 모습을 드러냈다. 이 모든 사정 때문에 루터는 독일의 제국 자유시freie Reichsstadt가 자랑하던 시민의 통일과 도시의 자유에 열렬한 관심을 갖기가 힘들었을 것이다.[13]

결국 마인츠는 에르푸르트에서 벌어진 세력 싸움에서 졌다. 1516년에 작센의 지지를 받은 옛 엘리트 집단이 다시 권력을 잡았다. 우리가 말할 수 있는 것은 다만, 루터는 십중팔구 정치를 세세한 구석까진 알지 못했을 것이며, 수도원 담장 밖 시민들과 전혀 사귐이 없었다는 것이다. 그렇긴 해도 세상에서 무슨 일이 일어나고 있는지, 혹은 이런 혼란을 야기한 마인츠의 역할을 모르지는 않았을 것이다.[14] 1514년, 작센을 통치하는 베틴 가문과 대립하던 호엔촐레른Hohenzollern 왕가의 알브레히트가 대주교직을 이어받았다. 이 대주교의 행적에 관한 기억도 루터가 95개 논제를 알브레히트에게 직접 제시한 한 이유였을지 모른다. 이후 사태를 보면, 그 시대 사람 중에는 프리드리히 현공이 루터를 후원한 이유를 멀리 에르푸르트를 둘러싼 다툼까지 거슬러 올라가 찾는 이들도 분명 있었다.[15]

◆ ◆ ◆

초기에 나온 루터 평전들은 루터가 수사로서 보낸 삶을 단조롭고 고된 시기로 묘사했다. 1566년에 처음으로 루터의 전체 모습을 보여주는 전기 가운데 하나를 출간한 요하네스 마테지우스는 루터가 아주 천한 일을 해야 했으며 심지어 화장실 청소까지 했다고 기록했다. 루터 자신도 그가 이미 석사가 된 뒤에도 탁발을 하며 옥외 화장실을 청소해야 했다고 회상했다.[16] 이것들은 물론 루터가 그를 질투하던 잔인한 수사들 때문에 겪은 고초를 보여주고 훗날 그가 수도원주의를 증오하게 된 이유를 설명하려고 쓴 기록으로서, 루터 쪽 사람들의 시각이 반영된 설명이다. 그럴지라도 이 설명이 어느 정도 진실일지도 모른다. 다른 모든 수련 수사처럼 루터도 새로운 생활로 옮겨 가는 시기를 겪어야 했으며, 이런 생활에는 수도원 살림을 챙기는 노동도 포함되었다. 광산 소유주의 아들로서 사랑을 받았고, 십중팔구 하인과 하녀가 집안의 허드렛일을 대부분 처리했을 집에서 태어나 초급 학교와 대학교에 다녔던 그에겐 이런 경험이 틀림없이 충격이었을 것이다. 루터는 시편을 강의하기 시작한 뒤에야 겨우 이런 임무에서 벗어났다. 그러나 아우구스티누스 수도회가 자만이라는 죄에 관심을 가졌던 것으로 보아, 이전에 법학을 공부했던 학생에게 화장실 청소를 시킨 것은 그에게 겸손을 가르치려고 한 일이었음을 짐작할 수 있다. 하지만 그가 이 수도원에 있는 수 년 동안, 다른 이들이 그의 기본 생필품을 공급한 것으로 보이며, 심지어 그의 멘토인 요한 폰 슈타우피츠의 명령을 따라 한 수사가 그의 비서 역할을 했다.[17]

루터가 선택한 새 삶에는 엄격한 훈련이 따랐다. 그가 수도원에 들어갔음을 보여주는 신체 표지는 삭발이었다. 그는 머리 정수리 부분의 머리카락을 밀었다. 이는 곧바로 다른 사람은 물론, 심지어 다른 성직자와도 구별되었다. 루터는 이제 정결과 청빈 그리고 순명을 서약했다. 이는 그가 자란 만스펠트에서 목격했던 남자다운 행동과 반대되는 것이었다. 만스펠트는 남자가 명예에 모욕을 받으면 즉시 주먹으로 보복해야 하는 곳이었고, 가장 많은 부를 쌓은 자가 가장 큰 권력을 행사하는 곳이었으며, 자식을 많이 가짐이 집안의 성공을 확실히 보장하는 곳이었다. 첫해에는 이 수련 수사가 정식 수사복을 입지 않았으나, 일단 서약을 하고 정식으로 수도회에 들어가자, 두건이 달린 수단cassock을 입고 띠로 이를 동여맸다. 루터와 같은 나이와 신분의 남자들의 옷은 색이 화려하고 부드러운 천으로 만들었으며 몸매가 드러나는 웃옷과 반바지였으며, 나이가 들면 더 헐렁한 겉옷이나 차분한 검은색 외투로 옮겨 갔지만, 형체가 드러나지 않는 수사복은 이 수사의 몸을 감췄다. 루터는 엄격한 순종을 택했다. 이는, 나중에 그가 회상한 것처럼, 몸을 매질하고 피부가 벗겨질 만큼 거친 털로 만든 옷을 입음을 의미했다. 겨울에는 전례 의식이 거행되는 동안 혹독한 추위를 견뎌야 했고, 1년 내내 늘 똑같이 얇은 수단을 입어야 했으며, 아주 힘든 금식을 해야 했다. 15년 넘게 행한 규칙 준수는 깊은 흔적을 남겼을 것이다. 그는 이것이 그의 건강을 해쳤다고 믿었다. "그리하지 않았다면, 나는 더 건강하고 튼튼했을 것이다."[18] 아울러 나중에 루터 자신이 언급하듯이, 그는 비록 금식이 건강에 좋지 않다고 굳게 믿었으면서도, 처음에는 금요일에 고기를 입에 대는 것조차 어려워했다.[19]

루터는 진실로 몸과 마음의 극한 고행을 실천하는 삶을 택했으며, 이런 고행을 아주 진지하게 실천했다. 수도원의 하루는 처음부터 끝까지 올려야 할 기도를 따라 질서 있게 나누어져 있었다. 수사들은 한밤중에 잠에서 일어나 아침 기도를 드렸다. 나아가 6시, 9시, 정오에도 "기도 시간"이 있었으며, 이어 낮 기도, 저녁 기도vespers를 드리고, 저녁 식사 뒤에는 마지막으로 끝 기도compline를 드렸다.[20] 매일 미사를 드렸다. 하지만 다소 융통성이 있었다. 기도가 뒤처진 수사는 나중에 따라잡을 수 있었다. 심지어 일부 수사는 다른 수사에게 돈을 주어 그들 대신 기도하게 시켰지만, 루터는 이런 관행을 지지하지 않았다. 대신, 루터는 토요일까지 이어지는 주중의 시간을 아끼기 시작했다. 그는 먹지 않거나 잠을 거른 채 밤낮으로 기도하여 기도 시간을 다 채웠다. 이런 일과를 학업에 필요한 집중과 조화시키기는 쉽지 않았다. 나중에는 요한 폰 슈타우피츠도 이 점을 인정하여, 루터가 1508년에 비텐베르크에서 강의하기 시작하자 그의 아침 기도 참석 의무를 면제해 주었다. 그럼에도 지독한 금욕주의는 피해를 주었다. 루터는 자기 몸을 절대 한계까지 밀어붙였다. 체중이 줄었고 여러 차례 우울증을 겪었다. 이 때문에 루터는 자신이 오래 살지 못하리라고 생각했다.

왜 그의 종교성이 이런 금욕주의 형태를 띠었을까? 루터는 평생 천성이 욱하는 기질이 있었고 충동적이었다. 이 때문에 그는 일부러 자신을 억누르고 자신의 소원과 욕구를 제어하고자 수도원이라는 환경을 택했다. 루터는 수도원에 들어감으로써 아버지를 거역했고, 남성이라는 정체성과 장차 물려받을 가부장권을 거부했다. 대신 그는 몸의 고행과 금욕에 중점을 두면서 학문과 순종에 열중하는 신앙의 삶을 택했다. 루터는 자신이 자그마한 일에도 아주 꼼꼼하며 경쟁심이 강한 성격이라고 말했다. 이로 보아 그는 거룩함을 겨루는 내기에서도 이기고 싶었던 것 같다. 아울러 죄책을 극복하려는 의식도 있었지만, 이런 의식이 어디에서 나왔는가는 짐작하기가 어렵다. 그것은 어쩌면 부모의 사랑을 받는 아들이었다는 점과 관련이 있었을지도 모르겠다. 그러나 이것은 그가 품었던 힘과 모든 것을 사를 정도로 강렬했던 이런 느낌들의 본질을 설명하지 못한다. 루터는 죄책감이 가득했던 것 같다. 그는 마치 이런 죄책감을 극단까지 밀어붙이면, 자신을 증오하는 지극히 경건한 상태를 체험할 수 있고, 이런 상태가 자신을 하나님께 가능한 한 가까이 데려다 줄 것처럼 행동했다.

수도원에는 침묵이 널리 퍼져 있었으며, 저녁 식사 뒤에는 말 한마디도 들리지 않았다. 엄격한 아우구스티누스주의는 금식처럼 겉으로 드러나는 행위를 반복하고 제어하는 데 초점을 맞춘 중세 후기 경건을 극명하게 보여주는 형태였다. 아우구스티누스주의는 고통과 감각상실을 신성하게 여겼고, 중간에 깬 잠이 사람을 무아지경과 같은 경건한 상태로 이끌 수도 있다고 보았다. 나중에 루터는 이렇게 외면에만 치중하여 겉만 거룩하게 꾸미고 양심에 무거운 짐만 지우는 행태를 이야기하면서 분노하곤 했다. 수사가 모든 의무를 완수하기는 불가능했기 때문이다. 루터는 모든 수사가 "우리는 머리끝부터 발끝까지 온전히 거룩하다"고 생각했지만, 그들 속으로는 "우리에겐 증오와 두려움과 불신앙이 가득하다"는 생각을 했다고 회상했다.[21] 루터는 자신이 젊을 때부터 들은 속담, 곧 "그대가 홀로 있길 좋아한다면 그대 마음은 늘 정결하리라"는 속담을 기억했으며, 나중에는 "사람들과 접촉하는 사람에겐 천사가 다가올 수 없다"는 이유를 내세워 아무에게도 말을 걸지 않으려 했던 스위스 아인지델른Einsiedeln의 한 은자隱者를 회상하기도 했다.[22] 연만年滿한 루터는 이런 유의 초연함을 어색하고 위험하다고 보았다. (루터 자신도 그랬지만) 그런 우울을 겪다 보면, 반드시 먹고 마시며 무엇보다 다른 사람들과 어울려 놀고 싶은 마음이 일어나기 때문이었다.

무엇보다 훗날 루터가 수도원주의를 맹렬히 거부한 점을 고려한다면, 훗날의 루터가 꼭 젊은 날의 자신을 가장 잘 해석한 사람이라고 볼 수는 없다. 하지만 그가 수사로 살았던 삶을 돌아보면 그의 견해가 언제나 변함없이 다음 세 가지에 초점을 맞췄다는 점은 눈여겨볼 가치가 있다. 우선 루터는 수도원주의가 끝없는 종교적 의무를 부과하여 양심에 무거운 짐을 지웠고, 그리스도를 재판관(심판자)°으로 인식했으며, 마리아를 그리스도와 인간 사이의 중보자로 삼았다고 주장했다. 특히 그리스도 자리에 마리아를 대신 앉힌 것은 기독교의 참된 메시지를 왜곡했다. 루터는 1523년에 다음과 같이 설교했다. "우리는 수사였을 때 그리스도가 재판관으로 하늘에 앉아 계시지만, 땅에 있는 우리에게 마음을 쓰시지 않고, 도리어 (우리가 설령 선행을 하더라도) 성모가 우리를 그리스도와 화해시켜 주어야 비로소 그분께서는 우리가 죽은 뒤 우리에게 생명을 주시리라고 믿었습니다.…따라서 나는 이런 왜곡을 봐서라도 성모송聖母誦, Ave Maria(성모 마리아에게 바치는 기도)°이 완전히 뿌리 뽑히길 소망합니다."[23] 더구나 하나님이 심판 때 재판관으로 앉아 계시는 그림들이 중세 교회를 장식했는데, 이 그림들은 "성자가 성부 앞에서 넘어진 뒤에 그 상처를 성부에게 보여 드리는 모습, 성 요한과 마리아가 마지막 심판 때 우리를 위해 그리스도께 기도하는 모습과 마리아가 예수를 젖 먹여 길렀던 자기 젖가슴을 그에게 가리키는 모습을 그려 놓았습니다." 루터는 이 그림들을 제거해야 한다고 설교했다. "왜냐하면 이 그림들은 우리 구주가 우리를 내치시고 우리를 벌하는 것처럼 그렇게 우리가 상상하도록 하기 때문입니다."[24] 루터가 훗날 표방한 반反금욕주의는 이처럼 마리아 상경上敬 사상(가톨릭은 하나님께 흠숭지례欽崇之禮, 성인에게는 공경지례恭敬之禮, 성모 마리아에게는 상경지례上敬之禮를 표한다)°과 자신의 수사 생활을 진저리를 치며 거부한 것과 긴밀한 연관이 있었다. 그는 이렇게 회상했다. "내가 교황주의자였을 때는 그리스도의 이름을 입 밖에 내길 부끄러워했다." "나는 예수가 여자 이름이라고 생각했다."[25] 훗날 루터가 볼 때, 젊은 날 아버지를 거역한 것은 남자다움을 저버리고 모계 세계―여성적인 종교 형상과 거짓되고 왜곡된 종교성이 지배적인 세계―로 뒷걸음질한 것이었다.

◆ ◆ ◆

루터는 수사로 지내는 동안 **안페흐퉁엔**Anfechtungen(인간의 내적 의심과 절망뿐 아니라, 외부로부터 오는 공포와 위기 등을 뜻한다)°이라 부른 것에 시달려야 했다. 이 말은 그리스도가 광야에서 경험했던 것과 같은 시험이나 영적 공격으로 번역해도 될 것 같은데, 이는 루터에게 큰 두려움과 불안의 근원이었다. 나중에 그는 이때를 이렇게 표현했다. "그때 나는 이 땅에서 가장 비참한 사람이었다. 밤이나 낮이나 그야말로 황량하고 낙심해서, 어느 누구도 나를 붙잡아 이끌어 줄 수 없었다."[26] 루터는 그의 고해신부도 그의 고통을 이해하지 못함을 깨닫고 나서야, 자신이 평범하지 않은 일을 하느라, 그의 말처럼, "시체 꼴이" 되었음을 알아차렸다.[27] 몸이 불안을 드러냈다. 그는 땀을 엄청나게 흘렸다. 나중에 그가 언급했듯이, 이 수사는 엉터리 길을 따라 하늘로 가고 있었으며, 이 엉터리 길은 "땀, 그리고 실은 불안이 가득한 욕조"와 같았고, 그는 이 욕조에 "완전히 잠겨 있었다." 1515년 아이스레벤에서 성체대축일Corpus Christi 행렬이 벌어질 때였다. 갑자기 성찬을 무서워하는 마음이 루터를 엄습했고, 루터는 땀이 비 오듯 했다. 그는 자신이 죽으리라고 생각했다.[28] 이때 그를 놀라게 하여 두려움에 빠뜨린 것은 그리스도가 성광聖光, monstrance(성체를 보여주는 데 쓰이는 제구)°에 임재하심이었다. 그가 처음 집전한 미사 때도 이와 비슷하게 하나님의 임재가 그를 엄습하여 경악과 공포를 느낀 적이 있었다. 이 두 사건은 루터의 아버지와 관련이 있는 것 같다. 루터 아버지는 루터가 집전한 첫 미사에 참석했으며, 루터가 태어난 아이스레벤은 루터에게 그가 어떻게 양육을 받았는지 그리고 아버지가 살았던 광업 세계를 떠올리게 했을 것이다.

그의 아버지와 빚은 갈등이 수사로서 겪은 이런 분투에서 어떤 역할을 했는지는 정확히 알기 어렵다. 그러나 루터가 겪은 영혼의 문제는 분명 그가 아버지 같은 하나님paternal God과 관계에서 비롯된 것 같다. 이 모든 위기의 중심에는 심판관이기도 한 아버지 하나님을 어떤 중보자도 없이 직접 대면해야 한다는 공포가 자리했다. 그런 점에서, 루터가 경험했던 수사 생활의 유일한 목적은 누군가를 대신하여 올리는 기도인 마리아의 중보 기도와 육체를 복종하는 수련이 초월자 하나님의 능력 앞에서 그를 보호하는 어떤 안전망 역할을 했다. 결국 루터가 수도원에 들어간 것이 모성적 세계로 물러선 것이라면, 이렇게 물러선 것은 나름의 영적 문제를 야기했다.

루터에게 다가온 **안페흐퉁엔**이 그의 몸을 압도하고 있었다. 이것은 성욕과 관련된 것이 아니라, 루터가 "진짜 매듭들die rechten Knoten"이라 불렀던 것—그가 신앙을 붙잡고 벌인 싸움들—과 관련이 있었다. 그의 성욕이 그를 괴롭힌 것은 아니었기에, 그는 몽정 경험도 태연히 이야기하면서, 그것은 신체 현상의 하나일 뿐이라고 무시했다. 루터는 진짜 "육체의 정욕"이란 무엇보다 음욕이 아니라, 질투나 분노나 증오처럼, 형제에게 품는 악한 감정과 관련이 있다고 보았다.[39] 루터는 이때 그와 다른 사람들의 관계를 걱정했다. 수도원 공동체 안에서 살아간다는 것은, 곧 그와 같은 사람들로 이루어진 적은 무리와 종일 어울려 사는 것을 의미했기에, 수월하지 않았을 수도 있다. 이는 필시 루터 안에 시샘이라는 감정을 다시 일깨우고, 어린 시절 그의 동기同氣들과 그의 관계에서 비롯된 타인을 향한 질투가 되살아나지 않을까 하는 걱정을 다시 일깨워 주었을 것이다. 이유가 무엇이든, 루터가 겪은 우울의 중심에는 육체의 정욕이 아니라, 루터와 아버지 하나님과의 원만하지 못한 관계가 자리하고 있었다.

이런 유혹 내지 시련은 그의 평생 계속되었을 것이며, 루터의 종교성을 이해하는 데 대단히 중요하다. 훗날 루터는 수도원에서 보낸 첫해에는 이런 것들이 그를 괴롭히지 않았다고 회상했다. 나중에 그는 결혼하고 "행복한 시간"을 가지면서 이런 유혹이나 시련에서 벗어나 쉼을 얻었지만, 그 뒤에 다시 한 번 이런 유혹이나 시련이 찾아온다. 수사 시절에는 이런 **안페흐퉁엔**이 주로 자신이 죄인이요 하나님이 재판관이라면 하나님은 틀림없이 자신을 미워하시리라는 생각과 관련이 있었던 것 같다. 이런 **안페흐퉁엔**은 중보자가 전혀 없고 신자와 하나님 사이에는 아무것도 없으며 하나님이 죄인을 받을 만한 일을 인간이 전혀 할 수 없다는 것을 루터가 점점 더 깊이 깨달으면서 나타난 결과였다. 루터는 1531년에 이런 경험을 되돌아보면서, 이런 **안페흐퉁엔**이 필연적인 것이라고 결론지었다. 이 시련이 종교개혁으로 이어질 길로 들어서게 했기 때문이다. 루터는 그가 몸담은 수도원 원장이었던 슈타우피츠와 관련한 짓궂은 회상을 덧붙였다. 슈타우피츠는 이런 유의 시험을 전혀 겪지 않왔다고 말했지만, "내가 보기에, 당신에겐 이런 시험이 먹고 마시는 일보다 더 많이 필요했다."[30]

루터가 수도원을 떠나 가톨릭교회와 관계를 끊을 즈음에는 루터가 겪는 **안페흐퉁엔**이 그와 마귀의 싸움에 집중되어 있다는 것이 더 분명하게 드러났지만, 그래도 여전히 그 시련은 루터의 몸에 다가오는 공격의 형태를 띠고 있었다. 루터는 이명耳鳴 발작으로 고통을 겪었는데, 이는 분명 마귀의 공격이었다. 루터는 나이가 들면서 신뢰하는 동료들에게 자신이 겪는 시험들을 털어놓았다. 1529년에는 브로츠와프에 있는 한 친구에게 자신이 8일 동안 두통과 구역질과 청력 감퇴로 고생했다고 토로하면서, "그것이 탈진인지 아니면 사탄의 시험인지" 고민했다고 말했다.[31] 1530년에는 머리에 병이 나서 일을 하지 못했다고 멜란히톤에게 적었다. 바울이 겪은 병고처럼, 사탄이 보낸 사자가 "그를 자기 주먹으로 두들겨 패고" 있었다.[32] 동시에 그는 우울증을 앓는 사람들은 더 많이 먹고 마실 뿐 아니라, 농담도 하고 게임도 하여 마귀를 짜증 나게 해야 한다고 제안했다.[33] 우리는 루터가 초기에 겪은 이런 **안페흐퉁엔**이 그가 나중에 경험한 우울증과 슬픔의 공격과 어느 정도 같았는지 모르며, 루터가 이 초기 단계에서도 마귀와 관련되어 있다고 생각했었는지 모른다. 그러나 이것이 그와 하나님과의 관계와 관련이 있었다는 것만은 분명하다. 그런 점에서는, 이것이 루터의 경건 형태에 긴요했다는 슈타우피츠의 생각은 아주 옳다.

◆ ◆ ◆

모든 수도원은 경건 공동체이자 생활 공동체로서, 분명한 교계제도 hierarchy 안에 실제 삶과 관련된 조직과 노동을 포함하고 있다. 루터는 분명 아버지의 권위 때문에 여러 어려움을 겪었는데도, 바로 이런 환경에서 꿋꿋이 성장했으며, 수사가 올라가야 할 사다리를 아주 빨리 올라갔다. 그는 금세 차부제次副祭, sub-deacon가 되었고, 이어 부제가 되었다. 그는 1508년부터 1509년까지 비텐베르크 대학교에 잠시 파견 나가, 그곳에서 철학을 가르치고 신학 공부를 계속했다. 에르푸르트 수도원은 아주 부유한 수도원이어서, 관리해야 할 재산이 많았다. 루터는 채무를 변제하고 연회비를 전달하고 수도원에 필요한 생필품을 구입하는 일을 확실하게 처리하는 방법을 배웠다. 루터는 1516년(이때는 에르푸르트를 떠나 비텐베르크로 돌아가 있었다)에 자신이 해야 했던 다양한 임무를 이렇게 열거하며 기록했다. "나는 수도원 설교자요, 식사 시간에는 독서자 reader이며, 매일 시 교회city church에서 설교해 달라는 요청을 받았습니다. 나는 (수련 수사와 수사의)◆ 공부를 감독해야 하고, 주교 대리이며(이는 곧 내가 열한 번이나 수도원장 노릇을 해야 한다는 뜻이다), 리츠카우Lietzkau에 있는 물고기(연못)◆를 돌보는 사람이다. 나는 토르가우Torgau(작센 선제후가 머물던 곳)°에 있는 궁정에서 헤르츠베르크Herzberg 사람들을 대표하고, 바울을 강의하며, 시편 주석(에 필요한 자료)◆을 모으고 있다." 그러나 그는 편지 쓰는 일이 그의 시간을 대부분 잡아먹는다고 불평했다. 편지를 쓸 일이 하도 많아서 자신이 이미 편지를 썼다는 것도 잊을 때가 종종 있었다. 이 때문에 그는 친구이자 같은 아우구스티누스 수도회 수사인 요하네스 랑에게 자신이 쓴 편지를 또 쓰지는 않는지 말해 달라고 부탁할 정도였다. 이뿐 만이 아니었다. 이어 그는 이렇게 말을 이어 갔다. "내 자신이 육체, 세상, 그리고 마귀와 벌이는 싸움이 있다. 내가 얼마나 게으른 사람인지 보라!"³⁴ 루터는 행정 사무가 과중하여 불만을 토로했을지도 모른다. 그래도 그는 분명 지성을 활용하는 작업을 좋아했으며, 사람을 다루고 조직하는 일에 분명 훌륭한 솜씨가 있었다. 이런 솜씨는 그의 아버지에게서 물려받았을 수도 있다. 그뿐만 아니라 그는 강단剛斷

있는 사람이었던 것 같다. 그는 랑더러 순종하지 않는 수사에게 벌을 내려 장어하우젠Sangerhausen에 있는 수도원으로 보내라고 권고했으며, 마인츠에 있는 작은 수도원 원장에게 그리로 도망친 수사를 돌려보내라고 명령했다.[35] 이 모든 행정 경험, 특히 사람들을 판단해 본 경험은 자신의 교회를 세우기 시작했을 때 그에게 큰 도움을 주었다.

루터의 재능은 일찍부터 수도원 안에서, 그리고 널리 수도회 내부에서도 인정받기 시작했다. 슈타우피츠는 장차 수도회가 나아갈 방향을 둘러싼 오랜 다툼을 끝내고자, 아우구스티누스 수도회 수도원을 통합하려고 했지만, 에르푸르트를 포함한 일곱 개의 수도원은 슈타우피츠의 시도가 결국 엄수파가 중시하는 가치들을 완화해 의무를 벗어나는 길을 확보하려는 게 아닌지 의심했다. 루터와 슈타우피츠가 가까운 사이이긴 했지만, 에르푸르트는 그들의 입장을 대변할 사람으로 루터와 그의 전 스승인 요하네스 나틴Johannes Nathin을 뽑아, 우선 마그데부르크 주교에게 보냈다. 이 임무는 성공하지 못했다. 그러자 수도원은 같은 해에 루터를 포함한 사절단을 보내 교황에게 직접 호소하기로 결정했다.[36]

로마 방문은 그때까지 그가 했던 여행 가운데 가장 긴 여행이었으며, 그가 유일하게 독일어권을 벗어난 여행이었다. 이 여행은 자신이 "독일 사람"이라는 그의 의식을 확인시켜 주었던 것 같다. 그는 훗날 일하는 내내, 이탈리아 사람을 언제나 좋지 않게 이야기했다. 가령 교황 특사nuntius인 카를 폰 밀티츠Karl von Miltitz(마인츠 대성당 참사회 회원이며 루터를 상대했던 교황 특사)°를 두고도 "이탈리아 사람"처럼 현란한 산문을 좋아하고, 따뜻하고 다정한 체 행동하며 루터 자신을 속였다고 썼다. 그가 로마에서 그의 집처럼 편안하게 느꼈던 것으로 보이는 유일한 장소는 독일 교회인 산타 마리아 델라니마Santa Maria dell'Anima 교회였다. 여기서 그는 자신이 신앙생활을 바로 하고 있다고 생각했다. 1540년, 루터는 저주가 담긴 이런 판결을 내렸다. "나는 경이로운 권면을 따라 로마로 갔으며, 거기서 모든 악의 우두머리요 마귀가 앉은 자리를 보았다."³⁷

우리는 그가 처음에 느꼈던 흥분을 그가 이 영원한 도시에 도착했을 때를 회상한 내용에서 느낄 수 있다. 루터는 땅바닥에 자신을 내던지며, 순교자의 피로 거룩히 구별된 이 도시에 경의를 표했다.³⁸ 1510년의 로마는 이상한 곳이었을 것이다. 도시 대부분은 유령이 사는 동네 같았고, 장차 기독교 세계에서 가장 큰 교회가 될 성 베드로 대성당을 짓는 일은 시작되지도 않았다. 훗날 루터는 이미 있던 교회도 그 안에서 설교하기가 불가능할 정도로 아주 컸다고 판단했다.³⁹ 중세 로마의 인구는 로마제국 시대 로마가 가졌을 법한 인구의 일부에 불과했다. 루터는 카타콤catacombs과 여러 언덕을 언급했으나, 고전으로 교육받은 사람치곤 놀라울 정도로 고전 시대 유산을 거의 언급하지 않는다. 하지만 그는 고대 로마가 이룩한 것들을 보았을 것이다. 16세기 로마는 그것과 감히 견줄 수가 없었다. 원형경기장 같은 건물과 다른 고대 유적들은 사용되지 않은 채 버려져 있었고, 돌들은 억지로 떼어 내 성 베드로 대성당을 짓는 데 사용했다. 여러 해 뒤, 루터는 원형경기장이 200,000 관중을 수용할 수 있었으나 이제는 그 기초와 부서진 채 남은 벽 일부만을 볼 수 있었던 것을 여전히 기억했다.⁴⁰ 그는 숨이 막힐 것 같은 이탈리아의 밤과 그에 따른 악몽을 떠올렸다. 수사들은 지독히 목이 말랐으나, 물이 오염되었음을 알고 있었다. 그들은 두통을 치료하려면 석류를 먹으라는 권고를 받았으며, 이 열매로 "하나님은 우리 생명을 구하셨다."⁴¹

교황에게 충성하던 청년 루터에게 로마는 신앙의 은덕이 가득한 보고였다. 그는 1535년에 이런 말을 썼다. "우리는 로마로 달려갔다.…교황은 로마까지 왔다는 이유로 면벌부를 주었다. 이제 이 일은 모두 잊었지만, 그 안에 있던 사람들은 그것을 잊지 못할 것이다."⁴² 그가 한 달 동안 "마귀가 앉은 자리"를 방문한 일은 훗날 그가 저녁을 들며 말한 많은 일화의 원천이 되었다. 특히 두 일화가 두드러진다. 루터는 사제들이 미사를 번갯불에 콩 볶아 먹듯 빠르게 진행하는 데 깜짝 놀랐다. 루터 같았으면 미사 하나를 채 마치지도 않았을 시간에 로마 사제들은 수입을 챙기려고 예닐곱 미사를 후다닥 해치웠다. 한 성직자는 루터를 멀찍감치 밀어제치며, 그에게 서둘러 "성모 자식을 성모께 돌려보내라"고 말했다. 이는 곧 다음 미사를 준비하게 빨리 이번 미사를 마무리하라는 말이었다. 자신이 미사를 집전할 때 말 하나하나를 진심을 담아 말하는지 언제나 고뇌했던 루터에겐 이런 무심함이 그야말로 큰 충격이었다. 그들은 심지어 이런 일을 저녁 식사 자리의 농담거리로 삼아, 자신들이 성체 거양聖體擧揚, Elevatio 때 "당신은 빵으로 존재하시며, 빵으로 당신은 머무시나이다panis es et panis manebis"라는 말을 했다고 자랑했다. 루터는 나중에 그리스도가 실제로 성찬에 임재하심(실재설)°을 자기 신학의 초석으로 삼았을 때, 이 성직자들의 조롱을 떠올렸다. 그리스도가 실제로 임재하신다는 이 입장은 스위스의 종교개혁 지도자인 울리히 츠빙글리 추종자들—실재설을 부인한 자들—과 루터를 갈라놓는 단서가 될 정도로 중요했다. 루터가 이런 일화를 사용하여 교황 추종자들의 미사 남용을 설명했을 때, 아마 그의 청중도 그와 비슷한 사례들을 잘 알고 있었을 것이다.[43]

루터의 다른 기억은 라테란 대성당Lateran Basilica(교황의 주교좌 성당)°에 있는 스칼라 상타Scala Sancta를 방문한 일과 관련이 있다. 이 계단은 그리스도가 재판을 받으러 올라가셨다는 "빌라도 계단"으로서, 성 헬레나(콘스탄티누스 대제의 어머니)°가 예루살렘에서 가져왔다는 말이 있다. 경건한 신자는 여기서 무릎으로 계단을 기어 올라가야 했는데, 연옥에서 사함을 얻고자 각 계단을 오를 때마다 "주기도문"을 암송해야

했다. 루터도 할아버지인 하이네 루더Heine Luder의 영혼을 구하고자 그 계단을 기어 올라갔다. 그러나 그는 피로에 지쳐 그런 기도가 과연 효험이 있는지 의심하기 시작했다. 루터는 훗날 식탁은 물론이요 설교 때도 이 이야기를 되풀이했는데, 그때마다 해석을 바꾸었다. 루터의 열한 살배기 아들인 파울이 1544년에 이 이야기를 들었을 때는 루터가 어찌하여 로마와 관계를 끊었는지 그 이유를 전하는 이야기가 되었다. 이때 루터는 자신이 그 계단을 기어 올라가다가, 갑자기 바울이 로마서에서 되풀이했던 구약 선지자 하박국의 글, 곧 "의인은 오직 믿음으로 말미암아 살리라"(합 2:4, 롬 1:17)°는 말씀을 떠올렸다고 회상했다. 루터는 훗날 자신이 가진 신학 이해를 이 일화 속에 끌어들였다.⁴⁴

　　루터가 당시 실제로 무슨 생각을 했는지 밝히기는 불가능하다. 그는 분명 로마를 개혁자의 눈으로 바라보았다기보다, 오히려 경건한 아우구스티누스 수도회 수사의 눈으로 바라보았다. 루터가 자기 할아버

1515년에 뉘른베르크에서 인쇄된 한 소책자를 보면, 루터가 1530년대에 종교개혁과 더불어 성장한 세대에게 전달하려던 것이 무엇인지 얼추 파악할 수 있다. 이 소책자는 독실한 신자가 영원한 도시에서 대사大赦를 받을 수 있는 휴대용 여행 안내문을 제공하는데, 한 해를 통틀어 대사를 받을 수 있는 정확한 날수를 담고 있다. 그 계산 결과는 현기증이 날 정도로 복잡하다. 특별한 상징은 경건한 순례자가 연옥에서 상당 부분 벌을 면제받을 수 있는 날들을 나타내며, "p"는 완전한 대사를 가리킨다. 이 여행 안내문은 편의를 제공하고자, 여자는 1년에 한 번만 들어갈 수 있었던 예루살렘 성당처럼, 순례자가 순례할 일곱 교회 전체와 거기서 판매하는 사면 죄목을 기록한 목록을 제공하며, 요점을 함께 간략히 서술하여 제공한다. 아울러 이 소책자는 베로니카의 천(예수의 얼굴이 찍혔다는 천)◇에 있는 그리스도의 얼굴을 결코 잊지 못할 목판화에 담아 제공하고, 원형을 이룬 천군天軍에 에워싸인 채 십자가에 달리신 그리스도의 마지막 모습을 제시한다. 구원에 초점을 맞추었다는 점에서, 이 소책자는 루터와 다른 많은 이들이 로마에 다가갈 때 품었던 경건한 마음 상태를 반영했을 것이다. ⟨9⟩, ⟨10⟩

지를 위한 대사大赦를 결심했다는 것은 이런 일이 그에게 얼마나 큰 의미가 있었는가를 알려 준다. 루터는 심지어 그의 부모가 이미 세상을 떠나서 그가 부모를 위해 이생에서 대사를 얻을 기회를 활용할 수 있었으면 하고 바랐던 일까지도 기억했다. 그가 훗날 말하는 회상에는 상당히 적절한 신학 메시지가 있다. 이는 곧 지난 일을 돌아보면서 얻은 통찰로 과거에 그가 구속력이 있다고 여겼을 법한 모든 것을 말끔히 지워 버렸음을 시사한다.⁴⁵ 하지만 루터의 이런 비판을 동반한 기억에도 불구하고, 그의 로마 방문은 분명 그에게 심히 중대한 의미가 있었다. 그렇지 않았다면, 루터는 이 방문을 그가 발견한 신학의 핵심들, 혹은 평생에 걸쳐 이탈리아의 모든 것을 적대시하는 "독일 사람"이라는 그의 정체성과 연계하지 않았을 것이다.

　　루터가 언급하지 않는 것이 몇 가지 있다. 우리는 그와 함께 로마에 간 사람이 누구인지 모르며, 이들이 로마로 가는 길에 어떤 사귐을 나누었는가도 모른다. 교황청과 벌일 협상이 이 여행의 목적 자체였는데, 이 협상 이야기도 로마 여행 이야기에 전혀 나오지 않는다. 루터는 수도회 구성원 중 젊은 사람이었기에, 협상 대표는 아니었을 것이다. 그는 교황청Curia이 어떻게 돌아가는지도 전혀 몰랐다. 그러니 그런 중대한 임무를 그처럼 아무 경험도 없는 사람에게 맡기지는 않았을 것이다. 훗날 요하네스 코흐레우스가 말했듯이, 루터와 로마에 함께 간 수사는 뉘른베르크 출신 귀족 안톤 크레스Anton Kress일 가능성도 있다. 그러나 다시 말하지만, 이전에 루터를 가르쳤던 스승 요하네스 나틴이 루터와 동행했을 가능성이 더 크다. 나틴은 노련했으며, 1493년에는 튀빙겐에 있는 아우구스티누스 수도회 소속 수도원을 뷔르템베르크 공의 바람을 따라 개혁하여 이 수도원을 구하기도 했다. 그는 원로 학자였고, 검증된 협상가였으며, 교황청이 어떻게 돌아가는지도 속속들이 꿰고 있었을 것이다.

하지만 우리는 로마에서 벌인 협상이 통틀어 실패로 끝났음을 잘 안다. 두 수사는 에르푸르트 수도원을 수도원 통합 대상에서 제외한다는 허락을 받지 못했다. 이 허락을 얻었다면, 이 수도원은 그때까지 그들이 해왔던 엄수파 노선을 계속 유지할 수 있었을 것이다. 대신 이들은 이 수도회에서 교황을 대리하는 슈타우피츠의 방침에 순종하라는 명령을 받았다. 얼마 뒤 루터는 이 문제와 관련하여 슈타우피츠의 견해를 수용하고 엄수파 전통을 지키려던 나틴과 에르푸르트 수도원의 시도를 거부한 것 같다. 이 모든 일로 말미암아 루터는 틀림없이 난처한 입장에 빠졌을 것이다. 말하자면 이제 루터는 그의 고해신부가 아우구스티누스 수도회를 생각하며 오랫동안 세운 계획을 무너뜨리려는 방침이자, 슈타우피츠의 심중에 아주 가까운 방안을 대변해야 했다.

이 두 아우구스티누스 수도회 수사는 독일로 돌아가다가 아우크스부르크에 들렀다. 거기서 루터는 자신이 성 안나Anna "라미니트 Laminit"(즉 "Lass mir nicht", 나는 금한다)°를 만나러 왔음을 떠올렸다. 사람들은 소박한 수공예 장인의 딸인 이 여자가 먹지 않고 사는 기적을 행한다고 믿었다. 이런 유의 해괴한 신앙—근대 저술가들이 "거룩한 거식증holy anorexia"이라 부른 것—은 중세 후기 신앙에서 강하게 나타난 경향이었으며, 육체의 식욕은 완전한 신앙에 해롭다고 여겼던 극단적 금욕주의가 이런 경향을 부추겼다. 특히 성녀聖女들은 한계를 넘어서는 금식을 통해 신비한 체험을 했을지도 모른다. 여자를 깊이 불신했던 교회 안에서, 금욕주의는 여자들이 자신을 표현하고 권위를 얻을 수 있는 길을 열어 주었다. 라미니트는 자신의 이름과 같은 수호성인이자 우리가 알기에 루터 자신도 깊이 의지했던 성인인 성 안나에 관한 환상들을 말했다. 라미니트는 음식을 먹지 않고 지냈을 뿐 아니라, 대소변을 누지도 않는 사람으로 유명했다. 라미니트는 1498년부터 사람들을 불러 모았으며, 그를 따르는 사람 가운데는 아우크스부르크의 부유한 귀족들도 있었다.

루터는 라미니트에게 죽기를 원하느냐고 예리하게 물었다. 이는 딱 부러지게 대답하기가 어려운 질문이었을 것이다. 루터가 기억하기에, 라미니트는 이런 대답을 했다. "천만에! 어떻게 이런 일이 일어나는지 나도 모릅니다. 내가 아는 것은 여기서 이런 일이 벌어지고 있다는 것뿐입니다." 그러나 얼마 뒤 바이에른 공 부인이 라미니트가 후추 케이크와 배 같은 호사스런 음식을 숨긴 비밀 장소를 발견하면서, 결국 라미니트는 그 정체가 들통 나고 말았다. 라미니트가 변기의 변을 창밖에 버렸다는 것도 밝혀졌다. 그뿐만 아니라, 라미니트가 유력한 귀족이자 상인의 아이를 가졌다는 소문도 돌았다. 결국 라미니트는 그 마을에서 쫓겨났다. 훗날 루터는 라미니트가 사기꾼이요 "창녀"이며 교활한 인간이었다고 말했으나, 아우크스부르크에 들렀을 당시에 이미 라미니트의 정체를 꿰뚫어 보았는지 여부는 우리가 알 수 없다. 루터도 다른 사람들처럼 자기를 과시하려는 이런 극단적 고행을 이미 의심하고 있었을지도

안나 라미니트, 한스 홀바인, 1511년. 스케치 왼쪽에 "lamanätly"라는 이름표가 있다. 오른쪽에는 16세기에 쓴 또 다른 글 "dz nit ist"("이 사람은 아니다")가 있다. 즉, 이 여자는 사기꾼이라는 뜻이다.

⟨11⟩

모른다. 이런 회의가 훗날 그의 신학 색깔을 결정하게 되며, 그와 그의 고해신부인 요한 폰 슈타우피츠의 관계도 이런 회의를 북돋웠다.[46]

◆ ◆ ◆

루터보다 적어도 열다섯 살이 많았던 슈타우피츠는 출신 배경이 루터와 하늘과 땅 차이였다. 그는 여행 경험이 많았고, 귀족 사회와 궁정도 제 집같이 편한 사람이었다.[47] 작센의 프리드리히 현공과 같이 자란 귀족이었던 그는 본디 아우구스티누스 수도회의 엄수파에 속하는 총대리주교였지만, 나중에는 엄수파보다 완화된 노선을 취했던 아우구스티누스 수도회 수사들인 작센의 수도파를 이끄는 수장이 되었다.[48] 그와 루터는 그가 에르푸르트에 있었던 1506년 4월에 만난 것 같다. 루터가 사제가 될 수 있게 공식 허락하고―수사가 저절로 사제가 되지는 않는다―루터가 신학을 공부해야 한다는 결정을 내린 이도 슈타우피츠였을 것이다.

그에게는 루터의 고해신부 역할이 가장 고된 일이었다. 이 젊은 수사는 끊임없이 완전함을 추구했다. 그가 한 번 고해하면 여섯 시간씩 고해했다. 슈타우피츠는 틀림없이 머리가 돌 지경이었을 것이다. 슈타우피츠는 죄를 너그러이 대하는 태도를 갖고 있었다. 한번은 자신이 그저 수도서원을 지킬 수가 없어서 서원을 하지 않았다는 농담을 한 적도 있었다. 그러나 루터를 근심케 한 것은 사람들이 보통 범하는 죄가 아니라, "진짜 매듭들", 곧 그가 하나님을 사랑하지 않고 심판을 두려워한다는 것이었다. 한번은 루터가 지나치게 자잘한 죄까지 꼼꼼하게 고해하자, 슈타우피츠는 루터에게 이렇게 말했다. "자네를 이해하지 못하겠네." 훗날 루터도 언급했지만, 이는 불편한 말이었다. 슈타우피츠는 유혹이 사람에게 하나의 신학을 가르쳐 준다는 이유로 유혹은 좋은 것이라고 믿었다. 루터는 자신이 교만이라는 죄와 주로 싸우고 있다고 보는 게 슈타우피츠의 생각일 거라고 믿었지만, 훗날 루터 자신이 밝힌 견해에 따르면, 그 반대가 진실이었다(루터가 주로 싸운 것은 교만이라는 죄가 아니었다)°. **안페흐퉁엔**은 마귀가 준 "육체의 가시"였으며, 그것은 교만을 조심하라는 경고가 아니었다. 좋은 아버지 같았던 슈타우피츠는 루터의 두려움을 늘 가라앉히려고 노력하면서, 하나님이 루터를 사랑하신다는 것을 이 젊은 수사에게 되새겼다. 슈타우피츠는 루터의 완벽주의 성향을 누그러뜨렸고, 루터의 열의와 분노에는 부드러운 겸양과 소소한 장난으로 대응했다. 슈타우피츠는 필시 루터에게 필요한 한결같은 대화 상대였겠지만, 슈타우피츠가 루터의 뜨거운 종교성을 진심으로 이해하지 못한 것은 두 사람이 모두 인정했다.

아울러 슈타우피츠는 인생의 좋은 일을 누렸다는 점에서도 루터와 달랐다. 그가 뉘른베르크에 있는 그의 친구들에게 묘사한 "훌륭한 그리스도인"의 모습은 그의 자화상에 가까웠다. "그(훌륭한 그리스도인)°는 그때그때 그의 기분과 처신을 때와 장소와 사람들의 상황이 요구하는 것에 맞출 줄 아니, 이는 그가 교회 안에서는 경건하고, 조언할 때는 용감하고 지혜로우며, 식탁에서 고귀한 사람과 함께할 때는 즐겁고 행복하기 때문이다."⁴⁹ 아우구스티누스 수도회 세계는 물론이요 궁정과 시민들의 무리도 편안히 여겼던 슈타우피츠는 쉼 없이 여기저기를 돌아다니며 이런저런 문제를 해결하려고 애썼다. 그는 후견인 노릇을 하는 데 필요한 모든 것을 알고 있었으며, 루터는 물론이요 벤체스라우스 링크Wenzeslaus Linck 같은 루터 친구들도 슈타우피츠의 이런 지식에서 엄청난 도움을 받았다. 루터와 링크가 아우구스티누스 수도회 안에서 쌓은 이력은 모두 슈타우피츠 덕택이었다. 슈타우피츠는 노련한 체스 선수처럼, "그의 사람들"을 아주 중요한 자리에 차곡차곡 심었다. 그는 루터를 훈련시켜 비텐베르크 대학교에서 자기 대신 교수로 일하게 했고, 링크는 수도회 안에서 총대리 주교가 되었다. 그러나 그의 후견을 받는 사람들이 늘 고마워하지는 않았다. 훗날 슈타우피츠는 후회하듯 이렇게 말했다. "내가 어떤 놈을 키워 가장 높은 자리에 앉혀 놓으면, 제 놈들이 싼 똥을 제 놈들 손으로 내 머리에 쳐 발라 놓더군."⁵⁰

슈타우피츠는 루터가 신학을 공부하게 했지만, 13세기 말 철학자인 던스 스코터스Duns Scotus를 추앙했던 그는 이 젊은 수사가 틀림없이 철학도 공부하게 했을 것이다. 루터가 1508년부터 1509년까지 새로 설립된 비텐베르크 대학교에서 한 해를 보낸 것도 역시 슈타우피츠의 명령에 따른 일임이 거의 확실하다. 슈타우피츠는 1502년에 이 대학교를 세우는 데 기여했으며, 이곳 교수로 있었다. 하지만 슈타우피츠는 계속하여 수도회 일을 돌봐야 했기 때문에, 자신이 직접 대학교에서 강의할 시간이 거의 없었다. 루터가 비텐베르크에서 자기 뒤를 잇길 바랐던 슈타우피츠는 루터에게 공부를 더하여 신학 박사가 될 것을 제안했다. 수십 년 뒤, 루터는 이때 나눈 대화를 회상하면서, 그가 가르치는 학생들에게 자신과 슈타우피츠가 비텐베르크 수도원 뜰에 있는 배나무 아래에 앉아 이야기를 나눴다고 말했다(루터가 이 이야기를 할 때도 그 배나무는 거기 있었다). 루터는 자신이 그리 오래 살지 못하리라고 믿었기 때문에—이는 그의 쉼 없는 육체의 고행을 염두에 둔 우울한 말이었다—박사가 되고 싶지 않다고 말했다. 하지만 슈타우피츠는 루터의 병적인 과장에 관한 해결책을 정확히 알고 있었다. 하나님은 땅에 있는 사람이든 하늘에 있는 사람이든 가리지 않고 똑똑한 사람을 필요로 하신다고 슈타우피츠는 대답했다.

루터는 이 제안을 따랐고, 1512년에 박사과정 공부를 마쳤다. 루터는 비텐베르크에서 온 손님은 물론이요 에르푸르트 수도원 식구를 모두 초대하여 축하 잔치를 열었다. 박사 학위 취득 축하는 큰 행사였다. 마을 전체를 행진하고 이어 큰 잔치를 열었다. 어떤 떠들썩한 축하 잔치에는 손님이 100명이나 초대받았고 음식 값만 35굴덴이 들었으며, 그 뒤에는 "지체 높은" 여자들도 함께 참석하여 마시고 춤추었다. 하지만 루터가 연 축하 잔치는 그렇게 성대하지는 않았을 것이다. 그러나 에르푸르트 수사들에게 보낸 초대장은 보통 사용하던 경건한 말로 시작한다. 하지만 동시에 이 초대장 서두에는 관례대로 초대자 자신이 보잘것 없는 사람임을 털어놓는 말을 빠뜨린 것에 특별히 용서를 구하는 말이 들어 있다. 이런 말을 빠뜨리는 바람에 자칫 "그가 자랑하는 것처럼 보이거나 겸손한 사람이라는 칭찬을 구하는 것처럼 보일" 수도 있었기 때문이다. 루터는 계속하여 이렇게 말한다. "제가 과연 이런 명예와 영예를 드러내 보일 만한 자격이 있고 그러기에 합당한 사람인가는 하나님이 아시고, 제 양심도 압니다." 이 말은 자신이 사실은 그럴 만한 **자격도 없고** 그러기에 **합당한 사람도 아님**을 하나님과 자신의 양심이 안다는 뜻이었다. 물론 루터의 이 말을 액면 그대로 해석하여 자신을 "과시"할

기회로 묘사한 이 일에 느끼는 자부심을 표현한 말로 읽을 수도 있다.[51]

슈타우피츠는 박사 학위 취득이 루터에게 할 일만을 주리라고 농담했다("so krigt yhr etwas zu schaffen"). 독일어로 기묘하다 싶을 만큼 모호한 의미를 담고 있는 이 말은 "박사 학위 취득이 자네에게 진짜 할 일을 안겨줄 걸세"라는 의미일 수도 있고 "박사 학위를 땄으니 이제 정말 귀찮아질 걸세"라는 의미일 수도 있다. 결국 슈타우피츠의 말이 옳았다는 게 밝혀진다.[52] "진짜 귀찮은 일"은 에르푸르트에 있던 몇몇 아우구스티누스 수도회 수사들이 루터가 처음에 입학 허가를 받은 에르푸르트 대학교가 아니라 비텐베르크 대학교에서 공부한 것을 불쾌하게 여긴 일이었다. 이들은 루터가 에르푸르트 학생이 되었을 때 다른 대학교에서 공부하지 않기로 서약했으면서도 이 서약을 깨뜨렸다는 이유를 내세워 루터의 박사 학위를 무효로 하고 루터에게 벌금을 물리려 했다. 루터는 사실 자신이 그런 서약을 하지 않았고(이 답변은 무시당했다), 오히려 피해를 입었다고 답변했다. 즐거운 일이어야 할 계기가 한때 루터의 스승이었던 사람들이 질시의 공격을 퍼붓는 바람에 엉망이 되었다. 특히 루터는 자신이 로마에 갈 때 그와 동행했던 인물임이 거의 틀림없는 요하네스 나틴이 이런 공격을 주도한 사람이라는 데 분노했다. 그의 로마 방문 기억이 아주 좋지 않은 추억이 된 이유 중에는 이 쓰라린 배신도 있었을 것이다. 루터는 박사 학위 취득 축하 잔치를 하고 2년이 지난 뒤에도 여전히 자신이 받는 대우에 불만을 토로하였다. 루터는 에르푸르트 수도원에 보낸 한 편지에서 나틴이 "마치 여러분 전부의 이름으로" 쓴 것처럼 꾸민 서한을 보내 루터 자신을 부끄러운 서약 위반자라 비방했다고 비판했다. 그러나 루터는 자신이 받을 자격이 없는데도 주께 복을 받았던 것처럼, 이제 그의 대적들이 마땅히 받아야 할 혹독한 비판 대신 진심어린 온정을 건네고 싶었다.[53]

이 사건은 깊은 상처를 남겼다. 하지만, 어쩌면 이는 루터의 연구가 차지하는 위상보다 오히려 아우구스티누스 수도회의 정치와 더 관련이 있었을지도 모른다. 루터가 박사 학위를 받은 것은 슈타우피츠 때문이었는데, 나틴은 아우구스티누스 수도회 안에서 포용과 화해 쪽을 더 강조한 슈타우피츠 노선에 반대했었다. 나틴은 루터를 배신자로 보았을 수도 있다. 그랬다면 나틴이 루터에게 느낀 깊은 분노와 축하 잔치에 가길 거부한 일이 설명된다.[54] 루터는 수도회의 미래에 관한 비전이 달라 벌어진 싸움에 휘말렸다.

루터는 에르푸르트는 물론이요 비텐베르크에서도 그의 고해신부와 함께 시간을 보냈을 것이다. 아울러 이들은 그 지역을 여행할 때도 만났을 것이다. 루터는 "난 슈타우피츠에게서 모든 것을 얻었다"[55]고 주장했으며, 슈타우피츠가 죽은 뒤에는 이전에 그의 멘토였던 그를 훌륭하고 자신에게 위안을 주는 존재였다고 회상했다. 1518년, 루터는 슈타우피츠에게 95개 논제를 설명한 편지를 보내면서, 슈타우피츠와 "참된 회개"를 놓고 나눴던 대화가 화살처럼 자신을 관통했었다는 사실을 그에게 되새겨 주었다. 이 대화에서 슈타우피츠는 참된 회개란 "하나님의 사랑과 의와 함께" 시작해야 한다고 말했었다. 실제로 루터는 1545년에 선제후 요한 프리드리히Johann Friedrich에게 보낸 편지에서 그의 고해신부(슈타우피츠)˚에게 진 빚을 이야기하며, "제가 지옥에나 떨어질 배은망덕한 교황 추종자 같은 놈이 되지 않으려면" 그를 칭송할 수밖에 없다고 말했다. 슈타우피츠야말로 "이 가르침을 통해 그리스도 안에서 저를 낳은 제 아버지"였기 때문이었다.[56] 그러나 루터는, 세월이 흐르는 사이에 점차 냉랭해진 그와 아이제나흐 사람 요하네스 브라운의 관계처럼, 슈타우피츠가 실제로 가지지 않았던 자질을 종종 슈타우피츠에게 투영했던 것 같다. 루터는 나중에 그의 탁상 담화와 글에서 슈타우피츠가 한 말을 회상할 때면, 종종 위에서 한 말과 같은 말을 되풀이했는데, 그가 생각하는 슈타우피츠의 이미지가 이미 그렇게 굳어진 것 같았다.

　　루터가 슈타우피츠보다 앞서 만났던 브라운처럼, 슈타우피츠도 루터에겐 아버지 같은 인물이었으나, 루터는 브라운은 물론 슈타우피츠보다도 큰 사람이 되었다. 루터와 슈타우피츠는 신학과 기질이 서로 근본부터 달랐다. 루터는 성경이 모든 권위의 근원으로서 으뜸가는 자리를 갖는다고 주장한다. 반면, 슈타우피츠는 루터처럼 바울을 인용하면서도, 그렇게 과격한 주장을 하지 않았으며, 아우구스티누스와 다른 교부들을 거듭 인용했다.[57] 슈타우피츠도 루터처럼 인간 본성이 죄로 가득함을 강조하면서, 우리는 행위로 구원받지 못한다고 주장했다. 그도 역시 면벌부를 비판했다. 그러나 슈타우피츠는 믿음이 하나님이 주신 선물이라는 말은 많이 하지 않았다. 그는 하나님의 선물인 은혜나 성경보다 인간 본성이 죄로 가득하다는 점을 많이 강조했다. 그는 신자의 감정 성향에 초점을 맞추면서, 이 세상에 집착하는 마음을 버리도록 신자에게 권면해야 한다고 주장했다. 그러나 루터는 자신의 신앙 감정에 깊이 순응하면서도, 특정한 감정 상태에 도달하는 것이 영혼에 중요하다고는 믿지 않았다.

　　슈타우피츠는 하나님의 "달콤함", "달콤한 구주", "달콤한 지복至福의 창조주", "달콤한 말씀" 그리고 영혼과 그리스도의 신비한 연합이 주는 "지속적인 달콤함"에 관하여 이야기하길 좋아했다.[58] 그러나 이것에는 더 어두운 측면이 있었다. 뛰어난 설교자였던 그의 설교에는 그 시대에 널리 퍼져 있던 반反유대주의가 섞여 있었다. 이런 반유대주의는 루터도 공유했으며, 그리스도 및 마리아와 일체감을 강화하고자 유대인을 핍박자로 몰아 배척하는 감정을 활용하기도 했다. 슈타우피츠는 유대인을 "긁어모을 수 있는 온갖 오물을 그(그리스도)*에게 뱉은 개"라 묘사하면서, 유대인이 예수를 죽일 때 "질투"하는 마음으로 죽였기 때문에 "빌라도보다 훨씬 심각한 죄를 지었다"고 믿었다.[59] 슈타우피츠는 "온 세상이 유대인의 질투심을 증언한다"고 썼다. "오, 너희 사악한 유대인이여! 빌라도가 너희에게 너희 본성이 돼지보다 더 난폭함을 드러냈으니, 이는 돼지도 그 나름대로 자비심이 있기 때문이다."[60]

슈타우피츠가 독일어로 쓴 글의 질은 루터의 글과 달라서, 마이스터 에크하르트Meister Eckhart(독일의 신비주의 철학자·신학자)°, 요하네스 타울러Johannes Tauler(신비 사상을 전개한 독일의 도미니크 수도회 수사)°가 쓴 신앙 작품과 소위 "독일 신학Theologia Deutsch"(14세기에 무명의 수사가 썼다는 신비주의에 관한 독일어 문서)°이 대변하는 유구한 중세의 전통을 인용한다. 슈타우피츠의 독일어 글은 종종 고요한 명상 상태를 주입하고자 반복법을 사용하며, 영의 진리를 파악하고자 시각적 은유를 사용한다. 슈타우피츠는 언어를 지식을 전달하는 도구라기보다 명상의 형식이요, 신비한 명상과 자아 소멸에 이르는 수단으로 사용한다. 루터는 이런 식으로 글을 쓰지 않았다. 결국 루터는 "성무일도"의 기도 의무를 거부했는데, 이는 그가 "겉치레 연기"라 묘사한 일—기도문을 그냥 되풀이하여 중얼거리는 일—을 거부한 것이기도 했다.

두 사람의 차이가 가장 두드러진 곳은 육체를 대하는 태도였다.[61] 슈타우피츠는 아우구스티누스, 클레르보의 베르나르Bernard de Clairvaux(프랑스의 수사·신학자. 베네딕트 수도회 개혁을 주도했다)°, 독일의 신비주의자인 요하네스 타울러, 마이스터 에크하르트, 하인리히 수소Heinrich Suso(독일의 도미니크 수도회 수사)° 같은 설교자를 따라, 성적 연합이라는 은유를 사용해 신자와 그리스도의 신비적 연합 사상을 전했다. 이 저술가들은 신적인 것 안에서 자아를 소멸하고 자기 내면을 강력하게 들여다보는(내성內省)° 스타일의 신앙을 목표로 삼았다. 독일 전역의 수사와 수녀는 물론이요 평신도들도 이런 신비주의를 받아들였다. 때문에 슈타우피츠는 영원한 신랑이신 그리스도가 "이제는 입맞춤으로, 이제는 포옹으로, 이제는 알몸이 알몸에게 나아감으로" 나타나셨다고—그러나 전적으로 순결하게 나타나셨다고—분명하게 쓸 수 있었다.[62] 그는 영혼의 연합에는 상이한 "여러 단계"가 있다고 썼는데, 첫째는 "믿음 안에 있는 젊은 처녀"의 단계요, 둘째는 "첩"의 단계이며, 셋째는 "왕비"의 단계였다. "이들은 모두 알몸이며 알몸인 자와 결합한다. 이들은 그리스도 외에는 달콤함을 전혀 맛보지 못하며, (그의)* 변함없는 달콤함을 즐긴다. 이는 알몸인 그리스도가 알몸인 이들을 거부하지 못하기 때문이다." 그리고 오직 마리아만이 체험한 넷째 단계가 있는데, 이 단계에서 예수는 "알몸인 채로 알몸인 마리아와 동침하고, 이런 사랑의 또 다른 표지들을 보여주신다." 슈타우피츠는 사람의 관능을 심히 자극하는 이런 언어를 그리스도의 고난에도 적용한다. 알몸인 그리스도가 고난받으시는 그리스도라고 말한다. 아울러 슈타우피츠는 그가 전에 잘츠부르크에서 한 설교에서 그리스도의 "희열의 작은 침상lustpetel"을 언급했는데, 이는 십자가를 가리키는 말이었다.[63]

슈타우피츠가 잘츠부르크 마을 사람들에게 한 이 설교를 베껴 적은 이는 교회 옆에 있던 성 베드로 수녀원의 베네딕트 수도회 소속 수녀들이었다. 사람들은 수녀들이 에로티시즘을 진하게 표현한 이런 설교를 뭐하려고 베껴 적었는지 모르겠다며 의아해했다. 슈타우피츠는 인간의 사랑이란 육체의 욕망에서 나왔으므로 인간의 사랑을 하나님의 사랑을 전달하는 모델로 사용해서는 안 된다는 반대 의견에 맞서 자신을 변호하면서, 문제는 "몸의 접촉"이 아니라 "…(자연)* 질서의 왜곡과 시간이 지나면 사라질 희열을 영원한 희열보다 좋아하는 것"이라고 주장했다(이런 주장은 전통과 궤를 같이한 주장이었다).[64] 그러나 이런 변론도 그의 언어가 불러일으키는 강력한 성적 흥분을 제거하지 못했다. 중세 후기에는 달콤함, 쾌락, 연민, 연합을 강조하는 에로틱한 신비주의가 특이하지는 않았지만, 슈타우피츠가 쓴 글은 고난을 에로틱하게 묘사할 수 있었던 신비주의의 힘을 남용하여 말 그대로 달콤함이 너무 과한 글이 되고 말았다.[65]

이런 다양한 에로티시즘을 규정하는 특징이 욕망의 전위轉位였는데, 이런 에로티시즘은 다른 성을 향한 의심과 쉽게 짝을 이룰 수 있었다. 사람들이 가장 많이 떠올리면서도 가장 불쾌하게 여기는 슈타우피츠의 글 중에는 여자의 사랑을 다룬 글이 몇 있다. 이 사랑은 우리 어머니의 사랑을 통해, 그리고 하와가 아담의 갈비뼈로 만들어졌다는 사실을 통해 우리가 태어날 때부터 우리 안에 존재한다. 슈타우피츠는 이렇게 썼다. "우리는 그것을 우리 어머니에게서 빨아들이며, 진정 몸에 감춰진 어머니의 마음에서 가져온다." 동시에 그는 여자로 말미암아 "우리는 명예와 몸과 미덕과 이성을 버리며, 여자의 사랑에 붙잡혀, 바보가 되고 이성을 잃어버린다"고 경고한다.[66] 그는 1504년에 쓴 아우구스티누스 수도회 통합 개정 회칙 서문에서 이렇게 말한다.

> 그대 눈이 어떤 여자를 향할지라도, 그대 눈이 어느 것에도 머물지 않게 하라.…여자를 향한 음욕은…비단 고요한 느낌만이 아니라, 느낌과 흘낏 봄도 함께 추구하기 때문이다. 그대가 정결하지 않은 눈을 가졌으면 그대 마음을 정결하게 간직하고 있다는 말을 하지 말라. 정결하지 않은 눈은 정결하지 않은 마음을 알리는 전달자이다. 정결하지 않은 마음이 서로 오고가는 눈빛을 통해 드러난다면, 설령 그 혀는 침묵할지라도, 욕망을 따라 각자의 육체가 열정에 들떠 즐거워하면, 설령 그 몸이 부정한 위반에 접촉하

지 않았더라도, 정결함 그 자체는 그들의 도덕에서 사라진다.[67]

수사가 목욕하러 갈 때는 둘이나 셋이 무리지어 가야만 했다. 아울러 수사는 "깨끗한 옷을 입으려고 지나치게 욕심을 부리다 정신의 내면이 더러워지는 일이 벌어지지 않게" 수도원장이 적당하다고 생각할 때만 그 옷을 세탁해야 했다. 슈타우피츠는 여자를 상대로 이렇게 과민에 가까운 반응을 보이면서도—그래도 그는 독일어로 쓴 논문 두 편을 여성 제자들에게 헌정했다[68]—하나님께 우리를 대변하는 마리아에겐 열렬한 사랑을 바쳤다. 이와 달리, 루터는 이런 상반된 두 태도를 모두 거부하고, 하나님과 인간 사이에는 어떤 중재자도 있을 수 없다는 이유를 들어 마리아에게 지나친 찬사를 바치는 태도를 경멸했으며, 거룩함을 위해서는 성적 금욕이 필수적이라는 생각도 거부했다.

◆ ◆ ◆

이런 맥락에서 볼 때, 루터가 1515년 5월에 고타Gotha에서 열린 아우구스티누스 수도회 총회에서 한 설교는 훗날 그가 전개한 신학을 떠받치는 감정적 기초를 일부나마 잘 보여주는 예이자, 그가 그의 고해신부에게 의존하면서도 이 고해신부와 달랐음을 잘 보여주는 예다. 슈타우피츠가 기획한 이 설교 역시 아우구스티누스 수도회 내부의 복잡한 정치 상황과 적잖은 관련이 있었다. 이 설교를 한 결과, 루터는 그 지역 수도원들을 감독하는 지역 주임 사제라는 지위를 얻었다. 이는 루터가 그때까지 이 수도회 안에서 얻은 지위 가운데 가장 높은 지위였다.[69]

이 설교는 질투를 길게 다루었는데, 이 설교를 한 때는 마침 슈타우피츠가 수도회를 통합하려 하면서 인생에서 가장 큰 어려움을 겪고 있던 때였다. 실제로 곧 그는 수도회를 통합하려던 시도를 완전히 포기했다. 따라서 그 설교는 아우구스티누스 수도회 수사들 사이의 특별한 갈등과 총대리 주교를 직접 겨냥한 공격을 반영한 것이었을지도 모른다. 게다가 루터의 박사 학위 취득 축하연을 둘러싸고 일어난 큰 혼란과 이 일에 나틴이 한 역할 역시 루터에게 이 질투라는 주제를 생각해 볼 좋은 이유를 제공해 주었을 것이다.

그러나 이 설교는 현실 상황을 염두에 둔 목적에서 출발했지만, 어떤 특정 사건에 대한 반응처럼 들리지 않았으며, 더군다나 아우구스티누스 수도회 안에서 일어난 다툼 와중에 어떤 전술상 반격을 가한 것도 아니었다.[70] 이 설교는 루터가 자기 윗사람을 지지함을 보여주면서도, 두 사람이 어떻게 다른가를 드러낸다. 이 설교는 슈타우피츠 자신이 신앙생활 접근법을 거의 판박이처럼 보여주는 스타일을 취한다. 루터도 슈타우피츠처럼 사람의 감각을 압도하는 알레고리를 꼬리에 꼬리를 물듯 잇달아 사용하기 때문이다. 그러나 슈타우피츠는 하나님의 사랑을 깊이 명상하며 반성하는 기분을 낼 목적으로 이런 기교를 펼치지만, 루터는 이런 기교를 활용하여 그의 설교를 듣는 이를 역겨운 실존과 방종 때문에 견딜 수 없는 세계 속으로 밀어 넣었다. 다른 어떤 증언보다 이 설교를 통해 루터가 수사로서 느꼈던 신앙적 절망과 그를 압도한 죄성罪性으로 우리를 가까이 인도한다.

루터는 질투라는 자신의 주제를 강조하고자, 뒤에서 험담하는 자를 살인자와 여자를 타락시키는 바람둥이에 비유하면서, 성경 본문을 훨씬 뛰어넘는 언어를 사용하여 청중에게 극렬한 혐오감을 체험케 한다. 하나님 말씀은 거룩한 씨앗이며, 순전하고 도덕을 어기지 않는 영혼에 자리를 잡는다. 이와 달리, 뒤에서 험담하는 자는 가짜요 거짓인 마귀의 씨앗으로서, 듣는 이의 영혼을 타락시킨다. 실제로 마귀의 이름 자체가 뒤에서 험담하는 자다.[71] 루터는 뒤에서 험담하는 자를 가리켜 듣는 이들의 귀를 "홀리고" "타락시키는" "독살자"요 "마녀"라고 말한다.⁷² 마귀가 성행위를 방해하고 임신을 가로막을 수 있듯이, 뒤에서 험담하는 자도 개인과 개인의 관계에 독을 주입하여 공동체를 파멸로 몰아넣을 수 있다. 이러면 한때는 사랑하고 "감싸 안았던" 사람이 배척당한다. 좋은 향기가 난다는 것은 좋은 평판을 듣는다는 말이며, 이런 평판은 외부에서 생긴다. 반면 악취가 난다는 것은 악평을 듣는다는 말이며, 이런 악평은 내부에 있는 더러운 것에서 나온다. 뒤에서 험담하는 자는 다른 이의 오물(치부)°이 감춰진 채 그대로 있는 꼴을 못 보며, 돼지처럼 "오물로 돌진"하길 미친 듯이 좋아한다. 그런 사람은 거름 더미 속을 깡충깡충 뛰어다니는 새와 같으며, 결국 사람들은 그 새를 보고 이렇게 말한다. "저 녀석 봐, 똥 범벅이네." 이에 가장 좋은 대답은 "네가 그 새를 먹어라"일 것이다.⁷³ 루터는 이렇게 가장 강렬한 대조를 사용하여, 뒤에서 험담하는 자가 썩은 냄새가 나고 부패하여 구더기가 우글거리는 인간의 시체를 파헤쳐 물어뜯는 하이에나 개와 같다고 묘사한다. "야, 뒤에서 험담하는 놈아, 네 놈은 정말 지긋지긋한 괴물이다!"⁷⁴

     루터는 우리가 모두 죄인인지라 우리 자신이 싼 배설물을 뒤집어쓰고 있을 수밖에 없다고 주장한다. 다른 사람의 죄를 즐기는 자들은 그들 자신의 죄를 회피하는 것이다. 이런 자들은 그들이 악담하는 이들의 인격을 파괴할 뿐 아니라, 그들 자신의 독에 오염된 자신도 파괴한다. 루터는 이렇게 경고한다. "우리가 우리 죄를 살피지 않고 겉으로 드러나는 우리 태도(행동)°라는 외피와 베일만을 보면서 우리 내면의 참된 자아를 다른 사람에게 숨긴다면, 우리는 다른 사람이 싼 배설물로 더러워진다."⁷⁵ 다른 사람을 증오하고, 질투하며, 악담하는 것이 분명 루터를 심히 괴롭게 한다. 이런 것도 "진짜 매듭들" 가운데 있었기 때문이다. 그가 여기서 마귀론에서 쓰는 언어를 사용한 것은 우연이 아니다. 남을 지독히 질투하는 자는 폭풍을 일으키고, 곡물을 날려 버리며, 번식력을 파괴하고, 죽어 썩어 가는 시신을 파헤치며, 번성과 생명을 파괴하는 마녀기 때문이다.

그러나 이렇게 루터가 열띤 감정을 내보인 것은 그도 역시 뒤에서 험담하는 일을 하지 않으려고 이런 일과 맞서 싸웠음을 암시한다. 다른 사람들의 질투를 재빨리 문제 삼았던 루터도 자신이 느끼는 질투와 증오 그리고 공격성과 씨름했다. 그도 다른 사람들을 상대로 이런 감정을 아주 쉽게 느낄 수 있었으며, 이 때문에 이런 감정을 자신이 하나님을 인식하는 데 가장 큰 걸림돌로 보았다. 이런 점으로 인해 완전한 가치 없음과 불안이 그의 종교성을 규정하는 특징이 되었다. 루터 자신과 하나님을 가로막는 장벽을 만든 것은 바로 루터 자신의 내면에 있는 "똥"—죄로 가득한 그의 본성—이었다.

루터는 여기서 그런 말을 하지는 않지만, 죄를 치료하는 약은 고해였다. 우리가 실패한 일을 하나님 앞에서 열거하며 털어놓는 것이었다. 이런 점에서, 감성에 깊이 호소하는 이 설교는 그와 자신의 고해신부인 슈타우피츠의 관계를 밝히는 증언이다. 아울러 이 설교는 더 깊은 차원에서 사람의 심리를 드러낸 기록이기도 하다. 루터는 청중이 고해라는 개념에 위로를 받을 수도 있는 바로 그 지점에서 멈춤으로써, 그의 청중을 말 그대로 "똥 속에"(아주 곤란한 지경)°에 빠뜨린다. 그는 그의 청중에게 도저히 견디지 못할 혐오를 불러일으켰는데, 이런 혐오는 루터 자신의 영적 주식主食이기도 했다. 이는 슈타우피츠의 신앙생활 스타일과 거의 정반대다. 다른 어떤 증언보다 이 고타 설교가 루터가 수사로서 느꼈던 신앙적 절망과 그를 압도한 죄성罪性으로 우리를 가까이 인도한다. 바로 이 시점부터 루터는 바울의 로마서를 연구하기 시작했으며, 이는 장차 그의 영성을 바꿔 놓을 지성과 신앙 훈련이었다.

04.
비텐베르크

1511년, 루터는 작센의 작은 마을 비텐베르크로 돌아왔다. 슈타우피츠의 명령이었을 것이다. 1508년부터 1509년까지 여기서 공부했던 루터는 이제 이후로 계속하여 이곳에 머물게 된다. 비텐베르크는 루터가 종교개혁을 일으키는 무대가 되며, 종교개혁은 다시 이 마을의 경제와 사회 구조를 바꿔 놓았다. 제국의 알려지지 않은 구석에 박혀 존재조차 희미했던 대학교(비텐베르크 대학교)°는 전 세계에 이름이 알려져 학생이 떼를 지어 몰려오는 교육기관이 되었고, 하찮은 시골이었던 비텐베르크는 이제 주요 출판 중심지가 되었다. 그러나 비텐베르크 대학교가 가진 지방색은 루터 같은 사람이 마음껏 기지개를 켤 수 있는 자그마한 공동체를 만들어 냈다. 루터는 이곳에서 더 오래되고 더 경직된 교육기관이 가질 법한 여러 제약에서 벗어나 자신의 사상을 거침없이 발전시킬 수 있었다.

루터가 비텐베르크에 도착했을 때, 이 마을은 건설 중이었다. 성과 교회는 확장하면서 리모델링하고 있었고, 새 대학 건물은 짓고 있었으며, 야심찬 시청 건축 계획이 추진 중이었다. 이 거대한 5층짜리 르네상스식 건물은 1535년에 가서야 완공된다.¹ 비텐베르크 평원에 세우고 있던 것은 도시의 공용 건물만이 아니었다. 작센 통치자가 비텐베르크로 불러 모은 학자와 관리에게는 거주할 집이 필요했으며, 이들에게 필요한 물품을 공급하는 장인匠人, 그리고 인쇄 및 제본처럼, 대학에 필요한 관련 산업도 당연히 있어야 했다. 도시 당국은 도시 건설을 독려하고자 채찍과 당근을 함께 사용하면서, 땅 한 뙈기라도 구입하는 사람은 누구나 1년 안에 그 위에 건물을 지어야 한다고 명령했다. 그러나 이들이 건물을 짓는 동안은 세금을 완전히 면제해 주었다. 새 집들은 비록 아우크스부르크나 뉘른베르크에 있는 귀족 상인의 저택에 견줄 수는 없으나, 그래도 야심 넘치는 작품이었다. 이 새 집들은 사암砂巖으로 만든 창틀, 우아한 출입구, 르네상스식 장식을 과시했고, 길을 따라 펼쳐진 이 집들의 웅장한 앞부분이 그 안쪽에 있는 우아한 정원을 가리고 있었다.²

비텐베르크도 작센의 대다수 도시처럼 교차하는 두 대로大路를 중심으로 건설되었다. 1520년대에 은광銀鑛 도시인 안나베르크에서 비텐베르크에 온 루터의 친구 프리드리히 미코니우스는 낮은 목조 가옥이 도시 주택보다 시골 오두막과 비슷해 보인다고 조롱했다.³ 도시 한쪽 끝은 선제후의 성이 차지하고 있었고, 반대쪽 끝에는 아우구스티누스 수도회 수도원과 대학교가 자리해 있었다. 도로는 많아야 모두 아홉이었다. 일단 두 대로로 걸어 나가면, 집들은 훨씬 더 초라했고 길은 좁았다. 도시에는 큰 출입문이 셋 있었는데, 이 출입문은 주요 교역로 및 강 포구浦口로 이어졌으며, 엘베강이 도시를 건설하는 데 필요한 무거운 자재를 실어 나르는 대동맥 역할을 하고 있었다.⁴

비텐베르크도 요새 도시였다. 작센 통치자들은 16세기 내내 작센 지역 요새들을 계속하여 확장하고 개선했으며, 1540년대에는 요새 수를 크게 늘렸다. 이런 방어 구조물이 루터가 가족과 함께 살았던 옛 수도원 자리까지 잠식하자, 루터는 이를 아주 못마땅하게 여겼다. 이 시대 작센의 다른 마을처럼 비텐베르크도 독일 사람들이 10세기 말에 새 땅을 찾아 동쪽으로 이주하면서 슬라브족 영토에 세운 식민 정착지였다. 비텐베르크는 이 지역 토착민을 억압하려고 세운 곳이었다. 독일의 광휘光輝와 세련된 교양이 이 마을의 잔인한 과거를 감췄고, 새 건물이 아직도 남아 있던 이전의 거주 흔적을 덮어 버렸다. 벤드인Wends, 곧 슬라브족은 교외郊外에만 살 수 있었고, 시민이 될 수 없었으며, 독일어로 말하고 4대까지 독일인 조상이 있는 사람만 시민권을 받았다.⁵ 비텐베르크에서 멀리 떨어지지 않은 곳에는 여전히 벤드인 마을이 있었으며, 이 정착지 이름에는 슬라브의 영향이 살아 있었다. 루터는 슬라브족을 "가장 저열한 민족"이라고 생각했으며, 이들이 사는 마을을 마귀가 가득한 곳이라고 생각했다. 루터도 식민지 건설자들이 쫓아낸 이들에게 품고 있던 두려움을 똑같이 갖고 있었다. 루터는 1540년에, 만일 경건한 선제후들이 없었다면, "비텐베르크 대학교는 벤드인 때문에 한 해도 존속하지 못했을 것이다. 그들은 우리를 굶어 죽였을 것이다"라고 말했다.⁶

비텐베르크에서 말살당한 또 다른 소수 민족이 유대인이었다. "피의 비방blood libel"(중세 반유대주의에서 유래한 용어로, 유대인이 종교의식을 위해 어린아이의 피를 얻기 위해 아이를 유괴·살해한다는 미신)◇ 신화가 당시에도 여전히 퍼져 있었고, 독일 남부는 특히 그러했다. 이 지역에서는 유대인 공동체가 종교의식을 거행하는 데 쓸 피를 마련하고자 그리스도인 어린아이를 납치하여 죽인다는 이유로 끊임없는 비난에 시달렸다. 비텐베르크에서는 반유대주의가 다른 색깔을 띠었다. 대교구 교회

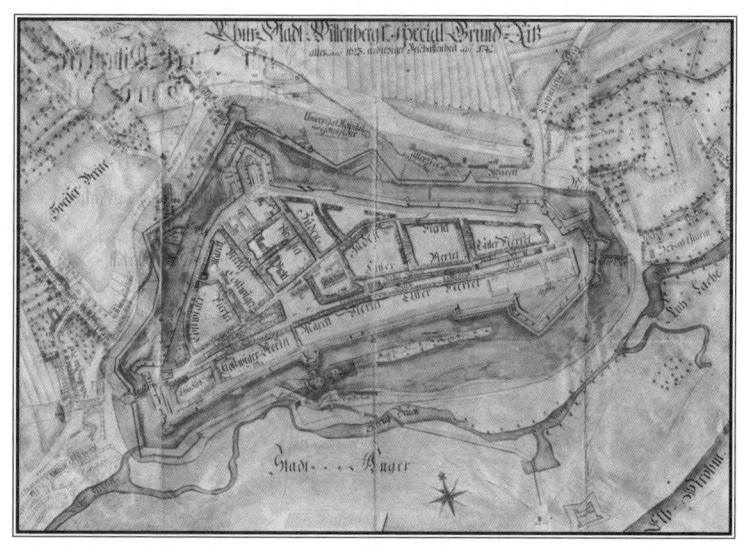

비텐베르크 지도, 1623년. 선제후의 성이 삼각형 부분의 왼쪽 아래에, 아우구스티누스 수도회 수도원이 오른쪽에, 길 반대편에 있고, 벽으로 에워싸여 있다. 해자垓子가 도시를 에워싸고 있으며, 요새는 루터 시대 이후에 확장되었다. 루터는 성벽 개선 공사를 두고 불만을 토로했었다. 〈12〉

가 시청 바로 뒤에 있었으며, 바로 여기에 이 시의 유명 인사들이 묻혀 있었다. 이 교회 외벽 높은 곳에는 필시 1280년대에 만들어졌을 석조물 "유대인 암퇘지Judensau"(유대교에서 부정하게 여기는 암퇘지와 부정한 접촉을 하는 유대인을 묘사하여 유대인을 조롱한 조형물)°가 있었다. 이 석조물은 젖꼭지를 대롱대롱 늘어뜨린 큰 암퇘지를 보여주며, 두 유대인이 이 젖꼭지를 빨고 있다. 독특한 모자 그리고 창녀처럼 유대인도 반드시 입어야 했던 노란 원이 있는 옷은 이 두 사람이 유대인임을 알려 준다. 또 한 사람은 새끼 돼지 귀를 잡은 채 이 돼지에 타려고 애쓰며, 체구가 큰 네 번째 유대인은 암퇘지의 엉덩이에 얼굴을 가까이 대고 있다(이 유대인은 랍비인데, 암퇘지 꼬리를 들고 엉덩이를 쳐다보고 있다)°. 이 조각은 유

비텐베르크 교구 교회 외벽에 있는 유대인 암퇘지.

⟨13⟩

대인이 곧 돼지이며 돼지 항문이나 들여다보는 사람들임을 보여준다. 사람들은 이 조상影像이 유대인을 배척하고, 교회 외벽에 있는 마귀 및 괴수怪獸, gargoyles와 같은 취급을 한 것으로 여긴다.[7]

유대인은 1304년에 비텐베르크에서 추방되었지만, 독일의 다른 많은 마을처럼 비텐베르크 중심에 "유대인 거리"가 있다는 사실은 유대인이 이전에 거기에 있었음을 증언한다.[8] 사실, 비텐베르크는 군사 목적과 과세 목적 때문에 네 구역으로 나뉘어 있었는데, 루터 시대에도 그 넷 중 한 구역은 여전히 "유대인 구역"이라 불렸다. 유대인은 비텐베르크 주위 시골의 많은 마을에 거주했다. 루터는 그의 생애 마지막 몇 달 동안 비텐베르크에서 아이스레벤으로 여행하다가, "수십 명"이나 되는 유대인 거주자가 사는 마을을 지나는 것에 경악하여, 유대인이 내쉬는 숨이 자신을 병들게 할까 두렵다는 글을 아내에게 썼다.[9] 14세기와 15세기에 유대인 대학살이 일어났던 다른 많은 마을처럼, 비텐베르크에서 일어난 유대인 추방도 마리아 섬김 신앙이 강력히 일어난 것과 연관이 있었다. 그리스도인은 유대인이 마리아를 모독한다고 믿었다. 비텐베르

크 교구 교회도 마리아에게 봉헌한 교회였다.[10]

프리드리히 현공이 다스리는 영토의 일부였던 에르츠산맥 Erzgebirge의 은광들이 가져다준 부 덕분에 비텐베르크는 이 새 건물들을 모두 지을 수 있었다. 프리드리히는 신성로마제국 황제를 선출할 권한을 가진 제국의 일곱 제후 중 하나인 선제후選帝侯였기 때문에, 제국의 정치에서 중요한 역할을 했다. 뉘른베르크와 울름처럼 이탈리아와 교역하여 이득을 누리던 독일 남부의 부유한 상업 도시들과 비교할 때, 선제후국 작센은 뒤처진 곳이었다. 광업으로 부를 쌓긴 했으나, 비텐베르크에는 유행과 기호嗜好가 없었다. 프리드리히는 이런 특질들을 획득해야겠다고 다짐했다. 더구나 그는 라이프치히와 라이프치히 대학교를 포함하여 작센의 다른 반쪽을 물려받은 그의 사촌 게오르크와 겨루고 있었다. 명민하고 빈틈이 없는 통치자였던 프리드리히는 그가 가진 자산을 어떻게 활용해야 할지 알았다. 그는 현명한 방책을 사용하여 큰돈을 들이지 않고 비텐베르크에 대학교를 세웠는데, 이 마을에 있던 아우구스티누스 수도회 수도원을 새 교육기관의 축(중요 부분)°으로 바꾸고, 수도원 수사를 대학교 핵심 강사로 활용했을 뿐 아니라, 프란체스코 수도회 수도원이 가진 달란트까지 끌어다 활용했다. 모든 사람과 모든 것이 이중 임무를 갖게 되었다. 새 성 교회 역시 대학교 강당 역할을 했다. 대학교 주 건물인 "로이코레아Leucorea", 곧 흰 산—비텐베르크라는 마을 이름을 뜻 그대로 그리스어로 옮긴 말—은 아우구스티누스 수도회 수도원 가까이에 세웠다.[11] 이 모든 사업을 벌일 자금은 프리드리히의 놀라운 성물 컬렉션을 보러 온 순례자들에게 번 돈으로 부자가 되었던 만성절 재단에서 나왔다. 이런 자금은 선제후 자신의 금고에서 나온 돈으로 채워졌지만, 대학교 재정은 여전히 늘어났고, 비텐베르크는 튀빙겐, 라이프치히, 쾰른이 교수에게 주는 월급과 경쟁하기가 어려움을 깨달았다. 비텐베르크 대학교와 경쟁하는 대학교들은 때때로 뛰어난 교수들을 몰래 빼갔다. 루터도 신임 그리스어 교수이자 나중에 루터의 오른팔이 된 멜란히톤을 붙잡아 두고자 선제후에게서 더 많은 돈이나 더 나은 조건을 쥐어짠 적이 여러 번 있었을 것이다.

루터의 학문 연구가 처음에는 이런 성물 판매 덕에 이루어질 수 있었다는 점은 기이한 역설이다. 그도 이런 긴장을 정확히 알았다. 순례자가 성물 하나하나를 볼 때마다 연옥에 머물 날이 특정한 날수만큼 줄어들었다. 이 때문에 프리드리히 컬렉션은 교황이 팔던 면벌부와 정면으로 경쟁을 벌이는 관계가 되었다. 이 컬렉션에서 가장 중요한 볼거리는 그리스도가 십자가에서 쓰셨던 가시관에서 나온 가시가 든 성체현시대聖體顯示臺, monstrance와 헤롯이 학살한 죄 없는 남아Holy Innocents 중 하나의 온전한 시신이었다.[12] 성골함聖骨函 117개와 성인의 뼛조각 19,013개가 들어 있던 프리드리히 컬렉션은 1520년에 이르자 마인츠의 알브레히트가 갖고 있던 성물 컬렉션과 자웅을 겨루게 되었다.[13] 프리드리히는 그가 다스리는 영토 안에서 면벌부를 판매하지 못하게 했는데, 작센에 있는 다른 교회에서 면벌부를 사라고 설교했다간 비텐베르크 순례자들을 상대로 한 장사가 위험에 빠질 수도 있음을 두려워한 것도 그 한 이유였다.

하지만 프리드리히가 훨씬 더 많은 성물을 얻으려고 악착같이 애쓴 이유는 비단 순례자들이 이 성물을 사려고 쓰는 돈 때문만이 아니었다.[14] 성물 컬렉션은 작센을 성지로 만드는 한 방법이었다. 이렇게 하면 작센 사람들은 로마를 찾아갈 필요가 없이 자기네 고향 땅에서 은혜를 얻을 수 있었다. 이처럼 성물은 작센 지역민에게 애국심을 고취시켜 주었으며, 때문에 프리드리히가 가진 성물은 많으면 많을수록 좋았다. 이런 종교성은 작센이 본디 갖고 있던 확장주의 정책에 역동성을 불어넣었다.[15] 대중의 경건(신앙)◇도 이 왕가(베틴 가문)◇에 이롭게 사용할 수 있었다. 신성한 가시가 들어 있는 성골함 앞에 무릎을 꿇고 프리드리히와 그의 아우인 요한 공公, 그리고 그 조상의 영혼을 위해 기도한 사람들—프리드리히 교회 재건에 힘을 보태거나 그 뜻을 다해 이 교회 재건을 기억한 사람들—은 100일치만큼 대사大赦를 얻었다.[16] 그것은 쏠쏠한 사업이었다. 1490년, 프리드리히와 요한은 심지어 작센 사람들이 그 통치자에게 한 해 동안 낼 돈을 다 냈으면 사순절에 유제품乳製品을 먹어도 좋다고 허용하는 "버터 편지"를 교황(1484년부터 1492년까지 재위한 인노첸시오 8세)°에게서 얻었다. 이렇게 걷힌 돈은 엘베강에 새 석조 다리를 건설할 비용으로 사용했다.[17]

성물은 성물을 담고 있는 성골함의 아름다움과 정교함으로 이를 보는 이를 압도하게끔 만들어져 있었다. 이 성물은 가장 비싼 금속인 금과 은으로 만들어졌고, 빛나는 보석이 박혀 있었다. 이 성물은 보물—은혜—에 접근할 수 있는 한 통치자의 권리를 보는 이가 위압감이 들게 표현한다. 후대 제후들의 보물 컬렉션과 달리, 이 성물은 선제후 개인의 안전 금고에 숨겨 놓지 않고 일정한 시기마다 선제후가 다스리는 모든 백성이 볼 수 있게 전시했다. 프리드리히는 자신의 궁정 예술가인 루카스 크라나흐에게 그가 소장한 보물을 모두 그린 목록을 만들어 인쇄물로 만들라고 지시했다. 1509년에 세상에 나온 이 목록은 그 자체가 예술 작품이다. 마인츠의 알브레히트는 이태 뒤에 이를 본 땄지만 더 좋은 목록을 만들었다. 그는 당대 독일에서 가장 유명한 예술가인 알브레히트 뒤러를 시켜 자기 초상을 그리게 하고 이 초상으로 목록 표제 페이지를 장식하게 했다.[18]

프리드리히 컬렉션의 성물은 성 교회에서 전시했으며, 프리드리히는 유력한 예술가들에게 의뢰하여 교회 제단화를 그리게 했다. 프리드리히는 후대의 예술가 후원자들과 달리, 이탈리아나 네덜란드 화가를

 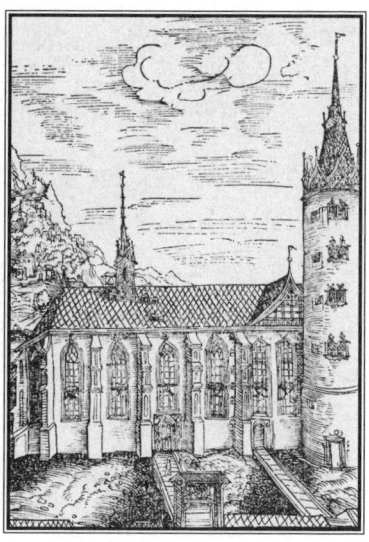

쓰지 않고 주로 독일 예술가를 썼다. 이는 이런 작품이 그 지역만의 독특함을 잘 살리고 애국심을 고취하는 스타일을 지녔으며 마음을 감동시키는 경건한 소박함을 갖고 있어서, 풍요롭고 아름다운 그 시대 이탈리아 종교 예술과 다른 멋을 지녔다는 인상을 북돋워 주었다. 뒤러, 크라나흐, 그리고 마티아스 그뤼네발트 Matthias Grünewald(독일의 화가)°가 그린 아홉 개 작품을 갖추면서, 성 교회 제단화 컬렉션은 그 예술 작품의 질이 그 시대의 다른 어떤 컬렉션에 못지않은 수준을 갖추게 되었다. 정확히 반세기 뒤, 그러니까 작센 선제후국이 전쟁에서 졌을 때, 이 성물 컬렉션은 산산이 해체되어, 성 교회를 찾아오는 이가 볼 수 없게 되었다. 그러다가 19세기에 이르러 크게 리모델링되어 루터 시대에 보았던 것과 같은 느낌을 되찾게 된다. 성 교회는 예배 장소로서 분명 큰 감동을 불러일으켰을 것이다. 그러나 동시에 성 교회는 종교개혁 자체가 파괴해 버리는 바람에 그 영적 기능을 잃게 될 그림 스타일이 마지막으로

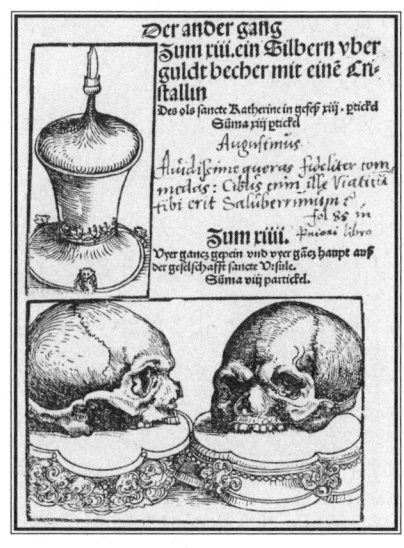

비텐베르크 성 교회와 거기 있는 보물을 소개하는 책에 들어 있는 루카스 크라나흐의 세 그림. 첫 번째 동판화는 선제후 프리드리히와 그 아우인 요한 공을 보여주며, 두 번째 목판화는 성 교회를 묘사한다. 그림은 각 성물을 묘사하는데, 세 번째 그림은 성 카타리나의 기름과 성 우르줄라의 동정녀 머리 해골 둘을 보여준다.

〈14〉, 〈15〉

〈16〉

꽃핀 곳이기도 했다.

성 교회의 장려壯麗함이 더욱더 주목을 받았던 이유는 이 교회가 불과 2,000명에서 2,500명이 거주하는 마을을 내려다보며 우뚝 서 있었기 때문이었다.[19] 정치면에서 보면, 비텐베르크는 새로운 주민들이 정착한 곳이라, 귀족이 없었으며 상당히 어설픈 정부 체계를 갖고 있었다. 매매, 재산 분할, 증여贈與, 유증遺贈, 또는 결혼을 불문하고 모든 계약은 시법원市法院 앞에서 등록했으며, 재판관의 기록이 모든 법률행위 기록을 보관하는 보관소 역할을 했다. 이런 체계 때문에 공증인이 필요하지 않았지만, 이 체계는 법원이 과다한 업무에 짓눌리지 않을 경우에만 제 기능을 할 수 있었다. 오래된 마을 출신 엘리트는 대부분 대학교 학위나 법률 교육을 받지 않았지만, 새로 이주해 온 사람들은 라틴어를 잘 알았고 새 학문에 밝았다. 요한 라우-그루넨베르크Johann Rhau-Grunenberg 같은 인쇄업자는 이내 수도원 바로 옆, 새 로이코레아 근처에 가게를 차렸다.

비텐베르크 대학교 옆에는 향수 가게가 문을 열었는데, 이는 이 마을의 인구가 늘어나면서 세련된 기호가 자리 잡았음을 증언한다.[20]

비텐베르크 시의회 자체는 독일 남부 제국 도시들의 오만한 시민 회의체會議體와 달랐다. 신성로마제국 황제에게 직접 복종하던 이 제국 도시들은 그들 스스로 그들 자신의 법률을 만들 수 있었다. 이 도시들은 그 시민을 재판할 수 있었고, 시민에게 사형선고를 내릴 수도 있었으며, 상소할 기회를 주지 않은 채 사형을 집행할 수도 있었다. 우아한 검은 복장을 차려입은 그 시의회 의원들은 제국 의회에 출석하고, 제국의 정사政事에 참여할 수 있었으며, 그들 자신만의 대외 정책을 입안할 수도 있었다. "도시 공기가 자유를 준다"(Stadtluft macht frei)는 말이 유행어가 되었다. 물론 이런 도시들도 사실은 귀족과 상인으로 이루어진 소수 지배 집단이 다스릴 때가 자주 있었지만, 시민 참여라는 신화는 여전히 그 힘을 잃지 않았다. 제국 도시들의 시의회는 수백 명의 시민으로 구성되었는데, 이 의원들은 해마다 서로 서약하는 행사를 열어, 시민의 복리를 지키겠다고 서약하곤 했다. 이와 달리 비텐베르크는, 비록 이 마을이 자신의 형사 사법권을 적용할 주권을 갖긴 했어도, 선제후의 동의가 없으면 거의 아무런 일도 이루어지지 않았다. 시의회가 보관한 16세기 이후 소송기록을 보면 맥이 빠진다. 시의회는 의안을 논의한 뒤, 선제후에게 논의한 내용을 제안한다. 그러면 선제후는 이에 동의하거나 반대하곤 했다. 각 사안에서는 선제후의 말이 최종 결정이었다. 최고 권력은 선제후라는 통치자에게 있었으며, 시의회 의원이냐 여부가 아니라 선제후 측근이냐가 한 개인에게 정치적 영향력을 부여했다.

루터도 바로 이런 모습을 만스펠트에서 보며 자랐으니, 이런 권력 서열에 익숙했을 것이다. 그는 당연히 권력이란 위에서 내려온다고 예상했지, 아래에서 주어진다고 예상하지는 않았을 것이다. 이는 그가 추진한 종교개혁이 남쪽에서 나타난 종교개혁과 사뭇 다른 이유는 물론이요 권력에 관한 그의 신학이 반동 색채가 아주 강한 이유를 설명하는 데 도움을 준다. 그야말로 루터는 민주주의 색채가 더 짙고 독일 남부 자치체自治體들이 중시했던 가치들을 전혀 경험하지 못했다. 그뿐만 아니라, 그는 에르푸르트에서 시 내부의 여러 분파가 서로 갈라져 물고 뜯고 싸우면서 벌어진 정치 혼란을 목격했다. 분파주의가 가져올 수 있는 폐해를 그보다 생생히 보여주는 사례는 없을 것이다. 루터의 정치관이 보수적이었을 수도 있으나, 다른 한편으로는 그 시대에 새로 등장하던 정치 현실과 발걸음을 같이하는 것이기도 했다. 제후의 영토는 대부분 종교개혁 본거지가 되었으나, 독일 남부의 시민 자치체들은 그 힘이 황혼기에 접어들고 있었기 때문이다.

◆ ◆ ◆

루카스 크라나흐도 새로 비텐베르크에 들어와 산 사람들 가운데 하나였다. 그는 루터보다 조금 앞선 1505년에 비텐베르크에 왔으며, 선제후의 화가였기에 그 화실畵室을 성 안에 세웠다. 그가 그린 루터 초상—처음에는 호리호리하고 강렬한 젊은 날의 루터를 그렸고, 나중에는 크고 단호하며 권위 있어 보이는 루터를 그렸다—은 대중이 생각하는 이 개혁자의 이미지를 형성하게 되며, 루터와 크라나흐의 동지애는 종교개혁에서 아주 중요한 의미를 갖게 된다. 1512년, 크라나흐는 시장 광장에 인접한 집 두 채를 구입하여 대형 화판을 충분히 제작할 수 있을 만큼 큰 화실을 수용할 수 있게 개축하고, 그가 만들 수 있는 작품 숫자와 크기 그리고 야심을 바꿔 버렸다. 1518년, 그는 크라나흐호프Cranachhof(크라나흐 저택)°를 취득했다. 여러 건물로 이루어진 이 저택 단지에는 4층 집과 안뜰을 형성하는 바깥채 건물 여섯 동이 있었고, 건물 창문이 아주 많았다. 중앙 광장에 있는 크라나흐 집은 이 마을에서 가장 웅장한 가옥 가운데 하나로서, 우아한 르네상스식 정면façade과 물품을 저장하고 작업장으로 쓸 수 있는 방을 갖춘 큰 건물이었는데, 추방당한 덴마크 왕이나 브란덴부르크의 통치자 같은 중요한 방문객을 맞을 수 있을 정도였다.

"빨리 그리는 화가"로 유명했던 크라나흐는 사업에도 안목이 있었다. 비텐베르크에는 그 외에 다른 화가가 없었다. 게다가 비텐베르크에는 그에게 필요한 물감, 붓, 기름, 화판을 공급해 줄 이가 아무도 없었다. 결국 그는 뉘른베르크나 아우구스부르크라면 쉽게 구할 수 있었을 이런 것을 모두 수입해야 했다. 그는 이런 불만스러운 상황을 꾹 참고 자기가 해야 할 일을 했다. 그가 수입하는 화물을 실어도 짐마차에는 여유 공간이 많이 남았다. 그러자 그는 좋은 포도주와 약재藥材를 수입하는 사업을 시작했다. 심지어 크라나흐는 이런 상품을 독점 수입하고 판매할 권리까지 얻었다. 그러나 시의회는 이 허가를 내준 것을 후회하게 된다. 1528년에 비텐베르크에서 가장 큰 부자가 된 이 화가가 자신이 틀어쥔 약품 공급 독점권을 남용하여 마을 사람들을 속이고 질이 나쁜 약품을 판매했기 때문이었다.[21]

크라나흐가 장사로 옮겨 간 것은 그의 사업 감각에 관하여 많은 이야기를 하기도 하지만, 당시 비텐베르크가 어떤 지역이었는가를 우리에게 알려 주기도 한다. 이는 그때까지만 해도 비텐베르크에서 사업 수완이 좋다 하는 이들이 얼마나 볼품이 없었는지 보여주며, 사치품을 체계 있게 수입하고자 하는 욕구 자체가 거의 없었음을 보여준다. 크라나흐의 창고는 옷감과 온갖 종류의 물품을 포함하여 귀중품이 가득한 보고寶庫가 되었다. 루터는 이런 물품을 샅샅이 뒤져 라이프치히 시장에서 도착한 물건을 찾았다. 그는 필시 크라나흐도 수입했던 질 좋은 라인 포도주를 시음했을 것이다.

루터의 새 삶은 그가 이전에 에르푸르트에서 보낸 삶과 닮은 구석이 거의 없었다. 자리와 권위를 얻을 때까지만 해도 그의 삶은 분명 불편했다. 그러나 1512년에 박사 학위를 받으면서, 이 스물여덟 살 청년은 대중이 그 존재를 인식하는 인물이 되었다. 에르푸르트에서는 사실상 아는 시민이 하나도 없었던 것 같다. 그러나 비텐베르크에서는 진흙을 뚫고 솟아오르던 이 마을에 사는 자그마한 지식인, 화가, 예술가 집단과 금세 안면을 트게 되었다. 그는 비텐베르크 시의회의 관문을 처음으로 뚫은 "새 이주자" 중 한 사람인 크라나흐와 친분을 맺었다. 루터는 이런 친분 덕택에 이 도시의 오랜 유력자들과 인연을 맺었는데, 그런 유력자 가운데는 이 도시 시장이었던 한스 크라프Hans Krapp도 있었다. 크라프는 1515년에 죽었으며, 그의 딸이 나중에 멜란히톤과 결혼했다. 금세공 장인金細工 匠人이자 크라나흐와 함께 일하던 크리스티안 되링Christian Döring도 루터의 친구가 되었다.²²

아울러 루터는 이제 아우구스티누스 수도회 안에서도 더 높은 위치에 오르게 되었다. 루터는 1515년에 고타에서 설교한 뒤 3년 동안 지역 수도원을 관장하는 지역 주임 사제로 선출되었으며, 11개 수도원을 책임지게 된다. 그는 강단剛斷 있는 관리자임을 증명했다. 루터는 야무지게 일을 처리하는 머리를 그 아버지에게서 물려받은 것 같다. 그는 비텐베르크 수도원의 수입을 단호하게 지키면서, 꼼꼼한 재정 기록을 강조했다. 하지만 그가 하는 일은 사람을 수도원 안에서 승진시키고 이 수도원 사람을 저 수도원으로 옮기는 인사 문제와 관련된 사안이 많았다. 그는 노이슈타트 안 데어 오를라Neustadt an der Orla 수도원 원장을 아무 격식도 차리지 않은 채 해고해 버렸다. 그러면서 그 수도원에는 이렇게 말했다. "(귀 수도원에서 일어난)◆ 혼란의 모든 원인 혹은 주된 원인은 여러분의 머리이신 분과 원장의 불화입니다. 이는 한 형제가 다른 형제와 불화를 빚을 때보다 해롭습니다. 따라서 나는…미하엘 드레셀 형제Brother Michael Dressel 당신에게 그 자리와 인장을 내놓으라고 명령합니다."²³ 그는 분명 그의 친구들을 잊지 않았다. 루터가 1515년에 지역 주임 사제가 되고 나서 처음 한 일 가운데 하나는 그의 오랜 동료이자 친구인 수사 요하네스 랑을 에르푸르트 수도원장에 임명한 것이었다.²⁴ 인문주의자요 루터의 막연한 친구였던 랑은 1511년에 에르푸르트에서 비텐베르크로 친구를 따라왔다. 랑을 에르푸르트로 되돌려 보낸 것은 비단 한 친구를 도와주는 일이었을 뿐 아니라, 루터 자신이 그의 박사 학위 취득 때문에 쏠쏠한 편지를 주고받았던 바로 그 공동체에 그 사건이 있은 때로부터 불과 이태 만에 그의 권위를 확실히 새기는 일이기도 했다. 랑은 루터 또래였다. 서른이 채 안 된 그를 수도원장에 임명한 것은 "슈타우피츠의 아이들"이라는 신세대가 등장했음을 알려 주었다. 루터는 랑이 맡은 과업이 쉽지 않으리라는 것을 잘 알았다. 그는 "형제들 가운데 불평하는 소리"가 있으리라는 것을 알았다. 루터는 랑에게 예산을 벗어나지 않게 조심하고 모든 수입과 지출을 기록하라고 충고했다. 그렇게 해야 그가 "그 수도원을 술집이나 여관이라기보다 수도원다운 곳"으로 만들어 낼 수 있었기 때문이었다. 그러나 이는 그 친구의 길을 평탄하게 해줄 가능성이 거의 없는 전략이었다.²⁵ 그런가 하면, 슈타우피츠의 또 다른 수하手下인 벤체스라우스 링크Wenzeslaus Linck는 비텐베르크 수도원장이 되었다. 그는 장차 루터의 평생 친구 가운데 하나가 된다.

아우구스티누스 수도회 안은 물론이요 수도회 밖에서도 루터를 중심으로 한 새로운 친구 무리가 공고하게 형성되었다. 게오르크 슈팔라틴—프리드리히 현공의 비서이자 사서였고 나중에 그의 고해신부가 된다—은 루터의 가장 중요한 친구 가운데 한 사람이었다. 그가 작센 통치자의 보호를 확보한 덕에 종교개혁이 가능했기 때문이다. 그는

1525년에 이를 때까지 루터와 가장 빈번히 편지를 주고받은 사람이었고, 루터가 매일 몰두하는 일과 가장 깊숙한 불안까지 드러낸 대화 상대였다. 이들의 우정은 인문주의자 집단에서 흔히 볼 수 있었던 우회로를 통해 시작되었다. 슈팔라틴은 요하네스 랑을 알았으며, 랑더러 자신을 루터에게 소개하게 했다. 슈팔라틴은 선제후의 사서로서 비텐베르크 대학교 도서관을 책임졌으며 대학 정책에 관한 조언도 제시했다. 때문에 루터와 슈팔라틴은 함께 일할 수밖에 없었다.[26]

슈팔라틴은 선제후에게 아무 제약 없이 다가갈 수 있었고, 모든 편지 왕래는 그를 통해 이루어졌다. 슈팔라틴은 라틴어를 구사할 줄 알았으나, 선제후는 사실 독일어만을 불편 없이 구사할 수 있었다.[27] 이 시대는 각 개인이 맡은 공식 직무보다 개인 자체가 중요한 시대였고, 정치도 철저히 사람 중심으로 돌아갔다. 따라서 통치자에게 다가갈 수 있는 사람들 자신이 큰 권력을 휘둘렀다. 슈팔라틴은 루터에게 프리드리히와 그의 궁정으로 들어갈 수 있는 입구를 제공했다. 그뿐만 아니라, 뉘른베르크 인문주의자 집단도 소개했는데, 이 집단은 종교개혁 초기에 아주 긴요한 도움을 루터에게 제공했다. 물론 슈타우피츠도 뉘른베르크에 오랫동안 그를 추앙하는 그룹이 있었다. 하지만 루터를 그 도시에서 강력한 힘을 가진 시서기市書記, Stadtschreiber이자 탁월한 법률가로서 비텐베르크 대학교 법학부에서도 봉직했던 크리스토프 폰 쇼이얼Christoph von Scheurl(독일의 외교관·인문주의자)°에게 소개한 이는 바로 슈팔라틴이었다. 이렇게 부유한 독일 남부와 인연이 이어지면서, 루터는 에르푸르트, 만스펠트, 비텐베르크로 한정된 세계라는 좁은 지평을 처음으로 벗어나게 되었다. 나중에 그는 자신이 문화의 세례를 받은 이 뉘른베르크 친구들에게 아주 큰 신세를 졌음을 인정했으며, 이 친구들은 그의 가장 중요한 지지자 중 일부가 되었다.

크리스토프 폰 쇼이얼 초상, 루카스 크라나흐.

⟨17⟩

• • •

새 비텐베르크 대학교에는 마무리해야 할 일이 많았다. 건물은 여전히 완공되지 않았고, 교과과정을 확립해야 했으며, 교수진과 행정 인력을 고용해야 했고, 학생들을 끌어모아야 했다.²⁸ 비록 신설 대학교이긴 했지만, 비텐베르크 대학교는 그 나름의 전통을 빠르게 만들었으며, 루터도 이 전통을 소중히 여기게 된다. 비텐베르크 대학교는, 설립 직후, 이 대학교를 사람들에게 널리 알릴 이를 발견했다. 바로 안드레아스 마인하르디Andreas Meinhardi(독일의 인문주의자)˚였는데, 그가 쓴 라틴어 대화는 1508년 절찬리에 출간되었다. 비록 이 작품이 그가 열망하던 교수직을 그에게 안겨 주진 못했지만, 그래도 그는 시서기라는 지위를 확보했으며, 이 자리를 죽을 때까지 유지했다. 마인하르디는 신입생을 받아들이는 의식을 서술했는데, 비텐베르크 대학교가 거행한 의식도 독일 다른 곳에서 거행한 입학식과 다르지 않았을 것이다. 재학생 무리가 신입생을 에워싸고, 신입생 얼굴을 검댕과 흙으로 검게 만들었으며, (신입생에게 턱수염이 있으면) 신입생 턱수염을 잡아당겼다. 또 돼지털로 얼굴 전체를 훑고, "사람들이 울타리 뒤에 내버리는 오물"을 신입생에게 칠했으며, 포도주로 "세례"를 베풀었다. 소위 신입생Beanus은 교수들에게 입학 축하 식사를 대접해야 했는데, 이 식사 내내 사슬로 몸이 묶인 채 온갖 굴욕을 당해야 했다. 신입생 머리를 "말 달걀horse eggs"(말 오줌을 발라 재에 구운 악취 나는 달걀)°로 감기고, 그 머리에 뿔을 올려놓는가(뿔 달린 모자를 씌우는가)° 하면, 그 이를 더럽혔다. 신입생의 학식을 조롱하고, 처음에는 여자를 들먹이면서 괴롭히다가 나중에는 신입생 항문의 성질과 크기를 캐 묻곤 했다. 이보다 철저한 굴욕, 아니 대학이라는 학문적 위계 사회에 첫발을 디디는 이를 이보다 더 속 타게 만드는 일은 상상하기가 힘들 것이다. 이런 신고식을 경험한 이들은 나중에 또 다른 누군가에게 그대로 앙갚음했다.[29]

비텐베르크 대학교는 새 학문의 일부가 되어야 했다. 그러나 몇몇 유명한 인문주의자와 학자가 이 대학교를 방문하여 강연했지만, 정작 개교 후 첫 몇 년 동안은 아무도 길게 머물지 않았다. 사실, 비텐베르크 대학교는 스콜라주의 학풍을 지향했다. 초대 총장인 마르틴 폴리히 폰 멜러슈타트Martin Pollich von Mellerstadt(독일의 철학자·신학자)°는 옛 보수주의자로서, **옛 길**via antiqua을 고집하고 아리스토텔레스와 던스 스코터스의 가르침에서 떠나려는 어떤 시도에도 맞섰다. 슈타우피츠와 다른 이들은 멜러슈타트의 영향에 맞서 **새 길**via moderna을 소개하려고 애쓰긴 했지만, 당시 유럽에서 아주 많은 사람을 흥분시켰던 인문주의 사상은 그들의 강령이 아니었다. 신학은 비텐베르크 대학교에서 가장 높은 자리를 차지했다. 많은 신학 교수―그중에는 멜러슈타트 자신도 들어 있었다―가 다른 학문 분과에서 학문의 여왕 대접을 받던 이 학문으로 옮

⟨18⟩, ⟨19⟩
⟨20⟩

1578년에 만든 이 세 목판화는 비텐베르크 대학교와 관련된 의식을 묘사하는데, 신입생들의 검은 칠을 한 얼굴과 뿔 달린 바보 모자를 쓴 모습을 보여준다. 이 의식에 쓴 도구—도금한 톱, 집게, 도끼, 빗, 종 따위—는 라이프치히 대학교에서 살아 남은 것이었다. 허위 고해와 관련이 있기도 했던 이 의식들은 분명 종교의식을 풍자한 것이었지만, 루터는 이런 종교의식을 보존하는 입장을 지지했다. 슈타우피츠는 루터에게 마귀가 필요하다는 농담을 했었는데, 마찬가지로 루터 역시 지독히도 죄로 가득한 그리스도인—이 경우에는 대학교 신입생—의 상태를 어느 정도 집어내는 의식에 전혀 눈살을 찌푸리지 않았다.

겨 와, 이 학문을 비텐베르크 대학교의 지식 발전소로 만들었다. 신학부 안을 살펴보면, 안드레아스 카를슈타트는 토마스 아퀴나스를 따랐다. 요하네스 랑은 도덕 철학을 강의했다. 랑은 에르푸르트에서 인문주의자 무리와 어울리면서 그리스어와 히브리어를 배웠기 때문에 성경을 원어로 읽을 수 있었다. 루터는 일찍이 그와 함께 히브리어를 공부했다. 둘 사이는 아주 풍성한 열매를 낳은 친구 관계였다. 루터도 필시 랑을 통해 인문주의 사상을 섭렵했을 것이다. 이 두 사람은 함께 스콜라주의를 비판하고 단호하게 원전으로 돌아가려 한 새로운 성경 인문주의를 비텐베르크 대학교가 가르치는 내용에 도입했다.[30] 그러나 이 둘은 동등한 친구가 아니었다. 필시 루터가 랑보다 겨우 네 살 정도 위였다. 그러나 처음부터 랑은 루터에게 존경을 분명히 표시했으며, 루터는 1517년 랑에게 95개 논제를 보내면서 랑이 자신의 새로운 신학 방향을 이해하지 못한다고 느끼자, 자신의 그런 심정을 기탄없이 털어놓았다.[31]

루터가 이 대학교에서 맡은 자리는 성경 교수(성경을 가르치는 교수)°였다. 이 자리는 슈타우피츠에게서 물려받았고 그가 죽을 때까지 이 자리를 지켰다. 이런 자리에 있다 보니, 성경을 강의하고, 토론을 하며, 학생들과 대학 지체들에게 설교해야 했다.[32] 그는 이 과업을 아주 즐겁게 감당했으며, 처음에는 시편을 강의했다. 그는 1515년부터 1516년까지 로마서를 강의하면서 인쇄술이라는 신기술을 활용했다. 이 대학교 인쇄물을 인쇄하던 요한 라우-그루넨베르크를 시켜 불가타 본문을 한 줄 쓰고 한 줄 띄는 형태로 인쇄하게 하고, 모든 면面에 가장자리 여백을 여유 있게 두도록 했다. 그런 다음, 이를 강의할 때는 루터 자신이 본문에 붙인 주석과 본문을 수정한 내용을 읽어 주었는데, 이때 자크 르페브르 데타플Jacques Lefèvre d'Étaples(프랑스 인문주의자·신학자. 기욤 파렐이 그의 제자다)°이 내놓은 최신판과 에라스뮈스Desiderius Erasmus Roterodamus(네덜란드의 인문학자)°가 로렌조 발라Lorenzo Valla(이탈리아 인문주의자·수사학자)°의 텍스트를 편집한 것을 기초로 삼았다. 학생들은 이런 것을 자기가 가진 사본 속에 끼워 넣었다. 루터는 본문의 의미를 설명할 때, 자신이 미리 준비해 온 기록을 토대로 설명했지만, 때로는 미리 준비하지 않은 내용을 즉석에서 설명하기도 했다.³³ 나중에 종교개혁 반대자가 된 요하네스 올데코프 Johannes Oldecop(독일의 가톨릭 신학자·사제)°는 훗날 루터가 라틴어가 아니라 독일어를 사용하여 성경 본문을 아주 잘 설명했던 일을 회상하기도 했다.³⁴ 이렇게 본문을 철저히 파고드는 교수 방법은 학생들에게 성경 본문을 거의 직접 대하면서 스스로 성경을 연구하는 체험을 하게 해주었을 것이다.

아울러 이것은 루터를 바꿔 놓고 있었다. 그는 죽기 몇 년 전, 자신의 삶을 돌아보며 라틴어 작품집에 넣을 서문으로 간략한 자서전을 썼다. 이때 자신이 로마서 본문을 만난 것이 정말 중요한 일이었다고 회상했다. 그는 자신의 우울한 감정 상태를 언급하며 이렇게 썼다.

> 그때까지만 해도 그것은 심장의 피를 얼어붙게 하지 않았다. 그러나 1장 (17절)*에 있는 단 한 말씀, 곧 "그 안에는 하나님의 의가 나타나서"라는 말씀이 내 길을 막아섰다. 이는 내가 "하나님의 의"라는 말을 미워했기 때문이다.…나는 이 말을 철학의 관점에서 외형적 의나 능동적(행동으로 나타난)° 의를 가리키는 말로 이해하도록 가르침을 받았다. 말하자면, 이 의 때문에 하나님은 의로우시고 불의한 죄인을 벌하신다고 가르침을 받았다.

루터는 완전한 수사가 되려고 노력할 때의 감정도 다음과 같이 말한다.

> 나는 내가 하나님 앞에서 완전히 난장판이 된 양심을 가진 죄인임을 느꼈다.…나는 죄인을 벌하시는 의로운 하나님을 사랑하지 않았다. 아니, 그분을 증오했다.³⁵

루터가 1515년부터 1516년까지 한 강의에서 이 본문을 설명한 자필 주석은 아우구스티누스를 인용했으며, 훨씬 더 냉정하고 침착한 태도로 이렇게 말했다.

> 하나님의 의가 구원의 원인이다.···하나님은 그 의를 통해 우리를 의롭게 해주신다. 이는 복음을 믿음으로 말미암아 일어난다.

그러나 필시 그때만 해도 루터의 이런 말이 정통 아우구스티누스주의와 다른 어떤 것이라는 게 명백히 드러나지는 않았을 것이며, 심지어 루터도 이를 명확히 알지 못했다.[36] 그때 당장은 이런 지적 돌파구가 암시하는 의미들이 뚜렷하게 나타나지 않았다. 그러나 그 뒤 여러 해가 흐르는 사이에 루터가 시편, 히브리서, 갈라디아서를 강의하고 이런 성경 본문을 깊이 파고들면서, 그런 의미들이 점차 드러나게 된다. 우리가 앞으로 보겠지만, 실제로 루터는 그런 의미를 깨달은 때를 훨씬 뒤인 1519년이라 밝혔다.[37]

지적 연구 작업은 분명 루터에게 들어맞았다. 그가 처음 대학교에 몸담을 때부터 가르쳤던 신학을 연구하는 일 외에도, 이제는 강의 경험과 그가 가진 박사 학위가 그에게 어떤 권위 의식을 부여했을지도 모른다. 하지만 자신의 첫 작품, 곧 시편에 나오는 일곱 개의 회개 시(시편 6, 32, 38, 51, 102, 130, 143편)°를 독일어로 번역하고 강해한 작품은 1517년까지도 세상에 나타나지 않았다.[38] 루터가 설명했듯이, 그의 번역은 히에로니무스(영어 이름은 '제롬')°가 원문 성경을 라틴어로 옮긴 옛 불가타를 인용했지만, 루터는 당시의 탁월한 히브리어 학자인 인문주의자 요하네스 로이힐린Johannes Reuchlin(독일의 언어학자·법률가)°이 편찬한 히브리어 성경을 참조하여 옛 불가타를 바로잡았다. 자신이 뿌듯했던 이 저자(루터)°는 랑에게 편지를 써서, 이 작품이 다른 어느 누구에게 즐거움을 주지 못해도 루터 자신에겐 기쁨을 주었다고 말했다. 루터가 뉘른베르크에 있는 쇼이얼에게도 그리 써 보냈지만, 이 작품이 염두에 둔 독자는 학자가 아니었다. 심지어 이 작품은 고등교육을 받은 뉘른베르크 사람들이 아니라 "평범한 작센 사람들"을 겨냥했다. 그러나 루터의 이런 생각은 분명 잘못이었다. 책 가격과 세련된 문장을 고려할 때, 비텐베르크 엘리트나 읽을 만한 작품이었지, 작센 사람 대다수는 읽을 수 없는 책이었기 때문이다.[39]

겉으로 보면, 루터가 이렇게 빨리 이 새 대학교에서 중심인물이 된 것은 놀라운 사건이었다. 그는 나이가 많지도 않았고, 출신 사회 계층이 높지도 않았으며, 1517년 이전에는 자기 이름으로 낸 출판물이 사실상 하나도 없었다. 루터가 그리 될 수 있었던 데는 여러 이유가 있겠지만, 그가 1511년 이곳에 왔을 때 그와 같은 또래 학자 집단이 있어서 수준 차가 거의 없는 평평한 운동장을 더 많이 만들어 낼 수 있었던 것도 한 이유였던 것 같다. 랑 외에도, 루터보다 세 살 아래인 안드레아스 카를슈타트가 있었다. 카를슈타트는 루터보다 나이는 적었어도, 학자 경력은 선배였으며 루터에게 박사 학위를 수여한 인물이었다. 법학 교수인 히에로니무스 슈르프Hieronymus Schurff(독일의 법률가)°는 루터보다 단 두 살이 많았다. 1511년부터 1515년까지 비텐베르크 수도원 원장을 지낸 벤체스라우스 링크는 루터보다 한 해 앞서 1511년에 박사 학위를 받았다. 슈타우피츠의 조카이자 아주 유능한 변증가였던 니콜라우스 폰 암스도르프Nikolaus von Amsdorf(독일의 신학자·교회 정치 개혁자)°는 루터보다 생일이 불과 몇 달 뒤였다. 그는 철학부에서 가르쳤다가 이내 신학부로 옮겼다. 이들은 모두 각기 다른 과목을 가르쳤으나, 아주 끈끈한 동지 그룹을 형성했다. 이들 가운데에는 이력 형성 과정이 비슷한 사람이 많왔고, 몇 사람은 40명쯤 되는 수사가 함께 기거했던 비텐베르크 수도원에서 동고동락했던 아우구스티누스 수도회 수사였다.[40]

루터가 이렇게 부상한 또 다른 이유는 여전히 작은 교육기관이었던 이 대학교 안에서 그라는 인물이 가진 강한 개성의 효과 때문이었을지도 모르겠다. 심지어 1536년에도 비텐베르크 대학교에는 학부 교수 자리가 스물둘에 불과했다. 신학부와 법학부가 각각 넷이었고, 의학부가 셋이었으며, 교양학부가 열한 자리였다.[41] 한 예를 들면, 카를슈타트는 처음엔 그보다 후배였으나 새로 친구가 된 동료(루터)°에게 깊은 영향을 받았고, 이 동료의 사상을 아주 빨리 받아들였다. 1516년, 루터의 제자인 바르톨로메우스 베른하르디Bartholomäus Bernhardi는 으레 하는 학문 훈련의 하나로 한 논박문을 제출했다. 그는 루터가 로마서 강의 시간에 은혜와 관련하여 펼쳐 보였던 생각 중 일부에 반대하는 의견을 내놓았다. 이 강의 도중에 루터는 사람들 앞에서 아우구스티누스가 썼다는 논문 『참된 회개와 거짓 회개에 관하여De vera et falsa poenitentia』의 저자가 아우구스티누스임을 믿지 않는다고 천명했다. 카를슈타트는 이런 의견에 맹렬히 반대하면서, 자신이 갖고 있던 이 논문을 라이프치히에서 즉시 가져왔다. 그러나 그는 논문 본문을 다시 읽어 본 뒤 루터가 옳았다는 판단을 내렸고, 이때부터 루터의 아우구스티누스 이해에 영향을 받기 시작했다.[42] 과격하고 열정이 끓어 넘쳤던 카를슈타트는 얼기설기 얽힌 자기 생각에 쉽게 빠져 길을 잃어버렸기 때문에, 지도가 필요했다. 루터의 철저함이 카를슈타트가 그 독창성을 마음껏 펼쳐 보이게 만들고, 그를 자극하여 그의 모든 지적, 영적 입장을 다시 생각하게 만든 것 같다. 천성이 카를슈타트보다는 신중했던 슈르프도 루터에게 사로잡혔는데, 이는 아마 슈르프도 느꼈던 절망과 죄의식을 루터가 조목조목 설명할 수 있었기 때문이 아닌가 싶다. 루터는 분명 다른 사람들을 자신에게 끌어

당기는 지적 견인력을 갖고 있었는데, 이런 사람들이 루터가 주장한 내용에서 바로 자신들이 갖고 있던 생각을 인식했던 것도 그 한 이유였다. 루터는 타인에게 의존하지 않으며 확고한 지성을 소유했으며, 복잡한 의견도 열정을 담아 전달할 수 있었다. 그가 그토록 빨리 비텐베르크 대학교를 이끄는 인물이 되었던 이유는 그의 지성이 남보다 우월했다기보다 그의 에너지와 확신 때문이라고 설명할 수 있을 것 같다.

◆ ◆ ◆

이때는 심장이 펄떡펄떡 뛰게 하는 시대였다. 같은 세대 지식인들이 함께 새 시대가 동틈을 목격하고 있다고 느꼈던 시대였다. 어색하다 싶을 정도로 아리스토텔레스를 맹종하던 스콜라주의는 끝난 것 같았다. 비텐베르크 대학교 교과는 **새 길**과 **옛 길**을 조심스럽게 절충한 것이었다. 그러나 1516년에 이르자, 요하네스 랑은 감격에 겨워 학생들이 "성경과 교부를 다루는 강의는 열심히 듣는 반면, 소위 스콜라 박사들이 하는 강의에는 수강생이 겨우 두셋"이라고 외쳤다.[43] 1517년과 1518년에는 루터가 히브리서를, 카를슈타트가 아우구스티누스를, 인문주의자인 에스티캄피아누스 Johannes Rhagius Aesticampianus(독일의 신학자·인문주의자)°가 히에로니무스를 가르쳤다. 원천으로 돌아가자는 인문주의 연구 방식이 이 모든 학업 과정에 생기를 불어넣었다.

아울러 이런 열정에는 여러 이유가 있었다. 히브리어 학자인 요하네스 로이힐린이 모든 히브리어 성경 본문을 파괴하고 싶었던 쾰른의 도미니크 수도회 수사들에게 핍박을 받자, 인문주의자들은 단결하여 로이힐린을 변호했다. 슈팔라틴은 1514년에 이 사건에 관하여 루터의 견해를 구했으며, 루터 자신이 에르푸르트에서 랑과 함께 히브리어를 공부할 때 사용했던 문법 책을 저술한 이 사람을 기탄없이 변호하는 답변을 받았다. 루터는 도미니크 수도회 수사들의 요구를 따라 유대인들의 신성모독을 깨끗이 씻어 줄 수는 없다고 주장했다. 유대인이 그리스도를 모욕하고 비방하리라는 것은 구약 선지자들이 예언한 일이요, 따라서 모든 히브리어 성경 본문을 파괴함은 증거인멸이 될 것이며 하나님과 선지자들을 거짓말쟁이로 만드는 일이 되리라는 게 루터의 주장 이유였다. 이런 통찰이 분명 그를 사로잡았으며, "이는 언어로 표현할 수 있는 차원을 넘어선 것"이었다. 그는 이런 역설을 이해하지 못한 사람은 신학을 전혀 이해하지 못한 사람이라고 주장했다. 하지만 루터는 유대인 자신의 입장을 두둔하는 유대인의 기록에는 전혀 공감을 표하지 않았다. 그는 그런 기록에 공감하는 일이야말로 진정 하나님을 모독하는 것이라는 입장을 평생 견지했다.[44]

이 시기에 나온 루터의 가장 중요한 저작 가운데 두 가지가 그의 학생들을 위해 지은 논제다. 이는 전에 그가 베른하르디를 위해 지은 것과 같은 것이었다. 당시 관습은 학생이 스승의 견해를 반영한 논제를 자세히 설명하는 것이었으며, 이것이 스승과 제자가 학위 과정 내내 진행하는 학업의 일부였다. 의식처럼 자리 잡은 논쟁은 논증과 수사에 얼마나 능숙한가가 그 승패를 갈랐고, 일종의 허가받은 지적 공격 기회를 제공했다. 어떤 입장이 서로 관련이 있는 여러 주장을 잇달아 제시하는 형태로 표명되었을 때는, 그 논증의 특정 논점만 받아들이거나 거부하면서, 한 명제와 다른 명제의 연결 고리를 꼼꼼히 조사해 보는 것이 더 쉬웠다. 이는 지적 모험과 자유를 허용했다. 사고思考란 그것이 확증된 진리임을 주장하지 않고도 시험해 볼 수 있는 것이었기 때문이다. 루터는 이런 검증과 지성을 동원한 논쟁에 큰 매력을 느꼈으며, 종교개혁은 이런 기술을 고급 예술로 발전시키게 된다.

1517년, 루터가 가르치는 학생 프란츠 귄터Franz Günter는 루터가 스콜라주의를 비판하며 쓴 논제 모음을 변호했다. 이 논제는 95개 논제보다 과격하고 충격을 안겨 주는 측면이 많았다. 루터는 이 논제에서 아리스토텔레스는 신학 연구에 필요하지 않을 뿐 아니라, 대단히 해롭다고 선언했다. 아리스토텔레스가 교과과정의 주요 부분을 이루고 있던 대학교에서 이런 주장을 편다는 것은 아리스토텔레스의 『윤리학』을 강의하던 니콜라우스 폰 암스도르프 같은 이들의 얼굴을 후려갈기는 일이었다. 그러나 루터의 학생이 이겼으며, 학부 전체는 이 학생 손을 들어주었다. 그러자 루터는 이 논제를 에르푸르트로 보냈다. 하지만 그는 이 논제에 그의 이름을 붙이지 않았으며, 이 논제가 반대에 부딪히리라는 것도 알았다. 루터는, 비텐베르크 사람들이 이 논제를 받아들일 수 있고 "정통"이라 여길지라도, 에르푸르트 사람들은 이를 "개똥 같은 이론cacodoxa"이라 여길 것이라고 농쳤다.[45] 루터가 옳았다. 이전에 에르푸르트 수도원에서 그와 함께했던 동료들과 선생들은 이 논제에 격노했다.[46]

이 논제는 유달리 확신에 찬 명제들을 모아 놓은 것이었는데, 한 명제를 제시하면 뒤따라 그다음 명제를 제시하는 식으로 배열해 놓았지만, 이런 배열 순서는 논리를 따르면서도 감정이 개입한 결과였다. 루터는 아주 당차게 자신이 제시한 진술에 "통설에 반대하는" 또는 "스콜라주의자들에 맞서는"이라는 이름을 차례차례 붙인다.[47] "아리스토텔레스가 없으면 신학자가 되지 못하는 사람은 결코 신학자가 되지 못한다"는 루터의 결론이 생생히 보여주듯이, 이 논제는 끓어 넘치는 분노를 담아 중세 신학의 모든 전통에 반대하는 루터의 입장을 그대로 담아 낸다.[48] 이 논제는 아우구스티누스를 아주 강하게 변호하는 말로 시작하며, "그러므로 진리는 이러하니, 곧 나쁜 나무에서 난 사람은 아무것도 하지 못하고 그저 악을 원하며 악을 행한다"는 과격한 진술에서 그 정점에 이른다. 루터는 이를 이런 인상 깊은 말로 표현한다. "인간은 날 때부터(본성상)° 하나님이 하나님이심을 원하지 않는다. 도리어 그는 자기가 하나님이요 하나님은 하나님이 아니길 원한다."[49] 지나가는 말이지만, 루터는 용감한 사람이라면 자신보다 공공선(공공의 이익)°을 사랑할 수 있다는 던스 스코터스의 논지를 거부한다. 이는 루터가 나중에 피력할 정치 이론을 넌지시 암시하는 말이다. 루터의 정치 이론은 인간이 자기 자신의 이익보다 공공복리를 우선시할 수 있음을 부인하며, 오직 제후가 권력을 쥔 권위주의 정부 형태만을 정부로 이해할 뿐, 다른 어떤 정부 형태에 관한 이해도 담고 있지 않다.[50] 루터는 이렇게 주장한다. "하나님의 은혜가 없으면 사실 화를 내지 않거나 정욕을 품지 않기가 불가능하다." 아울러 그는 이렇게 강조한다. "자만이나 슬픔이 없으면, 다시 말해 죄가 없으면, 도덕상 미덕도 존재하지 않는다." 이것이 처음으로 한 수사의 마음에 다가와 괴롭히던 죄들은 아니었지만, 그래도 이것들은 우울증과 **안페흐퉁엔**, 그리고 자신의 분노와 자만 때문에 근심하던 당시 루터의 상태를 그대로 보여준다.[51] 역설적으로, 이 논제 전체는 철학이 신학에 유해하다며 철학을 거부해 놓고도 정작 철학적 논증을 활용한다. 루터는 여러 해 전에 철학을 공부하기가 마뜩잖아 요하네스 브라운에게 불만을 털어놓았을지도 모르지만, 그래도 그는 분명 철학의 여러 방법을 모두 공부했다. 루터 전기 작가인 멜히오르 아담Melchior Adam(독일의 역사가)°이 말하듯이, "루터는 난해하고 가시투성이인 그 시대의 **논리학** 위로 넘어졌다." 루터는 논리학의 여러 기술을 숙달하면서 토론에 자신을 갖게 되는데, 이런 자신감은 이런 기술을 완전히 터득함에서 나온 것이었다.[52]

◆ ◆ ◆

그러다가 루터는 1517년 10월 31일에 이르러 95개 논제를 게시했다. 이 논제는 논쟁을 불러일으키려는 진지한 의도를 품고 게시했지만, 이 논제의 공식 기능은 이내 사람들의 관심사에서 벗어나고 만다. 아무도 이 논제에 이의를 제기하지 않았다. 이 95개 논제는 루터가 이전에 스콜라주의를 논박했던 논제의 문체로 썼는데, 학자의 냉랭한 글과 사뭇 다르게 그 수사修辭의 힘이 쌓이고 쌓여 정점에서 최고조에 이르렀다. 보속과 회개의 중요성을 강조하는 서두 부분은 학술 토론이 아니라 완전히 새로운 종교관을 요구하며, 정점에 이르러서는 면벌부大赦符 계산에 근거한 신앙 체계 자체를 고발한다.

이 논제를 담은 게시용 인쇄문은 촘촘하게 인쇄한 것으로서, 글자가 거의 A3 크기인 종이 전체를 가득 채우고 있으며, 이 게시용 인쇄문 자체가 강력한 문서다.[53] 그러나 95개 논제가 95개 논제라는 이름으로 알려지게 된 것은 상당한 수수께끼다. 현재 남아 있는 게시용 인쇄문은 둘인데, 하나는 이 논제를 스물다섯 묶음으로 나누어 번호를 매겼으며, 다른 하나는 "87개" 논제라는 이름을 붙여 놓았는데, 이는 인쇄업자가 논제에 번호를 매기면서 몇 가지 실수를 했기 때문이다. 지금은 사라졌지만 틀림없이 다른 인쇄문이 있었을 것이다. 루터는 나중에 그의 뉘른베르크 친구인 인문주의자 크리스토프 폰 쇼이얼에게 보낸 한 편지에서 자신은 본디 이 논제를 출간할 의도도 없었고 작은 무리를 넘어 더 많은 사람이 읽게 할 의도도 없었다고 강조했는데, 일부 학자는 이 편지를 루터가 이 논제를 인쇄케 하지 않았음을 알려 주는 증거로 받아들였다. 그러나 루터는 쇼이얼에게 인쇄문을 하나 보냈어야 했는데도 보내지 못한 이유를 함께 설명했는데, 이로 보아 루터가 한 말은 모든 논란에 마침표를 찍을 만한 증거가 못 된다.[54] 루터는 이 논제를 에르푸르트에 있던 요하네스 랑에게 보낼 때 이 친구더러 작은 무리 안에서만 돌려 보라고 부탁하지 않았다. 결국 루터가 비록 나중에 "말씀이 그 모든 일을 했다"고 강조하긴 했어도 이 모든 일이 이루어지는 데 루터 자신이 조금이나마 기여했을 수 있다는 결론을 피하기가 어렵다. 루터가 필시 이 논제를 수도 없이 손으로 열심히 베껴 적어 그의 이런저런 친구들에게 보냈으리라고 쉽게 믿어 버리기는 분명 어렵다.[55] 루터는 성 마르틴의 날이기도 하여 상당한 의미가 있는 11월 11일에 랑에게 보낸 편지에서, 끓어오르는 감정을 담아 자신은 "젊은 신학자들"이 이 논제를 기뻐하지 않으리라고 확신한다고 선언하면서, 오만하고 무모한 모든 비판에 맞서 자신을 변호한다.[56]

95개 논제는 지식인 세계가 잘 알지도 못하는 구석에서 가르치던 이름 없는 독일인 교수가 쓴 것이었으나, 놀랄 정도로 순식간에 널리 퍼져 나가 사람들의 주목을 받았다. 루터도 랑에게 그리 썼지만, 정말 "선례가 없는 일"이었다. 딱 두 달이 지나자 모든 독일 사람이 이 논제를 알게 되었고, 이미 여러 논박이 터져 나오고 있었다. 아우크스부르크에서는 대성당 설교자인 우르바누스 레기우스Urbanus Henricus Rhegius가 루터의 "논쟁 노트"를 모든 곳에서 구할 수 있다고 말했다. 함부르크에서는 알베르트 크란츠Albert Kranz(독일의 철학자·신학자)°가 12월 초에 이르러 95개 논제를 받았다. 알자스에서는 콘라트 펠리칸Conrad Pellican(독일의 인문주의자·신학자)°이 이 논제를 1518년 초에 입수했다고 기억했다. 에라스뮈스는 이 논제를 1518년 3월 5일에 토머스 모어Thomas More(영국의 정치가)°에게 보냈다. 아이히슈테트Eichstätt에서는 1517년 말에 주교 가브리엘 폰 아이프Gabriel von Eyb(루터를 반대한 독일의 가톨릭 주교)°가 루터의 친구인 요하네스 에크Johannes Eck와 이 논제를 놓고 토론을 벌였다. 루터 자신도, 어쩌면 조금 과장이 섞인 말이겠지만, "이 논제가 단 두 주 만에 온 독일을 휩쓸었다"고 회상했다.[57]

루터는 몇 달 뒤 브란덴부르크 주교에게 써 보낸 글에서 95개 논제가 신학 진리임을 부인하고 다만 논쟁에 붙이려고 제시한 명제에 불과하다고 강조했지만, 곧 이 논제를 열렬히 변호하는 데 집중하게 된다.[58] 루터는 반년도 지나지 않아 그의 작품 『면벌부와 은혜에 관한 설교 Eynn Sermon von dem Ablasz und Gnade』를 펴냈으며, 이는 1518년부터 1520년까지 25쇄를 찍었다. 애초에 루터가 넓은 범위의 독자를 염두에 두고 95개 논제를 썼는지 여부와 상관없이, 독일어로 쓴 이 설교만큼은 분명 비텐베르크의 경계를 넘어 신성로마제국 전체에 그의 사상을 퍼뜨릴 목적으로 쓴 것이었다.

　　루터는 어떻게 교황은 물론이요 교회의 근본 가치까지 이렇게 공격할 용기를 낼 수 있었을까? 그는 훗날 이때 자신이 눈가리개를 쓰고 있어서 곧장 앞으로 달려갈 수밖에 없는 "눈 가린 말"과 같았다고 말했다. 그는 "하나님이 나를 사용하여 그런 장난을 치고 싶으시다면, 부디 나(곧 내 지혜)는 그 장난에 끼워 넣지 마시고 하나님 혼자 그 장난을 치셔야 한다"고 기도했다.[59] 루터는 자신이 행동을 완전히 통제하지 못하고 더 큰 힘을 가진 자에게 책임을 떠넘기는 마음 상태에 있었다고 묘사했다. 나중에 그는 독일어에서 장난이나 놀이를 뜻하지만 경솔함이라는 의미도 함축할 수 있는 "슈필Spil"이라는 말을 종종 사용하여, 출간 전후에 일어난 사건들을 묘사했다. 루터는 자신이 하는 일을 완전히 책임지지 못하는데도, 하나님이 경솔하게 자신을 사용하여 장난을 치신 것처럼 묘사했다. 장난은 그 결과를 알 수 없는 활동이기도 하다.

　　루터가 이 무렵에 쓴 편지는 그의 견해를 대중에게 알리겠다는 결심이 확고하게 섰다는 느낌을 분명하게 전해 준다. 여기 좌고우면左顧右眄하지 않는 사람이 있다. 그가 이전에 쓴 논제는 교황의 권력이 정당한가를 미처 묻지 못하고 바로 그 앞에서 멈췄지만, 이제 루터는 이렇게 썼다. "교황이 연옥에 있는 영혼들을 사면할 때 자기가 가지지 않은 열쇠의 힘을 내세우지 않은 것은 아주 잘한 일이다." 훗날 루터는 히에로니무스 슈르프가 미심쩍은 듯 이렇게 물었던 일을 회상했다. "교황에 맞서는 글을 쓰고 싶다고? 자네가 원하는 게 무언가? 그들(가톨릭교회)◆이 그런 글을 두고 못 볼 텐데."[60] 루터도 자신이 결국 순교로 끝날 길에 첫 발을 내디뎠음을 잘 알았다.

95개 논제가 받은 반응은 단지 칭찬만이 아니었다. 가장 먼저 나온 논박 가운데 하나는 매서운 공격이었다. 인문주의자요, 루터가 존경하는 지인이자, 다른 사람도 아닌 루터의 뉘른베르크 친구 크리스토프 폰 쇼이얼이 루터에게 추천했던 요하네스 에크가 루터의 논지를 짓밟고 파괴하는 글을 썼다. 루터는 스스로 인간관계를 저버린 배신이라 여긴 이 공격에 깊은 상처를 받았으며, 분노로 보복했다. 반면, 그가 뉘른베르크에서 받은 열렬한 지지는 이 논제를 독일의 식자識者 엘리트 사이에 급속히 퍼뜨리는 데 기여했다. 뉘른베르크 자체에는 대학교가 없었다. 그러나 이곳은 교역과 학문, 정치권력의 중심지였고, 이탈리아에서 독일 북부로 이어지는 교역로에 자리해 있었다. 요하네스 크흘레우스Johannes Cochlaeus는 1512년에 『독일지략獨逸誌略, Brevis Germaniae descriptio』을 쓰면서, 뉘른베르크를 말 그대로 중심으로 삼고, 이를 독일의 다른 모든 지역과 연결했다. 루터의 뉘른베르크 벗들—인문주의자, 귀족, 정치인—은 루터가 내건 대의를 자신들의 것으로 삼았다. 심지어 "아우구스티누스 수도회 저녁 식사 친구들"이라는 무리가 있었는데, 이 무리에는 마을에서 가장 유력한 사람도 몇몇 들어 있었다. "식탁에서 오고가는 이야기는 거의 전부 루터 한 사람에 관한 것이었다. 그들은 그를 칭송하고, 떠받들고, 변호했으며, 그를 위해 모든 것을 감내하려고 했다. 그들은 그의 작품을 낭송했고…그가 쓴 소책자에 입 맞추었으며…거기에 있는 말을 하나도 빼지 않고 열심히 읽었다."[61] 본디 이 사람들은 루터의 멘토요 고해신부인 슈타우피츠의 영성을 따라가는 데 온몸을 바쳤다. 그랬던 사람들이 이제는 슈타우피츠의 명민한 제자에게 예리한 충고와 도움을 주면서, 독일 남부에서 루터의 목소리에 귀를 기울이는 청중을 만들어 냈다. 쇼이얼이 물길 역할을 했으며, 그와 다른 이들이 95개 논제를 독일어로 번역했다. 루터는 1517년 1월에 이 법률가(쇼이얼)°와 편지 왕래를 시작했는데, 조금은 번지르르하면서 아부하는 것 같은 루터의 말투는 이 관계가 루터에게 아주 중요했음을 생생히 보여준다. "저는 당신이 제 친구가 되길 바라지 않았습니다. '친구는 내 것 네 것이 없다'는 속담이 진실이라면, 이런 친분이 당신의 영예를 높이기는커녕 당신에게 피해만 주겠기 때문입니다. 그 속담이 진실이면 이렇게 친구가 됨으로써 제 모든 것이 당신 것이 될 텐데, 그랬다간 당신은 그저 죄와 어리석음, 창피함만 더 가질 것입니다."[62]

사람들은 95개 논제를 읽는 데 그치지 않고, 이를 행동으로 옮겼다. 1518년 3월에 이르자, 루터는 이미 자기가 먼저 에르푸르트에 있던 랑에게 학생들이 비텐베르크 시장 광장에서 테첼이 쓴 『주장Positiones』(그가 면벌부를 옹호한 글)을 사람들이 보는 가운데 불태웠다는 편지를 쓰고 있었다. 루터는 자신이 이 일과 무관하다고 주장했으며, 이 가련한 세일즈맨(테첼)°이 야기한 공격에 깊은 유감을 표시했다. 그가 쓴 책은 일부 팔린 것도 있었으나, 일부는 사람들이 그대로 집어 불에 던졌다. 만일 루터가 테첼이 쓴 책을 하나 "불에서 끄집어내" 편지와 함께 랑에게 보냈더라면, 랑도 교황 추종자들이 루터에게 얼마나 격노했는지 알았을 것이며, 루터가 전한 모든 내용이 더 설득력이 있었을 것이다.[63] 장차 종교개혁의 한 장면이 되는 이 첫 분서焚書 사건은 이처럼 로마교회가 아니라 루터 지지자들이 일으켰다. 이 지지자들이 맞이할 수도 있는 결과는 분명했다. 테첼은 이미 루터 자신이 불에 던져질 것이며 테첼 자신은 두

주 안에 "그의 반팔 셔츠를 입고 하늘로 갈 것"이라고 위협하고 있었다.

◆ ◆ ◆

95개 논제가 이런 소동을 낳은 이유를 이해하기는 어렵지 않다. 면벌부 문제는 스콜라주의를 겨냥한 공격과 연결되어 있었으며, 대중 전반이 케케묵은 관행(방식)˚에 품고 있던 불만의 일부이기도 했다. 인문주의자는 원전으로 돌아가 원전 텍스트를 비평하며 새롭게 읽기보다 그저 자신들의 철학만 고집하던 기성 권위를 겨냥한 공격을 95개 논제에서 보았을 수도 있다. 아울러 95개 논제는 진정한 회개를 추구하며 그리스도와 신비로운 연합을 이루려 했던 평신도들의 경건한 신앙을 반영했다. 그러나 면벌부는 이렇게 의식이 깨어 있는 영혼을 향한 저주였다. 사실 이런 의문 제기는 다른 어떤 것보다 중요했다. 루터 자신만 놓고 봐도, 이 논제는 자신의 자기 이해에 깊고 중대한 변화가 있음을 의미했다. 이 논제를 게시할 무렵에 그의 이름을 바꿨기 때문이다. 그는 이제 그의 이름을 적을 때 아버지 이름을 따라 "루더Luder"라고 적지 않고, "엘류테리우스Elutherius"("자유를 얻은 자")라는 새 그리스식 이름을 쓰기 시작했으며, 그 뒤 몇 달 동안 이 이름을 계속 사용했다. "루더"는 물려받기엔 다소 내키지 않은 이름이었다. 독일어에서 이 말은 산만하고 부도덕하다는 의미를 함축하고 있었기 때문이다. 루터는 심지어 엘류테리우스라는 이름을 쓰지 않게 되었을 때도, 이 이름의 핵심만은 그대로 유지하여 이때부터 자신을 "루터Luther"라 부르기 시작했다.[64]

그렇다면 루터는 어떻게 하여 "자유를 얻은 자"가 되고, 인간은 오직 믿음으로 의롭다 함을 얻는다는 신학적 확신에 이르게 되었을까? 종교개혁을 둘러싼 다른 어떤 쟁점보다 루터가 언제 어디서 이런 "돌파구break-through"를 찾았으며 이 "돌파구"가 정확히 무엇으로 구성되어 있는가를 이야기하려면, 더 자세하고 긴 설명이 필요할 것이다. 루터의 초기 신학 발전에 관심이 있는 신학자들은 보통 이 돌파구를 소위 탑 체험에서, 그러니까 루터가 95개 논제를 정립하기 오래전에 별안간 은혜의 본질을 깨달았던 그때에서 찾는다. 하지만 이 체험이 단일 체험이었는가는 분명치 않다. 그렇다 해도 이런 발전 과정의 일부분이 루터가 그 이름을 바꾼 1517년에 일어난 것만은 확실하다. 나중에 루터는 때로 "바울의 순간"을 확인하는 것이, 다시 말해 인간이 오직 믿음으로 구원받을 수 있음을 그가 진정으로 이해한 시점이 언제인지 확인하는 것이 중요하다고 느꼈다. 이는 모든 것을 바꿔 놓은 감정의 변화였으므로, 틀림없이 어떤 단일 사건 속에 들어 있었기 때문이다.

1532년, 루터는 식탁에서 함께 담화를 나누던 동지들에게 자신이 종교개혁을(종교개혁이 내건 모토를)° 발견한 이야기를 했다. 루터는 그런 발견을 할 때까지만 해도 죄인을 벌하시는 하나님의 의에 관한 생각이 자신을 아주 무겁게 짓눌렀다고 말했다. 그러다가 의인은 오직 믿음으로 살리라는 생각이 그의 연구실이 있던 수도원의 은밀한 탑에서 그를 "벼락처럼" 때려 버렸다. 그는 이를 가리켜 "성령이 화장실에서 이런 예술을 내게 주셨다"고 표현했다. 루터는 분명 그의 청중이 이토록 중요한 계시가 그것과 전혀 어울리지 않는 비루한 장소에서 일어났다는 데 충격을 받길 원했다.[65] 루터는, 다른 개혁자들과 달리, 하나님이 그의 사상에 영감을 불어넣으셨다는 주장을 하지 않았다. 루터가 예술을 뜻하는 독일어 **쿤스트**Kunst를 사용한다는 점도 흥미롭다. 이는, 어떤 장인이나 예술가의 노련한 솜씨처럼, 통찰이란 것도 어떤 일을 이전과 다른 방식으로 완성해 낼, 완전히 새로운 능력을 열어 준다는 것을 시사하기 때문이다.

하지만 그가 자신의 종교개혁 발견 사연을 언급한 가장 유명한 설명은 그가 세상을 떠나기 1년 전인 1545년에 나왔다. 그는 이 해에 나온 자신의 라틴어 작품 모음 초판 서문에서 자신이 1519년에 시편을 읽었던 일과 자신이 로마서를 새롭게 만난 일을 이렇게 묘사했다.

> 마침내 나는, 밤낮으로 깊이 생각하다가, 하나님의 은혜로, 그 말씀, 곧 "그 안에는(복음에는)° 하나님의 의가 나타나서…기록된 바…'의인은 믿음으로 말미암아 살리라'"는 말씀의 맥락에 주목했다. 거기서 나는 하나님의 의란 곧 하나님의 선물, 곧 믿음으로 의인이 살게 해주시는 것임을 이해하기 시작했다. 이는 곧 이런 의미다. "믿음으로 의인은 살리라"고 기록된 것처럼, 하나님의 의는 복음, 곧 자비로우신 하나님이 믿음으로 우리를 의롭다 하시는 수동적 의를 통해 나타난다. 여기서 나는 내가 온전히 거듭나 열린 문을 거쳐 낙원 바로 그곳으로 들어갔음을 느꼈다. 성경의 완전히 다른 얼굴이 내게 그 모습을 드러냈다. 그때부터 나는 내가 기억하고 있던 성경을 처음부터 끝까지 살펴보았다. 아울러 나는 가령 하나님의 역사, 곧 하나님이 우리 안에서 행하신 일, 우리를 강하게 하시는 하나님의 능력, 우리를 지혜롭게 하시는 하나님의 지혜, 하나님의 강함, 하나님의 구원, 하나님의 영광 같은 말에서도 어떤 유비를 발견했다.
>
> 이전에 나는 "하나님의 의"라는 말을 증오했지만, 이제 나는 그때의 증오만큼이나 큰 사랑을 담아 내가 가장 달콤히 여기는 말로 칭송했다. 결국 바울의 글에 있던 그곳은 내겐 진정 낙원으로 들어가는 문이었다.[66]

루터가 이런 변화가 일어난 시점을 그가 로마서를 강의하던 1515

년도 아니요, 그가 95개 논제를 게시한 1517년도 아니라, 1519년이라 밝힌 것은 의미심장하다.[67] 하지만 학자들은 이 연대에 회의懷疑를 표하면서, 루터가 믿음에 관하여 그런 이해에 다다른 때는 틀림없이 95개 논제를 정립하기 전이었을 것이라고 주장했다. 실제로 루터는 그때 그의 사상을 여전히 형성해 가고 있었으며, 그 뒤에도 상당 기간 계속하여 그리했을 가능성이 더 높아 보인다.[68] 이때만 해도 그의 신학이 어느 방향으로 발전할지 아주 분명하게 나타나지는 않았다. 1520년 이전에 존재했던 사상과 주제 가운데 일부가 이후에 떨어져 나갔기 때문이다.

초기 개신교 사상이 그야말로 유동성을 갖고 있었음은 루터가 신비주의 사상, 특히 요하네스 타울러의 책과 그리고 소위 "독일 신학"이 제시한 사상에 보인 열정에서 엿볼 수 있다. "독일 신학"은 독일어로 쓴 14세기 텍스트인데, 루터는 이 텍스트의 일부에 간단한 서문을 붙여 1516년 12월에 출간했고, 1518년에는 더 상세한 소개를 추가하여 텍스트 전부를 출간했다.[69] 거기에 그는 자신이 성경과 아우구스티누스의 글 다음으로 이 책에서 가장 많은 것을 배웠다고 적어 놓았다.

그러나 이 소책자는 루터의 신학을 지지하는 사람이라면 누구나 당황할 글이다. 칼뱅은 나중에 이 소책자가 그리스도인을 혼란케 하는 "허튼소리"요 교회에 "독"이 된다며 무시해 버렸다. 이 소책자는 그리스도인이 자기 의지를 철저히 내버리고 하나님의 뜻을 받아들이며 하나님의 영이 소유하는 이가 되라고 요구한다. 이처럼 의지가 하나님의 의지와 결합된 이는 신적인 이가 된다. 그는 **신화神化된다**vergöttlichen. 개인을 극복해야 한다고 강조함은 루터의 은혜 신학을 가리키는 것으로 볼 수 있으나, 이런 강조점은 인간이 완전할 수 있다는 믿음, 말하자면 루터의 후기 사상에서는 도저히 생각조차 할 수 없는 믿음에 기초를 두고 있다.

자기 의지를 포기하는 체험은 포기하는 과정이요, 내버리는 과정이다. 개인이 소유하는 모든 것을 내려놓음이다. 비록 "독일 신학"은 그런 단어를 쓰지 않지만, 그 텍스트가 서술하는 내용은 슈타우피츠가 이 무렵에 한 설교에서 핵심 용어로 등장하는 **게라센하이트**Gelassenheit(방아放我, 하나님 앞에서 완전한 의지와 겸손과 수동성을 의미하는 독일의 신비주의 전통의 용어로 루터와 재세례파가 함께 사용했다)°를 연상시킨다. 슈타우피츠는 **게라센하이트**를 깊은 명상을 통해 하나님의 사랑에 잠긴 상태, 사람이 무언가 스스로 해보려고 몸부림치기를 그만두고 자신을 활짝 열어 하나님 사랑을 받아들이는 상태를 가리키는 말로 쓴다. 하지만 "독일 신학"이 신자가 신적 지위를 얻으려면Vergöttlichung 할 수 있는 일이 무엇인가에 관하여 제시하는 입장은 모호하다. 이 텍스트가 한편으로는 겉으로 드러나는 행위가 하나님을 기쁘게 해드리지 못한다고 강조하면서도, 다른 한편으로는 각 사람이 스스로 포기하는 태도를 받아들여야 하는가, 아니면 그렇게 포기하는 태도는 하나님이 선물로 주시는가에 관하여 딱 부러진 입장을 표명하지 않기 때문이다.

게라센하이트는 나중에 종교개혁의 급진파가 내건 강령이 되며, "독일 신학"은 영혼에 집중하는 종교를 만드는 것을 목표로 삼고 기성교회와 한배를 타길 거부했던 이들의 마음을 엄청나게 사로잡았다. 비텐베르크의 안드레아스 카를슈타트와 스트라스부르의 클라우스 프라이Claus Frey(재세례파 지도자)° 같은 사상가는 나중에 속사람과 겉사람이라는 개념을 다시 주장하게 된다. 각 사람의 의지가 하나님의 의지와 결합하면, 하나님 바로 그분이 몸소 신자 안에 들어와 거하시면서, 내면에 권위의 원천을 제공하신다. 그렇지만 동시에 "독일 신학"은 사람들이 자신이 신화된다vergöttlichen고 생각할 때 "거짓 자유"가 발생할 수 있음을 경고했다. 실제로 나중에 루터는 토마스 뮌처, 카를슈타트, 그리고 다른 급진파 사람들이 영적 오만에서 비롯된 거짓 자유를 행사하는 죄를 지었다고 주장했다. 그러나 나중에 루터가 피력한 입장이 무엇이든, 이 시점에서 루터가 주장한 사상은 명상에 기초한 신비주의 성향을 강하게 담고 있었던 것 같다. 그는 "독일 신학"을 그의 생애에서 아주 중요했던 때에, 다시 말해 1516년에 이르는 기간에 읽었고, 95개 논제가 담고 있는 의미를 궁구하기 시작했던 때인 1516년에서 1518년에 이르는 기간에 다시 읽었다.[70] 이때 루터의 신학은 영혼에 집중하며 내면을 성찰하는 신비주의뿐 아니라 95개 논제 같은 합리적 논증까지 넉넉히 아우를 수 있을 만큼 포용력이 있었다. 루터는 카를슈타트가 1524년이 지난 뒤부터 **게라센하이트**를 완전히 자기 것으로 삼자, 이런 가능성을 영원히 거부하게 된다.

"독일 신학"을 특징짓는 인간관 역시 후기 루터가 주장한 인간관과 사뭇 다르다. 후기 루터는 속사람과 겉사람을 습관처럼 구분하지 않았으며, 마귀의 영은 물론 하나님의 영도 각 사람 속에 자리 잡고 있다고 생각하지 않았다. 마찬가지로, 성숙한 루터는 육체를 비하하는 모습을 보여주지 않지만, 다른 신비주의 사상가들에겐 육체를 비하하는 것이 그 사상의 중심이었다. 역설 같지만, 루터가 육체를 비하하지 않았던 이유는 그가 인류를 아주 저열한 존재로 평가했기 때문이었다. 실제로 그는 인간은 죄로 가득하기 때문에 하나님과 인간의 연합은 불가능하다고 생각했다.

루터가 "독일 신학"이 대변하는 경건을 벗어나면서, **게라센하이트**와 이 세상을 거부하는 태도도 사라졌다. 루터파(루터주의)°는 이처럼 중세 후기 신앙의 강력한 일부였던 명상이라는 차원과 단절했다. 루터는 지성을 통해 성경을 더 깊이 파고드는 쪽으로 나아가는 경향을 점점 더 강하게 보여주는데, 이것도 어쩌면 그의 사상에서 일어난 방향 전환

"독일 신학: 이것은 고귀한 소책자다Eyn deutsch Theologia: das ist Eyn edles Buchleyn", 비텐베르크, 1518년. 이 표지는 구원의 깃발을 들고 십자가형에 따른 상처를 지닌 부활하신 그리스도, 그리고 평범하면서도 르네상스식 가장자리 장식을 아주 희미하게나마 암시하는 소박한 상자 모양 무덤을 목판화로 표현한다. 그림 앞쪽에는 입에서 뱀이 나오는 아담이 누워 있고, 농기구로 무장한 천사들이 아담을 갈아 다시 흙으로 만들고 있다. 이 작품은 신자 안에서 "옛 아담"이 죽고 그리스도가 부활하셨음을 이야기한다.

⟨21⟩

의 일부였을지 모른다. 이러면서 그는 믿음에서 감정이라는 차원을 잃어버렸고, 제도권을 철저히 비판할 수 있는 잠재력을 잃었으며, 우리가 힌두교나 불교 같은 경건(신앙)° 행태에서 더 익히 볼 수 있는 명상이라는 차원을 잃어버렸다. 대신, 루터 쪽은 행동, 성경 주해, 권위 쟁취에 더 관심을 가졌다. 이런 점이 이후 여러 세기 동안 루터파와 프로테스탄트주의(개신교)°의 특징을 형성하게 된다.

05.
여행과 논박들

1518년 4월 초, 루터는 하이델베르크로 떠났다. 지름길로 곧장 가도 거의 400킬로미터나 되는 먼 여정이었다. 슈타우피츠가 소집한 아우구스티누스 수도회 총회가 4월 25일에 열릴 예정이었다. 이 총회에서는 루터의 제자 중 하나인 레온하르트 바이어Leonhard Beyer가 그의 스승이 지은 40개 논제를 변호하기로 되어 있었다. 많은 사람이 루터에게 이 여행을 가지 말라고 충고했다. 루터는 랑에게 설교자들이 강단에서 그를 비방하며 "사람들은" 그를 불사르려 하리라는 경고를 들었지만, 그럼에도 바이어, 그리고 그 수도원의 심부름꾼이던 우르반과 함께 그 모든 길을 끝까지 가겠다는 뜻을 꺾지 않았다고 써 보냈다. 루터는 이런 중차대한 때에 자신의 대의를 지지할 사람이 많지 않으리라고 예상했던 것 같다.

그러나 루터는 활기가 넘쳤다. 그는 이 여정을 시작하고 엿새가 지난 4월 15일에 슈팔라틴에게 보낸 편지에서 자신들이 작센 선제후가 소유한 성 가운데 하나인 코부르크에 도착했다고 보고했다. 비록 노자路資도 없는 탁발 수사로서 여행 중이었지만 늘 임기응변에 능하고 재치가 있던 루터는 선제후가 부리는 사람인—눈치도 없이 여관에서 이 일행에 끼어든—데겐하르트 페핑어Degenhart Pfeffinger를 시켜 모든 형제들의 밥값을 지불하게 만들었다. 루터 스스로 슈팔라틴에게 그런 우스갯소리를 했지만, 루터는 부자가 가진 돈을 나눠 쓰길 즐겼다.¹ 그는 일행이 코부르크에 머무는 비용도 코부르크 성 성주가 대신 내게 하고 싶었다. 그러나 너무 걸어 발에 병이 난 이 수사는 자기가 살아가는 방식이 잘못임을 깨닫고, 결국 마차를 이용하여 여행하기로 했다. 그는 "내가 발로 걸어가겠다고 결심해 놓고" 그리하지 못했으니 죄를 지었지만, 이제 회개했으니 면벌부를 살 필요는 없겠다고 넉살을 부렸다.² 그는 덧붙여 자신이 독일 남부의 최고급 포도원을 지나가게 되었으니, 그해는 포도주를 즐기기 딱 좋은 해가 되겠다고 익살을 부렸다. 랑은 하이델베르크로 가던 이 여행자들과 뷔르츠부르크Würzburg에서 합류했다.³

하이델베르크 논쟁은 루터가 그의 신학을 아우구스티누스 수도회 수사들에게 더 널리 알릴 기회를 제공했다. 그러나 슈타우피츠는 위험한 게임을 하고 있었다. 이 무렵 슈타우피츠는 아우구스티누스 수도회 각 지역 관구장들에게 루터를 설득하여 그가 발표한 논제를 취소시키라는 압력을 받고 있었으며, 실제로 루터는 교황에게 이 논제를 설명하는 편지를 보내겠다고 약속했었다.⁴ 따라서 이 새로운 신학을 독일 관구 총회에서 문제 삼아 대중의 입에 오르내리게 하고 다른 학자들이 참석할 가능성이 높은 대학촌에서 떠들어 대는 것은 불장난이었다.

하이델베르크 논제는 인간의 자유의지를 철저히 부인하고 철학이 신학에 유용함을 철저히 부인한다는 점에서 스콜라주의를 반박하는 논제를 떠올리게 한다.⁵ 그러나 하이델베르크 논제는 이전 작품보다 훨씬 완성도가 높고 깊은 사상이 담겨 있었으며, 루터의 더 발전된 신학을 반영한다. 루터는 결혼하지 않는 이들이 성욕이라는 악을 올바로 사용하기가 불가능하듯이, 그리스도인이지 않은 이, 곧 바보는 제대로 철학하기가 불가능하다고 주장한다. 말하자면 이교 철학은 성경을 해석할 때 성경을 들여다보는 렌즈가 될 수 없다는 것이 그가 말하려는 뜻이었다. 루터는 여기서 흥미로운 비교 사례를 하나 인용한다. 그는 성욕이 인간의 다른 어떤 행동보다 나쁜 것이 아니라고 주장하면서도, 철학하는 행위를 정욕을 채우려는 방탕과 비교한다. 그리스도인은 이성을 무시하는 건전한 태도를 통해 철학을 길들여야 한다. 실제로 루터는 이성을 거듭 "창녀"라 부르곤 했다.[6] 그러나 무엇보다 중요한 사실은 루터가 이미 그 앞 해 가을에 95개 논제에서 제시하기 시작한 그의 십자가 신학을 더 깊이 전개한다는 점이다. 루터는 이렇게 썼다. "영광의 신학자는 악을 선으로, 선을 악으로 칭하지만, 십자가의 신학자는 사태를 있는 그대로 칭한다"(하이델베르크 논제 21번)°. 영광의 신학자는 하나님의 엄위와 능력을 송축하면서 "행위와 행위의 영광"을 사랑하지만, 진짜 신학자는 "하나님은 오직 고난과 십자가에서만 발견할 수 있다"—이는 인간이 듣기 싫어하는 불편한 진리다—고 선포한다. 따라서 고난 역시 그리스도인의 삶을 이루는 일부여야 한다. "사람은 먼저 자신이 아무 가치가 없고 그의 행위가 자신이 한 것이 아니라 하나님이 하신 것임을 알 때까지 고난과 악을 통해 꺾이고 파괴되어야만 비로소 자신의 선행에 우쭐대지 않을 수 있다." 루터는 "숨어 계신 하나님Deus absconditus", 곧 고난 속에 숨어 계신 하나님이라는 사상을 정교하게 발전시키는데, 이는 나중에 그가 에라스뮈스와 논쟁할 때 그의 신학을 강력히 대변하는 주제가 된다. 우리 안에 계시지 않으며, 인간이 완전히 알 수 없는 하나님. 놀라운 점은 이 논제가 면벌부를 전혀 언급하지 않고, 명제에서 어떤 논지를 이끌어 내기보다 어떤 신학을 다시 한 번 자세히 설명한다는 것이다. 루터의 사상이 다루는 주제들은 이제 그가 95개 논제에서 제시했던 것들을 훌쩍 넘어선 차원으로 나아가고 있었으며, "철학"을 겨냥한 그의 공격에 담긴 풍성한 의미도 명백히 드러나고 있었다.[7]

1518년 4월 25일, 하이델베르크 총회가 열리자, 루터가 쓴 논제가 이전에 그에게 철학을 가르쳤던 베른하르트 폰 우징엔Bernhard von Usingen과 요도쿠스 트루트페터Jodokus Trutfetter 앞에 제출되었다. 트루트페터는 그 시대에 가장 탁월한 논리학자 중 한 사람이었으며, 그가 쓴 『논리학대전Summule totius logice』은 양상 논리modal logic — 그것이 실제로 옳은가 뿐 아니라 그것이 실제로 가능한가를 고찰하는 논리학 — 에 관한 최신 사상을 모두 종합한 작품이었다. 비텐베르크에서 인쇄한 트루트페터의 교과서는 설득력이 있는 삼단논법 논리, 다시 말해 논리상 유효한 논증을 눈으로 쉽게 확인할 수 있는 도표 형태로 차례로 나열하여 제시함으로써, 이 논리를 사상 자체를 이해하고 논쟁에서 상대방을 제압하는 데 활용할 수 있는 강력한 도구로 만들었다.

루터는 모든 사람이 루터 자신의 논지에 고개를 끄덕였다고 슈팔라틴에게 보고했다. 신출내기 박사 하나만이 예외였는데, 그는 "농부들이 이런 말을 들으면 당신을 돌로 쳐 죽일 겁니다"라고 소리쳤다가 청중이 껄껄 웃게 만들었다. 그리고 우징엔과 트루트페터도 예외였다. 루터가 나중에 언급했듯이, 이전에 그를 가르친 이 스승들은 루터의 견해에 "죽을 정도로" 진저리를 쳤다. 실제로 루터가 총회를 마치고 하이델베르크를 떠날 때, 우징엔이 루터가 탄 마차에 같이 탔는데, 루터는 에르푸르트까지 그와 함께 가는 동안, 그를 설득하려고 애썼다. 그러나 그들 모두 자기 의견을 굽히지 않았다. 루터는, 5월 18일, 슈팔라틴에게 그리스도가 뒤에 남겨 두고 떠나셨듯이, 자신도 이 둘을 뒤에 남겨 두고 떠나겠다고 말했다. 이는 그리 훌륭한 비유는 아니었다.⁸ 루터는 이미 1517년 2월에 스콜라주의에 관한 그의 견해를 놓고 그의 이전 스승들과 충돌한 적이 있었다.⁹ 아우구스티누스 수도회의 원로인 이들이 자신들과 같이 여행하는 이 젊은 친구에게 철학은 공허하다는 장광설을 듣는 일은 결코 유쾌할 수가 없었을 것이다.

루터는 에르푸르트에서 여행을 중단하고 비텐베르크로 돌아갔다. 그는 자신의 옛 스승이 자신에게 보낸 비판 편지에 직접 답변하겠다는 결심을 품고, 5월 8일 트루트페터 집 문 앞에 나타났다.¹⁰ 트루트페터의 하인은 주인이 많이 아프다며 루터를 집안으로 들이려 하지 않았다. 결국 루터는 직접 만나는 대신 글을 남겨 놓았다. 루터는 우선 그의 이전 스승에게 "선생님은 제가 혹시 신랄하고 무례한 편지로 선생님께 굴욕을 안겨 주려 한 것은 아닌지 염려하셨습니다만" 자신은 결코 그러려 하지 않았다고 확실하게 못 박았다. 그러나 그는 계속하여 이렇게 설명했다. "저는 다만 우리가 지금 가진 교회법과 교황 교령과 스콜라 철학을 뿌리 뽑고" 그것들을 성경과 교부 연구로 대체하지 않으면 "교회를 개혁하기가 불가능하다고 믿습니다." 루터는, 이전에 랑에게도 그랬던 것처럼, 테첼이 팔던 소책자를 불태운 책임이 자신에게 있다는 의혹을 부인했다. 이런 의혹 제기는 루터를 다른 학자를 존중하지 않는 난폭한 선동가처럼 보이게 하려는 위험한 암시였다.¹¹ 아울러 루터는 자신이 라이프치히 교수들에 대항하면서 광부의 수호성인인 성 안나에 관한 전설을 포함하여 성인에 얽힌 전설을 설교단에서 공격해 오고 있던 츠비카우 설교자 요하네스 에그라누스Johannes Sylvius Egranus(독일의 신학자·인문주의자)°를 변호했다는 의혹을 부인했다. 루터는 슈팔라틴에게 사람들이 성 안나를 공경하는 이유는 오로지 성 안나가 그들을 부자로 만들어 주리라고 믿기 때문이며, 루터 자신이 한 일은 에그라누스에게 지지 편지를 쓴 것밖에 없다고 말했다. 그렇지만 루터가 쓴 지지 편지가 이 주제를 다룬 에그라누스의 소책자와 함께 출간되면서, 루터는 비록 악의가 없었던 것처럼 말했으나, 결국 그렇지 않은 것이 되고 말았다.¹²

루터는 그가 독일어로 독일 민중에게 한 설교에서 자신의 신학을 제시한 것을 "선생님(트루트페터)°이 마뜩잖아 하신다"는 것을 충분히 잘 알았지만, 그래도 그 일 때문에 트루트페터에게 전혀 미안해하지는 않았다. 그는 이미 이 논쟁을 대학교에서 장터로 옮겨 갈 뜻을 품고 있었던 것 같다. 루터는 편지를 맺으면서 스콜라 학자들을 공격할 권리가 자신에게 있다는 것, 그리고 "다른 이들의 권위는 물론이요 (제가 분명 가장 무겁게 여기는) 선생님의 권위마저도 제가 이 견해를 주장하지 못하게 막지 못할 것입니다"라고 트루트페터에게 말했다. 그러면서 루터는 트루트페터에게 그가 루터의 견해에 가질 법한 어떤 반대 의견도 "완전히 토해 버리시라"고 재촉했다.¹³ 이 편지는 중병이 걸린 이 노인(트루트페터)°에게 눈곱만큼도 동정을 표시하지 않으며, 병세가 어떠냐는 안부도 묻지 않는다. 자기 필생의 역작이 이제는 쓸데없는 책이 되었다는 말을 들었을 때 이 노인의 심정이 어떨까 하는 점에도 거의 관심이 없다. 트루트페터의 하인이 자기 주인은 이 고집 센 수사의 방문을 감당하지 못하리라고 판단한 것도 무리가 아니었다.¹⁴ 이것이 루터의 성품이 지닌 어두운 측면이었는데, 이런 어두운 측면을 만들어 낸 원천은 그의 사명감, 그가 점점 더 순교에 집착한 점, 그리고 그가 하나님과 새로이 맺게 된 관계였다. 야위고 움푹 파인 눈을 지닌 이 수사는 다른 이들에게 영감을 불어넣고 그들을 이끌 능력도 가졌던 반면, 자기 의견에 동의하지 않는 이들—그는 이런 이들을 거짓 교회인 "회당"에 속한 "유대인"으로 취급했다—을 인정사정없이 정리할 수 있는 단호함도 키워 가고 있었다.

◆ ◆ ◆

루터는 아주 건강하게 하이델베르크에서 집으로 돌아왔다. 슈팔라틴에게 긴 여정이었지만 그는 오히려 체중이 늘었으며 음식도 입에 아주 잘 맞았다고 써 보냈다. 사실 루터는 비텐베르크 수도원을 찾아온 이들에게 이 수도원의 개밥 같은 식사dreadful meals 때문에 늘 사과하곤 했었다.[15] 이보다 중요한 점은 루터가 분명 자신이 강한 지지를 받고 있으며, 노장老壯들을 쓸어버리려고 벼르는 소장小壯들이 자신을 옹위하고 있다고 느꼈을 것이라는 점이다. 우선 카를슈타트가 그의 편이었다. 카를슈타트는 루터를 반대하던 요하네스 코흐레우스조차도 나중에 "굳은 바위 같은 그의 거친 지성을 갈고닦아 계발한" 사람이라고 칭송한 사람이었다.[16] 루터에게 박사 학위를 수여했던 바로 그 사람(카를슈타트)°이 이제는 그의 후배이자 동료인 사람을 열렬히 돕는다는 사실은 비텐베르크 대학교와 아우구스티누스 수도회 안에서 루터가 차지하는 위상에 중대한 변화가 생겼음을 시사했다. 루터는 트루트페터에게 이렇게 썼다. "선생님도 저희를 지지하는 이들의 명민함을 아실 겁니다." 루터는 비텐베르크 대학교 전체가 자기편이라고 잘라 말했다.[17]

이제 전선戰線이 그려지고 있었다. 하이델베르크 논쟁은 전환점이었다. 떠오르던 루터의 신학이 면벌부 비판을 넘어 더 멀리 나아간다는 것을 보여주었기 때문이다. 하이델베르크 논쟁은 루터에게 새 지지자들을 안겨 주었는데, 특히 마르틴 부처와 볼프강 카피토Wolfgang Capito가 그의 지지자가 되었다. 이들은 루터의 사상을 뉘른베르크 사람들은 물론이요, 이를 넘어 독일 남부의 인문주의자들에게까지 전파하게 된다. 본디 도미니크 수도회 수사였던 부처는 특히 놀라운 개종자였다. 하이델베르크 대학교 학생이자 에라스뮈스의 열렬한 추종자였던 그는 하이델베르크 논쟁을 꼼꼼히 지켜본 뒤, 결국 그가 몸담았던 수도회를 떠났다. 그는 자신이 목격한 것에 깊은 감명을 받아 자기 친구이자 인문주의자인 베아투스 레나누스Beatus Rhenanus에게 마치 "꿈속에 있는 것 같았다"고 써 보냈다.[18] 그는 가장 중요한 종교개혁 신학자 가운데 한 사람이자, 개신교 신자들의 통합과 타협을 강력히 옹호한 인물이 되었다. 베네딕트 수도회 수사였던 카피토는 대성당 설교자였고, 또 다른 지성의 중심지인 바젤Basel에서 대학교 교수로 있었다. 아울러 그는 마인츠의 알브레히트 친구이기도 했다. 하이델베르크 논쟁을 지켜본 청중 가운데에는 테오발트 빌리칸Theobald Billican, 마르틴 프레흐트Martin Frecht, 요하네스 브렌츠Johannes Brenz가 있었는데, 이들은 모두 나중에 독일 남부에서 종교개혁 지도자가 된다.[19] 하이델베르크 논쟁은 이들 각자에게 엄청난 인상을 남겼으며, 이들의 삶을 영원히 바꿔 놓았지만, 나중에 루터가 제시한 모든 가르침에 동의하지는 않았다.

그러나 다시 비텐베르크로 돌아가 보면, 그해 봄에 그곳을 지배했던 낙관론은 순식간에 흩어져 버렸다. 트루트페터는 자신이 에르푸르트에서 했던 말을 그대로 되풀이하는 글을 썼다. 루터는 랑에게 트루트페터의 어조가 "수도회 총회에서 자네가 들었던 것보다" 훨씬 매섭고 독했다고 말했다.[20] 게다가 엎친 데 덮친 격으로, 독일의 유력한 인문주의자이자 신학자 가운데 한 사람이요 한때는 루터가 벗으로 여겼던 요하네스 에크마저 95개 논제를 반박하는 글을 썼다. 루터는 하이델베르크로 떠나기 전에 "단검표Obelisks"(†)라는 제목을 달고 필사를 통해 회람되고 있던 에크의 글을 읽었다. 루터는 이 글에 답하여 재치 있게 "별표Asterisks"(*)라는 제목을 붙인 글을 지었지만, 그가 하이델베르크에서 돌아온 뒤에 다루려고 이 문제를 제쳐 두었다("단검표"는 인쇄업자가 오류를 나타내려고 붙인 기호였으며, "별표"는 덧붙이는 것을 나타내려고 쓴 기호였다. 이 제목들은 인쇄술이라는 신기술을 훤히 알고 있는 인문주의자들이 자기들끼리 주고받은 농담이었다)*. 그전만 해도 루터는 분명 에크가 "우리 가운데 하나"라고 생각했는데, 이제는 에크가 자신의 등을 찔렀음을 느꼈다. 루터는 에크가 복음을 따라 그의 형제에게 "은밀히" 권고했어야 했다고 불만을 표시했다.[21] 루터가 흥분을 다소 가라앉히고 5월에 에크에게 써 보낸 편지는 분노와 상처를 제어하며 쓴 글이었다. 루터는 악을 악으로 갚고 싶지 않다고 강조하면서, 자신이 쓴 "별표"에 은밀히 대답할지, 아니면 인쇄물로 대답하여 만인에게 그 답을 공개할지 결정하라고 에크에게 공을 넘겼다. 에크가 후자를 택한다면, 루터도 똑같이 그렇게, 힘으로 대답하려 했다. 결국 거의 마지막에 가서야 속마음이 드러났다. 루터는 에크를 향해 화가 난 창녀나 "그대가 내게 퍼부은 것과 같은 저주와 욕설을 토해 낸다"고 꼬집으면서, 에크가 그런 창녀처럼 행동한다고 비판했다.[22]

그러나 루터가 하이델베르크에 있는 동안, 카를슈타트는 에크가 쓴 "단검표" 사본을 하나 입수한 뒤, 406개 논제로 구성된 대답을 하나 작성하여 인쇄해 버렸다. 이 바람에 이 문제는 대중에게 알려졌고, 이 문제를 루터 자신과 에크의 사사로운 비밀로 지키겠다고 다짐했던 루터의 말은 헛말이 되고 말았다. 사실, 루터가 하이델베르크에서 이 문제를 수도회의 다른 지체들과 논의하지 않았다면, 그것 역시 놀라운 일이었을 것이다. 루터는 6월에 쇼이얼에게도 이런 사실을 적어 보냈다. 루터와 에크 사이의 불화에 깜짝 놀란 쇼이얼은 두 사람을 중재하려고 시도했다. 루터는 이 일을 대중에게 알리지 않음으로써 타협하려 했고, 에크의 학식을 칭송하는 편지를 써 그의 마음을 풀어 주려 했다. 쇼이얼과 뉘른베르크에 있는 그의 인문주의자 인맥에게조차 이 일을 알리지 않고 함구했다면, 정녕 어리석은 짓이 될 뻔했다. 쇼이얼과 그의 인문주의자 인맥이야말로 아우구스티누스 수도회와 비텐베르크 밖에서 여태까지 루터에게 도움다운 도움을 유일하게 제공한 이들이었기 때문이다. 하지만 루터는 에크에게 카를슈타트에게는 너무 혹독하게 답변하지 말아 달라고 요구했는데, 카를슈타트가 이런 요구 조건을 알았다면 불같이 화를 냈을 것이다. 그는 오로지 카를슈타트와 한판 붙으려고 안달이 나 있었기 때문이다.[23] 하지만 루터가 이리 한 것은 현명한 사전 예방 조치였다. 에크가 얼마 뒤 루터가 주장하는 내용을 독일 땅이 아니라 오히려 로마에 알리려 했기 때문이다. 만일 에크의 시도가 성공했다면, 카를슈타트도 위태로운 처지가 되었을지 모른다.

◆ ◆ ◆

문제가 시끄러워지니, 교황청 귀에도 서서히 흘러 들어갔다. 마인츠의 알브레히트는 95개 논제를 마인츠 대학교에 보내 판단해 달라고 요청한 뒤, 1517년 12월에는 교황청에 넘겼다. 교황청에서는 도미니크 수도회 수사인 실베스터 프리에리아스Sylveste Prierias가 교황을 대신하여 논박을 만들었으며, 이듬해 여름에는 『교황권에 관한 마르틴 루터의 오만한 논제를 비판하는 담화』를 출간했다. 루터는 이를 아주 형편없다고 여겨, 그냥 다시 인쇄하게 한 뒤, 그 논지를 완전히 압도하는 논박을 작성했다. 다른 이들의 반응도 나타나기 시작했다. 1518년 1월, 면벌부 판매자요 작센 지역을 관할하는 종교 재판관으로서 이단과 싸우는 책임도 맡고 있던 도미니크 수도회 수사 테첼은 신학 교수 콘라트 빔피나Konrad Wimpina가 루터를 공격하려고 지은 106개 논제 모음을 옹호했다. 아울러 그는 루터의 『면벌부와 은혜에 관한 설교』를 논박한 글을 출간했다.[24] 루터는 그의 저작을 상대로 길게 이어지는 공격에 곧장 대응해야 했다. 절제를 잃은 공격이 많았고, 어떤 공격은 악의가 가득했다. 그러다 결국 로마는 95개 논제가 이단성이 있다고 결론지었다. 1518년 8월 7일, 로마로 오라는 소환장이 비텐베르크에 있던 루터에게 도착했다. 이것은 결국 화형대에서 마침표를 찍을 수도 있는 재판으로 나아가는 첫걸음이었다.

    1518년 봄, 카예탄Thomas Cajetan으로도 알려져 있는 교황 특사 토마소 데 비오Tommaso de Vio(이탈리아 신학자·추기경)°가 신성로마제국 영방들의 모임인 제국 의회에 참석하고자 아우크스부르크에 도착했다. 그 무렵에 추기경이 된 카예탄은 진중한 신앙인이요 소박하고 본이 되는 삶을 살아가던 사람이었다. 아울러 그는 학자로서 토마스 아퀴나스의 『신학대전』을 시대에 맞춰 설명한 주석을 여러 해에 걸쳐 집필해 오고 있었다. 그뿐만 아니라 그는 인문주의 사상에도 열려 있어서, 자기가 속한 도미니크 수도회 수사들에게 신세계 원주민을 식민지 주민으로 복속시키려는 전쟁을 해서는 안 된다고 충고했다. 그가 아우크스부르크로 가면서 부여받은 임무는 그가 외교관으로서 처음 수행하는 일이자 어려운 사명이었다. 교황 레오 10세Leo X가 오스만튀르크를 상대로 벌이려던 십자군 전쟁에 독일의 지지를 확보하려 하고 있었기 때문이다. 독일 영방 대표자들은 반발하면서, 교황의 요구대로 세금을 올리려 하지 않았다. 그들은 교황과 신성로마제국 황제 막시밀리안 1세Maximilian I에게 자신들에게서 더 많은 보조를 받으려면 자신들이 교황청의 강제징수에 제기한 불만을 받아들이라고 요구했다.[25]

    루터가 속한 영방 통치자인 프리드리히 현공은 아우크스부르크에서 강력한 정치 위상을 갖고 있었다. 영방들이 더 많은 돈을 내게 하려면 프리드리히의 지지가 꼭 있어야 했다. 막시밀리안이 제국 의회에서 이루려던 가장 중요한 목표는 그의 아들 카를이 황제로 선출되어 신성로마제국 제위를 물려받게 하는 것이었다. 프리드리히도 선제후였기 때문에, 그의 표가 중요했다. 때문에 카예탄은, 여러 영방의 짧은 생각과 이기심에 실망하고 분노하면서도, 선제후 프리드리히가 다스리는 비텐베르크에서 교수로 있는 이에 관한 문제가 의제로 올라왔을 때, 조심스럽게 처신했다. 프리드리히와 슈팔라틴은 누가 봐도 훌륭한 카예탄의 신앙과 열린 마음에 호감을 느꼈다. 실제로 이 추기경은 자신이 독일 땅인 아우크스부르크에서 루터를 만남으로써 로마에서 재판이 열리는 일은 피하고 싶다고 말했다. 카예탄은 그들이 다룰 수 있는 사람으로 보였다. 슈팔라틴은 루터에게 편지를 보내 그의 두려움을 진정시키고 추기경이 루터에게 호의를 품고 있다고 자신 있게 말했다.

하지만 1518년 여름에 이르자, 문제가 심각하다는 것이 분명해졌다. 루터의 목숨을 해치려는 음모가 더 보고되자, 만스펠트의 알브레히트 백은 루터더러 비텐베르크를 떠나지 말라고 당부했다.[26] 8월 28일, 루터는 아우크스부르크에 있는 슈팔라틴에게 편지를 보내, 자신이 어떻게 해야 할지 고민에 고민을 거듭하고 있음을 이렇게 밝혔다. "슈팔라틴, 내 친구여, 자네도 알겠지만, 나는 이 모든 일이 전혀 두렵지 않네. 설령 그들이 달콤한 말과 권력을 사용하여 모든 사람이 나를 증오하게 하는 데 성공할지라도, 내 마음과 양심에는 내가 주창하고 그들이 공격하는 모든 것이 내가 하나님께 받은 것임을, 그리고 나는 이 모든 것을 기꺼이 그분께 믿고 맡기며 바친다는 것을 알고 고백할 부분이 충분히 남아 있다네. 하나님이 그걸 가져가시면 없어지겠지만, 하나님이 그걸 보존하시면 보존되겠지. 그의 이름이 영원히 거룩하시며 칭송을 받으시길. 아멘."[27] 그러나 루터는 그의 목숨을 하나님 손에 맡기는 것 같았지만, 동시에 다른 한편으로는 자신이 목숨을 잃을 위험에서 벗어나려면 얼마나 멀리 가야 하는가를 고민하고 있었다. 루터에겐 카예탄을 신뢰할 이유가 전혀 없었다. 카예탄은 이탈리아 사람이었고 로마교황청 사람이었다. 교황이 이 추기경에게 신성로마제국 황제와 영방 제후들이 일치단결하여 루터를 대적하도록 지시했다는 소문이 돌았다. 결국 루터는 교묘한 꾀를 냈으며, 이후에도 또 그런 기지를 발휘하게 된다. 루터는 작센 선제후인 프리드리히 현공에게 안전조치를 요구함으로써 아우크스부르크로 가는 일을 피하려 했다. 루터는 슈팔라틴이 프리드리히가 이 요구를 거부하게끔 손을 써서, 자신이 아우크스부르크에 가지 않아도 되는 명분을 만들어 줄 것으로 알았다. 그러나 이는 오산誤算임이 드러났다. 슈팔라틴은 루터의 이런 요청을 즉석에서 거절했다. 그와 선제후가 모두 카예탄을 신뢰했던 데다, 루터가 카예탄을 만나길 간절히 바랐기 때문이었다.[28]

루터는 다시 걸어서 여정에 올랐다. 아우크스부르크까지 480킬로미터를 더 가야 했다. 이번에도 다시 그의 형제 같은 동료이자 제자인 레온하르트 바이어가 동행했다. 마차를 타고 갈 수도 있었는데—하이델베르크에 갈 때는 결국 나중에 마차를 탔다—걸어서 간 것은 루터의 선택이었다. 그러나 루터는 겸손한 탁발 수사로서 이 여정을 가겠다는 결심이 있었다. 하루 평균 32킬로미터쯤 걸었다 해도 두 주 넘게 걸렸을 것이며, 때문에 이따금 지나가는 수레를 얻어 타기도 했을지 모른다. 여러 해가 흐른 뒤, 루터는 자신이 라틴어로 쓴 작품집 서문에서 이 만남을 설명하면서 이런 말로 첫머리를 뗐다. "나는 그렇게 걸어서, 변변한 노자도 없이, 아우크스부르크로 갔다." 선제후가 노자에 충당하라고 20굴덴 정도를 루터에게 주었다. 초기 루터 전기 작가인 요하네스 마테지우스는 루터가 아우크스부르크로 가는 길에 그의 오랜 벗인 벤체스라우스 링크에게서 수단을 하나 빌려야 했다고 적어 놓았다. 루터 일행이 바이마르를 지나갈 때, 거기 있는 아우구스티누스 수도회 수도원의 물품 조달 책임자가 루터에게 이렇게 경고했다. "친애하는 박사님! 짐작컨대, 저 이탈리아 사람들은 박식한 인간들입니다. 저는 박사님이 그들을 이기지 못할까봐 걱정입니다. 박사님이 이기지 못하면, 그들은 박사님을 태워 죽일 겁니다." 루터는 이 경고를 귓등으로 흘려버리면서, 자신이 가시덤불은 참을 수 있으나 불은 너무 뜨거울 것 같다고 대꾸했다. 자신의 작품을 공격하던 스콜라 학자들의 "찔러 대기"를 조롱하는 말이었다.²⁹

루터는 자연을 사랑하며 감상하는 여행자였다. 그는 뉘른베르크를 에워싸고 있는 숲과 자갈과 모래가 많은 땅처럼, 독특한 풍경을 하나씩 하나씩 음미하며 지나갔을 것이다. 그의 여로에는 제국 도시들이 여기저기 자리해 있었고, 그 도시에는 큰 목골木骨 가옥, 사람들을 위압하는 시청, 길드 하우스, 장인들이 뛰어난 금속 제품과 직물, 과학 기구를 만들어 내는 공방이 있었다.³⁰ 루터는 이 여행을 통해 독일이라는 나라의 부유한 남부 지방을 알게 되었으며, 이는 루터의 내면에 깊이 박혀 있던 "독일인"이라는 의식을 더 강하게 했을 것이다. 루터의 내면에 이런 의식이 처음으로 깊이 새겨진 계기는 1511년에 있었던 그의 로마 여행이었다. 두 여행자는 10월 3일이나 4일에 뉘른베르크에 도착했으며, 마침내 10월 7일에는 그들의 목적지에 도착했다. 고집불통 루터는 아우크스부르크에서 5킬로미터쯤 떨어진 곳에서 마차를 타야 했다. 위장병 때문에 몸이 허약해져 더 이상 걸을 수가 없었기 때문이다. 그러나 그는 곧 회복했고, 아우크스부르크에 도착한 나흘 뒤에는 교황 특사를 만날 준비를 갖췄다.³¹

아우크스부르크는 신성로마제국에서 가장 큰 도시 가운데 하나였으며, 얼마 뒤에는 문화와 재부財富를 선도하는 중심지 뉘른베르크를 추월하게 된다. 이곳은 당시 가장 부유한 상가商家였던 푸거가의 본거지였다. 푸거가의 이권利權은 유럽에서 신세계(신대륙)°까지 뻗어 있었다. 아우크스부르크 중심에 자리한 푸거가의 대저택인 푸거 하우스 Fuggerhäuser는 호사스러운 건물 단지로서 한 블록 전체를 차지하고 있었으며, 그들이 거래하던 이탈리아 귀족의 대저택과 상당히 비슷했다. 그러나 푸거가 바로 그 근방에 그들 자신이 살 집으로서 첫 근대식 사회복지 주택을 지었다. "푸거라이Fuggerei"라는 이 근대식 사회복지 주택은 가난한 이들이 기거하게 할 목적으로 성 야콥(야곱)° 교회 주변에 지은 훌륭한 주택 단지였는데, 위에 한 가구, 아래에 한 가구가 거주하는 작은 집들이 정문이 있는 부지에 들어서 있었으며, 가구마다 따로 출입구가 있었다. 푸거라이만의 교회가 따로 있었고, 푸거라이 정문 위에는 푸거가가 그 집안의 모토인 "시간을 낭비하지 말라"를 새겨 놓았다. 이와 달리, 푸거 하우스는 서로 연결된 세 뜰로 구성되어 있었으며, 이 세 뜰의 디자인은 르네상스 시대의 독특한 원圓 모티프와 화환 모양을 나타내고 있었다. 이 세 뜰은 그 시대를 이끌던 예술가들이 만든 프레스코가 장식하고 있었는데, 이 프레스코 가운데는 "막시밀리안 황제의 승리Triumph des Kaiser Maximilian I"(알브레히트 뒤러를 비롯한 여섯 예술가가 참여하여 만든 목판화)°에서 가져온 장면도 들어 있었다. 이는 신성로마제국 통치자와 푸거가의 긴밀한 관계를 생생히 보여준다. 카예탄은 교황 특사라는 그의 위치에 걸맞게 푸거 하우스의 호사스러운 방에 묵었으며, 바로 이 방에서 토론이 열렸다.[32]

특이하게도 아우크스부르크에는 아우구스티누스 수도회 수도원이 없었다. 때문에 루터는 갈멜 수도회 성 안나 수도원 1층에 있는 소박한 방에 묵었다. 이 수도원 원장 요하네스 프로쉬Johannes Frosch는 에르푸르트 학창 시절 때부터 친구였다.[33] 루터가 묵은 방은 비록 허름했지만, 그래도 그가 묵은 곳은 아주 훌륭한 곳이었다. 수도원에 잇닿아 있고 루터가 묵은 방에서 그 모습이 다 보이는 성 안나 교회는 아우크스부르크를 이끄는 귀족과 상인에게 인기가 많은 장소였고, 그 안에는 쇠창살로 교회의 나머지 부분과 구분해 놓은 푸거가 예배당이 있었다. 걸작이라 할 이 예배당은 1508년에 짓기 시작하여 1518년 1월에 축성식을 했는데, 에르푸르트와 비텐베르크에는 이와 견줄 만한 것이 없었다. 이 예배당은 독일 땅에 처음 지어진 르네상스식 건축물이라는 명성을 얻었으며, 선제후의 성 교회와 완전히 다른 아름다움을 드러내고 있었다. 짓는 데 15,000굴덴이나 들인 이 예배당은 일부러 고딕 양식을 피했다. 오히려 이 예배당 디자인에는 푸거 하우스 뜰에서도 발견할 수 있었던 것과 같은 원과 아치가 있었으며, 이탈리아풍 르네상스 스타일을 따라 붉은 대리석으로 꾸며져 있었다. 원창圓窓으로 들어온 빛이 오르간 위로 흘러 지나갔다. 요란스러운 성물 진열도 없었고, 성인에게 바치는 제단도 없다. 예배당 중앙에는 16세기가 낳은 가장 빼어난 조각 작품 가운데 하나인 코르푸스 크리스티Corpus Christi(그리스도의 몸)° 제단이 있는데, 십자가에 못 박히신 그리스도와 이를 지켜보는 마리아, 요한, 한 천사를 표현한다. 휘감긴 이들의 팔이 표현하는 선은 이 조상彫像에 운동성을 주며, 무게를 느낄 수 없는 모호함을 함께 제공한다. 조상을 바라보는 이는 마리아와 천사가 그리스도를 떠받치고 있는지 아니면 그리스도가 마리아와 천사를 떠받치고 있는지 분간할 수가 없다. 예배자의 감정에 호소하는 이 조상은 그리스도의 고난과 부활을 경배의 유일한 초점으로 제시한다. 이것이야말로 슈타우피츠가 인정했을 법한 그리스도 중심의 경건이었다.[34]

    루터는 이 아우크스부르크 예배당 바로 옆에 있는 방에서 그가 카예탄에게 내놓을 답변을 작성하고 성경의 권위가 교황 교령(교회법에 대한 질문에 교황이 문서식으로 답변한 편지. 그 자체로 교회법으로서의 효력을 지닌다)°과 교부보다 우월하다는 자신의 견해를 더 분명하게 정립했다. 바로 이 원리가 이때부터 줄곧 그의 사상을 결정하게 된다. 그뿐만 아니라, 루터는 바로 이 아우크스부르크에서 처음으로 "양심"이라는 개념을 원용했는데, 이 개념은 이후 영원히 그와 한 몸처럼 붙어 다니게 된다. 루터가 대적들과 논쟁을 벌이면서, 그의 성숙한 신학을 구성하는 요소들도 점차 하나로 결합된다.

◆ ◆ ◆

아우크스부르크는 종교개혁 과정에서 또 다른 전환점이 되었다. 그때까지만 해도 루터가 천명한 대의는 주로 아우구스티누스 수도회 수사들과 로마를 염두에 둔 문제였다. 그러나 이제 그것은 세속 정치도 얽힌 문제가 되었다. 루터는 아우크스부르크에서 새 평신도 지지자 무리를 만났는데, 이들은 그 시대의 유력한 정치인과 지식인에 속하는 사람들이었다. 아우크스부르크시 서기Stadtschreiber이자 제국의 유명한 정치가요 이름난 인문주의자였던 콘라트 포이팅어Konrad Peutinger가 루터와 저녁 식사를 같이했다. 크리스토프 랑엔만텔Christoph Langenmantel은 아우크스부르크의 중요한 정치인 집안사람이었는데, 그의 후원이 나중에 이 운동을 보호하는 데 아주 긴요한 역할을 하게 된다. 아울러 루터는 베네딕트 수도회 수사인 파이트 빌트Veit Bild, 그리고 아우크스부르크 대성당 캐논이며 포이팅어의 인문주의자 무리와 유대를 맺고 있던 베른하르트 아델만 폰 아델만스펠덴Bernhard Adelmann von Adelmannsfelden과 콘라트 아델만 폰 아델만스펠덴Konrad Adelmann von Adelmannsfelden을 만났다.[35] 이 도시에서 열린 제국 의회가 막 끝난 참이었다. 방금 말한 사람들처럼, 신성로마제국 핵심 권력자들과 친분이 있던 사람들은 교황권을 억누르고, 독일이 가톨릭교회에 부담하는 재정을 줄이며, 황제와 영방의 정치 관계를 개혁하는 데 관심이 있었다. 루터의 사상은 이 사람들의 지성을 자극했고,

당시 이들의 관심사였던 정치 쟁점들과 연관이 있었다.

그러나 루터는 자신과 카예탄의 만남을 준비하면서 모든 일을 혼자 처리했다. 선제후 프리드리히 현공이 9월 22일에 떠났기 때문에, 그를 도와줄 슈팔라틴도 없었다. 선제후는 쇼이얼이 루터를 도와주길 바랐지만, 어쩐 일인지 쇼이얼은 뉘른베르크에서 루터를 만나지 못했다. 어쩌면 슈팔라틴의 요청이 너무 두루뭉술했기 때문이든지, 아니면 루터가 쇼이얼의 도움을 원하지 않았기 때문이든지, 아니면 쇼이얼 자신이 이 일에 너무 깊이 말려들고 싶지 않았기 때문일 수도 있다. 이 토론에 참석하겠다고 약속했던 슈타우피츠는 루터와 카예탄의 첫 만남 다음 날까지도 도착하지 않았다. 결국 처음에는 루터 자신이 어떤 조언도 받지 못한 채 토론 전술을 혼자 결정해야 했다.

두 사람의 첫 공식 만남이 있기 전, 이 둘의 중재자로 지명을 받은 이탈리아 성직자 세라롱가Urban de Serralonga는 루터더러 추기경 앞에 나아가 잘못을 시인하라고 권유했다. 루터가 이를 거부하자, 이 이탈리아 사람은 거듭 이렇게 물었다. "정말 한판 벌이겠다는 건가?"[36] 하지만 카예탄은 이 만남을 꼼꼼하게 준비하여 품위 없이 속된 말이나 주고받는 싸움을 피하려고 했다. 그는 루터에게 "아버지같이" 말하면서, 잘못을 바로잡으라 권면하고, 바른길로 인도하여, 로마에서 재판이 벌어지는 일을 피하고자 했다. 그러나 이때는 루터가 하이델베르크에서 그의 이전 스승인 트루트페터와 우징엔의 혼을 빼놓은 직후였으며, 특히 아버지와 사이가 틀어지면서 자신의 정체성을 깊이 인식했기 때문에, 이처럼 아버지가 아들을 대하는 것 같은 접근법은 루터를 당연히 화나게 했다. 실제로 루터는 이 회동에 관한 글을 쓸 때면, 그를 계속하여 자신의 "사랑하는 아들"이라 불렀던 이 추기경에게 느낀 불쾌감을 거듭해서 털어놓곤 했다. 더구나, 카예탄은 도미니크 수도회 수사로서 아퀴나스를 열렬히 추종한 나머지 그의 세례명을 토마스라 했는데, 이는 당시 루터가 몹시 싫어하던 스콜라주의를 상징하는 이름이었다. 결국, 추기경은 루터가 제시한 논제들이 어디에서 교회 교리를 벗어났는지 분명하게 제시함으로써 논쟁을 피하려고 했지만, 루터는 자신이 틀린 곳이—교회 교리와 다소 다르다는 것이—증명되지 않는 이상 가르침을 받아들이지 못하겠다고 선언했다. 첫 회동은 결렬되었다. 이는 놀랄 일도 아니었다. 결국 카예탄은 자신이 애초에 품었던 선의를 잊고 루터에게 고함을 치면서, 자신을 지지하는 이탈리아 사람들과 함께 이 독일 수사의 논지를 비웃었다.

루터가 다음에 한 일은 범상치 않았다. 그는 다음 날 있은 두 번째 만남에 혼자 나타나지 않고 황제 고문 네 사람, 갓 도착한 슈타우피츠, 그리고 증인 한 무리와 함께 왔다. 아울러 그는 공중인을 한 사람 데려왔다. 루터는 면담을 시작하면서, 자신이 "거룩한 교회 그리고 저보다 박식한 모든 사람이 내린 판단과 법에 따른 결론"에는 복종하겠으나, 성경이나 교부의 가르침이나 교황 교령에 어긋나는 말은 결코 하지 않았다고 선언하는 문서를 낭독했다. 이어 루터는 여기서 말은 더 하지 않겠다고 천명하면서, 대신 "글로 답변하겠다고 약속했다." 그리고 루터는, 그다음 날 있는 세 번째 만남 때, 이 만남에서 다루는 쟁점과 관련하여 그의 입장과 이를 뒷받침하는 성경 인용문을 길게 적은 뒤, 이런 말로 마무리한 문서를 제출했다. "이 성경 본문이 존속하는 한, 나는 이 본문과 다른 말을 할 수 없습니다. 나는 우리가 사람이 아니라 하나님께 순종해야 함을 알기 때문입니다.…나는 내 양심에 어긋나는 것을 억지로 인정하고 싶지 않습니다." 이리하여 루터는 카예탄이 사사로운 권면으로 마무리하려 했던 일을 만인이 보는 가운데 의식을 갖춰 벌이는 논전論戰으로, 말하자면 토론을 통해 자기 입장을 서서히 펼치지 않고 오히려 자기 입장을 글로 공식 천명하는 자리로 바꿔 버렸다. 루터는 세라롱가가 하지 말라 경고했던 바로 그 일을 하고 말았다. 그는 이제 한판 싸움을 시작하고 있었다.

루터와 카예탄의 토론은 특히 두 쟁점을 중심으로 펼쳐졌다. 하나는 면벌부 관행의 근거가 된 "공로의 보고寶庫"의 본질이었고, 다른 하나는 성례에서 믿음의 역할이었다. 우선 첫 번째 토론 쟁점과 관련하여, 카예탄은 그리스도의 공로가 곧 교회의 보고요, 교회가 이 보고를 토대로 죄인을 연옥에서 구할 면벌부를 내릴 수 있음을 루터가 부인했으며, 이는 곧 교황 칙서 "우니제니투스Unigenitus"("독생자"라는 뜻으로, 교황 클레멘스 6세가 1343년에 발표한 칙서다. 교회는 교회가 쌓아 온 공로의 보고寶庫를 기반으로 교황은 신자들에게 대사를 내릴 수 있다는 스콜라 신학을 인정한 칙서다)°를 거스르는 것이라고 비판했다. 이 칙서가 교회법 안에 늘 포함되지는 않았다. 때문에 카예탄이 루터가 이 칙서를 모를 수도 있겠다 생각하여 이를 원용한 것이 아닌지 루터는 의심했다.[37] 그러나 루터는 이 칙서를 알고 있었다. 그는 이런 추기경의 태도를 허세라 부르면서, 이 칙서 본문은 사실 그리스도의 공로가 그리스도의 보고를 "얻어 냈다"고 말한다고 반박했다. 이 말이 옳다면, 공로와 보고는 같을 수 없었다. 인내는 사라져 버렸다. 추기경은 "취소해! 자네 잘못을 인정하라고. 이게 교황이 원하는 일이야!"라고 계속 고함을 질러 댔다. 루터도 좀체 말할 기회조차 잡을 수 없자 역시 소리를 질러 대기 시작했다. "누락된 교령집Extravagante(특정 교령집에 들어 있지 않으나 교회법으로 권위를 갖는 것)°이 그리스도의 공로가 대사에 활용할 수 있는 보고라고 가르친다는 것을 증명하면, 당신이 원하는 대로 내 주장을 취소하리다!" 그러자 추기경은 교회 법령집을 잡고 책장을 넘기며 그런 내용이 담긴 페이지를 찾더니, 그리스도가 그의 공로로 대사에 활용할 보고를 **얻어 내셨다**고 말하는 본문을 겨우 찾아 냈다. 루터는 의기양양하여 이렇게 대답했다. "그리스도가 그의 공로로 보고를 얻어 내셨다면, 그 **공로**는 보고가 아닙니다. 도리어 보고는 그 공로를 통해 산 것이지요. 다시 말해 교회가 가진 열쇠인 셈입니다. 그러니 내 논지가 옳지요."[38] 루터는 이 모든 내용을 설명한 편지를 일필휘지로 써서 슈팔라틴에게 보냈다. 그는 자기 친구에게 이 독일 수사(루터)°가 카예탄이 예상했던 것보다 뛰어난 라틴어 실력자였음을 증명해 보였다는 것을 한시라도 빨리 알려 주고 싶었다.

    이것이 마치 말의 의미를 놓고 다투는 것처럼 보일 수도 있겠다. 하지만 이 토론의 밑바닥에는 교회와 죄인의 관계, 그리고 용서의 본질이라는 문제가 있었다. 그리스도의 공로―그리고 성인의 공로, 곧 성인의 훌륭한 행위―가 교황이 관리하는 보고를 이룬다면, 교회는 그야말로 거대한 은행이었다. 이 견해에 따르면, 그리스도가 보고를 세우시고 성인들은 구원을 받으려면 "지불해야" 할 분량을 초과하는 공로를 쌓았으니, 이 "초과분"은 회개하는 죄인에게 면벌부로 팔 수 있었다. 그러나 그리스도의 공로가 보고와 동일하지 않다면, 회개 신학을 재고再考할 길이 열리게 되며, 루터가 그리하기 시작한 것처럼, 은혜 개념을 통해 그리스도가 십자가에서 치르신 희생과 신자를 연계할 길이 열리게 된다. 흥미로운 점은, 루터가 아우크스부르크 토론 기록을 살펴볼 때는 이런 흥미로운 언쟁을 무시했으면서도, 그가 슈팔라틴과 주고받은 편지와 그가 선제후에게 보낸 보고서에서는 카예탄의 이런 실수를 철저히 활용했다는 것이다. 어쨌든, 성경이 교황 교령보다 우위에 있음을 루터가 주장하면서, 이제 "우니제니투스"의 표현이 정확히 무슨 의미인가라는 문제는 곁으로 밀려나게 되었다.

    루터는 그리스도의 공로가 어떤 종류의 신용 제도credit system도 아니라고 보았다. 오히려 그리스도의 공로는 교회에게 "열쇠", 곧 개인을 성례와 그리스도인이 나누는 사귐에 받아들일지 아니면 받아들이길 거부할지 결정할 수 있는 힘을 주었다. 더구나, 인간의 모든 행위가 죄로 오염되어 있다 보니, 죗값을 완전히 치르기가 불가능했으며, 죄와 균형을 맞출 만한 선행도 없었고, 개인이 면벌부나 다른 어떤 수단을 구입하여 하나님이 받아 주실 만한 사람이 될 길도 전혀 없었다. 결국 은행 제도에서 빌려 온 이런 "공로" 모델은 철저히 거부해야 마땅했다. 이 논증의 뒤편을 살펴보면, 사람들이 대사大赦 관습 때문에 서로 다른 이를 위해 기도하고, 합심 기도, 미사 기도, 죽은 자를 구원하기 위한 헌금, 구원을 향한 집단 노력을 만들어 낸 현실이 자리해 있었다. 그러나 루터는 그리스도인이 어떤 도움도 받지 않고 혼자 하나님 앞에 선다고 보았다. 겉만 보면, 이는 냉혹하고 개인이 혼자 모든 것을 떠안아야 하는 구원 개념으로서, 신자와 살아 계신 하나님의 만남을 분명하게 강조했다. 이 구원 개념은 틀림없이 루터 자신의 체험—그리고 어쩌면 혼자 자신을 변호하면서 느꼈던 고립감—과 궤를 같이했을 것이다.

루터와 카예탄 논쟁의 또 다른 주제는 성례의 효력에서 믿음의 역할과 관련이 있었다. 루터는 믿음이 없으면 성례가 무효라고 주장했지만, 카예탄은 성례는 그 자체로서 효력을 가지며 그 자체가 효력 발생의 근거라고 주장했다. 이 추기경의 주장처럼, 어느 누구도 자기 믿음을 온전히 확신하지 못하기 때문에, 성례가(성례의 유효 여부가)° 믿음에 의존하지 않는다는 것은 대단히 중요했다. 그러나 카예탄은 결국 이 쟁점은 기꺼이 양보하겠다는 뜻을 밝히면서, 루터가 다만 다른 논지는 취소해야 한다고, 곧 교황이 열쇠를 행사할 힘을 갖고 있다고 고집했다. 아우크스부르크 토론이 지식 차원에서 가장 중요하게 다룬 쟁점은 권위와 관련이 있었다. 루터는 대사부(면벌부)°와 회개에 관한 그의 주장을 밑받침하는 근거로 성경 본문을 제시했으나, 카예탄은 이런 본문을 일부러 읽지 않았던 것으로 보인다. 카예탄은 어느 한 사람의 성경 해석이 교황의 교령만큼 무게가 있을 수는 없다고 믿었다. 결국 이 토론 과정은 루터가 교회와 교황의 권위주의라 느꼈던 것을 그대로 드러냈다.

세 번째이자 마지막 만남이 10월 14일에 열렸다. 만남이 끝날 무렵, 카예탄은 결국 인내를 잃고 말았다. 카예탄은 루터를 쫓아내면서, 주장을 취소할 뜻이 없으면 돌아오지 말라고 말했다. 이어 그는 루터 상급자인 슈타우피츠가 이 일에 개입할 것을 요구했다. 슈타우피츠는 자신이 할 수 있는 일은 하겠지만, 루터의 성경 지식이 자신의 그것보다 뛰어나다고 대답했다. 그러는 사이, 카예탄은 이 일을 로마에 보고하겠으며, 또 다른 지시를 기다리라고 선언했다. 그러나 슈타우피츠는 그날 늦게 아우구스티누스 수도회 수장인 가브리엘레 델라 볼타Gabriele della Volta(이탈리아 출신의 수사)°가 카예탄에게 루터를 붙잡아 로마로 보내라고 요구했다는 소문을 들었다. 슈타우피츠는 이에 대응하여, 루터를 아우구스티누스 수도회 서원誓願에서 해제해 주었다. 이 수도서원 중에는 수도회에서 자신보다 위에 있는 이들에게 순종한다는 것도 들어 있었다. 슈타우피츠는 이전에 자기 감독을 받았던 사람(루터)°을 통제하거나 처리하길 멋지게 거부했다.[39]

이리하여 아우크스부르크 회동은 결국 루터가 그의 윗사람인 슈타우피츠를 잃는 것으로 막을 내렸다. 루터가 권위를 공격하여 지적 돌파구에 다다른 것은 이번이 처음도 아니었고 마지막도 아니었다. 그러나 그의 승리는 슬픔과 두려움뿐 아니라 엄청난 창조성도 발휘하게 했다. 그가 펼쳐 보인 의로운 분노와 공세는 그에게 자신의 정체성을 발전시킬 에너지를 부여해 준 것 같다. 아울러 그를 자주 아프게 하고 그의 길을 가로막았던 우울감tristitia(무거운 슬픔)°을 억누르는 데 도움이 되었을지도 모른다. 하지만 추기경의 권위를 인정하길 거부한 일은 슈타우피츠와 멀어지게 된 일과 완전히 다른 사안이었다. 그의 또 다른 막역한 친구이자 아우구스티누스 수도회 동료 수사인 벤체스라우스 링크도 아우크스부르크를 떠났다. 여러 해 뒤, 루터는 이때 느꼈던 절절한 고독을 회상했다. 그는 1531년에 이때 일을 기억하면서, 슈타우피츠가 "아우크스부르크에 나만 홀로 놔두고 떠났으며", "나는 홀로 있는 것이 두려워 아우크스부르크를 떠났다"고 말했다.[40] 루터는 여러 해 동안 수사로 있으면서, 그가 보살피는 사람들을 어떻게 대해야 하고 윗사람들에게 어떻게 순종해야 하는지 터득했던 제도권 사람이었다. 이제 그는 권위도 없고 제도의 도움도 받지 못한 채, 그와 하나님의 관계 속에 홀로 남겨진 사람이 되었다. 이 혼자 있음은 그가 갈망하면서도 두려워하던 것이었다.

카예탄은 나흘이 지나도록 어떤 소환도 하지 않았고 루터가 제시한 변론서에 아무런 답변도 하지 않았다. 10월 18일, 루터는 자신이 받은 대우에 항의하는 공식 서한을 교황에게 썼으며, 이 서한을 두 공증인에게 공증을 받았다. 아울러 그는 카예탄에게도 편지를 썼다. 예의 같은 것은 아예 내던지고 루터 자신이 "완전히 순종"했음을 과시한 편지였다. "지극히 존귀하신 신부님, 당신은 제 순종을 보셨으며 충분히 납득하셨습니다. 저는 이 사실을 강조합니다. 바로 이 순종 때문에 저는 이토록 먼 길을 마다하지 않고 허다한 위험을 무릅쓴 채—저는 몸도 허약하고 노자도 거의 없었습니다—당신 앞에 출두하여 당신이 저를 만나실 수 있게 했습니다." 이 편지는 카예탄에게 효과가 없었을 것이다. 카예탄은 결국 루터 때문에 로마로 돌아가는 것을 몇 달 동안 늦춰야 했다. 루터는 계속하여 "여기서 시간을 허송하고 싶지" 않다고 말하면서, "당신은 제게 제 주장을 취소하지 않겠다면 당신 눈앞에 다시는 나타나지 말라며 **큰 소리로**(저자 강조)° 명령하셨습니다." 이는 자신이 카예탄의 성미 고약한 명령에 "순종"하여 아우크스부르크를 곧 떠나겠다는 뜻을 약 올리듯 밝힌 말이었다. 루터는 "전심을 다하는 당신의 아들"이라는 말로 작별을 고했다.⁴¹

1517년 10월에 95개 논제를 동봉하여 마인츠 대주교에게 보낸 편지도 그랬지만, 이번 편지도 루터의 말투에는 통회하는 구석이 전혀 없었다. 자신의 "순종"을 강조한 루터의 항변은 철저히 역설이었다. 루터는 편지 수신자의 권위를 인정하는 관계를 단호히 거부하고, 수신자와 자신을 같은 위치에 놓았다. 루터는 "더 잘 알아야 하는데 그러지 못하고 아는 게 없는 교황이란 자"에게 항소했다고 씀으로써, 기어이 자그마한 농담을 또 하나 구사하고 말았다.⁴² 루터가 교황에게 제출한 항소장은 공식 법률 언어로 작성한 것이라 겉만 보면 더 정중해 보였다. 그러나 루터는 이 항소장에서 교회의 심판을 신뢰하지 않는다는 뜻을 분명히 밝혔다.

이 시점에 이르자, 루터가 아우크스부르크에서 새로 사귄 친구들은 로마가 루터를 재판에 넘길까 두려워하면서, 루터에게 이 마을을 떠나라고 재촉했다. 10월 20일 아니면 21일 밤, 루터는 분명 성벽을 타고 넘어갔다. 다음 날, 그가 교황에게 제출한 항소장이 아우크스부르크 대성당 정문에 붙여졌다. 이는 루터가 그의 항소에 법률상 효력을 부여하고 항소 내용을 사람들에게 널리 알릴 목적으로 꾸민 사건이었다. 이 바람에 카예탄은 빼도 박도 못하고 루터의 항소장을 레오(레오 10세)˚에게 전달해야 하는 처지가 되었다. 이제 이 문제는 더 이상 사사로이 화해를 통해 해결할 수 있는 문제가 아니었다. 아울러 비록 불완전한 형태이나마 이 항소장이 이런저런 경로를 거쳐 당시 바젤의 유력한 인쇄업자 중 한 사람인 요한 프로벤Johann Froben에게 이르렀으며, 얼마 지나지 않아 이 항소장은 온 유럽으로 퍼졌다.⁴³ 루터는 다시 한 번 드라마 같은 행동을 연출하는 데 타고난 사람임을 증명했다. 그것은 자신이 되돌아 올 다리를 불사르고 있음을 강조한 행위이기도 했다.

◆ ◆ ◆

아우크스부르크 "논전"은 개인의 편지와 인쇄물을 통해 기나긴 여파를 만들어 냈다. 루터는 카예탄과 만나는 사이에, 슈팔라틴, 카를슈타트, 그리고 선제후에게 잇달아 편지를 써서, 자신이 한 행위를 설명하고 변호함과 동시에 이 사건을 한 편의 드라마처럼 진술했다. 그는 카를슈타트를 자신의 막역한 친구로 골라, 그에게 이런 편지들을 멜란히톤, 니콜라우스 폰 암스도르프, 루터의 동료인 오토 베크만Otto Beckmann, 그리고 "우리 신학자들"에게 전달하여 회람시켜 달라고 요청했다.[44] 상세한 사연과 인용문이 있는 이 편지들은 큰 소리로 낭독하여, 사람들에게 즐거움을 주고, 선제후를 계속하여 루터 쪽에 묶어 두며, 무엇보다 아우크스부르크 회동에서 카예탄이 제시한 주장을 반박할 목적으로 쓴 것이었다.[45] 아우크스부르크 회동이 있고 한 달 뒤, 추기경은 자신의 시각으로 이 사건을 설명한 글을 프리드리히(작센 선제후)°에게 제출했는데, 루터는 이미 자기 쪽 이야기를 프리드리히에게 제출해 놓고 있었다. 이어 루터는 카예탄의 논지를 조목조목 논박하기 시작했다. 추기경이 쓴 편지는 정확한 고전 라틴어로 쓴 글로서 딱 열 문단에 후기 하나로 이루어져 있었지만, 루터의 답변은 추기경의 글보다 다섯 배나 길었고, 장황하며 감정에 호소하는 산문이었다.[46]

루터는 사용할 수 있는 중요한 카드가 하나 더 있었다. 루터는 공증인이 기록한 아우크스부르크 토론 결과를 갖고 있었으나, 그의 상대방은 갖고 있지 않았다. 그는 이것이 시한폭탄임을 알았다. **1518년 10월 31일**, 그러니까 그가 **95개** 논제를 제시한 뒤 정확히 1년이 지난 날, 루터는 비텐베르크로 돌아왔다. 그리고 곧 이 토론 기록을 인쇄소에 보냈으며, 인쇄소는 이를 『아우크스부르크 행전Acta Augustana』이라는 이름으로 인쇄했다. 선제후는 이를 출간하지 못하게 막으려 했다. 그러자 루터는 슈팔라틴에게 이미 첫 인쇄물이 팔렸기 때문에, 나머지 인쇄물을 막으려는 것은 현명해 보이지 않는다고 설명했다. 선제후는 누그러졌지만, 그래도 루터가 쓴 "성찰" 첫 문단만큼은 검게 칠하여 지워야 한다고 고집했다. 이 문단은 루터의 저작을 정죄한 교황 서한이 위조라 암시하고 있었다. 루터가 당국이 끼어들기도 전에 신속한 행동을 취하기는 이번이 처음이 아니었다. 불과 몇 달 전에도 브란덴부르크 주교가 끼어들어 루터가 대중에게 널리 읽히려고 처음 독일어로 쓴 작품 『면벌부와 은혜에 관한 설교』가 출간되지 못하게 막았다. 이때 이미 루터는 이런 일이 벌어지기 전에 이 작품이 판매되게끔 확실히 손을 써 두었다. 1520년에 이르자, 25쇄가 독일의 모든 주요 도시에 들어가게 된다.[47] 루터는 진실을 숨기고 슈팔라틴에게 자신이 이미 손을 써서 레오 10세에게 제출한 "항소장"을 인쇄하게 했다고 설명했지만, 사실 그때는 출간을 막고자 이미 인쇄한 것을 전부 다시 사들이기로 인쇄업자와 약정한 상태였다. 하지만 루터가 인쇄물을 되살 돈을 마련했을 때는 이미 모든 인쇄물이 팔린 뒤였다.[48]

　　이처럼 루터는 그의 행동 하나하나를 통해 로마와 자신의 갈등을 증폭시키고 있었다. 그가 인쇄술을 활용한 것은 현명한 전술이었다. 그는 자신의 사상을 가능한 한 널리 퍼뜨려 검열을 허사로 만들고 자신의 사상을 보호할 방법을 정확히 알고 있었다. 작품이 하나씩 새로 나올 때마다 더 많은 것에 굶주려 있던 청중에게 전달되는 숫자가 현저히 늘어 갔다. 시장 논리와 새로운 것을 향한 시장의 갈망도 루터의 대의를 확산시킨 원동력 가운데 일부였다. 루터의 저작은 대부분 라틴어로 출간되었기 때문에 여전히 성직자와 지식인 엘리트를 주로 겨냥했지만, 이제는 이 작품을 번역하는 일도 함께 진행했다. 인쇄술을 활용하여 이토록 천지를 뒤집을 만한 효과를 거둔 사람은 그때까지 아무도 없었다.

그러나 루터가 타협을 거부한 데는 더 깊은 이유가 있었다. 이때 루터가 쓴 편지, 특히 그가 슈팔라틴에게 쓴 편지는 그가 순교할 수도 있음을 받아들이게 되었을 때 느꼈던 광희狂喜와 열락悅樂을 그대로 전해 준다. 루터가 아우크스부르크 토론 전에 쓴 편지에서는 절박한 심정이 두드러지게 나타난다. "이 일을 아주 급박하게 처리해야 한다네. 그들은 내게 짧은 시간만을 주었어"나 "이제는 신속한 행동이 필요하네. 시간은 쏜살같이 날아가고 약속한 날은 다가오니."⁴⁹ 이 모든 사정 때문에 이 토론 회동의 유일무이한 중요성이 커졌다. 1518년 5월, 루터는 95개 논제를 설명한 글을 슈타우피츠에게 헌정했다. 이때 그는 이렇게 썼다. "이제 단 한 가지 일만이 남았군. 불쌍하고 허약한 내 이 자그만 몸은 끊임없는 학대를 받아 녹초가 되었네.…그들이 이런 몸을 힘이나 궤계로 앗아 가길 원한다면, 그들이 나라는 인생을 더 가련하게 만들 수 있는 시간은 고작해야 한두 시간일 걸세."⁵⁰ 루터는 과도한 금욕 생활로 건강이 약해지자, 오래 살고 싶지 않았으며, 이런 믿음이 그의 종교성을 규정하는 특징이 되었다. 이제는 순교할 수도 있다는 전망이 그의 영성이 지닌 이런 성향을 강화하고, 성 안나가 폭풍우에서 자신을 구한 뒤로 그 안에 단단히 자리 잡았던, 택함을 받았다는 확신을 더 키워 주었다.

루터는 10월 11일, 아우크스부르크에서, 비텐베르크 대학교에 그리스어 교수로 갓 부임한 멜란히톤에게 편지를 썼다. 루터는 그의 교수 취임을 기뻐하면서, "온 마을이 내 이름을 들먹이는 소문으로 가득하고 모든 사람이 헤로스트라토스Herostratos(고대 그리스의 방화범)°가 일으켰던 불같은 불을 지를 사람을 보고 싶은 것 외에는" 딱히 새 소식이 없다고 말했다. 고전 신화를 보면, 헤로스트라토스는 아르테미스 신전에 불을 질러 무너뜨렸다. 그러나 루터는 이 이야기를 이중 의미로 사용하여, 그도 헤로스트라토스처럼 교황이라는 "신전"을 파멸시키고 있을 뿐 아니라, 자신 역시 불태워질 수 있음을 시사한 것 같다. "그것이 하나님을 기쁘게 하는 일이라면, 나는 기꺼이 자네와 그들을 위해 화형을 당하겠네." 루터는 계속하여 이렇게 말한다. "나는 차라리 죽고 싶으이. 난 내 주장을 취소하느니, 차라리 자네와 나누었던 가장 달콤한 대화를 영원히 잃어버리는 쪽을 택하겠네. 그래야 한다는 것이 나를 아주 처참히 뒤집어 놓는군."[51] 이는 마치 루터 자신은 "자네와 그들을 위해 화형을 당하여" 그들 대신 자신을 희생하지만, 멜란히톤은 이렇게 순교하는 자신과 한배를 같이 타서는 안 된다고 권면하는 것 같다. 실제로 루터는 자신만을 생각하지 않았다. 10월 14일 직후, 루터는 아우크스부르크에서 슈팔라틴에게 편지를 보내, 만일 그가 힘으로 억압을 받는다면, 루터의 신학 입장을 지지해 오고 있던 카를슈타트와 비텐베르크 학부 전체가 위협을 받을 것이라고 우려했다. 그렇게 되면 갓 설립된 비텐베르크 대학교의 생존이 위태로워질 수도 있었다.[52]

자신이 순교할 운명이라 확신한 루터는 자신을 점점 그리스도에 빗대기 시작했다. 루터는 아우크스부르크로 가는 도중에 뉘른베르크에서 자신의 비텐베르크 친구들에게 보낸 편지에 이런 말을 썼다. "하나님 뜻이 이루어지길.…기록된 대로, 그리스도는 사시고, 마르틴과 모든 죄인은 죽고,시 17:47 내 구원의 하나님은 찬송을 받으시기를"("여호와는 살아 계시니…내 구원의 하나님을 높일지로다."시 18:46)◊[53] 그는 『아우크스부르크 행전』에서 이런 뜻을 더 분명하게 밝힌다. "내 글은 가야바 집에 있다. 그들은 거기서 나를 해칠 거짓 증언을 찾으나 아직 찾지 못했다." 이리하여 교황 추종자들은 "먼저 그리스도를 잡(는 중이)◆고, 이어 그를 해칠 죄목을 찾(는 중)*이다." 카예탄은 루터가 어디서 잘못했다고 말했지만, 루터는 그런 말을 들을 때도 그리스도처럼 침묵을 지켰다. 이제 그도 그리스도처럼 죽임을 당하게 될 처지였다.⁵⁴

그러나 루터는 순교를 적극 추구하지는 않았다. 루터는 선제후를 움직여 자신을 보호하게 하려고 애썼다. 그러다 보니, 그가 쓴 편지는 어떤 때는 고양된 영성을 보여주다가도 또 어떤 때는 단호한 현실성을 보여주는 등 왔다갔다 한다. 그는 9월에 슈팔라틴에게 보낸 편지에서 프리드리히(작센 선제후)°가 결국 이 일 때문에 고생하는 것을 원하지 않는다고 강조했다. "나는 나를 대적하는 행동이나 글을 쓰고 싶은 모든 사람 앞에 나설 준비가 되어 있으며 기꺼이 그러려고 하네. 나는, 폐가 되지 않는다면, 선제후가 나를 해치려는 힘이 사용되지 못하게 막아 주었으면 하지만, 그럴 수 없다면 그가 내 일에 말려들지 않기를 바라네." 그러면서도 그는 계속하여 이렇게 선언한다. "설령 그(프리드리히)°가 이렇게 하지 못한다 할지라도, 나는 변함없이 나 홀로 모든 위험을 짊어지고 싶네. 아퀴나스 추종자(스콜라 학자)°들은 온갖 의견을 내놓겠지만, 나는 내가 막아 내야 할 것을 잘 막아 냄으로써 우리 지도자 그리스도께 영광을 돌릴 수 있기를 소망하네. (그렇게 한다면)* 설령 폭력에 굽힐 수밖에 없을지라도, 최소한 진리만큼은 손상되지 않을 걸세." 하지만 루터는 자기 친구에게 자신이 당면한 위험과 자신이 선제후의 도움을 아주 절박하게 필요로 한다는 것을 쓸 수 있는 모든 말을 사용하여 되새겼다.⁵⁵

순교할 수도 있다는 전망은 루터를 하나님께 더 가까이 인도했으며, 그 안에 강렬한 영성을 만들어 냈다. 이 영성은 그 감정을 점차 고양시키는 톱니바퀴 역할을 하여, 이윽고 그가 성상을 파괴해야 한다는 새로운 통찰을 갖게 만들었다. 루터는 그가 펼친 새로운 주장 하나하나 때문에 이전보다 고립되었지만, 동시에 이전보다 의기양양해졌다. 그가 신학 면에서 새로운 걸음을 내디딜 때마다 그 걸음에는 강렬한 감정이 가득했다. 그가 그리스도를 따라 순교를 향해 나아가면서, 그가 내딛는 걸음 하나하나가 생사를 좌우하는 문제가 되었기 때문이다. 이렇게 감정이 고양된 상태에서는 값싸고 겉만 요란한 타협이 들어설 여지가 없었다. 그는 슈팔라틴에게 이렇게 썼다. "자네도 알지만, 나는 이 모든 일에서 아무것도 무섭지 않네."[56]

그러는 사이 제국의 정치가 끼어들었다. 1519년 1월, 막시밀리안 황제가 죽었다. 이후 6개월 동안, 두 후보—프랑스의 프랑수아 1세 François I(프랑스의 왕)°와 에스파냐의 카롤루스 1세Carlous I(스페인의 왕으로 종교개혁에 반대하였다가 아우크스부르크 화의에서 루터파를 공인하였다)°—가 신성로마제국 황제 자리를 놓고 다투었다. 레오 교황은 어느 쪽도 지지하지 않기로 결정했다. 어느 한쪽이라도 지나치게 강대한 군주가 되면, 메디치 가문 출신인 교황이 여러모로 어려워지기 때문이었다. 교황은 한동안 프리드리히 현공을 대안으로 지지할 생각을 하면서, 그에게 교황의 호의를 표시하는 희귀한 상징이자 사람들이 탐내는 황금 장미를 선물하기까지 했다. 이렇게 얽히고설킨 제국 정치 사정은 1519년 전반 내내 루터를 핍박에서 안전하게 지키는 데 도움이 되었다.

그러다가 또 다른 교황 특사가 파견되었다. 이번에는 카를 폰 밀티츠였다. 그는 아첨꾼이었고 카예탄보다 지성이 상당히 떨어지는 인물이었는데, 루터를 구워삶아 주장을 취소케 하려고 애썼다. 아우크스부르크 회동의 여파가 루터, 카예탄, 슈팔라틴, 프리드리히 사이에 오고 간 편지 속에서 펼쳐지면서, 이제 교황과 벌이는 싸움이 광대극처럼 재연되었다. 루터는 이 "이탈리아인"을 통렬히 비판하고, 논쟁에서 쉽게 격파해 버렸다. 루터는 그의 거짓 우정 표현을 신뢰하지 않았으며, 그가 자신에게 입 맞추려 하자 얼굴을 찡그리며 제지했다. 루터가 한 친구에게 적어 보냈듯이, 그것은 "유다의" 입맞춤이었다.[57] 루터가 보기에 그랬는지 모르지만, 아무튼 카예탄은 논쟁에서 광범위한 패배를 당했다. 게다가 선제후가 루터 편을 들면서, 루터는 적어도 당분간이나마 공격을 받지 않을 것으로 보였다.

06.
라이프치히 논쟁

오랫동안 기다려 온, 그러니까 1518년 봄부터 준비해 온 루터와 요하네스 에크의 논쟁이 마침내 1519년 6월 작센의 게오르크가 다스리는 라이프치히에서 열렸다. 이 만남은 종교개혁을 진전시킨 또 한 편의 드라마 같은 지성의 향연이었으며, 종교개혁 운동을 학계 관계자를 넘어 대중에게까지 확산시키는 확실한 발판이 되었다. 그러나 이 만남은 루터 편을 드는 분파도 등장시켰지만, 루터를 대적하는 연합 세력도 닻을 올리게 했다. 더구나, 루터의 신학은 이 만남을 통해 더 급진성을 띠게 된다. 실제로 훗날 루터는 그의 종교개혁이 이 무렵에 이르러 "돌파구"를 맞이했다고 말하곤 했다. 이 라이프치히 만남이 있은 뒤, 루터는 더 이상 뒤돌아 가지 않았다.

    카예탄과 벌인 논전이 아버지뻘 사람과 벌인 난투극이었다면, 에크와 벌인 논박은 형제끼리 벌인 싸움이었다. 루터가 증오했던 아우크스부르크에서의 이탈리아 사람들과 달리, 에크는 교황에게 아첨하는 신하가 아니었다. 에크는 슈바벤 메밍겐Memmingen 근처 에크Egg에서 태어났으며, 농부의 아들이었다. 그는 로텐부르크 암 네카르Rottenburg am Neckar에서 사제로 있었던 그의 삼촌이 길렀는데, 이 삼촌은 조카에게 고전을 가르치고 하이델베르크 대학교에 보냈다. 에크의 지성 형성도 루터의 그것과 다르지 않았다. 에크는 오컴과 아리스토텔레스, 아우구스티누스를 읽었고, 뒤이어 신비주의 신학과 인문주의에 관심을 갖게 된다. 에크는, 카예탄과 달리 낡아 빠진 스콜라 학자나 토마스 아퀴나스 추종자로 치부하여 주저 없이 무시해 버릴 수 있는 이가 아니었다. 에크는 라틴어와 그리스어에 능통했을 뿐 아니라, 히브리어도 아주 잘 아는 비범한 인물이었다. 아우크스부르크 시서기이자 역시 인문주의자였던 콘라트 포이팅어도 에크를 "인문주의 신학자" 가운데 한 사람으로 꼽았다.[1] 그는 1512년에 잉골슈타트 대학교 부총장이 되어, 많은 개혁을 단행했다. 그가 가르친 학생 중에는 우르바누스 레기우스 같은 사람이 있었다. 레기우스는 나중에 아우크스부르크에서 영향력 있는 대성당 설교자가 되었고, 그의 스승을 찬란한 지성으로 다른 이들의 질투를 유발하고 "악한 어둠에 어울리는 무리"의 눈을 멀게 한 사람이라고 칭송했다.[2] 에크는 도미니크 수도회 수사들에 맞서 요하네스 로이힐린을 변호했을 뿐 아니라, 그를 아예 잉골슈타트 대학교에 초빙했다. 로이힐린은 이 대학교에 1519년 말부터 1521년 봄까지 머물렀다. 에크는 로이힐린이 이 대학교에서 한 강의를 자신의 지성에 큰 영향을 미친 것 가운데 하나로 꼽았다.[3]

라이프치히 논쟁은 에크가 루터의 95개 논제를 논박한 "단검표"에 맞서 카를슈타트가 1518년 늦봄에 제시한 답변에서 비롯되었다. 에크는 그가 쓴 "단검표"가 오직 사사로운 토론을 염두에 둔 것이라는 이유를 내세워 공개 토론을 막으려고 했지만, 이때는 카를슈타트가 쓴 406개 논제가 이미 인쇄를 마친 상태였다. 선제후는 카를슈타트에게 에크와 토론하며 논전을 벌일 수 있는 안전통행증을 발급했다. 그러는 사이, 갖가지 모욕이 날아다니기 시작했고—루터는 카를슈타트가 에크를 "죽은 사자"로 만들어 놓을 거라고 예언했다—토론의 열기가 이상할 정도로 달궈지기 시작했다.⁴ 1519년 1월, 카를슈타트는 루카스 크라나흐와 팀을 이뤄 거대한 풍자 삽화를 만들어 냈다. 이 삽화는 얼마 가지 않아 "카를슈타트의 마차Karlstadts Wagen"로 알려지며, 지옥 불로 줄곧 내달리는 마차를 모는 에크를 묘사했다.

처음에는 이 삽화를 라틴어로 펴냈으나, 뒤이어 그 시대를 상징하는 표지답게 독일어로 펴냈다. 이 삽화는 시각 선전물치곤 꼭 성공작은 아니었다. 아주 많은 말이 그림 곳곳에 어지러이 흩어져 있어, 삽화를 보는 사람은 정작 그림 속 이미지를 분간할 수가 없었다. 심지어 하나님 아버지의 형상도 텍스트가 가려 버렸다. 실제로 카를슈타트를 지지하는 이들조차 카를슈타트에게 이 삽화 메시지를 이해하지 못하겠다고 말했다. 명민했던 카를슈타트는 이런 반응에 대응하여 더 많은 말을, 그러니까 자기 메시지를 설명한 55쪽짜리 논문을 만들어 냈다.⁵ 하지만 이 삽화는 어느 정도 효과가 있었다. 에크가 선제후에게 제기한 주요 불만 가운데 하나가 이 삽화였다. 인문주의자이자 신학자인 이 인물에게 특히 모욕을 준 것은 그를 묘사한 인물에 "제 뜻Eigner wil"이라는 이름표가 붙여진 것이었다. 이는 마치 각자가 제 갈 길을 결정하는 것처럼 생각하며 개인이 구원에 이르는 과정에서 행하는 역할이 있다고 믿은 에크를 조롱한 것이었다.

하지만 에크는 우두머리(루터)°와 직접 토론하길 원했다. 그는 아우크스부르크에서 루터를 만났을 때 자신과 토론을 벌일 수 있으면 토론하자고 제안했다.[6] 루터도 에크와 공개 토론을 벌이길 간절히 원했으며, 이 일을 카를슈타트에게 맡겨 두고 싶지 않았다. 이어 양쪽은, 한판 붙으려는 두 권투 선수처럼, 심판, 안전통행증, 토론 장소를 놓고 거의 공개 논쟁과 다를 게 없는 논쟁이 길고 지루하게 이어 갔다.[7] 라이프치히는 선제후와 사촌지간인 작센 공 게오르크가 다스리고 있었다. 게오르크는 면벌부를 비판하며 이 토론을 주최하고 싶어 한다고 알려져 있었지만, 루터 신학을 바라보는 그의 태도는 아직 명확히 알려져 있지 않았다. 라이프치히는 비텐베르크에 가장 가까운 대도시였고, 큰 교역로에 자리하고 있었으며, 에크의 본거지인 잉골슈타트Ingolstadt에서 꽤 멀리 떨어져 있었다. 비텐베르크 대학교와 라이프치히의 관계는 대학교 설립 때까지 거슬러 올라가며, 비텐베르크 대학교 초기 교수와 운영진 가운데는 더 오래된 교육기관(라이프치히 대학교)°에서 끌어온 이가 많았다. 때문에 루터의 관점에서는 라이프치히를 토론 장소로 정하는 것이 좋은 선택처럼 보였다. 그러나 그는 이내 자신이 유별나게 자신을 적대시하는 환경을 골랐음을 깨달았다.

     에크의 야심과 공격성도 루터의 그것에 버금갔다. 에크도 루터처럼 다른 이들의 선망을 예민하게 의식했으며, 이는 그의 제자인 우르바누스 레기우스도 이미 알아차리고 있었다. 아울러 루터도 나중에 그렇게 되지만, 에크는 이미 북유럽의 유력한 인문주의자였던 에라스뮈스에 의심을 품고 있었다. 1518년 초, 에크는 에라스뮈스에게 편지를 보내, 그가 아우구스티누스보다 히에로니무스에게 더 높은 권위를 부여함을 비판했다.[8] 그 무렵, 에라스뮈스는 그 명성이 정점에 이르렀으며, 그를 추종하는 많은 사람은 르네상스가 낳은 이 수퍼 스타를 겨냥한 공격을 달갑게 받아들이지 않았다. 젊은 유스투스 요나스Justus Jonas—에르푸르트 법대를 졸업했고 나중에 유명한 인문주의자이자 종교개혁자가 된

"카를슈타트의 마차", 루카스 크라나흐. 전체를 위와 아래 둘로 나눈 이 목판화 윗부분은 참 그리스도인이요 수염을 기른 한 노인이 마차를 몰아 십자가로 몰고 가는 모습을 보여준다. 그 뒤에는 "숨어 계신 하나님", 곧 고난당하시는 그리스도가 있다. 루터는 95개 논제와 하이델베르크 논쟁에서 고난당하시는 그리스도가 곧 숨어 계신 하나님이라는 사상을 전개했다. 아래 부분을 보면, 에크가 모는 마차가 지옥으로 간다. 이 삽화는 그리스도를 믿는 믿음만이 신자를 진리로 인도할 수 있다고 주장한다. 그림 아래 부분을 보면, 마귀들이 에크에게 몸을 비비고 그림 구석에 모여 있으며, 마차는 지옥 불로 쏜살같이 내려간다. 이러는 사이, 에크 그리고 그와 한패인 토마스 아퀴나스 추종자들은 스콜라 신학의 낡은 공식만을 되풀이한다.

〈22〉

다―도 자기 우상을 만나러 안트베르펜Antwerpen으로 순례를 떠났던 사람 가운데 하나였다. 그는 마음이 들떠 이렇게 썼다. "나는 그리스도 안에서 우리 아버지인 로테르담의 에라스뮈스와 함께 있었다. 거짓말이 아니라 정말, 내가, 내가, 내가 에라스뮈스와 함께 있었다!"9 에크가 에라스뮈스에게 비판 편지를 보낸 것은 계산에 따른 행동이었다. 에크는 자신이 보낸 편지가 두루 회람되리라는 것을 알았을 것이기 때문이다. 말하자면 에크도 루터처럼 자기 이름을 내고 싶어 일부러 오만불손한 태도를 활용하고 있었다.10 이 시기에 루터가 보낸 사신私信에도 에라스뮈스를 헐뜯는 말이 여기저기 들어 있었다. 루터는 나중에 자기에겐 에라스뮈스보다 에크가 마음에 들었다고 썼다. 에크는 적어도 그 적을 공개 비판했지만, 에라스뮈스는 은밀하게 움직였기 때문이었다.11 루터도 에크처럼 가식 섞인 공손은 별로 쓸모가 없다고 여겼다.

하지만 에크는, 비텐베르크 출신 수사(루터)°와 달리, 정치 경험이 있었다. 그는 고리대금을 주제로 1514-1515년에 아우크스부르크에서 벌어진 논쟁에 참여한 일이 있었다. 이는 독일 남부의 부유한 상인 집안들에겐 대단히 중요한 쟁점이었다. 교회 교리가 위험이 따르지 않는 금전 대출에서 이자를 거둬들이는 것을 계속하여 금지했기 때문이었다. 토마스 아퀴나스는 돈이 다른 상품과 다르다고 주장했다. 돈은 사용해도 없어지지 않았기 때문이었다. 따라서 이자를 물리는 일은 사기였으며, 그러기에 이자 수취는 죄악이었다. 돈을 빌린 사람이 그 돈을 쓰고 나중에 갚았는데도 이자를 지급해야 한다면, 빚을 두 번이나 갚은 셈이 된다. 이런 논지는 결국 금전 대여업이 유대인에게 집중되고 금전 대여가 악과 결합되는 결과로 이어졌다. 그러나 16세기에 들어와 새롭고 복잡한 금융 경제가 발전하면서, 돈과 유가증권이 결합되었다. 이는 돈이 더 이상 그저 "사용하고" 마는 것에 그치지 않음을 의미했다. 더구나 교회의 여러 규제 때문에 아우크스부르크의 푸거가 같은 큰 상가商家는 어려움을 겪었다. 원거리 교역을 하려면 돈이 오고가야 했기 때문이다. 자신이 유력한 상가와 결혼한 몸이었던 콘라트 포이팅어는 에크에게 이런 어려움을 타개할 길을 찾을 임무를 맡겼다. 에크는 5퍼센트 이율이 합리적이라 여기고 이 이율을 인정하자고 주장했다. 그러면서 그는 위험을 최소로 줄일 수 있고 전 세계를 아우르는 금융을 가능하게 해 줄 새 환경을 고려한 신학 논증을 전개했다. 이는 고리대금을 금지하는 윤리가 지배해 왔던 경제사상에서 벗어나는 중요한 지적 출발점이었다. 아울러 에크는 기업이 특정 상품을 완전히 통제하려고 시도하는 독점을 변호했다. 구리銅가 그런 상품이었다. 뉘른베르크 상인들은 만스펠트와 다른 곳에 있던 광산의 구리 생산을 지배함으로써 구리 가격을 통제하려고 했다.[12] 에크는 이런 활동을 펼친 덕분에 푸거가의 후원을 확보했으며, 그 시대에 활동하던 상인 및 자본가와 완전히 한편이 되었다. 폭넓은 관심사를 지닌 데다 유럽을 넘어 온 세계에 매력을 느끼고 있던 에크는 근래 발견된 서인도 사람들의 관습을 다룬 책을 취미 삼아 쓰는가 하면, 1518년에는 이란의 유목민인 사르마트족을 다룬 작품을 번역하여, 이를 야콥 푸거Jakob Fugger(독일의 거상이요 은행가)°에게 헌정했다.[13] 반면, 루터는 광업과 관련된 그의 배경인지, 특히 가난한 자들이 자신들을 비참하게 만든 원인으로 지목하던 자본주의 윤리와 새로운 종류의 경제 관행에 깊은 반감을 느꼈다. 루터도 에크의 견해를 익히 알았을 것이다. 루터는 카예탄과 아우크스부르크에서 토론할 때 그 눈으로 직접 푸거 하우스를 보았지만, 그렇다고 이런 사실이 그가 독일의 새로운 경제 주역들에게 호감을 느끼는 계기가 되지는 않았을 것이다.

　　마지막으로 중요하게 강조해 둘 점이 있다면, 에크는 카예탄과 달리, 인쇄술이 중요함을 인식했다는 점이다. 에크는 루터와 논쟁을 벌이기 시작할 때부터 그의 견해를 사람들에게 널리 이해시킬 목적으로 인쇄술을 활용했으며, 새로운 비판을 계속 출간하여 논쟁을 끝까지 활기차게 이끌어 가야 한다는 점도 알았다. 1518년 12월 말, 에크는 루터에게 첫 답변을 보낸 뒤, 아우크스부르크에서 12개 논제를 한 묶음으로 묶어 현수막 형태로 인쇄했다. 그뿐만 아니라, 에크는 카를슈타트와 달리, 간결함이 중요함을 이해했다. 겉만 보면 이 논제는 카를슈타트에게 보내는 것이었지만, 사실 이 모든 논제는 루터 신학의 핵심을 겨냥하고 있었다.[14] 루터는 에크가 던진 미끼를 물고 말았다. 그는 이 논제에 직접 답변했다.

여느 사람이 공격성과 야심, 그리고 타고난 지성을 겸비했다면, 틀림없이 교회 고위직에 올라 주교가 되거나 어쩌면 추기경까지 되었을 것이다. 이것이 어쩌면 에크가 루터에게 도전함으로써 이루려 한 소망이었을지도 모른다. 실제로 그는 교황에게 순종하느냐 여부가 이 논쟁의 밑바탕에 자리한 핵심 쟁점이라고 보았다. 그는 1520년에 "교황 특사"라는 칭호를 받게 되지만, 어쩌면 그가 소망했을지도 모를 주교 자리는 결국 현실로 이루어지지 못했다. 에크는 잉골슈타트에서 목회자이자 교수로서 적당한 급여를 받으며 여생을 보냈다. 그는 나중에 자신이 살면서 원했던 것은 오로지 "교사로 남는 것"이었다. 그러나 그는 그가 섬긴 교구에서 열심히 설교했다. 에크도 역시 루터처럼 자신의 설교가 보통 사람에게 전달되게 해야겠다고 결심했다. 에크는 사제들이 쓸 수 있는 설교가 없어 부득이 루터 쪽 설교를 사용해야 하는 처지로 내몰리고 있다고 생각하고, 독일어로 쓴 다섯 권짜리 설교집을 출간했다. 하지만 에크가 섬기던 교구민들은 에크의 설교가 강경하고 어렵다고 느꼈다. 지성인이 듣기에는 매력이 있는 설교였으나, 결코 양보를 모르는 설교였다. 에크도 루터처럼 성경을 번역했는데, 우선 히에로니무스 엠저

Hieronymus Emser가 펴낸 텍스트(루터의 신약성경을 비판하며 불가타를 기초로 다시 독일어로 번역한 신약성경)°를 토대로 1537년에 독일어 신약성경을 출간했으며, 구약성경은 에크 자신이 직접 번역했다.[15]

❖ ❖ ❖

루터가 라이프치히에서 에크를 만나기로 동의한 것 자체가 실수였음이 처음부터 분명하게 드러났다. 둘의 토론은 한여름에 열렸다. 루터 친구이자 연대기 기록자인 프리드리히 미코니우스 말대로, 하이킹하기에 좋은 날씨여서 그랬는지, 많은 군중이 사방 각지에서 토론장에 몰려들었다. 에크가 토론 장소에 먼저 도착했다. 그는 자신의 도착 날짜를 성체대축일 전날로 맞췄다. 라이프치히 시장이 그를 환대했고, 에크는 시장과 함께 묵었다. 에크는 하루 전날 도착한 덕분에 라이프치히 고관 및 고위 성직자들과 더불어 성체대축일 행렬에 참여할 수 있었다. 축일 축제가 열리는 동안 교구 경계를 재차 설정했기 때문에, 이 축제는 지역 정체성을 확인하는 중요한 축제였다. 그런 점에서 에크가 축일 전에 도착한 것은 영리한 행동이었다.[16]

　　루터는 성체대축일 뒤 금요일, 그러니까 6월 24일에 도착했다. 그는 카를슈타트 및 멜란히톤과 함께 라이프치히에 왔는데, 이번에는 걸어서 오지 않고 무개無蓋 마차를 타고 왔다. 이번에는 교황 쪽의 허세에 맞서 그의 겸손을 증명해 보일 필요가 없었다. 카를슈타트는 모든 참고 문헌을 가지고 가겠다고 고집을 피웠다. 그러나 그가 가져온 책이 너무 무거워, 그가 탄 마차는 도시 성문으로 들어가려다가 진창에 빠지고 말았으며, 마차 차축도 부러지고 말았다. 이는 "마차 삽화"로 자기 대적을 조롱하려 했던 사람(카를슈타트)°에겐 좋은 징조가 아니었다. 재앙으로 나아가는 마차는 에크의 마차가 아니라 카를슈타트의 마차 같았다.[17]

비텐베르크에서 온 대표단은 수도원에 들르지 않고, 인쇄업자인 멜히오르 로터Melchior Lotter 집에 묵었는데, 아마도 일부러 그런 것 같다.[18] 여름날의 도시 분위기는 유쾌했지만, 비텐베르크 사람들(루터 일행)°의 행동에는 은근히 위협이 들어 있었다. 루터가 탄 마차와 카를슈타트가 탄 마차는 창과 미늘창(삼지창)°으로 무장한 학생 행렬이 호위했다. 학생들이 머무는 숙소에는 싸움이 일어나지 않도록 무장한 사람들이 보초를 섰으며, 토론이 벌어진 성에는 매일 76명이 경비를 섰다.[19]

1519년 6월 27일에 시작한 논쟁은 거의 3주나 이어져, 7월 15일에 끝났다. 논쟁은 성 응접실에서 열렸는데, 방은 특별히 이 행사에 맞춰 꾸며 놓았다. 설교단 둘을 서로 마주 보게 세워 놓았는데, 하나는 작센 공을 높이고자 성 게오르크를 담은 태피스트리(색실로 그림을 짜 넣은 직물)°로 장식했고, 다른 하나는 성 마르틴을 담은 태피스트리로 장식했다. 토론을 구경하러 온 청중은 성 토마스 교회에서 축일 미사―특별히 이 미사에 사용하고자 12부로 구성된 새 미사곡까지 만들었다―를 올린 뒤, 라이프치히 성으로 자리를 옮겼다. 거기에서는 라이프치히 대학교 그리스어 교수인 페트루스 모젤라누스Petrus Mosellanus Protegensis가 개식사를 했다. 그는 양쪽에 토론 주제에 집중하며 토론할 때는 거친 말을 삼가라고 당부했다.[20] 하지만 양쪽의 다툼은 토론에만 국한되지 않았다. 포메라니아Pomerania 공이 루터를 초청하여 설교를 들었을 때는 군중이 얼마나 많이 몰려들었던지, 설교 장소를 포메라니아 공 예배당에서 이 논쟁이 열린 방으로 옮겨야 했다. 에크는 자기 경쟁자가 받은 주목에 대응하려면 설교를 셋은 해야 한다는 강박을 느꼈다.[21]

외모도 시빗거리가 되었다. 에크는 강인하고, 키가 크며, 활력이 넘치는 사람이었지만, 이 토론을 지켜보며 이에 관하여 기록한 일부 인문주의자는 그를 "군인", "도살자", "사자", 그 태도에서 자신과 여유가 풍겨 나오는 헤라클레스 같은 인물이라 묘사했다.²² 에크는 자신을 민중의 사람이요, 들판을 가로질러 마차를 몰기를 가장 좋아하는 "농부의 사제"라고 소개했다. 그는 토론 시간—토론은 오전 7시부터 9시까지, 오후 2시부터 5시까지 열렸다—이 아닌 시간이면 그가 사랑하는 숲에서 시간을 보내곤 했다. 반면, 그의 상대방은 방 안에 앉아 바로 그 앞에 열린 토론 기록을 열심히 검토했다. 에크와 달리, 루터는 여러 해 동안 고행하며 몸을 괴롭힌 뒤라 딱할 정도로 야위어 있었다. 요하네스 루비우스Johannes Rubius—비텐베르크 대학교 학생이었지만, 당시에는 에크를 지지했으며, 이 토론에서 기록을 담당했다—는 루터를 "핏기 없는 얼굴"이라 묘사했고, 페트루스 모젤라누스는 루터를 묘사하며 "몸도 여윈 데다, 여러 책임과 연구를 감당하느라 탈진하여 가까이서 보면 그 뼈를 모두 헤아릴 수 있을 정도"라고 썼다. 그는 세 토론자 가운데 카를슈타트가 가장 인상이 좋지 않다고 말했다. "그는 다른 둘보다 키가 작고, 얼굴은 검게 탔으며, 목소리는 굵고 듣기가 불쾌했다. 기억력은 다른 이들보다 떨어지면서도, 화를 내는 것은 가장 빨랐다." 또 다른 방청자는 그의 "불쾌하고 수염이 없는 얼굴"을 언급했다. 카를슈타트는 자기 논지를 확실히 전달하는 데 어려움을 겪었으며, 에크의 목소리가 "황소처럼" 크다고 불평을 터뜨렸다. 일부 논평자는 루터의 목소리도 또렷하긴 하지만, 듣기에 따라선 종종 유쾌하지 않은 조롱 조 목소리처럼 들릴 수 있겠다고 언급했다.²³

이렇게 만반의 준비를 갖췄지만, 정작 토론 자체는 상당히 맥 빠진 행사였다. 미코니우스는 몇 년 뒤에 연대기를 쓰면서, 이 토론 때 다룬 쟁점을 자세히 설명조차 하지 않은 채, 자기 독자들에게 여기서 정확히 무엇을 토론했는지 알고 싶으면 다른 곳을 찾아보라고 말했다. 루터파 성직자인 제바스티안 프뢰셸Sebastian Fröschel이 신랄하게 회상했듯이,

에크 지지자들은 오후 토론 시간이면 거의 내내 푹 잤으며, 저녁 식사를 먹으라고 깨워야 했다. 처음에는 주제에서 벗어난 문제를 놓고 논쟁을 벌이느라 많은 토론회를 허비했다. 카를슈타트는 그가 가져온 책들을 참고하길 원했으나, 에크는 자신이라면 기억에 의존하지 "다른 사람들이 써 놓은 것을 어린아이처럼 읊조리지는" 않겠노라고 강조했다. 이런 조건은 에크에게 대단히 유리했다. 그는 기억력이 비상非常했고 준비 없이 즉석에서 연설하는 재주도 탁월했다. 그러나 비텐베르크 사람들이 한 번의 전투에서 이겼다. 이들은 공증인이 이 토론을 자세히 기록해야 한다고 주장했는데, 이 과정을 거치면서 토론 진행이 늦어졌다. 청중은 기록자가 토론 기록을 마칠 때까지 기다려야 했으며, 결국 토론 과정은 청중에게 기대보다 훨씬 재미없는 일이 되고 말았다.²⁴

루터는 토론이 면벌부에 초점을 맞추지 않음에 놀랐다. 그리고 에크 역시 루터의 비판 중 많은 부분에 뜻을 같이한다는 게 드러났다. 오히려 이 토론회 막을 연 것은 카를슈타트와 에크가 자유의지의 역할, 그리고 한 사람의 영혼을 구할 때 인간이라는 중개자가 어느 정도 역할을 하는가를 두고 벌인 토론이었다. 토론회는 일주일 동안 지루하게 이어졌다. 에크는 때로 인간의 의지 가운데 협력할 수 있는 부분이 있다고 역설하다가, 또 다른 때는 선행이 철저히 은혜에 의존함을 인정했다. 카를슈타트는 인간의 의지가 철저히 악하다는 자신의 논지를 고수했으나, 에크의 논지에 일관성이 없음을 집어내지는 못했다. 이는 표현 기술 문제처럼 보였지만, 이 주제는 새 신학의 중심 강령이었다. 개신파改新派, evangelicals(개신"교" 확립 이전의 태동기이기에 개신"파"로 옮기고, 공고화된 "프로테스탄트주의protestantism"는 "개신교"로 옮긴다. 루터"파"의 경우도 마찬가지다)°는 인간이 선을 택할 능력이 없고 하나님의 은혜에 의지해야 한다는 이유를 내세워 인간에겐 자유의지가 없다고 주장했다. 이 문제는 나중에 에라스뮈스가 루터를 공격하는 쟁점으로 끄집어내면서, 이후 몇 년 동안 훨씬 더 강력한 검증을 받게 된다.

카를슈타트와 주고받은 토론은 이것으로 우선 끝났지만, 에크는 이어 자신의 진짜 상대를 마주하게 되었다. 루터와 에크의 토론은 다른 쟁점, 특히 교황제의 본질과 교회의 권위라는 문제로 옮겨 갔다. 루터는 "내가 이 반석 위에 내 교회를 세우리니"마 16:18라는 성경 본문 속의 "반석"이 베드로가 아니라 그리스도를 가리킨다고 해석했다. 가톨릭은 베드로의 권위가 그리스도의 이 말에서 나왔고 교황은 바로 그 베드로를 계승한 이임을 정당화하는 근거로 이 본문을 들었다. 때문에 루터의 그런 해석은 교황에겐 큰 공격이었다. 루터는 모든 교회가 본디 교회의 권위에 복종하지는 않았으며 특히 그리스 교회(동방정교회)는 그러지 않았음을 증명하고자, 자신의 그런 해석과 상당히 복잡한 교회사 설명을 함께 묶었다. 루터는 이를 통해 교황권이 역사를 거치며 누적된 것이지, 성경이 인정한 것은 아니라고 결론지었다. 루터가 처음에 게시했던 95개 논제에는 이 논지 가운데 어떤 것도 들어 있지 않았다. 루터는 이런 논지를 토론회가 열리기 전 몇 달 동안 슈팔라틴과 편지를 주고받으며 한 조각 한 조각 만들어 냈다. 그러나 역설적으로 루터가 이리하는 바람에 오히려 에크가 성경이 명료하다는 것을 주장하고 고수하는 사람처럼 보이고, 정작 루터는, 로마교황 쪽의 역사가이자 인문주의자인 바르톨로메오 플라티나Bartolomeo Platina 같은 사람처럼, 별로 알려지지도 않은 권위를 여기저기서 잔뜩 끌어다 쓰는 사람이 되어 버렸다.²⁵

에크는 자기 상대방을 자극하여 훨씬 더 과격한 입장을 천명하게 만드는 방법을 알았다. 루터는 특이하게도 바로 이런 식으로 자신의 사상을 형성했다. 이 입장에서 다른 입장으로 옮겨 간 것을 아예 밖으로 드러냈다. 그런 점에서 루터는 에크에게 쉬운 상대였다. 에크는 루터에게 교묘하고 간사한 수작을 부려 보헤미아 출신 이단인 얀 후스가 몇 가지 중대한 쟁점에서는 옳았다는 데 동의하게 했지만, 여기서 루터는 에크가 놓은 덫에 그대로 걸려들지는 않았다. 루터는 이미 5월에 후스가 제시한 몇몇 주장은 옳았을 수도 있겠다는 생각을 했다. 그렇지만 그의 청중은 이런 생각을 마뜩잖게 여겼으며, 특히 그 집안이 후스파와 싸웠다는 이유로 공작 칭호와 선제후 칭호를 받았던 게오르크 공은 더 그러했다. 라이프치히 대학교도 보헤미아 분쟁 당시 프라하를 떠났던 많은 독일인 교수에게 피난처를 제공했었다. 더구나 루터의 이런 진술은 그가 1415년에 후스파를 정죄한 콘스탄츠 공의회의 권위에 의문을 품고 있음을 암시했다. 아울러 루터는 이런 식으로 교황을 비판함으로써 지난 수백 년 동안 공의회가 교황보다 우위에 있음을 주장하여 교황권을 제한하려 했던 공의회주의자와 관계를 단절하기 시작했다.[26]

멜란히톤은 루터가 후스에게도 옳은 구석이 있음을 시인할 경우에 초래될 위험한 결과를 알아차렸다. 멜란히톤은 당시 쓴 글에서 자신은 루터가 공의회의 권위를 부인하려 했다기보다 단지 공의회가 새로운 교리 내용을 도입할 수는 없다는 말을 하려 했던 것이라 믿었다고 말했다. 루터가 말하려 했던 것은 다만 콘스탄츠 공의회가 보헤미아 개혁자들이 믿었던 모든 것을 정죄하지는 않았다는 것이었다.[27] 그러나 루터는 타격을 받았다. 제바스티안 프뢰셸은 루터가 깊이 생각하지도 않고 에크에게, 그것도 게오르크 공이 있는 자리에서, 콘스탄츠 공의회가 정죄한 이들 가운데도 "경건한 그리스도인 친구들"이 일부 있다고 대답했던 일을 기억했다. 게오르크는 깊은 충격을 받았다. 그는 머리를 흔들다가, 두 손을 자기 엉덩이에 대더니, "염병하네!"라고 소리쳤다.[28] 하지만 사람들이 루터의 말을 어떻게 해석했든, 루터가 아우크스부르크에서 전개했던 사상―성경이 교황과 공의회와 교부의 권위보다 위에 있다는 사상—에 의지하며 그것을 발전시키기 시작했다는 것만은 분명했다. 에크는 루터가 말한 다른 것도 "말이 되지 않으며" "불쾌하다"고 여겼다. 가령 성경으로 연옥이 있음을 증명하기는 불가능하다는 루터의 주장이 그런 예였다. 에크는 교황이 교회 수장이라는 근거가 오로지 인간의 법일 뿐이라면, 루터가 입은 수사복修士服, 그가 사제로서 설교하거나 고해를 들을 권리는 누가 주었냐고 물었다. 루터는 탁발 수도회가 없어졌으면 좋겠다고 되받아쳤다. 당시에는 탁발 수사를 비판하는 일이 특별한 일은 아니었으나, 그래도 이런 말이 아우구스티누스 수도회 수사(루터)°의 입에서 나오다 보니, 그의 형제 수사들이 그를 마뜩잖아 할 가능성이 있었다.[29]

토론은 에크와 카를슈타트가 한 차례 논전論戰을 벌이는 것으로 끝을 맺었다. 카를슈타트는 인간의 모든 행위가 죄로 가득하다는 점을 재차 강조했다. 그는 심지어 성인도 악을 행한다고, 즉 "그들도 본성상 악한 욕구를 느낀다"고 선언하면서, 우리가 죽을 수밖에 없는 몸을 입고 있는 한 이 욕구는 그치지 않으며, 승리가 죽음을 집어삼킬 때에 비로소 악한 욕구는 사라지고 순전하며 선한 의지를 가질 수 있다고 선언했다. 그는 심지어 선행도, 여자의 몸에서 흘러나오는 "불결한 오물"—그가 이런 예로 생각할 수 있었던 가장 충격적이고 역겨운 것이 생리 혈이었다—처럼, 철저히 "부정不淨"하다고 말했다. 에크는 만일 모든 선행이 악이면, 고해 자체도 무의미할 것이며 인간은 자신의 구원을 확보하기 위해 아무 일도 할 필요가 없을 것이라고—그러면 만사를 하나님께 맡기고 마음껏 먹고 마시며 즐거이 살 수 있을 거라고—반박했다. 이는 카를슈타트의 주장을 그야말로 억지 해석한 반박이었다. 그러나 이런 반박은 새 사상이 아주 불편할 수 있으며, 이 사상을 인간 본성에 관하여 사람들이 익히 알던 견해와 조화시키기가 아주 어렵다는 것을 그대로

보여주었다.³⁰

이제 인간의 모든 행위가 죄로 가득하다는 사상이 초기 종교개혁 사상의 중심이 되었다. 이는 파악하기 어려운 개념이었지만, 분명 카를슈타트 같은 사람이 해방을 발견한 사상이었다. 그러나 이 사상은, 카를슈타트의 경우처럼, 인간이라는 존재를 아주 좋지 않게 생각하고 육체를 적대시하는 개념으로 이어질 수도 있었다. 루터의 경우는 그렇지 않았다. 루터의 경우에는 이 사상이 육체를 놀라울 정도로 좋게 보는 태도로 이어졌다. 인간의 모든 행위가 죄로 가득하다는 이런 사상의 배후에는 오늘날 정신분석 사고에서 익히 볼 수 있는 생각, 즉 우리가 하는 모든 행위가, 심지어 우리가 생각하기에 가장 칭송할 만한 동기에서 유래한 행위 그리고 우리가 가장 자부심을 느끼는 행위조차도, 죄로 오염되어 있다는 생각―우리가 오늘날 표현하는 말처럼, 이런 행위가 분노나 자만이나 질투처럼, 아주 어두운 심리 동기와 관련이 있을 수 있다는 생각―이 자리해 있다. 따라서 선행은, 쌓고 쌓으면, 죄인을 하나님이 받으실 만한 이로 만들어 주고 그가 구원에 이르는 데 도움을 줄 수 있는 것이 아니다. 선행은 우리를 지금의 우리―불완전한 사람―와 다른 존재로 만들어 주는 역할을 전혀 하지 못한다. 그러나 카를슈타트와 루터는 인간이 자유의지를 가졌음을 부인한 반면, 에크는 이런 태도가 자칫 반율법주의反律法主義, antinomianism―사람들이 모든 법을 거부하고 온갖 죄를 저지르는 상태―로 이어질 것이라고 주장했다. 이 문제는 곧 종교개혁 사상 내부에서 사람들을 갈라놓는 큰 틈새가 된다.

루터는 라이프치히에서 졌다. 루터도 에크가 승리했다고 뻐긴 일을 랑에게 이야기하면서 자신의 패배를 씁쓸히 인정했다.³¹ 루터 지지자들은 이 일을 좋게 포장하여 얼버무리려 했다. 모젤라누스는 이렇게 선언했다. "에크는 사안 전체를 전혀 이해하지도 못한 채 당나귀처럼 그를 추종하거나…다른 어떤 이유로 비텐베르크 사람들이 잘못 되길 바라는 모든 이와 함께 승리를 거두었다." 반면 암스도르프는 한 친구에게 보낸 편지에서 에크와 루터를 비교하는 것은 "돌, 아니 똥"을 "가장 아름답고 가장 빼어난 금"과 비교하는 것과 같으리라고 말했다. 그러나 이런 암스도르프조차도 에크가 루터보다 "소리를" 더 잘 "질렀다"는 것, 그리고 루터가 제시하는 모든 논지에 거의 에크 자신의 말로 대답함으로써 모든 쟁점을 마무리할 권리는 늘 자신에게 있음을 확실히 보여주었다는 것을 인정할 수밖에 없었다.[32] 대중 여론도 에크에게 월계관을 씌워주었다. 에크는 혼자 두 상대방을 상대하면서, "헤라클레스와 삼손 같은 논지들"을 만들어 내 "천둥과 번개 같은" 목소리로 전달했다. 루터와 카를슈타트는 지지자 무리가 모두 동행했다. 랑, 멜란히톤, 세 법률가, 그리고 많은 졸업생이 밤에는 토론 기록을 꼼꼼히 검토했고 낮에는 루터를 도왔다.[33] 그러나 이렇게 이들이 한데 모은 학식도 허풍쟁이 에크를 능가하지 못했다.

루터는 특히 라이프치히 사람들이 에크에게 긴 예복과 아름다운 샤무아chamois 코트까지 제공했다는 사실에 진저리를 쳤다.[34] 비텐베르크 사람들에겐 그런 경의를 전혀 표시하지 않았다. 더구나 이들이 라이프치히에 도착했을 때는 마지못해 물만 주고 환영 인사를 끝냈지만, 에크에게는 온 마을이 환영연을 베풀어 주었다. 루터는 에크를 움직이는 동기가 오로지 자기 영광과 질투뿐이라고 생각했다. 바로 이런 생각이 루터가 이후 평생 이 토론에 관하여 제시한 모든 설명의 핵심 동기가 되었으며, 1545년에 나온 그의 라틴어 작품집 서문에 들어 있는 그의 간략한 자전自傳 회상에서 이런 생각을 가장 강하게 피력했다.[35] 에크 지지자들도 루터를 똑같이 이기주의자라고 비판했다.

양쪽이 모두 상대방을 비방하고 모욕하며 "질투" 섞인 집착을 드러낸 것은 이 토론이 모든 참가자에게 혼란스러운 감정을 일으켰음을 시사한다. 에크는 자신이 죽기 직전인 1538년에 관련 사건을 회상하면서, 이 사건이 왜 그토록 불쾌했는지 의아해했다. 그가 나중에 스위스 및 독일 남부 개신파와 벌인 토론은 결코 적과 싸우듯 하지는 않았다.[36] 요하네스 코흐레우스는 수 년 뒤에 라이프치히 논쟁에 관하여 쓰면서, 루터의 분노에 거듭 주목했다. 라이프치히 논쟁 심판자를 자기 뜻대로 결정하지 못하게 되자, 루터의 얼굴은 "노기怒氣가 가득했으며", 그는 "분노에 사로잡혔다." 에크가 그를 후스 지지자라고 비판했을 때는 "화가 나서 독일어로 그건 거짓말이라고 소리쳤다."[37] 학술 토론을 벌이면서 느닷없이 독일어를 쓴 것은 격格이 떨어지는 행동이었다. 모젤라누스조차도 루터는 그의 상대방을 반박할 때 신학자에 어울린다기보다 "좀 심하다 싶을 만큼 경솔하고 상대방을 신랄하게 몰아붙이는" 경향을 보였다고 말했다. 이것은 어쩌면 루터가 여전히 변방 지식인의 모습을 아주 많이 갖고 있었으며, 공인公人다운 모습이 형성되지 않았음을 그대로 알려 준 말일 수도 있다. 루터는 자신이 진짜 신학자임을 보여주는 방법을 몰랐다. 요하네스 루비우스는 라이프치히 광장에서 꽃다발을 쥐고 있던 루터를 보았을 때를 묘사하면서, 그가 마치 연인을 기다리거나 승리 화관을 쥐고 있는 사람 같았다고 적었다.[38]

드디어 7월 중순에 토론이 끝났다. 루터와 카를슈타트는 조용히 라이프치히를 빠져나갔으나, 에크는 라이프치히에 남아 자신의 승리를 만끽한 뒤, 한가히 잉골슈타트로 돌아갔다. 에크의 유일한 판단 실수는 라이프치히의 "환락을 즐기는 여인들"을 언급한 편지를 쓴 일이었다. 이 편지는, 일단 이 손에서 저 손으로 돌아다니게 되면서, 결국 그가 라이프치히에서 부인들과 알고 지낸 것이 실은 고상한platonic 관계가 아니었음을 그 대적들에게 알려 주는 단서가 되었다.

파리 대학교와 에르푸르트 대학교가 토론 결과를 판단하기로 했으며, 이들이 결정을 내릴 때까지 토론 기록 출간은 일체 금지되었다. 충분히 예상했던 일이지만, 두 대학교는 신속히 결정하지 않고 시간만 질질 끌었다. 그러다 결국 에르푸르트 대학교는 결정을 내리길 거부했다. 파리 대학교는 1521년 4월에 가서야 비로소 판단을 내렸는데, 이때도 토론 자체는 언급하지 않은 채 루터의 모든 글에 이단성이 있다는 판단만 내렸다.[39] 그러나 그때는 이런 판단이 배 떠난 뒤에 손 흔드는 것과 같았다. 에크와 루터는 오래전부터 인쇄술을 활용하여 자기 쪽 이야기를 사람들에게 알려 오고 있었다. 루터는 라이프치히 논쟁 전에 이미 논리정연하게 설명했던 자신의 주장을 다시 출간하면서, 그 서문에 이 토론 기록을 설명하는 내용을 담았다. 루터는 토론 기간에 마태복음 16:13-19을 본문 삼아 라이프치히 성에서 했던 설교를 출간했는데, 이 본문에 "내가 이 반석 위에 내 교회를 세우리니"라는 구절이 들어 있었다. 이 서문도 에크가 나선 동기가 질투였음을 재차 암시했다. "질투가 진리를 공격할 수는 있으나, 다시 승리를 거두진 못하리라."[40] 루터는 8월에 그가 라이프치히에서 천명한 논제를 설명한 주석을 출간하면서, 그 서문에 자신이 라이프치히 논쟁을 요약하여 슈팔라틴에게 적어 보냈던 긴 편지를 집어넣었다. 주석은 9월 초까지 다 팔렸다. 드디어 12월에는 루터 지지자들이 에르푸르트에서 라이프치히 논쟁 비공식 기록을 출간했으며, 이는 곧 다시 인쇄되었다.[41] 라이프치히와 비텐베르크의 인문주의자들—히브리어 학자인 요하네스 켈라리우스Johannes Cellarius, 요하네스 헤시우스 몬타누스Johannes Hessius Montanus, 그리고 루비우스—이 모두 경쟁 작품을 집필하여, 서로 상대방과 그들이 각기 몸담은 대학교를 비판했다. 라이프치히 논쟁 뒤에도 소소한 다툼이 이어지면서 오고가는 공방의 말투도 훨씬 더 날카로워졌다. 싸움은 이제 한 인문주의자의 소소한 논박에서 훨씬 더 넓게 종교(기독교)˚ 진리를 아우른 토론으로 옮겨 가기 시작했으며, 마침내 켈라리우스는 이렇게 선언했다. "루터를 대적하는 자 전체보다 루터 한 사람이 복음의 진리를 더 많이 사랑한다."⁴²

에크 자신도 여러 소책자를 잇달아 출간하여, 루터가 나쁜 신앙을 갖고 있으며 토론 당사자 양쪽이 합의했던 토론 조건을 깨뜨렸다고 비판했다. 그의 마지막 일격一擊은 문서 모음이었는데, 그 안에는 토론과 관련한 협상 기간 동안 루터가 써 보냈던 편지가 들어 있었다. 에크는 이 편지가 루터가 겉과 속이 다른 행동을 했음을 증명한다고 주장했다. 그는 이 모든 문서를 독일어로 번역했다. 그러나 에크는 이 문서 모음을 그의 가족 중 한 사람과 함께 출간해야만 했다. 이 무렵에 이르러 에크는 자기 글을 인쇄하여 출간하기가 어려움을 깨닫고 있었다. 굶주린 청중은 새롭고 복음이 담긴 메시지에 갈구했으며, 신성로마제국 전역의 인쇄업자들은 바로 이런 메시지를 출간하고 싶었다. 보수 선동가들이 쓴 저작은 이제 더 이상 시장을 좌우하지 못했다.⁴³

라이프치히 논쟁이 루터 개인에게 재앙이었다면, 루터가 이런 패배를 딛고 회복한 것은 엄청난 일이었다. 토론 과정은 루터가 형편없는 연기자요, 걸핏하면 자기 몸에 밴 욕설에 의지하며, 즉석에서 말로 벌여야 하는 토론에서는 빛을 발하지 못한다는 것을 그대로 보여주었다. 루터는 "거칠었다." 이는 루터 자신도 재출간된 라이프치히 관련 논문 서문에서 인정했다. 그뿐만 아니라, 루터는 모젤라누스가 신중하고 차분하게 행동하라고 권고했지만 그대로 하지 않았다. 정치의 관점에서 봐도, 루터는 기껏해야 아무것도 모르는 철부지 같은 모습만 보여주었다. 그는 무장한 비텐베르크 학생 무리와 함께 도착했는데, 이런 행태는 비텐베르크와 경쟁하던 대학촌인 라이프치히에서 지지를 얻지 못할 가능성이 컸다. 에크는 현지 엘리트들과 한담閑談을 주고받은 반면, 루터는 다른 이들과 접촉을 끊고 자기 동료만 상대했고, 심지어 게오르크 공이 자신에게 내준 청중조차 유리하게 활용하지 못했다. 라이프치히 논쟁 이전에는 게오르크 공이 새 신학에 마음이 열려 있었을지라도, 토론 이후에는 분명 그렇지 않았다. 루터 신학이 전통 교회와 철저히 단절한 신학이라는 것을 이 토론이 분명하게 보여주었기 때문이다. 이는 복음을 앞세운 개신改新 운동에 심각한 타격이었다. 작센 선제후(프리드리히 현공)°의 사촌이요 작센의 절반을 다스리는 자가 종교개혁에 반대한다는 사실은 이후 게오르크 공이 1539년에 세상을 떠날 때까지 내내 골칫거리가 된다.

그러나 채 몇 달도 안 지나, 루터는 다시 주도권을 잡았다. 여러 원인이 있었으나, 독일 인문주의자 엘리트들이 에크에게 관심을 갖지 않게 된 것도 한 원인이었다. 에크는 이전에 에라스뮈스를 공격했던 일 때문에 그들의 지지를 잃고 말았다. 유스투스 요나스와 페트루스 모젤라누스 같은 사람들은 에크를 야심만 앞세운 허풍쟁이요, 자신의 영광을 위해 루터와 검투사처럼 싸움을 벌인 인간이라고 놀려 댔다. 에크가 논쟁에서 사용한 공격과 술수는 라이프치히에 모인 군중에겐 즐거움을 주었지만, 이 인문주의자들과는 잘 들어맞지 않았다. 그러다 1520년 여름에 이르러, 익명 저자가 쓴 기막힌 풍자 작품이 하나 출간되면서, 에크는 그 평판에 영원히 회복하지 못할 치명타를 입고 만다. 그 작품에는 농담과 철자를 바꾼 낱말anagrams, 그리고 인문주의자의 위트가 가득했다. 아리스토파네스(고대 그리스의 시인)°의 자부심을 가질 만큼 황홀한 공상空想의 나래를 펼친 『정체가 드러난 에크Eccius dedolatus』는 그 시대가 낳은 가장 훌륭한 풍자 작품 가운데 하나였다. 루터가 라이프치히 논쟁을 "희극"이자 "비극"으로 묘사했다면, 이제 이 작품은 그 토론을 순전히 어처구니없는 광대극으로 만들어 버렸다. 이 풍자 작품을 보면, 에크가 자기 수하인 마녀 칸디다에게 심부름을 시킨다. 숙취로 탈이 난 에크는 칸디다를 라이프치히로 보내 루비우스의 조언을 얻어 의사를 데려오게 한다. 라이프치히에 이른 칸디다는 성문지기에게서 "그 사람(루비우스)°이 가장 가까운 회당에서 살림을 꾸리고 사는 것을 발견할 것"이라는 말을 듣는다. 이는 루터를 대적하는 자들이 유대인임을 암시하는 말이었다. 중요한 것은 이들이 하늘을 나는 염소를 타고 잉골슈타트로 돌아온다는 점인데, 이 염소는 뒤에서 호흐스트라텐Jacob van Hoogstraaten(유대교와 루터파에 맞선 도미니크 수도회 수사)°과 페퍼코른Johannes Pfefferkorn(유대교에서 개종한 후 유대교에 맞선 독일의 가톨릭 신학자)°이라는 이름이 불릴 때만 위로 날아오른다. 이들은 뉘른베르크와 아우크스부르크 위를 지나 잉골슈타트로 가는데, 이때 에크의 가까운 지지자인 루비우스가 이 염소 위에 똥을 눈다. 풍자 작품 저자는 루비우스가 사실 "똥이나 싸는" 시인임을 암시한다.[44]

　　풍자 작품 후반부는 학생들의 입학식에서 시작하는데, 이 장면을 보면 외과 의사가 "에크Eck의 구석구석Ecken을 대패질한다"(Der Chirurg schleift Ecks Ecken ab). 이는 "구석Eck"(귀퉁이)을 뜻하는 그의 이름을 이용한 재담이다(Ecken은 Eck의 복수형이다)°.[45] 이 장면은 에크를 거세하는 대목에서 절정에 이른다. 에크가 라이프치히에서 부인들과 노닥거린 일은 이제 천하가 다 알고 있었다. 외과 의사는 자신이 "이 형편없는 베누스Venus(로마 신화에 나오는 미美와 사랑의 여신)°의 손자에게서 음욕을" 제거하여 "이를 어린아이에게 달아 놓는 딸랑이처럼 그 목에 걸어 놓겠다"고 선언한다. 마녀, 배변, 거세. 이 풍자 작품이 낳은 가장 무시무시한 효과는 에크를 호흐스트라텐, 페퍼코른, 그리고 도미니크 수도회 수사들이 히브리어 학자 요하네스 로이힐린을 핍박할 때 등장했던 『무명인無名人의 편지Letters of Obscure Men』가 재치 있게 통박했던 다른 반反인문주의자와 같은 구닥다리 호위 무사와 한 패거리로 묶어 버린 것이었다. 이 풍자 작품은 루터를 또 다른 로이힐린으로 제시하면서, 인문주의자라면 루터의 대의를 지지해야 한다고 밝힌다. 역설적인 것은 에크도 한때는 로이힐린의 가장 충실한 지지자 가운데 하나였다는 점이다. 그러나 이제 『정체가 드러난 에크』는 에크의 평판을 무너뜨렸고, 에크 자신도 한때는 그에 속해 있음을 아주 자랑스러워했던 뉘른베르크 인문주의자 집단에서 에크를 영원히 제외시켜 버렸다. (뉘른베르크의 변호사인 빌리발트 피르크하이머Willibald Pirckheimer가 이 풍자 작품 저자라는 소문이 돌았다. 에크도 분명 그렇게 믿었다. 그는 이에 복수하고자, 이 풍자 작품에 이단 요소가 전혀 들어 있지 않은데도, 루터를 정죄한 1520년 교황 칙서에 피르크하이머도 확실히 들어가게 만들었다. 피르크하이머는 공식 파문당했다. 더구나 그에겐 에크 자신에게 용서를 구해야 한다는 것이 더 큰 모욕이었는데, 결국 그는 1520년 말에 에크에게 용서를 받았다.)[46]

그러나 인문주의자의 지지만이 루터가 라이프치히에서 겪은 좌절을 딛고 일어선 이유는 아니었다. 요컨대 에크의 승리는 중요한 의미가 없었다. 그 승리가 재미없었기 때문이다. 10년이 넘는 세월이 흐른 뒤, 루터를 대적하던 요하네스 코흐레우스는 한 이단에 불과했던 루터가 그다음 단계로 놀랄 만큼 신속하게 옮겨 갔다고 서술했다. 루터는 어느 한 주장을 논박하고 나면, 곧바로 그보다 지독한 다른 주장과 맞서 싸웠다. 사람들은 루터가 다음에 무슨 말을 할지, 그리고 그가 다음에 공격할 곳은 어디인지 알고 싶었다. 이런 추진력은 곧 사람들이 루터가 지향하는 목적지가 어디인지 이해하고자 읽고, 토론하며, 논쟁하길 원했음을 의미했다.

실제로 루터는 곧 자기 생각을 밝혔다. 1519년 12월, 루터는 에크가 자신을 후스파라 조롱하고 있음을 알아차리고, 독일어로 출간된 한 설교에서 교회 공의회는 평신도가 성찬에서 빵과 포도주를 받아야 하는지 여부를 검토해야 한다고 주장했다.[47]

루터는 그리스도가 성찬을 제정하셨고 성찬이 빵과 포도주라는 두 요소로 구성되어 있으므로, 성직자뿐 아니라 평신도 빵과 포도주를 받아야 한다고 주장했다. 루터는 이를 만인 앞에서, 그것도 독일에서 요구함으로써, 평신도가 쉽게 이해할 수 있는 요구를 제시했다.

게오르크 공은 즉시 선제후에게 루터가 최근에 발표한 견해를 주의하라고 경고했으며, 메르제부르크Merseburg 주교와 마이센Meissen 주교에게도 이런 내용을 써 보냈다.[49] 이것은 보헤미아 사람이 퍼뜨린 독毒이었다. 평신도도 잔을 받게 해야 한다는 주장은 얀 후스가 옹호하던 바로 그 견해였다. 양형(빵과 포도주)°을 평신도에게도 나누어 주라는 요구는 루터가 라이프치히에서 말했던 그 어떤 것보다 급진적이고 이단성이 강했다. 이 요구는, 인간의 행위가 죄로 가득하다는 주장이나 면벌부를 공격한 것과 달리, 신학 주장이 아니라 단지 교회 관습을 개혁하라는 요구였다. 그러나 이 요구는 보통 사람들도 제기할 수 있는 것이었으며, 결국 모든 교구에서 아주 폭넓은 변화를 일으키게 된다. 물론 루터는 빵만을 받은 사람도 성찬 전체를 받은 것이라는 견해를 조심스럽게 인정했지만, 이미 엎질러진 물을 병에 도로 담을 수는 없었다.[50] 성찬에서 빵은 물론 포도주도 평신도에게 달라는 요구가 교구에서 교구로 퍼져 가면서, 빵과 포도주로 성찬을 거행하라는 요구가 초기 종교개혁을 대중에게 확산시키는 촉매가 되었다. 이 요구는 평신도와 따로 사제 계급을 형성한 채, 빵뿐 아니라 빵과 포도주를 받는 특권을 누리던 성직자의 지위에 퍼부은 정면 공격이기도 했다. 루터가 사제직 자체의 본질을 공격하는 것은 이제 시간문제일 뿐이었다. 루터의 면벌부 비판이 교황의 권위와 교회 교계제도를 향한 공격이었다면, 이제는 그는 모든 교구민이

마르틴 루터의 "귀한 성찬에 관한 설교Eyn Sermon von dem Hochwirdigen Sacrament", 비텐베르크, 1519년. 이 그림도 평신도에게 포도주를 주어야 한다는 요구를 분명하게 나타냈다. 첫 페이지는 그리스도의 제병Host을 담아 두고 사람들에게 보여주는 성합聖盒, ciborium을 보여주었다. 페이지를 넘기면 포도주가 담긴 잔이 나오는데, 이를 보면 루터가 사람들을 도발하며 이런 말을 한다. "하지만 나는 교회가 공의회에서 사제처럼 모든 사람(평신도)◇에게도 양형(빵과 포도주)◇을 주어야 한다고 다시금 결정한다면 좋은 일이라고 생각할 것이다."[48] ⟨23⟩, ⟨24⟩

경험했던 기본 문제에 물음을 던지고 있었다.

이뿐 아니라, 루터는 평신도 종교 조직 가운데 가장 중요한 조직이었던 형제회兄弟會도 공격하기 시작했다. 당시 형제회는 그리스도인이 서로 기도해 줌으로 구원을 확보하는 관습을 포함하여 면벌부 체계 전체를 떠받치고 있었다. 루터는 이런 형제회가 "폭음, 폭식, 술 취함, 쓸데없는 돈 낭비, 진탕 마시며 노는 일, 큰 소리로 고함치는 일, 수다, 춤추기, 시간 낭비"를 덮으려는 핑계에 불과하다고 썼다. 그는 이어 "이런 형제회가 암퇘지를 수호성인으로 삼는다면, 암퇘지도 마다하지 않을 것이다"(유대인을 암퇘지에 비유하며 혐오했던 당시에, 암퇘지 비유는 상대를 가장 모독하는 말이다)°라고 썼다.[51] 루터는 독특한 독일어 산문 스타일을 펼쳐가기 시작했다. 생기가 있고, 활력이 넘치며, 동사를 반복할 때가 많았다. 브뤼헬Pieter Bruegel(네덜란드의 르네상스 화가)°의 그림처럼 이 땅 냄새가 가득했다.

이런 글을 요구하는 시장이 커지고 있었다. 라이프치히 논쟁이 끝나고 여러 달이 지난 뒤, 출판 인쇄가 갑자기 폭발하듯 늘어났다. 1518년에서 1525년에 이르는 기간을 보면, 루터가 독일어로 쓴 출판물이 루터 다음으로 많은 글을 써 낸 열일곱 저자들의 저작을 다 합친 것보다 많이 인쇄되었다. 실제로 1500년부터 1530년에 이르는 기간에 독일 인쇄소에서 펴낸 모든 저작 가운데 20퍼센트가 루터 한 사람이 쓴 것이었다.[52] 루터의 노력 덕분에 인쇄업이 비텐베르크의 새 산업 가운데 하나가 되었고, 비텐베르크의 인쇄업은 라이프치히를 완전히 능가하게 된다. 게오르크 공이 종교개혁에 맞서기로 결심하고 루터의 저작들을 인쇄하지 못하게 막자, 라이프치히 인쇄업자들이 경악할 정도로 라이프치히의 연간 출판물 종수種數가 평균 140종에서 43종으로 곤두박질쳤다. 가톨릭 저작은 전혀 팔리지 않게 된다.[53]

인쇄에 의존한 이는 신학자만이 아니었다. 이제는 루터 편에 속한 평신도도 끼어들었으며, 열혈 독자들은 이들이 쓴 작품도 찾기 시작했다. 이런 일이 일어날 것을 알려 준 징조가 1519년에 평신도이자 뉘른베르크 시서기市書記인 라차루스 슈펭글러Lazarus Spengler가 (독일어로) 출간한 『성경의 신성한 진리를 사랑하는 고귀한 사람이 제시하는 변증과 그리스도인다운 답변Schutzred und christenliche Antwort ains erbarn liebhabers goetlicher wahrhait der hailigen geschrifft』이었다. 『정체가 드러난 에크』 저자는 에크가 불태우고 싶었던 것이 바로 이 소책자라고 주장했다.[54] 슈펭글러의 격렬한 비판을 담은 이 책자는 뉘른베르크, 바젤, 라이프치히, 비텐베르크, 아우크스부르크에서 출간되었고, 2판 인쇄에 들어갔다. 슈펭글러는 이렇게 써 놓았다. "나는 루터의 가르침이 기독교 법 및 이치와 일치하는지 여부를 사리에 밝고 경건한 모든 사람의 판단에 맡긴다. 그러나 나도 이것은 확실히 안다. 즉, 내가 비록 나 자신이 이런 문제에 특별히 능통하다거나 박식하다고는 생각하지 않지만, 그래도 내 평생 내 지성(정신)°을 이토록 강하게 꿰뚫는 가르침이나 설교를 안 적이 없다." 루터의 가르침을 "시큼한 맥주"라고 폄훼하는 자들은 "그의 신발 끈을 맬" 자격도 없었다. 특히 슈펭글러는 루터의 가르침이 대학교와 교육받은 사람에게나 적합하다고 주장하던 이들을 공격했다. "(그의 가르침이)◆ 옳고 경건하다면, 대학교에서 가르치는 데 그치지 않고, 사람들이 다 듣는 데서 외치고 선포해야, 아니 더 진실을 말하자면, 유대교 회당에서도 외치고 선포해야 마땅할 것이다."[55] 루터 지지자들이 구사하는 수사는 스콜라 학자와 대학교 내부의 보수파를 점점 더 유대인과 동일하게 취급했다. 그러나 이렇게 반유대주의를 동원한 일은 루터의 개혁 운동에 곤란한 유산을 남기게 된다.

루터의 가르침은, 슈펭글러가 이해한 그대로, 가톨릭교회의 악폐를 공격했으며, 성경에 근거하고 있었다. 하지만 슈펭글러도 루터의 긍정의 신학positive theology(초월적인 신적 존재를 실증적positive 범주로 서술하는 신학. 신비주의의 "부정의 신학negative theology"이 그 반대이다)°은 그리 분명하게 이해하지 못했다. 그는 루터가 오류와 그릇된 도덕관념에 짓눌린 양심을 구해 준다고 말했다. 구원에 이르는 길은 "더할 나위 없이 달콤하며 치유를 안겨 주었지만", 그런 오류와 그릇된 도덕관념 때문에 그

인쇄되어 나온 라이프치히 설교에서 제목이 실린 면을 보면, 루터가 자신의 상징으로 골랐고 곧 유명해지는 모노그램인 루터의 "장미"가 방패 아래 그려져 있으며, 루터는 설교하는 것 같은 몸짓을 보여주고 있다. 그는 박사모를 쓰고 수사복을 입었는데, 이는 그가 아우구스티누스 수도회 수사요 비텐베르크 대학교 사람임을 분명하게 보여준다. 그러나 이 그림을 그린 예술가가 루터가 몸담은 대학교 이름을 다 적기에는 그림 속 공간이 부족했다.

〈25〉

리스도인은 편안하기보다 불안에 떨고, 회복되기보다 낙심에 빠지고 말았다.[56] 다시 말해, 루터는 일찍이 슈타우피츠가 설교했던 내용을 수도 없이 되풀이한 것 같았다. 슈펭글러—슈타우피츠의 뉘른베르크 인맥 중 핵심 인물—는 이 단계에 이르러 루터와 이전에 루터의 고해신부(슈타우피츠)° 사이에 사실상 아무 차이가 없음을 간파할 수 있었던 것 같다. 그러나 모든 이가 힘을 합쳐 탐욕스러운 면벌부 판매자에게 대항하는 것 같았다.

루터는 라이프치히 논쟁이 있기 전만 해도 유명인이 아니었다. 이제는 그 토론의 여파 때문인지, 인쇄되어 출간된 그의 라이프치히 설교 제목 면에는 맨 처음에 사람들이 보았던 그의 모습이 실려 있었다. 이는 야위고 수줍어하는 수사, 두건이 달린 커다란 수사복과 박사모에 가려 왜소해 보이고 딱히 개성도 없는 그의 생김새를 보여주었다. 원형 테두리에는 "마르틴 루터 박사. 아우구스티누스 수도회 수사. 비텐ㅂ···"(Dr. Martinus Lvtter. Avgvstiner. Wittenb.)라는 그의 이름이 들어 있는데, 이 그림을 그린 예술가는 분명 이 글자들을 읽기 쉽게 만드느라 애썼을 것이다. 크라나흐가 이 개혁자(루터)°를 담은 가장 유명한 동판화가 될 작품을 만든 뒤 채 1년도 지나지 않아, 사람들은 루터의 생김새를 익히 알게 되었고, 루터를 그리면서 굳이 그 이름까지 밝힐 필요도 없게 된다. 그때가 되자, 모든 사람이 루터가 어떻게 생긴 사람인지 알게 되었다.

07.
그리스도인의 자유

라이프치히 논쟁이 있고 난 다음 해는 루터의 삶이 지성의 창조력을 가장 활발하게 발휘한 시기였다. 이 짧은 기간 동안 그의 견해는 범상치 않은 발전을 보여주었다. 그 시대 사람들의 눈에는 라이프치히 논쟁이 경쟁자인 두 대학교가 벌인 승강이요, 유달리 자아가 드세기로 악명이 높았을 뿐 아니라 오로지 교육받은 사람들에게만 관심이 있는 사람들이 벌인 난투극으로 보였을지도 모르겠다. 그러나 1520년이 되자, "루터 문제"는 모든 사람의 입에 오르내리게 되었고, 교회뿐 아니라 정치, 그리고 제국과 교황의 관계까지 얽힌 사안이 되었다. 루터가 1520년에 내놓은 세 주저主著는 이런 변화를 압축하여 보여준다. 그 세 저작은 『독일 민족의 그리스도인 귀족에게An den christlichen Adel deutscher Nation』, 『바벨론 포로가 된 교회에 관하여Von der babylonischen Gefangenschaft der Kirche』, 그리고 『그리스도인의 자유에 관하여Von der Freiheit eines Christenmenschen』다. 이 저작들이 나오면서, 로마와 관계 단절은 돌이킬 수 없게 되었고, 결국 새 교회가 될 교회의 기초가 놓임으로써 서구 기독교 세계를 영원히 갈라놓게 된다.

무엇이 이렇게 지적 창조성을 폭발시켰을까? 이전 역사가들은 루터의 이야기를 불가피성이 전개된 이야기로 보았다. 루터가 탑에서 "신앙의 각성"을 체험한—이전 역사들은 이를 1517년 이전의 어느 때에 체험한 일로 본다—뒤에, 종교개혁이 그 논리적 귀결로서 곧바로 따라 일어났기 때문이다. 하지만, 우리가 앞서 보았듯이, 슈타우피츠와 다른 많은 이도 하나님의 자비와 공의에 관하여 루터와 견해를 같이했으며, 당시 루터의 신앙생활을 특징짓는 신비주의적인 종교성 쪽으로 기울어 있었다. 하지만 이들은 교회를 향한 루터의 공격에 합류하지 않게 된다. 더군다나, 루터만이 그를 대적하는 이들과 논전을 벌이면서, 그의 성숙한 신학에 한 걸음 한 걸음 다다르고 있었다.

앞서 보았지만, 나중에 루터는 라이프치히 논쟁이 있은 뒤 자신의 영혼에 변화가 일어났다고 밝혔다. 이때 그는 그가 말한 시기가 옳다면 자신이 그때야(라이프치히 논쟁이 있은 뒤에 비로소)° 하나님의 의를 이해했다고 자신 있게 확언했는데, 어쩌면 외부인은 루터가 로마서를 강의하던 1515년에 이미 그런 지적 주장에 도달했다고 생각할지 모르겠지만, 아무튼 이런 확언이 이처럼 라이프치히 논쟁 뒤에 폭발하듯 일어난 에너지 방출을 설명해 줄 수도 있을 것 같다. 이와 관련된 진실이 무엇이든, 루터가 심오한 창조성을 발휘한 이 시기에 접어들었을 때, 분명 그 안에서는 어떤 근본적이고 새로운 일이 일어나고 있었으며, 그 일은 그의 실제 신앙생활, 그가 지향하던 신학, 그리고 그와 가장 가까운 관계와 관련이 있었다.

우선, 라이프치히 논쟁이 있고 난 뒤, 루터가 수사라는 자신의 소명을 대하는 태도가 바뀌기 시작했다. 루터는 수사 생활 초기부터 예배에 참석해야 했고 "성무일도"를 지켜 행해야 했다. 기도를 반복하는 이 성무일도는 수사의 일상생활에서 중요한 자리를 차지했으며, 수사가 보내는 시간 가운데 많은 부분을 잡아먹었다.¹ 슈타우피츠는 아우크스부르크 토론 뒤에 루터를 수도서원修道誓願에서 해제해 주었지만, 루터는 여전히 이 의무를 저버리는 것이 쉽지 않음을 느꼈다. 그건 마치 그가 내려놓을 수 없는 짐과 같았다. 하지만 루터는 1520년 어느 시점에 이르러 그 모든 것을 멈췄다. 그는 1531년, 이렇게 회상했다. "우리 주 하나님이 1520년에 나를 억지로 성무일도에서 떼어 놓으셨다. 그때 나는 이미 아주 많은 글을 쓰고 있었던지라, 종종 한 주 동안 내 성무일도 시간을 모아 두었다가, 토요일에 하나씩 행하곤 했다. 그러다 보니 토요일은 종일 아무것도 먹지 못하고 마시지도 못했다. 결국 너무 쇠약해져 잠조차 이루지 못했고, 에쉬Esch 박사에게 수면제를 받아야 했다. 나는 아직도 내 머릿속에서 그 약의 효과를 느낀다."² 결국 "1/4분기를 가득 채울" 성무일도 시간이 쌓였다. "이는 내게 너무 많았다. 나는 그것을 전부 버렸다."³ 그 결과로 찾아온 해방—그리고 그리함으로써 찾아온 자유 시간 전체—이 루터가 1520년에 체험한 창조성 폭발에서 큰 역할을 했을 가능성이 있다. 이제 그는 방해받거나 죄책감에 시달림이 없이 글을 쓰고 생각하는 일에 전념할 수 있었다.

이 모든 사태가 오로지 더 강경한 쪽으로 흘러갔다. 그의 주장이 급진성을 더해 갈수록, 로마로 불려 가 이단 재판을 받을 가능성이 커져 갔다. 루터 주위의 모든 사람이 알고 있었듯이, 이런 재판은 루터를 불태워 죽이는 것으로 끝나게 되어 있었다. 그는 점점 더 대담하게 새로운 신학을 시도했다. 그가 잃을 것이 점점 줄어들었기 때문이었다. 루터는 이를 계기삼아 자신이 이미 채택한 신학 주장들이 낳은 모든 논리적 결과를 철저히 생각해 보게 되었다. 1520년 6월 24일, 루터가 주장하는 교리를 정죄하는 교황 칙서가 반포되었다. 루터는 이 칙서를 받은 날부터 6일 안에 그의 주장을 취소하든지 아니면 "악명 높은 이단"으로 파문당하든지 양자택일을 해야 했다. 칙서의 언어는 냉랭했고, 동물과 사냥에 빗댄 은유—"여우 곧 포도원을 허는 작은 여우",아 2:15 멧돼지가 베드로를 공격하려 한다, 양을 보호해야 한다—가 가득했다. 이런 내용이 들어간 것은 아마도 교황 레오 10세가 이 칙서를 승인한 1520년 5월 2일에 로마 서남쪽 말리아나Magliana에 있는 그의 성에서 암퇘지 사냥을 구경하고 있었기 때문이 아닌가 싶다.⁴ 루터는 일찍이 카예탄과 교황 사절 카를 폰 밀티츠의 타협 시도를 거부했기 때문에, 이제 그가 교황청과 벌이는 싸움은 뒤로 물러설 여지가 없었다. 루터의 목숨을 노린다는 소문도 계속 나돌았다. 예를 들면, "마술로" 사람들이 자신을 못 보게 할 수 있다는 한 의학박사가 루터를 죽이라는 명령을 받았다는 소문이 돌기도 했다.⁵

이 모든 일과 때맞춰 루터의 사상, 그리고 그의 종교성이 보여주는 특성에도 큰 변화가 일어났다. 이때까지만 해도 루터는 "독일 신학"에서 깊은 영향을 받았다. 루터는 라이프치히 논쟁이 벌어지기 몇 달 전부터 토론 때까지 에크에 맞서 이 신비주의 텍스트("독일 신학")°를 힘차게 변호했다. 반면, 에크는 "독일 신학"과 요하네스 타울러 같은 저자가 쓴 다른 작품이 교부의 글과 같은 권위를 갖고 있지 않으므로 토론에서 이런 작품을 인용해서는 안 된다고 주장했다. 루터는 이 작품들이 라틴어가 아니라 독일어로 썼다는 이유만으로 이를 깎아내린 에크를 비판하면서, 이 작품들의 경건한 스타일이야말로 어느 그리스도인에게나 가장 좋은 안내자가 된다고 느꼈다. 하지만 "독일 신학"은 루터 및 아우구스티누스주의와 마찬가지로 인간의 행위를 좋지 않게 보면서도, 개인이 자신을 다 바치는 경건한 신앙생활을 통해 그 의지를 하나님과 일치시킬 수 있다고 가르쳤다. 인간의 본성이 완전할 수 있음에 초점을 맞춘 "독일 신학"의 견해와 인간에게 자유의지는 없다는 루터의 강조점은 점점 틈새가 벌어졌다. 그럼에도 루터는 계속하여 이 책을 칭송했으며, 심지어 자신의 신앙생활이 이 책에서 벗어나 명상에 시간을 덜 쓰기 시작하게 되었을 때도 이 책을 칭송했다.[6]

하지만 루터는 여전히 기도를 아주 중요하게 여겼다. 루터가 1535년에 쓴 짧은 작품을 보면, 그가 무릎을 꿇거나 서서, 그의 손을 오므리고, 눈을 뜬 채 하늘을 우러러보며 기도했음을 알 수 있다. 그가 묘사한 대로, 기도는 하나의 과정이다. 기도의 목적은 "마음을 따뜻하게 하는" 것이다. 루터는 신자에게 "주기도문"을 한 줄 한 줄 깊이 묵상하고 이 기도를 자신의 기도 속에 정성을 들인 뒤, 십계명을 꼼꼼히 살펴보라고 권고했다. 이것들은 각각 "교리서, 찬송가, 신앙고백 지침서, 기도서"로 여겨야 할 것이었다. 루터는 "여러분에게 시간이 남으면" 신경creed을 하나 추가할 것을 제안했다. 그의 권고는 분명 방법론에 기초한 성무일도 체계의 자취를 담고 있지만, 그러면서도 동시에 그는 "좋은 기도란 길지 말아야 하고 질질 끌지 말아야 하며, 자주 그리고 뜨겁게 올리는 기도여야 한다"고 강조했다.[7]

루터가 이전에 슈타우피츠와 함께 추구했던 영성에서 떠나가면서, 그와 그의 전 후견인이자 고해신부(슈타우피츠)°의 관계도 바뀌기 시작했다. 루터는 평생토록 변함없이 슈타우피츠를 자신의 유일한 스승으로 여겼고 슈타우피츠가 "그 일(종교개혁)°을 시작했다"고 여겼지만, 그가 쓴 편지에는 슈타우피츠를 대하는 그의 태도가 훨씬 더 양면성을 지녔음을 알려 주는 내용들이 들어 있다. 1516년, 루터는 선제후가 사람들이 누구나 원하는 자리인 킴제Chiemsee 주교에 슈타우피츠를 앉히려 한다는 말을 듣고, 슈팔라틴에게 써 보낸 편지에서 자신은 이 계획에 참여하길 단호히 거부했다고 말했다. 루터는 주교가 됨이란 "그리스인Greek 의 길로 행함이요, 남색하는 것이며sodomise, 로마인Roman 방식으로 사는 것"이자, 만족을 모르는 탐욕의 지옥인 사유재산을 쌓는 일이라고 단언했다. 루터는 물론 슈타우피츠가 이런 악에서 아주 멀리 떨어져 있음을 조심스럽게 지적하면서도, 슈팔라틴에게 대놓고 이런 질문을 던졌다. "자네는 만일 기회가 된다면…그(슈타우피츠)°가 억지로 떠밀려 그 자리를 맡게 생긴 이 마당에, 그래도 이 사람만큼은 주교 관정官廷의 큰 소용돌이와 거센 폭풍에 휘말려 들지 않으리라는 것을 보증하는 사람이 되고 싶은가?"[8] 이때 루터는 슈타우피츠가 그리스도인다운 삶을 살아가려는 열심보다 호사豪奢를 사랑하는 마음이 큰 사람이라고 생각했던 것 같다. 이는 어쩌면 슈타우피츠의 성적 성향을 지적한 것인지도 모른다 (pergraecari, sodomari, romanari 등의 동사들은 동성애나 남색을 암시한다).

    루터는 1519년 10월 3일에 쓴 한 편지에서 너무 바빠 그에게 편지도 써 보내지 못한다는 슈타우피츠를 혹평한다. 보통은 이와 반대였다. 보통 때 루터는 자기와 편지를 주고받는 이들에게 자기가 편지를 써 보내지 못함을 끝없이 사과했기 때문이다. 루터는, 그해 2월, 자신보다 연장年長인 사람에게 친구들 이야기를 수다스레 가득 적어 보낸 한 편지에서, 브란덴부르크 주교가 난롯불에 장작을 올려놓으면서 루터도 그 불 속에 던져져야 자신이 단잠을 이룰 수 있겠다는 말을 하곤 했다고 즐거이 이야기했다. 이어 루터는 10월에 보낸 이 편지에서 그의 고해신부가 "그를 너무 오래 버려두어", 시편 131편에 나오는 말씀처럼, 자신이 "어머니 젖을 뗀 아이와 같은"2절 느낌이 든다고 탄식했다. 루터는 계속하여 이렇게 말했다. "제겐 믿음이 없고, 제 안에는 다른 은사만 가득합니다. 제가 그리스도를 섬길 수 없다면, 제가 믿음이 아닌 다른 은사를 바람이 얼마나 하찮은지 그리스도도 아십니다." 이는 다른 사람과 마찬가지로 루터 자신의 **안페흐퉁엔**(이 책 106쪽의 "안페흐퉁엔" 옮긴이 주 참조)°을 이해하지 못하는 그의 고해신부에게 호소한 것이었다. 이어 루터는 이 편지의 마지막 단락에서 자신이 꾼 꿈을 이렇게 묘사한다. "오늘 밤 저는 선생님 꿈을 꾸었습니다. 선생님은 마치 저를 떠나고 싶으신 것 같았습니다. 저는 슬피 울었고 괴로워했습니다. 그러나 선생님은 제게 손을 흔드시며 잠잠하라고 말씀하셨습니다. 이 일이 바로 오늘 확실하게 이루어졌습니다."9

루터는 슈타우피츠에게서 얼마 동안 연락을 못 받자, 그가 점점 냉랭해짐을 느끼고 분명 괴로워했다. 실제로 얼마 지나지 않아 슈타우피츠가 루터를 따라 교황에 맞서고 가톨릭교회를 떠나길 거부하면서, 두 사람 사이의 관계는 회복 불능이 되고 만다. 1521년 초, 루터가 파문당하자, 슈타우피츠는 결국 이전에 자신이 후견인 노릇을 했던 제자를 버리고 만다. 슈타우피츠가 루터의 꿈속에서 루터에게 준 가르침—잠잠하라—이 바로 그가 어려워했던 일이다. 실제로 루터는 앞서 2월 20일에 슈타우피츠에게 보낸 편지에서 모든 내력을 드라마처럼 펼쳐 보이며, 자신은 "고요히" 있고 싶지만, 하나님이 자신을 붙잡아 몰아대시다가, "소음 속으로 집어 던지셨습니다"라고 말했다.10 10월에 보낸 편지는 온통 소음으로 가득하다. 토론 관련 소식, 질투, 그리고 논쟁 이야기가 가득했다. 그렇다면 그 꿈은 무슨 의미일까? 슈타우피츠가 손을 흔든 것은 루터에게 다가와 손을 내민 것이었을까 아니면 작별 인사였을까? 루터의 고해신부(슈타우피츠)°가 루터에게 돌아오느냐 여부는 루터가 "잠잠"하거나 "고요히" 있느냐quietus에 달렸을까, 아니 실제로, 저 라틴어 단어가 암시하듯이, 루터가 계속 "조용히" 있느냐, 다시 말해 그가 교황에 맞서 싸우는 일을 중단하느냐에 달려 있을까?

심리학의 관점에서 볼 때, 루터가 꿈속에서 본 슈타우피츠의 행동은 앞일을 암시한 것이었다. 슈타우피츠는 루터가 10월에 그에게 보낸 편지에 동봉한 갈라디아서 주석을 돌려보냄으로써 자신의 피후견인이 보낸 선물을 거부한 것 같다. 슈타우피츠가 루터의 새로운 신학과 함께하고 싶지 않다는 뜻을 그것만큼 분명하게 밝힐 수는 없었으리라."
1521년 1월, 루터는 슈타우피츠에게 자신이 일찍이 아우크스부르크에서 했던 말을 되새겼다. "기억하십시오, 수사님. 우리 주 예수 그리스도의 이름으로 이 일을 시작하신 분은 당신이었습니다." 그러면서 루터는 슈타우피츠에게 이제는 문제가 점점 심각해지고 있음을 일깨워 주었다."
루터는 자신을 파문한다는 교황의 마지막 칙서가 1521년 1월 3일에 반포되자, 슈타우피츠가 자신에게 성실히 의리를 지키리라는 것을 더 이상 확신할 수 없었다. 그해 2월, 루터는 자신의 고해신부가 교황에게 편지를 보내, 이 문제를 심판할 재판장직을 수락함으로써 루터 자신을 이미 배신했다고 불만을 토로했다. 이는 필시 레오 10세가 슈타우피츠에게 루터의 가르침을 부인하라고 강요했기 때문이었을 것이다. 루터는 슈타우피츠가 교황에게 굴복했음을 분명하게 강조했다. 하나님이 그를 사랑하시면, 그가 그 수락을 취소하게 강제하실 것이다. 교황은 이 칙서에서 슈타우피츠 자신이 이전에 가르쳤고 지금까지 믿어 온 모든 것을 정죄하기 때문이다. 루터는 "그러나 지금은 두려워할 때가 아니라 외칠 때입니다"라고 충언하면서, "선생님이 제게 겸비하라고 권면하시듯이, 저도 선생님께 자긍심을 가지시라고 말씀드립니다"라는 말을 덧붙였다. 루터는 이런 말로 마무리했다. "저는 자긍심이 너무 많은데, 선생님은 겸비함이 너무 많으십니다." 루터는 자신이 슈타우피츠의 "굴복"이라 이름 붙인 것을 선제후의 신중함, 지혜, 그리고 굳건한 심지—이는 변덕스럽고 우유부단한 그의 고해신부를 비꼰 것이었다—와 대비했다. 아울러 루터는 인문주의자이자 기사인 울리히 폰 후텐Ulrich von Hutten

같은 이들이 자신 옆에 있다고 썼다. "선생님의 굴복은 저를 슬프게 했습니다만, 제게 이전의 슈타우피츠가 아닌 또 다른 슈타우피츠를, 은혜와 십자가를 선포하는 자를 보여주었습니다." 루터는 마저 이렇게 썼다. "선생님이 교황 칙서가 그리스도를 모욕한 것임을 발견하시기 전에 이런 일을 하셨다면, 제가 이토록 절절히 슬프지는 않았을 겁니다."[13]

  루터는 이후 1년이 넘도록 슈타우피츠에게 다시 편지를 쓰지 않은 것 같다. 슈타우피츠는, 1521년 10월, 슬픈 심정을 담아 벤체스라우스 링크에게 보낸 편지에서 링크가 이제 자신의 유일한 벗이라 말하며, 이렇게 토로한다. "아, 슬프지만, 이제 또 다른 친구는 내 옆에 없네. 나는 이제 그의 음성을 듣지도 못하고 그의 얼굴을 보지도 못하네."[14] 1522년, 슈타우피츠가 느닷없이 베네딕트 수도회의 한 수도원 원장을 맡아 그가 사랑하던 잘츠부르크로 내려가면서, 루터의 환멸도 극에 이르렀다. 슈타우피츠는 과거에 루터를 잘츠부르크에 초대한 일이 있었다. 1518년 12월이었을 텐데, 당시 슈타우피츠는 루터에게 이런 글을 써 보냈다. "나는 자네가 당분간 비텐베르크를 떠나 내게 와서 지냈으면 하네. 그렇게 우리가 함께 살다 함께 죽었으면 하이."[15] 루터는 이를(슈타우피츠가 베네딕트 수도회 수도원 원장으로 가게 된 일)° 배신으로 느꼈다. 하지만 이 결정이 좋은 삶, 질서 잡힌 삶을 사랑하던 사람에게 딱 들어맞는 결정이 아니라고 보기도 어렵다. 슈타우피츠의 친구였고 프라우엔킴제Frauenchiemsee 수녀원 원장이었던 우르줄라 페핑어Ursula Pfeffinger/Pfäffinger도 슈타우피츠에게 가장 좋은 생선을 구해 주었고, 슈타우피츠의 또 다른 친구인 크리스토프 폰 쇼이얼도 그에게 오렌지를 보내 주었다.[16]

  루터가 이를 배신이라 한 것은 다양한 이유가 있었을 것이다. 교회법은 수사가 더 엄격한 수도회로 옮기는 것만 허용했지, 더 느슨한 수도회로 옮기는 것은 허용하지 않았다. 이 원칙은 자연히 어느 수도회가 수사에게 가장 벅찬가라는 문제를 놓고 많은 논쟁으로 이어졌지만, 그래도 베네딕트 수도회가 아우구스티누스 수도회 엄수파보다 엄격하다고 주장할 수는 없었다. 아울러 슈타우피츠가 이렇게 다른 수도회로 옮겨 간 것은, 루터가 보기에도 슈타우피츠 자신이 아우구스티누스 수도회 안에서 그렇게 이루려고 싸웠던 여러 변화가 열매를 맺을 것처럼 보이던 바로 그 순간, 수도회 내부에서 일어나고 있던 극적 변화에서 발을 뺌을 의미했다. 마지막으로 정말 강조해 둘 것이 있다. 슈타우피츠는 루터가 추종했던 아우구스티누스 신학의 근본 내용 중 몇 가지를 루터와 공유하긴 했다. 하지만 루터는 자신의 고해신부가 잘츠부르크—여기서 슈타우피츠는 종교개혁에 극렬히 맞선 추기경 마테우스 랑Matthäus Lang von Wellenberg과 가까워지게 된다—로 물러간 일을 애정 철회라고 믿었는데, 루터의 이런 믿음은 틀린 게 아니었다. 아끼던 제자이자 피후견인이며 자신에게 고해하던 아들이 (슈타우피츠의 말을 빌리면) "그 손으로 그 머리에 똥을 싸 버렸다."[17] 한때는 두 사람이 각각 상대방을 이상형으로 여겼는데, 이제는 둘 다 서로 쓸쓸한 실망만 주고받았다.

1522년 6월, 루터는 16개월의 침묵을 깨고 슈타우피츠에게 편지를 썼다. 수도회를 떠나겠다는 슈타우피츠의 결정을 쉽게 믿지 못하겠지만 그 결정을 놓고 왈가왈부하지는 않겠다는 내용이었다. 이제 루터의 말투는 친근하지 않았다. 루터는 슈타우피츠에게 "우리"—루터, 링크, 그리고 다른 사람들—가 "사람들 가운데 순전한 말씀을 널리 퍼뜨리고자" 하고 있는 일을 이야기했다. 루터는 슈타우피츠가 "매음굴을 즐겨 찾는 자들이" 루터 작품을 "칭송하며, 제(루터)°가 근래에 내놓은 저작들이 큰 잘못을 저질렀다"고 쓴 것에 항의했다. 루터는 계속하여 이렇게 말했다. "아버지, 저는 교황이 소유한 저 가증하고 멸망당해야 할 왕국과 그의 모든 추종자를 파괴할 수밖에 없습니다."[18]

1년도 더 지난 1523년 9월 17일, 아우구스티누스 수도회 수사들이 하나둘 차례차례 수사 생활을 접으면서 이 수도회가 무너지고 있던 이때, 루터는 슈타우피츠에게 마지막으로 편지를 보냈다. 그는 잘츠부르크에 있던 슈타우피츠의 수도원을 떠나 "이제는 그리스도 안에서 자유인"이 되었으나, "선생님의 수도원이 가진 큰 재산"에서 재정 지원을 받아야 할 한 형제를 위해 탄원했다. 루터는 편지 서두에서 재차 슈타우피츠의 침묵을 비판하면서도, 그에게 이렇게 확언했다. "설령 제가 선생님의 호의와 선의를 잃는다 할지라도, 선생님을 잊어버리거나 선생님께 감사하지 않음은 옳지 않을 것입니다. 바로 선생님 덕택에 복음의 빛이 처음으로 어둠을 뚫고 제 마음속에 들어와 빛나기 시작했으니까요." 루터는 슈타우피츠가 랑 추기경이라는 "악독한 괴물"과 한통속이 된 것에 실망했다. 루터는 칭송과 저주를 번갈아 말하면서, 슈타우피츠에게 이렇게 호소했다. "저는 분명 선생님이 저처럼 선생님과 친한 추기경과 교황에게서 돌아서시길 끊임없이 소망하며 기도하겠습니다. 선생님 자신도 분명 한때는 저와 같은 분이셨으니까요." 루터는 이 편지에 "당신의 아들"이라고 서명했다.[19] 그러나 결국 화해는 이루어지지 않았다. 슈타우피츠는 1524년 12월 28일에 죽었다. 루터는 1월에 슈타우피츠의 조카인 암스도르프에게 편지를 보내 이렇게 말했다. "자네 삼촌(슈타우피츠)°이 세상을 떠나셨는데, 권력이 있는 자리를 누리신 건 잠시뿐이군." 이는 슈타우피츠가 수도원장이 되었던 것을 다시 한 번 비꼰 말이었다.[20] 슈타우피츠에게 고마워하고 있던 그의 피후견인 링크는 슈타우피츠가 죽은 뒤에 그의 마지막 설교를 펴내기로 결심했지만, 루터는 이에 참여하지 않았다. 루터는 한때 그의 고해신부였던 이의 설교를 신랄하게 비판했다. "그가 늘 그랬듯이, 그의 설교도 상당히 차며, 뜨겁지 않다." 그는 살짝 칭찬을 덧붙였다. "오늘날은 아주 많은 괴물이 만들어지고 팔리

고 있으니, 햇빛을 보는 것이 가치가 없지는 않다."²¹

루터는 이미 과거에 또 다른 아버지(루터의 친아버지)°에게서 벗어났었다. 이후 그에겐 아버지 같은 인물은 더 이상 존재하지 않게 된다. 대신 이제는 루터 자신이 비텐베르크에 있던 그의 많은 제자들에게 아버지 같은 역할을 하게 된다. 이런 사실은 루터가 그 무렵 비텐베르크 대학교 그리스어 교수로 임명된 멜란히톤을 놓고 줄곧 야단법석을 피우면서, 그의 건강을 염려하고 그더러 결혼하라고 들볶아 댄 일에서 볼 수 있다. 루터는 멜란히톤이 누구보다 훌륭한 그리스어 학자임을 인정했고, 그를 비텐베르크 대학교 사람으로 얻은 것에 기뻐했다. 머지않아 멜란히톤의 강의는 루터의 강의보다 많은 수강생을 끌어모으게 된다. 하지만 루터는 멜란히톤을 결코 경쟁자로 여기지 않고, 오히려 자신보다 어리며 몸도 더 가냘프고 약한 이 사람을 보살핌이 필요한 사람으로 여겼다.

루터는 훗날 과거에 자기 고해신부였던 사람을 회상하면서, 순전히 좋은 쪽으로 이야기했다. 루터는 이렇게 말하곤 했다. "나는 슈타우피츠에게서 모든 것을 얻었다." "슈타우피츠는 내게 오카시오occasio—기회, 호기, 이성을 뜻하는 모호한 단어다—를 주었다."²² 루터는 슈타우피츠의 뒤를 봐준 것이 자기가 사람들 앞에서 설 수 있는 발판을 만들어 주었음을 인정하고, 자신이 지성과 감성 양면에서 슈타우피츠에게 빚을 졌다는 것도 시인했던 것 같다. 이 무렵에 이르자, 루터 자신이 아버지와 같은 존재가 되었고, 루터 자신의 아버지는 이미 죽고 없었다. 루터가 슈타우피츠에게 바쳤던 가장 큰—그러나 에둘러 바친—칭송은 아마도 비록 그가 성경에 근거가 없음을 들어 세례와 성찬을 제외한 모든 성례(성사)를 거부했으면서도, 그리스도인의 삶에서 고해와 보속에 어떤 자리를 부여할 것인가를 놓고 여전히 머뭇거렸다는 평가가 아닐까 싶다. 결국은 바로 이 쟁점이 발단이 되어 종교개혁이 시작되었기 때문이다. 더구나, 루터는 개인 고해를 계속 이용하면서, 그의 동료인 요하네스 부겐하겐Johannes Bugenhagen을 고해신부로 삼았다. 이런 고해를 강력한 영적 위안이라 여겼던 루터는 죽기 직전에 아이스레벤에서 성직자에게 일괄 사죄를 받았다.[23]

◆ ◆ ◆

라이프치히 논쟁이 있고 몇 달이 지나자, 논쟁 어조는 점점 더 날카로워졌다. 이제 루터가 에크를 상대로 쏟아 내는 것은 증오와 울화가 담긴 호칭기도litany만이 아니었다. 루터는 기회가 있을 때마다 에크의 허세와 질투를 비판했다. 가톨릭은 점점 더 조직을 갖춰 가기 시작했다. 에크뿐 아니라, 이탈리아 도미닉 수도회 수사인 실베스터 프리에리아스Sylvester Prierias와 암브로지우스 카타리누스Ambrosius Catharinus, 그리고 신학자이자 게오르크 공의 비서였던 히에로니무스 엠저Hieronymus Emser가 루터를 공격했다.[24] 공격에 답변하는 것이 이제 루터의 일상사 가운데 일부가 되었다. 루터가 쓴 편지들은 어느 공격에 루터 자신이 친히 답변하는 영광을 안겨 주며 어디에서는 답변을 다른 이에게 위임할 것인가를 계속 다루었다. 그러나 루터는 어떤 논박이나 흘려 넘기기는 어려움을 깨달았다. 루터는 라이프치히의 프란체스코 수도회 수사 아우구스틴 폰 알펠트Augustin von Alveld가 제기한 논박에 대응할 답변을 자신의 종이자 비서famulus인 요한 로니커Johann Lonicer에게 맡겨도 되겠다고 판단했다가, 알펠트가 자신의 논박을 독일어로 출간하자, 루터도 이 논박에 맞서 독일어로 답변을 쓸 수밖에 없었다.[25] 공격은 더욱더 극렬해지고 인신공격도 더욱더 심해졌다. 알펠트는 사실상 결투를 신청하는 편지를 보내면서, 루터에게 박사라는 칭호를 붙여 예를 표하길 거부하고 루터가 허영심에 취해 "여자처럼" 행동한다고 비판했다.[26] 루터 반대자들은 루터의 혈통을 공격했다. 루터는 자신을 공격하는 자들이 곧 자신이 보헤미아—후스파 이단이 발생한 곳—에 처자妻子를 두고 있다는 말까지 하게 생겼다고 비꼬았지만, 결국 자신이 수세에 몰렸음을 곧 깨달았다. 이에 루터는 슈팔라틴에게 보낸 편지에서 "아이제나흐에 살던 우리 친척들이 우리 아버지와 어머니가 그들 가운데서 태어난 사람이 아니라 보헤미아 사람이나 그런 쪽 사람임을 알았다면", 루터 자신을 그들의 "조카"나 "삼촌"이나 "사촌"이라 부르지 않았을 것이라고 주장했다.[27]

루터는 자신에게 논박을 조롱하는 재주가 있음을 발견하기 시작했다. 마이센 주교가 루터의 『그리스도의 거룩하고 참된 몸의 고귀한 성례와 형제애에 관한 설교Sermon von dem hochwürdigen Sakrament des heiligen wahren Leichnams Christi und von den Bruderschaften』를 금지하자, 루터는 즉시 자리에 앉아 독일어로 이를 조롱하는 답변을 썼다. 교황 특사인 카를 폰 밀티츠는 인쇄기에서 방금 나온 이 답변을 마이센 주교가 있는 자리에서 읽고 웃음을 터트릴 수밖에 없었다. 물론 마이센 주교는 웃지 않았다. 루터는 마이센 주교가 이 공고문을 썼을 리 만무하다고 썼다. 슈톨펜Stolpen에 있는 주교관 집무실에서 일하는 누군가가 주교 인장을 도용한 것이 틀림없다고 썼다. 루터는 "어리석은"이라는 뜻의 "톨피쉬tolpisch"로 재담을 했다. 이 공고는 "슈톨피쉬stolpisch"(슈톨펜에서 나온 글)°라기보다 "톨피쉬tolpisch"(어리석은 글)°로 보는 것이 좋겠다고 조롱하면서, 이 글 저자에게 이런 글은 "케츠베르크Ketzberg 산(포도밭)◆에 올라 머리가 흐리멍덩해졌을 때"—술 취했을 때—쓰지 말고 "술이 깬 아침에" 쓰라고 충고했다. 이 모든 일을 촉발한 발단은 "질투라는 양반"이었다. 이런 "주의 문"이 사육제 기간이 아닌 때에 등장했으면, 그야말로 망신살이 뻗칠 뻔 했다. 그러나 비록 농담조로 쓰긴 했지만, 루터는 진지했다. 마이센 주교 자신이 "온전한(완전한)˚ 성찬은 양형(빵과 포도주)˚에 존재한다"는 것을 인정해야 했기 때문이다. 가톨릭 신학은 빵만 받은 자도 "그리스도를 온전히(완전히)˚ 받는다"고 주장했으며, 루터도 이를 인정했다. 그러나 루터는 그래도 그렇게 빵만 받은 자는 "온전한(완전한)˚ 성찬의 한 부분만, 곧 둘 가운데 하나만 받는" 것이라고 의기양양하게 결론지었다.[28]

루터는 다시 한 번 감쪽같이 속였다. 루터는 이 설교에 다이너마이트가 들어 있음을 아주 잘 알았지만, 1519년에 이 설교를 인쇄하기 전까지도 슈팔라틴에게 알리지 않았다. 루터는 설교 인쇄본을 슈팔라틴에게 보내며 즐거워했다. 그는 교황 수하들이 이 인쇄물 판매를 금지하기에는 때가 너무 늦었음을 알았다. 루터는 마이센 주교에게 공개 답변할 때처럼, 이번에도 일부러 슈팔라틴과 미리 의논하려 하지 않았다. 슈팔라틴은 나중에 설교 인쇄물을 읽으면서 역정을 냈다. 루터는 슈팔라틴의 질책에 성깔 있는 분노로 대꾸했다.

> 나는 이전에 자네에게 그리 썼었네. 이 일을 자네의 이해나 나의 이해 혹은 정말 다른 어떤 사람의 이해를 따라 인식하거나 행한 것으로 생각해서는 안 된다고. 이 일이 하나님으로부터 나왔다면, 이 일은 자네와 나의 이해를 훨씬 초월하고, 자네와 나의 이해를 거슬러, 자네와 나의 이해 밖에서, 자네와 나의 이해 위에서, 그리고 자네와 나의 이해 아래에서 이루어질 테니까.…자네에게 간청하네. 만일 자네가 복음을 올바로 이해한다면, 이 일이 저항과 공격과 불안 없이 이루어질 수 있다고 생각하지는 말아주게. 자네도 칼을 깃털로 바꾸거나 전쟁에서 평화를 만들어 낼 수는 없네. 하나님 말씀이 칼일세.

루터 지지자인 요하네스 아그리콜라가 1522년에 만든 책 표지 목판화. 가톨릭의 여섯 사람, 곧 요하네스 에크(바보 모자를 쓰고 있음), 지롤라모 알레안드로(사자), 아우구스틴 폰 알펠트(당나귀), 담(돼지), 토마스 무르너(고양이), 히에로니무스 엠저(염소)를 그려 놓았다.

〈26〉

더구나, 루터는 슈팔라틴의 충고가 자신에게 늦게 도착했으며, 그때는 이미 그의 설교를 담은 소책자 "인쇄를 거의 마친" 상태였다고 추신에 덧붙였다. 그러나 "거의"라는 말은 분명 면피성 발언이었다. 정말로 책이 거의 다 인쇄되었다 하더라도, 루터가 지시하면 분명 도로 물릴 수 있었기 때문이다.[29]

루터는 장난삼아 그의 대적들에게 별명을 만들어 붙였다. 터벅터벅 걷는 헤에로니무스 뒹어스하임 폰 옥센파르트Hieronymus Düngersheim von Ochsenfahrt에겐 "황소"라는 별명을 붙였다. 엠저에겐 염소, 에크에겐 바보, 알펠트에겐 당나귀, 교황 레오 10세에겐 "그 늑대"라는 별명을 붙였으며, 신학자들에겐 루뱅과 쾰른의 "멍청이들"이라는 별명을 붙였다.[30] 루터는 그의 대적인 토마스 무르너Thomas Murner의 이름을 갖고 말장난을 치면서, 그에게 "바보 고양이"라는 세례명을 붙여 주었다(독일어로 "무르Mur"는 "수고양이"를 뜻하며, "나르Narr"는 "바보"를 뜻한다). 이는 아주 훌륭

토마스 무르너가 1522년에 만든 『큰 바보 루터』 표지. 여기서 무르너는 루터의 별명을 자신에게 유리하게 바꿔, 루터는 주위에 마귀들이 날아다니는 큰 바보이지만, 자신은 가톨릭의 진리를 수호하는 용감무쌍한 고양이임을 표현하려고 했다.

⟨27⟩

한 만화 재료가 되었으며, 이내 이들을 담은 기괴한 초상화가 값싼 소책자를 장식했다. 누군가를 반대하는 대적을 동물로 바꿔 버리는 것은 그들이 반대자이지만 고귀한 지성인임을 인정하지 않는 행위였으며, 웃음은 양쪽이 취할 공세들을 묶어 놓았던 제약을 없애 버렸다.

  루터는 그의 개인 신앙생활이 묵상에서 참여로 바뀌고 있던 바로 그 시기에 이런 종류의 논쟁에 몰두하게 된다. 그것은 마치 그의 합리적, 권위적 태도가 어느 날 갑자기 성숙하여 가냘픈 "두성頭聲"이 배 속에서 나온 중후한 저음으로 바뀌면서, 그의 성격 가운데 명랑하고 괴짜 같은 측면들을 활용할 뿐 아니라, 이런 측면들과 더불어 이 수도회의 영적 혁명을 이룩하는 데 필요하고 사람들을 인격의 가장 깊숙한 차원까지 바꿔 놓을 수 있는 감성적 참여 수단까지 활용하는 것과 같았다.

  결국 1530년이 되자, 루터는 슈타우피츠 그리고 수도원주의가 요구하는 따분한 일상과 결별했으며, 그가 순교할 가능성도 훨씬 더 커져 갔다. 그러면서 루터의 종교성 안에 깊이 자리 잡고 있던 무언가가 바뀌기 시작했다. 루터는 셋이 한 덩어리를 이뤄 가톨릭교회 조직 전체를 일관되게 공격한 세 논문을 출간하여, 그가 남은 평생 정교하게 다듬게 될 입장을 확실하게 천명했다. 이 세 논문은 어떤 면에서 보더라도 비범한 성취였다.

루터가 교황권과 관련하여 밝힌 입장을 살펴보면, 그가 라이프치히 논쟁 이후로 그해에 아주 멀리 나아갔다는 것이 분명하게 드러난다. 1519년, 루터는 말을 꺼낸 김에, 죽음과 절박한 처지를 무릅쓰고, 모든 사제가 주교요 교황임을 천명했다.[31] 그는 그때만 해도 모든 신자가 곧 사제임을 명확히 천명하는 지점에는 아직 이르지 않았다. 그러나 루터는 1520년에 『그리스도인의 자유에 관하여』에서 이런 입장을 깜짝 놀랄 만큼 명쾌하게 서술한다. "따라서 그리스도를 믿는 우리는 모두 그리스도 안에서 제사장이요 왕이니, 베드로전서 2장 (9절)*도 그렇게 말한다. '너희는 택하신 족속이요 왕 같은 제사장들이요 거룩한 나라요 그의 소유가 된 백성이니 이는 너희를 어두운 데서 불러 내어 그의 기이한 빛에 들어가게 하신 이의 아름다운 덕을 선포하게 하려 하심이라.'"[32]

루터가 1520년에 발표한 글들은, 압력을 받는 상태에서 썼는데도, 새롭고 편안한 스타일을 보여준다. 이 글들은 자신감과 확신을 내뿜는다. 이때까지만 해도 루터는 논제―간결하고 요지가 명확하며 근거를 잘 제시한 명제 모음―와 강연, 그리고 설교를 집필하는 데 집중했다. 이제 그는 독자와 호흡을 함께하고 독자와 소통하는 글쓰기 형식을 발전시켰다. 그가 설교에서 가져온 기술을 활용한 것도 이런 결과를 이뤄 내는 데 일부 기여했다. 이를테면, 서로 다른 여러 논점에 차례로 번호를 붙이고, 사람들이 기억하기 쉬운 비유를 활용하며, 유머를 풀어놓는 것이 그런 기술이었다. 그러나 무엇보다 루터는 독자들에게 직접 말을 건넴으로써, 독자들을 자신이 주장하는 논지로 이끌어 들이고, 그가 자신의 입장에 다다를 때까지 거쳐 갔던 단계들을 독자들도 같이 밟아 가게끔 이끌어 갔다. 이를테면 그는 『독일 민족의 그리스도인 귀족에게』에서 교황의 허세를 저주하면서, 독자들에게 이렇게 충고한다. "친애하는 독자들이여, 이런 사탄의 자만심을 어찌 그리스도와 비교하겠는가? 그리스도는 당신의 모든 제자처럼 맨발로 걸으셨거늘." 그런가 하면, 성직자는 세속 법원에서 재판을 받지 않음을 고찰하면서, 이렇게 썼다. "그리스도인이 어떻게 세속의 유한한 권력은 '영혼을 돌보는 계급'보다 위에 있지 않으며 이 계급을 처벌할 권리를 갖고 있지 않다고 말하는 법령이 될 수 있는지 잠시만 깊이 생각해 보라. 그런 말은 마치 눈이 고통당할 때 손이 눈을 돕지 않겠다고 말하는 것과 같다. 그리스도인이 아닌 자는 물론이요, 하물며 그리스도인이라면, 당연히 한 지체가 다른 지체를 도와 다른 지체의 '파멸'을 막아야 하지 않겠는가?" 루터는, 만일 세상의 유한한 권력이 그 일을 하지 못하게 막아야 한다면, "재단사, 구두 수선공, 석공, 목수, 요리사, 여관 주인, 농부, 그리고 세상의 모든 수공업자가 교황과 주교와 사제와 수사에게 어떤 경의도 표하지 못하게 막음은 물론이요 구두와 옷과 집과 고기와 음료도 공급하지 못하게 막아야 할 것"이라고 결론지었다.[33]

이 소책자 가운데는 종종 그 표지를 루터를 그린 그림으로 장식한 것이 많았다. 이런 사실은 루터라는 사람과 그의 메시지를 떼려야 뗄수 없는 것으로 만들었으며, 독자가 그들의 저자와 관계를 수립하는 데 도움을 주었다. 라이프치히에서 목판화로 만든 첫 번째 루터 초상을 보면, 그의 얼굴이 뚜렷하지 않다. 이제 종교개혁에서 가장 중요한 동지 관계 가운데 하나가 그 능력을 마음껏 발휘하게 된다. 바로 루터와 그의 오랜 친구인 루카스 크라나흐의 관계였다. 크라나흐는 신기술을 어찌

루터를 묘사한 루카스 크라나흐의 동판화. 보름스의회 때 판매했으며, 큰 영향을 미치게 된다. 이보다 앞선 버전은 더 강경하게 대결을 추구하는 루터를 보여주었다.

⟨28⟩

나 좋아했던지, 심지어 금세공업자인 크리스티안 되링Christian Döring과 함께 인쇄기까지 구입할 정도였다. 1520년 초, 루카스 크라나흐는 손에 성경을 들고 설교할 때와 같은 몸짓을 하면서 벽감壁龕 앞에 서 있는 수사 루터를 동판화로 묘사했다. 이 동판화는 목판으로 인쇄하여 회람하거나 인쇄한 책에 담아 활용하는 일은 하지 않았지만, 그 영향은 엄청났다.[34] 곧 이와 비슷한 루터 초상이 바젤에서 인쇄한 라틴어판 『바벨론 포로가 된 교회에 관하여』 표지를 아름답게 장식했으며, 지역 예술가들이 만든 더 투박한 초상화들이 독일 전역에서 인쇄된 책자 표지로 사용되었다. 스트라스부르의 예술가인 한스 발둥 그린Hans Baldung Grien이 만든 아주 빼어난 루터 초상을 포함한 몇몇 작품은 작은 비둘기로 묘사한 성령이 영감을 불어넣어 주신 루터를 보여주었다(물론 뤼벡에서 만든 한 조악한 작품은 자그마한 비둘기가 오히려 큰 집비둘기처럼 보인다). 이런 초상들이 널

다른 루터 초상화는 분명 크라나흐가 만든 동판화에 빚지고 있다. 이 초상화는 저지 低地 독일어로 쓴 한 소책자에 등장하는데, 이 책자는 루터가 1520년에 출간된 교황의 책들을 불태운 이유를 설명한다. 이 그림에는 나중에 유명해진 첫 글자들이 들어 있다.

〈29〉

리 돌아다녔다는 것은 루터가 보름스의회에 출두하여 유명해지기 훨씬 전부터 이미 사람들이 루터 모습을 식별할 수 있게 되었음을 의미했다. 루터의 글을 만난 독자들은 어떤 의미에서는 루터라는 저자의 성품과 개인사가 담긴 그의 신학을 만나는 셈이었다.

◆ ◆ ◆

루터의 위대한 종교개혁 논문 셋 가운데 첫 작품으로서 1520년 8월에 출간된 『독일 민족의 그리스도인 귀족에게』는 이런 책을 쓰겠다는 발상 자체부터 대담했다. 슈타우피츠는 루터에게 편지를 보내, 아우구스티누스 수도회 안에서 그보다 윗사람이었던 이의 가르침을 다룬 책을 당분간 출간하지 말라고 충고했었다. 그러나 루터가 이 편지를 받았을 때, 이 소책자 4,000부가 인쇄기에서 인쇄되어 나오고 있었다.[35] 이 책은 2주 만에 다 팔렸고, 이 책이 미친 영향은 충격 그 자체였다. 루터의 친구

그림 속 'D. M. L.'이라는 글자로 보아 박사 칭호가 이름의 일부를 이루었음을 알 수 있다. 루터의 유명한 움푹 파인 눈을 강하게 표현한 이 초상화는 『바벨론 포로가 된 교회에 관하여』와 『세속 권위에 관하여』를 포함하여 다른 많은 작품의 여러 판본에 사용되었다.

⟨30⟩

인 요하네스 랑은 이 책이 "무섭고 거칠다"고 생각했다.³⁶ 루터가 독일어로 쓴 이 책은 성직자가 아니라 평신도를 대상으로 삼은 책이었다. 루터는 교회가 스스로 개혁할 능력이 없어 보이기 때문에 평신도 지도자들(평신도로서 권위를 가진 자들)°이 나서야 한다고 주장했다. 루터는 평신도 지도자들이 교회의 악폐를 치리하지 못하게 방해했던 장애들을 단숨에 쓸어버렸다. 이들은 교회가 인정하는 권위가 없거나 황제의 지지가 없다는 이유로 그런 일을 하지 못했었다. 루터는 "세 벽"이 교황권을 받치고 있다고 주장했다. 교회는 고유한 영적 법이 있다는 것, 교황만이 성경을 해석할 권리가 있다는 것, 그리고 교황만이 교회 공의회를 소집할 수 있다는 것이 그 세 벽이었다. 루터는 이 세 방어벽을 각각 고찰한 짧은 작품을 저술했다. 영적 법은 평신도의 교회 개혁을 좌절시키려고 교황이 지어낸 것에 불과하다는 것, 성경의 권위가 교회의 권위보다 앞선다는 것, 필요하면 누구라도 공의회를 소집할 수 있으며 공의회를 소집할 가장 적합한 자는 속세의 지도자들이라는 것이 루터의 주장 요지였다. 루터의 수사는 교황청과 신성로마제국 황제 그리고 독일의 여러 제후 사이의 반목을 기막히게 파고들어, 결국 독일의 세속 지도자(권력자)˚들에게 행동할 힘을 부여하는 정치적 결과를 끌어냈다. 로마는, 주교가 지불해야 하는 팔리움pallium(교황과 대주교의 직위와 권한을 상징하는 좁은 고리 모양의 양털 띠)˚ 수입부터 관면혼寬免婚, matrimonial dispensation(교회의 관면을 받고 가톨릭 신자가 아닌 사람과 하는 결혼)˚을 돈을 받아 내는 것에 이르기까지, 루터가 교회의 재정 악폐라고 주장하며 열거했던 방법을 사용하여 독일의 돈을 빨아들이는 사업 센터였다. 루터는 이렇게 결론지었다. "교황청이 우리가 상상할 수 있는 모든 매음굴보다 더한 매음굴이 아니면, 과연 무엇이 매음굴인지 나는 모르겠다."[37]

이런 불만은 새삼스러운 것이 아니었다. 이런 불만은 15세기 중엽 이후로 독일 사람들 사이에 떠돌던 불만거리를 담아 제국 의회에 제출했던 "그라바미나Gravamina"("짐들"이란 뜻으로 제국 의회에 시정을 요청했던 악습들)˚ 문서의 일부였다. 독일 제후들은 1521년에 열린 보름스의회에서도 황제에게 교회를 개혁하라고 요구하게 된다.[38] 우리는 일찍이 선제후 측이 루터에게 이 오랜 불만들을 간략하게 설명했음을 알고 있다. 그러나 루터의 주장이 아주 설득력을 갖게 된 것은 그가 자신이 공격하는 악폐를 탐욕―죽음에 이르는 일곱 죄악 가운데 하나―의 본보기로 제시한 덕분이었다.

루터는 교황제 자체가 돈을 노리는 탐욕을 중심으로 짜여 있으며, 이런 탐욕이 교황제를 괴물로 만들었다고 주장했다. 그는 교황제를 지탱하는 복잡한 재정 수단이 고리대금Wucher이라 서술했는데, 교회의 재정 관행을 대상가大商家―사람들이 증오하던 "큰 도적놈들big Jacks"―와 유대인의 복잡한 농간과 한통속으로 묶어 버린 교묘한 논박 전술이었다. 이것은 만스펠트에서 돈줄을 주니 대자본가들이 그 아버지의 세계 전체를 마음대로 주무르는 실상을 목격했던 광산 소유주의 아들이

나 쓸 수 있는 수사였다. 그러나 이 논문의 탁월한 점은 교회의 재정 행태에 관한 경제적 불만을 성경의 권위라는 종교 쟁점과 한 덩어리로 묶어 버린 점이었다. 이 작품은 루터의 신학은 최소로 보여주면서 그가 법과 제국 정치에 밝은 새 친구들에게서 받은 영향을 잘 보여준다는 주장이 있었지만, 개혁을 요구하는 오랜 외침을 훨씬 더 강력하게 만들어 준 것은 오히려 루터의 신학 급진주의였다.

이 논박의 나머지 부분은 교회와 사회에 적용할 결론을 길게 서술한다. 루터는 회개하는 교회가 따르던 모든 집단 관습을 불태워 없앤다. 루터는 성인 숭배를 중단해야 하고, 순례도 끝내야 하며, 수도회도 탁발하지 말아야 하고, 수도서원이 구속력을 가져서는 안 된다고 주장했다. 아울러 죽은 자를 기려 매년 올리는 미사도 폐지해야 하고, 매음굴(교회는 이를 필요악으로 여겼다)도 문을 닫아야 한다고 주장했다. 루터가 문제 삼은 관습의 범위는 그야말로 숨이 멎을 만큼 충격이었다. 루터의 잣대는 성경이었다. 이를테면 성경은 성직자 독신주의를 요구하지 않는다. 루터는 "허약하다는 것 그리고 한 여자와 함께 있으면 부끄럼을 타는 것 외에는 흠잡을 거리가 없는 경건한 사제"를 감동 깊게 다룬 글을 썼다. "이 사제와 여자의 마음 밑바닥에는, 두 사람의 분명한 양심을 걸고 그리할 수만 있다면, 법에 따라 떳떳이 결혼하여 사랑을 나누면서 함께 살고 싶은 생각이 있다."[39] 루터는 창세기가 남자와 여자가 어떻게 창조되었는지 설명한다고 본다. 이 둘을 함께 두면서 성관계를 금지함은 "짚과 불을 함께 놓아두고 연기가 나지 못하게 하거나 불타지 못하게 막음과 같다." 성은 자연스러운 것이다. "교황은 먹거나 마시거나 장腸의 자연스러운 운동이나 살찌는 것을 금지할 권세가 없듯이 이런 것(정결)◆을 지키라고 명령할 권세도 없다."[40] 이는 성을 솔직하게 대하는 태도이며, 육체성을 인정했던 그의 입장을 보여주는 한 단편이다. 그가 몸

"탐욕". 1507년, 알브레히트 뒤러가 그린 "한 젊은이의 초상" 뒷면에 있는 이 그림은 탐욕을 늙은 여자로 묘사하고 있다. 주름이 가득하고 젖가슴을 드러낸 여자가 한 손을 두둑한 금화 자루 속에 넣으려 한다.

⟨31⟩

을 논할 때 음란하고 동물과 관련된 유머를 사용한 것도 그의 입장을 반영한다. 인간의 육체성에 보여준 이런 놀라운 관용은 신학 사상에서 새 이정표를 세웠다.

이 논문이 황제나 교황도 아니요, 주교도 아니요, 지방 마을이나 자치체가 아니라, 오직 독일 제후들을 개혁을 수행할 수 있는 유일한 권위로 지목한 점은 의미심장하다. 루터는 교회가 스스로 자신을 개혁하는 데 실패한 이상, 이제는 제후가 "비상非常 주교" 기능을 해야 한다고 주장했다. 제후는 단지 황제의 신하가 아니라, 하나님이 고유한 권위를 부여하여 세우신 통치자였다.⁴¹ 이는 결국 제후들에게 새롭게 개혁된 교회가 될 것을 조직하고 독일 전역에 걸쳐 그들이 통치하는 교회 정부를 세울 백지위임장을 주게 된다. 아울러 이는 영방 교회(특정 영역 안에서 그 영역 통치자에게 복종하는 교회)°가 될 것에 지적 기초를 제공했다. 뒤이어 수년 동안, 마을과 영방은 개신파 설교자들을 세우고 루터가 제시한 개혁을 제도로서 실시하게 된다. 학교를 세우고, 탁발을 금지하며, 빈민 구제 사업을 재조직하고, 매음굴을 닫았으며, 수도원을 철폐했다. 이 결과, 세속의 권위와 교회의 권위가 맡은 책임을 다시 정의하게 된다. 이 과정에서 프로테스탄트에 속한 세속 통치자들은 교회의 막대한 부 가운데 일부를 통제할 기회도 잡게 되었다.[42]

루터가 『독일 민족의 그리스도인 귀족에게』에서 구사한 일부 수사修辭는 루터 부모 세대가 광산업에 종사하며 고달픈 시대를 두고 푸념을 늘어놓을 때 만스펠트나 아이제나흐에서 들었을 법한 말들을 반영한 것인지도 모른다. 어떤 부분—매음굴, 재정, 법을 다룬 부분—은 수도원 담벼락 너머로 세상을 내다보며 세속 세계에 뛰어들어 이 세계를 바꾸고 싶은 사람을 보여준다. 이렇게 더 넓어진 시각은 그가 아우크스부르크와 하이델베르크로 가는 길에 독일 중부를 오랫동안 걸어 지나갔던 여행에서 얻었거나, 그가 앞서 몇 년에 걸쳐 만난 영향력 있는 사람들에게서 얻었을지도 모른다. 어쩌면 그런 시각은 지역 정치 현실뿐 아니라 제국 정치 현실에도 밝았던 슈팔라틴과 토론하면서 형성되었을 수도 있다. 이제 루터는 정치 문제에 뛰어들어 그의 입장을 밝히는 것을 그의 임무로 여기기 시작했다. 평신도 사회는 이제 더 이상 "외부" 세계, 수도원에 들어온 사람이 뒤에 남겨 두고 영원히 잊어야 할 세계가 아니었다.[43] 이제 그곳도 루터가 책임져야 할 교구의 일부였다.

・・・

뒤이어 1520년 10월, 그러니까 『독일 민족의 그리스도인 귀족에게』를 출간하고 나서 바로 몇 달 뒤, 루터는 훨씬 더 과격한 논문을 출간했는데, 이번에는 라틴어로 쓴 논문이었다. 『바벨론 포로가 된 교회에 관하여』.[44] 그달에 루터는 드디어 파문할 수 있음을 위협하면서 주장을 취소할 기간을 6개월 주겠다는 교황 칙서를 공식 문서로 받았다. 시계가 똑딱거리며 돌아가기 시작했다. 충격이라 할 이 논문 제목은 교회가 예루살렘과 성전이 파괴당한 뒤 바벨론에 포로로 끌려갔던 유대인처럼 썩을 대로 썩었으며, 이제는 그리스도인이 이런 포로 신세라고 주장했다. 황제의 고해신부는 이 논문을 읽고 어찌나 충격을 받았던지 누군가가 "막대기로 그를 머리에서 발끝까지 쪼개 버린" 것 같은 느낌이 들었다. 그는 루터가 이 논문을 썼다는 것을 믿으려 하지 않았다. 이 논문에는 루터가 이전에 보여주었던 "솜씨"가 담겨 있지 않았기 때문이다.[45] 그러나 황제의 고해신부는 만일 루터가 이 논문 저자라면 아마도 별 생각 없이 교황 칙서에 반발하여 홧김에 썼을 거라고 생각했다. 루터가 정말 별 생각 없이 죽음에 이르는 일곱 죄악 중 하나인 분노憤怒의 먹이가 되었을까? 루터의 대적인 토마스 무르너는 사람들이 이 논문을 읽으면 놀라 까무러칠 거라 확신하고 이 논문을 독일어로 번역하기로 결심했다. 그러나 이는 더 큰 실수가 되고 말았다. 번역본은 이제 루터의 표준 초상이 된 초상—루터를 경건한 수사로 묘사한 크라나흐의 그림이 기초가 된 초상—도 함께 담고 세상에 등장했다. 번역본은 아우크스부르크에서 인쇄되었다. 그러나 이 번역본은 결국 루터의 가르침을 이전보다 널리 퍼뜨리는 데 이바지했을 뿐이다.

논문은 루터의 농담으로 시작한다. 루터는 책 판매자와 독자가 자신이 면벌부에 관하여 이전에 썼던 작품을 불살라 버려야 한다고 말했다. 이전 작품은 급진적이라 부르기에 민망할 만큼 불충분하다는 것이 그 이유였다. 실제로 루터는 이제 교황을 "강한 사냥꾼"이요 자신을 높이며 하나님을 거역한 성경 속 왕이자 폭군인 니므롯이라 비난했다. 교황제는 "로마 주교의 큰 사냥 놀이", 다시 말해, 로마는 바벨론이요 교황은 적그리스도였다. 루터는 이미 『독일 민족의 그리스도인 귀족에게』

에서 교황을 적그리스도라 묘사했지만, 그때는 이런 표현을 논문 마지막 부분에 감춰 두었다. 그러나 이번 논문은 이런 표현을 첫머리에서 인쇄 활자체로 크게 장식했다.⁴⁶ 루터는 에크와 엠저, 그리고 이들 패거리의 공격에서 이런 새로운 통찰을 얻었다고 주장했다. 기존 신학을 옹호하는 이들의 엉터리 변론은 그 신학이 그토록 썩게 된 이유만 적나라하게 드러냈기 때문이었다. 루터는 자기 대적들의 저작을 "이 역겨운 냄새가 나는 야외 화장실의 오물"이라며 무시했다. 루터는 이 대적들을 "사악한 인간들"이라 묘사했고, 심지어 그 가운데 하나는 "사탄의 사자使者가 조종하는 자"로 묘사했다.⁴⁷

루터는 일찍이 교회 공의회가 평신도도 성찬에서 양형(빵과 포도주)°을 받아야 하는지 논의할 수도 있다고 잠정 제안했었지만, 이번에는 아예 교회 성례 체계 전체와 사람이 생애의 단계를 거칠 때마다 그 사람과 함께하는 성례가 가지는 의미를 공격했다. 일곱 성례(가톨릭은 "칠성사"라 칭한다)°—세례, 견진, 성체, 고해, 혼인, 성품, 병자—가운데 성경이 명확하게 인정하는 것은 오직 세례와 성찬뿐이었다. 다른 성례는 교회가 추가한 것에 불과하므로, 결코 성례로 인정하지 말아야 했다.

루터는 성례가 하나님을 기쁘시게 하고자 행하는 일이 아니라고 주장했다. 성례는 하나님이 미래에 구원을 베푸시겠다는 약속을 보여주는 표지이며, 믿음이 필요한 일이다. 루터는 믿음이 죄인을 의롭게 하는 것이라 주장하면서, 이렇게 선언했다. "성례는 거행할 때…완성되지 않고, 믿을 때 완성된다." 세례는 세례받는 이가 구원받은 이들에 속함을 보여주는 표지이지, 그저 알레고리가 아니다. 세례는 "실제 죽음과 부활"을 나타낸다. 루터는 한 번 세례를 받으면 그 성례는 영원히 유효하다고 주장했다. 여러분은 여러분이 낙심하여 구원에 등을 돌릴 때만 세례가 주었던 약속을 잃는다.⁴⁸ 그러나 교황은 세례의 진정한 의미를 파괴하는 행위와 의식을 끝없이 많이 들여왔다. 루터는 가령 우리가 이미 세례 서약을 통해 충분히 서약을 했기 때문에 수도서원과 성직 서원을 없애야 한다고 주장했다. 수도서원과 선행은 쓸데없이 우리 양심을 덫에 빠뜨려 옥죈다. 이 바람에 우리는 세례가 우리에게 안겨 주었던 자유를 잃어버린다.

루터의 성례 공격은 그의 반反유대주의에서 유래한 부분도 일정 부분 있었다. 루터는 1520년에 이르기까지 여러 해 동안 대학교 교과과정에서 철학자가 대세를 차지한 현실을 공격해 왔으며, 비텐베르크 대학교 교과목을 개편하는 일에 몰두해 왔다. 그는 아리스토텔레스처럼 본질적 속성과 우연적 속성을 구분하여 미사의 기적—빵과 포도주가 그리스도의 몸과 피가 된다—을 설명할 수 있다는 관념을 거부했다. 그때까지는 이런 관념이 그리스도가 어떻게 빵과 포도주 안에 임재하실 수 있는가라는 수수께끼에 제시한 철학적 해결이었다. 아리스토텔레스는 모든 것이 우리 감각—미각, 후각, 시각, 등—으로 인식할 수 있는 특질을 갖고 있다고 주장했다(이런 감각이 소위 우연적 속성이다). 그러나 이런 것들은 우리 인식과 상관 없이 독립하여 존재하는 대상 자체의 본질이 아니다. 신학자들은 이를 사용하여, 화체化體, transubstantiation(가톨릭은 "실체 변화"라고 한다)°가 일어나는 순간, 빵과 포도주라는 외부의 "우연적 속성"—색깔, 맛, 냄새—은 그대로 똑같이 남아 있지만, 그 "본질적 속성"은 기적처럼 그리스도의 몸과 피로 변한다고 주장했다.

아리스토텔레스주의를 거부한 루터가 아리스토텔레스 사상을 원용한 미사 설명을 거부한 것은 당연했다. 그러나 그의 이런 거부에는 단순히 그런 의미만 담겨 있지는 않았다.『바벨론 포로가 된 교회에 관하여』에서 가장 두드러진 본문 가운데 하나가 바로 루터가 아리스토텔레스를 추종하는 신학자라면 동정녀 탄생을 어떻게 설명할지 상상하는 부분이다. 루터는 이렇게 말하며 실없이 큰 웃음을 터뜨렸다. "그러는 사이 동정녀의 육신이 소멸되어, 아니 그들이 더 적절하다 여기는 대로 말하면, 화체되어transubstantiated 그리스도는 그 우연적 속성 안에 감싸이셨다가, 마침내 그 우연적 속성을 통해 밖으로 나오셨다!"[49] 루터는 아리스토텔레스주의의 여러 추상 관념에 격렬히 저항했다. 그는 **문자 그대로** 그리스도가 동정녀에게서 어떻게 나오셨는가에만 초점을 맞춤으로써 **육체**라는 실재를 피하려 하는 시도를 뒤엎었다. 고고한 자세로 몸과 거리를 두면서 추상 관념으로 도피하는 아리스토텔레스 추종자들의 태도는 루터의 조롱을 샀다. 인간의 이성이 그것을 파악할 수 있든 파악하지 못하든, 그리스도가 육체를 가지셨다는 사실은 그 어떤 차원에서 보더라도 그건 단지 "우연적 속성"의 문제와 외적 모습이라고 주장하여 설명할 수 있는 것이 아니었다. 그리스도는 **실제로** 사람이 되셨으며, 그분의 존재는 두 부분으로 쪼갤 수 없었다. 루터는 자신이 말하려는 뜻을 설명하고자 대장장이의 모루 위에 있는 철을 주목했다. 벌겋게 달궈진 철은 철**이자** 동시에 불이다. 흥미로운 유비 선택이다. 이 유비는 아마도 광산 세계에서 보냈던 루터 자신의 어린 시절 기억에서 가져왔을 것이다.[50]

이것은 루터가 보여준 가장 독창적 통찰 가운데 하나다. 몸을 긍정적으로 보는 그의 태도는 한때 루터 자신이 깊이 빠져들었던 중세 후기 기독교의 금욕주의와 크게 갈라섬을 상징했다. 루터는 **20**년 뒤에 과거를 돌아보며 자기 친구들과 식탁에서 담화를 나누다가, 수사가 되어 한 일이라곤 음식과 잠을 통제하고, 몸에 매질을 하며, 성욕과 맞서 싸운 것뿐이라고 말했다. 루터가 애초에 꿰뚫어 본 것은 죄와 회개의 본질이었다. 인간이 자신의 선행으로 완벽해지며 하나님이 받아 주시는 자가 되기는 불가능했다. 인간은 자신의 죄성을 인정해야 했으며, 하나님이 당신의 공의로 죄인을 받아 주심을 시인해야 했다. 결국 인간은 죄인인 동시에 구원받은 존재였다.

　　　　루터는 이렇게 철저히 아우구스티누스주의를 따른 덕분에 자신의 죄성을 받아들일 수 있었다. 그뿐만 아니라 그 덕분에 여러 감정 조직(체액 같은 사유 속에 결합해 있었다)이 결합된 육체성을 그는 받아들이게 되었다. 여기서 루터는 아우구스티누스를 훌쩍 뛰어넘었고, 어쩌면 인간의 불완전함을 즐거이 받아들였던 슈타우피츠도 넘어섰는지 모르겠다. 이것은 루터가 1519년에서 1520년 사이에 이룩한 대도약 가운데 하나였으며, 루터의 지식에 찾아온 변화이자 루터의 인격에 찾아온 변화이기도 했다.

　　　　칼뱅은 나중에 성찬의 딜레마에 해결책을 제시하면서, 예수가 말씀하심은 상징이요, 따라서 언어는 실제 사물을 가리키지 않는다고 말한다. 루터는 이런 해석을 아주 싫어했다. 루터가 대단히 중요하게 여긴 점은 미사의 기적이 바로 그것—기적—이라는 점이었다. 그런 기적이 꼭 논리상 말이 되어야 할 필요는 없었다. 이것이 바로 루터가 자신을 "바보"라 여기길 좋아한 이유였다. 그의 어리석음은 하나님의 지혜였기 때문이다. 이는 오래된 수사修辭였지만 그 호소력만큼은 아주 깊었다. 신학을 할 때, 철학은 성경의 의미에서 멀어지게 만드는 것에 불과하므로, 하나님을 이성理性이라는 "창녀"를 통해 발견하려는 시도는 그만두어야 한다는 것이 루터의 신념이었다. 믿음의 핵심은 이 믿음이 합리성을 초월하며 하나님과 인간의 거리를 그대로 드러낸다는 것이다.[51]

◆ ◆ ◆

이 시대에 나온 가장 아름다운 저작이 루터가 쓴 『그리스도인의 자유에 관하여』다. 이는 1520년 11월에 나왔다. 독일어로 쓴 이 작품은 겨우 30쪽 길이다. 기막힌 역설은 루터가 이 논문을 교황 레오 10세에게 보내

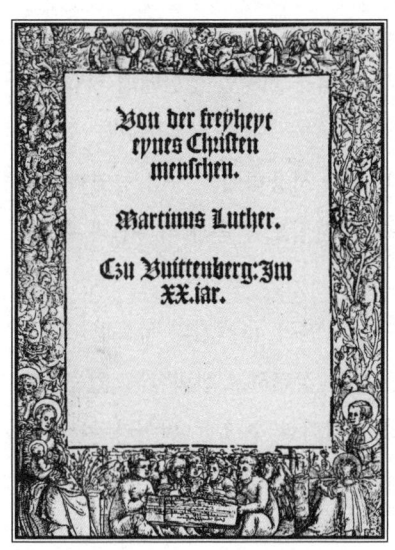

마르틴 루터의 『그리스도인의 자유에 관하여』, 1520년.

⟨32⟩

는 "사과" 편지로 썼으면서도, 동시에 교황에게 주는 선물로 내놓았다는 것이다. 이 논문은 세 요지로 나누어져 있다. 현대에 나온 영문판은 보통 각 요지에 번호를 매기지 않는다. 그러나 이 논문은 설교라기보다 신자를 위로하는 경건한 논문이다.[52] 이 논문에는 어떤 논박이나 공격도 없다. 심오한 음악 같으며, 독자와 대화하는 루터의 음성을 거의 들을 수 있을 정도다. 루터는 한 역설로 논문을 시작한다. "그리스도인은 완전히 자유로운 만물의 주인이며, 어떤 것에도 복종하지 않는다. 그리스도인은 완전히 매인 만물의 종이며, 모든 것에 복종한다."[53]

이런 일이 어떻게 가능한가? 루터는 우리는 영적 본질과 육체적 본질을 갖고 있다고 주장하면서도, 육체를 비하할 목적으로 이런 구분을 하지 않는다. 오히려 그는 속사람이 하나님을 믿는 믿음을 가져야 한다고 주장하면서도, 우리가 겉사람의 행위를 통해 믿음에 도달하기는 불가능하다고 주장한다. 우리가 무슨 옷을 입느냐, 우리가 무슨 규칙을 지키느냐는 전혀 중요하지 않으며, 이런 일이 우리를 하나님이 받아 주실 만한 사람으로 만들어 주지도 않는다. 우리는 선행을 행함에서 자유롭다. 믿음은 속사람과 관련이 있다. 아울러 그는—자신이 (성찬에서)° 실제적 임재를 설명할 목적으로 채용한 비유를 사용하여—철이 화염과 결합하여 달궈지고 벌겋게 되듯이, 우리 속사람도 믿음과 하나님과 결합하여 하나가 된다고 말한다.

루터는 계속하여 믿음을 묘사하면서, 16세기의 독특한 비유를 사용한다. 누군가를 믿는다는 것은 그를 경건하고 신뢰할 수 있는 사람으로 여기며, 그의 말은 늘 경건하고 신뢰할 수 있는 말이라 여긴다는 것이다. "이는 한 사람이 다른 사람에게 돌릴 수 있는 가장 큰 명예다." 루터가 살았던 곳과 같은 명예 중시 사회에서는, 그리고 사람의 말이 구속력을 갖고 계약이 신뢰에 의존하는 명예 중시 사회에서는 명예가 근본 가치요, 도덕적 자질이자 경제적 자질이었다. 성경의 법은 겉사람이 그야말로 죄로 가득한 사람임을 가르친다. 우리가 믿음에 이를 수 있으려면, 그전에 반드시 그 점을 시인해야 한다. 아무것도, 그 어떤 인간의 행위도 루터가 죄라 부르는 것에서 자유롭게 해주지 못한다. 이를테면, 우리는 "악한 욕망"을 피하지 못한다. 이것이 바로 선행이 우리를 하나님이 기뻐하실 만한 존재로 만들어 주지 못하는 이유다. 선행은 외형이라 "믿음"의 영역으로 들어가지 못한다. 그러나 루터의 이런 음울한 인간 본성 평가는 실상 인간을 고양시키는 결론으로 이어진다. 우리가 하는 모든 일이 죄로 오염되어 있다면, 우리가 바로 어떤 존재인가는 중요하지 않다. 우리가 선행을 쌓으려고 노력함으로써 우리 자신을 경건하게 만들기는 불가능하다.[54]

루터는 이 논문 전체에서 겉보기에는 단순하나 강력한 단어들을 사용한다. 자유, 믿음, 명예. 이런 직설 언어는 읽는 이들과 공명共鳴했지만, 이런 언어는 상이한 여러 방식으로 이해할 수 있었다. 루터가 "자유"를 사용한 일은, 그리스도인이 주인이자 종이라는 사상과 더불어, 다이너마이트가 되었다. 루터는 제후나 평민이나 모든 그리스도인이 평등하다 말하고 이들의 자유를 강조함으로써, 사회 내 상하 구분에 따른 맹종盲從과 단절했다. 그는 거듭 그의 독자를 격의 없이 "두du"(독일어에서 친근함을 표하는 제2 인칭대명사)라 부르면서, "모든 이alle"와 "각 사람yderman"에게 이야기한다. 더구나 그는 "모든 사람"이 영적 문제에 관하여 스스로 결단을 내릴 권리를 갖고 있다고 주장한다. "여태까지 말한 것에 비춰 볼 때, 모든 사람은 모든 행위와 법에 관하여 확실한 판단을 내릴 수 있고, 이것들을 신뢰할 만하게 구분할 수 있으며, 누가 눈이 멀고 무지한 목자이며 누가 선하고 참된 목자인지 구분할 수 있다."[55] 이것은 평범한 그리스도인이 그들 위에 세워진 사제의 말을 무턱대고 받아들이기보다 누가 진짜 기독교 교리를 설교하는지 판단할 능력을 그들에게 주었다. 루터는 성경이 명확하며, 그 의미 역시 모든 이에게 명백하다고 주장했다.

◆ ◆ ◆

1520년 12월 10일, 교황 칙서 "주여, 일어나소서Exsurge Domine"가 루터에게 부여한 취소 기간 60일이 다 지나갔다. 루터는 비텐베르크 대학교에서 아침 강의를 마친 뒤, 학생들을 데리고 엘스터Elster 문을 빠져나가 병원 근처 성聖 십자가 교회Kirche Zum Heiligen Kreuz로 갔다. 병원에서 사용한 누더기를 불태우는 장소였을 이곳에서 신학 석사 가운데 한 사람이 불을 붙이자, 루터는 교황 교령과 교회법 그리고 교황 칙서를 불 속에 집어 던지며 라틴어로 이렇게 외쳤다. "그대가 주의 거룩하심에 슬픔을 안겨 주었으니, 이처럼 영원한 불이 그대를 파멸시키길 원하노라." 그런 다음 루터는 대학교로 돌아갔다.

그것은 치밀하게 짜서 무대에 올린 연기였다.[56] 멜란히톤은 일어날 일을 담은 공식 선언문을 지었다. 그는 그것을 교구 교회 문에 못 박아 게시하면서, "복음의 진리를 사랑하는" 모든 사람들더러 오전 9시에 정해진 장소에 모이라고 초대했다. 슈팔라틴은 한 주 전에 무슨 일이 진행되고 있는지 알았다. 그는 선제후에게 루터가 자신의 책이 라이프치히에서 소각당했음을 확실히 아는 즉시 교황 칙서를 불태우려 한다고 경고했다.[57] 루터는 가장 대담한 선언이 가능한 때와 장소를 골랐다. 그는 교황 교령과 교회법 그리고 교황 칙서에 사형을 선고한 뒤, 이것들을 모의模擬 처형mock execution했다. 이것이 모여 이 장관을 지켜본 사람들에게 시사하는 의미는 명확했다. 루터는 이제 교황의 권위 뿐 아니라, 오랜 세월에 걸쳐 온갖 종류의 종교 문제를 다뤄 온 교회법 전통 전체와 관계를 끊고 있었다. 루터는 다시 한 번 "해프닝"을 무대에 올렸다. 그것은 만인이 보는 가운데 자신의 신학 확신을 되돌이킬 수 없을 정도로 누구에게나 확실히 각인되게 전달하는 행동이었다. 그는 이 일을 슈타우피츠에게 자랑스럽게 써 보내면서, 자신이 마침내 로마와 영영 관계를 끊었다고 그 노인에게 이야기했다. "저는 교황의 책과 칙서를 불태웠습니다. 처음에는 그 일이 두려워 기도하며 했습니다만, 이제는 제가 살면서 했던 어떤 행동보다 이 일을 즐깁니다. 이는 (이 책들이)◆ 제가 이전에 생각했던 것보다도 나쁘기 때문입니다."[58]

이 장관에 이어 교황에 반대하는 활동을 담은 학생 축제가 펼쳐졌다. 카를슈타트, 멜란히톤, 루터가 떠난 뒤, 학생들은 자신들이 행하던 신입생 신고식Beanus rite을 토대로 만든 연극을 무대에 올렸다. 나팔을 부는 이가 끌려 들어오자, 수백 명의 학생들이 교황 칙서를 조롱한 뒤, 이를 조각내 여러 깃발로 만들었다. 그런 다음 그 가운데 하나를 칼에 꽂고, 원을 그리며 돌았다. 뒤이어 다른 깃발들을 큰 맥주 통에 집어넣은 뒤, 이를 수레에 싣고 밖으로 쫓아 버렸다. 학생들은 교황 칙서뿐 아니라 에크와 히에로니무스 뒹어스하임 폰 옥센파르트의 글들에도 박장대소하며 큰 소리로 그것을 낭독한 뒤, 불을 피워, 이 교서와 책과 맥주 통을 불살랐다. 이들은 불타고 남은 재를 트로피처럼 들어 올렸으며, 오후에는 나팔을 불고 교황 칙서를 기리는 장송미사곡을 부르며 그 마을을 두루 돌아다녔다.

    이는 아침에 펼쳐졌던 장관을 모든 이가 명확히 볼 수 있게 확대한 것이었다. 성벽 밖으로 나가면 이런 일들을 안전하게 행하기가 더 이상 불가능했다. 학생들은 마을 사람들을 끌어들이고 비텐베르크의 공공 공간을 그들의 저항 무대로 확보하려 했다. 이번에도 루터는 재차 자신은 이 일과 무관하다고 주장했다. 그는 축제가 펼쳐지는 시간에 수도원으로 돌아가 있었다. 그러나 이 학생들의 소란스러운 지지는 한 대학교 행사를 온 마을이 참여하는 사건으로 바꿔 놓는 힘을 제공했다.[59] 학생들은 자신들이 만들어 낸 즉석 카니발에 신이 난 나머지, 새해 첫날에도 이와 비슷한 공연을 펼쳤다. 교황으로 가장假裝한 이와 교회 행렬이 온 마을을 두루 돌면서 인쇄한 시로 이 행사를 축하했다.[60] 루터는 이전에 무장한 비텐베르크 학생 무리가 라이프치히까지 자신과 동행하도록 허락했는데, 이번에도 암암리에 학생의 힘을 자신의 대의를 진작하는 데 활용했다.

    루터는 무엇보다 웃음의 가치를 알았다. 그는 1년 뒤에도 여전히 교황 칙서를 놀려 댔다. 루터는 1522년 새해가 밝았음을 축하하는 장난으로, 교황이 부활절에 이단을 정죄하고자 꾸준히 반포하던 교황 칙서 "주의 식탁에서In coena Domini"에 주註를 가득 써 넣은 가짜 칙서를 출간했다. 물론 루터는 이 가짜 칙서에서 "칙서 판매자, 추기경, 교황 특사, 교

한스 홀바인, 1519년경. 이 목판화는 루터를 몽둥이를 든 헤라클레스로 묘사한다. 루터는 자기 왼손으로 로이힐린을 대적하던 호흐스트라텐의 목을 조르고 있으며, 아리스토텔레스, 아퀴나스, 윌리엄 오컴, 페트루스 롬바르두스Petrus Lombardus는 이미 죽임을 당했다. 이 시점에 이르자, 사람들은 루터의 주적이 스콜라 철학자와 인문주의 반대자라고 생각했다.[62]

⟨33⟩

황 대리인(주교 대리)°, 교황 부▨대리인, 대주교, 주교, 대수도원장, 수도원장, 부제, 성당 성직자, 수도원 부원장"을 비판했다. 이어 그는 이렇게 말했다. "이 악당 무리를 누가 다 열거할 수 있을까? 이들을 다 빠뜨리려면 라인강도 작을 것이다."[61] 루터의 대적들은 루터가 사람들을 선동한다고 무고하면서, 루터가 세속 권위에 복종할 필요가 없다고 가르친다는 허위 주장까지 폈다. 그러나 그들이 루터의 메시지에서 사회 동요가 일어날 낌새를 알아차린 것은 틀리지 않았다.

이제 사건 진행 속도가 빨라졌다. 날마다 암브로지우스 카타리누스, 교황 사절인 지롤라모 알레안드로, 히에로니무스 엠저가 새로운 공격을 해왔다는 소식이 전해졌다. 루터는, 자신이 말한 것처럼, 자기가 많은 머리를 가진 히드라와 싸우는 헤라클레스 같다고 느꼈다.[63] 가톨릭의 반응을 따라가며 대응하는 일이 그의 시간을 모두 잡아먹었다. 에크는 교황 칙서라는 무기를 들고 로마에서 독일로 돌아왔다. 그와 알레안드로가, 1520년 가을, 교황 칙서를 펴내려 했을 때는 독일 땅 안에서 루터의 견해가 그야말로 아주 멀리까지 퍼져 있다는 게 명백히 드러났다. 마이센과 메르제부르크, 브란덴부르크에서는 큰 팡파르를 울리며 무장 경호인을 대동하고서야 겨우 교황 칙서를 게시할 수 있었다. 그러나 그를 경호하던 이들이 떠나자마자, "경건한 자녀들"이 칙서를 반박하는 공고문을 붙였으며, 결국 에크는 수도원으로 피할 수밖에 없었다. 에크를 조롱하는 노래가 울려 퍼졌고, 그의 목숨과 재산을 위협하는 결투 신청 편지가 그에게 송달되었다. 그리고 비텐베르크에서 50여 명의 학생이 도착하여 사냥개처럼 그를 쫓기 시작했다.[64]

1521년 1월 3일, 교황은 마침내 칙서 "로마 교황의 선언Decet Romanum Pontificem"으로 루터를 파문했다. 루터는 일어나는 일을 흥미롭게 지켜보았다. 그는 최초 칙서가 흘러가는 추이를 따라가면서, 1521년 봄 내내 이 칙서가 맞이할 운명에 관한 항간의 평가를 모았다.[65] 라이프치히에서는, 루터 자신도 놀랄 정도로, 사람들이 교황 칙서를 찢어 버리고 이 칙서에 똥을 던지는 일이 일어났다. 되블린Döblin에서도 군중이 같은 행동을 했으며, "둥지가 여기 있거늘, 새들이 날아가 버렸다!"라고 쓴 공고를 붙였다. 마그데부르크에서는 엠저의 책을 형틀 위에 올려놓고 조롱했다.[66] 온 독일이 교황의 힘을 조롱하는 것 같았다.

책을 불태우려는 기운도 돌았다. 1518년에는 비텐베르크 학생들이 면벌부 판매자 테첼의 책을 불태웠다. 1520년 루뱅에서는 알레안드로가 80권이 넘는 루터 저서를 시장 광장에서 형 집행자를 시켜 사람들이 보는 가운데 불태우게 하고, 시의원들을 시켜 서적 판매상에게서 그 책들을 몰수하게 했다. 하지만 그해 말 마인츠에서는 그 의식이 엉뚱한 방향으로 틀어지고 말았다. 교수형 집행인은 모인 군중에게 그 책 저자가 정당하게 정죄를 당했는지 물었다. 군중은 큰 소리로 그러지 않았다고 대답했다. 결국 형 집행인은 책에 불을 붙이길 거부했고, 청중은 크게 기뻐했다.[67] 루터는 알레안드로가 루터 자신의 책을 사서 불태우느라 수백 두카텐을 허비했다고 조롱했다. 그러나 이단의 책을 불태운다는 것은 곧 이단 자신을 불태우리라는 전조였다. 루터는 자신이 교황 세력에게 붙잡힌다면 자신에게 어떤 운명이 들이닥칠지 알았다.

08.
보름스의회

작센 선제후 궁宮은 이제 이 문제를 로마에게 묻기보다 신성로마제국 황제가 루터의 대의에 귀를 기울이게 하는 데 모든 자원을 투입하는 쪽으로 방향을 틀었다. 실제로 황제 카를 5세는 교황 칙서가 정한 60일 데드라인이 끝나기 전인 1520년 11월에 청문회를 열려고 했지만, 교황의 대리인이 반대하자 그다음 달에 자신이 내린 명령을 철회했다.[1] 작센 선제후 프리드리히와 그의 고문들은 황궁에 보낸 편지에서 "우선 루터의 말을 들어 봐야 진실을 명백히 가릴 수 있으므로" 루터의 말을 들어 보기 전에 그를 정죄해서는 안 된다고 주장했다. 이들은 카를에게, 루터가 "성경에 비춰" 잘못했다는 것이 드러나면, "겸손히 명령에 따를" 것이라고 확언했다. 그들이 불만을 제기할 때 늘 쓰던 표현대로, 사람들은 루터의 말을 "성경에 비춰 듣지 않았다." 그뿐만 아니라, 루터의 말은 "성경에 비춰 보면 패배할 이유가 없었다." 이는 기막힌 선전이었다.[2] 선제후 사람들은 청문 기회를 확보하는 데 성공했다. 3월 6일, 황제는 루터에게 보름스에서 자신 앞에 출두하라고 명령하며 안전통행증을 발부했다.³

　　루터는 애써 준 선제후에게 사의를 표시했으나, 자신이 이런 보호를 받게 된 것은 누구보다 슈팔라틴과 작센 궁정에 있던 다른 이들 덕분임을 잘 알고 있었다. 그와 슈팔라틴의 우정이 그를 구해 주었으리라. 선제후 궁정 신부이자 사서(문헌 전문가인 학자)°였던 슈팔라틴은 처음엔 선제후인 프리드리히 현공의 조카이자 미래의 선제후 요한 프리드리히의 가정교사로 활동했으며, 프리드리히와 함께 알텐부르크에서 토르가우로, 비텐베르크로, 작센의 이 성과 저 성을 끊임없이 여행했다.⁴ 아울러 슈팔라틴은 프리드리히의 고문으로서 특히 힘센 위치에 있었으며, 여러 신학 주장을 선제후에게 요약하여 제시하고 어떤 행동을 취해야 할지 조언했다. 더구나 슈팔라틴이 미래의 선제후와 다른 제후 혈통 후손의 교육에 영향력을 행사하고 있었다는 점도 선제후와 선제후 궁정 사람들이 때맞춰 루터의 개인 후원자이자 든든한 종교개혁 지지자가 되도록 만드는 데 도움을 주었을 것이다.⁵ 실제로 차기 작센 공 요한 프리드리히는 1520년경부터 루터에게 영적 문제와 관련하여 조언을 구했으며, 루터도 자신의 가장 중요한 저작 가운데 일부를 요한에게 헌정했다.⁶

　　하지만 슈팔라틴은 이렇게 루터를 도우면서도 다른 한편으로는 제어하려고 애썼다. 그는 인쇄되어 나온 루터의 소책자들이 너무 과격하다고 거듭 논평하면서, 루터가 이것들을 출간하지 못하게 막거나 적어도 루터의 어조를 누그러뜨리려고 애썼다. 루터는 슈팔라틴을 "궁정 신하"(아첨꾼)°라 부르며 놀리면서도, 그가 신뢰하던 학생 가운데 하나인 프란츠 귄터를 슈팔라틴에게 보내 궁정 일을 배우게 했다.⁷ 겉만 보면, 루터와 슈팔라틴은 친구 같지가 않았다. 일찍이 1509년에 나온 초상화는 매력이 넘치는 곱슬머리 슈팔라틴을 보여준다. 그는 검은색 안감을 댄 회색 가운을 입고 있는데, 학자다운 냉철함과 궁정 사람다운 당당함이 어우러진 모습이다. 1515년에 나온 목판화는 소박한 옷차림으로 십자가를 묵상하는 진지한 젊은이를 묘사한다. 그러나 슈팔라틴은 날 때부터 궁정 사람은 아니었다. 그의 아버지는 무두장이였고, 뉘른베르크 근처 슈팔트Spalt 출신이었다. "새 인물" 가운데 하나였던 그는 교육을 통해 그 자리에 올랐다. 그는 궁정에 들어갔지만, 평민 출신인 자신이 귀족과 동등하지 않음을 알고 있었다. 그는 이런 사실이 부당하다고 생각했을지도 모른다. 슈팔라틴은 선제후가 신뢰하는 종이자 중요한 조언자가 되었지만(때로는 선제후가 식사 전에 전용 화장실에 갈 때도 함께 갈 정도로 친밀했다), 그 뒤에도 선제후 식탁에 초대받은 일은 없었다.[8]

슈팔라틴은 협상과 정략이 무엇인지 꿰뚫는 직관, 가능한 일을 파악하는 힘, 그리고 현실감각을 가졌던 것 같다. 루터는 이런 것을 갖지 못했다. 그도 루터처럼 라틴어뿐 아니라 그리스어를 교육받았고, 에르푸르트 대학교에서 콘라트 무티안Konrad Mutian과 니콜라우스 마르샬크Nikolaus Marschalk를 중심으로 모였던 인문주의자 무리의 구성원이 되었다. 슈팔라틴은, 루터와 달리, 지나치다 싶은 자신감을 갖지 않았으며, 눌변이었다. 그러나 이 두 사람은 엄청난 창조성을 발휘한 동지 관계를 형성했다. 슈팔라틴은 대학 도서관에 비치할 책을 구입했으며, 성경 연구와 교부 연구 과목을 도입한 대학 개혁을 지지했다. 이 두 사람은 힘을 합쳐 잇달아 뛰어난 인물을 영입했는데, 그 가운데 스타라 할 이가 멜란히톤이었다. 루터는 거듭 사람들에게 슈팔라틴을 천거하면서, 자그마한 호의를 요청하거나, 프리드리히에게 연금을 요청하거나, 자신들이 일할 자리를 구하곤 했다. 슈팔라틴은 선제후를 섬기며 쉼 없이 일했는데, 밤

늦도록 일할 때도 잦았다. 그 와중에도 슈팔라틴은 시간을 내 루터의 라틴어 저작을 독일어로 번역했는데, 이 번역 작업을 하면서 빼어난 음악 감각을 발휘하기도 했다.[9]

우리는 이 친구 관계에서 루터 쪽 정보만 갖고 있다. 남아 있는 것이 루터가 보낸 편지뿐이기 때문이다. 슈팔라틴은 루터가 보낸 편지를 꼼꼼히 목록까지 만들어 정리하고 존경심이 들 정도로 주석을 달아 놓았는데, 종종 그리스어로 주석을 달아 놓기도 했다.[10] 루터가 보낸 편지 총수總數—모두 400통이 넘는다—가 알려 주듯이, 어쩌면 이 친구 관계가 1518년부터 1525년까지 루터의 삶에서 **가장** 중요한 인간관계였을지도 모르겠다. 루터와 슈팔라틴은 꾸준히 만났다. 그런데도 루터는 다른 누구보다 슈팔라틴에게 많은 편지를 보냈다. 우선 이들의 편지는 애정과 존경을 공들여 표현한 문언文言으로 시작한다. 이런 문언은 인문주의자가 편지를 쓸 때 주로 구사하던 수사의 요체였다. 그러나 시간이 갈수록 루터는 점점 격의 없이 편지를 썼고 상대를 치켜세우는 말도 쓰지 않은 채, 곧장 본론으로 들어갔다. 슈팔라틴은 루터가 표명하는 일부 아주 과격한 사상에 반향 판이 되었다. 1519년, 루터는 교황이 적그리스도이거나 "적어도 적그리스도의 사도"라는 확신이 점점 강하게 든다는 뜻을 먼저 슈팔라틴에게, 그리고 이어 요하네스 랑에게 전했다.[11] 어쩌면 루터는 자신의 새로운 신학 통찰을 시험 삼아 제시할 대상으로 슈팔라틴을 선호했는지도 모르겠다. 슈팔라틴은 신학자가 아니었기 때문이다. 루터가 같은 수도회 소속 형제인 랑과 벤체스라우스 링크에게 보낸 편지는 슈팔라틴에게 보낸 편지보다 자신을 변호하는 내용이 많고 무언가를 시험 삼아 탐문하는 내용이 적다. 아울러 루터는 언제 슈팔라틴을 우회해야 하는가도 알았다. 앞서 보았듯이, 루터는 라이프치히에서 슈팔라틴에게 조언을 구하길 삼가면서, 슈팔라틴을 어디서 찾아야 할

"십자가에 경의를 표하는 게오르크 슈팔라틴",
루카스 크라나흐, 1515.

〈34〉

지 몰랐던 것처럼 행세했다. 아우크스부르크에서는 심지어 슈팔라틴이 타협에 이를 수 있으리라는 희망을 품고 카예탄과 만나는 자리까지 만들어 주었는데도, 루터는 역시 그의 조언을 구하려 하지 않았다. 하지만 루터는 보름스의회가 열릴 때까지 몇 달 동안, 슈팔라틴에게 일주일에 몇 번씩 편지를 썼으며, 어떤 때는 매일 쓰기도 했다.

　　1521년 1월 중순, 슈팔라틴과 선제후가 보름스에 도착했으며, 제국 의회도 공식 회의를 시작했다. 이 때문에 루터와 슈팔라틴은 편지로만 의견을 주고받을 수 있었다. 루터와 관련된 문제가 곧 중심 의제가 되었다. 재의 수요일인 2월 13일, 교황 특사 지롤라모 알레안드로가 라틴어로 세 시간 동안 연설했다. 그는 이 연설에서 루터의 이단 혐의를 제시하고 루터를 정죄해야 한다고 역설했다.[12] 이 날을 택한 것은 아주 깊은 의미가 있었다. 재의 수요일은 부활절 전에 회개하는 날이었을 뿐 아니라, 보속과 이단에 맞선 싸움이 긴밀하게 연결되어 있었기 때문이다. 알레안드로는 루터에게 취소를 요구하는 명제들을 담은 목록을 작성하여 슈팔라틴에게 보냈는데, 이 명제들은 대부분 『바벨론 포로가 된 교회에 관하여』에서 가져온 것이었다. 물론 아직 타협할 여지는 있었다. 교황 사자使者인 밀티츠는 희망을 품고 있었다.

그러나 루터는 타협하지 않기로 결심했다. 루터는 슈팔라틴에게 편지를 보내, 황제가 단지 그의 주장을 취소케 하고자 그를 보름스로 소환하려 한다면, 가지 않을 것이라고 말했다. 그러나 자신이 소환을 받아 법의 보호를 받지 못할 자로 선고받고 죽임을 당한다면, "기꺼이 가서 내 자신을 내어 주겠다"(offeram me venturum)고 선언했다. 아주 신중히 생각하여 고른 이 라틴어 문법 형태는 루터 자신을 순교자로 내세운다.[13] 루터는 수신자 불명不明인 또 다른 편지에서, 자신의 안위는 관심사가 아니요, 다만 그리스도의 큰 원수―"최고의 선동가이자 살인자들의 선생"(der oberste Anstifter und Lehrer der Mörder)―가 자신을 파멸시키고자 온갖 일을 하고 있다고 쓴 뒤, "내 그리스도가 내게 영을 부으셨으니, 내가 살아 있을 때는 저 사탄의 종들에게 맞설 것이며, 내가 죽을 때는 승리하리라"고 덧붙였다.

이어 루터는 그다음 대목에서는 세상사와 가까운 문제로 돌아가, 자기 수신자에게 "그대 형제 페터가 내게 말한 대로" 루터 자신이 "그대 형제에게" 빚진 돈을 아직 보내지 않았으니, "그대가 이를 확실히 처리해 달라"고 신신당부한다.[14] 이런 와중에도 루터는 17살 먹은 요한 프리드리히 공이 그리스도도 여느 사람처럼 주무셨는지 물어 오자 시간을 내어 대답했다. 루터는 복음서가 그리스도가 행하신 모든 일을 하나도 빼놓지 않고 그대로 알려 주지는 않았지만, 그리스도도 여느 사람 같은 사람이셨으므로 "분명 복음서가 언급한 것보다 많이 기도하시고, 금식하시고, 변도 누시고, 설교하셨으며, 기적을 행하셨을 것"이라고 설명했다. 루터는 젊은 프리드리히 공에게 이런 자연스러운 행위가 지극히 위대한 기적만큼이나 아버지께 기쁨이 되었다고 말했다. 그리스도의 인성人性은 심지어 배변까지도 포함된 전적으로 육체적이었다.[15]

　　마침내 부활절 주간인 3월 26일, 루터에게 보름스로 와서 "그대가 만들어 낸 교리와 책에 관한 정보"를 제시하라고 명령하는 소환장이 비텐베르크에 도착했다.[16] 소환장은 루터가 그 주장을 취소해야 한다고 명시하지는 않았다.[17] 루터는 무언가를 간직해 두는 사람은 아니었지만, 이 문서만큼은 보관해 두었다가 집안 대대로 물려주겠다고 결심했다. 그는 이 순간이 역사에 남을 순간임을 알았다.[18]

◆ ◆ ◆

루터는 4월 2일에 친구와 지지자 무리와 더불어 보름스로 길을 떠났다. 아우구스티누스 수도회 내부의 모든 형제가 그들과 함께 데려가야 할 형제가 있었다(요하네스 페첸슈타이너Johannes Petzensteiner가 그런 형제로 뽑혔다). 포메라니아의 젊은 귀족이었던 페터 슈와베Peter Suave가 동행했고, 루터의 열렬한 지지자요 비텐베르크에서 공부하고 있던 토마스 블라우러Thomas Blaurer도 동행했을 것이다. 루터의 오랜 친구인 니콜라우스 폰 암스도르프, 루터를 보름스로 소환하고자 비텐베르크까지 왔던 제국 통보관 카스파르 슈투름―그는 나중에 종교개혁의 주요 지지자가 되었다―도 동행했다. 이번에 루터는 걸어서 가지 않고, 비텐베르크 금세공장인인 크리스티안 되링이 제공한 무개 마차無蓋馬車를 이용하기로 했다. 비텐베르크 시의회는 루터에게 노자로 20굴덴을 지급했으며, 루터의 오랜 친구인 요하네스 랑도 마지못해 1굴덴을 내놓았다. 하지만 이 여행자들이 고타에 이르렀을 때, 이 노자는 거의 바닥났으며, 루터는 이를 멜란히톤에게 털어놓았다.[19]

사람들은 길을 가던 이 작은 작센인 무리를 금세 알아봤을 것이다. 통보관 슈투름과 그의 종은 옷소매에 있는 제국의 독수리 문장을 뽐내며 무리 앞에서 달렸고, 그 뒤를 작센의 유명한 주민과 그 일행이 탄 무개 마차가 뒤따랐다. 루터는 이제 유명 인사였다. 군중이 그를 만나러 모여들었다. 그들은 "교황과 온 세상에 맞설 정도로 아주 용감하며 기적을 일으키는 사람, 교황을 가리켜 그리스도를 대적하며 하나님 행세를 하는 자라 주장한 사람"을 보았다. 미코니우스는 우리에게 이 수사(마르틴 루터)°를 만나러 온 사람 가운데 많은 이가 루터는 이단으로서 화형당하리라고 확언하여 불안을 야기했다고 말한다.[20] 루터는 에르푸르트 대학교에서 황홀한 영접을 받았다. 총장과 말을 탄 사람 60명이 달려나와 루터를 맞았다. 특히 루터 자신의 박사 학위를 놓고 씁쓸한 갈등을 빚었던 뒤라, 이런 영접은 틀림없이 루터 자신에게 엄청난 만족을 안겨주었을 것이다. 심지어 라이프치히에서도, 그가 이 도시를 지나가는 일이 다른 곳보다는 관심을 덜 불러일으켰지만, 적어도 시의회는 그에게 포도주 한 잔을 권하여 영예로운 대접을 해주었다.[21] 열흘 동안 이어진 이 여행은 창피하기만 했던 교황 칙서 전달 과정과 완전히 딴판이었다. 루터의 여행은 개선장군의 행렬이었다.

아울러 이 여행은 나름의 신화를 만들어 냈다. 에르푸르트에서는 루터가 설교한 교회가 어찌나 사람으로 가득 찼든지 교회 상층 좌석이 금세라도 무너질 것처럼 불길한 소리를 냈으며 사람들이 창문에서 교회 뜰로 막 뛰어내리려 할 정도였다. 한 증인의 회상처럼, 루터는 이런 말로 청중을 진정시켰다. "조용히 서 계셔야 합니다. 마귀가 장난을 칠 수도 있습니다. 여러분이 조용히 서 계시면 나쁜 일은 일어나지 않을 겁니다." 루터는 나중에 "실제로 아무런 사고도 일어나지 않았다"고 말했다. 루터가 한 설교는 회중 가운데 누군가가 기록했고, 즉시 인쇄되어 나왔다.[22] 루터가 고타에 있는 아우구스티누스 수도회 수도원에서 또 다른 설교를 한 뒤, "마귀는 교회 탑에서 돌 몇 개를 훔쳐 갔다.…그 돌은 200년 동안이나 거기에 굳건히 놓여 있었다." 이 이야기를 1541년에 전해 준 연대기 기록자 미코니우스는 "오늘까지도 그 교회는 재건되지 않았다"는 말을 덧붙였다. 미코니우스는 이것이 바로 마귀가 온 힘을 다해 루터와 싸움을 벌이고 있음을 보여주는 증거라 여겼다.[23]

하지만 루터는 일행과 더불어 고타에 미처 도착하기도 전에, 이들과 다른 쪽으로 여행 중이던 서적 판매상에게서 사자使者들이 이미 루터 책을 몰수하여 불사르라는 황제 칙령을 붙이기 시작했다는 소식을 들었다.[24] 점점 다가오는 재판에 대한 불안이 괴로움을 안겨 주었다. 루터는 아이제나흐에서 그의 친구들이 살 가망이 없다 여길 정도로 아주 심한 병이 들었다. 그는 사혈瀉血을 하고 독주를 조금 마신 뒤에야 겨우 자리에서 일어났다. 루터는 자신이 보름스에 도착하지 못하게 마귀가 막으려 한다고 확신했다.[25] 그가 나중에 서술한 대로, "마르틴 박사와 그가 쓴 책이 이미 보름스에서 정죄받았다"고 말하는 이가 많았다. 황제가 그에게 발급한 21일짜리 안전통행증도 유효기간이 만료되어 가고 있었다. 그 무렵 루터 일행은 오펜하임에 도착했는데, 거기 이르렀을 때는 안전통행증 유효기간이 사흘밖에 남지 않았다. 이때, 루터가 나중에 회상했듯이, 마인츠 대주교는 루터를 속여 길을 돌아가게 만들고자, 마르틴 부처를 중개자로 내세워 자신과 사사로운 만남 자리를 마련하려 했다. 만일 루터가 이 만남에 갔다면, 제 시간에 늦어 황제의 소환에 응하지 않은 죄를 범할 뻔했다. 루터는 이후 영원히 부처를 신뢰하지 않았으며, 이는 광범위한 결과를 낳았다.

그러는 사이, 제국 의회 자체에서는 루터가 출두할지 여부를 놓고 억측이 분분했다. 한 도미니크 수도회 수사는 흥분하여 이렇게 물었다. "그런데 그는 어디 있는가? 그는 오지 않을 걸. 나타나지 않을 거야. 오지 않을 거라고."²⁶ 사실 슈팔라틴은 루터에게 보름스 안으로 들어가지 말라고 경고했다. 루터를 정죄할 것으로 보였기 때문이었다.²⁷ 그러나 루터는 보름스로 가겠다고 힘주어 말하면서, 이렇게 써 보냈다. "설령 거기 지옥문이 있고 어둠의 세력이 있어도 우리는 보름스로 들어가겠네." 루터는 1년 뒤 선제후에게 보낸 편지에서 이 일을 회상하면서, 보름스에 지붕 기와만큼이나 많은 마귀가 있을지라도 자신은 변함없이 거기로 갔을 것이라고 썼다. 루터는 바로 이 박력이 넘치는 표현을 탁상 담화에서 되풀이하길 좋아했으며, 슈팔라틴도 이 표현을 그가 쓴 종교개혁 역사에 기록했다.²⁸ 루터는 과거를 돌아보면서, 목적이 안겨 주는 그런 힘을 음미했다. 미코니우스는 루터가 설령 자신을 대적하는 불이 비텐베르크와 로마에서 하늘까지 이를지라도 자신은 소환에 응하겠으며 "베헤못 욥40:15의 큰 이 사이로 그 입을 걷어 차 버리겠다"는 선언을 했었다고 회상했다.²⁹

자신들과 루터를 열렬히 동일시하는 독일 사람들의 마음을 표현한 가짜 재의 수요일 소책자 『독일인의 호칭기도』에는 형세를 관망하면서도 기대에 들떠 있던 그 시대 분위기가 담겨 있다. 이 호칭기도는 그리스도, 마리아, ("주교 가운데 극소수인") 모든 거룩한 주교, 그리고 모든 성인에게 "독일인을 위해" 기도하며, 독일인을 번개와 폭풍 같은 것뿐 아니라 "교황의 폭정"과 교황의 "무시무시한 위협과 칙서 그리고 비난"에서 보호해 주길 간구했다. 저자는 계속하여 이렇게 말했다. "결코 뒤집어엎을 수 없는 기독교 신앙의 기둥 마르틴 루터가 곧 보름스에 도착하면 그를 베네치아의 모든 독毒에서 지켜 주소서." 이는 루터를 암살하려는 음모가 있다는 소문을 언급한 것이었다.³⁰ 루터 일행이었던 페터 슈와베는 자신들의 에르푸르트 입성을 종려 주일(예수의 예루살렘 입성)°에 비견했다. 루터는 멜란히톤에게 슈와베의 이런 말이 화려한 허세로 자신을 시험하는 사탄인지, 아니면 그가 순교할 것을 알려 주는 징조인지 물었지만, 어쨌든 슈와베가 한 말도 편지에 동봉했다. 분명 루터는 자신을 그리스도에 빗댄 말을 즐거이 받아들이고 있었다.[31] 루터는 여러 해 뒤 그의 동료들에게 이때 일을 이야기하면서, 자신의 감정 상태를 꽤 놀랍게 회상했다. 루터는 그때 자신이 "충격을 받지 않았으며" "놀라지 않았다"고 회상한 뒤, "하나님은 여러분을 그처럼 열광하게 만드실 수 있습니다. 그러나 지금 나라면 그렇게 열광할지 모르겠습니다"라고 촌평했다.[32]

4월 16일, 루터가 보름스에 도착했을 때, 그를 보려는 사람들이 거리에 2,000명이나 모여들었다. 교황 특사 알레안드로는 루터가 마차에서 내리자 한 수사가 앞으로 나아가 그를 포옹하고 그가 마치 성인聖人이라도 되는 것처럼 그 수단을 세 번 만졌다고 말했다.[33] 루터는 성聖 요한 수도회 기사의 집에 묵었는데, 이곳에는 시종장인 울리히 폰 파펜하임Ulrich von Pappenheim과 기사인 프리드리히 폰 툰Friedrich von Thun 그리고 필리프 폰 파일리취Philipp von Feilitzsch도 머물고 있었다.[34] 귀족에게 어울리는 이 숙소는 의회가 열리는 홀 가까운 곳에 있었다. 아우크스부르크에서 펼쳐졌던 상황과 정반대 상황이 벌어졌다. 교황 특사 알레안드로는 난방도 되지 않는 자그마한 방에서 기거해야 했다. 그만큼 그의 명분은 대중의 지지를 얻지 못했다.[35]

4월 17일 오후 늦은 시간, 루터가 의회에 출두할 때가 되자, 사람들이 어찌나 밀려들었던지 루터는 정원을 가로질러 간 뒤, 옆 출입구를 통해 회의실로 들어가야 했다. "많은 사람이 루터를 너무나 보고 싶어 지붕 꼭대기까지 올라갔다." 한 구경꾼은 일부러 종려 주일에 그리스도를 환영했던 군중을 연상케 하는 말로 그렇게 보고했다.[36] 루터가 열지어 있던 독일 제후들을 지나가자, 그중 일부는 용기를 내라고 외쳤다. 아주 장엄한 이 행사는 소박한 검은 수단을 입고 있던 이 수사를 틀림없이 왜소하게 만들었을 것이다. 그 방에 모인 제후와 귀족은 하나같이 화려하고 호사스러운 옷을 입고, 금 사슬과 보석으로 치장했으며, 멋있는 모자를 쓰고 있었다. 그리고 장려한 제복帝服을 입은 황제가 있었다. 이들과 달리, 루터는 띠를 맨 소박한 수단 차림이었다. 한 의원은 이 광경을 이렇게 묘사했다. "그들이 마르틴 루터라 하는 한 사람을 안으로 들였다. 마흔 쯤 되어 보이는 그는 거칠어 보이는 모습에 거친 얼굴을 하고 있었으며 눈도 딱히 선해 보이지 않았다. 침착하지 않고 고집이 세 보이는 표정이었는데, 이목을 신경 쓰지 않고 표정을 바꾸었다. 아우구스티누스 수도회 수단을 입고 가죽 띠를 했으며, 삭발한 자리가 크고 머리를 깎은 지 얼마 되지 않았으며, 머리카락이 조잡하게 잘려 있었다."[37]

　　루터는 시종장에게 아주 간단한 브리핑만 받았는데, 그는 루터에게 무슨 질문을 받을지 알려 주고 묻는 말에 간단히 대답할 것을 전했다. 루터에게 묻는 질문은 큰 소리로 낭독했는데, 처음에는 라틴어로 묻고 이어 독일어로 물었다. 이는 오고가는 말을 학자는 물론이요 독일 제후와 귀족도 이해해야 했기 때문이었다. 루터 앞에는 벤치가 하나 있었으며, 그 위에는 바젤에서 펴낸 그의 책들이 쌓여 있었는데, 특별히 이 일을 위해 엮은 책이었다. 트리어 주교의 비서가 이 책이 루터가 쓴 책인지 물었고, 책에 쓴 내용을 취소할지 물었다. 이 물음에 루터 대리인인 비텐베르크 대학교 법학 교수 히에로니무스 슈르프는 이렇게 외쳤다. "책 제목을 읽어 주시오!" 그러자 출간될 때마다 바람을 일으켰던 비범한 책 제목 목록을 제국 의회 의원인 독일 민족의 귀족과 성직자들에게 큰 소리로 읽어 줌으로써, 거기 모인 이들에게 당면 쟁점이 무엇인지 되새겼다. 이는 교황제와 기성 교회를 향한 루터의 공격이 다른 어느 것

도 가질 수 없는 깊이와 폭을 가지고 있음을 여실히 보여주었다.[38]

루터는 질문에 "예" 혹은 "아니요"로 간단히 대답해야 했다. 마련된 절차는 루터가 연설할 기회를 갖지 못하게 짜여 있었다. 루터는 대답할 시간을 얻긴 했다. 그러나 지켜보는 이들이 말했듯이, 루터의 음성은 그 큰 방에서는 거의 들리지 않았다. 그랬다. 그 책들은 정녕 루터가 쓴 것이었고, 루터도 이를 부인하려 하지 않았다. 그러나 그는 그 책들의 내용을 변호할지 아니면 취소할지 그 자리에서 말할 수가 없었다. 그는 그 이유를 이렇게 말했다. "이것은 신앙과 영혼 구원이 걸린 문제이기 때문이요, 천지 간에 그보다 큰 것이 없으므로 우리 모든 이가 경외해야 하는 하나님 말씀과 관련이 있기 때문입니다." 이어 그는 "제가 적절히 심사숙고하지도 않고 무언가를 제시하는 것은 경솔하고 위험한" 일이라 말한 뒤, 휴회를 요청했다.[39]

이는 분명 복잡한 홀에 모인 사람들에겐 아주 엄청나게 실망스러운 결말이었을 것이다. 하지만 동시에 이것은 시기적절한 전술이었다. 긴장을 누그러뜨리고 의사 진행을 늦춤으로써, 루터에게 다시 한 번 발언할 기회를 제공해 주었기 때문이다. 루터는 진정하라는 요구에 결코 잘 대처하지 못했다.[40] 루터는 나중에 크라나흐에게 써 보낸 편지에서 (진실을 살짝 비틀어) 적절히 발언할 기회가 주어지고 최소한 하나, 혹은 어쩌면 50명이나 되는 신학 박사가 자신의 견해를 논박하려고 대기 중일 줄 알았는데 그저 입 다물고 있으라는 말만 들었다며 그의 격노를 명백하게 드러냈다. 루터 말대로 이런 것은 없었으며, 대신 그가 들은 말이라곤 오직 이것뿐이었다. "이게 그대 책인가? 좋다. 그럼 그대는 이 책 내용을 부인하겠는가, 부인하지 않겠는가? 안 되겠군. 그럼 꺼져!"[41]

루터는 휴회를 얻어 냈고, 다음 날 다시 출두하라는 명령을 받았다. 루터 지지자들이 적어 놓은 사건 기록에 따르면, 지지자들은 루터에게 "사나이답게 행동하며, 몸은 죽어도 영혼은 능히 죽이지 못하는 자들을 두려워하지 말라."마 10:28고 권면했다. 한 사람은 루터에게 이렇게 되새겼다. "여러 왕 앞에 설 때 무엇을 말할까 염려하지 말라. 그때에 할 말을 주실 것입니다."마 10:19 한 구경꾼은 이렇게 소리쳤다. "당신을 밴 태가 복이 있나이다."눅 11:27 하나같이 복음서에서 가져온 이 말들은 루터가 보름스에 출두한 일을 다시금 그리스도의 수난에 빗대게 해주었다.[42] 루터의 전략은 그의 논지를 이야기할 기회가 주어져야 함을 역설하는 것이었다. 루터는 그를 강압하여 그의 주장을 취소케 하거나 입을 다물게 하려는 황제 쪽의 시도를 뒤집어엎는 데 성공했다. 루터를 제국 의회에 소환한 황제 쪽 사람들은 도리어 루터에게 그의 사상을 설명할 수 있는 가장 좋은 무대를 제공한 꼴이 되고 말았다. 교황 특사인 알레안드로도 애초에 처음부터 이런 위험성을 경고했었다.[43]

제국 의회는 다른 일도 분주히 다루었기 때문에, 루터는 4월 18일 늦은 오후까지 출두 요구를 받지 않았다. 루터는 의회에 출두한 뒤에도 호명을 받을 때까지 두 시간을 더 기다려야 했다. 이번에 루터가 안내받은 방은 이전보다 큰 홀이었지만, 이곳 역시 사람들이 어찌나 들이찼던지 일부 제후는 서 있어야 할 정도였다. 루터는 현장이 어두웠다고 회상했다. 횃불만이 어둠을 밝히고 있었다. 제국 심문관은 그가 전날 물었던 질문을 다시 물었다. 루터도 재차 온화한 목소리로 대답했다. 처음에는 라틴어로, 이어 독일어로 대답한 루터는 "궁정이 아니라 수사실修士室에 익숙한 사람"으로 행동했다. 그는 예를 갖춰 황제와 선제후들을 부른 뒤, 자신이 만일 누군가를 부르면서 그가 마땅히 들어야 할 영예로운 칭호에 미치지 못하는 칭호로 불렀다면 용서해 달라고 요청했다. 이는 그가 더 평평한 운동장을 만들어 내려고 시도할 수 있게 해주었던 협정문을 수사修士를 통해 깨버린 것이었다. 루터는 자신이 그 책들을 썼음을 인정하면서도 이 책들이 모두 같은 종류는 아니라고 말했다. 어떤 책은 그가 하나님의 말씀을 간명하게 설교한 것이었다. 그가 로마교회의 거짓 가르침을 공격한 책도 있었다. 세 번째 종류는 교황의 폭정을 옹호하고자 했던 몇몇 "(자칭) 탁월한 사인私人"—루터는 이런 조롱을 주저 없이 내뱉었다—을 반박하려고 쓴 책이었다.⁴⁴

루터는 "종교(기독교)° 신앙과 도덕을 간결하고 복음에 합당하게" 논한 책들을 취소할 수 없었다. 그렇게 논한 책이었기에, "내 원수들조차 이 책들이 유익하고 무해하며 그리스도인이 분명 읽을 만한 가치가 있음을 인정할 수밖에 없습니다"라고 루터는 진술했다. 그뿐만 아니라, 루터는 자신이 교황의 우상숭배와 폭정에 맞서 쓴 책들을 부인할 수 없었다. "이런 폭정에 힘을 보태 주고" 싶은 마음이 없었기 때문이었다. 루터는 이렇게 예리한 말을 이어 갔다. "특히 제가 황제 폐하와 신성로마제국 전체의 권위를 앞세워 이런 악행을 저질렀다는 보고가 있다면, 이렇게 크고 사악한 불신앙을 작은 것은 물론 큰 것까지 아주 속속들이 토설吐說해야 했을 것입니다." 아울러 루터는 세 번째 종류의 책도 취소할 수 없었다. 그 책에서 교황제 변호자들과 수호자들을 공격했기 때문이었다. 그가 비록 이 종류의 책에서는 그의 종교와 직업이 요구하는 것보다 "신랄한" 비판을 하긴 했지만, 그래도 "저는 성인聖人인 체 굴지 않겠습니다"라는 것이 그의 답변이었다.⁴⁵

이를 보면, 루터는 누구라도 "제 오류를 밝혀 주시며 선지자들과 복음서의 글로 이 오류들을 뒤집어엎으실" 수 있다면, 그 "가르침을 받을" 준비가 되어 있었다. 이는 프리드리히 쪽 협상자들도 내내 취했던 노선이었다. 루터는 만일 이런 일이 일어나면(물론 루터는 이런 일이 일어날 리 없다고 확신했다) 자신이 가장 먼저 자기 책을 불 속에 집어 던지려 했다. 루터는 "제 가르침의 결과로 세상에서 발생한 흥분 및 불화"와 관련하여 그가 95개 논제에 써 놓은 문언을 재차 이야기했다. 그는 거기에 "평화(화평)°가 없는데도 그리스도의 백성에게 '평화, 평화!'라 말하는 모든 선지자를 쫓아내라!"라고 써 놓았다. 이어 그는 이렇게 덧붙였다. "제겐 하나님 말씀 때문에 흥분과 불화가 일어남을 보는 것이 이 모든 사안에서 분명 가장 즐거운 측면입니다. '나는 화평이 아니라 검을 주러 왔노라'마 10:34는 그분(그리스도)◆의 말씀대로, 이것이 곧 하나님 말씀의 길이요, 기회요, 결과이기 때문입니다."⁴⁶

이 말은, 조화, 평화(화평)°, 그리고 형제애를 지극히 높은 가치로 여기는 사회가 듣기엔, 아주 당황스러운 진술이었다. 적어도 한 방청객, 곧 요하네스 크흘레우스는 불화를 조장하는 이 말의 분위기를 경계했다. 나중에 그는 루터가 봉기하려는 마음을 불러일으키고 농민전쟁의 원인을 제공했다며 비난했다.⁴⁷ 하지만 이 말은 지성이 녹아 있는 걸작이었으며, 루터 자신의 권위를 앞세운 주장을 펴지 않으면서도 상대방의 주장을 꺾어 버렸다.⁴⁸

제국 심문관은 다소 화난 목소리로 루터가 "묻는 말에 대답하지 않았다"고 대꾸했다. 루터는 자신이 요구받은 것은 "뿔 달린 답변이 아니라, 취소하길 원하는지 여부를 간단히 대답하라는 것"이었다고 되새겼다.⁴⁹ 이런 요구는 루터의 지성중심주의를 비꼬는 것이었다. 스콜라 학자들은 딜레마의 "뿔" 같은 도구를 사용하여(상대를 진퇴양난에 빠뜨려)° 논쟁을 피하길 좋아했기 때문이다. 이제 루터의 대답은 "뿔이 있지도 않았고 이齒가 있지도 않았습니다." "제 확신의 근원이 성경의 증언이나 명쾌한 이성이 아니라면 모를까(성경의 증언이나 명쾌한 이성을 제 확신의 근원으로 지목한 이유는 교황과 공의회가 자주 오류를 저지르고 모순을 범했다는 것이 잘 알려져 있기에 제가 교황을 신뢰하지도 않고 공의회 하나만을 신뢰하지도 않기 때문입니다), 저는 제가 인용한 성경에 매여 있으며 제 양심은 하나님 말씀에 사로잡혀 있습니다. 저는 취소할 수도 없고 취소하지도 않겠습니다. 양심을 거스름은 안전하지도 않고 옳지도 않기 때문입니다." 이전에 했던 말과 달리, 이번에 한 말은 정말 거침이 없었다. 이날 공식 의사록議事錄에 따르면, 이것이 루터가 말한 모든 것이었다. 루터 지지자들이 비텐베르크에서 출간한 기록에 따르면, 루터는 이렇게 말을 맺는다.

> 내가 여기 섰습니다. 내가 할 수 있는 것은 이것뿐이오니, 하나님, 나를 도와주소서. 아멘
> Hie stehe ich, ich kann nicht anders, Got helff mir, Amen.

설령 그가 이 말을 하지 않았다 해도, 이 말은 이내 유명해졌다. 이 말은 분명 그가 표명한 정신을 집약하고 있었다.[50]

루터의 말이 끝난 뒤, 토론이 이어졌다. 그러나 이제 어둠이 내렸고, 의회는 곧 산회散會했다. 루터 무리가 내놓은 보고는 루터가 회의장을 떠날 때 모습을 다시 한 번 그리스도의 수난을 암시하는 말로 이렇게 말했다. "에스파냐 사람들이 크게 무리지어 하나님의 사람 루터를 뒤따르며, 희롱하고 조롱하는 몸짓을 하며 큰 소리로 외쳤다." 루터 무리는 이런 외침을 들었다. "그를 불태우라! 그를 불태우라!"[51]

◆ ◆ ◆

루터가 이렇게 "양심"에 호소한 것은 무슨 의미였을까? 이는 근대정신의 색채를 갖고 있으며, 사상의 자유 그리고 모든 개인이 스스로 무언가를 결정할 수 있는 권리를 떠올려 준다. 그러나 루터가 말하려 한 것은 그게 아니었다. 그가 종종 사용했던 독일어 용어 "게비센Gewissen"은 분명

"앎"이나 "확신" 같은 말과 밀접한 관련이 있다. 라틴어를 보면, 그가 늘 사용했던 또 다른 말인 "콘시엔티아conscientia"의 어원은 "…과 함께 앎"이라는 뜻이다. 물론 루터가 이런 말을 쓴 때는 프로이트가 정신mind을 세 부분으로 나누는 모델을 정립하면서 양심conscience을 초자아superego와 동일시하고 이를 외부 규범과 도덕의 금지명령을 강요하는 부분으로 보기 훨씬 전이었다. 아울러 루터가 말하는 양심은 진정한 개성이 포함된 내면의 목소리라는 의미도 아니었다. 루터는 하나님 말씀의 의미가 절대 명료하고 명백하다고 보면서, "양심"은 인간 내면이 하나님 말씀의 객관적 의미를 아는 지식이라고 본다. 이것이 바로 그가 자신의 양심이 "하나님 말씀에 사로잡혀 있다"고 역설할 때 생각했던 양심의 의미다.[52] 더군다나, 루터는 양심이 지적 능력이자 복잡다단한 여러 감정과 강하게 연결되어 있다고 본다. 양심도 슬프거나, 무거운 짐에 눌려 괴로워하거나, 어두운 구름에 휩싸이거나, 기뻐하거나, 행복하거나, 평화로울 수 있다. 그것은 약하거나 강할 수도 있고, 심지어 용감할 수도 있다. 양심은 감정의 또 다른 자리인 마음과 짝을 이룰 수도 있고, 믿음과 짝을 이룰 수도 있다. 그것은 하나님과 특별한 관계에 있으며, 하나님과 직접 소통한다.

"양심"은 루터에게 긴 역사가 있는 말이었다. 그가 불행한 수사로서 살아가던 시절, 그의 양심은 무거운 짐에 눌려 괴로움을 느꼈으며, 이 때문에 고해를 밥 먹듯이 하곤 했다. 슈타우피츠는 바로 이 불행에서 루터를 건져 주었다. 그는 루터에게 하나님이 우리 선행 때문에 우리를 받아 주시는 게 아니라 죄인인 그대로 받아 주심을 보여줌으로써 자유를 안겨 주었다. 슈타우피츠 자신의 저작들은 그가 개인의 양심에 무언가를 강요함이 가지는 위험성을 깊이 인식했음을 보여주었다. 그는 사람이 죽어야 할 죄를 범했을 때만 죄책을 느끼며 괴로워해야 한다고 권고했다. 슈타우피츠는, 그러나 만일 십계명을 어기지 않은 죄 때문에 죄책을 느꼈지만 결국 그것이 십계명을 어긴 죄가 아님을 인식할 수 있다면, "오류에 빠진" 양심을 그냥 버리기만 하면 된다고 말한다. 만일 그런 양심을 버리지 못하겠으면, 고해신부에게 찾아가 도움을 받아야 한다는 것이 그의 권고였다. 이는 루터처럼 아주 예민한 양심을 다룰 때 반드시 기억해 두어야 할 권고였다.[53] 그러나 슈타우피츠가 이렇게 루터의 양심을 훌륭히 돌보아 주긴 했지만, 그가 이해하는 양심의 의미는 루터가 이해하는 그것과 달랐다. 슈타우피츠는 양심도 실수할 수 있으며 중요하지 않은 문제로 괴로워할 수 있다고 보았지만, 루터는 양심을 확신이 있는 자리요 결코 잘못을 범할 수 없는 것으로 보았다. 루터는 자신의 양심이 "하나님 말씀에 사로잡혀 있다"고 말했지만, 이는 곧 양심은 흔들리거나 바뀔 수 없다는 뜻이었다. 루터는 그의 존재 전체—그의 정신과 감정—로 하나님 말씀이 무엇인지 "알았기" 때문에, 그 말씀을 부인할 수 없었다.

❖ ❖ ❖

루터가 이전에 쓴 어떤 저작이나 행했던 어떤 일도 그가 황제와 제국 의회에 모인 모든 의원을 이처럼 기막히게 무시해 버린 것과 같은 효과를 발휘하지는 못했다. 슈팔라틴은 루터가 주 안에서 편안하고 행복하게 숙소로 돌아왔던 일을 회상하면서 이렇게 말했다. "만일 그에게 머리가 천 개 있었다면, 그의 주장을 취소하느니 차라리 그 머리가 모조리 베임을 당하는 쪽을 택했을 것이다." 루터는 군중 사이를 뚫고 지나가다가 아우크스부르크에서 온 인문주의자 콘라트 포이팅어를 발견했다. "포이팅어 박사님, 박사님도 여기 계셨군요?" 루터는 그리 말한 뒤, 박사 가족의 안부를 물었다. 포이팅어는 루터가 이런 상황에서도 유쾌하게 평온을 유지하는 것에 분명 놀랐다. 숙소로 돌아온 프리드리히 현공(작센 선제후)°은 슈팔라틴에게 이렇게 말했다. "그 신부 있잖아, 마르티누스 박사 말이야. 말 잘 하더군.…헌데 내가 보기엔 그 친구 간이 너무 커."⁵⁴

　　루터 신학의 복잡한 세부 내용에 관심이 없던 이들조차도 루터가 보름스에서 보여준 저항에 감동했다. 그의 저항은 한낱 수사가 당대의 가장 큰 권력자들과 대결할 수 있음을 보여주었기 때문이다. 가톨릭은 루터와 공개 토론을 벌이길 거부함으로써 루터에게 크나큰 도덕적, 지적 승리를 안겨 주었으며, 루터는 이런 사실을 주저 없이 강조했다.⁵⁵ 이는 윗사람에게 공손히 복종하길 강조하는 사회에 깊은 충격을 던진 교훈이었다. 정말 하나님 말씀이 그 앞에 있는 모든 것을 쓸어버리고 옛 질서를 뒤엎어 버릴 것처럼 보였다.

　　루터는 보름스에서 한 연설로 충분한 "흥분과 불화"를 겪었지만, 곧 그보다 더 많은 일을 겪게 된다. 독일 기사요 인문주의자인 울리히 폰 후텐은 이 사건을 그야말로 자기 일처럼 여긴 나머지, 그의 "거룩한 친구amico sancto"에게 편지 둘을 보내, 루터더러 굳건히 버티라고 독려하면서 그를 대적하는 "개들"을 조심하라고 경고했다. 아울러 그는 루터에게 칼과 활과 화살이 필요하다는 점도 이야기했다. 이 두 편지는 곧 인쇄되어, 후텐이 루터 책이 불태워짐을 탄식하고 "남자답지 않은" 주교들에 맞서 "사나이답게" 저항할 것을 독려하려고 쓴 수많은 소책자 대열에 합류했다.⁵⁶ 아울러 루터는 기사인 프란츠 폰 지킹엔Franz von Sickingen에게 열렬한 지지를 받았는데, 그는 용병 활동을 하고 라인강을 따라 자리한 부자 마을에서 "보호"비를 거둬들여 생계를 꾸렸다. 무장 기사들과 강도떼가 기회가 날 때마다 상인들을 공격하는 일이 빈번히 일어났다. 사실은 앞서 보름스의회가 열리는 동안에도 보름스 자체에서 멀지 않은 곳에서 그런 습격 사건이 일어났었다.⁵⁷ 기막힌 역설은 지킹엔 자신이 거의 10년 전에 보름스시를 상대로 싸움을 벌인 적이 있었다는 것이다.

후텐은 지킹엔에게 루터의 대의가 옳다는 확신을 심어 주었고, 이제 지킹엔은 그가 소유한 성 가운데 하나인 에베른부르크Ebernburg에 있는 피난처를 이 수사(루터)°에게 제공했다. 하지만 루터는 조심스레 일정한 거리를 두었다. 이 기사들은 무장 경호를 제공했을 뿐 아니라, 복음을 지지하는 무장봉기까지 일으키려 했다. 1522년 가을, 이들은 보름스의회 뒤에 루터와 협상을 벌여 문제를 해결하려 한 이로 유명했던 트리어 대주교에 맞서 싸우려 하면서, 농민들이 대거 일어나 자신들을 지지해 주길 기대했다. 그러나 농민들은 봉기하지 않았고, 지킹엔은 1주일도 지나지 않아 화약이 동나고 말았다. 이 기사는 후퇴할 수밖에 없었다. 처음에는 에베른부르크로 물러난 그는 이어 란트슈툴Landstuhl에 있는 그의 성으로 물러났다. 1523년 5월, 헤센의 필리프와 팔츠Pfalz 선제후가 성을 포위했다. 지킹엔은 자신이 새로 보강한 성에서 넉 달은 버틸 수 있으리라고 생각했지만, 근대 화포는 곧 이 성을 산산조각 내 버렸다. 지킹엔은 부상을 입었고 곧 죽었다. 후텐도 그해에 죽었다. 당시 기사 무리는 제후들의 부와 정치 영향력이 커지고 도시들이 점점 부유해지고 강해지면서 구석으로 밀려나고 있었지만, 후텐과 지킹엔의 봉기가 이런 기사 무리의 힘을 마지막으로 과시한 사건은 아니었다. 이런 싸움은 루터가 살아 있는 내내 계속되었다. 하지만 1523년에 있은 후텐과 지킹엔의 패배는 루터가 3년 전 『독일 민족의 그리스도인 귀족에게』를 쓰면서 꿈꾸었던 통일된 "기독교 귀족"이라는 이상이 끝났음을 알리는 사건이었다.

◆ ◆ ◆

1521년 4월 18일, 황제 카를은 보름스에서 직접 루터에게 보내는 답신을 썼다.⁵⁸ 카를은 루터가 제기한 쟁점들과 관련된 신학 지식을 가진 것처럼 행세하지 않으려고 조심하면서, 그냥 이렇게 말했다. "우리 조상도 역시 그리스도인 제후였지만, 그럼에도 지금 루터 박사가 공격하는 로마교회에 순종했다."⁵⁹ 더구나 일개 수사가 옳고, 유구한 세월 속에 이름을 남긴 박식한 신학자들이 틀렸을 가능성은 거의 없어 보였다. 따라서 루터와 그를 지지하는 자들을 파문하고 "뿌리 뽑아야" 한다는 것이 황제의 결론이었다. 그것은 분명 교회와 전통을 지지하겠다는 결정이었다.

황제 쪽이 급박하다 여긴 쟁점은 성경을 해석할 권위가 누구에게 있는가라는 문제였다. 제국 심문관이 경고했듯이, 루터는 "당신이 성경을 아는 지식을 가진 유일한 사람입니다"라고 주장하지 말아야 했다.⁶⁰ 바덴Baden 재상Kanzler이었던 베후스 박사Hieronymus Vehus도 보름스의 회 뒤에 루터와 벌인 토론에서 이런 노선을 취하면서도, 루터가 양심에 호소한 것을 거론했다. 베후스는 다른 모든 그리스도인의 양심처럼 루터의 양심도 그에게 세 가지를 가르쳐 주었어야 했다고 주장했다. 첫째, 루터가 자신의 이해에 의지하지 말아야 한다는 것이었다. "그(루터)°가 자기 양심에만 빠져 있으면, 하나님의 명령에 어긋나지 않는 문제에서 다른 사람들의 이해를 겸손히 따르는 것이 더 좋을지 여부를 판단할 때 자신에게 이로운 판단을 내리기 쉽다"는 것이 그 이유였다. 학자라면 눈앞에서도 언제나 겸손과 순종을 실천함으로써 자기 의지에 따른 이해와 자만에 미혹당하지 않도록 해야 한다. 둘째, 양심이라면 루터에게 불명예(추문)와 범죄를 멀리 하라고 경고해야 한다. 셋째, 루터의 양심은 그가 좋은 작품을 많이 썼으며 많은 폐해를 밝혀냈지만, 그래도 만일 그가 이 작품들을 취소하지 않는다면 그가 행한 좋은 일조차도 모두 위험에 빠지리라는 것을 그에게 알려 주어야 한다. 베후스는 신학자가 아니라 법률가요 정치인이었다. 그의 권면은 다른 이들이 양심을 어떻게 이해했는지 보여주는 희귀한 사례다. 베후스는 내면의 능력이 행위를 규제한다고 보았으며, 모든 그리스도인의 경우도 마찬가지라고 보았다. 문제의 핵심은 루터가 자신의 지성을 신뢰한 나머지 자만이라는 죄를 저질렀는가라는 것이었다.[61]

이런 주장 가운데 어느 것도 루터나 루터 지지자들을 설복시키지 못했다. 루터는 자신이 보기에 하나님의 명령에 어긋난다 싶은 문제에서는 겸손을 보일 수 없었다. 양심이 그런 일을 허락하지 않았다. 다른 많은 루터 반대자처럼 베후스도 루터가 실제로 주장하는 논지를 깊이 살펴보기는 거부한 채, 루터가 옳고 교부들이 틀렸을 가능성은 거의 없다는 주장만 늘어놓았다. 양심은 순종과 관련이 있지, 어떤 사람의 성경 해석과 관련이 있을 리 없다는 것이 그의 주장이었다. 사실, 루터에게 "겸손"을 보이라고 줄기차게 재촉하는 것은 상황만 악화시킬 가능성이 높았다. 토론 주제를 도덕 신학의 영역으로 옮겨 가고 루터의 인격을 공격 대상으로 삼는 일은 오히려 루터라는 사람만 더 돋보이게 만들었을 뿐이다.

인문주의자인 요하네스 코흐레우스는 양심이 아니라 성경을 해석할 권위가 논쟁의 핵심이라고 보았다. 그의 주목할 만한 회상록은 정신없이 바빴던 루터 편의 분위기를 우리에게 전해 준다. 사람들이 쉴 새 없이 드나들고, 논쟁이 이어졌으며, 문단속도 썩 미덥지가 않았다.[62] 코흐레우스도 사람들을 속이고 루터 숙소로 들어가 심지어 식사 자리에도 슬쩍 끼어들었다. 이 식사 자리에서 코흐레우스는 자신이 루터 그리고 코흐레우스 자신이 다름 아닌 작센 선제후라고 생각했던 어떤 귀족 사이에 앉아 있음을 발견했다. 두 사람은 식사를 하면서 화체설을 놓고 논쟁을 벌이기 시작했다. 코흐레우스는 루터에게 설교하거나 글을 쓸 기회도 허용하지 않는 안전통행증을 내버리라고 요구하고, 사람들이 보는 가운데 루터와 일대일로 토론을 벌였다. 그러나 그런 요구는 위험한 도발이었다. 루터가 만일 안전통행증을 포기했다간, 가톨릭이 그를 사로잡을 수도 있었기 때문이다. 루터는 그런 요구까지 거의 받아들이려 했기 때문에 그의 지지자들이 말려야 했다. 어쩌면 루터는 공개 토론이 문제를 해결해 줄 수도 있다고 계속 믿었을지도 모르겠다. 루터에겐 결국 순교해야 한다면 감내하려는 마음도 일부 있었다.

코흐레우스는 루터를 그냥 내버려 두지 않고 루터가 잠자는 곳까지 따라갔다. 루터 한 사람과 일대일로 논쟁을 계속하고 싶었던 그는 자신의 외투마저 뒤로 내던져 자신이 비무장임을 증명해 보였다. 루터에겐 무모하다 싶을 정도로 남다른 용감함, 아니 어쩌면 세상 무서운 줄 모르는 순진함 같은 것이 있었다. 그는 아무하고나, 어디서나, 어느 때라도 당면 문제를 토론하려 했다. 코흐레우스는 나중에 자신이 루터를 거의 설득하여 그의 주장을 취소하게 할 뻔했다고 적어 놓았다. 코흐레우스는 루터가 바로 이 문제에 대답해야 한다고 보았다. 당신은 당신의 성경 해석이 옳음을 어떻게 알 수 있습니까? 해석은 명료하지 않을 수 있으며, 바로 그런 이유 때문에 우리가 교회 전통을 신뢰해야 한다는 것이 코흐레우스의 주장이었다. 코흐레우스는, 이 인문주의자가 루터에게 교회로 들어갈 문을 닫지 말고 젊은 멜란히톤을 망치지 말라고 권면하자, 루터의 눈에서 눈물이 흘러내렸다고 보고했다.

다른 많은 문제도 그렇지만 이 문제에서도 코흐레우스의 말이 완전히 그른 것은 아니었다. 루터도 자신이 분노와 자만이라는 죄로 고통을 겪고 있음을 알았다. 그러나 루터는 성경이 모호하지 않기 때문에 성경을 해석할 권위가 논란거리는 아니라고 보았다. 애초에 루터는 카예탄과 토론할 때 이 주장을 처음 전개했었다. 교황파와 교회 공의회의 결정에 맞서려면 성경에 호소할 수밖에 없었으며, 성경은 교황이 적그리스도임을 분명하게 보여주었다. 이것은 사람들이 성경을 이해하려면 히브리어와 그리스어에 밝아야 한다는 뜻은 아니었다. 바로 이런 점 때문에 성직자 교육이 아주 중요했다. 그러나 이때만 해도 루터는 성경 속으로 들어가 그것을 꼼꼼히 반성하면 하나님 말씀의 의미가 분명하게 드러난다고 믿었다. 하지만 오래지 않아 루터 편에 있는 사람들조차도 성경의 자명한 진리를 이 개혁자(루터)°와 다르게 읽기 시작했다. 이러다 보니 루터의 대적들은 주저 없이 루터가 명료한 하나님 말씀이라고 선포했던 것이 루터 자신의 해석일 뿐이라고 결론지었다. 루터는 자신에겐 어떤 권위도 없으며, 모든 것은 하나님 말씀에 근거를 두고 있다고 주장하여, 자신의 권위는 논쟁 대상으로 삼지도 않는 것 같았다.

루터 지지자들은 루터를 속여 안전통행증을 포기하게 만들려 한 코흐레우스에게 격노했다. 코흐레우스 자신의 설명에 따르면 그도 처음에는 루터에게 동조했었다. 그런 그가 "격노한" 루터파 사람들에게 살 거죽이 벗겨지듯 엄청난 비판을 받고 있었다. 코흐레우스는 이런 불평을 털어놓았다(3인칭으로 썼다). "(루터파 사람들은) 노래를, 아니 진실을 말하자면, 비난과 모욕을 출간했다. 그들은 이것을 아주 신속히 다른 도시로 보내, 코흐레우스가 프랑크푸르트로 돌아가기도 전에 이 노래가 뉘른베르크와 비텐베르크에 도착하게 했다." 코흐레우스라는 이름은 배신자를 가리키는 별명이 되었다.[63] 코흐레우스는 "달팽이 새끼"라는 조롱을 받으며, 그가 한때는 거기에 속해 있음을 아주 자랑스러워했던 지식인 집단에서 영원히 추방당했으며, 사람들이 증오하던 에크와 화해할 수밖에 없었다. 루터를 향한 코흐레우스의 열렬한 칭송은 순식간에 맹비난으로 바뀌었다. 코흐레우스는 루터에 매달린 채, 남은 평생을 이 개혁자의 작품을 공격하는 데 허비했다.[64] 루터는 곧 "이런 식으로 하면 그의 화만 더 돋우겠다"고 생각하여 일체 대꾸하지 않기로 결심했다. "내가 그에게 대꾸하면, 그는 그저 기고만장해질 것"⁶⁵이라는 게 그리 결심한 이유였다.

그러나 코흐레우스가 루터를 혹독하게 비평한 내용에도 통찰이 없진 않았다. 루터의 내면에 자리한 확신은 그의 대의와 그리스도의 대의를 동일시함에서 나온 것이었다. "여러분이 만일 루터와 견해를 같이 하지 않는다면, 여러분이 원용할 수 있는 더 높은 권위는 존재하지 않습니다." 보름스의회가 끝난 뒤, 루터는 어디에나 있었다. 메달과 판화에 등장한 그는 영웅으로 숭배받았다. 우리는 선제후 궁정이 일부러 크라나흐에게 신신당부하여 그들의 영웅(루터)˚을 경건하고 겸손한 수사처럼 보이게 하고자 애초에는 더 극적이었던 동판화를 더 차분한 분위기로 묘사하게 한 일을 알고 있다. 크라나흐가 만들어 낸 루터 이미지는 작센 궁정에 덜 매인 예술가들을 포함하여 다른 많은 이에게 영감을 불어넣어 주었다. 이들은 누구라도 금세 알아차릴 수 있는 경건한 수사라는 이미지를 만들어 냈으며, 이 이미지는 루터를 거룩하고 비범한 사람으로 묘사했다. 알레안드로가 떨떠름해하며 불평했듯이, 루터가 마치 성령에 감동한 사람이기라도 한 것처럼 비둘기와 함께 있는 그를 보여 주는 목판화, 혹은 그가 마치 성인이기라도 한 것처럼 후광後光이 비치는 모습을 담은 목판화가 보름스에서 판매되고 있었다.⁶⁶

개신파와 보수 인문주의자들이 갈라지면서, 가톨릭교회를 변호하는 자들이 동맹을 형성하기 시작했다.⁶⁷ 아우크스부르크에서는 교황 칙서 "주여, 일어나소서"를 통해 파문 위협을 받았던 베른하르트 아델만 폰 아델만스펠덴이 에크에게 용서를 구했다. 아우크스부르크 시서기로서 강력한 힘을 갖고 있었고 1518년에는 루터를 도우러 등장했던 콘라트 포이팅어는 그의 다리를 재건하는 데 마음을 쏟았다. 그는 보름스 협상에서 주도적 역할을 했으며, 자신의 미성년 손자에게 성직록聖職祿

이 루터 초상은 루터가 보름스에서 한 행동을 설명한 책 『마르틴 루터 박사의 행적과 업적Acta et res gestae, D. Martini Lvtheri』 표제 면에 들어 있다. 이 초상은 1520년 5월이나 6월에 스트라스부르에서 인쇄되었는데, 필시 알레안드로를 아주 많이 화나게 했을 것이다. 이는 분명 크라나흐가 처음 만들었던 작품을 토대로 삼고 있지만, 이 작품을 만든 예술가 한스 발둥 그린은 루터를 성인처럼 보이게 하려고 후광을 추가했으며, 루터가 성령에 감동한 사람임을 나타내려고 비둘기를 추가했다.

〈35〉

을 확보해 주고자 제국 의회가 제시한 뒷거래 기회를 활용하는 교활한 면모를 보여주었다. 이제 그가 어느 편인지 분명하게 드러났다. 그러나 가톨릭도 아주 많은 것을 얻지는 못했다. 알레안드로라면 루터가 보름스에서 사람들 앞에 등장했을 때 사람들은 이미 그가 주정뱅이요 건달임을 알았으며, 그의 "모습과 태도, 행동거지, 말과 행실이 도를 넘어선 것이 많아" 존경할 거리가 하나도 없었다고 심술궂은 악평을 했을지도 모른다. 알레안드로는 루터가 떠나기 전에 여러 제후와 고관이 제공한 음식을 게걸스럽게 먹어 치우고 독한 백포도주를 끝도 없이 들이키며 먹은 음식을 씻어 내렸다고(소화시켰다고)° 적어 놓았지만, 이런 종류의 뒷담화로 민중의 사람이라는 루터의 이미지에 상처를 입힐 가망은 없었다.[68] 하지만 가톨릭은 자신들이 당연히 얻어 내리라고 기대할 수 없었던 황제의 지지를 확보했다. 알레안드로가 제국 의회에서 일어난 일을 기록해 놓은 글은 황제 카를이 루터에게 바보처럼 속아 넘어가지 않은 것에 안도하는 그의 심정을 생생히 드러낸다.

그렇다면 루터 본인에겐 어떤 조치를 취해야 했을까? 제국 의회의 일부 의원은 이 수사가 이단이므로 안전통행증을 가질 자격이 없다고 주장했다. 바로 이 이단이라는 이유 때문에 얀 후스도 안전통행증을 박탈당하고 1415년에 콘스탄츠 공의회에서 처형당했다. 그러나 카를 5세는 이런 방향을 택하지 않았다. 루터에겐 다행한 일이었다. 황제는 약속을 지켰으며, 루터가 집으로 돌아갈 때까지 안전한 통행을 보장했다.[69]

하나님 말씀을 선포한 이 순박한 수사는 영웅이 되었다. 제국 의회가 끝나고 곧 출간된 소책자는 이 사건을 그리스도의 수난을 재현한 일로 묘사했다.

1521년, 루터는 프랑크푸르트에서 라인강을 건너 보름스행 여정을 이어 갔다. 그와 그의 제자들은 함께 모여 저녁 식사를 했고, 그 자리에서 함께 빵을 떼었다. 루터는 제자들에게 그들 중 하나가 자신을 배반하리라고 경고했으나, 제자들은 모두 그럴 리 없다며 부인했다. 그러나 바로 그다음 날, 가장 단호하게 부인했던 작소Saxo[70]가 루터를 세 번이나 부인했다. 로마 추종자들은 악을 쓰며 루터의 피를 요구했으며, 그들 가운데 마인츠 주교와 메르제부르크 주교가 극악했다. 루터는 가야바의 집에서 침묵을 지켰다. 트리어 주교는 무엇을 해야 할지 깊이 생각했다. 루터는 경건한 그리스도인이었기에 그를 정죄할 이유를 찾을 수 없었다. 그러나 제사장들은 "그를 불태우라!"고 소리쳤다. 그리하여 그들은 루터의 저작과 그 책 표지 위에 있는 루터 얼굴 초상을 장작더미에 집어 던졌다. 그들은 루터 왼쪽에 후텐의 저작을, 오른쪽에는 카를슈타트의 저작을 놓아두었다. 그러나 불이 이 책들을 살라 재로 만들어 버렸는데도, 루터 초상은 불타지 않았다.

스트라스부르에서 인쇄한 헤르만 부세의 『마르켈루스가 전하는 복된 마르틴 루터의 수난, 혹은 그의 고난』, 1521년. 이 작품 표지에는 특이하게 루터를 묘사한 목판화가 들어 있다. 이는 당시 어느 루터 초상과도 닮지 않았으며, 크라나흐의 루터 초상에도 전혀 기반하지 않았다. 루터는 결연한 자세로 서 있다. 큰 성경을 쥔 이 당당한 영웅은 수사 두발을 하고 수사복을 입은 채 독자를 바라보고 있다.[72]

⟨36⟩

『마르켈루스가 전하는 복된 마르틴 루터의 수난, 혹은 그의 고난 Passion Doctor Martins Luthers, oder seyn lydung durch Marcellum beschriben』의 저자는 인문주의자인 헤르만 부세 Hermann von dem Busche였다. 그는 자신의 이름을 순교한 베드로를 장사 지냈던 사람의 이름을 따 마르켈루스라 했다.[71]

그리스도와 루터를 동일시한 것은 신성모독처럼 보인다. 그러나 큰 성공을 거둔 이 소책자는 루터 자신이 보름스의회에 관하여 이해한 내용 중 많은 부분과 그 궤를 같이했다. 루터 자신도 보름스의회를 수난으로 보았으며, 자신이 그리스도를 닮아 가고 있다고 믿었다. 루터는 1518년에 아우크스부르크에서 벌어진 사건들을 설명하면서, 자신을 가야바 집에 계신 그리스도에 비유했으며, 자신이 로마로 가다가 에르푸르트에 들렀던 일을 자신의 "종려 주일"로 보려 했다. 깊은 신심을 지닌 신자가 자신을 그리스도와 동일시함은 신비주의자와 성인을 거쳐 오래 전까지 거슬러 올라가는 전통이었으며, 성직자는 물론이요 경건한 평신도까지 아우르는 전통이었다. 그리스도가 십자가형을 당하시는 장면을 그린 그림이나 그리스도의 가족을 묘사한 그림을 보면, 그리스도를 제외한 구경꾼들은 으레 루터 시대의 값비싼 비단과 벨벳으로 만든 옷을 입고 있으며, 길게 튼 바지와 소매에는 공들여 수놓은 무늬가 있었다. 이런 그림을 그린 것은 루터 시대 예술가들이 성경 속 시대에 사람들이 무엇을 입었는지 몰랐기 때문이 아니었다. 오히려 그들이 그려 낸 경건한 이미지들은 현재를 성경 속의 과거로 옮겨 놓음으로써, 그림을 보는 이들이 신앙의 시간 속으로 들어가 그리스도의 수난 이야기에 참여할 수 있게 하여 역사 속에 자리한 시간 간극을 극복하게 해주었다. 1500년, 알브레히트 뒤러는 그를 바라보는 이를 정면으로 마주보는 자신을 그렸는데, 긴 곱슬머리에다 그리스도가 축도하실 때처럼 손을 들고 있다. 이 자화상은 결코 이 예술가가 신성한 지위에 있음을 선포하는 그림이 아니었다. 뒤러는 이런 행위를 일종의 신앙 행위라 여겼을 것이다. 말하자면 사람들이 그리스도가 공생애 사역을 시작하셨다고 믿는 나이인 스물아홉 살에 이르렀을 때, 가능하면 그리스도에게 가까이 다가가고픈 자신을 묘사해 보려 했을 것이다. 루터가 자신의 고난을 "수난"이라 묘사하긴 했지만, 그가 당시 일어나고 있던 일을 꼭 그런 식으로만 이해하지는 않았다. 오히려 루터는 그런 묘사가 조롱일 수도 있음을 아주 잘 인식했기에 그런 묘사를 완전히 신뢰하지는 않았다. 그러면서도 루터는 밥 먹듯이 성경 속 드라마를 응용하여 자신의 경험을 표현했다. 그는 보름스로 가면서 자신과 같이 마차를 타고 가는 일행에게 여호수아서를 해석해 주었다. 그것은 흥미로운 선택이었다. 성경에 나오는 여호수아는 모세가 죽은 뒤에 이스라엘을 이끈 사람이었기 때문이다. 그는 여리고 전투를 치렀고, 광야를 통과하는 이스라엘 백성을 이끌었다. 마찬가지로 루터도 이제 로마 세력에 맞서는 참 교회 지체들을 이끌고 있었다.

루터는 나중에 "말씀이 모든 일을 했다"고 강조했는데, 이 말을 자신이 그리스도의 사람(그릇)°이 되고 자신의 역할을 포기함으로써, 오히려 무언가를 행하고 위험에 대처하는 그의 능력을 크게 키웠다는 의미로 받아들인다면, 그의 말이 옳았다.[73] 그러나 그가 보름스에 출두한 일은 훨씬 더 경건한 행위였고, 신성한 드라마였다. 그는 이 드라마에서 그리스도 편에 서 있었지만, 그의 대적들은 그를 시험하며 재판에 넘기려 했다. 루터는 그의 대의와 그리스도의 대의를 동일시함으로써 엄청난 확신과 용기를 얻었다. 덕분에 그는 순교의 가능성을 마지못해 당하는 숙명이 아니라, 기쁜 마음으로 받아들일 수 있었다. 그렇지만 동시에 루터는 일어난 사건들에 관한 이해(설명)를 누구도 이의를 달지 못할 정도로 가르치기 시작했다. 보름스에서는 하나님의 말씀이 역사했으며, 그 말씀은 모든 황제와 제후를 압도한 권위였다.

루터는 교황에 맞서 황제에게 호소했다. 비록 순교는 면했지만, 그는 지고 말았다. 이제는 황제의 권력과 교황의 권력이 모두 그를 대적했다. 5월 26일, 제국 의회가 막을 내린 다음 날, 루터가 이미 오래전에 그 마을을 떠나고 없었던 그날, 황제는 보름스 칙령에 서명했다. 칙령은 루터에게 법률상의 보호 박탈 형을 내렸으며, 누구도 루터에게 주거住居나 음식을 제공하는 것을 금지했다. 아울러 루터의 저작을 판매하거나, 읽거나, 소지하거나, 인쇄하는 행위도 금지했다. 루터는 자신에게 닥쳐올 일을 이미 알았다. 그런데도 그는 활기가 넘쳤다. 그는 4월 28일, 그러니까 보름스를 떠난 이틀 뒤에 크라나흐에게 편지를 써 보내면서, 자신이 보름스에서 겪은 고초를 그리스도의 수난 및 부활과 비교하며 이렇게 말했다. "우리는 잠시 동안 고난을 겪으며 침묵해야겠습니다. 잠시 동안 저를 못 보실 겁니다. 좀 더 시간이 지나면 만나겠지요."[74]

09.

바르트부르크에서

아무도 루터의 행방을 알지 못했다. 보름스에서는 신성로마제국의 큰 제후들이 루터를 만나려고 줄을 섰었다. 루터는 새벽 미명부터 저녁 황혼 때까지 지지자와 친구에 에워싸여 있었고, 사람들은 그가 던지는 말 한 마디 한 마디에 귀를 기울이며 그 의미를 반성했다. 보름스의 흥분이 가시자, 이제 루터는 혼자 남아 있었다. 5월 4일, 제국 의회에 참석하고 돌아가다가 뫼라Möhra에 있던 그의 친척을 방문한 루터는 부르크 알텐슈타인Burg Altenstein 근처에서 납치당했다. 루터를 납치한 이들은 루터를 우회로를 통해 바르트부르크Wartburg 성으로 데려갔다. 아이제나흐 위에 우뚝 솟은 이 성은 숲속에 가려져 있었다. 성벽은 삼면三面이 보이는 언덕의 바위들을 파내 만들었다. 루터는 자신이 마치 새들의 왕국에 있는 것 같다고 느꼈다. 이제 제국 전체가 이름을 알게 된 이 수사는 자신이 학생 시절에 숲에서 딸기를 훔쳤고 그 외가 사람들이 여전히 살고 있는

"융커 외르크로 위장한 루터", 루카스 크라나흐, 1522년.

곳으로 되돌아갔다.¹

이 납치 사건은 선제후(프리드리히 현공)°가 꾸민 일이었다. 선제후는 황제의 진노가 보름스 칙령이 이제 "꽉 막힌 변절자요 대중이 다 아는 이단"(verstockter Schismatiker und offenbarer Ketzer)이라 선언한 사람에게 미칠까 봐 두려워했다.² 때문에 선제후는 루터를 바르트부르크에 위장하여 숨겨 놓았다. 기사 복장을 한 루터는 삭발한 머리를 자라게 하고 수염도 더 이상 깔끔하게 밀지 않았다. 몸에 완전히 달라붙은 복장, 멋진 다리가 그대로 드러나게 디자인한 반바지, 세마細麻 셔츠, 더블릿(몸에 달라붙는 남자용 웃옷)°, 그리고 화려한 고간股間 주머니는 볼품없는 모직 수단을 입고 허리띠나 두르곤 했던 수사에겐 틀림없이 충격이었을 것이다. 그가 6개월 뒤인 12월에 비텐베르크로 몰래 돌아갔을 때, 그의 친구들은 처음에 그를 알아보지 못했다. 승마 코트를 입고 "입

과 뺨을 가득 덮은 턱수염을 기른" 그는 마치 귀족처럼 보였다.³

하지만 루터는 기사를 중요하게 여기지 않았다. 그가 알텐슈타인에서 바르트부르크까지 말 타고 가는 것은 쉬운 일이 아니었다. 그는 마차를 타고 여행하곤 했지, 말을 타고 여행하지 않았다. 말을 타려면 근육 단련이 필요했다. 귀족 노릇도 그의 취향에 맞지 않았다. 사냥을 해보려 했지만, 그의 본능은 그런 것에 전혀 어울리지 않았다. 그는 사냥 대상인 동물도 보호하고 싶었다. 한 번은 사냥을 나갔다가 다친 토끼를 발견하고 개들에게서 이 토끼를 보호하고자 집어 올려 그의 소매로 감쌌다. 그러나 개들은 그의 옷을 뚫고 토끼를 물어 다리를 부러뜨린 다음, 질식시켜 죽여 버렸다. 언제나 설교자였던 루터는 이 사건을 하나의 신학 은유로 바꾸었다. 토끼는 교황과 사탄에게 공격당한 그리스도인의 영혼이었다. 그러나 하늘에서는 이런 판이 뒤집어질 것이다. 사냥 놀이에 환장했던 귀족 사냥꾼은 그리스도에게 잡아먹힐 것이다. 루터는 바르트부르크 성에 갇힌 채 열 달을 머물게 된다. 루터는 분명 희생자 노릇이 마뜩잖았지만, 그렇다고 이에 맞서 싸울 수도 없었다. 그는 사냥을 싫어하면서도, 토끼가 되느니 차라리 사냥꾼이고 싶었다.⁴

성주城主 한스 폰 베르렙쉬Hans Sittlich von Berlepsch는 루터를 잘 대해 주었지만, 이 신비한 손님에 얽힌 비밀을 지키기가 쉽지 않았다. 선제후가 거느린 한 공증인의 부인이 루터가 머무는 곳을 누설하고 말았다. 이 소문은, 궁정에서 나왔기 때문에, 믿을 만했다. 더구나, 베르렙쉬는 이미 온 천하가 루터의 행방을 알고 있다고 확신했다. 때문에 루터는 이전에도 그랬던 것처럼 이번에도 책략을 써서 그의 대적들을 속이기로 결심했다. 이 책략도 그가 썼던 다른 많은 영리한 계획처럼 너무나 교묘했다. 루터는 1521년 7월 중순 슈팔라틴에게 편지를 써 보내면서 자신이 직접 쓴 또 다른 편지를 동봉했다. 그러면서 그는 마치 이 편지를 보헤미아에 있는 "내 거처"에서 보낸 것처럼 꾸몄다. 루터는 슈팔라틴에게 "일부러 부주의한 것처럼 가장하여" 이 편지를 "잃어버리라고" 요구했다. 그는 이렇게 써 보냈다. "친애하는 슈팔라틴, 루터가 아이제나흐 근처 바르트부르크에 기거한다는 소문이 퍼지고 있다고 들었네.…나는 보헤미아를 생각하는 이가 아무도 없다는 게 이상하네." 루터는 동봉한 편지에 "'드레스덴 돼지'(게오르크 공)"가 자기 편지를 발견하기를 "진심으로 바란다"고 써 보냈다. 분명 이 편지는, 발송지라 추정되는 곳과 떼어 놓고 생각하면, 아무 의미가 없는 것이었다. 이 편지는 아무도 속이지 못했을 것이다. 오히려 많은 사람이 보기에는 긁어 부스럼만 만든 편지였다. 그가 실제로 바르트부르크에 있다는 것만 확인해 준 꼴이 되었기 때문이다. 너무 열의가 앞서다 보니 오히려 그를 둘러싼 소문의 첫 줄도 부인하지 못한 편지였다.[5]

아울러 이 편지는 루터가 그와 그의 지지자들이 이제 제국 안에서 부딪힌 여러 문제 때문에 작센 선제후의 사촌이자 라이프치히 논쟁이 열리게끔 후원했던 게오르크 공을 얼마나 많이 비난했는지 여실히 보여주었다. 루터는 제국 의회에 출석하여 진술하는 일을 마친 직후, 살아서 보름스를 빠져나왔다는 기쁨에 들떠, 크라나흐에게 자신이 "차라리 폭군의 손에, 특히 자신에게 격노한 작센 게오르크 공의 손에 죽는 편이 나았을 것"이라고 써 보냈지만, 그래도 다른 이들의 충고에 귀를 기울였다.[6] 이런 적의敵意는 게오르크가 세상을 떠나는 1539년까지 지속되었으며, 루터가 퍼부은 독설 가운데 가장 혹독하고 기이한 몇몇 독설을 만들어 내는 원인이 되었다. 루터는 독일 전역에서 자신이 주도하는 운동에 맞서 일어난 정치적 반대 활동의 복잡한 패턴을 그가 즐겁게 증오할 수 있었던 "드레스덴 돼지"와 벌이는 단순한 싸움으로 축소해 버릴 때가 자주 있었다.

은신처가 들통날 수도 있는 위험성은 루터가 슈팔라틴에게 철저히 의존하게 되었음을 의미했다. 이제 슈팔라틴은 루터가 외부 세계와 소통할 수 있는 주된 방편이었다. 고독은 이내 루터를 지치게 했다. 그는 자신이 강요받은 이 "여가"에 느끼는 불만을 친구들에게 토로했다. 이 억지 여가는 그를 우둔하게 만들고 술독에 빠지게 했다.[7] 루터는 성에서 자신에게 주어진 작은 방을 부랴부랴 연구실로 만들고, 슈팔라틴에게 책을 요청했다. 그러나 이 "여가"는 루터에게 성찰할 시간도 안겨 주었다. 그가 이 시기에 보낸 편지는 그의 가장 풍성하고 깊은 통찰이 드러난 편지 가운데 속한다. 이 시기의 편지는 루터의 친우 관계가 지닌 본질에 관하여 많은 것을 우리에게 알려 줄 뿐 아니라, 그가 점차 자신이 공인이 되었음을 체념하고 받아들이면서 자신의 삶은 물론 특히 그와 그의 아버지(한스 루더)°의 관계를 반성하기 시작했음을 보여준다.

높은 곳에 둥지를 틀고 앉은 루터는 저 아래 세상에서 일어나는 일을 통제할 수가 없었다. 그는 비텐베르크에서 오는 소식을 기다려야만 했다. 그의 편지에서 드러나는 패턴은 그가 마주한 세계의 범위가 줄어들고 있었음을 그대로 보여준다. 스트라스부르에 있던 그의 친구 니콜라우스 게르벨Nikolaus Gerbel(독일의 인문주의자·법학자)°에게 보낸 편지는 현재 남아 있지만, 특이하게도 뉘른베르크나 아우크스부르크나 바젤에 보냈던 편지는 하나도 남아 있지 않다. 이 때문에 루터가 번영을 구가하던 독일 남부 지역에서 영향력을 키워 가고 있었음을 알려 주는 단서가 전혀 남아 있지 않다.[8] 이것이 그의 은신처를 드러내지 않고 독일 남부에 소식을 전할 이를 보내기가 어려웠기 때문인지, 아니면 한때 슈타우피츠 신도회에 속해 있던 열렬한 신자들처럼 루터와 관련된 말을 퍼뜨리는 데 열심을 냈던 뉘른베르크 사람들이 이제는 루터와 거리를 두고 싶었기 때문인지, 우리는 모른다. 그 신도회 사람 가운데 두 사람,

곧 변호사인 빌리발트 피르크하이머와 시서기인 라차루스 슈펭글러는 교황의 파문 칙서에 루터와 더불어 그 이름이 들어 있었다. 그러나 피르크하이머는 수치스럽게도 에크에게 용서를 구하여 용서를 받았다. 루터의 편지 교류 네트워크는 줄어들어 비텐베르크, 작센, 그리고 만스펠트 광산촌에 집중되었으며, 그의 정치적 영향력이 미치는 범위도 마찬가지였다. 이 범위를 벗어나자, 루터의 종교개혁을 다른 방향에서 받아들인 다른 개혁자들이 등장했다.

루터는 바르트부르크에서 심한 변비로 고생하기 시작했다. 이는 애초 보름스에서도 그를 괴롭혔다. 그는 슈팔라틴에게 이렇게 써 보냈다. "주가 내 뒤를 때리셔서 심히 아프네." 루터는 이 통증이 "십자가"가 자신에게 준 특별한 "성물"이라고 너스레를 떨었다.[9] 나흘, 어떤 때는 심지어 엿새 동안이나 장腸 운동이 없기도 했으며, 변을 누기가 아주 힘들어 하혈까지 했다. 그는 이렇게 썼다. "나는 지금 아이를 낳는 여자처럼 고통하며 앉아 있네. 항문이 찢어져 피가 나는군. 오늘 밤에는 거의 뜬 눈으로 새려나 보이."[10] 자신이 외부 세계와 단절된 채 고립되었듯이, 그의 몸도 밀봉되어 "흐르지flow" 못하는 것 같았다. 체액 의학humoral medicine은 이렇게 흐르는 과정을 신체 건강의 근본이라 여겼다. 이런 상태는 가을까지 계속되었으며, 그렇지 않아도 생소한 음식, 오래 앉아서 지내는 생활 방식, 늘 몸을 조이는 옷 등이 불편함을 느끼던 루터의 몸을 틀림없이 더 불편하게 했을 것이다. 그러나 보름스의회에 이르기까지 몹시 흥분하여 질주해 왔던 시기가 지난 뒤라, 어쩌면 그가 겪은 변비는 자신이 내면을 돌아보면서, 그가 다시 창조성을 발휘할 수 있으려면 비록 힘들어도 반드시 거쳐야 했던 무위無爲의 시간으로 들어갔음을 보여주는 징표였을지도 모른다.[11]

루터는 아울러 마귀의 공격도 체험했다. 훗날 유명해진 이야기,

곧 루터가 마귀에게 잉크병을 집어 던졌다는 이야기—오늘날도 그가 머물렀던 방 벽에는 잉크 자국이 여전히 남아 있다—는 잉크로—인쇄된 말로—마귀와 싸우곤 했다는 루터의 말을 잘못 읽은 데 따른 결과일 것이다. 그러나 이야기를 나눌 친구와 동료도 없는 상황에서 그의 내면세계가 이전보다 크게 다가온 것도 마귀의 공격이 새로이 급박한 문제로 떠오른 한 이유였다. 루터는 자신이 "이 한가한 고독 속에서 천 마리 마귀에게 노출되었다"고 썼다. 어떤 의미에서 보면, 그가 슈팔라틴에게 한 말대로, 그가 수사인 것은 혼자 있었기 때문이었다. 그러나 그는 또 이렇게 말했다. "(하지만) 나는 사실 수사(곧 홀로 있는 은둔자)◆가 아니라네. 사악하고 교활한 많은 마귀가 나와 함께 있으니까. 마귀들은, 누구 말처럼, 날 '즐겁게 해주네.' 다만 성가신 방법으로 즐겁게 해준다네."¹² 이 마귀의 공격은 대체 무엇이었을까?

루터는 바르트부르크에 머무는 동안, 그의 몸을 새롭게 받아들여야 했다. "나는 여기서 한가함에 젖어 냉랭한 마음으로 바보처럼 앉아 있네. 기도도 거의 하지 않고, 하나님의 교회를 생각하며 한숨을 쉬지도 않네. 그저 길들지 않은 내 몸의 큰 불만 나를 사르고 있다네. 요컨대, 불타올라야 할 영혼은 불타오르지 않고, 육신과 정욕과 게으름과 여가와 잠만 불타고 있다네."¹³ 루터가 그저 변비 때문에 그의 육신을 고통스럽게 인식한 것은 아니었다. 아울러 그가 여기서 성욕만 이야기하는 것도 아니었다. 비텐베르크의 수도원이 점차 비어 가자, 루터는 자신이 바뀌어야 하며 수사의 삶을 포기해야 함을 깨달았다. 훈련, 성무일도 준수의 중요성, 공동 식사, 밤에 올리는 예배 때문에 무너진 수면 패턴, 일상생활의 구조가 모두 사라졌다. 루터의 변화는 신학의 변화이자 그 몸과 감정의 변화이기도 했다.

그러는 사이, 비텐베르크에서는 일이 긴박하게 돌아가고 있었다. 멜란히톤이 이 마을에서 루터의 주요 협력자요 소통 통로가 되어 주었지만, 두 사람의 관계에도 어려움이 없지는 않았다. 멜란히톤은 종교개혁 신학의 체계를 세워 장차 이 새 운동을 뒷받침할 교리를 만들어 낼 그의 걸작『신학의 일반적인 근본 개념들Loci communes rerum theologicarum』을 이미 저술하고 있었다. 루터는 이 젊은이를 점점 더 존경하게 되었다. 그는 바르트부르크에서 멜란히톤이 보내온 초고를 보고 멜란히톤이 자신보다 훌륭한 학자라고 거듭 이야기하곤 했다. 그러나 루터의 동료(멜란히톤)°는 계속하여 곧고 좁은 길(바른길)°로 끌어가기가 쉽지 않은 인물이었다. 멜란히톤은 루터가 비텐베르크에 없는 동안 루터의 길을 따르지 않고 가브리엘 츠빌링Gabriel Zwilling(급진 개혁자)°이라는 수사의 설교에서 영감을 얻은 것 같았다. 츠빌링은 츠비카우Zwickau를 떠나 아우구스티누스 수도회 수도원으로 들어온 인물로서 급진 개혁을 설교했다. 그 시대에 살았던 사람 하나는 멜란히톤이 츠빌링의 설교를 하나도 놓치지 않았다고 보고한다.[14] 루터는 짜증을 확연히 드러냈다. 그는 이 젊은이에게 "자네가 하는 걸 보면, 정말 너무 유순하고 어리네!"라고 말했다. 그러면서 그는 슈팔라틴에게 멜란히톤이 "자기 기분에 너무 쉽게 빠져, 아주 큰 스승 가운데 아주 큰 스승은 말할 것도 없고, 학생 역시 감당하지 못할 십자가를 성급하게 짊어진다"고 불평했다.[15] 루터는 멜란히톤에게 지도자가 되라고 독려하면서, 멜란히톤은 모든 사람이 그의 성경 주해를 들을 수 있게끔 설교를 하거나 (멜란히톤이 사제 서품을 받지 못했다는 이유로) 설교를 못하면 최소한 공개 강연이라도 해야 한다는 생각을 품게 되었다(그러나 루터는 사제 서품을 못 받은 것이 설교하지 못할 이유는 더 이상 되지 않는다고 생각했다.)[16]

그런가 하면 라이프치히 논쟁 때 루터와 한편이 되어 토론에 참여했던 카를슈타트는 논문을 줄줄이 쏟아 냈다. 처음에 그는 수도서원을 공격했고, 이어 성과 결혼을 고찰하기 시작했다. 그런 다음, 종교 형상들을 비판하다가, 마침내 미사와 성찬을 재해석하는 쪽으로 나아갔다. 그의 새로운 신학 견해는 사회를 바라보는 그의 사상에도 영향을 미쳤으며, 결국 온갖 종류의 교계제도에 의문을 제기하기 시작했다. 루터는 카를슈타트의 작품을 많이 읽었으며, 그도 수긍했듯이, 자신의 견해 가운데는 카를슈타트의 논지에 대한 반응으로 그런 견해에 다다른 경우가 많았다. 이때에 홀로 그의 "밧모"섬—루터는 바르트부르크에 있던 자신의 연구실을 요한이 요한계시록을 썼던 그 섬에 비유하여 이렇게 불렀다—에 갇혀 있던 루터의 지성은 많은 점에서 카를슈타트의 그것과 나란한 궤적을 그리며 발전해 갔다. 그러나 카를슈타트는 비텐베르크에서 발생하는 새로운 상황을 다루면서 상이한 수많은 압력—선제후, 민중, 대학교, 아우구스티누스 수도회 내부의 급진파가 가하는 압력—에 부응하는 정책을 만들어야 했지만, 루터는 홀로 마귀와 씨름하고 있었다.

루터는 『독일 민족의 그리스도인 귀족에게』에서 정부情婦와 함께 사는 사제가 결혼할 수 있게 허용해야 한다고 주장했는데, 1521년 봄, 비텐베르크 졸업생이요 이 대학교 총장이던 바르톨로메우스 베른하르디가 공개리에 바로 그런 일을 한 첫 인물이 되었다.[17] 하지만 1520년만 해도 루터는 결혼에 관한 그의 생각 속에 자신을 비롯한 수사는 포함하지 않았다. 수사는 자신의 자유의지로 정결을 지키겠다고 특별 서약을 했기 때문이었다. 이제 비텐베르크에서는 카를슈타트가 우선 토론 주제로서, 그리고 뒤이어 라틴어와 독일어로 쓴 긴 글을 통해, 수도서원을 공격하면서, 일이 빠르게 진행되고 있었다. 루터는 이 논문들을 읽었을 뿐 아니라, 멜란히톤에게 보낸 편지에서 이 논문들을 다루었다.[18] 1521년 9월 초, 루터는 비텐베르크 안에서 토의할 첫 번째 논제 모음을 간략하게 집필했다. 이어 그는 다른 논제들을 추가했는데, 이는 10월 초에 출간되었다. 그러나 루터는 서원을 다룬 완전한 논문을 11월에 이르도록 마치지 못했다.[19] 종교개혁 초기에는 카를슈타트가 루터에게 배웠다면, 이제는 카를슈타트가 무리하다 싶을 정도로 속도를 내고 있었다.

　　카를슈타트가 결혼을 옹호하며 발표한 논문을 살펴보면, 이상하다 싶을 정도로 성애性愛에 반감을 표시하며 심지어 성관계에도 반감을 드러낸다. 하지만 그는 라틴어 텍스트에서는 자신이 하려는 말을 완곡하게 표현하지 않았다. 그는 수사가 독신을 유지할 수 있는 것은 오로지 몰록의 죄―자위―를 범하면서 땅바닥이나 수사복에 설정泄精하기 때문이라고 주장하면서, 이런 행위는 간음이나 간통보다 악하다고 주장했다. 카를슈타트의 소책자는 채워지지 않은 욕구에 대한 두려움을 불러일으켜, 그 욕구가 만들어 내는 성도착 행위에 독자가 반감을 품게 만들었다. 카를슈타트는 이 "짐승 같은 죄" 몇몇을 열거하지만―"내가 단언하건대, 일부 젊은 수녀와 수사가 수간獸姦보다 엄중한 죄를 저지르고 있다(나는 차마 부끄러워 그 죄를 그들의 양심과 마음에 맡기고 침묵을 지키려 한다)"―독일어판 논문에서는 이런 이야기까진 하지 않고, 최악의 경우를 독자의 상상에 맡겼다.[20] 카를슈타트는 몸에서 흘러나오는 것에, 곧 여성의 생리 혈과 남성의―그리고 여성의―"씨Samen"에 빠져 있었다. 당시에는 임신이 이루어지려면 남자와 여자가 모두 씨를 내보내야 한다고 믿었다. 카를슈타트는 결혼을 성욕이 낳은 병을 치료해 줄 "약"이라 여기면서, 결혼은 하나님이 육욕을 치료하려고 마련하신 처방이기 때문에 주교는 모든 사제를 독려하여 결혼하게 해야 한다고 결론짓는다. 그는 사제가 결혼하지 말아야 할 유일한 이유로 탐욕을 주장한다. 탐욕은 죽음에 이르는 일곱 죄악 가운데 하나이며, 16세기 사회가 특히 민감하게 받아들이는 죄였다. 그러나 사실은 결혼한 성직자를 인정함에 따른 재정 부담이 새 교회의 주요 쟁점으로 등장하게 된다.

카를슈타트의 논문이 가톨릭 **금서 목록**에 오르는 것은 당연지사였다.[21] 카를슈타트는 이 논문을 독일어로 펴낼 때 많은 독설의 수위를 낮추고, 아내의 비른 행실을 다루면서 아내의 순종 의무를 강조하는 대목을 포함시켰다. "하나님은 이런 이유로 (보통 때는 부드럽고 온순한) 여자들을 특히 강인強忍하게 만드셨다. 하나님은 여자를 굳세게 만들어 그 남편을 섬길 수 있게 하셨다."[22] 카를슈타트는 결혼을 옹호했으나, 그가 성과 육체에 보인 혐오감은 역설적으로 그가 그렇게 벗어나려 했던 기독교 수도원 금욕주의 전통에 크게 의존하고 있었다.

그것은 센 이야기였다. 그 글을 읽은 루터는 카를슈타트의 박식함은 칭송하면서도, 몰록을 다룬 본문에 관한 카를슈타트의 이해가 편협하고 문자주의에 치우쳐 있음에 당황했다. 루터는 이런 내용이 자칫 그들의 대적에게 조롱거리가 될까봐 두려워했다. 루터는 자신이 보기에 자위가 아니라 몽정처럼 무해無害한 일을 언급한 성경 본문을 내세워 "결혼하지 않은 허다한 사람더러 결혼하라고" 재촉하다간 오히려 그들의 양심에 더 큰 짐만 안겨 주는 일이 벌어질 수 있다고 염려했다. 카를슈타트는 사제 서품을 받은 사제가 아니었기 때문에 사제와 수사가 독신과 관련하여 같은 위치에 있는가라는 문제를 놓고 여전히 골머리를 앓고 있던 루터보다는 급진성을 띠기가 쉬웠다. 루터는 이 모든 내용을 숙고한 뒤, 슈팔라틴에게 자신은 분명 억지로 아내를 얻지는 않을 것이라고 농을 쳤다.[23] 루터가 이처럼 상당히 불편한 속내를 피력하게 된 것은 카를슈타트가 "육체"를 문자주의에 치우쳐 자신보다 좁게 이해한다는 사실 때문이었다. 루터는 "육체"를 훨씬 더 넓은 의미로 이해하여, 질투, 분노, 심지어 다른 사람들이 육신으로 현존한다는 사실에 의존하는 것까지 이 안에 포함된다고 보았다.

루터가 바르트부르크에서 써 보낸 편지 가운데 자신의 속내를 가장 잘 드러내 보인 것 중 하나인 1521년 9월 9일자 편지는 그가 멜란히톤이 쓴 『신학의 일반적인 근본 개념들』에서 수도서원을 다룬 초고를 검토하며 품었던 거의 모든 생각을 분명하게 드러낸다. 이 초고는 저자인 멜란히톤이 루터에게 보냈고 카를슈타트가 쓴 논문에서 영향을 받은 것이었다. 루터의 생각은 그가 자신의 성 문제를 해결하려 애쓰고 있었음을 시사한다. 그는 편지 서두에서 자신과 멜란히톤이 대면 토론을 벌일 수 있었으면 한다는 바람을 밝힌다. 대면 토론을 열면, 두 사람이 실제로 의견을 달리하는 지점이 어디인지 알 수 있겠기 때문이었다. 겉으로 드러난 토론 주제—서원과 그 정당성—의 속내를 들여다보면, 실제로 루터를 괴롭게 했던 것은 그가 편지 말미에서 다룬 "불타는 육체"라는 개념이었던 것 같다. 루터는 바울이 말한 "불타는"이 무슨 의미인지 궁금해했다. 카를슈타트, 그리고 이제는 멜란히톤도 이 말이 성욕을 뜻한다고 해석했다. 그렇다면 이는 얼마나 심각한 죄인가?[24]

    루터는 먼저 딱히 두드러지지 않는 모호한 어조로 자신이 멜란히톤의 논지가 지닌 흠이라 여긴 것들을 제시한다. 멜란히톤이 주장하듯이, 다른 경우에도 저지른 죄가 엄중할 때는 서약을 파기해야 한다면, 결혼 서약의 경우에도 같은 말을 할 수 있을 것이다. 그렇다면 사람들은 결혼을 마음대로 해제할 수 있을 것이다. 루터는 자유로운 그리스도인이 서약을 하고 그 서약에 매이는 경우는 이야기가 다르지 않겠느냐고 물었다. 루터는 이야기 방향을 바꾸어, 수도서원을 할 때는 거의 모든 사람이 그것으로 구원을 확보하리라는 믿음을 품고 서원을 한다고 주장했다. 말하자면 이런 서원은 서원하는 자를 하나님이 기뻐하시는 이로 만들어 주는 선행이었다. 이것 하나만으로도 이런 수도서원은 무효가 되고도 남음이 있었다. 서원을 한 이유가 잘못되었기 때문이다. 루터는 덧붙여 수도서원에 청빈과 순명도 포함된다고 말했다. 루터는 이런 서원이 "소년용"이며, 혈기왕성한 청년을 제어할 목적으로 고안한 것이라고 써 놓았다. 그렇지만, 성인(일반 남성)°은 이런 종류의 삶을 살아가려 해서는 안 된다. 수사는 다른 누군가에게 순종한다고 서약할 뿐 아니라, 스스로 벌어 생계를 꾸리지 않고 탁발에 의지했기 때문이다.[25] 루터는 분명 수도 생활이 어린아이 상태를 영속시키는 것이라 여겨 수도 생활을 거부하기 시작했다.

루터는 자신이 했던 서원을 이야기할 때는 훨씬 더 친근한 어조를 택했다. 그는 자신이 폭풍우 속에서 했던 약속을 회상하면서, "나는" 수도원에 "끌려 들어갔다기보다 실제로 하나님께 붙잡혔다"라고 썼다.[26] 그러나 루터는 바로 이 문장에서 자신도 "나 역시 경건치 않고 하나님을 모독하는 방식으로 서원을 하지 않았나 싶어" 두렵다고 시인한다. 루터는 자기 아버지가 보였던 반응을 생생하게 회상했다. "이것이 마귀의 미혹이 아니기를 바랍시다." 루터는 이 말을 들었을 때 심경을 멜란히톤에게 이렇게 말했다. "(아버지의 그 말이) 내 마음에 어찌나 깊이 박혔던지 아버지 입에서 들은 어떤 말도 그것만큼 오래 기억에 남지 않았네. 마치 하나님이 멀리서 우리 아버지 입을 빌려 내게 말씀하시는 것 같았지." 이제 루터는 자기 아버지가 했던 그 말을 달리 생각하게 되었다. 루터는 자기 아버지 말이 옳았으며 자신이 겪은 느닷없는 방문이 마귀의 짓이었다고 결론짓는 대신, 어쩌면 그가 부르심을 받은 일에는 기적 같은 요소가 전혀 없지 않았나 싶어 두려워했다. 결국 그는 애초에 부르심이라는 것이 없었다면, "나 자신은 이미 자유로우며 더 이상 수사가 아니지 않는가?"라고 결론지었다.[27]

그런 다음, 루터는 고백 투 어조를 버리고 다시 결혼을 다루면서 느닷없이 분위기를 바꾸었다. 루터는 멜란히톤이 루터에게 그야말로 빚을 갚으려고, 말하자면 "자네에게 아내를 얻어 준 내게 되갚음 하려고" 루터 역시 아내를 얻기를 바라는 게 아니냐며 멜란히톤에게 농을 쳤다. 실제로 자그마하고 병약해 보이는 멜란히톤을 염려하여 그에게 아내를 얻어 준 이가 바로 루터였다. 루터는, 1520년 8월, 요하네스 랑에게 보낸 편지에서 이렇게 썼다. "필리프가 카타리나 크라프Katharina Krapp(비텐베르크 시장 한스 크라프의 딸)°와 결혼하네. 사람들은 내가 이 결혼을 만들어 냈다고 떠들어 대더군. 나는 가용한 가장 좋은 방법으로 사람들을("그를", 독역본)° 위해 할 뿐이네." 그는 이어 "세상이 시끄럽게 떠들어 대는 소리에" 자신은 "전혀 개의치 않는다"고 태평하게 덧붙였다.[28] 카타리나는 지참금을 그저 조금 가져왔으며, 용모가 특히 아름답지도 않았다. 멜란히톤이 이 결혼을 "종살이"라 묘사한 것으로 보아,[29] 처음 몇 년 동안은 이 결혼이 행복하지 않았던 것 같다. 여하튼 루터는 자신에게 성이 골칫거리가 아니라고 큰소리치며, "육체"는 넓은 의미를 아우르는 말이라고 역설했지만, 우리는 루터가 자신의 "육체"와 맞서 싸우고 있었음을 간파한다. 여기서 루터가 독신남인 슈팔라틴이 아니라 결혼한 멜란히톤을 그의 절친한 친구로 고른 것은 분명 의미심장하다(그렇지만 루터가 슈팔라틴에게 자신이 변비임을 솔직히 털어놓은 일은 주목할 만하다). 더구나 루터는 아버지와 그의 관계를 고찰함으로써 자신의 성적 정체성을 논하기 시작했다.

◆ ◆ ◆

이런 묵상은 루터가 1521년 11월에 마무리한 논문 "수도서원에 관한 마르틴 루터의 판단De votis monasticis Martini Lutheri iudicium"에 담기게 된다. 이 논문 서문은 그의 아버지에게 보내는 "편지" 형식을 띠고 있었다. 루터는 이 서문에서 자신이 멜란히톤에게 보낸 편지에서 탐구했던 생각을 때로는 아주 똑같은 말로 펼쳐 보였다. 이 편지는 그저 허구로 쓴 편지였다. 라틴어로 쓴 편지였기 때문에, 그의 아버지는 이 편지를 읽을 수 없었으며, 그가 아들에게 헌정받은 이 논문 자체도 읽을 수 없었다. 이 논문은 아주 짜임새가 있고, 감정이 잘 드러나며, 드라마틱한 작품이었다. 루터는 이제 아버지에게 용서를 구했다. 루터는 자신이 아버지 바람에 순종하지 않았으며, 아버지가 자신을 두고 다른 계획을 세워 두었음을 알았다고 고백했다. "그 때문에 아버지는 저를 지체 높고 부유한 집과 결혼시켜 묶어 놓으려 하셨죠." 루터는 그가 처음 집전했던 미사 이야기를 하면서, 부자끼리 서로 화해한 뒤에도 그의 아버지가 또다시 격노하여 자신에게 호통을 쳤던 일을 회상했다. "너는 부모에게 순종하라는 말도 못 들었느냐?" 그러나 그때 루터는 이렇게 썼다. "저는 마음을 가능한 한 아주 단단히 먹고 아버지와 아버지 말씀에 맞섰습니다." 자신의 속내를 드러낸 이 말을 읽는 이는 그리스도와 참된 말씀이 떠올랐을 것이다. 루터는 이제 폭풍우 속에서 겪었던 그 불가사의한 환상이 하나님으로부터 오지 않았을 수도 있음을 깨달았다고 썼다. 수도원에 들어가겠다는 그의 결정은 아버지 뜻에 어긋나는 것이었기 때문이다. 루터는 그 환상이 사실은 마귀에게서 나왔음을 인정하면서도, 그것을 여전히 더 넓은 하나님의 계획 속에 두었다. 그것은 마귀가 루터에게 가한 공격 가운데 하나였지만, 동시에 루터가 택함받은 자 가운데 하나임을 증명해 주는 것이었다. 그는 이렇게 썼다. "(사탄이) 믿을 수 없을 정도로 저를 파괴하거나 방해하려 하면서 제게 분을 냈습니다. 그 때문에 저는 종종 사탄이 온 세상에서 저만 찾고 있는 게 아닌가 하는 의문이 들었습니다."

루터는 이 모든 것이 그가 수도원주의와 대학교의 속사정을 내부에서 알게 하여 그 생생한 지식을 바탕 삼아 이들을 비판하는 글을 쓸 수 있게 하시려 했던 하나님의 목적 가운데 일부였음을 깨달았다. 이것이 바로 그가 수사가 되었고 여전히 수사인 이유였다. 루터는 그의 아버지에게 이렇게 물었다. "아버지는 어찌 생각하세요? 지금도 저를 수도원에서 끄집어내고 싶으세요?"[30]

그러나 루터의 아버지는 자신이 아들을 수도원주의에서 해방시켰다고 자랑할 수 없었다. 그것은 하나님이 하신 일이었으며, 하나님 말씀이 인간의 어떤 지혜보다 크듯이, 하나님이 루터에게 행사하시는 권리가 이 땅의 어떤 아버지가 행사하는 권리보다 컸다. "저를 수도원에서 끌어내신 하나님이 아버지가 가진 권위보다 큰 권위를 제게 갖고 계십니다. 그 하나님이 이제 저를 이 거짓된 수사 생활이 아니라 진정으로 하나님을 섬기는 일에 놓아두셨습니다." 루터는 자신이 폭풍우에서 구함을 받은 일이 아니라 그리스도를 통해 수도원주의에서 건짐을 받은 것이 진짜 기적이라고 강조했다. 때문에 이 편지에서는 자신이 아버지에게 순종했음을 확인하는 내용이 아니라 오히려 자신의 완전한 독립이 두드러지게 나타난다. 루터는 이렇게 결론지었다. "따라서 만일 (그리스도가)* 말씀을 섬기는 일을 제 수사 직무에 더하시지 않았으면, 제 양심을 위험에 빠뜨리면서까지 아버지께 순종하지 않으려는 일은 못했을 겁니다. 이제 저는 그렇게 절대 확신합니다." 이것이 바로 그에게 "자유"를 준 것이었다. 그러나 이 "자유"는 그리스도인의 자유라는 말과 어떤 이가 성인이 되었을 때 가부장권에서 벗어나 누리는 "자유" 사이에 자리해 있던 모호한 말이었다. 루터는 아버지에게 이제 이 아버지의 아들이 처한 위험을 되새기며 편지를 마무리한다. 마귀가 루터의 목을 비틀려 했을지도 모른다. 그러나 하나님이 그를 순교할 만한 자로 인정하신다면, 실제로 그를 태워 죽이거나 목매달아 죽일 만한 이는 교황이었다.[31]

루터는 양쪽에서 몰아치는 격노와 분노를 솔직히 이야기했다. 루터 자신의 "굳은 마음" 때문에 "유출"은 그의 몸에 그리 중요한 일이 되지 못했지만, "저(루터)°를 향한 진노와 분노"가 가득했던 그의 아버지는 "무자비할 정도로 냉정했습니다." 루터 아버지는 루터를 결혼을 통해 묶어 놓으려 했지만, 루터는 수사가 됨으로써 겨우 이 운명을 모면했다. 그러나 이제 그의 양심은 자유를 얻었고, "따라서 저는 여전히 수사이지만 아직 수사가 아닙니다"라고 말하게 되었다. 하지만 그는 "자유를 얻은" 수사였으므로, 자유로이 결혼하지 **않을** 수 있었다. 루터는 아버지에게 축복을 요청하지 않고 자신이 아버지를 축복하면서 이 "편지"를 맺는다. 루터는 오이디푸스가 벌였던 싸움을 이기고 성숙한 남성다움을 얻으면서, 그와 동시에 스스로 결혼한 남자이자 아버지가 되기를 거부할 수 있게 된 것 같다. 아울러 그는 편지의 마지막 말을 확실히 보장했다. 이 편지는 그의 아버지가 말 그대로 대답할 수 없는 편지였다.³²

루터가 멜란히톤에게 보낸 편지에서 나온 이 "수도서원에 관하여" 서문은 루터와 그의 가장 친밀한 친구들, 특히 멜란히톤과 카를슈타트의 관계에 일어난 변화를 반영하고 있는지도 모르겠다. 루터와 카를슈타트의 우정은 이제 분명 식어 있었다. 루터가 보름스에 데려간 일행 가운데 카를슈타트가 들어 있지 않았다는 것은 의미심장하다. 우리가 아는 한, 루터는 라이프치히에서 자신과 어깨를 나란히 했던 이 사람에게 바르트부르크에서 편지를 단 한 통도 보내지 않았으며, 그가 다른 비텐베르크 사람들에게 써 보낸 어떤 편지에서도 카를슈타트에게 안부 인사를 전해 달라는 요청을 하지 않았다.³³

루터와 카를슈타트의 관계는 늘 동등한 관계였다. 이와 달리, 루터와 멜란히톤의 우정은 연장자(루터)°가 비텐베르크로 데려오려고 무진 애썼던 학자를 후견인으로서 돌봐 주는 관계 위에 서 있었다. 루터가 멜란히톤에게 찾아 준 아내는 멜란히톤을 비텐베르크에 더 묶어 두는 사람이 되었다. 루터는 이런 아내를 멜란히톤에게 찾아 줌으로써, 자신의 아버지가 자신을 묶어 두려 했던 것만큼이나 멜란히톤을 철저히 속박했다. 루터가 멜란히톤에게 보낸 편지에는 따뜻함과 각별한 관심이 들어 있지만, 그러면서도 루터는 일정한 거리를 유지했다. 루터는 멜란히톤이 비텐베르크에서 종교개혁을 책임지게끔 강권하려 할 때, 멜란히톤을 듣기 좋은 말로 칭송함과 동시에 매서운 호통도 함께 늘어놓았다. 어떤 때는 멜란히톤의 타고난 지성을 칭송하다가, 또 어떤 때는 멜란히톤의 예민한 성정 때문에 괴로워하면서, 멜란히톤이 예루살렘 "성벽과 망루"를 세워야 할 때 "걸핏하면 자네 감정에" 굴복하고 만다고 혹독하게 나무랐다.[34] 이는 카를슈타트와 유지했던 친우 관계와 사뭇 달랐다. 카를슈타트에게는 이런 매서운 호통을 늘어놓을 수 없었기 때문이다. 하지만 루터는 자신이 하나님께 선택받은 이야기를 제시한 내러티브를 담은 이 특이한 서문을 출간함으로써, 자신이 이 운동의 지도자로서 행사하는 카리스마 넘치는 권위를 더 든든히 다졌다.

프로이트는 오이디푸스가 벌였던 싸움이 보편성을 지녔다고 말한다. 자신의 아버지라는 인물을 죽이고 싶도록 증오하는 마음과 열렬히 사랑하는 마음을 함께 겪음이 성적 정체성을 확립하는 길이기 때문이다. 프로이트 견해에 동의하든 동의하지 않든, 루터가 자신이 벌였던 싸움—특이하게도 루터는 이 싸움을 알고 있었다—을 자신의 신학에 이바지하는 쪽으로 사용한 점은 주목할 만하다. 루터는 마치 드라마 같은 자신과 아버지의 관계를 늘 의식했으며, 이런 의식이 그가 하나님을 가장 깊이 이해하게 만든 견인차가 되었다. 루터는 자신의 신학에서 하나님의 절대 권력과—신자가 어린아이처럼 무력한 자신의 상태에 느끼는 좌절뿐 아니라—어린 자녀처럼 구원을 얻을 일을 아무것도 하지 못하는 인간의 무능함을 비교했다. 루터의 신학은 아버지이신 하나님과 그리스도인의 관계를 신학 진리를 담은 패턴으로 만들었다. 루터가 하나님이 아버지처럼 신자를 돌보신다는 생각을 그다지 잘 전달하지 못했다면, 하나님과 인간 사이에 있는 무시무시한 거리는 확실하게 전달한다. 루터 신학의 중심에는 인격체와 인격체 사이의 친밀함보다 거리가 자리해 있다. 루터는 예수께 이르는 곧은길을 자랑하지 않으려 한다. 그는 늘 하나님이 자신들에게 직접 이야기하신다고 주장하는 이들을 신뢰하지 않았고, 오히려 그것 대신 그와 마귀가 나눈 대화를 이야기했다.

  루터는 분명 그의 아버지와 아주 치열한 싸움을 치르면서 교황을 어마어마한 힘으로 공격할 준비를 다졌다. 아울러 루터는 아버지와 벌인 이 싸움 덕분에 그리스도인의 "자유"를 아주 설득력 있는 글로 설파할 수 있었다. 결국 루터 자신의 독립은 아주 혹독하고 엄청난 감정의 희생을 치르며 벌인 싸움으로 얻어 낸 것이었다. 어쩌면 이것이 그가 자유 및 권위와 관련하여 모순된 주장에 이를 수 있었던 이유를 설명해 줄지도 모르겠다. 루터는 그리스도인의 자유를 믿는 확신—외형, 의식, 규칙은 시간이 가면 덧없이 사라지는 본질을 가졌다는 확신—과 인간은 결코 자유로이 행동하지 못한다는 믿음의 긴장을 가까스로 막았다. 모든 인간의 행위는 죄로 오염되어 있으며, 그가 나중에 에라스뮈스와 벌인 싸움에서 주장하듯이, 인간의 의지도 매여 있다. 우리는 자유로우면서도 자유롭지 않다.

◆ ◆ ◆

10월에 이르자, 해가 점점 짧아졌다. 루터는 비텐베르크로 곧 돌아가지 못하리라는 것이 분명해지자, 새 프로젝트, 곧 신약성경을 독일어로 번역하는 일을 시작하기로 결심했다. 이 일은 곧 그의 온 에너지를 빨아들였다. 이때부터 그는 이전에 시달렸던 불안이나 권태 때문에 고통을 겪지 않았던 것 같다. 심지어 변비조차도 말끔히 사라졌는데, 이는 아마도 그가 아버지와 자신의 관계에서 확실한 해답을 얻었기 때문인 것 같다. 그는 11주 동안, 신약성경 전체를 그때까지 교회를 지배해 왔던 라틴어역 불가타에서 번역하지 않고 그리스어 원문에서 번역했다. 그것은 천재의 작품이었다. 루터가 번역한 신약성경은 독일어 자체를 다시 새롭게 만들어 냈다. 루터가 쓴 독일어가 대세를 이루면서, 광범위하게 퍼졌던 지역 방언들이 하나로 통합되었기 때문이다. 성경을 독일어로 처음 번역한 이는 루터가 아니었다. 15세기에도 독일어 성경이 많이 있었으며, 16세기의 다른 개혁자와 전통주의자도 그들 나름의 역본을 만들어 내곤 했다. 그러나 루터의 번역이 남다른 번역이 된 것은 언어를 음악처럼 다룰 줄 알았던 그의 감각 때문이다. 그의 문체는 직설적이고 꾸밈이 없으며, 두운과 일상 언어의 리듬을 사용한다. 그는 라틴어식 산문이 아니라 민중이 쓰는 독일어로 글을 썼다. 이런 점에서 그의 번역은 가령 일부러 문어체를 따랐던 킹 제임스 영역 성경과도 사뭇 달랐다. 루터 역본은 현실의 소박한 언어에 더 가깝고, 그의 문장은 더 간결하다. 이는 보통 사람들이 소리 내어 읽고 들을 수 있도록 배려한 성경 역본이다.

    루터 역본에는 편향된 특징이 없지 않았다. 루터는 자신의 신학 이해를 그의 번역 속에 집어넣어, 가령 로마서 1:17을 이렇게 번역했다.

> 그 안에는 하나님 앞에서 유효한 의, 곧 믿음에서 믿음에 이르는 의가 계시되기 때문이니, 기록된 바 의인은 믿음으로 살리라.
> Denn darin wird offenbart die Gerechtigkeit, die vor Gott gilt, welche kommt aus Glauben in Glauben, wie geschrieben steht,Habakkuk 2:4 Der Gerechte wird aus Glauben leben.

하나님 앞에서 의롭다 하심을 얻는 과정을 상세히 설명한 번역이다. 이 구절은 루터가 "하나님의 의"를 증오하면서 지극히 깊은 **안페 흐통엔**에 빠져 있던 동안에 가장 중요하게 여겼던 본문이었다. 루터는 1545년에 그의 삶을 되돌아보면서, 이 말씀을 두고 이렇게 썼다. "여기서 나는 내가 완전히 다시 태어나서 열린 문을 통해 낙원 그 자체로 들어갔음을 느꼈다." 킹 제임스 역본은 루터의 강조점을 추가하지 않고, 도리어 저 본문을 이렇게 번역했다.

> 그 안에는 믿음에서 믿음에 이르는 하나님의 의가 계시되기 때문이니, 기록된 바 의인은 믿음으로 살리라.
> For thererin is the righteousness of God revealed from faith to faith: as it is written, The just shall live by faith.[35]

루터는 로마서 3:28을 번역하게 되자, 이렇게 옮겼다.

> 그러므로 이제 우리는 사람이 의롭게 되는 것은 율법의 행위 없이 오직 믿음으로 말미암는다고 여긴다.
> So halten wir nun dafür, daß der Mensch gerecht wird ohne des Gesetzes Werke, allein durch den Glauben.

루터는 원문에 없는 "오직allein"이라는 말을 덧붙임으로써, 믿음만이 필요하다는 점에 강조점을 두었다. 실제로 루터는 독일어 관용어인 "알라인allein"에 이 본문의 의미가 담겨 있다고 주장했다. 루터 자신은 성경 문자주의biblical literalism에 찬동하지 않았기 때문에, 본문이 말하는 핵심에 다가가려고 노력했으며, 그가 그 본문의 강조점이라 생각하는 것을 끄집어내길 두려워하지 않았다. 이와 달리, 킹 제임스 역본은 저 구절을 이렇게 번역했다.

> 그러므로 우리는 사람이 율법의 행위들 없이 믿음으로 의롭게 된다고 결론짓는다.
> Therefore we conclude that a man is justified by faith without the deeds of the law.

아울러 루터는 복음서와 각 서신서에 교훈이 담긴 짧은 서문을 포함시킴으로써, 독자가 루터의 눈을 통해 본문을 만나게 했다. 그는 로마서를 소개하면서, 이렇게 썼다. "이 편지야말로…모든 그리스도인이 낱말 하나하나까지 외워야 하고 그 영혼을 위해 일용할 양식으로 삼아야 하는…신약성경의 진정한 핵심이다." 이를 통해 그는 자신과 성경의 만남을 모든 그리스도인에게 적용할 시금석으로 삼았다.[36] 그 문체와 서체는 텍스트의 나머지 부분과 구분할 수가 없다. 이 때문에 루터가 쓴 주해 서문은 성경에 버금가는 권위를 드러냈다.

루터는 성경과 그 핵심 의미를 상고詳考하는 지적 과정이 그의 믿음에 근본이 된다고 여겨, 이런 과정을 평생 실천했다. 그는 바로 이런 과정을 통해 그의 종교개혁 통찰에 이르렀으며, 대학교에서 성경을 가르치는 교수직은 물론이요 번역자라는 그의 소임에 다가갈 때도 그런 과정을 거쳐 다가갔다. 바르트부르크에 홀로 갇혀 있던 동안, 그에게는 도서관도 없었고 그의 친구가 제시하는 조언도 거의 들을 수 없었다. 하지만 그 덕분에 루터는 신약성경과 좀체 갖기 힘든 희귀한 만남을, 말하자면 직접성과 친밀성을 누릴 수 있었다. 그 결과로 나온 것이 사람 냄새가 깊이 우러나는 번역, 단숨에 써 내려간 것 같은 번역이었다.

◆ ◆ ◆

그러는 사이 비텐베르크에서는 보름스에서 벌어진 사건들이 일으킨 흥분이 진정되지 않았다. 루터는 순교할 수도 있다는 위협에 용감히 맞섰으며, 이제는 다른 사람들이 순수한 교회를 회복하려는 이상을 실천으로 옮기고 싶었다. 종말의 묵시 분위기를 점점 더 짙게 드러낸 루터 자신의 수사修辭도 개혁의 절박성을 더해 주었다. 1521년 5월, 멜란히톤과 크라나흐는 『그리스도와 적그리스도의 수난』을 공동으로 출간했다. 크라나흐가 그린 삽화는 모두 열세 쌍이며, 교황의 허세와 화려함을 그리스도의 겸손과 대비한다. 이 협동 작품의 텍스트는 멜란히톤이 비텐베르크의 법률가인 요하네스 슈베르트페거Johannes Schwertfeger가 모아 놓은 교회법에서 인용하여 기록해 놓은 것이었다. 처음에는 라틴어판이 나왔다가 뒤이어 독일어판이 나왔으며, 교육을 받은 사람뿐 아니라 글을 읽지 못하는 사람에게도 호소력을 발휘했다. 일단 이 책을 보면, 눈에 확 들어오는 대조가 두드러지며, 교황이 적그리스도라는 선포를 잊을 수 없었다. 이 소책자에는 조롱에 가까운 간략한 설명이 들어 있었지만, 이 소책자 안에 들어 있는 내용은 모두 교회법에서 가져온 것이었기에 중상이나 비방이라 할 수도 없었다. 이 책은 그리스도를 믿는 민중에게 도움을 주고 "영육靈肉에 적용되는 법"의 기초를 간단히 요약하여 제시하려고 출간한 것이었다. 이 책이 루터파 예술에 남긴 유산(영향)°은 이후 오래 지속되었다. 루터의 교회와 교황의 교회를 "대립하는" 교회로 다룬 내용은 토르가우 예배당 벽과 슈말칼덴 성 교회 벽에 그림으로 그려지게 된다.[37] 가톨릭교회를 비하하는 이런 선전은 심판의 날이 가까이 오고 있다는 메시지와 더불어 개혁을 한층 더 절박한 과제로 만들어 주었다.

멜란히톤과 크라나흐의 『그리스도와 적그리스도의 수난 Passional Christi vnd Antichristi』, 1521년. 왼쪽에서 크라나흐는 성전에서 환전상을 쫓아내는 그리스도를 묘사했다. 반면 "적그리스도"를 묘사한 오른쪽 그림은 교황이 살찐 추기경과 주교들에게 둘러싸인 채 면벌부에 서명하고 교황의 인장을 찍은 관면서寬免書를 교부하는 모습을 보여준다. 교황은 이것들을 교부한 대가로 아래에 있는 탁자에 산더미처럼 쌓인 주화를 받았다. ⟨38⟩

이제 비텐베르크에서는 가브리엘 츠빌링이 급격한 변화를 밀어붙이기 시작했다. 그는 사사로이 미사를 거행하는 것을 공격했는데, 니콜라우스 폰 암스도르프와 유스투스 요나스가 그를 지지했다. 두 사람 모두 만성 재단萬聖財團, Stiftung "Allerheilige" 구성원이었고 루터의 강력한 우군이었다. 루터도 이 운동에 동조하는 것 같았다. 그는 11월에 『사적 미사 폐지에 관하여 De abroganda missa privata』(교인 없이 진행되는 "평미사"를 사적 미사라 한다)°를 써서 미사를 희생 제사로 보는 관념을 거부했다. 루터는 미사란 우리가 하나님을 기쁘게 해드리려 행하는 행위가 아니라고 주장했다. 오히려 미사는 우리가 하나님의 은혜를 받아들이는 성례다. 이는 깔끔한 구분쯤으로 보였을지 모르나, 그 결과는 엄청난 충격을 안겨

『그리스도와 적그리스도의 수난』의 마지막 몇 페이지는 그리스도의 승천과 교황의 하강을 대비해 나란히 배치했다. 교황과 더불어 엄청나게 큰 주둥이와 부리, 발톱을 가진 마귀 무리도 지옥 불 속으로 떨어지며, 이 불 속에서는 수사 머리를 한 성직자가 이미 불 속에서 뜨겁게 구워지고 있다. 〈39〉

주었다. 미사가 하나님을 끊임없이 기쁘게 해드리고자 행해야 할 일이 아니라면, 세상을 떠난 이들의 영혼이 연옥에서 보내는 시간을 줄이려는 임무를 행하려고 그 많은 제단에서 일하고 있던 수많은 성직 프롤레타리아는 있을 필요가 없었다.[38]

이와 동시에, 비텐베르크 성직자들은 루터의 사상이 만들어 낸 결과를 삶으로 살아 내기 시작했다. 츠빌링은 그가 속한 아우구스티누스 수도회 형제들에게 수도서원을 파기하고 수도원을 떠나라고 독려하기 시작했다. 10월 말에 이르자 열두 수사가 떠났고, 11월에는 또 세 수사가 떠났다. 떠난 이들은 머리를 길러 이전에 삭발했던 자리를 가렸으며, 보통 사람이 입는 평상복을 입었다. 이들은 보통 사람이 하는 직업을 택했다. 어떤 이는 제빵사가 되었고, 어떤 이는 구두 수선공이 되었다. 부유한 집안 태생일 수도 있는 어떤 사람은 소금 장수가 되었다. 시의회도 이들의 결정을 지지하는 것 같았다. 시의회는 이전에 수사였다가 이제는 목수가 된 한 사람에게 시민권을 부여했다. 개혁된 통일 아우구스티누스 수도회를 이루려던 슈타우피츠의 꿈은 물거품이 되기 시작했다. 이제 수도원주의는 루터 사상의 영향을 받아 점차 그 내부에서부터 무너져 내리고 있었다. 거의 태동할 때부터 서구 기독교를 특징지었고 온 유럽에 걸쳐 강력한 제도로 발전했던 한 운동이 신뢰를 잃어 가고 있었다.

츠빌링은 이제 완전히 개혁한 미사를 밀어붙이기 시작했다. 이 미사는 평신도에게 빵뿐 아니라 포도주도 제공했다. 결국, 멜란히톤은 9월 29일에 열린 한 사적 미사에서 자신이 가르치는 제자들과 함께 빵과 포도주를 받았다.[39] 츠빌링은 틀림없이 강력한 인물이요 설교자였을 것이다. 그와 같은 시대를 산 한 사람은 그를 하나님이 보내신 "두 번째 예언자"요 "또 다른 루터"로서 어쩌면 첫 번째 예언자보다 나은 인물일지 모른다고 묘사한다. 그의 설교 스타일에 관한 사람들의 인식은 그가 나중에, 그러니까 그가 1522년 첫날 무렵 비텐베르크를 떠난 직후에 아일렌부르크에서 한 설교를 비방한 보고報告에서 풍겨 나온다. 그는 성찬제정사를 독일어로 하고 빵과 포도주를 주었을 뿐 아니라, 평신도 복장을 입었다. 실제로 그는 자신의 설교를 "보는" 설교로 기획한 것 같으며, 루터와 다른 이들도 나중에 그의 이런 설교 방식을 채택하게 된다. 그는 수사가 입는 수단 대신 학생이 입는 검은 가운을 입고[루터와 다른 설교자들은 학자들이 입는 탈러talar(발목까지 오는 긴 옷)°를 입곤 했다]◆, 검은 끈 목이 있는 셔츠를 입었으며, 비버 털로 만든 모자를 썼다. 그는 수사가 하는 삭발을 하지 않고, 대신 머리를 길러 앞으로 빗어 내렸다. 그 모습을 보고 충격을 받은 이에겐 그가 마치 "마귀처럼" 보였다. 그러나 그가 쓴 모자가 그 시대 사람들에게 가장 큰 충격을 안겨 주었던 것 같다. 머리를 가림은 성찬을 모욕하는 일이었기 때문이다.[40] 비버 털은 패션 아이템이었으며, 그의 옷 색깔—그 시대에는 비싼 염료였던 검은색으로 물들인 옷이었다—은 그의 지위를 암시했다. 이로 보아, 츠빌링은 자신을 지체 높은 사람처럼 보이게 하고 싶었는지도 모르겠다. 그의 설교 스타일은 단순하고 거침이 없었으며, 루터의 신학을 상당히 축약한 버전을 제시했다. 그는 자기 회중에게 두 길이 있음을 말했다고 한다. 한 길은 지옥으로 인도하는 길로서 선한 행위를 하는 넓은 길이요, 다른 한 길은 좁은 길로서 하늘로 인도하는 길이었다.[41]

츠빌링의 설교는 무엇보다 그의 동료인 아우구스티누스 수도회 수사들에게 한 것이었지만, 그들에게는 대중이 모일 교회가 있었으며, 사람들은 그의 설교를 들으려고 교회에 구름처럼 모여들었다. 그는 "수사 두건을 쓰고 하늘에 이를 수 있는 이는 아무도 없다"고 선포하면서, 미사를 올리는 것을 "마귀가 하는 짓"이라고 선포했다 한다. 그의 설교에 관한 이런 보고는 한쪽에 치우친 것이나, 당시 널리 퍼져 있던 반(反)성직자주의 정서를 활용했던 것 같다. 아울러 츠빌링은 미사를 집전할 때 미사가 희생 제사라는 생각을 자아낼 만한 모든 것을 없애기 시작했으며, 성체 거양과 성체조배(성체 앞에서 특별한 존경을 바치는 행위)°도 폐지했다. 아우구스티누스 수도회 수사들은 츠빌링 때문에 갈라졌으며, 수도원장인 콘라트 헬트Konrad Helt는 이런 변화에 반대했다. 헬트는 나중에 자신은 성찬에서 빵과 포도주를 나누어 주는 것을 금지한 터라 "제멋대로 구는 폭도"가 두려워 거리를 안전하게 돌아다니질 못한다고 불평했다.[42] 그러는 사이, 개혁에 나서기로 결심한 아우구스티누스 수도회 수사들과 어떤 변화에나 그의 동의가 필요했던 선제후 사이에서 나아갈 방향을 결정할 정책을 개발하고자 대학교 구성원으로 이루어진 위원회와 대성당 참사회가 세워졌다. 사람들이 직접 뽑은 대학교 위원회는 주로 종교개혁 지지자로 구성되었는데, 멜란히톤과 카를슈타트 그리고 루터와 보름스에 동행했던 법률가 히에로니무스 슈르프도 그 위원이었다. 이들이 추천한 내용이 개혁을 뒷받침했다. 사적 미사는 폐지해야 했으며, 성찬은 반드시 빵과 포도주로 거행해야 했다. 하지만 위원회는 츠빌링에게 다소 제동을 걸면서, 그가 성체조배를 거부한 이유를 설명하라고 압박했다.[43] 그러나 갓 태동한 이 운동은 이내 선제후에게 직접 로비하기 시작한 만성 재단 성직자들에게서 더 심한 반대를 받게 된다. 더구나, 이 위원회는 대다수가 개신파였음에도 하나가 되지 못하여, 사적 미사 폐지를 옹호하고 빵과 포도주로 성찬을 거행하는 것을 옹호하는 데까지 나아갔는데도, 위원회 위원 중 하나인 요한 될쉬Johann Dölsch는 따로 주의 죽음을 기리면서, 성찬은 영적인 것이므로 단형(빵)°만 있어도 충분하다고 주장했다.[44]

츠빌링은 혼자 행동하지 않았다. 학생과 마을 사람들이 종교에 변화를 일으키고자 직접 행동에 나서기 시작했으며, 그들이 겨냥한 목표는 그들이 루터의 종교개혁을 어떻게 이해했는지 보여주었다. 이런 목표는 사람들이 기대했을 만한 것이 아니었다. 그들이 추구한 강령 가운데 으뜸은 탁발 거부였는데, 이것 자체가 그들이 가졌던 반성직자주의의 표현이었다. 여름 내내 사제들의 집이 간간이 공격을 받았으며, "성聖 안토니오St. António de Lisboa의 심부름꾼"이 마을을 돌아다니며 종을 울리고 적선을 요청하는 전통이 있던 10월에는 이 불쌍한 심부름꾼이 조롱을 받고 학생들은 그에게 똥을 던졌으며, 그 똥에 돌을 섞어 던지는 경우도 있었다. 학생들은 이렇게 조롱했다. "아이고, 종 한 번 잘 울린다. 그러나 내게 동전 한 푼이라도 얻어 가려면 긴 시간 동안 종을 울려야 할 거다."[45] 이 공격 역시 학생들 자신이 거행하는 의식과 많은 공통

점이 있는 것 같다. 이들은 교황 칙서를 불태울 때도 이런 효과를 거두려고 이런 의식을 사용했었다. 하지만 이번에 이들은 아주 일찍이 루터가 표명했던 생각, 곧 탁발은 잘못이니 그만두어야 한다는 생각에 주목하고 있었다. 루터는 『독일 민족의 그리스도인 귀족에게』에서 "그리스도인 가운데 어느 누구도 탁발을 하러 다녀서는 안 된다"(Es sollte hier niemand unter den Christen betteln gehen)고 썼었다. "모든 도시는 그 도시에 사는 가난한 이들을 도와야 한다." 자선을 요청하는 탁발 수사는 경건한 과업을 수행하는 게 아니라, 정말 돈이 필요한 사람에게서 그 돈을 빼앗고 있었다.[46] 루터는 슈팔라틴에게 써 보낸 편지에서 학생들의 행위를 곧이곧대로 인정하지는 않았지만, 그러면서도 이렇게 물었다. "언제나 어디서나 모든 사람을 통제할 수 있는 이가 누가 있겠는가?"[47]

비텐베르크 개혁자들의 다음 목표는 마리아주의Marianism(Marienkult)°—동정녀 마리아 숭배—와 미사였다. 12월 3일과 4일, 개신파 한 무리가 교구 교회에서 사제들이 마리아에게 예배하지 못하게 막았다. 무리는 교구 교회에 침입하여 사제들을 제단에서 몰아내고, 그들의 미사 책을 빼앗았으며, 그들에게 돌을 던졌다.[48] 시의회가 선제후에게 올린 보고서는 이들이 칼과 무기를 갖고 있었다고 보고했으며, 일부 시민이 폭동을 일으킬 뻔 했다고 결론지었다. 프란체스코 수도회 수도원에서는 학생들이 나무로 만든 제단을 집어 던지고, 위협을 담은 글을 수도원 문에 붙였다. 어떤 이들은 다음 세족洗足 목요일Maundy Thursday에 "욕실 하녀"—창녀—를 데려다가 우상을 숭배하는 제단을 강한 잿물로 씻어 내야 한다고 제안했다. 이들이 제단의 돌을 교수대와 단두대로 바꾸는 게 나을 것이라는 말까지 했다는 소문이 돌았다. 교수대와 단두대로 바꾸면, 그들이 구원과 정의를 모두 의미하는 의Gerechtigkeit를 더 많이 이룰 수 있으리라는 생각이었다. "교수형 집행자의 직무가 우상을 숭배하는 수사만큼 영혼에 위험하지는 않다."⁴⁹ 교수형 집행자를 가장 비천한 계급으로 여기던 16세기 사회에서 이런 말은 엄청난 충격을 던졌다. 이것은 말로 성상을 파괴한 행위였다. 학생들은 그들이 상상할 수 있는 말 가운데 가장 악한 의미를 가진 말로 거룩한 제단을 더럽혔다. 아울러 그들이 창녀를 언급한 말에는 성적 모욕을 암시하는 차원을 넘어 더 많은 의미가 들어 있었다. 시의회는 선제후에게 보내는 보고서에서 조심스레 이 사건을 축소하면서, 열네 학생만이 이 사건에 가담했고, 일부 가담자는 외부인이며, 가담자는 모두 처벌을 받았다고 강조했다. 민중이 주도하는 종교개혁 같은 것이 진행되고 있었다. 그러나 이런 개혁이 일어나고 있던 범위는 이 개혁을 오로지 폭력이요 반역이라 묘사할 이유밖에 갖지 못했던 개혁 반대자들의 노기怒氣 어린 촌평에서만 분명하게 알 수 있다.⁵⁰ 1주일 뒤인 12월 10일 밤, 단단히 무장한 "학생과 귀족" 약 40명이 피리를 불고 북을 치며 거리를 돌아다니다, 수도원에 난입하여 모든 수사를 죽일 것처럼 위협했다는 보고가 있었다.⁵¹ 하지만 시의회는 이 일을 겨우 진정시키고, 프란체스코 수도회 수도원 둘레에 경비병을 한 사람 배치했다.

새로운 복음 중심 사상을 실천에 옮긴 곳은 비텐베르크만이 아니었다. 보름스의회가 끝난 뒤 얼마 지나지 않은 여름에 에르푸르트에서는 사제들의 집이 공격을 받았다. 루터는 이런 혼란이 섬뜩했지만, 시의회가 대놓고 이런 행동을 추인하고 죄인들을 처벌하길 거부한 점을 훨씬 더 섬뜩하게 여겼다. 이제 에르푸르트 수도원장이 된 요하네스 랑은 기이하게도 이 문제에 침묵을 지켰다.⁵² 바르트부르크에 홀로 갇혀 있던 루터는 새 소식이 알고 싶어 애가 탄 나머지, 그와 편지를 주고받던 사람들에게 에르푸르트에서 들려오는 최근 소식을 알려 달라고 요청했다. 루터는 에르푸르트에서, 그것도 이 도시가 사분오열되어 시장을 교수대에 매달아 죽이던 그 시절에 정치란 것을 체험했었다. 루터는 돌아가는 상황을 보면서 시의회란 곳의 지도 아래 민중이 주도하는 종교개혁의 냄새가 난다는 의심을 품었을 것이다.

1521년 말에 이르자, 에르푸르트 학생들이 비텐베르크에 오고 있으며, 12월 3일과 4일에는 성직자 폭동Pfaffenstütrm이라 불리는 조직적 폭동에 가담했다는 소문이 돌았다. 루터는 이 사건 직후 비텐베르크를 비밀리에 잠깐 방문했다. 거기서 루터는 슈팔라틴이 그의 최근작 셋―『사적 미사 폐지에 관하여』, 그가 "마인츠의 우상"을 격렬하게 비판한 글, 그리고 그가 수도서원을 다룬 논문―의 인쇄를 막았음을 알게 되었다. 루터는 격노하여 그때까지 슈팔라틴에게 보낸 모든 편지를 통틀어 가장 큰 분노를 담은 편지를 써 보냈다. 그는 방금 직접 목격한 비텐베르크의 변화에 만족을 표시했다. 그는 "내가 보고 듣는 모든 것이 아주 마음에 든다"(was ich sehe und höre, gefällt mir alles sehr wohl)고 썼다. 여기에서는 슈팔라틴이 아닌 다른 참 그리스도인들이 일하고 있었다. 실제로 그랬다. 루터는 "우리 편 사람" 몇몇이 오히려 방해를 놓고 있다는 소문을 듣고, 이들을 비판하는 글을 쓰겠다고 약속했다.[53] 그러나 루터는 어떤 특정한 방해 행위를 언급하지는 않았다. 루터도 그전 며칠 동안 일어난 사건을 모르지는 않았던 것 같다. 그는 어쩌면 그런 폭동을 중요한 사건에 늘 함께 따르곤 하는 소요나 민중 축제에 불과하다고 여겼을지도 모르겠다.

비텐베르크를 비밀리에 방문하고 돌아온 루터는 곧바로『모든 그리스도인에게 봉기와 폭동을 경계하길 바라는 마르틴 루터의 신실한 책망Eyn trew vormanung Martini Luther tzu allen Christen, sich tzu vorhuten fur auffruhr unnd emporung』을 썼으며, 이는 1522년 1월 초에 인쇄되었다.[54] 루터는 소요를 마귀가 꾸민 일이라 표현했지만, 강제로 형상을 제거하는 일이 불안을 야기할 때가 아주 많았어도 이런 형상 제거를 비난하지는 않았다. 아울러 그는 근래 벌어진 사건에서 "교황파의 무지가 드러난" 것을 기뻐했다. 그는 이렇게 말했다. "그들의 위선이 드러났다. 그들이 법과 수도회 규칙 속에 감춰 놓은 사악한 거짓말이 드러났다. 요컨대, 그들이 여태까지 세상을 현혹하고 세상에 공포를 안겨 주며 세상을 속여 왔던 모든 것이 폭로되었다." 이것은 뒷걸음질이 아니라 도리어 변화를 옹호하는 우렁찬 함성처럼 보였다.[55]

그러는 사이, 비텐베르크 개신파가 겨냥하는 목표가 확대되기 시작했다. 12월 10일이 되자, 일이 정치성을 띠었다는 게 더 분명해졌다. 소위 40인회—이 마을을 구성하는 네 구역 대표자—구성원을 포함한 시민 한 무리는 시의회 회의를 방해하고 12월 3일과 4일의 소요에 연루된 사람들을 석방하라고 요구했다. 이들은 개혁을 일으킬 목적으로 6개 조 목록을 작성했다.[56]

민중의 동요가 이어졌다. 성탄 전야에는 평신도 한 무리가 교구 교회에 침입하여 "납으로 만든 산탄"을 제단에 쏘겠다고 위협했다. 이들은 미사 촛대 몇 개를 내동댕이치고, "오, 브라운슈바이크의 맥주여"(Oh, Brauschweiger Mumme)와 "한 처녀가 신발을 잃어버렸네"(Es hat ein Mädchen einen Schuh verloren)—신발을 잃어버린 처녀는 결혼하지 않은 처녀가 동정virginity을 잃었을 때 신발을 바치는 의식을 통해 속죄하던 관습과 관련이 있다. 그런 점에서 이 노래의 취지는 누구라도 분명히 알 수 있었다—를 포함한 상스러운 노래를 불렀다. 그런 다음 이들은 성 교회로 옮겨 가 "개와 늑대처럼" 울부짖으며 예배를 방해했다. 그런 뒤 이들은 교회 발코니로 올라가서 "사제들에게 역병이 임하고 지옥의 불길이 임하길 빌었다." 성직자들은 이런 일에 화들짝 놀랐을지도 모르나, 그래도 이런 일은 모두 그런 대로 웃어넘길 만했으며, 이것이 직접 겨냥한 것은 오로지 사적 미사였다. 그럼에도 이는 분명 선제후를 자극했다. 시위자들이 선제후 자신의 교회를 침입했기 때문이다.[57] 그러다 12월 말이 되자, 츠비카우의 선지자로 알려진 세 급진주의자가 도착하여 설교하기 시작했다. 셋 가운데 한 사람은 멜란히톤 집에 머물렀으며, 뜨거운 신앙 분위기가 점점 더 타올랐다.[58]

빈민 구제 체계가 세워지면서, 사람들은 이제 다시 구걸(탁발)°에 관심을 갖게 되었다. 1521년 어느 때, 비텐베르크 시의회는 탁발 조례를 제정하여, 독일에서 이런 조례를 처음으로 제정한 시의회가 되었다.[59] 이는 미사 폐지에 따라 자연스럽게 나타난 결과였다. 죽은 자를 위한 미사가 아무 의미가 없다면, 신도회信徒會나 사제들에게 지불하는 성직록도 아무런 의미가 없었다. 루터의 주장처럼, 신도회는 고주망태가 되도록 술을 마시거나 배가 터지도록 음식을 먹는 일에나 쓸모가 있었다. 대신 그런 돈은 공동 금고에 넣어 가난한 이들을 돕는 데 써야 했다. 이것은 완전히 새롭게 가난을 대하는 접근법이었다. 탁발을 수사의 미덕을 상징하는 표지로 여기지 않게 되니, 구걸(탁발)을 사회정의와 관련된 쟁점으로 인식할 수 있었다. 비텐베르크 시의회는 이런 기금을 3중 자물쇠로 채운 금고에 보관하라고 명령했다. 두 열쇠는 네 감독자와 이들에게 조언하는 세 고문이, 그리고 하나는 시장이 갖고 있었다. 네 감독자는 사람들, 특히 구걸하길 아주 부끄러워하는 사람들에게 필요한 것을 적어 두어야 했다. 금고에 모인 돈은 루터가 『독일 민족의 그리스도인 귀족에게』에서 제시한 한계를 따라 외부인은 제외하고 오직 비텐베르크 빈민만 돕는 데 사용해야 했으며, 탁발 수사도 구제 대상에서 제외했다.

종교개혁이 아우구스티누스 수도회 수사들과 시의회의 지도 아래 비텐베르크에서 완벽하게 이루어질 것처럼 보였다. 아이스레벤에 있는 아우구스티누스 수도회 수도원 원장인 카스파르 귀텔Caspar Güttel은 1522년 1월 비텐베르크 대성당 참사회 모임에 참석했다가, 자신이 역사상 유례없는 시대에 살고 있다는 확신을 한 친구에게 이렇게 적어 보냈다. "내가 보기에는 하나님이 마치 큰 은혜와 대단히 고결한 진지함을 우리 모든 이에게 주시려는 것 같네." 1월 초에 나온 소식지 보도에서도 이렇게 흥분에 들뜬 느낌이 분명하게 드러난다. "제후는 더 이상 이 일을 중단시킬 수 없으며, 설령 다른 제후들이 그들이 하려는 일을 행한다 할지라도, 그들 역시 이 일을 방해하거나 억압할 수 없다. 이 일은 하나님으로부터 나왔거나 하나님이 하시는 일이며, 우리는 기적을 마저 볼 것이다. 모든 도시 주위에서 기이한 사건과 일들이 일어나고 있으니, 하나님께서 당신의 은혜를 베풀어 주시길 원하노라. 아멘."[60] 이 저자는 계속하여 한 상인이 비텐베르크에 도착하여 아우구스티누스 수도회 수도원이 어딘지 물었다고 보고한다. 지역 주민들이 수도원을 알려 주자, 이 상인은 말을 매 놓고, 수도원 안으로 들어갔다. 안으로 들어간 그는 단 한 수사가 남아 있음을 발견했다. 그는 십자가 모양으로 팔을 뻗은 뒤, 하나님을 찬미하며 감사했다. 그는 마음에서 우러나온 눈물을 흘리면서, 그가 "거룩한 도시"(비텐베르크)°의 땅을 밟을 수 있게 되었음을 감사했다.[61]

10.
카를슈타트와 그리스도인의 도시 비텐베르크

16세기 말에 마테지우스와 슈팡엔베르크Cyriacus Spangenberg가 쓴 전기에서 출발한 루터 전기는 루터와 카를슈타트의 친구 관계를 다루지 않은 것이 대다수다.[1] 카를슈타트는 본디 루터를 우상처럼 받들었다. 라이프치히에서는 루터의 오른팔 노릇을 하며 루터와 한편을 이뤄 토론자로 나섰고, 몇 가지 중요한 신학 쟁점과 관련하여 나아갈 길을 제시하기도 했다. 그러나 사람들은 종종 루터가 그에게 진 빚은 잊어버린다.[2] 루터는 카를슈타트가 스콜라주의를 논박한 논제에 영향을 받아 이 논제를 따랐다. 형상이 선전물로서 지닌 잠재력을 맨 처음 간파하고 수도서원을 깨뜨릴 논거를 처음으로 명쾌하게 밝힌 인물도 카를슈타트였다. 이들의 관계가 뒤틀려 버린 사연은 루터의 삶에서 볼 수 있는 몇몇 중요한 심리 패턴과 감정 패턴을 설명해 준다. 아울러 그 사연은 루터의 신학이, 그리고 이 신학과 함께한 종교개혁 전체가, 그것이 걸어간 길로 걸어간 이유를 잘 설명해 준다.

　　루터가 바르트부르크에 있는 동안, 카를슈타트는 종교개혁을 비텐베르크에 소개하는 데 큰 역할을 했다. 하지만 처음에 카를슈타트는 과격하지 않았다. 카를슈타트는 1521년 말까지만 해도 멜란히톤의 열광주의(광신주의)enthusiasm를 조심하라고 줄기차게 경고했으며, 무질서를 보여주는 어떤 표지도 멀리했다. 그해 10월, 미사를 둘러싼 논쟁이 벌어지는 동안, 카를슈타트는 사람들이 모든 관점을 논쟁 마당에 확실히 제시하게 하는 데 마음을 쏟으면서, 사적 미사를 무턱대고 철폐해서는 안 된다는 주장을 내놓았다. 그는 법률 훈련을 받았고 쌓은 경험이 있었기 때문에, 사적 미사 철폐가 초래할 엄청난 법적, 재정적 결과를 다른 사람보다 명쾌하게 간파하고 있었을 것이다. 때문에 그는 이런 변화를 실행하기 전에 온 공동체의 동의를 구해야 한다고 주장했다. 그러나 슈팔라틴과 달리, 멜란히톤은 사적 미사를 당장 없애길 원했다.³

　　1521년 11월, 카를슈타트는 『신약성경에 나오는 상징들을 숭배하고 공경하는 것에 관하여Von anbettung und ererbietung der tzeychen des newen Testaments』를 출간했다. 그는 이 책을 뉘른베르크에 있는 알브레히트 뒤러에게 헌정했는데, 이는 뉘른베르크 사람들과 많은 대중에게 비텐베르크에서 일어난 사건들이 신중하고 질서 있게 진행되고 있음을 알려 주고자 연출한 행동이었다.⁴ 그는 이 논문에서 성체(성찬)°를 경배해야 하는 이유를 자세히 설명하면서, 그리스도가 실제로 빵과 포도주 안에 임재한다고 주장했다. 이 점에서 그는 루터에 동조하고, 성체 거양과 성체 조배를 반대하는 설교를 했던 츠빌링에 단호히 맞선 것 같다. 그러나 이미 초기에도 카를슈타트의 소책자는 그 강조점에서 중요한 차이를 드러내면서, 성찬에는 빵뿐 아니라 그리스도의 영적 임재가 포함되어 있기 때문에 성찬을 존중해야 한다는 주장을 제시했다. 카를슈타트는 성

안드레아스 카를슈타트, 1541/1542년경.

⟨40⟩

체(성찬)°의 의미를 나누고 성찬의 영적 부분과 육체적 부분을 나누었다. 결국 이 때문에 성찬을 단지 기념 행위로 보고, 육체적 부분보다 영적 부분을 중히 여기는 견해를 취하게 된다.

1521년 성탄절 직전, 카를슈타트—그는 만성 재단 대부제大副祭로서 비텐베르크의 주된 설교자였다—는 자신이 새해 첫날 빵과 포도주를 사용하여 성찬을 집전하겠다고 선언했다. 이것은 중대한 조치였다. 선제후가 자신은 이런 성찬에 반대한다는 뜻을 이미 아주 분명하게 밝혔기 때문이다. 이런 선언은 공개 불복종을 의미했으며, 종교개혁의 방향을 세속 권력에 맞서는 쪽으로 잡는 조치이자 비텐베르크 시의회의 힘과 작센 통치자의 힘이 충돌하게 만드는 조치였다.

신중하고 또 신중했던 사람이 왜 이런 위험한 조치를 취했을까? 사실, 카를슈타트가 선제후 프리드리히의 힘을 시험한 건 이번이 처음이 아니었다. 1515년, 카를슈타트는 그가 ("프리드리히에게", 독역본)° 내야 할 임차료 때문에 송사에 말려들자, 자신에게 갚아야 할 건초를 갚으라는 반소反訴를 제기했다. 당사자 쌍방의 청구 금액 차이는 소소한 금액인 반＋굴덴에 불과했지만, 카를슈타트는 교황에게 직접 항소하겠다고 위협하여 선제후를 곤란하게 만들었다. 그러다가 1517년 초, 카를슈타트는 만성 재단 직속 교구인 오를라뮌데Orlamünde 성직자 임지에 한 사제를 독단으로 지명하여 세웠다. 선제후 프리드리히는 카를슈타트가 자신에게 허락을 요청하지 않은 것을 불쾌하게 여겼다. 심지어 선제후는 카를슈타트가 성직자 서임을 철회하지 않으면 자신이 다른 누군가를 임명하고 카를슈타트가 받을 급여에서 그 성직자 급여를 지급하겠다고 으름장을 놓았다. 이후 두 사람은 상당 기간 긴장 관계에 있었다.[5]

이들은 만성 재단 안에서도 긴장 관계에 있었다. 대부제라는 카를슈타트의 자리는 급여가 좋았다. 그러나 급여가 좋은 만큼 미사를 집전하고 교회 봉사 직무를 수행하는 데 많은 시간을 써야 했다. 이 때문에 카를슈타트는 교회 일과 학문 연구를 병행하기가 어려웠다. 이러다 보니, 카를슈타트는 만성 재단 신부직처럼 가장 많은 급여를 받는 성직 가운데 하나를 얻으려는 야망을 오랫동안 키워 오고 있었다. 그는 1515년과 1516년을 로마와 시에나에서 보내면서, 이 신부직을 얻는 데 필요한 법학 박사 학위를 취득했다. 카를슈타트의 이탈리아 체류는 다시금 선제후와 멀어지게 만들었으며, 선제후에게 허락받았던 넉 달을 넘어 훨씬 긴 기간 동안 계속되었다. 더구나 그는 그가 없는 동안 만성 재단에서 그의 자리를 대신할 사람을 채워 넣지도 못했다. 카를슈타트는 만성 재단 신부가 그를 옥에 가두겠다고 위협하고 나서야 돌아왔다. 돈 문제가 분명 그를 따라다니며 괴롭혔다. 이 때문에 그는 근래 선종한 성직자가 맡았던 성직을 얻으려고 로비를 펼치는 추잡한 짓을 밥 먹듯이 했다.[6] 아울러 그는 좋은 옷에 약했다. 루터는 카를슈타트가 이탈리아에서 돌아왔을 때 충격이라 할 정도로 멋진 옷차림을 과시했던 일, 1521년 중엽, 카를슈타트를 덴마크에 보내 어떤 임무를 수행케 하려 했을 때, 카를슈타트가 자신이 덴마크 왕에게 고귀한 사람으로 보이게 해달라며 "훌륭한 줄무늬로 장식한 능직 가운"은 물론이요 심지어 아주 값비싼 색인 검정색이나 자주색 가운까지 제공해 달라고 대성당 참사회에 요구했던 일을 기억했다.[7] 결국 카를슈타트는 선제후에게 밥줄을 의지해야 하는 딱한 처지에 있으면서도, 그를 통치하는 이의 권위에 맞서 자신을 주장해야만 하는 처지에 있었다.

카를슈타트와 루터의 관계 역시 복잡했다. 루터보다 세 살이 어렸던 카를슈타트는 1507년 비텐베르크에 왔다. 그의 첫 소책자이자 ("논리학 교과서인", 독역본)◇『지향성에 관하여De intentionibus』도 같은 해에 출간되었는데, 이 책은 비텐베르크 대학교 학부 교수진이 처음으로 출간한 주요 작품이기도 했다. 크리스토프 폰 쇼이얼은 만성절에 한 연설에서 이 책을 이렇게 칭송했다. "우리에게 카를슈타트 같은 이가 많이 있었으면, 파리 사람들과 충분히 대결할 수 있었으리라고 생각합니다." 당시만 해도 확신에 찬 토마스 아퀴나스 추종자Thomist였던 카를슈타트는 비텐베르크 대학교의 신성新星이었으며, 비텐베르크 대학교 총장이었던 마르틴 폴리히 폰 멜러슈타트의 후원을 발판 삼아 곧 만성 재단 대부제가 되었다. 대부제직은 대학교에서 해야 할 일과도 관련이 있었으며, 카를슈타트는 이내 신학대학 학장직에 올랐다. 그는 이 학장직을 수행하면서 1512년에 루터의 박사 선서를 받았고, 그의 박사 논문 방어 토론을 주재했다. 아울러 그는 야심찬 인문주의자였다. 비텐베르크를 방문했던 한 인문주의자는 그를 가리켜 "아주 유명한 철학자요 연설가요 시인이며 신학자"라고 칭송했다. 하지만 1517년부터 1521년에 이르는 기간에 루터의 명성이 카를슈타트의 그것을 거의 완전히 가려 버렸다.[8]

루터와 카를슈타트의 우정은 카를슈타트가 루터의 주장을 논박하고자 한겨울인 1517년 1월 13일에 아우구스티누스의 저작을 사러 라이프치히로 달려갔다가, 결국 스콜라주의를 거부한 루터의 주장이 옳았다는 것만 발견하면서 시작되었다. 처음에는 이들의 우정이 두 사람 모두에게 지적 에너지와 창조성을 공급했던 것 같다. 카를슈타트는 1517년 4월에 발표한 한 논제 모음에서 스콜라주의를 통렬하게 공격하면서, 아우구스티누스에 기초를 둔 신학을 제시하고 스콜라주의가 아리스토텔레스의 형이상학을 사용하는 점을 비판했다.[9] 루터 자신도 카를슈타트의 영향 아래 스콜라주의를 비판하는 그의 논제를 썼다. 루터가 처음에 천명한 선언, 곧 "아우구스티누스가 이단을 비판하면서 과장했다고 말하는 것은 아우구스티누스가 거의 모든 곳에서 거짓말을 했다고 말하는 것이다"라는 선언은 분명 카를슈타트가 천명한 논제 가운데 하나를 응용한 것이다.[10] 이제는 반대로 카를슈타트가 루터의 생각을 지지했는데, 특별히 루터와 같은 아우구스티누스 수도회 수사였던 링크와 랑이 당시 등장하던 루터의 신학에 카를슈타트보다 신중한 태도를 명백히 보였기 때문에, 카를슈타트의 지지는 분명 루터에게 대담한 용기를 불어넣어 주었다. 실제로 루터는 1517년 중엽 이후 계속하여 "우리 신학"을 이야기하기 시작했으며, 곧이어 "우리 비텐베르크 신학자들"에 관하여 이야기하게 된다.[11]

카를슈타트는 애초 면벌부를 반대하는 루터의 견해에 동조하지 않았다. 이는 어쩌면, 일부 사람들이 주장하듯이, 면벌부를 없앴다간 결국 만성 재단이 무너져 카를슈타트 자신의 밥줄도 끊어지리라는 것을 알았기 때문인지도 모르겠다. 반면, 카를슈타트는 루터보다 훨씬 앞서 성인 공경에 강경히 반대하는 입장을 취하면서, 선제후가 수집한 성물이 비텐베르크에서 중요한 역할을 하고 있었는데도, 특히 이 성물이 만성 재단의 재정을 건전히 유지하는 데 없어서는 안 될 돈을 제공하는 순례자를 불러들이고 있었는데도, 자신의 반대 견해를 사람들 앞에 공개 천명했다.¹² 더구나, 그의 로마 유학은 로마를 지독히도 싫어하는 증오심을 그에게 남겨 주었다. 가령 카를슈타트는 선제후에게 만성 재단의 성직자를 교황을 배제한 채 새로 임명해야 하며, 그렇지 않으면 로마와 로마의 "간신奸臣들Höflinge"이 쥐락펴락하는 꼴을 보게 될 수도 있다고 서둘러 권고했다. 카를슈타트의 지독한 반反로마주의가 루터에게 전염되었을 수도 있지만, 루터 자신이 로마에서 겪었던 좋지 않은 경험은 그렇게 광범위하지도 않았고 그렇게 환멸을 불러일으키지도 않았다.

루터와 카를슈타트의 우정은 1519년 라이프치히에서 처음으로 긴장을 드러냈다. 본디 에크가 표적으로 삼았던 이는 카를슈타트였다. 그러나 토론에 제시한 최종 논제는 루터가 진정한 반대자라는 사실을 숨김없이 드러냈다. 토론을 어디서 어떻게 열지를 놓고 협상을 벌이는 동안, 루터는 에크와 직접 편지를 주고받으면서, 자신과 에크가 중요한 당사자라는 사실을 솔직하게 밝혔다. 더구나, 토론을 지켜본 사람들은 이구동성으로 카를슈타트가 가장 토론을 못했다고 말했다. 루터의 신학과 카를슈타트의 신학에는 이들이 "독일 신학"과 신비주의자 요하네스 타울러를 칭송한다는 공통점이 있었다.¹³ 실제로 우리가 앞서 보았듯이, 라이프치히 논쟁 전에 벌어진 소소한 논쟁을 보면, 에크가 "독일 신학"을 교부가 쓴 작품이 아니요 라틴어가 아니라 독일어로 쓴 작품이라는 이유를 내세워 그 권위를 인정하지 않으려 한 것이 루터와 에크의 주요 쟁점 가운데 하나였다. 1520년 10월, 카를슈타트는 에크의 칙서—카를슈타트는 이 칙서에 자신의 이름이 루터 및 다른 다섯 사람과 나란히 올라 있는 것에 충격을 받았다¹⁴—에 관한 소식을 받고 두 주가 지난 뒤에 **게라센하이트**(이 책 169쪽의 "게라센하이트" 역주 참조)◇에 관한 논문을 하나 썼다. 이것은 인간이 깊은 묵상을 통해 자신이 집착하는 것들 attachments을 "놓음letting go"으로써 하나님이 그 안에 들어오시게 함을 말하는데, 카를슈타트가 이를 다룬 논문을 썼다는 것은 그가 얼마나 중세 신비주의에 빚지고 있었는가를 그대로 보여준다. 이 논문은 사사로이 "사랑하는 어머니와 내 모든 벗"에게 보내는 편지 형태로 썼다.[15] 루터도 때로 그랬듯이, 카를슈타트도 자신의 상황을 그리스도의 상황에 빗댔다. "나는 지금 손발이 십자가에 못 박힌 채, 지옥에 있는 것 같은 고통 속에, 죽음의 고통 속에, 지독한 시련 가운데 있습니다." 그는 자신이 교차점에 서 있다고 보았다. 오른쪽에는 그의 영혼을 죽이겠다고 위협하는 죽음이 있었고, "왼쪽에는 내 육체에 다가오는 죽음이 있습니다."[16]

이와 달리, 루터는 스스로 순교할 준비를 하면서도 **게라센하이트**의 신학을 인용하지는 않았다. 그는 늘 그가 보낸 편지에서 자신이 죽을 수 있다는 생각을 피력했지만, 동시에 다른 이들을 보호하는 데도 관심을 기울였다. 루터가 보름스의회 전에 슈팔라틴과 자신의 전략을 만들어 낼 때, 그가 전개했던 논지 가운데 하나는 만일 그에게 청문 기회가 주어지지 않으면 비텐베르크에 있는 **모든 사람**이 위험에 빠질 것이라는 논지였다. 때문에 루터는 아주 일찍부터 카를슈타트의 에크 공격이 루터 자신의 동료들을 위험에 빠뜨릴 것이라고 생각하여 카를슈타트가 에크를 더 이상 공격하지 못하게 막으려고 했다. 루터는 슈팔라틴을 중개자로 내세워 벌인 협상을 통해 자기 하나만을 보름스에 소환한다는 확약을 받았다.

반면, 카를슈타트의 경우는 **게라센하이트**가 그에게 순교할 힘을 주었다. 이 개념은 그가 체험한 구원받았다는 감정 속에 깊이 박혀 있었다. 그것은 주기를 따라 찾아오는 어두운 불안과 자신은 가치 없는 존재라는 느낌의 일부분이었다. 이에 대한 대답은 "나 자신을 혹독하고 진지하며 엄격하게 증오하고 차갑게 바라보는 자세"를 계발하는 것이었다. 이것에서 탈집착detachment(떼어 냄)°, 즉 모든 것과 모든 인연에서 벗어나는 것이 나왔다. 카를슈타트는 1523년에 이 주제를 다시 다루면서, **게라센하이트**의 의미를 훨씬 더 길게 묵상한 글을 출간했다. 이 글에서는 그것이 분명 금욕주의와 연결되어 있었다. 그는 이렇게 써 놓았다. "모든 쾌락은 죄다. 우리가 찬양하며 음식을 먹는 것보다 음식과 음료를 재와 함께 뿌리는 쪽이 나을 것이다." 신자라면 당연히 "내 자신을 두려워하는 거룩한 마음"을 계발해야 하며, "누런 고름이 가득한 종기를 피하듯이 피하려 하는 무시무시한 악처럼 내 생각과 욕망과 행위(공로)°도 철저히 부끄러워해야 한다." 카를슈타트는 독자를 다양한 종류의 탈집착으로 인도했는데, 그중에는 "지성(이성)°에서 벗어남Gelassenhait der vernunfft", 나아가 궁극에는 "성경(문자)°에서 벗어남Gelass der schrifft"도 들어 있었다. 성경 자체의 정신을 이해하는 것이 하나님 말씀의 문자보다 중요했다. 그가 이렇게 탈집착의 과정을 가리킬 때 쓴 말이 "할례받은 마음ain beschnitten hertz"을 갖는다는 것이었는데, 이는 마치 참된 신자라면 민족의 표징으로 구별되어야 한다는 뜻을 표현한 것이었다.¹⁷

　　루터는 우리의 모든 행위가 죄로 가득하며 우리는 오직 하나님의 은혜로 구원받는다는 확신이 우리가 자유를 얻었다는 의식으로 인도한다고 보았다. 우리가 행하는 모든 일이 죄로 오염되어 있다면, 금욕주의도 무의미하다. 금욕주의 대신, 우리는 하나님이 창조하신 세계를 즐겨야 한다. 루터의 주장은 육체를 부인하는 데 가치를 두었던 중세 가톨릭은 물론이요, 나중에 칼뱅주의가 되는 입장, 곧 쾌락을 길들이는 데 매달렸던 입장과도 달랐다. 반면 카를슈타트는 **게라센하이트**의 목표를 자아를 완전히 버리고 하나님과 하나가 됨으로써 신자가 "하나님 뜻에 완전히 잠기는" 상태에 이르는 것이라고 보았다. 이는 신비주의에서 말하는 수용과 개방 상태다. 이 상태에 이르면, 나 자신과 하나님을 가르는 경계가 사라진다. 이는 마치 사람이 어머니와 아이 사이에 구분이 없는 곳인 모태로 되돌아가는 것과 마찬가지다. 결국 카를슈타트가 **게라센하이트**—그가 쓴 논문은 이 **게라센하이트**에 이를 때까지 거쳐야 할 여러 단계를 개관한다—에 이르려고 몸부림친 것은 자신의 의지로 완전한 상태에 이르려는 것과 아주 흡사했다. 그러나 루터는 바로 이런 것을 거부했다. 실제로 루터는 나중에 카를슈타트가 수사들처럼 "신종新種 고행"을 세우려 한다고, "곧 자의自意로 육체를 죽이는 쪽을 택했다"고 비판하곤 했다.[18]

• • •

이 사람이 바로 1521년 성탄절 직전에 만인 앞에서 선제후에게 반기를 들고 자신은 새해 첫날에 성 교회에서 빵과 포도주로 성찬을 집전하겠다고 선언했던 사람이었다. 날 때부터 신중하고 꼼꼼했으며 무언가를 바꿀 때도 더디고 한때는 확신에 가득 찼던 그가 이제는 회심자의 열정을 가득 품고 있었다. 카를슈타트는 자신이 복음의 승리를 목격하는 중이라고 믿었으며, "그리스도인의 도시 비텐베르크"라 부르던 곳에 철저히 헌신했다. 이 학자는 대담한 민중 지도자가 되어 가고 있었다. 이전에 카를슈타트는 설교하길 피했지만, 이제는 자주 그리고 열정을 쏟아 설교했다. 사람들은 그가 완전 딴판인 사람이 되었다며, "그가 이렇게 예리하고 완벽한 설교를 하다니"라고 수군거렸다.[19] 카를슈타트는 선제후가 어떤 "혁신"도 적대시하리라는 것이 분명해지자, 선제후를 무시해 버렸다. 그는 성탄절 성찬에 빵과 포도주를 받길 원하는 사람을 초대했으며, 초대받은 이가 신앙고백을 한 사람인가 여부는 따지지 않았다. 천 명이나 되는 사람이 이 성찬에 참여했다고 전한다. 만성 재단 참사회 회원들Kanoniker der Allerheiligen-Stifts은 제병을 받은 사람 가운데 많은 이가 제병을 받기 전에 해야 할 금식을 하지 않고 음식을 먹거나 술을 마셨다는 사실에 경악했다. 심지어 일부 사람들은 브랜디까지 마셨다는 말이 있었다. 카를슈타트는 평신도가 입는 옷을 입고 교구 교회에서 미사를 집전했다. 그는 제병이 두 번이나 떨어지자(한 번은 어떤 사람의 코트에, 한 번은 바닥에 떨어졌다), 태연히 교구 신자들에게 떨어진 제병을 주우라고 말했다. 그러나 제병을 만지는 일은 확신에 찬 개신파 신자조차도 아주 터부시하는 일이었기에, 결국 카를슈타트 자신이 직접 주워야만 했다. 카를슈타트는 첫날에 또 성찬을 빵과 포도주로 거행했으며, 이번에도 천 명이나 되는 사람이 참여했다. 비텐베르크는 개신파가 이끄는 복음의 부흥을 경험하고 있었다.[20]

카를슈타트는 수도서원에 반대하는 논문을 집필하고 딱 6개월이 지난 뒤,[21] 자신의 신념을 행동으로 옮겼다. 그가 직접 쓰지 않았을 수도 있는 소식지에는 1월에 비텐베르크에서 모인 아우구스티누스 수도회의 결정뿐 아니라, 루터를 칭송하는 기도문이 들어 있었다. "우리는 교황의 오합지졸 전체보다 차라리 신실한 한 사람 루터를 믿으렵니다. 우리는 그리스도가 루터를 통해 진정으로 다시 나셨음을 압니다. 오, 하나님, 우리를 생각하시어 루터를 지켜 주소서."[22] 그뿐만 아니라, 카를슈타트가 결혼하리라는 선언도 있었다. 1521년 12월 26일, 유스투스 요나스와 멜란히톤은 "배우고 용기가 있는" 비텐베르크 "사람들"을 가득 실은 마차 두 대와 함께 제그레나Seegrehna라는 마을에 도착했다. 거기서 이들은 카를슈타트와 안나 폰 모하우Anna von Mochau와 약혼하는 장면을 지켜보았다.[23] 이 약혼은 카를슈타트가 수도서원에 관하여 쓴 논문과 잘 들어맞긴 했지만, 결혼하기로 한 그의 결정은 **게라센하이트**를 강조한 그의 권면과, 인간의 모든 집착을 떼어 내라는 그의 권면과 일치하지 않았다.

겉보기에 안나 폰 모하우는 신부로서 탁월한 선택이었다. 열다섯 살이던 안나는 가난한 귀족의 딸이었으며, 그 용모—그 시대에 살았던 한 사람의 전언에 따르면 "아주 예쁘지는 않았다"고 한다―나 재산을 고려하면 신붓감으로 고를 사람이 아니었다.[24] 흥미롭게도 루터 역시 나중에 비슷한 선택을 했다. 루터는 비텐베르크 엘리트 계층에 속하지 않은 여자와 결혼했는데, 볼품없는 귀족 집안 출신이자 한때 수녀였던 여인을 신부로 골랐다. 카를슈타트는 분명 신부의 출신 계층을 중요하게 여겼다. 카를슈타트는 자신이 귀족 출신이라고 주장했으며, 가문 문장을 수놓은 코트를 그의 "브랜드"로 사용했다. 아울러 그는 이렇게 젊은 여성과 결혼함으로써 귀족의 관습을 따랐다. 여염집 여자는 결혼할 때 귀족 집안 여자보다 보통 열 살이 많았으며, 귀족 집단에서는 어린 신부가 더 흔했다. 그렇다 해도, 이런 나이 차이는 충격이었다. 카를슈타트는 서른다섯 살이었으므로 신부보다 거의 한 세대 위였다. 이들이 어떻게 만났는가는 분명치 않지만, 루터가 바르트부르크에서 카를슈타트의 약혼 소식을 듣고 반가워하면서 그도 "그 소녀를 안다"고 이야기한 걸로 보아, 안나도 필시 비텐베르크와 인연이 있었던 것 같다.[25] 안나 입장에서도 이 결혼은 대담한 선택이었다. 카를슈타트가 수사는 아니었지만 엄연히 성직자였기 때문이다. 사제의 아내가 된다는 생각이야말로 천지가 뒤집히는 새로운 생각이었다. 그전만 해도 사제와 함께 사는 여자는 사제의 정부情婦라고 비난을 받고, 명예를 중히 여기는 사회에서 쫓겨났으며, 이들의 자식은 사생아 취급을 받았다. 사실, 모든 사람이 이 결혼을 축하하지는 않았다. 조롱을 담은 가짜 『결혼 미사』 소책자가 출간되었는데, 카를슈타트를 예수의 제자처럼 사람을 낚는 어부가 되어야 할 때 "아내를 낚는 어부"가 된 사람이라 불렀다.[26]

상다리 부러지게 차리는 잔치를 좋아했던 카를슈타트는 1월 19일에 연 피로연에 50굴덴이나 지출했으며, 심지어 특별한 진미를 구하려고 라이프치히까지 찾아갔다. 그는 분명 사람들 입에 오르내릴 잔치를 열고 싶었다. 시의회 의원과 대학교 교직원 전체를 포함하여 많은 초대 손님을 기록한 목록을 만들었고, 심지어 선제후에게 보내는 초대장은 인쇄까지 했다. 얼마 가지 않아 이 결혼에 관한 악담이 종교개혁 반대자들 가운데서 떠돌아다녔다. 크흘레우스는 카를슈타트의 이웃이 피로연에 쓸 아주 좋은 고기를 사냥해 달라는 요청을 받고 사냥 대신 "제분업자의 나귀"를 죽여 갖다주었다는 이야기를 했다. 피로연에 온 손님들은 나귀의 갈라진 발굽을 발견하고 나서야 자신들이 먹고 있는 음식이 무엇인지 비로소 알아차렸다.[27]

◆ ◆ ◆

비텐베르크는 개혁에 더욱 속도를 냈다. 1522년 1월 6일, 아우구스티누스 수도회 수사들이 비텐베르크에 모였다. 상황을 지켜보는 처지에 있던 루터는 링크와 랑에게 편지를 보내, 복음을 따르며 개혁을 도우라고 권고했다. 이 모임은 참석률이 아주 높지는 않았으나, 과감한 결정에 이르렀다. 참사회는 누구든 수도회를 떠나길 원하면 떠나도 된다고 결정했으며, 탁발과 죽은 자를 위한 미사를 폐지한다고 결정했다. 츠빌링의 카리스마 넘치는 설교에 그 권위가 잠식당한 비텐베르크 수도원 원장은 수도회에서 아무 도움도 받지 못했으며, 수도회는 떠나간 수사를 처벌하길 거부했다. 그러다 10월 10일이 되자, 비텐베르크에 남아 있던 아우구스티누스 수도회 수사들이 더욱더 많이 떠났다. 필시 츠빌링이 앞장섰겠지만, 이 수사들은 "수도원 마당에서 불을 피우고, 교회 안으로 들어가, 나무로 만든 제단을 부쉈으며, 교회 안에 있는 모든 그림과 입상立像, 십자가에 못 박히신 예수상像, 깃발, 양초, 샹들리에 따위를 가지고 나와 불태웠다. 그들은 이를 불 속에 집어 던져 태웠으며, 그리스도와 마리아, 다른 성인을 묘사한 석상의 머리 부분을 잘라 버리고, 교회

안에 있던 모든 형상을 파괴했다."²⁸

이제 카를슈타트도 형상에 관심을 돌려, 탁발과 형상 제거를 다룬 논문을 썼다. 이 둘을 다룬 것은 우연한 조합은 아니었다. 우선 1월 말에 비텐베르크에서 출간한 이 논문은 성경의 여러 근거를 들어 형상을 거부했다. 첫 번째 계명은 우상숭배를 정죄했다. 아울러 이 논문은 육과 영, 내면과 외형을 분명히 구분했는데, 이 주제는 그가 이전에 성체조배를 다룬 글에서도 이미 찾아볼 수 있는 것이었다. 이제 카를슈타트는 형상이 "아무 유익이 없는 육(肉)만 가리킬 뿐"이라고 주장했다. 하지만 하나님 말씀은 "영적이다." "그리스도는 당신의 육은 아무 쓸모가 없으나 영은 큰 가치가 있으며 생명을 준다고 말씀하신다." 따라서 "여러분은 (형상에서)* 단지 육에 매인 삶과 많은 고난을 배울 뿐이라는 것과 이런 것은 육 너머에 있는 것으로 인도하지 못한다는 것을 인정해야 할 것이다."²⁹

일찍이 카를슈타트를 매혹하고 자극했던 것은 형상이 지닌 불확정성, 그리고 사람을 감동시킬 수 있는 형상의 힘이었다. 결국 카를슈타트는 에크를 조롱하려고 "마차 만화"를 출간함으로써 시각 도구를 활용한 논박으로 종교개혁에 이바지한 최초 인물이 되었다. 이제 카를슈타트는 형상에서 무엇이 잘못인가를 열심히 글로 적었는데, 그가 구사한 언어에는 성적 수사가 넘쳐 난다. "우리 눈은 (형상)*에 추파를 던지며 그 비위를 맞춘다. 진실을 말하자면, 형상을 공경하고 그 도움을 구하며 형상을 숭배하는 자는 모두 창녀요 간음하는 자다." 그는 자신도 형상의 유혹에 넘어간 적이 있음을 인정했다. "내 마음은 청소년 때부터 형상을 공경하고 존중하도록 훈련받았다. 그런 무시무시한 두려움이 내 안에 서서히 스며들면 그 두려움에서 얼른 벗어나려고 했지만 그러지 못했다. 그처럼 나는 단 한 우상이라도 불사르길 두려워한다." 이 글에서도 몸과 물리적 세계를 루터와 사뭇 다르게 바라보는 접근법이 다시금 드러난다. 감각을 심히 불신하는 이런 접근법은 성적 청교도주의와 쉽게 연합할 수 있을 정도였다. 실제로 이런 형상 정죄는 칼뱅파 프로테스탄트주의(개신교)° 안에서 강력한 흐름이 되어, 유럽 전역에 걸쳐 교회가 수 세기 동안 이룩한 기독교 예술을 파괴하는 결과를 가져왔다.³⁰

바로 이 논문에는 탁발을 다룬 본문도 들어 있었는데, 여기서 카를슈타트는 그리스도인 가운데 탁발하는 이가 없어야 하는 이유를 설명했다. 형상이 경건한 신자를 감동시켜 성인의 고통을 곧 자신의 고통과 동일시하는 감정을 만들어 내 결국 왜곡된 헌신을 만들어 냈듯이, 탁발하는 자는 사람의 마음을 움직여 동정심을 만들어 냈다. 그 결과, 사람들은 자신들이 적선한 돈이 가장 필요한 자에게 돈을 주지 않고 도리어 그 궁박한 처지로 사람들의 감각을 가장 잘 사로잡은 자에게 돈을 주는 일이 벌어졌다. 카를슈타트는 탁발을 폐지하는 것이 비텐베르크 대학교에 암시하는 의미를 분명히 인식했다. 요컨대 학생들이 먹을 것과 쓸 돈을 탁발하는 것이 당대 관습이었다. 그러나 그의 결론은 그런 관습을 철저히 뒤엎었다. 하지만 탁발을 폐지함으로써 학생들이 더 이상 공부를 할 수 없게 된다면, 그것은 중대한 문제가 아니었을까? 카를슈타트는 경건한 부모의 자식이라면 "그 부모에게 돌려보내" 생활에 도움이 되는 장사를 배우게 하는 것이 나을 것이라고 썼다. "그들이 빵을 탁발하여 얻는 유익이란 것이 기껏해야 교황을 따르고 무례하며 신실하지 않은 사제가 되는 것밖에 더 있는가? 그러느니 차라리 그들의 부모에게서 장사를 배우는 것이 훨씬 더 나을 것이다." 비텐베르크 대학교에 아주 크게 의존하던 비텐베르크에서 이런 말은 엄청난 충격을 던지는 말이었다. 그러나 분명 이 말은 카를슈타트의 진심이었다.³¹

그러나 비텐베르크와 비텐베르크 대학교가 맞닥뜨린 문제는 또 있었다. 루터의 명성이 엄청난 학생을 끌어모으면서, 비텐베르크 대학교는 1521년에 이르기까지 학생 수가 급증했다. 이러다 보니 루터는 이 학생 전부에게 기거할 장소를 제공할 방법을 놓고 애를 태웠다. 멜란히톤의 강의도 유명하여, 학생들이 그 강의를 들으려고 강의실에 구름처럼 몰려들었다. 그러나 종교개혁이 스콜라주의에 가한 공격은 동시에 이런 지식 훈련 자체를 상대로 한 총공격이기도 했다. 하지만 종교개혁은 이런 훈련을 대신할 것을 거의 제공하지 못했다. 당시 가장 중요한 지식 분과는 신학이었기 때문에, 신학이 맞은 위기는 지식 세계의 삶 전체의 위기를 알리는 전조였다. 로마 수사가 쿠인틸리아누스Marcus Fabius Quintilianus를 공부하려고 비텐베르크에 왔던 학생 필리프 에버바흐Philipp Eberbach는 카를슈타트의 설교를 듣고 난 뒤, 더 이상 자신의 공부 목적을 발견하지 못했다. "나는 뮤즈들에게 작별을 고했다."[32] 학생이 생활비를 마련하던 주된 수단인 탁발이 사라지고 지식 탐구 노력에 의문이 제기되자, 학생 수가 가파르게 떨어졌다. 많은 학생이 비텐베르크를 떠났다는 말이 들렸다. 심지어 멜란히톤도 부활절에는 비텐베르크를 떠나려 한다는 소문이 돌았다.[33] 등록 학생 감소는 선제후와 슈팔라틴에게 큰 근심을 안겨 주었지만, 이 문제는 비단 비텐베르크만 관련된 사안은 아니었다. 1520년대가 끝날 때까지 제국 전역에 걸쳐 학생 수가 감소했다. 심지어 그라이프스발트Greifswald 대학교는 한 세대 동안 학교 문을 닫아야 했다.

개신파가 전하는 복음의 메시지를 들은 성직자도 바뀌었다. 사적 미사를 향한 공격은 당장 교회의 경력 구조 전체를 단박에 파괴하는 결과를 가져왔다. 이런 판국에 누가 자기 아들을 교회에 들여보내려 했겠는가? 종교개혁이 의미하는 것이 무엇이었든, 이 개혁은 성직자 수를 엄청나게 감소시키는 결과를 초래했다. 사적 미사를 집전하는 사제들로 이루어진 성직 프롤레타리아를 도태시켰고 많은 성직록을 받던 상층 성직자 계급도 도태시켰다.

사제도, 대학교 교수도, 이제 더 이상 종교 진리를 독점하지 않았다. 누구라도, 심지어 낫 놓고 기역도 모르는 사람도, 성경을 스스로 이해할 수 있었다. 1521년 12월, 세 선지자로 이루어진 무리 하나가 비텐베르크 근처 츠비카우에서 비텐베르크에 이르러, 하나님이 자신들에게 직접 말씀하신다고 주장했다. 니콜라우스 슈토르흐Nikolaus Storch와 토마스 드렉셀Thomas Drechsel은 옷 만드는 장인이었다. 세 번째 인물인 마르쿠스 토마스Markus Thomas 혹은 슈튀브너Stübner는 비텐베르크 대학교에 다녔지만, "슈튀브너"라는 이름이 그 출신을 보여주듯 목욕탕 주인의 아들이었다(슈투베Stube는 "목욕실"이라는 뜻이다)°. 목욕탕 주인은 몸과 긴밀한 접촉이 있는 이들이라 비천한 사람으로 취급받았다. 이들의 지위는 아주 낮아서 목욕탕 주인의 아들과 결혼하는 것은 그 사회에서 죽음을 의미했다. 슈토르흐는 이미 그의 고향에서 상당한 흥분을 불러일으켰다. 그는 거기서 자기 집에 비밀 집회소를 세우고 직통 계시의 중요성을 강조했다. 멜란히톤을 잘 알고 있던 슈튀브너는 성경에서 유아세례를 찾을 수 없다고 주장했다. 츠비카우 선지자들은 대학교에 거의 신세를 지지 않거나 아예 신세를 지지 않는 새로운 복음 전도 운동을 제시했다. 하나님의 영이 설교하며 예언하는 평신도에게 부어지고 전통적 권위는 지나쳐 버리는 것처럼 보였다.[34] 이 시대가 여느 시대와 다른 특별한 때라는 의식은 비텐베르크에 역병이 들이닥치면서 더 높아졌다. 죽음이 현실로 다가오자, 많은 사람이 그들의 영혼 상태를 걱정했다.

루터가 오랫동안 비텐베르크를 비운 동안 이 마을에서 루터를 대변했던 멜란히톤은 확실한 결정을 내리지 못하고 혼란에 빠졌다. 그는 하나님이 자신들에게 직접 말씀하신다는 츠비카우 선지자들의 주장을 어떻게 판단해야 할지 확실한 의견을 정하지 못한 채, 학생들을 상대로 이 선지자들을 변호했다. 동시에 그는 루터가 돌아오게 해달라고 슈팔라틴과 선제후 프리드리히를 설득하려 했다. 그는 오직 루터만이 이 영들을 판단할 수 있다고 주장했다. 그는 슈팔라틴을 거쳐 선제후에게 요청서를 보냈다. 편지는 슈팔라틴도 읽을 수 있게 봉인하지 않았다.[35] 루터 자신은 츠비카우 선지자들을 염려하지 않고 가벼운 마음으로 슈팔라틴에게 이렇게 써 보냈다. "내가 '츠비카우 선지자들' 때문에 비텐베르크로 가거나 내 숙소를 바꾸지는 않겠네. 그들은 내 골칫거리가 아니니까."[36] 루터는 멀리 떨어진 바르트부르크에서도 쉽게 영들을 분별할 수 있었다. 하지만 비텐베르크에서 미친 듯한 속도로 벌어지고 있던 정치 개혁과 종교개혁에 연루된 사람들은 그들이 가야 할 길을 만들어 내기가 훨씬 더 어려워졌음을 깨달았다.

◆ ◆ ◆

루터는 늘 정치적 권위가 통치자의 손에 있다고 여겼다. 그의 바르트부르크 체류는 이런 인식을 더 강하게 만들어 주었다. 루터가 바르트부르크에서 주로 접촉한 인물은 선제후의 오른팔인 슈팔라틴이었다. 루터와 달리, 카를슈타트는 시의회에 종교개혁을 선도할 힘을 실어 주어야 한다고 믿었던 것 같다. 그는 그가 쓴 소책자에서 쓴 말대로 "그리스도인의 도시 비텐베르크"를 믿었다. 이것이 그가 1521년 10월에 미사를 주제로 벌였던 토론 이후로 죽 견지해 온 노선이었는데, 당시 카를슈타트는 공동체 전체가 복음에 입각하여 무슨 개혁을 들여올지 결정해야 한다는 입장을 지지했다. 카를슈타트의 결혼, 츠빌링—변화를 옹호하고 주도한 인물이었으며, 이제 아일렌부르크에서 설교하려고 아우구스티누스 수도회를 완전히 떠난 인물—의 떠남, 그리고 카리스마 넘치는 츠비카우 선지자들의 도착이 모두 카를슈타트를 급진파로 만드는 데 기여한 원인이었을지도 모르겠다.[37] 아니면 무언가 설득하려면 늘 오랜 시간이 걸리지만, 일단 설득에 넘어가면 급진적이 되어 버리는 이가 바로 카를슈타트라는 사람이었을지도 모르겠다.

카를슈타트가 시민 중심(시의회 중심)°이라는 이상에 열광했던 또 다른 요인은 그가 평신도와 가까이 일하며 갖게 된 경험, 그리고 그리스도인 공동체는 진정 마을 안에 세워져야 한다는 그의 확신 때문이었는지도 모르겠다. 그는 이제 그가 쓴 소책자에 "새 평신도ain neüwer Lay"라고 서명했다. 비텐베르크 시의회는, 1522년 1월 24일, 종교개혁을 비텐베르크에 도입하고 빈민 구제 체계를 이전에 반포한 조례를 따라 재정비한 명령을 공포했다. 이 명령은 카를슈타트의 견해를 일부 반영했으며, 심지어 명령 가운데 일부는 카를슈타트가 직접 썼을 수도 있지만, 그래도 이 명령 역시 개신파 설교자와 비텐베르크시 엘리트가 긴밀히 협력한 결과였다. 30명쯤 되는 무리가 이 명령문을 작성하려고 매일 모였다. 가난한 이를 돕는 일뿐 아니라 신혼부부와 자격이 있는 장인匠人에게 싼 이자로 대출해 주는 일에도 돈을 사용했다. 이는 시 공동 금고에서 혜택을 받는 그룹이 크게 확장되었음을 의미했다. 시 조례가 "결혼하지 않고" 동거하는 이들을 맹비난하며 이런 사람들에게 거처를 내주는 사람도 모두 똑같이 처벌해야 한다고 강조하면서, 시민 도덕이라는 오랜 주제가 새로운 종교개혁 사상과 결합했다. 대학 도시라면 꼭 있었던 사창가도 폐쇄해야 했다.[38] 또 조례는 "그리스도가 마지막 만찬 때 제정하시지 않았으면 미사를 행해서는 안 된다"고 딱 잘라 선언했다. 즉, 평신도도 빵과 포도주를 받아야 하며, 성찬에 참여하는 자가 "성별聖別된 제병을 자기 손으로 받아 직접 그 입에 넣게" 허용해야 한다.[39] 마지막으로, 큰 교구 교회도 제단이 셋만 있으면 충분하며 모든 형상을 제거해야 한다고 명령했다. 그러나 이런 일을 시행할 기한은 정하지 않았다.

조례는 "비텐베르크 선제후시"가 공포했다.⁴⁰

이런 조례를 만드는 일은 비텐베르크를 이끌던 지역 정치인인 현 시장과 후임 시장인 크리스티안 바이어Christian Beyer가 관여하지 않았으면 불가능했을 것이다. 이 조례가, 창녀와 죄 안에 사는 자들(결혼하지 않고 동거하는 자들)°을 몰아낸 것처럼, 오랜 세월에 걸쳐 형성된 시민 도덕주의 사상에 빚지고 있음은 시의회의 가치관과 전문 지식의 자취를 보여주며, 시의회 안에 이런 변화를 지지하는 장인, 중산층 민중, 그리고 도시 엘리트로 구성된 강력한 분파가 있었음을 드러낸다. 이들은 선제후가 자신들의 계획을 달가워하지 않음을 틀림없이 알았을 것이다. 그러나 이들은 자신들의 계획을 인쇄물로 선제후에게 제출함으로써 그의 불쾌함도 기꺼이 무릅쓰려 했다.⁴¹

1522년 1월 말과 2월 초, 토르가우에서 멀지 않은 아일렌부르크에서 선제후 측 대표자인 후고 폰 아인지델른Hugo von Einsiedeln과 크리스티안 바이어가 회동했다.⁴² 이 자그마한 사회 엘리트의 본질은 2월에 시장 임기를 시작한 바이어가 이미 선제후를 대표하여 활동해 오고 있었다는 사실에서 어느 정도 추측해 볼 수 있다. 이제 그는 자신이 이전에는 통제하려고 했던 시의회의 활동을 옹호하고 있었다. 반면, 1519년부터 시의회 의원이었고 선제후 측 인사들과 아주 가까웠던 크리스티안 되링과 루카스 크라나흐―선제후는 크라나흐의 주요 후원자였다―는 사안을 선제후의 시각으로 보았을 가능성이 높다. 그러다 결국 대학교 대표자, 만성 재단, 시장, 그리고 선제후의 고문이 비텐베르크에 들여올 개혁과 관련하여 회동한 모임에서 겨우 합의에 이르렀다. 이 합의는 성찬 축성 문언은 독일어로 말하고, 미사 전문典文 가운데 일부는 생략하며, 성체 거양을 일종의 표지로 보아 다시 도입한다고 규정했다. 그러나 미사가 희생 제사가 아님을 설명했으며, 사제는 "성찬 참여자가 원하는 대로" 그들에게 성찬을 베풀어야 한다고 규정했다. 아울러 구빈법救貧法에 따른 구호 식량은 그대로 유지할 것을 규정했다. 성찬을 빵 하나로만 시행할지 아니면 빵과 포도주로 시행할지 여부는 언급하지 않았으며, 이미 파괴된 형상을 복원하라는 명령도 없었다.[43] 카를슈타트는 협상을 중개하고자 설교를 그만두고 조례 규정을 지키는 데 앞장섰다. 비텐베르크의 종교개혁은 확실히 이루어질 것처럼 보였다.[44]

하지만 가톨릭 쪽도 게으름을 부리지는 않았다. 선제후가 다스리는 작센에서 일어나는 일에 깜짝 놀란 게오르크 공은 뉘른베르크에서 열린 제국 의회에서 강력한 행동을 취해야 한다고 선동하여 성공을 거두었다. 1522년 1월 20일, 작센 지역—마인츠, 나움부르크, 메르제부르크—의 보수 가톨릭 주교에게 사법권을 부여하는, 다시 말해 "심판"을 단행하고 혁신에 책임이 있는 모든 자를 처벌할 권위를 부여하는 황제 명령이 공포되었다. 선제후는 이에 심히 놀라 아일렌부르크 협상을 일방적으로 거부했다. 이 명령에 순종하지 않으면 자신의 통치가 위태로워지리라는 것을 알았기 때문이었다.[45] 차라리 그가 가진 공작 작위와 선제후의 영예를 그의 사촌인 게오르크 공에게 넘겨주는 것이 수월했다. 실제로 바로 이 일이 1546년부터 1547년까지 벌어진 슈말칼덴 전쟁 (카를 5세가 로마 교황청과 손을 잡고 루터파 제후 세력의 슈말칼덴 동맹 사이에 벌어진 종교 전쟁)° 뒤에 벌어진다.[46]

놀랍게도 루터는 이제 비텐베르크 종교개혁을 지지하던 자신의 이전 입장에서 뒤로 물러나 선제후를 도왔다. 2월 22일 혹은 그 무렵, 비텐베르크에서 벌어지고 있던 일을 전해 들은 루터는 선제후에게 특별한 편지를 보내, 그의 새 "성물"을 축하했다. 그 성물은 "십자가 전체와 못, 창, 그리고 채찍"이었는데, 선제후는 이것들을 "비용이나 수고를 들이지 않고" 확보했다. 루터는 비텐베르크에서 일어나고 있던 종교적 변화를 언급했다. 루터는 "사탄"이 "하나님 자녀 가운데 들어왔습니다"라고 썼다. 아울러 그는 이렇게 썼다. "각하의 팔을 자신 있게 쫙 펴서 못이 깊이 들어가게 하십시오. 기뻐하고 감사하십시오. 하나님 말씀을 가지려 하는 사람은 틀림없이 그렇게 해야 하고 그렇게 할 것입니다." 루터는 선제후가 성물을 좋아한다고 그를 괴롭혔지만, 비텐베르크의 불안을 대수롭지 않게 여기며, 자신에게 시간이 없으니 "제 펜이 서둘러 달려갔어야 했습니다"(선제후에게 편지부터 빨리 보내야 했습니다)°라는 말로 선제후를 안심시켰다. 루터는 이미 비텐베르크로 가고 있었다.[47] 슈팔라틴이 이런 사건이 펼쳐지는 과정에서 무슨 역할을 했는지 분명하지는 않다. 그러나 루터가 바르트부르크에 머무는 동안, 그가 받은 정치적 조언 가운데는 틀림없이 선제후의 오른팔(슈팔라틴)°에게서 나온 것이 많았다. 이 편지는 루터가 어느 편인가를 분명히 보여주었다. 선제후는 뉘른베르크 명령이 정죄한 "혁신"을 돌이키려 할 때 루터의 도움에 의지할 수 있으리라는 것을 알았을 것이다.

편지를 받은 선제후는 곧바로 긴 편지를 아이제나흐에 있는 그의 관리에게 구술하면서, 그에게 루터와 만나라고 명령한 뒤 루터에게 전해야 할 말을 알려 주었다. 그 편지는 속내를 솔직하게 털어놓지 않고 말을 빙빙 돌린 편지였다. 선제후는 이 편지에서 우선 루터더러 돌아오지 말라고 해놓고, 뒤이어 루터가 그의 성물인 "십자가 전체"를 빈정거린 말을 진지하게 받아들이면서, 만일 이것이 선제후가 감당해야 할 십자가라면 감당하겠다며 루터에게 돌아올 권위를 주었다. 우리는 이 편지 전체가 루터에게 어떻게 전달되었는지 모른다. 그러나 이 편지의 길이는 선제후가 루터와 자신의 만남에 얼마나 큰 무게를 부여했는지 보여준다. 시간이 아주 중요했다. 프리드리히가 루터를 부르러 보내거나 슈팔라틴에게 루터를 만나 보라고 명령하기보다 즉석에서 그의 관리에

게 명령하는 쪽을 택했던 것도 결국 시간 때문이었다.[48]

루터는 어떤 정치 상황이 펼쳐지고 있는지 알았다. 그는 선제후에게 "설령(각하의 은혜로 제 어리석은 말을 용서해 주시길 빕니다) 게오르크 공이 다스리는 땅에 아흐레 동안 비가 내리고 모든 공소이 게오르크 공보다 아홉 배나 화를 낼지라도" 그가 라이프치히로 가려 했던 것처럼 비텐베르크에도 갈 것이라고 확실하게 못 박았다. 루터는 황제가 내린 명령 뒤에 게오르크 공이 있으며, 그로 말미암아 선제후령 작센의 이익이 직접 침해당하는 위험에 빠졌음을 잘 알고 있었다. 루터는 선제후 프리드리히에게 루터 자신을 보호하지 말라고 경고했다. "저는 선제후 각하께서 베풀어 주시는 보호보다 훨씬 높은 보호를 받으며 비텐베르크로 돌아갑니다. 저는 선제후 각하께 보호를 요청할 뜻이 없습니다. 오히려 저는 각하께서 저를 보호해 주실 수 있는 것보다 더 제가 각하를 보호해 드리려 합니다. 만일 각하께서 저를 보호해 주실 수 있고 보호해 주시려 한다는 생각이 들면, 저는 가지 않을 것입니다. 저는 각하께서 아직도 믿음이 아주 약하다는 인상을 받기 때문에, 결코 각하는 저를 보호해 주시고 구해 주실 분이라 여기지 못하겠습니다."[49] 루터는 비텐베르크로 돌아가는 것만이 그의 소원임을 분명히 해두고자, 선제후가 원하는 어떤 편지라도 쓰겠다는 뜻을 편지 추신에서 밝혔다.

루터는 나중에 이 편지가 제후에게 쓴 편지 가운데 가장 거친 편지였다고 말했다. 그럼에도 이 편지는 루터가 선제후의 관점에 완전히 굴복했음을 보여주었다. 루터는 1522년 1월 중순에 이르기까지만 해도 비텐베르크에서 진행 중인 종교개혁에 아주 만족한 것처럼 보였다. "내가 보고 들은 다른 모든 것이 아주 기쁘기만 하네. 주께서 올바로 행하고자 하는 이들의 영혼을 든든히 세워 주시길 기도하네." 루터는, 12월 초, 그가 비텐베르크에 도착하기 전날 비텐베르크 교회에서 소동이 있었음을 알면서도 슈팔라틴에게 그렇게 써 보냈다. 루터는 1월 13일에야 카를슈타트에게 곧 있을 그의 결혼을 축하한다고 인사했다.[50] 루터는 형상 제거, 사적 미사 폐지, 빵과 포도주로 성찬을 거행하는 것, 심지어 성체 거양 거부도 비판하지 않았다. 그러나 이제 그는 비텐베르크로 돌아와, 황제의 명령을 따라 모든 혁신 조치를 되돌리길 원하는 선제후와 슈팔라틴을 돕게 된다.

비텐베르크에서 벌어진 "소동" 자체가 루터와 선제후 측이 황제가 명령한 조치에 복종하는 합동작전을 펼치는 데 그럴듯한 빌미를 만들어 주었다는 결론을 피하기가 힘들다. 이것은 가톨릭 주교들에게 맡은 교구를 벗어나 결혼한 개신파 성직자를 몰아내고, 그들을 옥에 가두며, 그들에게 순교할 수도 있다고 위협하는 등, 개신파 성직자에 맞서 행동해도 좋다고 허용함을 의미했다. 하지만 선제후에게 중요한 것은 자신이 루터를 지지하는 게 드러나지 않는 것이었다. 하물며 자신이 루터의 귀환을 허용한 일은 더더욱 드러나지 말아야 했다. 이런 이유 때문에 루터는 약속한 대로 행동했고, 슈팔라틴이 초안을 잡은 다른 편지에 자신이 선제후의 뜻을 거스르고 비텐베르크로 돌아간다고 썼다. 법률가인 히에로니무스 슈르프가 편집한 이 편지는 사람들이 볼 수 있는 텍스트로 나오기 전에 적어도 초안을 둘 잡았으며, 어쩌면 그 초안이 셋이었을 수도 있다. 이 편지는 즉시 선제후의 아우 요한Johann에게 보내, 사본을 만들어 달라고 요청했다. 다시금 속도에 불이 붙었다. 인쇄한 사본은 곧장 뉘른베르크의 영향력 있는 인사들에게 보냈다. 그리고 그중 한 사본은 게오르크 공 손에 들어가 일손을 덜어 주었다. 이 편지는 바라던 효과를 발휘했다. 프리드리히는 루터의 귀환을 허용했다는 의심에서 벗어났다.[51]

3월 6일 비텐베르크에 도착한 루터는 시계를 되돌리기 시작했다.[52] 그는 처음 이틀 동안 암스도르프, 요나스, 멜란히톤을 만나 의견을 구하는 일 외에는 별 다른 일을 하지 않았다. 선제후에게 동조하는 쪽이 시의회에서 대세를 이루자, 시의회 의원들도 이내 대세에 순응하기 시작했다. 시의회가 돌아온 루터에게 두건이 달린 새 수사복을 만들어 입으라고 옷감을 선물한 일은 뜻밖의 역설이었다. 이리하여 이 기사는 한 번 더 수사복을 입어야 하는 신세가 되었다.

루터는 3월 9일부터 교구 교회에서 나중에 "사순절 첫 주간 설교Invocavit Sermons"로 알려지게 된 여덟 편의 설교를 잇달아 전하기 시작했다. "그가 선" 설교단은 이전에 카를슈타트가 쫓겨난 곳이었다. 루터의 설교 스타일에는 새로운 확신과 자신감이 배어 있었다. 루터의 설교는 전하려는 교훈이 분명했고, 유머와 모욕과 성경 주해가 섞여 있었다. 루터는 비텐베르크 사람들에게 자신의 경건함을 확신시켰던 설교자들—"카를슈타트 박사, 가브리엘, 그리고 미하엘!"—을 향한 조롱을 감추지 않았다. 루터는 누구라도 사람들에게 바른 말씀을 가르칠 수 있지만—심지어 나귀도 그리할 수 있지만—믿음의 진정한 결과는 행위이지 말이 아니라고 선언했다. 그는 성경의 능력을 강조했다. 그는 "제가 제 벗 필리프(멜란히톤)◆ 그리고 암스도르프와 비텐베르크 맥주를 마실 때" 말씀이 모든 일을 이루었다고 말했다.⁵³

루터는 처음부터 그가 섬기는 교구민에게 자신이 첫 개혁자임을 되새겼다. "친애하는 형제들이여, 그러므로 저를 따르십시오.…하나님이 이 경기장에 처음으로 세우신 사람이 저였습니다. 아울러 하나님이 당신의 이 말씀을 설교하게 처음으로 계시하신 사람도 저였습니다." 루터는 자신의 첫 설교를 이런 상상으로 마무리했다. "제가 제 사람들을 '경기장'(곧 전쟁터)◆으로 데려다 놓고 (애초에 그 사람들더러 경기장으로 가자고 설득했던) 저는 죽음을 피하려 하며 기쁘게 기다리려 하지 않는다면, 무슨 일이 일어나겠습니까? 그 가련한 양떼는 뿔뿔이 흩어지고 말

것입니다!" 루터는 과격한 종교적 변화를 단행하는 사람들은 여러분이 우선 젖으로 자식을 먹인 뒤에 빵을 넣은 죽을 먹이고 이어 달걀과 부드러운 음식을 먹여야 한다는 것을 잊어버립니다. 급진파란 자신들은 젖을 배부르게 먹어 놓고 이제 그 아우들에게 "자, 너희가 먹고 싶은 만큼 빨아 먹어"라고 이야기해야 할 때 "젖꼭지를 싹둑 잘라 버리는" 형제와 같은 인간이다.[54]

루터는 한 역설을 근거로 삼아 자신이 지도자라는 주장을 내세웠다. 그는 자신이 마귀와 싸웠고, "죽음과 마귀가 끊임없이 공격하는" 이가 바로 가장 강한 믿음을 가진 자라는 이유를 내세워 그가 택함받은 것이 증명되었다고 주장했다. 여기서 루터는 폰 디 슈타우피츠에게서 가져온 통찰을 발전시키면서도, 이제는 그의 내면이 마귀와 벌인 치열한 전투가 자신이 옳음을 누구에게나 확실하게 증명해 주는 증거가 되었다. 루터는 이렇게 선포했다. "여러분은 마귀와 싸워 그를 물리치려면 어떤 희생을 치러야 하는지 모릅니다. 그러나 저는 그것을 잘 압니다. 저는 마귀와 소금 한두 조각을 같이 먹었습니다(한솥밥을 먹었습니다)°. 저도 마귀를 잘 알고, 마귀도 저를 잘 압니다."[55] 다른 설교자라면 그들의 대적을 사탄이 지은 것이라 모욕하거나 가톨릭 미사를 "마귀 짓거리"라 폄훼했을지도 모르겠다. 그러나 이런 것은 자신이 직접 마귀를 만난 일을 회중에게 말하는 것과 같지 않았다. 루터가 그런 말을 한 것은 위험한 모험이었다. 당시는 마귀를 만난 이를 귀신에 사로잡힌 자나 마녀로 여겼기 때문이다. 실제로 보름스 회동 이후 루터에게 극렬히 맞선 대적 가운데 하나가 되었던 코흐레우스는 루터가 사탄과 만난 것이야말로 루터가 이단임을 보여주는 가장 확실한 증거라고 생각했다. 다른 개혁자는 이런 주장을 전혀 하지 않았다. 실제로 비텐베르크 선지자들은 이와 반대 주장, 곧 자신들이 하나님과 이야기를 나누었다는 주장을 폈다.

비텐베르크에서 일어난 사건은 루터의 삶에서 한 패턴이 된 일을 보여준다. 루터는 당국자들을 비판하며 놀라울 만치 무례하게 그들을 모욕할 수도 있었다. 그러나 그는 결국 언제나 이 당국자들과 거듭 손을 잡았다. 이제는 루터가 애초에 가톨릭 쪽이 퍼뜨렸던 선전—츠빌링과 카를슈타트가 체제를 뒤엎는 설교에 몰두했으며, 이런 설교가 비텐베르크에서 무장 반란을 일으켰다는 선전—을 비텐베르크에서 일어난 일을 공식 설명하는 내러티브로 채택하여 활용했다. 이 설명은 어느 쪽이 봐도 편리한 허구였다. 시의회, 종교개혁 지도자, 그리고 다른 이들이 종교개혁을 도입하는 데 적극 관여한 정도를 축소했기 때문이다. 사실, 멜란히톤은 1월까지만 해도 카를슈타트보다 훨씬 과격한 노선을 취했지만, 일단 황제 명령 때문에 선제후가 아일렌부르크 협상을 거부하자, 누군가는 죄를 뒤집어써야 했다.

우리가 앞서 보았듯이, 루터는 한동안 카를슈타트와 사이가 불편했다. 그는 일부러 바르트부르크에 있을 때부터 카를슈타트와 편지 교환을 하지 않았으며, 멜란히톤이 비텐베르크 개혁 운동의 지도자가 되길 바랐는데, 이는 더 나이가 많고 경험도 더 많은 사람에 대한 모욕이었다. 실제로 멜란히톤은 생각이 그리 명확하지가 않고, 더 변덕쟁이며, 끈기도 더 없는 사람임이 밝혀졌다.[56] 그러나 루터가 바르트부르크에서 돌아온 뒤까지 비텐베르크에서 일어난 일 때문에 카를슈타트를 비난한 증거는 전혀 존재하지 않는다. 그러다 루터는 재빨리 비텐베르크에서 전개된 일을 개인 책임으로 돌렸다. 일어난 일은 모두 츠빌링과 카를슈타트가 저지른 잘못이었다. 그들의 완고한 설교가 비텐베르크 민중을 부추겨 반란을 일으키게 하고 도시 질서를 뿌리부터 무너뜨렸다. 이것은 물론 반동 세력—만성 재단의 보수적인 참사회 회원들—이 한 동안 밀어붙였던 주장이었다. 이들은 교회 예배에 생긴 소소한 혼란을 심각한 공공질서 파괴로 둔갑시켜 제시했었다. 루터가 이런 "질서"를 회복하는 일에 나서자, 그가 이런 세력에 의지하고 있음이 분명하게 드러났다. 루터는 사람들이 성찬 제병을 **받고 나서** 포도주를 마시게 했으면서도, 사람들이 브랜디를 마신 뒤에 성찬에 참석한다고 헐뜯던 반동 세력의 비방을 그대로 되풀이했다. 아울러 그는 바닥에 떨어진 제병 이야기를 하면서, 제병을 이리도 가벼이 다루었으니 "천둥과 번개가 당신을 쳐서 쓰러뜨리지 않은 것이 놀라운 일"이라고 외쳤다. 루터는 신자가 그 손에 제병을 받았다고 좋은 그리스도인이 되는 것은 아니라고 여겼다. 그런 식으로 이야기하면, 그 주둥이로 제병을 집어 올릴 수 있는 암퇘지도 완전한 그리스도인이 될 것이다.[57]

츠빌링도 금세 루터를 따랐다. 그는 아주 철저히 사과하고 자신이 이전에 가르친 내용을 완전히 취소했다. 그러자 루터는 그를 알텐부르크 성직자로 천거하여 이런 상황을 안전히 벗어나게 해주면서도, 프리드리히의 여러 성 가운데 하나가 차지한 마을에 배치함으로써 선제후의 감독 아래 두었다. 나중에 카를슈타트 자신이 이야기했듯이, 결국 카를슈타트만 고립무원孤立無援의 처지가 되고 말았다.[58] 카를슈타트는 자신에게 설교 금지 조치가 내려졌을 때 이에 동의했지만, 이제 이 조치는 더 강화되었다. 그는 책을 출간하려다, 대학교 검열관이 그의 작품 인쇄를 허용하지 않으리라는 것을 깨달았다.[59]

카를슈타트가 손쉬운 희생양이었다는 결론을 거부하기가 힘들다. 츠빌링은 놀랄 만큼 빨리 용서한 루터가 오히려 츠빌링보다 훨씬 자신과 가까웠던 카를슈타트는 선뜻 용서하지 않았다. 루터는 비텐베르크에서 일어난 사건을 카를슈타트의 인간적 배신 때문에 둘의 우정이 깨져 버린 이야기로 바꿔 버렸다. 카를슈타트는 이전에 긴 대열을 지어 지도자를 추종했던 이들 가운데 으뜸이었다가 이제는 그 지도자를 배신한 이로 취급받게 되었다. 끝을 알 수 없고 한계도 없는 루터의 증오에는 섬뜩한 무언가가 있다. 루터는 사순절 첫 주간 설교에서 카를슈타트를 대놓고 비판하지는 않았지만, 그가 한때 그의 동지였던 이를 "카를슈타트 박사"라 부르는 말에는 틀림없이 조롱의 뉘앙스가 담겨 있었다. 하지만 루터는 금세 카를슈타트를 마귀와 한통속으로 묶게 된다. 카를슈타트 모습으로 둔갑한 사탄이 종교개혁을 박살 내려고 루터에 대항했다. "천사"였던 카를슈타트가 이제는 "광명의 천사"고후 11:14가 되었다. 즉, 그는 사탄이었다.[60]

    루터는 본디 카를슈타트가 도입했던 많은 변화—가령 빵과 포도주로 성찬을 거행하고, 독일어로 예배하는 것—를 인정했었다. 그러나 1523년에 루터가 새로 도입한 전례는 라틴어로 거행하는 것이었으며, 1523년까지만 해도 평신도에게는 성찬에서 오로지 빵만 나누어 주었다. 비텐베르크에서 거행한 미사는 사제도 세상 사람이 입는 평범한 옷을 입고 회중도 사제가 나누어 주는 빵과 포도주를 받기보다 직접 빵과 포도주를 만질 수 있게 하는 특징을 갖고 있었다. 그러나 이런 특징이 이제는 폐지되었다. 하지만 다른 측면만 놓고 보면, 루터가 1526년에 도입하는 독일 전례는 카를슈타트가 이전에 도입했던 것과 별반 차이가 없었다. 실제로 루터는 나중에 자신과 카를슈타트의 다툼을 교리를 둘러싼 분열 이야기로 다시 각색하여 서술했지만, 이 점에서 보면 카를슈타트는 결코 성찬 상징설을 주장하는 자가 아니었다. 카를슈타트의 의도와 목적을 샅샅이 살펴보면, 결국 그가 성찬에 관하여 제시한 주장은 루터의 그것과 똑같았다. 결국 둘 사이에 실제로 불화가 일어나게 된 원인은 신생 종교개혁 운동을 이끌 지도권이 누구에게 있느냐라는 문제였다고 결론짓는 것이 설득력이 있을 것 같다.

그래도 이런 결론은 반쪽 진실에 불과할 것이다. 루터는 자신과 카를슈타트 사이에 더 깊은 차원에서 중대한 차이가 있음을 파악했다. 이 둘을 형성한 것은 "독일 신학"이라는 동일한 영적 전통이었으며, 두 사람 모두 슈타우피츠에게 영향을 받았다. 하지만 이들은 서로 다른 길을 걸어가고 있었고, 이 때문에 시간이 흐르면서 성찬을 보는 태도도 서로 달라졌다. 이태 뒤, 카를슈타트는 성찬이 그저 상징 행위일 뿐이라고—성찬에 그리스도가 임재하심은 영적 임재이지, 실제로 빵 안에 임재하심은 아니라고—주장하게 된다. 루터는 카를슈타트가 수도서원을 다룬 논문을 읽으면서 육체에 대한 카를슈타트의 적대감을 이미 간파했었다. 머지않아 두 사람의 신학은 서로 화해 불가능한 것이 되고 만다.

루터가 돌아오면서, 츠빌링이 루터 노선을 따르고, 카를슈타트는 재갈이 물려졌으며, 시의회가 공포했던 급진 조례들은 뒤집어졌다. 비텐베르크 종교개혁은 완전히 끝장난 것처럼 보였다. 그러나 모든 자취가 지워지지는 않았다. 탁발을 금지하는 조례와 공동 금고는 여전히 효력을 유지했다. 수사는 되돌아올 수 없었고, 파괴된 형상도 복원이 금지되었다. 결국 카를슈타트가 단행했던 개혁 조치들이 대부분 다시 도입되게 된다. 그러나 루터는 일부러 카를슈타트가 1541년에 죽을 때까지 기다렸다가 그 뒤에 비텐베르크에서 성체 거양을 폐지했다. 분명 시의회는 그동안 종교와 관련하여 자신이 감당했던 역할에서 물러났으며, 이후 비텐베르크 종교개혁은 민중이 주도하는 시민운동이 아니라 선제후가 주도하는 종교개혁이 되었다. 약한 양심이 젖을 뗄 때도 될 만큼 강해진 때가 언제인지 판단한 이는 바로 루터였다. 비텐베르크 운동이 가져온 꿈같은 흥분, 미사와 수도원에 의존하지 않는 기금으로 위대한 일을 해낼 수 있다는 의식, 수많은 시민이 성찬에서 빵과 포도주를 받았을 때 느꼈던 복음의 능력. 이 모든 것은 루터가 집단행동이 아니라 자신의 지

도권만을 강조하면서 사라지고 말았다.

비텐베르크에서는 온 공동체가 함께 주도하는 종교개혁을 일으킬 기회가 많지 않았을 수도 있다. 이 도시는 그야말로 너무 작아서 스스로 자신을 지탱할 수도 없었다. 도시는 선제후에게 의존했고, 도시의 정치 엘리트 가운데는 선제후 궁정과 가까운 이가 아주 많았다. 이는 곧 비텐베르크에겐 독립을 누린 전통이 없었음을 의미했다. 수많은 장인匠人 가운데 퍼져 있던 경제적, 정치적 불만에 불을 붙일 부싯깃도 사라지고 있었다. 비텐베르크의 또 다른 주요 기관이었던 비텐베르크 대학교

이 목판화는 그리스도가 앉으신 채 구원으로 끌고 가시는 수레 양쪽에서 따라가는 카를슈타트와 루터를 보여준다. 반면, 갑옷을 입은 울리히 폰 후텐은 사슬에 매인 옛 교회 성직자들을 이끌고 있으며, 고양이로 묘사한 무르너를 볼 수 있다. 루터와 카를슈타트는 구원의 종려나무 가지를 들고 있는데, 카를슈타트가 루터보다 훨씬 두드러진다. 이 목판화는 종교개혁을 선전하는 첫 번째 시각 표현물로 크라나흐가 그렸던 목판화 "카를슈타트의 마차"를 연상시킨다(이 책 208-209쪽 참조). 이 작품은 헤르만 폰뎀 부세가 종교개혁을 찬미하며 지은 긴 시로서 1524년에 슈파이어에서 출간된 소책자 『진리의 승리 Trivphvs veritatis. Sick der warheyt』에 접혀 들어가 있다. 〈41〉

는 그 설립자를 소외시키는 모험을 할 가망이 없었으며, 행동주의 전통을 갖고 있던 학생들은 특히 많은 학생이 이 대학교의 학문 연구 목적에 철저히 의문을 품기 시작하면서 비텐베르크를 향한 충성심을 거의 잃어버린 상태에 있었다. 게오르크 공은 가톨릭 주교들이 종교개혁을 되돌려 놓을 수 있게 할 황제 명령을 확실히 시행했다. 이렇게 되자, 선제후 프리드리히는 이에 굴복하는 수밖에 다른 도리가 없었다. 그렇지 않으면 그의 권력과 칭호를 잃을 위험을 무릅써야 했다. 언제나 현실주의자였던 루터가 12월과 1월에 비텐베르크에서 일어난 변화를 황제 명령대로 돌이키지 않았다 해도, 비텐베르크의 종교개혁은 생존할 가망이 거의 없었다.

그러나 민중이 주도하여 공동체 전체가 참여하는 종교개혁이라는 이상은 죽지 않았다. 이 마을에서 시작하면 또 다른 마을에서 뒤이어 츠비카우, 아우크스부르크, 뇌르트링겐, 뉘른베르크, 그리고 스트라스부르에서 민중운동이 종교개혁으로 이어지게 된다. 군중은 성직자를 공격하고 시의회에 청원했으며, 개신파 설교자들은 그들의 설교를 듣는 이들에게 개혁된 공동체commune가 의미할 수 있는 것을 희미하게나마 맛보게 해주었다. 비텐베르크 민중을 자극했던 모든 행동이 제국 전역에 걸쳐 그대로 되풀이되었다. 개신파는 사제의 강론을 중단시키거나, 제단 장식을 파괴하거나, 미사 책을 찢어 버리거나, 성작聖爵, chalice에 오줌을 누거나, 성직자를 놀려 댔다. 아울러 이들은 이전에 비텐베르크 대학교 학생들이 사육제를 본따 만들었던 의식과 희극이라는 레퍼토리를 그대로 가져다 썼다.[61] 카를슈타트도 망각 속으로 사라지지 않았다. 리가Riga와 리보니아Livonia 지역에서 일어난 종교개혁 운동은 루터의 사상이 아니라 카를슈타트의 사상을 채택하여 실천에 옮겼다. 올데르숨Oldersum과 동東프리스란트의 다른 지역은 카를슈타트의 성찬론을 받아들이고, 루터의 견해는 미신처럼 여겨졌다. 마그데부르크는 비텐베르크 개혁 운동의 여러 특징을 채택했다. 1524년에 이르자, 슈파이어에서 출간된 소책자는 루터와 카를슈타트를 함께 종교개혁을 이끄는 인물로

묘사할 수 있었다.[62]

　　　루터는 공동체 전체가 참여하는 종교개혁을 외면하고 권력을 쥔 당국과 손을 잡음으로써, 제국의 나머지 지역에서 진행되고 있던 일에서 배제당하고 말았다. 그는 바르트부르크에 머물던 동안, 작센과 만스펠트를 벗어난 지역에서는 그와 소식을 주고받던 네트워크를 잃어버렸다. 그는 아우크스부르크나 스트라스부르 같은 대도시에서 오래 지속할 수 있는 발판을 얻는 데 어려움을 겪게 된다. 심지어 명목상으로는 루터파 지역이던 뉘른베르크도 그의 조언을 꾸준히 구하는 대신, 그들 자신의 지역 설교자들에게 의지했다. 루터는 제국 전역 마을에서 종교 개혁이 일어나게 만들었던 쟁점들—고해성사 강요에 대한 비판, 형상 반대, 즉각 전례를 바꾸라는 요구—을 비텐베르크 개혁 목표에서 모조리 없애 버렸다. 그는 공동체의 가치나 공동체 전체가 참여하는 정치를 이해하지 못했으며, "형제애"와 타협이라는 이상은 그에게 낯선 것이었다. 마귀와 타협은 있을 수 없다. 그가 자신의 사순절 첫 주간 설교에서 거듭 이야기했듯이, 우리는 각 사람이 홀로 죽음 및 마귀와 맞서야 했다. 그는 바르트부르크에서 더 솔직하고 명쾌한 설교자로 돌아왔으며, 그의 양떼를 보살피는 목자의 역할을 확보했다. 그가 이렇게 더 큰 신뢰를 얻을 수 있었던 것은 그가 보름스에 출두한 일과 바르트부르크에서 홀로 갇혀 지낸 시간 때문이었다. 그러나 그는 위험하다 싶을 정도로 그의 시야를 좁히는 대가를 치르고 이런 것을 얻었다. 그는 그가 "친애하는 독일 사람들"을 위해 종교개혁을 시작했고 제국의 모든 제후를 굴복시켰지만, 이제는 그가 사는 자그마한 촌구석이 그가 가장 마음을 쓰는 것 같은 세계였다.

11.
흑곰 여관

1524년 8월 22일 오전 7시, 루터는 예나Jena 대성당에서 설교했다. 기억에 남을 설교였으며, 한 시간 반 동안 이어졌다. 루터는 가장 치열한 싸움을 벌이는 권투 선수처럼 서서, 성찬에 그리스도가 실제로 임재하심을 의심하는 이들을 통렬하게 공격했다. 아울러 루터는 교회에서 모든 형상을 제거하자고 주장하는 급진파를 비판했다. 루터는 이런 사람들이 사탄의 영에게 조종당하고 있다고 말하면서, 이들이 비록 그 수는 극소수여도 이들이 분파로 존재한다는 것 자체가 마귀가 날뛰는 증거라고 말했다.[1]

예나는 작센 지역 교회들을 점검하러 방문한 루터를 환대한 지역이 아니었다. 이제 카를슈타트도 근처에 있는 작은 마을 오를라뮌데에 자신의 교구를 갖고 있었다. 그는 자신이 비텐베르크에서 이룩하지 못한 종교개혁 조치를 도입하기 시작했다. 그의 우군인 마르틴 라인하르트Martin Reinhard가 예나의 설교자였으며, 예나의 지역 인쇄소 역시 카를슈타트의 작품을 출간하고 있었다. 사실, 카를슈타트 자신도, 루터가 설교하던 날 아침, 펠트 모자를 쓰고 농부로 변장한 채 회중 가운데 있었다. 카를슈타트는 "미친 놈들"을 비난하는 루터의 장광설이 자신을 겨냥한 것이라고 확신했다.

설교가 끝난 뒤, 카를슈타트는 곧장 루터에게 편지를 보내 만나자고 제안했다. 루터는 반대할 이유가 없다고 대답했다. 몇 시간 뒤, 라인하르트 그리고 카를슈타트의 매제이자 동료 설교자인 게르하르트 베스터부르크Gerhard Westerburg 박사와 동반하여 카를슈타트가 흑곰 여관에 도착했다. 그곳에는 루터와 그 일행인 작센 궁정 관리들이 묵고 있었다. 손님이 거실로 들어오자, 루터는 카를슈타트에게 그의 맞은편 의자를 권하면서, 그들이 나누는 대화가 공석에서 이루어지는 것이라고 주장했다.

카를슈타트는 우선, 떼로 모여 있는 고관들을 앞에 두고, 루터가 자신을 토마스 뮌처를 추종하면서 "폭동을 일으키고 사람을 죽이는 영들"과 같은 취급을 하며 공격했다고 매섭게 비판했다. 우리가 나중에 다시 만날 뮌처는 본디 루터의 사상에 감화를 받았으나, 종교 변화는 물론이요 사회 변화까지 요구하는 급진 신학을 발전시켰다. 그는 작센 당국의 우환거리가 되기 시작했으며, 그 무렵에 알슈테트Allstedt라는 마을을 떠나야 했다. 카를슈타트는 루터의 비판이 부당하다고 주장했다. 비록 자신이 성찬과 관련하여 루터와 다른 견해를 주장하긴 하지만, 그래도 자신은 뮌처와 견해를 달리 한다는 게 그 이유였다. "나를 이런 살인의 영들과 한통속으로 엮고 싶은 자가 나를 그런 사람으로 몰아붙이지만, 그런 자는 진실이 없는 자요 정직한 자가 아니올시다." 카를슈타트는 그렇게 선언했다. 이는 신랄한 비난이었다. 그들에게 말씀을 공급하는 사람에게 의존하는 사회에서 그런 사람을 정직하지 않다고 모욕하는 것은 곧 그런 자가 사나이가 아니며 존경받을 가치가 없는 자라고 공격하는 것이었기 때문이다. 아울러 카를슈타트는 루터가 자신의 설교와 출판을 금지시켰다고 비판했다. 그는 그리스도를 채찍질하게 만들었던 말씀을 빌려 이렇게 말했다. "당신만 혼자 나를 비난하는 글을 쓰고, 그런 글을 출간하고, 그런 설교를 하면서, 나는 책도 못 내게 하고, 글도 못 쓰게 하고, 설교도 못하게 했으니, 나만 묶인 채 두들겨 맞은 것 아니오?"[3]

두 사람은 긴 시간 동안 자기주장을 펼쳤고, 가끔씩 침묵에 빠졌다. 둘은 서로 잘 알았으며, 그들이 주고받은 빈정거림은 날카로웠다. 루터는 카를슈타트에게 이렇게 말했다. "(그대는) 거드름피우고 돌아다니며, 잔뜩 빼기고, 사람들이 오직 그대 자신만 높이며 주목해 주길 바라는군." 그러자 카를슈타트가 이렇게 응수했다. "당신은 늘 당신 잘난 것만 지키고 다른 사람들은 증오 대상이 되게 이야기하는군요." 이렇게 날선 감정이 실린 대화가 오고가는 동안, 카를슈타트는 청중을 돌아보더니 이렇게 선언했다. "친애하는 형제들이여, 간청하건대, 제 거친 언사에는 괘념치 말아 주십시오. 이런 거친 언사는 제 성격 문제입니다만, 그렇다고 제 마음이 사악하거나 분노로 차 있지는 않습니다." 여기서 카를슈타트는 분노가 죽음에 이르는 죄악임을 알고, 유머에 관한 이론을 인용하여 자신이 화를 잘 내는 사람이지만, 그렇다고 자신의 "마음"이 분노로 가득하거나 사악하지는 않다고 설명했다.[4]

루터는 카를슈타트가 사람들 앞에서 감히 자신을 공격하지 못한다고 조롱했다. 그러자 카를슈타트는 자신이 루터를 공격하지 못하게 훼방 놓은 사람이 바로 루터라고 되받아쳤다. 이에 루터는 자기 주머니에서 주화를 하나 꺼내더니 이렇게 말했다. "자네가 날 공격하면, 1굴덴을 선물로 주지." 카를슈타트는 그 도전을 받아들였다. 그는 그 주화를 받고 "모든 구경꾼에게 보여준" 뒤 이렇게 선언했다. "친애하는 형제들

1524년에 나온 이 소책자는 루터를 적대시한다. 이 그림은 루터 위 벽에 루터의 이름 첫 글자를 적어 그 아래에 있는 이가 루터임을 밝히면서, 마귀와 한통속이 되어 마귀에게 작은 책을 건네받는 루터를 보여준다. 발톱 달린 마귀의 발이 마귀임을 즉시 알 수 있게 해주면, 마귀가 쓴 펠트 모자에는 사탄임을 가리키는 "S"가 적혀 있다. 마귀는 농부가 입는 옷을 입고 있는데, 이 그림은 루터가 농민들과 맺은 불경한 동맹의 일부임을 암시한다.

〈42〉

이여, 이것은 내가 루터 박사를 반박할 글을 쓸 권위를 가졌다는 보증이요 표지입니다." 카를슈타트는 1굴덴 주화를 구부려 그것을 자기 지갑에 넣었다. 두 사람은 악수를 하고, 루터는 카를슈타트를 위해 건배했다. 그런 다음, 둘은 헤어졌다.[5]

이는 중대한 만남이었다. 카를슈타트는 그 주화를 구부림으로써, 유통되지 못하는 돈으로 만들어 버림과 동시에 일종의 상징으로 만들어 버렸다. 16세기에는 이런 관습이 널리 퍼져 있었다. 결혼을 통해 결혼 당사자를 단단히 묶는 일도 주화 하나를 상징으로 건넴으로써 마무리했으며, 계약서를 작성하지 않은 채 약정한 상거래 계약은 악수하고 술을 한 잔 마시는 의식을 통해 효력이 발생했다. 그러나 이런 의식의 의미는 명확하지 않았다. 루터는 카를슈타트의 그런 행동을 자신을 향한 적의敵意를 선언한 것이요 두 사람의 불화를 공식 천명한 행동으로 여겼으며, 카를슈타트는 자신의 저작을 출판할 권리를 공식 선언한 행동으로 받아들였다. 마르틴 라인하르트는 이 사건을 서술한 소책자를 펴냈으며, 결국 이번 한 번은 루터가 이 선전을 통제하지 않았다. 루터는 라인하르트가 써 놓은 글을 읽고 격노했다. 글 어조는 주도면밀하게 중립을 유지했지만, "나(루터)°를 악평하고 카를슈타트에게 영광을 돌리는" 글이었기 때문이다.[6] 그러나 루터가 카를슈타트와 만나는 내내, 심지어 값진 주화(그것도 금화)를 선물로 주면서까지, 카를슈타트를 모멸했음을 간파하지 못한 이는 아무도 없었다. 이제 둘의 관계를 되돌리기는 불가능했다. 루터는 카를슈타트에게 그가 저작을 펴낼 수 있게 하겠다고 약속했으며, 이 약속은 공식 기록에 남았다.[7] 루터는 이 소책자 저자가 무사히 빠져나가지 못하리라고 분명하게 밝혔다. 곧 라인하르트는 예나에서 그가 맡았던 자리를 떠나야 했다. 뉘른베르크로 옮겨 간 라인하르트는 거기에서도 쫓겨났다. 라인하르트는 곧 굴복하여 용서를 구했다. 그러나 루터는 그를 돕는 일에 끼어들려 하지 않았다.[8]

◆ ◆ ◆

이전에는 동지였던 이들이 어쩌다 이렇게 되었을까? 그 답은 루터가 바르트부르크에서 돌아온 뒤 2년 동안에 개혁 사상이 만발한 데 있었다. 그때부터 개혁 운동은 루터의 통제를 벗어나 각기 다른 방향으로 나아가기 시작했다. 대부제로 있었던 카를슈타트는, 1522년에 비텐베르크에서 종교개혁 운동이 좌절당하고 자신도 침묵에 들어간 뒤, 일단 대학교에서 자신의 자리를 되찾았으나 사람들 눈에 띄지 않고 조용히 지냈다. 그러나 그는 멜란히톤과 다른 이들에게 고립당하고 멸시받았다. 카를슈타트는 점점 더 급진성을 띠면서 대학 생활을 우울하게 보기 시작했다. 그는 학문 연구와 학위가 불화와 자랑만 만들어 낸다고 주장했다. "고등 교육기관에서 추구하는 것이 다른 사람에게 우러름을 받는 것밖에 더 있는가?" 카를슈타트는 그렇게 물은 뒤 이렇게 덧붙였다. "그러다 보니, 이 인간은 석사, 저 인간은 박사가 되었다가 성경 박사가 되길 열망한다." 대학 학자들은 "허욕과 탐심에 찌들어 박사의 명예만 추구하다 보니, 같은 가르침도 자신들과 생각이 다르면 모조리 질투하고 핍박한다." 이것은 죄다 틀려먹었다. 우리가 "이런 영예를 받아 누리는 동안은 하나님을 믿고 신뢰하지 못하기" 때문이다. 늘 상대를 논박하는 말을 내놓고 치열한 논전을 벌였던 사람이 이런 말을 했으니, 천지가 놀랄 일이었다. 이제 그는 대학교의 여러 의식을 이렇게 혹독히 비판했다. "대학의 영광이 무엇인지 그놈의 영광 때문에, 우리는 무릎을 꿇고, 돈을 내며, 축제판과 진수성찬이 그득한 식사 자리를 마련하여 사람들에게 영향력을 행사하고 존경을 받으려고 한다." 카를슈타트는 이런 결과들을 인용하며, 그의 박사 칭호를 버렸다. 그래도 루터는 카를슈타트가 살아 있는 동안 카를슈타트를 꼬박꼬박 "카를슈타트 박사"라고 불렀다. 이제는 시골 생활과 농사가 한때 자신이 귀족 혈통임을 강조했던 사람(카를슈타트)°을 사로잡기 시작했다. 카를슈타트는 비텐베르크 밖에서 점점 더 많은 시간을 보냈고, 뵈르리츠Wörlitz에 자신의 농장을 구입했다.⁹

농부가 되기를 갈망한 카를슈타트는 그 시대와 보조를 같이했다. 촌놈이라 모멸받기 일쑤였던 농부가 정직하게 노동하고 복음을 따르는 순박한 신앙을 가졌다 하여 이상처럼 여겨지기 시작했다. 그의 두드러진 성공이 이런 분위기를 가장 잘 집약하여 표현해 준 인물이 "뵈르트Wöhrd의 농부"라 불렸던 디폴트 페링어Diepold Peringer였다. 페링어는 자신이 읽기도 못하고 쓰기도 못하지만, 영에 감동하여 설교하고 개신파 사상을 담은 논문을 출간했다고 주장했다. 그의 논문은 인쇄되어 독일 전역에 널리 유포되었는데, 종종 큰 장화를 신고 손에 도리깨를 쥔 채 오른손으로 설교자 같은 몸짓을 하는 튼튼한 농부를 묘사한 놀라운 목판화를 삽화로 담고 있었다. 이런 그림이 더욱 주목을 끌었던 이유는 이런 그림이 15세기 말에 생겨난 **분트슈**Bundschuh(농민들이 신었던 가죽끈 신발)° 조직을 만들어 혁명을 꾀한 농부들을 떠올려 주는 것 같았기 때문이다. 이 조직은 봉기한 농민들을 농부들의 신발을 담은 깃발 아래 하나로 묶어 주었다.

　　이 그림도 그렇게 제시하는 것 같지만, 농부들은 경건한 개신파 신자였다. 그들은 교육받은 성직자보다 설교를 잘 할 수 있었던 순박한 그리스도인이었다. 페링어가 설교할 때면 하나님의 영이 평범한 민중에게 부어지고 있었던 것 같다. 심지어 슈팔라틴도 뉘른베르크에서 페링어의 설교를 듣고 감명을 받았다. 그러나 1524년에 이르러, 페링어는 이전에 성직자였음을 들키고 말았다. 그는 분명 읽고 쓸 줄(그리고 설교할 줄) 아는 사람이었다. 루터는 이것이 너무나 웃겨, 페링어에 속은 슈팔라틴을 놀리고 괴롭혔다. 그러나 페링어가 존재하지 않았다면, 페링어 같은 인물을 만들어 내야 했을 것이다. 그의 사기 행각은 당시 독일에 만연해 있던 분위기, 곧 소박한 민중, 특히 농민을 찬미하고 지식인을 의심하던 분위기에 경종을 울렸다.

　　카를슈타트도 이런 분위기에 편승하여 이제 대학교를 영원히 떠나 포도주 양조업자—그는 본디 포도 재배 지역에서 성장했다—가 되거나 평범한 사제로 살아가는 것을 진지하게 고민하기 시작했다. 그는 결국 후자를 골라 오를라뮌데로 옮겨 가는 쪽을 택했으며, 대부제로서 이곳을 전문으로 책임지게 되었다. 카를슈타트는 이를 당국과 조심스럽게 조율했으며, 1523년 5월, 오를라뮌데 교구는 선제후에게 카를슈타트를 교구 성직자로 임명해 달라고 공식 요청했다. 그것은 진정 아래로 내려감이었다. 이는 그가 과거 비텐베르크에서 가장 높은 성직록을 받으려 했던 시절에는 누군가를 고용하여 시켰던 저임低賃 직무를 이제

디폴트 페링어의 논문에 들어 있는 두 삽화. 왼쪽 삽화 속 농부는 한 손에 묵주를 들고 다른 한 손으로는 설교자와 같은 몸짓을 하고 있다. 오른쪽 삽화에는 농부의 신발을 신고 도리깨를 든 경건한 농부가 등장한다. 〈43〉, 〈44〉

자신이 떠맡음을 의미했다. 전직 대학교수인 그는 이제 이탈리아에서 돌아온 뒤로 입었던 세련된 옷 대신 농부가 입는 회색 옷을 입었으며, 박사모博士帽 대신 농부가 쓰는 펠트 모자를 썼다.[10] 그는 나중에 이렇게 말했다. "나는 한때 내게 큰 기쁨을 주면서도 나를 죄짓게 했던 세련된 옷 대신 회색 코트를 입는다(하나님께 감사한다)." 루터는 카를슈타트가 "펠트 모자를 쓰고 회색 옷을 입으면서, 이제 박사가 아니라 여느 농사꾼처럼 안드레아스Andreas 형제요 친애하는 이웃이라 불리길 원하는 것"을 비웃었다. 그러나 이것들은 사회에서 누리던 우월한 지위를 포기하려는 카를슈타트의 결단을 누구나 볼 수 있게 보여주는 표지였다.[11] 오를라뮌데 사제관은 다 무너지기 직전이었고, 담은 부서져 있었다. 나무들은 제대로 보살핌을 받지 못한 채 버려져 있었고, 의혹에 휘말려 떠나간 전임자는 사제의 포도나무를 기르는 데 쓰라고 한쪽에 모아 둔 거름을 자기 밭에 사용했다. 그러나 이것이 카를슈타트가 갈망했던 농부의 삶이었다. 그러나 자신이 얼마나 많이 노동하며 농사를 지었는가는 분명치 않다.[12]

카를슈타트가 1522년 이후로 비텐베르크에서 침묵을 강요당한 기간은, 비록 어려웠지만, 그래도 그가 이때를 그의 신비주의 신학을 더 발전시키는 시간으로 활용했다는 점에서 큰 창조성을 발휘한 시기이기도 했다. 그는 여전히 비텐베르크에서는 저작을 펴낼 수 없었다. 그러나 1523년 말, 인쇄업자인 미하엘 부흐푸러Michael Buchfurer가 에르푸르트에서 예나로 이주해 와 그의 저작을 펴내기 시작했다. 이런 변화가 이루어진 것은 아마도 카를슈타트의 매제이자 쾰른 출신으로 잘나가던 귀족이던 게르하르트 베스터부르크Gerhard Westerburg의 재정 지원 때문이었을 것이다. 이제 카를슈타트는 오를라뮌데에서 그의 새로운 신학을 이전에 루터의 감시를 받던 비텐베르크 시절에는 불가능했던 방식으로 실천에 옮겼다. 그는 그가 인도하는 예배를 독일어로 드렸으며, 시편을 히브리어에서 독일어로 번역하여 회중이 노래로 부르게 했다. 카를슈타트에게 적의를 품은 한 관찰자는 카를슈타트의 번역이 형편없고 회중의 노래도 생기가 없이 축 처져 있다고 보고했지만, 그의 번역은 음악을 통해 회중을 예배에 참여시키고 하나님과 회중의 영적 친밀함을 강조하려는 시도였다.[13] 그는 점점 더 구약성경에 빠져들었다. 카를슈타트는 부부 사이에 문제가 있던 한 교구민이 자신에게 조언을 구하자, 그 교구민에게 구약의 선지자처럼 또 다른 아내를 얻으라고 권했다. 예나에서 일어나는 상황을 잘 알고 있던 루터는 이러다간 그들이 다음에는 할례를 도입하겠다고 빈정댔다.[14] 그러나 카를슈타트도 여자가 회중 속에서 더 활발하게 역할을 수행해야 한다고 독려했던 것 같다. 그는 성경 공부 수업을 열어, 자신이 섬기는 교구민에게 그들 자신의 성경 해석이 옳다는 확신을 심어 주었다. 실제로 그는 자신의 핵심 신학 개념인 **게라센하이트**가 작센 농부가 쓰는 말이라고 주장하기 시작했다.[15] 이 모든 것이 루터의 비텐베르크와 사뭇 달랐다. 비텐베르크에서는 "약한"고전 8:9 자들을 존중하여 대다수 전례 개혁 조치를 뒤집어 버렸고, 예배도 다시 라틴어로 드렸다.[16]

루터와 비텐베르크 대학교는 카를슈타트의 개혁을 마냥 빈둥거리며 지켜보고만 있지 않았다. 루터는 카를슈타트가 예나에서 그의 저작을 펴냄으로써 비텐베르크 대학교의 검열을 에둘러 피한 것을 알고, 작센 재상에게 편지를 보내 카를슈타트 저작을 펴낸 인쇄업자도 검열 대상에 포함하든지 문을 닫게 하라고 요청했다. 1524년 4월, 비텐베르크 대학교는 카를슈타트를 비텐베르크에 소환하여, 오를라뮌데에서 맡은 직무를 버리고 대학교에 남든지 아니면 카를슈타트가 맡은 대부제직 및 이와 관련하여 대학교에서 맡은 임무를 박탈당하든지, 둘 가운데 하나를 택하라고 제시했다. 카를슈타트는 대부제로 남는 쪽을 택한 것 같은데, 루터는 이 결정을 이렇게 조롱했다. "그가 그때 자신이 사제로 부름받았다고 확신했다면, 사제직을 포기하지 말고 차라리 그의 목숨을 끊었어야지."[17] 사실, 카를슈타트는 둘 다 가지려고 했다. 그는 여름 동안은 오를라뮌데에 머물게 해달라고 요청하면서, 자신이 농장과 포도밭에 투자한 것을 메워야 한다고 설명했다. 오를라뮌데 교구민도 분명 그들의 설교자를 변함없이 지지하면서, 공公에게 카를슈타트가 머물 수 있게 허락해 달라고 요청했다.[18]

카를슈타트가 시종일관 비텐베르크 대학교의 권위에 복종하려고 마음 썼던 모습을 제외하고 살펴보면, 이런 모습은 회중이 스스로 자신을 섬기는 성직자를 임명할 수 있는 권리(과거에 루터도 이 권리를 지지했다)와 성직록을 받는 성직자를 뽑을 수 있는 법률상 후원자(이 경우는 비텐베르크 대학교)의 권리가 충돌한 경우처럼 보일지도 모르겠다. 법학 교육을 받은 카를슈타트는 이때만 해도 교회 안에서 갖고 있는 재산권에 아무런 의문을 갖지 않았으며, 무엇보다 그가 오를라뮌데 교구로 가게 되었던 것도 그가 대부제로서 오를라뮌데에 지고 있는 책임 때문이었다. 비텐베르크 대학교는 뒤이어 카를슈타트를 몰아내고 그 자리에 이 대학교 총장인 카스파르 글라츠Kaspar Glatz를 앉혔다. 그런 자리에 앉히기에는 나이가 많지 않나 하는 의심이 드는 인물이었다. 이 새 교구 성직자는 루터에게 보낸 편지에서 역정을 쏟아 내며 자신이 부임한 곳에서 벌어지고 있던 일을 알려 주었다. 그는 심지어 아무 증거도 없으면서, 카를슈타트가 시끌벅적한 요정처럼 행세하는 얼치기 성직자를 하나 채용하여 교구 사람들을 놀라게 하고 바보로 만들었다고 주장했다.[19]

대학 생활―과 검열관의 엄격한 검사―에서 벗어난 카를슈타트는 루터의 신학에서 더욱더 멀어지고 있었다. 그는 성찬을 영적 성례로 새롭게 이해했으며, 그리스도는 육적인 것이었던 빵과 포도주 안에 실제로 임재하지 않는다고 주장했다. 카를슈타트의 말처럼, 빵은 빵집에서 사들이는 것이며, 그리스도가 그 빵으로 존재하는 것이 아니다. 카를슈타트는 형상이란 우상을 섬기는 것이므로 교회에서 완전히 제거해야 한다는 확신을 더 강하게 품게 되었다. 그뿐만 아니라 그는 토마스 뮌처와 편지를 주고받았다.

◆ ◆ ◆

장차 루터가 가장 증오하는 대적이 되는 토마스 뮌처Thomas Müntzer는 아이스레벤에서 멀지 않은 슈톨베르크Stolberg에서 태어났으며, 금세공업자나 화폐 주조자 집안 출신인 것 같다. 그는 프랑크푸르트 안 데어 오더Frankfurt an der Oder에서 공부했고, 1517년 가을에는 비텐베르크에서 몇 달을 보내며 인문주의자인 요하네스 에스티캄피아누스의 강의를 들었다. 그가 카를슈타트를 알게 된 것도 바로 이때였다. 뮌처가 루터에게 얼마나 많은 영향을 받았으며 (자신은 루터의 견해에 이르렀다고 말하지만) 과연 그가 루터의 견해에 얼마나 이르렀는지 명확하지는 않아도, 그가 비텐베르크에서 보낸 시간이 드라마 같은 시간이었던 것만은 분명하다.[20] 뮌처는 수녀원에서 고해신부 노릇을 하는 것을 포함하여 급여도 박하고 언제 그만둘지도 모르는 자리를 잇달아 전전하다가, 츠비카우로 이주하여 개신파 설교자 요하네스 에그라누스Johannese Egranus를 대신하는 임시직을 맡게 되었다. 뮌처는 여기서 훨씬 더 과격한 종교개혁 이념을 펼치기 시작했다.[21] 에그라누스는 가톨릭 신자를 놀려 대다 자신이 공격의 표적이 되었다. 그러나 뮌처는 자신이 설교에 재능이 있음을 발견하고 에그라누스보다 몇 술을 더 뜨게 된다.

에그라누스가 돌아오자, 츠비카우의 대담한 설교자는 다른 교구, 곧 성聖 카타리나 교구를 발견했다. 그가 이 교구에서 섬긴 회중에는 가난한 의복 제조자가 많이 있었는데, 뮌처는 이들과 재빨리 친분을 쌓았다. 아울러 그는 여기서 훗날 "츠비카우 선지자들"이라 불리는 이들을 알게 된다. 이들의 신학은 달랐을 수도 있다. 니콜라우스 슈토르흐는 자유로운 영 이단Free Spirit heresy(13-15세기에 발흥한 이단)° 추종자였던 것 같다. 하지만 이들 사이에는 접촉점과 서로 영향을 주고받은 점이 있었다. 그러나 츠비카우에서는 모든 것이 순탄하지만은 않았다. 뮌처도 적의敵意의 표적이 되었다. 그의 숙소 창문이 부서졌고, 그는 위협과 욕설이 적힌 소책자를 받았다. 그가 이런 일을 당한 이유 가운데 몇 가지는 루터 지지자인 요하네스 아그리콜라가 보낸 편지에서 찾아볼 수 있을 것 같다. 아그리콜라는 이 편지에서 뮌처의 설교 어조를 부드럽게 만들려고 노력했다. "당신은 바른 것(당연히 가르쳐야 할 것)°을 가르쳐야 할 때도 다른 이들을 정당하지 않은 방법으로 비난하고 심지어 그들의 이름까지 들먹거립니다." 아그리콜라는 이 말에 대문자로 이렇게 덧붙였다.

> 당신이 생각하는 것은 오로지 **살육과 피 흘림**입니다.
> daß Du auf nichts anderes sinnst, als auf MORD UND BLUTVERGIESSEN.²²

아울러 뮌처는 에그라누스를 공박하는 설교를 시작했다. 그는 에그라누스의 신학에 진지함이 없다고 보았다. 루터와 아그리콜라도 결국 이런 뮌처의 의견에 동의하게 된다. 그러자 에그라누스도 똑같이 맞받아쳤다. 결국 시의회는 두 설교자를 모두 추방하고, 이들 대신 이들보다 성실하고 차분하며 루터를 친밀히 따랐던 니콜라우스 하우스만 Nikolaus Hausmann을 임명했다.

뮌처는, 1521년 6월, 프라하로 가기로 결심했다. 이때 그는 세계에 종말이 임박했으며 자신이 순교할 날도 가까이 이르렀다고 확신했던 것 같다. 그의 묵시주의 분위기는 그가 내놓은 프라하 선언에서 분명하게 드러난다. 이는 성직자를 통렬히 비난하고 신비주의 신학을 선언한 것이었다. 그는 이 선언문의 한 버전을 가로세로 90센티미터쯤 되는 종이 위에 적었는데, 마치 그 나름의 거대한 95개 논제로 출판하려 했던 것 같다.²³ 그는 1521년 12월에 프라하에서 돌아와 다시 몇몇 임시직을 잇달아 전전하다가 마침내 1523년 4월 알슈테트에서 겨우 설교자 자리를 얻는다. 여기서 그는 카를슈타트처럼 철저한 종교개혁을 단행하기 시작했으며, 아예 인쇄소를 설립했다. 알슈테트는 에르푸르트에서 동북

쪽으로 약 50킬로미터쯤 떨어진 조그만 상업 도시였는데, 작센 선제후령 안에 있었으며 선제후의 아우인 요한 공의 통제를 받았지만, 이 도시를 적대시하는 가톨릭 세력의 영역에 에워싸여 있었다. 이 무렵에는 이미 뮌처의 급진 견해가 충분히 알려져 요한 공과 슈팔라틴도 이 새 설교자에 관심을 가질 정도였으며, 실제로 이들은 1523년 말에 알슈테트를 방문하여 성에 머물렀다. 그러나 늘 신중하고 더디 행동했던 작센 당국은 이와 관련하여 더 이상 아무런 행동도 하지 않았다. 요한 공은 뮌처가 지역 주민들의 지지를 받고 있음을 잘 알았고 개신파의 설교를 억압하고 싶지 않았기 때문에 뮌처를 억압하는 조치를 취하길 주저한 것 같다.

하지만 루터는 곧 뮌처가 위험하다고 확신하게 된다. 그는 뮌처가 여름부터 쓴 글을 "알슈테트의 영"이라 지칭하며 신랄한 비난을 퍼붓는다. 1524년 7월 말, 당국의 수수방관을 염려한 루터는 『반역을 꾀하는 영에 관하여 작센 제후-諸侯께 올리는 편지Brief an die Fürsten zu Sachsen von dem aufrührerischen Geist』를 출간했다.[24] 루터는 세상 통치자들에게 늘 그릇된 종파가 기독교 세계를 공격했음을 되새기면서, 뮌처를 폭력 및 반역과 연계했다. 루터는 아울러 형상을 파괴하는 이들은 모두 그들의 주장처럼 "영"(성령)°에 이끌려 그리한 게 아니라 마귀에 이끌려 그리한 것이라고 선언했다. 이는 은근히 카를슈타트를 뮌처와 한통속으로 묶어 버린 주장이었다. 루터는 두 사람의 이름을 지목하지 않고 다만 "알슈테트의 영"이라 불렀지만, 이 말은 카를슈타트의 신학도 함께 가리키는 말로 볼 수 있었다. 요컨대, 두 사람은 모두 **게라센하이트**를 귀중히 여겼지만, 그럼에도 성직 프롤레타리아의 불안정한 생활을 알았던 뮌처는 신자가 하나님을 발견하는 과정의 일부—部인 고난을 훨씬 더 강조했다. 뮌처와 카를슈타트 모두 경건한 교구를 만들고, 형상을 제거했으며, 전례를 개혁했다. 그들은 서로 편지도 주고받았다. 카를슈타트도 영(성령)°이 없으면 성경의 문자도 아무 가치가 없으며, 학문인 신학은 진리로 인도하는 길이 아니라고 주장했다. 그는 **1522**년 뮌처에게 이렇게 말했다. "저는 어떤 교수보다 많이 환상과 꿈에 관하여 이야기했습니다."[25]

루터는 이 사람들이 우월한 영을 가졌다고 주장하면서도 정작 자신처럼 교황에 맞서 싸우지 않았다고 주장했다. 그는 이 점을 강조하고자, 그가 라이프치히에서 벌인 토론과 아우크스부르크 및 보름스에 출두했던 일을 포함하여 자신의 간략한 자서전을 제시하면서,[26] 자신을 유일한 종교개혁 영웅(지도자)°으로 내세우고 카를슈타트는 완전히 지워 버렸다. 알슈테트의 영들은 루터의 승리 덕분에 이득을 누리고 있지만 "그들 자신은 그런 승리를 얻으려고 싸운 적이 전혀 없으며, 그런 승리를 얻고자 피 흘림을 무릅쓰지도 않았다. 그러나 나는 그들을 위해 이런 승리를 얻어야 했으며, 지금까지도 내 몸과 내 목숨을 내걸고 있다."[27]

루터는 여기서 기막힌 수사를 동원하여 자신이 몸으로 살아온 실존, 그의 "몸과 목숨"도 기꺼이 내놓으려 하는 태도를 진리를 판단할 시금석으로 만들어 버렸다. 그는 개신파 운동을 자신의 행적을 서술한 내러티브, 심지어 몸을 지닌 그의 존재 자체와 동일시했다. 이런 그의 태도는 그가 보름스에서 했다는 말에서 이미 분명하게 드러났다. "내가 여기 섰습니다." 그의 몸이야말로 그의 진실과 헌신을 여지없이 보증하는 것이었다. 루터도 잘 알고 있듯이, 카를슈타트가 위험과 맞닥뜨린 것은 루터 자신의 경우와 감히 비교조차 할 수 없었다. 그러나 루터와 카를슈타트는 모두 "순교자의 관crown"을 중요하게 여겼다. 카를슈타트가 **게라센하이트**를 더욱더 깊이 이해하고 그와 더불어 그의 신비주의 신학을 펼쳐 가게 자극했던 것은 바로 자신이 순교하리라는 전망이었다. 하지만 카를슈타트가 말하는 "영"은 폭력의 영이 아니라 하나님의 영이었다. 이는 그가 성경을 어떻게 읽어야 하는가라는 문제를 이해하는 데 아주 중요한 영향을 미쳤다. 인간의 영혼은, **게라센하이트**를 통해, 그리고 순교하려는 마음 자세를 갖고, 하나님의 영과 하나가 되길 추구해야 했다. 이러다 보니, 카를슈타트가 흑곰 여관에서 루터를 만났을 때 아주 화를 낸 것은 당연한 일이었다.

◆ ◆ ◆

카를슈타트가 오를라뮌데에서 그의 교회를 세워 가는 동안, 알슈테트에서는 여러 일이 신속히 진척되었다. 1524년 3월, 근처에 있던 순례자 교회당이 불에 타 무너지고 말았다. 뮌처는 이 사건에 관여하지는 않았지만, 이런 순례가 경건치 않은 우상숭배로서 끝장내야 할 일이라 믿었기 때문에, 이 사건을 비난하지도 않았다. 6월, 알슈테트 근처 장어하우젠에서 가톨릭의 핍박이 있은 뒤 그 마을 사람들이 알슈테트로 도망쳐 오고, 방화범이 처벌을 받으리라는 것에 사람들이 분개하면서, 알슈테트는 긴장이 높아졌다. 뮌처는 마지막 날이 임박했다고 확신했다. 7월, 요한 공과 그의 아들이 알슈테트를 지나가면서, 다시 성에 묵었다. 뮌처는 이들 앞에서 설교할 기회를 잡았다. 그는 다니엘 2장을 설교 본문으로 골랐으며, 세속 제후가 경건치 않은 자들을 뿌리 뽑아야 한다는 것이 이 본문의 의미라고 해석했다. 그는 제후에게 이렇게 말했다. "하나님은 당신의 방패이시며, 당신 대적들에 맞서 싸우게 하시려고 당신을 훈련시키려 하십니다. 그러나 동시에 당신은 하나님을 향한 두려움이 당신 안에서 나타나게 무거운 십자가와 시련의 시간을 견뎌야 할 것입니다. 이런 일은 고난 없이 일어나지 않습니다." 뮌처는 제후가 그런 요구에 귀를 기울이지 않으면, "그들이 칼을 뺏기고 말 것입니다"라고 위협했다.[28] 이는 반란 선동이었다. 그러나 뮌처는 거기서 멈추지 않고, 자신이 한 설교를 알슈테트에서 인쇄하게 했다. 인쇄한 설교에는 꿈을 다룬 긴 본문을 추가했다. 그와 그를 지지하는 몇몇 사람이 7월 말 바이마르에 출두하여 그들이 한 행동을 추궁하는 질문에 답변하라는 소환을 받은 것은 놀라운 일이 아니었다.

7월 24일, 뮌처는 점점 더 상황이 긴박해지자, 알슈테트 사람들에게 동맹을 결성할 것을 호소하면서, 공식 선서를 해달라고 촉구했다. 그의 지지자 가운데 500명이 넘는 사람이 그리했는데, 이 가운데는 알슈테트 시민은 물론이요 주변 시골에서 온 농부와 루터 자신의 고향인 만스펠트에서 온 광부도 들어 있었다. 시의회 의원뿐 아니라 요한 공의 관리까지 이 땅의 정치적 충성 서약을 대신하여 하나님과 맺은 언약에 합류하라는 독촉을 받았다. 이는 정치 질서를 완전히 새로 짜는 혁명이었으며, 그 시를 다스리는 공公의 관리, 도시 민중, 광부, 농부를 계급 간의 적대감을 극복하고 같은 공동체에 속해 있다는 의식을 매개 삼아 하나로 묶어 주었다. 그러나 뮌처와 알슈테트 당국자들(이들 가운데 많은 이가 뮌처의 우군이었다)이 바이마르에서 심문을 받자, 뮌처 지지자들은 굴복하고, 혼란을 선동했다는 이유로 오직 뮌처만을 비난했다. 지역에 있던 공의 관리도 편을 갈아타더니, 인쇄소를 폐쇄하고, 뮌처에게 선동하는 설교를 하지 말라고 명령했으며, 동맹을 해산시키는 행동을 취했다. 8월 초, 사태가 말끔히 가라앉자, 결국 "가룟 유다"임이 드러난 자신의 지지자들에게 배신당했다고 느낀 뮌처는 알슈테트의 대의가 사라졌다고 생각하여 처자식을 놔두고 한밤중에 이 도시를 떠나기로 결심했다. 그는 그의 추종자 한 사람만 데리고 제국의 조그만 마을인 뮐하우젠Mühlhausen으로 피신했다.

외관상 묵시주의 성향을 지닌 점에서 뮌처와 여러 유사점을 가졌던 카를슈타트도, 폭력 사용 문제가 대두되자, 뮌처와 교제를 끊었다. 뮌처는 하나님 나라가 임하게 하려면 칼을 사용해야 한다고 믿었지만, 카를슈타트는 비폭력을 고수했다. 카를슈타트는 아주 조심스럽게 뮌처와 거리를 두면서, 자신이 이끄는 동맹에 합류하라는 뮌처의 권고에 대한 자신의 답변을 인쇄하게 했으며, 뮌처의 제안을 거부하는 오를라뮌데 회중의 편지도 비텐베르크에서 인쇄되게끔 확실한 조치를 취했다. 루터는 흑곰 여관에서 카를슈타트를 만났을 때 카를슈타트가 견해를 바꿔 가고 있다고 생각했을지 모르겠다. 뮌처가 알슈테트라는 그의 요새에서 축출당하면서 그가 빚어낸 위험도 분명 사라졌기 때문이었다. 만일 루터가 그리 생각했다면, 그것은 큰 계산 착오임이 드러나게 된다.

◆ ◆ ◆

이것이 1524년 8월 22일에 흑곰 여관에서 벌어진 사건 직전에 펼쳐진 역사였다. 문제는 거기서 끝나지 않았다. 그다음 날, 루터는 칼라Kahla라는 자그마한 도시에서 설교했는데, 그곳 성직자는 카를슈타트 지지자였다. 설교단에 올라간 루터는 십자가에 달리신 그리스도상이 내동댕이쳐져 부서진 것을 발견했다. 다음 날 아침 오를라뮌데에 도착한 루터—그는 전날 칼라에서 밤을 보내기는 너무 위험하다고 판단했다—는 그 마을에서 자신을 환영하는 이가 아무도 없음을 발견했다. 모든 사람이 추수하느라 바빴다는 것이 드러났다. 참을성이 없었던 루터는 이윽고 시장과 지역의 다른 유지들을 만났지만, 그들이 자신에게 모자를 벗어 예를 표시할 때 자신은 그리하길 거부했다. 그것은 일부러 상대를 모욕하는 행동이었다. 시장이 토론에 초대하자, 루터는 자신이 곧 떠나야 하지만, 실내에서 이야기를 나눌 수는 있겠다고 대답했다.[29] 오를라뮌데 사람들은 이 개혁자와 실외에서 토론을 벌이길 원했다. 노천에서 시민들이 모임을 여는 오랜 전통이 있었다.

하지만 이렇게 시민이 주도하는 토론은 루터가 마지막으로 고려하는 일이었다. 루터는 우선 오를라뮌데 사람들이 8월 16일 자신에게 보낸 편지를 거론하며 그들을 꾸짖었다. 그 편지에는 루터가 카를슈타트를 이단이라 비방한 것에 불만을 토로하는 내용이 들어 있었다. 루터는 카를슈타트가 오를라뮌데 사람들의 인장을 오용하여 그런 편지를 지어 보냈다며 오를라뮌데 사람들을 모욕하는 주장을 폈다.[30] 하지만 그 마을 사람들은 카를슈타트가 단 한 줄도 적지 않았다고 주장했다. 그러자 한때는 루터의 협력자였던 이(카를슈타트)°가 직접 나타났다. 그러나 루터는 그에게 "그대는 내 원수요 나는 그대에게 그 일과 관련하여 금화 1굴덴을 주었소"라고 주장하며, 그가 그 자리에 머무는 것을 허용하지 않았다.[31] 카를슈타트가 떠나자, 루터는 오를라뮌데 사람들이 신학을 모른다고 비판했다. 그러나 그가 부딪힌 것은 겸손한 순종이 아니라, 활발한 논쟁이었다. 한 구두 수선공이 앞으로 걸어 나오더니, 루터를 경칭 없이 "당신"이라고 불렀다. 이는 자신이 "박사"임을 내세우며 그 칭호를 붙이라고 주장하는 사람에게 사회 지위가 동등함을 주장하는 것이었다. 그 사람은 이 개혁자에게 "설령 당신이 모세는 받아들이지 않더라도, 복음은 받아들여야 하오"라고 말하면서, 루터를 이렇게 비판했다. "당신은 복음을 벤치 아래로 던져 버렸소." 루터는 형상을 제거해야 한다는 주장은 오용 가능성이 있다는 이유로 모든 여자를 죽여야 하고 모든 포도주를 쏟아 버려야 한다고 말하는 것과 똑같다고 타일렀다. 그러자 그 마을의 다른 사람이 나서서, 형상과 달리 여자와 포도주는 사람에게 위로를 주고 사람에게 필요하여 지어졌다고 응수했다. 뒤이어 구두 수선공이 나서더니 이런 본문을 인용했다. "신부가 신랑과 동침하려면 잠옷을 벗고 알몸이 되어야 한다." 그는 이것이 예수의 말씀이라고 엉터리 주장을 하면서, "그러므로 우리가 피조물에게서 자유를 얻고 깨끗함을 받으려면 모든 형상을 부숴야 합니다"라고 결론지었다.[32] 루터가 이런 오를라

믿데 사람들의 무지를 놀려 대기는 식은 죽 먹기였다. 그는 1524년 말에 이들을 반박하고자 펴낸 논박서 『하늘의 예언자들 반박Wider die himmlischen Propheten』에서 그들의 무지를 끝없이 이용하면서, "오를라뮌데에서는 신부의 잠옷을 벗기고 나샤우-젠Naschausen에서는 신랑의 바지를 벗기는" 농부들을 비웃었다.[33]

카를슈타트의 사역은 그가 섬기는 교구민에게 그들 스스로 성경을 해석하고 그들의 견해를 명쾌하게 진술할 수 있다는 확신을 심어 주었다.[34] 그 구두 수선공이 선택한 단어와 사용한 성경 본문은 이 마을 사람들이 카를슈타트의 설교를 어떻게 이해했는지 보여주지만, 동시에 호색好色과 금욕 사이에 존재하는 불편한 모순을 암시하는 것일 수도 있다. 그 마을 사람 또 하나는 이렇게 선언하기도 했다. "하나님은 모든 피조물의 영혼이 벌거숭이가 되기를, 곧 옷을 입지 않고 자유로워지길 원하십니다."[35] 루터는 카를슈타트가 모세 율법을 강조하는 것에 반대했는데, 이는 어쩌면 루터의 뿌리 깊은 반反유대교 성향이 원인이었을 수도 있다. 루터는 카를슈타트 추종자들을 "유대인 성도"라 불렀다.[36] 루터는 카를슈타트가 구약 율법을 고수함을 조롱했을 뿐 아니라, **교회는 마땅히 형상을 가져야 한다**고 주장하기 시작했다. 이는 그가 본디 취했던 모호한 입장과 사뭇 다른 주장이었다. 루터는 그의 교회가 벽에 아무 장식이 없는 유대교 회당과 아무런 공통점도 가지지 않으리라는 것을 확실히 밝혔다.

이런 토론에 피곤을 느낀 루터는 오를라뮌데 사람들에게 자신이 쓴 책을 보라고 권면했다. 그런 다음 그와 그의 지지자들은 "서둘러 마차로 갔다." 훗날 루터는 자신들이 떠날 때 "천 마리 마귀의 이름을 달고 꺼져라. 그러면 네가 이 마을을 빠져나가기 전에 네 목이 부러질 거다"라는 말이 들렸다고 술회했다.[37] 2-3일 뒤, 카를슈타트는 1시간 넘게 교회 종을 울려 주변 지역에 사는 그의 교구민을 불러 모았다고 전해진다. 그는 루터가 "불행하게도 복음을 벤치 아래에 차 넣어 버렸다"고 설교했는데, 이는 구두 수선공이 루터 앞에서 한 비판과 같은 비판이었다. "오, 친애하는 형제자매들이여, 하나님의 남녀 시민들이여! 두려워하지 말고 끝까지 견디면 구원을 받을 것입니다. 하나님은 그(루터)◆가 자신이 옳다고 생각하는 대로 성경을 왜곡하도록 내버려 두셨습니다."[38]

◆ ◆ ◆

카를슈타트는 그의 저작을 출간하고, 설교하며, 청문 절차를 통해 자신의 견해를 공정하게 변론할 권리를 얻으려고 싸우고 있었다. 그가 본 그대로, 루터와 흑곰 여관에서 만난 뒤에 그 권리를 얻어 낸 카를슈타트는 이제 지지자를 불러 모으기 시작했다. 그는 이제 자신의 편지와 논문에 안드레아스 카를슈타트라고 서명했으며, "진리를 지키려다 청문도 거치지 않고", 말하자면 "공정한 변론도 하지 못하고 토론을 통해 논파당하지도 않은 채", "추방당한" 이가 되었다.[39] 루터는 심사가 뒤틀려 이렇게 평했다. "순교자가 되었어야 할 내가 이제는 다른 사람을 순교자로 만드는 지경에 이르렀군." 비록 비꼬는 말이긴 했어도 그 사이에 엄청난 변화가 있었다는 인식을 그대로 드러낸 평이었다.[40]

하지만 1524년 9월, 그러니까 예나 사건이 있은 지 몇 주 뒤, 선제후는 카를슈타트를 바이마르로 불러 그가 추방당하리라는 것을 알려주었다. 강제로 작센을 떠나게 된 카를슈타트는 독일 남부를 지나는 긴 순례 여정에 올랐다. 루터는 그의 여러 정보원이 보내온 편지를 통해 카를슈타트의 여정을 속속들이 추적했다. 카를슈타트는 로텐부르크 옵 데어 타우버Rothenburg ob der Tauber, 바젤, 스트라스부르로 향했다. 반면, 그의 동료이자 매제인 게르하르트 베스터부르크는 취리히로 갔다가 바젤로 갔다. 거기서 그는 카를슈타트의 저작을 출간되게끔 도와주었다.[41] 오를라뮌데에서는 카를슈타트의 아내가 출산한 뒤에 역시 강제로 그곳을 떠나야 했으며, 이제는 그의 남편과 여정을 같이하게 된다.

카를슈타트는 그의 저작을 출간할 권리를 확실하게 활용했다. 그는 루터의 손이 미치지 않는 바젤에서 논문 일곱을 펴냈다. 카를슈타트의 사상은 귀족인 베스터부르크의 든든한 후원을 힘입어 새 독자들을 확보했다. 그러는 사이, 카를슈타트를 지지하던 마르틴 라인하르트는 쾰른으로 가 거기서 카를슈타트의 메시지를 전파했다.[42] 카를슈타트가 성찬에 관한 그의 견해를 은밀한 토론을 통해 루터에게서 취했으며, 성찬에서 그리스도가 실제로 빵과 포도주 안에 임재한다는 것을 아직 사람들 앞에서 담대히 인정하지 못한 루터가 곧 카를슈타트를 지지하리라는 소문이 떠돌았다. 스트라스부르에서는 볼프강 카피토와 인문주의자 오토 브룬펠스Otto Brunfels가 카를슈타트의 저작을 읽고 성찬에 관한 그의 견해에 동조했다. 바젤에서는 개혁자요 인문주의자인 요하네스 외콜람파디우스Johannes Oecolampadius가 카를슈타트 편을 들었다. 뉘른베르크에서도 카를슈타트는 독자를 얻었으며, 마그데부르크, 쾨니히스베르크, 심지어 네덜란드에서도 사람들이 루터와 그 추종자가 곧 "뮌처와 카를슈타트의 영"이라 비난하게 될 견해에 합류했다.[43] 스트라스부르에 있던 루터 쪽 사람 니콜라우스 게르벨은 카를슈타트가 바젤에서 인쇄한 그의 저작을 배포하여 지지자를 모으고 있으며, 자신을 성경으로 도저히 이길 수 없었던 루터가 자신을 추방했다는 말을 모든 사람에게 공공연히 하고 있다고 경고했다. 스트라스부르의 설교자들은 집단으로 루터에게 편지를 보내면서, 카를슈타트의 저작 다섯도 함께 보내 루터의 조언을 구했다. 현란한 수사를 동원하여 자신들의 충성심을 강조한 이 편지는 실상 그들의 입장이 카를슈타트의 그것에 더 가까움을 보여준다. 그들 역시 형상을 교회에서 제거하고 있었으며, 성찬에서 그리스도가 빵과 포도주 안에 실제로 임재하신다는 것에 의문을 제기하기 시작했기 때문이다. 이들은 취리히와 바젤은 물론 심지어 스트라스부르에서도 성경에 아주 해박한 사람들은 카를슈타트와 견해를 같이한다는 것을 솔직하게 알려 주었다.[44]

실제로 카를슈타트가 성찬에 관하여 제시한 설명과 그리스도가 성찬에 영으로 임재하신다는 그의 믿음이 루터의 그것보다 설득력이 있다고 본 사람이 많았던 것 같다. 카를슈타트가 비텐베르크에서 한 경험은 그의 성숙한 신학에 분명한 자취를 남겼다. 시민 공동체가 이끌었던 비텐베르크의 종교개혁은 카를슈타트의 열정에 불을 붙였다. 이런 시각(개혁 방향)은 다른 곳에서도 대중의 지지를 받았으며, 특히 독일 남부에서 그러했다. 이는 종교개혁이 도덕 갱신, 빈민 구제 개편, 평신도 대중의 참여를 동반한 사회 개혁과 함께 이루어졌기 때문이다. 이런 종교개혁은 위에서 아래로의 종교개혁이라는 루터의 이상과 사뭇 달랐다. 아울러 어떤 이들은 루터가 자신의 견해를 타인에게 강요하려 하면서 그 타인의 사사로운 충성심에 호소하는 방법을 쓰는 것을 마뜩잖게 여겼다. 오토 브룬펠스는 이렇게 썼다. "나는 카를슈타트와 당신의 불화가 아주 걱정입니다. 그건 내가 당신 두 사람을 모두 좋아하기 때문에, 당신을 사랑하면서 카를슈타트를 진심으로 포용하지 못하는 일은 할 수 없기 때문입니다."[45] 문법 학자인 발렌틴 이켈자머Valentin Ickelsamer는 루터의 글을 놓고 이런 불만을 토로했다. "알슈테트의 영을 공격하는 이 소책자는 무엇인가?…이건 그저 제후들을 부추겨 선한 카를슈타트를 해치려는 교활한 책동에 불과하지 않은가?"[46] 비텐베르크 밖에서는 서로 불화를 빚는 두 개혁자의 모습을 종교개혁의 이미지에 먹칠하는 재앙으로 여겼다. 카를슈타트는 조심조심하며 한때 자신의 동지였던 사람을 공격하지 않으려 했지만, 루터는 사람들 앞에서 공공연히 카를슈타트를 마귀에 사로잡힌 자라고 비판했다.[47] 그러나 카를슈타트는 결코 자신을 루터의 경쟁자로 내세우지 않았다. 만일 카를슈타트가 그렇게 했다면, 종교개혁 이야기는 당연히 달라졌을 것이다.

      루터도 상황이 아주 많이 위태롭다는 것을 잘 알았던 것 같다. 루터가 스트라스부르 설교자들이 보낸 편지에 친필 사신私信이 아니라 인쇄한 공한公翰(공적인 편지)으로 답신을 보냈다는 것은, 그것도 정식으로 편지 전달자를 통해 보냈다는 것은 그도 이런 상황을 우려했음을 알려 준다.[48] 루터가 보낼 답신을 인쇄하느라 답신이 늦어졌는데, 이 답신 지연은 결국 광범위한 영향을 미치는 결과를 초래했다. 스트라스부르 사람들은 루터에게 편지를 보내면서 동시에 취리히에 있던 울리히 츠빙글리에게도 편지를 보냈다. 당시 츠빙글리도 성찬에서 그리스도가 실제로 임재하심을 부인했는데, 그가 친필로 쓴 편지가 루터가 인쇄하여 보낸 공한보다 일찍 도착했다. 이전에는 루터 쪽에 기울어 있던 마르틴 부처도 츠빙글리의 견해에 설복당했다. 이를 기뻐한 카피토는 부처가 츠빙글리에게 "두 손 두 발을 다 들었다"고 보고했다.[49] 루터는 그가 보낸 답신에서 어리석게도 이런 생각을 털어놓았다. "고백합니다만, 만일 카를슈타트 박사나 다른 누군가가 성찬에는 오직 빵과 포도주만 있지 다른 것은 없다는 것을 5년 전에 제게 가르쳐 줄 수 있었더라면, 그 사람은 제게 큰 도움이 되었을 것입니다. 저는 당시 이런 큰 시험 때문에 고통을 겪고 있었고 몸부림치며 싸우고 있었습니다. 이것이 교황에게 가장 큰 일격一擊이 되리란 것을 잘 알았기 때문입니다." 이 편지는 카를슈타트가 그의 사상을 바로 루터 자신에게서 가져왔다는 소문에 당연히 신빙성을 부여해 주었을 것이다.[50]

      루터는 1524년 10월 슈팔라틴에게 보낸 편지에서 카를슈타트를 그의 "압살롬", 이스라엘 백성의 마음을 훔쳐 갔던 바로 그 압살롬삼하 15:13이라 불렀다. 그러나 이 압살롬이라는 말은 그가 카를슈타트에게 품었던 감정의 깊이를 암시해 주었다. 압살롬은 다윗의 아들이요 미남이었다. 그런 그의 반역은 그 아비의 마음을 찢어 놓았다. 자신이 자신보다 더 사랑하던 아들을 대적할 수밖에 없었기 때문이다.[51] 루터는 점점 더 뮌처와 카를슈타트를 한통속으로 묶었다. 그러나 그는 오직 카를슈타트에게만 극렬한 적의가 넘치는 수사를 사용했는데, 이는 루터의 기념비 같은 저작이요 1524년 말에 그 1부가 출간된 저작 『하늘의 예언자들 반박』에서 분명하게 볼 수 있다. 이 논문은 영을 강조하는 것, 성찬에서 그리스도가 실제로 임재하심을 부인하는 것, 형상을 파괴하는 것, 그리고 반란을 선동하는 것 사이에 떼려야 뗄 수 없는 연관성이 있다고 믿었던 루터의 생각을 조목조목 분명하게 제시한다. 루터는 할 수만 있다면 자신의 견해를 어떤 형태의 반역이나 폭력에서도 확실하게 떼어 놓으려 했다.

◆ ◆ ◆

루터는 이후 남은 생애 내내 카를슈타트와 뮌처를 가리키는 수사로 변함없이 한 문구만 사용했다. 루터는 이들이 마치 미친 듯이 윙윙거리는 벌떼처럼 떼를 이룬 채 자신들은 영의 인도를 받는다고 주장하는 **광신자**Schwärmer, Enthusiasten"(열정적인 영감에 사로잡힌 자)°라 불렀다. 루터는 뮌처가 말하는 영의 신학을 비꼰 유명한 말에서 이렇게 이야기한다. "그는 사람들이 자신을 성경과 교부와 모든 이를 집어삼켜 버린 가장 높은 영으로 생각해 주길 원한다."[52] 루터는 그들의 과장된 주장을 순전히 육신의 용어로 번역하고 이 땅의 현실을 사용하여 그 주장의 공허함을 조롱함으로써, 부풀 대로 부푼 그들의 감정을 거듭 찔러 구멍을 내 버렸다.

카를슈타트는 영혼과 육체를 더욱더 단호히 구분하게 된다. 1525년 초, 카를슈타트는 우리가 "우리를 엄습한 고초와 핍박을 통해, 그리고 날마다 하나님 뜻을 따라 살아감으로써, 정욕과 탐욕을 질식시켜 죽여야" 한다고 썼다. **게라센하이트**와 겸비한 영혼을 통해 얻은 순교가 여전히 카를슈타트 사상의 핵심 요소였다. 루터가 결혼이 곧 마귀에게 침을 뱉는 길이라고 이야기할 때, 카를슈타트는 이렇게 썼다. "우리 역시 고난과 우리가 알게 된 진리를 통해 마귀를 이겨야 한다. 우리가 소망을 북돋우고 믿음을 튼튼하게 하며 말씀을 굳건히 세우려면 길들여지지 않은 우리 육체를 고난을 통해 제압하고 깨부수며 영에 굴복시켜야 한다." 카를슈타트는 루터가 자신이 회색 농부 옷을 입는 것을 공격하자, 이에 맞서 개혁자라는 사람이 "진홍색 옷(고관대작의 옷)°, 공단貢緞으로 만든 옷, 무늬가 있는 비단 옷, 앙고라 털로 만든 옷, 벨벳, 금술 (달린 옷)°"을 입는 것만 좋아한다고 조롱했다. 카를슈타트는 루터가 1519년 라이프치히 논쟁 때 그곳 시민들이 루터가 그렇게 갖고 싶었던 앙고라 털옷을 루터의 적인 에크에게 선물하자 얼마나 격노했었는지 알고 있었다. 그런 점에서 상대의 급소를 제대로 골라 찌른 반격이었다.[53]

카를슈타트도 한때는 만성 재단 신부였으며 이 재단을 책임진 사제가 오를라뮌데 기금의 수입에서 자신에게 얼마를 지급해야 하는가를 놓고 유리한 흥정을 벌였던 사람이었다. 그런 그가 이제는 이런 글을 써 놓았다. "내가 진짜 농부나 밭에서 일하는 사람이나 수공업자가 되어, 하나님께 순종함으로, 곧 내 이마에 땀이 흐름으로, 내 빵을 먹을 수 있게 되길 하나님께 간구한다. 그러나 나는 이전에 그러지 않고 가난한 사람들이 수고한 것을 먹었으며, 그러고도 그들에게 아무것도 갚지 않았다. 내겐 이렇게 살 권리가 없었으며 그들을 전혀 보호하지도 못했다. 그런데도 나는 그들이 수고한 열매를 내 집에 가져왔다. 할 수만 있다면, 내가 가진 모든 것을 그들에게 되돌려 주고 싶다."⁵⁴ 1524년, 그는 농부의 삶을 이상으로만 남겨 두지 않고 현실로 옮겼다. 그는 이제 사회 안의 여러 관계를 다룬 그의 신학이 낳은 열매를 수확하면서, 사제인 자신도 가난한 이들을 착취해 온 공범임을 깨달았다. 그에게 종교개혁은 보통 사람을 해방하는 운동이 되어 가고 있었다. 그는 혼자가 아니었다.

12.
농민전쟁

1524년 가을, 프랑스대혁명 전에 독일 땅에서 일어난 사회 봉기 가운데 가장 큰 봉기가 시작되었다. 농민전쟁은 독일 서남부에서 시작되었다. 각 지역에서 잇달아 일어난 봉기가 점차 하나를 이루어 농민전쟁이 되었는데, 대다수 지역이 한 모피 상인과 한 루터파 설교자가 메밍겐 Memmingen에서 작성한 "농민 12개조 Zwölf Artikel der Bauernschaft"를 채택했다. "농민 12개조"는, 그 요구 조항이 농노제 폐지든 아니면 자유로운 사냥이든, 각 요구 조항의 근거를 성경에서 인용했다. "농민 12개조"는 먼저 그 첫머리에서 모든 공동체가 그 공동체 안에서 복음을 설교할 성직자를 스스로 청빙할 수 있어야 한다는 개신파의 대담한 주장을 제시한다. 이 12개조는 종교개혁의 핵심 개념—"자유", "오직 그리스도", 성경만이 유일한 권위—을 농민의 상황에 적용하여 요구 조항을 기탄없이 제시함으로써 결국 독일 전역에서 지지를 받는 프로그램을 만들어 냈다. 인쇄술이 강력한 역할을 했다. 많은 지역이 그 지역 나름대로 여러 가지 불만을 정리하여 표명하기도 했지만, 그래도 이 12개조는 급속히 퍼져, 각양각색인 농민 집단이 하나가 될 수 있게 해주었다. 농민들이 개신파 사상에 호소한 것은 단지 편리함 때문만은 아니었다. 많은 수도원과 교회 재단이 땅을 소유했으며, 가장 탐욕스러운 지주 가운데 이들도 들어 있었다. 수많은 마을에 세워져 있던 수도원의 거대한 십일조 창고는 농경 사회에서 이들이 가진 경제력을 생생히 일깨워 주었다. 개신파가 말하는 "형제" 개념과 그리스도인의 자유라는 개념은 지주와 농민의 관계가 재산권이 아니라 그리스도가 가르치신 가치를 따라 규율되어야 한다는 농민들의 주장과 맞아 떨어졌다.[1]

12개조는 이런 농민들의 주장을 농노제를 다룬 조문에서 이렇게 천명했다. "지주가 우리를 그들의 농노처럼 대우해 온 것이 여태까지 관습이었으나, 이런 관습은 측은하기만 하다. 지극히 높으신 분이자 목자이신 그리스도가 당신의 보혈을 흘리심으로 단 한 사람도 예외 없이 우리 모든 이를 구속하시고 사셨다. 그러므로 성경은 우리가 자유인이요 자유를 원한다는 것을 분명하게 보여준다."[2] 많은 이가 농민들이 루터의 사상을 오해하여 루터의 메시지에 들어 있는 영적 요소를 그들의 세속적 관심사와 융합했다고 주장했으나, 루터가 그리스도인의 자유를 옹호한 점, 그가 자신이 동의하지 않는 통치자를 상대로 강한 목소리를 낸 점, 그리고 그가 보름스에서 표명한 태도를 통해 저항의 본보기를 보여준 점은 농민들에게 영감을 안겨 주었다. 루터는 다른 이들이 그의 말과 행동을 어떻게 해석하든 그 해석을 통제할 수 없었다. 농민 봉기가 전개되면서, 루터는 비록 자신이 농민의 손자였어도 농민들이 표명하는 관점을 점점 더 이해하지 못하는 모습을 보여주었다. 하지만 농민들은 심지어 루터에게 그들의 분쟁을 심판해 달라고 의뢰할 정도로, 루터를 둘도 없는 그들의 판단 기준으로 삼았다.

　　　루터가 오버슈바벤Oberschwaben 농민들의 요구를 담은 12개조에 내놓은 답인 『슈바벤 농민의 12개조에 대한 평화 권면Vermahnung zum Frieden auf die zwölf Artikel der Bauernschaft in Schwaben』은 어색한 비꼼으로 시작한다. 루터는 농민들이 가르침을 받겠다는 조문("제12조", 독역본)°이 전체에서 가장 훌륭한 조문이라 칭송하며 이 12개조를 조롱했다. 루터는 먼저 지주들이 복음을 소개하지 못한 것을 크게 책망하면서, 농민 봉기를 하나님이 돌같이 굳은 지주들의 마음을 보시고 지주들에게 내리신 심판이라 서술했다. 그러나 이런 수사 전략은 농민들을 혹독하게 비판한 이 논문의 나머지 부분과 전혀 균형이 맞지 않았다. 루터는 일종의 도덕 방정식을 세웠다. 농민들은 그들이 내야 할 소작료에 반대할 수도 있으나, 소작료를 내지 않겠다는 것은 "좀도둑질"일 뿐이었다. 지주들은 모든 것—그들의 권위, 그들의 재산, 그리고 그들이 농민에게 가진 권리—을 강탈당할 처지에 있었다. 이런 식으로 잘잘못을 따지면서, 복잡한 정치적 주장과 저항은 결국 단순하고 잡다한 죄로 축소되고 말았다. 루터가 이런 판단을 내린 밑바닥에는 개인의 소유권을 포함한 기존 질서를 옳다고 받아들이는 인식이 깔려 있었다. 루터는 농민들이 그의 신학을 사용하여 "그리스도가 당신의 보혈로 우리 모든 이를 사셨기" 때문에 어떤 그리스도인도 다른 이를 농노로 소유해서는 안 된다고 주장하는 것을 조롱했다. 심지어 루터는 농민들이 12개조의 첫 번째 조문에 담은 그들의 주장, 곧 회중은 자신의 설교자를 청빙할 권리를 가져야 한다는 주장마저 받아들이지 않았다. 대신 그는 십일조를 재산권으로서 옹호했다. 루터는 공동체가 십일조를 소유한다면 더없이 좋은 일이지만, 그렇지 않다면 그 십일조를 소유했다가 설교자에게 지급하는 지주나 기관이 이 십일조를 존중받아야 할 재산권으로서 소유하며, 이 지주나 기관이 설교자를 택해서 임명할 수 있다고 주장했다. 회중이 이런 조치를 마뜩잖아 하면, 그들 자신이 내는 세금을 올려 성직자를 부양할 수 있었다. 그러나 이는 전혀 현실성이 없는 계획이었으며, 루터도 그렇다는 것을 잘 알았다.[3]

중세 후기 교회는 재산에 목매단 교회였다. 많은 개인과 기관이 교회 재정에 이해관계를 갖고 있었다. 농민 12개조 중 첫 번째 조문은 바로 이런 현실을 근본부터 문제 삼았다. 십일조 문제는 리트머스 시험지였다. 농민이 낸 십일조는 성직자를 부양하는 데 사용했지만, 늘 그랬듯이, 십일조를 한 개인이나 한 기관이 소유하면, 이런 개인이나 기관이 거둬들인 것에서 일정 부분을 떼어 가곤 했다. 예를 들면, 카를슈타트는 자신이 대부제로서 받은 수입에서 하급 사제에게 사례를 지급하고, 수입 대부분은 자신을 위해 남겨 두었다. 이 십일조 문제는 취리히 종교개혁에서도 편을 가르는 주요 경계선이었음이 드러나는데, 취리히에서는 결국 재세례파 쪽으로 나아간 사람들이 더 이상 십일조를 하지 말아야 한다고 주장했다.

루터는 심지어 십일조와 관련한 재산권 존중을 복음을 설교하는 것보다 중요하게 여겼다. 그는 농민들이 주장하는 사상을 완전히 오해하여, 카를슈타트와 뮌처 같은 "악한 설교자"가 "소요"에 책임이 있다는 주장까지 폈다. 사실, 뮌처가 일어난 여러 사건에서 한 역할은 남달랐으며, 농민을 이끈 지도자 대다수는 성직자가 아니라 평신도였다. 루터는 분명 자신의 가르침이 무질서를 초래하고 권위를 뒤집어엎으려 한다는 비판이 널리 퍼지자 이를 우려했다. 때문에 그는 이렇게 단호히 주장했다. "이런 반역은 내게서 나올 수가 없습니다. 오히려 여러분을 증오하는 만큼 나를 증오하는 살인 예언자들murder-prophets이 이 사람들 (루터가 반역자라 칭한 이들)◊ 가운데서 나왔으며, 3년 넘게 그들 가운데서 돌아다녔습니다. 나를 제외하곤 아무도 그들에게 저항하며 맞서 싸우지 않았습니다."⁴ 루터는 농민 봉기와 관련된 모든 이야기를 자신이 "살인 예언자들"과 벌인 싸움으로 떨어뜨림으로써 이 문제를 그의 권위 및 설교와 관련된 쟁점으로 만들어 버렸다. 이는 분명 농민들과 관련된 쟁점이 아니었다. 루터는 농민 12개조 가운데 여덟 개의 조문을 논하는 데 불과 한 문단만을 할애했으며, 그가 관심 있는 조문을 논하는 데 시간을 썼다. 그러는 사이, 보덴호Bodensee와 알고이Allgäu의 농민 세력은 크게 패하고 말았다. 1525년 4월, 이들은 슈바벤 동맹과 평화조약을 맺었다. 이 조약에서 농민들은 연합체를 해산하고 그들의 주인에게 순종하겠다고 약속했다. 루터는 이 조약문에 서문과 자신이 직접 쓴 결론을 붙여 출간했다. 그의 어조는 단호했다. "우리 농민은 정당한 명분이 없었다. 도리어 그들은 권위를 가진 이들에게 다짐했던 서약과 임무를 깸으로써, 스스로 심각하고 무거운 죄를 짊어졌으며 아무도 견디지 못할 하나님의 무시무시한 진노를 자초했다. 누구도 이를 부인할 수 없다." 루터는 거듭 뮌처와 카를슈타트가 책임을 져야 한다고 주장했다. "가난하고 순박한 사람들을 미혹하여 그들의 영혼을 이토록 망가뜨리고 어쩌면 몸과 재산조차 잃게 한 너희 빌어먹을 거짓 예언자들에게 화가 임하고 또 화가 임할지어다."⁵

사실, 실상은 루터의 말과 완전히 달랐다. 저항 운동은 지역에서 농민들이 단지 일하기를 거부하는 비공식 파업으로 시작한 경우가 잦았다. 지역 공동체commune 모임은 폭풍이 다가옴을 알리는 종을 울려 소집할 수 있었다. 모임이 열리면, 집안의 가장이 함께 모여 의논했는데, 나무 아래에서 모임을 열 때도 잦았다. 루터도 오를라뮌데에서 이런 모임에 참석했었다. 집회가 이어져 농민들이 더 광범위한 지역에서 모여들면서 일도 커졌던 것 같다. 마침내 형제 맹약으로 똘똘 뭉친 더 큰 무장 단체가 결성되었다.[6] 주로 창과 칼로 무장한 이 농민단農民團은 두드러진 성공을 거두었다. 1525년 초여름이 되자, 이들은 독일 남부와 중부의 광대한 지대를 통제하기에 이른다. 이렇게 된 것은 무엇보다 이들을 막을 이가 하나도 없었기 때문이었다. 황제의 군대는 이탈리아에서 싸우고 있었다. 황제의 군대가 파비아Pavia 전투에서 승리를 거둔 뒤에도, 귀환한 많은 용병이 민중에 맞서 싸우길 거부했다. 그들 역시 민중의 대의에 공감했을 뿐 아니라, 민중 가운데는 그들의 친족이 있을 수도 있었기 때문이다. 농민들은 현명하게도 도시의 빈민과 동맹을 맺으면서, 수녀원과 수도원을 공격하기 시작했다. 농민들은 메밍겐에서 시의회가 그들의 대의에 충성한다는 맹세를 하게 만들고 그들이 내건 조문을 채택하게 했다. 같은 일이 에르푸르트를 포함하여 다른 많은 마을에서도 벌어졌다. 독일 서남부에서는 농민단이 슈바벤, 알고이 전역과 보덴호 주위까지 퍼졌다. 1525년 5월에는 농민단이 프라이부르크와 브라이자흐Breisach를 점령했으며, 뷔르템베르크에서는 합스부르크의 통치에 반대하던 울리히 공을 지지하는 농민 반군이 오스트리아 지주들이 차지하고 있던 공의 거소를 점령했다. 이제 알자스도 대부분 농민들이 점령했으며, 스트라스부르는 농민들과 화친하려 하고 있었다. 그런가 하면, 오버외스터라이히Oberösterreich와 티롤에서도 농민들이 봉기했다. 특히 프랑켄Franken에서는 농민 봉기가 급속히 확산되었다. 마인츠를 대표하던 대주교 알브레히트는 5월 초에 밀텐베르크에서 영역 전체를 농민 반군에게 넘겨주어야 했다. 이 지역 중심지이자 대주교좌大主敎座인 뷔르츠부르크Würzburg가 이들의 다음 주요 목표였다. 1525년 5월 8일, 반군은 포위 공격 끝에 뷔르츠부르크를 점령했다. 그러나 농민들은 뷔르츠부르크에 있던 마리엔베르크Marienberg 요새는 점령하지 못했으며, 6월에는 슈바벤 동맹에게 격파당하고 말았다. 튀링겐에서는 마을이 차례차례 반군에게 함락되었다. 아이제나흐에서는 마을 지도자들이 머리를 써서 농민 지도자들을 마을로 초대한 뒤, 이들을 체포했다.[7] 상황이 심각했다. 결국 프리드리히 현공은, 자신이 죽기 전날인 5월 4일, 농민들과 화친할 것을 고려했다. 프리드리히는 그의 아우인 요한 공에게 편지를 보내, 사람들에게 존경받고 믿음이 있으며 신뢰할 만한 누군가가 중재자로 나서, 이 문제를 원만히 해결하고 "사람들도 만족시켜" 주었으면 좋겠다는 희망을 피력했다.[8]

그러는 사이, 뮐하우젠에서는 뮌처가 또 다른 알슈테트를 만들어 냈다. 이번에는 이전보다 더 큰 환경이어서 거주자 약 7,500명이나 되는 도시였다. 뮐하우젠은 제국 직할 도시였기 때문에 황제에게 직접 복종했으나, 자신의 법률을 제정할 수 있었다. 1524년 말에 뮐하우젠에서 추방당한 뮌처는, 1525년 2월, 민중의 지지를 받으며 급진 설교자 하인리히 파이퍼Heinrich Pfeiffer(농민전쟁 당시 농민 지도자)°의 영향을 받아 개혁된 도시로 돌아왔다. 사람들이 하나님의 법과 그리스도인은 한 형제라는 이상에 큰 자극을 받으면서, 이곳은 새롭게 만들어진 세계가 되었다. 파이퍼와 뮌처는 힘을 합쳐 영원한 의회ewiger Rat라는 것을 만들었다. 이는 이들의 열렬한 추종자로 이루어진 그룹이었으며, 이것이 이전에 선출된 소수가 독차지했던 의회를 대체했다. 아울러 파이퍼와 뮌처는 같은 생각을 가진 도시들과 동맹을 맺기 시작했다.

뮌처는 종말을 대비했다. "여러분의 칼이 식지 않게 하고, 그 칼을 맥없이 내려놓지 말라! 니므롯의 모루 위에서 열심히 쇠를 두들기고, 그들의 탑을 무너뜨려라!" 그는 알슈테트 사람들에게 편지를 보내, 이 봉기에 가담하라고 재촉했다. "당장 일어서라! 당장 일어서라! 당장 일어서라!" 그는 이 편지에서 이렇게 거듭 독려했다. 우리는 여기서 틀림없이 사람들에게 전율을 안겨 주었을 설교의 메아리를 들을 수 있다.

눈앞에 확 떠오르는 은유, 리듬감 넘치는 반복, 격렬한 언어가 맹렬하게 뒤섞인 설교였다.[9] 뮌처는 특히 광부들을 열심히 끌어모았는데, 루터가 자랐던 만스펠트 지역에서 온 많은 광부가 뮌처의 운동에 가담했다. 5월 초가 되자, 뮐하우젠-튀링겐 농민군은 수녀원과 성을 약탈하고, 아이히스펠트Eichsfeld에서는 지역 귀족들에게 그리스도인의 언약에 들어와 자신들에게 합류할 것을 강요했다. 알슈테트 시절부터 뮌처의 오랜 적敵이었던 에른스트 백伯만이 꿋꿋하게 저항했다. 그러나 농민군은 갈라졌다. 전력 강화가 절박하게 필요했던 프랑켄하우젠 농민단에 합류한 이는 겨우 작은 무리였으며, 나머지 사람들은 뮐하우젠으로 돌아갔다. 뮌처가 자신과 함께 프랑켄하우젠으로 갈 사람을 모았으나, 모인 이는 겨우 300명이었다. 이들은 5월 12일 프랑켄하우젠에 도착했다. 그러나 그곳은 봉기가 동력을 이미 잃어버린 상태였다. 농민군은 프랑켄하우젠에 주저앉은 채, 더 이상 전진하지 못했다.

뮌처는 그 지역 통치자들과 한판 대결을 도모했다. 그는 에른스트 백과 만스펠트의 알브레히트 백에게 더 이상 아무런 제안도 하지 않았다. 그의 편지는 루터와 제후를 향한 그의 증오에 점점 더 강하게 끌려갔다. 그는 에른스트 백에게 이런 편지를 써 보냈다.

> 에른스트 형제여, 우리에게 한 번 말해 보시오. 비참하고 하찮은 벌레 자루 같은 그대를, 그런 그대를 대체 누가 하나님이 그 보혈로 구속하신 사람들을 다스릴 제후로 세우셨소? 그대는 그대가 그리스도인임을 증명해야 하오.

뮌처는, 이 편지를 보낸 날, 루터를 지지하는 만스펠트의 알브레히트 백에게도 이런 편지를 보냈다.

그대는 그대가 먹는 루터파 푸딩과 비텐베르크 수프에서 에스겔이 에스겔 37장에서 예언한 것을 발견하지 못했단 말이오? 그대는 필시 루터를 따르는 그대의 똥거름 때문에 바로 그 선지자가 39장에서 이어 하는 말의 참맛을, 하나님이 하늘의 모든 새더러 제후들의 살점을 뜯어먹게 하시고 야수들이 유명하다는 인간들의 피를 마시리라는 예언의 참맛을 발견하지 못했구려.¹⁰

하나님을 따르는 경건한 새 나라를 꿈꾸던 뮌처의 "선택된"(auserwählt, 독역본)° 지파라는 이상은 모든 농민은 한 형제라는 외침과 동떨어진 것처럼 보일지도 모르겠으나, 뮐하우젠과 다른 지역의 수천 민중은 이런 이상을 위해 그들의 목숨을 내놓을 준비가 되어 있었다.

그 자체가 폭력인 뮌처의 수사는 이제 진짜 폭력을 낳았다. 뮌처 편에 들어와 있던 에른스트 백의 종 세 사람이 발각되었다. 뮌처 편 사람들은 이들을 첩자로 고발했으며, 뮌처의 동의를 받아 사람들이 말하는 "하나님의 의"를 내세워 처형했다.¹¹ 만스펠트 시의회 의원인 요한 뤼헬Johann Rühel은 일어난 일을 루터에게 써 보냈다. 뤼헬은 뮌처가 싸움이 벌어진 1525년 5월 15일에 말을 타고 진영 주위를 돌면서, 농부들에게 하나님의 능력을 신뢰하라 외치면서, 돌들조차 농부들에게 무릎을 꿇고 화살도 그들을 해치지 못하리라 외쳤다고 전했다. 그러나 농부들은 포위당하고 말았다. 대부분 보병이었던 이들은 헤센과 브라운슈바이크 기병대, 그리고 작센의 게오르크 공이 보낸 군대의 적수가 되지 못했다. 6,000명에 이르는 이가 죽임을 당한 것 같으며, 포로로 잡힌 이도 600명이나 되었다. 프랑켄하우젠 사람 대다수가 죽거나 포로로 잡혔다. 뤼헬은, 프랑켄하우젠 여자들이 포로로 잡힌 남편들을 살려 달라고 애원하자, 그들 스스로 여전히 이 도시에 머물고 있던 두 사제 반역자를 처벌한다는 조건을 붙여 그 남편들을 풀어 주었다는 이야기를 전했다. 여자들은 두 사제를 장터에서 곤봉으로 무자비하게 두들겨 팼다. 얼마나 무자비했던지, 이들은 두 사람이 죽은 뒤에도 시신을 30분 동안 계속하여 구타했다. "이런 행위를 불쌍히 여기지 않는 자는 누구라도 진정 인간이 아닙니다." 뤼헬은 그런 자신의 생각을 덧붙였다.[12]

뮌처는 전장에서 도망쳤지만, 프랑켄하우젠에 있는 한 방 침대 속에 숨어 있다가 발각되었다. 한때는 소름이 돋을 정도로 무서운 성경주의biblicism를 내세우며 수많은 사람들에게 영감을 불어넣었던 그 사람이 이제는 이렇게 외쳤다. "아이고, 난 하찮은 병자요."[13] 그러나 그는 알브레히트 백이 보내온 편지를 포함하여 그의 가방에 들어 있던 물건 때문에 그 정체가 들통 나고 말았다. 그는 포로로 붙잡혔다. 하지만 뒤이어 일어난 일은 놀라웠으며, 농민전쟁이 기존 위계질서를 얼마나 광범위하게 뒤흔들어 놓았는지 보여준다. 뮌처는 제후 진영 지휘관들 앞으로 끌려갔다. 이때 게오르크 공이 벤치에 앉아 있는 뮌처 옆에 직접 앉아, 무엇 때문에 에른스트 백의 세 종을 처형했냐고 추궁했다. 뮌처는 게오르크 공을 "형제"라 부른 뒤, 그건 자신이 아니라 하나님의 의가 한 일이라고 대답했다. 뮌처는 곧이어 브라운슈바이크의 하인리히 공 그리고 만스펠트의 알브레히트 백과 논쟁을 벌이게 된다. 뮌처가 구약을 인용하자, 알브레히트 백은 신약을 인용했다. 마지막으로 지배자들에게 도전하며 맞서는 이 시간에 뮌처는 지배자들과 얼굴과 얼굴을 마주한 채 앉아, 그들을 자신과 똑같은 이라 부르며, 논쟁을 벌였다.[14]

1525년 5월 27일, 토마스 뮌처와 그의 동료 설교자 하인리히 파이퍼가 처형되었으며, 이들의 머리와 몸은 창 자루에 꽂혀 진열되었다. 뮌처는 5월 17일에 자신의 주장을 취소했으며, 다시 가톨릭 신앙을 받아들였다. 이는 고문 때문이었을 것이다. 그러나 그가 같은 날 뮐하우젠 사람들에게 쓴 편지를 보면, 아무것도 취소하지 않는다. 도리어 그는 그들에게 자신은 순교를 기다리며 자신의 죽음을 징조로 여긴다고 말했다. "따라서 내가 진정 하나님의 이름을 아는 지식을 품고, 사람들이—오로지 그들 자신의 이익만 쫓느라 결국 하나님의 진리를 무너뜨린 바람에—나를 바로 이해하지 못하여 용납한(내게 저지른)° 학대에 따른 보상으로 떠나는(죽는)° 것이 바로 하나님이 주신 좋은 즐거움입니다. 때문에 나도 하나님이 모든 일의 운명을 이렇게 정하신 것에 진심으로 만족합니다.…그러므로 여러분은 내 죽음에 걸려 넘어지지 마십시오. 이 죽음은 선하고 이해하지 못하는 자들에게 은덕을 입히려고 일어났기 때문입니다."[15] 루터는 뮌처가 자기주장을 취소했음을 믿으려 하지 않았다. 그는 언짢아하며 심문관이 뮌처에게 엉뚱한 질문을 했을 거라고 주장했다. 루터는 뮌처의 자백이 "자기가 한 일을 마귀처럼 완고하게 고수한 것에 불과"하다고 말했다.[16]

◆ ◆ ◆

까마귀와 큰까마귀raven가 만스펠트 성 위를 날며 서로 공격하고 울부 짖었다는 말이 전해졌다. 많은 사람이 쓰러져 죽었다. 나중에 사람들은 이것이 다가올 농민전쟁을 알려 준 조짐이라고 믿었다.[17] 만스펠트 백들은 광부들이 작업 도구를 내려놓고 봉기할지 모른다는 두려움에 쫓겨 루터에게 도움을 요청했다. 그들의 근심은 괜한 걱정이 아니었다. 뮌처가 처음에 설교했던 헬드룽겐Heldrungen과 슈톨베르크Stolberg의 광부들은 자신들이 뮌처의 가장 열렬한 지지자 가운데 일부임을 증명해 보였다. 1524년만 해도 이들은 뮌처가 선포한 묵시 언어의 에너지와 폭력성에 부응하여 일어설 것 같았다. 그러나 이들은 결국 프랑켄하우젠에서 농부들과 합세하지 못했다. 사태가 이러자, 루터는 만스펠트 백 알브레히트의 초청으로 1525년 4월 중순부터 5월 초까지 짧은 설교 여행을 떠났다. 그와 멜란히톤은 비터펠트Bitterfeld와 제부르크Seeburg를 지나 아이스레벤으로 갔다. 그리고 루터는 슈톨베르크, 노르트하우-젠Nordhausen, 그리고 알슈테트 근처에 있는 발하우-젠Wallhausen에서 설교했다.[18] 각지에서 농부와 광부가 봉기하던 상황을 생각하면, 이는 대담한 편력이었다. 하지만 뮐하우젠은 조심스레 피했다.

    루터는 농민전쟁을 다룬 그의 첫 논문 『평화 권면Vermahnung zum Frieden』을 아이스레벤에서 만스펠트 백의 재상 요한 뒤르Johann Dürr의 뜰이라는 전원 풍경 속에 머물 때인 1525년 4월 19일에 출간했다.[19] 이제는 그는 모든 곳에서 진짜 적을 만났으며, 그의 말마따나, "목숨과 온몸을 위험에 내맡긴 채" 여행하고 있었다.[20] 루터는 자신이 본 것을 요한 뤼헬에게 편지로 적어 보냈으며, 이 내용이 그가 나중에 가장 지독한 악평을 들었던 논문 가운데 하나가 될 『강도질하고 살인하며 도둑질하는 농민 도적 떼 반박Wider die räuberischen und mörderischen Rotten der Bauern』의 기초를 형성했다.[21] 루터는 5월에 나온 이 아주 과격한 작품에서 농민들을 "순전히 마귀 일"만 하는 "미친개"에 비유했다. 그는 농민들이 모두 "뮐하우젠에서 다스리는 대장 마귀(ertzteuffel)♦"의 조종을 받으면서, "오로지 강도질과 살인, 피를 흘리는 일만 일으켰다"고 비난했다. 그들이 반란에 가담했으므로, 이제는 한 사람 한 사람이 모두 그들을 "심판하고 처형하는 사람"이 되어야 했다. 루터는 사람들에게 "때리고 죽일 수 있는 자는 모두 때리고 죽이라"고 재촉했다. "누구보다 악독하거나 유해하거나 마귀 같은 자가 바로 반역자임을 명심하고, 은밀히 죽이든 대놓고 죽이든, 찔러 죽여라. 이는 마치 미친개를 죽여야 할 때와 똑같다. 그대가 미친개를 공격하지 않으면 그 미친개가 그대를 공격하고, 그대가 있는 온 땅을 공격하리라." 사람을 몰아치는 글의 리듬 그리고 동사와 형용사를 잇달

아 셋씩 사용한 점은 불붙이듯 사람을 선동했던 뮌처의 수사와 다르지 않았다.²²

　　루터의 맹렬한 공격이 인쇄기를 빠져나올 때, 농민들은 이미 패배했다. 이 글은 이보다 온건한 루터의 이전 논문『평화 권면』과 함께 인쇄되었다. 그러나 이미 수천 명이 목숨을 잃은 뒤인데도 피에 목말라 하는 이 글의 어조는 글다운 맛이 하나도 없었으며, 심히 공격적이고 불쾌하다고 느끼는 이가 많았다. 심지어 뮌처의 마지막 며칠을 자세히 적어 보냈던 요한 뤼헬조차도 루터의 이 글에 화들짝 놀랐다. 니콜라우스 폰 암스도르프는 이제 마그데부르크의 설교자들이 루터를 "제후에게 알랑거리는 아첨꾼"이라 부른다는 글을 루터에게 써 보냈으며, 벤체스라우스 링크 역시 루터의 이 글이 사람들에게 얼마나 큰 충격을 안겨 주었는지 알려 주어야겠다고 느낄 정도였다.²³ 루터가 자신의 글을 설명하는 편지를 만스펠트 재상 카스파르 뮐러에게 써 보낸 것을 보면, 사람들의 이런 반응을 진지하게 받아들인 것 같다. 루터는 뮐러에게 보낸 편지도 인쇄하여 펴냈다. 그러나 이 편지를 보면, 첫머리는 부드럽게 시작해도, 애초에 루터가 말했던 취지는 전혀 바뀌지 않았으며, 말투도 금세 거칠게 바뀌고 만다. "그러므로 저는 여전히 이렇게 씁니다. 목이 뻣뻣하고 완고하며 망상에 빠져 어떤 말도 들으려 하지 않는 농부들에게 자비를 베풀면 안 됩니다. 도리어 그리할 수 있는 사람은 누구든지, 마치 미친 개들 가운데 있는 것처럼, 잘라 버리고, 칼로 찌르며, 목을 조르고, 두들겨 패야 합니다."²⁴ 루터는 되돌아올 다리를 스스로 불살라 버린 것처럼 보였다. 농부의 손자였고 자신의 뿌리가 농부임을 강조하길 좋아했던 루터는 이제 농부들에게서 고개를 돌려 버렸다.

　　그러나 그의 이런 입장은 새삼 놀랄 게 없었다. 그는 이미 카를슈타트와 싸울 때부터 이런 조짐을 보였다. 루터는 그 순간부터 비텐베르크의 개혁 운동을 격파하고 복음에 충실한 개혁의 속도를 늦춤으로써 제국 의회와 화해하려 했던 선제후 쪽을 지지하기로 결심했다. 루터는 이미 카를슈타트가 영감을 받았던 종교개혁 형태, 곧 민중의 압력을 추진력으로 삼아 민중 공동체가 주도하는 종교개혁을 거부했었다. 이런 종교개혁은 알슈테트, 뮐하우젠, 프랑켄하우젠 같은 독일 저지低地 도시의 민중 가운데 널리 퍼져 있었으며, 뮌처를 가장 성실하고 열렬하게 지지한 이들도 이곳 사람들이었다.[25] 그러나 이런 형태의 종교개혁은 크리스토프 마인하르트Christoph Meinhard처럼 부유하고 배운 사람들에게도 영감을 불어넣었다. 그는 아이스레벤 시민이었고 요하네스 아그리콜라와 인연이 있었으며 루터의 가까운 친구였다.[26] 울타리를 두르고 그 안에 모인 공동체, 곧 사람들이 서로 알며, 서약이 만들어 준 유대와 집단 도덕에 의지할 수 있는 공동체가 뮌처의 개혁을 이끈 동력원이었으며, 카를슈타트의 개혁에도 힘을 불어넣은 원천이었다. 하지만 이것이 대다수 농민 저항 운동에 활력을 불어넣지는 않았다. 뮌처는 성경주의에 입각한 그의 꿈을 따르지 않는 이들에게 거듭 격노했으며, 결국에는 "모든 사람이 그리스도의 백성에게 의를 가져오는 일보다 자기 이익을 챙기는 일에 관심이 있다"는 사실을 들어 프랑켄하우젠에 임한 재앙을 그런 이들 탓으로 돌렸다.[27]

뮌처는 여전히 평가하기가 어려운 인물이다.[28] 그의 신학에서는 하나님이 직접 부어 주시는 영감이 아주 중요했으며, 성경 본문은 단지 이런 영감을 밑받침하는 역할만 했다. 무엇보다 그는 과격한 신비주의자로서 하나님과 하나됨을 추구했지, 사회 개혁은 그의 주 관심사가 아니었다. 그의 신학은 육체와 관련된 모든 것을 거부하는 그의 신비주의와 그로 하여금 물질세계와 맞서 싸우게 만들었던 그의 혁명적 급진주의 사이에 존재하는 근본적 긴장을 잘 보여준다. 이를테면, 이런 역설을 일부나마 명백하게 보여주는 사례가 성性을 바라보는 그의 견해다. 뮌처도 카를슈타트처럼 아내와 가족을 버려두고 자신의 제자가 되라는 그리스도의 요구를 가장 중요한 본문으로 여겼다. 아울러 뮌처의 글에는 강력한 금욕주의 경향이 존재한다. 멜란히톤이 수사의 결혼을 옹호하자, 뮌처는 그를 이렇게 혹독히 비판했다. "그대는 그대 논증을 통해 사람들을 결혼으로 끌고 가지만 결혼이라는 결합은 여전히 흠이 없는 결합이 아니다. 오히려 그것은 사탄의 매음굴로서 지극히 저주스러운 사제의 향수만큼이나 교회에 해롭다. 이 열렬한 욕망이 그대의 성화를 방해하지 않는가?"[29] 그러나 동정童貞을 칭송하고 추천했던 그도 1523년 6월에 결혼했는데, 카를슈타트처럼 귀족 여성을 아내로 골랐다.[30] 뮌처는 강한 박탈감을 품고 있었던 것 같다. 자신이 핍박받는 외부자라는 확신을 가졌던 탓에 사회에서 소외당한 느낌을 타인과 공유하고 이를 분명히 밝힐 수 있었으며, 계급의 벽을 넘어 다른 이들에게 다가갈 수 있었다. 호소력 있는 웅변가였던 그는 여느 남자뿐 아니라 농민과 도시 민중, 시골 사람과 여자의 마음을 어떻게 사로잡아야 하는지 알고 있었다. 뮌처는, 츠비카우에서나 알슈테트에서나 뮐하우젠에서나, 활동하던 내내 동일한 정치 전략을 따랐던 것 같다. 그는 지역 공동체에서 시작하여 자신이 종말의 묵시라는 관점에서 해석한 운동을 만들어 냈으며, 자신을 따르는 이들에게 그들의 적이 누구인지 새기고 그 적들을 비난함으로써 위험이 임박했다는 느낌과 흥분을 심어 주었다. 이어 그는 동맹과 연합을 구축해 갔는데, 처음에는 그 지역에서 이런 작업을 행하다 뒤이어 그 범위를 넓혀 갔다. 그의 신학은 많은 무리에게 영감을 불어넣고, 그들 한 사람 한 사람에게서 강렬한 헌신을 끌어낼 뿐 아니라, 심지어 그 목숨을 잃을 위험까지 무릅쓰게 하는 힘을 갖고 있었다. 그는 도시에 그의 작품을 인쇄하여 펴내 줄 큰 인쇄소 조직도 없었다. 그는 대학교라는 배경도 없었고, 그를 보호해 줄 지역 통치자도 없었다. 비록 그 시간은 짧았지만, 그가 거둔 성공은 작센과 튀링겐의 많은 보통 사람이 생각하던 종교개혁의 의미가 루터가 생각하던 의미와 사뭇 다를 수도 있었음을 시사한다.

◆ ◆ ◆

그러는 사이, 오를라뮌데와 독일 남부의 여러 도시에서 잇달아 강제 추방당했던 카를슈타트는 서남쪽으로 400킬로미터가 넘는 길을 지나 마침내 로텐부르크 옵 데어 타우버Rothenburg ob der Tauber에 이르러, 여기에 숨어 살았다. 농민군이 그 도시를 에워쌌다. 어느 날, 카를슈타트는 도시 밖으로 산책을 나갔다가 우연히 글을 모르는 농민 한 무리를 만났다. 그들은 카를슈타트에게 총부리를 들이대며 이렇게 명령했다. "네가 형제라면, 사자가 가져온 편지를 읽어라. 형제가 아니면, 네 자신이 누군지 설명을 들어 봐야겠다." 목숨을 잃을까 두려워한 카를슈타트는 명령을 따랐다. 실제로 그는 나중에 이렇게 회상했다. "한 농부는 나를 칼로 찌르고 싶어 환장했었고, 다른 농부는 나를 때려눕히고 싶었다."[31] 그는 그 뒤 몇 주 동안 이리저리 떠돌아다녔지만, 농부들이 표방하는 노선 중 어느 쪽에 서 있는가는 여전히 딱 부러진 입장을 밝히지 않았다. 이러다 보니, 농부와 지주들이 모두 그를 거부했다. "영적 지도자들은 사냥감을 쫓듯이 나를 추적했으며, 농부들은 나를 옥에 가두었다. 하나님이 나를 지켜 주시지 않았으면, 농부들은 나를 집어삼켰을 것이다."[32]

6월, 농부들이 패배하자, 카를슈타트는 루터에게 편지를 보내 도움을 청하는 겸손한 행보를 취했다. 카를슈타트는 루터를 "대부Gevatter"라 부르면서, "제가 옛 아담의 충동에 넘어가 당신께 저지른 모든 죄"를 용서해 달라고 간청했다.[33] 놀랍게도 루터는 카를슈타트를 받아들여, 카를슈타트 자신은 물론 그의 아내와 자식까지 비텐베르크에 있는 수도원에 8주 동안 은밀히 머물게 해주었다. 이 기간 동안, 카를슈타트는 그의 『변명Entschuldigung』을 썼는데, 루터가 직접 이 책에 서문을 써주었으며, 비텐베르크에서 인쇄, 출간되었다.[34] 카를슈타트는 자신이 방황한 이야기를 했다. 그는 분명 자신이 농민들에게 가담한 정도를 최대한 축소하려 했지만, 그가 농민 지도자가 아니었다는 주장만큼은 분명 정직한 말이 아니었다. 루터는 서문에서 이렇게 선언했다. "교리 문제를 놓고 보면, 카를슈타트 박사는 내게 가장 큰 대적이다. 우리는 이 문제를 놓고서 아주 격렬히 충돌했기 때문에, 화해하거나 더 대화를 나눌 소망은 모두 꺾이고 말았다."[35] 그러나 루터도 과거에 예나에서 카를슈타트와 뮌처를 동일시했던 것이 불공정했음을 알았던지, 카를슈타트에게 그가 "반역의 영"을 가지지 않았음을 증명할 기회를 주고 그가 변명할 기회를 주어야 한다고 요구했다. 이런 개입이 카를슈타트의 목숨을 구한 것 같다. 루터가 카를슈타트에게 은신처를 제공하지 않았거나 계속하여 그를 "반역의 영"이라 비난했다면, 카를슈타트도 다른 많은 사제처럼 당연히 처형당했을 것이다.

하지만 루터는 여전히 카를슈타트를 신뢰하지 않았다. 카를슈타트는 루터의 지붕 아래 사는 동안, 마지막 만찬(성찬)°에 관한 자신의 견해를 완전히 취소하는 글을 써야만 했다. 이 글도 비텐베르크에서 인쇄되었고, 역시 루터가 이번에도 서문을 썼다.[36] 루터는 카를슈타트가 이 주제를 다룬 논문을 진리를 설명한 진술이 아니라 논제, 곧 논쟁에 부칠 문제로 제시했다는 점은 인정하면서도, 다른 이들처럼 카를슈타트도 이런 논제를 제시할 때 따라야 할 형식을 잊어버리고 자신의 진짜 견해를 천명한 진술로 오인했다고 말했다. 루터는 카를슈타트가 자신에 맞서 영을 강조했던 일을 다시 거론하면서, 카를슈타트의 견해는 분명 "영에서" 나온 것이 아니었다고 역설했다. 영은 사람에게 확신과 담대함을 부여하는데, 카를슈타트와 그를 따르는 무리는, 그와 달리, 그저 광기와 인간의 무지에서 비롯된 말만 했기 때문에, 모든 사람더러 그의 견해를 조심하라고 경고해야 했다는 것이 루터의 주장이었다. 이런 루터의 주장은 카를슈타트에게 굴욕을 안겨 주고도 남음이 있었지만, 그래도 카를슈타트는 9월 초에 자신을 루터의 "종mancipium"이라 부르며 루터에게 편지를 보내, 그의 "달콤한 꿈dulci somno"을 어지럽힌 것에 용서를 빌고, 선제후에게 부탁하여 자신이 작센에서, 기왕이면 켐베르크Kemberg에서 살 수 있게끔 허락을 받아 달라고 간청했다. 카를슈타트는 자신이 유배 생활에서 풀려나느냐가 "새삼 말할 필요도 없는" 루터의 "강한 힘"에 달려 있음을 알고, "존귀한 주Reverendam Dominationem tuam" 앞에서 설설 기었다.[37] 루터는 정식으로 선제후에게 편지를 보냈다. 그러나 아마도 슈팔라틴의 조언 때문이었는지, 선제후는 카를슈타트가 켐베르크에 거주하는 것을 허락하지 않았다. 켐베르크는 라이프치히로 가는 길목에 있었기 때문에 "수상쩍은" 여행자들이 지나가다가 카를슈타트의 메시지를 퍼뜨릴 수도 있다는 우려 때문이었다. 카를슈타트는 비텐베르크에서 5킬로미터 안에 있는 "시골 촌락"에서만 살아야 했다. 그는 비텐베르크시와 비텐베르크 대학교와 단절된 채 시골에서 확실히 고립된 삶을 살게 되었지만, 여전히 당국의 감시를 받았다.[38] 카를슈타트의 지성에 생명을 불어넣어 준 원천―동료와 학생, 인쇄업자와 설교단―은 모두 그를 부인했다. 그는 농부로 일하며 살라는 선고를 받았던 것 같다.

이 때문에 카를슈타트는 사회에서 매장되고 말았다. 그는 약속을 지켰으며, 일단 비텐베르크 지역으로 돌아온 뒤에는 사실상 아무것도 출간하지 않았다. 하지만 그는 결국 힘겹게 켐베르크로 이주했으며, 슐레지엔 귀족인 카스파르 슈벵크펠트Caspar Schwenckfeld와 발렌틴 크라우트발트Valentin Krautwald처럼 그에게 공감하는 사람들을 만나고자 켐베르크를 떠나 길을 나섰다. 몇 년 뒤, 카를슈타트는 바젤로 이주했으며, 거기서 그와 마음이 더 통하는 지식인 가정을 발견했으나, 많은 저작을 펴내지는 않았다. 그의 신학은 계속하여 **게라센하이트** 사상을 발전시켜 갔다. 카를슈타트는 1541년에 세상을 떠났는데, 당시 그는 그의 신학을 집약한 주저를 집필 중이었다. 이 작품에서도 **게라센하이트**가 중요한 역할을 했을 것이다. 카를슈타트가 농민전쟁이나 그의 사상이 독일 남부 도시들에서 받고 있던 지지를 전혀 활용하지 못한 점은 수수께끼다. 농부처럼 정직하게 수고하며 사는 것에 동참하고자 했던 이 사람은 그를 머리에 먹물이 들어 있는 잘난 놈großer Hans으로 여긴 농부들에게 공격받으며 사냥당하고 말았다. 카를슈타트는, 농민전쟁이 끝난 뒤, 바젤과 취리히, 스트라스부르에 있는 그의 지지자들을 찾아 남쪽으로 옮겨 가는 대신, 양초 주위를 나는 나방처럼 작센으로 돌아왔으며, 그가 이길 수 없는 적nemesis임이 증명된 루터와 다시 관계를 회복했다. 심리학의 관점에서 본다면, 카를슈타트는 어쩌면 루터의 동의에 의존했는지도 모르며 그를 열렬히 설득하고 싶었는지도 모르겠다. 카를슈타트가 1525년 초에 그의 마지막 소책자 중 하나에서 자신의 신학 견해를 제시했을 때, 대화 형식을 빌려 자기 견해를 제시한 것은 의미심장하다. 이 소책자에서 카를슈타트는 비텐베르크에서 자신과 적절한 토론을 벌이길 거부했던 그 사람에게 복화술로 이야기했다.[39] 적어도 인쇄물만 놓고 보면, 그는 루터를 이길 수 있었으며, 루터의 논지도 이길 수 있었다. 루터와 카를슈타트 양쪽이 볼 때, 흑곰 여관에서 가진 만남은 두 개인의 싸움, 이전에는 친구이자 동맹이었던 두 사람의 싸움이 끝판에 이른 사건이었다. 루터는 물론 카를슈타트도 이 대결에 홀려 있었다. 카를슈타트는 여전히 자신이 1굴덴을 걸고 맹세했던 약속, 곧 루터를 공격하겠다는 약속에서 헤어나지 못하고 있었다. 그 바람에 루터 너머, 그러니까 자신에게 도움을 제공해 줄 원천들을 발견하지 못했다.

✦ ✦ ✦

1525년 6월, 농민들은 패배했다. 그러나 작센의 상황은 다시 이전과 같아지지 않았다. 보름스의회에 출석함으로써 루터를 도와주었고 그 뒤에도 루터를 보호했던 프리드리히 현공이 죽었다. 몇 가지 전조前兆가 있었다. 루터와 멜란히톤은 그해 겨울밤에 비텐베르크에서 32킬로미터쯤 떨어진 로하우 Lochau 위에 뜬 무지개를 보았다. 로하우는 프리드리히가 쓰던 성이 있던 곳이었다. 그런가 하면, 비텐베르크에서는 머리가 없는 아기가 태어나고 발이 굽은 아기가 태어났다.[40] 선제후의 신임을 받았던 슈팔라틴은 선제후를 섬기는 일을 그만두어야겠다고 생각하기 시작했다. 그는 성과 관련된 생각 때문에 유혹을 받는 "친구"를 위해 조언해 달라고 루터에게 편지를 보냈다. 편지를 받은 루터는 슈팔라틴에게 결혼은 잊어버리고 선제후 곁에 남아 있으라고, 그가 "아마도 무덤으로 들어갈 날이 가까운 것 같으니" 그를 떠나지 말라고 당부했다. 만일 슈팔라틴이 지금 선제후를 떠난다면, 선제후는 이를 두고두고 유감으로 여길 것이라는 게 그 이유였다.[41]

루터의 이런 조언은 그대로 증명되었다. 농민전쟁이 절정에 이른 5월 초, 슈팔라틴과 선제후의 다른 고문들은 선제후와 함께 로하우에 있었다. 슈팔라틴이 나중에 그의 연대기에 이 장면을 묘사해 놓은 것을 보면, 로하우 성은 완전히 버려져 있었고, 요한 공과 다른 모든 사람은 나가서 농민들과 싸우고 있었다. 오직 시종장, 비서, 의사가 슈팔라틴과 함께 있었으며, 선제후는 침상에 누워 죽음을 앞두고 있었다. 자신이 제 시간에 도착하지 못할 경우를 생각하여 선제후에게 이미 위로하는 편지를 써 보냈던 슈팔라틴은 성에 당도하자, 선제후가 누운 침상 옆으로 달려갔다. 오랜 세월 동안 슈팔라틴의 도움을 받아 자신이 받은 편지를 읽어 왔던 프리드리히는 슈팔라틴이 도착하기 전에 자신의 안경을 찾아 쓰고 직접 그 편지를 읽었다. 슈팔라틴이 도착하자, 선제후는 그를 불러 자신이 "난 더 이상 아무것도 할 수 없다"고 선언할 때까지 큰 소리로 읽게 했다. 슈팔라틴은 잠시 기다렸다가 선제후에게 이렇게 물었다. "지극히 은혜로우신 제 주인이시여, 불편한 거라도 있으십니까?" 그러자 선제후는 "고통만 있어. 그것뿐이야"라고 대답했다. 그는 잠자다 죽은 것 같다. 그가 그렇게 죽어 가는 사이, 슈팔라틴은 그에게 히브리서를 읽어 주었다.[42] 전장에 나간 제후들이 보낸 전령이 도착했다. 농민들에 맞설 증원군을 급하게 요청했다. 그러나 그들의 외침은 공허한 메아리가 되어 빈 홀을 가르며 울려 퍼졌다. 한때 신성로마제국의 강력한 제후였던 인물은 지배자들이 농민들을 무찔렀는지 여부도 알지 못한 채 5월 5일 숨을 거뒀다. 그러나 슈팔라틴이 언급했듯이, 프리드리히가 마지막 숨을 내쉬는 바로 그 순간, 만스펠트 백 알브레히트가 첫 농민들을 죽이고 있었다.[43] 그 어떤 것도 이것만큼 농민전쟁의 불확실성과 혼란을 전해 주지는 않는다.

13.
결혼과 육체

뮌처와 루터는 모두 농민전쟁이라는 사건을 신성한(하나님이 이끄시는)° 드라마로 해석하면서 묵시와 관련된 수사를 원용했다. 마귀가 격노하며, 마지막 날이 이르렀음을 예언하고 있었다. 그러나 뮌처는 마지막 날이 임박했으며 이 마지막 날이 이르도록 할 것은 틀림없이 칼이라고 믿었지만, 루터는 특정한 날을 콕 집어 마지막 날로 예언하지 않았다. 루터의 묵시 언어는 문자주의식 예언이 아니라, 그의 수사를 더 강하게 만들어 주는 성격이 강했다. 루터는 교황을 적그리스도로 규정하여 자신의 시대에 중요한 의미를 부여했지만, 이런 언어(적그리스도)°는 현재를 다가오는 세상의 종말이라는 하나님의 드라마와 비교하여 덜 중요해 보이도록 만드는 데 기여하는 역설을 낳았다. 하지만 루터가 이것 때문에 현재를 등한시하거나 기존 질서를 뒤집어엎으려 하는 일은 벌어지지 않았다.¹

마찬가지로, 뮌처는, 적어도 처음에는, 이 특별한 시대가 엄중한 시기이니 금욕하고 하나님에게 경건하고 온전하게 헌신해야 한다고 믿었던 것 같지만, 루터는 뮌처와 반대되는 결론을 끌어냈다. 루터는 특별히 큰 죄를 저질러 마귀를 괴롭히기로 결심했다. 그는 결혼했다. 더구나, 그가 선택한 아내도 가장 큰 도발일 수 있었다. 그는 자신의 선택이 마귀—가톨릭 신자들—를 엄청 격노케 하리라는 것을 알았다. 그는 수녀와 결혼했다.

1523년부터 수도원주의에 반대하는 개신파의 가르침에 설복당한 여러 무리 수녀들이 그들이 몸담았던 수녀원을 떠나 비텐베르크에 도착하기 시작했다. 루터는 비텐베르크에서 이 수녀들에게 거처를 마련해 주고 심지어 새 옷까지 제공해야 할 책임을 맡았다.[2] 루터도 이 모든 일에 완전히 결백하지는 않았다. 그해, 사업가이자 그의 친구 암스도르프의 지인인 레온하르트 코페Leonhard Koppe가 게오르크 공이 다스리는 땅에 있는 님프셴Nimbschen 수녀원에서 한 무리 수녀들을 몰래 빼내 영방 경계를 넘게 한 뒤, 청어 통 안에 숨겼다.[3] 뒤이어 루터는 코페에게 보내는 공개 축하 편지를 출간하면서, 자신도 그의 숙적인 게오르크 공을 대놓고 모욕하는 이 계획을 모두 알고 있었다고 실토했다. 여자들은 게오르크 공이 다스리는 영역에 살던 고급 귀족 가문 출신이었으나, 이 여자들 집안은 설령 그들이 되돌아온다 해도 가톨릭 신자인 그들의 통치자를 화나게 할까 두려워하여 반가이 맞을 수 없었다. 루터도 그렇게 주장했다. 그 여자들 가운데 하나가 슈타우피츠의 누이였다.[4]

항간에 악담이 떠도는 것을 피하려면 가능한 한 빨리 버젓한 결혼을 통해 이 여자들을 정착시켜야 했다. 루터는 졸지에 중매쟁이가 되어 버렸다. 결국 상황이 이렇게 되자, 루터는 여성의 욕구를 생각해 봐야 했다. 1524년 8월, 루터는 몇몇 수녀에게 편지를 보내, 비록 그들이 그렇게 생각하고 싶지 않을 수도 있겠지만, 하나님은 그들을 강한 성적 열망을 가진 존재로 창조하셨는데, 정작 그들은 목숨을 걸고 이런 열망을 무시했다는 것이 루터 자신의 생각임을 솔직하게 털어놓았다. "여자들은 이런 사실을 인정하길 부끄러워합니다. 하지만 성경과 경험은 하나님이 순수한 정결로 남아 있게 한 이는 수많은 사람 가운데 하나도 없음을 보여줍니다. 여자가 여자 자신을 주장하지 않습니다."[5] 루터가 이런 주제를 생각하게 된 것은 어쩌면 자신도 결혼하고픈 유혹을 받기 시작했기 때문이었을지도 모르겠다.

이런 변화 과정은 루터가 그의 오랜 벗인 슈팔라틴과 나눈 농담을 통해 정리해 볼 수 있다. 바르트부르크에 머무는 동안, 이들이 주고받은 편지에서 결혼이라는 주제가 몇 차례 등장했다. 그러나 루터는 자신에겐 성욕이 없으며 결혼은 자기와 어울리지 않는다고 강조했다. 카를슈타트, 요나스, 그리고 멜란히톤은 모두 결혼했지만, 루터는 1521년에 쓴 편지에 "그들은 내게 아내를 얻으라고 강요하지 않는다"고 적어놓았다.[6] 루터는 애초 바르트부르크에서 돌아왔을 때, 시의회가 특별히 만든 새 옷을 그에게 제공했는데도, 옛날 입었던 수사복을 다시 입었다.[7] 하지만 그는 수사 생활로 되돌아가지 않았다. 대다수의 수사들은 츠빌링의 불같은 설교에 영향을 받아 수도원을 떠났으며, 수도원장과 늙은 수사 둘만 남아 있었다. 수도원은 더 이상 잘나가는 사업이 아니었다.

1525년 4월 중순, 수녀들의 배필을 찾아 주느라 정신이 없었던 루터는 그 와중에도 슈팔라틴에게 이런 농담을 했다.

난 자네가 나처럼 유명한 사랑꾼이 결혼하지 않음을 의아하게 생각하지 않았으면 하네. 오히려 난 결혼에 관하여 수도 없이 많은 글을 쓰고 여자들과 뒤섞여 지낼 때가 허다했던 내가 짝도 못 찾은 건 말할 것도 없고 여자로 바뀌지 않았다는 것이 더 이상하네. 나더러 예를 하나 들어 보라 한다면, 보게, 여기 가장 강력한 예가 있네. 난 동시에 세 아내를 취했고 세 아내를 아주 많이 사랑했거든. 근데 다른 남편을 취한 두 아내를 잃어버렸고, 세 번째 아내도 내 왼팔로 지켜 줄 수가 없네. 세 번째 아내도 머지않아 누군가가 내게서 낚아채 갈 것 같네.

루터는 여기서 이전에 수녀였다가 지금은 자신이 돌보고 있는 여자들의 배필을 찾아 주느라 정신이 없음을 놓고 농담을 한다. 슈팔라틴은 알았겠지만, "그의 왼팔을 벤 아내"는 카타리나 폰 보라Katharina von Bora였다. 루터는 그때 카타리나의 혼처를 알아보고 있었다. 루터는 결혼하길 망설이는 그의 벗 슈팔라틴을 계속하여 들들 볶았다. "그러나 자네는 게으른 사랑꾼이네. 한 여자의 남편이 되는 일조차 엄두를 못 내다니. 조심하게. 결혼 생각이 전혀 없는 내가 자네들 같은 열렬한 구혼자들을 추월할 날이 올지도 모르니."[8]

그의 말은 현실로 증명되었다. 6월 13일, 루터는 카타리나와 결혼했으며, 6월 27일에 피로연을 열었다.[9] 루터가 결혼하기 직전, 그러니까 슈팔라틴이 루터에게 서로 상대가 배필이라는 확신이 있는데도 사람들 앞에서 올리는 결혼식을 잠시 미루고 싶은 한 쌍과 관련하여 조언을 구했을 때, 독신으로 살겠다는 신념을 가졌던 총각(루터)°이 아주 많이 변했다는 게 명백히 드러났다. 루터는 슈팔라틴이 슈팔라틴 자기 이야기를 하고 있음을 분명히 알아차렸을 것이다. 이 젊은 궁정 신하는 한 젊은 여인과 사랑에 빠졌지만, 그가 선제후를 섬기는 동안은 결혼을 미룰 수밖에 없었다. 루터는 결혼을 미뤄서는 안 된다는 것을 증명하고자 성경과 격언과 역사에서 인용한 근거를 홍수처럼 쏟아 내며 대답하면서, 이렇게 결론지었다. "새끼 돼지를 몰 때는 잡아넣을 자루를 준비해 둬야 해." 결혼에 적용하기에는 다소 당황스러운 은유였다.¹⁰

그러나 루터가 결혼하겠다고 결심한 데는 더 음울하고 심각한 동기가 있었다. 루터는 자신이 마귀의 승리라 여겼던 농민전쟁에 휩쓸린 순간에 이런 결심을 했다. 루터는 1525년 5월 초 요한 뤼헬에게 보낸 편지에서 사실은 마귀가 그저 루터 자신을 제거하려고 이 싸움을 일으켰다는 생각을 막연히 피력했다. "나는 마귀가 이런 일을 저지른 원인이 바로 나라고, 마귀가 세상에서 이런 일이 벌어지게 만들어 결국 하나님이 이 세상에 이런 재앙을 내리시게 만든 원인이 나라고 믿고 싶네. 그리고 거의 그렇게 보이는군."¹¹ 그는 계속하여 이런 이유 때문에 "나의 케테my Käthe"(카타리나)˚와 결혼하는 것이 마귀를 못살게 구는 일이라고 말했다. 그것은 그의 "용기와 기쁨", 죽음의 와중에서도 생명을 지키겠다는 그의 강고한 의지를 강조한 말이었다.

루터도 카를슈타트와 뮌처처럼 가난하지만 귀족 집안 출신인 여자를 골랐다. 그러나 루터가 결혼하겠다는 의사를 밝혔을 때, 결혼을 주도한 것은 여자 쪽이었다. 카타리나는 본디 뉘른베르크 출신의 부유한 상인 귀족 히에로니무스 바움가르트너Hieronymus Baumgartner와 사랑에 빠졌었다. 그러나 바움가르트너 집안은 도망친 수녀와 결혼하기보다 더 나은 여자를 골라 결혼시키려는 계획을 갖고 있었다. 루터는 당시 오를라뮌데에서 카를슈타트를 대신했던 카스파르 글라츠를 제안했다. 그러나 다 쓰러져 가는 카스파르의 집과 황폐한 그의 농장을 생각하면, 이 제안이 현실로 이루어질 가망은 없었다. 실제로 그때 나이 스물여섯 살이던 카타리나는 글라츠를 늙은 "구두쇠"라며 그 자리에서 거부하고, 루터 친구인 니콜라우스 폰 암스도르프에게 자신은 니콜라우스 아니면 루터와 결혼하겠으며, 둘을 제외한 다른 누구와도 결혼하지 않겠다고 선언했다.[12] 하지만 이런 사연은 루터가 살면서 다른 모든 영역에서 했던 행동과 완전히 어긋난다. 다른 때는 늘 루터 자신이 일을 주도했기 때문이다. 그러나 이 경우에는 강단剛斷 있는 한 여성이 자신을 유혹하고 좌지우지한 것이 행복했던 것 같다. 루터는 암스도르프에게 보낸 편지에서 이렇게 말한다. "난 내 아내에게 열렬한 사랑이나 불타는 애정을 느끼지 않지만, 그래도 아내를 소중히 여기네."[13] 이 이야기는 루터가 정욕을 못 이겨 결혼했다는 어떤 비난도 든든히 막아 내며 그를 지켜 주었다.

루터는 자기가 아버지에게 기쁨을 안겨 주며 "자손을 볼 수 있겠다는 소망"을 안겨 주려 결혼했다고 주장했다.[14] 그러나 루터의 선택은 자신의 왕가를 이루려던 한스 루더의 계획에 전혀 들어맞지 않았을 것이다. 카타리나는 광업 엘리트 집안 출신이 아니었다. 루더는 일부러 모든 자녀를 만스펠트의 광산 소유주와 제련업자로 이루어진 작은 집단 출신 사람들과 결혼시키면서, 이런 혼맥婚脈이 자기 위치를 든든히 받쳐 주길 소망했다. 실제로 한스 루더가 그 아들(루터)°이 수사의 소명을 받았다는 것에 그토록 화를 낸 이유 가운데는 아들이 이런 요구를 따르길 거부한 것도 들어 있었다. 더구나 카타리나가 도시의 법률가 집안 출신이면 적어도 그런 집안 배경이 한스 루더가 아들을 법률가로 만들려 하면서 그토록 찾았던, 법률 전문가 집단에 다가갈 길이라도 열어 줄 수 있었으련만, 카타리나는 그런 집안 출신도 아니었다. 루터는 가난한 귀족 여성을 골라 결혼했지만, 그 선택은 자기 집안에 눈곱만큼도 도움이 되지 않았다. 하지만 카타리나는 누구 말을 들어 봐도 매력이 넘치며 적극적이고 열정이 있었다.

루터의 동료들은 이미 아주 많은 이들이 여러 해 전에 제단으로 나아갔건만(결혼식을 올렸건만)°, 루터는 왜 결혼하기까지 이토록 오랜

"마르틴 루터와 카타리나 폰 보라", 루카스 크라나흐, 1526년. 크라나흐 화실이 여러 해에 걸쳐 수십 작품을 만들어 낸 이 이중 초상화는 수사처럼 가운데 머리를 밀지 않고 우리에게 익숙한 특징을 지닌 루터 모습을 보여준다. 날카로운 눈, 고수머리, 점점 더 살이 많아지는 턱 밑 부분. 그림은 루터의 강한 개성을 묘사하는데, 자신을 바라보는 이를 똑바로 쳐다보는 시선이 두드러진다. 루터와 달리, 크라나흐가 그린 모든 여성처럼, 카타리나는 여느 여염 여자와 엇비슷한 여성이며, 불가능해 보이는 가는 허리를 갖고 있다. 몸을 꽉 조이면서 레이스가 달려 있는 보디스 차림에 헤어네트를 쓴 머리, 그리고 소박한 반지는 존경받을 만한 여인의 옷차림이다. 카타리나를 그린 그

시간이 걸렸을까? 바르톨로메우스 베른하르디는 1521년 8월에 결혼했다. 루터와 가장 가까웠던 사람들을 보면, 카를슈타트가 그해 늦게 결혼했고, 유스투스 요나스는 1522년 2월에 결혼했다.[15] 이들보다 더 늦게 비텐베르크에 온 요하네스 부겐하겐은 1522년 10월 13일에 결혼했다. 아우구스티누스 수도회 주교 총대리인 벤체스라우스 링크는 1523년 4월 15일에 결혼했으며,[16] 요하네스 랑은 1524년에 이르러 그 배필과 인연을 맺었다. 이제 루터의 오랜 동지들은 슈팔라틴과 암스도르프를 제외한 거의 모두가 유부남이었다. 농민전쟁이 끝나고 작센 선제후인 프리드리히 현공이 세상을 떠난 것이 변화를 불러온 분기점이 된 것 같다. 이 무렵 카를슈타트와 루터는 적대 관계에 마침표를 찍는 쪽으로 옮겨 갔다. 그리고 1524년 말에는 오랫동안 그의 고해신부였던 이(슈타우피츠)°가

림을 보면, 결혼한 도시 여성이 쓰는 머리쓰개를 하고 있을 때도 있고, 그렇지 않을 때도 있다. 요컨대 카타리나는 귀족 여성이었지, 보통 시민은 아니었다. 광대뼈 사이 폭은 뾰족한 턱 끝에 이르기까지 점점 줄어들며, 위로 치켜 올라가 고양이 눈을 살짝 닮은 눈은 독특한 특징에 가까운 무언가를 만들어 낸다. 그러나 심지어 당시에도, 크라나흐 화실이 만들어 낸 다양한 초상화를 보면, 동일한 여인을 그렸다고 볼 수 없을 정도로 인물 모습이 사뭇 다르다.

〈45〉

죽음을 맞았다.

    요하네스 폰 슈타우피츠는 그가 보낸 마지막 편지에서 한때 자신의 제자였던 이를 향한 그의 사랑을 술회하면서, 그 사랑이 "여자들을 향한 사랑보다 컸다"고 적었다.[17] 수사와 수녀와 사제가 결혼으로 수도 서원을 깨 버리자, 슈타우피츠는 껍데기만 복음일 뿐 그 껍데기 아래에서는 육신의 정욕이 지배하게 했다며 루터를 크게 책망했다. 애초에 슈타우피츠가 말했던 **게라센하이트**는 이런 것이 아니었다. 슈타우피츠는 루터에게 한 젊은 수사를 보내 복음의 길대로 가르침을 받게 했다. 이는 그가 루터를 신뢰한다는 표지였다. 그럼에도 그는 분명 루터가 다른 길을 골랐다고 보았다. 루터 자신은 무엇보다 베네딕트 수도회 대수도원장으로서 기름진 성직록을 받겠다고 아우구스티누스 수도회를 저버린

슈타우피츠의 결정이 아직도 이해가 가지 않았다. 실제로 루터는 슈타우피츠가 죽었다는 소식을 받자, 그 늙은이가 근사한 요직을 얼마 맛보지도 못하고 죽었다며 심술궂게 쏘아붙였다. 슈타우피츠는 루터의 결혼에, 그것도 수녀와 결혼한 것에 틀림없이 놀라 자빠졌을 것이다. 그것은 정결 서약을 이중으로 어긴 일이었다. 어쩌면 루터는 슈타우피츠가 죽고 나서야 비로소 그의 영적 아버지였던 사람에게서 풀려나 드디어 자신이 아버지가 될 수 있겠다고 느꼈을지도 모른다.[18]

    루터의 결혼이 늦어진 것은 루터 자신 안에서 일어난 깊은 변화와도 관련이 있었다. 루터 자신도 육체의 욕망이 있음을 인정하는 데 몇 년이라는 시간이 걸렸다. 그는 늘 수사 시절 그에겐 절제가 문제(골칫거리)°가 아니었다고 주장했다. "진짜 매듭들"은 구원과 관련이 있었다. 애초에 그는 사제들이 처음으로 결혼했을 때 진심으로 기뻐하지 않았다. 도리어 그는 개신파 성직자로서 처음으로 결혼한 베른하르디가 쫓겨나고 뒤이어 그 "두 위장胃腸"(베른하르디 부부)°은 "그들에게서 나온 어떤 것"(루터는 자녀를 이렇게 흉측한 말로 어둡게 일컬었다)과 더불어 배를 곯게 되리라고 악담을 했다.[19] 사실, 죄가 널리 퍼져 있다는 루터의 확신은 성적 좌절감과 별로 관련이 없었다. 루터는 1520년에 이르러 사제에게 결혼을 허가해야 한다는 견해를 지지했지만, 그때도 수사는 사제와 같은 처지에 있지 않다는 것이 그의 애초 생각이었다. 수사는 자의로 정결 서원을 했기 때문에 스스로 그 서원을 깰 수는 없었기 때문이다. 개신파 성직자가 처음으로 결혼했을 때, 이 결혼을 지지하는 논제 모음을 쓰고 이를 소책자로 출간하면서, 아예 결혼한 남자만이 사제가 되어야 한다는 주장까지 제시한 이는 루터가 아니라 카를슈타트였다. 뒤이어 카를슈타트는 성욕을 절제하는 것 역시 행위로 구원을 확보하려는 또 다른 헛수고에 불과하므로 수사의 결혼은 정당하고 주장했다. 루터는 본디 이런 논리 전개에 반대했지만, 결국 이 논리에 수긍하면서 거의 동일한 논거를 사용했다.

분명 멜란히톤은 1525년에 이르러 루터 안에서 어떤 변화가 일어났다고 생각했지만, 그는 그것을 좋아하지 않았다. 이 금욕주의자는 관능주의자로 변해 가고 있었다. 루터가 결혼하고 한 달 뒤, 멜란히톤은 한 친구에게 편지를 써서 "수녀들이 그들이 가진 모든 기예를 써서 그를 유혹하려" 했으며, 어쩌면 이런 점 때문에 "그의 본성이 아주 고결하고 그 영혼이 위대한데도, 수녀들과 자주 교류하다 보니, 그가 물러지고 마음에 불이 붙게 된" 것 같다고 말했다.[20] 그러나 루터의 감정은 애초부터 더 복잡했다. 루터는, 1525년 6월, 결혼하기 전날, 마인츠 대주교 알브레히트에게 사실혼 관계에 있는 여인과 결혼하라고 권면하며 그를 자극한 편지를 책으로 펴냈다. 루터는 뤼헬에게 보낸 편지에서 만일 알브레히트가 자신에게 만인이 결혼할 것을 주장하는 사람이 왜 자신은 아직도 결혼을 안 했는지 묻는다면, "난 아직도 결혼이 두려워서 그 일을 감당할 수가 없네"라고 말할 수밖에 없다는 뜻을 밝혔다. 그러나 이제 루터는 설령 그 결혼이 "요셉의 정혼"으로 끝날지라도—즉, 나이 든 남자와 어린 여자가 아직 부부로서 합방하지 않고 약혼 상태로 끝나 버릴지라도—자신이 죽기 전에 결혼하겠다고 결심했다.[21] 루터가 "심지어 한 여자의 남편이 될 용기도 못 내는 게으른 사랑꾼"이라 불렀던 슈팔라틴에게 보내는 편지에는 자신의 성적 능력을 과시하는 허세가 이미 가득 들어 있었지만, 뤼헬에게 적어 보낸 이런 말은 전혀 그런 허세처럼 들리지 않는다. 슈팔라틴에게 적어 보낸 내용과 알브레히트와 관련하여 뤼헬에게 적어 보낸 내용이 달랐던 이유는 아마도 슈팔라틴은 자신처럼 총각이지만 뤼헬은 결혼했기 때문이었을 것이다. 카타리나가 루터보다 열다섯 살 아래였음을 생각하면, 이제 마흔한 살이 된 루터에게 부부 관계는 힘겨운 일이었을지도 모르겠다.

16세기 결혼식은 소심한 사람이 감당치 못할 일이었다. 피로연 자리는 음담패설이 들끓는 자리였고, 신혼부부는 손님들이 보는 앞에서 요 한 장을 덮고서 함께 침대에 들어야 했다. 그러면 취객들이 밤새 "신혼부부에게 노래를 부르곤" 했다. 루터와 카타리나의 결혼은 작센의 관습대로 결혼식을 올리기 전인 6월 전반기에 이미 완성되었으며, 이 결혼을 축하하는 "신부를 집으로 이끌어 들이는 일"이 2-3주 뒤에 있었다. 결혼이 완성되지 않았거나 완성될 수 없으면, 취소할 수 있었다. 중세 후기 사람들이 이해했던 혼인성사 sacrament of marriage 개념에 따르면, 부부가 될 당사자가 자유로이 결혼하겠다는 약속을 교환하고 두 사람의 육체가 결합해야 결혼이 이루어진다고 보았다. 성관계는 결혼 약속이 완전한 구속력을 갖게 해주었다. 다시 말해, 우리가 "약혼"이라 부르는 것이 당사자들의 성관계를 통해 완전한 구속력을 가진 결혼이 되었다.

6월 중순에 이르자, 루터는 그의 편지에서 구사하는 말투가 확연히 달라졌다. 그는 다름 아닌 레온하르트 코페 Leonhard Koppe에게 농담을 건넸는데, 그가 피로연에 오자, 그에게 "내가 남자임을 내 각시가 잘 증언하게 도와야" 한다고 농을 쳤다. 루터는 같은 편지에 자신이 "내 아씨(Metze)°의 땋은 머리에 함께 섞여 땋였다"고 썼는데, 이는 아내를 취한 남자가 보통 자신의 성적 능력을 과시하는 것과 전혀 거리가 먼 특이한 은유였다.²² 아울러 이는 남자가 여자의 성적 능력을 두고 던지는 농담이기도 했다. 루터는 다른 초청장에서는 카타리나를 "주인님 Gebieterin"이라 부르기도 했다.²³ 결혼식 때는 장차 부부 사이에서 "남편을 깔아뭉갤" 사람을 풍자하는 말이 수없이 오고 갔다. 격언이 일러 주는 것처럼, 결혼식 때는 신부가 "겨자와 딜 dill(허브의 한 종류)°"을 자기 구두 안에 숨겨 자신이 집안을 지배할 수 있음을 감춰야 했다. "내가 겨자와 딜을 가졌으니, 남편은 내가 말할 때 입을 다물지어다!"²⁴ 실제로 루터는 남은 생애 동안 이런 식의 익살에 동참하곤 했다. 1542년, 루터는 과거를 회상하면서, 루카스 크라나흐가 결혼한 뒤, 이 새신랑의 친구 가운데 한 사람이 자기 아내와 온종일 붙어 있고 싶은 새신랑을 괴롭힌 일을 이렇게 말했다. "자, 들어 봐, 자네는 이러지 않을 것처럼 그러는데, 웃기지 말라고! 자네는 반년도 안 걸려 자네 각시한테 폭 빠지고 말거야. 그러면 자네 집에는 자네가 사랑할 하녀가 없어지겠지. 오직 자네 각시뿐일 테니."²⁵

루터는 그의 부모와 가족, 그리고 만스펠트 사람들은 물론이요 비텐베르크 신학자들과 아우구스티누스 수도회 시절 친구 몇 사람도 초대했다. 그러나 우리가 아는 한, 더 먼 곳에 사는 사람들, 그러니까 뉘른베르크나 스트라스부르에 있는 이들은 초대하지 않았다. 루터는 만스펠트 백들을 초대해야 할지 말아야 할지 망설였다. 루터는 결혼식 준비 때문에 야단법석을 피웠다. 슈팔라틴을 적어도 세 번이나 초대했으며, 선제후만이 제공할 수 있는 피로연용 사냥 고기, 그러니까 특별한 야생 동물 고기를 여러 번 요청했다. 이 몇 주 동안은 청첩장을 제외하면 루터가 쓴 편지는 확연히 그 수가 줄어 극소수에 불과하다. 농민전쟁 와중이었지만, 루터는 정말 자기 인생의 새 국면에 온통 마음이 가 있었던 것 같다.

그로부터 조금 뒤인 1525년 11월 말, 마침내 슈팔라틴도 결혼했다. 아마도 그는 그 젊은 여성을 1524년부터 눈여겨 보아 왔던 것 같다.²⁶ 결혼식은 12월에 알텐부르크에서 열렸으나, 루터는 참석할 수 없었다. 루터는 슈팔라틴에게 편지를 보내 자기 아내가 위험한 여행이라며 길을 나서는 것을 허락하지 않으려 한다고 설명했다. 그는 여전히 더 많은 수녀를 받아들인 터라, 성난 수녀의 부모들이 나서서 그를 공격할 수도 있었다. 이유야 어쨌든, 루터는 슈팔라틴의 결혼식에 딱히 참석할 마음이 없었던 것 같다. 이 편지에는 그 이유를 설명하는 내용이 아주 많은 것 같았다. 루터는 카타리나의 눈물을 언급하는가 하면, 에라스뮈스에게 보낼 답변을 준비하느라 눈코 뜰 새가 없다고 변명했다. 그러나 이런 변명은 틀림없이 슈팔라틴에게 상처를 주었을 것이다. 이전에 선제후 궁정 신하였던 그는 이제 막 선제후를 섬기는 일에서 물러나 알텐부르크에서 설교자라는 새 일을 얻어 자리를 잡아 가고 있었다. 그러나 그는 거기서 가톨릭 신자들의 혹독한 저항에 부닥치고 있었다. 루터는 슈팔라틴의 결혼식에 못 가는 대신, 친구가 결혼식을 올리고 첫날밤을 보내겠다 싶은 그 밤에 "그대가 할 행동과 똑같은 행동으로 나의 케테를 사랑하겠다"고 말했다.²⁷ 하지만 이제 루터는 자신이 아내를 "사랑하지" 못할 수도 있음을 두려워하지 않았던 반면, 자신과 뜻이 맞지 않은 장모와 한 지붕 아래에서 살아야 했던 슈팔라틴은 결국 결혼하고도 처음 6년 동안 아이를 갖지 못하는 처지가 되고 말았다. 이 때문에 그는 가톨릭 신자들의 조롱거리가 되었다.²⁸

◆ ◆ ◆

루터와 카타리나 폰 보라는 어떤 관계였을까? 루터는 카타리나가 자신을 늘 "박사님"이라 부르고 공손한 경칭인 "이어Ihr"를 쓴다고 주장했는데, 이 주장에는 제법 냉랭한 구석이 있다. 루터는 1537년에 돌에 맞아 죽을 뻔한 일을 당하고 쓴 유서에 "그(카타리나)°가 나를 아내일 뿐 아니라 종famula처럼 섬겼다"고 써 놓았다. 그러나 "파물루스famulus"라는 말은 루터가 그의 학문 연구를 돕는 비서로 있다가 나중에 교회 안에서 중요한 자리로 진출한 이들을 가리킬 때 쓴 말이기 때문에, 루터는 이 말을 존경을 담은 말로 썼을지도 모른다.²⁹ 그럴지라도, 부부 사이에 명백히 거리를 두고 부부의 위계질서에 집착하는 그의 모습은 그가 다른 사람들과 사귈 때 서로 모순되는 모습인 따뜻함과 익살, 그리고 겸손과 잔인함을 뒤섞어 보여주었던 것을 떠올리게 한다.³⁰ 그는 저속한 농담도 할 줄 알았다. 루터는 결혼하고 얼마 안 지나 뉘른베르크에 있던 벤체스라우스 링크에게 보낸 편지에서 아내 이름을 사용하여 이런 말장난(Kethe statt Ketten und Bora statt Bahre)°을 쳤다. "난 케테(Kethe)°에게 묶여(Ketten)♦ 사로잡혔고, 마치 세상에 대하여 죽은 자가 눕는 상여(Bahre)♦ 대신에 보라(Bora)° 위에 누워 있다네."³¹ 그러나 비록 그가 점잔 빼는 신랑처럼 행세했을 수도 있지만, 분명 그는 결혼 생활을 즐겼으며, 이렇게 말했다. "남자는 결혼 생활 첫해에는 이상한 생각을 한다. 식탁에 앉으면 '전에는 나 혼자였는데, 이제는 둘이 있네'라고 생각한다. 침대에서 잠이 깨면, 전에는 거기 없었던 한 쌍의 땋은 머리가 자기 옆에 누워 있음을 본다."³² 카타리나는 1년 혹은 2년 터울로 계속 임신하여 아이를 낳았다(모두 여섯 자녀를 낳았다. 요하네스1526-1575, 엘리자베트1527-1528, 막달레나1529-1542, 마르틴1531-1565, 파울1533-1593, 마르가레테1534-1570)°. 이는 이 부부가 성생활을 만끽했음을 시사한다. 루터는 아주 많은 수사가 그들을 특징짓는 본능처럼 갖고 있던 여체女體에 대한 혐오감을 전혀 갖고 있지 않았다. 이는 아마도 그가 여동생들과 어울리며 자랐기 때문일지도 모르겠다. 루터는 종종 성과 관련한 농담을 했는데, 심지어 "경건하신 그리스도 자신"이 세 번이나—한 번은 막달라 마리아와, 한 번은 우물가에서 만난 여자와, 그리고 한 번은 그가 식은 죽 먹듯 살려 보낸 간음한 여인과—간음을 저질렀다는 말까지 했다.³³ 이런 말은 평범하지 않았다. 울리히 츠빙글리나 장 칼뱅이 이런 말을 하리라고 상상하기는 불가능하다. 그러나 루터는 사람들을, 특히 자신이 의롭다고 여기는 이들을 짓궂게 놀리길 아주 좋아했다.

　　루터는 여자와 남자의 고유한 역할을 다룰 때 늘 구약성경을 참고하곤 했다. 루터는 종종 가부장제를 옹호하는 궁극의 대변인 역할을 했다고 볼 수 있으며, 여성을 차별하는 경구의 근원으로 그의 작품을 얼마든지 갖다 써도 될 정도다. 그의 탁상 담화는 여성을 차별하는 농담이 넘쳐 난다. 이런 농담도 식탁에서 이루어지는 사회 활동의 일부였으며, 주로 남자만 끼어들었지만, 카타리나도 볼 수 있었는데, 어쩌면 합석하지는 않고 사람들이 주고받는 말이 다 들리는 곳에 있었을지도 모르겠다. 이 남자들은 결국 온통 남자뿐인 학교와 수도원과 대학교에서 사회생활을 배운 이들이었다. 루터의 탁상 담화가 기록되던 기간에 카타리나는 대부분 임신 중이거나 젖먹이를 돌보고 있었다. 사람들은 루터가 여자를 그저 아기 낳는 기계로 보았다고 주장하고자 "여자는 죽을 때까지 아이를 낳게 하라"는 말을 종종 인용한다.(독역본)°**34** 그러나 루터는 산고產苦란 자연스럽고 하나님을 기쁘게 해드리는 것이라 주장했으며, 아이를 낳는 여자는 마귀의 지배 아래 있으며 해산 감사 예배를 드리기 전에 죽은 여자는 교회 묘지에 묻힐 수 없다는 항간의 믿음을 반박하는 주장을 폈다.

　　루터는 여자가 가내 작업장을 운영하고, 도제와 장인을 보살필 뿐 아니라, 심지어 생산 공정에도 참여하는 사회에서 살았다. 여자는 빚을 낼 수 있었고, 투자를 할 수 있었으며, 어떤 영역에서는 자기 책임 아래 자기 이름으로 사업을 할 수도 있었다. 그러나 루터의 의견은 남자가 할 노동과 여자가 할 노동을 예리하게 구분했으며, 이는 16세기를 살아가던 대다수 사람의 삶과 전혀 일치하지 않았다. 대신 루터가 제시한 의견은 학자 세계의 삶을 반영한 것이었다. 그 세계에서는 젠더화된 노동을 철저히 구분했으며, 덕분에 루터 같은 남자는 생활에 구애받지 않고 글을 쓰며 책을 읽을 수 있었던 반면, 카타리나는 집안에 먹을 것을 공급하고, 가계부 사정을 살피며, 주요 수입원이었던 하숙 학생을 조직하여 관리했다.[35] 이처럼 카타리나와 하인은 눈에 보이지 않는 노동을 제공했으며, 이 노동 덕분에 루터는 연구에 몰두할 수 있었다. 루터와 카타리나 가족은 비텐베르크 성벽 밖 돼지 시장이 가까운 곳에 뜰을 소유하고 있었지만, 카타리나는 그에 더하여 비텐베르크 근처 췰스도르프 Zülsdorf에 땅을 구입하여 농작물을 길렀는데, 이것도 카타리나가 맡은 책임의 일부였다. 카타리나는 맥주 양조를 잘하기로 유명했는데, 물을 마시기가 안전하지 않았던 그 시대에는 맥주 양조는 꼭 갖춰야 할 기술이었다.[36]

루터와 카타리나의 결혼은 루터의 대적들을 미치도록 화나게 했다. 그들은 이내 카타리나에게도 포화를 퍼부었다. 1528년, 라이프치히 출신인 젊은 학사 둘이 비열한 소책자 둘을 썼다. 요한 하젠베르크 Johann Hasenberg가 "평화와 경건을 어지럽힌 자 마르틴 루터"에게 보낸 이 대화체 편지는 루터에게 "회개하고 돌아오라"고 거듭 촉구했다. 이와 쌍을 이뤄 나온 것이 요아힘 폰 데어 하이데 Joachim von der Heyde가 쓴 소책자였다. 이 소책자는 카타리나에게 "더럽고 부끄러운 삶"을 집어치우라고 요구하면서, 수녀가 수녀복을 벗어 버리고 일반인 옷을 입은 채 "춤추는 여자"처럼 비텐베르크에 있는 대학교로 달려갔다며 카타리나를 모욕했다. 소책자는 다른 수녀들도 카타리나가 보여준 본에 현혹당하여, 몸과 영혼이 누리는 "참된 자유"를 내던지고 루터가 역병과 같은 그의 글에서 옹호한 "육체의 자유"를 따라갔다고 주장했다. 이 소책자 저자는 이렇게 떠나간 수녀들이 결국은 좋은 음식이 있는 근사한 수녀원이 아니라 "추잡한 매음굴"에 몸담게 되었으며, 거기서 두들겨 맞고, 입고 있던 옷도 빼앗겨 팔렸으며, 이놈 저놈이 다 건드리는 창녀처럼 인생

이 저당 잡힌 신세가 되었다고 썼다.³⁷

　　루터는 이에 거장다운 독설을 펼쳐 보인 『라이프치히에서 온 소식』으로 응수했다. 풋내기 학자들의 불쌍한 수고는 감히 견줄 수 없을 만큼 탁월한 답변이었다. 루터는 으레 그랬던 것처럼 포르노그래피(라이프치히 출신 학자들이 쓴 소책자)°를 해치우려고 똥오줌이라는 말 scatology(분변학)°을 사용했다. 루터는 자신이 집에서 저 편지들을 직접 배달받았으며, 그것들을 화장실에 버렸다고 말했다. 그는 이 편지들을 똥으로 "밝게 비춰 주었고" 집에서 똥 닦는 데 사용했다고 말했다.³⁸ 하젠베르크는 싸움꾼처럼 포기하지 않고 또 다른 시도를 했다. 이번에는 네 대화를 하나로 묶은 소책자(Lvdvs lvdentem lvdervm lvdens)를 펴냈는데, 첫 번째는 루터와 카타리나가 나누는 대화를 상상하여 쓴 것이었다. 이 대화에서 루터는 카타리나를 그의 "희열delicium"이요 그의 베누스Venus이며 그의 "유일한 만족unica voluptas"이라 부른다.³⁹ 이 소책자는 심지어 표지에도 그림이 들어 있었으나, 대중에게는 아무 영향도 주지 못했다. 라틴어로 써서 그 독자가 한정되어 있었기 때문이다. 하지만 기이하게도 삽화만큼은 훌륭했다. 삽화 속의 루터는 옷을 잘 차려 입었지만, 호사스럽다는 인상은 전혀 풍기지 않았으며, 맥주잔도 없다. 카타리나는 어쩔 줄 몰라 허둥대는 암소처럼 보여도, 옷차림은 존경받는 아내처럼 입고 있다. 이를 보면, 가톨릭 신자들은 대중의 마음을 살 만한 논박 기술을 아직 터득하지 못했던 것 같다.

　　요한 하젠베르크와 요아힘 폰 데어 하이데 뒤에는 루터의 숙적이자 이제는 라이프치히에서 게오르크 공의 사제로 자리 잡고 활동하던 코흐레우스가 숨어 있었다. 코흐레우스는 루터의 결혼을 완전히 새로운 차원에서 드라마로 만들어 놀려 먹어야겠다는 생각을 품고, 개신파 개혁자들의 결혼을 악독하게 조롱한 풍자극을 썼다. 이 풍자극을 보

요한 하젠베르크, "Lvdvs lvdentem lvdervm lvdens", 라이프치히, 1530년.

⟨46⟩

면, 개혁자의 아내들은 이전에 누렸던 꿈같은 시절을 그리워하는 반면, 그 남편이란 인간들은 멀리 제국 의회에 가 있다. 루터는 이 풍자극에서 다른 모든 아내가 동침하길 원하는 변강쇠 같은 인간 stud(종마種馬)으로 나온다. 슈팔라틴의 아내이자 깜짝 놀랄 만한 속물인 "알텐베르크 주교"(슈팔라틴)°의 마나님은 자기 남편과 "키스하고 포옹하는데도" 아기가 생기지 않는다고 투덜대면서, 루터를 하룻밤 빌리고 싶어 한다. 이는, 코흐레우스 자신이 부리나케 지적하듯이, 남편과 동침해도 아기가 생기지 않는 여자는 다른 남자와 동침하라는 그 개혁자의 충고를 염두에 둔 조롱이었다.[40] 풍자극의 마지막 장면을 보면, 카타리나가 루터와 동침하려 하면서, 바울의 말을 내세워 카타리나 자신이 루터의 몸을 소유하기 때문에 루터가 자신에게 복종해야 한다고 주장하는 모습이 나온다. 아내의 성경 지식에 감탄한 루터는 자기 아내가 혹시 다른 선생에게 의지하지 않았는지 두려워한다. 여기서 코흐레우스는 카타리나가 루터와 결혼할 때 동정이 아니었다는 생각을 주입한다.

◆ ◆ ◆

루터는 성과 관련하여—그리고 결국 결혼과 관련하여—사회 관습에 전혀 매이지 않은 견해를 표명했는데, 이런 견해는 그가 철저히 아우구스티누스주의를 따른 결과였다. 인간의 모든 행위가 죄로 가득하므로 우리가 결코 선한 일을 할 수 없다면, 성행위도 다른 죄 유형과 다를 게 없으며 나을 게 없다. 역설 같지만, 루터는 이런 음울한 인간론을 따른 덕분에 성 문제에서는 속박에 매이지 않은 견해를 거리낌 없이 표명할 수 있었다. 정욕도 인간 본성의 일부였다. 애초에 하나님이 인간을 그렇게 창조하셨다. 더욱이, 루터는 수십 년 동안 수도서원을 지켰으면서도, 정결은 인간 의지로 지킬 수 있는 것이 아니라고 믿었다. 실제로 우리는 늘 마귀에 매여 있어 자유의지가 없다. 바로 이곳에서 루터는 카를슈타트와 관계를 끊었다. "독일 신학"의 신비주의 신학 전통에 뿌리를 두었던 카를슈타트는 자신의 의지를 하나님의 뜻과 일치시키고 싶었다. 그는 자신의 의지로 육신을 버리고, 몸을 떠나 영과 더 가까운 실존 차원으로 올라가길 원했다. 루터는 인간이 스스로 완전해질 수 있다고 주장하는 어떤 사상도 멀리했으며, 이런 배척과 자유의지를 부인하는 그의 견해 때문에 결국 에라스뮈스와 충돌하게 된다.[41]

    루터는 여러 해 동안 이 위대한 인문주의자와 한판 붙기를 고대하고 있었다. 1522년, 루터는 한 편지에서 에라스뮈스가 예정에 관하여 피력한 견해를 깔보며 이렇게 말했다. "이 문제도 그렇지만 사실 기독

에라스뮈스 초상, 한스 홀바인, 1523년.

⟨47⟩

교 교리와 관련된 다른 어떤 중요한 주제에서도 에라스뮈스를 두려워할 필요가 없습니다.…나는 사탄의 궤계를 알듯이 이 사람 속에 들어 있는 것도 압니다."[42] 루터 자신도 그러리라고 알았지만, 이 편지는 손에서 손으로 전해져, 곧 에라스뮈스 자신에게 이르렀으며, 그에게 큰 상처를 주었다. 마침내 1524년 말에 이르러 에라스뮈스는 미끼를 물었다. 그는 『자유의지에 관한 설교 혹은 대화 De libero arbitrio diatribe sive collatio』를 불과 닷새 만에 일필휘지一筆揮之로 써서 출간했다. 루터는 결혼하고 몇 달 동안 에라스뮈스와 치열한 논쟁을 벌이며 이 싸움에 몰두했다. 그 바람에 그는 『하늘의 예언자들 반박』으로 카를슈타트를 공격해 놓고도 성찬을 둘러싼 논쟁을 무시했다. 루터의 스트라스부르 친구였던 니콜라우스 게르벨은 이런 상황을 크게 염려하면서, 루터가 성찬 상징설을 주장하는 자와 벌이는 싸움에 화력을 집중해야 하는데 그러지 않는다고 불만을 토로했다.[43]

루터와 에라스뮈스의 싸움으로 종교개혁과 인문주의는 결국 갈라서서 제 갈 길을 가게 되었다. 에라스뮈스는 루터에게 엄청난 영향을 주었다. 루터의 편지에는 곳곳에 에라스뮈스가 편찬한 『격언집Adagia』에서 인용한 경구가 들어 있다. 루터는 분명 이 격언집을 암기했던 것 같다. "장어eel"였던 에라스뮈스는 이제 "독사viper"가 되었다.[44]

에라스뮈스는—마치 에크가 1519년 라이프치히 논쟁 때 그랬던 것처럼—인간의 의지에는 선행에 참여할 수 있는 부분이 있다고 역설하면서, 인간이 완전히 썩었다는 견해를 인정하지 않았다. 그는 다툼거리가 되고 있던 성경 본문을 두루두루 논하면서, "영"을 가진 사람이 누구인지, 곧 누구의 성경 해석이 올바른지 아는 것은 어렵다고 주장했다. 루터는 에라스뮈스에게 내놓은 그의 답변서『종된 의지에 관하여De servo arbitrio』에서 진리를 통찰하는 데 "영"이 필요하다는 견해를 거부하면서, 성경만이 유일한 권위임을 다시금 힘차고 열렬하게 강조했다. 루터는 비록 "궤변론자들이 성경은 흐릿하고 모호하다는 병든 주장을 펴긴 하지만", 그래도 성경은 "태양보다 훨씬 밝고 뚜렷한 영적 빛"이라고 주장했다.[45] 동시에 루터는 하나님은 철저히 타자他者이시며 "인간이 헤아릴 수 없는 뜻(의지)°"을 가지셨다는 견해를 강력히 설파했다. "숨어 계신 하나님"은 인간이 이해할 수도 없고 인간 이성을 초월하신 분이다. 인간의 의지는 늘 사탄 쪽으로 나아가는 경향이 있기 때문에, 그런 인간이 참으로 "선택할" 수 있다는 것은 말도 되지 않는다. 우리가 자유롭지 않다면, 우리가 선한 일을 하게 해줄 수 있는 것은 하나님 은혜뿐이다. 루터는 이 논문 끝부분에서 사실과 다른 극적 증언으로 옮겨 간다.

나로 말하면, 나는 설령 그런 일이 가능하다 해도, 자유의지를 받고 싶지 않음을, 혹은 내가 그것에 의지하여 스스로 구원을 얻으려고 노력할 수 있게 해줄 무언가를 내 능력 속에 남기고 싶지 않음을 확고히 고백한다. 이는 내가 마귀들이 준 허다한 역경과 위험 그리고 수많은 공격 속에서 그것(자유의지)°을 굳건히 세우며 든든히 지킬 수 없었기 때문이요(그 이유인즉 마귀 하나가 모든 사람을 합친 것보다 강하여 결국 누구도 구원을 받지 못할 것이기 때문이다), 설령 그런 위험과 역경과 마귀가 전혀 없다 해도, 나는 여전히 계속하여 확실히 보이지 않는 적을 상대로 싸움을 벌이고 허공에 의미 없는 주먹질만 해댈 수밖에 없기 때문이다. 결국 내가 아무리 오래 살고 아무리 오래 행위(공로)°를 쌓아도, 내 양심은 결코 확신을 얻지 못하며 얼마나 많은 행위를 해야 하나님께 만족을 안겨 드릴지 확신하지 못하기 때문이다. 아울러 설령 내가 많은 행위를 했을지라도, 그것이 하나님을 기쁘게 해드릴 것인가 혹은 그분이 더 많은 행위를 요구하실 것인가가 양심에 늘 찜찜한 걸림돌로 남아 있기 때문이다. 이는 스스로 의로움을 얻으려던 모든 이의 경험이 증명하며, 나 자신도 오랜 세월에 걸쳐 배운 것이다. 나 자신에게도 이것이 큰 슬픔이다.[46]

"나는 자유의지를 받고 싶지 않다." 이는 현대인들이 듣기에 놀라운 말이다. 이 말은 우리가 개인의 중요성, 완벽한 인간이 되고자 하는 노력, 인간 자신이 매개자로서 해야 할 역할과 연관 지어 생각하는 모든 것을 거부한다. 루터는 자유의지를 전혀 원하지 않았다. 그가 새로 구축한 하나님과 인간의 관계에는 자유의지가 전혀 필요하지 않았다. 그는 그 이유를 이렇게 천명했다. "나는 확신하며 안심한다. 그분(하나님)°은 신뢰할 만하며 내게 결코 거짓말을 하지 않으시기 때문이요, 그가 강력하시고 위대하셔서 어떤 마귀, 어떤 역경도 그를 부러뜨리지 못하며 그에게서 나를 앗아 가지 못하기 때문이다."⁴⁷ 루터가 보여준 심리학적 통찰은 예리했다. 그리스도인에게 조금이라도 자유의지가 남아 있으면, 구원과 관련하여 눈곱만큼도 확실하지 않은 것에 빠져들고 말 것이다. 이 남아 있는 부분이 구원에 얼마나 기여할지가 분명하지 않기 때문이다. 루터는 과거에 행위로 하나님께 기쁨을 안겨 드리려고 헛된 노력을 펼치다가 결국 그를 사랑할 수 없음을 깨달으면서, 이런 낙심을 체험했었다.

  루터는 자신의 이런 체험 때문에 이 지식인 사이의 싸움을 그의 신혼 생활이라는 맥락 속에 끌어들였다. 이전에 에라스뮈스 추종자였던 유스투스 요나스가 루터에게 제시한 에라스뮈스의 답변을 읽은 뒤 이 유명한 학자를 바라보는 자신의 견해를 바꾸자, 루터는 신이 나서 이 일을 카타리나에게 떠들어 댔다. 루터는 자신이 요나스의 편지에서 카타리나를 언급한 부분을 읽자, 카타리나가 이렇게 소리쳤다고 요나스에게 말했다. "아이고, 고매한 양반(에라스뮈스)*이 두꺼비Kröte(꼴도 보기 싫은 인간)°가 되었네요. 별꼴이야!"⁴⁸ 루터는 나중에 자신이 이 유명한 인문주의자와 벌인 전투를 회상할 때면 이 회상 속에 카타리나를 엮어 넣길 좋아했다. 심지어 그는 자신더러 에라스뮈스를 논박하는 글을 쓰라고 설득한 이가 바로 카타리나였다는 주장까지 했다.⁴⁹

  직설을 퍼붓는 루터의 말투 때문에 많은 이가 그를 멀리했다.⁵⁰ 그러나 상대방을 공격하는 수사修辭는 학문 토론에서 가장 중요한 부분이었다. 에라스뮈스가 학자로서 쓴 글에는 알면서도 모르는 척하며 초연한 체하는 어조가 흘렀으며, 이런 어조는 루터를 화나게 했다. 루터가 가장 깊이 확신했던 것들이 여기서 위기에 처해 있었기 때문이다. 나중에 루터는 이를 회상하면서, 그가 결혼하고 처음 몇 년 동안은 이 **안페흐퉁엔**이 난리를 피웠다고 말했다. 어쩌면 루터 자신도 놀랐을 수 있지만,

그는 이제 육체의 즐거움을 경험하면서도 그와 하나님의 관계 역시 확고하고 안전하다고 느꼈다. 이 은밀한 계시가 인간의 의지는 늘 악에 끌리며 사탄에게 노예로 잡혀 있다는 그의 절대 확신 속에서 내내 빛나고 있다. 루터도 지식 차원에서는 아우구스티누스가 옳다는 것을 이미 알았다. 그러나 이제 루터는 의지의 자유를 철저히 부인하고 인간의 모든 행위가 철저히 부패했다고 보는 아우구스티누스의 견해를 받아들임이 하나님과 올바른 관계를 맺는 데 필수 불가결하다는 것을 자신의 몸으로 체험했다.

루터는 나중에 자신이 에라스뮈스를 공격한 것을 그가 가장 잘한 일 가운데 하나로 꼽았다. 그의 논문은 신기원을 이룩하지는 못했지만, 그래도 그의 신학 입장이 암시하는 것들을 감정 속에서 깊이 우려낸 결과와 잘 버무려 만들어 낸 열정이 넘치는 논문이다. 루터는 선행을 거부하지 않았다. 선행은 그리스도인의 삶에 반드시 있어야 했다. 그러나 선행은 구원받음에서 흘러나오는 행동이었다. 선행으로 구원을 얻을 수는 없었다. 구원은 하나님이 거저 주시는 선물이기 때문이다.

루터의 자유의지 부인이 그의 인간 심리와 동기 이해에 암시하는 의미는 엄청났다. 그가 자유의지를 부인한 것이야말로 그때나 지금이나 많은 사람이 받아들이기 힘들어하는 견해다. 그러나 그의 견해는 사회와 경제 그리고 무의식이라는 요인이 인간의 행위를 결정한다고 보면서, 우리가 어떤 식으로 행동할 것을 "선택"한다고 보는 우리의 인식을 착각으로 여기는 철학의 입장과 많은 공통점을 갖고 있다. 어쩌면 이를 가장 유익하게 고찰하는 방법은 이것이 실천신학에 암시하는 의미를 곱씹어 보는 것일지도 모르겠다. 인간의 모든 행위가 어떤 면에서 보면 죄악 범벅이라면, 어떤 일을 하려는 우리의 동기 속에 언제나 이기심이 뒤섞여 있다면, 우리는 영적 자기 분석에 초점을 맞출 필요가 없고 구원을 베풀어 주시는 하나님의 사랑에만 집중할 수 있다.

루터는 영리하게도 1526년 프랑크푸르트 춘계 도서전이 열리기 직전에 자신이 에라스뮈스를 공격한 글을 인쇄소에 넘겼다. 그는 추계 도서전이 열릴 때에나 에라스뮈스가 자기 답변을 담은 책을 팔 수 있으리라고 예상했다. 그러나 루터는 이 위대한 인문주의자와 그가 가진 인맥을 과소평가했다. 에라스뮈스는 열흘 만에 답변을 써서 그의 오랜 벗인 바젤의 인쇄업자 요한 프로벤에게 인쇄기 여섯 대를 동시에 사용하여 인쇄해 줄 것을 부탁했다. 에라스뮈스의 답변은 때맞춰 프랑크푸르트에 도착했다.[51] 아울러 에라스뮈스는 루터의 공격과 관련하여 선제후에게 항의했다. 이는 틀림없이 루터를 귀찮게 했을 것이다. 루터는 자기 글이 출간된 뒤, 에라스뮈스에게 편지를 보내 그의 책 어조가 "격렬한" 점을 사과한 것 같다. 그는 분명 그가 하려는 말을 완곡하게 말하지 않았다. 루터는 『종된 의지에 관하여』에서 에라스뮈스를 가리켜 이렇게 썼다. "그대는 거품만 잔뜩 낀 헛된 말로 이 세상을 그대가 원하는 어느 곳으로나 이끌어 갈 수 있다고 확신한다." 그러면서 에라스뮈스를 끊임없이 그 주장을 바꾸며 변덕을 부리는 "프로테우스Proteus"(그리스신화에 나오는 바다의 신. 예언과 변신술에 능하였다)°라 조롱했다.[52] 그러나 이것은 "친애하는 에라스뮈스"를 모욕한 말이 아니었다. 루터는 늘 에라스뮈스를 그렇게 불렀으며, 이런 호칭이 에라스뮈스의 심기를 극도로 상하게 하긴 했지만, 그래도 루터의 그 말은 모욕이 아니었다. 도리어 그것은 루터가 그 나름대로 이 위대한 학자를 이런저런 핑계만 대며 말을 바꾸는 불성실한 사람이요, 참된 믿음이 없는 사람이며, 얕은 학문 업적을 성경의 진리보다 위에 놓는 사람으로 제시하려고 쓴 방법이었다.

혹자는 내가 마치 알파벳을 배우는 소년을 가르치듯이 명백한 것을 설명하고 위대한 사람에게 이런 기초 구문 쪼가리를 제시하는 것을 보면서 비웃을지도 모르겠다. 나는 그들이 백주 대낮에 어둠을 찾으려 하고, 일부러 맹인이 되려고 애쓰면서, 그 수많은 세월을, 그 수많은 달란트를, 그 수많은 성인을, 그 수많은 순교자를, 그 수많은 박사를 모으고 모아, 권위란 권위는 잔뜩 내세우며 모세 안의 이 자리를(모세의 이 말을)◇ 자랑하면서도, 자신을 낮춘 채 그 말 한 마디 한 마디를 곱씹어 보려 하지 않으며, 자신들의 생각은 삼간 채 그들이 자랑하는 자리(말)◇를 단 한 번이라도 깊이 생각해 보려 하지 않음을 본다. 이러니 내가 무엇을 해야겠는가?[53]

아울러 루터는 선제후에게 편지를 보내, "독사"의 요구처럼, 선제후는 이 문제에 개입하지 말 것을 확실하게 이야기했다. 그가 꼭 써야 할 말이 있었다면, 이 일은 "세속 제후가 아니라 그보다 훨씬 위대한 재판장이" 다루실 문제임을 에라스뮈스에게 일러두는 것이었다. 루터는 에라스뮈스와 이견을 해소하고픈 마음이 전혀 없었다.[54]

◆ ◆ ◆

이와 동시에, 루터는 이제 그의 집에 살고 있던 카를슈타트와 치열한 싸움을 이어 갔다. 애초 둘의 싸움은 종교개혁의 속도와 지도자 문제를 둘러싸고 발생했지만, 이내 기독교의 핵심에 자리한 의식, 곧 성찬까지 아우르는 싸움으로 번졌다. 이는 교리 문제를 넘어 훨씬 많은 문제가 걸린 싸움이었다. 성찬은 그리스도인 공동체의 가장 심오한 자기 이해와 세계 이해를 형성했으며, 정치와 도덕에서 시작하여 실재에 관한 그리스도인 공동체의 인식에 이르기까지 모든 것을 망라하는 사안이었다.

성찬을 바라보는 루터의 입장은 복잡했다. 한편으로, 그는 가톨릭에서 미사 때 일어나는 기적이라 말하던 화체설 개념을 거부했다. 화체설에 따르면, 빵과 포도주라는 "우연적 속성들"—맛과 냄새와 외형—은 변함없이 그대로 유지되나, 이것의 "본질적 속성"("실체Substanz", 독역본)◦은 그리스도의 몸과 피로 (실체가)◦ 변화된다.[55] 루터는 이것이 성경에 합치하지 않으며, 단지 그가 거부한 전통에 불과한 아리스토텔레스 철학에 기초하여 인간이 지어낸 교리라고 주장했다. 오컴의 철학 속에서 훈련받았던 루터는 ("실체의"der "Substanz", 독역본)◦ "본질적 속성 Essentia"과 "우연적 속성들Akzidentien"이라는 개념을 저주받을 것anathema이요, 믿음을 이성으로 바꿔 놓은 모호한 추상 개념이라 보았다.

루터는 카를슈타트와 달리 육체와 영혼을 예리하게 구분하지 않았다. 오히려 루터는 카를슈타트보다 훨씬 물질세계를 긍정하는 태도를 보였다. 이런 점을 볼 때, 그가 어떤 대상과 그 대상의 속성을 구분하거나, 영적인 문제와 물질적 문제가 철저히 분리되어 있다고 생각했을 가능성은 그리 높지 않다. 루터는 미사 때 그리스도가 실제로 임재하심은 설명할 수 있는 것이 아니라고 보았다. 그리스도가 빵과 포도주라는 요소 "아래"나 "밑"에 계신 것은 아니었다. 그러나 루터는, 사람들이 그리스도가 실제로 거기에 계신다고 계속 믿는 한, 그 견해를 묵인하고 지지하려 했다. 성찬 논쟁이 이어지면서, 그리스도가 실제로 임재하심을 주장하는 것이 루터 신학의 근본 요소임이 분명해졌다. 이것은 단순히 교리 문제가 아니었다. 루터가 자신의 입장을 변호하는 것은 그의 가장 깊은 내면에서 이루어지는 심리학적 동인과 맞물려 있었다.

성찬 관련 논쟁은 1521년에서 1522년까지 벌어진 비텐베르크 소요 때까지 거슬러 올라간다. 이때 처음에는 급진 수사였던 가브리엘 츠빌링이, 뒤이어 카를슈타트가, 독일어로 드리는 새 예배를 도입했다. 카를슈타트는 사제가 건네주는 제병을 신자들이 받기보다 신자들이 직접 자기 손으로 제병을 취하라고 독려하려 했다. 그가 섬기는 회중이 그들 스스로 모든 그리스도인이 사제라는 말이 무슨 의미인지 체험하길 원했기 때문이다. 성직자 복장이 아니라 평상복을 입었던 카를슈타트는 성체 거양도 폐지했다. 성체 거양은 축성하는 순간에 모든 사람이 성체를 볼 수 있도록 높이 들어 올림을 말하는데, 이때 빵이 그리스도의 몸으로 변화되는 기적이 일어난다고 보았다. 모든 사람이 성찬에서 빵과 포도주를 받았다. 앞서 보았지만, 루터는 비텐베르크로 돌아오자마자 이 모든 개혁을 원래 상태로 돌려놓았다. 그는 1523년에 새 미사를 도입하면서 라틴어로 드리는 미사를 도입했으며 성체 거양도 그대로 두었다. 카를슈타트는 이것이 "약한 양심", 곧 아직 종교개혁을 받아들일 준비가 되지 않은 사람들을 명백히 고려한 조치라며 비웃었다. 그는 루터의 이런 조치를 제국의 명령에 비춰 종교개혁을 보호하려 시도한 정치적 타협을 은폐하는 무화과 잎(잘못을 가리는 미봉책)°에 불과하다고 보았다. 카를슈타트는 비텐베르크에서 중단했던 바로 그 개혁을 오를라뮌데에서 이어 갔다. 빵과 포도주로 성찬을 거행했고, 독일어로 시편을 노래했으며, 형상을 제거하고 모든 신자가 사제임을 강조했다. 아울러 그는 그가 섬기는 교구민에게 성경이 그들 자신을 해석하게 하라고 권면했다.[56]

그러나 성찬 논쟁이 비록 실제와 관련된 일련의 쟁점으로 시작되긴 했지만, 이 논쟁은 이내 훨씬 더 광범위하고 근본까지 파고드는 영향을 미치게 된다. 처음에 카를슈타트는 비텐베르크 사람들이 성찬에서 그리스도가 실제로 임재하심을 부인한다며 뉘른베르크가 제기한 불만을 화를 내며 물리쳤다. 그러다 그는 점차 성찬을 "마음으로 깊이 기억하는 것"으로, 오로지 기념 행위로 보는 신학을 발전시켰다. 1524년에 이르자, 카를슈타트는 "이것은 내 몸이다"라는 말씀을 그리스도가 성찬에서 몸(육체)°으로 임재하심을 증명하는 근거로 사용할 수 없다고 분명하게 주장하기 시작했다. 여기서 말하는 "이것"은 빵이 아니라 그리스도의 몸을 가리키기 때문이라는 것이 그의 주장이었다. 성찬의 목적은 그리스도의 십자가 희생과 신자 사이에 존재하는 감정적 연관 관계를 재차 일깨워 주는 것이었다.[57] 카를슈타트와 거의 같은 때에 취리히에서 스위스 종교개혁을 이끌면서 신성로마제국 남부 도시들에 지극히 큰 영향을 미치게 될 개혁자 울리히 츠빙글리도 카를슈타트와 논거는 조금 다르지만 비슷한 견해를 전개하고 있었다. 카를슈타트는 "이것은 내 몸이다"라는 그리스도의 말씀에서 "이것"은 오직 그리스도의 육체만을 가리킨다고 주장했지만, 츠빙글리는 "이다"가 가지는 의미에 집중하여, 이 "이다"는 "상징하다bedeuten"(의미하다)라는 뜻이라고 주장했다.

카를슈타트가 이런 주장에 다다른 과정은 그가 고난을 신앙처럼 강조했던 것과 직접 연관이 있었다. 그는 사람이 고난으로 말미암아 모든 "정욕"을 포기하고, 자신을 비워 하나님께 바치며, 마침내 **게라센하이트**에 이른다고 주장했다.[58] 그는 『무엇이 죄악들인지, 하나님의 고유한 단일한 뜻이 가지는 다양성에 관하여Von Mannigfaltigkeit des einfältigen eigenen willen Gottes, was Sünde sei』에서 그리스도인인 당신이 "그리스도 안에 있고자 한다면, 당신의 삶과 일과 노동과 쉼 속에서 십자가를 느껴야 한다. 그리고 당신은 자기 의지를 죽여야(포기해야)° 한다"고 말했다. 그는 이제 기혼자인데도, 그의 글은 계속하여 성을 어색해하는 모습을 보여주었으며, "정욕"이 끼어들지 않으면 여자와 함께 있는 것도 아무 문제가 되지 않음을 자기변호를 하듯 주장했다. 그는 "육체가 그 욕구로 우리를" 얼마나 "파먹는지" 쓰고 나서, 이렇게 경고했다. "우리가 우리 자신의 육체와 욕구가 누리는 쾌락을 계발하고 이 육체와 욕구를 향한 사랑을 계발하며 우리 본성과 친구가 된다면, 우리 적敵인 육체는 우리 눈의 들보와 같다." 이렇게 서로 얽혀 있는 주장은 그가 육체와 영혼을 철저히 분리한 데서 비롯되었다. 이 이원론이 그의 신학의 모든 결과물을 규정했고, 그의 완숙한 성찬 신학을 결정했다. 그는 "내면"으로 성찬을 받아들임과 "외면"에 드러난 성찬 형태, 곧 빵을 구분했다. 아울러 그는 영적 차원만이 중요하다고 강조했기 때문에, 자연히 신적인 것은 물질적 대상 속에 존재할 수 없다고 주장했다.[59]

아울러 카를슈타트의 성찬 신학은 도덕과 젠더, 정치를 바라보는 그의 견해에도 영향을 미쳤다. 주민 공동체가 주도하는 종교개혁에 헌신했던 카를슈타트는 사제司祭에 의한 독재 냄새가 나는 모든 것—성체 거양, 성찬에서 신자에게 빵만 주는 것, 성찬 전에 하는 고해, 사제가 제병을 성찬 참여자의 입에 넣어 주는 것—을 거부했다. 반면, 그는 신비주의와 예언 그리고 영(성령)°의 능력을 존중했는데, 덕분에 여성이 교회 안에서 행하는 역할에 대해 더 열린 태도를 보일 수 있었다.[60] 그의 지식을 형성한 세계를 떠나 더 순수한 감정에 근거한 신비주의에 이르려 했던 카를슈타트는 전통을 따라 써야 하고 주장을 제시해야 하는 소책자의 여러 제약 때문에, 이런 소책자로 자신의 견해를 표명하기는 어려움을 깨달았다. 더욱이 이 소책자라는 형식에서는 루터가 카를슈타트보다 탁월했다. 카를슈타트는 대화를 비롯하여 몇 가지 다른 장르를 시도했다. 대화라는 장르에서는 대적이 그 입으로 자기주장을 말하게 하여 카를슈타트가 그 주장을 반박할 수 있게 했다. 그러나 그는 실제로 쓸모 있는 다른 결과물을 전혀 내놓지 못했다. 이는 그가 형상을 거부한 탓도 있었지만, 자신이 시인도 아니요 음악가도 아닌 탓도 있었다. 루터의 수사 스타일은 이전보다 훨씬 명쾌해졌지만 동시에 이전보다 더 밥맛 떨어지는(혐오스러운)° 쪽으로 바뀌어 갔다. 반면 카를슈타트는 소책자라는 형식을 그 한계까지 밀어붙이며, 먹물 냄새가 나고 일차원에 머무는 생각을 삼갔다. 그 결과로 나타난 것은 딱 부러지는 결론이 없고 모호해 보이는 글쓰기 방식이었다. 예를 들면, 그는 『**게라센**Gelassen이라는 말의 의미』에서 이렇게 썼다. "하지만 우리는 바로 이런 이기주의나 자아도취를 진지하게 판단하고 포기해야 한다는 것을 늘 유념해야 한다. 왜냐하면 마귀는, 마치 여우가 집어삼키려고 마음먹은 병아리를 노려보듯이, 우리가 "내어놓지 않음을 내어놓지 않는 것"(Ungelass der Ungelassenheit)°을 기다리기 때문이다."[61] 그는 분명 정직한 감정과 기억에 남는 이미지를 얻으려고 노력했지만, 이를 얻는 대신 명쾌함을 잃었다.

카를슈타트가 체험한 고난과 배척—루터는 카를슈타트가 "불안과 질투와 증오와 치욕을 느끼도록 했다"—이 그 자신으로 하여금 **게라센하이트**에 이를 수 있게 해주었다.[62] 카를슈타트는 루터가 쓴 『하늘의 예언자들 반박』의 한 줄 한 줄을 다룬 한 대화에 이렇게 써 놓았다. "우리가 소망을 북돋우고 믿음을 굳건히 하며 말씀을 든든히 세우려면, 이런 고난을 통해 길들여지지 않은 우리 육체를 정복하고 부수어 영혼에 복종시켜야 한다. 이는 환난이 인내를 낳고 인내는 확실한 지식과 체험으로 이어지기 때문이다." 그는 이것이 루터가 그의 사상과 동일시했던 "사랑에서 나온 행위"(공로)°, 수사가 행하는 고행 및 금욕과 무관하다고 강조했다.[63] 하지만 카를슈타트와 루터에겐 공통점도 있었다. 두 사람 모두 체험에 호소한 것이 그것이다. 루터는 자신이 보름스에서 영웅처럼 당당한 태도를 취한 이야기를 오직 자신만이 진리의 시금석임을 증명해 주는 증거로 내세웠다. 반면, 카를슈타트는 자신이 당한 핍박과 고난을 유일무이한 것이라 여겼다. 이는 비텐베르크에서 안정된 교수 생활을 하며 살아가던 루터는 결코 이해하지 못할 점이었다. 이처럼 루터와 카를슈타트의 논쟁은 지성 차원의 싸움이기도 했지만 각 개인의 삶이 낳은 싸움이기도 했으며, 두 사람이 그들 자신의 개인사와 운명을 이해한 결과를 반영한 것이었다.[64]

루터의 성찬 신학이 그의 도덕 신학을 결정하지는 않았지만, 이 둘은 한 덩어리였다. 루터가 성찬이라는 문제에서 카를슈타트와 보인 이견은 결혼과 도덕을 다루는 다양한 신학에서도 같은 궤적을 그리며 나타났는데, 이 이견은 금세 더 넓은 차원으로 번져 종교개혁 내부에서 큰 균열을 일으키게 된다. 개신파였으나 루터의 대적이었던 이들은 육체와 영혼을 예리하게 구별했는데, 이들은 대체로 크게 두 견해로 나뉘었다. 카를슈타트 같은 이들은 결혼 생활을 **게라센하이트**와 완전히 조화시키지 못했으며, 결혼에 관하여 여전히 모호한 태도를 유지했다. 이는 결혼이 육체의 쾌락과 관련이 있다는 이유 때문이기도 했지만, 결혼이 배우자와 자녀에게 집착하는 감정을 낳는다는 이유 때문이기도 했다.[65] 뮌처도 때로 정결을 유지함이 더 나을 것이라고 귀띔했다. (실제로, 루터파 사람인 요하네스 아그리콜라가 일부러 해를 끼치려고 퍼뜨린 이야기에 따르면, 뮌처는 그야말로 "영의 사람"이어서 1524년 부활절에 아들이 태어난 이야기를 하면서도 전혀 즐거워하지 않았다고 한다.)[66] 이렇게 "육체"를 불편하게 여기는 태도는 다양한 영靈 제일주의자와 재세례파 사상가—재세례파는 유아세례를 거부했다—도 공유하게 되며, 이들 가운데는 카를슈타트나 뮌처에게 직접 영향을 받은 이도 많았다. 많은 사람이 과거 그들을 형성한 가톨릭의 영향으로 성性을 역겨워하며 사람을 타락시키는 것으로 여겼다. 이런 사람들이 성관계가 하나님께 기쁨이 될 수 있다고 상상하는 건 불가능했다. 하지만 어떤 이들은 결혼을 육체의 결합이 필수 요소인 성례로 여겨, 성에 신성한 의미를 부여하려고 했다. 이들은 하나님이 그들더러 배우자를 떠나 새로 "결혼 자매ehliche Schwester"를 취할 것을(결혼을 통해 자매를 새로 취할 것을)° 요구하셨다고 믿었다. 튀링겐 "피의 친구들"로 알려지게 되는 재세례파 무리는 심지어 성관계를 통한 결합을 "그리스도 되어 가기"라고 주장하면서, 이야말로 성찬을 대체해야 할 참된 성찬이라고 주장했다. 그들은 성찬을 육체로 체험해야 한다고 주장했으며, "육체"를 표현하는 행위의 전형이라 할 성관계 자체도 영의 차원에 속한 일로 봐야 한다고 주장했다.[67]

몸과 영혼을 철저히 구분했던 이들이 취한 또 다른 접근법은 경건한 공동체를 만들어 낼 목적으로 결혼과 성을 규제하는 것이었다. 츠빙글리의 가르침에 영향을 받은 많은 개신파 공동체가 결혼과 도덕을 규제할 목적으로 종교 법원consistory court을 세웠는데, 이 종교 법원은 때로 평신도만 참여시키거나 때로 지역 교회의 통제 아래 두었으며, 회중을 섬기는 성직자나 "장로"가 참여했다. 취리히는 스스로 술을 지나치게 마신 자, 도박한 자, 결혼하지 않고 사통私通하는 자, 간음하는 자를 처벌할 치리 조례를 공포하고 이들을 처벌할 새 법원도 세웠다.[68] 이 법원은 종교개혁 이전에 존재했던 선례의 도움을 받았다. 길드 사람들은 오랫동안 그 구성원의 도덕 행위를 규제해 왔으며, 시의회는 중혼자重婚者, 그리고 시가 인정한 매음굴 밖에서 혼자 자유로이 일하던 창녀를 처벌했다. 그러나 결혼 관계를 침해한 죄를 이토록 강력히 기소한 것은 새로운 현상이었으며, 경건한 공동체를 만들어 낼 목적으로 종교적 가치에 의미를 부여한 것도 역시 새로운 현상이었다. 이런 현상은 칼뱅의 제네바에서 가장 강력한 형태로 나타나게 된다.

이와 달리, 그리스도가 성찬에 실제로 임재하신다고 믿으면서 육체와 영혼을 예리하게 구분하기를 거부했던 루터는 이런 일에 그의 에너지를 쏟지 않았다. 실제로, 헤센의 재세례파는 루터가 이런 일들에 충분한 주의를 기울이지 않는다고 비판했다.[69] 어떤 의미에서 보면, 그들이 옳았다. 루터는 분명 죄를 비난하는 설교를 했지만, 교구 전체가 집단으로 죄를 고백하고 죄를 말끔히 씻어 내기보다 각자가 한 사람씩 죄를 고백하고 각 사람이 은밀히 죄를 처리하는 것이 중요함을 계속 옹호했다.

루터의 결혼 신학도 결국 카를슈타트의 그것과 달랐다. 루터가 1519년에 이 주제를 처음으로 다룬 설교는 전통의 흐름을 따른 주장을 펼치면서, 정결이라는 은사를 가진 이들을 칭송하고 결혼을 죄의 치료약으로 제시했다. 그러나 그가 두 번째로 이 주제를 크게 다룬 1522년 설교는 전통 대신 구약과 창조에서 출발했다. 루터는 인간이 남자와 여자로 창조되었다고 전제한 뒤, 이렇게 주장했다. "따라서 남자로 살지 않음이 내 능력 밖이듯이, 여자 없이 살아감도 내 특권이 아니다. 마찬가지로, 여자로 살지 않음이 그대 능력 밖이듯이, 남자 없이 살아감도 그의 특권이 아니다. 이는 남자가 여자를 취하며 여자가 남자를 취해야 한다는 문제가 자유 선택이나 자유로운 결정의 문제가 아니라, 자연스러운 일이요 필요한 일이기 때문이다." 따라서 사람은 결혼해야 한다는 것이 그의 결론이었다. 나아가 그는 이렇게 말했다. "'열매를 맺고(자식을 낳고)° 번성하라'는 어떤 명령에 그치지 않고 명령을 넘어서는 것이다. 그것은 하나님이 정하신 규정이므로 우리에게는 이를 방해하거나 무시할 특권이 없다. 오히려 그것은 내가 남자라는 사실만큼이나 필요하며, 잠자기와 걷기, 먹기와 마시기, 장과 방광을 비우기보다 필요한 일이다. 그것은 그것에 관련된 장기가 태어날 때부터 존재하듯이, 날 때부터 존재한 본성이요 성향이다."[70] 루터는 성을 자연스러운 기능이라 주장하고 성행위를 자연스러운 행위로 여김으로써 성행위를 저주해 온 오랜 전통을 거부했다. 그가 비록 성행위를 배변에 비유하긴 하지만, 그렇다고 그것을 더럽다고 폄하하지는 않는다. 오히려 그는 배변을 즐거움과 유머, 유희를 제공하는 원천으로 삼았다. 농부의 손자였던 그는 배설물을 결코 하찮게 볼 수 없었다. 오히려 그것은 땅을 기름지게 하는 자원이었으므로 좋게 볼 수 있는 것이었다.

결혼은 사회를 지탱하는 근간이었건만, 놀랍게도 세속 권위(통치자)°는 결혼을 전혀 규율하지 않았다. 결혼은 성례(가톨릭의 칠성사의 하나)°로서 교회가 관할하는 범위에 속했다. 교회가 어느 결혼이 허용할 수 있는 결혼인지 결정했고, 근친상간에 해당하여 결혼 금지를 풀어 주는 관면寬免이 필요한 결혼이 어떤 것인지를 결정했다. 더구나 대부모代父母 제도로 인하여 영적 친자 관계가 더 만들어지고 이 때문에 근친상간 결혼이 발생할 가능성이 커지면서, 문제가 더 복잡해졌다. 아울러 교회는 "식탁과 침대에서" 벗어나는 것(결혼 무효)°과 이혼 판결을 내렸고(부부는 식탁과 침대를 함께 쓰는 사람이다)°, 재혼을 허락하지 않았다. 동시에 세속 권위(통치자)는 부정한 성행위—간음, 배우자에게 폭력을 휘두름, 중혼, 동성애—를 한 사람들을 처벌했다.

교회 법원이 가장 많은 시간을 소비한 사건은 밀혼密婚, secret marriage이었다. 결혼은 당사자가 서로 결혼하기로 약속하고 두 사람의 몸이 하나가 되는 것만으로도 성립하는 성례였기 때문에, 사제가 이를 집전해야 할 필요는 없었다. 성직자는 다만 결혼 당사자의 서약을 지켜보는 증인일 뿐이었다. 이는 곧 당사자가 침실에서, 혹은 심지어 헛간이나 들판에서 성관계를 갖기 직전에 한 결혼 약속도 당사자를 구속하는 약속이 될 수 있음을 의미했다. 일단 이런 요건이 모두 갖춰지면, 이 결혼은 법률상 완전히 유효한 결혼이었으며, 심지어 당사자의 결혼 약속과 성관계 사실을 아는 기관이 전혀 없어도 역시 유효한 결혼이었다. 그 결과, 만일 한 남녀가 성관계를 가졌으면, 자신들이 다른 곳에서 자유로이 결혼할 수 있으리라는 확신을 진정 가지지 못할 수도 있었다. 게다가,

만일 여자가 임신하여 자신을 임신케 한 상대방을 피고로 삼아 자신의 처녀성 상실을 배상하고 아이를 부양하라는 취지로 교회 법원에 제소할 경우에는, 여자가 자신의 명예를 지키고자 남자가 자신에게 결혼을 약속했다고 주장할 가능성이 많았다. 그러나 여자가 승소할 가능성은 낮았다. 만일 여자의 상대방이 여자의 주장을 부인하면, 여자는 자신의 주장을 뒷받침할 증인 둘을 세워야 했다. 이런 결혼 약속이 종종 이뤄졌던 상황을 고려할 때, 그리고 경솔한 결혼 약속을 인정하면 사회 위계질서가 무너질 가능성이 컸기 때문에, 보통은 두 증인을 찾기가 불가능했다. 따라서 교회 법원이 두 당사자의 주장을 듣고 나서 "증거가 없으므로" 두 당사자는 다른 곳에서도 자유로이 결혼할 수 있다고 그냥 선고해 버리는 일이 일상사가 되었다. 이런 식으로 해결하면, 여자는 재정 손해만 배상받을 뿐, 그 명예는 확실히 "땅에 떨어졌으며" 자신을 유혹했던 남자가 자신과 결혼하게 강제할 수도 없었다.

사람들은 종종 수사들의 글이 결혼 생활을 영적 차원에서 독신보다 못한 것으로 제시해 왔던 세월이 지나간 뒤 결혼 당사자가 서로 상대에게 공감하는 근대식 결혼을 만들어 낸 이가 루터라고 믿는다. 그러나 루터가 결혼이라 이해했던 것은 아주 놀랍고 아주 기이할 때가 잦다. 루터는 『바벨론 포로가 된 교회에 관하여』에서 결혼은 성례가 아니라고 주장하면서, 한 사회의 경제 관계, 정치 관계, 사회 관계를 조직하는 데 중심이 되는 제도에 거대한 변화를 일으킬 준비를 하기 시작했다. 이것은 무엇보다 교회 법원과 교황청이 결혼에 관하여 아무런 권위를 갖지 않으며, 교회법이 결혼을 규율할 법의 틀을 제공해서는 안 된다는 것을 의미했다. 루터는 기존 제도를 말끔히 씻어 내려 하면서, 한 걸음 더 나아가 근친상간을 규율하는 법도 다시 정의했다. 루터는 힘든 계산이 필요한 친족 촌수 체계와 교황이 관장했던 복잡한 결혼 허가 체계 대신, 성경의 법을 적용할 것을 요구했다. 그는 레위기가 분명하게 금지하는 결합이 아니면 어떤 결합이든 인정해야 한다고 주장했다. 루터는 자기 조카딸과 결혼한 마그데부르크의 성직자 마르크바르트 슐도르프Marquard Schuldorp에게 하나님이 그런 결혼을 금지하지 않으셨으니 그의 결혼은 완전히 유효하다고 써 보냈다. 루터는 그에게 "숲에서 먹이를 잡아뜯는 미친개"와 같은 자들이 "그건 개나 하는 짓이다, 그건 개나 하는 짓이다"라고 짖어 대도 이를 무시하라고 권고했다. "하나님이 자매의 자녀가 서로 결혼하거나 어떤 이가 그 형제나 자매의 딸과 결혼하는 것을 금지하지 않으시고 자유롭게 행하도록 풀어놓으셨다"는 것은 부인할 수 있는 이가 아무도 없다는 것이 그 이유였다.[71] 그러나 이런 결합은 신성로마제국의 법에 어긋났다. 법률가들은 곧바로 루터의 논리를 다룬 짧은 저작을 저술하여 삼촌과 조카딸의 결혼을 인정하길 거부했다. 루터 자신도 결국 나중에는 훨씬 더 보수적 입장을 취하게 된다.[72]

  루터는 자녀를 가짐이 인간에게 필요하다고 믿었다. 심지어 그는 1520년에 발표한 논문에서 여자가 남편으로 말미암아 자녀를 가질 수 없으면, "남편의 형제와 같은 다른 남자와 성관계를 가져야" 한다고 주장하는 데까지 나아갔다. 그는 이어 "이 결혼은 비밀로 해야 하며 그렇게 낳은 자녀는 아버지라 추정하는 자의 자녀로 인정해야" 한다고 주장했다. 그 시대 사람들조차 이런 주장에 충격을 받았다.[73] 루터는 중혼重婚을 허용할 수 있느냐는 질문을 받자, 이교도는 그들이 원하는 대로 할 수 있지만, 그리스도인의 자유는 사랑과 이웃을 향한 관심의 지배를 받아야 한다고 대답하면서, "믿음과 양심에 손상과 해를 입히지 않고 그런 일을 할 수 있겠느냐"고 반문했다. 구약성경은 그런 일을 허용하긴 했지만, 이제 그런 일은 범죄와 동요를 낳을 뿐이며, 일부일처제를 인정하는 행위가 아니었다.[74] 루터는 성관계가 몸의 기능으로서 건강과 밀접한 관계가 있다고 믿었다. 심지어 그는 자신이 아는 한 여자가 성관계를 하지 못해 죽었다는 말까지 했다.[75] 1542년 12월, 유스투스 요나스가 아내를 사별하고 불과 한 달 정도 지났을 때, 루터는 요나스에게 편지를 보내 이제는 큰 슬픔도 지나갔으니, 좋은 여자를 보면 곧 성욕을 느낄 것이라는 말을 적어 보냈다. 루터는 하나님이 "그의 상처를 치료해 주실" 것이라는 말도 덧붙였다. 실제로, 요나스는 상처喪妻하고 다섯 달이 지나자마자 재혼했다.[76] 루터는 성이 인간이 잘 사는 데 아주 중요하기 때문에 누군가가 만일 간음을 저질렀으면 그 결혼을 해소하고 피해를 입은 배우자가 재혼할 수 있게 해야 한다고 믿었다. 그는 성욕을 있는 그대로 인정한 현실주의자였으며, 이렇게 이야기했다. "간음에는 두 종류가 있다. 첫째는 하나님 앞에서 저지르는 영적 간음이다. 이는 마태복음 5장이 말하는 간음으로서 타인의 아내나 남편을 욕망하는 간음이다. 이 간음에 따른 죄책은 누구도 면하지 못한다."[77] 루터는 결혼 윤리 면에서 강한 이상을 견지했다. 그러나 그는 종종 이런 윤리와 모순되고 양립할 수 없는 확신을 피력했으며, 이 때문에 결국 자신이 다루어야 했던 많은 결혼 사건에서 정통의 가르침을 상당히 벗어난 권면을 내놓았다.

루터가 결혼이 성례임을 부인한 데다 세속 사법의 여러 원리가 여전히 작동하면서, 사람들은 이제 결혼 분쟁이 생기면—이전에 마치 교황에게 호소했던 것처럼—루터를 분쟁을 해결해 줄 궁극의 권위로 여겼다. 교황이 관장했던 오랜 교회 법원이 파괴되면서, 루터에게 조언을 구하는 일이 늘어났다. 루터가 제시한 답변은 원칙 없이 이랬다저랬다 할 수도 있었으며, 때로는 즉석에서 내린 결정처럼 보인 때도 있었다. 이를테면, 루터는 비텐베르크의 요제프 레빈 메취Josef Levin Metzsch에게는 주교나 교황의 허가를 받지 않고도 그와 3촌 지간인 여자와 결혼해도 좋다고 이야기했지만, 정작 메취가 그의 조언을 따랐을 때, 법률가들이 둘의 자녀를 사생아로 간주한다는 사실을 알게 되었다.[78] 아울러 그는 자신이 남편의 관점에 더 쉽게 동조한다는 것도 깨달았다. 한번은 루터와 그의 동료인 요하네스 부겐하겐이 슈테판 로트Stefan Roth에게 남편으로서 권위를 행사하라고 권면하면서, 로트더러 아픈 아내는 비텐베르크에 혼자 놔두고 그를 따라 츠비카우로 가자고 강요한 일이 있었다. 로트의 아내가 츠비카우로 가려 하지 않음은 아프기 때문이 아니라 악하기 때문이라는 것이 그 이유였다. 루터는 로트에게 "당신이 정말 남편 대접을 받으며 사는지 잘 살펴보라"고 주문하면서, "하나님의 영광이라 할 결혼의(남편의)˚ 권위가 당신 아내에게 모욕당하게" 해서는 안 된다고 말했다. 로트는 "꼴 때문에 나귀가 까불고 있음"을 깨달아야 했다. 로트가 그 아내에게 수그리는 바람에 아내가 더 기고만장해졌다는 말이었다. 이는 그의 아내가 성 문제에서도 남편의 통제를 벗어나 제멋대로 행동함을 넌지시 빗댄 말이었다.[79]

하급 귀족인 볼프 호르눙Wolf Hornung 사례는 루터가 특별히 매달린 사례가 되었다. 호르눙의 아내인 카타리나 블랑켄펠트Katharina Blankenfeld가 다름 아닌 브란덴부르크 선제후이자 루터의 숙적인 마인츠 대주교 알브레히트와 형제지간인 요아힘의 눈길을 사로잡았다. 요아힘은 카타리나를 강제로 자기 정부情婦로 만들었다. 아내의 간음을 알게 된 호르눙은 아내를 공격하여 칼로 찔렀다. 그러자 선제후 요아힘은 호르눙을 옥에 가두고 그를 욕보였다. 루터는 호르눙이 이런 일을 저지른 이유를 알게 되자, 잘못이 있는 호르눙의 아내와 호르눙의 장모 그리고 선제후에게 거듭 편지를 썼다. 호르눙이 자신을 변호한 답변서도 루터가 쓴 것 같다. 이 모든 일이 허사로 돌아가자, 루터는 자신이 종교개혁이 시작될 때부터 사용했던 전술을 채택했다. 그는 만인에게 이 사실을 알렸다. 루터는 카타리나 블랑켄펠트와 선제후는 물론이요 그 지역 주교들과 브란덴부르크 기사들에게도 편지를 썼을 뿐 아니라 이 편지를 인쇄하여 출간했으며, 주교들과 기사들에게는 그들의 주인에게 권면하라고 독려했다. 물론 루터는 선제후에게 보낸 편지에서 자신이 싸움을 거는 것도 아니며 선제후를 모욕하려는 것도 아니라고 조심스럽게 이야기했지만, 누군가의 평판을 뭉개 버리려는 작전으로서 이것만큼 죽기 아니면 살기식의 작전은 상상하기가 힘들다. 루터는 이 일을 남자의 명예가 걸린 문제로 보았다. 그의 말마따나, 강도가 "강도짓"을 저질렀고, 불한당 같고 힘만 센 통치자란 놈이 한 여자의 남편에게서 그 여자를 도둑질했다.[80]

루터는 분명 이 사건을 다윗이 헷 사람 우리아의 아내 밧세바를 강탈한 구약 속 이야기라는 렌즈를 통해 들여다보았다. 물론, 루터는 호르눙이 "무딘 칼로 그 아내를 조금 찔러" 해를 입혔음을 인정해야 했지만, 그래도 이는 "결혼을 지키려는 열심에서 나온" 것이었다고 주장했다.[81] 카타리나 블랑켄펠트—혹은 어쩌면 카타리나를 유혹한 요아힘—는 자신이 당한 만큼 갚아 주고자 "루터 주교"에게 거울 속을 들여다보라고 말했다. 그는 루터에게 당신은 수녀와 간음을 저지르고 있지 않느냐고 따졌다. 그러면서 한밤에 비텐베르크 거리에서 류트나 연주하며 돌아다니는 당신 자신의 행동거지나 곱씹어 보라고 일갈했다. 이는 루터가 세레나데나 부르며 여자 꽁무니만 쫓아다니는 인간임을 암시하는 모욕이었다. 루터는 즉시 카타리나가 보내온 편지에 한 줄 한 줄 자신의 논평을 달아 출간하면서, 카타리나를 건방진 여자라고 조롱했다. 루터는 이렇게 썼다. "솜씨 좋은 돼지 거세자가 이 카타리나 블랑켄펠트라는 여자를 먼저 잽싸게 붙잡아 예리한 칼로 거세해 버릴 때까지 하나님이 모든 사람을 이 여자에게서 지켜 주시길."[82] 사건은 시끌벅적하게 이어졌다. 루터는 처음에 카타리나가 의지에 반하여 강제로 납치당했다고 확신했지만, 이내 카타리나를 잔소리 마녀요 귀신 들린 여자라고 묘사했다. 루터의 열렬한 사건 관여는 루터파 신자였던 요아힘의 아내가 1528년에 브란덴부르크에서 비텐베르크로 도망친 사실 때문에 재차 왜곡되고 말았다. 이 사건은 마치 루터가 가톨릭 신자인 한 귀족에게서 여자를 훔쳐 내 그 귀족을 조롱한 것처럼 보였는데, 루터를 이렇게 보기는 이번이 처음이 아니었다.

결혼을 바라보는 루터의 견해가 때로는 기사의 그것처럼 보일 수도 있겠다. 예를 들어, 그가 유달리 호르눙의 결혼 관계가 유지되어야 함을 강경하게 주장한 일은 그가 다른 여러 사례에서 아내에게 버림받은 성직자 같은 남편에게 재혼을 허락해야 한다고 역시 열렬히 주장했던 것과 대비된다. 설교자요 전 도미니크 수도회 수사였던 요도쿠스 케른Jodokus Kern과 결혼한 우르줄라 토플러Ursula Topler는 루터의 가르침이 진리라는 확신이 들자 몸담고 있던 수녀원을 떠났다. 그러나 우르줄라는 남편과 성관계를 갖지 않는 결혼 생활을 하겠다고 결심했는데, 우르줄라에게는 불행하게도, 그 남편은 아내와 같은 이상을 품고 있지 않았다. 우르줄라는, 남편이 자신을 학대하자, 가톨릭 신자인 만스펠트 백 에른스트 2세에게 도망쳤다. 그러자 우르줄라의 남편은 아내를 데려오고자 법에 호소했다. 케른은 알슈테트 성직자였다. 루터가 뮌처의 영향에 맞설 목적으로 1524년 말에 그곳에 파송한 이가 바로 케른이었다. 루터는 우르줄라의 "귀와 눈과 모든 감각과 마음에" 그릇된 생각을 채워 넣고 있던 에른스트와 그 아내의 손아귀에서 우르줄라를 건져 내야 한다고 조언했다. 더구나 우르줄라는 여자였다. "본디 날 때부터 연약한 데다 마귀와 인간에게서 유혹을 받았으니, 여자가 그런 유혹에 저항할 수 있다면 그야말로 기적일 것이다." 우르줄라를 정신 차리라고 설득할 뉘른베르크의 친척에게 보내야 했다. 루터는, 만일 그 일이 이루어지지 않으면, "우르줄라는 자기가 원하는 대로 하게 내버려 두고, 그 성직자(요도쿠스 케른)°는 마치 아내가 죽었을 때처럼 자유를 얻어야 한다"는 의견을 제시했다. 루터가 우르줄라를 강제로 그 남편에게 돌아가게 해야 한다고 조언하지 않은 것은 의미심장하다. 하지만 이 일은 선제후에겐 심히 중대한 사안이었다. 선제후에게 자문하던 이들은 이 일이 알슈테트에서 일으킬 추문醜聞을 걱정했다. 케른은 결국 재혼했는데, 이 재혼 때문에 1533년 교회 교수 순회 감사 당시 중혼을 했다고 고발당했다.[83]

　　새로 결혼한 개신파 성직자 중에는 온통 남자뿐인 환경 속에서 젊은 날을 보내며 사회화 과정을 거쳤던 터라 결혼 생활을 힘들어하는 이들이 많았다. 이들은 심지어 여자를 남자를 유혹하는 존재요 남성의 정욕 때문에 더러워진 그릇으로 치부했다. 우선 당장 루터만 해도 수사 시절 고해실에서 여자를 본 적이 전혀 없었다. 우리가 아는 한, 그는 비텐베르크의 엘리트, 특히 크라나흐 집안과 크라프 집안을 좀 더 잘 알고 나서야 비로소 여성을 친구로 사귀었다. 그는 남자는 물론이요 여자와도 여성을 혐오하는 내용을 담은 유머를 구사했다. 루터는 유스투스 요나스의 아내가 임신하자 요나스의 아내에게 편지를 보내, "아이 엄마는 그 가련한 남편에게 이 세상을 너무 비좁은 곳으로 만들어 버리는데 이와 마찬가지로" 여자 아이도 모태에서 아주 많은 공간을 차지하므로 배 속 아기가 딸일 거라고 말했다.[84] 요하네스 랑의 아내가 죽었을 때, 루터는 이렇게 썼다. "자네한테 축하한다고 해야 할지 안됐다고 해야 할지 모르겠네"라고 써 보냈다.[85] 죽은 랑의 아내는 결혼할 때 부유한 과부였으며, 랑은 초혼이었다. 랑이 그 여자와 결혼할 때, 토마스 뮌처는 이처럼 신랄하게 통박했다. "소위 경건하다는 사람들이, 제후의 교구 성직자로서 제후에게 복음을 설교한다는 인간들이 종국에는 자기들 목구멍에 집어넣을 것을 찾으러 다녀야 하는 신세가 될까 두려워 늙은 여자 갑부

"마르틴 루터", 루카스 크라나흐, 1532년.

⟨48⟩

와 결혼하다니!"[86]

    그러나 경제적 이득을 얻으려는 결혼은 이상할 게 없었다. 수공업자 작업장은 대부분 부부가 경영했으며, 과부가 작업장을 운영하는 장인과 결혼하여 그 사업을 지속해 가는 것은 흔한 일이었다. 농사꾼 집안도 부부의 노동이 농사를 짓는 데 긴요했으며, 결혼은 복종과 순종에 근거한 경제 관계를 좀 더 동등한 관계로 바꾸었다. 결혼을 통해 재산과 사회 지위가 이전되었고, 관계가 단단해졌으며, 정치를 하는 왕가(가문)°가 확고히 서고, 상속 재산을 안전히 지킬 수 있었다. 이런 점은 결혼한 성직자라는 새 직업에도 적용되었다. 늘 현실을 중시했던 루터는 1528년에 미하엘 슈티펠Michael Stifel에게 루터 자신이 이전에 가르쳤던 제자 프란츠 귄터가 죽은 뒤 비어 있던 로하우Lochau 교구를 넘겨받으라고 권고했다. 게다가 루터는 슈티펠에게 귄터의 부인과 결혼하고 귄터 부부 사이에서 태어난 두 자녀까지 돌보라고 권고했다. 슈티펠은 마치 그것이 의무인 것처럼 그렇게 했고, 집과 가족을 한꺼번에 얻었다. 루터는

이로써 과부가 부양을 받고 또 다른 루터파 성직이 확실하게 승계됨을 알았다.[87]

    루터와 카타리나는 하필 이전에 비텐베르크의 수도원이었던 곳에 살았다. 이 바람에 루터의 집은 세인世人의 큰 관심거리였으며, 얼마 안 가 이 집에 신세 지는 군식구로 가득 찼다. 루터와 이 수도원의 마지막 수도원장이었던 에버하르트 브리스거Eberhard Brisger는 이제는 거의 버려져 폐허가 된 수도원 건물의 열쇠를 루터가 결혼하기 몇 달 전에 선제후에게 넘겨줌으로써 그 소유권을 작센에 양도했지만, 그 뒤에도 신혼부부(루터와 카타리나)°는 계속 이 건물에 살았다. 7년 뒤, 작센 선제후요 세상을 떠난 이전 선제후 프리드리히 현공의 아우이며 후계자인 요한은 수도원 부지와 수도원 전체를 정식으로 루터와 그 자손에게 선물했다.[88] 이 수도원 건물은 당시 비텐베르크에서 가장 큰 건물 가운데 하나였다. 카타리나는 1540년에 "루터 대문Luther-Portal"을 생일 선물로 추가함으로써 이 건물에 자신의 자취를 확실히 남겼다. 이 대문은 르네상스 양식의 출입문이었는데, 문 한쪽에는 루터 얼굴을 돌로 새겨 놓았고, 다른 한쪽에는 루터를 상징하는 장미가 새겨져 있었다.[89]

    여기서 루터는 수도 공동체와 세속 가정을 이어 주는 다리를 만들어 냈다. 루터 집은 거대했을 뿐 아니라—그가 자랐던 만스펠트 집보다 분명 컸다—곧 온갖 손님과 하숙인이 기거하는 곳이 되었다. 이 집에 맨 처음 와서 기거한 사람 가운데 카를슈타트 가족이 있었던 것은 그야말로 기이한 역설이었다. 루터도 비텐베르크 대학교의 다른 많은 교수처럼 하숙생을 받아 먹이고 재움으로써 가외加外 수입을 벌었다. 그의 식탁에는 늘 청중이 있었다. 이 이야기 마당이 열리면, 루터는 그 자리를 이끌면서 이런저런 농담과 이야기로 듣는 이들에게 즐거움을 안겨 주었다.[90] 루터 집은 마치 수도원처럼 온갖 방문객을 환대했다. 루터는 이렇게 사람들과 어울려 정을 나누는 모임을 자신이 수사 시절에 겪었던 우울증을 치료하는 해독제라 여겨 소중히 생각했으며, 사람들과 유대 관계를 유지하는 데 상당한 시간을 할애했다. 안할트데사우 제후였던 게오르크Prinz Georg III von Anhalt-Dessau(게오르크 3세)°는 1542년에 평화와 침묵을 원하면 루터 집에 머물지 말라는 경고를 받기도 했다.[91] 루터 집에는 학생뿐 아니라,[92] 루터를 오랫동안 시중들었던 볼프 지베르거Wolf Sieberger를 비롯하여 하인도 여럿 있었다. 루터는 볼프에게 자기 취미인 새 잡이bird-catching를 소재 삼아 서사시를 써 주기도 했다. 남자 하인뿐 아니라 하녀도 여럿 있었는데, 그중에는 로지나 폰 트루흐제스Rosina von Truchsess처럼 기괴한 하녀도 있었다. 이 여자는 처음엔 자신이 귀족 출신 수녀였다고 주장했다가 나중에 가서 자신이 농민전쟁 때 처형당한 농민의 딸임을 시인했다. 로지나는 임신하자, 다른 하녀에게 "내 배 위에서 펄쩍펄쩍 뛰어" 배 속 아이가 떨어지게 해달라고 요구하기도 했다. 루터는 나중에 이 일을 알고 로지나를 "우두머리 창녀요 가망 없는 매춘부이자 거짓덩어리"라 꾸짖었다. 루터는 로지나가 교황 측이 보낸 첩자라 의심하여 결국 쫓아냈다. 결혼하지 않은 하인이 임신하면 으레 그렇게 쫓아냈다. 로지나는 비텐베르크를 떠나야 했다. 루터 집은 관대하기로 유명했지만, 그 관대함이 거기까지는 미치지 않았다.[93]

하지만 루터가 다른 이들을 열린 마음으로 대한 일은 전설 같은 이야기다. 온 가족이 이전에 수도원이었던 곳으로 이사했다. 이전에 뮌처 추종자였고 마그데부르크 토론에 관여했던 지몬 하페리츠Simon Haferitz는 1531년에 대가족을 이끌고 도착했다. 루터는 "이 새를 어느 둥지에 집어넣을 수 있을지 모르겠군"이라 말하며 한숨을 내쉬었다. "그러나 루터는 등짝이 넓어 이 짐도 짊어질 수 있을 것이다."[94] 요하네스 아그리콜라와 그의 아홉 아이도, 1536년 비텐베르크 대학교에서 한자리 얻기를 기대하며 비텐베르크로 왔으며, 1545년에는 아그리콜라의 아내와 딸들까지 루터가 보살펴야 하는 처지가 되었다.[95] 루터는 1539년에는 역병으로 말미암아 그 아내와 함께 세상을 등진 제발트 뮌스터러 Sebald Münsterer 박사가 고아로 남기고 간 네 자녀를 거두었다. 비텐베르크 사람들은 이 일에 큰 역정을 냈으며, 루터가 역병을 퍼뜨린다고 비난했다.[96] 당시 루터 집에는 루터 내외의 친척과 친구를 포함하여 별별 사람들이 모여 살았다. 함께 산 사람들 가운데는 카타리나의 이모인 무메 레나 Muhme Lena와 한 보헤미아 백작에게서 낳은 열네 살짜리 아들도 있었다.[97] 이렇게 생활하다 보니, 자칫하면 함께 사는 이들 사이에 갈등이 일어날 수도 있었다. 루터는 1542년에 토르가우에 있는 학교 교사에게 편지를 보내, 자기 조카인 플로리안Florian을 피가 날 때까지 사흘 동안 매일 매를 때려 달라고 요구했다. 이 소년이 루터 아들인 파울과 함께 학교에 가면서 파울의 칼을 빼앗은 일로 그런 체벌을 요청하였다. 첫날은 칼을 훔친 잘못 때문에, 둘째 날은 루터가 그 칼을 자신에게 주었다고 거짓말했기 때문에, 셋째 날은 본디 루터 것인 그 칼을 훔쳐 갔기 때문에 매를 맞아야 했다. 루터는 격노하여 교사에게 이렇게 썼다. "그 (알랑)
♦방귀를 뀌는 놈이 지금도 여기 있었다면, 거짓말이나 하고 도둑질이나 하라고 가르쳤을 겁니다."[98]

◆ ◆ ◆

한때는 빼빼하고 성질이 불같으며 라이프치히 장터에서 자신이 받은 꽃다발 냄새나 쿵쿵대며 맡는 인간이라 조롱받았던 이 전직 수사는 이제 군건하고 확실하게 터를 잡은 가장으로서 다른 이들을 환대하는 인물이 되었다. 1530년에 이르자, 루터를 방문한 이들은 그가 몸이 불어 뚱뚱해졌음을 알아차렸다. 루터는 이제 비대해졌다. 나중에 그는 죽기 직전에

"루터 진상眞像", 루카스 크라나흐, 1546년. 1530년대 초에 이르자, 루터는 몸이 불어 비대해졌다. 루터 초상의 기념비라 할 이 초상은 그가 죽던 해에 만들어졌는데, 권위 있는 중요한 인물이 된 거구巨軀의 루터를 보여준다. 초상 속 루터는 젊은 날 야위고 금욕주의자 같던 수사의 모습과 완전히 딴판이다.

⟨49⟩

찡그린 얼굴로 곧 "벌레들이 뚱뚱한 박사를 포식하겠다"고 말했다.[99] 하지만 그의 몸에 일어난 이 변화가 개신파 운동을 대표하는 문제를 만들어 냈다. 뼈대가 굵은 금욕주의자요, 육체의 쾌락에 매이지 않는 것이 대개 경건한 수사의 이미지이다. 멜란히톤이 쓴 루터 전기를 보면, 루터 추종자들이 루터의 모습을 찾아내기가 심히 어려울 정도로 루터가 여러 날 동안 먹지 않고 지내며 금식했다고 주장하는 내용이 나온다.[100] 그러나 루터는, 멜란히톤이 제시하고 싶었던 모습과 달리, 빼빼 마르고 초췌한 은둔자이자 학문에만 푹 빠진 학자의 모습을 닮지 않았다. 실제로 그 무렵에 이르면 새 초상이 등장하여, 큰 장화를 신고, 손은 자그마하며, 힘찬 자세로 우뚝 선 채 성경을 쥐고 있는 루터다운 루터를 보여준다. 몇몇 그림은 그림 중앙에 그리스도가 달리신 십자가를 그리고, 그림 양쪽에 이 십자가를 보며 무릎을 꿇고 있는 우람한 루터와 단단한 체구의 작센

"그리스도가 달리신 십자가상 앞에 무릎 꿇은 루터와 작센 선제후", 루카스 크라나흐. 이 그림과 함께 이 그림에 변화를 준 그림이 지대한 영향을 미쳤다. 루터파 신앙에서 십자가가 차지하는 중요성을 두드러지게 보여주는 이 그림은 한스 루프트Hans Lufft(루터 성경 완결판 초판을 인쇄·출간했다)◇가 출간한 1546년판 루터 신약성경, 그리고 루터 저작집 가운데 몇몇 책의 표지에 사용했다. 카를슈타트는 루터파 신앙의 그런 점을 비판했었다. 〈50〉

선제후를 그려 놓아, 마치 저울 양쪽에 있는 거대한 두 저울추처럼 묘사해 놓았다. 루터의 종교개혁과 작센을 통치하던 선제후 집안의 친밀한 관계를 이 그림만큼 분명하게 보여줄 수는 없을 것이다. 이 그림은 여러 판을 찍은 루터 성경과 그의 저작집 첫머리를 장식했고, 거의 종교개혁을 대표하는 공식 그림이 되었다.[101]

1530년 초가 되자, 루터의 양친은 이제 고인이 되었고, 루터가 "우리 집에서 가장 나이 많은 사람"이 되었으며, 여러 자녀를 거느린 아버지가 되었다. 자신도 이제는 몸과 지력이 이전보다 둔해져, 서재에 은

거하거나 식탁에서 그를 따르는 이들과 대화를 나눴다. 이제 그는 재산가였으며, 그의 결혼 생활이 그의 신학을 바꿔 놓았다. 루터는 금욕주의를 버리고 인간의 육신을 남달리 좋게 보는 관념을 제시했으며, 그가 섬기는 교구민들이 결혼 생활에 따른 딜레마를 이야기하면 목회자로서 유연한 태도로 그 딜레마를 다루었다. 이런 시각은 그를 옛 교회(가톨릭)°와 갈라놓았을 뿐 아니라, 스위스 개혁자들과 이 개혁자들의 후예인 칼뱅파의 영향을 받은 이들이 주장했던 공동체 규칙에 근거한 도덕주의와도 갈라놓았다.

14.

붕괴

루터와 카를슈타트의 분열을 맨 처음 암시한 징후는 그들이 형상image의 역할을 두고 드러낸 이견이었다. 카를슈타트는 형상이 성경에 근거가 없으므로 제거해야 한다고 주장한 반면, 루터는 형상을 완전히 금지할 필요는 없다고 생각했다. 그뿐만 아니라, 루터는 기성 권위(이미 권위를 인정받은 당국)°만이 형상을 제거할 권한이 있다고 역설했다. 이런 이견이 종교개혁을 크게 분열시키는 출발점이 되었다. 루터파는 그들이 내놓은 선전물propaganda과 그들 교회에 형상을 풍부히 사용한 반면, 츠빙글리파—그리고 훗날의 칼뱅파—는 교회당에 그저 하얀 칠만 했다. 이만큼 둘의 차이가 극명히 드러난 것도 없을 것이다.

    1524년 말에 이르자, 성찬을 바라보는 상이한 태도가 갈등의 중심 원인이 되었다. 이는 단순히 사람 사이의 증오가 얽힌 문제가 아니었다. 개신파 중에는 루터가 주장하는 실재설Real Presence(성찬에 예수 그리스도가 상징적으로나 비유적으로가 아닌 실제로 임재하신다는 주장)°에 공감하지 않는 이들이 많았다. 취리히에서는 스위스 신학자 울리히 츠빙글리가 역시 이 문제로 몹시 괴로워하다가, 결국 "이것은 내 몸이다Das ist mein Leib"라는 말 안에 들어 있는 "이다ist"는 "의미·상징하다bedeuten, signify"는 뜻임을 꿈으로 계시받았다고 말했다. 츠빙글리는 취리히의 중심 교회 설교자였다. 그는 시의회의 지원을 등에 업고 루터에게 거의 신세 지지 않은 철저한 개혁을 도입했다. 이런 철저한 개혁은 독일 남부와 스위스의 많은 도시에 영감을 불어넣었으며, 머지않아 제네바를 근거지로 삼았던 프랑스 종교개혁자 장 칼뱅에게도 영향을 주었다.¹ 스위스 바젤에서 큰 존경을 받던 인문주의자 요하네스 외콜람파디우스도 비슷한 주장에 이르렀으며(그 역시 "이것은 내 몸이다"의 "몸"이 그리스도의 몸을 상징하는 빵이지, 그리스도의 몸 자체가 아니라고 주장했다), 그의 명성 때문에 비텐베르크 사람들도 그의 견해를 진지하게 받아들여야 했다. 그뿐만 아니라, 외콜람파디우스와 다른 이들은 실재설을 거부하는 그들의 입장과 성직자의 역할에 관한 그들의 이해가 연결되어 있다고 보았다. 그들은 사제가 빵과 포도주를 그리스도의 몸과 피로 바꾸는 기적을 행할 수 있다는 생각을 비판했기 때문이었다. 이런 입장은 대중 사이에 널리 퍼져 있던 반反성직자주의 흐름과 잇닿아 있었으며, 특히 많은 이가 부도덕한 성직자의 위선이라 보았던 행태와 관련이 있었다. 평신도들은 정부情婦를 껴안고 죄에 푹 빠져 사는 인간들이 어찌 고해를 통해 평신도의 양심을 쥐락펴락할 수 있느냐며 문제를 제기했다. 어떤 이들은 빵과 포도주에 축성한 사제가 천하가 아는 죄인이라면 그 성찬이 과연 유효할지 의문을 표명했다.

  카를슈타트처럼 츠빙글리도 성직자와 평신도의 구분을 뒤집어엎고 싶었다. 스위스와 독일 남부 개신파 사람들은 가톨릭이 고해 및 사죄赦罪, absolution와 관련하여 권력을 남용하는 것을 심히 우려했다. 그들은 개인 고해를 과녁 삼아, 이를 온 회중이 함께하는 일반(보편)° 고해로 바꾸려 했다. 츠빙글리는 공동체와 관련된 가치들을 소중히 여겼다. 그는 취리히 시민이 되었으며, 병역 의무도 받아들였다. 시민이라면 자신의 목숨을 바쳐 자신이 사는 도시를 지키는 것이 당연했기 때문이다. 츠빙글리는 성찬을 집단이 함께하는 사건으로 보았다. 구원은 도시 전체와 관련이 있다고 보았고, 도시 전체가 도덕상 순결해야 함도 아주 중요하게 여겼다. 그렇지 않으면 하나님의 심판이 공동체 전체에 내려질 것이기 때문이다. 그 결과, 취리히 당국은 오입질, 간음, 도박을 저지른 모든 이를 처벌하기 시작했고, 심지어 이웃의 죄를 염탐하여 고발한 이에겐 신고 포상금을 지불했다.² 시민이 주도하는 공동체주의가 자칫하면 뜻하지 않은 폭정을 초래할 것처럼 보였다.

◆ ◆ ◆

이제 카를슈타트 자신이 감시받았다. 그는 때로 제그레나Seegrehna에서 처가 식구들과 함께 살기도 하고, 어떤 때는 켐베르크에서 살기도 했는데, 켐베르크에서는 지역 설교자와 선제후의 관리가 그의 동태를 보고했다. 1526년, 그는 비텐베르크 사람들—유스투스 요나스, 요하네스 부겐하겐, 그리고 루터의 아내—에게 자기 아들의 대부모代父母가 되어 달라고 요청했으며, 그런 경우에는 루터를 포함하여 비텐베르크의 명망 있는 유지들로 이루어진 사절이 제그레나로 내려오기도 했다. 아버지 이름을 따서 안드레아스라 이름 붙인 카를슈타트의 두 살배기 아들은 유달리 늦은 나이에 세례를 받았다. 이 아들은 카를슈타트가 작센에서 추방당하고 카를슈타트의 아내만 작센에 남았을 때 태어났다. 그 바람에 카를슈타트는 아들이 세례를 받게 해주지 못했다. 그러나 카를슈타트 아들이 세례를 받지 않은 이유는 어쩌면 카를슈타트가 이 무렵 유아세례에 의문을 품고 있었기 때문일 수도 있고, 어쩌면 카를슈타트 아내도 역시 농민전쟁 뒤에 널리 퍼진 재세례파 사상에 공감하여 오직 성인 신자만이 세례를 받아야 한다고 생각했기 때문이었을 수도 있다. 루터는 카를슈타트의 심경 변화를 비꼬며 이렇게 말했다. "1년 전만 해도 세례를 '개 목욕'이라 부르던 이들이 자기 적들에게 세례를 베풀어 달라고 요청할 것이라 누가 생각했겠어?"³

제그레나에서 열린 세례식은 두 사람(루터와 카를슈타트)°을 화해시키려는 시도였으며, 이제 두 사람은 대부모라는 끈을 통해 새로운 인연을 맺었다. 카를슈타트 집안은 이 계기를 최대한 활용했던 것 같다. 며칠 뒤, 루터는 제그레나에서 제분업을 하는 카를슈타트의 처삼촌을 도우려고 선제후에게 탄원했으며, 카를슈타트의 처가 친족 가운데 하나는 역병에 걸렸다 회복하는 동안 루터 집에서 몇 달을 유숙하기도 했다. 11월에는 카를슈타트가 직접 베르크비츠Berkwitz에서 편지를 보내왔다. 말 일곱 필을 잃어버렸고, 남은 가축이 거의 없는데, 남은 것마저 모두 팔아야 할 처지라는 내용이었다. 카를슈타트가 켐베르크로 이주할 수 있게 해달라고 루터가 선제후에게 청을 넣었을까? 루터는 다른 사람들을 위해 자주 선제후에게 탄원했지만, 이 경우에는 비록 카를슈타트가 속에는 반감이 있을지라도 스스로 그의 헌신(신앙)°을 증명하기라도 한 것처럼 여겨 카를슈타트가 요청하는 모든 일을 해달라고 정중히 격식을 갖춰 요청한다는 것 — 선제후에게 카를슈타트가 켐베르크에서 살 수 있게 허락해 달라고 거듭 요청하며, 그의 친족들을 위해 다리 역할을 해준다는 것 — 이 터무니없고 이상했다.⁴

루터는 카를슈타트만은 계속 주시할 수 있었지만, 비텐베르크의 궤도 바깥에 있는 이들은 통제할 수 없었다. 이전에 루터를 지지했던 많은 사람이 그리스도가 성찬에서 몸(육체)°으로 임재하신다는 견해를 부인하는 상징설로 하나씩 넘어갔다. 외콜람파디우스를 잃어버린 것만으로도 충분한 손실이었건만, 뒤이어 스트라스부르에서 루터의 충실한 보좌 역할을 했던 니콜라우스 게르벨은 마르틴 부처도 스위스 개혁자들의 주장을 채택했다고 알려 왔다. 부처와 스트라스부르 설교자들은 루터와 단일 대오를 유지하려고 노력했다. 그들은 편지로 진행하는 토론이 성과가 없을 것 같음을 깨닫고 루터에게 특사를 보내 그와 기나긴 토론을 가졌다. 하지만 양쪽은 합의를 이루지 못했다. 게르벨조차도 이제는 주적主敵이 교황파가 아니라 상징설을 주장하는 자들이라고 결론지을 정도였다.[5] 이런 싸움을 배겨 낼 배짱이 없었던 게르벨은 오롯이 학문 연구에 헌신하길 원했다.[6]

아우크스부르크에서는 한때 루터의 충성스러운 동지였던 유력한 설교자 우르바누스 레기우스가 역시 카를슈타트의 일부 주장에 마음을 연 것 같았다.[7] 아우크스부르크는 신성로마제국 안에서 대중이 주도하는 강한 개신파 운동을 선두에서 이끌던 도시 가운데 하나였기 때문에, 이 도시가 지향하는 신학은 중요한 문제가 되었다. 그러나 1526년 여름이 되자, 루터의 주장에 여전히 공명共鳴하는 사람은 슈테판 아그리콜라, 카스파르 후버Kaspar Huber, 그리고 루터의 오랜 친구이자 루터가 아우크스부르크에서 카예탄과 토론하는 동안 그의 수도원에 머물렀던 요하네스 프로쉬만이 남아 있었다. 아우크스부르크에서 개신파 운동의 주도권은 미하엘 켈러Michael Keller, 요한 란트슈페르거Johann Landsperger, 그리고 우르바누스 레기우스 같은 사람에게 넘어갔다. 이들은 공동체가 더 중심이 되는 종교개혁 모델을 지지하는 설교를 했다. 루터는 이런 변화가 얼마나 위험한지 알았다. 그해 가을, 루터는 친구 프로쉬에게 아마도 무척 오랜만에 편지를 써 보내 "흔들리지 말고 늘 굳건하라"고 당부

했다.⁸

뇌르트링겐Nördlingen을 보면, 루터가 이전에는 그의 단단한 우군인 테오발트 빌리칸에게 의지했었으나, 이제는 빌리칸마저 몇몇 부분에서는 스위스 쪽으로 기울고 있었다.⁹ 울름에서는 콘라트 잠Konrad Sam이 상징설로 주장을 바꾸었다. 적어도 슈바벤 할Hall에서는 요하네스 브렌츠가 여전히 성실한 동지로 남아 있었고, 뉘른베르크 사람들도 변함없이 루터의 노선을 견지했다. 하지만 하나같이 인쇄·출판의 주요 중심지였던 아우크스부르크, 울름, 바젤, 취리히, 스트라스부르 같은 제국 도시의 지지를 잃어버리면서, 루터는 이제 남쪽에서 일어나는 종교개혁의 진전과 점점 더 무관한 사람이 되어 가고 있었다. 스트라스부르에서는 인문주의자이자 기사인 울리히 폰 후텐의 친구인 오토 브룬펠스가 많은 사람을 대변하여 자신이 루터에게 보냈던 한 편지를 출간했다. 그는 이 편지에서 루터가 카를슈타트와 갈라선 것에 슬픔을 표시했다. 그는 이 편지에서 자신이 루터와 카를슈타트를 모두 존경한다고 쓴 뒤, 카를슈타트를 포용하지 않는 루터는 사랑하지 못하겠다는 말을 함께 적었다.¹⁰

그러나 루터를 등지는 움직임은 남부에만 국한되지는 않았다. 루터는 리크니츠Liegnitz의 콘라트 코르다투스Konrad Cordatus에게도 "그리스도의 적"을 떠나라고 단호히 명령해야 했으며,¹¹ 슐레지엔의 다른 지역에서는 귀족인 카스파르 슈벵크펠트와 발렌틴 크라우트발트가 성찬에서 그리스도가 몸(육체)°으로 임재하시지 않는다는 견해가 옳다고 확신하게 되었다. 슈벵크펠트는 1525년 12월에 비텐베르크로 가서 이 문제를 놓고 루터와 직접 토론을 벌였지만, 사흘 동안 논쟁을 펼쳤음에도 양쪽 모두 상대방을 설득하지 못했다.¹² 1526년 봄, 루터는 슈벵크펠트에게 매서운 편지를 보내 그의 잘못된 견해를 내버리라고 명령했다. 루터는 그에게 이렇게 말했다. "(당신이 만일 내 뜻을 따르지 않는다면) 하나님 뜻이 이루어질 것이오. 이런 말을 해서 내 진심으로 유감이오만, 당신이 흘리는 피는 물론이요 당신이 (당신의 가르침)◆으로 잘못 이끈 모든 사람의 피에도 나는 책임이 없소. 하나님이 당신을 회개시켜 주시길 기도하오. 아멘."[13]

　　신학자가 아닌 사람들도 상징설에 공감했다. 상징설이 뿌리 깊고 상식에 입각한 반성직자주의와 들어맞았기 때문이었다. 신학자가 아닌 이들이 품었던 신념에 관한 증언으로 현재 남아 있는 것이 드물지만, 그나마 남은 증언 가운데 하나가 작센 선제후 영토인 코부르크 성의 보병 대장 한스 모어Hans Mohr의 말이다. 그는 "피조물에 속하는 빵과 포도주가 스스로 창조주를 만들기 원한다는 것은 말이 되지 않는다"고 생각했다. 그는 보통 사람들이 가련하게도 그릇된 가르침을 받고 있다고 생각했다. 모어는 이 문제에 관하여 침묵하길 좋아하면서도, 사람들이 식사 때나 여관에서 그의 생각이 어떤지 물어 오면 흔쾌히 그의 의견을 밝히곤 했다. 모어는 그가 가진 믿음 때문에 몇 번 심문을 받았으며, 결국 그가 맡은 자리에서 쫓겨났다.[14]

　　루터의 입장을 지지한 설교자 그룹은 모두 같은 경로를 거쳐 같은 결론을 이야기했지만, 상징설을 주장하는 자들은 각기 다른 경로를 거쳐 그들이 주장하는 결론에 이르렀다. 루터는 상징설을 주장하는 자들의 이런 모습이 곧 그들이 한 분파가 아니라 서로 다른 대여섯 분파임을 분명하게 보여주며, "그들이 곧 멸망하리라"는 것을 보여주는 증거라 보았다.[15] 하지만 루터파가 이기고 있었는가는 분명치 않다. 루터파는 분명 상징설을 주장하는 자들보다 많은 출판물을 냈고, 더 많은 곳에서 지지를 얻고 있었다. 더구나 검열 제도도 루터파 편이었다. 라이프치히와 에르푸르트에서는 루터의 노선에서 벗어나는 것은 거의 모두 출판되지 않았다. 뉘른베르크와 바젤에서는 카를슈타트가 성찬을 다룬 작품의 출간이 금지되었고, 뉘른베르크에서는 츠빙글리의 작품까지 출간을 금지했다. 그러나 루터는 상징설을 주장하는 소책자가 팔리고 있고 지식인에게 고민할 거리를 제공하고 있다는 말을 사면팔방에서 들었다. 루터에게 충성하던 사람들—암스도르프, 부겐하겐, 그리고 그의 뉘른베르크 친구인 안드레아스 오지안더Andreas Osiander—은 루터와 사사로운 인연이 있는 이들이었다. 때문에 루터는 자신이 달리 어떤 요청도 하지 않았건만 "아주 박식한 슈바벤 사람들"이 대의를 이루고자 일어서 츠빙글리와 외콜람파디우스를 "탁월하게" 반박하는 글("Syngramma Suevicus", 독역본)°을 써서 내놓자 너무너무 기뻐했다.[16] 하지만 루터와 그 지지자들은 처음으로 수세에 몰렸으며, 루터는 이제 더 이상 사람들의 지성을 자극하는 주장을 처음으로 내놓는 인물이 아니었다.

그 결과, 그의 분위기는 점점 더 종말의 묵시주의에 가까워졌고, 그가 소식을 주고받는 이들에게 건네는 말투도 더욱더 귀에 거슬리고 불쾌하게 바뀌었다. 1527년 1월 초, 그는 그의 오랜 친구인 니콜라우스 하우스만마저 상징설에 넘어갈지도 모른다는 것을 알고 우려했다. 루터는 하우스만에게 재차 다짐을 받고 자신은 "늘 당신을 이렇게 믿었기 때문에" 소문을 믿지 않았다고 대답했다. 그러면서 하나님이 사탄에 맞서는 자신의 펜을 인도해 주시길 기도해 달라고 그 친구에게 요청했다.[17] 메밍겐 시의회가 성찬을 필수 성례에서 배제하기로 결의했다는 소문조차도 루터가 펜을 들어 시의회 의원들을 괴롭힐 충분한 빌미가 되었다. "오, 친애하는 의원 여러분, 상황이 더 안 좋아지기 전에 행동하십시오! 이렇게 일단 발을 들여놓은 마귀는 상황을 더 나쁘게 만들 때까지 쉬지 않을 것입니다. 친애하는 벗들이여, 경고를 듣고 단단히 경계하십시오. 지금은 위급한 때이며 비상시국입니다."[18] 루터는 그와 오랫동안 편지를 주고받은 톨레트Tollet의 미하엘 슈티펠이 "변함없이 믿음을"

지키고 있음을 드러냈을 때는 만인이 다 알도록 안도하는 모습을 보인다. 루터는 계속하여 슈티펠에게 허다한 사람이 그리스도는 하나님 오른편에 계시므로 빵 안에 계실 수 없다고 말하는 이들의 "터무니없고 유치한" 주장에 넘어간 것은 "하나님의 진노" 때문이라고 말했다.[19] 루터는 1526년에 슐레지엔의 요한 헤스Johann Heß에게 보낸 편지에서 크라우트발트와 슈벵크펠트를 "이 악惡"에게 잃어버린 것을 슬퍼하면서, 요한계시록에 나오는 용과 벌이는 싸움이 임박했다고 경고했다.[20] 루터는 자신이 모르는 인물인 아이제나흐의 토마스 노이엔하겐Thomas Neuenhagen에게도 편지를 보내, 아이제나흐 설교자인 야콥 슈트라우스Jakob Strauß를 따르지 말라고 권면했다. 루터는 노이엔하겐에게 "당신은 그리스도를 섬겨야 합니다. 그는 사탄을 섬겼어요"라고 적어 보냈다.[21] 루터는 곧이어 니콜라우스 하우스만에게 편지를 보내, "마지막 날이 문 앞에 이른" 것으로 보아, 이단은 사탄이 "미쳐 날뛰는 것"이라고 말했다. 그는 외콜람파디우스 "같은 사람이 이렇게 하찮고 쓸데없는 주장에 사로잡힌 것"에 "유감"을 느꼈다.[22]

루터가 쓴 편지에는 같은 말이 거듭 나타난다. 사탄이 "분노한다", 루터의 대적들은 루터를 향한 격노furia와 "분노" 때문에 어쩔 줄 몰라 한다, 마지막 날이 임박했다, 변절자에게 던지는 섬뜩한 경고, 굳건히 믿음을 지키라는 명령, 편지를 받는 이에게 사탄과 맞서 싸우는 루터를 위해 기도해 줄 것을 진심으로 요청하는 말, 그리고 종종 루터야말로 그리스도의 사람임을 아주 확실하고 자신 있게 천명하는 말 등이 편지에 들어 있다. 루터는 1527년 5월 미하엘 슈티펠에게 써 보낸 편지에서 이렇게 말했다. "이제 나는 세상이 나빠졌으며 사탄이 이 세상의 제왕이라는 말이 무슨 의미인지 이해하네. 여태까지 나는 이것이 그저 말에 불과하다고 생각했는데, 말이 아니라 현실임을, 마귀가 정말로 이 세상을 통치한다는 것을 이제야 알았네."[23]

그러다 1527년 7월 6일, 루터는 몸과 영혼이 완전히 무너져 내리는 고통을 겪었다. 루터는 쓰러져 의식을 잃을 정도로 아주 혹독한 "안페흐퉁"을 겪었다. 훗날 루터는 이 일을 가리켜 그것이 머리 안이 아니라 머리 밖에서 귀로 "돌진"해 오는 것 같았다고 묘사했다. 그는 사탄이 주먹으로 자신을 두들겨 팬다고 느꼈다. 루터는 이런 느낌을 겪으면서 바울이 고린도 교회에 쓴 편지에서 묘사한 내용을 떠올렸다. 그는 완전히 핏기가 사라진 얼굴로 죽은 것처럼 누워 있었다. 루터는 의식이 돌아왔을 때, 마치 1521년에 보름스에서 그랬던 것처럼 자신의 논박이 너무 독하지 않았는지 걱정했다. 아울러 자신은 세례에 관하여, 그리고 츠빙글리를 반박하는 글을 쓰고 싶은데, 하나님은 분명 그가 그리하지 않기를 원하시는 것 같다며 초조해했다. 그러다 루터는 요나스와 부겐하겐을 돌아보았다. 그는 슬피 울면서 "상징설을 주장하는 자들"을 "진지하게" 반박하고 하나님 말씀을 뒤집어엎고자 일어난 많은 분파에 관하여 이야기했다.

부겐하겐과 요나스는 당시에 기록해 놓은 메모를 기초로 삼아 일어난 일을 충실히 기록했다.[24] 이 기록은 특히 일어난 사실을 망라하여 기록했다는 점에서 주목할 만한 문서다. 두 사람도 알았겠지만, 루터의 대적들은 이런 사건을 마귀에게 사로잡힘으로 해석할 가능성이 아주 높았다. 실제로 루터의 대적인 코흐레우스는 나중에 루터가 평생 마귀에게 사로잡혔다고 주장하게 된다. 그러나 두 사람은 루터의 대적들이 이 사건에 보일 반응을 예상하여 일어난 일을 감추려 하지 않았다. 오히려 그 반대로 그들은 일어난 일을 가능한 한 가장 상세하게 기록하려 했다. 이 기록은 루터 저작집 초판에 담겨 독일어로 출간되었으며, 종교개혁에 반대하는 이들이 이 기록으로 벌일 수도 있는 일은 자신 있

게 무시해 버렸다.²⁵

루터 자신도 이 사건이 중대함을 알았다. 그는 "난 그날을 기억해야 한다"고 말한 뒤, "어제 난 학교에 갔었다"고 덧붙였다. 그 사건은 그가 결코 잊지 말아야 할 교훈을 배운 경험이었다.²⁶ 루터는 자신이 그렇게 쓰러진 일을 그의 "마음"에 새겨 넣었다. 이 사건은 결국 지독한 오한과 이명耳鳴을 가져왔다. 의사들은 따뜻하게 덥힌 쿠션을 많이 주어 루터의 증상을 치료했다. 루터는 그의 친구들이 아주 심각하다 여긴 자기 몸의 병과 이 투병 이후에도 오랫동안 이어진 마귀의 공격을 구분했다. 루터는 분명 죽을 수도 있다 예상하여, 아내와 어린 아들을 불렀다. 그는 아내와 아들에게 자신들이 결혼할 때 받은 몇 푼 외에는 돈이 없으니, 이들 두 사람을 "과부의 재판장"이신 하나님께 맡긴다고 말했다. 루터는 이미 그다음 날 성찬을 받을 계획을 세우고 그날 전에 부겐하겐에게 고해도 마친 상태였다. 루터는 그의 믿음을 일관되게 유지하고자(루터는 병자성사를 성례로 인정하지 않았다)°, 병자성사를 요청하지 않았다.

루터가 말한 이 "마귀의 공격"이 정확히 무엇인지 알기는 힘들다. 루터는 자신이 믿음을 잃을까 두렵다고 말했지만, 그가 쓴 모든 편지는 그가 취한 노선과 다른 길로 간 이들은 마귀의 인도를 받은 자들이라는 확신을 포함하여 그가 품었던 확신을 빛처럼 내뿜는다. 그는 시편에 나오는 일곱 개의 회개 시로 기도했다. 자신이 죄로 가득한 존재임을 늘 알고 있었던 루터는 이때 다만 자신의 논박이 너무 혹독하지 않았는지, 그리고 때로는 "분별없는" 말을 사용하지는 않았는지 염려했다. 이 둘은 아주 심각한 죄는 아니었다.²⁷ 루터는 자신의 논박이 독했음을 알았다. 그는 1521년에 보름스에서 이런 잘못을 사과했었지만, 사실 그 뒤로 그런 말투를 바꾸지는 않았다.

마찬가지로 놀라운 일은 루터가 후회하지 않았다는 것이다. 그는 자신이 교황을 공격한 일을 걱정하지 않았고, 자신이 결혼한 것에 죄책감을 느끼지도 않았으며, 카를슈타트와 다툰 일에 우려를 표명하지도 않았다. 오히려 루터는 자신이 믿음을 잃으면 어쩌나 하는 두려움에 사로잡혔던 것 같다. 때문에 이런 **안페흐퉁엔**은 그가 수사 시절 그에게 재차 확신을 심어 주는 슈타우피츠의 격려가 필요할 정도로 고통스레 겪었던 일만큼이나 심각했다. 실제로 그는 나중에 이 시절에 겪은 것이 자신이 겪은 것 가운데 최악이었다고 주장했다. 루터는 괴로움을 겪지 않고 결혼 생활 첫 몇 해를 넘기면 그 뒤에는 이것이 영원히 사라질 것이라고 생각했다. 그러나 분명 그것은 사라지지 않았다.

며칠 뒤인 7월 10일, 루터는 슈팔라틴에게 보낸 편지에서 이 공격을 가벼이 여겼다. 슈팔라틴도 병고病苦를 치렀기 때문에, 루터는 자신의 병을 이야기하기에 앞서 슈팔라틴을 위로했다. 루터는 자신이 죽으리라고 생각했었지만, 하나님은 그를 빨리 회복시켜 주셨다.[28] 실제로 몇 달 뒤, 그는 다시 건강해졌다. 그는 11월까지도 병과 사탄의 공격 때문에 늘 그랬던 것처럼 쓰거나 연구하지 못한다고 여전히 투덜대고 있었다(하지만 사실 그는 구약성경을 천천히 번역하고 있었다).[29] 1527년에 받은 공격은 큰 몰락을 가져왔으며, 이후에는 극한까지 에너지를 소진하는 시기가 이어졌다. 무엇 때문에 이런 일이 일어났을까?

그가 무너지던 날에 설교했던 본문이 누가복음 15장의 탕자 비유였던 것은 어쩌면 우연이 아닐지도 모르겠다.[30] 일찍이 그의 아버지에게 순종하지 않았던 루터지만, 그의 아버지는 나중에 두 번 그를 다시 환대하며 가족으로 받아들였다. 루터가 수사가 되어 첫 미사를 집전했을 때, 그리고 그 뒤 루터가 결혼했을 때. 따라서 이 본문은 루터 자신과 특별한 공명共鳴이 있었을지도 모르겠다.[31] 어쩌면 루터는 자신이 아버지와 같은 이들에게 퍼부었던 것과 같은 공격이 이제 그에게 화禍로

쌓여 있을지도 모른다는 두려움을 무의식중에 느꼈을지도 모른다.[32] 루터는 한때 자신의 추종자였으나 이제는 그를 버리고 떠나간 이들에게 느끼는 자신의 분노와 사랑과 슬픔을 표현하고자 성경에 나오는 다윗과 그 아들 압살롬 이야기를 자주 언급했다.[33] 탕자 비유가 자신이 각별히 사랑했던 압살롬들을 영원히 잃어버린 것 같은 처지에 있는 사람 속에서 격렬한 반응을 일으켰을 수도 있다. 루터도 한때 탕자였다. 그러나 이제는 그가 아버지였고, 제멋대로 떠나 버린 아들들은 그에게 돌아올 기미를 전혀 보이지 않았다.

루터는 종교개혁 초기에 보여주었던 흥분 대신, 점점 더 활력을 잃어 가는 인물이 되었고, 이제는 더 이상 남을 고발하는 사람이 아니라 자신을 공격하고 괴롭히는 사람이 되었다. 루터는 처음에 교황을 공격했고, 이어 가톨릭의 논객을 공격했으며, 이어 농민과 에라스뮈스, 그리고 마침내 한때는 자신을 따랐던 이들을 공격했다. 그는 여러 해 동안 싸움을 이어 오면서 탈진했고 심한 피로에 빠졌다.[34] 루터가 공격에 나서게 하고 지극히 심오한 신학 통찰을 형성하게 이끌어 주었던 원동력은 바로 분노였다. 불과 몇 달 전, 그러니까 1527년 5월, 루터는 『"이것은 내 몸이다"라는 그리스도의 이 말씀은 지금도 광신자들에 맞서 굳건히 서 있다 Daß diese Worte Christi "Das ist mein Leib" noch fest stehen wider die Schwärmgeister』를 출간했다. 상징설을 주장하는 자들의 논지를 맹렬히 비난한 이 책은 그를 따르는 이들이 오랫동안 그더러 쓰라고 독촉해 온 것이었다.[35] 루터는 그를 반대하는 이들의 견해를 "육은 무익하니라"요 6:63는 말로 깔끔하게 요약한 다음, 복음서가 분명히 말하는 "이것은 내 몸이다"로 그들의 견해를 거듭 논박했다. 루터는 읽는 이의 피를 말라붙게 만드는 오싹한 말투로 글을 마무리하면서, 바젤과 스트라스부르의 시의회 의원, "그리고 여러분 가운데 이처럼 상징설을 주장하는 폭도를 데리고 있는 모든 이들"에게 이렇게 경고했다. "여러분 머리맡에 있는 돈주머니에 한눈팔지 말고 그들과 벌이는 내기에 집중하라. 뮌처는 죽었지만 그의 영은 뿌리 뽑히지 않았다.…마귀는 잠자지 않는다.…내가 경고하고 내가 충고하노니, 여러분 자신을 지키고, 깨어 경계하라. 사탄이 하나님의 자녀 가운데 들어왔도다."36

분노는 늘 루터의 에너지 공급원이었다. 그가 전통을 쓸어버리고 자신을 열어 새로운 신앙 진리를 받아들일 수 있었던 것도 분노 덕분이었다. 아울러 분노는 그에게 거대한 압력 앞에서도 굴복하지 않는—그리고 결코 그의 주장을 취소하지 않는—담력을 주었다. 그러나 동시에 그는 바로 이런 기질 때문에 다른 이들의 견해를 쉽게 인정하지 못했고, 모든 신학 투쟁이 그리스도를 위한 싸움은 아니라는 것을 깨닫지 못했다. 만일 어떤 이가 루터 자신이 옳다고 여기는 신학 입장에서 벗어나기라도 하면, 루터는 곧장 그 책임을 물었다. 루터는 사람들에게 지성과 영혼의 완전한 복종을 요구했다. 결국 알랑쇠(예스맨)°들이 그를 에워쌌다. 실제로 양심과 자유를 지키고 영적 독재에 맞서 싸우고자 수없이 많은 일을 했던 바로 그 사람이 이제 어떤 측면에서는 자신이 공격했던 어느 누구보다 관용과 거리가 먼 교회를 만들어 낼 위험에 빠져 있었다.

또 다른 문제도 루터를 괴롭혔다. 루터는 그의 몰락이 정점에 이르러 기꺼이 죽으려 했을 때, "우리를 위해 그의 피를 흘리신 그리스도"께 거듭 기도하며, 하나님께 이렇게 아뢰었다. "하나님, 당신은 아십니다. 당신이 복음을 위해 피를 흘리게 하신 이들이 많이 있음을. 저는 저도 당신 이름을 위해 제 피를 흘릴 사람이라고 믿었습니다만, 저는 그럴 만한 자격이 없습니다. 당신 뜻이 이루어지길!"37 이런 말은 루터가 그 무렵에도 계속하여 순교하리라는 생각에 거듭 사로잡혀 있었음을 보여 준다.38 불과 몇 달 전인 **4월 23일**, 할레의 게오르크 빙클러 Georg Winkler—

개신파가 되기 전에는 마인츠 대주교 알브레히트의 측근 조언자였다―가 대주교의 관리들에게 심문을 받고 돌아오는 길에 살해당했다.[39] 루터는 쓰러지기 전주前週에 그가 죽었다는 소식을 전해 듣고, 알브레히트가 빙클러를 죽이지 않았나 의심했다. 또 다른 사례도 그에게 근심거리가 되었다. 이전에 가톨릭 성직자였다가 루터파에 가담한 뒤 바이에른에서 루터파 교리를 설교하기 시작했던 레온하르트 카이저Leonhard Kaiser가 체포당했다. 카이저는 1525년에 풀려나자, 비텐베르크로 가서 공부했으며, 여기서 루터 및 멜란히톤과 잘 아는 사이가 되었다. 그러나 비텐베르크에서 18개월을 보낸 뒤, 그의 아버지가 중병으로 쓰러지자, 바이에른 집으로 돌아갔다. 그는 아버지가 임종하기 몇 시간 전에야 겨우 집에 이르러 아버지를 만났다. 다시 설교하는 것 자체가 어리석은 일이었지만 그는 다시 설교했고, 결국 곧 상습 이단으로 몰려 바이에른 공이 부리는 관리들에게 붙잡혔으며, 1527년 3월 7일에 다시 옥에 갇혔다. 루터와 멜란히톤은 물론이요 작센 선제후도 그의 영혼을 위로하는 편지를 써 보냈다.

카이저가 옥에 갇혔고 순교가 임박했다는 소식은 루터에게 무거운 부담을 주었다. 1524년 12월, "헨리코 형제Bruder Henrico"―네덜란드인 루터파 신자였고, 이전에 비텐베르크에서 공부한 학생이었으며, 카를슈타트 추종자였다―가 적의를 품은 농부들에게 살해당했다. 루터는 그의 순교를 다룬 소책자를 썼는데, 이는 종교개혁이 천명한 많은 순교론 가운데 처음 나온 문헌 중 하나였다.[40] 하지만 루터가 카이저 사건에 보인 반응은 감정에 훨씬 많이 치우쳐 있었으며, 그 안에는 다가올 일에 관한 강한 예감이 가득했다. 루터는 5월 20일, 그러니까 그가 쓰러지기 한 달 보름 전, 카이저에게 편지를 보냈다. 루터는 그를 기다리는 운명이 무엇인지 확신했다.[41] 10월, 아직도 병으로 쓰러진 후유증에 시달리던 루터는 계속하여 자신이 카이저에 비하면 얼마나 "하찮고 보잘것없는지" 느낀다는 글을 적었다. 그는 그저 "말만 번지르르한 설교자"였다. 그러나 "레오"는 강력한 행동가요 명실상부한 "사자"이자 "황제"였다.[42] 루터가 자신을 카이저와 동일시했다는 것은 놀라운 일이 아니다. 카이저 사건을 펼쳐 보면, 훨씬 더 놀라운 유사점들이 나타날 것이다. 카이저는 옥고를 치르면서 쇠약해졌지만, 바로 루터와 라이프치히에서 맞붙었던 대적 요하네스 에크와 벌이는 토론에 강제로 참석해야 했다. 에크는 심지어 카이저를 단죄하는 교황 칙서를 얻으려고 로마에 가기까지 했다. 루터가 쓰러지기 전에 에크가 카이저 사건에 관심을 갖고 있음을 알았는지 여부는 확실치 않다. 이전에 라이프치히에서는 루터가 에크의 상스러운 유머를 들이받았지만, 이번에는 에크가 카이저를 대놓고 조롱하며 "당신이 파는 물건은 당신이 파는 솜씨보다 훨씬 개떡 같다"고 놀려 댔다.[43] 루터를 화형대로 보내지 못한 에크는 이제 카이저를 불태우려 했다.

선제후 프리드리히와 그 후계자 요한의 보호를 받은 루터는 안전했다. 사실, 이제 루터는 이 통치자들과 한편이었다. 루터 자신도 흑곰 여관에서 카를슈타트를 만난 뒤 씁쓸한 심정으로 이렇게 말했었다. "순교자가 되어야 했던 내가 이제 다른 사람들을 순교자로 만드는 지경에 이르렀군."[44] 카를슈타트는 루터에게 자나 깨나 골칫덩어리였다. 루터는 쓰러지기 직전 카를슈타트가 원래 모습으로 되돌아오지 않으리라고 확신하게 되었다. 쓰러져 병고가 절정에 이르렀을 때, 루터는 자신의 죽음이나 마귀의 공격 때문에 상징설을 주장하는 자들을 반박하는 글을 쓰지 못할까 봐 걱정했다. 그는 자신이 홀로 무거운 짐을 진 채 외로이 운동을 이끌어 가고 있음을 느꼈다. "아, 내가 죽고 나면 저 광신자들(즉, 열정적인 자들)◆이 얼마나 무시무시한 난리를 치려나!"[45]

루터가 쓰러진 뒤 곧바로 카이저가 순교하는 사건이 벌어졌다. 7월 18일, 파사우Passau로 끌려간 카이저는 다시 자신의 주장을 취소할 기회를 부여받았다. 카이저는 취소하길 거부했다. 그러자, 그는 많은 군중 앞에서 진행된 의식을 통해 성직을 박탈당했으며, 그 군중 속에는 에크도 있었다. 파사우 주교는 카이저의 몸에서 사제복을 하나씩 하나씩 벗겨 냈고, 그의 수염을 밀어 버렸다. 그런 다음, 무릎까지 내려오는 헐렁한 통옷Kittel을 입히고, 그의 머리에는 한쪽이 갈라진 검은 베레모를 씌웠다. 이제 영락없는 평신도가 된 그는 시市 재판관에게 넘겨졌다. 하지만 이 의식이 그가 당한 굴욕의 끝이 아니었다. 카이저는 성 지하 감옥에 한 달 더 수감되었다. 그런 뒤, 사슬에 묶인 채 그 마을 전체를 돌고 나서, 그의 고향인 셰르딩Schärding으로 끌려가, 거기서 8월 16일에 처형당했다.

카이저는 그가 믿은 루터파 신앙을 신실히 지키다 죽었다. 익명 저자가 처음으로 그의 죽음을 기록한 소책자는 그의 몸이 불타지 않는 기적이 일어났다고 주장했지만, 루터는 진실과 거리가 먼 이 기적을 받아들이지 않았다.[46] 대신 루터는 12월에 카이저의 재판 경위 기록, 몇몇 편지, 카이저의 유언, 그리고 자신의 친구인 미하엘 슈티펠이 보내온 카이저 처형의 정확한 전말을 모두 담은 소책자를 저술했다. "그 뒤 곧바로 불이 붙었다. 그는 큰 소리로 몇 번 소리쳤다. '예수여, 나는 당신 것이니, 나를 구해 주소서!' 그 뒤 그의 손과 발과 머리가 불 타며 떨어졌고 불이 수그러들었다. 형 집행자는 장대를 가져다가 시신을 뒤집은 뒤, 불 속에 나무를 더 집어넣었다. 그 뒤, 집행자는 시신에 구멍을 내고 시신을 칼로 찔렀다. 그는 시신을 장대에 꽂은 뒤, 시신을 다시 화형대 위에 올려놓고 마저 불태웠다." 루터는 마치 무시무시한 순교의 공포 앞에서도 결코 물러서지 않겠다는 듯이 이 모든 내용을 세세하

카이저의 순교를 다룬 루터의 소책자 『바이에른에서 복음 때문에 화형당한 레온하르트 카이저 씨에 관하여Von herr Leonhard Keiser in Beyern vmb des Euangelij willen verbrannt, ein selige geschicht』 표지, 뉘른베르크, 1528년.

⟨51⟩

게 적어 다시 출간했다.[47] 루터는 자신의 속내를 아주 간절히 드러낸 말로 이 소책자를 마무리했다. "오, 주 하나님이시여, 제가 이런 신앙고백과 죽음에 합당한 사람이거나 합당한 사람이 될 수 있기를 간절히 빕니다. 지금 저는 어떤 인간입니까? 저는 지금 무엇을 하고 있습니까? 이 이야기를 읽고 나니,⋯ 이후 오랜 세월이 지나도록 여전히 그와 같은 고난을 감당할 자격이 없는 제 자신이 너무나 부끄럽습니다. 그러나 하나님이시여, 그래야 한다면 그래야겠지요. 당신 뜻이 이루어지길 빕니다."

8월, 역병이 비텐베르크를 엄습했다. 요나스와 멜란히톤은 그들 가족과 함께 비텐베르크를 떠났다. 선제후는 루터에게 비텐베르크 대학교의 나머지 식구들과 더불어 예나Jena로 떠나라고 명령했다. 그러나 루터는 그리하지 않았다. 그는 우리가 앞으로 우울depression이라 부를 것으로 고통을 겪으면서도(이 우울은 이후 여러 달 동안 이어졌다), 비텐베르크에 남아 병자를 돌보기로 결심했다. 루터가 살던 수도원은 병원이 되었다. 처음에 루터는 사태를 가볍이 여겨, 역병이 사람들이 말하는 것만큼 심각하지 않다고 주장했다. 역병으로 맨 처음 죽음을 맞은 이는 시의회 의원 틸로 데네Tilo Dhene의 아내였다. 루터는 데네의 아내가 죽기 직전 그를 안고 있었다. 이어 루터 비서 게오르크 뢰러의 임신한 아내가 지독한 산고를 겪으며 아이를 낳았지만, 아이는 죽은 채 태어났다. 산고로 탈진하여, 루터 말대로, "역병의 해독에 더 많이 노출된" 뢰러의 아내도 죽고 말았다.[48] 몇 달이 흘러갔고, 역병은 계속 희생자를 냈다. 루터는 하우스만에게 부겐하겐과 자신만이 남았다고 써 보냈지만, 사실 그 옆에는 성직자인 요하네스 만텔Johannes Mantel과 게오르크 뢰러, 그리고 루터의 아내와 아들도 남아 있었다.[49] 비텐베르크에 남겠다는 루터의 결정은 대담하기도 했지만, 자신과 가족의 안전을 고려하지 않은 무분별한 행동이었다. 어쩌면 그 결정은 순교하고 싶다는 그의 바람이 남긴 찌꺼기였을 수도 있고, 아니면 그가 자신이 맡은 양 떼를 돌봐야 하는 목회자로서 책임이라 느꼈던 일을 게을리하지 않을 수 있었던 놀라운 용기를 보여준 또 한 가지 사례였을지도 모르겠다.

우리는 루터가 무너진 이유를 모두 확실히 알지는 못한다. 그러나 그가 성찬을 둘러싸고 여러 해 동안 벌인 논쟁은 그의 가장 깊은 곳에 자리한 믿음들을 검증하는 시금석이 되었고 그와 그리스도의 관계를 위태롭게 만들었다. 그가 카를슈타트와 상징설을 주장하는 자들을 철저히 외면한 일은 그를 파멸 직전까지 몰고 갔다.[50] 결국 따지고 보면, 성찬에서 그리스도가 실제로 임재하신다는 그의 주장은 합리적이지 않았다. 성찬에서 그리스도가 임재하심은 설명할 수 없고 그냥 믿어야 하는 것이었다. 논증은 이 문제에 이르면 중단되고 말았다. 이런 입장을 취하다 보니, 그의 의견에 반대하는 이들이 제시한 논거도 건성으로 얼른얼른 보아 넘기고 말았다. 그들이 이야기하는 신학을 굳이 깊이 들여다볼 필요가 없다는 것이 그 이유였다. 대신 그는 자신이 "그리스도와 함께" 있다고 확신할 수 있는 곳으로 물러나 적을 상대하면서 자신을 방어하는 처지에 서게 되었다. 하지만 그는 이 일로 말미암아 지독한 "안페흐퉁"에 봉착하고 말았다. 자신이 믿음을 송두리째 잃지나 않을까 하는 두려움, 그리고 그리스도가 자신과 함께 계신다는 확신이 녹아 없어져 버릴 것 같은 공포가 그를 덮쳤다. 그리스도가 그를 버리셨다면, 그가 성찬과 관련하여 취한 입장은 틀린 셈이다. 그의 견해가 틀리다면, 그의 대적들이 아니라 바로 그가 사탄과 한 패거리가 된다. 루터에겐 오로지 믿음을 가지느냐 아니면 잃느냐라는 엄중한 양자택일만 있었다. 의심—그를 거듭 괴롭혀 왔던 것—이 그를 절망에 빠뜨렸다. 카를슈타트와 그 사이의 틈새는 이제 메우기가 불가능했고, 오히려 더 벌어졌다. 카를슈타트는 루터를 가톨릭 사람들과 같은 이라 비판하면서, 루터 스스로 순교자를 만들어 내고 있다고 비판했다. 루터 주위에 있는 이들은 복음 때문에 죽어 가는데도 정작 루터 자신은 순교할 "자격이 없는" 자였다. 당시 루터가 올린 고통스러운 기도에서는 두 주제가 등장한다. 순교자의 피가 그 하나요, 상징설을 주장하는 자들을 공격해야 할 필요성이 다른 하나다. 루터는 비텐베르크에서 안전히 지냈으므로 순교자가 되지 않았지만, 그래도 그는 다가오는 몇 달 동안 그의 교구민을 위해 역병과 싸울 수 있었다.

◆ ◆ ◆

역병이 물러갔다. 쓰러졌던 루터도 회복했으며, 그의 의심 역시 사라졌다. 그는 자신의 성찬론이 옳다는 것을 이전보다 훨씬 확신하게 되었다. 그는 새 교회를 세우기 시작했다. 작센 선제후가 다스리는 영역 안에 있는 모든 교구를 순회하는 일도 시작했으며, 작센 선제후령 안에 있는 모든 교구 성직자를 순회 감찰할 이에게 주는 지침도 마침내 동의를 받아 1528년 3월에 인쇄하여 출간했다.[51] 루터는 많은 작센 사람이 기독교에 관하여 도통 무지하다는 것, 그리고 이제 막 태동하는 이 사역 앞에 얼마나 많은 문제가 쌓여 있는가를 직접 목격하기 시작했다. 그 뒤로 여러 해가 흘러가는 동안, 루터는 새로운 교리문답을 만들어 내고, 선제후 및 그의 관리들과 협력하여 새 교회 제도를 짜며, 상징설을 주장하는 자들과 싸움을 이어 가는 일에 그의 에너지를 집중하게 된다.[52]

루터가 상징설을 주장하는 자들과 벌인 싸움은 그가 헤센 백 필리프Philipp I von Hessen가 마련한 마르부르크 회담에서 스위스 쪽 사람들과 만났을 때 절정에 이르렀다. 그러나 이 회담은 아무런 합의도 만들어 내지 못했다.[53] 루터는 토론자들이 앉아 있던 테이블에 분필로 "이것은 내 몸이다"라고 쓴 뒤, 그 위에 마치 어떤 성물을 숨겨 놓은 것처럼 벨벳 테이블보를 덮어 두었다가, 토론 도중에 테이블보를 벗기고 그 글을 마치 드라마의 한 장면처럼 드러내, 그 성경 말씀이 가지는 중요성을 강조했다. 그는 "이것은 내 몸이다"라는 바로 이 말씀이 말하는 그것만을 의미한다고 강조하면서, 이렇게 덧붙였다. "여기에 우리 성경이 있습니다. 당신들은 이 말씀을 억지로 비틀어 우리에게서 떼어 내겠다고 말했지만, 아직도 그리하지 못했습니다. 우리에겐 이 말씀 외에 다른 말씀이 더 필요하지 않습니다."[54] 외콜람파디우스와 츠빙글리는 요한복음 6장과 "영적 식사"의 중요성을 강조하며 "육은 무익하니라"는 그들의 모토를 되풀이했지만,[55] 루터는 육적 식사도 필수 불가결하다고 응수했다. "마음 깊이 친애하는 신사들이여, 내 주 예수 그리스도의 말씀을 담은 본문은 분명 '이것은 내 몸이다Hoc est corpus meum'라고 말합니다. 그러니 나는 진정 이 말씀을 에둘러 피하지 못하고 오로지 그리스도의 몸이 그 안에 있다고 고백하며 믿을 수밖에 없습니다." 루터는 츠빙글리에게 이렇게 훈계하며, 이 토론의 주제가 된 라틴어 본문을 깨고 나와 독일어로 옮겨 갔다(하지만 축성 때는 여전히 라틴어를 사용하여 이야기했다).[56] 츠빙글리는 루터가 아주 짜증을 낼 정도로 이 토론에서 그리스어를 빈번히 사용하면서, 루터가 미사라는 희생 제사를 되살렸다고 재차 비판했다. 그러자 루터는, 보름스에서 그랬던 것처럼, 자신은 "주님의 말씀에 매여 있으며 그 말씀에 사로잡혀 있다"고 강조했다.[57] 두 편이 전혀 합의에 이를 수 없다는 것이 분명해지자, 루터는 그들과 관계를 끊고, 그들을 "누가 옳은지 분명하게 판단해 주실" 하나님의 심판에 그들을 맡긴다고 선언했다. 츠빙글리는 이 말을 듣고 울음을 터트렸다.[58] 회담이 끝날 때, 외콜람파디우스와 츠빙글리는 적어도 그들이 모두 한자리에서 직접 만났다는 것에 기쁨을 표시했다. 그러면서 그들은 그들의 대적도 형제로 받아들이고 모두 함께 어울려 성찬을 나누길 원했지만, 루터는 그 제의를 차갑게 거부했다.[59] 하지만 루터는 이 토론으로 말미암아 산산이 부서지고 말았다. "사탄의 사자, 아니 죽음의 사자인 누군가가" 그를 맹렬히 공격했으며, 루터는 자신이 살아서 집으로 돌아가지 못할까 봐 걱정했다.[60] 대적을 상대할 때 도무지 타협을 모르는 루터의 태도, 이런 태도가 그에게 준 고통이 결국 우울하고 혹독한 패턴으로 자리 잡고 말았다. 초기에는 복음에 입각한 각성에 집중되었던 에너지가 이제는 새 제도권 교회를 세우는 데 집중되었다. 하지만 한때는 광대했던 개신파 운동이 이제는 그 지도자들이 각자 자신의 신학 영역을 지키면서 여러 갈래로 분열될 위험에 빠졌다.

15.
아우크스부르크

루터는 자신이 상징설을 주장하는 자들을 되돌리지 못하리라고 확신했지만, 신성로마제국 황제 카를 5세의 무자비한 적대 행위에 맞서려면 갈기갈기 나뉜 종교개혁의 여러 그룹이 통일된 정치 전략을 발전시켜야 한다는 것도 분명해졌다. 두 그룹은 모두 정치권력의 본질 그리고 이런 정치권력에 맞설 수 있는 때는 언제인가라는 문제를 놓고 씨름할 수단을 찾아야 했다. 카를은 그 영역이 에스파냐 중심부에서 시작하여 이탈리아를 거쳐 신세계에 이르는 거대한 제국의 통치자였으며, 신성로마제국은 이 거대한 제국의 한 부분일 뿐이었다. 이탈리아 전쟁을 끝낸 카를 5세는 이제 다른 일에 거리끼지 않고 독일의 상황에—그리고 종교개혁을 격파하는 일에—몰두할 수 있게 되었다.

루터의 정치 이론은 그가 『세속 권력에 관하여: 어디까지 순종해야 하는가Von weltlicher Obrigkeit, wie weit man ihr Gehorsam schuldig sei』를 쓴 **1523년**

에 형성되었다. 그는 이 책에서 두 영역이 있다고 주장했다. 하나님의 영역이 하나요, 세상 영역이 다른 하나였다. 세상에서는 그리스도인이 그들 위에 세워진 세속 권위에 순종해야 한다. 설령 이 권위가 정당하지 않게 행동하더라고, 이 권위에 저항해서는 안 된다.[1] 이와 달리, 하나님의 영역에서는 영에 속한 것이 통치하며, 양심을 강압할 수 없다.[2] 루터는 이런 구분 덕택에 농민전쟁 내내 무탈할 수 있었다. 농민들이 제기하는 불만이 아무리 정당해도 기성 권위에 맞서 봉기하는 일은 결코 허용할 수 없었다. 루터는 이런 견해를 가진 덕분에 거침없이 예언자 같은 자세를 취하면서, 통치자들에게는 농민들을 다룰 방안을 권면하고 농민들에게는 반란을 일으켰다는 이유로 저주를 퍼부었다. 그의 이런 입장은 루터파의 본질에 계속하여 영향을 미칠 결과들을 낳았다. 정치권력자들이 심지어 그리스도인답지 않게 행동할 때도 이들과 타협하려 한 루터의 태도는 수 세기 뒤 나치 체제에 순응한 많은 루터파 신자에게 신학적 기반을 제공했다. 그러나 이제 루터의 종교개혁은 보호가 필요했다. 이는 만일 그리스도인이 신앙의 진리를 보호하고자 정당한 권위에 저항할 수 있다면 과연 언제가 그런 때인가라는 문제를 불러일으켰다.

헤센의 필리프—상상을 통해 가능한 일이 무엇인가를 파악할 능력을 갖고 있던 영리한 정치인이었으며, 이제는 개신파 사이에서 점점 더 중요한 지도자로 자리 잡고 있었다—는 츠빙글리 지지자와 루터 지지자가 분명 단합해야 하며, 이들이 힘을 합쳐 스스로를 지킬 준비를 해야 한다고 생각했다. 1529년에 마그데부르크에서 두 그룹을 하나로 만들려고 애썼던 필리프는 이 두 그룹이 함께 행동하며 황제에게 맞설 준비를 하지 않을 경우, 이들이 종교 독립을 지킬 기회는 존재하지 않으리라는 것을 올바로 간파했다.[3] 필리프는 두 그룹이 마그데부르크에서 교리 통일을 이루길 바랐지만, 통일은 이루어지지 않았다. 그러자 필리프는, 황제가 만일 종교개혁을 인정하지 않으면, 개신파는 적어도 튀르크—당시 유럽 동부로 세력을 뻗고 있었으며, 1529년 가을에는 빈을 포위했다—에 맞서 전쟁을 벌이려 하는 황제의 계획을 지원하지 않는 일에서는 통일된 행동을 취해야 한다고 촉구했다. 이것은 신성로마제국에 맞서 꼭 무장 저항을 벌이지 않아도 제국과 흥정할 수 있는 도구를 제공하는 큰 장점이 있었다. 그러나 루터는 이런 냉소주의를 저주받을 일로 보았다. 튀르크인은 살인자요 거짓말쟁이며 결혼을 모독했다. 이것만으로도 당연히 그들에 맞서 싸워야 했다. 하지만 루터는 조심스럽게 어떤 종류의 십자군에도 반대한다는 주장을 제시했다. 튀르크인이 믿는 것을 근거로 삼아 그들을 공격하는 일은 하지 말아야 했다.

상징설을 주장하는 독일 남부의 많은 자들은 종교적 핍박에 맞서 무장 저항까지 불사할 각오를 했다. 이 지역은 강력한 도시 자치 공동체commune로 오랫동안 독립을 지켜 온 전통을 갖고 있었다. 모든 남자 시민은 경비세警備稅, guard-duty tax를 냈고 무기를 소유해야 했으며, 정기 군사 소집 점검 때는 자신이 가진 무기를 제시하여 검열을 받아야 했다. 모든 남자 시민이 시장과 시 관리들에게 순종하겠다고 맹세함으로써 결속을 다지는 연례행사도 있었다. 시민이라는 지위는 자신이 진 정치책임을 무기로 뒷받침한다는 것을 의미했다. 시민이 참여하는 모든 정치 활동에서 여자가 완전히 배제된 이유 중에는 그런 것도 들어 있었다.[4]

이와 달리, 루터는 정치책임이 무엇보다 순종을 뜻한다고 보았다. 그는 "가이사의 것은 가이사에게 주라Gebt dem Kaiser, was des Kaisers ist"고 주장했다.[5] 황제는 모든 영방 통치자보다 높은 권위를 부여받았다. 따라서 모든 권위를 존경해야 하듯이, 황제도 마땅히 존경해야 했다. 그러나 루터는 1530년에 이르러 다시 생각하기 시작했다. 그는 이후 여러 해에 걸쳐 많은 우여곡절을 거치며 이 재고再考 과정을 걸어가게 된다. 루터가 속한 작센의 통치자와 이 통치자에게 자문하는 이들은 그들이 계속하여 억지로 황제에게 순종하다간 개신파 운동이 살아남지 못하리라는 것을 깨달았다. 1529년 12월 말, 루터는 선제후 요한에게 당장 카를(신성로마제국 황제)°에게 저항하겠다고 생각하는 것은 너무 시기가 이르다고 말했다. 이는 결국 적절한 상황이 벌어지면 저항할 적기適期가 이를 수도 있음을 인정하는 것 같은 말투였다. 그러나 루터는 그들이 수비 태세를 갖추거나 무장함으로써 그런 우발 사태에 대비할 필요는 없다고 주장했다. 이는 실제 현실보다 원칙을 앞세우는 것처럼 보일 수도 있는 주장이었다. 하지만 루터는 만일 작센이 어떤 대비를 갖추고 있음을 카를이 알게 된다면, 그는 즉시 작센에 맞서는 행동을 취하리라고 생각했는데, 이는 옳은 생각이었다.[6] 하지만 작센 공公이 다스리는 작센과 작센 선제후가 다스리는 작센의 다툼, 그리고 황제가 그야말로 모든 것—그가 다스리는 땅과 선제후라는 칭호—을 자신의 라이벌이자 가톨릭 신자인 게오르크에게 넘겨줄지도 모른다는 요한의 불안은 작센 정치에 계속 어두운 그림자를 드리웠다. 이런 두려움은 이들보다 훨씬 안전한 처지에 있던 헤센 공 필리프는 부닥치지 않은 두려움이었다.

루터는 저항을 묵인하지 않으려는 그의 의지를 1530년 3월 6일 선제후에게 보낸 권고 편지에서 분명하게 밝혔다.[7] 루터는 전년前年보다 훨씬 단호한 어조로 황제에게 저항하는 것은 상상도 할 수 없다고 썼다. 루터는 그렇게 저항한다면 그건 마치 작센에 있는 토르가우 시장이 선제후의 정당한 권위에 맞서 자기 시민들을 보호하겠다고 결정하는 것과 같을 것이라고 썼다.[8] 이런 비유는 오랫동안 "도시의 공기는 자유를 준다Stadtluft macht frei"는 격언에 익숙해 있었고 탐욕스러운 제후와 귀족에 맞서 자신들의 권리를 지키는 일에 익숙해 있던, 자부심이 넘치는 도시민을 설득하지 못했을 것이다.[9] 그러나 작센 도시들의 혈관에는 그들의 권리를 자주 지켜 주었던 황제를 향한 충성이 흘렀다. 뉘른베르크는 제국의 보석을 맡아 보관해 주었고, 아우크스부르크는 제국과 긴밀한 재정 관계를 맺고 있었으며, 제국 도시들은 장엄한 제국 의회를 자기 도시에서 여는 것을 영광으로 여겼다.

◆ ◆ ◆

1530년, 아우크스부르크의회가 소집되었다. 이 의회에는 황제가 친히 참석하게 된다. 황제는 이 의회에서 개신파에게 그들의 입장을 신앙고백 형태로 제출하게 하면서, 제국 내부의 종교 일치를 회복하고 튀르크의 위협에 맞서 통일 전선을 구축하려는 마지막 시도를 하게 된다. 작센의 전략을 마련하려는 회합이 토르가우에서 열렸으며, 늘 어떤 체계를 세우고 조직하는 역할을 했던 멜란히톤이 신앙고백을 최종 완성할 임무를 맡았다.[10] 회합에서 루터 자신은 반대편을 자극하지 않고자 역시 작센 영내에 있는 코부르크까지만 가고 제국 의회 자체에는 참석하지 않기로 결정했다. 그가 9년 전 보름스의회에 영웅처럼 등장했던 것과 비교하면 그야말로 천지가 뒤바뀌었다 할 만한 변화가 일어난 셈이었다. 그는 지나가는 농담으로 자신이 이제 그런 싸움터에 초대받지 못한 채 밀려나리라고 말했다. 루터는 한 편지에서 작센 사절단 구성원인 멜란히톤, 슈팔라틴, 요나스, 그리고 요하네스 아그리콜라와 함께 자신도 그 자리에 있었다면 좋았을 것이라는 심경을 피력했다. 그러나 그는 이제 불쌍한 성가대원처럼 "입 다물고 있어! 넌 목소리가 엉망이야!"라는 말이나 듣는 처지로 전락하게 된다.[11]

비텐베르크 사절단은 아우크스부르크에 도착하자, 우선 루터에게 꼬박꼬박 편지를 써 보냈다. 루터는 아우크스부르크에서 북쪽으로 200킬로미터쯤 떨어진 코부르크 성에 유폐당한 사람처럼 홀로 갇혀 있었다. 루터는 자신이 여기서 자신만의 의회인 새鳥 의회를 열었다고 농담했다. "물론 여러분은 아우크스부르크로 가긴 했습니다. (하지만, 여러분이 참석하러 간 의회가)◆ 열리는 것을 언제 보게 될지도 확실히 모릅니다. 우리는 여기 또 다른 의회의 심장부에 와 있습니다.…모든 의원이 똑같이 검습니다. 모두 짙은 파란 눈을 가졌고, 모두 같은 음악을 제창합니다. 나는 여태까지 이 의원들의 황제를 본 적도 없고 황제의 목소리를 들은 적도 없습니다." 루터는 편지를 보낼 때마다 "날개 달린 수다쟁이들의 왕국"에서 보낸다는 서명을 꾸준히 적어 보냈다.[12] 그러나 새들에 관하여 이야기한 이는 루터만이 아니었다. 얼마 안 있어 아그리콜라가 아우크스부르크에서 멜란히톤이 꾸었다는 새 꿈을 묘사한 편지를 보내왔다. 독수리 한 마리가 나타났는데, 이 독수리가 마법을 부리듯 고양이로 변신했다. 곧바로 이 고양이는 자루에 집어넣어졌다. 그때 루터가 도착하여 울부짖는 고양이를 풀어 주라고 요구했다. 고양이는 풀려났다. 개신파는 가능한 해석을 찾아 꿈풀이에 매달렸다. 사람들이 사절단 가운데 한 사람인 카스파르 아퀼라Caspar Aquila를 "독수리"라고도 불렀기 때문에, 어쩌면 이 꿈은 그의 집에 재앙이 닥칠 것을 미리 일러 주는 게 아닌가 하는 해석이 나왔다. 다른 이들은 꿈속의 독수리가 황제를 상징하며, 마법을 부림은 황제가 진리를 이해하지 못하게 방해하는 무도한 궤변론자들과 추기경들의 사악한 음모를 뜻한다고 확신했다. 루터가 와야 비로소 "그 고양이가 자루에서 풀려날 수 있으며" 카를 5세가 참된 복음을 들을 수 있으리라는 꿈같았다.[13]

    루터는 강요된 고독을 활용하여 구약성경 선지서 번역을 이어 가고 저술을 계속했다. 먼저 그는 『아우크스부르크의회에 모인 성직자에게 권면Vermahnung an die Geistlichen, versammelt auf dem Reichstag zu Augsburg』을 저술했다. 이 책은 500부를 비텐베르크에서 인쇄하여 아우크스부르크로 보냈는데, 거기서 다 팔렸다. 이 신랄한 소책자는 루터의 지독한 거짓 겸손으로 말문을 열었다. 루터는 짐짓 사람들이 이렇게 물을 것처럼 꾸몄다. "당신이 필요한 사람이 누가 있소? 대체 누가 당신의 권고나 글을 요구했소? 여기에는 똑똑하고 경건한 사람들이 아주 많아. 다 당신 같은 바보보다 훌륭한 조언을 할 수 있는 사람들이지." 그러나 루터는 계속하여 개신파의 개혁 운동이 이룬 성과를 모두 열거했다. 면벌부 매매, 우스꽝스러운 성인 숭배, 순례, 수사 제도 같은 악폐를 쓸어버렸다. 주교들이 오랜 세월 동안 해내지 못했지만, 루터는 이 위업을 해냈다. 만일 루터는 자신이 아우크스부르크에 직접 가지 못한다면, 영으로 그리고 "소리가 없고 조용한 이 내 메시지를 담은 글로" 거기에 있겠다고 말했다.[14]

그가 숨어 있는 곳은 비밀로 하려 했지만, 방문객이 끊이지 않고 찾아왔으며, 그런 방문객에는 만스펠트 시절부터 그의 죽마고우였던 한스 라이니케도 있었다. 라이니케의 방문은 틀림없이 많은 추억을 되살려 주었을 것이다. 그러나 그로부터 불과 며칠 뒤인 5월 말, 라이니케는 루터에게 편지를 보내 루터의 아버지 한스가 별세했다는 소식을 알렸다. 라이니케 자신도 이 소식을 만스펠트에 도착하기 전에 들었다.[15] 루터는 애초 2월에 그의 아버지가 몸져 누웠다는 소식을 듣고, "주인들(지주들)°과 농민들이 제게 어떤 호의를 표시하는지 아버지도 아시기" 때문에 당장 아버지 병문안을 갈 수 없음을 편지로 적어 보냈다. 루터가 문안을 가기에는 상황이 안전하지 않았으며, 그의 아버지 역시 너무 쇠약하여 비텐베르크로 찾아올 수 없었다. 루터가 보낸 편지가 작별 인사였다. 루터는 자신이 아버지를 다시 만나지 못하리라는 것을 알았던 것 같다. 루터는 아버지를 위로하려 하면서, 아버지가 자신 때문에 겪은 고통을 용서해 달라고 빌면서도, 그 고통에 영적 의미를 부여했다. 루터는 하나님이 참된 교리와 가르침을 아버지 안에 "인印을 쳤으며", "제 이름을 위해" 아버지께 "표징" 또는 "표"를 주셨다고 말했다.¹⁶ 루터가 자신을 그리스도에 빗댄 것은 이때가 처음이 아니었지만, 이제 그렇게 자신과 그리스도를 동일시하는 태도는 그가 1521년에 보름스에 갔을 때보다 깊어지고 더 추상적 형태를 띠었다. 이런 태도는 그가 1527년에 겪은 병고에서 회복하면서 강해졌다. 마귀에게 많은 공격을 받으면서 자신이 하나님의 일을 하고 있음을 증명해 보였기 때문이었다. 이제는 이런 확신이 그의 모든 생각을 떠받치고 있었다.

    루터의 내면에 깃든 불안과 비통이 제국 의회에 그림자를 드리웠다. 루터는 아버지가 별세했다는 소식을 듣자, 시편의 사본 하나를 붙들고 그의 방으로 달려가, 거기서 종일 울었다. 다음 날, 그는 심한 두통에 시달렸다. 그는 전날 밤 큰 이가 하나 빠지는 꿈을 꾸었으며, 이 꿈이 아버지의 죽음을 일러 준다고 판단했다.¹⁷ 루터는 6월 5일 멜란히톤에게 이런 편지를 보냈다. "(모든)◆ 자비의 아버지(성부 하나님)°가 이런 아버지에게서 나를 태어나게 하셨네. 그리고 (창조주이신 그분은)◆ 그 아버지의 땀이 (지금)◆ 내가 있기까지 나를 먹이고 길러 주셨네."¹⁸ 루터는 앞서 심히 편찮은 아버지를 위로하고자 보낸 편지에 "하나님이 여태까지 견딜 수 있는 강하고 단단한 몸을 아버지에게 주셨습니다"라고 적었다.¹⁹ 그러나 루터의 아버지는 죽기 몇 해 전에 파산했으며, 겨우 50굴덴이라는 연봉을 받고 다른 이의 회사에 지배인으로 들어갔다. 50굴덴은 아들이 받는 기본급의 절반이었다.²⁰ 루터는 오랜 세월 동안 아버지 한스와 싸웠지만, 이제는 아버지의 사랑을 기억했으며, 자신과 아버지가 얼마나 닮았는지 잘 깨달았다. 루터는 기질 중 많은 부분을 아버지에게 물려받았다. 그러나 하나님은 그런 아버지를 통해 "지금의 나"를 "핀크시트finxit"("길러 주시다raise"보다는 "형성하다form", "조성하다shape"는 뜻에 더 가깝

다) 하셨다. 아울러 루터는 그의 아버지가 떠남으로써 이제는 그가 어른이 되었음을 알았다. 루터는 이제 그가 "우리 집에서 가장 나이 많은 루터"라고 말했다.

◆ ◆ ◆

처음 시작될 때 그가 영감을 불어넣었던 운동(종교개혁)°은 이제 그 창시자와 분리된 것처럼 보였다. 아우크스부르크에서는 루터파 사람들이 황제가 등장하길 오랫동안 기다렸다. 작센 선제후는 제후 가운데 가장 빨리 5월 초에 도착했지만, 황제는 6월이나 되어야 제국 의회에 오리라는 소문이 돌았다. 작센 선제후에 이어 도착한 제후 가운데는 헤센 백 필리프도 있었다. 그는 여전히 루터파와 츠빙글리 사이에서 갈등하는 것 같았다. 이렇게 주요하고 활동력이 왕성한 정치인 지지자를 잃는 것은 심각한 위협이 될 수 있었다.[21] 루터는 자기를 따르는 이들에게 "성찬을 짓밟은" 츠빙글리파와 상징설에 맞서 굳건해야 한다고 독려했다. 심지어 루터는 선제후더러 천하가 지켜보는 가운데 가톨릭 미사에 참석하여 상징설을 주장하는 자들이 선제후가 자기네 편이라 자랑하지 못하게 하라고 권면했다.[22] 이런 움직임은 루터파 사람들을 지역민에게서 더욱더 고립시킬 뿐이었고, 이는 다시 루터파 사람들에게 싸움을 대비해야 한다는 의식을 심어 주는 데 기여했다. 그들은 아우크스부르크에서 기다리는 동안 상징설을 주장하는 자들이 아우크스부르크 사람들에게 강력한 영향력을 행사하고 있음을 목격했다. 이 지역의 루터파 설교자인 우르바누스 레기우스는 겨우 200명 청중을 놓고 설교했지만, 요나스가 무식쟁이요 헛소리나 지껄이는 인간이라 생각했던 츠빙글리파 설교자 미하엘 켈러는 거대한 예배당인 성 ^{聖} 울리히 교회에서 설교할 때면 늘 6,000명이나 되는 청중을 끌어모았다. 아그리콜라는 대담하게도

츠빙글리파를 반박하는 설교를 열렬히 쏟아 냈다가, "말벌 집"을 건드렸다는 비판만 호되게 얻어 들었다.²³

6월 15일, 예수 승천 대축일에 드디어 황제 카를이 도착했다. 그는 으리으리한 행렬을 대동하고 아우크스부르크에 들어왔는데, 이는 여러 주 동안의 기다림 뒤에 찾아온 기대를 한껏 부풀게 했다. 축하 행렬이 8일 저녁까지 이어졌다. 요나스는 "당신(루터)°이 이런 것을" 별로 마뜩잖게 여기리라는 것을 알면서도, 이 광경을 멋지게 상세히 묘사하여 루터에게 적어 보냈다. 불과 몇 달 전에 볼로냐에서 교황에게 황제 관을 수여받았던 황제는 금빛 용포를 입고, 황금 칼을 찬 채, 보석으로 치장하고 금 덮개가 있는 말에 앉아 있었다. 작센 선제후가 말을 타고 황제 옆에 붙어 따라갔고, 카를의 아우인 페르디난트 1세Ferdinand I가 뒤따랐다. 요나스가 아주 기뻐하며 언급한 대로, 교황 특사이자 추기경인 로렌조 캄페지오Lorenzo Campeggio는 적어도 황제를 앞지르지는 않고 황제 옆에 나란히 붙어 아우크스부르크로 들어갔다.²⁴ 이 화려한 쇼는 루터파에 맞서 모여든 세력들이 지닌 힘을 있는 그대로 루터파 사람들의 뇌리에 깊이 새겨 주었을 것이다. 카를 5세는 그때까지 여러 해 동안 이탈리아 쪽 일에 붙잡혀 있었다. 그러다 보니, 사람들은 제국의 힘이 얼마나 막강한가를 거의 잊어버릴 정도였다. 하지만 이제는 그 힘을 모든 이가 볼 수 있게 펼쳐 보였다.

하지만 제국의 장엄한 위용을 과시하려고 마련한 이 장관壯觀도 제국의 분열상을 드러냈다. 카를은 도착하자마자, 가톨릭 제후들과 루터 편 제후들에게 따로 연설한 뒤, 곧바로 개신파 사람들에게 그들의 설교를 용납하지 않겠다고 경고했다.²⁵ 카를은 아우크스부르크에 공식 입성한 다음 날, 성체대축일 축하연을 열었다. 이 축하연이 열리는 동안, 축하 행렬은 성체를 높이 들고 도시 경계를 돌며 축일을 축하했다. 카를은 일부러 이 축일 때에 맞춰 아우크스부르크에 도착했으며, 그리스도의 몸을 드높이는 의식도 제후와 추기경, 주교가 모두 하나를 이뤄 행렬하면서 제국의 통일을 과시하고 세속 권위와 종교 권위가 화합하고 있음을 보여주려고 마련한 것이었다. 그러나 개신파 제후들과 아우크스부르크 민중 대다수는 아예 대놓고 이런 행사에 참여하길 거부했다. 통일과 화해를 과시하려고 계획한 일은 사실 서로 생각이 다른 여러 분파가 존재한다는 것만 부각시켰다. 가톨릭 신자들은 시큰둥한 아우크스부르크 군중을 가로질러 행렬했으며, 개신파는 곧장 그들의 숙소로 갔다.[26]

아울러 이 일은 개신파가 얼마나 약하며 가톨릭보다 수가 얼마나 적은가를 개신파 사람들에게 똑똑히 보여주었다. 멜란히톤은 공황 상태에 빠져 ("황제의 궁정에서는 황제 자신보다 온유한 이가 아무도 없으며", 독역본)° "다른 모든 사람이 우리를 아주 잔인하게 증오합니다"라고 썼다. 요나스는 이렇게 걱정했다. "추기경들이 황제를 에워싸고 있습니다.…그들은 매일 황궁에 있습니다. 사제들도 벌처럼 떼를 지어 황제 주위에 모여 있으면서, 우리를 향한 증오심을 불태우고 있습니다."[27] 개신파는 이제 츠빙글리파와 벌이던 다툼은 잠시 잊고 오직 교황파와 그들과 맞서 싸우기 위해 준비해야 할 것만 생각했다. 실제로 황제가 도착하자마자, 종교를 둘러싼 싸움이 시작되었다. 바로 그다음 날, 나팔을 부는 이들이 아우크스부르크 거리를 행진하면서, 허가받은 설교자 외에는 설교해서는 안 된다고 공포했다. 설교를 금지당한 루터파는 그나마 협상을 통해 과격한 가톨릭 신자들도 역시 설교하지 못하게 만들었다. 하지만 이런 광범위한 설교 금지는, 츠빙글리파도 그들의 발판을 잃어버림을 의미했기 때문에 결국 루터파에겐 전화위복이 되었다. 요나스는 어용 설교자들을 비웃었을지도 모른다. 이런 설교자들은 성경 해석은 아예 하지 못했고, 그저 교훈이나 떠벌리며 "어린아이 같은" 설교를 늘어

놓았다. 그래도 그들은 대중을 선동하지는 않았다.²⁸

      루터도 한 주제만큼은 가톨릭과 어렵지 않게 의견 일치를 보았다. 상징설을 주장하는 자들은 이단이며, 이단으로 처벌할 수 있다는 것이 그것이다. 루터는 상징설을 주장하는 자들이 스스로 우리에게서 떨어져 나갔으므로 우리가 그들을 잘라 내도 양심의 가책을 받을 필요가 없다고 썼다. 물론 루터는 그렇게 말은 하지 않았지만, 상징설을 주장하는 자들이 그들의 믿음 때문에 로마로 끌려가 거기서 화형을 당할 위험에 빠지게 하고픈 마음도 있었던 것 같다. 이제는 멜란히톤조차 재세례파는 공공연히 하나님을 모독하는 자들이니 사형을 당해도 싸다고 주장했다.²⁹ 아우크스부르크 신앙고백 인쇄본을 보면, 적어도 다섯 조문이 유아세례를 인정하길 거부한다는 이유로 재세례파를 저주했다.³⁰ 멜란히톤은 제국 의회 때 상징설을 주장하는 자들에게 관용을 베풀거나 타협하면 안 된다고 믿었다. 멜란히톤은 이런 방침의 연장선상에서 처음에는 제국 의회에 온 볼프강 카피토나 마르틴 부처를 만나길 거부했다. 츠빙글리는 그가 믿는 것들을 진술한 소책자 Fidei ratio를 인쇄, 제작한 뒤, 이를 따로 황제에게 제출하고 싶어 했다. 반면, 부처는 이제 루터파와 제휴하여 공동전선을 펴길 원했다. 6월 27일 아우크스부르크에 도착한 그는 요하네스 브렌츠를 비롯하여 몇 사람을 만났으며, 7월 중순에는 헤센 백 필리프의 압력을 받은 멜란히톤도 부처를 만나 부처가 루터에게 보내려고 마련한 협상 편지를 검토하는 데 동의했다. 여기서 부처는 자신들도 성찬에서 그리스도의 참된 몸이 임재하며 그 몸을 먹는다고 주장하기 때문에 자신들과 루터파의 입장에는 실상 아무런 이견이 없다고 설명했다.³¹

      부처가 하도 뜻밖의 양보를 내놓다 보니, 멜란히톤은 부처가 진심이 아니라고 생각했으며, 루터는 부처의 제안에 버럭 화를 냈다. "나는 마르틴 부처의 편지에 답하지 않겠네. 내가 주사위 게임을 얼마나 싫어하며 그 게임의 교활한 속임수를 얼마나 증오하는지 자네도 알 걸세. 나는 그런 게임이 즐겁지 않네. 이것은 그들이 여태까지 가르쳐 온 내용이 아니네. 그런데도 그들은 그 사실을 인정하려 하지도 않고 속죄하려고도 하지 않네. 오히려 그들은 우리 사이에 아무 이견이 없다는 것만 계속 강조하네. 그들 말대로 하다간 우리는 결국 그들이 진리를 가르쳤으며 우리가 그들에 맞서 싸운 것이 틀렸음을, 아니 우리가 미쳤음을 인정해야 할 걸세."[32] 루터의 반응은 타협 기회를 허무하게 날려 버렸다. 타협이 이뤄졌더라면, 개신파의 입장이 훨씬 힘을 받았을지도 모른다.

◆ ◆ ◆

홀로 고립된 성에 있던 루터는 아무도 그에게 편지를 써 보내지 않는다고 씁쓸한 불만을 토로했다. 사실 그의 그런 말은 과장이었다. 그러나 중요한 협상이 벌어지고 있는데도 소식이 뜸한 것은 사실이었다. 더군다나, 루터는 아버지가 별세한 뒤부터 줄곧 그의 머릿속에서 반란이나 소동이 일어난 것 같은 두통을 겪었다. 머릿속에서 맨날 천둥이 치는 것 같았고, 그는 거의 쓰러질 지경이 되었다. 이런 상태가 어찌나 심각했던지 어떤 때는 며칠 동안 글을 쓰거나 읽지도 못했다. 게다가 치통마저 심해지고 있었다.[33] 루터는 코부르크Coburg—단어 철자를 바꿔 부르는 언어유희를 늘 좋아했던 루터는 이곳을 그로부크Grobuk라 부르곤 했다—에 갇혀 오도 가도 못하는 신세가 된 채, 많은 시간을 그 몸의 병을 생각하며 지냈다. 자신의 병을 언급하지 않고 넘어간 편지가 거의 없었다. 질병이 멜란히톤과 루터 사이에 오고 가는 사연의 일부가 되었다. 루터는 멜란히톤의 불면증을 걱정했고, 멜란히톤은 루터가 너무 열심히 일하면서 건강을 돌보지 않는다고 나무랐다.

루터는 이런 질병에서도 영적 의미를 찾았다. 그는 이번에도 이런 질병을 마귀의 "타격打擊, colaphizings"이라 부르며, 마귀가 자신의 머리를 두드려 패거나 후려침을 바울이 썼던 말로 표현했다. 루터는 이 말을 1527년에 쓰기 시작했다. 당시 그는 치질을 앓고 있었다. 1528년, 루터는 같은 병을 앓는 이에게 보낸 편지에서 자신의 질병을 그 누구도 따라오지 못할 만큼 실감 나게 묘사했다. "배 속을 비우면 항문 주위 살이 삐져나오면서, 거의 호두 크기만큼 붓습니다. 거기에 겨자씨만 한 상처가 있지요. 장이 헐거워질수록 이 상처 자리가 더 아프고, 똥이 단단해질수록 상처가 덜 아픕니다. 똥에 피라도 섞여 나오면, 똥 누는 것이 구원이요 거의 즐거운 일이 됩니다. 때문에 저는 자주 똥을 누려고 합니다. 아픈 자리를 손가락으로 만져 보면, 유쾌하게 가려우면서 피가 흘러나옵니다." 때문에 그는 편지를 보낸 이에게 이렇게 조언했다. "그것이 소위 '금빛 동맥'이니, 지혈止血하지 마시고 피가 흘러나오게 하세요. 실제로 금빛입니다. 질병과 관련된 좋지 않은 것은 모두 흘려보내라는 말도 있습니다. 그것은 모든 질병이 나가는 똥의 문이거든요. 그런 사람들이 가장 오래 산답니다."[34]

현대 독자들이 읽으면 불쾌할지도 모르는 말이지만, 이런 말은 그 시대 사람들의 믿음을 반영한다. 체액 의학은 세계와 몸이 서로 연결되어 있다고 생각했다. "흐름flow"은 늘 몸에 좋기 때문에 멈추게 해서는 안 된다고 생각했다. 경혈經血, 고름, 소변은 몸에서 나쁜 물질을 내보내 몸을 건강하게 만들어 주는 것이었다. 루터는 질병을 몸과 세계 사이에 이루어지는 아주 긴요한 소통이 무너진 것이라고 보면서, 그가 앓는 몸의 질병이 그의 감정 상태와 연관이 있다고 여겼다. 실제로 감정과 성격이 체액의 혼합 상태에 따라 결정된다고 생각했던 시절에는 그와 다른 생각을 할 수 없었을 것이다. 하지만 루터만이 가졌던 특이한 점은 영적 확신도 자기 몸이 겪은 경험에서 끌어내려 한 점이었다. 이런 그의 특이한 경향은 그가 나이가 들어 가고 병이 심해질수록 점점 더 강해졌다. 루터가 코부르크 성에 있는 동안, 그의 고통은 대부분 머리에 집중되었다. 그는 자신이 나쁜 포도주를 마셔서 그렇다고 자연 원리를 이용해 설명했다. 그러나 동시에 그는 영적 해석도 제시했다. 두통은 그가 구약성경을 번역하지 못하게 훼방함으로써 하나님의 일도 방해했다. 그러니 이런 것은 마귀가 하는 짓이라고 볼 수밖에 없다는 것이 그의 해석이었다. 말하자면 루터 자신의 몸이 하나님과 마귀가 온 우주를 놓고 벌이는 싸움의 전쟁터가 된 셈이었다. 그가 멜란히톤에게 써 보낸 대로, 마귀는 이제 그의 영을 유혹하는 데서 그의 몸을 공격하는 쪽으로 돌아섰다. 그는 이렇게 선언했다. "좋아, 녀석이 나를 집어삼키면 하제下劑도 집어삼키겠지. 하나님이 원하시면, 그 하제가 녀석의 장과 항문을 아주 좁게 만들어 버릴 거다."[35]

• • •

루터는 5월 22일부터 6월 중순까지 거의 한 달 동안 아우크스부르크에 있던 비텐베르크 사절단에게서 아무런 소식도 듣지 못했다. 그는 이때가 아주 중요한 때임을 알았다. 멜란히톤이 황제에게 제출하는 신앙고백을 마무리하고 있었기 때문이다.[36] 루터에게 말하지 말아야 할 어떤 비밀이 있었을까?[37] 루터는 슈팔라틴에게 농담 반 진담 반으로 편지를 간절히 기다린다고 썼다. 첫 번째 사자使者가 도착하자, 루터가 이렇게 물었다. "편지는 가져오지 않았소?" 사자는 "가져오지 않았습니다"라고 대답했다. 그러자 루터가 "거기 간 양반들은 잘 지내시오?" 사자는 잘 지낸다고 대답했다. 두 번째 사자가 오고, 이어 세 번째, 네 번째 사자가 왔지만, 늘 똑같았으며, 편지는 없었다. 루터가 "거기 간 양반들은 잘 지

내시오?"라고 물으면, "잘 지내십니다"라는 대답이 돌아왔다.[38]

카를이 아우크스부르크에 도착하고 열흘이 지난 6월 25일, 신앙고백이 정식으로 황제에게 제출되었다. 개신파는 제국 의회 회기 내내 이 신앙고백이 낭독되길 원했지만, 1529년에 빈에서 쫓겨났던 튀르크 사람들이 다시 빈 공격을 도모하고 있다는 소식이 도착했다. 황제의 아우 페르디난트는 이 중요한 문제(튀르크의 침공에 대비하는 문제)◇를 논의하는 동안 종교 의제는 논의를 보류하도록 하는 데 성공했다. 대신, 신앙고백은 주교관 예배당에서 가톨릭에 속한 제후들과 황제에게 제출되었다. 슈팔라틴은 신앙고백을 통해 루터파 신앙을 폭넓고 체계 있게 제출한 것—"루터파가 가르치고, 설교하고, 생각하는 것과 함께, 루터파가 가진 신앙을 모두 망라한 조문"을 제시한 것—을 "이 땅에서 이제까지 이룬 가장 위대한 업적" 가운데 하나로 꼽았다.[39]

본디 계획은 신앙고백을 라틴어와 독일어로 낭독하게 하는 것이었으나, 결국 독일어로만 제출했으며, 독일어로만 낭독하는 데도 꼬박 두 시간이 걸렸다.[40] 요나스는 황제가 주의 깊게 귀 기울여 듣는 것 같았다고 보고했다. 그러나 요나스도 잘 알고 있었지만, 황제는 독일어를 한 단어도 이해하지 못했다. 작센 재상 크리스티안 바이어가 카를 자신이 이해하지 못하는 언어로 작성된 복잡한 신학 텍스트를 낭독했으며, 카를은 마지못해 이를 들었다. 황제에게 억지로 이런 일을 시킨 것은 정치적으로 현명한 처사가 아니었다. 그러나 루터는 이 순간이 제국 의회에서 가장 중요한 때라고 보았다. 루터는 이 신앙고백 낭독을 찬미했다. 그는 이 낭독을 통해 "제후들 자신이 (위대한)◆ 황제와 온 제국 앞에서, 바로 우리 대적들의 코앞에서, 아무 방해도 받지 않고 설교함으로써, 결국 우리 대적들은 이를 들어야 했고 이를 반박하는 말을 한 마디도 하지 못했다"고 말했다.[41] 이는 결국 루터가 보름스에 출두했을 때와 달리 루터파에게 유리한 반전이었다. 보름스에서 루터는 자신의 신학을 모두 망라하여 충실히 설명할 수 없었다.

하지만 루터는 이 신앙고백이 황제에게 제출된 뒤에야 겨우 이를 받아보았다. 그는 자신이 신앙고백을 작성했다면 이렇게 많은 양보를 하지 않았을 것이라고 불만을 토로했다. 그는 부리나케 편지를 써서 보냈다. 편지 서두에서는 멜란히톤에게 축하 인사를 건넸지만, 뒤이어 멜란히톤이 성경을 거슬렀다고 비판했다. 그리스도는 건축자들이 내던져 버릴 돌이라는 것을, 말하자면 사람들이 경멸하고 내던져 버릴 분이라는 것을 예상했어야 했는데, 멜란히톤이 그러지 못했다는 것이 그 이유였다.[42] 이제 루터가 할 수 있는 일은 거의 없었다. 루터는 자신을 아무도 인정해 주지 않는 전쟁 영웅이라고, 마치 그 전해에 빈에서 튀르크인을 몰아내고도 "전혀 공적을 인정받지" 못한 지휘관 같은 이라고 여겼다. "하지만 나는 이 와중에도 다른 사람들이 나의 빈을 지켜 준 것이 기쁘고 그것에 위로를 받습니다."[43]

하지만 신앙고백 제출은 시작일 뿐이었다. 카를이 즉시 가톨릭 신학자들에게 루터파가 내놓은 신앙고백을 반박하라고 지시했기 때문이다. 이 신학자들의 우두머리가 라이프치히에서 루터와 토론했던 숙적이자 레온하르트 카이저의 순교에 책임이 있던 요하네스 에크였다. 이렇게 하여 만들어진 『반박Confutatio』은 8월 3일 제국 의회 회의에서 회의 내내 읽었지만, 세속 제후들에게만 제출했을 뿐, 개신파에게는 사본 하나도 주지 않았다. 황제 쪽은 어떤 희생을 치르고라도 루터가 이길 법한 논쟁은 막으려 했기 때문에, 개신파에게는 이것을 인쇄하거나 베끼지 않는다는 조건을 붙여 오직 열람만 하라고 제안했다. 개신파는 현명하게도 이 제안을 거부했다. 개신파는 자신들이 들은 내용을 토대로 그것이 그리 위협이 되지 않을 것 같다고 판단했다. 요나스는 이 반박을 "잡

탕"이라고 비웃었으며, 비텐베르크 사람들은 자신들이 논쟁에서 결코 지지 않으리라고 확신했다.⁴⁴

루터파와 가톨릭이 신앙 문제를 둘러싼 불화를 해결할 모종의 가능성을 모색하고자 협상을 벌이기 시작하면서, 루터는 멜란히톤에게서 조언을 요청하는 편지를 받았다. 비텐베르크 사람들은 자신들이 타협할 수 있는 곳이 어디인지 당장 알아야 했기 때문이다. 멜란히톤도 인정하듯이, 루터와 그의 동지들이 사전에 토르가우에서 모임을 갖고 모든 것을 논의했지만, 실제 협상은 늘 예측 불가였다. 결코 양보할 수 없는 본질은 무엇이며, 협상이 가능한 것은 무엇인가? 자신이 몇 주 동안 무시당했다고 느껴 몹시 화가 나 있던 루터는 이제 분풀이를 할 기회를 잡았다. 루터는 자신이 비텐베르크 사절단에게 대단히 화가 나 있으니, 달리 무슨 조치가 없으면 멜란히톤의 요청에 답신을 보내지 않겠다는 전갈을 보냈다.⁴⁵ 심히 놀란 멜란히톤은 부리나케 잇달아 편지를 보냈다.⁴⁶ 이토록 중대하고 화급한 때에 루터가 어찌 그들을 등질 수 있단 말인가? 그들은 루터의 조언이 필요했다. 멜란히톤은 자신들보다 많은 가톨릭 신자들에게 에워싸인 개신파가 부닥친 급박한 상황을 이렇게 묘사했다. "궤변론자들과 수사들은 끊임없이 황제에게 달려가 우리에게 맞서라고 황제를 부추깁니다.…전에 우리 편이었던 이들은 이제 우리 편에 없습니다. 우리는 큰 위험에 빠져 있으며 모멸을 받고 있습니다.… 우리가 보낸 편지를 읽고 도와주십시오." 그는 이렇게 간청했다. "우리는 거의 모든 시간을 울며 보냅니다. 상황이 이러하여, 만일 당신이 책임지지 않으면 (이 배는)◆ 이렇게 무시무시한 폭풍에 가라앉고 말 것 같으니, 부디 복음의 영광을 위해 혹은 대중의 유익을 위해 우리에게 답신을 보내 주시길 간절히 요청합니다."⁴⁷ 요나스가 루터에게 보낸 편지도 같은 사연을 담고 있었다. 그의 편지에는 멜란히톤이 잘 하고 있지만

"슬픔"에 괴로워하고 있다는 내용이 들어 있었다.[48]

루터는 그로 하여금 죄책감을 느끼게 하려는 시도에 분노하며 반응을 보이지 않았다. 순교자가 되는 것이 그의 역할이었다. 한동안 연락이 끊겼다가 마침내 6월 29일에 이르러 편지가 도착했다. 루터는 편지를 갖고 온 사자가 기다리는 동안 부리나케 편지를 쓰면서 자신의 분노를 편지에 쏟아 냈다. "자네는 편지에서 자네가 한 일과 처한 위험과 흘린 눈물을 내게 되새겨 주었는데, 이 편지를 읽다 보니, 마치 나는 이런 사정도 전혀 모른 채, 여기서 장미꽃밭 속에 앉아 아무것도 신경 쓰지 않은 채 지내면서, 자네에게는 일언반구 답신도 보내지 않아 그렇지 않아도 괴로움이 많은 사람을 욕보이기까지 하는 불공평한 짓을 저지른 것처럼 보이더군. 나는 내가 내건 대의가 그렇게 눈물을 흘리게 하는 것이길 바라네!"[49] 루터는 멜란히톤더러 주님을 신뢰하고 염려하지 말아야 한다고 당부했다. 루터는 자신보다 젊은 친구(멜란히톤)°가 줄곧 그의 "권위"를 따르겠다고 고집 피우는 것을 좋아하지 않았다. 루터가 내건 대의는 다 함께 소유하는 것이었다.[50] 그러나 바로 그다음 날, 루터는 벌써 한 입으로 두 말을 하고 만다. 그는 편지에 "그건 자네의 대의라기보다 내 대의요 내 것"이라고 썼다.[51] 루터는 자신보다 젊은 친구에게 의지해야 하는 처지에 좌절하고 분노했다. "내가 어떤 말을 해야 할지 모르겠네. 내가 지금 귀가 먼 친구에게 이야기하고 있음을 아는지라, 자네가 아주 악하고 도통 쓸데없는 걱정을 하고 있다는 생각이 나를 심히 괴롭히는군." 루터는 멜란히톤이 오직 자신만 믿고 다른 이들을 신뢰하지 않는다고 꾸짖었다. 루터는 멜란히톤에게 이렇게 권면했다. "자네도 언젠가는 그런 어려움을 겪어 보길 바라지만, 그래도 나는 자네가 겪을 어떤 어려움보다 큰 어려움을 겪었네. 그러니 육이나 세상에서 나온 말이 아니라 성령에게서 나온 말로 자네에게 이야기하는 우리를 믿어 봄

이 어떻겠나?"⁵² 이전까지만 해도 답신을 주길 거부했던 루터가 이제는 사실상 편지 쓰기 캠페인을 펼치고 있었다. 루터는 요나스에게 멜란히톤의 문제는 철학을 너무 신뢰하는 것이라고 말했으며, 요하네스 브렌츠에게는 멜란히톤이 순교자 노릇을 그만두어야 한다고 말했다.⁵³ 루터는 심지어 멜란히톤에게 남자다운 용기가 없다고 비판했다. "교황 추종자들이 나를 죽이려 한다면, 적어도 나는 우리 뒤를 잇는 이들을 용감히 지키겠으며 그들에게 복수하겠네."⁵⁴ 브렌츠는 멜란히톤이 절대 겁쟁이가 아니라고 대답했다. 그의 눈물은 다만 루터를 독려하여 기도하게 하려는 것이었다. 이런 문제를 양심과 감정으로 절절히 느끼지 못하는 이가 어찌 바른 기도를 할 수 있겠는가?⁵⁵

루터는 분명 자신이 장악력을 잃을까 봐 두려워했던 이 개혁 운동의 통제권이 자신에게 있음을 재차 강조하려 하고 있었다. 루터는 처음엔 조언을 유보했다가 뒤이어 멜란히톤의 가장 취약한 부분을 공격함으로써, 그가 자신의 목회 지도에 의지하게 만들었다. 실제로 멜란히톤은 밤낮으로 쉬지 않고 일하고 있었다. 아우크스부르크 신앙고백을 정교히 다듬어 1531년에 출간한 『변증』을 개정하고, 모든 그룹과 동시에 협상을 진행했다. 루터파 신앙을 변호할 책임뿐 아니라 루터파 신앙을 집약하여 그 뒤로도 죽 이어질 주요 문서의 최종안을 마무리할 책임을 감당한 이는 루터가 아니라 바로 멜란히톤이었다. 루터는 멜란히톤과 지겨운 말싸움을 벌이면서 자신도 죽을 수밖에 없는 존재임을 직시直視했다. 이는 물론 아버지의 죽음이 낳은 결과이기도 했다. 그는 이렇게 썼다. "노령에다 (나빠진)◆ 건강으로 쇠약해지고 사실은 삶에 지치다 보니, 얼핏 그런 추측을 했네. 이 저주받은 삶을 오랫동안 지켜보며 견디지 않아도 되겠다는 생각을."⁵⁶ 그는 자신이 죽으면 후계 문제가 대두되리라는 것을 알았다. 루터는 부겐하겐을 뤼벡에 파견하는 문제를 골똘히 생각하다가, 멜란히톤에게 부겐하겐을 가게 할 수는 없다는 뜻을 적어 보냈다. 그는 멜란히톤에게 학교에서나, 비텐베르크에서나, 부겐하겐이 오랫동안 필요하며, 자신의 뒤를 물려받을 다른 이들도 필요할 것이라고 말했다.[57] 그러나 부겐하겐은 루터와 나이가 엇비슷했다(부겐하겐은 루터보다 두 살 아래다)°. 반면 멜란히톤은 루터보다 거의 열다섯 살이나 아래였기 때문에(정확히 말하면 열여섯 살 어렸다)° 루터 후계자가 될 것이 명백했다. 하지만 멜란히톤을 신뢰할 수 있을까?

이후 10주에 걸쳐 열띤 협상이 이어졌다.[58] 뉘른베르크 출신 루터파인 히에로니무스 바움가르트너가 이때 일어난 일을 비뚤어진 시각으로 자세히 설명해 놓은 기록이 남아 있는데, 그는 이 협상 과정 전체를 처음부터 거짓투성이라고 보았다. 가톨릭 제후들이 먼저 무언가를 제안하곤 했다. 그러면 멜란히톤은 즉시 이런 제안을 토대로 새 주석glosses을 첨부한 새 조문을 서둘러 작성하여 개신파에게 동의를 얻곤 했다. 그러나 이렇게 하고 나면, 교황파는 그 조문을 퇴짜 놓고 다른 조건을 제시하곤 했으며, 결국 협상은 처음부터 다시 시작되었다. 멜란히톤은 가톨릭 측에 협상을 타결할 의도가 없다고 보았다.[59]

그럼에도 멜란히톤은 평화를 확보하고자 몸부림쳤으며, 루터에게 조언해 달라고 계속 들들 볶아 댔다. 무엇은 양보해도 될지, 혹시 자신이 너무 나간 건 아닌지 등에 대해 조언을 요청했다. 아울러 멜란히톤은 코부르크에 있던 루터 비서 파이트 디트리히Veit Dietrich에게도 편지를 보내, 루터가 꼭 답신을 보내게 해달라고 요청했다. 루터 자신은 분명 요나스를 멜란히톤보다 신뢰했기 때문에, 요나스에게 편지를 보내길 더 좋아했다. "강하고 늘 사나이다움을 잃지 않으며 굳건하게."[60] 루터가 멜란히톤에게 보낸 편지에서 계속 그의 짜증을 드러냈다. 그는 자신이 어제 그 문제에 대답했다며 호통을 치곤했다. 그러면서 오로지 복음만

굳게 의지하며, 그대가 만든 아름다운 신앙고백이 혹독한 비판을 받지 않게 하라고 당부했다. 그는 멜란히톤에게 이렇게 써 보냈다. "자네한테 묻는데, 모든 것이 그저 술수요 속임수만 있는 것 아닌가? 자네는 캄페지오(교황 특사요 혐오스러운 이탈리아인 추기경 로렌조 캄페지오)*를 얻고, 그 잘츠부르크 인간(잘츠부르크 대주교요 슈타우피츠의 마지막 후견인이었던 마테우스 랑)*을 얻고, 분명 슈파이어의 그 수많은 수사를 얻었군."[61] 루터가 마지막에 언급한 내용은 제국 의회에서 떠돌던 이야기를 넌지시 귀띔한 것이었다. 슈파이어의 한 뱃사공이 어느 날 저녁에 한 수사를 라인강 건너편으로 데려다줌으로써 이 수사가 아우크스부르크로 계속 여행할 수 있게 해주겠다고 약조한 것은 분명 사실이었다. 그러나 이 뱃사공이 그 수사를 배로 데려다주려고 와 보니, 강가에는 수사 한 무리가 그를 기다리고 있었다. 그는 결국 그들을 배로 실어 주었는데, 돌아와 보니 또 다른 수사 무리가 있었다. 충격을 받은 이 어부는 혼절했고, 사지四肢 전체가 마비되어 버렸다. 다음 날 밤에는 다른 뱃사공이 전날 밤과 비슷한 수사 무리를 날랐는데, 이들은 모든 수도회의 수사복―하얀 수사복, 회색 수사복, 검은 수사복, 갈색 수사복―을 입고 있었다. 전날 밤 자기 동료에게 일어난 일을 알고 있었던 어부는 목적지가 가까워 오자 삯을 내라고 요구했다. 그러자 한 수사가 지팡이로 어부의 갈비뼈를 세게 치면서, "요새 놈들은 수사에게 뭘 해주면 꼭 돈을 받아 처먹으려고 해"라고 말했다. 뱃사공은 결국 억지로 배를 계속 몰고 가야 했지만, 종국에는 그 얼굴이 상처투성이가 되었다. 두 어부는 슈파이어 시의회의 심문을 받았고, 그들의 사연을 흔들림 없이 일관되게 진술했다. 이 이야기를 다룬 소책자가 곧 팔리기 시작했다.

    개신파 저술가들은 이 사건이 곧 수사들이 아우크스부르크로 내려오고 있으며 이들이 악령을 의미한다고 받아들였다. 이는 분명 수

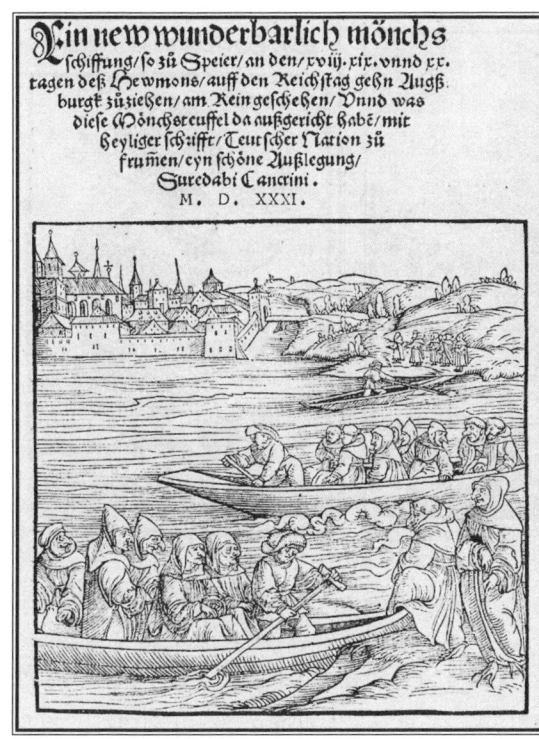

주레다부스 칸크리누스가 1531년에 펴낸 소책자 『수사들의 새롭고 놀라운 도하渡河, Ein new wunderbarlich mönchs schiffung』는 슈파이어 이야기를 개신파 입장에서 해석하여 제시한다. 오른쪽에 서 있는 수사의 발에는 날카로운 발톱이 있으며, 다른 많은 수사는 크거나 갈고리가 달린 코를 갖고 있는데, 이것은 이들이 마귀이거나, 방탕한 성생활을 하는 자들이거나 유대인임을 암시한다.

⟨52⟩

사들 사이에 널리 퍼져 있던 증오를 여실히 증언해 주었다. 그러나 교황파는 이 사건을 반대 메시지로 해석하여, 하나님이 수도원주의를 존중하지 않는 이들에게 내리신 심판이라고 해석했을 수도 있다. 다른 조짐도 있었다. 멜란히톤은 로마에서 기형 동물, 그러니까 각기 다른 종류의 동물 발을 가진 나귀 새끼가 태어난 일을 이야기했다. 이는 교황 체제 내부의 분열을 나타내는 징조였으며, 종교개혁 초기 몇 년을 떠올려 주었다. 당시 멜란히톤과 다른 이들은 송아지로 묘사한 수사와 나귀로 묘사한 교황을 교황에 반대하는 선전물의 주인공으로 삼았다.[62] 루터는 "슈파이어의 수사 악령들" 때문에 웃음이라도 터뜨릴 여유를 부릴 수

나귀 교황과 송아지 수사 　　　　　　　　　　　　　　〈53〉,〈54〉

있었지만, 아우크스부르크에 있던 이들은 복음을 지켜야 한다는 막중한 책임감을 느낀 나머지 이런 조짐들을 살피며 이것들이 의미하는 것을 우려했다.

　　　제국 의회에서는 한 위원회에 이어 새 위원들로 구성된 또 다른 위원회를 구성했는데, 이를 보면, 바움가르트너의 믿음과 달리, 황제는 진심으로 일치를 원했던 것 같다. 실제로 개신파도 그 반대자들이 만들어 내는 것만큼이나 많은 장애물을 만들어 낼 때가 종종 있었다. 처음에 두 그룹은 금식과 축일처럼 겉으로 드러나는 의식에 토론을 집중했다. 여기서 멜란히톤은 이런 것 가운데 성경이 명령하지 않은 것이 많다고 주장했지만, 그것이 구원에 필수 불가결한 것이 아니면, 구원에 해가 되지 않는다고 주장했을 수 있다. 루터도 멜란히톤의 이런 주장에 어느 정도까지는 동의한 것 같지만, 그럼에도 그는 이런 것들을 타인에게 강요해서는 안 된다고 역설했다.[63] 하지만 루터는 금식에 관한 규정을 가리켜, "성직자도 결코 지키지 않는 것"이라며 경멸했다. 그러나 이런 문제는 세속 권위에 맡길 수 있다는 루터의 입장이 양쪽의 신앙고백에 어떤 공존의 여지를 허용했을 수도 있다.[64] 사실 루터는 세부 사항보다 세부 사항의 바탕에 깔린 속뜻 때문에 타협하지 않는 자세를 보일 때가 잦았다.[65] 루터는 라이프치히에서 에크에게 당한 패배를 여전히 마음의 고통으로 안고 있었던 것 같으며, 레온하르트 카이저의 죽음 때문에도 이 숙적을 용서하지 않았다. 루터는 멜란히톤에게 이것은 단순히 단어 몇 개의 문제가 아니라 생사가 걸린 문제임을 거듭 되새겨 주었다. 이 가톨릭 신학자들은 이미 종교개혁을 확고히 지지했다는 이유로 사람들을 죽였다. 루터는 6월에 요하네스 아그리콜라에게 보낸 편지에서 가톨릭 신자를 마귀라 불렀다. "그들은 피를 마시지 않으면 살지 못하네."[66] 이제 그는 홀쭉하고 몸도 약한 멜란히톤에게 "변함없이 굳건해라", "사나이다워라", "사나이답게 행동해라"고 권면했다.[67]

      토론 주제가 성찬으로 바뀌자, 놀랍게도 가톨릭은 만일 루터파가 성찬에서 오직 빵만 받아도—평신도에게는 빵만 주는 것이 가톨릭 관습이었다—구원에 충분하다는 것을 가르치기만 한다면, 루터파가 평신도에게 성작聖爵(성찬에서 포도주를 담는 잔)°을 주는 것을 허용하려 했다. 이 문제도 합의가 가능할 것처럼 보였으며, 적어도 전 교회가 모이는 교회 공의회가 열릴 때까지는 그러했다. 가톨릭의 제안은 루터가 바르트부르크에서 돌아와 카를슈타트의 개혁을 완화하려 하면서 피력했던 루터 자신의 입장과 일치했기 때문이었다. 성직자 결혼 문제도 처음에는 문제가 되지 않을 것처럼 보였다. 가톨릭은 이 문제에서도 "공의회가 열릴 때까지" 이미 이루어진 결혼은 문제 삼지 않으려 했다. 더구나, 가톨릭 신자들은 종교개혁의 근본 쟁점에서도 구원을 오직 행위로 받는 게 아니라 믿음과 은혜로 받는 데 흔쾌히 동의하려는 모습을 분명하게 보여주었다. 이는 전혀 예상치 못한 양보였으며, 아우구스티누스 신학의 명백한 승리였다.[68]

하지만 루터는 가톨릭이 입으로만 믿음이 중요하다고 떠벌리면서 사실은 계속하여 면벌부와 행위를 설교한다고 비판했으며, 성찬에서는 **반드시** 빵과 포도주를 주어야 한다고 강조했다. 가톨릭은 루터파는 루터파대로 해온 관습을 그대로 이어 가고, 가톨릭은—가령 죽은 자를 위해 미사를 올리는 것처럼—가톨릭대로 그 관습을 이어 가자고 제안했다. 그러나 루터는 그리한다면 미사는 곧 개인이 공로를 얻을 수 있게 해주는 희생 제사라는 생각을 다시 도입하는 것이라는 이유를 내세워 가톨릭의 제안을 거부했다. 루터는 사람들에게 모든 죄를 철저히 고백하라고 강요하는 것은 그들에게 짐을 지울 뿐이므로 이런 강요를 하지만 않는다면 미사 전의 강제 고해를 재차 도입해도 좋다는 생각이었다.[69] 고해라는 짐에 반대했던 츠빙글리파와 독일 남부 사람들은 루터의 그런 생각에 화를 냈다. 그러나 루터는 평생 동안 고해에서 영적 위로를 받았기 때문에 고해(성사)°를 유지하길 원했다. 주교 문제를 다루게 되자, 루터는 놀랍게도 타협할 의지를 보여주었다. 멜란히톤이 일부 사제가 교회 안에서 어른 역할을 했음을 보여주는 성경 속 선례를 제시하자, 루터는 주교의 직무와 권한을 확실히 재정립할 수 있다는 데 동의했다.[70] 루터의 이런 태도는 케케묵은 성직자 교계제도를 증오하여 결국 반反가톨릭 기치를 들게 된 상징설을 주장하는 자들은 물론이요 루터를 지지했던 많은 이들, 특히 뉘른베르크 사람들까지도 곤혹스럽게 만들었다.[71] 개신파 가운데는 주교에게 그 힘을 돌려주었다간 그들이 다시 루터파를 다스리게 될 것이며 머지않아 루터파 사람들을 이단으로 몰아 불태워 죽일 거라고 본 이들이 많았다. 루터는 이런 반발에 곧 자신이 생각하는 주교는 가톨릭이 생각하는 주교와 다르며 주교의 권한도 제한할 것이라고 말하며 뒤로 물러섰지만, 이미 상처를 입은 뒤였다.[72]

멜란히톤은 선택할 수 있는 모든 가능성을 고려해야만 했다. 그는 이 협상에서 아무런 합의도 이루지 못한다면 결국 남은 것은 전쟁일 것이라고 확신했다. 9월이 되자, 멜란히톤은 임박한 재앙을 끊임없이 걱정했다. 그는 개신파를 지지하는 제후와 도시가 얼마 되지 않음을 알고 있었다. 그러나 그는 이미 권력이 강대할 대로 강대해진 황제에게 아주 큰 권력을 주기를 두려워하는 가톨릭 제후가 아주 많음을 과소평가했다.[73] 개신파 쪽에 선 통치자는 불과 몇 사람이었다. 뤼네부르크Lüneburg 공과 브란덴부르크 공, 안할트 제후, 작센 선제후, 헤센 백 필리프, 그리고 뉘른베르크와 로이틀링겐Reutlingen만이 아우크스부르크 신앙고백에 서명했다. 상징설을 주장하는 자들은 서명하지 않았다.[74] 더욱이, 필리프는 언제라도 츠빙글리파로 돌아설 가능성이 있었으며, 뉘른베르크도 황제에 맞서려고 위험을 무릅쓸 가망이 없었다. 홀로 떨어져 루터는 이런 여러 사정을 이해하지 못했지만, 멜란히톤은 이 협상이 아무 성과도 내지 못하면 개신파의 처지가 정치와 군사 면에서 얼마나 절박해질지 훤히 알고 있었다.

하지만 루터는 이제 타협은 불가능하다고 보았다. 그가 제국 의회 폐회 직전에 쓴 편지는 그와 멜란히톤의 관계가 얼마나 크게 안 좋아졌는지 보여준다.[75] 9월 20일, 루터는 멜란히톤에게 사람들이 멜란히톤의 협상 태도에 불만을 토로했다고 말하면서, "내가 자네를 비방하는 자들의 입을 막을 수 있게" 더 꼼꼼한 협상을 해달라고 요구했다.[76] 같은 날, 루터는 요나스에게 아예 속내를 툭 터놓은 편지를 써 보냈다. 그와 멜란히톤은 복음을 수호할 책무를 맡았지만, "이제는 우리 쪽의 일부 사람들과 중요한 많은 인사들이, 내게 당신이 이 문제를 바로 인식하지 못

한 채 평화를 명분 삼아 더 많은 것을 양보하려 한다며 천둥과 번개(격노와 울분)°를 쏟아 냈네.…일이 이렇게 마무리된다면, 마귀란 놈이 아주 마음먹고 우리를 갈라놓은 것이라고 말할 수밖에 없네."[77] 루터는 멜란히톤과 비텐베르크 사절단의 다른 이들도 이 편지를 읽으리라는 것을 알았다. 뉘른베르크 사람인 라차루스 슈펭글러에게도 두 편지를 보냈지만, 슈펭글러는 제국 의회가 끝난 뒤에야 편지를 받아 볼 수 있었다. 슈펭글러는 멜란히톤이 루터가 두려워하는 대로 손해를 야기할 양보를 하기는 더 이상 불가능하다는 것을 깨닫고, 이 두 편지를 루터에게 되돌려 보냈다.[78]

어쨌든 루터는 자신이 제국 의회와 관련하여 취한 입장을 재고해 보고 있었다. 루터는 가톨릭과 타협했다간 "황제의 호의는 얻을지 몰라도 하나님의 호의"를 잃을 위험이 있다는 바움가르트너와 뉘른베르크 사람들의 경고를 되새기면서, 자신이 멜란히톤에게 너무 멀리 나가

"마르틴 루터와 필리프 멜란히톤", 루카스 크라나흐, 1543년.

⟨55⟩

도록 허용했다고 생각했다.[79] 제국 의회가 막바지에 이를 무렵, 루터는 갑자기 타협은 완전한 실수였다고 주장하기 시작했다. 타협이 무산되고 몇 달이 흐른 뒤, 루터는 멜란히톤을 가톨릭 신자들과 화친하려 했던 사람이라 몰아붙이기 시작하면서, 멜란히톤이 협상을 통해 이룩해 놓은 결과를 마음대로 무시해 버렸다.[80] 멜란히톤이 아우크스부르크에서 일정한 역할을 하면서, 종교개혁 쪽에는 두 지도자가 확고히 자리하게 되었지만, 이는 동시에 이 두 사람의 이견을 부각시켜 주었다. 이후 몇 년 동안, 두 사람 사이에 반목이 있다는 소문을 잠재우고자 두 사람을 나란히 그린 이중 초상화가 판매되었지만, 이런 초상화는 오히려 사람들이 보기에 이상하다는 인상만 남겼다. 이 초상화는 화합과 조화의 분위기를 풍기기보다 덩치 큰 루터가 화폭畵幅을 대부분 차지하고 있다는 인상을 준다. 아울러 이 이중 초상화는 기이하게도 루터와 카타리나 폰 보라의 결혼 초상화를 떠올려 주었다. 말하자면 이제는 멜란히톤이 카타리나 대신 여자 역할을 맡은 셈이었다.

◆ ◆ ◆

몇 달 동안 야단법석을 피우며 열띤 교섭이 이어졌지만, 결국 협상은 결렬되었다. 9월 23일, 황제는 제국 의회를 폐회했다. 양쪽은 협상 의지를 보였었다. 따지고 보면, 두 그룹 사이의 이견은 협상 실패에서 비롯된 양측의 분열을 충분히 정당화할 만큼 커 보이지도 않았다. 그러나 결국 두 편이 갈라선 것은 서로 신뢰하지 않았기 때문이었다. 결혼, 성찬, 그리고 다른 쟁점들을 다루면서, 개신파는 가톨릭이 하는 말이 진심이라는 것을, 혹은 가톨릭이 약속을 지키리라는 것을 믿지 않았다. 개신파는 양보했다간 자신들을 격파하려고 독일 밖에서 열릴 공의회에서 자신들이 격파당하는 결과로 이어질까 봐 두려워했다.[81] 이런 결렬이라는 결과가 불가피하지는 않았다. 오히려 이 제국 의회는 가톨릭의 분열을 막으려면 놓쳐서는 안 되는 호기였다. 협상을 그토록 오랫동안 이어 가고, 한 위원회에 이어 또 다른 위원회를 세워 교섭을 벌이며, 카를 5세가 합의에 이르려는 시도가 훨씬 더 많아져도 이를 기꺼이 용인하며 지지하려 했던 이유도 그 때문이었다. 멜란히톤이 전권을 쥐고 협상에 나섰더라면—그는 평화를 추구하고 루터처럼 꽉 막힌 사람이 아니었기에—타협이 이루어졌을지도 모른다.

  1530년 10월 초, 루터는 "사막" 같은 코부르크에서 반년을 보내고 마침내 비텐베르크로 돌아왔다. 그는 거기서 까옥까옥 울어 대는 까마귀에 에워싸여 지냈다. 그는 동지들을 만나 보길 열망했다. 그는 7월 중순 아우크스부르크에 간 사절단에게 보낸 편지에 이렇게 써 보냈다. "집으로 갑시다! 집으로!"[82] 루터는 아프다는 소문을 말끔히 불식시키고, 카타리나까지 꾸짖어 가면서 자신의 주장을 관철하려 했다. "당신은 내가 지금 쓰고 있는 책들을 당신 눈으로 직접 볼 수 있지 않소."[83]

루터는 실제로 새들 가운데 갇혀 있는 동안 두드러진 창조력을 발휘했다. 그는 12년 동안 매달려 매진했던 구약성경 번역을 마쳤다. 그러나 분노와 증오가 그의 창조력에 많은 동력을 공급했다. 멜란히톤이 평화를 이루려 했을 때, 루터는—물론 풍자였지만—『연옥 폐지Widerruf vom Fegefeuer』, 『마인츠 대주교인 추기경에게 보내는 편지Brief an den Kardinal Erzbischof zu Mainz』, 그리고 『사탄의 모든 학교와 지옥의 모든 문들 반박 명제Artikel wider die ganze Satanschule und alle Pforten der Hölle』를 쏟아 냈다. 이 모든 책이 가톨릭 신학을 공격했다. 아우크스부르크에서 이 책을 판매할 때는 이 책이 제국 의회에서 그의 목소리를 대변하는 역할을 했다.[84] 루터는 『내 사랑하는 독일 사람들에게 하는 경고Warnung an meine lieben Deutschen』(10월에 썼으나, 1531년에 가서야 인쇄, 출간되었다)에서 "부끄러움을 모르는 입이요 피에 목마른 궤변론자"인 그의 숙적 에크 박사를 거세게 비난하고, "질투 귀족Junker Neidhart(질투의 화신)°과 거짓말 선생Meister Lügenhard도 부끄럽게 만들 만한" 제국 의회의 사치와 허세를 혹평했다.[85] 그러나 루터의 글이 물 흘러가듯 아주 막힘없이 흘러간 것은 그가 수사를 능숙하게 구사했기 때문이었다. 그는 자신이 10년 전에 처음 전개했던 논지를 되풀이했지만, 이번에는 혹독한 반박이라는 옷을 그 논지에 입혔다. 그는 이제 의심을 붙들고 씨름하는 이들보다 회심한 이들에게 점점 더 많은 이야기를 했다.

실제로 이제 그는 편협한 사상가가 될 위험도 마다하지 않았다. 그는 애초부터 그가 증오하는 **벨쉬**Welsch("이탈리아 사람들", 독역본)°, 곧 라틴계 인간들과 대비하여 그가 "친애하는 독일인"에게 초점을 맞췄다. 이러다 보니, 그가 교회를 한 통일체로 생각할 수 있는 가능성은 줄어들 수밖에 없었다.[86] 물론 이런 점은 어떤 면에서 보면 강점이기도 했다.

루터가 이렇게 나오는 바람에 선제후가 수완을 부려 츠빙글리와 상징설을 주장하는 자들을 제국 의회에서 완전히 배제하고 루터 지지자들이 이들의 주장을 고려할 필요 없이 가톨릭과 협상할 수 있었다. 그러나 긴 안목에서 보면, 이는 개혁의 비전이 사라졌음을 보여주는 불길한 징조이기도 했다. 장 칼뱅이 상징설을 받아들여 널리 퍼뜨렸지만, 이들은 1530년 ("아우크스부르크의회", 독역본)°에도 배제되었듯이, 1555년에 체결된 아우크스부르크 화의和議(아우크스부르크의회의 결의. 이 결의로 루터파는 가톨릭과 동등권이 인정되고 제후와 도시의 신앙 선택권이 승인됨으로써 루터파의 제후와 도시는 가톨릭 주교의 지배에서 벗어나게 되었다. 칼뱅파와 상징설을 주장하는 자들은 이 화의가 인정한 신앙의 자유를 인정받지 못했다)°에서도 배제되었다. 이 바람에 아우크스부르크 화의는 제 구실을 하지 못했으며, 결국 30년 전쟁으로 이어지고 말았다.

16.
강한 성城

(제16장 원서의 제목은 "공고히 함consolidation", 독역본은 "강한 성Eine feste Burg". 루터는 "내 주는 강한 성이요Ein feste Burg ist unser Gott"라는 찬송가를 지었다.)°

아우크스부르크의회는 정치 상황을 완전히 막다른 골목으로 몰고 가는 결과만 초래한 것으로 보인다. 그러나 이후로도 몇 년 동안, 프로테스탄트주의(개신교)°를 지키고 전쟁을 피하면서 앞으로 나아갈 길을 찾아보려는 노력이 이어졌다. 1531년 2월, 루터파는 작센 선제후와 헤센 백의 지도 아래 방어동맹을 결성했으며, 이는 나중에 슈말칼덴 동맹Schmalkaldischer Bund이라는 이름으로 알려지게 된다. 이 동맹은 이후 몇 년 동안 더 많은 지역이 가담하면서 급속도로 커졌으며, 곧 주요 정치 세력이 되었다. 가톨릭과 벌이는 협상도 계속했는데, 이제는 훨씬 더 강경한 입장에서 협상을 진행했다. 1532년 7월, 9명의 제후와 24개 도시가 뉘른베르크 화의和議에 서명했다. 이 화의는 일종의 비공식 관용을 보장해 주었다. 각 그룹의 소유 재산은 보호하기로 했으며 이와 관련된 문제는 장차 교회 공의회에서 해결하기로 했다. 이로써 보름스 칙령과 이 칙령으로 위협했던 조치들은 말끔히 폐지되었다. 이는 실상 두 편 중 어느 쪽도 최소한 당분간은 완전한 승리를 거두지 못한다는 것을 피차 인정한 것이었다. 정치가 종교를 이끌어 가기 시작했으며, 이 과정을 통해 제국은 결국 서로 다른 교파가 각축을 벌이는 체스판이 된다.

루터는 이후 몇 년 동안, 그의 라이벌들을 상대로 잇달아 논박과 소책자를 제시하고 그들과 편지를 주고받으며 그들과 토론과 협상을 벌이는 사이, 교회 **자체**die Kirche를 개혁하려던 계획을 슬그머니 포기했다. 대신 그는 자신의 교회를 만들기 시작했다. 루터는 1520년에 펴낸 『독일 민족의 그리스도인 귀족에게』에서 제후가 비상시에는 주교가 될 수 있다고 주장했었는데, 이런 생각을 토대로 삼아 1527년에 선제후의 지지를 등에 업고 작센의 교회를 개혁하기 시작했다. 모든 교구를 조사했으며, 이 과정은 여러 해가 걸리게 되는데, 이제는 주교가 아니라 선제후와 교회가 합동으로 이 과정을 주도했다. 루터는 종교개혁 초기 몇 년 동안의 특징이었던 전례 실험 대신, 비텐베르크에서 시행할 개혁 전례를 점차 고안해 냈고, 이 전례는 비텐베르크를 넘어 다른 지역에도 영향을 미쳤다. 루터는 조언을 해달라는 요구를 끊임없이 받으면서, 새 교회를 형성하는 데 필요한 실천 신학―세례, 결혼, 이혼, 그리고 죽음과 관련된 신학―을 만들어 내야 했다. 1520년에는 모든 신자가 똑같이 사제라고 확신했던 사람(루터)°은 이제 교회 내부의 권위와 구조에 관한 여러 문제를 결정해야 했다. 그는 1530년에 주교를 두어도 좋다고 양보했던 것 같은데, 과연 새 교회에도 주교를 두어야 할 것인가? 상징설을 주장하는 자들과 벌이던 험악한 논쟁은 어떤 공통 지반(합의점)°을 찾은 것 같았지만, 루터가 그들의 말을 경청하기보다 그들을 자신의 관점으로 돌려놓으려고 하면서, 사실은 믿음과 실제 관습이라는 문제에서 이 둘 사이에 존재하는 거리는 뚜렷하게 굳어지고 도저히 가까워질 수 없는 것이 되고 말았다. 마찬가지로, 루터는 믿음과 관련한 문제는 결코 힘으로 해결하려 해서는 안 된다는 초기의 신념에서 떨어져 나갔으면서도, 이단을 처벌하는 것은 여전히 늘 불편하게 여기곤 했다. 동시에 그는 어떤 상황에서는 황제에게 저항하는 것도 정당할 수 있다는 생각으로 천천히 옮겨 갔다.

루터는 제국 의회가 끝난 직후, 『내 사랑하는 독일 사람들에게 하는 경고』에서 황제가 독일 사람들에게 동포인 루터파에 맞서 무기를 들라고 명령한다면 그 명령에 순종해서는 안 되며, 핍박받는 루터파 신자가 그리스도인답게 고난을 견뎌 내기보다 죽음에 맞서 저항하더라도 이런 사람을 반역자로 간주해서는 안 된다고 말했다.[1] 이것은 아직 황제에게 저항함이 아니었지만, 그래도 그가 1530년 3월 6일에 피력했던 입장보다는 훨씬 더 나간 것이었다. 같은 해 10월, 루터는 신학자가 아니라 법률 전문가가 황제에게 저항하는 것이 정당할 수 있는지 판단해야 한다는 견해를 제시했다. 이런 입장 때문에 루터는 저항을 허용하는 정치 신학을 전개하지 않고도 슈말칼덴 동맹과 이 동맹의 군사 목표를 지지할 수 있었다.[2]

개신파는 다 같이 공감할 대의를 형성할 정치적 필요성을 갖고 있었다. 그럼에도 개신파 신학자들을 서로 화합시키기가 어렵다는 점만 계속 증명되었다. 스위스와 독일 남부의 시각에서 보면, 화합은 당위였다. 루터파가 아우크스부르크에서 약하고 고립된 이들처럼 보였다면, 상징설을 주장하는 자들은 루터파보다 훨씬 약하고 고립된 처지에 있었다. 츠빙글리도 자신의 믿음을 설명한 논문들을 지었지만, 이 논문들을 제시할 수가 없었다. 독일 남부Oberdeutschland 사람들은 루터주의와 타협한 결과로서 따로 신앙고백을 작성했지만, 이 신앙고백은 겨우 네 도시만 받아들였다.[3] 스위스 사람들은 네 도시 신앙고백Confessio Tetrapolitana

으로 알려지게 된 신앙고백 문서에 서명하길 거부했는데, 이 바람에 결국 이들은 슈말칼덴 동맹 가입을 허락받지 못하게 된다.

츠빙글리와 스위스 사람들은 자신들이 정치적 고립을 당할 위험이 어렴풋이 나타나고 있음을 늘 알고 있었다. 이들은 1524년에 스위스의 가톨릭 칸톤canton들이 개신파에 맞서 동맹을 결성한 뒤로 늘 동맹을 찾고 있었다. 츠빙글리는 헤센 백 필리프와 동맹을 맺길 소망했고, 심지어 프랑스와 동맹을 맺을 생각까지 했었다. 1529년, 가톨릭 칸톤들은 황제 카를 5세의 아우 페르디난트가 다스리는 오스트리아와 힘을 합쳐 훨씬 더 강력한 연합을 만들어 냈다. 그리고 1531년, 전쟁이 터졌다.

루터의 뉘른베르크 친구인 안드레아스 오지안더는 앞서 1527년에 "츠빙글리가 3년 안에 치욕을 당할 것"이라고 예언했었다.[4] 오지안더는 3년 안에 그런 일이 있을 거라고 했지만, 그 예언은 4년 뒤에 이루어졌다. 거의 4년이 지난 뒤인 1531년 10월 31일, 대포와 엄청난 보급품, 그리고 자랑스러운 무기를 갖춘 취리히 사람들은 카펠Kappel에서 가톨릭 칸톤 연합군에게 패배했다. 전투가 절정에 이르렀을 때 한 격노한 시민군 병사가 츠빙글리에게 이렇게 소리쳤다. "당신은 저놈들이 도망칠 거라고, 저놈들이 쏜 탄환이 저놈들에게 되돌아갈 거라고 얘기했잖소.…당신이 이렇게 죽을 쑤고 그 속에 당근도 집어넣었으니, 이제 우리가 이 죽을 먹게 도와야 하잖아."[5]

츠빙글리 자신도 부상을 입었다가, 미늘창으로 무장한 보통 병사에게 어이없이 목숨을 잃고 말았다. 루체른Luzern의 사형 집행자는 츠빙글리 시신을 넷으로 나눠 불태운 뒤, 그 재를 똥과 뒤섞었다.[6] 츠빙글리는 이단보다 비참한 최후를 맞았다. 자신이 입은 수단을 더럽히고 직접 무기를 든 성직자가 여기 있었다. 츠빙글리가 맞은 죽음은 깊은 충격을 안겨 주었으며, 루터파와 독일 남부 사람들 사이에 존재하는 이견을 극명하게 집약하여 보여주었다. 츠빙글리는 취리히 시민으로서 자신이 속한 공동체 지체들과 함께 싸우고 다른 모든 시민처럼 시민의 자유를 지키겠다고 다짐했던 맹세를 완수하려다 죽음을 맞았다. 그와 더불어 다른 성직자 스무 명도 카펠에서 목숨을 잃었다.[7] 루터는 여전히 성직자를 구별된 무리요, 다른 사람들과 구별된 소명을 받은 사람이며, 성직자의 역할은 결코 싸우지 않는 것이라고 생각했다. 루터는 자신의 명예를 자신의 주먹으로 지켜야 한다는 것을 아는 사람의 아들이었지만, 여전히 신학자와 목회자로 남아 있었다. 반면 츠빙글리는 시민이자 행동하는 사람으로 살다가 죽었다. 루터는 그의 친구인 암스도르프에게 보낸 편지에 츠빙글리와 그 추종자들의 비문을 이렇게 적어 보냈다. "이것이 바로 그들이 그리스도의 성찬을 모독하여 얻고자 했던 명예의 결과다." 루터는 이제 오지안더가 했던 예언을 자신이 했다고 주장했다. "하나님이 이런 과격한 신성모독을 허용하시지 않을 거라고 말했던 내가 바로 예언자였다." 그는 식탁에서 담화를 나누는 친구들에게 이런 예수의 말씀을 인용했다. "칼을 가지는 자는 다 칼로 망하느니라."마 26:52 [8] 그러나 루터 자신은 츠빙글리의 죽음이 기뻤을지 몰라도, 루터파 자신의 대의는 암담해 보였다.

◆ ◆ ◆

루터는 자신이 복음의 원수들에게 에워싸여 있으며, 이제는 재세례파가 그 원수에 추가되었다고 느꼈다. 루터는 늘 재세례파를 그저 뮌처와 카를슈타트의 새로운 추종자쯤으로 다루었다. 재세례파도 루터가 1524년에 『하늘의 예언자들 반박』에서 논박했던 이들과 같은 광신자였다. "재세례파"는 이들의 반대자들이 붙여 준 욕설이었다. 이 말은 "다시 세례를 주는 자"를 의미했지만, 사실 이들은 세례라는 성례를 반복해야 한다고 믿지 않았다. 이들 대다수는 유아세례가 무효라 여겼으며, 성인 신자에게 세례를 주는 것이 복음의 가르침과 일치한다고 여겼다. 세례를 아예 중단하는 이들도 일부 있었다. 어떤 이들은 이전에 농민전쟁에 참여했고 천년왕국을 앞세워 폭력을 마다하지 않았던 뮌처의 사상에 감화를 받기도 했지만, 또 다른 이들은 평화주의자로서 모든 맹세를 거부했다. 대체로 보면, 이들은 소수였고, 다른 이들과 동떨어져 그들끼리 유대 관계를 형성했다. 아무리 멀리 떨어져 있어도 서로 원활하게 연락을 주고받았으며, 그들이 속한 공동체의 변두리에 살았다. 아울러 이들은 당국과 다투길 피하곤 했다.[9]

하나님 말씀만이 신앙의 유일한 권위여야 한다고 주장했던 루터 같은 개혁자들은 성경의 문자에서 아주 견고하게 추출해 낸 믿음들을 반박하기가 쉽지 않았다. 대부모가 유아를 대신하여 믿음을 고백할 수 있다는 루터의 논지는 복음서에 근거가 없고, 대신 교회 전통에 바탕을 둔 것이었다. 보름스에서는 성경이 아닌 자료에서 어떤 논지도 끌어내길 거부했던 바로 그 사람이 이런 주장을 하고 있었다. 그러나 대체로 보면, 루터는 재세례파 자체를 반박하는 글은 그리 많이 쓰지 않았다. 이는 어쩌면 루터 자신의 논지가 마뜩잖다고 느꼈기 때문이었을 수도 있고, 어쩌면 그의 주 관심사가 상징설을 주장하는 자들과 싸우는 것이었기 때문일 수도 있다. 1528년, 루터는 재세례파 논박을 도와 달라고 요청한 두 성직자에게 보내는 편지 형태로 소책자 하나를 집필했다. 서둘러 부리나케 쓴 탓인지, 이 소책자가 제시하는 논지에는 모순이 있었다. 이 소책자는 주로 재세례파가 영(성령)°을 내세운 자들이 세례를 바라보는 접근법을 취하고 있다고 주장했다. 유스투스 메니우스Justus Menius가 1530년에 루터파의 시각에서 권위 있는 논문을 썼으며, 루터는 그저 이 논지를 인정하는 서문을 제공했다.[10]

그러나 재세례파를 만나게 된 것은 중요한 의미가 있었다. 루터가 작센에서 교회를 세우기 시작하면서, 이 만남을 통해 루터가 세례의 역할과 교회의 본질에 관하여 품고 있던 생각이 두드러지게 나타났기 때문이다. 세례는 누가 교회 지체인가라는 근본적인 의문을 불러일으켰다. 교회 안에 있는 모든 이가 구원을 받은 사람인가, 아니면 소수만이 구원을 받은 사람인가? 루터는 널리 유아세례를 인정하면서 모든 이를 아우르는 교회를 원했지만, 그가 더 우울했던 순간에는 진정한 그리스도인으로 구성된 참된 교회는 눈에 보이지 않으며 오직 한 줌밖에 안 되는 영혼으로 이루어져 있다고 생각하기도 했다. 유아세례는 교회 안에 있는 모든 이가 교회 지체라는 생각을 단단하게 만들어 주었으며, 공동체와 회중을 하나로 이어 주었다. 세례를 받은 이는 저절로 교회에 속했다. 루터가 가톨릭교회의 칠성사 중 성경에 근거가 있다고 인정한 것은 오직 둘, 세례와 성찬뿐이었다. 루터는 여전히 고해성사의 지위에 관하여 확실한 입장을 정하지 못하고 있었다. 루터는 고해라는 의식에 거의 변화를 주지 않았다. 보수주의자인 데다, 자신도 가톨릭이 고해에 관하여 주장하던 견해 중 많은 부분을 공유하고 있었기 때문이다. 루터는 세례가 마귀와 벌이는 싸움의 출발점이라고 깊이 믿었다. 그런 탓인지 놀랍게도 그는 사탄을 다룬 글을 쓰면서 세례를 아주 많이 언급한다. 세례는 하나님이 우리에게 주신 약속이며, 그 은덕을 받아 누림에 믿음은 필요하지 않다. 이것이 바로 루터가 재세례파를 거부한 더 깊은 이유였다. 루터의 신학은 그 이후 프로테스탄트가 강조한 "구원받음"의 체험과 아무것도 공유하지 않았는데, 사람들은 루터가 강조했던 "오직 믿음"과 "구원받음"의 체험을 자주 혼동하곤 한다. 이는 아울러 세속 권위에 교회의 여러 외부 조건을 규율할 권위를 부여함으로써 교회 권위와 세속 정치 권위의 결합을 확고히 밑받침했다. 유아세례 거부는 교회를 폐지하고 교회와 국가의 동맹을 제거함을 의미했을 것이다. 루터는 이런 것을 결코 포기할 생각이 없었다.

루터는 유아세례를 강조했을 뿐 아니라, 교회 의식의 일부로 내려온 강력한 축귀逐鬼를 유지했다. 심지어 처음에는 사제가 말 그대로 유아에게서 마귀를 "불어서 쫓아내는" 관습도 그대로 유지하려 했다. 그러나 다른 개혁자들은 이를 또 다른 "교황파의 마법"이라 여겨 열심히 폐지하려고 했다.[11] 실제로 루터는 아이가 세례를 받을 때 사제가 아이에게 하는 말을 너무나 좋아하여 "내가 이 어린이가 듣는 말과 같은 말로 세례를 받았다는 것을 진작 알았으면 더 이상 마귀를 무서워하지 않았을 걸!"이라고 외쳤던 한 의사 이야기를 들려주기도 했다. 이 의사의 대부모는 의사 자신이 세례를 받을 때 들었던 말이 바로 이런 말이었다고 그에게 재차 확인해 주었다. 그 뒤 얼마 안 지나 마귀가 염소 형태로 나타나자, 이 의사는 그 뿔을 붙잡았다. 그랬더니 마귀는 사라지고 그 뿔만 트로피처럼 남았다.[12]

루터는 대부모 문제가 대두되었을 때도 자신이 전통주의자임을 증명했다. 그는 작센 귀족, 다른 개혁자, 그리고 크라나흐 같은 벗을 자기 자식의 대부모로 신중히 골라 이를 통해 이들과 유대 관계를 단단히 다짐으로써 이 대부모 제도를 요긴하게 활용했다. 루터과 개혁자들은 늘 서로 다른 이를 자식의 대부모로 고름으로써 그들 사이의 친밀한 유대 관계를 돈독히 다졌다.[13] 이런 관습 때문에 개신파 목회자들이 사회의 나머지 구성원과 분리되는 경향이 점점 더 강해졌다. 이들은 서로 통혼通婚하고 다른 목회자들의 자식 가운데서 자신들의 후계자를 고름으로써 자신들끼리 단단하게 결합한 그룹을 형성했다. 가톨릭 성직자는 독신이어야 했으므로 이런 의미의 카스트를 한 번도 형성하지 않았다.

그러나 루터는 세례가 그의 신학에서 중심을 차지하고 세례라는 의식에 보수적 태도를 보였음에도, 재세례파를 어떻게 다룰 것인가 라는 문제에서는 그리 확실한 입장을 보이지 않았다. 그는 아우크스부르크 협상이 벌어지는 동안 재세례파도 상징설을 주장하는 자들처럼 이단으로 다루어야 한다는 데 기꺼이 동의했지만, 그들이 이단으로 규정될 때까지는 그들의 믿음 때문에 처형당하는 이가 하나도 있어서는 안 된다고 일관되게 주장했다. 이단은 지옥에 가서 고통을 겪을 것이다. 다만 이런 이단이 반란을 일으키고 세속 권위를 거부하는 죄를 지었을 때는 처벌을 받아야 할 것이다.[14] 하지만 멜란히톤은 제국이 1528년에 재세례파를 금압禁壓하는 명령을 내린 것에 발맞춰, 모든 재세례파 신자는 반란을 선동한 책임을 져야 하며, 세속 권위가 재세례파에게 벌금만 물리기보다 "체형體刑"을 가해야 한다고 주장하기 시작했다. 반면 루터는 1528년에도 여전히 재세례파를 처형해서는 안 된다고 주장했다. "사람들이 이 가련한 민중을 그토록 잔인하게 죽이고 살해하며 불태우는 것은 옳지 않으며, 나는 그런 일이 심히 고통스럽다"는 것이 그 이유였다. 2월에 이르자, 멜란히톤은 재세례파를 처형하는 데 동의하기 시작했으며, 다음 해에는 루터도 "그들을 칼로 처벌하는 것이 잔인해 보이긴 하지만, 그들 스스로 말씀 사역을 그보다 훨씬 잔인하게 저주하고 있다"는 데 의견을 같이했다.[15]

루터는 재세례파를 가혹하게 처벌하는 것이 꺼림칙했지만, 반대하지는 않았다. 1531년, 아이제나흐 근처 마을인 헤르다Herda에서 프리츠 에르베Fritz Erbe가 그 아들에게 세례를 베푸는 것을 거부하다, 옥에 갇혔다. 그는 1533년에 두 번째로 투옥되었다. 이 바람에 그의 명성이 퍼지고 그는 그 마을에서 유명 인사가 되었다. 그러자 당국은 그를 바르트부르크로 옮겼는데, 그곳은 예전에 루터가 보름스의회가 끝난 뒤 머물렀던 곳이었다. 에르베는 여기서 1540년부터 그가 죽은 1548년까지 지하 감

방에 홀로 갇혀 있었다. 루터도 에르베라는 이와 이 사람이 부닥친 비참한 운명을 알았을 것이다.[16]

그러다 1534년에 재세례파 한 무리가 실제로 뮌스터Münster에서 권력을 잡았으며, 그 시대 사람들을 오싹하게 할 결과들이 이어졌다. 이전에 뮌스터에서는 상당히 전통적 방식을 따라 개혁이 시작되었다. 루터파 신자들은 제국 전역의 수많은 도시처럼 이 뮌스터에서도 그 수를 늘려 갔고 시의회 선거를 통해 시의회에도 진출했다. 그러나 이 도시를 이끌던 설교자 베른하르트 로트만Bernhard Rothmann이 상징설의 영향 아래 들어가고 대중이 주도하는 과격한 종교개혁을 지지하기 시작하면서, 보수적 정치 성향을 띠고 시작했던 루터파 중심의 종교개혁이 갑자기 바뀌었다. 뮌스터는 이제 천년왕국 신봉자들이 품은 소망의 초점이 되었으며, 이 도시가 새 예루살렘으로 바뀌리라는 스트라스부르 설교자 멜히오르 호프만Melchior Hoffman의 예언에 감동한 재세례파 사람들이 독일 북부 전역과 저지低地 국가들(베네룩스와 프랑스 북부)°에서 뮌스터로 밀물처럼 밀려 들어와, 금세 본디 9,000명 정도였던 뮌스터 거주민 가운데서 상당한 무리를 형성했다.[17] 이때까지만 해도 뮌스터의 종교개혁은 시의회와 설교자들이 협력하여 경건한 사회를 만들어 내려고 했다는 점에서 한때 비텐베르크에서 일어났던 급진적 종교개혁 단계와 상당히 비슷했다. 그러나 1534년 9월, 카리스마가 넘치는 얀 판 레이던Jan van Leiden은 개혁 책임을 넘겨받자, 자신을 우두머리로 삼고 전前 시장인 베른하르트 크니퍼돌링Bernhard Knipperdolling을 자신의 "칼을 받드는 호위자"로 삼는 신정 체제를 수립했다.[18]

뮌스터 주교는 쾰른 주교와 가톨릭 신자인 클레베Kleve 공은 물론이요 루터파인 헤센 백 필리프와 합세하여 뮌스터를 포위했다. 이들은 모두 재정 지원을 약속했다. 얀 판 레이던은 다른 재세례파 공동체에

"'재세례파의 왕' 얀 판 레이던", 하인리히 알데그레버, 1536년. 주요 예술가들은 곧 레이던과 그의 아내인 디바라 왕비를 묘사한 판화를 만들어 냈다. 평민이었다가 스스로 왕족이 된 이들은 재세례파가 지닌 위험성을 집약하여 보여주었다. 그 시대 사람들은 레이던이 두 금관과 보주寶珠를 갖고 있었고, 말을 탈 때는 홀笏을 들었으며, 그를 수행하는 자들은 파란 옷과 초록 옷을 입었다고 써 놓았다. 말 타고 그 뒤를 따라가는 두 젊은이 가운데 하나는 성경과 왕관을 들었고, 다른 하나는 "하나님의 능력이 내 힘이다"라는 글귀가 새겨진 칼을 빼 들고 있었다.

⟨56⟩

"사도들"을 보내 증원군을 모집하려 했으나, 뮌스터는 고립무원이 된 채 군사 면에서 위급한 상황에 빠지고 말았으며, 이 도시를 빠져나갈 수 있었던 이는 거의 없었다. 뮌스터는 시민들을 모아 도시를 방어하고 주교의 군대를 격퇴하려고 했지만, 전투에서 많은 사람이 죽고 말았다. 종말이 다가왔음을 떠들어 대던 레이던의 말은 이제 현실이 되었다. 이제 그는 재판관과 사형 집행자 역할까지 맡아 심지어 첩자로 고발당한 이를 직접 참수하는 일까지 저질렀으며, 재세례파가 이스라엘 열두 지파를 다시 만들어 낼 수 있게 일부다처제를 도입하기도 했다.[19]

1535년 6월, 1년 조금 넘게 이어진 포위 끝에 뮌스터가 함락되었다. 얀 판 레이던과 다른 두 지도자는 무시무시한 고문을 받고 1536년 1월에 처형당했다. 그들의 시체는 쇠로 만든 우리에 집어넣은 뒤 성뿔 람베르티 교회St. Lamberti Kirche 탑에 매달았는데, 이 쇠 우리는 지금도 볼 수 있다. 이때 뮌스터에서 정확히 무슨 일이 일어났는지 알기는 어렵다. 우리가 가진 모든 보고서가 승자들이 쓴 것이라 재세례파를 원수로 여길 뿐 아니라, 뮌스터시의 기록은 대부분 소실되었기 때문이다. 사람들은 보통 이때 뮌스터에서 벌어진 일을 종교개혁의 궤도에서 벗어난 미친 짓으로 보며, 루터도 분명 그렇게 여겼다. 그 시대 사람들이 가장 충격을 받았던 일은 일부다처제 도입이었다. 루터 자신도 재세례파가 오만한 신학 태도를 보이고 참된 교리를 멸시한다 하여 이들을 저주했으며, 재세례파를 "쾌락주의자"라고 저주했다.[20] 그러면서도 루터는 구약의 족장들이 일부다처제를 따랐음을 일관되게 지적하기도 했다. 그의 이런 태도는 나중에 중요한 결과를 낳게 된다.

◆ ◆ ◆

그러는 동안, 마르틴 부처는 비텐베르크 사람들과 합의에 이르려는 노력을 포기하지 않았다. 부처는, 1530년 9월 말, 아우크스부르크의회에 참석했다가 돌아가는 길에 심술이 잔뜩 난 채 코부르크 성에 있던 루터를 방문했다. 그는 마침내 루터를 설득하여 상징설을 주장하는 자들과 협상을 시작하게 만들었다.[21] 루터가 1531년 초에 서술한 그대로, 그는 "당신의 우정이 우리에게 얼마나 필요한지" 깨닫기 시작했다. "나는 이런 현실을 아주 잘 알게 되었습니다. 때문에 나는 우리가 한마음이 되기만 한다면, 지옥의 모든 문도, 교황 패거리가 다 몰려와도, 튀르크 사람이 다 쳐들어와도, 온 세상도, 모든 육체도, 어떤 악도 복음을 전혀 해칠 수 없으리라고 확신합니다."[22] 그는 늘 자기 홀로 사탄의 세력에 맞서 고군분투하는 것이야말로 그리스도가 그의 편임을 증명해 주는 것이라고 확신했었는데, 이런 말은 그의 평소 확신과 다른 분위기를 느끼게 한다. 그러나 그의 이런 심경 변화는 오래가지 않았다.[23] 루터는 계속하여 부처를 경계했지만, 부처는 쉴 새 없이 스위스와 독일 남부 도시들을 돌아다니며 모든 분파가 동의할 수 있는 공식을 만들어 내려고 애썼다. 그는 이런 노력을 거의 4년이나 펼쳤다. 하지만 그가 마침내 루터도 받아들일 공식에 다다르자, 이번에는 스위스 사람들이 이 공식을 주저 없이 거부해 버렸다.

1536년, 마침내 루터파와 독일 남부의 상징설을 주장하는 자들이 모이는 자리가 마련되었고, 이 모임은 아이제나흐에서 열기로 했다.[24] 그러나 결국 이 모임은 비텐베르크에서 열 수밖에 없었다. 루터가 너무 아파 여행할 수 없었기 때문이다. 결국 토론은 루터 집에서 열렸다. 처음에는 스트라스부르에서 온 두 사람, 곧 부처와 볼프강 카피토만이 이 토론에 참여를 허락받았다. 토론에 참여한 사람의 숫자는 비텐베르크 사람들이 월등히 많았다. 루터는 이 토론을 어떤 타협에 이르는 자리라기보다 루터파의 노선을 받아들였음을 상징하는 자리라고 보았다. 이 자리에서 부처와 카피토가 그리스도의 몸이 성찬에 실제로 임재하신다는 견해에 동의했기 때문이었다. 그러나 바로 그때, 루터는 종잡을 수 없는 혹독한 비판을 늘어놓으며 이 합의를 거의 뭉개 버렸다. 그는 츠빙글리와 외콜람파디우스가 "불경건하고 소름 끼치는 거짓 가르침"을 출간하여 사람들을 현혹하고 반란을 지지한다고 비판했다. "그럴듯한 미사여구를 써서 꼬일 대로 꼬인 문제를 백배나 더 꼬이게 만들어 버릴 거짓 합의를 만들어 내기보다는 차라리 이 상태 그대로 문제를 놔두는 편이" 나았을 것이라는 말이 나왔다. 부처는 자신이 애쓰고 애써서 만들어 낸 합의를 루터가 중재자 면전에서 대놓고 퇴짜를 놓는 것에 누가 봐도 알 수 있을 만큼 충격을 받았다. 루터는 "진정한 통일을 이루지

않으면 어떤 합의도 없다고 아주 진지하게" 강조했다.(독역본)°²⁵

다음 날인 5월 23일, 두 그룹은 다시 만났다. 루터는 두 방문자 각각에게 "그가 가르쳤고 주 그리스도와 성경 그리고 교회의 가르침과 견해에 맞서 퍼뜨렸던 것을 취소하겠는지", 그리고 그들이 앞으로 "계속하여 그리스도의 몸이 주의 만찬 때 빵 안에 혹은 빵과 함께 실제로 임재하심을 한 영으로(루터파와 뜻을 같이하여)° 가르치겠는지" 물었다. 부처와 카피토는 굴욕을 무릅쓰고 자신들이 잘못했음을 인정해야 했다. 그런 다음, 루터와 그를 따르는 이들은 다음으로 해야 할 일을 논의하고자 그 방을 떠났다. 이어 루터파는 상징설을 주장하는 자들이 비단 신자뿐 아니라 성찬에 참여하기에 합당하지 않은 자도 성찬에서 그리스도의 참된 몸과 피를 받게 할 것을 요구했다. 말하자면, 루터파는 상징설을 주장하는 자들이 신자가 믿음이 있고 성찬에 참여할 만한 자여야 그리스도가 "임재"하실 뿐 아니라 그렇지 않을 때도 그리스도가 실제로 성찬에 임재하신다는 것을 받아들이길 원했다.²⁶

루터는 그가 갈망했던 견해 취소를 받아 냈다. 그러자 그는 두 방문객 각각에게 제병을 받기에 합당치 않은 자에게도 제병을 주는 것을 포함하여 루터 자신이 말하는 신앙고백을 똑같이 따라 하라고 요구함으로써 이 방문객에게 더 큰 굴욕을 안겨 주었다. 마침내 갈망해 왔던 합의에 이르렀다. 모든 신학자가 악수를 나눌 때, 부처와 카피토는 눈물을 흘렸다. 루터는 그들에게 새 가르침을 그들이 섬기는 회중에게 천천히 소개하여, 회중들이 가르침에서 일어난 변화를 눈치채지 못하게 하라고 조언했다. 이는 차라리 비웃음이 담긴 충고였으며, 보통 사람들이 신학 문제에 기울이는 관심을 완전히 무시한 말이었다. 마침 예수 승천 대축일인 다음 날, 루터는 마가복음 16:15—"너희는 온 천하에 다니며 만민에게 복음을 전파하라"—을 본문 삼아 설교했다. 그날 설교를 들었던 연대기 기록자 미코니우스는 이렇게 써 놓았다. "나는 루터 설교를 종종 들었지만, 그때 그 설교는 그가 단지 말하는 게 아니라 그리스도의 이름으로 하늘에서 천둥을 내리치는 것 같았다."[27]

루터가 완전한 승리를 거둔 것 같았지만, 이것은 실속 없는 승리였다. 부처는 독일 남부 도시들을 설득하여 아우크스부르크 신앙고백에 동의하도록 만들었다. 이는 신성로마제국 안에서 종교개혁을 강화하고 보호해 줄 커다란 외교 쿠데타였다. 이어 부처는 스위스 사람들을 설득하여 이 일치를 받아들이게 하고, 심지어 카를슈타트도 모든 불화에 싫증을 느껴 비텐베르크 사람들에게 동조하고 싶어 한다는 것까지 알렸다. 하지만 루터는 앙심이 깊었다. 1537년 1월, 마침내 스위스 사람들이 루터에게 화해하겠다는 뜻을 밝힌 편지를 보내왔다. 그러나 루터는 12월에 가서야 답신을 보냈으며, 답신을 보낼 때도 일부러 거만하고 퉁명스러운 태도를 보였다. 그는 아파서 그때까지 답신을 못했다고 설명했지만, 사실은 "내 머릿속에 들어 있는 생각은 말할 것도 없고, 머릿속에 담아 둔 일이 너무 많다 보니, 마치 한두 가지 일만 있는 사람처럼 한가하게 한 사람 한 사람을 상대하며 이야기를 나눌 수가 없기" 때문이었다.[28] 루터는 계속하여 자신의 주장을 분명하게 받아들이라고 요구했다. 결국 취리히와 바젤 그리고 베른의 성직자는 1538년 가을에 이르러 비텐베르크 사람들과 통합을 이루려던 계획은 물거품이 되었다고 결론지었다. 다른 도시들도 떨어져 나갔다. 이 일치를 굳건히 지키는 것이 긴요했던 아우크스부르크에서는 루터가 추천한 요한 포르스터Johann Forster가 설교자로 임명받았지만, 포르스터는 과도하다 싶을 만큼 전임자인 츠빙글리파 설교자 미하엘 켈러와 다른 이들이 이 일치에서 벗어났다고 맹렬히 비난함으로써 시의회와 척을 지는 지경에 이르렀으며, 결국 설교자 자리에서 쫓겨나고 말았다. 시의회는 후임자로 상징설을 주장하는 자인 암브로지우스 블라우러Ambrosius Blaurer를 임명했다.²⁹ 부처는 심지어 자신의 근거지인 스트라스부르에서도 자신이 이룩한 일치를 유지하지 못했다. 스트라스부르 개혁자 중 가장 중요한 인물 가운데 하나인 마테우스 첼Matthäus Zell은 계속하여 상징설을 따라 설교했으며, 스트라스부르 성직자 사이에는 여전히 깊은 불화가 존재했다.

루터는 비텐베르크에서 이룩한 일치가 화해나 타협이 아니라 상징설을 주장하는 자들의 믿음이 이단임을 확증하는 것이라 보았기 때문에, 사탄의 세력에 맞서 진리를 강조하는 것을 당연하다 여겼다. 양측은 인쇄물로 상대를 공격하는 일은 하지 않기로 했었는데도, 루터는 1539년에 『공의회와 교회에 관하여Von den Konziliis und Kirchen』를 펴냈다. 루터는 이 긴 논문에서 미래의 어떤 교회 공의회도 하나님 말씀에 매여야 하며 결국은 이 교회 공의회가 루터 자신이 세운 교회의 기초가 되리라고 주장했다. 아울러 그는 이 논문에서 츠빙글리가 네스토리우스 이단(그리스도가 신성과 인성을 따로 가진다고 주장하여 이단으로 선고받고 추방당했다)°이 저지른 죄를 지었다고 비판했다.³⁰ 이는 츠빙글리가 실제로 주장했던 믿음을 풍자한 것이었지만, 스위스 사람들은 당연히 루터의 비판에 격노했다. 취리히 목회자들은 이런 중상 비방을 거세게 거부하는 글을 썼다.³¹

네스토리우스파는 예수 그리스도의 인격 안에서 신성과 인성이 철저히 분리되어 있음을 역설했다. 상징설의 주장은 육에 속한 것과 영에 속한 것이 철저히 구분된다는 데서 출발했다. 때문에 그들은 그리스도의 몸이 하늘과 제병 안에 동시에 있을 수 없다고 주장했다. 그러나 성찬이 영적 사건이라는 그들의 주장은 결코 그리스도의 인성을 부인함이 아니었다. 그러나 루터는 이 단계에서 상징설을 주장하는 자들의 주장이 루터파를 상징하는 진리와 같은 지위를 갖기 시작한 교리인 실재설Real Presence을 기초부터 무너뜨린다 싶을 정도로 육과 영을 너무 예리하게 구분한다고 보았기 때문에 비판을 멈추려 하지 않았다. 루터는 아예 더 나아가 1541년에 내놓은 『튀르크를 대적하는 기도 권면 Vermahnung zum Gebet wider den Türken』에서 뮌처와 츠빙글리를 따르는 이들과 재세례파를 동일 선상에 놓고 열거하며, 이들을 "저주받은 악한 종파요 이단verfluchte böse Sekten und Ketzereien"이라 불렀다.[32] 이어 1544년에 루터는 『성례에 관한 짧은 신앙고백Kurzes Bekenntnis vom heiligen Sakrament』에서 그나마 지켜 온 선마저 다 무시하고 츠빙글리를 "이단"이라 부르면서, 성찬에 관한 그의 믿음을 보니 "그 영혼이 구원받을지 의심할 수밖에 없다"는 말까지 퍼부었다.[33] 이 작품은 자신의 죽음이 임박했다는 루터의 말—"이제 내 무덤을 향해 가는 나"—로 시작했으며, 츠빙글리를 모욕하는 그의 말을 교리를 다룬 주요 저술 속에 마치 그의 유언처럼 소중히 담아 놓았다. 그러자 츠빙글리파는 성찬에 관한 그들의 신앙 진술과 루터의 신앙고백을 나란히 출간했다. 이리하여 상징설을 주장하는 자들과 루터파 사이에는 또다시 눈에 보이지 않는 소책자 전쟁이 시작되었다.[34] 루터가 세상을 떠난 1546년 즈음에 이르자, 이제 개신파는 도저히 합칠 가망이 보이지 않을 정도로 쪼개진 것 같았고, 그들 사이의 적개심은 이전보다 더 독해진 것 같았다.[35]

◆ ◆ ◆

루터는, 당시 정치 상황을 고려하면, 상징설을 주장하는 자들의 지지가 필요했는데도 그들의 주장을 계속 공격했다. 이 주장이 그동안 천천히 한 교회 속으로 들어와 이 교회와 하나가 되어 가고 있던 어떤 신학의 핵심과 관련이 있었기 때문이었다. 루터는 기독교 전체를 개혁하는 일에는 이제 더 이상 관심이 없고, 이 개혁을 오로지 어느 지역의 문제로만 보는 것 같았다. 그 결과, 그는 협상에 점점 더 흥미를 잃어 갔으며, 자신의 믿음과 일치하는 교리의 순수성을 지키는 데만 더 매달렸다. 루터와 멜란히톤은 작센 선제후의 도움을 받아 작센 선제후령에서 개신파 교회를 세우는 데 깊이 관여했었지만, 이제 루터는 오히려 이렇게 만든 교회의 순수성을 지키는 데 더 초점을 맞췄다.[36]

이렇게 루터가 전개한 신학 이론에서는 성육신을 강조하고 종교의 물성materiality을 강조하는 것이 아주 중요한 자리를 차지했다. 이는 곧 그가 어떤 면에서는 개신파의 일부를 이루는 이들과 연합하기보다 오히려 가톨릭 전통과 공통 대의를 형성하는 것을 수월하게 여겼다는 뜻이기도 했다. 루터는 성찬 때 성체 거양을 그대로 유지하다가 카를슈타트가 죽은 1541년에 가서야 이를 폐지했다.[37] 그런가 하면 1543년에는 비텐베르크에서 성찬을 거행하다 포도주 일부가 한 여자의 재킷과 이 여자가 앉은 장의자 등받이에 떨어지는 일이 벌어졌다. 그러자 루터와 부겐하겐은 떨어진 포도주를 여자의 옷에서 닦아 내는 것에서 더 나아가, 그들이 도저히 깨끗하게 할 수 없었던 재킷의 일부를 아예 잘라 버리고, 포도주가 떨어진 장의자 부분은 밀어 버렸으며, 전체를 불살라 버렸다. 그리스도의 몸과 피는 철저히 존중해야 했다.[38] 실제로 루터가 애초에 성찬을 거행할 때 빵과 포도주를 주어야 한다고 아주 단호하게 주장했던 것도 이처럼 성찬을 문자 그대로 행해야 한다는 고집 때문이었다.

루터는 부처와 토론을 시작하자마자 그에게 편지를 보내, 성찬에서 성찬 참여자가 실제로 그리스도를 입으로 받아들이고 이로 먹는다는 것을 인정하라고 요구했다. 혹은 그가 1531년 1월에 쓴 대로, 상징설을 주장하는 자들은 "그리스도의 몸이 (몸을 받는 이의)° 입으로, 혹은 그 몸으로, 혹은 빵 안에 담겨 그 입에 주어진다는 것"에 동의해야 한다는 것이 루터의 주장이었다.[39] 루터는 1536년에 비텐베르크에서 그리스도를 "영으로 받아들임"과 영으로 먹음에 대해 계속 이야기해 봤자 아무 소용이 없다고 강조했다. 그것은 이미 그들이 모두 동의하는 것이었기 때문이다. 그보다 루터는 성찬 의식에는 기념 **외에** 다른 것이 없다는 생각, 성찬에 참여하는 이는 그저 주를 "기억하고", "공허한 상상 속에만 임하시게 하는 것"이라는 생각을 제거하길 원했다. 그리스도가 몸으로 임재하신다는 막연한 진술은 충분하지 않았다. 그 임재를 실제 육신으로 임하신다는 말로 완전하게 이해해야 했다. 루터는 경건한 자나 경건치 않은 자나 모두 진실로 제병을 받으면 그리스도의 몸이 같은 믿음에서 튀어나온다고 주장했다. 만일 그리스도가 실제 육신으로 성찬에 임재하신다면, 그는 제병을 받는 이의 믿음이나 태도와 상관없이 그 자리에 실제로 임재하시는 것이다.

상징설을 주장하는 자들은 루터파를 그리스도의 살을 먹고 "불에 구운" 하나님을 예배하는 "식인종"이라 조롱했다. 루터 반대자들은 루터가 여전히 "교황이 부리는 마법"―사제가 제병을 축성하는 말을 통해 기적을 행한다는 생각―을 붙들고 있다고 보았다. 분명 루터는 심지어 멜란히톤도 받아들이기 힘들다고 여겼다는 지독한 문자주의에 우스울 정도로 죽어라 매달리는 것 같았다.[40] 그러나 루터는 그의 이런 견해 때문에 보통 사람들이 자칫 그리스도의 몸을 씹어 소화시킬 수 있는 것으로 생각할 수도 있다는 우려도 들은 체 만 체 했다. 그는 그리스도의 몸을 받음으로 얻는 위로가 그 몸을 씹음으로 그리스도를 욕되게 할 수 있다는 우려보다 훨씬 중요하다고 보았다.

어떤 차원에서 보면 루터는 중세 전통과 단절할 수 없는 것처럼 보였지만, 또 다른 차원에서 보면 그의 사상은 상징설을 주장하는 자들이 내건 사상보다 훨씬 급진적이었다. 그가 육체와 영혼을 분리하길 거부한 것은 동시에 기독교 전통 안에 존재하는 강력한 금욕주의적 긴장도 거부한 것이었기 때문이다. 우리가 앞서 언급했듯이, 그의 삶에서 이 시점에 이른 루터는 이제 더 이상 야윈 체구에 강렬한 인상을 풍기는 수사가 아니었다. 그는 마치 꾸며 낸 이야기인가 싶을 정도로 독일 맥주와 포도주를 열렬히 사랑했고 먹기를 즐겼으며 내내 앉아서 생활했다. 이 모든 것이 그에게 타격을 주었다. 더구나, 그는 결혼하면서 성의 즐거움에 눈을 뜨게 되었고 자식들이 자라는 모습을 보는 즐거움도 알게 되었다. 그는 여기에서도 삶이 가진 육체의 측면을 즐거이 누렸다. 루터는 아들인 "꼬맹이 한스"가 무릎을 구부리고 변을 누는 것을 배웠을 때 자신이 느낀 즐거움을 요나스에게 써 보내기도 했다. 루터는 자식 놈이 똥 누기를 어찌나 잘 배웠는지 "방구석 사방에 똥을 싸 놓았다"고 말했다.[41]

대다수 기독교 사상가와 달리, 루터의 신학은 **몸으로** 깊이 **표현한**embodied 신학이었다. 그는 그다음 세기에 데카르트Descartes가 걸어간 길을, 곧 마음과 육체는 별개이며 우리 육체의 실존은 정신(영혼)°보다 열등하다는 주장을 취하지 않았다. 물론 루터도—그 시대 모든 신학자처럼—육체와 영혼을 구분했다. 그러나 그는 늘 이 둘을 가르기보다 통합하는 데 강조점을 두었다. 아울러 그는 자신이 아리스토텔레스에게서 차용한 "우연"과 "본질"이라는 용어를 통해 화체설을 설명하길 거부하면서도 이를 대신할 철학적 대안이나 합리적 대안을 제시하지 않았음을 잘 알고 있었다. 그러나 그는 이것이 신앙 문제이며, 신앙은 이성을 초월한다고 보았다. 루터는 자유의지를 부인하고 은혜를 강조했다. 이런 그의 논리는 분명 하나님이 구원받을 자를 결정하신다는 것을 의미했다. 루터는 자신이 택함을 받았는지 받지 않았는지 염려하는 이들에게—오히려 그보다 더 체계가 있었던 신학자인 장 칼뱅과 달리—우리가 파악할 수 있는 범위를 벗어난 일은 생각하지 말아야 한다고 대답했다. 그는 내세에 관한 견해에서도 비슷한 접근법을 취했으며, 이 접근법은 그가 세운 교회가 죽음을 다루는 방식에도 변화를 가져다주었다. 루터는 병자성사를 거부하고, 자신의 솔직한 심정을 반영하여 목회에 더 적합한 접근법을 발전시켰다. 그는 죽어 가는 이를 위로할 때, 구원을 베풀어 주시는 그리스도의 사랑을 강조하길 더 좋아했다.[42] 천국은 생각하지 말아야 했다. 그곳은 분명 어떤 지리적 장소가 아니었다. 루터는 벗들과 식사하다가 천국에 관하여 가벼운 마음으로 이야기를 나누면서, 이런 상상을 피력했다. "거기는 우리가 먹는 것과 마시는 것, 자는 것 같은 것을 몽땅 잊어버릴 정도로 기쁨이 넘쳐 날 거야. 여기와 완전히 다른 삶이 있겠지. 거기 가면 우리는 돈 따위엔 침을 뱉어 버릴 걸!"[43]

1531년 5월, 루터는 병상에 누워 죽어 가는 그의 어머니 마르가레테에게 마지막 편지를 보냈다. 그는 내세에 관하여 별다른 말을 하지 않았으며, 어머니가 눈을 감으시면 돌아가신 아버지나 먼저 떠난 자식들을 만나리라는 이야기도 전혀 하지 않았다. 도리어 루터는 어머니에게 어머니가 현재 당하는 고통은 경건치 않은 자들이 "참수당하고, 화형당하고, 물에 빠져 죽었을 때" 겪은 고통에 비하면 아무것도 아님을 되새겨 주었다. 어머니의 병은 하나님의 은혜로 말미암아 온 것이었고 그리스도가 우리를 위해 겪으신 고난과 비교할 수 없었다. 종종 죽음을 대면하기 힘들어하는 현대 독자들은 루터가 아예 툭 터놓고 모든 것이 잘되리라는 식의 거짓말을 거부하면서 무시무시한 처형이 있을 것을 주저 없이 언급하려는 것에 놀란다. 그러나 루터는 죽어 가는 이를 위로하는 자신의 능력을 자랑스럽게 여겼다.[44]

루터는 죽음과 애도에 관하여 현명하면서도 현실에 부합하는 모습을 보였다. 예술에 재능이 있고 아버지의 사랑을 받았던 크라나흐의 아들 한스가 이탈리아에서 죽자, 루터는 그 부모의 죄책감을 덜어 주려고 애쓰면서, 두 사람에게 이렇게 말했다. "저도 아드님더러 (이탈리아에)* 가라고 조언했으니, 화백님만큼이나 저도 잘못이 큽니다." 루터는 자신의 오랜 벗에게 진정하라고 다독이며 이렇게 말했다. "부끄럽게도 하나님이 가장 아픈 곳을 치시는 걸 보니, 하나님은 화백께서 뜻을 꺾으시길 원하시나 봅니다." 그는 계속하여 세상의 악에게 정복당하기 전에 죽은 한스는 좋은(복된)° 젊은이라고 말했다. 여기에서도 루터의 위로는 세심한 과정을 따라간다. 먼저 부모의 책임감을 인정한 뒤, 이어 그들의 비통함을 정면으로 마주하고, 이들의 마음을 하나님에게 돌려놓는다. 루터는 마지막으로 크라나흐 내외에게 너무 슬퍼하며 울지 말고, "먹고 마시라"고 권한 뒤, 그렇게 그들 자신을 돌봐야 다른 사람들을 섬길 수 있다고 말했다. "슬픔과 근심은 두 분의 뼈를 부러뜨릴 뿐입니다."⁴⁵ 루터는 그가 사랑하는 딸 막달레나가 병들어 사경을 헤맬 때, 아들 한스가 다니는 학교에 마차를 보내 당장 한스를 데려오게 했다. "남매가 서로 아주 많이 사랑했다"는 것이 그 이유였다. 루터는 이 딸의 죽음으로 마음이 미쳐 버릴 것 같았지만, 두 달 뒤 한스에게 "사내답게 눈물을 거두라"고 명령한 뒤, 아들이 집으로 돌아오는 것을 허락하지 않았다. 이는 아마도 한스가 슬픔에 빠지면 우울증으로 고통을 겪을까 두려워 그랬던 것 같다.⁴⁶

◆ ◆ ◆

루터는 1520년 12월에 비텐베르크 엘스터 문 밖에서 교황 칙서와 교회법 서적을 불태우면서 명성을 얻었다. 이때 그는 결혼과 성을 규율하던 모든 규칙을 뒤집어엎었다. 이 때문에 새 교회는 출발할 때부터 개인 사생활과 관련된 온갖 딜레마에 봉착하게 된다. 이런 딜레마는 이혼을 허용하고, 근친상간(의 친족 범위 한정)°을 재고하며, 결혼을 성례가 아니라 세속의 문제로 재규정함에서 비롯된 것이었다. 그는 이전에 교회법이 있던 자리에 성경을 앉혔다. 그러나 그가 재세례파를 대할 때 보인 태도에서 드러나듯이, 성경에만 절대 의존할 준비가 되어 있는 것도 아니었다. 루터는 설교자에게 위대한 원천이 되는 믿음에 의지하기보다, 요동하고 있던 교회의 기초에 의지했다.

내내 규칙을 의심했던 루터는 제후들에게 법률 조문에 매이지 말고 "자유로운 이성에 근거하여" 심판하라고 조언하면서, 옥에 갇힌 남자의 아내와 동침한 뒤 그 대가로 남편을 돌려보내 주겠다고 약속해 놓고 다음 날 그 아내에게 처형당한 남편의 목을 보낸 한 유력자 이야기를 인용했다. 이 사건에서 재판관은 이 유력자에게 그 과부와 결혼할 것을 선고하여 이 과부의 상속인이 유력자의 재산을 모두 물려받게 한 뒤, 다음 날, 이 유력자를 처형하라고 명령했다. 이런 형벌을 규정한 법률은 전혀 없을 것이다. 그러나 루터는 "틀림없이 모든 이가 이 판결에 동의할 것이며, 이렇게 해야 마땅하다는 말이 그들 마음에 적혀 있음을 발견할 것"이라고 말했다.[47]

정의와 관련된 문제를 심판하는 제후처럼, 결혼 문제를 다루는 성직자도 성경의 원리를 사용하여 문제를 폭넓게 두루두루 살핀 뒤 상황에 맞는 판단을 내려야 한다. 그러나 이것이 도덕의 혼란을 야기하는 헌장이 될 수도 있었다. 새 교회는 머리털이 쭈뼛 설 정도로 오싹한 잘못을 몇 가지 저질렀는데, 가장 유명한 것이 헤센 백 필리프의 중혼重婚을 인정한 일이었다. 이 잘못으로 개신파의 대의는 심각한 타격을 입었고 이들의 정치 입지도 약해졌다. 그러나 개신파가 남긴 더 깊고 오늘까지 이어지는 유산은 성직자에게 결혼을 지도할 권위를 인정한 것이었다. 덕분에 부부가 결혼 생활에서 겪는 혼란이나 어려움을 헤쳐 나갈 길을 찾게끔 도와주는 것이 성직자의 주요 임무 가운데 하나가 되었다.

헨리 8세Henry VIII(왕비와의 이혼 문제를 계기로 교황과 대립하고 수도원을 해산하는 등 종교개혁을 단행했다)가 아라곤의 캐서린Catherine of Aragon과 이혼하려 했을 때, 루터는 늘 이 결혼이 유효하다고 주장했다 (캐서린은 죽은 형의 아내였다). 구약 율법은 죽은 형의 아내와 결혼하길 권했기 때문이다. 교황법만이 친족 사이의 결혼이라는 이유를 내세워 이런 결혼을 저주했다. 여기서 루터는 이런 결혼이 인간이 고안해 낸 것이 아니라 성경이 권하는 만큼 따라야 한다고 주장했다. 어쨌든 루터는 신성로마제국 황제 카를 5세의 이모인 아라곤의 캐서린을 동정했다.[48] 루터의 이런 태도는, 당시 정치 상황을 고려할 때, 적절한 대응이 아니었다. 이런 태도는 잉글랜드와 작센의 관계에 해로운 영향을 미치게 된다. 헨리 8세에 대한 루터의 불신은 나중에 잉글랜드가 슈말칼덴 동맹에 참여할지 다루는 논의에도 좋지 않은 영향을 주었다. 잉글랜드가 참여했다면, 이 동맹은 물론 잉글랜드의 개신파도 힘이 더 세졌을 것이다. 루터보다 유연했지만 루터의 완고한 반대로 말미암아 헨리 8세의 이혼에 찬성하지 못한 멜란히톤은 헨리 8세가 캐서린과 인연을 끊지 않고 앤 불린 Anne Boleyn(헨리 8세의 두 번째 아내)과 결혼하면 중혼을 저지를 수 있으니 이혼하는 것이 좋으며, 이렇게 이혼하면 캐서린이 낳은 딸 메리Mary I의 상속권을 빼앗지 않아도 되는 장점까지 있다는 생각을 품었던 것 같다.[49]

하지만 헨리 8세는 먼 잉글랜드에 있었다. 반면 루터파를 이끌던 제후 헤센 백 필리프가 1539년에 자신의 불행한 결혼에 관하여 조언을 구했을 때는 피할 방도가 없었다. "악하고 간음만 일삼는" 삶을 이어 가던 매독 환자인 이 백작 제후Landgraf는 그전부터 열일곱 살 먹은 마르가레테 폰 데어 잘레Margarethe von der Saale를 눈에 담고 있었다. 마르가레테의 어머니(Anna von Miltitz)는 둘이 결혼할 때만 동침을 허락하려 했다.[50] 이 사건은 루터에게 넘어갔다. 양심 때문에 고통을 겪으면서도 성욕을 못 이겨 괴로워하던 필리프는 성찬에서 제병을 받을 수 없어, 자신의 상황을 하나님이 용납해 주실 수 있는 방법을 알고 싶어 했다. 그는 자기 처지를 이렇게 설명했다. "의사들도 알지만, 내 기질이 본디 그렇소이다. 게다가 나는 동맹 회의와 제국 회의에 참석하느라 외지에 나가야 할 때가 잦소. 그런 곳에 가면 사람들이 돈을 펑펑 쓰며 육체의 쾌락도 즐기고 여러 향락을 즐기곤 하오. 그러니 궁정에서 거느리던 수많은 여인을 데려가지 못한 내가 그런 곳에서 마누라도 없이 어찌 지낼 수 있겠소. 그런 일은 생각만 해도 끔찍하오."[51] 하지만 그의 아내는 그에게 내내 신실했기 때문에 이혼은 선택할 수 있는 길이 아니었다. 설령 필리프의 아내가 이혼 소송을 제기하더라도―그랬다면 루터파 결혼 법원은 간통이 확실하다는 전제 아래 그 아내의 청구를 틀림없이 받아들였을 것이다―죄책이 있는 당사자인 필리프는 (헨리 8세처럼) 재혼을 금지당했을 것이다.

헤센 백 필리프는 성찬 논쟁에서 늘 중재자 역할을 했었다. 비록 루터의 입장을 공식 지지하긴 했어도 츠빙글리파를 결코 비방하지 않았다. 실제로 그는 아우크스부르크에서 루터의 노선과 거리를 두는 신중한 태도를 취하면서, 독일 남부 사람들을 이단이라 비판하지 않고 오히려 그들을 보호해야 한다고 주장했다. 1538년, 그가 새 교회 법령을 만들 때도 맨 처음 의견을 구한 상대는 루터가 아니라 부처였다.[52] 이것은 비텐베르크 사람들이 이 헤센 백을 소외시킬 수 없다는 뜻이었다. 필리프도 이런 상황을 아주 잘 간파하고 있었다. 그는 조언을 구하는 편지에서 노련하게도 만일 개혁자들이 자신을 도와주지 않으면 교황에게라도 중혼 금지 의무를 특별히 면제해 줄 것을 요청할 수밖에 없을지도 모르겠다고 지적했다.[53] 멜란히톤과 루터는 사안을 면밀히 검토한 뒤 부처를 중재자로 내세워, 1539년 12월 10일, 청원서에 서명했다. 멜란히톤과 루터는 이 청원서에서 필리프가 그의 정부와 비밀리에 결혼하면서도 그의 아내와 공식 결혼 관계를 유지할 수 있다는 데 동의했다. 이 해결책은 여러 아내를 얻었던 구약 족장들의 사례를 따랐다. 루터 자신도 옛 교회 법원이 "침대와 식탁에서" 떼어 놓는 별거(재혼할 권리는 인정하지 않는 별거)조차 허용하지 않을 것이 확실한 상황이라면 차라리 결혼 관계를 완전히 해소시키려 했을 것이다. 루터가 결혼 문제를 다룰 때 목회 차원에서 많은 관심을 기울였다. 그 결과, 그는 자신이 공감할 수 있는 고민을 안고 있는 당사자 편을 들면서 양심에 도움을 줄 해결책을 찾아보려고 애쓰곤 했다.

필리프는 혼사를 추진했으며, 1540년 3월 4일에 마르가레테와 결혼했다. 이 결혼식에는 여러 고관이 초대받았다. 당시 필리프 편을 들었던 멜란히톤은 속임에 넘어가 결혼식에 참석했고, 부처도 그러했다. 기쁨에 들뜬 헤센 백은 포도주를 마차에 한가득 실어 루터에게 보내면서, 자기가 새로 맞은 아내가 카타리나 폰 보라와 친족이니, 이제 자신과 루터도 인척이 되었다며 기쁘다고 써 보냈다.[54] 이 추잡한 소식은 이내 퍼져 나갔고, 개혁자들의 평판 역시 덩달아 땅에 떨어졌다. 루터의 반응은 모든 것을 부인하는 것이었다. 하지만 루터에겐 불행하게도 작센 공이 소녀(마르가레테)의 어머니를 납치하여 결혼 계약서 사본을 강제로 내놓게 하는 일이 벌어졌다. 물론 헤센 백도 루터의 조언과 서명을 담은 문서를 갖고 있었으며, 루터에게 이런 사실을 지체 없이 되새겨 주었다.[55]

이제 루터는 자신이 이 중혼을 엄격히 비밀로 한다는 조건 아래 이를 묵인했을 뿐이라고 주장했지만, 이는 확고한 원리에 근거한 태도로 보이지 않았다. 반면, 헤센 백이 거느린 설교자들은 중혼을 인정했을 뿐 아니라, 그 설교자들 가운데 한 사람인 요하네스 레닝Johannese Lening aus Melsungen은 이 중혼을 변호하는 소책자를 출간하여, 개혁 운동에 큰 당혹감을 안겨 주었다. 특히 필리프가 영향력 있는 인사들에게 이 소책자를 80부나 보냈을 때는 그 당혹감이 이루 말할 수 없을 정도였다.[56] 가톨릭 신자들은 이 사건을 선전에 활용할 좋은 밑천으로 여겼다. 이 추문은 황제가 헤센 백을 폐위시키는 결과를 가져올 수도 있는 절차의 개시 가능성을 열어 놓았으며, 결국 개신파의 정치 입지에 심각한 타격을 입혔다.

루터가 이 중혼 사건에서 제시한 조언은 현실의 편의가 지혜를 누르고 승리한 것처럼 보인다. 사실, 비밀을 유지하라는 그의 조언과 요구는 그저 편의 때문만은 아니었다. 그는 늘 변함없이 고해가 지닌 힘을 굳건히 믿었으며, 고해 때 건넨 조언은 결코 밖으로 드러나서는 안 된다고 주장했다. 헤센 백이 갖고 있던 루터의 조언 문서가 새 작센 공의 손에 들어가지 않았더라면, 이런 주장을 유지하기가 더 수월했을 것이다. 새로 작센 공이 된 하인리히Heinrich der Fromme는 그 형인 게오르크Georg와 달리 루터파였다. 그러나 하인리히도 그 형만큼이나 그가 다스리는 땅의 이익을 지키는 데 혈안이 되어 있었다. 헤센 백 필리프의 중혼 사건은 헤센과 작센이 오랫동안 불편한 관계를 이어 온 상황에서 정치판을 흔들어 놓을 다이너마이트가 되었다. 작센 선제후는 헤센 백 필리프가 상속인 없이 죽으면 헤센을 차지할 수 있는 위치에 있었기 때문에, 이 중혼에서 태어난 어떤 자녀도 상속인으로 인정하지 않겠다고 결심했으며, 정당한 상속권을 지닌 헤센 백의 두 자녀가 성년에 이르는 일이 없기를 바랐다.[57]

그러나 루터가 필리프의 청원서에 서명한 것은 그가 결혼과 육체에 관하여 오랫동안 견지해 온 견해와 완전히 일치하는 행동이었다. 루터는 하나님이 인간을 창조하실 때 애초부터 성을 표현하게끔 창조하셨다고 믿었으며, 성욕을 절제할 수 있는 사람은 거의 없다고 믿었다.

선제후와 안나 카스퍼 도른레Anna Kasper Dornle 초상. 루터는 미혼인 프리드리히 현공이 여러 해 동안 정부를 숨겨 왔음을 알았으며, 선제후가 이 정부와 몰래 결혼했다는 소문이 있었다.[59] 선제후는 자신이 죽던 해인 1525년에 23센티미터쯤 되는 나무 상자 둘을 만들게 했다. 그런 다음, 두 상자에 부조 초상을 넣었는데, 한 상자에는 자신의 초상을 넣었고, 다른 하나에는 "안나 라스퍼 (sic)◆ 도른레Anna Rasper Dornle의 수양딸"이라는 이름을 써넣은 초상을 넣었다. 수준이 아주 높은 작품이다. 상자를 열어야 비로소 볼 수 있었던 이 두 초상은 두 사람의 은밀한 사랑을 보여주는 기념물이다. 여자는 땋은 머리에 훌륭한 헤어네트를 쓰고 있으며, 품위 있는 여인의 복장을 하고 있다. 이 부조 초상은 16세기 초에 널리 유행했던 부부의 이중 초상을 모델로 삼아, 결코 덧없지도 않았고 부끄럽지도 않았던 두 연인의 사랑을 기념했다. 16세기 세계는 새로운 세상으로 바뀌어 가고 있었다. 때문에 개혁자들이 이런 연인 사이의 결합도 법으로 규정해야겠다는 생각을 품은 것은 놀라운 일이 아니었다.[60] 〈57〉, 〈58〉

이런 태도는 그가 건강에 관하여 갖고 있던 이해의 일부분이기도 했다. 성과 관련된 액체를 몸 밖으로 배출하는 것은 체액의 균형을 유지하는 데 아주 중요했다. 혼외정사가 죄악이라면, 성관계를 순결하게 만드는 방법은 결혼하는 것이었다. 이것이 바로 루터가 수사와 수녀에게 독려했던 일이었다. 그는 1519년에 남편을 통해 자녀를 가질 수 없는 여자들더러 남편의 형제와 몰래 관계를 가져 아이를 가지라고 조언하기도 했으며, 이런 충고를 1522년에 결혼을 주제로 한 설교에서 되풀이했다. 헤센 백은 아주 기쁜 마음으로 루터가 이렇게 이야기했었다는 것을 루터에게 되새겨 주었다.[58] 결국, 필리프는 중혼을 뻔뻔스럽게 밀어붙였고, 두 아내에게서 자녀를 낳았다. 루터는 사석에서 자신이 잘못했음을 시인했지만, 대중 앞에서는 자신이 그런 조언을 했음을 부인하겠다는 그의 결심은 흔들리지 않았다.

❖ ❖ ❖

카를 5세가 이전에 약속했던 공의회를 개최할 준비가 드디어 시작되었지만, 루터는 이런 공의회가 교회의 악폐를 바로잡아 줄지도 모른다는 모든 희망을 철저히 거부했다. 루터는 1539년에 펴낸 『공의회와 교회에 관하여』에서 교회 공의회가 교황보다 위에 있고 교회 개혁의 주된 소망이라는 중세 공의회주의 전통과 확실하게 단절했다. 황제는 1541년 레겐스부르크의회에서 다시 한 번 가톨릭과 루터파를 통일시키려고 시도했다. 이때 콘타리니 추기경Gasparo Contarini과 회담하는 자리가 마련되었으나, 루터는 이 회담에서 배제되었다. 멜란히톤이 회담에 참석했고, 두 그룹은 칭의에 관하여 합의에 이르렀지만, 교황 우위 문제나 성찬 문제에서는 합의에 이르지 못했다. 루터는 밖에서 천둥처럼 고함을 질러대며, 이렇게 경고했다. "사람은 율법의 행위가 아니라 믿음으로 의롭다 하심을 받네.…마귀와 에크와 마인츠와 하인츠와 다른 인간이 이런 가르침에 화를 내면, 내버려 두게. 그것들이 얻는 게 어떤 건지 두고 보세."[61] 그가 레겐스부르크에서 벌어지는 일에 관심이 없었다는 것은 그가 교회를 점점 더 지역 중심으로 이해했음을 보여준다.

루터는 비텐베르크 일치를 낳은 모임에서 자신의 역할이 이 개혁 운동의 "유일한 아버지"인 것처럼 행세했는데, 상징설을 주장하는 자들도 그에게 이런 칭호를 부여했다.[62] 하지만 실상을 들여다보면, 종교개혁 지도권은 이미 오래전부터 멜란히톤에게 많이 넘어가 있었다. 잉글랜드 왕 헨리 8세가 보낸 대표단이 작센과 합의에 이르기를 원했을 때, 그리고 프랑스 왕 프랑수아 1세François I가 보낸 사절이 작센과 협상을 시작했을 때도, 그들이 원한 대화 상대는 바로 멜란히톤이었지 루터가 아니었다.⁶³ 루터의 악화된 건강이 개혁 운동을 볼모로 잡았다. 그의 여러 질병 때문에 결국 협상은 결렬되거나 일정을 다시 잡을 수밖에 없었다. 그가 창조력을 아주 어마어마하게 분출하던 때는 늘 분노가 친구처럼 함께했었다. 그러나 이제 툭하면 폭발하는 그의 성질은 그가 지도자 노릇을 하는 데 걸림돌이 되었다.

17.
친구와 원수

루터는 비텐베르크에서 어떤 기관을 통해 직접 행사할 수 있는 권력을 갖고 있지 않았다. 그가 맡은 자리는 비텐베르크 설교자와 비텐베르크 대학교 신학부 교수직뿐이었다. 그러나 그는 선제후와 비텐베르크를 통치하는 가문의 다른 가족을 직접 대면할 수 있었고,[1] 그에게 충성하는 측근 그룹으로서 그가 "비텐베르크 사람들die Wittenberger"이라 부른 이들을 거느리고 있었다(유스투스 요나스, 요하네스 부겐하겐, 필리프 멜란히톤, 파이트 디트리히, 게오르크 뢰러, 젊은 신학자인 카스파르 크루치거Caspar Cruciger가 그런 이들이었다).[2] 알텐부르크의 슈팔라틴과 아이스레벤의 요하네스 아그리콜라도 이 그룹 사람이라 할 만큼 가까웠다. 뉘른베르크의 벤체스라우스 링크는 초창기 때부터 함께한 친구였다. 루터는 그를 "세상에서 내가 가장 사랑하는 친구 가운데 하나wohl meiner liebsten Freund einer auf Erden"라고 불렀다.[3] 한때 에라스뮈스를 추종했던 요나스는 그 애정을 통째로 루터에게 옮겼다. 그는 루터를 늘 존경하는 마음을 담아 "아버지"라고 불렀다. 이들을 이렇게 단단히 묶어 준 요인에는 이들이 모두 우울증을 앓은 경험이 있다는 사실도 들어 있었다.[4] 요나스는 슬픔이 낯설지 않은 사람이었다. 그가 첫 결혼에서 얻은 열세 자녀 가운데 일곱이 죽었다. 1541년에는 열세 살 먹은 그의 아들이 잘레Saale에서 강에 빠져 죽었고, 그다음 해에는 그의 아내가 아이를 낳다가 아이와 함께 죽었다.

루터는 말년에 비텐베르크를 거의 떠나지 않고 이 친구들과 동지들로 이루어진 보호 집단 안에서 살았다. 그가 섬기던 작센 교회도 안전 지역인 선제후의 영토 안에 있었다. 이 친구들은 비텐베르크 안은 물론이요 비텐베르크 밖에서도 사사로운 교분을 새 교회에 대해 느끼는 막중한 책임감과 융합했다. 비텐베르크는 루터 및 멜란히톤과 공부하고 싶어 제국 각지에서 올라온 학생과 사람들이 가득했다. 때문에 비텐베르크에 있으면, 비텐베르크 밖에서 펼쳐지고 있는 종교개혁이 여전히 아주 위태로운 상황에 있으며, 루터가 오랜 세월에 걸쳐 굳어 온 가톨릭의 관습과 믿음과 관행에 퍼부은 공격 때문에 만들어진 상황이 그야말로 혼돈 상태라는 것을 잊어버리기가 쉬웠다. 이전에 가톨릭 사제나 수사였던 사람들이 늘 훌륭한 개신파 성직자가 되는 데 성공하지는 못했다. 자우제트리즈Sausedlitz의 성직자는 총을 갖고 돌아다니다가 마을에서 총을 쏘길 즐겼다. 그는 선술집에서 죽치고 살았고 아내를 학대했으며, 그 지역의 한 과부와 의심스러운 밀통을 시작했다.[5] 설교단에서 루터가 한 말을 베끼고 그 지역 유지들의 약점을 발가벗기던 자들은 곧 고립될 수도 있었다. 베르다우Werdau에서는 시장을 포함하여 적어도 열다섯 사람이 시의원을 "헤롯"이요 "가야바"라 모욕한 베르다우 설교자에게 기꺼이 불리한 증언을 했다.[6] 토르가우 근처 엘스니히Elssnig 성직자였던 요을 겪었다. 루터가 가장 감명 깊은 영적 위로를 담아 보낸 편지 가운데는 이 남매에게 보낸 것도 몇 통 있다. 루터는 바르바라에게 보낸 편지에 "나도 그 병을 잘 알지. 거의 영원한 죽음에 이를 정도가 되도록 병원에 누워 있기도 했어"라고 적어 놓았다. 바르바라가 자신이 택함을 받았는지 받지 않았는지 걱정하기 시작했을 때는 "입으로 똥이 떨어지면 당장 그 똥을 뱉어 버리듯이" 그런 생각을 뱉어 버리라고 충고했다.[19] 그러나 루터는 우울증을 겪는 자도 그런 생각을 내쫓을 의무가 있다고 생각했다. "새가 그대 머리 위로 날아다니는 것을 막을 수는 없겠지만, 새가 그대 머리에 둥지를 틀게 할 필요는 없네."[20]

우울증은 루터와 부겐하겐의 우정에서도 일정 부분 역할을 했다. 루터는 그를 "포메라니아 박사"로 즐겨 불렀다. 그는 전직 교사였고 사제였으며, 1523년부터 비텐베르크 성직자로 지냈다(중간에 성직을 맡지 않을 때도 있었다). 그뿐만 아니라, 루터가 죽을 때까지 그의 고해를 들어 주는 역할도 했다. 포메라니아에 있는 한 도시 시의회 의원의 아들이었던 부겐하겐은 저지低地 독일어를 사용하는 지방에서 온 극소수 루터 추종자 가운데 한 사람이었다. 이 때문에 그는 브라운슈바이크, 함부르크, 뤼벡, 덴마크뿐 아니라 포메라니아에서도 종교개혁을 실행할 임무를 띠고 파송받았다.[21] 그가 1527년 루터가 쓰러졌던 기간에 루터를 위로하며 돌본 일은 대단히 중요하다. 그는 그 뒤에도, 마치 이전에 슈타우피츠가 그랬던 것처럼, 루터가 우울증으로 시달리는 동안 그가 열망하는 목회자의 보살핌을 거듭 제공하기도 했다.[22]

암스도르프도 루터가 의지했던 막역한 친구였는데, 그의 지성 형성 과정도 루터의 그것과 비슷했다. 그는 귀족 집안 출신이었고, 슈타우피츠의 조카였으며, 그의 아버지는 작센 선제후였던 프리드리히 현공의 정신侹臣이었다. 비텐베르크에서는 슈타우피츠가 그의 일자리를 마

"요하네스 부겐하겐", 루카스 크라나흐, 1532년.

⟨60⟩

련해 주었는데, 슈타우피츠가 좋아했던 철학자 던스 스코터스의 철학을 가르쳤다.²³ 그와 루터는 1508년에 처음 만났지만, 암스도르프는 특히 루터가 제시한 논제에 끌렸으며, 그의 제자인 바르톨로메우스 베른하르디가 1516년에 이 논제를 변호했다. 이때부터 암스도르프는 용감하고 단호한 종교개혁 지지자가 되어, 루터의 메시지를 퍼뜨리는 데 그의 모든 에너지를 쏟아부었다.²⁴ 그는 분명 독신으로 남았지만, 항간에서는 카타리나 폰 보라가 오직 루터 아니면 암스도르프와 결혼하겠다고 우겼다는 말이 있었다.²⁵

암스도르프와 부겐하겐은 모두 루터 또래였지만, 루터와 지식을 겨룰 만한 이들로 인정받지는 못했다. 오히려 루터는 그보다 나이가 어려 그와 동등한 시늉조차 하지 못할 이들과 친분을 유지하는 것을 더 수월하게 여겼던 것 같다. 이를테면, 요하네스 아그리콜라, 유스투스 요나스, 필리프 멜란히톤은 모두 그보다 족히 열 살은 아래였다. 루터는 젊은이들을 끌어당기는 법을 알았다. 그는 수도원에 있을 때부터 일을 믿고 맡길 수 있는 조수를 채용하곤 했다. 그의 비서인 파이트 디트리히와 게오르크 뢰러는 모두 루터가 죽은 뒤에 루터를 기념하며 그를 숭배하는 흐름을 전하는 데 중요한 역할을 했다. 루터는 떠오르는 세대 가운데 카스파르 크루치거를 탁월한 신학자로 여기며 신뢰했고, 1539년에 그를 자신의 후계자로 지명했다. 루터는 그를 가리켜 "절대 탁월한" 모범이요 "내가 죽은 뒤에도 의지할 인물"이라고 선언했다.[26]

◆ ◆ ◆

하지만 이런 칭송과 지원도, 사람들이 루터를 못마땅하게 여기고 그의 대적들이 그가 친구와의 동맹을 주저 없이 등짐으로 말미암아 일어난 서글픈 분열을 비웃는 순간, 사라질 수 있었다. 1530년대와 1540년대에 종교개혁 운동 내부에서는 천하가 다 알 정도로 고통스러운 불화가 길게 이어졌으며, 이 운동에서 루터가 중심을 차지한 점은 종교개혁에 적의를 품게 만든 요인이 되었다.[27]

가령, 1537년에는 루터를 가장 가까이 그리고 가장 오랫동안 따랐던 이들 가운데 한 사람인 요하네스 아그리콜라가 루터를 등지는 사건이 있었다. 아그리콜라는 하르츠Harz 지방 출신이었으며, 만스펠트에 있던 루터의 친구 및 친족과 긴밀한 유대 관계를 맺고 있었다. 루터는 그를 그의 교구 이름을 따 "아이스레벤 선생Herr Eisleben"이라 불렀는데, 이곳은 루터와 아글리콜라가 모두 태어난 곳이기도 했다. 종교개혁 초기만 해도 이들은 어깨를 나란히 한 채 대적에 맞서 싸웠으며, 라이프치히 논쟁에서는 아그리콜라가 루터의 비서 역할을 하기도 했다. 1520년에 엘스터 문에서 교황 칙서를 불태운 유명한 소각 사건 때도 어쩌면 아그리콜라가 불을 붙였을지도 모른다. 나이는 루터가 열 살 넘게 위였지만, 결혼은 아그리콜라가 루터보다 5년 앞서 1520년에 했다. 루터가 첫 아들 한스가 태어난 것을 가장 먼저 알린 이 가운데 아그리콜라도 들어 있었다.[28] 두 사람의 자녀는 나이가 엇비슷했으며, 두 사람은 여러 해 동안 자기 아내의 임신과 아이 양육을 소재 삼아 편지로 이야기를 나누었다.[29] 아그리콜라의 아내가 병으로 쓰러졌을 때, 비텐베르크로 와서 카타리나와 함께 머물렀다. 이때 아그리콜라는 루터에게 자기 아내가 "몸이 아니라 영혼이" 아프기 때문에 "어떤 약제상도 도움을 주지 못할 것"이라고 속내를 털어놓았다.[30]

그러나 루터는 카를슈타트와 그의 논쟁이 정점에 이른 1528년에 아그리콜라가 선행 없는 믿음도 존재할 수 있다는 그릇된 사상을 설교한다는 말을 들었다. 그는 아그리콜라에게 편지를 보내, 이런 말도 안 되는 소리를 멋진 수사와 그리스어로 포장하여 전하지 말라고 엄중하게 경고했다. "사탄과 자네 육신을 경계하게."[31] 하지만 1년 뒤, 아그리콜라가 자신이 남은 평생을 바쳐 계속 증보해 갈 책에 담을 독일 속담을 모으는 일로 어려움에 빠지자, 루터는 다시 한 번 그를 격려하며 힘을 북돋아 주었다. 그러나 겉으로 보면 아무 해가 없는 이 작품 속에는 슈바벤 동맹과 합스부르크 가문에서 쫓겨나 종교개혁을 따르는 이가 된 뷔르템베르크 공 울리히를 헐뜯는 말이 숨겨져 있었다. 울리히의 측근이자 귀족인 루트비히 폰 파사판트가 이 말을 발견하고 아그리콜라를 아주 공공연히 공격했다.[32] 불쌍한 아그리콜라는 자신이 울리히뿐 아니라, 개신파의 주요 제후인 만스펠트 백 알브레히트와 헤센 백 필리프마저 자신에게 등을 돌리게 만들었음을 알아차렸다. 루터의 반응은 강경했다. 루터는 이 젊은 친구에게 그의 입장을 굳건히 유지하라고 충고하면서, 그가 겁을 먹고 헤센 백 필리프에게 사과한 일을 꾸짖었다. "자네가 헤센 백 필리프에게 그냥 두 손을 들고 아주 비굴한 답신을 보냈다는 말을 들었네. 나는 그 말을 듣고 유감이었네. 자네는 이제 그 **백작**(파사판트)*에게 답한 서문을 출간하고, 그 안에 자네가 앞서 비굴하게 평화를 요청했다는 내용을 담아야겠군. 그러나 그들은 화가 잔뜩 났고 평화를 원치 않으니, 자네도 비굴하게 굴지 말고 정의를 따라 싸울 수밖에 없겠군. 자네는 자네가 겸손을 부린 게 유감이겠군."³³ 그렇지만 이 판단 착오는 여러 해 동안 아그리콜라 뒤를 따라다녔으며, 1537년에는 개신파 신학자들끼리 공동전선을 형성하려던 슈말칼덴 협상에서도 그를 배제할 수밖에 없었다. 그가 참석했다간, 당시 그의 공국을 되찾은 울리히 공을 화나게 할 수도 있었기 때문이다.

아그리콜라는 1530년에 열린 아우크스부르크의회에 참석할 비텐베르크 사절단 구성원으로 선택받은 극소수 인물 가운데 하나였다. 그는 제국 의회가 개회하기 전에 자신들을 적대시하는 아우크스부르크 회중 앞에서 설교하면서 나흘 동안이나 상징설을 주장하는 자들을 크게 나무랐다. 그러나 그도 아이스레벤 같은 "광산촌"에 갇혀 있는 신세에 짜증을 냈으며, 자신의 신학 재능을 펼쳐 보일 더 넓은 무대를 갈망했다.³⁴ 1536년, 루터가 비텐베르크 대학교 신학부에 그가 들어설 자리가 열릴지도 모르겠다고 귀띔하자, 아그리콜라는 그 기회를 덥석 물었다. 그는 아직 자리가 마련되지 않았는데도 비텐베르크로 출발했다. 그는 곧 아내 그리고 아홉 자녀를 데리고 루터 집으로 이사했다.³⁵ 두 사람이 얼마나 친근했던지, 루터가 슈말칼덴으로 협상하러 떠나면서 자신이 가르치는 교리, 설교단과 교회, 심지어 자기 처자와 집—이는 루터에게 "은밀한 일Heimlichkeit", 곧 가장 비밀스러운 문제였다—까지 아그리콜라에게 부탁하고, 비텐베르크에서 자기 대신 설교하고 강의할 권한까지 부여할 정도였다.³⁶

야망과 친근함이 갈등을 만들어 냈다. 마침내 아이스레벤이라는 시골을 벗어난 아그리콜라는 자신만의 신학 목소리를 찾고 싶어 했다. 그는 1537년 3월에 차이츠Zeitz에서 몇몇 유력자를 앞에 두고 설교했는데, 이 설교에서 하나님께서 인간의 악함과 경건치 않음에 보응하신다고 말하는 로마서 1:18을 특이하게 해석했다. 그는 우리가 복음을 통해 율법을 아는 지식에 이르며, 이전에 하나님의 진노를 드러냈던 구약의 율법이 이제 그리스도의 십자가로 대치되었다고 주장했다. 이런 확신은 아그리콜라 자신의 경험에 뿌리를 두고 있었다. 그는 그렇게 해석한 이유를 이렇게 말했다. "나는 청년 시절부터 줄곧 악하고 겁이 많으며 충격을 이기지 못하는 마음과 양심을 갖고 있었습니다. 때문에 나는 젊었을 때 학교에 가면 수도원과 외딴 은신처로 달려가 위안을 찾았습니다."[37] 죄책을 극복하고 복음을 통해 해방을 맛본 경험이 그의 시금석이었다. 이 때문에 그는 그리스도인을 감정 속에서 믿음의 여행을 하고 있는 사람이라고 묘사했다. "그리스도의 죽음을 전하는 설교는 사람의 이해와 양심에 충격을 주고 우울하게 한다. 즉, 그것은 회개를 가르친다. 반면, 그리스도의 부활을 전하는 설교는 그리스도의 죽음에 충격을 받았던 양심을 소생시키며, 이해와 양심을 회복시킨다. 즉, 그것은 죄 용서를 가르친다."[38]

이 설교는 루터파 전통을 그대로 따른 설교 같았지만, "충격받은 양심"이라는 말은 새롭고 감정에 호소하는 용어로서 이제는 든든히 자리 잡은 비텐베르크 용어에서 벗어난 표현이었다. 더구나, 아그리콜라는 율법, 곧 하나님의 법이 있던 자리에 그리스도가 십자가에서 돌아가신 사건을 놓았으며, 이 사건을 통해 우리가 우리 죄를 깨닫게 된다고 보았다. 루터는 아그리콜라가 아주 성급히 구약 율법, 곧 "분노의 법"을 밀쳐내 버렸다고 보았다. 아그리콜라의 말은 마치 그리스도인이 하나님의 계명을 완전히 지키지 못할 때 먼저 자신의 죄를 깨달아야 하는 것은 아니라는 말과 같았다. 오히려 그렇게 하나님의 계명을 완전히 지키지 못할 때라야 비로소 그리스도인은 자신에게 구원을 가져다주신 그리스도의 죽음을 인식하고 감사하게 될 것이다. 루터는 그때까지 10년이 넘는 세월 동안 개신파 신앙을 명확히 천명하는 명제를 만들어 내는 데 너무 많은 에너지를 쏟았다. 그러다 보니, 점점 더 자기주장을 변호하는 데 골몰했고, 거기서 아주 조금이라도 벗어나거나 새로운 것을 만들어 내면 용납하려 하지 않았다. 아그리콜라는 신자의 주관적 감정을 구원의 중심에 놓았다. 이는 루터가 결코 받아들이지 않던 것이었다. 아그리콜라의 신학은 괴로운 양심에 관심을 기울이면서, 죄 용서와 개인의 비참한 곤경을 구하는 것에 초점을 맞추는 쪽으로 아주 성급히 옮겨 갔다.

반응은 거칠고 혹독했다. 아그리콜라는 1537년 7월 루터의 저술을 펴내던 인쇄업자 한스 루프트의 도움을 받아 세 편의 설교를 출간했다. 두 사람은 붙잡혔고, 이 불쌍한 인쇄업자는 옥에 갇혔다.[39] 이어 루터는 아그리콜라가 율법에 관하여 천명한 논제(이 논제는 은밀히 회람되고 있었으며, 멜란히톤을 비판하는 논제라는 소문이 있었다)를 오늘날 보통 신문만한 크기로 출간했다. 아그리콜라는 이를 보고 화들짝 놀랐다. 게다가 루터는 예리하게도 자신이 쓴 논박을 아이스레벤 설교자인 카스파르 귀텔에게 헌정했다. 루터는 자신이 1539년에 펴낸 『반反율법주의자 반박Wider die Antinomer』도 역시 귀텔에게 헌정했는데, 이 책에서 아그리콜라를 공격하고 율법을 그리스도인을 속박하는 것이라 하여 거부한 이들을 비난했다.[40]

이 논쟁은 몇 년을 끌었으며, 뜨거운 화해 뒤에는 역시 뜨거운 비난이 이어졌다. 한때 아그리콜라는 교회에서 루터를 열심히 찾아다니며 용서를 빌었다. 루터는 식탁에 모인 그의 벗들에게 자기 속내를 이렇게 털어놓았다. "내가 당신을 사랑했고 지금도 사랑한다는 것은 하나님이 증언하시네." 그러나 아그리콜라는 자신이 "늘 하나님 대신 (루터를)◆ 내 아버지라 여겼다. 나는 그를 통해 그리스도인이 되었고 하나님 자식이 되었다"라고 주장했다. 그러나 지나간 3년 동안, 루터는 아그리콜라를 내내 괴롭힌 반면, "나(아그리콜라)°는 불쌍한 강아지처럼 그(루터)° 뒤를 쫓아다녔다."⁴¹

아그리콜라의 고충은 그가 계속하여 루터에게 의존한 것이었다. 아그리콜라는, 루터의 호의가 없으면, 지속할 수 있는 직업을 가질 수도 없었고 심지어 선제후가 지급하는 월급도 받을 수 없었다.⁴² 1538년, 루터는 아그리콜라가 비텐베르크 대학교에서 강의하게 허락했던 것을 취소하고, 그에게 시간을 허비하며 사람들을 괴롭히는 일을 그만두어야 강의 허락을 받게 되리라고 일러 주었다.⁴³ 그러다 루터는 돌연 방향을 바꾸어 아그리콜라와 화해하고, 그가 다시 설교할 수 있게 해달라고 선제후를 설득했으며, 대중에게 그를 대학교에 초빙한다고 선언하여 그 명예를 되찾아 주었다.

하지만 이 화해는 잠시 동안만 지속되었다. 아그리콜라는 비텐베르크 대학교와 부겐하겐에게 공식 항의하고, 이어 만스펠트 성직자, 아이스레벤, 그리고 모든 아이스레벤 주민에게 호소했으며, 마침내 선제후에게 직접 호소하면서, 자신이 얼마나 부당한 대우를 받았는지 온 천하에 공개하겠다고 위협했다. 루터는 이에 대응하여 비텐베르크 대학교 총장인 그레고르 폰 브뤽Gregor von Brück에게 아그리콜라를 새 종파를 세우려 하는 자라고 헐뜯었다. "요컨대, 아이스레벤은 우리 적입니다. 그는 우리 가르침을 모독하고 우리 신학자들을 욕보였습니다." 더군다나, 그는 인격 자체가 불성실했다. "그는 우리 친구인 체 가장했습니다. 우리와 함께 웃고 먹으면서, 음흉하고 부끄럽게도 우리에게 품은 적의는 숨겼습니다." 이것은 에크가 처음에는 그의 친구가 되려 했다가 나중에 등을 돌리면서 느꼈던 분노와 상처의 재연이었다.⁴⁴

아그리콜라가 정말 "반율법주의자"였는지, 구원받은 그리스도인은 "완전"하며 율법에 매이지 않는다고 믿었는지 분명치 않다. 그러나 그는 분명 새 "종파"를 세우지 않았으며, 평생 신실한 루터파 신자로 남아 있었다. 아그리콜라는 결국 1540년에 베를린으로 피신했고, 거기서 궁정 설교자 자리를 얻었다.⁴⁵ 거기서 그는 여전히 강력하고 존경받는 개신파 신학자로 남았다. 그러나 그는 그다음 해에 멜란히톤이 중재한 협상에서 자신의 불만을 철회하고 굴욕스러운 사과문을 써야 했다.⁴⁶

◆ ◆ ◆

이런 논쟁은 친구와 원수에게 널리 알려졌다. 루터를 가장 악독하게 비방한 선전물 가운데 하나는 코흐레우스가 1538년에 쓴 소극笑劇이었다. 코흐레우스는 이 소극에서 아그리콜라가 얀 후스의 순교를 소재로 삼아 쓰고 작센 선제후 궁정에서 공연했던 희곡을 비꼬았다. 아그리콜라가 루터의 비위를 맞추려고 쓴 서문은 루터를 "눈처럼 하얀 백조"요 다시 태어난 후스라고 칭송했다.⁴⁷ 이거야말로 코흐레우스가 물고 뜯을 먹이였다. 그의 풍자극을 보면, 무대 위에 나타난 아그리콜라가 미쳐 날뛰며 그의 희극은 어쨌든 개혁자(루터)°를 옹호했다고 소리친다. 다시 루터의 마음을 얻으려고 안달이 난 아그리콜라는 자기 아내더러 루터의 마음을 돌릴 수 있는 유일한 사람인 카타리나 폰 보라에게 중재를 요청해 보라고 설득한다. 코흐레우스는 아그리콜라를 주정뱅이요 불량배이며, 아내가 어떻게든 제어해 보려 해도 아무 소용이 없는 인물로 묘사한다. 이런 내용에는 십중팔구 일말의 진실을 넘어 더 많은 사실이 들어 있었다. 아이스레벤에는 아그리콜라가 술을 너무 많이 마신다는 불만이 있었다.

아그리콜라 다음으로 루터의 분노를 산 인물은 멜란히톤의 제자 가운데 가장 재능이 있는 이 중 하나였던 지몬 렘니우스Simon Lemnius였다. 그는 결국 친구였던 루터와 멜란히톤을 심각한 갈등에 빠뜨렸다. 렘니우스는 학생치고는 아주 심한 장난을 쳤다. 그는 비텐베르크의 많은 유명한 시민을 비웃는 라틴어 경구집을 하나 펴냈다.[48] 비텐베르크에서 출판하는 것은 모두 검열을 받아야 했지만, 인쇄업자 니콜라우스 쉬를렌츠Nikolaus Schirlentz는 자신이 해가 될 게 없는 시집을 다루고 있다고 생각했다. 쉬를렌츠는 멜란히톤이 출간에 동의했다는 렘니우스의 장담을 믿었거나, 라틴어 실력이 이 책 내용을 이해하는 수준에는 이르지 못했던 것 같다. 당시 비텐베르크 대학교 총장이었던 멜란히톤은 검열 책임도 맡고 있었는데, 렘니우스가 비텐베르크를 떠나자, 멜란히톤이나 그의 가족이 이 스타 제자가 탈출하게 도와주었다는 소문이 돌았다.[49]

이 경구집 구절들이 그다지 해가 되지 않는다고 주장하는 이도 일부 있었다. 요컨대, 라틴어와 그리스어로 점잖은 조롱을 담은 시를 쓰는 것은 루터와 멜란히톤도 종종 몰두하던 취미라는 주장이었다. 그러나 루터는 분노했다. 그는 전단을 인쇄하여 교회 문에 붙이게 했다. 이는 범인을 현상 수배할 때 쓰는 방법이었다. 이 전단에는 이 젊은이를 아주 혹독하게 정죄하면서, 이런 놈은 사형을 당해도 싸다는 내용이 들어 있었다.[50] 이것이 비록 렘니우스의 처형을 지지한다는 말과 같은 말은 아니었으나, 렘니우스 자신의 말에 따르면, 루터는 사람들 앞에서 렘니우스가 처형당할 때까지 비텐베르크에서 설교하지 않겠다고 공언했다 한다. 렘니우스는 비텐베르크 대학교에서 궐석 재판을 받았고, 대학교에서 영구 추방을 당했으며, 그가 쓴 책은 불태워졌다.

어떤 기준을 들이대도 이것은 지나친 반응이었다. 어쩌면 루터가 분노했던 이유는 렘니우스가 마인츠 대주교를 찬양하는 시를 짓고, 루터가 "똥 같은 주교"라 불렀던 이 대주교에게 바친 찬사를 통해 이 젊은 시인이 보호와 후원을 얻었기 때문이었는지도 모른다. 루터는 이렇게 고함을 질렀다. "그 지랄 염병할 수사 놈은 우리가 다 죽는 꼴을 보고 싶어 하는 새끼야. 비텐베르크에서 그런 새끼를 찬미하는 자식은 내가 죽어도 용서 못해!" 일단 할레Halle로 안전히 피신한 렘니우스는 훨씬 더 비열한 책을 펴내기 시작했다. 그는 루터를 수녀와 결혼한 호색한이요, 스스로 교황과 주교 자리에 올라 비텐베르크에서 권력을 잡은 권위주의자이며, 시와 예술을 전혀 존중하지 않는 촌놈으로 묘사했다.[51] 앞의 코호레우스처럼 그도 루터를 반란 선동자라고 혹독하게 비난했으며, 루터가 대문짝만 하게 펴냈던 글에 맞서 쓴 긴 답변에서는 이 개혁자(루터)°를 살인 공모자라고 고발한다. 베스켄도르프가 사위를 죽여 놓고도 루터의 개입 덕택에 가혹한 형벌을 받지 않았다는 것이 그 이유였다. 그러나 렘니우스는, 루터와 달리 멜란히톤만큼은 비텐베르크에서 유일하게 무게 있는 학자요 온 독일의 빛이라며 시종일관 칭송했다. 루터와 멜란히톤의 불화가 치유될 가망이 없게 만든 찬사였다. 루터를 다룬 한 시는 루터를 향해 속에 담아 둔 분노를 그대로 쏟아 냈다.

> 당신은 설사 때문에 고통을 겪고 똥 눌 때마다 비명을 지른다지.
> 그런데 당신은 자신이 지금 겪는 고통을 다른 이들도 겪길 원했다며.
> 이전에 당신은 다른 이들을 똥간이라 불렀는데,
> 이제는 당신이 똥간이 되었네. 그것도 똥 복을 풍성히 받은 똥간.
> 전에는 분노가 당신의 비뚤어진 입을 열어 놓더니,
> 이제는 당신 엉덩이가 당신 배 속에 가득 찬 것을 내놓네.

당신의 분노는 당신 입에서만 나오지 않았어.
이제는 당신 엉덩이에서도 흘러나오지.

도저히 위대한 시라고 할 수 없는 시였다. 그러나 분노가 루터의 생애 마지막 몇 해를 어둡게 만들었다는 렘니우스의 말은 틀리지 않았다. 루터는 직접 라틴어로 "마르틴 루터의 설사Dysenteria Martini Lutheri"라는 시를 써서 응수했다. 그는 이 시에서 렘니우스가 지어다 바친 쓰레기 같은 시를 받아 준 마그데부르크의 알브레히트가 불쌍하다고 꼬집으면서, 렘니우스를 변비에 걸린 놈이라고 조롱했다. "네 위장은 너더러 똥을 밀어내라고 난리지. 너도 아주 큰 똥 한 번 쌌으면 하는 게 소원이고. 하지만 이 똥 시인아, 넌 그렇게 용을 써도 똥 하나 못 싸네!"[52]

렘니우스는 비텐베르크에 욕을 바가지로 쏟아 놓겠다는 약속을 지켰다. 1539년, "수사가 거느린 창녀들의 전쟁Monachopornomachia"이라는 희곡을 썼다. 이 희곡은 코흐레우스가 쓴 풍자극 "얀 후스의 비극에 관한 은밀한 대화Ein heimlich gespräch von der tragedia Johannis Hussen"(1538년)에 많은 신세를 졌지만, 그것보다 훨씬 조악하며 분별없는 심리 상태를 보여준다.[53] 이 철부지 학생의 유머는 루터가 만인이 창녀임을 알고 있는 카타리나 폰 보라와 억지로 결혼했다고 비웃었다. 그러나 루터는 통풍과 결석 때문에 아파서 여행을 할 수 없는 처지라, 결국 카타리나는 영원히 루터의 감시를 벗어나지 못하게 되어 젊은 연인과 맘껏 놀아나지 못하는 신세가 되고 말았다. 카타리나의 친구인 슈팔라틴의 아내와 요나스의 아내는 자기들 남편이 제국 의회에 참석하느라 아우크스부르크에 가 있는 동안 즐기고 있던 꿈같은 섹스를 카타리나에게 조잘조잘 들려준다. 이 희곡은 루터를 어떤 장면에서는 건장한 남자요 바보처럼 정욕에 사로잡힌 이로 제시하다가도, 어떤 장면에서는 카타리나에게 자기 거시기를 어루만져 세워 달라고 간청하는 이로 묘사한다. 슈팔라틴의 아내는 자신에게 질曆이 하나뿐인데도 남편과 애인을 모두 만족시키는 요령을 설명한다. 이 여자는 자기 샛서방을 위해 "엉덩이를 들어 올린다."

렘니우스와 코흐레우스는 그들의 상상력이 루터와 개혁자들의 사생활을 제멋대로 미쳐 상상하게 내버려 두었다. 그들이 이처럼 루터와 개혁자들의 사생활에 집착한 것은 루터의 신학에서 여전히 아주 충격이었던 부분, 곧 루터가 수녀와 결혼하고, 놀라울 만치 성을 긍정하는 태도를 보인 것 때문이었다. 렘니우스는 이런 부분을 참을 수 없었다. 렘니우스는 늙고 병들어 잠자리도 못하는 남자들의 음모가 섹스에 환장한 여편네들이 득실대는 비텐베르크를 지배하면서, 렘니우스 자신의 재능을 인정하지 않는다고 보았다. 그뿐만 아니라, 렘니우스의 글에는 비텐베르크가 대학생들이 우글거리고, 오로지 대학생 애인을 찾는 데만 혈안이 된 아가씨들이 득실대며, 이미 1522년에 카를슈타트가 단행한 도덕 개혁 조치의 하나로 폐쇄되었던 매음굴이 여전히 존재하는 마을로 등장한다.[54] 렘니우스는 그의 귀족 친구들이 "키클롭스"(그리스신화에 나오는 외눈박이 거인족)° 같은 술집에서 시간을 보내다 걸핏하면 싸움과 결투를 벌인다고 썼다. 이들의 가치를 판단하는 척도는 이들이 끼리끼리 집단에서 얼마나 잘 어울리는가, 무기를 갖고 있는가, 아가씨들에게 눈길 한 번 안 주고 자기를 뽐내며 걸어 다닐 수 있는가, 재치 있는 농담을 잘 하는가였다. 이 세대는 신세대였다. 그들이 중시하는 가치는 개혁자들의 그것과 사뭇 달랐다. 독일 인문주의 세상은 영원히 끝났으며, 렘니우스는 그 상실을 슬퍼했다.

렘니우스가 상징하는 세대 변화는 루터가 이제 더 이상 비텐베르크는 물론이요 세상에서도 존경받는 인물이 아님을 의미했다. 1530년만 해도 루터는 그에게 알랑대며 아첨하는 소리를 처리해야 할 때가

1539년, 파비안 폰 아우어스발트Fabian von Auerswald가 짓고 크라나흐가 삽화를 그린 레슬링 논문의 고전『레슬링 기술Ringer kunst』새 판이 비텐베르크에서 출간되었다. 이 목판화를 보면, 교활한 늙은 사범이 간편한 복장으로 귀족의 풍모와 우아함을 갖추었으며 멋진 복장을 갖춰 입은 제자를 집어 던진다. 이 인쇄물은 아마도 신학을 배우기보다 무술을 배우고픈 마음이 더 간절했을 법한 학생을 염두에 두고 출간되었다.[56]

⟨61⟩

많았다. 1536년에 바젤 시장은 루터가 자신에게 보낸 편지를 "귀중한 보석"처럼 다룬다고 루터 본인에게 말했다.[55]

사람들은 루터의 서명을 보배로 여겼다. 때문에 루터는 그가 번역한 성경 인쇄본을 헌정할 때면 꼭 서명을 해야 했다. 어느 그림, 어느 인쇄물에나 그의 초상이 들어 있었다. 하지만 1542년에 이르자, 성난 군중이 그를 공격하는 일이 벌어졌다. 이 군중은 루터 집에 침입하여 그에게 욕설과 모욕을 퍼부었다. 무엇 때문에 이들이 격노했는가는 분명히 알 수 없으나, 이들의 행동은 루터를 향한 존경심이 줄어들었음을 보여준다.[57] 루터는 비텐베르크는 물론이요 비텐베르크 밖에서도 그가 너무 많은 권력을 쥐고 있다고 주장하는 원수들을 만들었다. 렘니우스는 루터를 가리켜 "엘베의 교황Elbpapst"이라고 불평했다. 그런 모욕이 굳어졌다.[58]

❖ ❖ ❖

루터가 세상을 뜨기 3년 전인 1543년에 이르자, 그의 기분은 그의 건강과 더불어 악화되기 시작했다. 그는 이제 끊임없이 찾아와 일도 못하게 만드는 두통 때문에 불평을 늘어놓았다. 두통은 그가 코부르크에 머물던 1530년에 시작되었지만, 이제 그는 술을 마시지 않으면 일을 할 수 없는 지경이 되었다. 그는 이것이 그가 본디 타고난 질병인지 아니면 사탄이 자신을 더 많이 난타하여 생긴 것인지 확실히 알지 못했다.[59] 그의 편지는 이 통증을 참을 수 없음을 솔직히 드러낸다. 이제 그는 두통을 가라앉히려고 다리에 있는 정맥을 끊임없이 열어 놓았다. 이는 체액의 균형을 다시 맞춰 보려는 또 다른 노력이었다. 그러나 만스펠트 백작 부인은 이를 알고 아주 염려했다. 부인은 루터에게 이런 처치는 그의 몸에 더 심각한 약점만 만들어 낼 것이라고 충고했다.[60] 루터는 다리에 낸 상처 때문에 걷기가 힘들었다. 때문에 집에서 바로 모퉁이만 돌아가면 나오는 대학교와 교회에 강의하고 설교하러 갈 때도 작은 수레를 이용해야만 했다. 그의 편지에는 "너무 피곤하여 더 못 쓰겠네"라는 말이 밥 먹듯이 등장하게 되었다. 그도 이제 나이 육십이었다. 결석과 통풍과 변비와 소변이 나오지 않는 증세와 한기 때문에 고통을 겪었다. 당시 사람들은 나이가 들어 가면 몸이 점점 차가워진다고 믿었다. 때문에 루터는 병이 생기면 자신의 몸을 문질러 덥히는 방법으로 병을 치료할 때가 잦았다. 그는 자신이 머지않아 죽을 거라고 확신했다. 그는 이렇게 썼다. "나는 이제 완전히 둔하고, 피곤하고, 추위에 떤다. 말하자면 늙고 쓸모없는 인간이다. 나는 내 길을 달려왔다. 이제 내 조상을 만나고 썩어서 구더기에게 그들 몫을 챙겨 줄 때가 되었다."[61]

종교개혁을 떠받치던 그와 멜란히톤의 중대한 우정에도 훨씬 더 깊은 갈등이 찾아왔다. 하지만 겉으로 보면, 이 두 사람을 친밀히 이어 주는 끈은 어느 때보다도 강했다.[62] 사실, 둘은 서로 상대가 자기 목숨을 구해 줬다고 생각했다. 루터가 1537년에 슈말칼덴에서 소변이 나오지 않는 증세로 괴로워할 때, 멜란히톤은 루터더러 고타로 떠나기 전에 하루를 기다리라고 붙잡았다. 점성술로 하늘의 별을 관찰하니, 징조가 좋지 않다는 게 그 이유였다[점성술astrology(천문학)은 창조의 질서를 보여준다고 멜란히톤은 생각했다. *Melanchthon: Orations on Philosophy and Education*(Cambridge University Press, 1999), 제14장 "점성술의 위엄The dignity of astrology" 참조]◇. 루터는 뭐든지 쉽게 믿는 멜란히톤의 모습에 웃고 말았지만, 그가 탄 수레가 덜컹거리는 바람에 그의 요도를 막고 있던 결석이 빠져 결국 엄청나게 많은 소변을 눌 수 있었고, 덕분에 목숨을 건졌다.[63] 1540년, 멜란히톤은 헤센 백 필리프의 중혼이 초래한 개신파 몰락에 상심하여 평정을 잃고 우울증에 빠져 음식을 먹는 것도 거부했다. 이때 루터는 곧장 바이마르로 가서 그를 만나, "당장 음식을 먹게. 안 먹으면 내가 자네를 출교黜教하겠네"라고 겁박했다. 루터는 멜란히톤의 병이 다양하게 나타나는 우울한 "안페흐퉁"이라고 확신했으며, 자신의 기도가 친구를 구했다고 확신했다.[64]

  루터는 자신보다 이 사람을 칭송했으며, 멜란히톤의 지식이 더 체계가 있고 그의 그리스어 지식과 히브리어 지식이 루터 자신보다 뛰어나다는 점을 흔쾌히 인정했다. 하지만 루터가 자신에게 견해를 표명해 달라고 요청하는 어려운 편지와 문제를 점점 더 많이 멜란히톤에게 떠맡기면서, 멜란히톤이 루터 주위에서 일할 때가 늘어났다. 멜란히톤과 작센 재상 브뤽은 점점 더 편지 왕래를 통제하면서, 가령 부처가 루터의 기분을 더 우울하게 만들 수도 있는 편지를 보내왔을 때, 이 편지를 걸핏하면 화를 내는 이 개혁자에게 보여주어야 할지 여부를 결정하기도 했다. 과거에는 루터가 멜란히톤을 격려하고 그를 지도하며 도와 주었는데, 이제는 멜란히톤이 루터를 통제하면서 루터의 기분이 최악으로 치닫는 일을 막으려고 애쓰고 있었다.[65]

하지만 루터는 대하기가 쉽지 않았다. 루터를 대하려는 시도는 그에 따른 대가를 치렀다. 루터가 심지어 멜란히톤까지 의심하게 되었기 때문이다. 1544년, 헤르만 폰 데어 비트 Hermann von der Wied는 이전에 가톨릭의 견고한 요새였던 쾰른에서 개혁 프로그램을 실행하기 시작했다. 이때 루터는 처음에 그 프로그램 초안을 보지도 않고 멜란히톤에게 넘겨 버렸다. 암스도르프는 성찬에서 그리스도가 실제로 임재하시는가라는 문제를 다루면서 그 중추라 할 내용이 명백히 빠져 있다고 루터에게 경고했다. 루터는 격노했으며, 멜란히톤이 자기 몰래 자신의 가장 중요한 신념(실재설)°을 슬그머니 희석시키려 하고 있다고 확신했다.[66]

같은 해, 헝가리 프레쇼프 Prešov의 성직자가 비텐베르크 사람들이 성체 거양을 폐지한 것으로 보아 실재설을 고수하던 입장도 누그러뜨릴 것 같다는 말을 들었다는 글을 썼다. 루터는 애초 성체 거양 관습을 유지했었다. 그것이 그리스도가 성찬에 실제로 임재하심을 강조해 주었기 때문이었다. 그러다가 1541년에 카를슈타트가 죽자, 이를 "교황 무리의 관습"이라며 폐지했다. 그는 헝가리 성직자에게 매서운 답신을 보내, 비텐베르크에는 어떤 입장 완화도 없다고 강조했다. 그는 그 이유를 이렇게 밝혔다. "우리는 여기서 그런 입장 완화가 일어나지 않게 하려고 공석과 사석을 가릴 것 없이 계속 싸우고 있습니다. 마귀가 어느 은밀한 구석에 숨어 있지 않는 이상, 그런 의심이나 그런 구역질 나는 일은 눈곱만큼도 존재하지 않습니다."

이어 루터는 그를 보좌하는 이를 어렴풋이 언급하면서, 자신은 분명 "필리프 선생"이나 다른 어느 비텐베르크 사람도 의심하지 않는다고 말했다. "심지어 사탄도 감히 대중 앞에서는 불평하려 하지 않기 때문"이라는 게 그 이유였다.[67] 그의 이 모호한 말이 정확히 무엇을 의미하는가는 몇 주 뒤에 아주 분명히 밝혀지게 된다. 루터는 몇 주 뒤 그들 가운데 있는 상징설을 주장하는 자들을 맹렬히 공격하는 설교를 시작했는데, 그 대상으로 멜란히톤을 염두에 두고 있는 것 같았다.[68] 마음이 흔들린 멜란히톤은 비텐베르크를 떠날 생각을 하기 시작했다. 그는 루터가 아주 "화가 나 있고 흥분해 있으며", 그와 부처를 비방하는 설교를 하고 있다고 말했다.[69]

1545년 여름, 루터는 그의 오랜 친구인 암스도르프를 만나러 떠났다. 오래전부터 이 여행을 계획했지만, 수없이 여러 번 연기해야만 했었다. 루터는 차이츠Zeitz에 도착하자마자, 카타리나에게 편지를 보내, 모든 가산을 팔고 수도원을 선제후에게 돌려주라고 말했다. 그는 비텐베르크를 떠나 카타리나가 농장을 갖고 있던 췰스도르프Zülsdorf로 이사하자고 말하면서, 이렇게 썼다. "내가 살아 있는 동안에 그리하는 것이 좋겠소. 그때가 되면(내가 죽으면)* 어차피 해야 할 일이니." 이 늙고 병든 이는 왜 갑자기 비텐베르크를 떠나고 싶어 했을까? 루터는 카타리나에게 자신이 당시 떠나 있는 비텐베르크에 관하여 좋지 않은 말을 들었다고 말하면서, 특히 비텐베르크 사람들이 여자가 춤을 추다 자기 치마를 들어 올려 은밀한 부위를 "앞뒤로" 보여주는 저속한 춤에 열광함을 크게 꾸짖었다. 루터는 "내 심장이 식어 버렸네"라고 썼다.[70]

멜란히톤은 곧장 루터를 찾으러 떠났고, 선제후는 루터의 개인 주치의인 마테우스 라체베르거더러 루터를 설득해 보라고 시켰다.[71] 비텐베르크 대학교도 이 일에 관여했다. 선제후는 루터와 암스도르프에게 직접 편지를 보냈으며, 특히 암스도르프에게 이 늙은 사람이 비텐베르크로 돌아가게 설득하라고 압박했다. 결국 멜란히톤은 루터와 직접 맞붙어 논쟁한 뒤에 고향으로 돌아가는 것이 더 좋겠다고 생각했다. 루터의 오랜 스파링 파트너인 작센 재상 그레고르 폰 브뤽은 두 사람에 관하여 판단을 내렸다. 만일 루터가 그야말로 "모험을 감행하길" 원한다면, 다시 말해 자신이 평생 해온 일을 뒤집어엎으려 한다면, 필리프도 비텐베르크를 떠나리라고 브뤽은 확신했다. 그는 루터가 모든 가산을 처분하기가 쉽지 않음을 알기 때문에 그대로 비텐베르크에 머물 것이라고 예상했다. 비텐베르크에는 거대한 수도원뿐 아니라, 정원 몇 곳과 다른 집도 있었다.[72]

선제후와 비텐베르크 대학교는 멜란히톤도 루터와 함께 떠날까 봐 걱정했다. 그런 일이 벌어지면, 비텐베르크 대학교는 끝장이었다. 비텐베르크 대학교의 미래와 종교개혁 전체가 어떻게 되든 말든, 루터가 이처럼 뒤늦게 와서야 느닷없이 모든 것을 뒤엎어 버리기로 결심한 연유는 확실치 않지만, 그와 멜란히톤의 관계 안에 존재한 갈등과 관련이 있었을 것이다. 두 사람은 긴 세월을 함께하며 업적을 이뤄 냈고 모든 난관을 헤쳐 왔다. 그럼에도 루터는 그의 우울증이 극심한 지경에 이른 순간에 모든 것을 망가뜨리려 했다. 그것은 남이 시키는 대로 따르는 족장 노릇이나 하면서 자신의 권력을 다음 세대에게 얌전히 넘기는 일은 못하겠다고 분노하는 늙은 루터의 호소였다. 루터가 어쩌면 그의 사람이 되었을 수많은 이들과 관계를 파괴해 버린 것은 종교개혁 전체의 비극이었다.

18.
증오

루터는 생애 말년에 벗과 동맹을 공격하는 데 많은 시간을 썼다. 하지만 그는 그의 진짜 원수들을 결코 잊지 않았다. 그 원수 가운데 으뜸이자 가장 큰 적은 늘 교황이었다. 1538년, 루터는 몇몇 추기경이 장차 교회 공의회에서 논의해야 할 의제에 관하여 제기한 조언을 담은 기록이 유출되자, 이 기록에 혹독한 주석을 붙여 출간했다. 표지에 실린 목판화는 두 추기경이 교회를 여우 꼬리로 청소하고 교회 제단화에는 교황 이미지가 있는 모습을 보여준다. 여우 꼬리는 아첨과 속임수를 상징했기 때문에, 이 그림이 전하는 메시지는 분명했다. 추기경들이 제안한 공의회는 술수에 불과하며, 교회는 그리스도가 아니라 사실 교황을 예배한다는 것이 그 메시지였다.¹ 이어 루터는 사사로이 교황을 조롱할 가짜 문장을 주문하면서, 교황이 "나를 억압하고 나를 불태우고 나를 마귀 뒤에 박아 놓았기 때문에, 나는 그를 자신이 가졌다는 열쇠에 매달아 두려 한

마르틴 루터, "Ratschlag von der Kirchen, eins ausschus etlicher Cardinel, Bapst Paulo des namens dem dritten, auff seinen Befelh geschrieben vnd vberantwortet Mit einer vorrede D. Mart. Luth.", 비텐베르크, 1538년.

다"고 말했다.[2]

레겐스부르크의회에서 가톨릭과 개신파를 또다시 화해시키려는 준비 작업이 시작되자, 루터는 그나마 남아 있던 협상 의사마저 포기했으며, 그의 논박도 모든 한계를 무시해 버렸다. 1545년, 루터는 독기가 흘러넘치고 논지가 산만한 저서 『마귀의 제도인 로마 교황제 반박 Wider das Papstum zu Rom vom Teuffel Gestifft』을 펴냈다.[4] 이 논문은 교황 바오로 3세Paulus III를 남색자요 이성복장도착자異性服裝倒着者이며 "거룩한 동정녀, 여자 교황, 파울라 3세Paula III"(Paula는 Paulus의 여성형)°라고 혹평했으며, 역사 속의 모든 교황을 "지옥의 모든 극악한 마귀가 가득 들어찬 자들"이라 비판하면서, "그런 마귀가 어찌나 가득 차 있는지 교황이란 자

교황 문장, 1538년. 이것은 십자 모양의 교회 열쇠가 산산조각 난 모습을 보여준다. 이는 인간 영혼 위에 군림하는 교회 권력을 상징하는데, 이 문제가 애초에 루터가 95개 논제를 발표하게 만든 원인이 되었던 출발점이었다. 왼쪽에는 유다가 있고, 오른쪽에는 교황이 있다. 돈이 가득한 주머니가 교황의 방패를 장식했는데, 이는 교황도 유다처럼 그리스도를 돈 받고 팔아넘겼음을 암시한다.[3]

⟨63⟩

들이 할 수 있는 것이라곤 마귀를 토해 내고 던지며 코 풀 듯 풀어 내는 것뿐"이라고 비판했다. 루터는 멜란히톤과 크라나흐가 1521년에 펴낸 『그리스도와 적그리스도의 수난』에서 두드러지게 나타난 대립 수사(상반된 것을 대립시켜 자기주장을 제시하는 수사법)°를 사용하여, 예수가 세상의 모든 나라를 넘겨주겠다는 마귀의 제안을 거부하신 것과 교황의 권력욕을 대비한다. 루터는 교황이 이렇게 말한다고 표현한다. "사탄이여, 이리 오시오! 당신이 이 세상보다 많은 세계를 가졌다면, 나는 그 모든 세계를 받고, 당신을 예배할 뿐 아니라 당신 엉덩이도 핥겠습니다." 루터는 이렇게 결론지었다. "이 모든 것에 마귀 자신의 때가 찍혀 있으며, 망할 교황이 뀐 방귀가 적혀 있다." 몇몇 발췌문만으로 이 작품 전체의 분위기를 제시하기는 불가능하다. 교황을 비판하는 이 극렬한 작품에 넣고자 목판화 작품 열 개를 같이 만들었는데, 이 작품들은 훨씬 더 지독하다. 이 작품은 루터 자신이 디자인했고 크라나흐 공방이 만들었다.[5]

이런 작품들은 오직 회심한 이들에게만 통할 설교였다. 어떤 가톨릭 신자도 이런 말과 이런 폭력을 담은 그림에 수긍하지 않을 것이다. 루터는 그가 사용할 수 있는 모든 무기를 사용했다. 분변학, 마귀와 마녀 그림, 성적 모욕, 그리고 동물 이미지. 텍스트와 그림은 원수를 향한 증오를 통해 하나가 된 개신파 청중(독자)° 가운데서 자신이 개신파라는 정체성을 만들어 내려고 고안한 것이었다. 그러나 이 작품은, 루터가 교황의 거룩한 아우라를 파괴하려고 일부러 상스러운 유머를 사용했다는 점에서, 웃음을 자아내려고 만든 것이기도 했다.

루터는 심지어 이 작품을 그의 "유언"이라 묘사하기까지 했다. 그가 죽은 뒤에는 이 개혁자의 초상에 자주 덧붙인 구호 "교황아, 내가 살아 있을 때는 네 역병이었지만, 죽으면 네 죽음이 되리라Lebend war ich deine Plage, sterbend bin ich dein Tod, Papst"가 이 뿌리 깊은 증오를 표현해 주었다.[6] 루터의 예언은 이루어졌다. 이 상스러운 그림들이 그의 유산 가운데 중요한 일부가 되었기 때문이다. 이후 수백 년 동안 사람들은 이 그림들을 응용하고 다시 인쇄했다. 상호 증오와 몰이해는 이후 수 세기 동안 악화 일로를 걸은 교파 사이의 관계를 그림으로 바꾸었고, 종교적 평화를 중재하기가 더 어려워졌다.

❖ ❖ ❖

루터는 거대한 증오자였다. 그러나 그의 적의敵意가 언제나 똑같지는 않았다. 예를 들면, 오스만튀르크 제국이 헝가리 일부를 점령하고 빈을 포위하면서 이 제국이 주는 위협이 이전보다 훨씬 커졌지만, 튀르크인을 대하는 루터의 태도는 놀라울 정도로 미묘한 차이가 있다. 루터는 평생 십자군이라는 개념을 시종일관 거부하면서, 튀르크인을 그 믿음 때문에 공격해서는 안 된다고 주장했다.[7] 루터는 종교개혁 초기 몇 년 동안 특별히 이 문제를 신경 쓰지는 않았던 것 같다. 그는 그리스도인이 튀르크인을 공격하기보다 오히려 그들 자신의 삶을 개선하고 교황과 싸워야 한다고 주장했다. 실제로 그는 늘 그랬듯이 적그리스도와 튀르크를 동일시하길 거부함으로써(루터는 적그리스도라는 칭호를 교황에게 사용했다) 튀르크의 위협을 낮춰 보았다. 루터의 적들은 루터의 이런 태도를 묵과하지 않았다. 루터가 나중에 회상하듯이, 1520년의 교황 칙서가 루터를 정죄한 이유 중에는 루터가 튀르크인에게 취한 태도도 들어 있었다. 그가 이런 입장을 취한 이유는 단순했을지도 모른다. 루터도, 그와 같은 시대를 살았던 많은 이들처럼, 십자군을 보내자는 요구를 교황이 황제와 제후들을 조종하려고 시도하는 것으로 여겼다. 작센 선제후도 이런 요구에 맞섰다.

하지만 1529년에 튀르크가 헝가리의 대부분을 점령하자, 루터도 그 시대 사람들처럼 지식 차원에서 이슬람이라는 문제를 대면할 수밖에 없었다. 유럽 사람들이 팽창하는 오스만튀르크 제국을 불평 없이 받아들이면서 "튀르크 책"이 유행하게 되었고, 이는 독자들에게 오스만튀르크 사람들과 그들의 관습을 알려 주었다.[8] 루터도 이런 책을 하나 내놓았다. 『튀르크를 대적하는 전쟁에 관하여 Vom kriege widder die Türcken』 (1529년)가 그것인데, 그는 이 책에서 두 나라(왕국)°와 세 영역, 세속 질서, 성직자, 그리고 가정을 다룬 자신의 정치 이론을 튀르크 사례에 적용했다.[9] 그는 종교 십자군은 결코 있어서는 안 된다는 이전의 주장을 그대로 고수하면서도, 튀르크가 세 영역을 뒤집어엎을 때는 튀르크와 벌이는 전쟁이 정당하다는 신중한 입장을 피력했다. 그런 이들은 그리스도인을 무력으로 공격하여 세속 권위를 위협하는 "살인자"요, 성경을 잘못 해석하는 "거짓말쟁이"이며, 열 여자나 스무 여자를 취하여 가정이라는 영역을 공격하는 이들이다. 튀르크인을 죽이는 일을 정당화하려고 만들어 낸 이런 말은 이슬람에 반대하는 표준 문구가 되었다. 그러나

"교황과 추기경의 탄생." 이 그림은 단품으로 사거나 세트로 살 수 있었으며, 색을 입힐 수도 있었다. 교육받은 청중을 염두에 두고 만들었기 때문에 라틴어로 쓴 운문이 장식되어 있었고, 고전 인용문이 가득 들어 있었다. 여기서 교황은 추한 마녀의 젖을 빨고 뱀 모양 머리카락을 가진 여러 여신에 둘러싸여 있다.

⟨64⟩

루터는 신앙과 관련된 전쟁이 아닌 전쟁을 밑받침할 논거를 제시하고자 이런 주장을 제시했다.

루터는 튀르크가 빈의 코앞에 다다른 1529년에 두 번째 논문 『튀르크를 대적하는 병사에게 하는 설교Heerpredigt wider den Türcken』를 내놓았는데, 이 논문에는 종말을 이야기하는 것 같은 묵시주의 수사가 나타났다.¹⁰ 이제 그는 튀르크인이 요한계시록에 나오는 "네 번째 나팔"이라고 규정했다. 그러나 세상에 종말이 임박했다는 언어가 사람들에게 점점 더 큰 위기감을 불러일으키고 있었는데도, 루터는 여전히 적그리스도 역할을 할 이로 교황을 지목했으며, 튀르크인은 그리스도인의 주적이라기보다 오히려 그리스도인이 지은 죄 때문에 이들을 벌하려고 보냄을 받은 재앙으로 보았다.¹¹ 루터는 이런 입장을 취하면서 결국 피정복민의 의무에 관하여 놀랍도록 혹독한 견해를 취하게 되었다. 루터는 그리스도인이 그들을 다스리는 세속 통치자에 순종하는 차원에서 튀르크와 싸워야 하지만, 오스만튀르크에 포로로 잡히거나 심지어 그 노예가 된 이들은 항거하거나 도망치지 말고 그 당국에게 순종해야 한다고 주장하면서, 그 이유를 이렇게 제시했다. "그렇게 항거하거나 도망치면 여러분의 몸을 여러분 주인에게서 강탈하고 훔치는 일이 될 것이기 때문이다. 여러분 몸은 주인이 다른 어떤 수단을 통해 사거나 획득했으니, 더 이상 여러분 재산이 아니라 그 주인이 소유한 다른 가축이나 재산처럼 그의 재산이다." 하지만 만일 여러분 주인이 여러분더러 그리스도인에 맞서 무기를 들게 강요한다면(오직 그럴 때만), "여러분은 순종해서는 안 되며, 차라리 (여러분 주인이)◆ 여러분에게 주는 어떤 고통이라도 감내하거나 죽는 것이 낫다."[12] 이처럼 기성 권위와 재산권, 심지어 노예에게 행사하는 재산권조차 존중해야 한다는 견해는 그가 1523년에 『세속 권위에 관하여』에서 취했던 입장과 궤를 같이했다. 루터는 이번에도 개인이 처한 딜레마와 관련이 있는 경우가 아니면 항거를 인정할 수 없었다. 그는 그런 딜레마를 가진 자들에게도 자의自意가 아닌 순교를 받아들이라고 권고했으며, 봉기는 생각하지도 않았다. 아울러 이 글은 튀르크 정부의 탁월함에 상당한 찬사를 보낸다. 루터는 헝가리의 그레고리우스가 오스만 사람들을 다룬 논문에서 튀르크의 관습에 관한 세부 서술들을 가져다가 편집하고 출간하여 그의 논문을 보완했다.[13]

튀르크인의 성격에 관한 루터의 서술은 독일인의 성격을 돌아볼 기회도 제공했다. "우리 독일인"은 폭식하고 폭음하지만, 튀르크인은 절제를 보여준다. 독일인은 사치스러운 옷에 마음이 가지만, 튀르크인은 소박함을 실천한다. 튀르크인은 맹세하지 않으며 호사스러운 건물을 짓지 않는다. 이런 점을 보면 그들의 습속이 독일인의 그것보다 낫다. 루터는 튀르크 가장들이 여자를 아주 확실히 단속함을 찬미했다. "그들

"수사의 기원Der Ursprung der Mönche", 루카스 크라나흐. 교수대 위에 앉아 수사 머리를 한 탁발 수사에게 변을 누는 마녀를 보여준다.

⟨65⟩

은 아내를 이렇게 훈련시키고 아름답게 처신하도록 단속한다. 때문에, 우리네 여자들과 달리, 그네 여자들 가운데에는 악폐와 분수에 지나침과 부정과 다른 과도한 치장이 전혀 없다."[14] 하지만 그들은 결혼을 존중하지 않았다. 아주 성급하게 이혼을 허용했다. 일부다처제를 실시하기 때문이다. 그들의 결혼은 군인과 창녀의 관계에 존재하는 순결만을 가졌을 뿐이다. 더군다나, 그들은 "프랑스인과 남색 행위자가 저지르는 부정을 행하느라 품위 있는 사람들 앞에서는 그들의 그런 행위를 입에 올릴 수가 없다." 하지만 루터는 이런 비난을 교황과 그의 궁정에도 똑같이 퍼부었다. 루터가 오랫동안 강박증에 걸린 사람처럼 파고들었던 섹스와 남색과 사치가 그가 그린 튀르크인 초상의 모습을 결정했다. 그러나 그는 동시에 이 낯선 세계의 관습과 사회구조에도 진정 관심을 갖고 있었다. 1541년, 튀르크인의 위협이 재차 눈앞에 다가왔다. 그러자 루터는 『튀르크를 대적하는 기도 권면』을 출간했지만, 이때도 공격하는 기도보다 회개를 요구했다.[15]

루터는 여전히 튀르크인에게 진심으로 호기심을 갖고 있었다. 그는 1542년에 쿠란 라틴어판을 입수하자마자, 이를 읽기 시작했다. 그는 쿠란을 출간해야 한다고 확고히 믿었다. 바젤 시의회가 유력한 인쇄업자 오포리누스의 쿠란 출간을 금지하자, 루터는 스트라스부르의 많은 설교자와 합세하여 이 금지에 반대했다.[16] 루터는 그리스도인이 쿠란에 기록된 것을 아는 게 중요하다고 주장했다. 쿠란에 무엇이 들어 있는지 알지 못하는데, 어찌 쿠란을 반박할 수 있겠는가? 이 논쟁은 루터의 가장 훌륭한 모습을 세상에 보여주었다. 다른 종교에 호기심을 보이면서, 설령 다른 신앙에 노출되어도 자신의 믿음으로 감당할 수 있다고 확신하는 루터의 모습을 보여주었다. 하지만 이것이 루터가 쿠란 자체를 존중한다는 의미는 아니었다. 루터는 쿠란이 "저주받고 부끄러우며 갈 데까지 간 책"이라고 썼지만, 이런 "은밀한 독"을 세상에 드러내는 것이 낫다고 썼다. "상처와 부상을 고치길 원하면 그것을 드러내는 것이 당연하기" 때문이었다.[17] 1543년, 마침내 쿠란이 출간되었다. 루터와 멜란히톤은 이것에 간결하면서도 놀라울 정도로 온건한 서문을 써 주었다. 그 시대 사람 하나는 이 서문이 독자에게 "그것을 읽으라고 독려하기보다 오히려 그 책에 관하여 경고한다"며 루터와 멜란히톤을 두둔했지만, 부처는 루터에게 "쿠란의 지독히 혐오스러운 부분을 철저히 일러 주는 글과 함께 더 길고 더 강한 경고 글"을 써 달라고 요청할 것인지 고민했다.[18]

루터는 쿠란을 거부했으며, 튀르크의 도덕과 관습도 혹평했을 수 있다. 하지만 그는 다른 이들에게는 적개심을 불러일으키는 수사를

"적그리스도의 기원Der Ursprung des Antichrist", 루카스 크라나흐. 이 그림은 교황을 마귀가 되살리려 애쓰는 퉁퉁 부은 시신으로 제시한다. 교황관만 달랑 쓴 채 온통 벌거벗은 모습 때문에, 심지어 루터도 아주 적나라하게 드러난 국부가 여자들에게 혐오감을 불러일으킬 수 있다고 생각한 나머지, 크라나흐를 "상스러운 화가"라 부르면서, 교황의 국부를 더 흐릿하게 표현해 달라고 주문했다.

⟨66⟩

맘껏 사용하려 했으면서도, 이슬람교 신자에게는 결코 그런 수사를 늘어놓지 않았다. 덕분에 그는 나뉜 세계에서 두 종교가 공존하는 모델을 발전시킬 수 있었다. 이 모델은 그리스도인을 진리를 소유하고 자신들을 보호하려 싸워야 하는 이들로 인식하면서, 이슬람은 틀렸지만 기독교와 별개인 신앙으로 인식했다. 더욱이 루터는 코앞까지 다가왔던 오스만튀르크의 위협이 물러가자, 흥미를 잃어버렸다. 대신 그는 가득 쌓인 그의 증오를 교황과 유대인에게 겨누었다.

◆ ◆ ◆

루터의 악독한 반反유대주의는 루터파 역사에서 가장 곤란하고 난처한 주제 가운데 하나였다. 나치의 유대인 대학살을 겪은 학자들은 그 본질과 한계를 인정하고 받아들이기가 어려웠기 때문이다. 루터가 유대인을 늘 적대시하지는 않았다. 1523년, 루터는 『예수 그리스도가 유대인으로 태어나셨다는 사실Dass Jesus Christus ein geborener Jude sei』을 출간했다. 이것은 그리스도인이 "유대인을 인간이 아니라 개처럼 대해 왔다. 그리스도인이 한 일이라곤 유대인을 비웃고 그들의 재산을 차지한 것뿐이다"라고 인정했다는 점에서 주목할 만한 소책자였다.[19] 사람들은 그 시대 기준에 비춰 볼 때 두드러질 정도로 관대한 작품이었던 이 소책자를 젊은 날의 루터가 반유대주의자가 아니었음을 보여주는 증거로 종종 여겨 왔다. 사람들이 주장하듯이, 그의 반유대주의는 그가 훗날 유대인은 결코 기독교로 개종하지 않는다는 것을 뼈아프게 체험한 시절의 산물이었다. 물론 루터가 유대인을 기독교로 적극 개종시키려고 노력했다는 증거는 거의 없다.[20] 하지만 1523년에 나온 이 논문의 마지막 문단은 유대인에게 관용을 베풀지 여부가 결국은 유대인 붕괴에 달려 있음을 분명히 밝혔다. "예수가 사람이시면서도 참 하나님이심을 우리가 고백한다는 이유로 유대인이 우리를 공격한다면, 우리는 적절한 때에 성경에 근거하여 그것을 힘으로 처리할 것이다. 그러나 처음부터 이렇게 하기는 너무 혹독하다. 그들이 우선 젖을 먹게 하여, 이 사람 예수가 참 메시아이심을 깨닫게 하는 일부터 시작하자. 그다음에는 포도주도 마실 수 있을 테니, 그러면 그가 참 하나님이심도 배울 것이다."[21]

반유대주의는 단지 그의 생애 후반의 산물이 아니다. 사실은 거듭 나타난다. 1519년에 발표한 『고리대금에 관한 짧은 설교Kleiner Sermon von dem Wucher』는 세 판版이 모두 그 제목 페이지에 유대인 그림을 담고 있었는데, 루터도 틀림없이 이런 그림을 넌지시 인정했을 것이다. 그가 1513부터 1515년까지 한 강의는 시편을 다윗 왕이 하나님을 부르며 자신

루터의 『고리대금에 관한 설교』 1520년 판에는 한 유대인 그림이 들어 있다. 이는 유대인이 고리대금업자임을 암시한다. 이 유대인은 이렇게 말한다. "꾼 돈을 다 갚든지, 아니면 이자를 가져와. 난 이득이 탐나니까."

⟨67⟩

을 핍박하는 자들을 저주하는 시로 다루지 않고, 오히려 예수를 언급하는 예언이자 예수가 유대인에게 핍박받을 것을 일러 준 예언으로 다루었다. 구약성경을 신약성경에 비춰 읽는 것은 사람들이 인정하는 주해 기술이지만, 이 경우에는 유대인이 핍박받음을 말한 작품을 유대인이 핍박함을 말하는 작품으로 바꿔 버렸다.[22]

1523년에 발표한 논문도 은연중에 이런 접근법을 드러낸다. 이 논문은 서두부터 마리아의 지위를 논한다는 점에서 제법 난해하다. 루터가 이를 다룬 것은 그도 유대인과 마찬가지로 예수가 동정녀에게서 나심을 부인하고 하나님의 어머니가 특별한 지위에 있음을 부인한다는 비판을 들었기 때문이었다. 기독교 역사를 통틀어 살펴보면, 마리아주의(마리아 상경)와 반유대주의는 함께 갈 때가 잦았다(마리아에게 바친 예배당이나 교회를 종종 파괴된 회당 터에 지었다). 그리스도가 메시아이심을 부인한다는 것은 마리아가 특별한 지위에 있음을 부인한다는 의미였기 때문이다. 중세 후기에는 유대인이 예수를 부인함보다 오히려 그들이 마리아를 모욕하는 것 때문에 그리스도인이 괴로워할 때가 잦았다. 따라서 루터가 논문 서두에서 마리아가 진실로 동정녀였으며 하나님의 어머니였음을 천명한 것은 유대인을 아주 혹독히 대하게 만든 쟁점을 강조하는 것이었다.

1530년대에는 항간에서 떠도는 반유대주의 이야기와 말이 줄곧 루터의 탁상 담화에 단골 주제로 올라왔다. 예를 들면, 그를 찾아온 손님들은 토르가우에 유대인이 서른 명 넘게 있다고 투덜대거나, 프랑크푸르트가 유대인 천지라고 불평했다. 1531년, 루터는 암스도르프에게 편지를 보내, 유대인은 악당이니까 세례를 주는 게 헛일이라고 말했다.[23] 비텐베르크에 살던 한 귀족 여인이 이미 결혼하여 아이가 넷이나 있는 유대인과 결혼한 스캔들도 논란이 되었다. 이 여인의 친족들은 선제후의 허락을 받아 자구행위自救行爲를 실행하여 그 남자를 칼로 찔러 죽였다. 루터는 이 여인이 유대인 남편을 통해 갖게 된 아기의 대부 역할을 했으며, 이 여인이 속임수에 넘어간 착한 여인이라고 믿었지만, 이 문제가 이렇게 해결된 것에는 어떤 양심의 가책도 표명하지 않았던 것 같다.[24]

신성로마제국 시대 첫 유대 민족 지도자인 로스하임의 요젤Josel von Rosheim은 1537년 유대인이 선제후로부터 작센에서 자유로이 옮겨 다닐 수 있는 권리를 허락받을 수 있게 중간 다리가 되어 달라고 루터에게 요청했지만, 루터는 그를 만나길 거부했다. 대신 그는 편지를 보내, 자신이 유대인을 선대해야 한다고 주장했던 것은 오로지 그들도 메시아에게 인도받을 수 있게 하려 했기 때문이었지, "내 호의와 제안을 통해 그들을 강하게 만들고 그들의 잘못이 더 커지게 하려는 것"은 아니었다고 말했다.[25] 루터는 유대인에게 "그대들이 그대들의 왕 다윗과 모든 경건한 왕, 그리고 당연히 거룩한 선지자와 사람들을 어떻게 대했는지 읽어 보고, 우리 이방인은 개로 여기지 말라"고 주문함으로써, 유대인을 구약에 나오는 영웅들의 적이라는 자리에 놓고, 예수가 유대인이 십자가에 못 박은 메시아이심을 거듭 천명했다.

루터는 그다음 해에 『안식일주의자들 반박: 좋은 벗에게Wider die Sabbather: An einen guten Freund』라는 제목을 붙인 짧은 논문을 발표했는데, 여기에서도 같은 입장을 따랐다. 이는 그의 말마따나 유대인이 모라비아에서 개종자를 얻기 시작했다는 소문을 듣고 "부랴부랴 써낸 것"이었다.[26] 모라비아에서는 정치적 분열 때문에 서로 다른 많은 종교가 관용을 얻을 수 있었다. 이 때문에 이곳은 심지어 재세례파도 피난처를 마련한 극소수 지역 가운데 하나가 되었다. 루터는 유대인이 예수를 메시아로 인정하지 않아서 예루살렘 성전이 파괴된 뒤로 1500년 동안 하나님께 벌을 받아 온 민족이라고 주장했다.

1530년대에는 루터의 논조가 그래도 냉정을 잃지 않았는데, 1543년에 이르면 그 논조가 확연히 바뀐다. 루터는 자신이 쓴 『안식일주의자들 반박』에 유대인이 내놓은 반응을 읽어 본 팔케나우Falkenau 백 볼프 쉴릭Wolf Schlick의 요청에 부응하여 『유대인과 그들의 거짓말에 관하여Von den Juden und ihren Lügen』를 내놓았다.[27] 그는 여기서 "유식한 유대인" 셋이 "내 안에서 새 유대인을 발견하리라"는 소망을 품고 자신에게 왔었다고 말한다. 그가 비텐베르크 대학교에 히브리어를 연구하는 교과를 도입한 게 그 이유였다. 그러나 이 논문은 이곳부터 계속하여 랍비의 성경 해석과 유대인 자체를 통렬히 비난한다.[28] 논문은 유대 민족의 오만한 자부심을 비판하는 데 많은 분량을 할애한다. 루터는 랍비가 손톱으로 성기 포피를 찢는 모습을 묘사하여 할례에 대한 반감을 불러일으키고, 아이의 비명에 우울해하는 아빠 모습을 상상한다.[29] 루터는 유대인을 하나님의 선지자를 무시한 더러운 신부요 가장 추악한 창녀라고 모욕한다.

루터는 랍비의 해석을 공격하는 쪽으로 옮겨 가, 유대인이 말씀과 표적을 분리함으로써 "행위 의"에 빠지고 자신들의 율법 순종을 신뢰하게 되었다고 비판한다. 루터는 유대인처럼 행위를 믿는 자들을 "기껏 씻어 놨더니 진창에 빠져 버린" 암퇘지에 비유했다.[30] 루터는 유대인이 성경의 진리를 "암퇘지 꼬리 아래에서" 찾는다고, 즉 그들의 성경 해석이 돼지 항문을 탐구함에서 나온다고 주장한다. 유대인은 그리스도인이 어찌나 어리석은지 심지어 "머리부터 발까지 온통 진창으로 덮여 있고 훨씬 더 깨끗한 것은 어떤 것도 먹지 않는" 암퇘지보다도 못하다고 비판했다. 그들은 기독교 신앙을 모독하면서, 이 신앙은 "마귀가 강요한 것이요, 이에 빠지는 것은 더러운 암퇘지가 여물통에 빠지는 것과 같다"고 말했다. 루터는 그리스도인이 유대인을 만나면 "그에게 암퇘지 똥을 집어 던져…내쫓아야 한다"고 주장했다.[31]

루터는 세속 당국에게 유대교 회당과 학교를 불태우고, "불에 타지 않는 것은 흙으로 덮어, 그 돌 한 개나 슬래그 한 조각도 영원히 보이지 않게 하라"고 요구했다. 아울러 유대인의 집은 파괴하고, 유대인은 집시처럼 한 지붕 아래 수용해야 한다고 주장했다. 탈무드와 유대교 기도서도 없애야 하며, 유대교 교사는 추방해야 한다. 아울러 루터는 이들이 도로를 사용하지 못하게 하고, 고리대금업을 금지하는 대신 유대인도 육체노동을 하게 강제해야 한다고 주장했다. 고리대금업으로 얻은 재산은 몰수하여 개종한 유대인을 돕는 데 써야 한다. 이것은 유대 문화를 완전히 뿌리 뽑으려는 계획이었다.[32] 루터가 생각하던 것도 바로 이것이었다. 멜란히톤은 헤센 백 필리프에게 이 텍스트 인쇄본을 보내면서, 이 안에 "진실로 아주 유익한 가르침"이 들어 있다고 말했다. 작센 선제후는 1543년에 유대인을 만나는 자는 누구라도 그 유대인과 재산을 압류하고 그 유대인을 당국에 고발해야 한다고 명령하면서, 루터가 "근래에 낸 책"을 원용했다. 이렇게 유대인을 고발한 자에게는 몰수한 유대인 재산의 절반을 보상금으로 지불하도록 명령했다.[33]

사실, 루터의 폭력은 그와 같은 시대 사람들이 보기에도 너무 지나치다 싶을 때가 종종 있었다. 불과 몇 주 뒤, 그러니까 1543년 초, 루터는 『형언할 수 없는 이름과 그리스도의 혈통에 관하여Vom Schem Hamphoras und vom Geschlecht Christi』[형언할 수 없는 이름: "여호와"의 4자음 문자, JHWH(יהוה)]°를 펴냈다.[34] 스위스 신학자 하인리히 불링거Heinrich Bullinger는 이 책을 비판했으며, 뉘른베르크의 안드레아스 오지안더는 베네치아에 있는 자신의 유대인 친구에게 은밀히 편지를 보내 그가 이 책에 느낀 반감을 표명했다. 그러나 이 책은 루터파 신자들에게 비판받지 않았고, 1577년에는 재차 인쇄되었다. 이때는 초기 루터 평전 저자인 니콜라우스 젤네커Nikolaus Selnecker가 서문을 덧붙였는데, 이 서문에는 마그데부르크에서 유대인이 안식일이라는 이유로 화장실에 빠진 유대인을 도와주길 거부했다는 이야기 같은 상스러운 이야기도 들어 있었다. 『형언할 수 없는 이름과 그리스도의 혈통에 관하여』는 1617년에 종교개혁 100주년을 기념하여 다시 출간되었으며, 이 악의에 찬 잡문집의 표제 작품으로 『유대인과 그들의 거짓말에 관하여』도 함께 출간했다.[35]

이 루터는 고삐 풀린 루터였다. 이 텍스트는 마치 내면의 공상을 드러내는 것 같았다. 루터는 다시금 랍비의 성경 해석 전통을 공격하면서, 유대인은 마법 주문 뒤에 자리한 마귀가 이끄는 자들이라고 주장했다. 이는 난해한 비판처럼 보일지도 모르겠지만, 실은 아주 익숙한 문제와 관련이 있었다. 1514년, 루터는 가톨릭 보수주의자들이 모든 유대 서적을 없애려 하자 이에 맞선 히브리어 학자 요하네스 로이힐린 편을 들었다. 그러나 로이힐린이 히브리어에 관심을 가진 것은 카발라 Kabbalah(유대교의 신비주의적 교파)°의 신비한 힘과 일부 관련이 있었다. 이것이 바로 그리스도인이 히브리어를 배워야 하는 이유였다. 루터는 로이힐린이 기적을 행하는 말에 관하여 쓴 글들을 몰랐을 수도 있다. 하지만 그는 개신파가 이런 말을 사용하는 경우와 유대인이 이런 말을 마술 주문처럼 사용하는 경우는 구분하기로 결심했다.[36] 어쩌면 루터도 이 둘이 서로 얼마나 비슷한지 알았을 수도 있으며, 그 때문에 루터파 신자들이 세례라는 성례를 행하거나 빵과 포도주를 축성하는 말을 할 때 루터파가 하는 그것이 무엇인지 설명해야 했던 것 같다. 루터는 그의 에너지를 다 쏟아 이 일에 열심히 몰두했는데, 그 배경에는 상징설을 주장하는 자들이 루터파에게 제기하는 비판, 곧 루터파가 마치 말이라는 수단을 통해 하나님의 몸을 만들어 내는 마술을 부리는 것처럼 꾸민다는 비판이 있었다. 이어 루터는 갑자기 이야기를 중단하고 비텐베르크 교구 교회 높은 곳에 있는 "형언할 수 없는 이름 Schem Hamphoras" 조각을 이야기한다(이 책의 136쪽, 그림 13. 참조)°. 이 조각은 암퇘지 한 마리가 몇몇 유대인에게 젖을 먹이는 동안, 랍비 하나가 이 암퇘지 꼬리를 들고 돼지 뒤를 들여다보는 모습을 보여준다. 그런 다음, 루터는 그가 습관처럼 즐기던 언어유희에 몰두한다. 그는 그 기적을 행하는 말을 가짜 히브리어 파생어를 사용하여 "여기 치부"(Scham Haperes, 또는 Schamhaperes)°로 바꿔 놓았다. 그는 랍비가 "여기 치부"를 들여다보고 있으며, 그것은 하나님이 아니라 마귀를 가리킨다고 말한다. 결국 유대인은 똥을 파헤치고 뒤지며 오직 마귀만 예배하는 마법사다. 루터가 히브리어를 마법 주문으로 바꿔 놓은 유대인을 공격하는 목적은, 그리함으로써 랍비 대신 자신을 성경 해석자로 만들려 함이요, 루터파가 택함받은 백성의 지위

에 있음을 주장하려는 것이었다.[37]

루터의 반유대주의는 몸과 관련한 혐오스러운 표현이 그 강도를 더해 가기에 이르렀다. 그는 마귀 똥에 입을 맞추고 그 똥에게 기도하는 유대인을 상상한다. "마귀가 그 배 속을 비우고 또 비웠는데, 그 비워 놓은 것이 유대인과 유대인이고 싶어 하는 이들에겐 입 맞추고, 먹고, 마시고, 예배할 진짜 성물이다." 마귀는 유대인의 입과 코와 귀를 오물로 가득 채우는데, 이는 말하자면 세례 때 행하는 축귀 의식을 거꾸로 뒤집은 것이었다. "마귀는 유대인의 입과 코와 귀에 자신의 진짜 배설물을 아주 꽉꽉 채워 넣고 뿜어 댄다. 어찌나 꽉꽉 채워 넣는지 그 배설물이 모든 곳에서 넘치고 줄줄 흘러나온다. 유대인은 그것을 마음에 쏙 드는 진미처럼 맛보고 암퇘지처럼 게걸스럽게 처먹는다." 루터는 미친 듯이 채찍을 휘두르며, 궁극의 유대인이라 할 유다를 불러낸다. "가룟 유다가 스스로 목매달아 죽어 그의 내장이 터지고, 교수형을 당한 이들에게 일어나는 것처럼, 그 방광이 폭발하자, 금으로 만든 통과 은으로 만든 사발을 들고 기다리던 유대인들은 유다의 오줌(그들은 그렇게 부른다)을 다른 성물과 함께 받은 뒤, 다 함께 그 똥을 먹고 오줌을 마셨다. 이를 통해 그들은 성경의 복잡한 난외주(숨은 의미)°를 볼 수 있는 예리한 안목을 얻었다."[38]

루터가 이런 식으로 이야기를 시작할 때마다, 그의 가장 깊은 내면에 자리한 충동이 드러난다. 이성 있는 논쟁은 더 이상 존재하지 않는다. 루터는 사실 유대인이 똥을 먹어 예리한 안목을 가졌다고 믿지는 않았다. 오히려 그는 동음이의어를 활용하여 말장난을 치고, 여러 생각을 압축하여 한 비유로 표현하며, 한 생각에서 다른 생각으로 비약하는 등, 마치 상상 속에서나 꿀 법한 악몽에 사로잡힌 것 같은 모습을 보인다. 이와 같은 수사는 생각을 정지시킨다. 격류처럼 흘러가는 맹렬한 상상을 통해 읽는 이를 압도한다. 루터는 이와 같은 염려를 어떻게 유머로 바꿔야 하는지 알았으며, 그런 방법을 교황에게 결정타를 먹이는 데 사용했다. 그러나 여기서 노리는 결과는 독자를 웃게 하는 것이 아니라, 읽는 이가 온몸으로 혐오를 느끼게 하는 것이었다.

『형언할 수 없는 이름과 그리스도의 혈통에 관하여』는 이성에 근거한 글임이 명백한 『유대인과 그들의 거짓말에 관하여』를 떠받치는 미친 판타지였다. 루터는 『형언할 수 없는 이름과 그리스도의 혈통에 관하여』에 이렇게 써 놓았다. "만일 하나님이 내게 메시아가 아니라 유대인이 앙망하는 자를 주신다면", 유대인이 바라는 메시아는 죽음을 이기지 못하므로, 그 자는 인간이 아니라 돼지일 것이다.[39] 암돼지는 거름 속에서 뒹굴고, 걱정이란 것 자체를 모르며, 죽음을 두려워하지 않는다. 그러나 도살자가 오면, 순식간에 죽고 만다. 보통 사람도 쉽게 알아들을 유머이지만, 이 유머는 매서운 비난을 숨기지 못한다. 메시아가 없는 유대인은 돼지보다 나을 게 없다. 그러나 루터가 이런 증오심을 드러냈지만, 그의 신학에는 유대교와 비슷한 측면이 여럿 있었으며, 어쩌면 바로 이런 유사성 때문에 그의 유대인 공격이 폭력성을 띠었는지도 모르겠다. 루터는 내세에 관하여 그다지 말하지 않았다. 루터의 종교성은 성경의 중요성, 그리고 히브리어 본문과 그리스어 본문 주해를 가장 중요하게 여겼다. 그는 마리아의 지위를 떨어뜨렸으며, 결국 기독교(개신파)°에는 더 이상 신과 같은 지위를 가진 여자가 존재하지 않게 되었다. 루터가 두드러지게 몸을 긍정하는 태도를 취한 것도 유대교가 동정童貞보다 번성을 강조한 것과 아주 흡사했다. 루터는 튀르크인에겐 늘 사뭇 평온한 태도를 유지했는데, 이는 그들이 아주 다르고 아주 멀리 떨어져 있었기 때문이었다. 유대인은 비슷했고 루터 자신이 개혁하고 싶어 했던 사회 속에서 살았다. 이 때문에 오스만튀르크 사람보다 훨씬 덜 위험한 유대인이 루터가 온 힘을 다해 토해 내는 증오의 과녁이 되었다.

　　루터 지지자 가운데에는 그의 반유대주의를 널리 퍼뜨린 이가 많았지만, 그래도 그의 반유대주의는 대다수 사람이 용인할 수 있는 선보다 훨씬 멀리 나아갔다. 루터의 측근에서는 유스투스 요나스가 루터의 논문을 라틴어로 번역했으며, 덕분에 온 기독교 세계가 루터의 논문을 읽을 수 있게 되었다. 그리스도인이 불신자보다 유대인을 더 사랑해야 한다고 생각했던 마르틴 부처조차도 1539년 헤센 백 필리프를 위해 "유대인 규정Judenordnung" 초안을 작성할 때 유대인에게 겸손을 가르치고자 화장실 청소를 시켜야 한다고 제안할 정도였다.⁴⁰ 그러나 부처는 새로 회당을 짓지 못하게 금지하길 원했던 반면, 루터는 기존 회당도 모조리 파괴하길 원했다. 멜란히톤은 1539년 프랑크푸르트에서 열린 제국의회에서 1530년에 브란덴부르크에서 추방당한 유대인들을 다시 브란덴부르크로 받아들이는 데 동의했다. 루터파로서 그 아내도 역시 히브리어를 배웠던 우르바누스 레기우스는 유대인에게 시종일관 더 너그러운 태도를 유지했다. 그는 한 랍비를 위해 중재 역할을 해주었고, 1540년에는 브라운슈바이크 성직자들에게 유대인 공동체 추방에 반대해 달라고 요청하기도 했다. 뉘른베르크의 안드레아스 오지안더는 근처 자펜펠트Sappenfeld에서 유대인이 의식에 사용하려고 어린이를 납치하여 죽인다는 의혹이 일어나자 이런 피의 비방을 거부하는 소책자를 용감하게 출간했다(하지만 익명으로 출간했다).⁴¹ 루터의 숙적인 요하네스 에크는 이 소책자에 거의 200쪽이나 되는 답변서로 대답했는데, 여기서 그는 루터와 마찬가지로 유대인이 어린이를 의식에 제물로 바치려고 독약을 먹여 죽인다는 오랜 의혹을 그대로 되풀이했다. 그러나 이런 에크조차도 유대인에게 관용을 베풀어야 하고, 기존 회당을 보수할 수 있게 허용해야 하며, 유대인을 해치거나 죽이거나 유배지로 보내서는 안 된다고 주장했다.⁴² 에크의 혹독한 비난도 불쾌하긴 매한가지였지만, 그래도 에크의 글은 루터가 『유대인과 그들의 거짓말에 관하여』에서 주장한 것과 같은 유대 문화 멸절을 옹호하지도 않았고, 마치 꿈이 아닌가 싶을 정도로 몸에 치우친 비방을 쏟아 낸 루터의 『형언할 수 없는 이름과 그리스도의 혈통에 관하여』와 같은 모습을 보이지도 않았다.

루터의 독설은 이전에 썼던 진부한 문구를 되풀이하지 않았다. 중세의 반유대주의도 종종 유대인에게 관용을 베풀 것을 주장했다. 루터의 견해는 중세의 유물이라기보다 중세의 유물이 발전한 것이었다. 훨씬 더 당혹스러운 사실은 루터의 이런 태도가 그의 신학에서 우연히 나타난 게 아니라, 그 시대에 널리 퍼져 있던 태도에서 넘겨받은 통탄할 편견이었다는 것이다. 오히려 이런 태도는 루터의 사상에 필수 불가결한 요소였다. 그리스도인—다시 말해 개신파—이 택함받은 백성이 되었고 유대인을 그 백성 자리에서 몰아냈다는 그의 주장은 장차 개신교의 정체성을 규정하는 밑바탕이 된다. 그것이 루터파가 역사 속에서 섭리를 따라 긴요한 역할을 하고 있다는 그의 이해를 지탱하는 중요한 대들보였으며, 이런 역할을 확실히 하려면 유대인을 밀쳐 내고 믿지 말아야 하며, 필요하다면 제거해야 한다는 것이 루터의 생각이었다. 루터파가 더 나은 유대인이다. 그가 『유대인과 그들의 거짓말에 관하여』에서 주장했듯이, "어리석은 우리 이방인은 이전에는 하나님 백성이 아니었으나 이제는 하나님 백성이다. 이로 말미암아 유대인은 혼란과 어리석음으로 인도되었으며, 이 바람에 그들은 하나님 백성이 아닌 자들이 되었다. 한때 하나님 백성이었던 그들은 이제 정말 하나님 백성이 되어야 한다."⁴³ 루터는 루터파가 유대인보다 구약성경을 잘 이해하고 루터파의 주해가 우월하다고 주장한다. 택함받은 백성의 지위를 잃었기에 더 이상 참 "유대인"이 아닌 유대인은 "심지어 아예 다른 민족이 되어 버렸으며, 그나마 (원래)◆ 하나님 백성이었던 유대인 가운데 남은 자"도 외국인 악당이나 집시 같은 "게으른 자"만 있을 뿐이다.⁴⁴

19.
이스라엘의 병거와 마병

("엘리사가 보고 소리 지르되 내 아버지여 내 아버지여 이스라엘의 병거와 그 마병이여 하더니 다시 보이지 아니하는지라." 왕하 2:12)°

겨울이 깊어질 대로 깊어진 **1546년 1월**, 루터는 그가 태어난 마을 아이스레벤으로 마지막 여행을 떠났다. 이제 그는 예순두 살이었다. 병들고 쇠약해진 루터는 이 여행이 자신의 목숨을 위태롭게 할 수 있음을 알았지만, 그래도 가기로 결심했다. 만스펠트 백들이 루터가 자신들의 논쟁을 해결해 주길 원했기 때문이었다. 알브레히트는 그 아우인 게브하르트Johann Gebhard von Mansfeld와 사이가 좋지 않았으며, 에른스트와 요한 게오르크Johann Albert, Graf von Mansfeld는 광산 경영을 놓고 알브레히트와 사이가 틀어져 있었다. 루터는 비록 아버지가 자신의 미래로 설계했던 계획을 거부했었지만, 그래도 가업을 보호해야 할 자신의 의무는 포기하지 않았다.¹

만스펠트의 동광銅鑛과 은광銀鑛은 "하나님이 주신 것이요, 독일 전역에 이와 같은 것이 없다"는 말이 있었다. 한때는 아주 번창했으나,

이제는 혼돈이라 할 만큼 쇠퇴하고 있었다.² 만스펠트는 호황을 누리던 고장이었으며, 지어낸 이야기가 아닌가 싶을 만큼 막대한 부가 언덕 위에 우뚝 솟은 세 르네상스식 성城을 지탱할 돈을 댔다. 만스펠트를 다스리는 다섯 백작은 이 영역을 다스릴 책임을 나누어 맡았다. 이러다 보니, 이런 분할 통치가 맹렬한 분쟁으로 이어진 건 당연지사였다. 알브레히트와 게브하르트는 용감하고 과감하게 루터를 지지했으며, 새 만스펠트 백인 필리프와 요한 게오르크도 마찬가지였다. 그러나 옛 만스펠트 백 호이어, 귄터, 그리고 에른스트는 가톨릭 신자였다. 때문에 교회에도 루터파가 쓰는 출입구와 가톨릭 신자인 만스펠트 백들이 쓰는 출입구가 따로 있었다. 옛 만스펠트 백 에른스트는 자신이 아이스레벤에 있는 성 안드레아스 교회에 행사하는 후견권을 활용하여 루터와 철천지원수 사이인 게오르크 비첼을 성직자로 임명했다. 반면, 알브레히트는 일찍부터 루터의 동지 가운데 하나였던 카스파르 귀텔을 설교자로 임명했다. 회중이 이런 상황을 어떻게 대했을지 그저 의문이 들 뿐이다.³

만스펠트 백들은 1536년까지만 해도 광산을 공동 경영했다. 그러다가 1536년에 알브레히트가 다른 이들을 설득하여 광산도 나누었다. 이들은 이후 여러 해 동안 자신들의 수입이 줄어들자 소득을 어떻게 늘려 가야 할지 고민했지만, 광산 소유주와 뉘른베르크 자본가들은 막대한 부를 축적했던 것으로 보인다. 1542년, 루터의 주치의요 훗날 루터 전기를 쓴 마테우스 라체베르거가 표현한 그대로 "인색함"에 사로잡힌 만스펠트 백들은 루터의 아버지도 갖고 있었던 기한부 광업 임차권을 모두 폐지했다. 이제 그들은 광산을 직접 경영하려 했고, 제련업자를 그들이 고용한 사람으로 만들어 버렸다.⁴ 루터파인 알브레히트가 이 정책을 내놓았지만, 루터는 제련업자의 권리를 보호하기로 결심하고, 심지어 이 만스펠트 백보다 상위 통치자인 작센 공 모리츠가 개입하게 만들려 했다. 루터는 이 정책이 철저히 질투의 소산이라고 주장했다. "무언가를 가진 사람은 그들을 질투하는 사람이 많기 마련이기 때문"이라는 게 루터가 제시한 이유였다. 루터는 다시 한 번 이 일을 자신의 일로 받아들였다. 마귀가 이 계획 뒤에 있었다. 루터의 원수들은 온 나라가 가난해지는 꼴을 보고 싶었다. "그리되면 그들은 이렇게 자랑할 수 있을 것이다. 하나님이 복음을 지지하는 자들을 모두 저주하시고 그들이 멸망하게 하시는 것을 보라. (루터)◆ 자신의 조국이 철저히 몰락한 것이 바로 그 징표다."⁵ 루터는 이런 상황 때문에 병세가 심각했는데도 만스펠트 백들이 도모하던 계획이 더 진전되지 않게 막으려고 1545년 10월에 만스펠트로 갔다.⁶ 그는 목적을 이루지 못했다. 그러나 그가 옳다는 것이 증명되었다. 광산을 직접 경영하겠다는 만스펠트 백들의 실험은 재앙이었다. 그들은 1560년대에 이르러 파산했고, 꿈속 이야기 같던 만스펠트의 부富는 바람에 날아가듯 사라졌으며, 만스펠트는 낙후한 시골로 변하고 말았다.

상황이 이러다 보니, 루터는 1546년 초에 이르러 만스펠트 백들을 화해시키려고 노력하는 것이 자신의 임무라고 생각하게 되었다. 어쩌면 이 여정이 평범하지 않으리라고 직감했기 때문이었는지, 루터는 세 아들을 데리고 갔다. 한스는 이제 스무 살이 다 되었고, 마르틴은 열다섯 살이 다 되었으며, 파울은 겨우 열세 살이었다. 날씨가 아주 험악했고, 할레에서는 강물이 불어나 일행은 강을 건널 엄두도 못 냈다. 루터는 아내에게 보낸 편지에서 이렇게 농담했다. "엄청나게 큰 여자 재세례파 신자가 파도와 큰 유빙流氷 조각들과 더불어 우리를 찾아왔소. 이 신자는 우리에게 다시 세례를 주겠다고 위협하면서, (온)◆ 마을을 덮어버렸소." 이런 상황에 카타리나라면 권고했을 법한 것을 루터는 따랐으며, 강을 건넘으로 "하나님을 시험하는" 일을 하지 않았다고 말했다. 루터는 그랬더니 결국 "마귀가 우리에게 화를 내는구려. 저 물속에 사는 마귀란 놈이"라고 덧붙였다.[7] 그들이 마침내 다시 여행을 시작했을 때는 현기증이 루터를 괴롭혔다. "하지만 당신이 여기 있었으면 이것은 유대인이나 그들이 섬기는 신의 잘못이라 말했겠소. 아이스레벤을 눈앞에 두고 유대인이 많이 사는 동네를 지나가야 했소. (그래서)◆ 아마도 그들이 나를 이리 고통스럽게 공격한 것 같소."[8] 루터는 아내에게 더 이상 아내를 사랑할 수 없음을 사과했다. "당신도 알겠지만, 내가 할 수 있는 한 당신을 사랑하겠으니, 내 그런 마음을 알고 위로를 받으시오." 그러면서 아내 카타리나를 "암퇘지 시장 여사Saumarkterin"요 "췰스도르프 부인Zülsdorferin"이라 불러, 아내가 하는 농장 사업을 애정을 담아 놀려 댔다.[9] 루터의 편지에서는 따뜻함과 솔직함, 그리고 그들이 함께했던 깊은 추억이 두드러지게 나타났다.

그러나 이 마지막 편지들도 증오와 우울로 기울어진 그의 마음 상태를 보여주었다. 루터는 유대인의 "숨"조차 두렵다고 씀과 동시에, 자신이 뒤이어 해야 할 큰 과업이 하나 있다고 말했다. 그 과업은 유대인 문제였다. 그는 이렇게 썼다. "(만스펠트에서)◆ 큰 문제를 해결한 뒤, 유대인을 쫓아내는 일을 시작해야 하오."[10] 그는 만스펠트 백 알브레히트도 유대인을 좋아하지 않지만 유대인에게 아무 일도 하지 않는다고 썼다. 때문에 루터는 1546년 1월과 2월에 아이스레벤에서 자신의 마지막 설교가 될 네 설교를 하는 동안, 자신의 마지막 설교를 마치는 순간까지 유대인을 배척하는 권면을 함으로써 자신의 말대로 설교단에서 알브레히트를 "돕기" 시작했다. 루터는 유대인도 "이탈리아인"과 마찬가지로 사람에게 독을 먹여 즉시 죽게 하거나, 아니면 한 달 뒤나 1년 뒤나 10년 뒤나 심지어 20년 뒤에 죽게 하는 방법을 알고 있다고 선언했다. 유대인은 그리스도를 모독하는 일을 결코 멈추지 않을 악한 사람들이요, 그들의 죄에 동참한 이들을 보호한 이들이었다. 죽음이 가까워지면서 유대인을 어떻게든 처리해야 한다는 루터의 확신도 더 강해졌다.[11]

루터 일행이 아이스레벤에 도착하기 직전, 루터는 아주 아파, 마차에서 쓰러졌다. 그는 이것도 마귀의 일이라 말하면서, 이 마귀는 "내가 어떤 중요한 일을 해야 할 때마다" 나를 늘 공격했다고 말했다. 루터는 몸을 뜨거운 천으로 문지르자 다시 기운을 차렸다. 루터는 아이스레벤에서 이 지역 광업계 주요 인물이요 오랫동안 루터 집안과 인연이 있었던 드라흐슈테트 박사 집에 머물렀다.[12] 만스펠트 백들과 만나는 일은 이 노인의 병환을 고려하여 이루어져야 했다. 그러나 이 노인의 위중한 몸 상태도 만스펠트 백들이 합의에 이르게 하지 못했다. 협상은 3주나 질질 끌었고, 루터는 결국 낙심한 채 집으로 돌아가야 했다.

그러는 동안, 루터는 매일 할 일을 고안했다. 비텐베르크에서는 온 식구와 함께 식사하는 것이 그 삶에서 가장 중요한 일이었다. 마찬가지로 그는 아이스레벤에서도 손님들과 식사를 같이했다. 식사 시간은 그들이 수도원에 있었을 때처럼 경건한 시간이었다. 루터는 식사를 마치면 매일 저녁 8시쯤 식탁에서 일어나 큰 거실을 건너 그의 방으로 갔다. 방으로 간 루터는 창가에 서서 이렇게 기도하곤 했다. 그와 같이 있던 이들의 말에 따르면, 루터의 기도는 이랬다고 한다. "우리가 침묵하며 종종 몇 마디 말씀을 듣고도 그 말씀에 놀라게 되길 아주 간절히 진심으로 기도합니다." 그런 다음, 그는 "마치 짐을 내려놓은 것처럼" 행복하게 창에서 돌아서서 함께 있는 이들과 15분 정도 더 이야기를 나눈 뒤 잠자리에 들었다. 루터는 자신이 죽음을 앞두고 있음을 알았다. 그는 "우리 늙은이들이 마귀의 뒷모습을 꿰뚫어 보고 아주 많은 악과 신실치 않음과 비참함을 경험한 것을 보니, 틀림없이 오래 살긴 오래 살았네"라고 이야기했다. 그뿐만 아니라, 식사 자리에서는 죽은 자들이 서로 알아볼지도 이야기했는데, 이는 루터가 내세에 관하여 그의 생각을 이야기한 극소수의 경우 가운데 하나였다. 루터는—마치 아담이 하와를 처음 만났을 때, 하와가 자신의 살 중의 살 창 2:23 임을 곧바로 알았던 것처럼—죽은 자들이 서로 알아보리라고 확신했다.[13]

2월 17일 저녁, 기도하려고 어린 두 아들과 함께 자신의 방으로 돌아온 루터는 갑자기 가슴에 통증을 느끼고 오한이 들면서 다시 아프기 시작했다. 요나스와 만스펠트 설교자 미하엘 쾰리우스Michael Coelius가 방으로 뛰어왔다. 사람들은 루터를 다시 뜨거운 천으로 문질렀다. 만스펠트 백 부인인 안나가 찾아와 사람들이 강력한 회복약이라 믿고 있던 일각수—角獸 뿔—사실은 일각 고래 뿔—을 제공했으며, 만스펠트 백 알브레히트는 직접 이 뿔을 조금 갈아 포도주 한 잔에 타 주기도 했다. 알브레히트의 정신延臣 가운데 하나인 콘라트 폰 볼프람스도르프Konrad von Wolfframsdorff가 먼저 이를 한 스푼 먹었다. 이는 어쩌면 루터가 자신이 독살당할까 두려워했기 때문이었을 수도 있고, 이런 치료약을 믿지 않았기 때문이었을 수도 있다.[14] 오후 9시쯤, 루터는 누워 잠이 들었다. 그는 한 시간 동안 푹 잤다. 잠에서 깬 루터는 자신을 지키던 사람들에게 "아직도 안 자고 있습니까?"라고 물었다. 루터는 그들도 자고 싶지 않을까 생각했다. 이어 그는 옆방으로 갔다. 아마도 화장실에 간 것 같다. 루터는 문지방을 넘어가면서 이렇게 말했다. "진리의 하나님이시여, 당신 손에 제 영혼을 맡깁니다. 당신이 나를 구속하셨나이다." 침상으로 돌아온 루터는 한 사람 한 사람과 악수하며 잘 자라고 인사했다. 그러면서 그들에게 "트리엔트공의회"—가톨릭교회 개혁Counter Reformation(프로테스탄트의 종교개혁을 전후해 가톨릭교회가 전개한 교회개혁 운동)°을 주도한 가톨릭교회 공의회로서, 1545년 12월에 드디어 개막되었다—와 "악한 교황이 그(루터)°와 맹렬히 싸우고" 있으니, 하나님과 그의 복음을 위해

기도해 달라고 말했다.[15]

　　요나스, 루터의 두 아들인 마르틴과 파울, 루터의 하인인 암브로지우스, 그리고 다른 하인들이 루터의 침상 옆을 지켰다. 새벽 1시쯤, 잠에서 깬 루터는 다시 오한이 들고 가슴이 아프다고 호소했다. "내가 태어나고 세례받은 아이스레벤에서 머물겠다는 생각이 드네 그려." 루터는 그가 늘 써먹는 심드렁한 유머를 섞어 요나스에게 그리 말했다. 루터는 다시 누구 도움도 받지 않고 화장실로 들어갔으며, 이때도 이전에 한 말과 같은 말을 되풀이했다.[16] 요한 아우리파버, 쾰리우스, 의사 두 사람, 그 집 주인, 그리고 지역의 많은 명사와 그들의 부인도 루터를 함께 보살폈으며, 다시 루터를 문지르고 따뜻한 쿠션을 주었다.[17] 루터는 마지막 의식(병자성사)˚을 받지 않았는데, 이는 병자성사는 성례가 아니라는 그의 확신을 따른 것이었다. 대신 루터는 자신이 받은 세례를 신뢰했다. 루터는 마지막 기도를 올리며 하나님께 이렇게 감사했다. "당신이 내게 당신이 사랑하시는 아들 예수 그리스도를 나타내심을 감사하나이다. 나는 그를 믿었고, 그를 설교했으며 그를 선포했나이다. (그러나)◆ 저 저주받은 교황과 모든 경건치 않은 자들은 그를 욕보이고 핍박하며 모독했나이다." 루터는 마지막 순간까지도 자신의 사랑과 자신의 분노를 동등하게 털어놓았다.[18]

　　또 다른 귀중한 약을 썼지만, 루터는 이렇게 말했다. "나는 이제 여행을 하려 하니, 내 영혼을 내려놓으렵니다." 그는 다시 라틴어로 세 번이나 이 말을 아주 빨리 반복했다. "진리의 하나님이시여, 당신 손에 제 영혼을 맡깁니다. 당신이 나를 구속하셨나이다"(In manus tuas commendo spiritum meum, redemisti me Domine Deus veritatus). 이 말을 마친 루터는 잠잠해졌다. 요나스와 쾰리우스가 루터에게 물었다. "아버지, 돌아가실 때도 그리스도와 아버지가 설교하신 교리를 신실히 지키며 떠나시렵니까?" "물론이지." 루터는 주위에 있는 모든 이가 들을 수 있을 정도로 확실하게 대답했다. 그는 다시 잠이 들었고, 15분 뒤, "고요와 큰 인내 속에서" 그의 영혼을 내려놓았다. 이 일을 기록한 요나스와 쾰리우스는 이렇게 언급했다. "어느 누구도 그의 몸에서 불안이나 불편, 혹은 죽음에 따르는 고통을 찾지 못했다(이는 우리가 하나님 앞에 우리 양심을 걸고 증언한다)."[19]

루터는 살았을 때처럼 죽을 때도 사람들이 지켜보는 가운데 죽었다. 그의 마지막 순간을 이처럼 세세히 관찰하고 시간별로 기록한 이유는 중세의 믿음 때문이었다. 중세의 믿음에 따르면, 좋은 죽음, 특히 고통이 없는 죽음은 그 사람이 현세에서 잘 살았으며 천국에 가리라는 것을 확실히 보여주는 표지였다. 반면, 나쁜 죽음은 죽은 이가 이단임을 일러 주는 표지였을 것이다. 때문에 루터의 마지막 순간은 확실한 최종 증거가 되었다. 만일 그가 극심한 고통 가운데 죽거나 마지막 순간에 절망에 빠졌다면, 사람들은 개신파 운동 자체에 의심을 품었을 것이다. 모든 이가 뜻밖에 갑자기 찾아오는 죽음을 두려워했다. 그런 죽음을 맞으면 마지막 의식을 받지 못하고 죽게 되기 때문이었다. 루터파에는 그런 성례가 없었으며 죽어 가는 이를 위해 베푸는 의식도 전혀 없었다. 따라서 죽음 자체가 유언이 되었다.

루터파 사람들은 과거에 그들 원수의 불행한 죽음을 그들을 비방하는 데 많이 이용했다.[20] 츠빙글리가 카펠 전투에서 전사한 것은 깊은 충격이었지만, 루터는 이 죽음이 츠빙글리 본인뿐 아니라 상징설 전체에 하나님이 내리신 심판을 증명한다고 보았다. 1536년에는 루터의 숙적인 에라스뮈스가 죽음을 맞았는데, 이때도 마찬가지였다. 에라스뮈스는 바젤에서 사제도 없고 고해도 하지 않은 채 죽음을 맞았다. 루터는 에라스뮈스가 지옥으로 곧장 갔다고 믿으면서, 에라스뮈스가 자신의 영

"임종 자리의 루터", 루카스 크라나흐 공방. 이 이미지를 본뜬 그림들이 많이 만들어졌다.

〈68〉

혼에 자비를 베풀어 주시라고 그리스도께 요청했다는 말이 있지만, 지어낸 말일 거라고 쏘아붙였다. 루터는 자신이 죽을 때 하나님 말씀을 섬기는 이가 그 옆에 있기를 소망했다.²¹

1542년, 루터의 숙적인 에크가 다행히(아니면 불행히) 그들 자신을 추도하는 글을 읽을 수 있는 사람 가운데 하나가 되었다. 부처는 그들의 대적(에크)°이 죽었다고 믿고, 이 대적을 반박하는 논문을 하나 썼다. 에크는 이 논문에 맹렬한 반격을 퍼부으면서, 대담하게도 그 표제에서 자신이 아주 건강하게 살아 있다고 강조했다. 그러나 에크는 이런 재빠른 반격을 가하고 불과 며칠 뒤에 열병으로 쓰러졌으며, 이내 의식이 오락가락하는 상태가 되고 말았다. 그는 사제를 부르기엔 때가 너무 이르다고 주장하다가, 점점 더 정신이 혼미해졌다. 마침내 사제를 불렀을 때, 에크는 사제가 병자성사를 집전하며 하는 말을 더 이상 따라할 수가 없었다. 마침내 그는 뇌출혈로 숨졌다. 루터파 사람들은 이 죽음을 두고

"정욕과 술에 탐닉한 이들이 받은 벌", "핏속에서 그 생명을 토해 냈다"고 말했다. 에크가 참혹한 죽음을 맞은 일은 그가 종교개혁을 공격하는 잘못을 저질렀음을 증명해 주는 최종 증거였다.[22]

루터파는 카를슈타트의 죽음을 최대한 이용하여, 악의에 찬 이야기를 퍼뜨렸다. 그가 죽기 직전, 바젤에서 설교할 때, 키가 큰 한 남자가 빈 성가대 좌석에 서 있는 모습을 보았다는 이야기였다. 이 남자는 이어 카를슈타트 집으로 갔으며, 거기서 카를슈타트의 어린 아들이 혼자 집에 있는 모습을 발견했다. 그는 그 소년을 들어 올린 뒤, 바닥에 내동댕이칠 것처럼 하다가, 아무 해도 입히지 않고 내려놓았다. 그는 소년더러 아버지에게 가서 자신이 사흘 뒤에 돌아오겠다는 말을 전하라고 했다. 사흘 뒤, 카를슈타트가 죽었다. 그 낯선 이는 마귀였으며, 카를슈타트는 항간에 떠돈 주장처럼 역병으로 죽은 게 아니라 공포에 질려 죽었다는 소문이 돌았다. 장사를 치른 뒤에도 악령이 카를슈타트 집에서 시끄러운 소리를 내는 것을 들을 수 있었다. 이 이야기는 루터 그룹에 두루 퍼졌고, 루터가 마침내 논쟁에서 승리한 것처럼 보였다.[23] 루터는 한 친구에게 "카를슈타트는 언제나 죽음을 지독히 무서워했다"고 써 보냈다. 이는 카를슈타트가 1520년대에 순교를 두려워했던 것을 염두에 둔 말이었는데, 당시 루터는 자신이 죽을 수도 있다는 사실에 용감히 맞서곤 했었다.[24] 루터파는 이처럼 카를슈타트의 사례를 통해 "악한 죽음"이라는 카드를 활용했고, 이 카드를 최대한 써먹었다. 때문에 그들은 이제 자신들이 루터의 죽음을 아주 조심스럽게 발표해야 한다는 것을 알았다.

하지만 루터의 사인死因이 분명치 않은 점은 일을 어렵게 만들었다. 루터는 집에서 떠나 있었고, 주치의의 권고도 없었다. 루터를 돌본 그 지역 의사 두 사람은 루터의 병력을 몰랐다. 두 사람의 진단이 일치하지 않았다. 한 의사는 뇌졸중을 사인이라 생각했고, 나이가 더 많은 다른 한 의사는 심장 질환을 의심했다. 그러나 비텐베르크에 있던 루터 주치의 마테우스 라체베르거는 그의 다리에 있는 "숨구멍"이 막혀 루터가 숨졌다고 추측했다. 그 바람에 체액이 그의 가슴까지 올라가지 못해 심장이 질식하고 말았을 것이라고 추측했다. 루터는 아이스레벤에 머무는 동안 그의 상처를 늘 열어 놓게 해줄 부식제를 지참하는 것을 잊어버렸다.[25] 멜란히톤은 대담하게도 루터가 그런 원인으로 죽지 않았고 오히려 마지막 순간까지 아주 명료한 의식을 유지하다가 평안한 죽음을 맞았다고 주장했다.[26]

하지만 루터의 대적 중 가톨릭 신자들은 루터의 시신 한쪽이 검게 변하고 그의 입이 틀어졌다면서, 이는 모두 그가 뇌졸중으로 죽었음을 일러 주는 증거라는 소문을 온 힘을 다해 악용했다. 코흐레우스가 1549년에 완성한 평전에는 루터의 마지막 며칠을 길게 서술한 기록이 들어 있는데, 루터가 폭식하고 폭음하며 소파에 앉아 "빈둥거린다"고 말한다. 코흐레우스는 자신이 이런 세부 정보를 반ℝ루터파 성직자인 게오르크 비첼에게 보고한 아이스레벤의 한 약제사에게서 얻었다고 주장했다.[27] 루터가 죽기 직전, 이 약제사는 직장을 관장해 달라는 요청을 받았다. 어찌나 많이 먹고 마셨는지 방광이 부풀어 있었다. 가톨릭 신자들은 루터가 뇌졸중으로 죽었으며, 이 급사急死는 하나님이 악인에게 내리신 심판이라고 주장했다.[28] 가톨릭 신자와 루터파 신자는 모두 루터의 몸 자체를 그가 전한 메시지가 진실인지 아닌지 일러 주는 증거라고 보았다.[29]

많은 "영예로운 시민"이 2월 18일 오전 4시부터 9시까지 루터 시신을 보았으며, "뜨거운 눈물"을 흘렸다. 이어 사람들은 시신에 흰옷을 입히고 주석으로 만든 관에 안치했다. 수많은 사람이 시신을 보러 왔으며, 그 가운데에는 "귀족도 많았는데, 이들은 대부분 루터를 사사로이 알던 이들이었다." 그러나 조문객 대다수는 평범한 민중이었다. 다음 날, 시신을 아이스레벤 성 안드레아스 교회로 옮겼다. 시신은 교회 성가대석에 안치했으며, 유스투스 요나스가 설교했다. 시신은 밤새 교회에 안치했고, "시민 열 사람"이 지켰다. 죽은 자를 위해 기도하는 평신도 자매인 "영혼의 여인들"이 밤을 새며 시신을 지키는 가톨릭의 철야 관습을 개신파식으로 따라 한 것이었다.[30]

작센 선제후는 루터 시신을 비텐베르크로 옮겨 와야 한다고 주장했다. 이리하여 긴 장례 절차가 시작되었다. 죽은 루터는 황제 같은 대우를 받았다. 장례식은 주요 제후에게 바치는 영예를 연상케 했다. 또 다시 설교가 있었고, 이어 관이 성문을 빠져나가 할레로 옮겨졌다. 장례 행렬이 지나는 동네마다 종이 울렸다. 장례 행렬이 할레에 가까이 이르자, 성직자들과 시의회 의원들이 나와 영접했다. 거리를 메운 시민이 어찌나 많았던지, 장례 행렬이 교회에 이르는 데 여러 시간이 걸렸다. 다음 날, 관은 비터펠트로 갔고 이어 켐베르크로 옮겨졌다. 그리고 마침내 2월 22일, 비텐베르크에 도착했다. 운구 행렬이 비텐베르크 이 끝에서 저 끝까지 이어졌다. 행렬은 비텐베르크 대학교와 옛 수도원을 지나 궁성 교회에 이르렀다. 선제후의 관리들이 인도했고, 두 만스펠트 백과 말을 탄 사람 45명이 함께 따랐다. 카타리나 폰 보라와 한 무리 여자들이 다른 마차를 타고 루터 관을 따랐다. 이어 비텐베르크 대학교 총장, 이 대학교에서 공부하는 젊은 제후들, 가장 이름 있는 원로 교수들, 박사들, 그리고 시의회 의원들이 뒤를 따랐다. 마지막으로, 성인 여자들과 소녀들을 포함하여 학생과 시민이 관 뒤를 따랐다. "일찍이 비텐베르크에서 한 번도 본 적이 없는" 행렬이었다.[31]

비텐베르크에서 이루어진 설교들은 루터의 생애를 찬미하는 결

이 루터 초상은 유스투스 요나스가 1546년에 쓴 루터의 죽음을 자세히 설명한 글의 속표지에 들어 있다. 이 초상은 유명한 고수머리에 박사모를 쓰고 루터의 독특한 복장이었던 깃이 달린 학자 가운을 입은 루터를 보여 준다.

〈69〉

정판이었다. 부겐하겐이 설교하고 멜란히톤은 라틴어로 조사를 읽었다. 이 조사는 즉시 인쇄되었으며, 루터의 삶을 서술한 『생애』가 뒤따라 나왔다. 멜란히톤은 이 진지하고 차분한 『생애』에서 독자에게 루터의 허물을 되새겨 주고, 루터가 다른 이를 너무 혹독하게 논박했다는 오랜 비난을 숨김없이 밝혔다. 그러면서 멜란히톤은 이 『생애』에서 루터를 박식한 사람이요 거의 먹지 않았던 사람으로 제시했다.[32] 멜란히톤은 이스라엘의 병거와 마병이 떠났다는 말로 글을 맺었다. 성경에서 인용한 이 말은 엘리야 예언자가 하늘로 올라갔을 때 엘리사가 느꼈던 불안을 그대로 되울려 주었다. 루터는 예언자요 그의 백성을 이끌던 두 번째 엘리야였다.

루터의 이미지 자체가 그를 기념하는 데 없어서는 안 될 부분이 되었다. 루터가 죽은 뒤, 두 예술가를 불러다가 그의 시신을 그리게 했는데, 아우크스부르크 출신인 루카스 푸르텐나겔Lukas Furtennagel도 그 둘 가운데 하나였다. 루터의 손과 얼굴을 석고로 뜬 상像도 만들었다. 요한 알브레히트의 말처럼, 놀라운 책을 아주 많이 저술한 이 손은 오늘날 할

마르틴 루터가 죽은 뒤에 뜬 석고 마스크. 지금도 할레에 있는 마르크트 교회에 전시되어 있다. 할레는 루터의 석고 마스크를 가짐으로써, 이 도시가 루터파의 순례지가 되었음을 확실하게 주장했다.

⟨70⟩

레에 있는 교회가 보관하고 있는데, 이 교회가 한때 마인츠의 알브레히트가 성인 유물 가운데 가장 크고 가장 훌륭한 컬렉션의 하나를 보관하던 곳이었음은 참 기막힌 역설이었다.[33] 장례식 자체가 특별한 행사가 되었다. 여러 해 동안 크라나흐 공방이 내놓은 초상을 통해 친숙해진 루터의 이미지를 담은 큰 책자와 소책자가 한꺼번에 출간되어, 루터의 존재를 다시 한 번 확실하게 일깨워 주었다. 루터를 기리는 방식도 육체성 physicality(몸)°이 루터의 종교성에서 중심이었음을 떠올리게 해주었다. 장례식은 루터의 몸body에 초점을 맞추었다. 추도 소책자는 루터의 죽음을 세세한 것까지 모두 제시했는데, 심지어 그가 화장실에 간 것까지 다 담았다.

◆ ◆ ◆

루터가 세상을 떠난 직후, 슈말칼덴 동맹을 맺었던 개신파의 몇몇 제후와 도시가 무기를 들고 전쟁에 나섰다. 개신파들은 작센 공 모리츠와 동맹을 맺은 황제에게 패배했다. 게오르크 공의 조카였던 모리츠는 루터

할레의 마르크트 교회에 있는 루터 반신상. 교회 측면 발코니 중앙에 당시 흔히 사용했던 나뭇잎과 과일과 여러 무늬를 배경으로 삼은 루터의 얼굴 부조가 자리해 있다. 원 둘레에는 "교황아, 내가 살아 있을 때는 네 역병이었지만, 죽으면 네 죽음이 되리라"(Pestis eram vivus moriens ero mors tua papa)는 말이 적혀 있다.

⟨71⟩

파였지만, 눈치가 빨라 황제의 힘에 맞서려 하지 않았다. 헤센 백 필리프와 루터가 살던 곳을 다스리던 선제후 요한 프리드리히는 전세를 결정지은 1547년의 뮐베르크 전투 때 붙잡혀 옥에 갇혔다. 이들은 치욕이라 할 조건을 따라 전쟁을 끝내고, 선제후 자리도 모리츠에게 넘겼다. 이제는 알베르트 혈통이 비텐베르크와 비텐베르크 대학교를 포함하여 선제후가 다스리던 영역 대부분을 넘겨받았으며, 다른 혈통은 바이마르에 있던 궁정으로 만족해야만 했다.

개신파의 패배는 독일 전역에 오랫동안 영향을 미쳤다. 카를 5세가 자신에게 순종하지 않은 개신파를 혹독하게 처벌했기 때문이다. 아우크스부르크처럼 자부심이 가득했던 제국 도시들의 정부는 개혁되었고, 새로운 정치체제가 들어섰다. 이 체제에서는 주로 가톨릭 신자인 귀족들로 이루어진 소수 무리가 그 지역 정치를 지배할 수 있었으며, 길드는 모든 정치권력을 빼앗기고 말았다. 이 때문에 이 지역에서 다시 지지를 얻었던 종교적 확신을 중심으로 한 민중 주도의 개혁 운동은 훨씬 더 어려워지고 말았다. 이는 아우크스부르크, 울름, 스트라스부르, 그리고 다른 많은 도시에서 각기 독특한 형태로 나타났던 개신파의 개혁 운동이 막을 내렸음을 일러 주는 징표였다. 그러나 이것이 곧 루터파 모델과 다른 대안들이 영원히 사라졌다는 뜻은 아니었다. 제네바에서는 칼뱅이 한 개혁 공동체를 중심으로 그의 신정주의 이상을 펼치게 되며, 이는 새 세대에 영감을 불어넣었다.

카를 5세는, 1548년 5월 15일, 독일 땅에 "잠정 조치"를 내렸다. 이 해결책에 따르면, 루터파 설교자는 가톨릭의 일곱 성례를 비롯하여 가톨릭의 전통 관습을 많이 받아들여야 했지만, 반면 성직자 결혼을 허용하고 성찬에서 빵과 포도주를 신자에게 제공하는 것을 허용했다. 이 조치 때문에 루터파는 타협하려는 이들과 타협하지 않으려는 이들로 갈라지고 말았다. 많은 설교자가 추방되었다. 루터파 지도자 사이에 오랫동안 존재해 왔던 분열도 온 천하가 다 알게 훤히 드러났다. 멜란히톤은 기꺼이 일치에 이르려 했지만, 암스도르프는 자신이 루터의 유산이라 여기는 것에서 벗어났다 싶은 것은 분노하며 거부했다. 루터와 멜란히톤의 동맹 밑바닥에 오랫동안 잠복해 있었던 긴장이 대중에게 드러나기 시작했다. 사안을 중재하고 서로 의견이 다른 세력끼리 균형을 맞춰 줄 루터는 더 이상 존재하지 않았으며, 멜란히톤은 루터파 전체를 이끌 권위와 인간적 카리스마를 갖고 있지 않았다. 개신파의 개혁 운동은 갈라지기 시작했다.

이런 분열도 루터의 유산이었다. 루터는 교황을 정점으로 한 교회의 교계제도를 반대했지만, 이런 교회를 대체할 교회 제도 구조를 만들어 내지 않았다. 그가 1539년에 발표한 논문『공의회와 교회에 관하여』는 공의회주의를 엄청나게 반대하면서도, 그가 세운 새 교회가 어떤 기능을 해야 할지, 또는 개별 회중과 교회 전체의 관계는 어떠해야 할지 세부 설계를 제시하지 못했다. 전체를 아우르는 어떤 조직이 제멋대로 만들어진 "감독자", 곧 루터가 인식했던 그대로 사실상 주교였던 이들을

"마르틴 루터", 루카스 크라나흐, 1548년. 루터가 죽은 뒤에 만든 이 목판화 초상은 루터의 큰 체구를 권위와 위로의 상징으로 제시한다.

〈72〉

구속하지 않았다. 자신들에게 급여를 주는 세속 통치자들에게 복종했던 루터파 설교자들은 이제 교리 전쟁과 지역 정치 세력들의 바람을 등에 업고 자신들의 길을 개척할 구상을 해야 했다. 이들은 루터의 예언자 방식을 자신들의 행동 모델로 삼아도, 자신들의 카리스마가 그 지역 통치자들에게 먹혀들지 않음을 종종 발견했다. 아울러 이 개혁 운동은 루터의 비위를 맞추면서, 설교자의 권위를 내세우는 모델을 스스로 짊어졌다. 이런 모델은 각 지역 설교자가 마치 마귀에게 나아가는 문을 열어 놓는 것과 같은 교리 일탈이라 여길 행위가 있으면 설교자더러 이 행위에 맞서라고 독려했다. 신랄한 공적 논쟁을 불러일으키는 처방이었다.

    루터는 친밀한 인맥을 구축한 덕에 "그의" 사람들을 독일 북부와 중부 전역은 물론이요 심지어 덴마크와 보헤미아, 폴란드 지역에 있

"마르틴 루터", 루카스 크라나흐 1515-1586, 1553년.

⟨73⟩

는 교구에도 심을 수 있었으며, 많은 통치자 및 제후와 직접 이야기를 나눌 수 있었다. 하지만 이런 인맥은 이를 만들어 낸 사람 자신의 권위가 시들면서 함께 사라지고 말았다. 다음 세대는 한 교회가 여러 분파로 쪼개진 모습을 목격하게 된다. 유명한 신학자 마티아스 플라키우스 Matthias Flacius 이름을 따서 플라키우스파라고도 부르는 소위 "순수" 루터파 Gnesio-Lutherans, 그리고 필리프파(멜란히톤 추종자와 더 온건한 루터파를 지지하는 이들)가 모두 루터의 망토(권위의 상징)°가 자기네 것이라고 주장했다. 그러나 이런 분열이 이에 연루된 이들에겐 생사가 걸린 문제였지만, 이 분열 자체가 루터파를 파괴하지는 않았다. 열띤 논박을 동반한 수사도 그들이 다 함께 고수하던 믿음을 몰아내지는 못했다. 어쨌든 복잡다단한 교리 논쟁도 성직자가 아닌 이들에겐 별 의미가 없었을 것이다.

슈말칼덴 동맹은 재앙에 가까운 패배를 당했다. 그래도 루터파는 비록 무질서 상태에 빠지긴 했어도 살아남았다. 모리츠는 루터파 지역에 가톨릭을 다시 들여오려고 시도하다가 결국 황제와 사이가 틀어지고 말았다. 그는 프랑스와 동맹을 맺고, 군사작전에서 큰 성공을 거두었다. 1552년에 서명한 파사우 화의는 루터파를 인정했으며, 갇혀 있던 전 작센 선제후 요한 프리드리히와 헤센 백 필리프도 풀려났다. 1555년에는 아우크스부르크 화의가 체결되었다. 이 화의에서 황제는 자신이 다스리는 제국 안에 두 교파가 있음을 공식 인정하고, 각 지역 통치자에게 그 지역 신민ER의 공식 종교를 결정할 권리를 부여했다. 하지만 이 화의가 인정한 교파에는 상징설을 주장하는 자들은 포함되지 않았으며, 장차 칼뱅주의가 될 새 운동도 배제되었다. 칼뱅파를 배제한 것은 아우크스부르크 화의가 결국 종교의 다양성을 수용할 수 없음을 증명하게 되리라는 의미였다. 1618년, 30년 전쟁이 터졌다. 이 전쟁으로 독일 땅은 황폐해지고 만다.

◆ ◆ ◆

루터가 죽으면서 비텐베르크의 옛 세계도 죽었다. 슈말칼덴 전쟁이 벌어지는 동안, 카타리나 폰 보라는 비텐베르크를 떠나 피신해야 했다. 그의 남편이 아내가 장차 겪을까 봐 늘 노심초사하던 그 운명을 만난 셈이었다. 카타리나는 다시 돌아와 전쟁으로 파괴된 것을 재건하기 시작했고, 하숙생도 받았다. 그러나 시절은 엄혹했다. 그러다가 1552년, 카타리나는 역병이 덮친 비텐베르크에서 자신을 밖으로 데려가던 마차에서 떨어져 입은 부상으로 결국 세상을 떠났다. 그때 나이가 쉰다섯이었다. 견디기 힘들 정도로 사람을 위압하는 루터의 성품은 틀림없이 그의 가족에게도 어떤 피해를 입혔을 것이다. 우리는 그런 피해를 그의 자녀들이 맞은 운명에서 어렴풋이 엿볼 수 있다. 루터의 맏아들이요 할아버지 이름을 딴 한스는 신학을 해야 할 운명이었으며, 일곱 살에 비텐베르크 대학교에 들어가, 6년 뒤인 1539년에 학사 학위를 받았다. 이 젊은이는 기대에 부응하는 삶을 살지 못했으며, 자신이 받는 압력도 틀림없이 감당하기 힘들었을 것이다. 한스는 결국 아버지가 그린 궤도를 거스르고 법학에 도전하여, 마침내 바이마르 재상의 고문이 되었다. 그러나 그가 이 자리를 얻은 것은 자신의 장점보다 그 아버지가 받는 존경 덕이었다. 이와 달리, 애초에 법학 공부를 하길 바랐던 둘째 아들 마르틴은 신학으로 방향을 바꾸었지만, 결국 설교자 자리를 얻지 못했다.[34] 아버지 루터가 세상을 떠났을 때 열세 살이었던 막내 파울은 궁정 의사로서 충실한 이력을 쌓아 성공했으며, 종국에는 라이프치히에 정착했다. 그는 여섯 자녀를 낳았다. 루터의 막내딸 마르가레테는 좋은 배필을 만나 결혼했는데, 신랑은 비텐베르크에서 공부하던 학생인 프로이센 귀족이었다. 그러나 마르가레테는 자녀 몇을 낳고, 겨우 나이 서른여섯인 1570년에 세상을 떠났다.[35] 1564년에는 루터 집이 영구히 넘겨받았던 거대한 수도원이 팔렸다.

부처―루터파에서 그를 반대하는 이들은 그를 교활한 "여우"라 불렀다―는 잠정 조치가 내려진 뒤에 잉글랜드로 피신했다. 그는 거기서 토머스 크랜머 Thomas Cranmer(캔터베리 대주교)와 함께 성공회 공동기도서를 개정하는 일을 했다. 그는 여생을 캠브리지의 축축한 한기 속에서 보내면서, 스트라스부르로 돌아가 그의 따뜻한 독일 난로를 쬘 수 있기를 고대했다.[36] 그는 루터파와 상징설을 주장하는 자들의 연합을 이뤄 보려고 그렇게 무진 애를 썼음에도 결국 실패했지만, 그래도 성공회의 틀을 만들어 냄으로써 지금까지 이어지는 유산을 남겼다.

루터의 오랜 대적이었던 카를슈타트는 어떤 교회도 그를 창시자로 기념하지 않았으며, 그의 이미지를 담은 조악한 목판화 하나만이 남아 있다. 그러나 그의 영향은 스위스 상징설 전통과 재세례파 전통 속에서 계속 살아 있었다. 카를슈타트가 **게라센하이트**라는 오랜 신비주의 입장을 받아들이고 발전시킨 것은 세속 권력에 회의를 보이는 태도는 물론이요 순교에 몰두하는 신앙 자세와 분리주의자의 신앙 전통에도 영감을 주었다. 실제로, 17세기 전반기에 들어와 결국 나중에 경건주의로 자라게 되는 새로운 신앙 활동이 루터의 성숙한 신학 속에서 사라져 버렸던 종교 요소들을 회복하기 시작했다. "독일 신학"과 요하네스 타울러가 새롭게 유행했으며, 1605년에는 유력한 경건주의자 가운데 한 사람인 요한 아른트Johann Arndt가 하나님의 사랑을 다룬 슈타우피츠의 논문들을 재출간했다.[37] 비록 카를슈타트는 영영 그 명예를 회복하지 못했지만, 루터파는 루터가 그의 어머니와 공유했었고 카를슈타트가 아주 중요하게 여겼던 영적 전통을 재발견했고 이는 다시금 루터파 신앙생활의 일부가 되었다.

❖ ❖ ❖

루터가 죽고 수년이 흐르면서, 루터파 문화가 형성되기 시작했다. 루터를 설교와 인쇄물로 기념하게 되면서, 루터를 그린 이미지도 그가 살아 있었을 때만큼이나 중요했다. 루터파 찬송이 표지에 축소되지 않은 초상과 함께 인쇄되어, 진리를 견고하게 표현했다. 크라나흐 공방은 루터 전신화(그리고 실제 루터보다 더 크게 루터를 묘사한 그림)를 만들어 냄으로써 성인이 아닌 개인을 묘사한 새 성상을 만들어 냈지만, 이렇게 실감 나는 이미지들은 루터가 육체로 존재하는 것 같은 느낌을 불러일으켰다. 목판화로 만든 루터의 전신화도 입수할 수 있었는데, 이런 그림은 열한 장을 결합하여 벽에 걸 수 있는 싼 전신화로 만든 뒤 인쇄된 "틀"을 갖춰 완성할 수 있었다. 모든 루터 교회는 이제 루터 초상화를 갖고 있어야 했다. 일부 교회는 그 지역의 개신파 종교개혁자 초상화와 루터 초상화를 나란히 걸어 놓음으로써, 자기 교회가 루터파라는 "브랜드"를

"어린이들에게 축복하는 그리스도", 루카스 크라나흐, 1538년. 〈74〉

따름을 보여주었다. 인쇄기로 인쇄한 루터 저작들은 그 표지 한쪽에는 선제후 초상, 다른 한쪽에는 루터, 그리고 중간에는 십자가에 달리신 그리스도를 실음으로써, 루터를 일부러 카를슈타트 그리고 츠빙글리파와 같은 성상 증오자와 갈라놓았다. 이런 표지 그림은 루터파가 주장하는 진리를 작센이 가지는 정치적 정체와 묶어 놓았다. 기독교 세계 전체의 개혁을 요구했던 사람(루터)°은 지역 애국주의 풍조를 고취했다.

예술가라기보다 디자이너였던 크라나흐는 루터파 교회 예술이 계속 이어 갈 시각예술 양식을 만들어 냄으로써 환경을 영영 바꿔 놓았다. 그의 제단화는, 어린이들에게 축복하는 예수를 묘사한 그림이나 율법과 복음 같은 신학적 교리를 시각예술로 표현한 작품처럼, 성인을 묘사한 기존 제단화를 대신할 새 성상을 널리 퍼뜨렸다. 아울러 그는 말씀과 이미지를 결합한 교수(가르침)° 스타일을 발전시켰다. 루터 메달에서부터 교황을 적그리스도로 묘사하거나 비꼬는 수사를 놀리는 도자기

맥주잔에 이르기까지 루터파가 사용하는 물건을 둘러싼 문화도 발전했다. 종말의 묵시 같은 루터의 수사도 부유한 루터파 중산층이 보여준 새로운 물질 소비 패턴의 일부가 되었다.[38]

    루터는 훌륭한 찬송 작가였다. 루터가 노래로 부르는 찬송을 전례에 도입한 것은, 남녀노소를 불문하고 온 회중이 이 찬송에 참여케 한

"율법과 은혜", 루카스 크라나흐, 1529년. 〈75〉

것과 더불어, 음악이 종교에서 차지하는 위치를 바꿔 놓았다. 찬송 멜로디는 독일 음악 문화의 일부가 되었고, 장차 바흐 Johann Sebastian Bach 의 음악에도 깊이 배어들게 된다. 하지만 바흐가 만든 찬송은 춤곡과 같은 루터의 찬송 리듬을 평평하게 만들어, 진중하고 우울한 스타일을 창조했다. 루터가 지은 찬송은 만가挽歌처럼 우울하고 슬프지 않았다.³⁹ 바흐는 루터파 음악 전통에 크게 의지한 "요한수난곡"과 "마태수난곡"에서 그리스도의 죽음을 극처럼 생생하게 표현하여 듣는 이의 감정에 깊은 울림을 안겨 주었다. "마태수난곡"을 들어 보면, 모진 멜로디 흐름이 "그를 십자가에 못 박으라Lass ihn kreuzigen"는 유대인들의 외침에 담긴 사악함을 듣는 이에게 있는 그대로 전해 줌으로써, 듣는 이 한 사람 한 사람이 진심으로 그리스도의 고난을 깊이 생각하게 만든다. 이 장엄한 음악이 은근히 암시하는 반유대주의는 받아들이기가 어려울 수도 있다. 그러나 바흐의 유산은 이후 여러 세기 동안 독일 음악을 형성했으며, 모차르트Wolfgang Amadeus Mozart, 베토벤Ludwig van Beethoven, 멘델스존Jakob Ludwig Felix Mendelssohn Bartholdy 같은 작곡가들도 루터파 신앙이 깊었던 이 음악가에게서 영감을 얻었다.

아울러 루터파는 16세기에 가장 위대했던 문학 작품의 배경 가운데 일부이기도 했다. 파우스투스 박사Dr. Faustus가 자기 영혼을 마귀에게 판 이야기. 이 이야기는 민담으로 회자膾炙되었지만, 1587년에 나온 인쇄본은 이 박사 집안이 비텐베르크에 있는 것으로 묘사했으며, 실제 삶과 여러 유사점이 있었다. 1538년에는 비텐베르크 학생이요 변덕쟁이인 발레리우스 글로크너Valerius Glockner가 마귀와 협약을 맺었다고 고해했다. 그러자 루터는 그를 설득하여 마귀와 단절하게 함으로써, 자칫하면 그를 죽음으로 몰고 갈 수도 있는 세속 재판에서 구해 냈다.⁴⁰ 하지만 허구 인물인 파우스트는 마귀를 피하지 않았다. 이 작품은 교황과 가톨릭 성직자를 강타하면서, 루터의 유산을 상징하는 표지, 곧 교황을 향한 공격과 강렬한 신앙을 결합하여 생생하게 표현했다. 잉글랜드에서는 말로Christopher Marlowe가 파우스트 이야기가 인쇄된 지 5년도 지나지 않아 이 이야기를 빌려 사람들을 흥분시키는 비극으로 바꿔 놓았다. 괴테는 이 이야기를 독일 문학의 고전으로 만들었는데, 이 고전에 이르러 파우스트 이야기는 본디 고해였던 성격을 완전히 뛰어넘어 계몽주의 시대의 투쟁을 상징하는 은유가 되었다. 독일 문화를 루터파와 분리하여 생각하기는 불가능하다. 루터파가 남긴 메아리는 오늘날까지도 온갖 종류의 예술 작품에 널리 퍼져 있다.

◆ ◆ ◆

루터의 메시지는 각계각층의 사람들에게 가닿았으며, 그들의 삶을 영원히 바꿔 놓았다. 루터가 아주 다양한 사람들에게 영감을 불어넣은 사실은 딱 세 사례만 살펴봐도 알 수 있다. 독일의 유명한 예술가인 알브레히트 뒤러Albrecht Dürer는 루터를 한 번도 만난 적이 없었지만, 이 "경건한 사람"을 그림에 담기를 간절히 원했다. 루터가 보름스의회가 끝난 뒤 대중의 시야에서 사라졌을 때, 뒤러는 염려하는 마음으로 모든 소문을 따라가다가, 결국 루터가 교황 앞잡이에게 살해당했다고 확신했다.[41] 그렇다면 루터는 뒤러의 믿음을 어떻게 바꿔 놓았는가?

1500년, 뒤러는 비범한 자화상을 그렸다. 그림 속의 뒤러는 자신을 보는 이를 똑바로 쳐다보며, 그의 아름다운 머리가 화폭을 가득 채우고 있다. 그는 자신이 가장 완벽한 나이라고 믿었던 스물여덟 살에 그린 이 그림에서 그리스도와 닮은 자세를 취하고 있으며, 그가 입은 털 코트만이 이 그림 속 인물이 16세기 사람임을 암시한다. 이 그림은 그리스도를 본받음imitation of Christ이라는 이상에서 모든 것의 기반으로 삼았던 종교성을 떠올려 주며, 이런 영성이 슈타우피츠의 설교와 뉘른베르크에 있던 그의 추종자 무리 속에도 스며들어 있었다.

11년 뒤, 뒤러는 기념비가 될 만한 또 다른 작품 속에 자신을 집어넣었다. 뉘른베르크 란다우어 교회(열두 사도 교회)°에 있는 만성절 제단화가 그것이었다. 이 그림은 명확하게 해석하기가 힘들었다. 그림은 아우구스티누스가 이끄는 성인들을 보여주지만, 이 성인들 아래에는 황제에서 농민에 이르기까지 사회의 모든 계급 대표들로 이루어진 또 다른 천상의 무리가 모여 있다. 뒤러는 자신을 땅의 풀밭에 서 있는 작은 인물로 묘사하여 그림 속에 집어넣었는데, 이 인물은 자신이 화가임을 선포하는 작은 사각형 안내문을 들고 있다. 그는 홀로 서서, 새 예루살렘과 하늘의 무리를 바라보며, 그리스도인 공동체는 기도를 통해 그와 이어져 있다. 이 제단화는 옛 교회―면벌부와 공동 기도와 행위(공로)◦를 강조하는 교회―의 신앙생활을 집약하여 보여주었다. 이 그림은 죽은 자를 위해 영구적인 미사를 올리던 교회당 제단화로 그린 것이었다. 루터의 종교개혁은 이런 신앙을 완전히 쓸어버렸다.

뒤러는 그가 세상을 떠나던 1528년에 네 사도를 그린 그림을 완성했는데, 이 그림은 완전히 다른 영성을 발산한다. 요한과 마가는 컬러로 그려졌으며, 이들의 견실한 모습은 성경의 권위를 표현한다. 뒤러는 루터가 번역한 1522년판 독일어 성경에서 인용한 본문을 이 그림 속에 집어넣었다. 아울러 그는 과거 관례처럼 네 복음서 기자를 묘사하지 않고, 마태와 누가 대신 교회를 상징하는 베드로와 루터 사상의 핵심을 이루는 서신서를 쓴 바울을 그려 넣었다. 이것은 루터 성경의 종교였다. 이 그림은 교회에 걸지 않고, 뒤러가 1524년에 종교개혁을 처음으로 받아들인 도시 가운데 하나인 뉘른베르크 시의회에 존경하는 마음을 담아 기증했다.

뒤러도 농민들처럼 루터의 메시지를 집약하는 말로 **자유**라는 단어를 사용했다. 그는 "튀르크인, 이교도, (인디언)◆을 비롯하여" 모든 이가 "우리에게 돌아올" 미래를 고대했다. 그는 루터를 "명쾌하고 투명한 교리"를 설교한 사람이요 사람들이 "자유로운 그리스도인"이 되게 도운 사람이라 보았다. 그러나 뒤러는 그에 상응하는 개념, 곧 인간의 절대 죄성을 인정하는 개념은 중시하지 않은 것 같다. 루터는 내면을 들여다보며 그가 증오하던 이탈리아인보다 동포인 독일인을 찬미했지만, 뒤러는 뉘른베르크 시민으로서 온 세계를 아우르는 상업과 유통에 열려 있었다. 그는 자신이 도제 수업을 마치고 막 장인의 길에 들어선 시절에 이탈리아에서 아주 많은 것을 배웠음을 알고 있었다. 아울러 뒤러는 세계 각지에서 온 물건을 모았다. 깃털, 무기, "인도에서 온 코코넛, 아주 정교한 산호 조각", 온갖 종류의 진기한 물건을 그의 예술 속에 담았다.[42] 이와 달리, 루터는 그의 글이나 대화에서 아프리카나 인도나 신세계를 거의 언급하지 않았다. 루터는 종교개혁을 참 그리스도인이 교황과 마귀에 맞서 벌이는 싸움으로 보았지만, 뒤러는 세상의 모든 종교와 민족이 평화롭게 하나가 될 미래를 의미한다고 보았다.

독일 남부에서 프란체스코 수도회 수사로 활동했던 요한 에베를린 폰 귄츠부르크Johann Eberlin von Günzburg는 루터의 중심 메시지가 수도원주의 공격이라고 보았다. 그는 에라스뮈스, 루터, 그리고 카를슈타트 이 세 사람을 영웅이라 여겼으며, 수사 및 사제와 싸운 트리오로 여겼다. 개신파가 말하는 자유가 틀림없이 사회 해방을 의미한다고 확신했던 그는 실제로 있지 않지만 절박한 처지에 있는 이들이 도움을 받고 사회정의가 이뤄질 땅 볼파리아Wolfaria를 상상했다. 그는 종교개혁을 지지하는 소책자를 잇달아 써냈는데, 그중 가장 유명한 것이 『15개 동맹15 Bundsgenossen』이었다. 이를 보면, 다양한 사회 계급 출신인 열다섯 사람이 각각 루터를 지지하는 이유를 설명한다. 귄츠부르크는 수도원주의와 관련하여 비범한 통찰을 담은 글을 썼다. 그는 필시 수녀원의 고해신부로 일한 것 같다. 그의 작품은 수녀도 정욕을 이기지 못하는 성적 존재라는 루터의 단순한 주장을 훨씬 뛰어넘는 것이었다. 귄츠부르크는 자신이 본 것을 그들의 비참한 삶과 왜곡된 영성이라고 진단했다. 귄츠부르크는 확실히 신뢰할 수 없는 수사가 수녀의 지적 능력과 경건의 능력을 옭아맨다고 주장했다. 그는 수녀의 능력이 속박당하는 이유를 이렇게 이야기한다. "거칠고 무식하며 어리석은 수사가 수녀원에 배치되기 때문이다. 이런 수사는 수녀들이 자신보다 많이 안다는 것이 고통스러울 것이다. 때문에 이런 수사는 자신보다 많이 아는 수녀들을 용납하지 않는다. 이런 수사는 이런 자신들의 태도를 수녀에겐 공부가 합당하지 않고 공부가 겸손과 경건 등으로 나아가는 길에 장애가 된다는 이유를 내세워 정당화한다." 그도 루터처럼 수녀원은 젊은 여성의 욕구와 발전을 어그러뜨릴 뿐이라고 생각했다. 귄츠부르크도 폐쇄된 기관 속에서 이루어지는 인간관계가 안겨 주는 괴로움을 이해했다. "어떤 수녀가 속한 대수녀원 원장이나 소수녀원 원장이 심술궂고 악독하면, 이런 수녀가 자기 위에 있는 이들이 어떤 자매를 특히 총애한다는 이유로 그 자매에게 화를 내면, 이런 수녀에겐 결코 쉼이나 평안이 없을 것이다."[43]

귄츠부르크는 종교개혁의 급진적 잠재력에 들떠 한동안 카를슈타트를 지지했지만, 그렇다고 루터를 공경했던 그의 첫 마음을 잃어버리지는 않았다. 이런 마음이 그를 비텐베르크로 이끌었다. 그는 거기서 1522년부터 1523년까지 머물렀으며, 결국 루터파로 돌아왔다. 그러다 마침내 베르트하임 공이 다스리는 영역에서 자리를 얻었다. 처음에는 자그마한 마을 렘링겐Remlingen에서 설교했고, 이어 바로 베르트하임에서 설교했다. 1530년, 베르트하임 공이 죽자 그도 자리를 잃었다. 그의 말년은 팍팍했다. 그는 건강하지 않은 몸으로 자그마한 교구인 로이터스하우젠Leutershausen을 섬기며 여생을 보냈지만, 논쟁이 여생을 진창으로 만들었다. 그러다 결국 1533년에 눈을 감았다.

귄츠부르크는 육신에 필요한 모든 것을 공급해 주는 수도원에서 그의 생애를 보내리라고 예상했겠지만, 결국 저술가이자 여행자, 아버지이자 확신에 찬 개신파 신자로서 살다가 떠났다. 그는 종교개혁을 수사와 수녀를 폭정과 왜곡된 성에서 해방시켜 주고 자유롭게 해준 것으로 보았으며, 사회정의가 구현되는 새 세계의 가능성을 보여준 것으로 보았다. 루터는 그런 그에게 영감을 불어넣고 그 삶을 바꿔 놓은 영웅이었다.

잉골슈타트의 평신도 귀족 여성이었던 아르굴라 폰 그룸바흐 Argula von Grumbach는 기사와 결혼하여 네 자녀를 낳았는데, 그의 삶도 루터의 메시지로 말미암아 완전히 뒤바뀌었다. 1520년대 초, 그룸바흐는 루터의 저작을 닥치는 대로 읽고 루터가 번역한 신약성경을 읽었다. 1523년, 잉골슈타트 대학교가 한 루터파 학생을 징계하는 절차를 시작하자, 그룸바흐는 격분하여 이 학생 편을 들기로 결심했다. 그룸바흐는 이 학생을 지지하는 편지를 써서, 이를 출간했다.[44] 이 작품은 엄청난 성공을 거두었다. 불과 두 달 만에 14판을 찍었고, 그룸바흐는 유명해졌다. 그가 품은 확신은 그 시대 모든 사람들이 여자가 할 수 있는 일과 할 수 없는 일과 관련하여 갖고 있던 모든 생각을 무시해 버릴 용기를 그에게 안겨 주었다. 그룸바흐는 루터 본인과 편지를 주고받았고, 심지어 1530년에는 코부르크 성에서 루터를 직접 만났다.

그룸바흐가 루터의 친구가 될 수 있었던 것은 분명 그가 귀족 집안인 슈타우펜Staufen 가문 사람이라는 사회 지위 때문이었다. 그는 루터가 늘 사귀려고 애썼던 사회 그룹 출신이었다. 그룸바흐는 대담하게도 남자와 여자가 동등한 지성을 향유하는 세상을 상상했지만, 그런 세상은 오지 않았다. 그의 행동과 처신이 여자답지 않다고 생각하던 대학교는 그를 비웃었고 남자들 역시 그를 조롱했다. 사람들은 그룸바흐의 남편에게 아내를 통제하라고 압력을 가했다. 1524년, 그룸바흐는 출간을 중단했다. 그가 마지막으로 낸 작품은 시詩였다. 그의 여러 대적 가운데 하나가 그를 모욕하면서 "여자가 갖춰야 할 정숙함을 다 잊어버린" 사람이라고 꼬집는 시를 쓰자, 이 시에 맞서 아내이자 어머니인 자신의 위치를 변호한 시였다. 그룸바흐를 비판한 이는 "바울 자신이 당신더러 논쟁하지 말고 집에서 집안일을 살피고 교회에서는 입을 다물 것"을 말했다고 외쳤다. 그는 이어 이렇게 말했다. "친애하는 시빌(그리스신화에 나오는 무녀巫女)°이여, 여길 보라. 그대는 뻔뻔한 야수 같다. 그대는 자신이 아주 똑똑하다고 생각하여 성경까지 직접 해석하려 하는구나."[45] 그룸바흐는 이런 위협에 쉽게 굴복하지 않았지만, 1525년에 농민전쟁에서 농민들이 패배한 뒤로 점점 보수 색채가 짙어지던 환경은 그와 같은 여자를 적대시했다. 그룸바흐는 늘 경건한 루터파 신자인 아내이자 어머니였지만, 새 종교도 그에게 성직자나 저술가나 어떤 종교적 권위를 지닌 역할을 전혀 부여하지 않았다.

알브레히트 뒤러, 요한 에베를린 폰 귄츠부르크, 그리고 아르굴라 폰 그룸바흐는 루터의 사상을 통해 그 삶이 바뀌었던 수많은 남녀를 대표한다. 이들 각 사람이 루터의 메시지에서 이해한 것은 다 달랐다. 뒤러는 온 세상 종교의 통일이라는 꿈이 루터가 전한 메시지라고 보았다. 귄츠부르크는 새로운 사회질서가 루터의 메시지라고 이해했으며, 그룸바흐는 정의와 공정함이 루터가 전한 메시지가 다루는 쟁점이라고 보았다. 루터가 이렇게 모든 이에게 호소력을 발휘할 수 있었고 각자가 루터의 메시지에서 각기 다른 의미를 끄집어낼 수 있었던 것이 바로 루터의 천재성이었다. 이들은 모두 개신파의 개혁 사상에 깊은 감화를 받았고 루터라는 인물에게 역시 깊은 감화를 받았다. 그랬기 때문에 그들은 그렇지 않았으면 그들이 꿈꾸지 못했을 일을 했고, 그들이 자라난 환경이 예상하던 것을 뒤집어엎었다.

✦ ✦ ✦

루터는 죽음에 이르렀을 때 분명 전체 교회를 갈라놓았다. 그는 새 교회를 세웠다. 이 교회는 세속의 통치 권력과 긴밀히 제휴했고, 수도원주의를 폐지했다. 새로 결혼한 성직자들은 개신파 성직자로 이루어진 왕가를 만들었으며, 이들이 이후 수 세기 동안 독일의 지식 문화를 지배하게 된다. 수줍음이 많던 수사가 일어나 교황과 교회, 그리고 제국이라는 세력에 맞서고, 자신들을 지배하는 봉건 지주에 맞서 모든 것을 걸고 봉기한 농민을 포함한 다른 이들에게 "자유"를 전하는 메시지로 영감을 불어넣었다.

루터의 정치 유산은 양면성을 지녔다. 그가 1523년에 그의 논문 『세속 권위에 관하여』에서 전개한 정치 이론은 이 세상 나라와 하나님 나라를 구분했다. 이 덕분에 그는 교황이 이 땅의 어떤 권력도 누려서는 안 된다고 주장할 수 있었다. 하지만 제후의 권력은 이 세상에 속했기 때문에, 그리스도인은 그들에게 복종해야 한다. 반면, 이 통치자는 경건치 않은 자들이 그들의 동포를 공격하지 못하게 막아야 할 임무가 있다. 루터는 평생 이런 명확한 대비를 유지했다. 그러나 이렇게 하는 바람에, 그는 국가가 무엇을 할 수 있고 그 시민을 어떻게 도울 수 있을까라는 문제를 적극 설명하지 않았으며, 그리스도인이나 그리스도인 통치자가 자신보다 위에 있는 권위에 저항해야 할 상황을 허용하지도 않았다. 하지만 슈말칼덴 동맹이 결성되면서, 루터도 결국 황제에게 저항해야 할 경우를 생각할 수밖에 없었다. 그러나 그때도 그는 책임을 포기했고, 법률가들이 판단할 문제라고 미루었지만, 결국 은연중에 저항을 인정하는 주장을 수용하는 입장으로 옮겨 갔다.[46] 하지만 동시에 자신은 시종일관 제후들을 존중하지 않는 태도를 취하면서, 그들을 교구 직원이자 교수형 집행자와 같은 부류로 여겼다. 그는 기회가 닿을 때마다 자신이 좋아하지 않는 그들을 기막힌 모욕을 사용하여 조롱했다. 내란 선동을 욕하고 제후에게 복종하라고 주장하던 이 사람은 예언자인 자신의 권위를 믿었으며, 재야에서 통치자들에게 천둥처럼 호통을 쳤다.

어쩌면 가장 길게 이어질 루터의 업적은 독일어 성경이 아닐까 싶다. 루터는 열심히 번역한 신약성경을 1522년에 선보였으며, 1534년에는 몇몇 동료와 함께 성경 전체를 번역했다. 이 성경에는 크라나흐가 그린 인상 깊은 그림이 함께 들어 있다.[47] 그가 구사한 산문은 독일어를 형성했을 뿐 아니라, 우리가 알고 있는 현대 독일어를 창조했다.[48] 성경 각 책에는 짧으면서도 아주 명쾌한 소개 주해가 서문에 들어 있어서, 독자는 루터의 이해를 통해 성경 본문을 만났다. 루터는 자신이 쓴 설명을 명확히 일러 놓지 않았다. 때문에 그의 설명과 성경 자체를 구분할 수가 없었다. 루터는 늘 하나님 말씀은 절대 명쾌하며 따로 해석이 필요하지 않으므로, 그의 가장 큰 대적들이 제기했던 질문—성경 본문의 해석이 서로 충돌하면 당신은 어떻게 결정하는가, 그리고 교회 전통은 성경 해석 지침으로 삼지 말아야 하는가—을 제기할 필요가 없다고 주장했다. 하나님 말씀은 명확하다는 그의 확신은 이후 여러 세기 동안 일반 사람들이 스스로 성경을 읽게끔 자극했다. 물론 루터도 이런 일반 사람들이 성경을 읽어 낸 결과에 늘 동의하지는 않았을 것이다. 동시에 자신의 권위를 밑받침하는 근거가 하나님 말씀이라는 그의 주장은 신학 훈련을 받은 성직자들로 이루어진 교회, 종교에 능통한 지식에서 권위의 근거를 찾고 그들의 설교로 그 권위를 실증한 학자들로 이루어진 교회가 등장하게 하는 데 도움을 주었다.

루터의 신학 한가운데에는 그리스도가 성찬에서 빵과 포도주 안에 실제로 임재하신다는 주장이 자리해 있었다. 이것은 루터의 사상에서도 오늘날 우리가 이해하기 힘든 측면이요 우리 세계와 그가 가장 위대하다고 여겼던 세계를 갈라놓는 틈이다. 나는 이 책에서 이런 그의 사상이 왜 문제인지 제시하려고 노력했다.

루터의 신학 유산은 육체와 영혼을 분리하는 시각을 벗어나 인간 본질을 이해한 것이었다. 육체와 영혼을 분리하는 것은 기독교 역사에서 아주 오랜 세월 동안 따라다녔고 성에 대한 깊은 의심과 타협 없는 도덕주의를 불러일으켰다. 루터는 그러지 않았다. 그가 달리 어떤 사람이었든 결코 즐거움을 깨부수는 사람은 아니었다. 그도 성을 죄로 보았지만, 오로지 우리의 모든 행위가 죄로 가득하다는 점에서 그렇게 보았을 뿐이었다. 이런 시각 덕분에 그는 몸과 육체의 경험을 아주 긍정적으로 볼 수 있었다.

그의 종교성에는 달콤한 구석이 전혀 없었다. 그와 하나님의 관계는 "구원받았다"는 확신에 들뜬 신자의 그것이 아니었다. 그의 종교성은 그가 겪은 **안페흐퉁엔**을 통해 고생하며 얻은 것이요, 그의 지성과 감성의 모든 능력을 쏟아부은 것이었다. 그는 하루에 여러 시간씩 기도하며 하나님과 대화하곤 했다. 그러나 그것이 그에게 행복한 확신을 주지는 못했다. 루터는 믿음에는 늘 의심이 함께 따른다고 보았다. 멜란히톤은 한 토론에서 루터가 갑자기 자신이 옳다는 것을 확신하지 못하게 되자, 토론하던 방을 떠나 그의 침대 위에 엎드려 기도했던 모습을 기록으로 묘사하기도 했다.[49] 이것은 사람들이 대학교수에게 기대할 법한 행동이 아니었다. 그는 토론 중인 주제에 철저히 몰두했으며, 자신이 실수했을 수도 있다는 생각이 들면 뼛속까지 흔들렸다. 루터의 남다른 개방성, 설령 위험이 따르더라도 모든 것을 정직하게 털어놓으려는 자세, 그리고 하나님의 은혜를 자신이 받을 자격이 없는데도 받게 된 선물로 인정할 수 있었던 능력은 그의 가장 매력 있는 성품이었다.

그럼에도 루터는 까다로운 영웅이었다. 그의 글은 증오로 가득하다. 음란한 수사와 유머를 유달리 좋아한 점은 현대인의 구미에 맞지 않는다. 그는 권위주의자요, 약자를 못살게 하며, 지나치게 자기 확신이 가득한 사람이었을 수도 있다. 사람들을 위압하는 그의 생활 방식은 자녀들의 삶에도 어두운 그림자를 드리웠으며, 그를 따르던 많은 이가 떠나가게 만들었다. 자신에게 반대하는 이를 귀신 들린 자로 몰아붙이며 타협하지 않는 그의 완고한 성품은 심리 결함 정도가 아니었다. 그의 그런 성품 때문에 프로테스탄트주의(개신교)°가 아주 일찍부터 분열되었고, 영영 약하게 만들었으며, 오랜 세월 동안 전쟁을 치르게 만들었기 때문이다. 그의 반유대주의도, 그 시대 많은 사람들의 반유대주의와 달리, 단순한 본능이 아니었다. 반유대주의는 그의 종교성 그리고 구약과 신약의 관계에 관한 그의 이해에도 뿌리 깊이 박혀 있다. 때문에 그의 이런 반유대주의를 단순히 그가 살던 시대의 편견이라고 변명할 수가 없다. 그의 가장 훌륭한 지적 재능은 어떤 쟁점을 단순화하여 그 핵심을 짚어 내는 능력이었다. 그러나 바로 이런 능력 때문에 그는 타협하거나 섬세하고 미묘한 말뜻을 파악하는 일을 잘하지 못했다. 하지만 다른 사람의 관점을 전혀 이해하지 못하는 사람만이 교황에 도전하여, "눈가리개를 한 말"처럼 좌고우면하지 않고 행동하면서, 그 결과가 어찌 될지는 묻지도 따지지도 않고 오로지 앞으로 달려 나갈 용기를 가질 수 있었을 것이다. 아울러 유머 감각, 지독한 현실주의, 그리고 다른 이들에게서 가장 깊은 충성심을 이끌어 낼 수 있는 남다른 능력을 가진 사람만이 자신을 위협하는 순교를 피할 수 있었을 것이다.

종교개혁은 종종 근대와 개인의 해방, 혹은 달리 말해, 종교적 정체성과 정치적 정체성이 결합된 신앙고백 세계의 태동을 알리는 전령 역할을 했다고 칭송을 받는다. 이런 견해들 중 어느 것도 루터나 그가 시작했던 운동에 관한 정당한 평가가 아니라는 사실이 이 책을 통해 증명되기를 나는 바란다. 루터는 "근대인"이 아니었다. 우리에겐 낯설고 종종 불편하기도 한 용어들로 표현된 루터의 사상 그 자체를 우리가 파악하지 않으면, 그 사상이 오늘 우리에게 틀림없이 제공하는 것들을 우리는 보지 못할 것이다. 루터가 생각한 "자유"와 "양심"은 오늘 우리가 생각하는 자유와 양심이 아니었다. 그것은 사람들이 자기 양심에 따를 것을 허용하는 것과 아무 상관이 없다. 그것은 하나님을 아는 것과 **함께**with, 그(루터)°가 객관적 진리로 믿었던 지식을 아는 우리의 능력을 의미했다. 루터는 교회를 분열시켰으며, 교파 시대를 열었다. 그는 항상 주관이 뚜렷한 사상가로서, 규칙을 따르는 것을 믿지 않았고, 도덕성을 강요하는 법원을 생각하는 것도 믿지 않았다. 그는 "창녀"인 이성理性, Reason에 대해 건전한 불신을 가진 사람이었다.

감사의 글

어떤 책이든 쓰는 데 10년이 넘는 세월이 걸린 책은 다른 학자와 기관과 친구들에게 아주 큰 빚을 지기 마련이다. 이 책은 분명 나만의 작품이 아니다. 내가 가장 먼저 감사하고픈 사람은 여러 해 동안 옥스퍼드에서 루터 특별 연구에 참여하면서 루터의 저작을 아주 꼼꼼히 읽고 평해 준 학생들이다. 비공식 모임인 옥스퍼드 근대 초기 워크숍도 내게 지적 도움을 주었으며, 내 논거를 형성할 수 있게끔 거듭 도와주었다.

연구하고 저술하는 동안, 많은 기관이 도움을 주었다. 2006년부터 2007년까지 알렉산더 폰 훔볼트 재단에서 연구 지원을 받으면서, 아카이브(자료 보관소)°와 도서관에서 연구 작업을 진행할 수 있었다. 아울러 기젤라 복, 위르겐 코카, 클라우디아 울브리히가 도와준 덕분에 베를린 자유 대학교에 방문 교수로 갈 수 있었다. 옥스퍼드 대학교에서 휴가를 얻은 덕분에 연구를 수행하고 저술을 마칠 수 있었다. 내가 옥스퍼드를 벗어나 이런 시간을 가질 수 있게 해준 베일럴 칼리지Balliol College의 내 동료 레슬리 애덤스, 마틴 콘웨이, 사이먼 스키너에게 감사한다. 영국 학술원British Academy의 연구 개발상Rearch Development Award 수상受賞은 내가 이 책에 집중할 수 있는 시간을 갖게 해주었다. 그 상이 없었으면 이 책을 쓰지 못했을 것이다. 옥스퍼드 펠 기금Fell Fund도 내게 연구 지원을 해주었다. 오리얼 칼리지Oriel College와 역사학 학부는 이 책 저술을 마칠 수 있게 편안하고 저술을 북돋아 주는 환경을 제공했다. 벨파스트 대학교는 2014년에 나를 와일스 강연Wiles Lectures에 초청해 주었다. 덕분에 나는 내가 이 책에서 제시한 생각들을 내리 사흘 동안 탁월한 학자들과 나뉘 볼 수 있는 희귀한 기회를 가질 수 있었다. 와일스 이사진, 특히 개디 알가지, 스코트 딕슨, 레나테 뒤어, 피터 그레이, 졸 해링턴, 브리지트 힐, 캐트 힐, 콜린 키드, 샬로트 메튜언, 스티브 스미스, 제니 스핑크스, 울리케 슈트라서, 알렉스 월섬에게 감사드리며, 벨파스트 강연 청중에게도 감사드린다.

많은 아카이브, 박물관, 미술관, 도서관 운영진은 언제나 도움을 베풀어 주고 친절했다. 우선 나는 옥스퍼드 보들리 도서관 운영진과 역사학 사서 이자벨 홀로워티에게 감사하고 싶다. 아울러 영국 도서관, 비텐베르크 시립 아카이브와 소속 연구자들, 특히 내게 비텐베르크를 보여준 한스 요헨 자이델에게 감사한다. 또 비텐베르크 루터 기념관, 특히 모아 놓은 그림을 모두 살펴볼 수 있게 도와준 유타 슈트렐레에게 감사하며, 가비 프로츠만, 페트라 비티히에게도 감사하고 싶다. 비텐베르크 개신교 설교자 세미나 도서관, 바이마르 튀링겐 국립 아카이브, 베를린-프로이센 문화재청 소속 국립도서관, 할레 주(란트) 문화재국, 할레 마린 도서관, 아이스레벤 시립 아카이브, 아이제나흐 시립 아카이브, 만스펠트 궁성의 귄첼 여사와 카이저 여사, 작센-안할트 주립 아카이브, 마그데부르크 분소, 마그데부르크 대학, 작센-안할트 주립 아카이브, 베르니게로데 대학, 특히 주잔 슐체, 코부르크 주립 도서관, 그리고 볼펜뷔텔의 아우구스트 공쇼 도서관에 감사하고 싶다. 감탄할 수밖에 없는 "VD 16"(16세기 독일어권 출간 목록)°과 뮌헨의 바이에른 국립도서관이 없으면, 어떤 학자도 16세기 독일어 자료를 연구할 수 없다.

율리아네 케르크헤커는 루터가 쓴 라틴어 자료를 나와 함께 연구하며 큰 도움을 아낌없이 베풀어 주었다. 그가 제시한 많은 통찰이 이 책 속에 들어 있다. 크리스티안 프로이세, 멜린다 레츠, 플로리스 버하트, 에드먼드 웨어햄, 마틴 크라이스트, 미키 피어스, 라켈 캔들러스도 모두 연구에 귀중한 도움을 주었다. 캔디스 손더스는 모든 일이 이루어지게 해주었고 예리한 직관을 제공했다. 나자 펜츨린은 놀라운 그림 탐색 실력과 편집 실력을 증명해 보였다.

내 생각을 형성할 수 있게 도와준 청중이 많다. 많은 이가 도움을 주었는데, 메테 알레펠트 라우르피히, 사라 에피트리, 샤를로테 아펠, 볼프강 베링어, 폴 베츠, 수 보티히하이머, 패트릭 케인, 찰스 콜빌, 나탈리 제몬 데이비스, 마틴 도넬리, 마이클 드롤레트, 니즈 페들론, 에티엔느 프랑수아, 로라 고잉, 레베카 하버마스, 아달베르트 헤프, 마이클 헌터, 주잔 카란트 눈, 토마스 카우프만, 지모네 라크바, 폴커 레핀, 피터 마카들, 얀 마힐젠, 한스 메딕, 에릭 미델포르트, 해너 머피, 요하네스 파울만, 글린 레드워스, 톰 로비쇼, 앨사 로퍼, 캐스 로퍼, 미리 루빈, 알렉스 셰퍼드, 필리프 죄르겔, 후베르트 슈타들러, 안드레아스 슈탈, 빌리발트 슈타인메츠, 나오미 태드머, 바바라 테일러, 베른트 바이스브로트, 크리스 위크햄, 메리 위스너, 팀 윌슨, 카린 워드먼, 질비 차니어, 그리고 찰스 자이커를 비롯한 많은 이들에게 감사한다. 이들이 제시한 통찰을 이 책에 모두 담았다.

많은 친구가 초고 전체를 읽어 주었고, 이 책이 아주 초기 단계에 있을 때부터 이 책이 제시한 생각을 놓고 토론하며 셀 수 없이 많은 제안을 해준 이들도 있었다. 특히 내 친구 앨리슨 라이트에게 감사하고 싶다. 오랜 세월 동안 루터를 놓고 그와 나눈 대화가 이 책을 만들어 주었다. 아울러 내가 루터의 성격을 정신분석학의 관점에서 생각해 볼 수 있게 도와준 대니얼 픽, 처음부터 이 책을 통독하며 나와 생각을 나눠 준 캐트 힐, 내가 이 저술 작업을 진행하며 낙심할 때마다 책을 계속 써 갈 수 있게 도와준 알렉스 월셤, 서론을 정리할 수 있게 도와준 바바라 테일러, 많은 것을 내게 가르쳐 준 개디 알가지에게도 감사하고 싶다. 이들이 모두 이 책을 읽고 아주 폭넓게 촌평을 해주었다. 사이먼 폰슨비는 내 해석 중 많은 부분을 다시 생각하게 해주었으며, 로시 바틀레트는 사건이 일어난 **장소**에 관하여 달리 생각하게 해주었다. 이 책에 필요한 것을 살피고 내가 저술을 이어 갈 수 있게 도와준 내 형제 마이크 로퍼, 내가 이 책을 헌정한 아버지 스탠 로퍼, 그리고 오랜 세월 동안 연구 작업을 통해 내게 큰 영향을 준 울링카 루블락에게 감사드린다. 그들이 제안한 내용을 대부분 이 책에 담았다. 혹 내가 실수한 것이 있다면 그것은 모두 내 잘못이다.

외크르 헨스겐은 놀라운 편집자였다. 조금도 쉬지 않고 이 책의 약점을 빠짐없이 지적하면서, 그의 말마따나 "울퉁불퉁한 부분을 매끄럽게 다듬어 주고", 내 해석을 토론해 주었다. 루터 신학에 해박한 이런 편집자를 만날 수 있었던 것은 더할 나위 없는 행운이었다. 데이비드 밀너는 독수리와 같은 눈으로 내 원고를 교정하여, 내 오자와 탈자나 실수를 지적할 많은 이에게서 나를 구해 주었다. 앤터니 히피슬리는 탁월한 교열자였다. 클레어는 나를 도와주었고, 지켜 주었으며, 이 책을 확실히 마칠 수 있게 해주었다. 외국 저작권 문제를 처리해 주었을 뿐 아니라 아주 많은 일을 해결해 준 샐리 릴리에게도 감사한다.

    닉 스타가트는 애초에 나더러 이 책을 써 보라고 제안했고 이 책을 써 나갈 용기를 주었다. 그는 이 책의 초기 형태를 읽고 거기서 제시한 많은 생각을 토론해 주었다. 이언 피어스는 한 번도 아니고 두 번이나 원고 전체의 배열 편집 작업을 해주었으며, 내가 필요할 때마다 도움을 주었다. 루스 해리스는 첫 초고를 읽고 내가 처음부터 이 저술 작업에 확신을 품을 수 있게 해주었다. 그는 내가 쓴 초고를 계속하여 읽고 또 읽어 주었으며, 이 어려운 저술 작업을 마칠 수 있게 도와주었다. 이런 친구가 있었다는 것이 행운이다. 루스가 없었으면 이 책 저술을 마치지 못했을 것이다. 내 양아들인 애넌드 나시는 종교 전통을 이해하는 것이 왜 중요한지 깨닫게 해주었고, 내 아들 샘은 인생에서 중요한 것이 무엇인가를 내게 가르쳐 주었다.

2016년 1월 10일
옥스퍼드

옮긴이의 글

"나비효과?" 이 책을 번역할 때 어느 날 문득 머리에 스쳐 간 단어였습니다. 아버지 한스 루더와 아들 마르틴 루터의 관계가 장차 마르틴 루터와 수많은 사람의 관계를 결정지은 나비의 날갯짓이었을까? 아버지에 저항하는 과정에서 형성된 그의 성격이 복잡다단한 인간관계에서 드러난 그의 자기모순과 자기부정의 원천이었을까? 자신을 억압하는 권위에 대한 반감이 결국 인간의 신앙과 양심을 억압하는 것에 맞서게 한 원동력이 되었을까? 그렇다면 그렇게 억압에 맞섰던 이가 어찌하여 나중에는 수많은 이를 억압하는 모순적인 사람이 되었을까? 이런 모순적인 사람이 어떻게 쌓이고 쌓인 체제의 모순을 뒤집어엎을 수 있었을까, 그런 아이러니가 어떻게 가능했을까? 마침표를 기대하며 번역했던 책이 오히려 수많은 물음표를 잇달아 안겨 주었습니다. 역사란 본디 그런 것이니, 어쩌면 당연한 일인지도 모릅니다.

루터를 여러 각도에서 다룬 책이 많이 나왔습니다. 그럼에도 사람들의 마음에 자리한 루터는 언제나 종교개혁의 불을 붙이고 옛 체제에 맞선 영웅, 수많은 작품을 저술한 신학자였습니다. 사람들에게 루터는 그런 모습으로만 한정되었습니다. 그러나 아버지에게 억압당하는 아들 루터, 학생 루터, 수사 루터, 학자 루터, 제자 루터, 친구 루터, 싸움꾼 루터, 번역자 루터, 저술가 루터, 아내를 사랑하는 남편 루터, 저항자 루터, 노래하는 루터, 목적을 이루고자 강자와 손잡고 약자를 짓밟는 루터, 자기 이익 때문에 강자의 불법을 눈감아 주는 루터, 자기모순과 자기부정을 무릅쓰고라도 권위에 도전하려는 이들을 깔아뭉개려는 루터, 자식을 사랑하면서도 자식을 억압하는 루터, 그러나 결국 병고와 인간관계에 지쳐 쓰러지고 죽어 가는 루터, 그리고 마침내 모든 인간처럼 흙으로 돌아가는 루터 등 이런 다양한 루터의 모습을 생생히 그리면서도, 위의 의문을 끝없이 제기하는 작품이 지금까지 과연 있었나 싶습니다. 이 책은 대단한 영웅 루터가 아니라, 인간 루터를 여과 없이 보여줍니다. 이 평전의 주인공은 독자가 마냥 공경해야 할 대상이 아니라 주먹 한 방이라도 날리고픈 범상한 인간입니다. 수많은 사료와 연구 결과를 조사하고 많은 연구자와 토론하며 오랜 세월 동안 루터라는 퍼즐을 맞춰 갔을 저자는 그 퍼즐이 다 맞춰졌을 때 그 루터 앞에서 어떤 생각을 했을지 모르겠습니다.

어떤 역사가가 "역사"를 도전과 응전의 과정이라고 표현하였지만, 한 사람의 "삶"도 그러하다는 생각이 듭니다. 루터의 삶 역시 그를 규정한 수많은 내외 요인에 맞서는 과정에서 형성되었고, 그런 삶을 산 루터는 또 다른 내외 요인을 규정하는 존재가 되었습니다. 저자는 어쩌면 루터 자신도 인식하지 못했을 이 과정을 치열하게 기록합니다. 그 도전과 응전의 치열함을 고스란히 살리려 함이었는지, 저자가 제시한 그 시대 사람들의 말과 모습에는 적나라한 구석이 적지 않습니다. 유혈이 난무하는 장면, 음담과 모욕이 들끓는 대목, 저주와 비난을 날선 검처럼 주고받는 모습이 허다하게 등장합니다. 반면, 사랑과 긍휼, 염려와 격려가 스며든 현장이 생생하게 살아서 다가오기도 합니다. 이런 삶의 자리에서 살았던 루터이기에 그의 인생에는 온갖 상처와 모순이 자리하고 있는지도 모릅니다. 저자는 종교개혁이 그 출발점부터 분열과 불화의 씨앗을 안고 있었다고 이야기하는데, 어쩌면 루터 자신의 상처와 모순이 그런 분열과 불화를 초래한 중요한 요인이 아니었을까 싶습니다. 불완전한 인간이 불완전한 역사를 만드는 것은 필연일지도 모릅니다. 그 불완전한 역사를 이해하려면 역시 불완전한 인간을 먼저 이해하려는 노력이 필요할 것입니다. 이 책은 바로 그런 노력의 열매요 우리가 그런 노력으로 나아가도록 이끄는 길잡이입니다. 따라서 16세기 독일에서 일어난 역사의 실상을 바로 알려면 이 책을 집어 들고 읽는 것도 훌륭한 선택이 될 것입니다.

이 책을 번역하기가 쉽지 않았습니다. 저자의 현란한 어휘와 씨름했고, 사실史實을 확인했으며, 다른 자료의 도움도 받아야 했습니다. 근래 가장 더운 여름이었다던 그 여름의 폭염을 견디고, 한동안 호된 병치레도 해야 했습니다. 그래도 무사히 번역을 마치고 짧게나마 옮긴이 글을 적게 되니, 고맙고 감사할 따름입니다. 부족한 부분이 있다면 당연히 부족한 번역자 탓입니다. 독자 여러분께 너그러운 이해를 청합니다. 좋은 책을 번역할 기회를 주시고 출판하기까지 수고하신 복 있는 사람 출판사의 지체 여러분에게도 이 자리를 빌려 깊이 감사드립니다. 아무쪼록 이 책이 많은 사랑을 받기만 바랍니다.

2018년 가을이 깊어 가는 10월에
박규태

그림 목록

컬러

1, 2 Lucas Cranach the Elder, Hans and Anna Luder, 1527 (*Bridgeman Art Library*).
3 View of Wittenberg, 1536, drawing from the travel diary of Count Ottheinrich of the Palatinate (*Universitätsbibliothek Würzburg*).
4 Lucas Cranach the Elder, *Georg Spalatin*, 1509 (*Museum der bildenden Künste Leipzig*).
5, 6 Lucas Cranach, *Martin Luther and Katharina von Bora*, c. 1529 (*Bridgeman Art Library*).
7 Lucas Cranach the Elder, *Martin Luther and Philipp Melanchthon*, 1546 (*Bridgeman Art Library*).

흑백

1 Eisleben, Daniel Meissner, *Thesaurus Philo-Politicus. Das ist politischer Schatzkästlein gutter Herzen und bestendiger Freund*, Augsburg, 1625 (*akg-images*).
2 Altarpiece at Mansfeld Castle (*photograph by Nadja Pentzlin*).
3-5 Georg Agricola, *De re metallica*, Basel, 1556, pp. 232, 330, 326.
6 Ulrich Rülein von Calw, *Ein nützlich Bergbüchlin von allen Metal / len / als Golt / Silber / Zcyn / Kupferertz stein / Bleyertz / vnd vom Qecksilber*, Erfurt, 1527 (*VD 16 R 35050, fo. Cv (v). SLUB Dresden / Digitale Sammlungen, 3.A.8150*).
7 Lucas Cranach the Elder, Hans Luder, 1527 (*Albertina Wien*).
8 Erfurt, Hartmann Schedel, *Weltchronik*, Nürnberg, 1493 (*Bridgeman Art Library*).
9, 10 *Ablas Buchlein der Stationes der Stat Rom vnnd der kirchē mit irem ablas durch das gantz Jar. Babst Julius. der Zehendt.* (Leo X.), Nürnberg, 1515 (*VD 16 K 259, Bayerische Staatsbibliothek München*).
11 Hans Holbein, *Anna Laminit*, 1511 (*Kupferstichkabinett, Staatliche Museen zu Berlin*).
12 Map of Wittenberg, 1623 (*Städtische Sammlungen der Lutherstadt Wittenberg / Ratsarchiv, Spezialgrundriss, 1742; Karte Nr. 60*).
13 Jewish sow, Wittenberg church (*photograph by Nadja Pentzlin*).
14-16 Lucas Cranach the Elder, *Dye Zaigung des hochlobwirdigen Hailigthumbs der Stifft-Kirchen aller Hailigen zu Wittenberg*, 1509 (*Bayerische Staatsbibliothek München, Rar. 99*).
17 Lucas Cranach the Elder, *Christoph Scheurl*, c. 1509 (*Germanisches Nationalmuseum Nürnberg, Inv.-Nr. Gm 2332*).
18-20 Johannes Dinckel, *De origine, cavsis, typo, et ceremoniis illivs ritvs* ···, Erfurt, 1578 (*VD*

	16 D 1745, Staatsbibliothek Preussischer Kulturbesitz Berlin).
21	*Eyn deutsch Theologia: das ist Eyn edles Buchleyn*, Wittenberg, 1518 (*Bayerische Staatsbibliothek München, 4 P.lat. 1580*).
22	Lucas Cranach the Elder, *Karlstadt's Wagon*, woodcut, 1519 (*Bridgeman Art Library*).
23, 24	Martin Luther, *Eyn Sermon von dem Hochwirdigen Sacrament*, Wittenberg, 1519 (*VD 16 L 6358, Bayerische Staatsbibliothek München, Res/4 Th.u.104, VII, 31*).
25	Martin Luther, *Ein Sermon geprediget tzu Leipßgk vffm Schloß am tag Petri vn pauli im xviiij. Jar, durch den wirdigen vater Doctorem Martinū Luther augustiner zu Wittenburgk*, Leipzig, 1519 (*Herzog August Bibliothek Wolfenbüttel, VD 16 L 6193*).
26	Johannes Agricola, *Eyn kurtz anred zu allen missgunstigen Doctor Luthers* (sic)* *vnd der Christenlichen freyheit*, 1522 (*VD 16 A 1009, Bayerische Staatsbibliothek München*).
27	Thomas Murner, *Von dem grossen Lutherischen Narren*, 1522 (*VD 16 M 7089, Universitätsbibliothek Leipzig*).
28	Lucas Cranach the Elder, *Martin Luther*, 1520 (*Getty Images*).
29	Martin Luther, *De Captivitate Babylonica Ecclesiae* (*Herzog August Bibliothek Wolfenbüttel*).
30	Martin Luther, *Vme wat sake vnde stucke des Pawestes vnder siner yunger boke van Doctore Martino Luther vorbrant syn*, Lübeck, 1520 (*VD 16 L 7375, Herzog August Bibliothek Wolfenbüttel*).
31	Albrecht Dürer, *Avarice* (*Kunsthistorische Museum Wien / Getty Images*).
32	Martin Luther, *Von der freyheyt eynes Christenmenschen*, Wittenberg, 1520 (*Universitäts- und Landesbibliothek Sachsen Anhalt in Halle, Salle, sign. Ib 4187a*).
33	Hans Holbein the younger, *Luther as the German Hercules*, c. 1519 (*Getty Images*).
34	Lucas Cranach the Elder, *Georg Spalatin Honouring the Cross*, 1515 (*Kupferstichkabinett Berlin*).
35	Martin Luther by Hans Baldung Grien, in *Acta et res gestae, D. Martini Lvtheri*, Strasbourg, 1520 (*VD 16 ZV 61, Staatsbibliothek Preussischer Kulturbesitz Berlin*).
36	Hermann von dem Busche, *Passion D Martinus Luthers, oder seyn lydung*, Strasbourg, 1521 (*VD 16 B 9935, Bayerische Staatsbibliothek München*).
37	Lucas Cranach the Elder, *Luther as Junker Jörg*, 1522 (*Getty Images*).
38, 39	Melanchthon, Cranach et al., *Passional Christi und Antichristi*, Wittenberg, 1521 (*Getty Images*).
40	Andreas Karlstadt, by unknown artist, 1541/1542? (*Universitätsbibliothek Bern*).
41	*Trivmphvs veritatis. Sick der warheyt*, Speyer, 1524 (*VD 16 ZV 6175, Bayerische Staatsbibliothek München*).
42	Erasmus Alberus, *Absag brieff des Fürsten dyser welt* (et)*c. wider Martinum Lutther*, Saltzpurg(i. e. Nürnberg), 1524 (*VD 16 A 1472, Bayerische Staatsbibliothek München*).
43	Diepold Peringer, *Ain schöne außlegung vber das götlich gebet*, Erfurt, 1522 (*VD 16 P*

1395, Universitäts- und Landesbibliothek Sachsen Anhalt in Halle, Saale).

44 Diepold Peringer, *Eyn Sermon geprediget vom Pawren zu Werdt bey Nürnberg am Sontag vor Fußnacht, von dem freyen willen des Mennschen*, Nürnberg, 1524 (*VD 16 P 1410*, Bayerische Staatsbibliothek München).

45 Lucas Cranach the Elder, *Martin Luther and Katharina von Bora*, 1526 (Bridgeman Art Library).

46 Johann Hasenberg, *Lvdvs lvdentem lydervm lvden*s, Leipzig, 1530 (*VD 16 H 714*, Bayerische Staatsbibliothek München).

47 Hans Holbein the Younger, *Portrait of Erasmus*, 1523 (Bridgeman Art Library).

48 Lucas Cranach the Elder, *Martin Luther*, 1532 (Bridgeman Art Library).

49 Lucas Cranach the Elder, *True Portrait Martin Luthe*r, 1546 (Albertina Wien).

50 Lucas Cranach the Elder, *Luther and the Saxon Elector in Front of a Crucifix* (Bridgeman Art Library).

51 Martin Luther, *Von herr Lenhard Keiser in Beyern vmb des Euangelij willen verbrant, ein selige geschicht*, Nürnberg, 1528 (*VD 16 L 7268*, Bayerische Staatsbibliothek München).

52 Suredabus Cancrinus, *Ein new wunderbarlich mönchs schiffun*g, Strasbourg, 1531 (Staatsbibliothek Preussischer Kulturbesitz Berlin).

53 The Papal Ass, from Philipp Melanchthon, *Deuttung der Czwo Grewlichen Figuren* ···, Wittenberg, 1523 (Bridgeman Art Library).

54 The Monk Calf, from Philipp Melanchthon, *Deuttung der Czwo Grewlichen Figuren* ···, Wittenberg, 1523 (Bayerische Staatsbibliothek München).

55 Lucas Cranach the Elder, *Martin Luther and Philipp Melanchthon*, 1543 (Bridgeman Art Library).

56 Heinrich Aldegrever, *Jan of Leyden, 'A King of the Anabaptists'*, copper etching, *1536* (Bridgeman Art Library).

57 Hans Daucher?, *Elector Friedrich the Wise*, 1525 (Kunsthistorisches Museum Wien, KHM-Museumsverband, KK *3879*).

58 Hans Daucher?, *Anna Kasper Dornl*e, 1525 (Kunsthistorisches Museum Wien, KHM-Museumsverband, KK *3893*).

59 Martin Luther, Anton Lauterbach, Johann Aurifaber, *Colloqvia Oder Tischreden Dr. Martini Lutheri*, Frankfurt am Main, 1569 (*VD 16 L 6756*, Bayerische Staatsbibliothek München).

60 Lucas Cranach the Elder, *Johannes Bugenhagen*, 1532 (Landeskirchliches Archiv Kiel, *91.3*, Landeskirche Hamburg-Gemeindliche Fotosammlung, Nr. *841*).

61 Fabian von Auerswald, *Ringer kunst*, Wittenberg, 1539 (*VD 16 A 4051*, Herzog August Bibliothek Wolfenbüttel).

62 Martin Luther, *Ratschlag von der Kirchen, eins ausschus etlicher Cardinel, Bapst Paulo des namens dem dritten, auff seinen Befehl geschrieben vnd vberantwortet. Mit einer*

       vorrede D. Mart. Luth., Wittenberg, 1538 (*VD 16 C 4931, Bayerische Staatsbibliothek München*).

63   *The Papal Coat of Arms*, 1538, single leaf woodcut (*photograph by Nadja Pentzlin*).

64   *The Birth of the Pope and Cardinals*, 1545 (*British Library*).

65   Lucas Cranach the Elder, *The Origins of the Monks* (*British Library*).

66   Lucas Cranach the Elder, *The Origins of the Antichrist* (*British Library*).

67   Martin Luther, *Eyn Sermon von dem Wucher*, Wittenberg, 1520 (*VD 16 L 6447, Universitäts- und Landesbibliothek Sachsen-Anhalt in Halle, Saale*).

68   Workshop of Lucas Cranach the Elder, *Luther on his Deathbed* (*Niedersächsische Landesgalerie Hanover*).

69   Justus Jonas, *Vom Christlichen abschied aus diesem tödlichen leben ··· D. Mart. Lutheri Bericht*, Wittenberg, 1546 (*VD 16 J 905, Bayerische Staatsbibliothek München*).

70   Martin Luther's death mask, Marktkirche, Halle (*Getty Images*).

71   Bust of Luther, Marktkirche, Halle (*Marktkirche Halle*).

72   Lucas Cranach the Elder, *Martin Luther*, 1548 (*Stiftung Schloss Friedenstein Gotha, Inv.-Nr. G 43, 72b*).

73   Lucas Cranach the Younger, *Martin Luther*, 1553 (*Germanisches Nationalmuseum Nürnberg, Graphische Sammlung, Inv.-Nr. H 6777*).

74   Lucas Cranach the Elder, *Christ Blessing the Children*, 1538 (*Bridgeman Art Library*).

75   Lucas Cranach the Elder, *Gesetz und Gnade*, 1529 (*Bridgeman Art Library*).

주

약어표

CA	Confessio Augustana, in *Die Bekenntnisschriften der evangelisch-lutherischen Kirche*, 7th edition, Göttingen, 1976.
HSA Weimar EGA	Thüringisches Hauptstaatsarchiv Weimar, Ernestinisches Gesamtarchiv
LHASA	Landeshauptarchiv Sachsen-Anhalt
LW	*Luther's Works*, Philadelphia, 1957-
RTA	*Reichstagsakten, Jüngere Reihe-Deutsche Reichstagsakten unter Kaiser Karl V.*, 23 vols, Gotha, 1893-
StadtA Witt	Stadtarchiv Wittenberg
VD 16	Verzeichnis der im deutschen Sprachbereich erschienenen Drucke des 16. und 17. Jahrhunderts
Walch	Johann Georg Walch, *Dr. Martin Luthers Sämmtliche Schriften*, St. Louis, 1880-1910 (revised version of the Halle Edition, 1740-1753)
WB	*D. Martin Luthers Werke: Kritische Gesamtausgabe*, Briefe, 18 vols
WDB	*D. Martin Luthers Werke: Kritische Gesamtausgabe*, Deutsche Bibel, 15 vols
WS	*D. Martin Luthers Werke: Kritische Gesamtausgabe*, Schriften, 72 vols, Weimar, 1903.
WT	*D. Martin Luthers Werke: Kritische Gesamtausgabe*, Tischreden, 6 vols

0. 서론

1. 루터는 1527년 11월 1일에 축배를 들었다. 이런 사실 때문에, 적어도 한 학자는 루터가 95개 논제를 게시한 날이 만성절 전날이 아니라 만성절 당일이었다고 주장하기도 했다. Volz, *Thesenanschlag*, 38-39; WB 4, 1164, 1. Nov. 1527; Vandiver, Keen, and Frazel, (eds. and trans.), *Luther's Lives*, 22.

2. Iserloh, *Thesenanschlag*. 마르틴 트로이Martin Treu는 2007년에 루터가 사용했고 지금은 예나

대학교 도서관에 보관된 성경 난외에서 루터의 비서였던 게오르크 뢰러Georg Rörer가 써 놓은 메모를 발견함으로써 이 논쟁을 다시 새롭게 불러일으켰다. 마르틴 루터 박사는 면벌부 문제를 다룬 논제를 비텐베르크의 여러 교회 문에 못 박아 걸었다. 이 발견은 중요했다. 이 발견이 없었으면 논제 게시를 언급한 당대의 유일한 글은 멜란히톤이 쓴 것뿐인데, 그는 논제 게시 당시 아직 비텐베르크에 없었기 때문에, 이 사건을 목격하지 못했을 것이다. 이 논쟁을 탁월하게 요약해 놓은 것을 보려면, Ott and Treu, *Luthers Thesenanschlag* 참조.

3. 뢰러의 언급이 멜란히톤의 말을 뒷받침하긴 하지만, 95개 논제가 게시된 것과 관련해 다른 소리가 더 나오지 않게끔 확실하게 증명해 주지는 않는다. 그가 비텐베르크에 없었기 때문이며, 그의 메모도 이 사건이 있은 뒤 여러 해가 지나 쓴 것이기 때문이다. 하지만 95개 논제를 실제로 교회 문에 붙여 게시했고 다른 곳에서도 보냈다고 믿는 것이 누가 봐도 타당하다. 멜란히톤은 이를 자신이 루터 저작집 2권에 쓴 서문에서 언급할 뿐 아니라, 1557년에 한 어느 설교에서도 이 사건을 상세히 묘사했다. 요하네스 마테지우스Johannes Mathesius도 1565년에 출간된 그의 루터 전기에서 95개 논제가 10월 31일 궁성 교회에 게시되었다고 말한 뒤, 이 논제가 인쇄되었다는 말도 덧붙인다. Mathesius, *Historien*, 28. 이 논쟁은 많은 점에서 우리가 그냥 진실이라고 단정해 버리는 사건들을 철저히 의심해 보는 회의주의의 흥미로운 사례다.

4. Juette, "Schwang Luther 1517 tatsächlich den Hammer?", 3. 풀 대신 밀랍을 썼을 수도 있다.

5. LW Letters, I, 43-49; WB I, 48, 31 Oct 1517, 112:57-58.

6. Scheel, *Martin Luther*, II, 155 (Johannes Cochlaeus); WT 2, 2800b.

7. 루터가 보통 이용하곤 했던 인쇄소 라우-그루넨베르크Rhau-Grunenberg는 비텐베르크 바로 근처에 있었다. 그러나 이 작업장은 당시 어려움에 빠져 있어서, 다른 인쇄소 어쩌면 라이프치히에 있는 인쇄소를 이용했을 가능성도 있다. Volz, *Thesenanschlag* 참조.

8. 현재 남아 있는 Volz, *Thesenanschlag* 세 판版 참조. 이 세 판은 라이프치히, 뉘른베르크, 바젤에서 각각 나왔다. 하나는 번호를 잘못 붙여 87로 끝나며, 다른 하나는 그냥 스무 개씩 묶어 번호를 붙여 놓았다. 바젤판만이 책자 형태, 곧 8절판 책 형태를 갖고 있으며, 논제에 로마 숫자로 번호를 붙여 놓았다. 따라서 지금 남아 있는 이 판들이 유일한 인쇄물이라면, 루터가 쓴 텍스트가 "95개 논제"로서 명성을 얻은 이유가 무엇인지 설명하기가 어렵다.

9. WS I, 233:10-11. 루터 저작집 영어판은 LW 31,25에서 "우리 주요 선생이신 예수 그리스도는 '회개하라'고 말씀하실 때, 신자의 삶 전체가 회개하는 삶이 되길 원하셨다"고 말하지만, 이런 번역은 이 말이 강조하는 의미를 온전히 전달하지 못한다.

10. Myconius, *Geschichte*, 20-21; Volz, *Thesenanschlag*, 72, n.33. 하지만 이 이야기는 종교개혁 신화 만들기의 특징을 갖고 있다. 루터 같은 일개 수사가 비텐베르크에 있는 영혼들을 돌볼 1차 책임을 지지는 않았을 것이다.

11. Myconius, *Geschichte*, 15.

12. Peter Claus Hartmann, "Albrecht von Brandenburg. Erzbischof und Kurfürst von Mainz, Erzbischof von Magdeburg und Administrator des Bistums Halberstadt." in Tacke, (ed.), *Der Kardinal Albrecht von Brandenburg*, 10-13; Friedhelm Jürgensmeier, "Kardinal Albrecht von Brandenburg (1490-1545). Kurfürst, Erzbischof von Mainz und Magdeburg, Administrator von Halberstadt." in Tacke, (ed.), *Albrecht von Brandenburg*, 22-41.

13. WB 3, 860, 4(5?) May 1525, 482:81-82.
14. Erikson, *Young Man Luther*; Fromm, *The Fear of Freedom*.
15. 프랑스 아날학파 역사가인 뤼시앙 페브르Lucien Febvre만큼 이런 작업을 기막히게 조롱한 글을 쓴 인물도 없다. "프로이트가 말하는 루터: 우리는 프로이트가 묘사할 법한 루터가 어떤 모습일지 미리 상상해 볼 수 있다. 그런 것에 전혀 충격을 받지 않는 루터 연구자가 실제로 그런 묘사를 만들어 낸다 해도, 사람들은 그런 묘사를 더 자세히 아는 일에 호기심을 보이지 않을 것이다." Febvre, *Martin Luther*, 46.
16. 그는 일부러 여기서 "고대 그리스어"를 인용했다. Vandiver, Keen, and Frazel, (eds. and trans.), *Luther's Lives*, 18; Melanchthon, *Vita Lutheri*, fo. c 17r-v.
17. Schilling, *Martin Luther*.
18. 재미난 예외가 루터과 도시 뉘른베르크다. 이를 아주 생생히 다룬 미국 문헌이 있었다.
19. Eschenhagen, "Beiträge zur Sozial- und Wirtschaftsgeschichte."
20. Thomas Kaufmann, "Theologisch-philosophische Rationalität: Die Ehre der Hure. Zum vernünftigen Gottesgedanken in der Reformation." in Kaufmann, (ed.), *Der Anfang der Reformation*.

01. 만스펠트와 광업

1. WT 5, 6250, "Ego sum rustici filius; proavus, avus meus, pater sein rechte pauren gewest." 그는 여기에 이 말을 덧붙인다. "그 뒤 우리 아버지는 만스펠트로 가 거기서 광산업자가 되었다"(Darnach ist mein vater gegen Mansfelt gezogen vnd doselbe ein bergkheuer worden).
2. 연대기 작가인 키리아쿠스 슈팡엔베르크Cyriacus Spangenberg는 이 환경을 자세히 묘사하면서, 만스펠트 주위의 많은 밭이 광업 때문에 황폐해졌다고 말한다. 그는 광산이 나무와 석탄을 엄청나게 많이 사용했다고 언급한다. Spangenberg, *Mansfeldische Chronica*, Part 4, Book I, 25, 27. Dieter Stievermann, "Sozialer Aufstieg um 1500: Hüttenmeister Hans Luther und Sein Sohn Dr. Martin Luther." in Knape, (ed.), *Martin Luther und der Bergbau*, 49; WB II, 4157, 7 Oct 1545, 189. 루터는 만스펠트 백 필리프와 요한 게오르크에게 보낸 이 편지에 "E. G. williges Landkind Martinus Luder D."라고 서명했다.
3. 이를테면, 루터 전기 저자인 요하네스 마테지우스는 만스펠트와 광업을 언급하면서 그 마지막 장에 본디 루터와 광업의 연관성을 기리는 "광업 설교"를 담아 놓았지만, 니콜라우스 젤네커(Nikolaus Selnecker)가 16세기에 써서 사람들에게 영향을 미친 전기 기록은 만스펠트나 광업을 언급조차 하지 않는다. Günther Wartenberg, "Martin Luthers Kindheit, Jugend und erste Schulzeit in frühen biografischen Darstellungen des Reformators." in Knape, (ed.), *Martin Luther und Eisleben*, 152-153; Mathesius, *Historien*.
4. 광업과 루터의 배경을 살펴보려면 다음 참조. Michael Fessner, "Die Familie Luder und das Bergwerks- und Hüttenwesen in der Grafschaft Mansfeld und im Herzogtum Braunschweig-Wolfenbüttel." 그리고 Andreas Stahl, "Baugeschichtliche Erkenntnisse zu

Luthers Elternhaus in Mansfeld." in Knape, (ed.), *Martin Luther und Eisleben*; Knape, (ed.), *Martin Luther und der Bergbau*; Treu, "···*von daher bin ich.*"; Jankowski, (ed.), *Zur Geschichte*; Kramm, *Oberschichten*, I, 109-133; Hanns Freydank, "Vater Luther der Hüttenmeister." in Etzrodt and Kronenberg, (eds.), *Das Eisleber Lutherbuch* 1933; Freydank, *Martin Luther und der Bergbau*; Westermann, *Das Eislebener Garkupfer*; Mück, *Das Mansfelder Kupferschieferbergbau*; Möllenberg, *Urkundenbuch*.

5. Kramm, *Oberschichten* I, on copper, 111; Günther Wartenberg, "Martin Luthers Kindheit, Jugend und erste Schulzeit in frühen biografischen Darstellungen des Reformators." in Knape, (ed.), *Martin Luther und Eisleben*, 36-37; Michael Fessner, "Das Montanwesen in der Grafschaft Mansfeld von ausgehenden 15. bis zur zweiten Hälfte des 16. Jahrhunderts." in Westermann, (ed.), *Montanregion als Sozialregion*, 293. 15세기 말에는 티롤의 슈바츠Schwaz, 헝가리 왕국이 노이졸Neusohl, 그리고 만스펠트가 유럽에서 나오는 구리의 80-90퍼센트를 생산했다.

6. WT 5, 5362, 95:4. 안드레아스 슈탈Andreas Stahl이 지적하듯이, 루터 전기 저자인 요하네스 마테지우스는 이를 바로 서술한 극소수 사람 가운데 하나였다. 마테지우스는 그가 1558년에 쓴 『사렙다Sarepta』에서 루터가 광산 소유주의 아들로 자랐다고 서술했다. Mathesius, *Sarepta*; Andreas Stahl, "Baugeschichtliche Erkenntnisse zu Luthers Elternhaus in Mansfeld." in Knape, (ed.), *Martin Luther und Eisleben*, 356. 마테지우스가 쓴 루터 전기는 루터를 부지런히 일하여 재산을 일군 광부의 아들로 묘사한다. *Historien*, 5-6. 멜란히톤도 그들의 부를 강조하지 않고, 그들의 경건과 성품을 강조한다. Melanchthon, *Vita Lutheri*, 9-10. 루터 자신도 그의 어머니가 등에 나무를 져 나르던 모습을 기억하고 그의 아버지가 광부였다고 서술하여, 이런 신화를 만들어 내는 데 어느 정도 기여했다. Günther Wartenberg, "Martin Luthers Kindheit, Jugend und erste Schulzeit in frühen biografischen Darstellungen des Reformators." in Knape, (ed.), *Martin Luther und Eisleben*.

7. Rainer Slotta and Siegfried Müller, "Zum Bergbau auf Kupferschiefer im Mansfelder Land." in Knape, (ed.), *Martin Luther und der Bergbau*, 13.

8. Michael Fessner, "Die Familie Luder in Möhra und Mansfeld." in Meller, (ed.), *Fundsache Luther*.

9. Michael Fessner, "Die Familie Luder und das Bergwerks und Hüttenwesen in der Grafschaft Mansfeld und im Herzogtum Braunschweig-Wolfenbüttel." in Knape, (ed.), *Martin Luther und Eisleben*. 이것과 같은 책에 있는 안드레아스 슈탈의 글, 그리고 Michael Fessner, "Die Familie Luder in Möhra und Mansfeld." in Meller, (ed.), *Fundsache Luther*가 루터의 배경을 가장 잘 설명해 준다.

10. Michael Fessner, "Die Familie Luder und das Bergwerks- und Hüttenwesen in der Grafschaft Mansfeld und im Herzogtum Braunschweig-Wolfenbüttel." in Knape, (ed.), *Martin Luther und Eisleben*, 20. 그는 우연히 발견된 1491년 문서에 등장하며 1502년에 나온 명단에도 이름이 올라 있다. 그러나 이 기록들은 불완전하다. 추측컨대 그는 꽤 오래전부터 그 자리에 계속 있었던 것 같다.

11. Spangenberg, *Mansfeldische Chronica*, 4, I, 68-71.
12. Stahl, "Die Grafschaft," 14; Spangenberg, *Mansfeldische Chronica*, 4, I, 94. 불은 1496년 아니면 1498년에 일어났다.
13. Biering, *Historische Beschreibung*, 147; 150-151.
14. Spangenberg, *Mansfeldische Chronica*, 4, I, 68-71; Historische Commission für die Provinz Sachsen und das Herzogtum Anhalt, *Bau- und Kunst-Denkmäler der Provinz Sachsen*, vol. 18, *Der Mansfelder Gebirgskreis*, 147-164; Andreas Stahl, "Baugeschichtliche Erkenntnisse zu Luthers Elternhaus in Mansfeld." in Knape, (ed.), *Martin Luther und Eisleben*, 368; Siegfried Bräuer, "Die Stadt Mansfeld in der Chronik des Cyriakus Spangenberg." in Knape, (ed.), *Martin Luther und Eisleben*; Scheel, *Martin Luther*, I, 4-5.
15. Spangenberg, *Mansfeldische Chronica*, 4, I, 68-71. 원문에는 1560년경의 만스펠트를 대강 그린 지도가 들어 있는데, 이 지도는 수많은 집들의 소유주를 일러 주는 번호를 담고 있다. Andreas Stahl, "Historische Bauforschung and Luthers Elternhaus. Archivalische Voruntersuchungen und erste Baubeobachtungen." in Meller, (ed.), *Luther in Mansfeld*, 123; Andreas Stahl, "Baugeschichtliche Erkenntnisse zu Luthers Elternhaus in Mansfeld." in Knape, (ed.), *Martin Luther und Eisleben*, 369-370.
16. 우리가 이 집에 관하여 갖고 있던 지식이 근래 재산에 관한 고고학계의 연구 결과 덕분에 바뀌었다. 특히 Meller, (ed.), *Luther in Mansfeld*와 *Fundsache Luther*, 그리고 할레Halle에서 2008-2009년에 열린 전시회 참조.
17. Günther Wartenberg, "Die Mansfelder Grafen und der Bergbau." in Knape, (ed.), *Martin Luther und der Bergbau*, 34; Jankowski, *Mansfeld Gebiet-Geschlecht-Geschichte*. 16세기에는 네 명의 만스펠트 백이 만스펠트 성에 자신들의 집을 갖고 있었으나, 에른스트 백작은 헬트룽엔Heldrungen에 있는 성에 거주했다. Krumhaar, *Versuch einer Geschichte*, 6; Günther Wartenberg, "Martin Luthers Kindheit, Jugend und erste Schulzeit in frühen biografischen Darstellungen des Reformators." in Knape, (ed.), *Martin Luther und Eisleben*.
18. Spangenberg, *Mansfeldische Chronica*, fo. 394(r). 네 권으로 이루어진 이 작품에서 이것만이 16세기에 인쇄되었다. Spangenberg, *Mansfeldische Chronica*, 4, I, 35. 아울러 Krumhaar, *Versuch*, 5-6 참조.
19. Treu, "…von daher bin ich." 33; Historische Commission für die Provinz Sachsen und das Herzogtum Anhalt, *Bau- und Kunst-Denkmäler der Provinz Sachsen*, vol. 18, *Der Mansfelder Gebirgskreis*, 116-147, 141. 만스펠트 백 알브레히트 4세와 게브하르트 7세는 루터의 종교개혁 초기부터 루터 지지자가 되었으며, 이 제단은 필시 크라나흐 공방, 아마도 크리스티안 되링이 제작했을 것이다. 그리스도의 오른쪽에 있었던 도둑이 구원받은 자다.
20. Hans-Jürgen Döhle, "Schwein, Geflügel und Fisch-bei Luthers zu Tisch." in Meller, (ed.), *Luther in Mansfeld*. 루터 집에서 발견된 뼈 가운데 60퍼센트가 돼지 뼈였고, 10퍼센트만이 소와 관련이 있는데, 이는 유달리 높은 비율이다. 이 사실은, 될레가 지적하듯이, 이 집이 당시 사람들에게 더 고급으로 대우받기 시작했던 고기를 먹었음을 일러 준다. 더 가난한 계층에서는

주로 소고기로 만든 것을 먹었다. 이 집은 때때로 돼지를 길렀을지도 모른다. 아울러 집에서 기르는 거위 뼈와 다른 가금류 뼈도 있다. 조류 뼈 가운데 3분의 1 정도가 어린 조류의 뼈인데, 이는 이 집이 좋고 부드러운 가금류를 먹었음을 일러 준다. 아울러 Michael Fessner, "Luthers Speisezettel. Die Versorgung der Grafschaft Mansfeld mit Lebensmitteln, Gütern und Waren." in Meller, (ed.), *Fundsache Luther*.

21. Hans-Georg Stephen, "Keramische Funde aus Luthers Elternhaus," in Meller, (ed.), *Luther in Mansfeld*. 도자기는 주로 아이스레벤에서 왔을 개연성이 크다. 아이스레벤에는 큰 도자기 제조소가 적어도 하나 있었으며, 이 제조소는 1500년경에 생겼다. 현재 남아 있는 도자기 조각은 다양한 주방 집기를 포함하여 적어도 250점, 아니 어쩌면 300점이 넘을 수도 있는 도자기 물건에서 나온 것이다. 이것들은 소박한 물건이다. 장식이 거의 없고 르네상스 스타일과 채색을 아직 보여주지 않는다. 그러나 남아 있는 도자기 조각 대다수가 15세기 중엽에 널리 썼던 회색 도기가 아닌 것으로 보아 이 집은 새 도자기를 구입했던 것 같다. Hans-Georg Stephen, "Keramische Funde aus Luthers Elternhaus," and Bjoern Schlenker, "Archäologie am Elternhaus Martin Luthers," in Meller, (ed.), *Luther in Mansfeld*.

22. LW 54, 8; WT 1, 55.

23. LHASA, MD, Rep. F4 Ch. 19, Lambrecht Kegel und Hans Reinicke, 1516-1518: fos. 11-15 참조.

24. 이것이 여자를 담고 있는 유일한 그림은 아니다. Agricola, *De re metallica Libri XII* 참조.

25. LHASA, MD, Rep. F4 Ak. No. 1 Berg und Handelsbuch, 1507-1509, fo. 54(v)는 한스 루더를 포함하여 제련 마이스터 40명을 열거한다. Günter Vogler, "Eisleben und Nürnberg zur Zeit Martin Luthers. Beziehungen zwischen zwei Wirtschaftspartnern." in Knape, (ed.), *Martin Luther und Eisleben*, 61. 1536년에 이르면, 이들 숫자가 절반으로 줄어 스물한 명이 된다.

26. LHASA, MD, Rep. F4 Ak. No. 1 Berg und Handelsbuch, 1507-1509, fos. 18(r)-19(v); 20(v); 21(r); 39(v)-40(r); 58(r). 아울러 LHASA, MD, Rep. F4 Bc No. 1, Beschwerden der Berg- und Hüttenleute wegen des Lohns, 1536 참조. 이는 만스펠트 백들에게 보낸 것이다.

27. Mück, *Das Mansfelder Kupferschieferbergbau*, II(*Beilage* 37). 그해에 광부들을 고용하여 급료를 주면, 이들이 도망쳐 새 주인을 찾아간다는 제련 마이스터의 불만이 나왔다. II, 41, 115, 117-118, 120, 128, 130.

28. 예를 들어, LHASA, MD, Rep. F4 Db No. 1, Gerichtsbuch Hettstedt, *Beilage*, 1, fo. 63(r) (1514) 참조.

29. LHASA, MD, Rep. F4 Ak. No. 1 Berg und Handelsbuch, 1507-1509, fos. 8(v); 25(v); 64(v).

30. Ibid., fo. 57(r-v). 살인죄를 저지른 사람은 고용하지 못한다는 법령을 담고 있다.

31. Spangenberg, *Mansfeldische Chronica*, 4, part 1, 74-75.

32. Biering, *Historische Beschreibung*, 10.

33. 1517년, 아이스레벤과 만스펠트 지역은 제부르크 및 보른슈테트와 함께 맥주를 2,196통이나 먹

어 치웠다. Spangenberg, *Mansfeldische Chronica*, 1, fo. 409(v). 법원 기록을 보면, 일정한 싸움 패턴이 나타난다. 만스펠트 사람들은 서로 칼을 써서 상대를 벴는데, 한 사람이 칼집에서 그 아내가 쓰던 칼 둘을 꺼내 자신과 싸우는 이를 찌르면, 상대는 자신의 빵 칼로 공격했다. 그런가 하면 목욕탕 주인이 한 재수 없는 고객을 가위로 찌르려 한 일도 있었다. LHASA, MD, Rep. Cop., No. 427e (Gerichtsbuch Thalmansfeld 1498-1513) fo. 126(r).

34. Michael Fessner, "Die Familie Luder in Möhra und Mansfeld." in Meller, (ed.), *Fundsache Luther*, 21. 작은 한스 루터Klein Hans Luther는 1505년부터 1512년까지 적어도 열두 싸움에 끼어들었다. LHASA, MD, Rep. Cop., No. 427e (Gerichtsbuch Thalmansfeld 1498-1513) 참조.

35. LHASA, MD, Rep. Cop., No. 427e (Gerichtsbuch Thalmansfeld 1498-1513), fo. 126(r).

36. Ibid., fos. 125(v); 65(v) 참조. 이 말에는 교수대 앞에서 성기를 드러낸 모습처럼 보이는 그림을 함께 끄적거려 놓았다. fos. 127(v)-128(v).

37. LHASA, MD, Rep. Cop., No. 427e (Gerichtsbuch Thalmansfeld 1498-1513), fo. 135(v) (1513) 참조. 그를 한스 루터라 부른다. 여기 적힌 이름이 법원 기록에 줄곧 등장하는 작은 한스라고 생각할 수도 있다. 그러나 루터 아버지 한스 루더도 법원 기록에 등장하며, "작은 한스"는 작은 한스라고 기록해 놓았다. 이 기록에는 십자가 그어져 있는데, 이는 필시 이 다툼이 해결되었음을 말하는 것 같다.

38. LHASA, MD, Rep. F4 Ak. No. 1 Berg und Handelsbuch, 1507-1509, fos. 83(r)-85(v); 87(r).

39. 예를 들어, ibid., *passim* 참조.

40. 따라서 한스 루더와 오랫동안 함께했던 첫 동업자는 이미 광산업으로 기반을 잡은 집안 출신인 한스 뤼티히Hans Lüttich였다. 그러나 그는 1507년에 드라흐슈테트 박사와 힘을 합쳐 세 "화로"를 산다. 아울러 그는 빌헬름 라이니케와 수갱竪坑을 운영했다. Freydank, "Vater Luther." 67-70. 이 동업 관계에서 나온 회계 장부가 하나 남아 있었다. 1519년에 약 석 달 동안 처리했던 회계 결과를 담고 있으며, 이를 프라이당크가 요약해 놓았다. 1936년에 열린 전시회에서는 볼 수 있었지만, 지금은 사라져 버렸다. LHASA, MD, Rep. F4 Ch No. 19, Rechnungen Lamprecht Kegel und Hans Reinicke, 1516-1518. "제련소"(한 제련소가 여러 광산을 맡았다)도 마르가레테가 1511년 말이나 1512년 초에 헨체 카우프만Hentze Kuafmann과 결혼할 때 지참금 속에 들어 있었다. WB 11, 192, n.28, 그리고 두 사람이 함께 일했다.

41. Ekkehard Westermann, "Der wirtschaftliche Konzentrationsprozess im Mansfelder Revier." in Knape, (ed.), *Martin Luther und der Bergbau*, 70. 그는 한 "화로"(용광로)에 노동자가 30명 있었다고 어림한다. 이 30명은 대장장이, 목수, 숯 만드는 사람, 마부 등을 제외한 숫자다. 페스너는 노동자 숫자가 이전에는 3,000명쯤 되었으나, 1525년에는 이 숫자를 넘었다고 추측한다. Michael Fessner, "Das Montanwesen in der Grafschaft Mansfeld von ausgehenden 15. bis zur zweiten Hälfte des 16. Jahrhunderts." in Westermann, (ed.), *Montanregion als Sozialregion*, 301.

42. Andreas Stahl, "Historische Bauforschung and Luthers Elternhaus. Archivalische Voruntersuchungen und erste Baubeobachtungen." in Meller, (ed.), *Luther in Mansfeld*,

368. 루더는 드라흐슈테트와 함께 일했다. 아울러 Günter Vogler, "Eisleben und Nürnberg zur Zeit Martin Luthers. Beziehungen zwischen zwei Wirtschaftspartnern." in Knape, (ed.), *Martin Luther und Eisleben* 참조. 드라흐슈테트도 1520년대 말에는 재정난에 빠지고 만다. 드라흐슈테트를 알아보려면, Kramm, *Oberschichten*, I, 113 참조. 그가 법학 교육을 받은 유일한 인물은 아니었다. 또 다른 제련 마이스터인 요한 뤼헬Johann Rühel도 법학 박사 학위를 갖고 있었다.

43. Andreas Stahl, "Baugeschichtliche Erkenntnisse zu Luthers Elternhaus in Mansfeld." in Knape, (ed.), *Martin Luther und Eisleben*, 372.

44. LHASA, MD, Rep. F4 Ch No. 16(Wernigerode), Rechnung Hüttenzons 1506-1531. 루더가 가졌던 "화로" 숫자는 시간이 흐름에 따라 변했다. 1515년에는 루더 본인이 세 개 반을 소유했고, 동업자와 같은 숫자의 화로를 공유했다. 그러다가 1519년에는 루더 자신이 모두 일곱 화로를 소유했다. 1522년에는 이 화로를 나눠, 루더 자신은 사위와 둘을 운영하고, 아들 야쿠프가 다른 화로를 운영하면서 동시에 동업도 했다. 어쩌면 이는 더 넓은 의미의 세대 변화를 나타내는 것인지도 모른다. 기록자는 새로 페이지를 잡아 1523년이라는 제목을 붙였는데, 이 해는 유례없이 사업이 번성했다. 이 해는 날짜를 거울 문자(거울에 비추면 바로 보이게 글자를 거꾸로 쓴 글)°로 기록해 놓았다. fo. 117(r).

45. Ekkehard Westermann, "Der wirtschaftliche Konzentrationsprozess im Mansfelder Revier." in Knape, (ed.), *Martin Luther und der Bergbau*, 67.

46. 만스펠트 백들이 벌인 협상 경과를 담은 글을 보려면, Mück, *Das Mansfelder Kupferschieferbergbau*, I, 62-64; vol. 2, 88-93, 특히 91 참조. 이 글은 루더가 처해 있던 여러 어려움을 언급한다. Michael Fessner, "Die Familie Luder in Möhra und Mansfeld." in Meller, (ed.), *Fundsache Luther*, 23.

47. 재산 가치를 평가해 보니, 모두 1,250굴덴이었다. 이를 살아 있던 다섯 자녀 혹은 그들의 자손이 나눠 가졌다. 이 재산 분할은 개념상 분할이었다. 야쿱이 재산을 받아 다른 상속인 한 사람 한 사람에게 나누어 주어야 했기 때문이다. 이것이 재정상 가능하려면, 우선 한 상속권자와 재산 분할 문제를 정리하고 이어 다른 상속권자와 천천히 재산 분할 문제를 정리해야 했다. 루터도 자신이 마지막에 받을 몫을 기다렸다. 루터가 쓴 계약서를 보려면, WB 7, 88-89, 10 July 1534 참조. 아울러 Michael Fessner, "Die Familie Luder in Möhra und Mansfeld." in Meller, (ed.), *Fundsache Luther*, 24 참조. 페스너는 루더가 광업 경영에 따른 채무를 제외하고도, 일부 토지를 비롯하여 사유재산을 지킬 수 있었다고 지적한다.

48. 이것은 소수 사람들에게 경제력이 집중되는 과정이었지만, 동시에 몰락을 상징하기도 했다. Ekkehard Westermann, "Rechtliche und soziale Folgen wirtschaftlicher Konzentrationsprozesse im Mansfelder Revier in der ersten Hälfte des 16. Jahrhunderts." in Jankowski, (ed.), *Zur Geschichte*; Ekkehard Westermann, "Der wirtschaftliche Konzentrationsprozess im Mansfelder Revier." in Knape, (ed.), *Martin Luther und der Bergbau*, 65.

49. Michael Fessner, "Die Familie Luder und das Bergwerks- und Hüttenwesen in der Grafschaft Mansfeld und im Herzogtum Braunschweig-Wolfenbüttel." in Knape, (ed.),

Martin Luther und Eisleben, 28.

50. WT 1, 705, 25-27; WT 4, 4617, 404:11-13; 7-9. 루터는 일찍이 숨은 보물을 찾으려고 "점치는 막대기"를 사용하는 행위를 저주했다. 하지만 (때로 마법 주문과 함께 바친) 이런 막대기는 광산에서도 빈번히 사용했다. Dym, *Divining Science*, 62 참조. 루터는 이런 행위를 1518년에 자신의 저서(Decem Praecepta Wittenbergensi praedicata populo, 1521)에서 정죄했다. 하지만 광산도 하나님의 진리를 드러낼 수 있었다. 루터는 1538년에 만스펠트 광산에서 수단을 입고 삼중관을 쓴 교황 이미지가 담긴 화석이 발견된 것에 감동했다. 루터는 이를 교황이 바로 적그리스도임을 더 확실히 일러 주는 증거라고 보았다. Freydank, *Martin Luther und der Bergbau*, 64-66; Biering, Historische Beschreibung, 128-134; WT 4, 4961.

51. 특히 *(Kleiner) Sermon von dem Wucher*(1519), WS 6, 1-8; *(Grosser) Sermon von dem Wucher*(1520), WS 6, 33-60; *Von Kaufshandlung und Wucher*(1524), WS 15, 293-322; *An die Pfarrherrn wider den Wucher zu predigen, Vermahnung*(1540), WS 51, 331-424 참조. 1540년에 이르면, 그가 구사하는 수사가 더 극단으로 치닫는다. 그는 고리대금업자를 마귀와 더 직접 연계하면서, 고리대금업자를 늑대 인간Beerwolff에 비유했다. WS 51, 399. 1524년에 내놓은 소논문과 그 경제 관련 맥락을 살펴보려면, Rössner, *Martin Luther: On Commerce and Usury* 참조.

52. Ulrich Wenner, "Fundgrubner, Berckhauer und Schlacktreiber: Montanwortschatz bei Martin Luther." in Knape, (ed.), *Martin Luther und der Bergbau*, 214, n.18, 19; WT 5, 6734, 630:3-4. 그리고 WT 3, 3471 from autumn 1536 참조. 그리고 WT 5, 5675, "Ich will kein kucks haben! Es ist spiegelt, vnd es will nicht wudelln, dasselbig gelt." 그는 나눠 갖는 지분을 사기라고 제시한다.

53. Myconius, *Geschichte*, 14-15. 성 안나가 만스펠트 광부 가운데서 누린 인기를 알아보려면, Andreas Hornemann, "Zeugnisse der spätmittelalterlichen Annenverehrung im Mansfelder Land." in Knape, (ed.), *Martin Luther und der Bergbau* 참조. 그리고 루터가 자신이 어렸을 때 들어온 새 관습으로 여긴 성 안나 숭배를 알아보려면, 곧 출간될 Welsh, *Anna Mater Matronarum*, 4장 참조. 이 자료를 인용할 수 있게 허락해 준 저자에게 감사한다.

54. Spangenberg, *Mansfeldische Chronica*, 4, 1, 94; Andreas Stahl, "Baugeschichtliche Erkenntnisse zu Luthers Elternhaus in Mansfeld." in Knape, (ed.), *Martin Luther und Eisleben*, 366-367; Schlenker, "Archäologie am Elternhaus Martin Luthers." in Meller, (ed.), *Luther in Mansfeld*, 96-99.

55. 실제로 루터는 1520년 항간에서 떠도는 말에 분개하여 자신의 부모가 그런 말과 달리 보헤미아 사람이 아님을 슈팔라틴에게 써 보내면서, 뫼라에 있는 자기 본가 친척은 언급하지 않고 오로지 아이제나흐에 있는 외가 친척만 언급했다. 루터는 보름스의회가 끝난 뒤 뫼라를 방문했는데, 그때까지도 그의 본가 친척을 만난 적이 없었던 것 같다. WB 1, 238, 10 Jan. 1520; 239, 14 Jan. 1520.

56. 일부 기록은 한스와 마르가레테의 자녀 둘이 역병이 발생한 1506년이나 1507년경에 죽었다고 말한다. 이 둘은 나이가 더 위인 자녀일 가능성도 있다. 루터의 여동생인 바르바라는 1520년에 죽었다. Siggins, *Luther and His Mother*, 14. WT 1, 1108을 보면, 루터가 상당히 모호하게 자

신의 부모가 한 아들과 함께 만스펠트로 떠났다는 말만 한다. 그는 이렇게 말한 뒤에 자신의 출생을 언급한다. 그러나 루터는 만스펠트가 아니라 아이스레벤에서 태어났다. 따라서 이 기록을 루터 부모가 아이스레벤을 떠날 때 데려간 아이와 자신을 혼동한 것으로 읽을 수도 있겠다. 루터에게 형이 있었다는 증거는 설득력이 없다.

57. Johannes Schneidewein(비텐베르크 대학교 총장), in *Scriptorum publice propositorum a gvbernatoribus studiorum in Academia Wittenbergensi* 3, Wittenberg 1559 (VD 16 W 3761)✦ fos. 190(v)-191(v): Siggins, Luther and His Mother, 14.
58. WT 1, 1016. 카타리나는 분명 어린 마르틴에게 젖을 먹일 때 파울을 임신하고 있었다.
59. WT 3, 2963a, 2963b. 루터에겐 나이가 더 위인 아들 한스가 있었지만, 이때는 새로 태어난 한스가 루터의 이름을 가진 형 마르틴을 대신하여 어머니 품에 있었다.
60. Andreas Stahl, "Baugeschichtliche Erkenntnisse zu Luthers Elternhaus in Mansfeld," in Knape, (ed.), *Martin Luther und Eisleben*, 366; Mathesius, *Historien*, 537. 루터가 광업과 관련된 은유를 사용한 것을 살펴보려면, Ulrich Wenner, "Fundgrubner, Berckhauer und Schlacktreiber: Montanwortschatz bei Martin Luther," in Knape, (ed.), *Martin Luther und der Bergbau* 참조. 루터가 광업 관련 은유를 사용한 몇몇 사례는 성경에서 등장하기 때문에 쓰지 않으려 해도 쓸 수밖에 없었다. 그런 점을 고려하면, 루터가 광업에서 가져온 은유를 거의 사용하지 않은 것이 놀랍다. 그는 자신이 사용한 은유를 확실히 이해했다. 1520년대 중반에 나온 그의 초기 성경 역본은 *durchfewern*[화로(용광로)°의 불을 통과함]이라는 말을 사용했지만, 나중에 그는 "정화"라는 뜻을 가진 *durchleutern*이나 *leutern*이라는 말을 더 즐겨 썼다. 이는 아마도 제련 과정에 관한 전문 지식에 뿌리박고 있었던 이전 상태를 벗어나 다른 상태로 옮겨 갔기 때문인 것 같다.
61. 예를 들면, 루터의 아버지, 아우, 제수, 그리고 매제가 1529년에 루터를 방문했다. 루터의 아우 야콥은 그들의 아버지가 죽은 직후 코부르크로 루터를 방문했다. 그는 1538년과 1540년에도 루터를 찾았다. 루터는 1536년에 야콥이 자신에게 편지를 보내지 않는다고 불평했는데, 이는 두 형제 사이에 편지 왕래가 있었음을 일러 준다. WB 5, 1410, 19 April 1529. 그리고 n.4 참조. WB 7, 2287, 19 Jan. 1536. 루터가 누워 죽어 갈 때, 그와 함께 왔었던 어린 세 아들은 만스펠트로 갔으며, 여기에서는 야콥이 이 세 조카를 돌봤다. WB 11, 4207, 300:16-17.
62. WB 7, 88-89, July 1534.
63. WT 5, 6424. 루터는 한 여자 친척이 할 수 있는 결혼을 이야기하다가 그가 속한 사회집단이 일상 대화 속에서 광부들을 모멸한다는 것을 털어놓았다. 만일 그 여자가 품행이 단정하지 않으면, 그는 그 여자를 배운 사람이 아니라 "시커먼 광부"와 결혼시켰을 것이며, "경건하고 배운 남자"는 그런 여자에게 속아 넘어가지 "않을 것이다."
64. 1530년부터 1538년까지 비텐베르크 대학교에 입학한 만스펠트 사람은 적어도 18명이었다. Scheel, *Martin Luther*, I, 53.

02. 대학생

1. WB 2, 510, 15 June 1522. 모스하우어는 교육을 통해 사회 계급 상승을 이룬 사람 가운데 하

나였다. Dieter Stievermann, "Sozialer Aufstieg um 1500: Hüttenmeister Hans Luther und sein Sohn Dr. Martin Luther." in Knape, (ed.), *Martin Luther und der Bergbau*, 48.

2. 그는 "들판에" 화로(용광로)를 둘 가진 "작은" 한스로 제련 마이스터 명단에 등장한다. LHASA, MD, Rep. Cop., No. 425b, fo. 121(r), 1516. 그는 다음 해 탈 만스펠트Tal Mansfeld에 있는 은 제련소 옆에 집을 샀다. fo. 126(r), 1517. 그리고 1519년에는 그의 아버지가 세상을 떠나자, 탈 만스펠트에 있던 본가 집을 물려받았는데, 이 집은 교회 터와 니켈 레베슈톡의 집 사이에 있었다. fo. 174(r). 1519년에는 아이스베르크에서 또 다른 재산을 사들였으며, 1526년에는 이전에 슈테판 슈미트가 소유했던 재산을 물려받았다. fo. 175(v). 1534년에는 그와 야콥 루터가 제련 마이스터 명단에 오른다. LHASA, MD, Rep. F4 Ak. No. 8. 1536년, 라이니케는 라이프치히와 슈볼베르크에서 온 다른 광산 금융 제공자들과 더불어 만스펠트 백들과 맺은 계약에 참여했다. Möllenberg, *Urkundenbuch*, 194.

3. Ekkehard Westermann, "Der wirtschaftliche Konzentrationsprozess im Mansfelder Revier." in Knape, (ed.), *Martin Luther und der Bergbau*, 67.

4. Kramm, *Oberschichten* I, 114.

5. WB 5, 1595, *Beilage*, 19 June 1530. 파이트 디트리히가 카타리나 폰 보라에게 보낸 편지, 379:16-17. 멜란히톤이 쓴 루터 전기는 라이니케의 "미덕이 훗날 아주 두드러져 그가 이 지역에서 큰 권위를 가졌다"고 기록해 놓았다. Vandiver, Keen, and Frazel, (eds. and trans.), *Luther's Lives*, 15; Melanchthon, *Vita Lutheri*, fo. 10(v); WB 8, 3255, 1 Sept. 1538, 280:4-5. 마테지우스는 그를 짧게 언급한다. *Historien*, 6: Adam, *Life and Death*, 2.

6. LW 45, 375; WS 15, 51:13-16.

7. WT 3, 3566A와 3566B. 두 말 가운데 후자는 사실 1543년에 나온 것이며, 전자는 1537년에 나왔다. 그러나 맨 처음 인쇄된 『식탁 담화』를 편집했던 아우리파버Aurifaber가 이 둘을 하나로 합쳤다.

8. Kramm, *Oberschichten* I, 36. 1557년에는 시민이 748명 있었다. 아이제나흐는 1636년에 처참한 화재를 겪었다. 그 바람에 이 도시의 이전 역사를 알려 주는 것은 이제 거의 남아 있지 않아서, 우리는 연대기 기록자에게 의존하고 있다. 아이제나흐가 제정한 법령에 따르면, "대"토지소유자는 "땅과 들판 약 20헥타르(two Hufen), 젖소 여섯 마리, 사과를 수 있는 가축 네 마리"를 가진 이들이었다. 이는 농업이 이 지역 대다수 주민에게 여전히 아주 중요했음을 시사한다. 16세기에 이르자, 절반쯤 되는 시민이 초지와 농지, 포도밭, 또는 호프밭을 소유했다. 1466년, 시 공증인인 요하네스 비어마스트Johannes Biermast는 "권위가 약해지면 수공업자가 다스린다"고 경고했는데, 이는 이 도시에 사회적, 정치적 긴장이 존재했음을 암시한다. Kramm, *Oberschichten* I, 187, 2, 683, n.4; I, 253, Strenge and Devrient, *Die Stadtrechte*, no. 34, 70-71; no. 43, 85. 16세기 중엽에는 이 도시에 큰 상인이 오직 다섯뿐이었다. 이는 이곳보다 인구가 적은 바이마르와 같은 숫자였다. Kramm, *Oberschichten* I, 166, 2, 670, n.112: 1542년의 세무 기록을 기초로 삼아 추산한 인구가 3,030명이다. 아울러 Bergmann, *Kommunalbewegung* 참조. 이 시대 사람들도 도시의 쇠락을 잘 알고 있었다. 15세기 후반에는 경제 침체에 불만을 토로하는 목소리들이 있었으며, 1509년에 나온 시의회 조사도 이런 비판을 되풀이한다. 아울러 Staatsarchiv Weimar, 389 Eisenach, 14, fo. 102 참조. 이곳에는 1509년에 이 도시가 쇠락을

겪고 있는 여러 이유를 조사하여 열거해 놓은 목록이 들어 있는데, 이 이유 가운데는 도시의 성벽이 너무 넓은 지역을 에워싸고 있다는 점, 시민들이 지나치게 먹고 논다는 점, 맥주 양조 독점자가 없다는 점이 들어 있다.

9. Siggins, *Luther and His Mother*, 46. 심지어 루터 어머니의 처녀 때 이름도 한동안 불확실했다. 더 오래된 문헌은 그 이름을 "치글러Ziegler"라 밝히는데, 이는 루터 외증조부 이름과 혼동한 것이다. 볼프강 리베헨셸Wolfgang Liebehenschel은 루터 어머니가 본디 아이제나흐에서 80킬로미터쯤 떨어진 바트 노이슈타트Bad Neustadt에서 태어났고, 그의 아버지는 "벽돌공"(Ziegelr), 곧 벽돌 굽는 가마를 소유한 사람이었다고 주장한다. Wolfgang Liebehenschel, "CURRICULUM VITAE der Martin Luthers. Die Herkunft der Mutter Martin Luthers." in Knape, (ed.), *Martin Luther und der Bergbau*. 아울러 Kurt Löcher, "Martin Luthers Eltern-Ein Bildnispaar Lucas Cranachs von 1527 auf der Wartburg." in Knape, (ed.), *Martin Luther und der Bergbau* 참조. 멜란히톤은 루터가 아이제나흐로 보내진 이유는 "어머니가 그 지역의 정직하고 유서 깊은 집안 출신이었기 때문"이요 아이제나흐의 교육이 더 나았기 때문이라고 말했다. Vandiver, Keen, and Frazel, (eds. and trans.), *Luther's Lives*, 15; Melanchthon, *Vita Lutheri*, 10-11. 멜히오르 아담Melchior Adam이 1620년에 내놓은 전기도 이 주장을 되풀이하는데, 여기에서는 루터가 옮겨 간 이유를 "어머니가 그곳의 격이 있고 유서 깊은 집안에서 태어났기 때문"이라고 말한다(Adam, *Life and Death*, 3). 마테지우스도 그의 첫 설교에서 루터가 아이제나흐로 옮긴 이유를 "거기에 어머니의 친족이 있었기 때문"(da er seiner Mutter Freundschafft hatte)이라고 말한다. Mathesius, *Historien*, 7. 루터의 주치의였던 라체베르거Ratzeberger도 루터가 "아이제나흐에 있던 그의 친족에게"(gegen Eisenach zu seinen gefreundten) 보내졌다고 말한다. Ratzeberger, *Die handschriftliche Geschichte*, 43. 아울러 Richter, *Genealogia Lutheronum*, 13-23 참조. 리히터는 그가 린데만임을 올바로 밝힌다.

10. WT 3, 2888, 51:9-10. 이들의 관계를 훌륭하게 묘사해 놓은 글을 보려면, Siggins, *Luther and His Mother* 참조.

11. Posset, Front-Runner, xx: *Ein seligs newes Jar*. "내 사랑하는 어머니 마르가레테 루터"(Meyner Lieben Muuter Margarethen lutherin)께 헌정했다.

12. Mathesius, *Historien*, 8.

13. Siggins, *Luther and His Mother*, 52. 루터를 예언자로 본 글을 살펴보려면, Ingrid Kasten, "'*Was ist Luther? Ist doch die lere nitt meyn*': Die Anfänge des Luther-Mythos im 16. Jahrhundert." in Bok and Shaw, *Magister et amicus*, 899-931; Kolb, *Martin Luther as Prophet, Teacher, and Hero*, 75-101 참조.

14. 이 일이 정확히 어디서 일어났는지 명확하지 않다. 일부 학자는 이 일이 아이제나흐에서 일어났다고 주장하고, 다른 학자는 그가 수도원에 들어가기 전이나 후에 에르푸르트에서 일어났다고 주장한다. WT 5, Ernst Kroker, "Einleitungen." xv-xvii. WT 1, 116과 WT 5, 5346 참조. 여기에서는 그가 성경을 처음 만났을 때 읽은 것이 사무엘 이야기라고 말한다. WT 3, 3767은 사무엘과 연관 짓지 않는다. 사무엘도 그랬지만, 루터 자신이 예언자로서 받은 사명도 그가 처음 들어섰던 길과 달랐다.

15. Johannes Cochlaeus("Georg Sachsen"), *Hertzog Georgens zu Sachssen Ehrlich vnd grundtliche entschuldigung, wider Martin Luthers Auffruerisch vn(d)♦ verlogenne brieff vnd Verantwortung*, Dresden 1533 (VD 16 C 4323)♦, fo. B iii(v). 이 풍자 글은 작센 공 게오르크의 이름을 달고 나왔지만, 사실은 루터의 숙적 코흐레우스가 썼다. 그는 자신이 쓴 루터 전기에 서문으로 삼아 붙인 글에서도 이 말을 되풀이했는데, 1549년에 나온 이것이 더 널리 읽혔다. 게오르크 비첼Georg Witzel도 같은 비판을 했으며, Petrus Sylvius, *Die Letzten zwey beschlisslich und aller krefftigest büchleyn M. Petri Sylvii, so das Lutherisch thun an seiner person…* (Leipzig, 1534)도 같은 비판을 한다. Ian Siggins, "Luther's Mother Margarethe." *Harvard Theological Review* 71(1978); 125-150, 132.
16. Siggins, "Luther's Mother." 133. 루터는 1543년에『유대인과 그들의 거짓말에 관하여』에서 이를 재차 언급했다. 아울러 WT 3, 3838 참조. 루터는 1538년에 게오르크 공이 그의 어머니를 욕실 하녀라 부르고 그를 마귀가 바꿔치기한 기형아wechselbalck라 부른 일을 회상하면서, 코흐레우스가 게오르크 공의 이름을 달아 1533년에 쓴 이 소책자를 언급했다.
17. LW Letters, I, 145; WB 1, 239, 14 Jan. 1520, 610:20-23.
18. Topp, *Historia*, 8. 물론 이 이야기는 다른 버전이 여럿 있다.
19. Ibid., 6-32; Bergmann, *Kommunalbewegung*, 11-15; 33-37.
20. Topp, *Historia*, 10-13. 아울러 Stadtarchiv Eisenach, *Bestand Chroniken*, 40:1/9:1 *Chronik joh. Michael Koch* 참조.
21. *Chronik Eisenachs bis 1409* ((ed.) H. Helmbold), 27-40; Kremer, *Beiträge*.
22. WB 1, 157, 24(?) Feb. 1519, 353:29-30; WT 3, 3636; 3653.
23. Topp, *Historia*, 15.
24. 토프는 이 도시의 성 바울 수도원에 있던 성모 마리아와 아이 상像 이야기를 자세히 전한다. 사람이 이 상 앞에서 기도하면, 예수는 죄인을 물리치듯이 등을 돌리실 것이다. 그러나 수도원에 헌금하겠다고 약속하면, 예수가 그 얼굴을 돌리실 것이며, 그 사람이 더 많은 돈을 내놓으면, 예수가 그 예배자에게 복을 주시리라는 이야기였다. Topp, *Historia*, 15.
25. LW 44, 172; WS 6, 438:18-22; WB 2, 262, 29 Feb. 1520. 탁발을 불쾌하게 여기는 일은 오래 전부터 있었다. 루터는 나중에 그가 만스펠트로 돌아갔을 때 동료 학생과 더불어 사육제 때 관례대로 소시지를 탁발하러 다녔던 일을 회상했다. 그러나 한 시민이 그들을 괴롭히자, 그들은 도망쳤다. 이 때문에 이들이 탁발하던 집의 주인은 소시지를 들고 이들을 뒤쫓아야 했다. WT 1, 137. 루터는 이 이야기를 신자와 하나님의 관계를 나타내는 비유로 사용한다. 아울러 그는 흥미롭게도 이 이야기를 슈타우피츠가 아이스레벤에서 성체행렬 때 루터 자신이 이 성체를 두려워했던 이야기와 함께 묶어 말한다.
26. Brecht, *Luther*, I, 18.
27. 이 집안은 수도원에 아주 많은 헌금을 하여 그 지역에서는 "샬베회Collegium Schalbense"로 알려져 있었다. Kremer, *Beiträge*, 특히 69와 89 참조.
28. Scherf, *Bau- und Kunstdenkmale*, 9.
29. Ratzeberger, *Die handschriftliche Geschichte*, 43-44. 신뢰할 수 없는 자료이긴 하지만, 라체베르거는 이 말을 요아네스 트레보니우스Joannes Trebonius가 했다고 하나, 이런 사람이 있었는

지, 이 일화가 루터의 스승이 아니었던 아이제나흐의 인문주의자 트레벨리우스를 가리키는 것인지, 혹은 이 일화가 그 학교에 있었던 다른 교사 이야기인지 명확하지 않다. Brecht, *Luther*, I, 19. Paullini, *Historia Isenacensis*, 125-126도 이 이야기를 되풀이한다.

30. WT 1, 256.
31. WB 1, 3, 22 April 1507; 4, 28 April 1507.
32. 이 편지는 브라운이 젊은 마르틴에게 계속하여 편지를 써 보내긴 했었지만, 답은 하지 않았음을 보여준다. 루터가 쓴 편지에는 자신의 애정을 상당히 과장하여 다시 확인시켜 주는 내용이 세 문단이나 들어 있다. 루터는 이 글을 쓴 뒤, 자신이 비텐베르크로 간 것을 설명하면서, 그를 떠나기 전에 방문하지도 않고 비텐베르크로 간다는 것도 사전에 이야기하지 않은 것에 용서를 구한다. WB 1, 5. 17 March 1509, 16:10-11; 17:38. 하지만 루터는 자신이 1515년에 한 고타Gotha 설교(아래 참조) 사본은 브라운에게 보냈으면서도, 자신의 박사 학위 취득 축하연에는 그를 초대하지 않았다.
33. Paullini, *Historia Isenacensis*, 122-124. 이 자료는 1669년에 새로 고친 그의 묘비문(non cultus, sed memoriae causa)을 담고 있으며, 강력한 반反가톨릭 기념비다. 1516이라는 "잘못된" 연도도 1517로 바로잡았다. Engel, *Kurzer/Jedoch gewisser* 참조. 엥겔은 자신이 스트라스부르에서 학생 시절을 보내면서 힐텐이 한 예언을 독일어에서 라틴어로 번역한 것을 회상했다. fo. A 11(r)-(v). 마테지우스는 힐텐에 관한 이야기를 루터에 관한 세 번째 예언으로 인용한다. 한 늙은 사제가 학생 시절 병약했던 루터에게 하나님이 그를 "위대한 사람"으로 만들어 주실 것이라고 말했다. 두 번째 예언은 얀 후스의 예언이었는데, 그는 "거위"(후스) 뒤에 "백조"가 나타나리라고 예언했다. 이런 예언은 루터가 처음 성경을 발견했던 일을 다룬 그의 이야기에 이어 곧바로 등장한다. Mathesius, *Historien*, 8-9. 아울러 Topp, *Historia*, 16-18 참조. 아울러 이 예언이 루터 자신을 언급한 것이라는 루터의 확신을 살펴보려면, WT 3, 3795 참조. 미코니우스는 그가 쓴 종교개혁 역사에서 힐텐을 언급하지는 않지만, 자신의 꿈을 설명할 때 에둘러 힐텐을 언급한다. Lehmann, *Historischer Schauplatz*, 799. 여기에서는 미코니우스 자신이 잔인한 사제들의 운명이 힐텐의 그것과 닮았다고 말한다.
34. WB 5, 1480, 17 Oct. 1529. 그리고 1491, 7 Nov. 1529. 미코니우스의 대답 전체, 1501, 2 Dec. 1529. 아울러 WB 5, 1501, 194 참조. 루터는 힐텐이 관습대로 성례(병자성사)°를 받고 죽었음을 미코니우스의 조사를 통해 한 목격자에게 듣고 알았다. 이 기록은 그가 굶어 죽었다고 말하지 않았다. 루터도 예언된 해가 1514년임을 미코니우스를 통해 알았다. WB 5, 191.
35. *Die Bekenntnisschriften der evangelisch-lutherischen Kirche (Confessio Augustana)*, 378. 힐텐은 교황을 향한 공격이 30년 동안 이어지리라고 예언했다. 그 때문에 루터 성인전聖人傳 저자들도 이 예언을 루터가 1546년에 숨진 것과 정확히 연계할 수 있었다. 이처럼 힐텐은, 마치 세례 요한이 새 예언자가 오실 것을 예언하는 인물 역할을 했듯이, 루터의 길을 예비하는 중요한 선구자 역할을 했다. 17세기 루터과 신학자요 아이제나흐 감독이었던 니콜라우스 레반Nikolaus Rebhan의 기록도 힐텐이, 마치 후스를 지지하는 자처럼, 그의 방에서 단형영성체(성찬에서 제 병과 포도주 중 하나만 받는 것)°를 거부하고 죽었다고 전한다. WB 5, 1501, *Beilage* II, 195.
36. WS 30, 3, 491, 루터가 CA, 1531에 붙여 놓은 난외주를 참조.
37. 흥미롭게도, 그는 수도원에 들어간 뒤 브라운에게 써 보낸 편지에서 자신보다 나이가 많은 이

도 그가 철학보다 신학을 공부하길 좋아하는 것에 공감할 것이라고 추측하면서, 이런 신앙적 관심이 그의 학창 시절로 거슬러 올라감을 시사한다.

38. Paullini, *Historia Isenacensis*, 125-126; Mathesius, *Historien*, 7. 코타는 분명 살베 집안 사람이었다. 그 때문에 이 이야기는 그가 그들과 함께 살게 된 연유를 설명해 준다. Drescher, *De festis diebus*…, (190-191)* (Narratio I) (VD 16 D 2723)*는 그가 탁발로 빵을 얻지 못했을 때 한 "어머니"가 그에게 동정을 베풀어 주었음을 강조한다. Ratzeberger, *Die handschriftliche Geschichte*, 41-42. 루터는 그 물이 열병을 고쳤다고 주장했다.
39. WT 2, 2719a, 613:28-29; WT 2, 2719b. Brecht, *Luther*, I, 30. 그리고 WT 2, 2788b; 2894b 참조.
40. Scheel, *Dokumente*, 15, 16. 에르푸르트 대학교와 루터를 살펴보려면, Brecht, *Luther*, I, 40, 163. 그리고 Bob Scribner, "Die Eigentümlichkeit der Erfurter Reformation," in Weiß, (ed.), *Erfurt 742-1992*, 241-274 참조.
41. Brecht, *Luther*, I, 33.
42. WB 1, 5, 17 March 1509. 루터는 철학보다 차라리 신학을 공부하겠다고 말한다.
43. WT 5, 6419, 653:24-28.
44. Oberman, *Masters of the Reformation* 참조.
45. WT 2, 2788b, 660:24-26.
46. WS 49, 322:12-13 (sermon, 20 Jan. 1544).
47. Vandiver, Keen, and Frazel, (eds. and trans.), *Luther's Lives*, 16; Melanchthon, *Vita Lutheri*, 13; WT 1, 119, 46:23-24, "O Maria, hilff! Da wer ich, inquit, auff Mariam dahin gestorben!"
48. WT 4, 4707, 16 July 1539. 흥미롭게도 그는 자신이 수도원에 들어간 기념일이라 말한 날에 관한 이야기를 들려주었다. 이로 보아, 그에겐 이 날이 늘 중요했다.
49. 아니면 루터는, 그가 나중에 말했듯이, 교과서를 책 판매자에게 돌려주고, 오직 베르길리우스와 플라우투스 책만 갖고 있었다. WT 1, 116.
50. WT 4, 4707, 440:14-15. 아울러 유스투스 요나스가 1538년에 이야기한 버전 참조. 이 이야기는 루터가 잔치 때 류트를 연주했다고 말한다. Scheel, *Dokumente*, 151, no. 412.
51. 이 이야기는 다른 이들에게 모델을 제시했다. 예를 들면, 미코니우스는 그가 수도원으로 떠날 때 이와 비슷한 격려 인사를 받았다고 썼다. Lehmann, *Historischer Schauplatz*, 799.
52. WT 2, 1558, May 1532; WT 4, 4174; WT 5, 5357, summer 1540. 루터는 두 경우에 모두 이미 이때도 자신이 미사를 불편하게 여겼다는 말로 이야기를 매듭지으면서, 자신을 이런 미사에서 건져 주신 하나님을 찬미한다. 아울러 WT 4, 4574 참조.
53. WT 4, 4574, 384:24-25; WS 49, 322:32-34 (sermon, 20 Jan. 1544) 그리고 Valentin Bavarus 가 1549년에 쓴 기록 *Rapsodiae et Dicta quedam ex ore Doctoris Martini Lutheri*, II, 752-754, in Scheel, *Dokumente*, 184-185; WS 44, 711ff; WT 1, 623; WT 1, 881; WT 2, 1558; WT 3, 3556A 참조. 아울러 Ratzeberger, *Luther*, 48-49 참조. 이 기록에는 그의 아버지가 노령의 부모를 부양하지 않고 대신 수사가 되었다는 이유로 루터를 나무랐다는 내용이 들어 있다. 아울러 이 기록은 한스 루터가 수사와 수도원주의를 시종일관 적대시했다고 말하여, 루터가 나중

54. LW Letters, 1, 301; WB 2, 428, 9 Sept. 1521, 385:3-4. 루터는 *De Votis monasticis*를 아버지에게 헌정하며 1521년 11월 21일자로 쓴 헌정문에서도 비슷한 말을 했다. WS 8, 573. 아울러 WT 1, 872, 1530년대 선반부 참조.
55. Nas, *Quinta Centvria*, fos. 70 v-71 r. 그가 짓궂으면서도 올바르게 지적하듯이, 멜란히톤은 천둥을 동반한 폭풍우를 미래의 일을 암시하는 징조로 제시하지 않는 신중한 모습을 보였다. 이어 나스는 계속하여 fo. 73(r)ff.에서 힐텐의 예언을 비롯해 루터과 사람들의 예언을 조롱한다. fo. 490(v)는 루터를 위한 "장례미사가 아닌 장례미사"(irrequiem)를 담고 있으며, 신앙고백을 조롱하는 가짜 신앙고백도 담고 있다(fo. 493(r)). 나는 루터를 믿습니다. 그는 "악령"(heyllosen Geist)으로 잉태되어 동정녀 욕실 하녀에게서 나시고.
56. Erikson, *Young Man Luther*, 94-95; 164-166; 232-233.

03. 수도원

1. Andreas Lindner, "Martin Luther im Erfurter Augustinerkloster 1505-1511." in Schmelz and Ludscheidt, (eds.), *Luthers Erfurter Kloster*, 62. 아울러 Scheel, *Martin Luther*, II, 1-28, 61 참조. 하지만 루터의 몇몇 선배와 스승은 후스가 부당하게 정죄를 받았다고 믿었던 것 같다. 그 때문에 루터도 사실은 겉보기보다 덜 놀랐을지도 모른다.
2. Heinrich Schleiff and Michael Sussmann, "Baugeschichte des Erfurter Augustinerklosters-aus der Vergangenheit in die Zukunft." in Schmelz and Ludscheidt, (eds.), *Luthers Erfurter Kloster*, 28. 수도원은 1502년부터 1516년 사이에 건축되었다. Josef Pilvousek and Klaus-Bernward Springer, "Die Erfurter Augustiner-Eremiten: eine evangelische 'Brüdergemeinde' vor und mit Luther (1266-1560)." in Schmelz and Ludscheidt, (eds.), *Luthers Erfurter Kloster*, 53. 1488년에는 수사가 67명 있었고, 1508년에는 52명 있었다.
3. Scheel, *Martin Luther*, II, 249.
4. *Constitutiones Fratrum Heremitarum sancti Augustini ad apostolicorum privilegiorum forman p(ro)* *Reformantione Alemaniae*, Nürnberg 1504 (VD 16 A 4142)*(unpublished translation by Melinda Letts).
5. WT 3, 3517. 아울러 WT 3, 2492a와 b도 참조. 이는 18,000개 혹은 16,000개로 추산한다.
6. WT 2, 2494b.
7. WB 3, 427, n.1.
8. Stefan Oehmig, "Zur Getreide- und Brotversorgung der Stadt Erfurt in den Teuerungen des 15. und 16. Jahrhunderts." in Weiß, (ed.), *Erfurt 742-1992*, 203-223.
9. Peter Willicks, "Die Konflikte zwischen Erfurt und dem Erzbischof von Mainz am Ende des 15. Jahrhunderts." in Weiß, (ed.), *Erfurt 742-1992*, 225-240; R. W. Scribner, "Civic Unity and the Reformation in Erfurt." in Scribner, (ed.), *Popular Culture*, 185-216.
10. Weiß, *Die frommen Bürger*, 95.

11. 이 시도는 1512년에 성공하긴 했지만, 실제로 얻은 결과는 빈껍데기였다. Ludolphy, *Friedrich der Weise*, 255.
12. Weiß, *Die frommen Bürger*.
13. 에르푸르트는 제국 도시가 아니었으나, 그 도시가 되길 간절히 원했다. R. W. Scribner, "Civic Unity and the Reformation in Erfurt," in Scribner, (ed.), *Popular Culture*, 185-216.
14. 켈너의 "부끄러운" 죽음은 그에게 깊은 인상을 남겼으며, 그는 이 일을 몇 차례 회상했다. WT 1, 487; 2, 2494a와 b, 2709b. 그는 에르푸르트가 지나치게 자만하고 마인츠와 작센을 모욕한다고 비판했다.
15. 흥미로운 것은 비텐베르크 대학교 교수 헤닝 괴데Henning Göde가 결국 나중에 작센이 에르푸르트에서 지배자의 지위를 되찾게 해줄 협상에 작센을 대변하는 중심인물로 참여한 점이다. 따라서 루터도 작센의 관점에서 이런 진전을 알고 있었을 것이다. Ludolphy, *Friedrich der Weise*, 252-256.
16. WT 5, 5375. Mathesius, *Historien*, 11-12는 수사들이 그에게 주었던 성경을 몰수했다고 말한다. Ratzeberger, *Luther*, 46-48은 그가 연구 대신 청소와 빨래처럼 "집의 하인"이 하는 일을 해야 했다고 말한다.
17. WT 5, 5375.
18. WS 41, 447:16(sermon, 1535), WS 17, 1, 309. 루터는 특히 카르투시오 수도회의 채식주의에 반대했다. 그는 이런 채식주의가 건강하지 않다고 여겼다. WS 42, 504(lectures on Moses, 1535-1545).
19. WS 10, 1, pt. 2, 436.
20. Brecht, *Luther*, I, 64; WS 11, 202, 11ff.; WS 46, 24:34; WT 1, 708; WT 5, 5428.
21. WS 17, 1, 309:31-34.
22. WS 32, 327:21-22.
23. WS 11, 60:20-22.
24. WS 33, 83:31-36; 84:1-5.
25. WT 2, 1746, 203:43-45. 그는 아리스토텔레스와 보나벤투라가 자신이 높이 여기는 인물이라고 계속 이야기했다.
26. WS 38, 148:6-8. 그가 쓴 라틴어 용어가 *tentatio*다.
27. WT 1, 518.
28. WS 45, 152:8, 36-37; WT 1, 137, 59:27-32; WT 2, 2318a.
29. WT 1, 122, 50:28. 아울러 가령 WT 2, 1492; WS 21, 358:17; WS 31, 1, 148b:3; WS 40, 2, 91-92 참조.
30. WT 1, 141, 14 Dec. 1531, 65:13-14.
31. WB 5, 1377, 31 Jan. 1529, 14:14-15.
32. WB 5, 1671, 1 (Aug.)♦ 1530, 521:6.
33. WB 5, 1670, July(?) 1530, 518-520. 그는 심지어 작은 죄를 지으라는 제안까지 했다.
34. LW Letters, 1, 27-28; WB 1, 28, 26 Oct. 1516, 72:6-10; 10-11; 12-13.
35. WB 1, 18, 30 June 1516; 13, 1 May 1516. 그는 또 아이스레벤에 있는 수도원을 욕보이던 다른

수사를 두고도 불만을 이야기했다.

36. Brecht, *Luther*, I, 98-105.
37. WT 5, 5344, 75:2; summer 1540.
38. 하지만 나중에 그는 스스로 이를 회상하며 곧바로 이런 말을 덧붙였다. "마귀가 교황에게 고맙다는 인사를 똥처럼 싸 댔다." 이는 마치 이 도시가 거룩하다는 평판을 얻었지만, 아직도 예방약 역할을 할 진흙탕 싸움(야비한 공격)°이 조금은 필요하다는 말 같았다. WT 5, 6059.
39. WT 3, 3781.
40. WT 3, 3479a.
41. WT 4, 4104, 136:6. 하지만 그는 판테온을 기억했다. 그는 이곳에 온갖 신을 묘사한 그림이 그려져 있었다고 말했다. WT 1, 507; 5,5515. 아울러 그는 판테온에 창이 없었지만 건물 꼭대기에 있는 원형 구멍으로 빛이 들어옴을 알아차렸다.
42. WS 41, 198:12-14 (sermons, 1535).
43. WT 3, 3428, 313:5; Mathesius, *Historien*, 14, 여기에도 이 인용문이 들어 있다. 아울러 WT 5, 5484. 그리고 WT 5, 5347 참조. 여기서 루터는 그의 삶에서 아주 중요한 날들을 손으로 아주 간략히 적어 놓은 이 목록 속에 로마(ubi est sedes Diaboli)를 방문한 날도 포함시켜 놓았다. 그는 로마 방문을 그의 결혼, 면벌부 논쟁, 그리고 라이프치히 토론과 같은 등급으로 기록해 놓았다.
44. 파울 루터의 설명을 보려면, Scheel, *Dokumente*, 210 참조. WS 51, 89(1545). 아울러 WS 17, 1, 353 참조.
45. WS 31, 226. 그는 또 성 요한 라테란 교회를 갔던 일을 떠올렸다. 이곳은 경건한 순례자가 죽은 어머니를 위한 미사를 올림으로써 어머니를 위한 면벌부를 얻을 수 있는 곳이었다. 그러나 그는 군중을 뚫고 지나가지 못했다. WS 31, 1, 226.
46. WT 4, 4925, 582:3; 6, 7005; Friedrich Roth, "Die geistliche Betrügerin Anna Laminit von Augsburg(c. 1480-1518)." *Zeitschrift für Kirchengeschichte* 43, no. 2(1924): 335-417; *Chroniken der deutschen Städte* 23, 116-117; 25, 11-20; 85-86; Roper, *Holy Household*, 262-263.
47. 슈타우피츠가 태어난 날은 알려져 있지 않다. 춤켈러Zumkeller는 1468년일 가능성이 높다고 믿지만, 다른 이들은 1465년이거나 더 빠를 거라고 믿는다. Zumkeller, *Staupitz*, 1. 슈타우피츠를 알아보려면, Wriedt, *Gnade und Erwählung* 참조.
48. Posset, *Front-Runner*, 33-35; 79-89 (그는 안드레아스 프로레스 뒤를 이어 작센 개혁 총회 회장을 맡았다); 128. 그는 1509년부터 1512년까지 작센의 독일 개혁과 아우구스티누스 수도회 총대리 주교이자 수도파 아우구스티누스 수도회 관구장이었다.
49. Zumkeller, *Staupitz*, 7. 춤켈러는 이것이 슈타우피츠 자신을 묘사한 글일 수 있음을 예리하게 간파한다.
50. WT 5, 5989, 417:11-12. 슈타우피츠는 비록 이런 일이 있어도, 자신은 젊은이들을 키우는 일을 멈추지 않겠다는 것을 계속하여 분명하게 밝혔다. 루터는 필시 이 이야기를 1544년에 들려주었던 것 같다. 이때 루터는 슈타우피츠 이야기와 비슷한 예로 그가 배은망덕한 놈들이라 여겼던 파이트 아메르바흐Veit Amerbach와 게오르크 아그리콜라Georg Agricola에게 당한 경험을 이야기

했다.

51. WB 1, 6, 22 Sept. 1512, 18:10-12.
52. WT 2, 2255a, 379:10; 2255b, 1531. 루터 자신은 이것을 그가 장차 보속 문제와 면벌부 문제에 관심을 갖게 될 것을 일러 주는 것이라 해석했다. 루터는 박사 과정 공부를 1512년 초에 정식으로 시작하여, 그해 말에 마쳤다.
53. WB 1, 8, 16 June 1514, 25:8과 *passim*. 그러나 그가 나틴에게 안부 인사를 전해 달라고 랑에게 요청한 것으로 보아, 그들은 분명 1518년에는 화해했다. WB 1, 64, 21 March 1518.
54. Posset, *Front-Runner*, 280. 나틴은 아우구스티누스 수도회 개혁과 수사 가운데 남아 있는 이들이 새 총대리 주교를 선출하지 못했을 때, 자신들은 낯선 "마르틴의" 가르침을 따르는 이들이 아니라는 1523년 선언에 서명한 아우구스티누스 수도회 수사 여섯 사람 가운데 하나였다.
55. WT 1, 173, 1532, 80:6-7.
56. WS 1, 535-527. 독일어 번역을 보려면, Härle, Schilling, and Wartenebrg, (eds.), *Martin Luther*, II, 17-23 참조. WB 11, 4088, 27 March 1545, 67:7-8; 6-7. 루터가 이런 말을 한 것은 죽은 슈타우피츠의 부인인 마르가레테 폰 슈타우피츠의 청원에 보템을 주려는 목적 때문이었다. 마르가레테는 "당신은 내 남편 슈타우피츠 박사와 한때 아주 가까웠으니" 자신을 도와 달라고 루터에게 요청했었다(4087, 61:26-27). 마르가레테는 이전에 아우구스티누스 수도회 수사였던 이와 재혼했다.
57. 흥미롭게도 『그리스도의 자발적 죽음을 따르는 것에 관한 소책자Ein buchlein von der nachfolgung des willigen sterbens Christi』 1523년판은 성경이 언급하는 말을 강조하고 교회 박사들을 언급한 말을 많이 감추었다. Posset, *Front-Runner*, 157. 슈타우피츠의 지성이 보여준 발전과 그가 천명했던 특별한 형태의 아우구스티누스주의를 살펴보려면, Oberman, *Masters of the Reformation*, 75-91 참조.
58. Staupitz, *Ein nutzbarliches büchlein*, fos D iv(v), Eii(v); Posset, *Front-Runner*, 169-171.
59. Schneider-Lastin, (ed.), *Johann von Staupitz*, 69. "Siech, wie speiben die hundt in in mit all dem unflat, den si gehaben muegen"(그 개들이 그들이 가진 온갖 오물을 그에게 어떻게 토해 놓았는지)°. "개"는 시편에 나오는 말을 가리킨다. 그러나 청중이 이 지시어를 알아들었는지 혹은 이런 모욕을 알아들었는지 그리 명확하지 않다. 하지만 포세트는 슈타우피츠가 반유대주의자는 아니라고 주장한다. *Front-Runner*.
60. Schneider-Lastin, (ed.), *Johann von Staupitz*, 79, 85, 86: "Die juden haben vil herter gesuent dann Pilatus: die juden tetens aus poshait"(유대인은 빌라도보다 완악한 죄를 지었으니, 이는 유대인의 소행이 악에서 나왔기 때문이다)°. "Die herten juden, die verfluecht creatur, die versirft den herren.···Alle welt zaigt an den *neid* der juden"(저주받은 피조물이요 그 주를 거부한 완악한 유대인···온 세상이 유대인의 시기심을 지목한다)°. "O du poser jud! Pilatus gibt dir zu erkennen, das dein natur ist herter dann ain swein; das hat erparmung mit seiner natur"(오, 너 약한 유대인이여, 네 본성이 돼지보다 악함을 빌라도가 네게 깨우쳐 주었으니, 돼지는 그 본성에 자비심이라도 있도다)°. 이 인용문은 sermons 6, 7, 8, 9에서 가져왔다.
61. Steinmetz, *Luther and Staupitz* 참조. 슈타인메츠는 루터가 슈타우피츠에게 준 빚은 신학과

관련이 있다기보다 주로 목회 차원의 빚이라고 주장한다.

62. Dohna and Wetzel, (eds.), Johann von Staupitz, *Sämtliche Schriften*, II, 193, 197. 아울러 Kolb, *Martin Luther: Confessor of the Faith*, 27-30; Hamm, *Frömmigkeitstheologie*, 234-247; Wriedt, *Gnade und Erwählung* 참조.
63. Staupitz, *Ein nutzbarliches büchlein*, fo. D ii(r-v); Schneide-Lastin, 108.
64. Ibid., fo. D I(r); Wriedt, *Gnade und Erwählung*, 63-67; Posset, *Front-Runner*, 171.
65. 성 베드로 성당 수녀들을 알아보려면, Posset, *Front-Runner*, 135 참조. 슈타우피츠의 저작은 성령주의자인 카스파르 슈벵크펠트가 재출간했고, 17세기에 요한 아른트와 고트프리트 아르놀트 같은 경건주의자들이 다시 발견하여 펴냈다. 이 경건주의자들은 1699년에 슈타우피츠를 "반反스콜라 신비주의"의 대표자라 표현했다. Wriedt, *Gnade und Erwählung*, 15 참조.
66. Staupitz, *Ein seligs newes Jar*, fo. D ii(r).
67. *Constitutiones Fratrum Heremitarum sancti Augustini ad apostolicorum privilegiorum forman pro Reformantione Alemaniae*, Nürnberg 1504-1506 (VD 16 A 4142)*, fo. A iv(v), Ch. 21(trans. Melinda Letts). 그리고 Scheel, *Martin Luther*, II, 121 참조. 여자와 만남을 피하지 못하겠으면, 대화를 피하지 못하겠으면, 형제는 말을 거의 하지 말아야 한다. 언제나 증인이 있어야 하며, 또 수도원장에게 허락을 구해야 한다. 그러나 형제가 자신의 누이나 모친과 이야기할 때는 그렇지 않다. 만일 어떤 수사가 한 여성의 고해를 들을 때는 다른 형제도 같이 있어야 한다. 비밀리에 고해를 들어야 한다면, 한 형제가 문 뒤에 서 있어야 한다.
68. 『그리스도의 자발적 죽음을 따르는 것에 관한 소책자』는 만스펠트 백 부인인 아그네스에게 헌정했으며, 1515년에 라이프치히에서 출간했다(VD 16 S 8697)*, 2nd (ed.), 1523. 『하나님의 사랑에 관하여Von der liebe Gottes』는 바이에른 공의 부인에게 헌정했다. Posset, *Front-Runner*, 167. 루터가 에로틱한 신비주의를 믿지 않았음을 보려면, Steinmetz, *Luther and Staupitz*, 127; Posset, *Front-Runner*, 157 참조. 그러나 루터가 1520년에 나온 슈타우피츠의 『하나님의 사랑에 관하여』 아우크스부르크판을 그 표지에서 천명한 말대로 "가치 있다고 인정한" 점은 흥미롭다(VD 16 8707)*.
69. 인문주의자인 콘라트 무티안은 이를 듣고 그 "예리한" 설교자가 누구냐고 랑에게 물었다. WB 1, 14, 29 May 1516, n.2. 랑과 무티안이 전년에 주고받은 편지.
70. 텍스트를 보려면, WS 1, 44-52 참조. 흥미롭게도 루터는 1514년 슈팔라틴에게 보낸 한 편지에서 질투에 관하여 심오한 몇 가지 의견을 제시하면서, 자신이 질투에 사로잡혔음을 시사한다. "질투를 저주하는 자들은 단연코 옳다네.…질투란 모든 것 가운데 가장 부질없는 것일세. 그것은 해를 입히고 싶어 아주 안달이 나 있지만, 해를 입힐 수 없는 것이라네. 질투의 부도덕함은 두려움이 없네. 질투하는 이에게 해를 입히지 못하면 고통과 불안이 가득해진다네." LW Letters, I, 10; WB 1, 5 Aug. 1514, 28:1-16.
71. WS 1, 45:7-11. 루터는 으레 특별한 은유를 정성스레 만들어 사용했다. 현재 남아 있는 루터의 벗이자 아우구스티누스 수도회 동료 수사인 벤체스라우스 링크의 1518년 설교 "나귀의 설교"는 나귀 은유를 그 한계까지 밀어붙임은 물론이요 가능하면 그 한계를 넘어 사용하기도 했다. Reindell, (ed.), *Wenzel Lincks Wercke*, 1, 4-10.
72. WS 1, 46:12.

73. WS 1, 50:19; 24-25. 루터가 여기서 느닷없이 독일어를 사용한 점은 흥미롭다. 그러나 그 바람에 그의 말이 안겨 주는 충격과 그의 말이 지닌 비속성卑俗性은 오히려 커졌다.
74. WS 1, 51:15-16.
75. WS 1, 50:34-38.

04. 비텐베르크

1. Bellmann, Harksen, and Werner, *Denkmale*, 107-117. 아울러 StadtA Witt, 9 (Bb6)*, fos. 16-43; StadtA Witt 345, "Bau des Rathauses" 참조.
2. Junghans, *Wittenberg als Lutherstadt*; Manfred Straube, "Soziale Struktur und Besitzverhältnisse in Wittenberg zur Lutherzeit." *Jahrbuch für Geschichte des Feudalismus* 9(1985): 145-188. 그는 1530년에 인구가 4,500명이었다고 추산한다.
3. Myconius, *Geschichte*, 25.
4. 아울러 이 강은 지역 주민들에게 배를 타고 유람할 수 있는 곳을 제공했다. 이렇게 강에서 놀던 이들 가운데 앞날이 유망한 학생이었던 게오르크 네젠Georg Neesen이 물에 빠진 일도 있었다. 멜란히톤과 다른 이들은 그를 돕지 못하고 맥없이 지켜만 보았다. WB 3, 757, 6 July 1524; 760, 10 July 1524.
5. Scheel, *Martin Luther*, II, 159.
6. WT 4, 4997, 606:14-16.
7. Shachar, *Judensau*, 30. 아울러 Bellmann, Harksen, and Werner, *Denkmale*, 160 참조. 이 조각이 아주 중요한 부분을 이루고 있는 동쪽 박공이 만들어진 시기를 생각할 때, 이 조각이 샤하르가 말하는 시기보다 앞서 만들어졌다고 본다. 유대인을 암퇘지로 묘사한 사례를 보려면, Shachar 참조. 교회는 이런 형상을 16세기에 이르기까지 사용했으며, 16세기와 17세기 목판화에서도 이런 형상이 단골로 등장했다. 17세기에 나온 한 인쇄물은 비텐베르크 암퇘지 형상을 담고 있다.
8. Shachar, *Judensau*, 31. 유대인은 1304년에 추방당했다가, 다시 도시로 들어오도록 허락받았다. 그러다가 다시 쫓겨났다.
9. WB 11, 4195, 1 Feb. 1546.
10. Allyson F. Creasman, "The Virgin Mary against the Jews: Anti-Jewish Polemic in the Pilgrimage to the Schöne Maria of Regensburg, 1519-1525." *Sixteenth Century Journal* 33, no. 4 (Winter 2002): 963-980. 아울러 Hsia, *Myth of Ritual Murder*; Rubin, *Mother of God*. 그리고 Rubin, *Gentile Tales* 참조.
11. 비텐베르크를 알아보려면, Junghans, *Wittenberg als Lutherstadt*; Edith Eschenhagen, "Beiträge zur Sozial- und Wirtschaftsgeschichte der Stadt Wittenberg"; Straube, "Soziale Struktur" 참조.
12. Kalkoff, *Ablass*, 6-7.
13. 이는 마인하르디Meinhardi가 1509년에 쓴 글에서 언급한 5,005개보다 크게 늘어난 숫자였다. Laube, *Von der Reliquie zum Ding*, 141-196; Meinhardi, *Über die Lage*, 12.

14. 슈팔라틴과 루터가 프리드리히에게 성물을 확보해 주려고 애쓴 일에 관여했음을 살펴보려면, 가령 WB 1, 30, 14 Dec. 1516 참조.
15. Kalkoff, *Ablass*, 24-36.
16. Ibid., 9.
17. Walch XV, 58-63.
18. Cranach, *Dye Zaigung*; Cardenas, *Friedrich der Weise*; Nickel, (ed.), *Das Hallesche Heiltumbuch*; Ozment, *The Serpent and the Lamb*. 그리고 성물에 관하여 알아보려면, Laube, V*on der Reliquie zum Ding* 참조.
19. Junghans, *Wittenberg als Lutherstadt*; Straube, "Soziale Struktur."
20. Meinhardi, *Über die Lage*, 226.
21. 크라나흐 공방(화실)은 큰 업체여서, 장인Gesellen, 도제Lehrjungen, 일꾼Lohnknaben, 조수 Knechte를 고용했다. 이름이 알려진 피고용인만도 약 24명이니, 틀림없이 더 많은 사람이 일했을 것이다. 도제 수습 기간은 보통 약 3년이었으며, 한 번에 적어도 두세 도제가 있었다. Heydenreich, *Lucas Cranach the Elder*, 267-322. 그는 1518년에 원래 시장터에 한 쌍으로 서 있던 집 둘을 팔고 이 복합건물을 사들여 약재상 사업을 유지했다. 이 건물의 복잡한 역사를 알아보려면, Cranach-Stiftung, (ed.), *Lucas Cranach d. Ä* 참조. 크라나흐는 약재 판매 특권을 1520년에 얻었다. 이 덕분에 그는 사업 영역을 좋은 포도주를 사고파는 데까지 확장할 수 있었다. 하지만 그는 이미 여러 해 동안 포도주 사업도 해오고 있었다.
22. WB 1, 41, 18 May 1517. 루터는 랑에게 보낸 편지에서 우연히 그와 함께 있게 된 되링의 안부 인사를 전한다. 크라나흐와 루터의 관계를 알아보려면, Ozment, *The Serpent and the Lamb* 참조.
23. WB 1, 22, 25 Sept. 1516, 22:23-26; 24, 5 Oct. 1516; 26, mid-Oct. 1516; 28, 26 Oct. 1516; 29, 29 Oct. 1516; 40, 17 May 1517. 루터는 이 편지에서, 관련 수도원 규칙에 종신형이나 사형이 들어 있지 않으면, 그 규칙에서 동원할 수 있는 모든 처벌 규정을 동원하여 잘못을 저지른 수사를 처벌하라고 권고한다. 루터가 그의 임무를 아주 진지하게 받아들이고 자기 책임 지역을 자주 돌아다녔다는 것이 놀랍기만 하다.
24. WB 1, 14, 29 May 1516, n.6.
25. WB 1, 15, 29 May 1516, 42:26; 22-23.
26. WB 1, 7 (Feb. 1514)*; Helmar Junghans, "Luthers Einfluss auf die Wittenberger Universitätsreform." in Dingel and Wartenberg, *Die Theologische Fakultät Wittenberg*; Kohnle, Meckelnborg, and Schirmer, (eds.), *Georg Spalatin*.
27. 그는 라틴어를 웬만큼 알았는데, 이 시대 이 지역 통치자치곤 보기 드문 일이었다. 슈팔라틴은 그가 쓴 프리드리히 생애 연대기에서 분명 이렇게 말한다. "선제후 전하는 라틴어를 유창히 말하지는 못했다. 그래도 선제후 전하는 라틴어를 아주 잘 이해했으며, 가끔은 라틴어로 말하기도 했다"(Vnd wiewol sein Ch. F. Gnaden nicht gern Lateyn geredt, so haben doch seine Ch F Gnad gut latein fast wol verstanden, Zuweilen auch latein geredt). 아울러 그는 프랑스어도 배웠다. Staatsarchiv Weimar, EGA Reg O, 25, fo. 3. Ludolphy, *Friedrich der Weise*, 45-47.

28. 라이프치히에서 벌어진 학자들의 불화 및 분열과 관련이 있는 비텐베르크 대학교 설립 내력을 알아보려면, Grohmann, *Annalen*, 1, 7-8; Rummel, *Confessionalisation of Humanism*, 18-22 참조.
29. Meinhardi, *Wittenberg*, 165-197; 187. "한스는 신입생Beanus이다. 그의 항문Anus은 대체 어떤 놈이고, 어떤 모습이며, 크기가 얼마나 되나?"(Hans ist ein Beanus. Wer, wie beschaffen und von welchem Umfang ist sein Anus) 마인하르디는 이 말을 1480년경에 이 의식을 희극처럼 묘사하여 기록하고 16세기 초에 여러 번 출간했던 작품에서 빌려 왔을 것이다. Best, (ed.), *Eccius dedolatus*, Introduction, 21 참조.
30. Kruse, *Universitätstheologie*, 42-52; Kusukawa, *Transformation*, 27-74.
31. WB 1, 52, 11 Nov. 1517.
32. Ulrich Köpf, "Martin Luthers Beitrag zur Universitätsreform." *Lutherjahrbuch* 80(2013): 31-59.
33. Brecht, *Luther*, I, 129-131. 1515-1516년에 한 로마서 강의, 1516-1517년에 한 갈라디아서 강의, 1517-1518년에 한 히브리서 강의 인쇄물과 학생들의 필기 기록을 보려면 WS 57 참조. 학생들이 갈라디아서 강의를 필기한 또 다른 기록 모음을 보려면 WS 59, 359-384 참조. 루터 자신이 직접 쓴 로마서 강의안은 가족을 통해 내려오다가, 나중에 팔린 뒤 결국 사라지고 말았지만, 19세기에 이르러 겨우 되찾았다. 아이러니하게도 요한 아우리파버가 만든 이 강의안 사본은 결국 바티칸 도서관이 소장하게 된다. 강의는 본문 자체에 기록한 "주註", 그리고 특정 본문에 붙인 주석인 주해Scholien로 나뉘어져 있다.
34. Euling, (ed.), *Chronik des Johan Oldecop*, 45-46, 47-48, 그리고 40 참조. 올데코프의 연대기는 저지독일어低地獨逸語(북부 및 서북부 독일에서 쓰는 독일어의 방언. 독일의 표준어는 고지독일어이다)°로 기록되었다. 처음에 올데코프는 자신의 고해신부였던 루터를 지지했었다.
35. LW 34, 336-337; WS 54, 179-187; 185:14-20.
36. WS 56, 171-172; 172:3-5; WS 57, 133-134. 학생들이 필기한 내용은 루터의 자필 원고와 비슷하다. 루터가 이 지점에서 독일어를 사용했을 수도 있다거나 이 본문에 특히 주목했음을 일러 주는 단서는 존재하지 않는다. 루터는 이 해석을 아우구스티누스가 제시한 해석으로 제시한다.
37. WS 54, 185-186.
38. 루터는 1516년에 『독일 신학』 미완성판에 붙인 소개 글을 출판했었는데, 이 글에는 루터가 썼을 방주傍註가 들어 있다. WS 59, 1-21. 앞서 1517년에는 짧은 작품인 *Tractatulus de his, qui ad ecclesias configiunt*를 출간했다. Benzing, *Lutherbibliographie*, I, 14 참조.
39. WB 1, 35, 1 March 1517; LW Letters 1, 40; WB 1, 38, 6 May 1517, 93:7.
40. WB 1, 26, mid-Oct. 1516; 28, 26 Oct. 1516. "사제"가 22명, "젊은 예비 사제"가 21명, 이렇게 하여 모두 41명이 거주했다. Brecht, *Luther*, I, 121.
41. Grobmann, *Annalen*, 1, 114-116; Martin Treu, "Die Leucorea zwischen Tradition und Erneuerung-Erwägungen zur frühen Geschichte der Universität Wittenberg." in Lück, (ed.), *Martin Luther und seine Universität*; Oehmig, (ed.), *700 Jahre Wittenberg*; Treu, Speler, and Schellenberger, (eds.), *Leucorea*.
42. Barge, *Karlstadt*, I, 70-75. 카를슈타트는 이 일화를 아우구스티누스가 쓴 『영과 문자에 관

하여『De spiritu et litera』에 붙인 서문에서 설명했다. 그는 이 서문을 바로 요한 폰 슈타우피츠에게 헌정했다. Ulrich Bubenheimer, "Gelassenheit und Ablösung. Eine psychohistorische Studie über Andreas Bodenstein von Karlstadt und seinen Konflikt mit Martin Luther." *Zeitschrift für Kirchengeschichte* 92, 1981, 250-268, 264.

43. Kruse, *Universitätstheologie*, 2, 50-51; Kenneth Hagen, "An Addition to the Letters of John Lang, Introduction and Translation." *ARG* 60(1969): 27-32.

44. WB 1, 7 (FEB. 1514)*, 23:31-32. 슈팔라틴은 루터에게 직접 묻지 않고 요하네스 랑을 통해 물었다. 아울러 그는 카를슈타트에게도 의견을 물었다. 루터는 슈팔라틴에게 이어 보낸 편지에서도 로이힐린을 강력히 변호하면서, 로이힐린을 공격하는 동기로 질투를 지목하고 이를 비판했다. WB 1, 9, 5 Aug. 1514.

45. Brecht, *Luther*, I, 173; WB 1, 45, 4 Sep. 1517.

46. 1983년에 볼펜뷔텔Wolfenbüttel 도서관에서 신문지만한 크기로 인쇄한 사본이 우연히 발견되었다. 덕분에 우리는 라우그루넨베르크Rhau-Grunenberg에서 많은 부수를 인쇄했음을 알게 되었다. Bagchi, *Luther's Earliest Opponents*, 33. 아울러 Brecht, *Luther*, I, 172-174 참조. 텍스트를 보려면, WS 1, 224-228; LW 31, 9-18 참조. 이 논제 비평판과 독일어 번역을 보려면, Härle, Schilling, and Wartenberg, (eds.), *Martin Luther*, I, 19-34 참조. 이 논제는 나중에 카를슈타트, 멜란히톤, 그리고 다른 이들이 1521년경에 비텐베르크에서 펴낸 논박 논제 모음에 포함되었다. 이 논제만 담고 있는 것으로 파리에서 인쇄한 것이 남아 있다. *Insignium theologorum domini Martini Lutheri, domini Andree Barolostaadij*(sic)*, Philippi melanthonis & aliorum conclusiones variae*, Paris (1521)*.

47. 또는 "가브리엘에 반대하는." 여기서 그가 말하는 가브리엘은 아주 유명한 신학자 가운데 한 사람인 가브리엘 비엘이다. Heiko A. Oberman, "'Iustitia Christi' and 'iustitia Dei': Luther and the Scholastic Doctrines of Justification." *Harvard Theological Review* 59, no. 1(1966): 1-26 참조.

48. LW 31, 12; WS 1, 44, 226:16.

49. LW 31, 10; WS 1, 17, 225:1-2. 헤이코 오베르만이 설명하듯이, "따라서 루터의 칭의론이 지닌 특징은 그리스도의 의로우심righteousness과 하나님의 의justice를 다시 통합한 것이라고 규정할 수 있다. 죄인은 이로 말미암아 '하나님 앞에서' 의롭다 하심을 받으며, 이것이 성화의 삶, 진정한 그리스도인이 살아가는 삶의 불확실한 **목표**가 아니라 확고한 **기초**를 형성한다." 즉 그리스도의 의로우심과 하나님의 의는 같은 것이다. 따라서 루터는 우리가 그리스도의 은혜를 받음으로 결국 우리가 하나님의 의를 만족케 하는 길로 들어서게 해주는 선행을 할 수 있게 된다는 생각을 거부한다. Oberman, "'Iustitia Christi'", 25.

50. WB 1, 19, 225:5. 루터는 인간이 부패했기 때문에 오직 피조물만 사랑할 수 있을 뿐 하나님은 사랑하지 못한다는 견해, 곧 용감한 사람이 다른 무엇보다도 그의 나라를 사랑할 수 있다는 견해에 맞서 스코투스가 든 사례를 거부한다.

51. LW 31, 14; WS 1, 65, 227:19; 38, 226. 흥미롭게도 루터도 이 무렵에 영혼의 위로를 담아 보낸 편지는 그의 관심사가 하나님의 의와 인간의 악을 깨닫는 것이었음을 보여준다. 그러나 루터는 이 관심사를 상당히 전통적, 도식적 방식으로 다루면서, *prudentia sensus nostri* (WB 1, 12,

27:12)*가 어찌하여 우리가 지닌 모든 불안의 뿌리인지, 눈이 어찌하여 큰 악당인지, 그리고 눈이 그에게 큰 괴로움을 안겨 주었으며, 여전히 그러하다는 것을 써 놓았다. WB 1, 11, 8 April 1516; 12, 15 April 1516.

52. WB 1, 5, 17 March 1509; Adam, *Life and Death*. 아울러 Melanchthon, *Vita Lutheri*, fos. 13(v)-16(r) 참조.

53. 당시 거기서 공부하는 학생이었던 요하네스 아그리콜라는 "전지全紙, Bogen 절반 크기의 종이에" 인쇄한 것이 있었다고 말했다. Volz, *Thesenanschlag*, 100, n.135. 즉 A3 크기로 인쇄했다는 말이다. 라우-그루넨베르크가 스콜라 신학 논박을 인쇄했고 비텐베르크에서는 보통 그렇게 인쇄하곤 했다면, 당시 라우-그루넨베르크 인쇄소에 특별한 문제가 없었을 경우(있었을 수도 있지만 그렇지 않다면) 95개 논제는 비텐베르크에서 인쇄했을 가능성이 커 보인다. Ott and Treu, *Luthers Thesenanschlag* 참조. 현재 남아 있는 현수막 둘은 논제 여럿을 함께 묶어 번호를 매긴 히에로니무스 휠첼Hieronymus Höltzel의 뉘른베르크판, 그리고 "87"번으로 끝나는 야콥 타너Jakob Thanner판이다. *Martin Luther 1483-1546. Dokumente seines Lebens und Wirkens*, Weimar, 1983, 38 참조. 현수막이 아니라 소책자 형태로 인쇄한 바젤판만이 바른 번호를 달고 있다.

54. WB 1, 62, 5 March 1518. 크리스토프 쇼이얼은 1월 5일에 울리히 폰 딘슈테트에게서 자기가 볼 인쇄본을 입수했다. Soden and Knaake, (eds.), *Scheurls Briefbuch*, 2, 42.

55. 트로이는 95개 논제를 모든 교회 문에 게시했어야 함을 설득력 있게 주장한다. 이는 곧 인쇄본이 필요했음을 시사하는 주장이기도 하다. Martin Treu, "Urkunde und Reflexion. Wiederentdeckung eines Belegs von Luthers Thesenanschlag." in Joachim Ott and Martin Treu, (eds.), *Luthers Thesenanschlag*, 59-67. 아울러 Pettegree, *Brand Luther*, 71-74 참조.

56. WB 1, 52, 11 Nov. 1517.

57. Volz, *Thesenanschlag*, 140-141; Soden and Knaake, (eds.), *Scheurls Briefbuch*, 2, no. 158, 42; WS 51, 540, 26-27, *Wider Hans Worst*, 1541; Myconius, *Geschichte*, 22는 루터가 한 말을 윤색하여 이런 말을 덧붙인다. "그리고 4주 후에는 마치 천사가 사자使者 역할을 한 것처럼 거의 온 기독교 세계에 퍼졌다."

58. WB 1, 58, (13 Feb. 1518)*. 그는 쇼이얼에게도 같은 말을 했다. Volz, *Thesenanschlag*, 82-83, n.64; WB 1, 63, 11 March 1518. 아울러 루터의 라틴어 저작집 서문 참조. 여기서 루터는 그가 마인츠의 알브레히트와 브란덴부르크 주교에게 써 보냈다고 설명한다. WS 54, 179-187.

59. WT 1, 1206, 601:18-19.

60. WT 3, 3722, 564:16-17.

61. Soden and Knaake, (eds.), *Scheurls Briefbuch*, letter 176, 2 Nov. 1518, Scheurl to Ulrich von Dinstedt, Otto Beckmann, and Georg Spalatin((trans.) Melinda Letts). 쇼이얼이 우두머리 역할을 했으며, 알브레히트 뒤라도 그 회원 가운데 하나였다. 아울러 쇼이얼은 중요 인물인 아우크스부르크 시서기 콘라트 포이팅어에게도 인쇄본을 보냈다. König, *Peutingers Briefwechsel*, 299, 5 Jan. 1518.

62. WB 1, 33, 86:4; 11-15.

63. WB 1, 64, 21 March 1518, 155:40-41. 루터가 올바로 추측했듯이, 이 논제는 사실 콘라트 빔피

나 Konrad Wimpina가 지었고, 테첼은 이를 변호했다.

64. Leppin, *Luther*, 117-126 참조. 루터의 이름에는 흥미로운 변형이 많다. 루터는 1507년에 쓴 편지에서 자신을 Luder라 적었으나, 같은 해에 보낸 또 다른 편지에서는 자신을 Lutherus라 적었다(WB 1, 4, 그리고 5). 그러나 이것이 원형은 아니다. 루터가 보낸 가장 오래된 편지 원본(9)에는 그의 성姓이 없다. 1514년에 보낸 편지에는 Luder가 들어 있으며, 1516년에 보낸 한 편지에는 Lutter가 들어 있다. 그러나 루터는 1517년 11월까지 Luther와 Lutherus 그리고 Luder를 번갈아 사용했다(17, 19, 21, 22, 27, 30, 33, 37, 38, 46, 51 Luder). 쇼이얼은 1517년 초에 쓴 편지에서 그를 Luder라 적었다(32). 레핀이 보여주었듯이, 루터는 95개 논제를 지을 무렵, 랑, 슈팔라틴, 슈타우피츠 같은 친한 벗들에게 편지를 써 보낼 때면 자신을 자유를 얻은 자를 뜻하는 Eleutherius로 부르기 시작했다. 1517년 가을 이후에는 심지어 그의 부모에게 편지를 보낼 때도 Luder라는 성을 다시는 쓰지 않았다. 아울러 그는 서명도 다양하게 구사했는데, 어떤 때는 Martinus Lutherus, 어떤 때는 Martinus Luther라 썼으며, 늘 "F"나 "Frater"를 함께 썼다. 때로 그는 편지 끝에 서명할 때면 "Doctor"나 "D"를 함께 넣기도 했지만, 어떤 때는 쓰지 않기도 했다. 그는 또 평생 (늘 그렇지는 않았지만) 자주 끝 글자를 대문자 "R"로 써서 강조의 의미를 표현하기도 했다. 흥미로운 것은 루터는 세상을 떠날 무렵, 아주 특이한 두 경우에 "Luder"를 사용했다. 한 번은 만스펠트 백들에게 편지를 보낼 때 사용했고(WB 11, 4157, 7 Oct. 1545), 또 한 번은 그의 아내에게 보낸 마지막 편지 가운데 한 통에서 사용했다. 그는 이 편지에서 아내에게 농을 치며 아내를 "Katherin, Ludherin, Doctorin, Sewmarckterin"이라 불렀다(WB 11, 4201, 7 Feb. 1546). 하지만 그의 본가 식구들을 부를 때는 "Luder"라 불렀다.

65. WT 2, 1681. 그리고 탁월한 해석을 보려면, Oberman, *Luther*, 154-156 참조. 근래 클로아카 cloaca 탑이 밝혀졌다. Stefan Laube, "Klosett oder Klosterzelle?," *FAZ*, 4 April 2015, Feuilleton, 13.

66. LW 34, 337; 1545; WS 54, 179-187; 186:3-16.

67. 로마서를 다룬 글은 그가 1519년에 교황 사절 밀티츠를 만난 일을 논한 내용 뒤에 나온다. 루터는 로마서를 다룬 글을 그의 두 번째 시편 강의 시리즈와 함께, 그리고 보름스의회가 열리기 1년 전에 내놓았다. 이런 상황을 보면, 이 일은 95개 논제를 발표하고 2년 후인 1519년경에 일어났을 것이다. 따라서 분명 루터 자신이 잘못 기억했거나, 아니면 "종교개혁 발견" 과정이 끝나는 데 몇 년이 걸린 셈이다.

68. 흥미롭게도 멜란히톤은 루터가 95개 논제를 쓰기 오래전에, 그러니까 에르푸르트에 있던 동안에, 오직 믿음으로 의롭다 하심을 받는다는 것을 발견했다고 본다. Melanchthon, *Vita Lutheri*, fos. 13(v)-15(r). 그는 자신보다 나이가 많은 한 수사와 편안한 토론을 벌이다 알게 되었다고 말한다.

69. Luther, *Eyn geystliche edles Buchleynn*. 그리고 Luther, *Eyn deutsch Theologia*.

70. 그해에 출간된 판에 들어 있는 독일어 주석이 정말 루터가 쓴 것이라면, 루터는 이를 1520년에 다시 파고들었을 수도 있다. WS 59, 1-21.

05. 여행과 논박들

1. WB 1, 72, 15 April 1518.
2. WB 1, 72, 15 April 1518, 166:21, 23.
3. WB 1, 73, 19 April 1518.
4. 1518년 8월, 그가 95개 논제를 해설한, 즉 설명한 문서가 출간되었다. 서문에는 슈타우피츠에게 보낸 편지와 교황에게 보내는 헌정 서신이 들어 있었다. 그러나 이것은 불난 집에 부채질하듯 상황만 악화시켰다. WS 1, 522-628; LW 31.
5. 그 자리에 있었던 부처는 그것들을 설명하는 중요한 기록을 작성했다. Thomas Kaufmann, "Argumentative Impressionen: Bucers Bericht von der Heidelberger Disputation," in Kaufmann, (ed.), *Der Anfang der Reformation* 참조. 카우프만은 부처의 보고가 신뢰할 만하며, 그가 십자가와 고난에 관한 내용을 무턱대고 빼 버리지 않았다고 주장하면서, 하이델베르크 논쟁은 은혜와 행위(공로)에 집중했던 것 같다고 주장한다. 논제 1-12를 자세히 설명한 텍스트가 WS 59, 409-426에 들어 있다. 현대에 나온 완전한 비평판과 독일어 번역을 보려면, Härle, Schilling, and Wartenberg, (eds.), *Martin Luther*, I, 35-70 참조. 철학적 논제를 다룬 주장에 관한 "자세한 설명"은 『루터 저작집』 초판에 담겨 인쇄되었으나, 첫 열두 논제는 그러하지 않았다. 그 논제들을 인쇄하여 출간했는지, 아니면 논쟁이 있은 뒤나 있기 전에 이 논제들을 설명한 글을 작성했는지 여부는 명확하지 않다.
6. Thomas Kaufmann, "Theologisch-philosophische Rationalität: Die Ehre der Hure. Zum vernünftigen Gottesgedanken in der Reformation," Kaufmann, (ed.), *Der Anfang der Reformation*.
7. LW 31, 40, 53, explanation of thesis 21; WS 1, 354:21; 362:27, 28-29, 31-32; 354. "숨어 계신 하나님"(Deus absconditus)을 알아보려면, Lohse, *Luther's Theology*, 215-217 참조. 아울러 Vitor Westhelle, "Luther's Theologia Crucis," in Kolb and Dingel, (eds.), *Oxford Handbook*, 156-164 참조. 카를슈타트도 "고난 속에 숨어 계신" 하나님이라는 개념을 전개하고 있었으며, 크라나흐도 그가 전지 크기로 1519년 초에 그린 "카를슈타트의 마차" 맨 꼭대기 줄, 왼쪽 끝에서 이 개념을 시각 예술로 표현한다. 여기에서는 그리스도를 십자가 뒤에 숨어 계신 분으로 묘사한다(6장 참조).
8. WB 1, 75, 18 May 1518, 173:28-29; 174:45-46.
9. WB 1, 34, 8 Feb. 1517. 그는 트루트페터에게 보내는 편지를 랑에게 보내는 편지에 동봉했다. 이는 그와 우징엔이 아리스토텔레스, 포르피리우스, 그리고 페트루스 롬바르두스를 다룬 주석 연구를 포기했음을 일러 주는 것이었다.
10. WB 1, 75, 18 May 1518, 173, n.12. 루터는 결국 틀림없이 트루트페터를 만났을 것이다. 두 사람이 만난 날은 5월 10일이었을 것이다.
11. WB 1, 74, 9 May 1518, 169:13-14; 33-38. 앞서 랑에게 보낸 편지, WB 1, 64, 21 March 1518.
12. 에그라누스도 세 마리아 전설에 의문을 제기했으며, 빔피나 및 텅에르스하임과 벌인 논쟁에 관여했다. 에그라누스의 소책자에 루터가 서문 형식으로 써 준 편지는 1518년 3월 말이나 4월 초에 인쇄되어 나왔다. WS 1, 315-316. 그리고 WB 1, 55, 20 Dec. 1517(슈팔라틴에게 보낸 편지).

13. WB 1, 74, 9 May 1518, 170:44-45; 171:78-80; 81; 87; 85.
14. 실제로 한 해 후에 트루트페터가 죽었다. WB 1, 184, 랑에게 보낸 1519년 6월 6일자 편지. 루터는 트루트페터가 이 세상을 떠났다고 간결하게 언급했다. 그는 하나님이 그의 영혼을 받아 주시고 그가 지은 모든 죄, 그리고 우리 죄도 용서해 주시길 빈다고 말했다.
15. WB 1, 75, 18 May 1518.
16. Vandiver, Keen, and Frazel, (eds. and trans.), *Luther's Lives*, 155.
17. WB 1, 74, 9 May 1518. 루터는 대학 전체를 통틀어 한 학자만이 자신을 지지하지 않았으며, 그 사람은 아직 박사 학위가 없음을 강조했다.
18. Thomas Kaufmann, "Argumentative Impressionen: Bucers Bericht von der Heidelberger Disputation." in Kaufmann, (ed.), *Der Anfang der Reformation*; Brecht, *Luther* I, 216.
19. Greschat, *Bucer*, 21-35. 프레히트, 빌리칸, 브렌츠뿐 아니라, 에버하르트 슈네프도 하이델베르크에 있었을 가능성이 있다. 이들은 모두 독일 남부에서 중요한 개혁자가 되었다.
20. WB 1, 83, 10 July 151, 186:51.
21. 루터는 그가 직접 쓴 답변을 뉘른베르크에 있는 벤체스라우스 링크를 통해 보냈다. 그는 벤체스라우스 링크에게서 에크가 쓴 텍스트를 받아 보았다. 루터는 다른 누구도 그것을 보지 않았다고 주장했다.
22. WB 1, 77, 19 May 1518, 178:28-30.
23. 본디 카를슈타트는 380개 논제를 썼지만, 늘 필요보다 지나치게 많은 것을 덧붙이는 그의 성향대로, 증명 단계에서 논제를 덧붙였다. WB 1, 82, 15 June 1518.
24. Bagchi, *Luther's Earliest Opponents*, 20-22.
25. Wicks, *Cajetan*.
26. WB 1, 83, 10 July 1518. 루터는 이런 경고를 무시하면서, 자신은 목이 졸려 죽거나 세례를 받고 죽을 것이라고 말했다.
27. LW Letters, I, 74; WB 1, 87, 28 Aug. 1518, 190:10-16.
28. WB 1, 87, 28 Aug. 1518; WB 1, 92, 5 Sept. 1518(슈팔라틴이 루터에게). 루터는 슈팔라틴에게 선제후의 지지를 확보해 달라고 아예 대놓고 요청했다. 선제후의 지지는 루터는 물론 비텐베르크 대학교의 영예와 관련이 있었기 때문이다. WB 1, 85, 8 Aug. 1518. 반면 슈타우피츠는 슈팔라틴에게 편지를 보내 선제후가 굳건한 태도를 견지하게 조언하라고 압력을 넣었다. 이는 단지 수도회와 관련된 문제만이 아니었기 때문이다. Walch, XV, 551, 슈타우피츠가 슈팔라틴에게 보내는 편지, 7 Sept. 1518.
29. 그가 라틴어 저작집 서문에서 제시한 설명을 보려면, WS 54, 181:13 참조. WT 2, 2668a와 b(1532); Mathesius, *Historien*, 33. 쩔러 대기에 관하여 알아보려면, Myconius, *Geschichte*, 28 참조. 그가 말하려는 뜻은 그것이 곧바로 타오르지 않으리라는 것이었을지도 모른다.
30. Cochlaeus, *Brevis Germaniae Descriptio* ((ed.) Buchner), 77.
31. WB 1, 97, 10 Oct. 1518.
32. Zorn, *Geschichte*, 161-169; Haeberlein, *Fuggers*; Trauchburg, *Häuser*, 32-39. 이 프레스코 작품들은 1517년에 완성되었다.
33. 성 게오르크 교회와 거룩한 십자가 교회가 아우구스티누스 수도회 캐논들의 기반이었다. 그러

34. 나는 먼저 그리스도의 몸 제단을 보여준 요하네스 빌헬름에게 감사하며, 1978년경에 아우크스부르크에서 푸거 예배당에 관하여 강의해 준 고 브루노 부스하르트에게도 감사한다. 예배당의 역사를 알아보려면, Bushart, *Die Fuggerkapelle*, 15-31 참조. 아울러 저 제단에 관하여 알아보려면, 199-230 참조. 제단이 원래 있던 자리는 1581년에 파괴되었고, 제단 조각은 푸거라이에 있는 성 마가 교회로 옮겨졌다. 아이러니하게도, 사람들은 95개 논제 게시 400주년을 맞았을 때 푸거 예배당을 "새롭게 만들었지만," 이때 첫 예배당이 갖고 있던 조화를 많이 파괴했다. 49 참조. 한스 다우허Hans Daucher가 그 예술가였는지 명확하지 않으나, 아마 그 예술가였을 것이다. 토마스 에저는 이 조각이 울름-아우크스부르크에서 왔으며 중세 후기의 신비주의 정신을 표현한다는 것을 설득력 있게 주장한다. Eser, *Hans Daucher*, 251-262.

35. WB 1, 97, 10 Oct. 1518; WB 1, 100, 14 Oct. 1518. 빌트는 루터가 아우크스부르크에 도착하기 직전에 슈팔라틴을 통해 루터와 만났다. WB 1, 95, 21 Sept. 1518.

36. WB 1, 97, 10 Oct. 1518, 209:31-32; 37-38. 아울러 WT 5, 5349 참조. 루터는 그의 친구들이 자신에게 추기경 앞에서 엎드렸다가 무릎을 꿇은 뒤에 일어서야 할 것이라 말했다고 기억했다.

37. W 31, 274-275; WS 2, 16:11-12, 19. "Extravagantes communes" 가운데 등장한다. LW Letters, I, 84, n.6.

38. LW Letters, I, 83-87; WB 1, 99, 14 Oct. 1518, 214:13-14; 25-27; 30-33. 루터는 여기서 철학 훈련과 여러 해에 걸친 논쟁을 통해 연마한 논증 기술을 사용하는데, 이는 카예탄이 예상한 것과 정반대 모습이었다. 루터가 편지 서두에서 지적하듯이, 카예탄은 분명 공개 토론을 원하지 않았으며, 루터와 사사로이 논쟁을 벌이는 것도 원하지 않았다.

39. WT 2, 2250.

40. WT 2, 2250, 376:10(Aug.-Sept. 1531); WT 1, 509, 233:9(spring 1533).

41. WB 1, 104, 18 Oct. 1518, 222:4-7; 223:12; 14-16; 35; 38; 39-42; 46.

42. WB 1, 104, 18 Oct. 1518(카예탄에게 보내는 편지), 223:20; *Appellatio M. Lutheri a Caietano ad Papam*, 1518 WS 2, 27-33, 33:5, "melius informati"; WB 1, 104, 18 Oct. 1518, 223:20. 그리고 슈팔라틴에게 보낸 편지 참조. 그는 이 편지에서 같은 문구를 사용한다. LW Letters, I, 90-93; WB 1, 105, 31 Oct. 1518, 224:3-4.

43. 프로벤은 이를 루터의 주요 출판물 및 프리리아스의 답변과 함께 묶어 출판했다. 덕분에 지식인들은 휴대하기 쉽고 "루터 문제"에 관하여 그들 나름의 생각을 정립할 수 있게 해줄 책을 갖게 되었다. "*Ad Leonem X. Pontif. Maxim. Resolutiones disputationum de Virtute indulgentiarum⋯*" (Basel, 1518, VD 16 L 3407)*.

44. WB 1, 100, 14 Oct. 1518. 이는 같은 날 슈팔라틴에게 보낸 편지와 비슷하다. 카를슈타트에게 보낸 편지는 많이 사라졌다. 이 편지는 독일어 번역만이 남아 있다. 며칠 앞서 멜란히톤에게 보낸 편지는 카를슈타트가 그때까지 토론의 세부 사항을 갖고 있었다고 말한다. 이로 보아 틀림없이 앞서 보낸 편지가 적어도 하나는 더 있었을 것이다.

45. WB 1, 99, 14 Oct. 1518; 102, 14 Oct. 1518 직후; 104, 18 Oct. 1518. 저변에는 반反이탈리아 정서가 있으며, 루터는 선제후와 같은 대의를 갖고 있음을 강조하려고 이 정서를 활용한다. 그는

676

카예탄이 중재자로 내세운 세라롱가를 두고 이렇게 언급했다. "그는 이탈리아 사람이며 이탈리아 사람으로 남을 겁니다." 이는 문장만 번드르르하고 알맹이는 거의 없는 그의 글을 놀리는 말이었다.

46. WB 1, 110, 25 Oct. 1518. 카예탄이 선제후에게 보낸 편지로 1518년 11월 19일에 도착했다. 110, 21 Nov. 1518. 라틴어로 쓴 루터의 답신이다. 그러나 그는 늘 선제후에게 독일어로 편지를 써 보냈다. 이는 선제후가 그 편지를 카예탄에게 쉽게 보낼 수 있게 하려 함이었다.

47. WS 2, 1-5(introduction); 6-26. 겹게 지워 버린 텍스트는 25쪽에 있다. Brecht, *Luther* I, 208-209. 『면벌부와 은혜에 관한 설교』를 살펴보려면, WB 1, 67, 1518년 3월 후반부. 카피토 같은 루터 지지자조차도 이 설교는 조금 지나치다고 생각했다. 그러니 슈팔라틴의 경고는 지나친 것이 아니었다.

48. *Acta Augustana*, LW 31, 259-262; WS 2, 6-26. WB 1, 124, 20 Dec. 1518, 슈팔라틴에게 보낸 편지. 루터는 금지명령이 도착하기 전에 항소장 인쇄본이 배포되게 하려 했다고 설명한다. 하지만 사실 그는 인쇄소에 비용을 지불하지 않았다. 같은 편지에 그가 『아우크스부르크 행전』을 인쇄하지 말라는 슈팔라틴의 충고를 따르지 못한 이유에 대한 설명이 들어 있지 않다면, 그가 아예 비용을 지불하지 않을 것이라고 보는 것이 더 설득력이 있을 것이다. 루터는 이 행전이 자신에게 너무 늦게 도착했다고 말하지만, 이는 그가 전달에 랑엔만텔에게 한 이야기와 조금 다르다. WB 1, 113, 25 Nov. 1518, 크리스토프 랑엔만텔에게 보낸 편지.

49. LW Letters, I, 72; WB 1, 85, 8 Aug. 1518, 188:12-13; LW Letters, I, 75; WB 1, 87, 28 Aug. 1518, 190:30-31.

50. Härle, Schilling, and Wartenberg, (eds.), *Martin Luther*, II, 17-23. 루터가 자신의 약해진 몸 상태를 그의 건강을 염려하는 슈팔라틴에게 언급한 것은 이때만이 아니었다. 루터는 자신이 순교할 가능성이 있다는 것도 거듭 명백히 이야기했다.

51. WB 1, 98, 11 Oct. 1518, 213:8-10; 11-14.

52. WB 1, 102, 1518년 10월 14일 직후.

53. WB 1, 96, 3, 4 Oct. 1518, 208:2-3; 4-5.

54. *Acta Augustana*, LW 31, 260; WS 2, 7:10-11(아울러 그는 자신을 아리우스 이단에 홀로 대항했던 아타나시우스라고 생각했다).

55. WB 1, 90, 2 Sept. 1518, 195:8-196:15.

56. LW Letters, I, 74; WB 1, 87, 28 Aug. 1518, 190:10-11.

57. WB 1, 140, 2 Feb. 1519(에그라누스에게 보낸 편지). 이 키스는 유명해졌으며, 쇼이얼은 두 주 후 에크에게 보낸 편지에서 이를 언급했다. Soden and Knaake, (eds.), *Scheurls Briefbuch*, 18 Feb. 1519. 그리고 슈타우피츠에게 보낸 편지, WB 1, 152, 20 Feb. 1519. 이 토론이 알텐부르크에 있는 슈팔라틴 자신의 집에서 벌어진 점은 흥미롭다.

06. 라이프치히 논쟁

1. Iserloh, *Eck*, 7, 19.
2. Iserloh, *Eck*, 12-13. 에크는 인문주의자이자 재세례파인 발타자르 후프마이어를 가르치기도

했다. 우르바누스 레기우스는 나중에 유명한 루터파 신자가 되었다.

3. Eck, *Epistola*, fo. B (r).
4. Vandiver, Keen, and Frazel, (eds. and trans.), *Luther's Lives*, 67.
5. Karlstadt, *Auszlegung*. 그리고 Kruse, *Universitätstheologie*, 195-200. 곧 나올 Jenny Spinks and Lyndal Roper, "Karlstadt's Wagon" 참조.
6. Barge, *Karlstadt*, I, 133.
7. 토론 장소가 여전히 쟁점이었다. 에크는 애초에 루터가 라이프치히에서 토론하자고 요구했다가 나중에 변심했다고 주장했다. 여러 해 후, 에크는 여전히 이 선택을 지지하는 "거짓말쟁이" 루터가 직접 써서 보내온 메모를 갖고 있다고 주장했다. Eck, *Epistola*, fo. A4 (r).
8. Iserloh, *Eck*, 20.
9. Kawerau, (ed.), *Justus Jonas*, I, 24, 24 June 1519 (요나스가 아헨에게 보낸 편지). 에크가 에라스뮈스에게 퍼부은 공격에 요나스가 분개한 것을 살펴보려면, 그가 1519년 7월과 8월에 랑과 모젤라누스에게 보낸 편지 참조. 27-29.
10. Iserloh, *Eck*, 19-20. 루터도 슈팔라틴에게 보낸 편지에서 에라스뮈스를 똑같이 비판했다. WB 1, 27, 19 Oct. 1516. 그는 슈팔라틴에게 자신이 에라스뮈스를 비판한 것을 에라스뮈스에게 말하라고 이야기한다. 슈팔라틴은 그리했지만, 에라스뮈스는 분명 응수하지 않았다.
11. WB 2, 490, 15 May 1522, 527:25.
12. Oberman, *Masters of the Reformation*, 128-138.
13. Iserloh, *Eck*, 11; Mathis Miechowa, *Tractat von baiden Sarmatien vnd andern anstossenden landen, in Asia vnd Europa, von sitten vnd gepraeuchen der voelcker so darinnen wonen*, Augsburg, 1518. 저자는 폴란드인이었다. 이 작품은 그들이 말에 보인 태도에 상당한 관심을 보인다(fo. B iii(v)). 아울러 흥미롭게도 타르타르인이 사라센 사람을 통해 이슬람교도가 되었음을 설명하는데, 이들은 기독교가 형상을 우상으로 섬기는 태도를 보인다 하여 기독교를 비판했다. 이는 형상 문제가 이렇게 일찍부터 아주 활발한 쟁점이었음을 일러준다(fo. B iii(r)).
14. Brecht, *Luther* I, 299-309이 협상 과정을 잘 설명해 놓았다.
15. Iserloh, *Eck*, 71-74.
16. Myconius, *Geschichte*, 31; Armin Kohnle, "Die Leipziger Disputation und ihre Bedeutung für die Reformation." in Hein and Kohnle, (eds.), *Die Leipziger Disputation*, 10.
17. Walch, XV, 1204-1205 (Sebastian Fröschel). 그의 설명은 1566년에 가서야 글로 기록되었다. 1208 (작센 재상 파이퍼)은 나중에 쓴 기록이다. 둘 다 루터와 카를슈타트가 갈라선 뒤에 기록되었다. 이는 이 기록이 지어낸 것임을 암시하는 것일 수도 있지만, 루비우스는 그 당대에 쓴 시에서 이 사건을 언급한다.
18. 로터는 루터의 작품 몇을 인쇄하여 펴냈는데, 결국 그의 아들이 비텐베르크에 지점을 냈으며, 루터는 이를 아주 기뻐했다. 그러나 1525년, 로터는 카를슈타트와 다투고 난 뒤, 사업을 접었다. 그와 함께 비텐베르크에서 일했던 그의 형제는 3년 후 마그데부르크로 이주했다. Pettegree, *Brand Luther*, 110-114, 185-192, 195-196.
19. Walch, XV, 1184-1187 (암스도르프가 슈팔라틴에게 한 설명). 1189-1191 (아우리파버가 슈팔라

678

틴에게 한 말). 1191-1194(모젤라누스가 피르크하이머에게 한 말). 1194-1204(모젤라누스가 플루크에게 한 말). 1204-1208(프뢰셸); 1208-1217(파이퍼); 1217-1224(멜란히톤); 1224-1232(에크의 편지); 1232(켈라리우스); 1239-1259(루비우스); Barge, *Karlstadt*, I, 133-180; Hein and Kohnle, (eds.), *Die Leipziger Disputation*; Rummel, *Confessionalisation of Humanism*, 19-22.

20. Reinhold Weier, "Die Rede des Mosellanus 'Über die recht Weise, theologisch zu disputieren,'" *Trierer Theologische Zeitschrift* 83(1974): 232-245. 이 개식사는 토론 기간에 인쇄되었지만, 제대로 전달되지 않았으며 좋은 인상을 남기지 못했다. 부른 미사곡을 알아보려면, Walch, XV, 1206 참조.

21. WS 2, 241. 그리고 설교 본문을 보려면, 241-249 참조.

22. Walch, XV, 1194, 모젤라누스가 플루크에게, 6 Dec. 1519(군인, 푸줏간 주인); 3 Aug. 1519(모젤라누스가 피르크하이머에게); 1192-1193(군인); 1241, 루비우스의 설명, 13 Aug. 1519(사자).

23. Rubius, *Eyn neu buchlein*: (fo. A iii(v)), 에크에 관한 것은 (fo. A ii(v)); Walch, XV, 1200-1201에 있는 모젤라누스의 설명. Sider, *Karlstadt*, 13. 모젤라누스는 에크의 "아주 강한 가슴"이 지탱해 주는 굳건한 몸과 목소리를 묘사한다. 이로 보아 에크는 비극 배우나 전령이었을 수도 있겠다고 말한다.

24. Walch, XV, 1207. 토론 기록 원문을 보려면, WS 2 참조. 아울러 공증인의 공증 기록을 토대로 파리에서 인쇄한 토론 기록을 보려면, WS 59, 427-605 참조. 이 기록은 오토 자이츠Otto Seitz가 재발견했는데, 에크와 카를슈타트의 토론 기록은 생략했다. Seitz, (ed.), *Der authentische Text der Leipziger Disputation* 참조. 이 토론 기록의 역사를 살펴보려면, Christian Winter, "Die Protokolle der Leipziger Disputauion." in Hein and Kohnle, (eds.), *Die Leipziger Disputation* 참조. 곁들인 쇼도 있었다. 루터와 에크는 청중을 즐겁게 해주려고 작센 공의 외눈 궁정 어릿광대가 아내를 취하게 허용해야 하는가를 놓고 가상 토론을 벌이기도 했다. 에크는 허용해서는 안 된다고 주장했다. 공격을 받은 광대가 자신을 찔려보자, 에크는 자신의 한 손으로 자기 눈을 가려 그 광대를 놀렸다. 광대는 분노했고 구경꾼들은 즐거워했다. 이것이 당시 궁정의 표준 유머였지만, 잔인한 일이기도 했다. 독신을 서원한 두 남자가 몸이 불편한 한 광대의 욕망을 비웃었다.

25. WS 59, 467. 플라티나는 후스와 같이 교황의 권력은 황제가 준 것이라고 주장했으며, 루터도 그렇게 단언했다.

26. Kaufmann, (ed.), *Der Anfang der Reformation*, 37-50.

27. Walch, XV, 1221-1222, 21 July 1519(멜란히톤이 외콜람파디우스에게).

28. Ibid., 1207.

29. Ibid., 1224-1232.

30. Ibid., 1122, 1123, 15 July 1519.

31. WB 1, 196, 3 Sept. 1519.

32. Walch, XV, 1200, 6 Dec. 1519(모젤라누스가 플루크에게); 1186-1187, 1 Aug. 1519(암스도르프가 슈팔라틴에게).

33. Rummel, *Confessionalisation of Humanism*, 20; Walch, XV, 1226, 24 July 1519(에크가 흐

호스트라텐에게). 그는 조력자 가운데 한 사람이 유명한 로이힐린의 조카(멜란히톤을 말한다)라고 언급했다.

34. WB 1, 187, 20 July 1519, 423:107. 루터는 분명 옷에 전혀 신경 쓰지 않았지만, 그의 편지에는 옷감과 옷감 조달 이야기가 거듭 등장한다. 가령 루터는 자기가 쓸 옷감을 선제후에게서 확보해 준 선제후 고해신부에게 감사했다. WB 1, 30, 14 Dec. 1516. 아울러 이 옷감 때문에 선제후에게도 재차 감사했다. WB 1, 55, 20 Dec. 1517. 그는 크라나흐 공방에도 옷이 도착했음을 알렸다. WB 2, 287, 13 May 1520. 그러면서도 그는 그의 오래된 수단 곳곳에 구멍이 나서 히에로니무스 슈르프 박사가 그에게 새 수단을 장만할 돈을 주곤 했던 일도 즐겨 회상했다. 그는 자신의 수사 시절 습관을 끝내 버리기가 어려움을 깨달았다. 루터는 프리드리히가 쓴 『수도서원에 관하여』를 읽고 수사용 망토나 가운을 마련하는 데 쓴다는 조건을 붙여 자신에게 좋은 옷감을 보내 준 일을 회상하면서, 옷을 에스파냐식 스타일로, 다시 말해 최신 패션으로 만들어야 했는데 그러지 못했다고 너스레를 떨었다. WT 5, 6430; WT 4, 4414; WT 4, 5034.
35. 루터는 1545년에 에크가 영광을 얻고 교황의 총애를 얻고 싶어 했으며, "증오와 시기심으로 나를 파괴하고" 싶어 했다고 썼다. LW 34, 333; WS 54, 179-187, 183:16.
36. Eck, *Epistola*.
37. Vandiver, Keen, and Frazel, (eds. and trans.), *Luther's Lives*, 68-69.
38. 루비우스도 더 긴 소책자 *Solutiones*를 썼는데, 이는 뷔르츠부르크 주교에게 이 토론을 보고할 목적으로 쓴 것이었다. Rummel, *Confessionalisation of Humanism*, 20.
39. WS 59, 429; Brecht, *Luther*, I, 337-338. 루터는 자신에게 불리한 결정이 내려질 거라는 소문을 듣고 에르푸르트에 위협하는 편지를 써 보냈다. 랑도 분명 대학교가 판단을 내리길 거부하게끔 손을 썼다.
40. WS 2, 241-249: 246:17-18; 244:29-30.
41. WS 2, 253; 388-435: "Resolutiones Lutherianae super propositionibus suis Lipsiae disputatis."
42. 토론의 이 부분을 설명한 글을 보려면, Rummel, *Confessionalisation of Humanism*, 19-22 참조.
43. Eck, *Doctor Martin ludders*.
44. Best, (ed.), *Eccius dedolatus*, 40-50. 마녀 칸다다가 염소를 타고 라이프치히로 달려가는 장면은 뒤러가 1500년에 그린 "염소를 타고 뒤로 달려가는 마녀"(Rückwärts reitende Hexe auf einem Ziegenbock)를 떠올리게 한다.
45. 에크는 곧 고문을 받을 마녀처럼 털이 깎인 채, "궤변, 삼단논법, 크고 작은 명제, 추론, 부정명제 따위", 곧 그의 머릿속에서 이처럼 바글거리는 모든 스콜라 논증 기술을 제거당하고, 그가 쓴 아리스토텔레스 저작 주석을 "토해 낸다." 이어 그가 변을 누게 만든다. 주화가 보이는데, 이는 그가 야콥 푸거, 곧 "당신이 혀를 빌려주어" 고리대금업을 변호하게 만든 "그 인물"에게 고용되었음을 암시한다. 그 혀가 검게 변하여 (마귀의 혀처럼) 갈라지자, 의사는 그 혀를 둘로 자른 뒤, 에크의 "허영이라는 종기"와 "중상모략이라는 암 덩어리"를 제거한다. Best, (ed.), *Eccius dedolatus*, 63-71.
46. 피르크하이머는 분명 이 풍자 작품에 관하여 알았으며 작품 저자도 알고 있었다. 아울러 그의

손에는 속편도 있었다(속편은 첫 작품만큼 좋은 작품은 아니었다). 이 작품을 누가 썼든, 이를 쓴 사람은 뉘른베르크를 분명 잘 알았다. 에크가 크리스토프 쇼이얼의 결혼식에서 춤춘 일을 놀릴 뿐 아니라, 라차루스 슈펭글러가 쓴 소책자를 언급하기 때문이다. 에크는 이 소책자를 "대중 앞에서 불카누스(로마 신화에 나오는 불과 대장장이의 신)°에게 바치길"—곧 사람들이 보는 앞에서 불태우길—원했다. Best, (ed.), *Eccius dedolatus*, Introduction, 22-25.

47. WS 2, 739ff, "Eyn Sermon von dem Hochwirdigen Sacrament, des heyligen waren Leychnamß Christi, Vnd von den Bruderschafften Für die Leyen," Wittenberg, 1519 (VD 16 L 6387)*. 이는 성례, 보속과 세례, 그리고 성만찬을 다룬 3부작 설교 중 세 번째였다.
48. LW 35, 50; WS 2, 742:24-26.
49. WS 2, 738-739.
50. LW 35, 50; WS 2, 742:26.
51. LW 35, 68; WS 2, 754:35-755:1.
52. Edwards, *Printing*, 1-2. 루터가 1518년부터 1530년까지 자국어로 쓴 작품은 그의 가톨릭 대적들이 쓴 작품보다 다섯 배나 많았다. Mark U. Edwards, Jr., "Luther as Media Virtuoso and Media Persona," Medick and Schmidt, (eds.), *Luther zwischen den Kulturen*.
53. 거기서 출간된 현존 인쇄물 숫자를 보면 변화 규모가 뚜렷하게 드러난다(인쇄된 많은 작품이 사라졌기 때문에 이 숫자도 불완전한 통계다). 1517년에는 비텐베르크의 인쇄소에서 인쇄, 출간한 작품이 다섯뿐이라고 알려져 있다. 1518년에는, 비텐베르크에서 적어도 스물아홉 작품이 출간되었고, 그다음에는 48개 작품이 출간되었다. 1520년에는 큰 변화가 일어났다. 적어도 109종의 책과 소책자가 출간되었다. 비텐베르크와 비교하여, 같은 해에 아우크스부르크는 현존하는 작품만 따져도 199종, 바젤은 107종, 뉘른베르크는 109종을 출간했다. 이 숫자는 VD 16에서 가져왔다. 비텐베르크가 인쇄, 출판 중심지로 성장한 것을 살펴보려면, Pettegree, *Book in the Renaissance*, 91-106. 그리고 그가 쓴 *Brand Luther* 참조.
54. 그는 틀리지 않았다. 로이힐린은 에크가 외콜람파디우스의 소책자와 슈펭글러의 소책자를 잉골슈타트에서 사람들이 보는 가운데 불사르지 못하게 막아야 했다. Best, (ed.), *Eccius dedolatus*, Introduction, 18.
55. Spengler, *Schützred*, fo. B iii(v).
56. Ibid., fos. A iv(v), B ii(r), B iii(r), B iii(r).

07. 그리스도인의 자유

1. 루터는 시간을 헤아릴 때 양손의 손가락을 사용했다. WT 5, 5428. 공부하는 사람은 성무일도를 일부 면제받았으며, 가르치는 사람은 일곱 기도 "시간" 가운데 셋을 온전히 면제받았다. 아울러 WT 5, 5375 참조.
2. WT 2, 1253, 1531년 12월 14일 전.
3. WT 5, 5428 1542년 4월 11일에서 6월 14일 사이. 이 이야기는 식탁 주위에 모인 사람들이 성무일도에 관한 이야기를 놓고 다투는 토론 자리에서 나왔다. 아울러 WT 3, 3651; WT 4, 4082; WS 17, 1, 112ff(sermons, 1525); WT 4, 4919, 5094; WT 5, 6077 참조.

4. Junghans, *Die Reformation*, 87.
5. WB 2, 278, 16 April 1520.
6. WS 59, xv-21 참조. 1516년에 나온 라틴어판에 손으로 쓴 주석이 있고, 1520년판에 독일어로 인쇄한 주석이 있는데, 후자도 루터 자신이 제시한 주석일 가능성이 있다. 이는 루터가 1520년에도 여전히 이 텍스트를 붙들고 씨름했음을 시사한다.
7. WS 38, 372:26-27; 373:10; 372:30-31. 아울러 그의 기도 책인 1522년의 『작은 기도서 Betbüchlein』, 그리고 『슈팔라틴의 작은 기도서Spalatins Betbüchlein』 참조. WS 10, II, 331-501; LW 43, 5-47, 이는 사사로운 기도 모음인데, 이 안에는 주기도문은 물론, 흥미롭게도 마리아 송가(성모송)까지 들어 있다. 아울러 이 안에 예수 수난 이야기도 들어 있는데, 1529년에는 성경 이야기를 표현한 목판화 50개를 담고 있었다.
8. WB 1, 16, 8 June 1516, 45:25; 41-43. 이 편지는 놀라울 정도로 길다. 아울러 루터는 킴제 Chiemsee 프라우엔뵈르트에서 수녀원장으로 있던 슈타우피츠의 누이가 슈타우피츠가 이 자리를 차지하길 원했으며, 결국 이것이 꼼꼼히 준비한 계획이었음을 그도 알았다고 지적한다. 슈타우피츠가 이 자리를 차지하면 귀족이라는 그의 지위에도 어울릴 것이며, 분명 선제후에게도 이득이 될 일이었다.
9. WB 1, 202, 3 Oct. 1519, 514:49-50; 51-53; 75-77. 흥미롭게도 시편의 시는 내용이 정반대다. 아이는 엄마 젖을 떼고도 만족하지만, 루터는 "아주 슬퍼한다"(tristissimus).
10. WB 1, 202, 3 Oct. 1519, 152, 20 Feb. 1519, 344:9.
11. WB 1, 515, n.1.
12. LW Letters, I, 191; WB 2, 366, 14 Jan. 1521, 245:3-4.
13. WB 2, 376, 9 Feb. 1521, 263:23; 25-26; 264:47-50.
14. WB 2, 512, 27 June 1522, 566. 슈타우피츠가 링크에게 보내는 편지를 참조한다.
15. WB 1, 119, 1518년(?) 12월 초나 중순.
16. Posset, *Front-Runner*, 210; Soden and Knaake, (eds.), *Scheurls Briefbuch*, I, 139-140, 22 April 1514.
17. WT 5, 5989, 417:11-12. 루터는 1544년경에 그의 고해신부가 한 말을 회상했다.
18. LW Letters, II, 11-13; WB 2, 512, 27 June 1522, 567:13-14; 11-12; 19-20. 이 편지는 계속하여 안트베르펜의 아우구스티누스 수도회 수도원 원장이 당할 뻔했던 순교를 언급한다. 그는 (슈타우피츠와 달리) 이전에 가르쳤던 것을 취소하고 이어 개신파 설교를 재개했다. 그리고 루터는 자신도 화염에 직면할 수 있음을 깊이 생각한다.
19. LW Letters, II, 48, 49, 50; WB 3, 659, 17 Sept. 1523, 156:23; 26-27; 155:5-8; 156:12; 36-38. 다른 이들은 슈타우피츠가 옮겨 간 것이 무엇을 의미하는지 알아차렸다. 토마스 뮌처는 루터가 아우크스부르크에서는 "슈타우피츠에게 의지할 수 있어서" 안전했겠다고 조롱했다. 그러면서 "그(슈타우피츠)가 이제 당신을 버리고 수도원장이 되었다"고 놀려 댔다. Matheson, (ed. and trans.), *Collected Works*, 347; n.233; Müntzer, *Hoch verursachte Schutzrede*, fo. E(r-v); Posset, *Front-Runner*, 296-297 참조.
20. WB 3, 821, 23 Jan. 1525, 428:5.
21. WB 3, 827, 7 Feb. 1525, 437:8-10.

22. WT 1, 173, 1532, 80:6-7.
23. Evangelischer Predigerseminar Wittenberg, (ed.), "*Vom Christlichen abschied*"; fo. A iii(r-v).
24. Bagchi, *Luther's Earliest Opponents*.
25. WB 2, 284, 5 May 1520; 287, 13 May 1520; 291, 31 May 1520. 메르제부르크 주교를 대신하여 교황의 권위를 옹호하는 글을 쓴 알펠트에 관하여 알아보려면, Bagchi, *Luther's Earliest Opponents*, 50-52 참조.
26. WB 2, 276, (7 April 1520)*, 79:6-7.
27. LW Letters, I, 145; WB 1, 239, 610:25-26.
28. WS 6, 135-136; 137-141; 138:20-21; 140:7; 17-19.
29. WB 2, 255, (c. 16 Feb. 1520)*, 43:3-6; 35-37; 45:91. 루터는 그다음 편지에서 슈팔라틴에게 누그러진 어조로 이야기하면서, 그가 마이센 주교에게 보내는 라틴어 답변은 더 부드럽게 쓰겠으며 이 답변은 슈팔라틴에게 먼저 보여주겠다고 약속했다. 그러나 그는 그의 대적이 똥 같은 소리를 더 퍼뜨리면, 그것은 더 넓은 범위에 걸쳐 더 강한 악취를 풍길 것이라는 말을 덧붙인다. WB 2, 256, 18 FEB. 1520.
30. 그는 혼자가 아니었다. 카피토는 1520년 3월 17일에 써 보낸 편지에서(WB 2, 267) 그들을 미다스Midas(그리스 신화에 나오는 왕으로 손에 닿는 모든 것을 황금으로 변하게 하는 힘을 얻었다고 한다)°, 곧 나귀 귀를 갖고 있어서 분명 그릇된 판결을 내리는 재판관에 비유했다.
31. Martin Luther, "Resolutio Lutheriana super propositione decima tertia de potestate Papae. Per autorem locupletata." Härle, Schilling, Wartenberg, and Beyer, (eds.), *Martin Luther*, 3, 17-171; 171.
32. LW 31, 354; WS 7, 27:19-21.
33. LW 44, 169, 130, 131; WS 6, 436:13-14; 409:11-15; 22-25.
34. 이 이미지를 알아보려면, Warnke, *Cranachs Luther* 참조.
35. Zumkeller, *Staupitz*, 7, 15 March 1520.
36. WB 2, 327, 18 Aug. 1520, 167:5.
37. LW 44, 154; WS 6, 426:1-2.
38. Hans-Christoph Rublack, "Gravamina und Reformation." in Batori, (ed.), *Städtische Gesellschaft und Reformation*.
39. LW 44, 177, *To the Christian Nobility of the German Nation*; WS 6, 442:10-15.
40. LW 44, 178; WS 6, 442:33; 422:35-36.
41. Brady, *German Histories*, 152.
42. Ibid., 151-152, 260-264.
43. 가령 루터는 슈팔라틴에게 처음에는 조심스레 자신이 선제후에게 편지를 보내 인플레이션 문제를 이야기해도 되는지 묻기 시작했다. 흥미롭게도 그는 자신의 관여를 "나랏일을 도우려는 것"이라고 설명했다. WB 2, 291, 31 May 1520:297, (7? June 1520)*. 이어 그는 학생들과 크라나흐가 거느린 장인 사이에 벌어진 무장 난동에 관여하여 설교하고 이를 중재하게 된다. 슈팔라틴은 루터의 이런 행동에 실망하고 경악했다. WB 2, 312, 14 July 1520; 315, 22 July 1520.

44. WS 6, 497-573; LW 36; Härle, Schilling, Wartenberg, and Beyer, (eds.), *Martin Luther*, 3, 173-376. 현대 독일어 번역과 라틴어 본문을 나란히 수록했다.
45. RTA 2, 478. 하지만 그는 『그리스도인의 자유에 관하여』는 좋은 책이라고 생각했다.
46. LW 36, 12; WS 6, 498:9. Luther, *De captivitate babylonica ecclesiae praeludium*, fo. A ii(r). 이 페이지에는 "INDVLGENTIAE SVNT ADVLATORVM ROMANORVM NEQVICIAE", 곧 "면벌부는 로마의 아첨꾼들이 만들어 낸 사악한 도구다"라는 대문자로 쓴 문장이 더 들어 있다. 이 때문에 이 페이지는 이 메시지를 읽는 이에게 95개 논제를 되새겨 주고, 이 메시지를 교황을 향한 훨씬 더 폭넓은 공격이라는 맥락에 비추어 아주 철저히 새겨 주는 시각 효과가 있다. fo. A ii(r), LW 36, 12. 루터는 분명 (니므롯의 반대말로) 적그리스도라는 말을 사용한다. LW 36, 72; WS 6, 537:25. 루터는 거의 비슷한 때인 1520년 10월에 내놓은 *Wider die Bullen des Endchrists*에서 교황 칙서를 적그리스도의 칙서라 비판한다. WS 6, 614:29.
47. LW 36, 16, 17; WS 6, 500:19, 501:12; 500:33.
48. LW 36, 66, 68; WS 6, 527-536; 533:12-13; 534:11. 루터는 육체를 죽이는 것이 행위(공로)가 아니라 세례에 속한다고 주장하여, 순교를 세례와 믿음에 연결한다.
49. LW 36, 32; WS 6, 510:9-13.
50. WS 6, 510:4-8
51. 이성이라는 창녀에 관하여 살펴보려면, Thomas Kaufmann, "Theologisch-philosophische Rationalität: Die Ehre der Hure. Zum vernünftigen Gottesgedanken in der Reformation." in Kaufmann, (ed.), *Der Anfang der Reformation* 참조.
52. Luther, *Von der freyheyt eynes Christenmenschen*: WS 7, 20-38; LW 31.
53. LW 31, 344; WS 7, 21:1-3.
54. LW 31, 350; WS 6, 25:7-8; 24:1[LW는 *boeße begirde*를 "coveting"(탐욕)으로 번역했다].
55. LW 31, 370; WS 7, 37:16-18. 권위적이고 철저함을 강조하는 이 소논문의 분위기도 놀랍지만, *alle*라는 단어가 텍스트 전체에 걸쳐 아주 빈번히 등장한다는 점이 놀랍기만 하다.
56. 루터의 역할을 폄하하고 멜란히톤과 아그리콜라의 역할을 강조한 기록을 보려면, Krentz, *Ritualwandel*, 131-136 참조. 하지만 이 사건은 루터가 관련되어 있었고, 이미 슈팔라틴과 논의한 것이었다. 이 일은 기록으로 흔적을 남김이 없이 이미 입에서 입으로 오가는 말로 많은 부분을 짜 놓았을 것이다. 가톨릭은 12월에 교황 칙서를 불태운 일을 루터가 그의 저작이 소각당한 것에 보복한 것으로 이해했다. 보름스에 있던 베네치아 대사 코르나로의 비서인 안드레아 로소의 편지 참조. 30 Dec. 1520. 아울러 커스버트 턴스톨Cuthburt Tunstall이 울지Wolsey에게 보낸 편지 참조. 29 Jan. 1521. 이 편지는 이들 자신이 공정한 청문 기회를 얻지 못하리라는 루터의 확신과 관련지었다. in Kalkoff, *Briefe*, 26, 32.
57. WB 2, 361, 10 Dec. 1520, 235, n.1.
58. LW Letters, I, 192; WB 2, 366, 14 Jan. 1520, 245:17-19.
59. 익명 저자가 쓴 라틴어판이 인쇄되었으며, 벽에 붙이기에 딱 좋게 만든 전지 한 장 크기 종이에 담은 독일어 번역이 있다. 아울러 Kaufmann, (ed.), *Der Anfang der Reformation*, 185-200 참조.

60. WB 2, 269, n.18과 19. 1521년 첫날에 몇몇 귀족 청년이 엠저를 비판하는 라틴어 가짜 편지를 라이프치히 토마스 교회 설교단에 붙였다. 이는 1,500부가 인쇄되었다. 인쇄소 주인과 인쇄소에서 일하는 장인은 옥에 갇혔다. 그러나 엠저는 이들을 위해 탄원서를 냈고, 이들은 형벌이 줄었다.

61. Walch, XV, 1792; *Bulla coena Domini: das ist: die bulla vom Abent-fressen des allerheyligsten hern des Bapsts: vordeutscht durch Martin Luth*, Wittenebrg 1522 (VD 16 K 267)*.

62. 헤라클레스를 묘사한 목판화를 토대로 교황과 싸우는 루터를 묘사한 것을 보려면, David Paisey and Giulia Bartrum, "Hans Holbein and Miles Coverdale: A New Woodcut." *Print Quarterly* 26(2009): 3, 227-253 참조. 두 저자는 이것이 홀바인의 작품이며, 영어판은 1539년에 출간되었음을 설득력 있게 제시한다.

63. WB 3, 382, 6 March 1521.

64. Junghans, *Die Reformation*, 91-92에 있는 카를 폰 밀티츠의 보고.

65. Brecht, *Luther*, I, 426-429. 사실 알레안드로는 1521년 10월에 가서야 루터를 반박하는 마지막 교황 칙서를 펴냈다.

66. WB 2, 384, 7 March 1521, 282:14. 그리고 WB 2, 377, 17 Feb. 1521; 385, 7 March 1521 참조.

67. Junghans, *Die Reformation*, 94. 아울러 책 소각을 알아보려면, WB 2, 378, 27 Feb. 1521; 382, 6 March 1521 참조.

08. 보름스의회

1. RTA 3, 466, 8 Nov. 1520; 468-470, 17 Dec. 1520. 프리드리히는 루터가 자기주장을 취소할 때만 그를 데려올 수 있었다.

2. RTA 3, 471.

3. WB 2, 383, 6 March 1521. 루터는 그것을 3월 26일에 받았다.

4. Gerrit Deutschländer, "Spalatin als Prinzenerzieher." Kohnle, Mecklenborg, and Schirmer, (eds.), *Georg Spalatin*.

5. 프리드리히가 종교개혁에 보인 태도는 언제나 훨씬 더 모호했다. 그는 그의 성물 컬렉션을 포기하길 주저했지만, 결국 포기했다. Ludolphy, *Friedrich der Weise*; Höss, *Georg Spalatin* 참조. 슈팔라틴은 어린 브라운 슈바이크뤼네부르크 공들이 비텐베르크에서 공부하는 동안 교육 멘토 역할을 했으며, 요한 프리드리히의 아우를 가르치는 데도 관여했던 것 같다.

6. 예를 들면, WB 2, 347, 30 Oct. 1520(칙서를 받은 뒤에 요한 프리드리히가 선제후에게 보낸 지지 편지에 대한 답변); WB 2, 393, 31 March 1521(아래 참조); WB 2, 461, 18 March 1522; WB 3, 753, 18 June 1524. 루터는 그의 마그니피카트(1521)를 요한 프리드리히에게 헌정했으며(WS 7, 538-604; LW 21), 다니엘을 독일어로 번역한 것(1529-1530)도 역시 그에게 헌정했다. WDB 11, II, Daniel to Malachi, *Anhang*, 376-387.

7. WB 2, 330, 24 Aug. 1520.

8. Walch, XV, 1891.

9. 알코올은 분명 벗의 친교에서 한몫을 했다. 루터의 대적인 알레안드로는 나중에 루터를 술꾼이라 묘사한다.

10. 슈팔라틴이 1525년 말까지 루터에게 보낸 편지 가운데 남아 있는 것은 다섯이다(한 통은 멜란히톤과 루터에게 같이 보낸 것이다). 반면 루터가 슈팔라틴에게 쓴 것은 수백 통이 남아 있다. Weide, *Spalatins Briefwechsel*.

11. 그는 이것을 링크에게 보낸 편지에서 처음 거론했고(WB 1, 121, 18 Dec. 1518), 이어 슈팔라틴에게 보낸 편지에서 발전시켰다(WB 1, 161, 13 March 1519, 359:29-30). 그는 콘스탄티누스의 헌금이 위조라는 로렌조 발라의 증거를 받았을 때 이를 더 확신하게 되었으며(WB 2, 257, 24 Feb. 1520, 48:26-28), 슈팔라틴에게는 만나면 더 많은 것을 말해 주겠다고 약속했다. 루터는 1520년 8월에 요하네스 랑에게 보낸 편지에서(랑은 루터가 쓴 『독일 민족의 그리스도인 귀족에게』의 어조에 충격을 받았다) "우리"는 이제 교황청이 적그리스도가 앉아 있는 곳이요 교황에게 결코 순종해서는 안 된다는 것을 확신한다고 말할 수 있었다(WB 2, 327, 18 Aug. 1520, 167:13-14). 그는 10월 11일에 칙서의 내용을 알게 되었다. 이때 그는 슈팔라틴에게 편지를 보내, 자신은 마침내 교황이 적그리스도임을 확신하게 되었다고 말했다(WB 2, 341, 11 Oct. 1520). 10월 말, 그는 *Wider die Bullen des Endchrists*를 썼다.

12. 작센 재상 브뤽이 이 연설을 보고한 것을 보려면, RTA 2, 494-507 참조. 브뤽은 알레안드로가 루터와 다른 이들이 자신을 모태 유대인geborner Jude으로 모욕했다는 말로 자신의 연설을 마무리했다고 보고했다. 알레안드로는 자신이 가난한 부모에게서 태어났지만 만일 유대인이었다면 뤼티히Lüttich에서 자신을 캐논으로 받아들이지 않았을 것이라고 응수했다. 하지만 설령 그가 세례받은 유대인이라 할지라도 그를 모욕하지 말아야 했다. 그리스도 자신이 유대인이셨기 때문이다.

13. WB 2, 389, 19 March 1521, 289:12. 그는 교황파만이 그의 피에 책임을 지길 원했다.

14. WB 2, 391, 24 March 1521, 292:7-8; 9-11. 루터가 알려지지 않은 수신자에게 보낸 편지. 수신지는 아마 바젤인 것 같다.

15. WB 2, 393, 31 March 1521, 295:7-9.

16. RTA 2, 526-527, 6 March 1521. 황제 카를 5세가 루터에게 보낸 보름스의회 소환장. RTA 2, 529-533. 3월 10일, 루터에게 주장을 취소하고, 모든 저서를 당국에 넘기며, 그 저서를 더 이상 인쇄하거나 구입하거나 판매해서는 안 된다고 명령하는 황제 칙령이 공포되었다.

17. RTA 2, 526.

18. WB 2, 383, 6 March 1521; Introduction. 소환장과 안전통행증을 루터의 사위인 게오르크 폰 쿤하임이 소유하게 된다. 루터가 죽은 뒤, 루터 아들들은 아버지 서재를 물려받았으며, 루터의 딸인 마르가레테는 자산 가운데 자신이 원하는 것을 가져도 좋다는 허락을 받았는데, 우연히 이 문서들이 들어 있었던 상자를 고른 것 같다. 우리는 1532년에 루터가 이 문서들을 자신의 식탁 담화 친구들에게 보여주었을 때 다른 중요한 몇몇 편지가 함께 들어 있던 상자에서 이 문서들을 꺼낸 일을 알고 있다. WT 2, 2783c, 658:11-12. 크라나흐도 그의 *Stammbuch*에 똑같은 사본을 실어 놓았다.

19. WB 2, 295, 7 April 1521. 그리고 n.9 참조. WB 2, 392, 29 March 1521(랑에게 보낸 편지).

20. Myconius, *Geschichte*, 34. 유스투스 요나스도 일행에 합류했다.

21. Walch, XV, 1836. 파이트 바르벡이 작센 공 요한에게 보낸 글, 16 April 1521.
22. WS 7, 803-818, 803. 훗날 드레스덴 감독이 된 다니엘 그레저가 이 사건을 서술했다. 루터 자신은 설교를 금지당했기 때문에, 일부러 하나님의 권위를 황제의 권위보다 위에 두었다. 하지만 그는 설교 자체를 출간하여 금지명령을 어기는 일은 하지 않았다. 그렇지만 얼마 안 가 많은 판이 에르푸르트와 비텐베르크와 아우크스부르크에서 나왔다.
23. Myconius, *Geschichte*, 34. 미코니우스가 언급했듯이, 수도원은 그 뒤 교구 교회와 학교로 바뀌었기 때문에, 마귀는 사실상 격파당한 상태였다.
24. WB 2, 395, 7 April 1521, 296(멜란히톤에게 보낸 편지). 루터의 회상을 보려면, WT 5,65; 3, 282 참조.
25. WB 2, 396, 14 April 1521, 296(슈팔라틴에게 보낸 편지).
26. Walch, XV, 1824-1825; RTA 2, 537.
27. RTA 2, 534-537. 3월 6일, 황제는 루터를 보름스로 불렀으나, 3월 10일에는 그의 저서를 없애라고 명령했다. 이로 보아, 루터가 공정한 심문을 받을 것 같지가 않았다. 슈팔라틴은 루터가 자신의 주장을 취소하러 보름스로 올 경우에만 안전통행증이 적용된다는 주장을 일부 사람들이 하고 있다고 일러 주었다. 만일 루터가 주장을 취소하지 않으면, 그는 이단이 되어 안전통행증을 적용받지 못하게 되어 있었다. 징조가 좋지 않았다. 반면, 다른 이들은 안전통행증을 무시하면 평판이 안 좋아지니 안전통행증을 존중해야 한다고 주장했다. 결국 루터가 보름스에 가지 않음은 교황파의 생각대로 행동하는 셈이 될 판이었다.
28. WB 2, 396, (14 April)* 1521, 298:9-10; WB 2, 455, 5 March 1522; Walch, XV, 1828(*Spalatins Annales*).
29. 이 특이한 말은 루터가 그 나름대로 보름스행을 표현한 말이라고 미코니우스가 보고한 내용이었다. *Geschichte*, 34-35. 편집자가 지적하듯이, 그는 이 말을 훨씬 뒤에, 곧 1540년에 루터가 랑에게 보낸 편지에서 가져왔을 가능성이 있다. 그는 이 편지를 쉽게 볼 수 있었으며, 편지는 곧 있을 협상을 언급한다. 따라서 미코니우스의 이 보고는 정확한 구전 역사이든지 아니면 지어낸 종교개혁 신화의 일부일 수 있다. WB 9, 3510, 2 July 1540.
30. *Litaneia Germanorvm*, Augsburg, *c.* 1521, VD 16 ZV 25246, fos. A iii(v); B i. Walch, XV, 1832.
31. WB 2, 395, 7 April 1521.
32. WT 5342a; 아울러 WT 3, 3357, from 1533, 5342b, from 1540 참조.
33. Kalkoff, *Depeschen des Nuntius Aleander*, 133. 알레안드로는 루터의 "마귀 같은 눈"을 언급하면서, 사람들이 곧 그가 기적을 행한다는 말을 하게 될 거라고 확신했다.
34. Walch, XV, 39(*Spalatins Annales*). 아울러 파이트 바르벡의 보고 참조. Walch, XV, 1836-1837, RTA 2, 859.
35. Kalkoff, *Depeschen des Nuntius Aleander*, 23-24. 알레안드로는 루터 지지자들의 끝없는 공격과 모욕에 불만을 토로했으며, 그가 유대인 혈통이라는 중상과 비방을 재차 언급했다. Kalkoff, *Briefe*, 40-45, letter of 17 Feb. 1521. 정말 모든 이가 그러지는 않았지만, 그래도 한 사람 한 사람이 루터를 지지하고 있으며, "심지어 나무와 돌도 루터의 이름을 선포한다." 42.
36. LW 32, 106; WS 7, 827:11-12. 누가 이 보고를 썼는지 분명하지는 않지만, 분명 루터 편에서 나

왔다. 슈팔라틴이 이 보고를 독일어로 번역했다.

37. Kalkoff, *Briefe*, 49-50.
38. LW 32, 106; WS 7, 828:8. 그것에는 또 다른 목적이 있었다. 루터 이름으로 출간된 저작 가운데 일부는 루터가 쓴 것이 아니었기 때문이다. 이를테면, 그가 1518년에 비텐베르크에서 출교를 주제로 한 예리한 설교는 필사본으로 돌아다니다, 결국 막시밀리안 황제에게도 이르렀다. 황제는 루터를 억압해야 할 이단이라고 확신하게 된다. WS 1, 635.
39. LW 32, 107; WS 7, 829:8-10; 11-12.
40. 이것이 그가 첫날 저녁에 요하네스 쿠스피니아누스Johannes Cuspinianus에게 보낸 편지에서 일어난 일을 설명한 내용이기도 하다. 그는 자신을 변호할 시간도 공간도 주어지지 않았다고 불만을 제기했다. WB 2, 397, 17 April 1521. 알레안드로는 분명 그의 행동거지가 추레하다고 생각했다. 그는 웃으며 들어와 황제 앞에서 머리를 활기차게 움직이다가 떠날 때는 오히려 침울한 모습으로 떠났다. 알레안드로는 자신이 그가 이전에 지녔던 평판에 손상을 입혔다고 생각했다. Kalkoff, *Depeschen des Nuntius Aleander*, 138.
41. WB 2, 400, 28 April 1521, 305:13-14.
42. LW 32, 108; WS 7, 830:8-13.
43. Kalkoff, *Depeschen des Nuntius Aleander*, 70-71.
44. LW 32, 109-110; WS 7, 832:8, 834:3; RTA 2, 569-586; 575.
45. LW 32, 109-110; WS 7, 833:1-4; 18-20; 833:23-834:1; 6; 6-7.
46. WS 7, 834:20-21, 25; 835:1-5.
47. 주목할 점은 루터 편이 이 본문을 보름스에서 일어난 사건을 당대에 기록한 설명 속에 담았다는 것이다. 하지만 40년 후, 루터파인 요하네스 마테지우스는 루터에 관하여 전기 성격을 띤 설교를 쓰게 되었을 때, 이것을 편집 과정에서 빼 버리고, 루터가 예언자와 같은 어조로 하나님이 신성로마제국과 독일 민족에게 진노하시지 않게 해야 한다고 경고하는 것으로 끝맺게 했다. Mathesius, *Historien*, 59-64. 코흐레우스의 반응을 보려면, Vandiver, Keen, and Frazel, (eds. and trans.), *Luther's Lives*, 105 참조.
48. 가톨릭 신자인 지롤라모 데 메디치Girolamo de' Medici조차 그것이 아주 배운 사람다운 말이었다고 들었다. Kalkoff, *Briefe*, 48.
49. LW 32, 112; WS 7, 835:20-836:1; 837:1-2.
50. 예를 들면, 이 말은 멜란히톤이 쓴 루터 전기 *Vita Lutheri*, fo. 58(v)에는 큰 활자로 등장하며, 1521년판 라틴어 텍스트에는 독일어로 등장한다. LW 32, 112-113; WS 7, 838:3; 4-9.
51. LW 32, 114; Kalkoff, *Briefe*, 55. 알레안드로는 루터가 방을 떠나면서 마치 보병이 개선 인사를 하듯이 공중으로 팔을 올렸다고 말한다. Kalkoff, *Depeschen des Nuntius Aleander*, 143.
52. 독일어 *Gewissen*과 이에 해당하는 라틴어 *conscientz* 및 *conscientia*는 루터가 평생 많이 썼지만, 특히 1521년에 많이 쓴 말이다. 이 한 해에 나온 그의 저작에 들어 있는 *Gewissen*이 그가 그때까지 쓴 글에 들어 있는 *Gewissen*보다 많다. 그는 보름스의회 때까지 그의 글에 *conscientia*를 꾸준히 사용했다.
53. 슈타우피츠는 특히 고해와 자신이 지은 모든 죄를 모두 열거한 이들의 문제에 깊은 통찰을 갖고 있었으며, 완전한 고해를 함으로써 공로를 행하길 소망했다. 그는 수녀를 학대하는 이들에

게 정면으로 맞섰으며, 그들의 양심이 무거운 짐을 지고 있음을 이유로 내세워 그들에게 순례를 떠나거나 기도를 더 하라고 명령했다. 그는 이런 "권고자"가 "쓰레기" 위에 "쓰레기"를 쌓는다고 썼다. Knaake, *Johann von Staupitzens*, 41.

54. Walch, XV, 1880(*Spalatins Annales*, 41); Kolde, (ed.), *Analecta Lutherana*, 31. 보름스에 등장한 루터의 모습을 다룬 포이팅어의 보고. Walch, XV, 1891(*Spalatins Annales*, 48).

55. 그는 황제에게 라틴어로 써 보낸 편지와 여러 선제후 및 제국 의회에 출석한 여러 유력자에게 독일어로 써 보낸 편지에서 이 점을 강조했다. 후자는 신속히 인쇄되어 여러 판을 찍었다. WB 2, 401, 402, 28 April 1521. "어느 누구도 성경을 기초로 삼아 내 미미한 책들 안에 있다 하는 잘못된 (신앙)* 요강을 논박하려 하지 않습니다. 어느 누구도 내 미미한 책들을 미래에 언젠가 하나님 말씀에 비춰 검토하거나 조사하리라는 희망이나 약속을 주지 않았습니다." LW Letters, I, 208; WB 2, 402, 28 April 1521, 316:95-317:99.

56. WB 2, 398, 399, 17, 20 April 1521. 예를 들어, Hutten, *Ulrichs von Hutten verteütscht clag / an Hertzog Friedrich zu Sachsen. Des hayligen Rœmischen Reichs Ertzmarschalck vñ Churfürsten Landgrauen in Thüringen vnd Marckgrauen zu Meissen*, Augsburg 1521 (VD 16 H 6251)* 참조.

57. Lutz, *Conrad Peutinger*, 171-172. 아우크스부르크 상인들도 공격받은 이들 가운데 들어 있었다.

58. RTA 2, 594; 869. 답신은 프랑스어와 독일어로 썼다. Kalkoff, *Briefe*, 49. 지롤라모 데 메디치의 보고. 그는 황제가 직접 쓴 원문을 보았다고 주장했다.

59. RTA 2, 558; (VD 16 ZV 61)*. *Acta et res gestae*, Strasbourg 1521.

60. 제국 심문관이 황제의 말을 낭독했다. LW 32, 129. 보름스의회 앞에서 벌어진 루터 재판에 관한 요하네스 에크의 기록.

61. RTA 2, 616-624; 616. 이것은 베후스가 바덴의 변경 방백에게 보낸 보고서로서, 이 일이 있고 몇 주가 지난 후인 6월 6일에 작성되었다. 베후스는 자신이 루터와 협상할 때 루터에게 했던 말이라고 회상하는 말을 제시한다.

62. Cochlaeus, *Colloqvivm*; Greving, (ed.), "Colloquium Cochlaei." vol. 4, part 3, 179-218.

63. Vandiver, Keen, and Frazel, (eds. and trans.), *Luther's Lives*, 92. "달팽이"나 "숟가락"을 뜻하는 그의 이름을 가지고 인정사정없이 말장난을 친 사례를 보려면, Walch, XV, 1844 참조.

64. 그러나 코흐레우스는 나름대로 루터의 내력을 쓰게 되었을 때, 루터파가 보름스에 관하여 서술한 소책자에서 많은 부분을 표절했다. 물론 그는 그것이 루터가 직접 쓴 것이라고 믿었다. RTA 2, 542, n.1.

65. Lyndal Roper, "The Seven-Headed Moster: Luther and Psychology," in Alexander and Taylor, (eds.), *History and Psyche*, 228; WT 3, 3367, 294:23-24.

66. 그는 2월에 제국 의회에서 한 연설에서 루터파가 자신을 유대인이라 모욕하고 있으며, 『바벨론 포로가 된 교회에 관하여』 스트라스부르판이 개dog 두 마리를 묘사하는데 이는 평신도를 무는 사제들을 가리킨다고 불평했었다. 그는 루터가 『그리스도인의 자유에 관하여』에서 성찬에서 그리스도가 실제로 임재하심을 부인했다고 말했다. 아울러 그는 루터가 고전 저자인 루키아누스의 작품을 비텐베르크에서 인쇄하게 했으며, 루키아누스가 모든 이교도 의식을 모욕했듯이

루터파도 모든 기독교 의식을 조롱했다고 주장했다. Walch, XV, 1711-1712.
67. 인문주의자들 사이의 불화가 분명하게 드러나는 데에는 어느 정도 시간이 걸렸으며, 이런 불화는 1522년에 가서도 아주 분명하게 드러나지 않았다. Rummel, *Confessionalisation of Humanism*, 22-28.
68. Lutz, *Conrad Peutinger*, 164-166; Kalkoff, *Depeschen des Nuntius Aleander*, 155; 158.
69. RTA 2, 610. 이 약속은 특별한 형식 없이 루터와 토론할 때 천명했다.
70. 여기서 저자는 "작소Saxo"를 그리스도를 세 번 부인했던 베드로와 동일시했다. Aurifaber, (ed.), *Epistolae*, vol. 2, edition of 1594, fo. 12(v)는 이것이 선제후 프리드리히의 우유부단함을 가리킨다고 말한다. 이는 분명 이 텍스트가 작센이나 루터 측근에게서 나온 것이 아님을 일러 주었을 것이다.
71. Rebecca Sammel, "The Passio Lutheri: Parody as Hagiography," *Journal of English and Germanic Philology* 95, no. 2(1996): 157-174 참조. 이 작품은 본디 라틴어로 출간되었으나, 곧 독일어로 번역되었다. 빈판, 아우크스부르크판, 뮌헨판, 콜마르판이 있으며, 심지어 1550년에는 레겐스부르크에서도 출간되었다. 코흐레우스가 9월 27일에 이를 알레안드로에게 언급한 것으로 보아, 이는 필시 1521년 9월 이전에 처음 출간되었을 것이다.
72. 스트라스부르판은 이 소책자를 운을 맞춰 나누는 두 농부 카르스탄스와 케젤한스의 대화와 짝 짓는다. 이 두 농부는 교회, 탐욕을 부리는 성직자, 성직자의 금식 규칙, 그리고 경건함이 없는 성직자의 모습에 불평을 털어놓는다. 그러나 이는 사회에 느끼는 불만이 종교개혁 세력의 무분별한 루터 추종과 얼마나 빨리 결합할 수 있는가를 암시하는 또 다른 조짐이었다. 저자는 포이팅거를 몇몇 성직록 때문에 루터를 배신한 유다라고 공격했다. 하지만 이 소책자는 기이하다 싶을 정도로 생명을 이어 갔다. 아우리파버가 루터 사후에 출간한 루터 편지 모음에 포함되었는데, 이때도 다시 카르스탄스 대화와 함께 실렸기 때문이다. 사람들은 루터파 운동이 1565년에 가서야 이 소책자를 잊기를 원했을 것이라고 생각했다.
73. LW 51, 77; WS 10, III, 19:2-3. 1522년 고난주간 설교 중 두 번째 설교. 루터가 쓴 독일어 문장, "나는 아무것도 하지 않았습니다. 말씀이 모든 일을 행하시고 이루셨습니다"(Ich hab nichts gethan, das wort hatt es alles gehandelt und außgericht)가 훨씬 더 강하게 표현했다. 그는 말씀이 모든 일을 행했고, 자신과 필리프와 암스도르프는 비텐베르크 맥주나 마셨다고 농담했다.
74. WB 2, 400, 28 April 1521, 305:17-22. 예수가 고난을 당하시기 전에 하신 말씀을 인용한다. "조금 있으면 너희가 나를 보지 못하겠고 또 조금 있으면 나를 보리라"(요 16:16). 이 편지도 그의 대적을 유대인과 동일시한다.

09. 바르트부르크에서

1. WT 5, 5353.
2. RTA 2, 654. 하지만 선제후는 황제에게 루터를 억압하는 명령을 이행할 의무를 면제해 달라고 요청했다. 그는 분명 그 명령을 이행하지 않았다.
3. Müller, *Wittenberger Bewegung*, 159.

4. LW Letters, I, 291-296; WB 2, 427, 15 Aug. 1521, 381:75-76; 70-71.
5. LW Letters, I, 270-273. 사실, 많은 이가 모를 정도로 비밀은 잘 지켜졌다. 코흐레우스는 1549년에 출간된 그의 전기를 쓸 때도 루터가 있었던 곳을 잘못 알고 있었다. 그는 루터가 알텐슈타이크에 숨어 있었다고 생각했다. 아그리콜라는 사람들이 마귀에게 호소하여 루터가 있는 곳을 알아내려 했다고 써 놓았다. Kawerau, *Agricola*, 32. 궁정에서 들려온 소문을 살펴보려면, WB 2, 420, 15 July 1521 참조. 아울러 가짜 편지를 알아보려면, WB 2, 421, 422, 1521년 7월 21일 직후.
6. LW Letters, I, 201; WB 2, 400, 28 April 1521, 305:6-7. 사실 루터가 더 잘못될 수는 없었을 것이다. 게오르크도 루터가 황제가 내준 안전통행증을 가져야 한다고 주장하는 이들 가운데 하나였다. 설령 다른 통치자들이 이단에겐 안전통행증을 내주어서는 안 되므로 그가 가진 통행증은 무효라고 주장했다 하더라도, 루터를 보호하는 것은 영예가 걸린 문제였기 때문이다.
7. WB 2, 410, 14 May 1521; LW Letters, I, 225.
8. 볼프강 카피토와 그가 섬기던 마인츠 대주교 사이에 흥미로운 편지 내왕이 있다. WB 2, 433, 442. 그리고 에그라누스는 요아힘슈탈에서 편지를 보내왔다.
9. "dominus percussit me in posteriora gravi dolore." 영어판은 "주가 나를 고통스러운 변비로 괴롭게 하셨다"로 번역했다. LW Letters, I, 217. 이는 정확하긴 하지만 루터의 솔직한 입담을 놓치고 있다. WB 2, 407, 12 May 1521, 333:34-35; LW Letters, I, 255; WB 2, 417, 10 June 1521, 354:27.
10. WB 2, 429, 9 Sept. 1521, 388:29-30.
11. Lyndal Roper, "'To His Most Learned and Dearest Friend': Reading Luther's Letters." *German History* 28(2010): 283-295.
12. LW Letters, I, 101; WB 2, 436, 1 Nov. 1521, 399:7-8.
13. LW Letters, I, 257; WB 2, 418, 13 July 1521, 356:7-10.
14. Müller, *Wittenberger Bewegung*, 16(제바스티안 헬만이 요한 헤스에게 보낸 편지, 8 Oct. 1521, Wittenberg), 135, 136. 그리고 137-145 참조. 세 선지자 가운데 하나인 슈튀브너는 멜란히톤의 집에 살고 있었다. 그리고 유아세례 문제가 쟁점으로 대두되고 있었다.
15. LW Letters, I, 257; WB 2, 418, 13 July 13, 1521, 356:1-2, 2-3; LW Letters, I, 269; WB 2, 420, 15 July 1521(슈팔라틴에게 보낸 편지).
16. WB 2, 429, 9 Sept. 1521. 슈팔라틴이 크라나흐와 되링을 움직여 이런 일이 이루어지게 했다. WB 2, 430, 9 Sept. 1521.
17. Plummer, *From Priest's Whore*, 51-52; WB 2, 413, 26 May 1521. 루터는 멜란히톤에게 편지를 보냈을 때 이 혼인에 관하여 알았으며, 나중에 사람들 앞에서 축하해 주었다.
18. 1521년 8월 1일, 루터는 카를슈타트가 6월 20일/21일에 독신에 관하여 논평했으며, 8월 3일에는 카를슈타트의 *De coelibatv* 첫 인쇄본에 관하여 논평했다. WB 2, 373, 3 Aug. 1521; WB 2, 424, 1 Aug. 1521; 425, 3 Aug. 1521; 426, 6 Aug. 1521 참조. 카를슈타트가 더 길게 쓴 이 두 작품은 그가 쓴 『독신에 관한 일곱 논제』와 거의 같은 시기에 지었으며, 6월 21일과 7월 10일에 토론 대상이 되었다. 이 작품들은 사제가 혼인해야 하며, 수사도 욕망 때문에 고통스러우면 혼인할 수 있어야 한다고 주장했다. 수도서원을 깨는 것이 죄이긴 하지만, 정욕에 굴복하는 것은 더

악한 죄이기 때문이다. Barge, *Karlstadt*, I, 265, 290; WB 2, p. 370. 카를슈타트가 라틴어로 쓴 *De Coelibatv, Monachatv, et Vidvitate* 서문에는 1521년 6월 29일이라는 날짜가 적혀 있으나, 이 책은 독일어판이 나오기 전에 나왔다. 독일어판인 *Uon Gelubden Unterrichtung*은 10월이나 11월까지도 나오지 않았지만, 인쇄된 서문에는 1521년 성 요한의 날(6월 24일)이라는 날짜가 적혀 있다. Barge, *Karlstadt*, I, 266-267과 275. 아울러 Furcha, (ed., and trans.), *Carlstadt*, 51 참조. 이 두 작품의 논지를 둘러싼 토론을 보려면, Barge, *Karlstadt*, I, 265-281 참조. 카를슈타트가 제시하는 많은 논지가 신약성경이 아니라 주로 구약성경에 의지한다는 사실은 흥미롭다.

19. WB 2, 428, 9 Sept. 1521. 루터가 쓴 *Themata de Votis* 초판은 10월 8일에 나왔으며(WS 8, 317), 이 논제는 코호레우스가 발표한 반박 논문을 포함하여 몇몇 강한 반응을 불러일으켰다. WS 8, 318-319. 초기 독일어판에는 첫 번째 논제 모음만이 들어 있다. WS 8, 313-322. 323-329. 루터가 쓴 완전한 논문인 *De votis monasticis Martini Lutheri iudicium*은 11월 11일 이후에 집필이 시작되었으나, 헌정문은 1521년 11월 21일에 이미 완성되었다(WS 8, 564-565). 하지만 슈팔라틴은 이 작품의 인쇄를 막았으며, 결국 이 작품은 1522년 2월 25일경까지 나오지 않았다. WS 8, 566. 루터가 일어난 일을 알고 격노하여 슈팔라틴에게 보낸 편지를 보려면 WB 2, 443, *c*. 5 Dec. 1521 참조.

20. Furcha, (ed., and trans.), *Carlstadt*, 80; Karlstadt, *Uon Gelubden*, fo. E iv(r). 그는 라틴어 판에서는 자신의 주장을 더 분명히 제시하며, 특히 자위masturbation에 따르는 여러 위험을 다룬다. Furcha, (ed., and trans.), *Carlstadt*, 51; Barge, *Karlstadt*, I, 276.

21. Ulrich Bubenheimer, "Gelassenheit und Ablösung. Eine psychohistorische Studie über Andreas Bodenstein von Karlstadt und seinen Konflikt mit Martin Luther." *Zeitschrift für Kirchengeschichte* 92, 1981, 258.

22. Furcha, (ed., and trans.), *Carlstadt*, 98; Karlstadt, *Uon Gelubden*, fo. H iii(v). 카를슈타트는 이 작품을 쓸 때 총각이었다. 그는 이 논문을 피헌정자인 라이프치히 시민이요 상인이었으며 그의 아내와 분명 문제가 있었던 외르크 라이히Jörg Reich에게 직접 보냈다. 아울러 이 논문은 남성의 권위를 다룬다. fo. H iii(r). VD 16 B 6245. 인쇄본은 여성의 복종을 다룬 첫 번째 문단을 강조한다. *De Coelibatv, Monachatv, et Vidvitate*, (Basel)⁕ 1521 (VD 16 B 6123)⁕ 참조.

23. LW Letters, I, 294; WB 2, 427, 15 Aug. 1521, 380:34; WB 2, 426, 6 Aug. 1521.

24. WB 2, 428, 9 Sept. 1521; LW Letters, I, 296-301.

25. 루터는 학생이 하는 탁발이나 수사가 하는 탁발이나 가리지 않고 공격했는데, 이런 공격은 일찍부터 그의 신학 사상 중 일부가 되었다. 아울러 왜 구빈법이 비텐베르크 종교개혁에서 중심 문제가 되었는지 설명해 준다. 그가 이때 탁발이라는 쟁점에 그토록 집착한 이유는 루터가 자신이 바르트부르크에 머무는 데 필요한 비용을 누가 대는지 몰랐다는 사실과 연계해 볼 수 있다. 일찍이 그가 슈팔라틴에게 써 보내기도 했지만, 그는 그 비용을 대는 이가 그럴 형편이 못 되던 베를렙쉬Berlepsch는 아니길 바랐다. 그는 비용을 대는 이가 누구인지 확실히 몰랐지만, 선제후일 거라고 짐작했다. WB 2, 427, 15 Aug. 1521.

26. "Magis fui raptus, quam tractus." 라틴어는 *raptus*와 *tractus*를 절묘하게 대조하여, 루터가 수도원에 들어간 것이 기적이었음을 강조한다.

27. LW Letters, I, 296-304; WB 2, 428, 9 Sept. 1521, 384:80, 80-81; 385:97-98; 98-99; 118.
28. LW Letters, I, 303; WB 2, 428, 9 Sept. 1521, 385:128; WB 2, 249, 5 Feb. 1520. 루터는 멜란히톤에게 아내가 있어야 한다고 생각했다. WB 2, 327, 18 Aug. 1520. 카타리나는 비텐베르크 시장이요 상당한 재산가였던 한스 크라프Hans Krapp가 남기고 죽은 딸이었다. 따라서 이 혼인은 비록 이런저런 말은 있었어도 훌륭한 결합이었다. 이 혼인은 공개되지 않은 이유 때문에 앞당겨야 했다.
29. Stefan Rhein, "Philipp Melanchthon und Eobanus Hessus. Wittenberger Reformation und Erfurter 'Poetenburg.'" Weiß, (ed.), *Erfurt. Geschichte und Gegenwar.*, 283-295. Kolde, (ed.), *Annalecta Lutherana*, 25, 4 Dec. 1520. 토마스 블라우러는 그의 형제인 암브로지우스에게 필리프가 지참금이 적은 여자, "체구가 있지만", "사랑스럽고 솔직하며 유덕한" 여자와 혼인하려 한다고 써 보냈다.
30. WS 8, 654-669. 유스투스 요나스가 곧 독일어로 번역했다. 이론상 그의 아버지가 읽었을 수도 있지만, 엄밀히 말해 이것은 아버지에게 보낸 편지는 아니었다. WS 8, 573:24; 574:3-4; 574:8-9; 574:22; 574:32.
31. LW Letters, I, 329-336; WS 8, 575:35-36; 576:4-6. 이 편지에서 하나님의 부르심을 언급한 것은 사무엘을 부르신 성경 속 이야기를 떠올려 준다. 루터의 어머니 마르가레테는 사무엘의 어머니와 같은 이름인 "한나"로 알려져 있었으며, 이 편지는 어머니에게 드리는 인사로 끝난다.
32. WS 8, 573:25; 574:5; 575:28-29. 루터의 친한 동료 유스투스 요나스가 이 논문을 독일어로 번역했는데, 이 번역에서는 루터가 그의 아버지를 부를 때 친근하게 *du*를 쓴다. 이는 아주 의미심장하다. 루터 아버지는 루터가 박사 학위를 받은 뒤에 아들을 공손히 "당신"이라고 불렀다가, 이 아들이 수도원에 들어가자 이 호칭을 거뒀다. 루터는 1530년에 아버지에게 보낸 마지막 편지에서 아버지를 예를 갖춰 *Ihr*로 부른다.
33. 카를슈타트에게 편지를 쓰긴 썼지만 편지가 더 이상 남아 있지 않을 수도 있다. 그러나 루터는 자신이 다른 이들에게 보낸 편지는 종종 언급하면서도, 카를슈타트에게 보낸 편지는 전혀 언급하지 않는다. 루터는 크라나흐, 되링, 그리고 다른 이들에겐 꾸준히 편지를 보냈으나, 카를슈타트에겐 보내지 않았다. 확실한 내막을 알기는 불가능하다. 그 이유는 카를슈타트가 분명 루터가 그에게 보낸 다른 많은 편지를 없애 버렸기 때문이거나, 아니면 루터가 보낸 편지를 나중에 옮겨 적은 것 가운데 카를슈타트가 포함되지 않았기 때문이다.
34. LW Letters, I, 257; WB 2, 418, 13 July 1521, 356:4; WB 2, 407, 12 May 1521, 333:18.
35. 1545년에 나온 루터의 라틴어 저작집 완결판 서문. 흥미롭게도 루터는 이를 여기서 "믿음을 통해 의로운 자는 살리라"고 제시한다. LW 34, 337; WS 54, 176-187, 185:18; 186:8-9.
36. Lucas Cranach and Martin Luther, *Das Newe Testament Deutzsch*, Wittenberg, 1522 (VD 16 B 4318)*, fo. CVII (r). 이 신약성경에도 크라나흐의 목판화가 삽화로 들어갔으며, 각 책이 시작될 때는 대부분 필기체 대문자로 시작한다. 요한계시록에는 더 풍성하고 페이지 전체를 가득 채운 삽화가 들어 있으며, 1534년판 성경전서는 바벨론의 음녀가 교황의 삼중관을 쓰고 등장한다. 야수도 삼중관을 쓰고 있다.
37. Stiftung Luthergedenkstätten in Sachsen-Anhalt, *Passional Christi und Antichristi*(Facsimile of the German Edition of Wittenberg, 1521, Johann Rhau-

Grunenberg) with a *Begleitheft* by Volkmar Joestel, Berlin n.d., fo. C vi(v); Gabriele Wimböck, "Setting the Scene: Pictorial Representations of Religious Pluralization," in Andreas Höfele, Stephan Laqué, Enno Ruge, and Gabriela Schmidt, (eds.), *Representing Religious Pluralization in Early Modern Europe*(Berlin, 2007), 270-271.

38. WS 8, 398-410.
39. Müller, *Wittenberger Bewegung*, 17.
40. 나중에 제거했을 수도 있다. 자신도 제병을 나눠 줄 때, 고깔 달린 망토를 입지 않은 채 독일어로 제병을 축성했음을 알아차렸기 때문이다.
41. Seidemann, *Erläuterungen*, 36-42. 이는 아일렌부르크에서 일어난 사건에 관하여 서로 다른 세 보고를 제시하는데, 세 보고가 모두 적대적이다. 37, 38 참조.
42. Müller, *Wittenberger Bewegung*, 69.
43. Ibid., 35-41.
44. Ibid., 42-46. 프리드리히는 만장일치가 되지 않은 것에 실망하여 제안을 거부했다.
45. Ibid., 20.
46. LW 44, 189; WS 6, 450:23-25. 루터의 탁발 비판은 라이프치히 논쟁에서도 쟁점이 되었다.
47. LW Letters, I, 327; WB 2, 438, 11 Nov. 1521, 402:21-22; Krentz, *Ritualwandel*, 144-148. 아울러 Ulrich Bubenheimer, "Scandalum et ius divinum. Theologische und rechtstheologische Probleme der ersten reformatorischen Innovationen in Wittenberg 1521/1522." *Zeitschrift der Savigny-Stiftung für Rechtsgeschichte, Kanonistische Abteilung* 90(1973): 263-342 참조.
48. Müller, *Wittenberger Bewegung*, 73, 74, 75; Stefan Oehmig, "Die Wittenberger Bewegung 1521/1522 und ihre Folgen im Lichte alter und neuer Fragestellungen. Ein Beitrag zum Thema (Territorial-) Stadt und Reformation." in Oehmig, (ed.), *700 Jahre Wittenberg*, 104-107: Krentz, *Ritualwandel*, 149-150.
49. Müller, *Wittenberger Bewegung*, 151-164 (Ambrosius Wilken, *Zeitung aus Wittenberg*, 물론 이것이 이 사건을 신화로 만드는 데 일정한 역할을 했을 수도 있다). 크렌츠는 소식지가 나중에 기록되었다고 주장한다. Ritualwandel, 155-156.
50. Stefan Oehmig, "Wittenberger Bewegung." in Oehmig, (ed.), *700 Jahre Wittenberg*, 105. 그리고 117-123 참조. Müller, *Wittenberger Bewegung*, 120;118.
51. Stefan Oehmig, "Wittenberger Bewegung." in Oehmig, (ed.), *700 Jahre Wittenberg*, 105. 그리고 Krentz, *Ritualwandel*, 148-154 참조.
52. WB 2, 406. (c. 8 May 1521)*. 그리고 410, 14 May 1521.
53. WB 2, 443, (c. 8 May 1521)*; 410:18.
54. LW 45, 53-74; WS 8, 676-684.
55. LW 45, 69; WS 8, 670-687.
56. Müller, *Wittenberger Bewegung*, 161-163; 117-119; Stefan Oehmig, "Wittenberger Bewegung." in Oehmig, (ed.), *700 Jahre Wittenberg*, 106-111.
57. Müller, *Wittenberger Bewegung*, 133, 134. 아울러 Kaufmann, (ed.), *Der Anfang der*

Reformation, 218-220 참조.

58. Müller, *Wittenberger Bewegung*, 129, 130; Krentz, *Ritualwandel*, 205-206은 그 중요성을 경시한다.
59. 이 첫 문서의 작성 시기를 두고 논쟁이 있다. 더 이른 시기로 보는 견해, 혹은 야콥 자이들러가 1521년 봄에 유리 제조를 규율한 명령과 내용이 유사하다는 점을 근거로 삼아 더 이른 시기에 나온 선례가 있으리라는 견해를 살펴보려면, Stefan Oehmig, "Wittenberger Bewegung," in Oehmig, (ed.), *700 Jahre Wittenberg*, 101-103 참조. 하지만 울켄지우스가 1521년 11월 30일 자 편지에서 탁발 조례 전문前文을 서술하면서, 이것이 루터가 부추겨 일어난 일이라고 말하는 점은 주목할 만하다. 아울러 1521년 봄만 해도 사적 미사와 성직록과 수도원 수입을 사용하지 못했을 텐데, 이런 수입을 아직 사용할 수 없었다면 왜 이런 탁발 조례가 필요했는지 그 이유를 알기가 어렵다. 아울러 루터의 편지가 자이들러의 명령을 전혀 언급하지 않는 점도 이상하다. Barge, *Karlstadt*, I, 378-386은 탁발 조례가 1522년 1월 24일에 출간된 조례와 같은 때에 나왔다고 암시함으로써 이 조례를 카를슈타트와 긴밀히 연계하지만, 이때 이 조례가 나왔다고 보기에는 너무 늦다.
60. Müller, *Wittenberger Bewegung*, 163은 암브로지우스 빌켄Ambrosius Wilken이 이 말을 했다고 한다.
61. Ibid., 167 (8 Jan. 1522)*; 163-164.

10. 카를슈타트와 그리스도인의 도시 비텐베르크

1. 예외가 Lindberg, *European Reformations*, 93-96, 104-105, 135-142이다.
2. 하지만 Ulrich Bubenheimer, "Gelassenheit und Ablösung. Eine psychohistorische Studie über Andreas Bodenstein von Karlstadt und seinen Konflikt mit Martin Luther." *Zeitschrift für Kirchengeschichte* 92, 1981 참조.
3. Ulrich Bubenheimer, "Scandalum et ius divinum. Theologische und rechtstheologische Probleme der ersten reformatorischen Innovationen in Wittenberg 1521/1522." *Zeitschrift der Savigny-Stiftung für Rechtsgeschichte, Kanonistische Abteilung* 90(1973): 323-324; Kruse, *Universitätstheologie*, 323-324.
4. Andreas Karlstadt, *Von anbettung und ererbietung der tzeychen des newen Testaments*, Wittenberg, 1521 (VD 16 B 6218)*; Furcha, (ed., and trans.), *Carlstadt*, 40-51. 이는 비텐베르크, 아우크스부르크, 스트라스부르에서 출간되었다. 서두에 있는 헌정문은 비텐베르크 사람들을 겨냥하여 그들의 "증오와 시기"를 이야기한다.
5. Barge, *Karlstadt*, I, 49-50; 59-64.
6. Ibid., 55; 42-66; Bubenheimer, *Consonantia*, 26-33. Sider, *Karlstadt*, 8-9. 카를슈타트는 비텐베르크에 있던 성직자 예순넷 가운데 두 번째로 수입이 많았다. 그는 1년에 127굴덴을 벌었다. Barge, *Karlstadt*, II, 530. 그는 슈팔라틴에게 성직록이 많이 나오고 곧 공석이 될 한 성직을 얻게 해달라고 압력을 넣었고, 이어 학생들을 부추겨 이런 청원을 넣게 하려고까지 했다. Barge, *Karlstadt*, I, 88-89. 헤닝 괴데가 죽자, 루터는 슈팔라틴을 설득하여 그 대신 카를슈타

트가 본당 사제를 맡게 하려고 했다. WB 2, 370, 22 Jan. 1521. 그러나 그다음 주에 이 "어리석은" 제안을 철회하게 된다. WB 2, 372, 29 Jan. 1521. 그러자 타르는 2월 3일에 괴데가 죽음으로 비어 있는 자리 가운데 하나를 자신에게 달라고 더 간절히 요청했으며, 그 덕에 그는 비서를 채용할 수 있었다.

7. Barge, *Karlstadt*, I, 57; Sider, *Karlstadt*, 14.
8. Sider, *Karlstadt*, 8-10; Barge, *Karlstadt*, I, 9-31; Bubenheimer, "Gelassenheit und Ablösung." 258.
9. Barge, *Karlstadt*, I, 72-85.
10. LW 31, 9; Barge, *Karlstadt*, I, 87, n.56; Karlstadt, Thesis 60: "Corruit hoc quod Augustinus contra hereticos loquitur excessive"; Luther, Thesis 1: "Dicere, quot Augustinus contra haereticos excessive loquatur, est dicere, Augustinum fere ubique mentitum esse."
11. WB 1, 18 May 1517, 99:8, "Theologia nostra et S. Augustinus" 45, 4 Sept. 1517. 하지만 그는 11517년 11월 11일 랑에게 보낸 편지에서 "나를"과 "내 것"(내 신학)으로 돌아간다. WB 1, 52; 64, 21 March 1518, "studium nostrum"; "iniuria homini a nostris illata", 155:35(그는 여기서 학생들을 포함시킨다); WB 1, 74, 9 May 1518, 특히 170:20-29; WS 1, 『독일 신학』 완결판에 붙인 서문, 1518, "uns Wittenbergischen Theologen", 378:24.
12. Barge, *Karlstadt*, I, 75; 104-107.
13. 그들은 모두 슈타우피츠에게 달라붙었다. 1519년, 카를슈타트는 그가 아우구스티누스의 저작 『영과 문자에 관하여』를 다룬 논문을 다름 아닌 루터의 멘토 슈타우피츠에게 헌정했다(VD 16 A 4237)*. 반면, 루터는 1519년 초에 그가 쓴 "바울이 갈라디아인에게 쓴 편지'(In epistolam Pauli ad Galatas)을 페트루스 루피누스와 카를슈타트에게 헌정함으로써 카를슈타트에게 진 빚을 청산했다. WS 2, 437.
14. 그 다섯 사람은 비텐베르크의 요한 될쉬Johann Dölsch, 아우크스부르크의 베른하르트 아델만 폰 아델만스펠덴Bernhard Adelmann von Adelmannsfelden, 뉘른베르크의 빌리발트 피르크하이머 Willibald Pirckheimer와 라차루스 슈펭글러Lazarus Spengler, 그리고 츠비카우의 요하네스 에그라누스Johannes Egranus였다. Bubenheimer, *Consonantia*, 186 참조. 에크는 이 칙서에 이름을 더해도 된다는 허락을 받았으며, 자기 대적이라 의심하는 몇 사람을 추가했다.
15. 이 시기 독일어의 *Freunde*는 친척을 의미할 수도 있다. 이는 그들의 평화와 기쁨과 강한 믿음을 비는 말로 시작한다. 보통 그의 이익을 증진할 목적으로 조심스레 헌정받을 이를 고르던 사람이 쓴 아주 친밀한 머리글이다.
16. Furcha, (ed., and trans.), *Carlstadt*, 28-30; Karlstadt, *Missiue von der aller hochsten tugent gelassenhait*, (Augsburg, 1520, Grimm and Wirsung, VD 16 B 6170)*, fos. A i(v), A i(v), A ii(r), A ii(v); A iii(v).
17. Furcha, (ed., and trans.), *Carlstadt*, 38, 139, 138; Karlstadt, *Missiue*, fo. B iii(v); Karlstadt, *Was gesagt ist*, fos. B i(r), A iv(r-v); C ii(r), D iii(r).
18. Furcha, (ed., and trans.), *Carlstadt*, 138; Karlstadt, *Was gesagt ist*, fo. A (iv)* (r). 루터는 『하늘의 예언자들 반박』, 1524, LW 40, 81에서 이런 비판을 제기하고, 시종일관 이런 비판을 멈추지 않는다. WS 18, 63:32-33. Furcha, (ed., and trans.), *Carlstadt*, 155; Sider, *Karlstadt*,

216. 카를슈타트는 죽기 전해인 1540년에 그가 "abnegatio"라는 말로 부른 **게라센하이트** Gelassenheit에 관하여 일련의 논제를 작성했다. 이는 공통된 시각을 담은 더 큰 신학 작품의 일부로 집필한 것이었다. Bubenheimer, "Gelassenheit und Ablösung." 256. **게라센하이트**를 행위로 의로움을 얻음으로 보는 견해를 보려면, Sider, *Karlstadt*, 220-223 참조. 그는 루터의 비판과 달리 카를슈타트는 행위로 의로움을 얻음을 주장한 잘못이 없다고 주장하면서도, 카를슈타트가 고행(금욕)°을 강조했다고 주장한다.

19. Müller, *Wittenberger Bewegung*, 153-154 (Zeitung aus Wittenberg); Krentz, *Ritualwandel*은 그 신빙성에 의문을 제기하지만, 그것이 개신파의 분위기를 전달해 주지는 않는다.

20. Müller, *Wittenberger Bewegung*, 135, 163, 170; Preus, *Carlstadt's Ordinaciones*, 28 그리고 n.62; Krentz, *Ritualwandel*, 154-169.

21. Barge, *Karlstadt*, I, 266; *Uon Gelubden Unterrichtunge*에는 서문을 1521년 6월 24일 성 요한의 날에 쓴 것으로 되어 있다.

22. 라틴어 번역은 Furcha, (ed., and trans.), *Carlstadt*, 132; 407, n.7 참조. 루터파는 부활을 기념하여 이 기도를 올린다.

23. Barge, *Karlstadt*, I, 365; "gelertter, dapffer leuth"; Müller, *Wittenberger Bewegung*, 155-156 (Zeitung aus Wittenberg).

24. Müller, *Wittenberger Bewegung*, 170(Thomas von der Heyde, Neue Zeitung); Kolde, (ed.), *Annalecta Lutherana*, 25, 4 Dec. 1520. 토마스 블라우러가 암브로지우스 블라우러에게 보낸 편지.

25. WB 2, 449, 13 Jan.1522, 423:45.

26. *Die Messe. Von der Hochzeyt D. Andre Carolstadt. Vnnd der Priestern / so sich Eelich verheyratten*, Augsburg 1522 (VD 16 M 5492)*, fo. A ii(v), "Er ist zu ersten worden ain fischer der eeweyber."

27. Müller, *Wittenberger Bewegung*, 155-159 (Zeitung aus Wittenberg); Barge, *Karlstadt*, I, 366, n.125.

28. Bubenheimer, "Scandalum et ius divinum." 266, n.6. 요한 파우가 1522년 1월 15일경 츠비카우 시장 헤르만 뮐포르트에게 슈팔라틴이 이 사건을 보고한 글은 병자성사마저 불태웠다고 말한다. Müller, *Wittenberger Bewegung*, 169. 아울러 알베르트 부러의 기록 참조. 부러는 이 일이 1월 11일에 일어났다고 말한다. 212.

29. Furcha, (ed., and trans.), *Carlstadt*, 107; Karlstadt, *Von abtuhung der Bylder / Vnd das keyn Betdler vnther den Christen seyn sollen*, Wittenberg 1522, (VD 16 B 6215)*, fo. B I(r-v). 흥미롭게도 이 소책자 표지에는 벌거벗은 아담과 하와가 장식이 화려한 박공과 둥근 지붕을 떠받치고 있는 목판화 삽화가 들어 있다. 이 그림 아래 부분에는 수확하고 씨를 뿌리는 한 농부가 들어 있는데, 이 이미지는 이런 소책자 표지로 쓰려고 만든 것은 아니었다. Barge, *Wittenberger Bewegung*, I, 389.

30. Furcha, (ed., and trans.), *Carlstadt*, 115-117; Karlstadt, *Von abtuhung der Bylder*, fos. C iii(v), C iv(v).

31. Furcha, (ed., and trans.), *Carlstadt*, 122; Karlstadt, *Von abtuhung der Bylder*, fo. D iv(r).

32. Barge, *Karlstadt*, I, 422.
33. Müller, *Wittenberger Bewegung*, 173 (울켄지우스가 카피토에게); Kaufmann, (ed.), *Der Anfang der Reformation*, 221. 카우프만이 지적하듯이, 1521년에서 1522년 사이에는 등록 학생 숫자가 줄어들지 않았다. 그러나 이 학생들은 학생 수가 정점에 이르렀던 1519년과 1520년에 비하면 적은 편이었다. Barge, *Karlstadt*, I, 418-420.
34. Krentz, *Ritualwandel*, 205-206. 그는 선지자들의 중요성을 가벼이 여긴다. Kruse, *Universitätstheologie*, 360-362은 이들이 유아세례의 정당성 문제를 제기했다고 지적한다. Sider, *Karlstadt*, 161-166.
35. 이리하여 멜란히톤이 루터가 돌아오길 원했다는 것이 널리 알려졌다. 예를 들어, 울켄지우스가 카피토에게 보낸 편지 참조. Müller, *Wittenberger Bewegung*, 160 (Zeitung); 129, 130, 135.
36. WB 2, 452, 17 Jan. 1522, 443:2-3; LW Letters, I, 380.
37. 츠빌링이 정확히 언제 떠났는지 분명하지 않다. Preus, *Carlstadt's Ordinaciones*, 41은 2월로 본다. Barge, *Karlstadt*, I, 362은 12월로 본다. 그가 떠남으로써 지도부에 공백이 발생했을 것이다.
38. Ulrich Bubenheimer, "Scandalum." 324. 카를슈타트의 정치 입장과 새 구빈법을 살펴보려면, Krentz, *Ritualwandel*, 186-200; Stefan Oehmig, "Wittenberger Bewegung," in Oehmig, (ed.), *700 Jahre Wittenberg*; Ulrich Bubenheimer, "Luthers Stellung zum Aufruhr in Wittenberg 1520-1522 und die frühreformatorischen Wurzeln des landesherrlichen Kirchenregiments." ZSRG KA 102, 1985, 147-214; Edith Eschenhagen, "Beiträge zur Sozial- und Wirtschaftsgeschichte der Stadt Wittenberg in der Reformationszeit." *Lutherjahrbuch* 9(1927): 9-118; Barge, *Karlstadt*, I, 380-386; Kruse, *Universitätstheologie*, 362-366 참조. 새 조례는 루터의 영향을 받아 1520-1521년에 만들었던 최초 구빈법을 개정했는데, 이 첫 구빈법은 루터가 손으로 쓴 주석을 함께 담고 있는 필사본이 남아 있다. Kruse, *Universitätstheologie*, 273-277, in WS 59, 63-65. 새 조례는 성직에 있는 이들에게 공급할 것과 빈민 구제, 그리고 형상 제거를 통합해 놓았다. 이 셋은 모두 같은 프로젝트의 일부였다. 아울러 공동 금고에 채워 넣을 재정은 기부금뿐 아니라, 수도원 수입, 종교 재단, 형제회 등에서 충당하기로 했다. 사창가에 관하여 알아보려면, StA Wittenberg, 9 (Bb6)* fo. 89 참조. 사창가 운영자(포주)°를 마지막으로 언급한 때는 1522년이다. 가난한 기혼 수공업자에게 돈을 빌려주는 규정을 마련한 것은 분명 유대인 대금업자를 견제하려는 목적 때문이었을 것이다. 이는 이탈리아의 자선 전당포(monte di pieta)가 지닌 특징을 많이 갖고 있었는데, 평신도들이 유대인에게 돈을 꾸지 않게 설득하려 했기 때문이었다.
39. Kruse, *Universitätstheologie*, 362-366; Oehmig, "Wittenberger Bewegung." 그리고 현존하는 1545년 시 회계 기록을 보려면, StadtA Witt, 360 (Bp5)* 참조. 돈을 받은 이 가운데 많은 이가 여자였으며, 그 가운데에는—추측컨대 그 이름을 몰랐던 것 같다—"파란색 코트를 입은 여자"도 하나 있었다. 가난한 이들에게 음식을 주었고, 다브룬의 전임 성직자에게 돈을 빌려주었다. 따라서 수공업 장인에게 돈을 빌려준 모습은 그다지 보이지 않지만, 애초에 세웠던 대출 취지는 유지한 셈이다. 16 (Bc 4)* 참조.
40. *Ain löbliche ordnung der fürstlichen stat Wittenberg: im Jahre* 1522 *auffgericht*,

(Augsburg, 1522, VD 16 W 3697)*, fo. iii(r). 또 다른 인쇄본을 보려면 *Newe ordnung der Stat Wittenberg, MDXXII, jar,* (Bamberg, 1522, VD 16 W 3698)* 참조. 이는 로하우와 마이센 주교가 나눈 대화와 함께 인쇄되었다. Barge, *Karlstadt*, I, 378-382. 이와 달리, 카를슈타트는 *Von abtuhung der Bylder* 표지에서 자신이 "그리스도인의 도시(statt)인 비텐베르크의 카롤슈타트"(Carolstatt in der Christlichen statt Wittenberg)라고 선언했다.

41. Krentz, *Ritualwandel*, 170ff. 시의회와 선제후의 갈등을 지적한다.
42. Müller, *Wittenberger Bewegung*, 172, n.4, 173-179; 186; 190.
43. Ibid., 202-203. 그리고 184-206 참조. 첫 초안을 보려면 201쪽 참조. 처음에는 성찬에서 평신도가 단형영성체나 양형영성체를 할 수 있다고 자세히 말했으나, 최종판은 이를 불분명하게 남겨 놓았다.
44. Kruse, *Universitätstheologie*, 371-375; Preus, *Carlstadt's Ordinaciones*, 40-50; Krentz, *Ritualwandel*, 206-210은 아일렌부르크 토론은 대중 운동의 압력 아래 이루어지지 않았다고 주장한다.
45. Barge, *Karlstadt*, I, 408. 그가 그것을 거부했던 것은 종교 정책을 결정할 권리를 시의회에 주는 것처럼 보였기 때문일 수도 있다. Preus, *Carlstadt's Ordinaciones*, 47.
46. 아울러 선제후는 1522년 부활절에 성물을 교회에 전시하되 회중에게는 이 성물이 제공하는 면벌에 관하여 이야기하지 말자고 제안했다. 그는 이렇게 함으로써 종교에 아무 변화도 주지 않은 채 제국 명령에 순종하고 있다고 계속 주장할 수 있었다. Kalkoff, *Ablass*, 84-85.
47. LW Letters, I, 387, (c. 22 Feb. 1522)*; WB 2, 454, 24 Feb. 1522, 448:7-8; 10-11; 13; 449:22-23.
48. WB 2, 454, (c. 24 Feb. 1522)*.
49. WB 2, 455, Borna, 5 March 1522, 455:32-34; 61-65; LW Letters, I, 391.
50. WB 2, 443, (c. 5 Dec. 1521)*, 410:18-19; LW Letters, I, 351; WB 2, 449, 13 Jan. 1522.
51. WB 2, 456, 457.
52. 설교를 들었던 사람 중 일부가 이 설교를 기록해 놓은 것을 보려면, WS 10, 3, XLVI-LV 참조.
53. WS 10, 3, 1-64; 18:15-16; LW 51. 사순절 첫째 주간(고난주간)° 설교를 탁월하게 설명해 놓은 글을 보려면, Krentz, *Ritualwandel*, 218-242 참조. 그가 지적하듯이, 현재 남아 있는 것은 1년 후인 1523년에 스트라스부르에서 나왔으며, 역시 항간에 돌아다녔던 필사판筆寫版과 다르다. 크렌츠는 루터와 카를슈타트의 불화가 점점 더 심해진 것이 거꾸로 사순절 첫째 주간 설교 인쇄본에 반영되었다고 주장한다. Inocavit나 Inocabit는 사순절 첫째 주일(Quadragesima)에 붙인 이름인데, 이렇게 부른 이유는 입당송(Introit)이 "그가 내게 간구하리니 내가 그에게 응답하리라"[Invocabit me et exaudiam eum, 시편 91:15(90:15, 불가타)]°는 말로 시작하기 때문이다.
54. WS 10, 3, 7:3-4.
55. WS 10, 3, 53:9-10; 64:14-15.
56. 멜란히톤만이 아니었다. 요하네스 아그리콜라도 이 시기 동안 카를슈타트에게 영향을 받았던 것 같으며, 재세례파 사상에도 관심을 가졌던 것 같다. Kawerau, *Agricola*, 33-34.
57. WS 10, 3, 42:8-9; 46:12-14.

58. Sider, (ed., and trans.), *Karlstadt's Battle*, 43; WS 15, 337:16-18 (Acta Ienensia, 1524, 아래 11장 참조)♦. 그는 홀로 형상에 반대하는 활동을 하지 않았다면서, "오히려 세 위원회(*rethe*)♦와 당신 동료 몇 사람이 그런 결정을 했다. 그들은 자기들 머리를 올가미에서 다 빼내고 나만 홀로 거기 내버려 두었다"고 주장했다. 그러나 카를슈타트가 사용한 *rethe*라는 말은 "고문"이나 "시의원"을 뜻하는 말일 가능성이 더 크다. 슈팔라틴이 그가 나중에 쓴 종교개혁 역사에서 마귀의 손이 작용하고 있음을 보았다면서, 비텐베르크 선지자들과 카를슈타트 "그리고 다른 이들"을 비판했다. Spalatin, *Annales*, 52-53. 그는 다만 비텐베르크에서 일어난 혼란에 두 문단만 할애하며, 루터가 중요한 역할을 맡았음에도 바르트부르크에 머문 것에 대해서는 거의 아무 말도 하지 않는다.
59. Preus, *Carlstadt's Ordinaciones*, 74-77. 겉보기에 그는 제국 명령을 따라 가톨릭 관습을 다시 강요하는 일을 한 옥센파르트를 겨냥한 논문을 출간하려 했지만, 분명 그것은 루터의 변화를 비판하려는 목적도 갖고 있었기 때문에, 대학교 평의회는 출간을 금지했다. 이 시기 비텐베르크의 검열 제도를 알아보려면, Hans-Peter Hasse, "Bücherzensur an der Universität Wittenberg im 16. Jahrhundert."; Oehmig, (ed.), *700 Jahre Wittenberg*.
60. WB 2, 458, 13 March 1522, 471:21.
61. Scribner, (ed.), *Popular Culture* 참조.
62. Williams, *Radical Reformation*, 620. 리가에서는 두 핵심 성직자가 카를슈타트를 지지했다. Barge, *Karlstadt*, II, 400-418; 188-190; 194-195. 키칭엔에서는 카를슈타트의 제자인 크리스토프 호프만이 카를슈타트의 메시지를 설교했다. 바르게는 카를슈타트가 뉘른베르크의 급진파에게도 영향을 주었다고 믿지만, 그리 설득력은 없다. 카를슈타트는 1529년에 동프리지아의 올데르숨에 가서 자신의 견해를 따라 종교개혁을 소개하길 원했다. 그곳은 성찬 상징설 주장자들이 루터파와 벌인 토론에서 우위에 있었으며, 엠덴의 교회에는 "살을 먹는 자들을 쳐 죽이라"는 요구가 있었는데, 이는 성찬 실재설을 주장하는 자들의 견해를 가리킨 말이었다(409). 그러나 이어 통치자를 따르는 얼간이가 루터파 종교개혁을 다시 도입했으며, 카를슈타트는 그곳을 떠나야 했다.

11. 흑곰 여관

1. WS 15, 323-347, (Acta Ienensia)♦, 334, 그리고 이 소책자의 일부를 번역한 것을 보려면, Sider, (ed. and trans.), *Karlstadt's Battle* 참조.
2. 라인하르트에 따르면, 황제의 사자와 많은 예나 시민도 거기 있었다.
3. Sider, (ed. and trans.), *Karlstadt's Battle*, 40, 41, 44; WS 15, 335:22; 26-27; 337:30-338:1.
4. Sider, (ed. and trans.), *Karlstadt's Battle*, 46; WS 15, 339:11-12; 19-20; 6-8.
5. Sider, (ed. and trans.), *Karlstadt's Battle*, 47-48; WS 15, 340:6; 339:31-340:1; 340:7-8.
6. WB 3, 785, 27 Oct. 1524, 361:9.
7. 루터가 이 여관에서 대화하는 일을 상당히 불편하게 여겼다는 것은, 그가 카를슈타트와 면담하게 될 바이마르의 볼프강 슈타인에게 써 보낸 조언 편지에서 분명하게 드러난다. 루터는 1굴덴 주화는 아무 의미가 없다고 카를슈타트에게 권고할 수밖에 없었다. 그때까지 늘 자기 멋대

로 행동했으면서 새삼 인정을 받아야 할 이유가 뭐냐고 따져 물어야 했기 때문이었다. 만일 카를슈타트가 자신이 토론할 기회를 얻지 못하고 있다고 주장한다면, 비텐베르크에서 여는 토론회에 참여하여 자기주장을 제시함으로써, 그가 대학에서 맡고 있는 직무에 따른 의무들을 완수하지 않는 이유는 뭐냐고 따질 수밖에 없었다. WB 3, 774, 1524년 9월 초. 루터는 카를슈타트가 출간 허락을 받은 것처럼 보이게 하는 일은 결코 용납하지 않으려 했던 것 같다. 오히려 그는 이 대화가 서로 적대 관계임을 선언한 것이라는 견해를 고수했다. 그는 1524년 12월 말에 내놓은 『하늘의 예언자들 반박』 1부에 "안드레아스 카를슈타트 박사는 우리를 버렸을 뿐 아니라, 우리의 극악한 원수가 되었다"고 써 놓았다. LW 40, 79; WS 18, 62:6-7.

8. WB 3, 785, 27 Oct. 1524. 라인하르트는 예나를 떠나라는 명령을 받았다. 루터는 암스도르프에게 그가 교회에서 울며 돈을 구걸했다고 말했다. WB 3, 811, 29 Dec. 1524. 루터는 라인하르트를 신뢰하지 않았기 때문에, 그를 뉘른베르크에서 몰아내길 원했다.

9. Furcha, (ed. and trans.), *Carlstadt*, 161-162; Karlstadt, *Was gesagt ist*, fo. F i(r).

10. Sider, *Karlstadt*, 174-197. 루터는 카를슈타트가 받았다는 청빙의 합법성을 신랄하게 따졌다. 아울러 Barge, *Karlstadt*, II, 95-143 참조.

11. Furcha, (ed. and trans.), *Carlstadt*, 369-370; Karlstadt, *Anzeyg*, fo. F (r). LW 40, 117; WS 18, 100:27-29.

12. Barge, *Karlstadt*, II, 97; Sider, *Karlstadt*, 183-187. 그는 사람들에게 돈을 주어 포도를 따게 했고, 다른 이들도 고용하여 건초를 만들게 했다.

13. WB 3, 818, 18 Jan. 1525.

14. WB 3, 702, 18 Jan. 1524; 720, 14 March 1524. 그는 여기서 농담을 되풀이한다.

15. Furcha, (ed. and trans.), *Carlstadt*, 134; Karlstadt, *Was gesagt ist*, fo. A ii(r).

16. 하지만 루터는 1523년에 내놓은 라틴어 미사 전례에서 다시 빵과 포도주를 나눠 주는 성찬을 제정했다. WS 12, 197-220; 217. 이는 여전히 미사 형식을 아주 꼼꼼히 고수했다. 성체 거양을 유지했고, 라틴어 의식문을 유지했으며, 복음은 물론 미사 성가도 많이 담고 있다. 복음을 낭독할 때 향을 사용하고 촛불을 켜는 것도 허용했다. 루터는 독일어 미사를 1526년에 가서야 제정했다.

17. LW 40, 116; WS 18, 99:20-21.

18. 루터는 카를슈타트가 청빙도 받지 않고 교구를 맡았다고 공격했지만, 사실 카를슈타트는 세심하게 공소의 승인을 받았으며, 회중도 그를 공식적으로 청빙했다.

19. WB 3, 818, 18 Jan. 1525(글라츠가 루터에게 보낸 편지).

20. 심지어 콘라트 글리취의 요리사로서 라이프치히에 추종자를 거느리던 한 경건한 여인이 타울러의 설교를 그에게 소개해 주었다는 말까지 있었다. 사실 여부를 떠나, 이 소문은 "독일 신학"과 독일 신비주의의 명성이 소박한 민중에게 호소력이 있음을 보여준다. Bubenheimer, *Müntzer*, 181-182. 뉘른베르크의 루터파 성직자인 마르틴 글라저는 1529년에 루터가 자신에게 준 타울러의 글 사본에서 이를 발견하고, 뮌처와 카를슈타트가 타울러에게 잘못 이끌려 자신들의 오류를 오를라뮌데에 퍼뜨렸다고 말했다. 이는 뮌처와 카를슈타트가 독일 신비주의를 적용하면서 보여준 급진주의를 비판하려는 한 루터파 성직자의 흥미로운 시도였다.

21. Scott, *Müntzer*, 1-45 참조. 츠비카우 선지자들, 뮌저, 뮌처, 그리고 뮌처의 사회 배경과 루터

의 사회 배경—뮌처의 집안도 부유한 부르주아 배경을 가지고 있었다—의 유사성을 살펴보려면, Bubenheimer, *Müntzer*, 38-40 참조.

22. Matheson, (ed. and trans.), *Müntzer*, 29-30, 아그리콜라가 뮌처에게 보낸 것으로 필시 1521년 2월 초에 보냈을 것이다. Müntzer, *Briefwechsel*, 73-76, 74.
23. Scott, *Müntzer*, 31-33, 그리고 Matheson, (ed. and trans.), *Müntzer*, 354; 352-379 참조. Müntzer, *Prager Manifest*. 사진으로 찍은 라틴어 필사본은 http://archive.thulb.uni-jena.de/ufb/rsc/viewer/ufb_derivate_00002917/Chart-A-00379a_0001r.tif에서 볼 수 있다. 2015년 12월 6일에 접속했다.
24. WS 15, 199-221; LW 40, 45-59.
25. Matheson, (ed. and trans.), *Müntzer*, 52-53, 21 Dec. 1522; Müntzer, *Briefwechsel*, 153-154, 이상하게 적대감을 드러내는, 음모가 들어 있는 듯한 편지이다.
26. LW 40, 53; WS 15, 214:20; 23-26.
27. LW 40, 54; WS 15, 215:26-28.
28. Scott, *Müntzer*, 74-75; Matheson, *Müntzer*, 248, 250; Müntzer, *Auszlegung*, fos. D ii(r), D iii(r).
29. Barge, *Karlstadt*, II, 130-132; WS 15, 343-347. 라인하르트가 오를라뮌데에서 일어난 일에 관하여 쓴 소책자 후반부는 사이더의 번역에 들어 있지 않다. "Confrontation at the Black Bear." in Sider, (ed. and trans.), *Karlstadt's Battle*.
30. 이 편지 본문은 라인하르트의 소책자에 담겨 출간되었다. WS 15, 343 참조.
31. WS 15, 344:16-17. 이 싸움은 라인하르트의 기록에만 들어 있고『하늘의 예언자들 반박』에는 들어 있지 않다.
32. LW 40, 101; WS 18, 84:3-4; 7-8; 11-12; 13-14. 루터는 여기서 그 농민이 썼던 말을 재현하려고 노력한다. 라인하르트가 남긴 이 토론 기록을 보려면, WS 15, 346 참조. 구두 수선공과 그 공동체의 다른 지체들은 계속하여 루터와 말다툼을 벌이며, 특히 루터가 "미신"인 형상과 그렇지 않은 형상을 구분하려 하자, 자신들은 그에 대응하여 새긴 형상을 금하는 성경의 명령은 "미신"인 형상에 관하여 아무 말도 하지 않는다고 응수했음을 지적한다. 포도주와 여자에 관한 루터의 대답은『하늘의 예언자들 반박』에는 들어 있지 않으나, 라인하르트의 기록에는 들어 있다. WS 15, 345. 농민이 사용한 놀라운 말, 곧 복음을 벤치 아래로 던져 버렸다는 말은 흥미롭게도 루터 자신이 1518년에『독일 신학』서문에서 쓴 말을 되울려 준다. 하나님의 거룩한 말씀이 벤치 아래에 있을 뿐 아니라, 먼지와 좀이 먹어 죽어 버렸다. *Eyn deutsch Theologia*, fo. A ii(r).
33. LW 40, 110; WS 18, 93:15-16.
34. WS 15, 346:24-25.
35. WS 15, 346:9-10.
36. WS 18, 70:37.
37. WS 15, 347:21.
38. 이 일화는 카스파르 글라츠가 루터에게 보낸 편지에서 나왔다. 이 편지는 적대감을 표출한 자료다. Barge, *Karlstadt*, II, 134-136; WB 3, 818, 18 Jan. 1525, 424:22-25, 글라츠가 루터에게

보낸 편지.

39. 루터는 카를슈타트가 오를라뮌데에 있는 이들에게 편지를 써 보내면서, "Andreas Bodenstein unverhort und unuberwunden, vertrieben durch Martinum Lutherum"(자신을 변명할 기회도 얻지 못하고 설득력 있는 이유도 듣지 못한 채, 마르틴 루터로 말미암아 쫓겨난 안드레아스 보덴슈타인)이라는 말로 마무리한 것을 알았다. WB 3, 785, 27 Oct. 1524, 361:12-13. 아울러 Furcha, (ed. and trans.), *Carlstadt*, 342; Karlstadt, *Anzeyg*, fo. A ii(r) 참조. 그리고 그는 이 주제 말미에서 루터를 반박하는 말을 사용했다. Burnett, *Karlstadt*, 68. Karlstadt, *Auszlegung*. 이 말은 루터가 보름스의회에서 자신이 청문회 기회를 얻지 못했으며, 성경에 근거하여 자신이 틀렸다는 것이 증명되지 않았다고 강조한 것을 연상시켜 주었다.

40. WB 3, 785, 27 Oct. 1524, 361:13-14.

41. Burnett, *Karlstadt*, 68, 143-147. 마르틴 라인하르트는 카를슈타트의 작품을 뉘른베르크에서 출간하게 했지만 거기서 쫓겨났으며, 결국 밤베르크에서 『대화』를 마무리했다.

42. Barge, *Karlstadt*, II, 18; Gerhard Westerburg, *Vom Fegefewer vnd Standt der verscheyden selen eyn Christliche Meynung*, Köln 1523 (VD 16 W 2215)✦. 이 저작은 쾰른 시장과 시의회에 헌정하는 글로 시작한다. 쾰른에서 출간하게 된 것은 아주 중요했다. 쾰른이 네덜란드로 통하는 입구인 데다, 쾰른에 3천 부나 보냈다는 말이 있었기 때문이다. 이 저작은 아우크스부르크에서도 출간되었다. 설교 방문을 알아보려면, Barge, *Karlstadt*, II, 20-21 참조.

43. WB 3, 887, 11 June 1525, 527:2, 파울 슈페라투스가 루터에게 보낸 편지인데, 마르틴 켈라리우스가 쾨니히스베르크에 도착한 모습을 서술한다. 아울러 WB 3, 756, 4 July 1524 참조. 네덜란드의 코르넬리우스 훈Cornelius Hoen과 베르트하임의 프란츠 콜프는 이미 루터에게 편지를 보내, 성례에 관하여 비슷한 입장을 주장했다(WS 15, 384). 루터는 1524년 말에 카를슈타트의 입장을 지지하는 사람의 수효를 놓고 불평하는 편지를 썼다. WB 3, 793, 17 Nov. 1524, 그리고 WB 3, 802, 2 Dec. 1524; 817, 13 Jan. 1525. Barge, *Karlstadt*, II, 144-296 참조.

44. WB 3, 796, 22 Nov. 1524; 797, 23 Nov. 1524. 게르벨은, 카를슈타트가 스트라스부르에서 자신이 추방당한 것은 루터 때문이라고 그를 비방하면서, 자신이 청문회 기회도 얻지 못하고 경고도 듣지 못했다는 불평을 털어놓았다고 보고했다.

45. WB 3, 858, Strasbourg, April(?) 1525, 477:29-31.

46. Valentin Ickelsamer, *Clag ettlicher Brieder, an alle Christen, von der großen Ungerechtigkeyt und Tyranney, so Endressen Bodenstein…vom Luther…gechicht* (Augsburg, 1525, VD 16 I 32)✦. 이켈자머는 카를슈타트 지지자였다.

47. LW 40, 204; WS 18, 194. 아울러 루터는 『하늘의 예언자들 반박』에서 카를슈타트가 "시기와 헛된 야심", 그리고 "질투 섞인 증오"를 품고 있다고 비판하며, 이를 확장한 글에서는 그가 민담에 나오는 변덕스러운 작은 요정 같은 인물인 "훌다 부인", 곧 이성에게 복종한다고 비판했다. 루터는 자연 이성을 "마귀의 음녀"라고 주장하며, 카를슈타트를 향해 "이것이 내 몸이다"라는 성경 본문의 명백한 의미를 깨닫지 못하는 영악한 궤변론자라고 저주한다. 카를슈타트는 루터가 그로 하여금 "불안과 시기와 증오와 치욕"(gramschaft, neyd, hass, vngnad)을 느끼게 하려고 애쓰면서 즐거워한다고 비판한다. *Anzeyg*, fo. E (iv)✦ (v).

48. WS 15, 391-397, 14-15 Dec. 1525.

49. WS 15, 384, 31 Dec. 1524(카피토가 츠빙글리에게 보낸 편지).
50. WS 15, 394:12-17; 24. 루터는 보통 카를슈타트가 성찬 때 그리스도가 실제로 임재하지 않는다는 생각에 "열중하면" 할수록, 그가 틀렸다는 루터 자신의 확신도 강해진다고 주장했다.
51. WB 3, 779, 3 Oct. 1524. 354:15. 1년 후, 루터는 게오르크에 관하여 쓰면서, 그리고 자신이 이전에 했던 말을 반추하면서 그를 카를슈타트에 비유했다. 루터는 이들이 성찬 상징설 주장들과 더불어 "내 자궁에서 태어난 아들들"이라 말했다. WB 4, 973, 20 Jan. 1526, 18:7. 이는 실로 강력한 언어였다.
52. WS 18, 66:19-20.
53. Furcha, (ed. and trans.), *Carlstadt*, 366, 367, 369; Karlstadt, *Anzeyg*, fos. E ii(v), E iii(R-V), F (i)*(r).
54. Furcha, (ed. and trans.), *Carlstadt*, 370; Karlstadt, *Anzeyg*, fo. F i(v).

12. 농민전쟁

1. Engels, *Der deutsche Bauernkrieg*에서 시작하여 농민전쟁을 다룬 문헌이 아주 많다. 특히 Blicke, *Die Revolution von 1525*; Bak, (ed.), *German Peasant War*; Scribner and Benecke, (eds.), *German Peasant War*; Sreenivasan, *Peasants of Ottobeuren*, 그리고 Franz, *Der deutsche Bauernkrieg*의 문서 모음 참조.
2. Scribner and Benecke, (eds.), *German Peasant War*, 254; http://www.stadtarchiv.memmingen.de/918.html.(현재는 접속 불가)。
3. LW 46, 4-45; WS 18, 279-334, *Ermahnung zum Frieden auf die zwölf Artikel der Bauerschaft in Schwaben*, 325.
4. LW 46, 20-21; WS 18, 296b:20-23.
5. WS 18, 342:28-32; 343:7-9.
6. Scott and Scribner, *German Peasants' War*, 14-19.
7. Ibid., 특히 1-64.
8. WB 3, 874, 23 May 1525. 루터는 프리드리히가 이런 말로 요한 공에게 써 보냈음을 알았다. 508:26-27, n.7, 508-509.
9. 뮌처가 1525년 4월 26일이나 27일경에 알슈테트 사람들에게 보낸 편지, in Matheson, (ed. and trans.), *Müntzer*, 140-142; Müntzer, *Briefwechsel*, 403-415; 414-415. 루터는 필시 이 편지 사본을 5월 3일에 입수했을 것이다. 그는 바이마르에 있을 때, 이 편지를 다른 몇몇 편지 및 주석과 함께 *Eyn Schrecklich geschichte vnd gericht gottes vber Thomas Müntzer*(Wittenberg, 1525)라는 제목을 달아 출간했다. 이는 신속히 여러 고을에서 잇달아 재인쇄되었다. 뮌처는 칼을 식히거나 "맥없이 내려놓지" 말라고 권면했지만, 루터는 "당신 칼을 피로 식히지 말라"고 분명하게 말했다.
10. 뮌처는 하나님이 마른 뼈가 쌓인 계곡에서 군대를 만들어 내시고 이스라엘 백성을 한 왕 아래 통일시키시는 모습을 묘사한 본문에서 영감을 얻는다. 반면 하나님은 에스겔 39장 (18절)°에서 "너희가 용사의 살을 먹으며 세상 왕들의 피를 마시기를 바산의 살진 짐승 곧 숫양이나 어린

양이나 염소나 수송아지를 먹듯 할지라"고 약속하신다. Matheson, (ed. and trans.), *Müntzer*, 154-155; 157; Müntzer, *Briefwechsel*, 465-473; 468-470; 461-465, 464; WS 18, 371-372, 12 May 1525. 루터는 이 편지도 WS에 담아 출간했다.

11. Scott, *Müntzer*, 164-165.
12. WB 3, 873, 21 May 1525, 505:28-29; Scott, *Müntzer*, 165-169.
13. WB 3, 875, 26 May 1525, 511:42.
14. WB 3, 875, 26 May 1525. 이것은 요한 뤼헬의 기록이다. 그는 만스펠트 백들을 위해 일했으며, 통치자 편이었다. 하지만 그의 훌륭한 판단을 담은 기록은 농민에게 상당한 동정심을 표명한다.
15. Matheson, (ed. and trans.), *Müntzer*, 160-161; Müntzer, *Briefwechsel*, 491-504, 496-497.
16. WB 3, 877, 30 May 1525, 515-516:29-30. 아울러 Scott, *Müntzer*, 166-169 참조.
17. Spangenberg, *Mansfeldische Chronica* 4, 1, 47.
18. Scott, *Müntzer*, 151-152.
19. WS 18, 281.
20. WS 18, 344.
21. WB 3, 877, 30 May 1525. 뤼헬에게 보낸 이 편지도 농민들을 미친 개 묶어 놓듯 묶어 놔야 한다고 말한다(516:37).
22. LW 46, 49;50; WS 18, 357:12; 13-14; 358:14-18.
23. WB 3, 877, 30 May 1525; 878, 30 May 1525, 517:2; 890, 15 June 1525(뤼헬, 요하네스 튀어, 카스파르 뮐러에게 보낸 편지); 896, 20 June 1525. 흥미롭게도 루터파 기념 문화는 루터가 처음에 취했던 견해, 곧 지주와 농민 양쪽에 모두 잘못이 있다는 견해를 고수하려고 했다. 예를 들면, Spangenberg, *Mansfeldische Chronica*, 419 참조.
24. 루터는 필시 6월 27일에 올린 혼례식에서 그의 만스펠트 친구들에게 이야기한 뒤, 뮐러에게 보낸 이 편지를 *Ein Sendbrief von dem harten Büchlein wider die Bauern*(WS 18, 384-401)이라는 제목으로 출간하기로 결정했을 것이다. WB 3, 902, 1525년 7월 전반; WS 18, 392:22-25.
25. Scott, *Müntzer*, 175.
26. WB 3, 874, n.10. 루터는 마인하르트를 위해 탄원했으며, 이 탄원이 그의 목숨을 건진 것 같다. 마인하르트는 루터에게 감사 표시로 은으로 만든 잔Becher을 선물했다.
27. Matheson, (ed. and trans.), *Müntzer*, 161; Müntzer, *Briefwechsel*, 491-506, 498.
28. 프리드리히 엥겔스 이후로 마르크스주의자가 서술하는 종교개혁 기록에서는 루터가 아니라 뮌처가 종교개혁의 위대한 주인공이 되었다. 루터 탄생 500주년인 1983년에는 동독 학계가 종교개혁을 하나의 종교 사건으로 해석하면서, 이를 루터의 눈으로 바라보는 방향으로 되돌아갔는데, 이런 해석의 전환이 일어난 이유 중에는 서독이 쥐고 있던 루터―그의 종교개혁은 동독 땅인 작센에서 일어났다―기념 행사의 주도권을 빼앗아 와야 했던 것도 있었다.
29. Matheson, (ed. and trans.), *Müntzer*, 44, 29 March 1522(뮌처가 멜란히톤에게 보낸 편지); Müntzer, *Briefwechsel*, 127-139, 133. 이 편지는 아그리콜라가 1525년에 뮌처를 논박하는 저작의 일부로 출간했다.
30. Müntzer, *Briefwechsel*, 505, n.1. 그는 이전에 수녀였으며, 이름은 오틸리 폰 게르젠Ottilie von Gersen이었다. 필시 메르제부르크 주변 지역에 살았던 귀족 집안인 괴르셴 집안 출신이었을 것

31. Karlstadt, *Endschuldigung*, fos. B i(v); B ii(r). Furcha, (ed. and trans.), *Carlstadt*, 383. 이 소책자는 7월에 나왔을 것이다. 아울러 아우크스부르크판도 있었다. Zorzin, *Karlstadt*, 104 참조. "나는 사나운 개들 가운데 있는 토끼처럼 농민 가운데 있었다." 그는 그렇게 썼다. fo. B ii(r), Furcha, (ed. and trans.), *Carlstadt*, 383. 그는 농민 무리가 그에게 가한 위협 중 몇몇 사례를 제시한다. 그러면서도 그는 이렇게 말한다. "내가 농민과 함께 자고 그들과 함께 먹고 마시며, 때로는 그들을 도와 불의를 칭송하거나 빈번히 아주 잔인하게 죄를 짓게 자극했다 할지라도 나는 속수무책이었다. 나는 먹고 마셔야 했으며, 내 아내와 아이들의 목숨까지 위험에 빠뜨리고 싶지 않았다. 만일 내가 농민에게 맞섰다면 바보가 되었을 것이다. 그들은 나를 한마디로 절단했을 것이다." fo. B iii(r); Furcha, (ed. and trans.), *Carlstadt*, 385.

32. Karlstadt, *Endschuldigung*, fo. B (iv)✴ (r); Furcha, (ed. and trans.), *Carlstadt*, 386.

33. WB 3, 889, 12 June 1525, 529:2-3. 원전은 십중팔구 라틴어로 썼을 것이며, 번역은 슈팔라틴이 했다.

34. Karlstadt, *Endschuldigung*. 그는 9월에 *Erklärung wie Karlstadt seine Lehre vom hochwürdigen Sakrament und andere geachtet haben will*을 썼다. 이는 비텐베르크에서 출간되었고, 뉘른베르크, 에르푸르트, 스트라스부르에서 네 번이나 거듭 인쇄되었다. 8월에는 짐프레히트 루프Simprecht Ruff가 카를슈타트의 이 두 텍스트를 합쳐 출간했다. 이후에 나온 판에는 루터와 카를슈타트의 견해를 다룬 긴 서문이 들어 있으며, 카피토가 『한 그리스도인 형제가 루터 박사와 카를슈타트 박사의 하나됨을 기뻐함[Frohlockung eines christlichen Bruders von wegen der Vereinigung (die sich)✴ zwischen D. M. Luther und D. Andres Carolstat begeben (hat)]』이라는 제목으로 다시 인쇄, 출간했다. 이 제목은 루터와 카를슈타트 사이의 적대감이 그 시대 사람들에게 얼마나 골칫거리였는지 보여준다. Zorzin, *Karlstadt*, 104; Thomas Kaufmann, "Zwei unerkannte Schriften Bucers und Capitos zur Abendmahlsfrage aus dem Herbst 1525." in *Archiv für Reformationsgeschichte* 81, 1990, 158-188 참조.

35. WS 18, 431-445; 436:18-20. 아울러 그는 카를슈타트의 다른 논문에도 서문을 써 주었다. *Erklärung*, 446-466.

36. WS 18, 446-466, *Erklärung*.

37. WB 3, 915, 1525년 9월초, 566:28, 565:1, 1; 10. 슈팔라틴은 선제후를 위해 이 편지를 번역했다.

38. WB 3, 920, 12 Sept. 1525, 그리고 "Nachgeschichte." 574:39; 35.

39. Furcha, (ed. and trans.), *Carlstadt*(루터 박사가 거짓 고소와 비방으로 안드레아스 카를슈타트를 의심받게 한 것과 관련된 기독교의 몇 가지 주요 가르침); Karlstadt, *Anzeyg*.

40. WB 3, 874, 23 May 1525. 아울러 루터는, 돌 몇 개가 그 아기의 허파와 쓸개에서 발견되었는데, 그 굵기가 작은 손가락만 했고 그 크기는 동전만 했다고 말했다. 아기는 이 돌 때문에 죽었지만, 쓸개에서는 아무것도 나오지 않았다. 하지만 의사의 보고에 따르면 요도에서 돌이 발견되었다고 한다. 검시와 부검이 이뤄진 점이 흥미롭다. Neudecker and Preller, (eds.), *Georg Spalatin's historischer Nachlass*, 68-69 참조.

41. WB 3, 803, 12 Dec. 1524.

42. Neudecker and Preller, (eds.), *Georg Spalatin's historischer Nachlass*, 66-68.

43. WB 3, 860, 4(5?) May 1525. 알브레히트가 부리는 병사들이 오스테르하우젠 마을을 완전히 불살라 폐허로 만들었다. 선제후 장례는 개혁교회 안에서 어떤 종류의 의식을 사용해야 하는가라는 물음을 불러일으켰다. 루터와 멜란히톤은 철야하며 만가를 부르지 말고 미사도 올리지 말아야 하며, 사제는 검은 옷을 입지 말고 제단에도 검은 천을 두르지 말아야 한다고 권고했다. 그들은 제단 둘레에 종마를 그리고 방패를 바치고 창을 부러뜨리는 행위를 "우습다"며 거부했다.

13. 결혼과 육체

1. 루터의 묵시주의를 살펴보려면, Soergel, *Miracles*, 33-66 참조.
2. WB 9, 3699, 6 Jan. 1542, *Beilage IV, Luthers Hausrechnung*, 581: 루터는 교회 장식과 성직자 의복을 포함하여 교회 재산이 어디로 갔는지 제시한다. 그는 이것을 약 50굴덴에 팔아 수사와 수녀를 입히는 데 사용했다. WB 3, 600, 10 April 1523; 609, 22 April 1523. 슈팔라틴은 그들을 돕고자 선제후 궁정과 선제후 자신에게 기부를 요청해야 했다. 루터는 선제후가 기부한 것은 일체 비밀로 하겠다고 약속했다.
3. 이 이야기는 곧 이런 줄거리를 갖게 되었다. 그는 실제로 그가 수녀원에 생선을 배달할 때 사용하던 바로 그 수레로 그들을 날랐을 수도 있다. Treu, *Katharina von Bora*, 16. 트로이는 카타리나가 루터와 혼인하기 전에 크라나흐 가족과 함께 살았음을 설득력 있게 주장한다.
4. WS 11, 387-400, *Ursach und Antwort, dass Jungfrauen Kloester goettlich verlassen moegen*이라는 소책자를 출간했다. 저지독일어로 쓴 판도 나왔다. 루터는 특히 성이라는 차원을 강조한다. 젊고 성 경험이 없는 여성을 수녀원에 억지로 집어넣다 보니, 이 여성들은 순결이라는 문제와 씨름할 수밖에 없다. 그는 이렇게 덧붙인다. "이는 여자가 처녀로 지내도록 창조되지 않고 자녀를 낳도록 창조되었기 때문이다"(398:4). 루터는 슈타우피츠의 누이에서 시작하여 수녀원을 떠난 모든 여자의 이름을 공개함으로 글을 맺는다. 이는 슈타우피츠에게 심히 굴욕이 되었을 수도 있다. 아울러 Posset, *Front-Runner*, 341 참조. 1524년, 루터는 만스펠트에서 온 한 루터파 수녀의 증언을 출간했으며, 한 편지를 서문으로 넣었다. WS 15, 79-94(이 수녀는 자신이 루터에게 편지를 보냈다는 이유로 옥에 갇혔으며, 식사 때는 짚으로 만든 수치스러운 관을 쓰고 바닥에 앉아 있어야 했다고 썼다. 짚으로 만든 관은 동정을 잃었음을 상징하는 표지였다). 1525년, 루터는 다시 이 일에 개입했는데, 이번에는 한 무리 수녀들을 작센 조이스리츠에서 데려왔다. 이전처럼 이번에도 수녀들을 도망치게 하려고 코페의 도움을 받았는데, 그는 아마도 그리마 사람이었을 것이다. WB 3, 894, 17 June 1525.
5. WB 3, 766, 6 Aug. 1524, 327:21-24.
6. WB 2, 426, 6 Aug. 1521(슈팔라틴에게 보낸 편지), 377:4-5; 1532년, 그는 식탁에서 여전히 자신이 혼인할 가망이 도통 없어 보였던 일을 회상하면서, 만일 어떤 이가 보름스의회가 열렸을 때 자신더러 당신은 5년 안에 한 아내와 자식을 거느린 남편이 될 거라고 이야기했다면 웃고 말았을 것이라고 말했다. WT 3, 3177.
7. StadtA Witt, Kämmereirechnungen 1524, 144. 시의회는 루터에게 새 "웃옷과 바지와 속옷" 대금을 지급하고, 능직 무명천 6엘(약 1미터 20센티미터)을 지급했다.
8. LW Letters, II, 105; WB 3, 857, 16 April 1525, 475:14-23. 원팔을 벤 아내는 하위계급 출신 아

내, 곧 완전한 배우자 자격을 갖춘 이가 아니라 사회 지위가 다른 아내로서, 그가 낳은 자녀는 아버지의 사회 지위를 물려받지 못했다. 귀천통혼貴賤通婚, morganatic marriages은 이 경우처럼 정반대로 이루어질 수도 있었다. 루터가 카타리나보다 사회 지위가 낮았기 때문이다. 이 조크는 상당히 가혹했다. 본디 1524년에 카타리나의 남편이 될 사람은 뉘른베르크의 유명한 귀족 가문 출신인 히에로니무스 바움가르트너였다(바움가르트너는 카타리나가 혼인할 때까지 기다렸다가 나중에 다른 사람과 혼인했다. Stjerna, *Women and the Reformation*, 55). 루터는 이 편지를 보내고 3주도 지나지 않아 요한 뤼헬에게 편지를 보내 "내 케테"와 혼인하겠다는 뜻을 알렸다. WB 3, 860, 4(5?) May 1525, 482:81.

9. *Melanchthons Briefwechsel-Regesten online*, 408, 16 June 1525. 이 혼인식에는 부겐하겐, 크라나흐, 요하네스 아펠이 참석했다.

10. WB 3, 886, 10 June 1525, 525-526:14.

11. WB 3, 860, 4(5?) May 1525, 481:64-66.

12. 글라츠가 오를라뮌데의 자리라는 독배를 기꺼이 마시려 한 것은 완전히 이타적 결정이 아니었을 수도 있다. 그는 분명 그의 편지에서 쓸데없는 소리를 지걸이며 카를슈타트에 관한 모든 좋지 않은 소문을 루터에게 전달하고, 루터에게 의존하여 일을 해결하는 이로 등장한다.

13. LW Letters, II, 116-118; WB 3, 900, 21 June 1525, 541:14. 사람들은 이 편지를 종종 루터가 처음에는 카타리나를 "사랑하지" 않았음을 보여주는 증거로 인용한다. 그러나 이 편지를 카타리나가 애초에 계획했던 히에로니무스 바움가르트너와 혼인하지 못하게 되었을 때, 스스로 혼인하겠다고 선언하며 그 상대로 지목한 암스도르프에게 써 보냈다는 것은 의미심장하다. 암스도르프는 여전히 미혼이었다. 그 때문에 루터는 그의 벗을 당황하게 만들지 않으면서 그의 감정을 전달할 수 있었다. 아울러 이 편지는 루터가 6월 12일에 암스도르프에게 보냈던 편지에서 이 문제에 관해 일언반구도 하지 않았음을 이야기하고, 이미 그의 친구에게 다다른 뒷이야기를 고려했다고 이야기한다. 분명 루터는 자신이 거의 죽을 지경에 이르렀던 1537년에 암스도르프더러 자신의 아내를 보살펴 달라고 부탁했다. WT 3, 3543A.

14. LW Letters, II, 117, WB 3, 900, 21 June 1525, 541:6. 아울러 WB 3, 890, 15 June 1525 참조. 우리는 그가 벤체스라우스 링크, 게오르크 슈팔라틴, 암스도르프, 작센 시종장인 한스 폰 돌치히, 가브리엘 츠빌링(루터가 바르트부르크에 가 있는 동안 아주 과격한 설교를 했었지만, 이후 용서받았다), 그의 부모, 레온하르트 코페(수녀들을 비텐베르크로 데려온 이), 그리고 만스펠트 행정부에서 일하던 뤼헬, 투어, 뮐러를 초대했음을 안다. 그는 만스펠트 백들, 게브하르트, 알브레히트를 초대할지 주저하면서, 만스펠트 관료들에게 조언을 구했다. 만스펠트 사람들을 초대할 때는 자신의 혼인을 과거 시제로 표현했는데, 이는 루터 부부가 이미 혼인을 통해 하나가 되어 동침했음을 분명하게 일러 준다("mit Eile beigelegen." 서둘러 아내로 삼았다)°. 이 시대가 생각하던 남자다움을 알아보려면, Hendrix and Karant-Nunn, (eds.), *Masculinity*, 그리고 Puff, *Sodomy* 참조.

15. 요나스는 비텐베르크의 한 집안 출신인 카타리나 팔크와 혼인했다. Kawerau, *Briefwechsel des Justus Jonas*, II, xvii.

16. Reindell, *Linck aus Colditz*, 190.

17. WB 3, 726, 1 April 1524, 263:8-9, 사무엘하 1:26을 인용.

708

18. 슈팔라틴은 혼인하고 싶은 마음이 굴뚝같았지만, 선제후가 죽을 때까지 하지 못했다. 선제후의 죽음은 루터의 상황도 나아지게 해주었을지 모른다. 사실 작센에서는 성직자의 혼인이 아직도 적법하지 않았다.
19. WB 2, 26 May 1521, 349:85-86. LW Letters, I, 235. 이 번역은 두 위장과 이것들이 만들어 낼 수 있는 것을 소재로 삼은 조크를 잘 전달하지 못한다.
20. Jesse, *Leben und Wirken des Philipp Melanchthon*, 47. 그는 1525년 6월 16일에 카메라리우스에게 그리스어로 편지를 써 보냈다. *Melanchthons Briefwechsel-Regesten online*, 408. 아울러 그는 카타리나가 혼인 전에 동정을 잃었다는 소문을 물리쳤다. 대체로 그는 혼인이 정욕을 올바로 치료해 주는 방법이라는 견해를 지지하면서, 혼인이 루터를 진정시켜 주리라고 기대했다.
21. WB 3, 883, 3 June 1525, 522:12-13; 17-18. 1525년 6월 10일자 편지는 슈팔라틴에게 혼인을 늦추는 것이 아주 좋지 않은 생각임을 경고하며 아주 힘찬 에너지와 활력을 드러낸다. 이는 이 부부가 이 무렵에 혼인을 완성했음을 시사한다.
22. WB 3, 894, 17 June 1525, 534:6-7; 9-10.
23. WB 3, 896, 20 June 1525, 537:12.
24. 신발은 섹스와 강한 연관이 있었다. 동정을 잃은 여성은 자신을 유혹한 사람에게 신발 한 켤레를 요구할 수 있었다. Roper, *Holy Household*, 147. 루터는 크라나흐의 딸이 혼례를 올릴 때도 소소한 조크를 서슴없이 날렸다. 그는 **아내가 집에 없을 때** 자신이 주인이 된다고 말했다. 그는 신랑의 신발을 부부 침대 위에 놓아둠으로써, 대중의 지혜가 그리 요구하듯이 자신이 우위에 있으리라는 것을 나타냈다. WT 3, 593:22: Susan Karant-Nunn, "The Masculinity of Martin Luther," in Hendrix and Karant-Nunn, (eds.), *Masculinity*, 179.
25. WT 1, 814.
26. Christiane Schulz, "Spalatin als Pfarrer und Superintendent in Altenburg." in Kohnle, Meckelnborg, and Schirmer, (eds.), *Georg Spalatin*, 70-71; Schmalz, *Spalatin*, 17, 22-23. 알텐부르크 시민의 딸이었던 그의 아내도 이름이 카타리나였다. 가톨릭 강경파였던 알텐부르크 수사회는 이 혼인을 해소시키려고 했다.
27. WB 3, 952, 6 Dec. 1525, 635:26-28.
28. 슈팔라틴은 혼례식을 성에서 올리려 했으며, 루터와 브뤽 박사를 선제후의 식탁에 앉혔을 것이다. Staatsarchiv Weimar, EGA Reg O 57, fo. 11. 코흐레우스는 "얀 후스의 비극에 관한 비밀 대화"에서 슈팔라틴이 혼인해 놓고도 자식이 없음을 놀렸다. 이를 살펴보려면, Johann Vogelsang(Cochlaeus), "Ein heimlich Gespräch von der Tragedia Johannis Hussen, 1538." in Holstein, (ed.), *Flugschriften* 참조.
29. WB 8, 3141, Überleitung, 55. 성직자 가운데서는 그 아내가 남편을 "박사님"이라 부르고 남편에게 경칭인 "당신"을 사용하는 것이 보통이었던 것 같다. WB 10, 3829, 26 Dec. 1542, introduction, Justus Jonas's wife's last words 참조. 아울러 Johann Vogelsang(Cochlaeus), "Ein heimlich Gespräch, 1538." in Holstein, (ed.), *Flugschriften* 참조. 여기서 아내들은 그들의 남편을 그렇게 부르며, 여자들끼리 부를 때는 남편의 지위를 따라, 가령 성직자 부인, 주교 부인 등으로 부른다.

30. 그는 분명 여성의 지식 영역 속으로 들어갔으며 그가 임신에 관하여 아는 것을 곧 드러낸다. 그는 동료(브리스거)에게 그의 아내 태중에 있는 아기가 아직도 태동을 하지 않은 이유를 써 보냈다. 나중에 아기를 사산하면서 그 이유가 밝혀졌다. WB 4, 980, 12 Feb. 1526(알텐부르크의 브리스거에게 보낸 편지); 1019, 17 June 1526.
31. WB 3, 906, 22 July 1525, 548:10-12. 조금 후, 그는 토르가우에 새 침대를 주문하면서, 정확한 치수를 보내 이 침대를 특별 제작하게 했다. WB 4, 961, 2 Jan. 1526.
32. WT 3, 3178a.
33. WT 2, 1472.
34. "Im Original heißt es: »Ob sie aber auch müde und tzu letzt todt tragen, das schadt nicht, laß nur tod tragen, sie sind drumb da«, WS 10.2, *Vom ehelichen Leben*(1522), S. 301:43f.", 독역본. 원서 제13장 "결혼과 육체"의 이하 주 번호와 내용에 오류가 있어, 독역본을 참조해 정리했다.
35. 학자 집안에서 이루어진 젠더 구분에 관하여 알아보려면, Gadi Algazi, "Habitus, familia und forma vitae: Die Lebensweisen mittelalterlicher Gelehrten in muslimischen, jüdischen und christlichen Gemeinden-vergleichend betrachtet." in Rexroth, (ed.), *Beiträge*; and Ross, *Daum's Boys* 참조.
36. 루터는 혼인을 이상적인 것으로 포장하지 않았다. 그는 혼인에 대해 성실함을 지키는 것이 남자에게 얼마나 힘들며, 부부싸움이 얼마나 자주 일어날 수 있는지, 혼인이 얼마나 일을 만들어 내는지 이야기했다. 이를테면, WT 3, 3508, 3509, 3510. 카타리나 폰 보라에 대해 알아보려면, Stjerna, *Women and the Reformation*; Jeannette C. Smith, "Katharina von Bora Through Five Centuries: A Historiography." *Sixteenth Century Journal* 30, no. 3(1999): 745-774; Treu, *Katharina von Bora*; Kuen, *Lucifer Wittenbergensis*; Mayer, *Des unsterblichen*; Walch, *Wahrhaftige Geschichte* 참조. 루터가 혼인에 관하여 쓴 주요 저작을 유익하게 요약한 글을 보려면, Jane Strohl, "Luther's New View on Marriage, Sexuality, and the Family." *Lutherjahrbuch* 76(2009): 159-192 참조.
37. WB 4, 1305, 그리고 *Beilage*, 10 Aug. 1528. 카타리나는 거듭난 창녀처럼 수녀원으로 돌아가야 하며, 아이가 있다는 것도 그녀의 돌아감을 막아서는 안 된다. 카타리나의 혼인 관계는 하나님의 이름이 아니라 마귀의 이름으로 결합한 것이므로 구속력이 없었다.
38. WS 6, *Neue Zeitung von Leipzig*, 550:31, 그리고 540:16-19 참조. 루터는 나귀를 뜻하는 "asini"를 사용한 어크로스틱acrostic을 포함시키고, 나귀의 왕을 묘사한 목판화도 포함시켰다. 그런 다음, 그가 좋아하던 작가 가운데 하나인 아이소포스 스타일의 우화를 하나 제시한다. 이 우화는 사자보다 계략에서 앞서는 나귀를 묘사한다. 이 우화는 사자가 아니라 나귀가 왕관을 차지하듯이 세상 질서를 뒤집어 버리는데, 이는 마치 그리스도가 지혜 있는 자의 지혜를 뒤집으시는 것과 마찬가지다. 이 소책자 서두는 재치가 번득이지만, 나머지 부분은 유쾌하다.
39. Johann Hasenberg, *Lvdvs lvdentem lvdervm lvdens*, 1530 (VD 16 H 714)*.
40. 이 작품은 요한 포겔장이라는 가명으로 출간되었다. Johann Vogelsang(Cochlaeus), "Ein Heimlich Gespräch von der Tragedia Johannis Hussen, 1538." in Holstein, (ed.), *Flugschriften*. 이 극에 관하여 알아보려면, Philip Haberkern, "'After Me There Will

Come Braver Men'": Jan Hus and Reformation Polemics in the 1530s," *German History* 27, no. 2(2009): 177-195 참조. 이 극의 존재를 내게 처음으로 알려 준 작품이 이것이다.

41. 에라스뮈스는 여느 때처럼 예리하게 의지에 관한 카를슈타트의 입장이 루터의 그것과 같지 않음을 간파했다. 루터는 "오직 은혜만이 우리 안에서 선을 행하시되, 자유의지를 **통해** 혹은 자유의지와 **협력하여** 행하시지 않고, 자유의지 안에서 행하신다"는 입장이었다. Miller, (ed.), *Erasmus and Luther*, 11.

42. LW Letters, II, 6-8; WB 2, 499, 28 May 1522, 544:11-12; 545:26-28. 우리는 이 편지를 받은 이가 누구인지 확실히 모른다. 그러나 라이프치히 대학교 교수였던 카스파르 뵈르너였을 가능성이 있다. 분명 라이프치히에 있던 학자였다. 루터는 이전에 보낸 편지에서도 에라스뮈스를 비판했었다. 예를 들면, WB 1, 27, 19 Oct. 1516 참조. 그는 에라스뮈스를 더 좋지 않게 이야기한 글을 랑에게 보냈지만(1517년 3월 1일), 자신의 견해를 비밀로 지켜 달라고 부탁하면서, 같은 내용의 편지를 슈팔라틴에게도 보냈다(1518년 1월 18일). 하지만 1522년에 이르러 그는 에라스뮈스의 신학은 물론이요, 이 편지가 겨냥한 모젤라누스처럼 "에라스뮈스 지지자"인 사람들에게도 아예 드러내 놓고 반감을 표명하려 했다.

43. WB 4, 1028, 5, 10 July 1526 (게르벨이 루터에게 보낸 편지).

44. WB 4, 27 March 1526(슈팔라틴에게 보낸 편지), "vipera illa," 42:28, 그리고 WB 4, 1002, 23 April 1526, 선제후 요한에게 보낸 편지, "die vipera." 62:8 참조. 루터는 그를 『종된 의지에 관하여De servo arbitrio』(1525)에서 "장어"라 불렀다. WS 18, 716. 아울러 루터는 1531년에 식탁에서 에라스뮈스를 "아무도 잡을 수 없는" 장어에 비유했다. WT 1, 131.

45. Miller, (ed.), *Erasmus and Luther*, 47. 독일어 번역을 맨 처음 제공한 이가 바로 유스투스 요나스였다. Justus Jonas, *Das der freie wille nichts sey*, Wittenberg 1526 (VD 16 L 6674)*. 그는 이를 루터가 자란 지역을 다스리던 만스펠트 백 알브레히트에게 헌정했다. 요나스는 들어가는 글에서 "우리 친애하는 벗" 에라스뮈스가 "다른 면에서는 훌륭하고 위대한 사람"이지만, 그가 자유의지에 관하여 쓴 글은 "무질서하고 복음에 어긋난다"고 주장했다. fo. A i(v).

46. *On the Enslaved Will*, 121; WS 18, 783:17-28.

47. Ibid.

48. WB 4, 1160, 19 Oct. 1527, 269:6-7.

49. WT 4, 5069. 루터는 카타리나가 카메라리우스의 재촉을 따라 그리했으며, 자신은 아내를 기쁘게 해주고자 펜을 들었다고 말했다. 루터는 이 이야기를 1540년 6월에 들려주면서, 그 책을 식탁에 가져왔다.

50. 가령 현대 전기 작가인 리처드 마리우스Richard Curry Marius, 1933-1999는 그에게 "신사처럼" 다가온 사람에게 보인 반응이라기엔 "이 작품이 모욕투성이요, 격렬했으며, 아주 불공정하고, 대단히 강경했다"고 써 놓았다. Marius, *Martin Luther*, 456.

51. WB 4, 989, 43, n.10. 에라스뮈스는 지금은 사라진 편지에 답하는 편지를 루터에게 보냈다. 이 편지에서 그는 자신의 공격이 보인 어조를 사과했다. WB 4, 992, 11 April 1526. 에라스뮈스의 논문 2부는 1527년에 출간되었다.

52. *On the Enslaved Will*, 39; WS 18, 648:14-15.

53. Ibid., 687:27-34.

54. WB 4, 992, 11 April 1526(에라스뮈스가 루터에게 보낸 편지); WB 4, 1002, 23 April 1526(선제후 요한에게 보낸 편지), 62:7; 62:13-14.
55. 때로 그 질은 변할 수도 있었다. 예를 들면, 실제로 진짜 살처럼 피를 흘린 기적의 성체가 있었다. 이 기적의 성체를 보러 오는 순례자가 많이 있었으며, 그중에는 근처 빌스낙에서 온 이도 있었다. 빌스낙으로부터 미사의 기적이 실제로 일어난 증거를 보려고 사람들이 떼를 지어 오곤 했다.
56. Barge, *Karlstadt*, II, 100-101; Burnett, *Karlstadt*, 58-60. 우리는 그 개혁이 무엇이었는지 정확히 모른다. 그러나 그는 필시 독일어 예배를 도입하고 성체 거양을 폐지했을 것이다. 카스파르 글라츠는 슈팔라틴에게 카를슈타트가 유아세례도 폐지했다고 말했다.
57. 카를슈타트의 성찬 사상의 발전을 살펴보려면, Burnett, *Karlstadt*, 54-76; *Auslegung dieser wort Christi. Das ist meyn leyb welcher für euch gegeben würt. Das ist mein bluoth welches für euch vergossen würt*(그리스도의 이 말씀, 즉 "이것은 너희에게 주는 내 몸이다. 이것은 너희를 위해 흘리는 내 피다"에 관한 주해), Basel 1524 (VD 16 B 6111)*, in Burnett, (ed. and trans.), *Eucharistic Pamphlets* 참조.
58. Furcha, (ed. and trans.), *Carlstadt (The Meaning of the Term "Gelassen")*, 139; Karlstadt, *Was gesagt ist*, fo. B (r).
59. Furcha, (ed. and trans.), *Carlstadt*, 198, 201; *Uon manigfeltigkeit des eynfeltigen eynigen willen gottes*, Köln, 1523 (VD 16 B 6251)*, fo. C iii(r); fos. D i(v)-D ii(r). 때로 그는 우리가 우리 자신의 의지를 버려야 함을 보여주는 예로 혼인한 사람들의 "내맡김"을 사용하면서도, "아내를 지으신 분에게 매달리기보다 그분이 지으신 아내에게 매달리는 것"이 더 쉽다고 말한다. (*The Meaning of the Term "Gelassen"*), 137; Karlstadt, *Was gesagt ist*, A iii(v).
60. 예를 들면, WB 3, 787, 30 Oct. 1524. 루터는 분명 카를슈타트가 남자뿐 아니라 여자에게도 따로 편지를 보내 자신이 추방당했음을 알렸다는 말을 들었다.
61. Furcha, (ed. and trans.), *Carlstadt (The Meaning of the Term "Gelassen")*, 157; Karlstadt, *Was gesagt ist*, fo. E (v).
62. Furcha, (ed. and trans.), *Carlstadt (Several Main Points of Christian Teaching)*(1525), 368; Karlstadt, *Anzeyg*, fo. E iv(v).
63. Ibid., 367; Karlstadt, *Anzeyg*, fo. E iii(r-v); fo. E iii(v).
64. 처음에 루터는 성찬에 관한 카를슈타트의 견해가 자신의 견해와 얼마나 다른지 깨닫지 못한 채, 그의 견해가 주로 외면적 사항과 관련이 있다고 믿었던 것 같다. 루터는 『하늘의 예언자들 반박』 1부를 쓰면서, 성찬(성체)에 그리스도가 실제로 임재하심을 부인하는 성찬 상징설 주장자들의 입장을 논박했는데, 이때만 해도 카를슈타트의 소책자를 다 읽지 않았다. 루터는 스트라스부르 설교자들이 이 소책자 묶음을 그에게 보내왔을 때, 화력을 독일어로 기록된 대화에 집중하면서 넓은 청중을 목표로 삼았다. Burnett, *Karlstadt*, 71 참조.
65. 이것은 카를슈타트가 그의 삶으로 살아 낸 것이 아니었다. 그는 수사와 수녀가 수도서원을 깰 수 있어야 한다는 것을 처음으로 주장했던 사람 가운데 하나였으며, 안나 폰 모하우와 혼인하여 살아 있는 자식만도 다섯을 얻었다.
66. Matheson, (ed. and trans.), *Müntzer*, 459-460, 459 n.1.
67. Reinholdt, *Ein Leib in Christo werden*; Roper, "Sexual Utopianism in the German

68. Köhler, *Zürcher Ehegericht* 참조.
69. Oyer, *Lutheran Reformers*, 59.
70. *The Estate of Marriage*, 1522, LW 45, 18; WS 10. II, 276:14-20; 21-26. 이는 루터가 비텐베르크로 돌아온 뒤에 지어졌는데, 필시 1522년 9월이었을 것이다. WS 10. II, 267, Introduction.
71. WB 4, 966, 5 Jan. 1526.
72. WB 4, 1200, 3 Jan. 1528. 1528년 1월, 교구 방문 검열관 지침서를 만들 때 근친상간 규칙이라는 주제를 토론했는데, 루터는 이 규칙을 글로 정의하지 말자고 제안하며, 슈팔라틴의 초안에서 사람들이 조카딸이나 조카와 혼인해서는 안 된다고 말하는 부분을 쳐내 버렸다. WB 4, 327, 331-332; 336 참조. 1530년, 루터는 고인이 된 아버지 형제의 부인과 혼인한 남자더러 당장 갈라서야 한다고 주장하면서, 이 내외가 여러 해를 함께 살았고 자녀가 넷이나 있어도 역시 갈라서야 한다고 주장했다. 요나스, 브렌츠, 암스도르프는 이들이 같이 살게 허용해야 한다고 생각했다. WB 5, 1531, 26 Feb. 1530. 1535년, 요나스, 루터, 그리고 멜란히톤은 츠비카우에 있던 레온하르트 바이어에게 편지를 보내, 한 사람이 죽은 아내의 자매와 동침하고 이 자매와 혼인하고 싶어 하는 사건을 다루었다. 이런 경우는 결코 인정할 수 없었다. 두 사람은 제1친등親等인 친족이라 제국법상 혼인할 수 없었기 때문이다. 야곱의 사례는 모세가 폐기한 이상 선례가 될 수 없었다. 모세가 혼인할 수 있는 사람으로 적시한 목록은 죽은 아내의 자매와 혼인할 수 있는지 여부를 분명히 밝히지 않았다. WB 7, 2171, 18 Jan. 1535.
73. LW 36, 103, 『바벨론 포로가 된 교회에 관하여』; WS 6, 558:20-32, 여기에서는 25-28. 그 본문 전체는 이렇다. "여자는 성불구인 남자와 혼인해도 법정에서 남편이 성불구임을 증명할 수 없거나, 어쩌면 산더미 같은 증거와 법이 요구하는 온갖 악평을 사용하여 그런 증명을 하길 원하지 않을지도 모른다. 그러나 여자는 아이를 갖기를 간절히 원하거나 성욕을 참지 못할 수 있다.…그러면 나는 그 남편(사실 이 사람은 그 여자의 남편이 아니라, 다만 그 여자와 한 지붕 아래에서 같이 사는 사람일 뿐이다)의 동의를 얻어 그 여자에게 다른 사람, 곧 그 남편의 형제와 성관계를 갖되, 이 혼인은 비밀로 하고 거기서 태어난 자녀는 소위 아버지라 추정하는 사람의 자녀로 인정하라고 권면할 것이다." 루터는 이런 입장을 1522년에 쓴 『혼인 생활에 관하여Vom ehelichen Leben』에서 더 힘주어 되풀이하면서, 『바벨론 포로가 된 교회에 관하여』를 다시 언급한다. "내가 말했던 것은 이것이다. 혼인하기에 적합한 여자가 그렇지 않은 남편을 가졌다 해도, 그 여자는 드러내 놓고 다른 남자를 맞지 못한다. 그리고 그런 불명예스러운 일은 하려 하지 않는다. 교황이 그런 경우에는 이유 없이 많은 증언과 증거를 요구하므로, 결국 여자는 그 남편에게 이렇게 말해야만 하기 때문이다. '이봐요, 내 사랑하는 낭군님, 당신은 내게 남편으로서 해야 할 의무를 다 하지 못합니다. 당신은 내 처녀성을 훔쳐 갔을 뿐 아니라, 심지어 내 영예와 내 영혼의 구원마저 위험에 빠뜨렸어요. 하나님이 보시기에 우리 사이에는 진정한 혼인이 없습니다. 내게 당신 형제나 가장 가까운 친족과 비밀 혼인을 할 특권을 주세요. 그러면 당신은 남편이라는 이름은 유지하니까 당신 재산이 엉뚱한 사람에게 넘어가지는 않을 겁니다. 당신이 내 동의 없이 나를 배신했으니, 내가 내 의지로 당신을 배신하는 데 동의해 주세요.' 나는 나아가 그 남편이 이런 약정에 동의함으로써 자기 아내에게 남편의 의무를 다하고 자녀를 얻을 기회를 주어야 하며, 만일 그 남편이 이를 거부한다면 아내는 몰래 다른 나라로 도망하여 거기서 혼인해야

한다고 말했다. 나는 이런 충고를 내가 아직 소심할 때 했다. 하지만 나는 이제 이 문제에서 더 건전한 권고를 하고 싶으며, 자기 아내를 바보로 만든 남자의 머리털을 더 단단히 움켜쥐고 싶다. 반대 상황이어도 같은 원리가 적용될 것이다. 그러나 남편의 경우보다 아내의 경우는 이런 일이 더 드물게 일어난다. 자기 몸과 재산과 영예와 구원이 걸린 이런 아주 중차대한 문제에 자기 이웃을 아주 제멋대로 끌어들이는 일은 해서는 안 된다. 그런 이에게는 정직하게 행하라고 일러 주어야 한다"(LW 45, 20-21; WS 10, II, 278:19-28; 279:1-6).

74. WB 4, 1057, 9 Dec. 1526, 141:7-8. 독일어 본문에는 "Not und Fehler des Glaubens und Gewissens"(믿음과 양심의 필요와 오류)라는 말이 있다. 루터는 중혼을 허용할 수 있는지 직접 물어 온 요제프 메취 Joseph Levin Metzsch의 질문에 이렇게 답한다. 1526년 11월 28일, 루터는 헤센 백 필리프가 던진 같은 질문에 대답한 일이 있었는데, 필리프는 이제 루터가 이 주제에 관하여 한 모든 말에 꼼꼼히 주목했다. 루터는 "극도로 필요한 때가 아니면"(Es were denn die hohe not da) 인간은, 그리고 특히 그리스도인은 한 아내만 취해야 한다고 대답했었다. 그는 그런 "필요"가 있는 사례로 아내에게 나병이 있는 경우나 또 다른 이유로 그 남편에게 소박맞은 경우를 들었다. 그러나 예외가 있었는데, 필리프는 이런 예외 상황을 자신의 중혼을 정당화하는 데 사용할 수 있었다. 편지는 일부만이 마르부르크 문서보관소에 존재하며, 서두 부분이 제거되어 있다. 이 편지는 필리프가 나중에, 루터가 예외 상황임을 들어 자신의 중혼을 허가했으며, 그의 주장이 오랫동안 일관되게 이어져 왔음을 보여주는 데 사용한 문서 기록의 일부를 이루었다(WB 4, 1056, 28 Nov. 1526, 140:15-16).

75. WB 5, 1383, 28 Feb. 1529(클라우스 빌덴하우어나 헤프너의 아내): "Nosse te credo, ante mensem defunctam uxorem Cl. Bild, defector, uti creditor, maritalis oficii": 22:1-2. 헤프너는 시의회 의원이었으며, 루터 집에서 적어도 한 번 식사했다. WT 4, 4506, 4508, 18 April 1539. 그때 헤프너는 자기 자녀를 키우느라 가진 돈을 모두 썼는데, 이제 자녀들이 자신을 돌보려 하지 않는다고 불평했다. 루터는 그 불평에 전혀 동조하지 않은 채, 운때가 들어 있는 한 이 야기를 이렇게 인용했다. "자기 재산을 다스리는 권리를 포기하는 아버지는 틀림없이 곧 몽둥이로 맞아 죽고 말 걸"(Welcher Vater das Seine gibt aus der Gewalt, den soll man bald mit der Keule totschlagen)(WT 4, 353:8-9).

76. WB 10, 3843, 26 Jan. 1543, 252:8. 요나스의 아내는 1542년 12월 22일 죽었으며, 당시 임신 중이었다. 이 임신이 적어도 열세 번째였다. 요나스는 멜란히톤에게 보낸 편지에서 아내가 마지막으로 남긴 말이 "박사님, 나는 박사님에게 아주 즐거이 과실을 갖다드렸을 거예요. 나는 박사님이 아이들을 사랑하신다는 걸 알아요."였다고 말했다(WB 10, 3829, 26 Dec. 1542). 루터는 요나스에게 다시 편지를 보내 재혼하기까지 조금 기다리라고 조언했지만, 요나스 자신이 사람들의 뒷말도 충분히 감당할 만큼 강하다 싶으면 재혼하라고 말했다. 요나스가 재혼한 아내는 스물두 살이었다(WB 10, 3872, 4 May 1543). 이 일은 정말로 뒷말을 낳았다(WS 10, 3886, 18 June 1543). 루터는 요나스에게 재혼을 축하하는 편지를 보냈지만, 요나스 자신보다 오히려 그들이 요나스를 험담하는 말에 맞서 싸우고 있다고 덧붙였다. 그는 계속하여 다른 이들을 판단하지 않는 죄인들에 관하여 이야기하면서, 매독으로 학생들을 파멸시켰는데도 모두가 물고기처럼 입을 다물고 죄를 묻지 않았던 "열 창녀"에 그 죄인들을 상당히 어색하게 비유한다. 그런 다음 마지막 축하 인사와 더불어, 자신도 빚이 아주 많은 데다 챙겨야 할 혼례도 아주 많아 선

물을 조금밖에 못 보내는 것을 용서해 달라고 요청하는 말로 편지를 끝맺는다. 루터는 자신에게 열의가 없음을 분명하게 밝히면서도, 요나스가 혼인해야 한다면 혼인하라는 것이 자신의 변함없는 견해임을 밝혔다.

77. WT 3, 3510.
78. WB 4, 1250, 9 April 1528; 1364, 6 Dec. 1528. 메취는 루터가 이 문제를 다룬 책을 펴내길 원했다.
79. WB 4, 1253, 12 April 1528, 443:12, 442:8-10; 442:7. 로트의 아내는 비텐베르크 인쇄업자 게오르크 라우의 아내와 자매 사이였다. 아울러 WB 6, 1815, 10 May 1531 참조. 아울러 루터가 권고자로서 인용한 지역의 몇몇 사례를 살펴보려면, StadtA Witt, 35 (Bc 24)*, Privat Protocoll von Hofgerichtsurtheilen… (Thomas Heyllinger notary) 참조.
80. 예를 들면, WB 4, 1179, 1205, 1304, 그리고 *Beilage*, 1309 참조.
81. WB 5, 1523, 1 Feb. 1530, 226:23-25.
82. WB 5, 1526, 232:20-23. 텍스트 전체를 보려면, 1526, 1 Feb. 1530, 230-236 참조.
83. WB 4, 972, 17 Jan. 1526. 그리고 루터의 편지, 975, 25 Jan. 1526, 22 참조. 우르줄라 토플러의 혼인은 그의 친척이 중매했고, 혼례는 뉘른베르크에서 거행되었다. 이로써 혼인은 완성되었으나, 이는 토플러의 뜻에 어긋난 혼인이었을 것이다. 알슈테트 관리(세리)가 물었을 때, 토플러는 자신이 수녀원에 있을 때, 그의 자매와 친척이 수녀원에 머무는 것은 저주받을 일이니 수녀원을 떠나야 한다고 일러 주는 책을 보내왔으며, 이에 케른을 만나 가르침을 받고 수녀원을 떠났다고 설명했다. Otto Clemen, "Die Leidensgeschichte der Ursula Toplerin," *Zeitschrift für bayerische Kirchengeschichte* 7 (1932): 161-170. "그러나 토플러는 그와 동침할 마음이 없었다"(162). 하나님이 토플러의 마음을 밝혀 주신 덕분에 "토플러는 자신이 이전에 했던 수녀 서원이 없으면 구원받지 못하리라는 것을 깨달았다"(163). 그가 억지로 토플러를 알슈테트로 돌아가게 하려 하자, 토플러는 그와 동침하려고 하지 않았다. 그러자 토플러의 친척들(지그문트 퓌러와 레오 쉬르슈타프)은 그에게 회초리를 만들어 주면서, "토플러 안에 마귀가 있어요. 마귀를 몰아내고 싶으면, 우리가 그만두라 할 때까지 토플러를 때리세요"라고 말했다(164). 케른은 토플러를 회초리로 때렸다. 수도 없이 때렸을 뿐 아니라 칼로 위협하기까지 했다. 토플러는 뉘른베르크의 유력 가문인 투허, 뉘첼, 그리고 푀머 집안과 친족 관계였다. 토플러가 자신이 몸담았던 수녀원 원장이 원하여서 수녀원으로 돌아가려 했는가는 분명하지 않지만, 수녀원에 다시 들어가길 고려했던 환속 수녀가 토플러만은 아니었을 것이다. 뮌처의 아내인 오틸리 폰 게르젠은 뮌처가 처형당한 뒤 빈곤한 처지가 되자, 작센 공 게오르크에게 편지를 보내, 자신이 수녀원에 다시 들어가리라고 작센 공이 믿고 있다는 말을 들었다고 언급한다. 오틸리는 게오르크가 그리하는 것이 옳다고 생각한다면, 수녀원에 다시 들어가려 했다. Müntzer, *Briefwechsel*, 506.
84. WB 5, 1433, 23 April 1530(카타리나 요나스에게 보낸 편지). 사실, 부인과 관련된 루터의 예언은 틀린 것으로 판명났으며, 카타리나는 또 한 아들을 낳았다. 루터는 요나스에게 다섯 아들의 창조자가 된 것을 축하하는 편지를 보냈다. 그러나 이 아들은 태어난 지 얼마 안 지나 죽었다. 루터는 최선을 다해 요나스를 위로했다.
85. WB 4, 1257, 1 May 1528, 447:1-2.

86. Plummer, *From Priest's Whore*, 218; Baylor, (ed. and trans.), *Revelation and Revolution*, 135. Thomas Müntzer, *Außgetrückte emplössung des falschen Glaubens der vngetrewen welt*, Nürnberg 1524 (VD 16 M 6745)*, fo. E ii(r).
87. WB 4, 1315, 3 Sept. 1528.
88. WB 6, 1902, 4 Feb. 1532: StadtA Witt, 9 (Bb 6)*, 2, 201-205. 루터의 세 아들은 이를 결국 1564년에 선제후에게 3,700굴덴을 받고 팔게 된다. WB 3, 911, 556, n.4. 카를슈타트는 6월 말부터 8주 동안 머물렀다.
89. Laube, "Das Lutherhaus," 50-51; Neser, *Luthers Wohnhaus*, 48; Heling, *Zu Haus bei Martin Luther*, 13.
90. 하지만 그는 식탁에서 식사하는 동안에는 절대 편지를 쓰지 않았다. 예를 들면, WB 6, 1994, 17 Jan. 1533(?) 참조. 이 편지는 전 수도원장이자 막 혼인하려던 친인 프리드리히 피스토리우스에게 혼인을 칭송하는 산만한 담화였다. 루터는, 취하여 정신이 오락가락하지 않고 그저 식사를 즐기는 사람이 장황하게 이런저런 말을 쓴 것을 용서해 달라는 말로 편지를 마무리한다. 어머니 없이 자라다가 아버지가 재혼하면서 수녀원으로 보내졌던 카타리나는 큰살림을 꾸리는 데 익숙했다.
91. Treu, *Katharina von Bora*, 54.
92. WB 8, 3344, 4 June 1539. 요한 슈나이데바인은 루터네서 함께 살면서 거의 10년 동안 하숙비를 냈지만, 집을 나가야 했으며, 금세공 장인이자 한때 크라나흐의 동료였던 크리스티안 되링의 딸과 혼인했다. WB 8, 3401, 7 Nov. 1539는 또 다른 하숙생(Tischgenger) 볼프강 쉬퍼를 언급한다. 필시 하인이 10명쯤 있었을 것이다. Treu, *Katharina von Bora*, 45-54 참조.
93. WB 10, 3963, 29 Jan. 1544, 520:21-22; 16-17. 루터는 로지나가 라이프치히에 있다는 말을 듣고 시 재판관에게 로지나에 관하여 경고하는 편지를 보냈다. 정말 그 여자가 로지나라면 시에서 추방해야 한다고 알렸다. 루터는 그전에 쓴 편지, WB 10, 3807, 10 Nov. 1542(피르나에 있는 안톤 라우터바흐에게 보낸 편지)에서 바보처럼 출산을 기뻐했다는 이유로 로지나를 저주했다. 새로 엄마가 된 이들을 위한 염려, 세례 선물, 여타 선물과 권고, 분만 축하는 모두 "존경할 만한" 기혼 여성에게만 해당하는 일이었다. 혼인하지 않은 하녀에게 아이가 생기면 선택할 수 있는 길이 몇 가지 있었는데, 로지나는 떠돌아다니는 이가 되었던 것 같다. 루터는 그녀의 아기 아버지가 누구일지는 생각하지 않는다. 비난받을 사람은 로지나라고 생각한 것이다.
94. WB 6, 1836, June 1531; 1860, 26 Aug. 1531; 1852, 4 Sept. 1531. 루터는 시의회를 설득하여 하페리츠에게 급여를 지불하게 하려고 했다. 그러면 적어도 루터는 그를 부양하려고 비용을 지출하지 않아도 되기 때문이었다. 루터는 11월에 하우스만에게 쉼 없이 편지를 보내 자기 집에 와서 머물라고 압박하였고, 그는 새 빈방을 얻게 되었다. 루터에게 그는 짐덩어리가 아니라 위안이 되었다. WB 6, 1885, 22 Nov. 1531.
95. WB 6, 3102, 13 Nov. 1536; 3103, 13 Nov. 1536; 3117, 14 Dec. 1536; WB 11, 4098, 2 May 1545; 4100, 2 May 1545; 4101, 2 May 1545. 루터는 아그리콜라를 그의 집으로 들이길 거부했다. 그는 아그리콜라의 딸이 "처녀답지 않게" 말이 많고 건방지다고 불만을 토로했다.
96. WB 8, 3398, 26 Oct. 1539. 그는 이 아이들은 잠깐만 집에 머물게 했다.
97. WB 6, 1868, 20 Sept. 1531.

98. WB 10, 3785, 28 Aug. 1542, 137:15.
99. WT 6, Nr. 6975, 302:13-14.
100. Melanchthon, *Vita Lutheri*, fo. 12(v); Melanchthon in Vandiver, Keen, and Frazel, (eds. and trans.), *Luther's Lives*, 16.
101. Roper, "Martin Luther's Body: The 'Stout Doctor' and His Biographers." *American Historical Review* 115, no. 2 (2010): 351-384, 그리고 Christensen, *Princes and Propaganda*, 47-56 참조. 크리스텐슨은 이 그림의 사용을 루프트 출판에 주어진 출판 특권과 연계한다.

14. 붕괴

1. 츠빙글리에 관하여 알아보려면, Potter, *Zwingli*, 287-315 참조. 그 꿈에 관하여 알아보려면, Zwingli, *Opera*, vol. 3, part 1, 341, "De Eucharistia, Subsidium sive coronis de Eucharistia" 참조. 아울러 Wandel, *The Eucharist in the Reformation* 참조.
2. Köhler, *Zürcher Ehegericht*, vols. 1과 2.
3. WB 4, 984, 9 March 1526(혹은 그 직전), 36:9-10, "balneum caninum." 안드레아스는 1525년 초에 태어났으며, 필시 카를슈타트의 차남이었을 것이다. 카를슈타트는 1524년 6월 19일 뮌처에게 보낸 편지에서, 뮌처가 카를슈타트의 아들 이름을 안드레아스라고 하기보다 아브라함이라 하길 원했던 이유를 묻는다. 이로 보아, 카를슈타트의 장남은 이름이 안드레아스였을 가능성이 높으며, 1523년과 1524년 사이에 태어나 1524년이나 1525년에 죽었을 가능성이 높다. 죽은 맏아들에게 붙였던 이름을 차남에게 똑같이 붙이는 것은 당시에 드문 일이 아니었다. *Müntzers Briefwechsel*, 291과 n.24. 1525년에 태어난 아이가 정말 카를슈타트의 차남이라면, 루터는 카를슈타트 장남의 대부 역할을 했을 수 있으며, 이는 카를슈타트가 루터를 "Gevatter"(대부)라 부른 이유, 그리고 루터 자신이 아니라 루터의 아내가 1526년에 안드레아스 2세의 대모 역할을 한 이유를 설명해 준다. 아울러 Barge, *Karlstadt*, II, 117, n.63; 219; 518-319 참조. 바르게는 카를슈타트 장남 이름이 "요하네스"였다고 주장하는데, 이는 117, n.63과 모순된다.
4. WB 4, 985, 9 March 1526; 1051, 17 Nov., 1526, 카를슈타트의 편지, 그리고 루터가 선제후에게 즉시 올린 청원, 1052, 22 Nov. 1526. Barge, *Karlstadt*, II, 369-376 참조.
5. WB 4, 959, 1526년 초; 1004, 26 April 1526.
6. WB 4, 1030, 1526년 8월 초. 그는 당시 스트라스부르 대성당 성직자회의 공증인이었다. 그는 자신이 만일 혼인하지 않았다면 프랑크푸르트로 가려 했을 것이라고 써 보냈다. 아울러 WB 4, 1933, 2 April 1527 참조.
7. 레기우스의 정확한 입장은 여전히 논란거리다. Burnett, *Karlstadt*, 140 참조. 1528년에 이르러 루터파 사람들은 레기우스가 성찬에 관한 한 원래 입장으로 돌아올 거라고 믿었다. Brecht, *Luther*, II, 323-324.
8. WB 4, 1044, 28 Oct. 1526.
9. WB 4, 982, 18 Feb. 1526. 빌리칸은 처음엔 츠빙글리를 반박하는 글을 썼지만, 여름에 가서 견해를 바꾸었다. WB 4, 1044, 28 Oct. 1526.

10. WB 3, 858, (April?) 1525, 477:29-31. 사실, 1522년으로 거슬러 올라가면, 요한 에베를린 폰 귄츠부르크가 자신이 비텐베르크를 방문한 일과 거기 있던 세 영웅, 곧 루터와 멜란히톤 그리고 카를슈타트를 서술하면서, 루터가 수단을 입고 여전히 금식하고 있었다고 말한다. 그는 카를슈타트도 같은 일을 했다고 믿었다. 그는 "존경할 만하고 마음이 선한 사람"이었기 때문이다. Günzburg, *Vo*(m)♦ *misbrauch Christlicher freyheyt*, Grimma, 1522 (VD 16 E 149)♦, fo. B iii(v).

11. WB 4, 1076, 29 Jan. 1526, 163:2.
12. WB 3, 951 (2 Dec. 1525)♦.
13. LW Letters, II, 150; WB 4, 995, 14 April 1526, 52:13-16. Burnett, *Karlstadt*, 129-134 참조. 그는 라틴어로 같은 말을 발렌틴 크라우트발트에게 써 보냈다. WB 4, 996.
14. WB 4, 1208, 1528년 1월 16일 이전(선제후 요한이 루터에게 보낸 편지), 347-348; 1209. 그는 결국 1529년에 쫓겨났다. 350 참조.
15. WB 4, 982, 18 Feb. 1526, 33:11, 그리고 989, 27 March 1526 참조.
16. WB 4, 982, 18 Feb. 1526. 소책자 배포에 관하여 알아보려면, Burnett, *Karlstadt*, 115-121 참조.
17. WB 4, 1072, 10 Jan. 1527, 159:13.
18. WB 5, 1422, 21 May 1529, 74:23-26.
19. WB 4, 1043, 25 Oct. 1526, 123:1; 123:6.
20. WB 4, 1001, 22 April 1526(브레슬라우에 있는 요한 헤스에게 보낸 편지), 61:9. 1월, 그는 이전에는 자신에게 충성했던 리크니츠(크라우트발트가 있던 곳)의 콘라트 코르다투스에게 "그리스도의 저 대적들"을 떠나라고 명령했다.
21. WB 4, 1036, (3 Sept. 1526?)♦ (아이제나흐의 토마스 노이엔하겐에게 보낸 편지). 이 편지는 노이엔하겐의 성직자가 직접 전달했다. 노이엔하겐은 결국 1533년에 있는 교구 순회 감찰 때 쫓겨났다. 루터는 1535년에 유스투스 메니우스와 함께 그를 위해 탄원하면서(1535년 6월 7일), 그가 자신이 제거당해야 하는 이유를 모르고 있다고 설명했다(WB 7, 2196).
22. WB 4, 1037, 13 Sept. 1526, 117:8-9, 117, 11-12. 그는 이를 거의 그대로 또 다른 편지에 적어 그에게 보냈다. 그는 외콜람파디우스가 "사탄에게 떠밀려 이런 공허하고 우스운 주장을 폈다"고 써 보냈다. LW Letters, II, 160; WB 4, 1072, 10 Jan. 1527.
23. WB 4, 1101, *c*. 4 May 1527, 199:11-14.
24. 요나스는 루터가 죽기 엿새 전인 1546년 2월 12일에 이 기록을 부겐하겐에게 제출했다. 두 사람은 그가 얼마나 아픈지 알았다. 따라서 1527년 사건은 두 사람이 루터의 삶과 유산에 관하여 생각하기 시작했을 때, 이 두 사람의 마음에서 아주 큰 자리를 차지했다. 요나스의 보고는 코르다투스가 남긴 『식탁 담화』 기록의 기초가 되었을 것이다. 그는 1533년 1월 부분에 그 보고를 집어넣었다. 이는 요나스가 당시에 기록했던 초고가 루터의 동지들 가운데서 상당 기간 회람되었음을 시사하는 것 같다. WT 3, 2922a와 b; 특히 2922a, 80, n.3 참조. 『식탁 담화』가 자료로서 가지는 여러 문제점을 살펴보려면, Bärenfänger, Leppin, and Michel, (eds.), *Luthers Tischreden* 참조.
25. WT 3, 2922, 80-90; Walch, XXI, 986-996. 이는 예나판과 비텐베르크판에 독일어로 포함되었다(*Der Neundte Teil des Buecher des Ehrwirdigen Herrn D. Martini Lutheri*), Hans

26. Lufft, Wittenberg, 1558, fos. 239(v)-243(r), 그리고 아우리파버의 편지 모음에는 라틴어 편지가 들어가 있다.

26. WT 3, 2292b, 90:22-23. 아울러 가령 WT 3, 369, 3511 참조. 1536년, 루터는 "10년 전 나는 죽음의 도랑 속에 있었다"고 언급했는데, 이는 필시 1527년 7월 6일에 일어난 사건을 가리키는 말일 것이다.

27. WT 3, 2292a, 81; 2922b, 89-90.

28. WB 4, 1121, 10 July 1527.

29. 루터는 멜란히톤에게 그가 한 주 넘게 죽음과 지옥 문턱까지 갔다고 썼다(WB 4, 1126, 2 Aug. 1527). 그는 메니우스에게 자신을 위해 기도해 달라고 요청하면서, 육신보다 영혼이 괴롭다고 설명했다(1128). 아그리콜라가 그를 위로했으며, 루터는 그에게 고맙다는 답신을 보냈다(1132, 21 Aug. 1527). 루터는 뤼헬에게 자신이 아직 기력을 완전히 회복하지 못했다고 써 보냈다(1136, 26 Aug. 1527). 그는 미하엘 슈티펠에게 거의 석 달이나 몸이 아팠다고 써 보냈다(263:9-10). 루터는 11월에 암스도르프에게 자신이 성찬 상징설 주장자들에게 대답하고 싶지만, 지금 몸이 너무 약해 그러질 못하겠다고 써 보냈다(1164, 1 Nov. 1527, 275:10).

30. WS 23, 665-675; 672, n.1 참조.

31. 루터가 첫 미사를 집전했을 때, 그의 아버지가 축하연 비용을 냈다(루터는 그 일을 늘 기억했다). 루터의 혼인 피로연 비용은 자신이 일부를 내고 현공 프리드리히의 아우인 선제후 요한이 일부를 냈다. 선제후는 잔치에 쓸 고기도 제공했는데, 어떤 의미에서는 아버지 노릇을 한 셈이었다.

32. WB 4, 973, 20 Jan. 1526, 19:1-3.

33. WB 3, 779, 3 Oct. 1524, 354:15; 11장 참조.

34. WB 4, 1164, 1 Nov. 1527. 루터는 암스도르프에게 속마음을 드러낸 이 편지에서 자기 친구에게 위로를 요청하며, 하나님이 그를 그때까지 그토록 힘을 쏟아 설교해 왔던 모든 사람의 적으로 만들지 마시길 함께 기도해 달라고 간청했다. 그는 특히 이 시점에서 종교개혁의 진행 경과를 곱씹어 보았던 것 같다. 그는 이 편지를 쓴 날을 "면벌부를 발로 짓밟은 뒤로 10년이 흐른 만성절"이라 적었다. 흥미롭게도 그는 95개 논제를 게시한 기념일을 10월 31일이 아니라 11월 1일로 적었다.

35. WB 4, 1101. 이는 1527년 5월 4일에 입수할 수 있었다. 그 사이에 루터 지지자들은 성찬 상징설 주장자들을 비판하는 그의 몇몇 설교를 1526년 말에 출간했다. 그 출간의 이유는 성찬에 관한 루터의 입장을 당장 분명히 밝혀야 했지만, 루터 자신은 이런 일을 여전히 하고 있지 않기 때문이었다. WS 19, 482-523.

36. WS 23, 197:14, 18; 283:1-18.

37. WT 3, 2922b, 88:15-19(요나스); 83:13-17(부겐하겐); 아울러 코르다투스가 요나스의 기록을 바탕으로 쓴 기록 참조. WT 3, 2922a. 부겐하겐에 따르면, 루터는 계속하여 이렇게 말했다. "그러나 요한도 순교자가 되지는 않았습니다. 하지만 그는 저보다 훨씬 독하게 교황을 비판하는 책을 썼습니다"(83:15-17). 부겐하겐은 이 말에 크게 놀라, 이것이 정말 루터가 한 말임을 덧붙인 말로 확인해 주었다. 요한의 책은 요한계시록이었다. 루터는 이를 교황이 적그리스도임을 드러낸 책으로 해석했다. 이것은 그의 신학 견해에 확정된 공리가 되었으며, 크라나흐가 금세공 장인인 크리스티안 되링, 그리고 멜란히톤과 더불어 1521년에 만들어 낸 목판화와 주석 모

음집인 『그리스도와 적그리스도의 수난 이야기』에서 가장 분명하게 표현되었다. 루터는 요한계시록이 자신의 작품 모습을 미리 보여준 반反교황 작품이라 보았다.

38. 1527년 1월, 그는 하우스만에게 이렇게 써 보냈다. "모든 곳에서 핍박이 몰아치고 있으며, 많은 사람이 화형당하고 있습니다." LW Letters, II, 160; WB 4, 1072. 1527년 5월 31일(예수 승천 기념일), 루터는 궁성 교회에서 설교하면서, 그리스도의 죽음과 지옥 강하에 관하여 자세히 설명하고, 첫머리에서 결코 도움을 받을 수 없는 광신자 "분파주의자들"을 언급했다. WS 23, 696-725, 700:7.

39. WS 23, 390-434, 『할레 그리스도인의 설교자 게오르크의 죽음과 관련하여 할레 그리스도인을 위로함Tröstung an die Christen zu Halle über Herr Georgen ihres Predigers Tod』. 빙클러는 죽기 직전인 3월 20일에 루터의 설교를 들었다. 루터는 5월 31일에 그가 죽었음을 알았다. 그는 9월 17일 이후 어느 시점에 이 작품을 썼다. 아울러 그는 거듭하여 크라우제의 자살을 언급하며, 이것이 마인츠의 알브레히트를 위해 저지른 살인이 아닌지 의심했다. 크라우제는 자기 돈을 모두 모아 놓고 스스로 자신을 찔러 죽였다. 예를 들어 WB 4, 1180, 10 Dec. 1527이 길게 서술해 놓은 것 참조.

40. WS 18, 224-240; LW 32, 265-286. 아울러 루터는 1523년에 브뤼셀에서 아우구스티누스 수도회 수사 두 사람이 순교한 일을 언급하고, 이들이 그전에 순교한 또 다른 이와 함께 이 지역의 첫 순교자라는 말을 덧붙였다. WB 3, 635, 22/23 July 1523. 그는 그의 편지에서 1524년 9월 17일 빈에서 일어난 평신도 카스파르 타우버의 순교에 대해서는 많이 이야기하지 않았지만 타우버의 용기에 감동했다. 타우버를 다룬 소책자가 마그데부르크에서 나왔다 [*Ein erbermlich geschicht So an dem frommen christlichen man Tauber von Wien…gescheen ist*, Magdeburg, 1524 (VD 16 ZV 5338)♦]. 그리고 스트라스부르, 브레슬라우, 뉘른베르크, 아우크스부르크에서 나온 다른 기록들(VD 16 H 5770; VD 16 W 293; VD 16 ZV 24131; VD 16 W 295; VD 16 ZV 29583; VD 16 W 294)♦도 있다. 그러나 타우버는 루터 진영이 아니었다. 애초에 타우버는 빈에서 자신을 곤란에 빠뜨린 글에서 성찬 상징설 진영의 주장을 취했었다.

41. WB 4, 1107, 20 May 1527.

42. WB 4, 1161, 22 Oct. 1527, 270:5-15. 그는 계속하여 이렇게 적었다. "누가 나를 가치 있는 이로 만들어 줄까요? 누가 나를 그런 이로 만들어 내가 그의 영의 갑절이 아니라 그의 영의 절반만으로도 사탄을 이기고 이생을 떠나게 해줄까요?"

43. WS 23, 463:40.

44. WB 3, 785, 27 Oct. 1524, 361:13-14.

45. WT 3, 81:3-4.

46. 에크는 그 기적을 다룬 소책자를 논박하는 책을 출간했다. 이 때문에 루터는 그 기록을 바로잡아야 했다.

47. Martin Luther, *Von herr Lenhard Keiser in Beyern vmb des Evangelij willen verbrant, ein selige geschicht* (Nürnberg, 1528, VD 16 L 7268)♦; WS 23, 443-476. 인쇄는 1527년 12월 말에 끝났다.

48. WB 4, 1130, 19 Aug. 1527; WB 4, 1165, 4 Nov. 1527, 276:6.

49. WB 4, 1130, 1131, 1165 참조.

50. 이 일도 루터가 그의 논문 『종된 의지에 관하여』에서 에라스뮈스를 상대로 아주 통렬한 수사를

일부 구사하게 한 계기가 되었다. 루터는 성경 해석 전통과 교회의 권위는 성경에 비하면 아무 쓸모가 없다고 주장했지만, 에라스뮈스는 그렇지 않다고 주장했다.

51. 작센에서 이루어진 교구 순회 감찰과 그곳의 상황을 살펴보려면, Karant-Nunn, *Luther's Pastors* 참조.
52. WS 30, 1, 123-425. 1528년, 그는 교리문답을 주제로 잇달아 설교했으며, 1529년에는 『대교리문답』과 『소교리문답』을 출간했다. 이는 나중에 교육의 기본 교재가 된다.
53. 이 토론은 루터의 고집에 따라, 츠빙글리의 바람과 달리, 공개리에 열리지 않고 헤센 백 필리프와 기사 그리고 학자들만 참석한 가운데 열렸다. 토론회 공식 기록도 남아 있지 않다. Stumpf, *Beschreibung* ((ed.) Büsser), 47; WS 30, 3, 98-99. 츠빙글리는 검은 튜닉 tunic을 입고, 칼과 가죽 주머니를 휴대하여 마치 시민처럼 무장하고 왔다고 한다(Brecht, *Luther*, II, 328). 루터가 보기에 망측한 옷차림이었다. 루터는 성직자라면 무기를 들지 말아야 한다고 믿었다. 마르부르크 대화에 관한 여러 설명을 보려면, WS 30, 3, 92-109; 110-159; Stumpf, *Beschreibung* ((ed.) Büsser), 46-50(츠빙글리 쪽에서 쓴 글), 그리고 Myconius, *Geschichte*, 74-76; LW 38, 3-89 참조.
54. WS 30, 3, 147:17-18(오지안더).
55. WS 30, 3, 145(오지안더).
56. WS 30, 3, 137b:10-13(익명); Schirrmacher, *Briefe und Akten*, 15. 1575년에 처음 인쇄된 이 익명 저자의 기록은 루터파 쪽에서 나왔다(WS 30, 3, 99).
57. WS 30, 3, 140b:18-19(익명); Schirrmacher, *Briefe und Akten*, 17.
58. WS 30, 3, 149:22(오지안더).
59. WS 30, 3, 150-151(오지안더). 아울러 헤디오의 기록에 있는 말 참조. 헤디오에 따르면, 츠빙글리는 육과 영에 관한 그들의 토론이 고조되자, 이렇게 말했다고 한다. "그(츠빙글리)는 그들더러 자신에게 어떤 악의도 품지 말라고 요청했다. 그는 그들의 우정을 바라며 적대감을 품지 않았다. 그는 루터와 필리프의 얼굴을 보길 좋아한다." 오랫동안 서로 출판물을 통해 치고받고 싸웠던 사람들이 얼굴과 얼굴을 마주하고 만났을 때의 들뜬 감정을 전달해 주는 말이다. LW 38, 21; WS 30, 3, 118a, 13-14(Hedio). 아울러 Stumpf, *Beschreibung* ((ed.) Büsser), 46-50 참조. 이 보고는 간결하여 이 사건의 분위기를 흠뻑 전해 주지 못한다. 그러나 루터와 츠빙글리의 관계는 정확히 묘사한다. 그가 보았듯이, 두 사람은 아주 다정하게 헤어졌다(그러나 그는 나중에 루터가 츠빙글리 손에 키스했다는 말은 삭제했다). 하지만 그는 이런 말을 덧붙인다. "오고 가는 말은 좋았지만, 그 마음이 어떠했는가는 독자가 곧 보게 될 것이다"(50). 슈툼프는 외콜람파디우스와 츠빙글리는 루터를 비방한 책을 출간하지 않겠다는 약속을 지켰으나, 루터는 그러지 않았다고 강조한다.
60. WB 5, 1481, 19 Oct. 1529, 163:4; WB 5, 1487, 28 Oct. 1529.

15. 아우크스부르크

1. LW 45; 『세속 권위에 관하여 Von weltlicher Obrigkeit』, WS 11, 245-281.
2. WS 11, 229-281; LW 45, 77-129.

3. 필리프는 악명 높은 팍 사건Pack Affair 때, 그러니까 오토 폰 팍Otto von Pack이 페르디난트 대공과 다른 한 무리 제후들이 헝가리를 공격한 뒤에 프로테스탄트들을 공격하려 한다는 것을 보여줄 요량으로 문서를 위조한 사건 때 자신의 속셈을 드러냈다. 일부 사람들은 필리프가 이 위조에 가담했다고 주장했지만, 어쨌든 그는 황제에 맞서 동맹을 조직하고 무장을 시작하려 했었다.
4. 과부는 예외였다. 과부는 가장일 경우 경비세를 냈지만, 투표할 수는 없었다.
5. 이것이 그가『세속 권위에 관하여』에서 사용한 논거였다. WS 11, 266; LW 45, 111.
6. WB 5, 1511, 24 Dec. 1529.
7. 요나스, 멜란히톤, 부겐하겐과 함께 도착했지만 루터가 보낸 편지인 3월 6일자 권고는 엄중히 비밀에 부쳤다. 그러나 1531년, 어떤 경로를 통해 이 편지 사본을 입수한 루터의 대적 코흐레우스는 이 편지를 출간했다. WB 5, 1536, 251-252. 아울러 WB 6, 1781, 15 Feb. 1531(슈팽글러에게 보낸 편지) 참조. 슈팽글러는 선제후 대표자들이, 1530년 12월 22일에 멜란히톤과 루터가 현재 상황에서는 황제에 대한 저항을 용인할 수 있다는 데 동의했다고 뉘른베르크 사람들에게 이야기한 것에 대해, 그것이 맞는지 물었다. 루터는, 그들은 이전에 자신들이 했던 권고를 취소하지 않았지만, 제국법이 사악하고 불의한 무력 사용에 대해서는 저항을 허용한다는 것이 법률가들의 주장이라고 대답했다.
8. 아이러니하게도, 칼뱅파는 나중에 정치적 저항 이론을 만들어 낼 때 바로 이 토르가우 모델을 취하게 된다. 칼뱅파는, 만일 그들을 지배하는 제후가 복음에 어긋나는 행동을 한다면, 그 제후에게 불순종하는 정당한 정치 권위―가령 시의회―에 정당성을 부여할 정치적 저항 이론을 만들었다. WB 5, 1536, 6 March 1530, 1530년 1월 27일의 요청에 대한 답변; 259:52-54.
9. 황제는 제국 자유시의 자유를 보장했다. 이 때문에 이들 가운데 일부 도시는 황제에 맞서 슈말칼덴 동맹에 들어오라고 설득하기가 어려웠다. 결국 뉘른베르크는 황제에게 충성을 지켰지만, 아우크스부르크는 무기를 들었다.
10. 4월 3일, 루터와 부겐하겐, 멜란히톤은 작센 관리들과 토르가우에서 만나 신앙고백의 첫 초안인 토르가우 신조를 승인했다.
11. WB 5, 1550, 23 April 1530, 283:6. 그는 같은 편지에서 그의 견해와 멜란히톤의 견해는 다르지 않다고 썼지만, 둘 사이에는 보이지 않는 긴장이 있다는 말도 있음을 이야기해야 했다. 이 두 사람이 늘 눈을 맞추지는 않는다는 뒷이야기가 이미 있었다. 실제로 불과 몇 주 전, 루터는 말도 많고 까칠한 사람이자 자신과 편지를 주고받는 스트라스부르의 니콜라우스 게르벨에게서 한 편지를 받았는데, 게르벨은 멜란히톤이 죽었으며 루터의 입장과 다른 견해를 담은 기록을 남겼다는 소문이 돈다고 알려 왔다. WB 5, 1533, 1530년 2월 말.
12. WB 5, 1552, 24 April 1530(멜란히톤에게 보낸 편지); 1533, 24 April 1530(요나스에게 보낸 편지); 1554, 24 April 1530(슈팔라틴에게 보낸 편지: 이것이 새 의회에 관하여 가장 발전된 논의를 담고 있다. LW Letters, II, 293). 루터는 나중에 그들의 둥지를 조사하고 그들을 제국 의회에서 거드름 피우던 인사들에 비유한 편지를 페터 벨러에게 보냈다. WB 5, 1594.
13. WB 5, 1559, (4 May 1530)♦ (아그리콜라가 루터에게 보낸 편지). 다른 이들은 그것을 선제후 및 그가 제국 의회에서 맞게 될 위협과 연계했다. 어쩌면 루터가 그를 그 위협에서 건져 줄지도 모를 일이었다. 아그리콜라는 격언을 열심히 모았으며, 격언 모음집을 출간했다. 사실, 이것이 언급한 것은 당신이 자루 속에서 산 물건은 "덮어놓고 산 물건", 곧 돼지가 아니라 고양이임

을 알아차렸다는 의미일 것이다. 코부르크 편지에 관하여 알아보려면, Volker Leppin, "Text, Kontext und Subtext. Eine Lektüre von Luthers Coburgbriefen," in Korsch and Leppin, (eds.), *Luther* 참조.

14. LW 34, 10, 9; WS 30, 2, 237-356; 270a:5-7; 268a:11; Pettegree, *Brand Luther*, 271-272.
15. WB 5, 1584, 5 June 1530.
16. LW Letters, II, 267-271. 영어판은 "지주들과 농민들이 저를 어떻게 생각하는지 아시니"라고 번역하여, 비꼬는 듯한 루터의 어조를 놓쳐 버렸다. 그리고 "제 이름을 위해" 대신 "저 때문에"로 번역하여 복음을 가리키는 말을 없애 버렸다. WB 5, 1529, 15 Feb. 1530, 239:12-13; 240:30, 31.
17. 디트리히는 루터의 아내에게 편지를 보냈다. WB 5, 379, 19 June 1530; Coburg, *Beilage to 1595*. 이 편지의 출처는 카타리나 루터를 다룬 17세기 말의 작품, Mayer, *De Catharina Lutheri*, 52-53이다. 이 자료는 이 편지가 비슷한 필기 기록 가운데서 발견되었다고 말한다. 그러나 바이마르판 편집자들은 그 진정성에 의문을 표시한다. 하지만 에를랑겐판과 세인트루이스판은 이 편지를 포함시켰다.
18. LW Letters, II, 319; WB 5, 1584, 5 June 1530, 315:34-36. 루터의 도식은 하나님이 그의 아버지의 땀을 통해 그를 빚으셨기 때문에, 자신은 육신의 아버지에게 직접 빚을 지지 않고 아버지를 통해 하나님 아버지에게 빚을 졌다는 것이었다.
19. WB 5, 1529, 5 Feb. 1530, 239:6-7.
20. 1530년 3월, 그는 어린 자녀도 부모의 빚에 책임이 있음을 힘주어 강조하는 글을 썼다. 이는 분명 그의 아버지가 겪고 있는 재정난을 염두에 둔 내용이었다. WB 5, 1537, 12 March 1530(요제프 메취에게 보낸 편지): 그들은 하나님이 보내신 십자가였다.
21. WB 5, 1587, 12 June 1530. 루터파는 신중하게 필립의 입장을 알아내려고 했다. 요나스는 헤센 백 필립이 아그리콜라의 설교를 듣길 거부하고 있다고 보고했다. 아그리콜라가 격언집을 출간하여 그리스도인의 사랑에 어긋나는 죄를 범했기 때문이라는 것이 그 이유였지만(그 격언집에는 은연중에 뷔르템베르크의 울리히를 공격하는 내용이 들어 있었다), 요나스는 이것이 핑계일 수도 있다고 생각했다. 루터파는 필립의 태도가 걱정되자 그에게 영향을 줄 수 있는 수단을 모두 동원했다. 아울러 WB 5, 1574, 20 May 1530 참조. 루터는 헤센 백 필립의 설교자인 슈네프와 멜란히톤의 대화를 통해 이 헤센 백이 츠빙글리파도 동참케 하려 한다는 것을 알고, 슈네프를 시켜 헤센 백에게 편지를 전하게 했다.
22. WB 5, 1564, May 1530, *Beilage*, 313:22-23.
23. WB 5, 1587, 12 June 1530(요나스가 루터에게 보낸 편지).
24. 요나스의 서술, 18 June 1530, 아울러 *Kayserliche maiestat Einleyttung zu Augspurg, den X. tag Junij. Im M.CCCCC.vnd XXX Jar* (Nürnberg, 1530)* 참조. 작센 선제후 요한은 칼집에서 뺀 칼을 휴대했다. Brady, *German Histories*, 217-219.
25. WB 5, 1598, 21 June 1530. 뉘른베르크 설교자 안드레아스 오지안더는 황제가 복음을 설교하지 못하게 하자, 한 변경 백이 하나님의 복음을 도둑맞으니 차라리 자기가 참수를 당하겠다고 주장했다는 글을 써 보냈다. 황제는 이에 이렇게 대답했다. "참수는 없으리라, 참수는 없으리라"(383:16-17).
26. WB 5, 1590, 18 June 1530(요나스). *Kayserliche maiestat Einreyttung*. 제국 의회 때 거행한

의식을 보려면, Stollberg-Rilinger, *Des Kaisers*, 93-136 참조.

27. WB 5, 1600, 25 June 1530, 386:9; 1802, 25 June 1530(p.m.), 392:37-40; 1601, 25 June 1530(a.m.). 요나스는 여기서 일부러 시편 118편을 되울려 주면서, 사제와 불신자를 비교한다. 나는 이를 지적해 준 플로리스 버하트Floris Verhaart에게 감사한다.

28. 그다음 석 달 동안, 아우크스부르크에는 개신파 설교자가 없게 된다. 개신파 설교자는 모두 쫓겨났다. 그러나 제후들은 그들의 성직자와 함께 사사로이 예배를 올릴 수 있었다.

29. WB 5, 1618, *Beilage*, 433, article 9. 일찍이 1530년에 루터는 사람들이 그릇된 믿음을 가졌다는 이유로 처벌을 받아서는 안 된다고 주장했었지만, 이제 그는 메니우스와 미코니우스에게 이렇게 적어 보냈다. quando sunt non solum blasphemi, sed seditiosissimi, sinite gladium in eos iure suo uti. WB 5, 1532, 1530년 2월 말, 244:4-5.

30. CA, p. 63, Article IX, *Von der Taufe*; 64, Article X, *Vom Heiligen Abendmahl*은 "그리스도의 참된 몸과 피가 성찬 때 빵과 포도주라는 형태로 참으로 임재한다"(wahrer Leib und Blut Christi wahrhaftiglich unter der Gestalt des Brots und Weins im Abendmahl gegenwärtig sei)는 것을 부인하는 이들의 가르침을 저주한다. 이는 성찬 상징설 주장자들을 직접 겨냥한 공격이었다. 66-67, Article XII는 뎅크처럼 의롭다 하심을 받은 이는 죄를 범할 수 없다고 가르치는 이들을 저주한다. 70, Article XVI는 평화주의 등을 가르치는 재세례파를 저주하며, 재세례파의 가르침을 따라 처자와 다른 것을 버리는 자들을 저주한다. 72, Article XVII은 마귀와 저주받은 영혼이 영원한 고통을 당할 것을 부인하는 이들을 저주한다. 아울러 Mullet, *Luther*, 204 참조.

31. WB 5, 1696, 25 Aug. 1530(부처가 루터에게 보낸 편지), 그리고 566-568, *Vorgeschichte* 참조. 작센 재상 브뤽은 헤센 백 필리프의 압력을 받고 멜란히톤을 설득하여 부처를 만나게 했다.

32. WB 5, 1716, 11 Sept. 1530, 617:15-18.

33. WB 5, 1566, 12 May 1530, 316:13-14; 19; 가래와 인후염, 1693, 24 Aug. 1530, 그리고 치통, 1686, (20 Aug. 1530)*; 1688, 20 Aug. 1530.

34. WB 4, 1202, 6 Jan. 1528(유스투스 요나스에게 보낸 편지).

35. LW Letters, II, 329; WB 5, 1609, 29 June 1530, 406:35-37. 루터는 여기서 갑자기 독일어를 쓴다. 그는 이 편지의 몇 군데에서 독일어를 썼다.

36. 멜란히톤은 5월 22일 루터에게 편지를 써 보냈으나(WB 5, 1576), 3주 후인 6월 13일에 가서야 다시 편지를 보냈다(WB 5, 1589). 그와 요나스는 뒤이어 몇 주 동안 몇 번 편지를 보냈다(6월 19일과 25일, WB 5, 1596, 1600. 요나스가 6월 12일과 13일, 18일에 보내고 6월 25일에는 두 번 보냄. WB 5, 1587, 1588, 1590, 1601, 1602).

37. WB 5, 1597, 19 June 1530. 루터는 가브리엘 츠빌링에게 한 달 동안 아무도 편지를 보내오지 않았다고 불평했다. 하지만 일부 편지는 단지 늦게 도착했을 뿐이었다. 1610, 29 June 1530; 1612; 1605, 27 June 1630(부겐하겐이 썼다).

38. WB 5, 1612, 30 June 1530.

39. Spalatin, *Annales*, 134-135.

40. WB 5, 1602, 25 June 1530(요나스); 1603, 25 June 1530(선제후 요한); 1618, 30? June 1530(요나스). "황제가 아주 주의 깊게 들었다"(Satis attentus erat Caesar). 그러나 다른 보고

에 따르면, 그는 자고 있었다.

41. LW Letters, I, 362; WB 5, 1633, 9 July 1530, 453:15-454:17. 그는 설교자가 설교하지 않고 제후들이 설교한다고 비꼬았다.
42. WB 5, 1621, 3 July 1530.
43. WB 5, 1635, 9 July 1530, 15-18.
44. WB 5, 1676, 6 Aug. 1530.
45. WB 5, 1604, 26 June 1530. 그리고 디트리히에게 보낸 편지. 6월 29일과 그 무렵에 멜란히톤과 다른 이들이 보낸 더 많은 편지가 마침내 루터에게 도착했다(1610, 29? June 1530). 하지만 두 사람 사이에 긴장이 조성된 것은 단순히 멜란히톤과 다른 비텐베르크 사람들이 루터에게 신앙고백 작성 작업의 진행 경과를 알려 오지 않은 것 때문만이 아니었을 것이다. 루터는 1530년 6월 5일 멜란히톤에게 편지를 보냈는데, 마지막 문단에서 그의 아버지의 별세에 대해 이야기했다(WB 5, 1584). 이틀 후, 루터는 다시 편지를 보냈는데, 만스펠트 설교자 미하엘 쾰리우스가 그의 아버지에 관하여 알려 온 편지를 동봉했다(WB 5, 1586). 그러나 멜란히톤은 1530년 5월 22일부터 6월 13일까지 답신을 쓰지 않았으며(WB 5, 1589), 그 편지나 6월 19일과 25일에 보낸 편지에서도 루터 아버지에 관하여 일언반구도 하지 않았다(WB 5, 1596, 1600). 그러나 요나스는 루터 아버지의 별세를 언급했다(WB 5, 1588, 13 June 1530). 루터는 멜란히톤이 자기 아버지의 별세를 언급하지 않았음을 말하지 않았다. 이로 보아, 루터는 아버지를 여읜 일을 개인사로 여겼을 수도 있다(그랬다면 왜 쾰리우스의 편지를 함께 보냈을까?). 아니면 루터와 멜란히톤은 다른 방법으로 대화를 주고받았을 수도 있다(일부 편지는 사라졌다). 아니면 이렇게 멜란히톤이 일언반구도 하지 않은 일이 루터 마음에 사무쳤을 수도 있으며, 이 때문에 그가 멜란히톤에게 불쾌감을 느꼈을 수도 있다.
46. 6월 26일, 멜란히톤은 루터더러 그들에게 다시 편지를 보내 달라고 간청했다. 파이트 디트리히는 루터가 그들에게 다시는 편지를 쓰지 않기로 결심했다고 일러 주었다. 사람을 시켜 편지를 받아 오는 데는 분명 문제가 있었다. 그리하려면 돈이 많이 들었다. WB 5, 1601, 25 June 1530. 요나스는 4굴덴을 지불해야 했다. 이제 동요하는 멜란히톤은 심지어 그 자신의 사자를 보내는 방법까지 동원했다. 1604, 26 June 1530, 397:19-20. 그는 편지를 확실히 받고자 친구인 볼프 호르눙에게 따로 편지를 보내 편지를 받아 오라고 시켰다. 1607, 27 June 1530.
47. WB 5, 1604, 26 June 1530, 397:8-13; 1607, 27 June 1530, 403:16-17; 9-12.
48. WB 5, 1602, 25 June 1530, 392:44.
49. LW Letters, II, 327-328; WB 5, 1609, 29 June 1530, 405:3-9.
50. WB 5, 1609, 29 June 1530.
51. WB 5, 1611, 30 June 1530, 412:30-31.
52. WB 5, 1611, 30 June 1530, 411:1-8.
53. WB 5, 1610, 29? June 1530; 1614, 30 June 1530, 그리고 1613, 30 June 1530(아그리콜라에게 보낸 편지) 참조.
54. WB 5, 1614, 30 June 1530, 418:16-18.
55. WB 5, 1631, 8 July 1530(브렌츠가 루터에게 보낸 편지).
56. WB 5, 1716, 11 Sept. 1530, 618:25-27. 아울러 그는 슈타우피츠를 인용하기 시작했다. 그가 인

용한 말 중에는 "하나님은 누군가를 눈멀게 하고 싶으시면 먼저 그 눈을 닫으신다" 같은 말이 있었다(WB 5, 1659, 27 July 1530, 498:3-4). 아울러 그는 같은 표현을 사용했는데, 그는 아그리콜라에게 보낸 편지에서 이 표현이 "내 슈타우피츠"(meus Staupitz)의 말이라고 밝혔다. 1662, 27 July 1530. 그리고 WB 5, 1670, July(?), 1530. 그는 슈타우피츠가 루터를 엄습한 우울증이 루터로 하여금 교회를 섬기게 하고자 하나님이 보내신 필요한 시련이라고 말했던 것을 떠올렸다. 루터는 이제야 이것이 예언이었음을 이해했다.

57. WB 5, 1716, 11 Sept. 1530.
58. 루터파에겐 불행한 일이었지만, 가톨릭 협상자 가운데 하나가 병으로 쓰러져 결국 작센 공 게오르크가 그 자리를 대신하게 되었다. 그는 루터가 오랫동안 진절머리를 친 인간이었다. 1695, p. 565.
59. Walch, XVI, cols. 1482-1484, 히에로니무스 바움가르트너가 라차루스 슈펭글러에게 보낸 편지, 13 Sept. 1530.
60. WB 5, 1653, 16(15?) July 1530, 486:16.
61. LW Letters, II, 390. "자네의 쓸데없는 근심 때문에 내가 진이 빠지네. 자네에게 편지를 써 보내느라 거의 탈진할 지경일세. 내가 내 말로 아무것도 이루지 못함을 아는데, 편지를 보낸들 무슨 소용이겠나." WB 5, 1656, 21 July 1530; 1699, 26 Aug. 1530, 577:3-4.
62. WB 5, 1600, 25 June 1530. 물론 노새는 번식하지 못하는 동물로 유명했다. 교황 나귀는 1496년에 티베르 강 강둑에서 발견되었으며, 작센에서 발견된 수사 송아지는 처음에 가톨릭 신자들이 루터를 욕보이는 데 사용했다. 루터파는 크라나흐의 도움을 받아 이 이야기를 뒤집어, 이 괴물이 수사와 교황을 상징한다고 주장했다.
63. 8월 1일, 3일, 4일에 쓴 편지 참조. 여기서 루터는 인간이 만든 규칙이라는 문제로 들어가, 멜란히톤의 주장을 강하게 거부하고, 다만 성 베른하르트의 규칙처럼 성인이 만든 규칙만은 받아들일 수도 있는 여지를 열어 놓았다. 그러나 다른 어느 누구에게도 이를 강요해서는 안 되며, 혼인과 같은 다른 일을 하나님을 더 기쁘게 해드리는 일로 제시할 경우에만 그렇다는 단서를 달았다(WB 5, 1671, 1 Aug. 1530; 1673, 3 Aug. 1530; 1674; 4 Aug. 1530). 아울러 그는 선제후에게 보낸 편지에서 금식, 절기, 옷, 겉으로 보이는 온갖 의식은 세속 질서와 관련된 문제이기 때문에, 세속의 권위는 이런 일에 관하여 명령할 수 있어도 교회는 그리하지 못한다고 주장했다(WB 5, 1697, 26 Aug. 1530). 이는 세속 권위가 양심을 볼모로 잡지 않는 한 이런 일을 할 수 있는 여지를 열어 준 주장이었다(1707, *Beilage*, 595 참조). 그는 성찬을 거행할 때 빵과 포도주를 주는 성찬만을 거행해야 하며 이에 관하여 어떤 타협도 있을 수 없다고 역설하면서도, 작센의 교구 순회 감찰 때는 양심이 약한 자를 고려하여 오직 빵만 주는 성찬을 허용하는 것을 수긍하는 동시에, "그러나 이런 일이 옳다고 인정해서는 안 된다"는 단서를 달았다(1707, *Beilage*, 591).
64. WB 5, 1618, *Beilage*: 8th article. 루터가 지은 게 거의 확실하다. 시기는 아마 7월 초였을 것이다. 1707, *Beilage*, 595. WB 5, 1691, 22 Aug. 1530(멜란히톤이 루터에게 보낸 편지). 에크는 루터파가 "오직"이라는 말을 덧붙인 것에 불만을 표시했지만, 믿음이 중심이라는 점은 인정했다. 그래도 그는 여전히 행위가 구원에서 일정한 역할을 한다고 주장했다. 하지만 그 역할은 미미한 것이었다. 아울러 에크의 입장에 덜 낙관적 태도를 피력한 슈팔라틴의 보고 참조. 16 Aug.

1530, Förstemann, *Urkundenbuch*, II, 225-227.

65. 이와 동시에, 루터가 답장을 더디 한 것도 아우크스부르크에 있던 협상자들이 운신할 여지를 더 넓혀 주었다. 예를 들면, 슈팔라틴은 멜란히톤이 너무 많은 양보를 할까 봐 두려운 나머지, 루터에게 절박한 편지를 보내 가톨릭의 제안에 대한 명확한 답변을 적어 보내 달라고 요청했다. WB 5, 1692, (23 Aug. 1530)*, 그리고 *Beilage* 참조. 루터는 필시 8월 8일에 편지를 보내고 8월 22일에 다시 편지를 보낼 때까지 멜란히톤에게서 아무 소식을 듣지 못했던 것 같다. 그러다 그는 멜란히톤이 다른 이도 아니요 그가 증오하는 인물이자 대적인 에크와 함께 새 협의회의 구성원이 되었다는 것을 알고 화를 냈다. 그는 멜란히톤에게 지독하게 비꼬는 어조로 편지를 써서 이 "아우크스부르크에서 온 뉴스"를 알렸다!(WB 5, 1693, 24 Aug. 1530). 8월 말에 이르자, 루터는 멜란히톤을 더더욱 신뢰하지 못하게 된다. 그럼에도 그는 1530년 9월 11일 멜란히톤에게 그가 교황파에게 너무 많이 양보했다고 생각하는 이들 때문에 염려하지 말라고 다독였다(1716).

66. WB 5, 1613, 30 June 1530, 416, 19, 21.

67. WB 5, 1705, 28 Aug. 1530, "viriliter"; WB 5, 1709, 29 Aug. 1530. 헤센 백 필리프도 멜란히톤이 너무 많은 양보를 했다고 믿어 그의 "소심함"을 비난했다(600:6). 루터는 1530년 9월 11일 그에게 마음을 편히 하라는 답신을 보내면서, 아무 양보도 이뤄지지 않았고 협상도 깨지지 않았음을 설명했다(1717). 링크도 루터에게 편지를 보내, 멜란히톤이 타협하려 한다고 불평했다(1720, 20 Sept. 1530 참조).

68. Walch, XVI, 1379, 1382(에크의 견해에 관한 슈팔라틴의 보고); 1383, 1384; WB 5, 1708, 29 Aug. 1530.

69. WB 5, 1618, 433, Article 7; Spalatin, *Annales*, 264-265 참조.

70. 그는 *Vermahnung an die Geistlichen*에서도 이런 입장을 취했다. WS 30, 2, 340-345.

71. WB 5, 1708, 29 Aug. 1530; 1710, 1 Sept. 1530.

72. WB 5, 1708, 29 Aug. 1530(멜란히톤이 루터에게 보낸 편지) 참조. 루터파는 성찬과 관련하여 오직 빵만 주는 성찬은 결코 옳을 수 없으며, 그렇게 성찬을 거행하는 이는 죄를 범했지만, 성찬 때 빵만 받은 평신도는 죄를 짓지 않았다고 주장하고 있었다. 말하자면, 루터파는 자신들뿐 아니라 나머지 교회에 대해서도 오직 빵만으로 거행하는 성찬을 받아들이려 하지 않았다. 아울러 이들은 사적 미사, 혹은 미사를 마치 희생 제사처럼 올리는 미사 집전 사제를 받아들이려 하지 않았다. 하지만 루터파는 수도원에 살고 있던 수사와 수녀는 계속 거기에 살 수 있으며 비어 있는 수도원에 새 수도자를 받아들일 수 있다는 데도 동의했지만, 이들이 수도 규칙이나 질서를 따르지 말아야 한다고 주장했다. 타협의 여지를 열어 줄 만한 해결책이었다. 금식이 양심의 문제가 되어서는 안 되지만, 세속 권위는 이를 규율하는 규정을 만들 수 있다고 주장했다. 아울러 헤센 백 필리프가 제기된 문제에 관하여 피력한 이해 참조(1709, 29 Aug. 1530). 그는 특히 금식과 주교의 권력에 관한 양보에 관심을 보였다. 그의 설교자인 슈네프는 주교에 대하여 그들이 이전에 가졌던 권력을 그대로 인정하는 것은 아주 위험한 일이라고 생각했지만, 다른 점에서는 멜란히톤과 의견을 같이했다. 슈네프가 마음에 두고 있던 평화로운 공존 모델은 유대인과 공존하는 모델 같은 것이었다(Förstemann, *Urkundenbuch*, II, 311-312, 8월 말). 그러나 이 모델은 루터파가 거부할 모델 가운데 하나가 되었다.

73. WB 5, 1711, 4 Sept. 1530. 아울러 그는 루터파의 동맹들이 스위스 진영에 동조하기 시작한 것을 우려했다. 그 때문에 곧 평화 문제를 매듭짓는 것이 훨씬 더 중요했다.
74. 이는 나중에 하일브론, 켐프텐, 빈즈하임, 바이센부르크, 프랑크푸르트의 지지를 얻었다.
75. WB 5, 1720, 20 Sept. 1530, 624-625, 편지 서두, 그리고 Walch, XVI, 1482-1484, 히에로니무스 바움가르트너가 라차루스 슈펭글러에게 보낸 첫 편지 참조. 13 Sept. 1530. 아울러 cols. 1523-1525 참조. 이는 멜란히톤이 "아이보다 더 아이 같았겠"고 불평한다. 히에로니무스 바움가르트너가 1530년 9월 15일 라차루스 슈펭글러에게 보낸 두 번째 편지 참조. 이 편지는 멜란히톤이 저주하고, 소리치고, 자신의 권위를 주장했다고 비판한다. 바움가르트너는 슈펭글러에게 루터와 이 문제를 상의해 달라고 요청했으며, 슈펭글러는 직접 그렇게 했다. 그는 요나스와 멜란히톤에게 보내는 편지를 받아 오는 사자가 되었다. 불만은 3주 동안 이어졌다. 루터는 8월 28일 슈펭글러에게 편지를 보내 멜란히톤을 변호하라고 말했다(WB 5, 1707). 그리고 그 직후, 멜란히톤은 주교와 관련된 양보에 격분한 바움가르트너가 루터에게 편지를 보내, 멜란히톤이 교황의 통치를 회복시켜 줄 가장 좋은 방안을 강구한 것으로 보아 틀림없이 로마 교황 진영에서 엄청난 뇌물을 받았을 것이라고 주장한 일을 두고 루터에게 불만을 토로했다(WB 5, 1710, 1 Sept. 1530).
76. WB 5, 1721, 20 Sept. 1530, 628:23.
77. WB 5, 1722, 20 Sept. 1530, 628:4-5. 그러나 같은 날 루터는 링크에게 편지를 보내, 너무 많이 양보했다는 불만을 듣고 있던 멜란히톤을 변호했다.
78. WB 5, 1726, 28 Sept. 1530. 슈펭글러는 편지들이 결국 이 운동을 허무하게 갈라놓으리라는 것을 알았다.
79. Walch, XVI, 1482-1484, 13 Sept. 1530.
80. 당시 루터파의 역사 기록이 이 이슈들을 어떻게 제시했는지 알아보려면, Robert Kolb, "Augsburg 1530: German Lutheran Interpretations of the Diet of Augsburg to 1577." *Sixteenth Century Journal* 11(1980): 47-61 참조. 슈팔라틴은 과거 일을 돌이켜 보면서, 우리 주 그리스도가 제국 의회에서 하신 가장 좋은 일은 "이런 거짓말(곧 교황 진영 인사들이 제시한 것)이 좋거나 옳은 것이 되게" 하시지 않은 것이라고 결론지었다. *Annales*, 289.
81. 슈팔라틴이 선제후를 위한 협상을 평가한 글을 보려면, Walch, XVI, 1516-1518, 14 Sept. 1530 참조. 아울러 루터가 이 협상을 비관 조로 설명한 글 참조. WB 5, 1723, 23 Sept. 1530.
82. WB 5, 1648, 15 July 1530, 480:21-22.
83. WB 5, 1713, 8 Sept. 1530, 608:20-21. 그는 또 8월에 치통으로 고생했다. 같은 달, 그는 멜란히톤에게 그가 겪고 있던 새로운 불만을 일러 주었지만, 이 일은 멜란히톤과 직접 이야기하겠다는 말만 했다. WB 5, 1690, 21 Aug. 1530.
84. 아울러 그는 『열쇠에 관하여Von den Schlüsseln』를 썼지만, 이는 결국 제국 의회가 거의 끝날 때까지도 완성되지 않았다. *Vermahnung an die Geistlichen versammelt auf dem Reichstag zu Augsburg Anno 1530*, WS 30, 2, 238ff. 이는 저지독일어판, 덴마크어판, 화란어판을 포함하여 많은 판이 출간되었다. 『연옥 폐지 Widerruf vom Fegfeuer』, 1530, WS 30, 2, 362ff; 『마인츠 대주교인 추기경에게 보내는 편지Brief an den Kardinal Erzbischof zu Mainz』, 1530, WS 30, 2, 393ff, 화해 편지로 보낸 것이었지만, 결국 루터는 이런 격렬한 비난으로 마무리한다. "당신은 교황과

그 수하들을 대할 때 인간을 대한다고 생각하지 말고 진짜 마귀를 대한다고 생각하시오"(412). 그러면서 그는 "렌하르트 카이저"의 "죄 없는 피"를 언급한다. *Propositiones adversus totam synagogam Sathanae*, WS 30, 2, 420ff. 이는 많은 독일어 버전이 나왔다.

85. WS 30, 3, 『내가 사랑하는 독일 사람들에게 보내는 경고Warnung an seine lieben Deutschen』(1531), 286:23; 293:8-9.
86. 이를테면, 그는 *Vermahnung an die Geistlichen*에서 가톨릭 사람들에게 그냥 그들의 길로 가게 하면서, 가톨릭 주교들에게 "우리는 당신들을 지금 그대로 두길 원합니다"라고 말하는 것을 생각했다. 그들이 올바로 행하지 않는다면, "그것을 처리할 이는 우리가 아니라 당신이기" 때문이었다. 그는 "다만 평화를 지키고 우리를 핍박하지 마시오!"라고 말했다. LW 34, 50; WS 30, 2, 314a:8-16. 아울러 그는 그들에게 (어쩌면 비꼼이 들어간 농일 수 있는 말로) 자신은 그들이 계속 주교로 남게 하고 그들의 모든 재산을 지켜 줌으로써 성찬 상징설 주장자들(과 후스파 및 뮌처파)이 하려 하지 않았던 일을 해주는 것이라고 말했다.

16. 강한 성媒

1. WS 30, 3, 249-320.
2. Cargill Thompson, *Studies in the Reformation* ((ed.) Dugmore), 3-41. 토르가우에서 만남이 있었다. 완곡하게 쓴 기념 글을 보려면, WB 5, 1740, 28 Oct. 1528, *Beilage*, 662-664 참조.
3. 스트라스부르, 메밍겐, 콘스탄츠, 그리고 린다우.
4. WB 5, 1487, 28 Oct. 1529. 루터는 그가 1544년에 쓴 소논문 『성만찬에 관한 짧은 신앙고백 Kurzes Bekenntnis von Abendmahl』에서도 같은 말을 사용했다.
5. Junghans, *Die Reformation*, 417.
6. Potter, *Zwingli*, 413.
7. Ibid., 414. 츠빙글리는 투사였다. 우리는 다른 이들도 모두 투사였는지 모른다.
8. WB 6, 1890, 28 Dec. 1531, 236:4-5; WB 6, 1895, 3 Jan. 1532, 벤체스라우스 링크, 246:17-20; WB 6, 1894, 3 Jan. (1532)*; 1895, 3 Jan. 1532; WT 1, 220, 94:21; WT 2, 1451.
9. Hill, *Baptism* 참조. 재세례파에 관하여 알아보려면, Clasen, *Anabaptism*: Williams, *Radical Reformation*; Goetz, *Anabaptists*; Kobelt-Groch, *Aufsässige Töchter Gottes*; Stayer, *Anabaptists*; Stayer, *German Peasants' War* 참조.
10. *Von der Wiedertaufe an zwei Pfarrherrn*, WS 26, 144-174; *Vorrede zu Menius, Der Wiedertäufer Lehre*(1530), WS 30, 2, 211-214; Oyer, *Lutheran Reformers*. 메니우스는 재세례파를 반박하는 데 집중했으며, 그들을 논박하는 네 작품을 썼다.
11. WS 12, 42-48, 1523. 이는 1526년에 바뀐 세례 전례에는 포함되지 않았으나, 축귀는 그대로 유지했다. WS 19, 539-541. 루터가 서문으로 쓴 편지는 그 어린이가 마귀에 사로잡혔다고 분명하게 강조한다(537). 이 전례는 합의서(Book of Concord)에는 포함되지 않았다. 독일 남부 사람들이 축귀에 반대하리라 생각했기 때문이었다(532, Introduction).
12. WT 6, 6815, 208:32-34. 루터는 원래 이야기에 비튼 내용을 첨가했다. 구경꾼은 그도 같은 일을 할 수 있다고 생각했다. 그도 역시 세례를 받았기 때문이다. 그러나 그가 마귀를 만났을 때

그 뿔을 용감하게 잡으려 하자, 마귀는 그의 목을 비틀었다. 여기서 말하려는 요지는 도가 지나쳐서는 안 된다는 것으로 보인다. 모든 이가 참된 믿음을 가지지는 않았으며, 모든 이가 마귀를 쫓아낼 수 있는 것은 아니다.

13. WS 5, 1528, 10 Feb. 1530. 예를 들면, 루터는 콘라트 코르다투스의 자녀를 위해 대부 역할을 했다. 코르다투스는 루터가 관습을 따라 그에게 보낸 세례 주화를 장식품으로 재가공하여 분명 루터에게 되돌려 보냈다. 또 브레멘의 야콥 프롭스트는 루터의 딸 마르가레테를 위해 대부 역할을 했다[WB 10, 3983, (c. 17 April)* 1544]. 루터는 아들 마르틴의 대부로 오랜 친구요 만스펠트의 행정 관리인 요한 뤼헬을, 그리고 작센 선제후 행정부의 고위 관료인 요한 리데젤(WB 6, 1880, 30 Oct. 1531)을 골랐다. 그러나 불행히도 리데젤은 늙은 선제후가 죽자 곧 일자리를 잃었으며, 루터는 그에게 위로 편지를 보냈다(WB 6, 1955, 7 Sept. 1532). 1533년, 루터는 정치면에서 중요한 의미가 있는 대부모를 골랐다. 그는 아들 파울을 위해 선제후 기병대장 한스 뢰저, 선제후의 아우인 요한 에른스트 공작, 요나스와 멜란히톤, 그리고 카스파르 린데만의 아내를 골랐다(WB 6, 1997, 29 Jan. 1553). 축하연은 아들이 태어난 다음 날 궁성에서 열렸다.

14. 예를 들면, 그는 1525년에 신비주의 사상에 관심을 갖게 된 뉘른베르크의 유력한 예술가, 곧 "경건하지 않은 세 화가"를 이단으로 처벌해서는 안 된다고 주장하면서, 이들을 "튀르크인"이나 변절한 그리스도인처럼 다루어야 한다고 주장했다. 하지만 이들이 선동죄를 범한다면 처벌할 수 있다고 주장했다(WB 3, 824, 4 Feb. 1525, 432:13-14), 그리고 Oyer, *Lutheran Reformers*, 114-139 참조.

15. Goetz, *Anabaptists*, 124-126; WS 26, *Von der Wiedertaufe*, 145:22-23, WB 6, 1881, 1531년 10월 말, 222-223. 멜란히톤은 재세례파 지도자만 처형할 게 아니라 평범한 재세례파라도 단지 무지하여 재세례파를 좇아 행동한 게 아니라면 이들 역시 처형해야 한다고 주장하여, 그 시대 헤센의 어느 누구보다 훨씬 강경한 입장을 취했다. 루터는 그 의견에 동의하면서 자기 손으로 의견을 덧붙였다(223:1-3). 멜란히톤의 견해가 발전해 간 모습을 살펴보려면, Oyer, *Lutheran Reformers*, 140-178, 그리고 Kusukawa, *Transformation* 참조. 후자는 멜란히톤이 강경한 입장을 취한 이유를 그가 비텐베르크 소요 때 경험했던 정체성 위기 때문이라고 본다. 78-79.

16. 에르베는 자신이 갇힌 탑 벽에 이름을 새겨 넣었으며, 이는 수 세기 후 이 성을 개보수할 때 발견되었다. Hill, *Baptism*, 81-82 참조. 루터도 재세례파의 견해를 가졌다는 이유 때문에 카르크 선제후가 자신이 예전에 검술을 배웠던 비텐베르크 성의 한 방에 갇혔음을 알았다. WB 8, 3206, "Vor und Nachgeschichte"(3 Jan. 1537) 참조. 처음에 루터는 그를 자기 집에 구금하려고 했으나, 작센 정부가 거절했다. 카르크는 성령주의자요 급진파인 제바스티안 프랑크의 아내와 영적 결합을 했다. 루터는 그에게 가르침을 주었고, 그는 루터의 꾸지람을 받아들였다. 그는 2월 중순에 석방되었다.

17. 16세기 초에는 그 수가 8천 명에서 9천 명에 이르렀다. Dülmen, *Reformation als Revolution*, 238. 대략 2,500명이나 되는 재세례파가 이 고을에 도착했다(275).

18. 그는 사람들이 선지자라 여기고 그 고을에 물품 공동체를 세운 얀 마티스Jan Matthys에게 물려받았다. Dülmen, *Reformation als Revolution*, 208-336; Kerssenbrock, *Anabaptist Madness* ((ed. and trans.) Mackay).

19. 『뮌스터 재세례파 신문Newe zeytung von den Wydertaufferen zu Münster』, Nürnberg, 1535 (VD 16

N 876)* 참조. 여기에는 루터가 쓴 서문과 멜란히톤이 재세례파를 반박하며 제시한 명제들이 들어 있다. Ronnie Po-Chia Hsia, "Münster and the Anabaptists." in Hsia, (ed.), *German People*.

20. WT 5, 6041. 일부다처제를 실시한 이유에는 그 고을 남자가 많이 죽어서 고을 여자들을 남자가 가장인 집안의 식구로 만들어야 했던 상황도 들어 있었던 것 같다. Hsia, "Münster and the Anabaptists" 참조.

21. Greschat, *Bucer*, 96.

22. WB 6, 22 Jan. 1531, 24-25; 40-44.

23. 그러나 루터는 얼마 안 있어 미하엘 켈러와 아우크스부르크에 있는 그의 지지자들이 성찬과 관련하여 비텐베르크 사람들이 츠빙글리파의 견해로 넘어갔다고 말하고 다닌다는 소문을 들었다. WB 6, 1799, 28 March 1531. 아우크스부르크에서는 부처를 지지하는 설교자와 루터파 설교자 사이에 새로 아주 신랄한 논쟁이 있었으며, 프로쉬와 요하네스 아그리콜라는 스트라스부르에서 온 그들의 새 동료인 보니파키우스 볼파르트와 볼프강 무스쿨루스를 만나길 거부했다. 다음 해, 루터는 아우크스부르크 사람들에게 그들이 뮌처 및 츠빙글리와 같은 운명을 만나게 되리라고 경고했다. WB 6, 1894, 3 Jan. 1532(카스파르 후버), 244:3-5. 아울러 그는 링크에게 보낸 편지에서 "아우크스부르크를 조심하게!"라고 외쳤다. 1533년 1월, 루터는 비텐베르크 사람들처럼 그리스도가 실제로 빵과 포도주 안에 임재하신다고 가르치는 체하면서, 사실은 육으로 임재하심이 아니라 영으로 임재하심이라고 말하는 성찬 상징설을 주장하는 자들에게 현혹당하지 말라고 프랑크푸르트 시에 경고하는 글을 펴냈다. 이것은 루터가 구사했던 말로 언어유희를 펼치고 있었다. 『프랑크푸르트 암마인 사람들에게 보내는 편지Ein brieff an die zu Franckfort am Meyn』, Nürnberg, 1533 (VD 16 L 4164)*.

24. Kolde, (ed.), *Analecta Lutherana*, 216-230, Musculus, 그리고 214-216, correspondence; Friedrich Myconius, *EPISTOLA SCRIPTA AD D. Vitum Theodorum…DE CONCORDIA inita VVitebergae inter D. D. Martinum Lutherum, & Bucerum anno 36*, Leipzig, 1581; Walch, XVII, 2090-2099. 아우크스부르크, 메밍겐, 울름, 로이틀링엔, 에슬링엔, 퓌르펠트, 프랑크푸르트에서 온 대표도 참석했으나, 중요한 핵심 토론에는 참여가 허가되지 않았다.

25. ° "Ebd. (Bericht von Myconius), Sp. 2096.", 독역본. 원서 제16장 "강한 성"의 이하 주 번호와 내용에 오류가 있어, 독역본을 참조해 정리했다.

26. Walch, XVII, 2093, 2094, 2096(미코니우스). 그리스도가 불신자에게도 임재하시는가, 아니면 그들은 그냥 빵과 포도주만 받는가라는 문제는 결정하지 않은 채 놔두었다. Greschat, *Bucer*, 132-139.

27. Walch, XVII, 2098-2099.

28. WB 8, 3191, 1 Dec. 1537. 그가 1537년 1월 12일에 받은 편지에 대한 답신; 부처는 그에게 답신을 보내 달라고 간청했다. WB 8, 3192, 3 Dec. 1537.

29. 아우크스부르크 시의회에 따르면, 루터가 추천한 사람인 요한 포르스터는 불가능했다. 그는 다른 사람들을 공격했고, 폭음했으며, 사람들을 따돌렸다. WB 8, 3250, 19 Aug. 1538, 3251, 29 Aug. 1538; WB 8, 616, 3418, 1 Dec. 1539. 블라우러도 결국 떠나야 했다. Köhler, *Zürcher Ehegericht*, II, 318-319.

30. LW 41, 5-178; WS 50, 509-653, 『공의회와 교회에 관하여Von den Konziliis und Kirchen』. 루터는 이 작품에서도 여자를 교회 사역에서 배제해야 한다는 견해를 분명하게 제시한다. LW 41, 154; WS 50, 633.
31. WB 8, 3383, 30 Aug. 1539. 그들은 루터에게 그들이 합의했던 화의를 되새겨 주었다.
32. LW 43, 220; WS 51, 587.
33. WS 54, 143. 루터는 만일 츠빙글리가 자신이 *Christianae fidei expositio*(이 책은 그가 죽은 뒤에 출간되었다)에 써 놓은 것을 믿었다면, "사람들은 그가 그런 태도를 갖고 죽었을 경우, 그 영혼이 틀림없이 구원받지 못했으리라고 (그리고 여전히 그렇다고) 여겼을 것이며, 그가 이교도가 되었다고 생각할 것이라고 확언했다(143).
34. (Heinrich Bullinger)*, *Warhaffte Bekanntnuss der Dieneren der Kirchen zuo Zürych, was sy uss Gottes Wort mit der heiligen allgemeinen christenlichen Kirchen gloubind und leerind, in Sonderheit aber von dem Nachtmal unsers Herren Jesu Christi: ··· mit zuogethoner kurtzer Bekenntniss D. Mart. Luthers vom heiligen Sacrament*, Zürich, 1545 (VD 16 B 9770)*; Stumpf, *Beschreibung* ((ed.) Büsser), 137-138; 141. 츠빙글리파인 요한 슈툼프가 영리하게 비꼬아 언급했듯이, 성물을 거부한다고 주장하던 루터파는 실상 『성례에 관한 짧은 신앙고백Kurzes Bekenntnis vom heiligen Sakrament』을 "성물·Heyligthumb"처럼 다루었다 (141).
35. 1543년, 루터는 인쇄업자 크리스토프 프로샤우어가 보낸 라틴어판 취리히 성경 인쇄본을 1부 받았다. 그러나 그는 이런 이유를 대며 더 이상 아무것도 보내지 말라고 요청했다. "나는 그들의 저주받을 짓과 하나님을 모독하는 가르침에 참여하지 않고 도리어 결백하게 남아 있으려 하며, 죽을 때까지 그들에 맞서 기도하고 가르치려 합니다." 루터는 그들도 츠빙글리와 같은 심판을 받으리라고 말했다. WB 10, 3908, 31 Aug. 1543.
36. Karant-Nunn, *Luther's Pastors* 참조.
37. WB 10, 3762, 26 June 1542. 루터는 안할트 제후인 게오르크에게 보낸 편지에서 성체 거양이 선택의 문제임을 설명하고, 이것이 필수 불가결한 종교 관습이 아닌 아디아포라adiaphora의 하나라고 말했다. 루터는 성체 거양을 보존하려 했을 것이나, 부겐하겐은 이를 폐지했다. 이는 루터가 이 문제에 최소로 개입했음을 보여준다. 사실 그는 본디 이를 마귀를 괴롭히려고 보존했었다. 그가 그리한 것은 카를슈타트가 성체 거양은 그리스도를 다시 십자가에 못 박는 것이라고 말했기 때문이다. WB 10, 3806, 1 Nov. 1542(레온하르트 바이어에게 보낸 편지)와 n.3. 아울러 WS 54, 『성례에 관한 작은 신앙고백』, 1544, 165:25-26 참조. 여기서 루터는 이제 비텐베르크 교회가 성체 거양을 없앴지만, 이전에 대다수 교회가 이를 없앨 때도 비텐베르크 교회는 이를 유지했었다고 분명하게 설명한다. 그는 이를 차라리 생략했을 것이다.
38. WB 10, 3888, 4 July 1543. 루터파의 경건에서 감정에 대해 살펴보려면, Karant-Nunn, *Reformation of Feeling* 참조.
39. WB 6, 1773, (16 Jan. 1531)*, 21:26-28, 선제후 요한을 기념하는 글. 아울러 Introduction 참조. WB 6, 1776, 22 Jan. 1531. 루터는 부처에게 보낸 편지에서 자신이 믿지 않는 영혼도 그리스도의 참된 몸을 받아들인다고 인정했음을 통명스럽게 강조했다. 그렇지 않으면 합의가 이루어지지 않았을 것이다. WB 6, 1779, 9? Feb. 1531. 그러나 그는 합의를 이루려고 애쓰면서, 오랫

동안 편지 한 통 보내지 못했던 스트라스부르의 카타리나 첼에게 다시 편지를 보내, 이 문제를 놓고 "기도해 주세요, 기도해 주세요, 기도해 주세요."라고 요청했다. WB 6, 1777, 24 Jan. 1531, 26:16. 첼은 스트라스부르 설교자인 마테우스 첼의 부인이었으며, 종교개혁을 지지하는 소책자를 쓴 극소수 여성 가운데 한 사람이었다. 카타리나는 스트라스부르 사역에서 큰 역할을 했다. 루터가 카타리나에게 편지를 쓰는 것이 현명하겠다고 생각한 것 자체가 그의 위치를 인정했음을 보여주는 표지다.

40. 프랑크푸르트 설교자 베르나르디가 모아 놓은 보고를 보려면, Walch, XVII, 2017 참조. 이는 필시 부처와 카피토의 도움을 받아 만들었을 것이다. 이는 어느 쪽도 그 "입"이 실제로 주의 "몸"에 닿았다고 믿지 않았다고 말했다. 그러나 "루터나 교부가 이해한 것보다 더 상스러운 것도 늘 이렇게 말하는 방식을 따라 이해할 수 있었기 때문에, 우리는 이렇게 말하는 방식을 사용하지 않고 빵과 포도주와 더불어 그리스도의 몸과 피가 정말로 주어졌다고, 신성하고 하늘에 속한 방식으로, 그렇지만 참되고 필수 불가결한 방식으로 주어졌다고 말했다." 라체베르거가 쓴 것처럼, 멜란히톤이 이를 게오르크 윔러에게 제시하자, 루터는 이런 내용을 "너무 거칠고 상스럽다"(nimis crasse)라고 썼다. 그러자 츠빙글리 지지자들은 루터에게 이렇게 반문했다. "당신은 그리스도가 자신을 사람들이 이로 잠아 찢어 먹고 몸을 통해 소화시키게 하셨다고 생각합니까?" Ratzeberger, *Die handschriftliche Geschichte*, 93-94.

41. WB 4, 1160, 19 Oct. 1527, 369:26-28.

42. 이를 아주 잘 설명해 놓은 곳이 Kolb, *Martin Luther: Confessor of the Faith*, 114이다. 이 자료는 이를 그가 물려받은 오컴의 유산과 연계한다.

43. WT 3, 3484. 루터는 코부르크에 있을 때 어린 아들 한스에게 보낸 편지에서, "선한" 어린이들이 뛰어놀고, 체리를 먹으며, 망아지를 타고 노는 곳을 상상했다. 한스는 당시 네 살이었다. 루터가 이런 이야기를 했다는 사실은 당시 사별 경험이 얼마나 널리 퍼져 있었는가를 잘 보여준다. 그러나 루터는 분명 이를 천국에 관한 문자적 견해로 제시하려 하지는 않았다. LW Letters, II, 321-324; WB 5, 1595, c. 19 June 1530.

44. LW Letters, III, 18; WB 6, 1820, 20 May 1531, 103:3-6; 17. 루터과 사람들은 이 편지를 알았다. 1년 후, 뉘른베르크의 라차루스 슈펭글러는 이 편지 사본을 요청했으며, 루터의 비서인 파이트 디트리히는 이 편지를 루터가 마지막으로 그의 아버지에게 보낸 편지와 함께 슈펭글러에게 보냈다. 이로 보아, 분명 두 편지는 루터가 살아 있는 동안에 사람들 사이에 돌아다녔다. 이 두 편지는 루터가 죽기 한 해 전인 1545년에 카스파르 크루치거가 루터의 설교와 위로 글을 모아 만든 작품(*Etliche Trostschrifften und Predigten des Ehewird. Herrn Doct. Mart. Luth.…*)에 담겨 인쇄되었다. 이 작품은 루터의 편지와 저작에서 우울증을 다룬 내용을 추려 모아 목회에 활용할 수 있도록 만든 것으로 책 서두에 있었다.

45. WT 4, 4787.

46. WB 10, 3792, 16? Sept. 1542, 147:5; 3830, 26 Dec. 1542; 3831, 27 Dec. 1542. 그는 학교에 편지를 보내 자식들이 이런 "유약함"에 빠지거나 이처럼 여자다운 태도를 갖게 해서는 안 된다고 이야기했다. 또 그는 아들에게도 편지를 보내 엄마도 그렇게 쓰지는 못하지만 엄마 역시 모든 것에 같은 생각이라고 써 보냈다. 아울러 루터는 한스에게, 엄마가 그에게 상태가 나빠지면 집으로 돌아와도 된다고 말했지만, 이는 한스가 당장 알려야 할 정도로 심각한 병이 들었을 때만

그렇다는 이야기라고 써 보냈다.

47. LW 45, *Temporal Authority: To What Extent It Should Be Obeyed*; WS 11, "Von weltlicher Obrigkeit": WS 11, 245-280, 280.14-15.
48. WB, 1861a와 b, 3 Sept. 1531, 그리고 175-177. 루터는 그가 제시한 한 권고에서, 곧 편집자들이 당대 기록이라고 주장하는 기록에서, 왕비가 자신을 버리지 말고 차라리 또 다른 아내를 맞을 것을 왕에게 허락했을 가능성을 고려했다. 이 방안은 그가 나중에 헤센 백 필리프에게 보낸 기록 사본에는 분명 담지 않은 것이었다.
49. WB 7, 2282, 9 Jan. 1536; 2283, 11 Jan. 1536, 그리고 2287, 19 Jan. 1536 참조. 루터는 그가 이전에 한 권고를 강조했다.
50. 헤센 백은 결혼 연설에서 이렇게 말했다. "이는 내가 하나님과 더불어 선한 양심을 걸고 이 일을 바라기 때문이니, 내가 이를 바람은 이런 치료와 약이 없으면 사악한 음란함에서 나를 지킬 수 없기 때문입니다." Rockwell, *Die Doppelehe*, 43.
51. WB 8, 3423, Dec. 1539, 631:31-35. 헤센 백은 당시 체액 의학에 따르면 그의 몸 안에 있는 체액의 균형이 만들어 낸다고 하는 그의 기질을 탓했다. 기름진 음식은 정욕만 키워 줄 뿐이었다. 이 편지는 특이하다. 중혼을 허용하는 상세한 논거를 제시하기 때문이요, 보통 1인칭 복수형을 사용하는 통치자들이 특이하다 여길 법한 1인칭 단수로 썼기 때문이다. 필리프 자신의 손으로 쓴 부가 설명이 있다. 필리프는 여러 해 전에 틀림없이 루터에게 중혼이 가능한지 물었던 것 같다. 마르부르크 문서보관소에 루터가 1526년 11월 28일자로 쓴 편지가 있는데, 이 편지에서 루터가 중혼은 허용되지 않는다고 말하기 때문이다. WB 4, "극도로 필요하지 않는 한"(Es were denn die hohe not da). 이런 도식이 필리프에게 희망을 불러일으켰을지도 모른다. 물론 루터가 극도로 필요한 경우라고 생각하여 제시한 예외 사례는 아내가 한센병에 걸렸거나 또 다른 이유로 남편에게서 소박맞은 경우였다. 13장 참조. 반면, 카를슈타트는 1524년에 남자더러 또 다른 아내를 취하라고 권고했다(WB 3, 702, 13 Jan. 1524). 루터는 이것이 구약 선지자들의 사례에 어긋나지는 않기 때문에 금지할 수는 없지만, 그래도 자신은 일부다처제를 그리스도인의 일반 관습으로 도입하길 원하지 않는다고 밝혔다. 그는 이것이 악한 요청일 수 있다고 생각하여, 어쩌면 그들이 오를라뮌데에서 실시했던 "모세 율법"으로 완전히 돌아가 할례까지 도입하려는 것이 아닌지 모르겠다는 말도 덧붙일 수밖에 없었다.
52. WB 5, 1709, 29 Aug. 1530; Greschat, *Martin Bucer*, 153-156. 부처는 교회 안에 치리가 없다는 재세례파의 우려를 진지하게 받아들임으로써 재세례파 한 무리를 겨우 개종시킨 뒤, 새 치리 규칙 초안을 만들었으며, 1539년 초에 헤센에 적용할 새 교회 규칙과 함께 출간했다.
53. WB 8, 3423, 635, Dec. 1539. 이 논증은 흥미롭다. 필리프가 황제의 동의를 얻으려면 자신이 교황에게 특별 면제라도 받아 내야 하는 것 아니냐고 설명하기 때문이다. 그에게는 이 일이 별 의미가 없었을지 몰라도("Ich nun vffs Pabsts Dispens(a)•tion gar nichts achte"), 또 그가 돈만 충분히 쓰면 그런 특별 면제야 얼마든지 얻을 수 있다고 확신했을지라도, 황제는 여전히 그의 손을 묶어 버릴 수 있었다.
54. WB 9, 3458, 5 April 1540. 루터는 그 편지를 불태웠다. 그 때문에 지금 남아 있는 것은 초고다. WB 9, 3464, 12 April 1540. 아울러 3484, 24 May 1540 참조.
55. WB 9, 3491, 9 June 1540, 그리고 3502(헤센 백이 자기 손으로 씀)과 3503 참조. 20, 21 June

1540.

56. Johannes Lening, *Dialogus das ist ein freundtlich Gesprech Zweyer personen Da von Ob es Goettlichem Natürlichen Keyserlichem vnd Geystlichem Rechte gemesse oder entgegen sei mehr dann eyn Erweib zugleich zuhaben. Vnnd wo yemant zu diser zeit solchs fürnehme ob er als eyn vnchrist zuuerwerffen vnd zuuerdammen sei oder nit*, Marburg, 1541 (VD 16 L 1174)*. 일부 사람들은 부처가 저자라고 생각하여, 부처를 크게 당황하게 만들었다(Rockwell, *Die Doppelehe*, 121-130). 1542년, 루터는 답신을 보내, 구약성경이 일부다처제를 허용하긴 하지만, 그때는 여성을 대하는 태도가 달랐다고 주장했다(WS 53, *Antwort auf den Dialogum Hulrichi Nebulonis*, 185-201). 루터는 이 논문에서 필리프를 언급하지 않았으며, 네오불루스를 얼간이라고 모욕했다.

57. Rockwell, *Die Doppelehe*, 65.

58. WB 9, 3515, 18 July 1540. 1540년, 루터는 식탁에서 필리프가 심지어 1521년에 보름스에서도 루터가 남편이 남자구실을 더 이상 못하면 아내가 남편을 하나 더 취해도 된다고 가르치는 것을 들었다는 말을 했었다고 회상했다. 우리는 루터가 정확히 1540년 어느 때에 이런 이야기를 했는지 모르지만, 이 이야기는 루터가 헤센 백이 개신파의 대의를 지지한 것이 오로지 자기 이익을 추구하려 한 것이 아니었는지 의심하고 있었음을 시사한다. WT 5, 5342b, 73:9-19.

59. Ibid., 152-153.

60. Ludolphy, *Friedrich der Weise*, 47-50. 그는 "라스퍼Rspaer"가 아니라 "카스퍼Kasper"로 읽는다. 하지만 그는 프리드리히의 연인이 안나 벨러 폰 몰스도르프였으며, 루터는 이 선제후의 연인을 "die Watzlerin"이나 "die Wantzlerin"이라 불렀다고 지적하면서, 결국 그 상자는 프리드리히의 정부를 그린 초상이 아니었을 수도 있다고 주장한다. 하지만 그것이 다른 것일 수도 있다고 상상하기가 힘들다. 아울러 이 선제후의 연인이 안나 라스퍼나 도른레라는 것을 다시 구성하여 밝혀낸 글을 보려면, Iris Ritschel, "Friedrich der Weise und seine Gefährtin." in Tacke, (ed.), "…*wir wollen der Libe Raum geben*." 336-341, 그리고 Haag, Lange, Metzger, and Schuetz, (eds.), *Dürer, Cranach, Holbein*, 207-209 참조. 뚜껑에는 날개가 있고 몸은 뱀 같으며 닭의 발을 가진 사이렌Siren의 부조가 있었다. 이는 여성의 유혹과 관능미라는 개념을 상징하는 것이었다. 그의 뚜껑에는 켄타우로스가 있다.

61. WB 9, 3616, 10/11 May 1541, 407:36-39. 이 편지는 루터가 직접 줄거리를 쓰고 부겐하겐도 서명했다. 루터가 말한 "하인츠Heintz"는 브라운슈바이크의 하인리히였다. 그는 마인츠와 하인츠처럼 그의 대적들을 운을 붙여 부르길 좋아했다. 이를테면, WB 9, 3670, 10 Nov. 1541 참조.

62. Walch, XVII, 2099-2100, *Synodus Witebergensis … von M. Johann Bernardi … Von den Oberlaendischen Predigern gemeinsam verfasst zu Frankfurt*, 2010, "unserm Herrn und Vater, D. Martin Luther."

63. 1535년에 프랑스와 벌인 교섭을 알아보려면, Brecht, *Luther*, III, 59, 60 참조. 영국인은 멜란히톤을 상대하길 원했다. WB 7, 2282, 9 Jan. 1536; 2283, 11 Jan. 1536, 그리고 2287, 19 Jan. 1536 참조.

17. 친구와 원수

1. 그는 이 특권의 가치를 알았으며, 이를 악용하지 않으려고 주의했다. 가령 1544년 12월, 루터는 친족들이 주화 위조죄로 사형을 받게 된 사촌을 구명해 달라고 선제후에게 청원해 줄 것을 요청하자, 선제후가 아니라 선제후 아래에 있는 재상 그레고르 브뤽에게 편지를 보내, 범죄자는 처벌을 받아야 한다고 믿기 때문에 선제후에게 직접 편지를 쓰지 않고 재상에게 편지를 쓴다고 설명했다. WB 10, 4058, 1544년 12월 후반.
2. 몇몇 소책자는 그 표지에 특별한 디자인이 있었는데, 이 디자인은 개신과 네 사람처럼, "네 사람"으로 구성된 비텐베르크 그룹을 담고 있었다. 이 네 사람, 곧 루터, 멜란히톤, 요나스, 그리고 부겐하겐의 모노그램과 이름 첫 글자로 나타냈다. 가령 마르틴 루터를 보려면, *Zwo Hochzeit Predigten*, Wittenberg, 1536, (VD 16 L 4929)* 참조.
3. 그러나 WB 8, 3331, 1539년 5월 9일 이후에 쓴 것(?) 참조. 링크는 루터에게 그를 친구 명단에서 빼지 말라고 요청했다. 이는 루터가 자책감을 못 이겨 그에게 편지를 쓰려는 시도였거나, 그보다 심각한 무엇이었을 수 있다.
4. Inge Mager, "'*Das war viel ein andrer Mann*.' Justus Jonas-Ein Leben mit und für Luther." in Peter Freybe, (ed.), *Luther und seine Freunde*, 24, n.12.
5. WB 8, 3248, 16 Aug. 1538, 그리고 *Beilage*.
6. WB 8, 3334, 20 May 1539. 루터는 이런 불만을 참지 못했다.
7. WB 8, 3209, 6 Jan. 1538, 187, Introduction. 루터는 그를 옥에서 꺼내려고 탄원했다.
8. WB 10, 3752, 15 May 1542; 3767, 13 July 1542.
9. Witzel, *Apologia*, fo. A ii(v).
10. WB 10, 3727, 26 March 1542. 대학 교수 급료는 세금이 붙지 않았지만, 그들의 재산에는 세금이 붙었다. 루터는 선제후에게 감사 편지를 보내, 자신이 대對튀르크 전쟁에서 아주 많은 역할을 하기를 원했다고 강조한다. 그는 그 이유를 설명하며, 그때는 "마르티누스 박사도 세금을 조금 내야 해서 흘겨보는 눈들이 그렇게 질투하지는 않았다"고 말한다(20:40-42). 놀랍게도 루터는 자신이 그리 노쇠하지 않다면, 튀르크에 맞서 싸우는 군대에 직접 참여하길 원했을 것이라고 말한다.
11. WB 5, 1595, 19 June 1530. 필리프 멜란히톤의 아들과 유스투스 요나스의 아들(리퍼우스와 요스트)은 1525년에 태어났다.
12. Ratzeberger, *Die handschriftliche Geschichte*, 130.
13. 루터는 가령 페터 벨러에게 보낸 편지에서도 그 단어로부터 교황을 비방하는 조크를 끄집어냈다. WB 5, 1594, 19 June 1530, n.3 참조. 그는 이 편지에서 고난을 겪는 자를 뜻하는 *quiritantes*와 로마인을 가리키는 Quirites를 섞어 아우크스부르크에 있는 교황파를 "Quiritisantes"라 부른다. 이것 역시 교황파를 조롱하는 한 방법이었다.
14. 그는 1544년 루터가 자신의 유언에 몇 구절을 덧붙일 때 루터의 변호인 역할을 했다. StadtA Witt, 109 (Bc 97)*, fo. 330(v); Fabiny, *Luther's Last Will and Testament*, 34; WT 4, 4016. 그는 사람들이 혼인을 기도와 하나님을 두려워함으로 시작하지 않는다고 비판하면서, 루프트와 크라나흐, 그리고 멜란히톤의 딸들의 혼인을 그 예로 들었다. 루프트가 온 고을이 다 알도

록 요란하게, 특히 사치스러운 혼례를 올린 일은 렘니우스의 조롱 글이 우리에게 알려 준다. Mundt, *Lemnius und Luther*, II, 39.

15. WS 38, 364:7-11; 364:7-11.
16. WS 38, 350. 루터는 그를 적어도 1517년부터 알았다. Brecht, *Luther*, III, 15-16.
17. WB 6, 1880, 30 Oct. 1531, 221, n.4.
18. 루터는 노르트하우젠 수비대장 요나스 폰 슈톡하우젠이 자살하려는 생각으로 괴로워할 때, 그에게 위로 편지를 보내고 그의 아내에게도 편지를 보내 어떤 일이 있어도 남편을 혼자 두지 말라고 경고했다. WB 6, 1974, 1975, 27 Nov. 1532. 루터는 그를 "친구"라 불렀지만, 그의 편지나 식탁 담화에서 이 사람을 더 언급하지는 않는다. 이로 보아, 그는 루터가 잘 알던 사람은 아니었다.
19. WB 6, 1811, 30 April 1530, 86:5-7; 87:55-56.
20. WB 5, 1593, 19 June 1530, 374:37-39. 공인의 삶의 모든 측면이 그렇듯이, 이 편지들도 그의 가까운 동지 가운데 한 사람인 카스파르 크루치거가 편지 모음집으로 출간하여 사람들이 읽을 수 있게 해주었다. Caspar Cruciger, *Etliche Trostschrifften vnd predigten/fur die so in tods vnd ander not vnd anfechtung sind*, 1545. 우울증도 그와 안할트의 요아힘의 관계에서 중요한 부분이었다(WB 7, 2113, 23 May 1534). 루터는 우울증이 그 집안에 흐른다고 추측하면서, 나중에 프란체스코 수도회 수사가 되어 마그데부르크에서 탁발하며 돌아다녔던 빌헬름 폰 안할트-체르프스트 대공 이야기를 떠올렸다. 그가 요아힘에게 사냥하고 말을 타며, 벗들과 어울릴 것을 권고한 것이 눈에 띈다. 그는 "슬픔에 빠진 채 삶의 음울한 측면을 보며 살아온 나"처럼 살지 말라고 권고한다(*Trauren und Saursehen*, 66:20). 그러나 루터는 자신이 이제 행복을 찾을 수 있는 곳에서 행복을 찾았다고 말했다.
21. Markert, *Menschen um Luther*, 319-329.
22. 루터가 자신이 어느 성경 본문의 해석 문제를 붙들고 씨름하면서 마귀와 다투던 시절에 관하여 들려준 이야기 안에 이 관계가 어떠했는지 묘사하는 내용이 나온다. 마귀는 승리했다. 그는 "나를 조이는 바람에 내 심장이 마치 내 몸속에서 녹아 버릴 것 같았다"(WT 1, 141, 62:32). 그는 부겐하겐에게 같은 본문을 읽어 달라고 요청했으며, 부겐하겐은 루터가 마귀의 해석을 제시한다는 것을 깨닫지 못한 채 분명 루터에게 동조했다. 이 개혁자는 "무거운 마음을 붙잡고" 밤을 꼬박 새야 했으며(WT 1, 141, 63:5-6), 다음 날, 화가 난 부겐하겐이 그에게 와서 그의 난해한 본문 해석이 "장난"이었음을 말할 때에야 마귀에게서 겨우 풀려났다. 어떤 의미에서 보면 루터도 물론 그 해석이 틀렸음을 알았지만, 그것이 틀렸다고 믿는 데는 목회자 부겐하겐의 권위가 필요했다.
23. Posset, *Front-Runner*, 101.
24. Kolb, *Amsdorf*, 16, 27-30.
25. 루터는 1531년에 그가 이 수도원을 방문하도록 설득하려고 했으며, 그에게 새 방을 주려고 했다. WB 6, 1885, 22 Nov. 1531. 루터 또래인 또 다른 친구 니콜라우스 하우스만은 평생 독신으로 남았다. 하우스만은 프라이부르크에서 감독으로 첫 설교를 하던 중 찾아온 뇌졸중으로 고생하다가 1538년에 세상을 떠났다. 이는 루터에게 심각한 충격을 주었다.
26. WB 8, 3400, 6 Nov. 1539, 586:23-24.

27. 이 상황을 더 복잡하게 만든 것은 그와 멜란히톤의 친분이 만들어 낸 긴장 관계, 그리고 루터와 멜란히톤이 모두 상대에게 성실함을 보여야 하지, 어느 한쪽만 다른 한쪽에게 늘 성실해서는 안 된다는 점이었다. 예를 들면, 파이트 아메르바흐는 멜란히톤과 논쟁을 벌인 뒤 1543년에 비텐베르크를 떠나야 했다. WB 10, 3838, 13 Jan. 1543; 3943, 3 Dec. 1543; 3967, 9 Feb. 1544.
28. WB 4, 1017, 8 June 1526. 그는 아그리콜라에게 알려 주라고 요한 뤼헬에게 요청하면서 이렇게 덧붙였다. "그도 이 시기쯤이면 자식을 갖는다는 것이 무슨 의미인지 생각해 봐야 하니까"(87:10-11). 아그리콜라에 관하여 알아보려면, Kawerau, *Agricola* 참조.
29. 예를 들면, WB 4, 1009, 11 May 1526 참조.
30. WB 4, 1111, (10 June 1527)*; 1119 (1527년 7월 초)*.
31. WB 4, 1322, 11 Sept. 1528, 558:10-11; 1325, 1528년 9월 후반; WB 5, 1378, 1 Feb. 1529.
32. WB 5, 9 Sept. 1529(만스펠트 백 알브레히트), 9 Sept. 1529(아그리콜라); Kawerau, *Agricola*, 110-115. 그 백작은 만스펠트 백들에게 공격을 퍼부었다.
33. WB 5, 1473, 9 Sept. 1529, 151:12-18.
34. Ratzeberger, *Die handschriftliche Geschichte*, 97.
35. Kawerau, *Agricola*, 168-171. 그는 만스펠트 백 알브레히트에게 편지를 하나 남겼다. 그가 아이스레벤에서 얻은 자리는 알브레히트 덕분이었지만, 그가 받을 "낮은" 급료에 느낀 좌절을 그 편지에서 쏟아 냈다. 그는 같은 식으로 답신을 보내, 그가 술주정뱅이요 가르치는 의무도 다하지 않으며, 교황파를 비판하기보다 오히려 그의 동지를 공격하는 설교를 많이 한다고 비판했다.
36. Kawerau, *Agricola*, 172-173; WT 4, 4043(1538) 참조. 그는 나중에 멜란히톤의 장모 집으로 이사했다.
37. Förstemann, *Urkundenbuch*, I, 298. 아울러 Ernst Koch, "'Deutschlands Prophet, Seher und Vater.' Johann Agricola und Martin Luther. Von den Enttäuschungen einer Freundschaft." in Peter Freybe, (ed.), *Luther und seine Freunde*, 63.
38. WB 8, 3175, 2 Sept. 1537, 122:6-11. Koch, "Deutschlands Prophet." 66에 들어 있는 독일어 번역.
39. WB 8, 3254, Aug. 1538, 279:20. 이 편지는 루터의 글이 죄와 용서에 관하여 상반된 두 견해를 담고 있음을 시사했다. 아그리콜라는 나중에 "자신이 정말 순진하여 쓴" 이 편지가 "라인강에 불을 붙였다"고 그의 초고에 적어 놓았다. 이어 아그리콜라는 루터의 가르침에서 조금도 벗어나지 않겠다고 약속하면서 루터에게 철저히 굴복하는 편지를 써 보냈다(WB 8, 3284, 26 Dec. 1538?, 342-343). 교회 안에서 이루어진 화해 시도를 보려면, 342 참조. 코흐는 아그리콜라의 입장이 루터가 그전에 가졌던 견해와 더 일치한다고 주장하면서, 율법을 강조하는 루터의 견해는 이제 멜란히톤의 입장을 따른다고 주장했다. 따라서 이 토론에서 관건이 되었던 것 가운데 일부는 멜란히톤과 루터의 관계와 관련이 있었다.
40. Kawerau, *Agricola*, 174-179; WS 39, 1, *Die Thesen zu den Disputationen gegen die Antinomer*, 334-358; WS 50, *Wider die Antinomer*, 1539, 461-477 참조.
41. WT 6, 6880, 248:33-34, 1539년 1월 말, 아그리콜라의 논제를 둘러싼 토론 직전. Förstemann, *Urkundenbuch*, I, 319.
42. 그는 굴욕을 감내하고 게오르크 폰 돌치히에게 편지를 보내, 자신의 아픈 아내와 아홉 자녀

를 생각하여 급료를 취소하지 말아 달라고 요청할 수밖에 없었다. WB 8, 3284, 22 Dec. 1538, Introduction; letter, Kawerau, *Agricola*, 196, 342.

43. WB 8, 3208, 6 Jan. 1538.
44. WS 51, *Bericht auff die Klage M. Johannis Eissleben*, 1540, 429-443, 431b:5-6; 436b:6-9, 그리고 WS 50, *Wider die Antinomer*, 1539, 461ff. 참조.
45. WB 9, 3460, 7 April 1540; 3533, 3 Sept. 1540(루터는 이를 귀텔에게 보고했다).
46. Kawerau, *Agricola*, 211-215. 멜란히톤은 1539년에 아그리콜라가 자기주장을 취소하게끔 이끌었으며, 그에게 루터가 분노했음을 경고했다. 실제로 루터는 혹독했다. 그는 식탁에서 아그리콜라가 이렇게 고백할 수밖에 없었다고 말했다. "나(아그리콜라)*는 바보였고, 비텐베르크 사람들에게 하지 말아야 할 일을 했습니다. 그들이 바로 가르쳐 주었는데도, 나는 그들을 부당하게 공격했습니다"(WT 5, 5311, Oct.-Nov. 1540, 54:21-22). *genarrt*(바보였다)*라는 동사는 특히 가혹했다. 결국 1540년에 아그리콜라는 자기주장을 확실히 취소했다. 1545년, 아그리콜라는 마지막으로 화해를 시도했다. 그러나 루터는 아그리콜라의 아내와 딸은 집에 받아들여 묵게 하면서도, 아그리콜라와 직접 만나는 것은 대놓고 거부했다. WB 11, 4098, 2 May 1545; 4100, 2 May 1545; 4101, 2 May 1545. 아울러 루터는 아그리콜라의 딸이 숙녀답지 않게 말이 많고 당돌하다고 생각했다.
47. Kawerau, *Agricola*, 121. 이는 1538년에 출간되었다.
48. Simon Lemnius, *M. Simonis Lemnii Epigrammaton Libri III*, (s.l.)*, 1538 (VD 16 L 1133)*. 아울러 현대 판본과 번역을 보려면, Mundt, *Lemnius und Luther* 참조.
49. 멜란히톤의 사위 게오르크 자비누스도 연루되어 있었다. WB 8, 287-289.
50. WB 8, 3244, 24 July 1538; WS 50, *Erklärung gegen Simon Lemnius*, 16 June 1538, 350:9. 그는 사형을 당해도 싸다는 말이 있었다(350:20-22).
51. WS 50, 351:11. 루터와 다른 비텐베르크 사람들을 훨씬 더 신랄하게 비판하는 『경구Epigramme』 두 권이 더 나왔다. Mundt, *Lemnius und Luther*, II, 그리고 이 아주 유익한 주석, I, 205-264 참조.
52. Carl P. E. Springer, "Luther's Latin Poetry and Scatology." *Lutheran Quarterly* 23, no. 4(2009): 373-387.
53. 이 제목은 호메로스의 시를 이용한 말장난이었다. 『개구리와 쥐의 싸움Batrachomyomachia』이라는 제목은 『일리아스』를 패러디한 것이었다. 이런 정보를 알려 준 플로리스 버하트에게 감사한다.
54. StadtA Witt, 9 (Bb 6)*. 시 회계 기록(Kämmereirechnungen)에는 시가 1522년까지 시 매음굴을 소소히 수리하는 데 들어간 비용 지출도 기재되어 있지만, 1525년에는 이곳을 다른 목적에 사용하고 있었다.
55. WB 7, 3088, 7 Oct. 1536, 556:3.
56. 1546년 이르러, 당국은 학생들이 불덩이를 집어 던지고 화약을 사용하는 것을 금지해야 했다. Staatsarchiv Weimar, Reg O 468. 1545년, 시의회는 춤과 야간 음주를 금지하는 조례에 관하여 보고하고 있었다. Staatsarchiv Weimar, EGA(Witt), fo. 529.
57. 게오르크 마이스너와 다른 시민들이 루터 집에서 "쓸데없고, 모욕적이며, 악한 말"(vnnutzen

58. Mundt, *Lemnius und Luther*, II, 143.
59. WB 10, 3846, 9 Feb. 1543. 그는 두통으로 괴로워했다. "그 때문에 나는 무언가를 읽지도 못하고 쓰지도 못하며, 특히 정신이 맑지 않소(*jejuno*)*." 259:4; 3903, 18 Aug. 1543. 저녁 식사 후에 그는 이렇게 썼다. "이는 내가 정신이 들게 하는 위험한 것(*ieiunus*)*이 없으면 책을 읽지 못하기 때문이오." 371:38. 이는 "뭔가 먹지 않으면"이라는 말일 수도 있고, 식사하면서 술을 같이 마신다는 말일 수도 있다.
60. WB 10, 3905, 26 Aug. 1543, 373, 그리고 Rankin, *Panaceia's Daughters*, 99-100 참조.
61. WB 10, 3983, *c*. 17 April 1544, 554:2-5.
62. 아그리콜라 및 렘니우스와 벌인 논쟁이 루터와 멜란히톤의 친분을 갈등에 빠뜨린 유일한 원인은 아니었다. 1536년, 콘라트 코르다투스는 행위가 구원에서 담당하는 역할을 놓고 먼저 크루치거와 논쟁을 벌이게 되었으며, 이어 멜란히톤과 논쟁을 벌이게 되었다. 이때 루터는 자신이 멜란히톤을 지지한다는 것을 강조했는데, 사실 그 자신의 견해는 코르다투스의 견해에 오히려 가까웠다. 루터는 곧 그를 아이스레벤에서 한자리를 맡게 추천했는데, 이는 당시 그가 머물고 있던 니멕보다 비텐베르크에서 멀리 떨어져 안전한 곳이었다. WB 8, 3153, 21 May 1537.
63. 아주 심각했던 이 결석의 공격을 묘사한 글을 보려면, WB 8, 3136, 3137, 3138, 3139; *Vorgeschichte*, 46-48 참조. 루터는 열흘에서 열하루나 소변을 누지 못했으며, 죽도록 피곤한 상태에 빠지기 전에 행복에 취하는 경험을 했다. 그는 아내에게 "하나님이 오늘 밤 내게 기적을 행하셨소"라고 썼으며, 그의 회복이 다른 이들의 기도 덕분이라고 썼다. WB 8, 3140, 27 Feb. 1537, 51:20-22. 하지만 그는 다시 결석의 공격을 받았고 위중한 상태가 이어졌다. 그는 자신의 죽음을 예상하고 부겐하겐에게 고해했다.
64. WB 9, 3509, 2 July 1540; Brecht, *Luther*, III, 209-210; WT 5, 5407과 5565. 세 사람이 기도를 통해 소생했다. 카타리나 폰 보라, 슈말칼덴에 있을 때 루터 자신, 그리고 바이마르에 있을 때 멜란히톤 자신. 미코니우스도 루터의 기도로 자신이 죽음에서 건져졌다고 주장했다. WB 9, 3566, 9 Jan. 1541.
65. WB 10, 4028, 9 Sept. 1544, 그리고 *Beilage*.
66. WB 10, 4007, 23 June 1544; 4014, 1544년 8월 초, 아울러 WS 54, 123ff, 편집자가 『성례에 관한 작은 신앙고백』(1544)에 붙인 서문 참조. 루터가 쓴 이 교리 선언은 겉보기에 부처나 멜란히톤을 상대로 하는 게 아니라(그들은 그랬을까 봐 두려워했다) 츠빙글리파를 겨냥한 것이었다. 그 때문에 그는 성찬 상징설 주장자들을 상대로 하는 가장 강력한 글이라 할 『하늘의 예언자들 반박』, 『그리스도의 몸과 피를 기리는 성찬에 관한 설교』("이것이 내 몸이다"라는 그리스도의 이 말씀은 지금도 광신도에 맞서 굳건히 서 있다), 그리고 『그리스도의 만찬에 관한 신앙고백』(『그리스도의 만찬에 관하여』, 『신앙고백』으로도 알려져 있는 『큰 신앙고백』)을 써야 했다. 그는 일부러 멜란히톤이 아니라 자신이 만들었던 이 옛 작품과 도식으로 돌아갔다. 루터가 죽은 뒤, 루터에게 지독히 충성했던 루터파 사람들은 이 작품들(특히 『큰 신앙고백』)을 결코 양보할 수 없으며 자신들의 입장을 집약한 작품으로 여겼다. WS 26, 249.
67. WB 10, 3984, 21 April 1544, 556:14-16; 34.

68. WS 59, "Sermons 1544" (3 Aug.)*, 529ff. 이 설교는 거룩한 삶, 순결 등을 순전히 육의 사고로 저주하고, 영의 사람처럼 보이는 성찬 상징설 주장자들이야말로 사실은 육의 사람이라고 주장한다.

69. WB 10, 4014, (1544년 8월 초)*, 616, 편집자가 쓴 들어가는 글, *Melanchthons Briefwechsel-Regesten online*, 3646, 8 Aug. (1544)*. 멜란히톤은 파이트 디트리히에게 보낸 이 편지에서 암스도르프가 쾰른의 종교개혁을 다룬 그의 초고를 비판한 것을 언급했다. 루터는 이 비판이 온건하다고 생각하여, 새로운 토론이 일어나길 기대했다. 아울러 3648, 8 Aug. 1544 참조. 여기서 그는 온건한 설교를 칭송하고 자신이 균형 잡힌 견해를 취하다 위험에 빠졌다고 써 놓았다. 멜란히톤은 카메라리우스에게 보낸 편지에서[3652, 3653, 11 Aug. (1544)*; 3658, 12 Aug. (1544)*, 그리고 3667, 28 Aug. (1544)*; 3669 (28 Aug. 1544)* 참조], 암스도르프의 혹독한 비판을 다시 언급하면서, 루터가 암스도르프의 비판을 "온건하다"고 생각했다는 말을 되풀이한다. 그는 루터가 고린도전서를 다룬 설교를 통해 선전포고를 했다고 써 놓았다. 그는 성찬과 관련하여 완전히 새로운 논쟁이 일까 봐 두려워했다. 그는 비텐베르크를 떠나야 할지도 몰랐다. 멜란히톤은 루터가 성찬과 관련하여 멜란히톤 자신과 부처를 공격하는 새 작품을 쓰고 있다고 걱정했다. 멜란히톤은 부처에게도 편지를 보냈는데, 부처는 이 모든 일을 헤센 백 필리프에게 보고하면서 선제후에게 이야기하여 이 폭풍을 진정시켜 달라고 요청했다.

70. WB 11, 4139, 28 July 1545, 149:15-16; 19;8. 그가 비텐베르크 사람들에게 질린 것이 이번이 처음은 아니었다. 1529년 말, 그는 그냥 몇 달 동안 비텐베르크 시 교회에서 설교를 중단했으며, 3월 말이 될 때까지도 다시 설교단에 서지 않았다. WB 5, 1521, 18 Jan. 1530.

71. WB 11, 4143, 5 Aug. 1545, 특히 163ff.

72. Walch, XXI b, 3131-3132, 3131. 루터는 결석의 혹독한 공격에도 불구하고, 그의 오랜 벗인 요나스와 카메라리우스를 방문했으며, 차이츠에서 메르제부르크, 아이스레벤, 라이프치히, 그리고 토르가우를 찾았다. WB 11, 4143, 5 Aug. 1545, 165.

18. 증오

1. WS 50, 284-308. 루터의 서문은 여우 꼬리를 언급한다. 주교들은 여우 꼬리로 교회를 청소하고 싶어 했다. 그 때문에 그는 이 이미지를 만드는 데 틀림없이 관여했을 것이다. 아울러 Brecht, *Luther*, III, 191 참조.
2. WS 54, 346.
3. WS 54, 346. 코흐레우스는 이것과 다른 목판화를 비텐베르크에서 인쇄된 "음화(淫畵)"라고 썼다. Grisar and Heege, *Luthers Kampfbilder*, III, 4.
4. WS 54, 206-299; LW 41, 257-376.
5. LW 41, 273, 278, 334; WS 54, 214:30; 218:19-21; 265:11-13; 16-17.
6. WT 3, 3543A와 B. 1537년, 루터는 슈말칼덴에서 거의 죽음 직전까지 갔을 때도, 그의 묘비명은 여전히 옳다고 말했다. "교황아, 내가 살아 있을 때는 네 역병이었지만, 죽으면 네 죽음이 되리라"(Pestis eram vivens, moriens ero mors tua, papa), 3543A, 390:17. 코흐레우스도 이를 언급했다. Vandiver, Keen, and Frazel, (eds. and trans.), *Luther's Lives*, 349. 이 그림들이

후대 출판에 남긴 유산을 보려면, Paas, *The German Political Broadsheet*, vols. 1과 2 참조.

7. Francisco, *Luther and Islam*; Ehmann, *Luther, Türken und Islam*.
8. Thomas Kaufmann, *"Türckenbüchlein." Zur christlichen wahrnehmung "türkischer Religion" in Spätmittelalter und Reformation* 참조.
9. WS 30, 2, 107-148, 『튀르크를 대적하는 전쟁에 관하여Vom Kriege wider die Türken』(1529)*, 127.
10. WS 30, 2, 160-197, 『튀르크에 대적하는 병사에게 하는 설교Eine Heerpredigt wider den Türken』.
11. LW 43, 『튀르크를 대적하는 기도 권면Vermahnung zum Gebet wider den Türken』, 1541; WS 51, 374-411 참조. 1543년 말, 그는 하나님이 그리스도인이 범한 죄를 벌하시고자 튀르크인을 보내셨다며 비텐베르크에 기도하길 권했다. StadtA Witt, 17 (Bc)*, *Vermahnung an de Pfarrher inn der Superattendentz der Kirchen zu Wittemberg*, 1543. 이는 루터와 부겐하겐의 이름을 달고 나왔다.
12. WS 30, 2, 196a:23-24.
13. WS 30, 2, 193a:3-5, 그리고 2, 198-208, *Vorrede zu Libellus de ritu et moribus Turcorum*, 1530 참조.
14. WS 30, 2, 189a-190a; 191a:25-26; 190a:13-14.
15. LW 43, 『튀르크를 대적하는 기도 권면』, 1541; WS 51, 577-625. 1542년, 그는 중세 도미니크 수도회 수사 리콜두스 데 몬테크루키스Ricoldus de Montecrucis가 튀르크인에 관하여 쓴 작품을 번역하여 다시 출간했다. 『쿠란 논박Confutatio Alcorani』이었는데, 졸렬한 쿠란 라틴어역을 본 적이 있던 루터는 이 쿠란 논박이 정확하다고 여겼다. WS 53, 273-388, *Verlegung des Alcoran Bruder Richardi*.
16. WS 53, 561, Introduction; Francisco, *Luther and Islam*, 211-217.
17. WB 10, 3802, 27 Oct. 1542, 162:35-36; 163:78-79. 케튼의 로버트Robert of Ketton가 라틴어로 쿠란을 번역했다. 이 번역을 토대로 비블리안더Theodor Bibliander가 편집한 쿠란에 루터가 쓴 서문을 보려면, WS 53, 561-772 참조. 아울러 Harry Clark, "The Publication of the Quran in Latin: A Reformation Dilemma," *Sixteenth Century Journal* 15, no. 1(Spring 1984): 3-12; Hartmut Bobzins, "Aber itzt…hab ich den Alcoran gesehen Latinisch…Gedanken Martin Luthers zum Islam," in Medick and Schmidt, (eds.), *Luther zwischen den Kulturen* 참조.
18. WS 53, 566. Introduction. 루터가 마지막으로 이슬람을 반박하며 낸 출판물은 그가 죽기 직전인 1546년 1월 31일에 한 설교였다. 그는 여기서 교황, 유대인, 그리고 이슬람을 통렬히 공격했다(WS 51, 148-163). 그는 여기서 이슬람은 인간이시기도 했던 하나님, "그 아들을 우리에게 주신" 아버지이신 하나님을 받아들이려 하지 않는다고 주장했다(152:18). 루터는 여기에서도 다시 한 번 성육신, 곧 하나님이 육이 되심을 중심 이슈로 삼는다.
19. LW 45, 200; WS 11, 314-336, 『예수 그리스도가 유대인으로 태어나셨다는 사실Daß Jesus Christus ein geborner Jude sei』, 315:3-4. 루터가 유대인에 반대하여 쓴 글을 보려면, Kaufmann, *Luthers Judenschriften*; Kaufmann, *Luthers Juden*; Nirenberg, *Anti-Judaism*, 246-268; Oberman, *Roots of Anti-Semitism*; Osten-Sacken, *Martin Luther und die Juden* 참조.
20. 광범위하지는 않지만 루터와 유대인의 사사로운 교분을 살펴보려면, Kaufmann, *Luthers Juden*, 32-47 참조. 이 소논문에 관하여 알아보려면, Prien, *Luthers Wirtschaftsethik*, 69 참조.

21. LW 45, 229; WS 11, 336:14-19.
22. Nirenberg, *Anti-Judaism*, 252-256. 나이렌버그David Nirenberg는, 구약성경을 알레고리를 통해 신약의 예표로 읽어 내는 것이 전통이었지만, "루터는 구약을 문학적 차원에서 읽어 냄으로써 더 예리하고 더 폭넓게 본문을 파고들었다"는 것을 훌륭히 지적한다(253). 예를 들면, LW 10, "Lectures on Psalms." 93(시편 9편); 254(55편); 351(69편); WS 3, 88-91; 313-316; 441-442 참조.
23. WT 3, 3512. 예를 들면, WB 6, 1998, 1531년 2월 9일 전, 427:1이 그렇다. 이 편지는 라틴어로 썼으나, 이 대목에서 갑자기 독일어가 튀어나온다. 1544년, 그는 유대인이 브란덴부르크 시장에서 행사하는 힘에 관하여 불평한다. 여기서 유대인이 시장을 쥐락펴락하는 것은 "돈 때문"이었다(WB 10, 3967, 9 Feb. 1544).
24. 그는 하르트무트 폰 크로넨베르크의 누이였다. WB 7, 2220, 8 Aug. 1535; 2227, 24 Aug. 1535; 2228, 24 Aug. 1535; 2235, 6 Sept. 1535.
25. WB 8, 3157, 11 June 1537, 90:12-13; 42-44. 아울러 그는 유대인에게 그리스도인을 "바보와 거위"(Narren und Gänse)로 대하지 말라고 말한다. 90:29. 카피토는 루터에게 편지를 보내 요젤의 말을 들어 보고 그를 위해 선제후에게 탄원해 달라고 요청했다. WB 8, 3152, 26 April 1537. 1536년, 히브리어를 가르치러 오는 유대인을 규제하게 된다. 이들이 사람들을 유대교로 개종시키려 했기 때문이다. StadtA Witt, Bc 38 (49)*, fo. 86, 1535. 하지만 1539년, 로젠하임의 요젤이 제기한 요청에 따라 유대인은 그들의 물건을 갖고 작센을 통과하도록 허용받았지만, 작센에서 그 물건을 팔거나 거기에 살거나 사람들을 개종시키는 일은 할 수 없었다(fo. 85).
26. LW 47, 59-98; WS 50, 309-337.
27. 하지만 Kaufmann, *Luthers Judenschriften*, 90-96 참조.
28. LW 47, 191; WS 53, 461:28-29.
29. LW 47, 152-153; WS 53, 430. 이 소논문의 이 부분은 이를 아주 상세히 묘사한 Anton Margaritha, *Der gantz Jüdisch glaub mit sampt eyner gründtlichenn vnd wahrhafftigen anzeygunge, aller satzungen, Ceremonien, gebetten, heymliche vnd öffentliche gebreüch, deren sich die Juden halten, durch das gantz Jar mit schönen vnnd gegründten Argumenten wider jren glauben*, (Augsburg)* 1531, fo. J ii(r) ff에 의지한다.
30. LW 47, 162; WS 53, 438:8.
31. LW 47, 212, 261, 291, 286; WS 53, 478:32; 517:23; 541:1-3; 537:15-16.
32. LW 47, 268-272; WS 53, 523-526.
33. WB 10, 3845, 27 Jan. 1543, 258; *Melanchthons Briefwechsel-Regesten online*, 3147, 17 Jan. 1543; *Melanchthons Briefwechsel*, Texte 12, 17 Jan. 1543. StadtA Witt, Bc 38 (49)*, fo. 100. 루터는 1543년 9월 1일 게오르크 부흐홀처에게 보낸 편지에서, 유대인을 힘차게 공격하는 설교를 한 부흐홀처를 칭송하고, 아그리콜라 같으면 유대인을 보호하느라 그와 같은 말을 하지 못했을 것이라고 주장했다. 그러나 그가 만일 그렇게 설교했다면, 그는 선제후의 설교자가 되지 못하고 "그가 전한 말씀이 유대인과 인연이 있는 모든 사람을 저주하는 데 아주 부끄럽게 악용되도록 만든 진짜 마귀가 되었을 것이다"(WB 10, 3909, 389:24-26).
34. 『유대인과 그들의 거짓말에 관하여』는 1543년 1월에 나왔으며, 『형언할 수 없는 이름과 그리스

도의 혈통에 관하여 Vom Schem Hamphoras und vom Geschlecht Christi』는 그해 3월에, 그리고 그 직후에 유대인을 공격하는 세 번째 작품 『다윗의 마지막 말에 관하여 Von den letzten Worten Davids』가 출간되었다. Kaufmann, *Luthers Juden*, 136. 이것들은 독일어로 써 있어서, 널리 일반 독자가 읽었다.

35. Luther, *Von den Jüden vnd jren Lügen. Vom Schem Hamphoras*, Leipzig, 1577 (VD 16 L 7155)✦; Luther, *Drey Christliche/In Gottes Wort wolgegründte Tractat Der Erste Von dem hohen vermeynten Jüdischen Geheymnuß/dem Schem-Hamphoras*…, Frankfurt, 1617 (VD 17 3:306053V)✦.
36. WB 1, 7 (Feb. 1514)✦. 하지만 WB 1, 61, 2 Feb. 1518; Zika, *Reuchlin*; Zika, "Reuchlin's *De Verbo Mirifico* and the Magic Debate of the Late Fifteenth Century." *Journal of the Warburg and Courtauld Institutes* 39(1976): 104-138 참조.
37. Jonathan Sheehan, "Sacred and Profane: Idolatry, Antiquarianism, and the Polemics of Distinction in the Seventeenth Century." *Past and Present* 192(2006): 35-66 참조. 한 시에 딸린 부조를 표현한 17세기의 한 장짜리 조잡한 목판화를 보려면, StadtA Witt, 9 (Bb6)✦, "Rabini Schemhamphoras" 참조.
38. WS 53, 587:2-4; 21-23; 636:33-637:5.
39. WS 53, 542:5-7.
40. Kaufmann, *Luthers Juden*, 109-111, 119, 136. 아울러 카우프만은 루터가 요나스에게 보낸 편지에서 나타나는 글의 진전 양상을 논했다. Greschat, *Bucer*, 156-158.
41. Scott Hendrix, "Toleration of the Jews in the German Reformation: Urbanus Rhegius and Braunschweig 1535-1540." in Hendrix, *Tradition and Authority*, 193-201. Osiander, *Ob es war un(d)✦ glablich sey*. 탁월한 히브리어 학자였던 오지안더는 레퍼타에게 히브리어로 써 보낸 편지에서 루터가 『형언할 수 없는 이름과 그리스도의 혈통에 관하여』에서 피력한 입장과 거리를 두었다. 이 일이 사람들에게 알려지자, 멜란히톤은 루터가 보일 반응을 두려워하여 루터가 이 이야기를 듣지 못하게 막으려 했다. Kaufmann, *Luthers Juden*, 138; Nirenberg, *Anti-Judaism*, 265.
42. Johannes Eck, *Ains Juden büechlins verlegung darin ain Christ, gantzer Christenhait zu schmach, will es geschehe den Juden vnrecht in bezichtigung der Christen kinder mordt…; hierin findst auch vil histori, was übels vnd bücherey die Juden in allem teütschen Land, vnd ändern Künigreichen gestift haben*, Ingolstadt, 1541 (VD 16 E 383)✦. 루터처럼 에크도 회심한 유대인 안톤 마르가리타가 쓰고 1530년에 아우크스부르크에서 출간했던 『유대교 신앙의 모든 것 Der gantz Jüdisch glaub』을 인용했다. 이는 루터가 『유대인과 그들의 거짓말에 관하여』에서 참조한 주요 자료 가운데 하나였다.
43. LW 47, 219; WS 53, 483:34-35.
44. WS 53, 614:31-32; 615:1-2.

19. 이스라엘의 병거와 마병

1. 예를 들면, 1538년에 루터의 아우 야콥과 만스펠트 설교자 미하엘 퀼리우스가 루터를 방문하여, 광산 소유주에 대한 알브레히트의 정책에 불만을 토로했다[WT 4, 3948, (1538)*]. 1540년, 루터는 광업 임대차를 줄이는 형태로 바꿔 가려던 알브레히트에게 그의 매제인 한스 마켄로트를 대신하여 마켄로트가 물려받은 광업 임차권을 계속 유지하게 해달라고 청원했다(WB 9, 3481, 24 May 1540). 아마도 1542년이 아닐까 싶은데, 루터는 이때도 알브레히트에게 영적 조언을 제시한 편지를 보내 알브레히트가 겪고 있는 문제들은 광업으로 부를 쌓으려는 그의 탐욕 때문이라고 말했다(WB 9, 3716, 23 Feb. 1542). 알브레히트는 격노하여 편지를 발로 짓뭉개 버렸다. 1542년, 루터는 루터파 신자인 작센의 새 통치자 모리츠 공에게 바르톨로메 드라흐슈테트를 대신하여 알브레히트 백에게 청을 넣어 달라고 요청했다. 바르톨로메는 오랜 광업 가문 가운데 하나로서, 루터 아버지도 이 집과 함께 일한 적이 있었다(WB 10, 3723, 13 March(?) 1542). 그는 또 만스펠트 백 필리프와 요한 게오르크에게 편지를 보내, 그들과 공동 통치를 하는 알브레히트에게 청을 넣어 달라고 요청하기도 했다(WB 10, 3724, 14 March 1542). 아울러 WB 10, 3755, 23 May 1542 참조.

2. 루터의 주치의요 전기 작가인 라체베르거의 말. Ratzeberger, *Die handschriftliche Geschichte*, 126.

3. WB 10, 3760, 15 June 1542, Introduction 참조. 비첼은 1538년에 떠났으며, 호이어는 그를 대신할 가톨릭 신자를 찾을 수 없었다. 호이어는 1540년에 죽었으며, 필리프와 요한 게오르크가 계승했다.

4. Ratzeberger, *Die handschriftliche Geschichte*, 126. 라체베르거는 루터가 이 모든 일에 관하여 제시한 견해를 설명하면서, 흥미롭게도 도덕의 관점에서 설명한다. 그는 알브레히트가 인색함Geitz에 사로잡혀 그의 정책을 밀어붙이고 "선량한 사람들"이 광산을 경영하면서 투자한 것을 무시하며, 이에 따라 이 사람들이 겪는 고초도 무시한다고 말한다. 그러면서도 이 만스펠트 백들은 "지나친 호사"를 누린다고 말한다(127).

5. WB 10, 3724, 14 March 1542, 10:22-23; 26-29. 아울러 그는 "광산을 빼앗긴 것" 때문에 상심해 있는 한스 케겔(만스펠트 지역에서 광산을 소유한 집안 가운데 하나였다)에게 그의 아들 안드레아스의 요청에 따라 위로하는 편지를 보냈다(WB 10, 3755, 23 May 1542).

6. WB 11, 4157, 7 Oct. 1545. 아울러 그는 이때 그의 아우 야콥과 매제 헨체 카우프만을 위해 탄원했다.

7. LW Letters, III, 286-287; WS 11, 4191, 269:5-8; 13-14.

8. LW Letters, III, 290-291; WB 11, 4195, 1 Feb. 1546, 275:5-8. "공격했다"라는 말보다 "숨이 들어왔다"(angeblasen)라는 말을 썼는데, 이는 그것들이 그에게 숨을 불어넣는 바람에 그가 병들었다는 의미이다.

9. LW Letters, III, 303-304; WB 11, 4201, 7 Feb. 1546, 34-37. 그는 일찍이 아내에게 이런 아이러니한 농담을 했었다. "아리따운 여자들(창녀들)*이 나를 지독히 유혹하는 바람에 내가 순결을 잃을까 봐 염려하지도 않고 두려워하지도 않게 된 것만 빼면, 이제 나는 괜찮소. 하나님 덕이오."(WB 11, 4195, 1 Feb. 1546).

10. LW Letters, III, 291; WB 11, 4195, 1 Feb. 1546, 276:16-17.
11. 『유대인에게 하는 권면Vermahnung an die Juden』, 1546 참조. 이것은 아이스레벤에서 마지막으로 한 네 설교 가운데 마지막이었으며, 한스 루프트가 비텐베르크에서 인쇄했다(VD 16 L 6963)✦; WS 51, 148-195; 195-196. 아울러 WB 11, 4201, 7 Feb. 1546 참조.
12. 이 집은 얼마 안 있어 요한 알브레히트에게 팔렸으며, 그는 루터가 운명한 의자 겸용 침대와 음료를 마시던 잔을 성물로 다루었다. Schubart, *Luthers Tod und Begräbnis*, 86-87.
13. Jonas and Coelius, 『그리스도인의 이별에 관하여Vom Christlichen abschied』 ((eds.) Freybe and Bräuer), fos. A iii v-A (iv)✦ v.
14. 루터를 암살하려는 음모가 몇 건 있었다. 나중에 있었던 암살 모의 몇 건을 다룬 것을 보려면, Ratzeberger, *Die handschriftliche Geschichte*, 69-72 참조.
15. Jonas and Coelius, 『그리스도인의 이별에 관하여』((eds.) Freybe and Bräuer), fo. B ii(r-v).
16. Ibid., fo. B ii(v)-B iii(r).
17. Rankin, *Panaceia's Daughters*, 8-9는 루터의 말년에 루터를 돌보며 의학과 관련된 조언을 제공했던 여성들의 역할을 언급했다.
18. Jonas and Coelius, 『그리스도인의 이별에 관하여』((eds.) Freybe and Bräuer), fo. B (iv)✦ (r). 기도는 큰 활자로 인쇄했다. 루터는 평생 작센 공 게오르크, 교황, 마인츠의 알브레히트를 포함하여 그의 원수들을 대적하는 기도를 멈추지 않았다. Günther Wartenberg, "Martin Luthers Beten für Freunde und gegen Feinde." *Lutherjahrbuch* 75(2008): 113-124.
19. Jonas and Coelius, 『그리스도인의 이별에 관하여』((eds.) Freybe and Bräuer), fo. C (r-v). 루터에게 임박한 죽음은 그를 따르는 이들에게 줄곧 근심거리였다. 그는 이전에도 몇 번 임종 직전까지 갔었다. 예를 들면, 루터는 1537년에 자신이 슈말칼덴에서 금세라도 숨을 거둘 것 같자, 그를 따르는 이들에게 작별 인사를 하고 교황에게 저주를 퍼부었다. 그는 1546년에 죽음을 맞이할 때도 바로 이런 저주를 교황에게 퍼부었다. WT 3, 3543A, 389:11-12.
20. 아울러 그들은 자기 진영 사람들의 죽음도 우려했다. 이를테면, 루터파인 니콜라우스 하우스만이 "뇌졸중"으로 갑자기 숨지자, 16세기 사람들은 그의 급작스런 죽음에 아주 두려워했다. 루터는 한 친구에게 편지를 보내 비록 이 죽음이 무시무시하긴 하지만, 그래도 하우스만은 정의로운 사람이었으니 하나님이 보시기에 귀중한 죽음이라고 말했다. WB 8, 3286, 30 Dec. 1538; WT 4, 4084 (Nov. 1538)✦.
21. 그는 계속하여 자신이 교회의 경건한 종을 가질 수 없으면, 자신을 하나님의 말씀으로 위로해 줄 수 있는 "경건한 그리스도인"과 함께하고 싶었다고 말했다. 사실 루터는 부처와 카피토에게서 에라스뮈스가 죽을 때 혼자가 아니었으며 신학자 지몬 그리네우스Simon Grynaeus가 함께 있었다는 말을 들었다. WB 7, 3048, 20 July 1536(카피토가 루터에게 보낸 편지); 3050, 22 July 1536(부처가 루터에게 보낸 편지); WT 4, 3963.
22. WB 10, 3848, 16 Feb. 1543(디트리히가 루터에게 보낸 편지), 262:17-18; 263:21-22; 23-24; Martin Bucer, *De vera ecclesiarvm*⋯, Strasbourg, 1542 (VD 16 B 8929)✦; Johannes Eck, *Replica Ioan. Eckii Adversvs Scripta secunda Buceri*⋯, Ingolstadt, 1543 (VD 16 E 416)✦.
23. WB 10, 3725, 17 March 1542. 그가 아직 살아 있는 동안에 마귀에 사로잡혔다는 말, 혹은 그가 자신이 저지른 큰 잘못 때문에 구원받기를 포기했다는 말, 혹은 그 자신이 귀신을 쫓았다는 말

이 돌았다. 그의 벗들은 그를 마귀의 공격으로 역병에 걸려 죽은 또 다른 "안토니우스"라고 묘사했다. WB 10, 3728, 26 March 1542. 루터는 브레멘에 있는 야콥 프롭스트에게 편지를 보내, 카를슈타트가 역병으로 죽었다고 말했다. 그가 섬겼던 교회 주교들이 써 보낸 그대로 "그(카를슈타트) 자신이 바젤 교회의 역병"이었다고 말했다. 덧붙여 그는 카를슈타트 집에 시끄러운 소리를 내는 요정이 설친다는 소문도 이야기했다. 키 큰 낯선 이에 대한 이야기는 뉘른베르크의 파이트 디트리히가 루터에게 보낸 편지 한 쪽에 들어 있다. 3730, 1542년 3월 말.

24. WB 10, 3732, 7 April 1542. 루터는 디트리히가 그에게 들려준 이야기를 암스도르프에게 전하면서, 카를슈타트가 죽음을 두려워했다는 말을 덧붙였다. 그는 다음 편지에서도 이를 재차 언급하면서, WB 10, 3741, 13 April 1542, 그 이야기가 참이라고 강조했다. 더불어 그는 카를슈타트의 죽음이 그의 자만과 완고함에 하나님이 보응하신 것이라고 강조했다. 루터는 1542년 4월 30일에 요나스에게 보낸 편지(3745)에서 그들이 카를슈타트의 부인으로부터 받은 편지의 내용을 자세히 이야기했는데, 그 부인이 카를슈타트가 저지른 학대, 다섯 자녀, 빚, 그리고 비참한 생활에 대해 불평을 토로했다고 이야기한다. 어떤 이는 카를슈타트가 "춤추며 지옥으로 갔다"고 말했는데, 루터는 이 말을 듣고, 우리가 죽은 자를 심판할 수는 없지만, "천만에, 그는 물불을 안 가리고 지옥으로 뛰어들었소"라고 말했다. 그와 멜란히톤은 카를슈타트 부인을 위해 바젤 시의회에 청원을 넣기도 했다(WB 10, 3756, 29 May 1542). 그럼에도 그들의 청원은 카를슈타트가 설교자로서 한 역할을 분명 칭송하지 않았으며, 단지 "그는 늘 여러분 가운데 있던 교회의 종이었다"는 말만 했다.

25. Ratzeberger, *Die handschriftliche Geschichte*, 135-141.

26. Schubart, *Luthers Tod und Begräbnis*, 24. 멜란히톤이 암스도르프에게, 19 Feb. 1546; 50, 58, 82도 참조.

27. Schubart, *Luthers Tod und Begräbnis*, 74; Vandiver, Keen, and Frazel, (eds. and trans.), *Luther's Lives*(코흐레우스), 347-349.

28. Schubart, *Luthers Tod und Begräbnis*, 77-79; 110-113. 이 비열한 버전은 16세기 후반에도 여전히 사람들 사이에 돌아다녔으며, 가톨릭 신자인 요하네스 나스가 그의 *Quinta Centuria*, Ingolstadt, 1570, 476ff.에 담아 재출간했다.

29. 쾰리우스가 아이스레벤 장례식에서 읽은 조사는 마귀의 사주를 받은 사람들의 뒷이야기를 언급했다. 그들은 루터가 침상에서 죽은 채 발견되었다고 말했다. Schubart, *Luthers Tod und Begräbnis*, 30-32.

30. Jonas and Coelius, 『그리스도인의 이별에 관하여』((eds.) Freybe and Bräuer), fos. C ii(v)-C iii(r).

31. Ibid., fo. D ii(r); Schubart, *Luthers Tod und Begräbnis*, 81.

32. *Oratio* ((trans.) Caspar Cruciger), in Jonas and Coelius, 『그리스도인의 이별에 관하여』((eds.) Freybe and Bräuer), fo. B (iv)* (r). 멜란히톤은 "그의 천성이 불같고 성질을 잘 냈다"는 것을 기탄없이 인정했으며, 에라스뮈스와 토론할 때도 부드러움이 없었다고 회상했다. Melanchthon in Vandiver, Keen, and Frazel, (eds. and trans.), *Luther's Lives*, 16; 21; 38-39; Philipp Melanchthon, *Vita Lutheri*, fo. 24(v).

33. Ulinka Rublack, "Grapho-Relics: Lutheranism and the Materialisation of the Word." *Past*

and Present, Supplement 5(2010): 144-166.

34. 어쩌면 루터는 한스에게 조금 엄했을 수도 있다. 한번은 한스가 자신이 있는 곳에 사흘 동안 들어오지 못하게 했더니, 그가 글로 애원하며 용서를 빌었다고 주장했다. 카타리나 폰 보라, 요나스 크루치거, 멜란히톤이 모두 나서 한스를 위해 빌었으나 소용이 없었다. 루터는 버릇없이 자란 자식 놈보다 차라리 죽은 자식이 낫다는 주장까지 했다(WT 5, 6102). 루터가 법률가에게 품었던 증오는 전설적이다. 어린 마르틴이 생후 겨우 6개월이 되었을 때, 루터는 이 아들에게 이렇게 말했다. "네가 나중에 법률가가 되면, 내가 널 교수대에 달 거다"(WT 2, 1422). 사람들은 당시 겨우 여섯 살이었고 사역자가 되려다가 결국 법률가가 된 마르틴의 형 한스는 아버지의 이 말을 어떻게 이해했을지 궁금해한다. 아이러니하게도 마르틴은 법률가의 길로 나가게 되었다.

35. Schwiebert, *Luther and his Times*, 594-602; Brecht, *Luther*, III, 235-244.

36. Greschat, *Bucer*, 245-249. 독일식 벽난로Kachelöfen는 타일로 만드는 아주 훌륭한 난방 시스템이었으며, 모든 독일 가정의 중심이었다. 이 난로는 머지않아 타일에 교황을 비판하는 그림이 담기면서 종교 선전 도구로도 활용되었다.

37. Johann von Staupitz(and Johann Arndt), *Zwey alte geistreiche Büchlein Doctoris Johannis von Staupitz weiland Abts zu Saltzbergk zu S. Peter Das Erste. Von der holdseligen Liebe Gottes. Das Ander. Von unserm H. Christlichen Glauben; Zu erweckung der Liebe Gottes···in allen Gottseligen Hertzen*, Magdeburg, 1605 (VD 17 1:072800G)*.

38. Reinitzer, *Gesetz und Evangelium*; Roper, "Martin Luther's Body"; Roper, "Luther Relics" in Jennifer Spinks and Dagmar Eichberger, (eds.), Religion, the Supernatural, and Visual Culture in Early Modern Europe, Leiden, 2015.

39. Brown, *Singing the Gospel*, 1-25; Oettinger, *Music as Propaganda*; Veit, *Das Kirchenlied*. 첫 찬송집은 1524년에 만들어졌다. 루터는 대략 40개 찬송을 직접 썼다.

40. WT 3, 3739.

41. 감정에 호소하는 것 같은 이 본문은 이 저널의 나머지 부분이 들려주는 사실 보고와 잘 들어맞지 않아 진짜인지 의심스럽다. Schauerte, *Dürer*, 235. 자화상에 관하여 알아보려면, Koerner, *Moment of Self-Portraiture* 참조.

42. Dürer, *Memoirs of Journeys*, 55; 62-67.

43. Günzburg, *The Fifteen Confederates* ((ed. and trans.) Dipple), Third Confederate, n.124 주변, n.120 주변, n.119 뒤에 나오는 짧은 글 셋; Günzburg, *Ein vermanung*, fos. I iii(r); ii(v). 그는 이렇게 써 놓았다. "오, 돌 같은 마음을 가진 원장이여, 그대는 그대 자녀에게 지독히도 신실하지 않도다. 그대는 그대 자녀가 나무나 쇠로 만들어졌다고 생각하는가? 그대는 목석같은 그대처럼 그대 자녀도 타오르는 육체의 욕망을 느끼지 못하리라고 생각하는가?"(Günzburg, *Ein vermanung*, fo. ii(r)).

44. Argula von Grumbach, "Wie eyn Christliche fraw des adels···" in Grumbach, *Schriften* ((ed. and trans.) Matheson), 36-75. 이 편지도 필사본으로 돌아다녔다.

45. Grumbach, *Eyn Antwort*, (s.l.), 1524, fo. D ii(r); D ii(v).

46. Skinner, *Foundations*, 2, 3-19; Brady, *German Histories*, 221; Cargill Thompson, *Studies in the Reformation* ((ed.) Dugmore), 3-41. 하지만 Kolb, *Martin Luther: Confessor of the*

Faith, 194-195 참조. 루터는 결국 마지못해 선제후가 황제와 동등하며, 따라서 선제후가 황제에 저항할 수 있다고 주장하는 법적 견해로 옮겨 갔다. 아울러 루터는 황제를 교황 대리인이라 여기기 시작했다.
47. 이것들은 강력한 시각적 유산을 남겼다. 이를테면, 이것은 피르나에 있는 루터파 교회 벽화에 영감을 제공했는데, 이 교회는 루터와 멜란히톤을 복음서 기자와 같이 천장에 그려 놓았다.
48. 하지만 루터의 동역자인 요하네스 부겐하겐이 저지독일어로 만들어 낸 성경도 있었다. 1524년에 신약성경인 *Dat Nye Testament*, Wittenberg, 1524 (VD 16 B 4501)✢가 나왔다. 이어 1533-1534년에 성경전서가 나왔다(VD 16 B 2840)✢. 따라서 루터 성경이 늘 독일어를 통일시키는 일만 한 것은 아니었다. 이 점을 일러 준 에드먼드 웨어햄에게 감사한다.
49. Melanchthon, *Vita Lutheri*, fo. 13(r).

참고 문헌

아카이브Archives와 자문 도서관

Stadtarchiv Wittenberg
Lutherhalle Wittenberg
Evangelisches Predigerseminar Wittenberg Bibliothek
Thüringisches Hauptstaatsarchiv Weimar
Landesarchiv Sachsen-Anhalt Abteilung Magdeburg, Standort Magdeburg
Landesarchiv Sachsen-Anhalt, Standort Wernigerode
Stadtarchiv Eisenach
Stadtarchiv Eisleben
Landesdenkmalamt Halle
Marienbibliothek Halle
Landesbibliothek Coburg
Forschungsbibliothek Gotha
Staatsbibliothek zu Berlin-Preußischer Kulturbesitz
Herzog August Bibliothek Wolfenbüttel

일차 문헌

Acta et res gestae, D Martini Lvtheri (VD 16 ZV 61)*.
Melchior Adam, *The life and death of Dr. Martin Luther the passages whereof have bin taken out of his owne and other Godly and most learned, mens writings, who lived in his time*, London 1643.
Georg Agricola, *De re metallica Libri XII*, Basle 1556 (repr. Wiesbaden 2006).
Ain löbliche ordnung der fürstlichen stat Wittemberg: Jm tausent fünfhundert vnd zway vnd zwaintzigsten jar auffgericht, Augsburg 1522 (VD 16 W 3697)*.
Fabian von Auerswald, *Ringer kunst*, Wittenberg 1539 (VD 16 A 4051)*.
Johannes Aurifaber, ed., *Epistolae: continens scriptas ab anno Millesimo quingentesimo vigesimo usq(ue)* ad annum vigesimum octauum*, vol. 2, 1594.
Valentin Bavarus, 'Rapsodiae et Dicta quedam ex ore Doctoris Martini Lutheri', vol. 2, 1549, in Otto Scheel, ed., *Dokumente zu Luthers Entwicklung*, vol. 1, Tübingen 1929.
Michael Baylor, ed. and tr., *Revelation and Revolution: Basic Writings of Thomas Müntzer*,

Bethlehem, PA 1993.

Thomas W. Best, ed., *Eccius dedolatus: A Reformation Satire*, Lexington, KY 1971.

Johann Biering, *Historische Beschreibung Des sehr alten und löblichen Mannßfeldischen Berg-Wercks Nach seinen Anfang, Fortgang, Fatis, Berg-Grentzen, LehnBriefen, Privilegiis, Zusammens*, Leipzig and Eisleben 1734.

Heinrich Bullinger, *Warhaffte Bekanntnuß der Dieneren der Kirchen zuo Zürych, was sy uss Gottes Wort mit der heiligen allgemeinen christenlichen Kirchen gloubind und leerind, in Sonderheit aber von dem Nachtmal unsers Herren Jesu Christi : ··· mit zuogethoner kurtzer Bekenntniß D. Mart. Luthers vom heiligen Sacrament*, Zurich 1545 (VD 16 B 9770)*.

Fritz Büsser, ed., *Beschreibung des Abendmahlsstreites von Johann Stumpf. Auf Grund einer unbekannt gebliebenen Handschrift*, Zurich 1960.

Wolfgang Capito, *Frohlockung eines christlichen Bruders von wegen der Vereinigung zwischen D.M. Luther und D. Andres Carolstat sich begeben*, Speyer 1526 (VD 16 F 3099)*.

Johannes Cochlaeus, *Brevis Germaniae Descriptio (1512)*, Rudolf Buchner, ed., Darmstadt 1976.

Johannes Cochlaeus, *Colloqvivm Cochlaei cvm Lvthero, Vuormatiae olim habitum, Anno Domini M.D.XXI*, Mainz 1540 (VD 16 C 4277)*.

Johannes Cochlaeus, *Hertzog Georgens zu Sachssen Ehrlich vnd grundtliche entschuldigung, wider Martin Luthers Auffruerisch vn(d)* verlogenen brieff vnd Verantwortung*, Dresden 1533 (VD 16 C 4323)*.

Johann Cochlaeus (Vogelsang), 'Ein Heimlich Gespräch von der Tragedia Johannis Hussen, 1538', in Hugo Holstein, ed., *Flugschriften aus der Reformationszeit* 17, Halle, 1900.

Constitutiones Fratrum Heremitarum sancti Augustini ad apostolicorum privilegiorum forman p(ro) Reformatione Alemanie*, Nuremberg 1504 (VD 16 A 4142)*.

Lucas Cranach, *Dye Zaigung des hochlobwirdigen Hailigthumbs der Stifft-Kirchen aller Hailigen zu Wittenberg*, Wittenberg 1509 (VD 16 Z 250)*.

Caspar Cruciger, *Etliche Trostschrifften vnd predigten / fur die so in tods vnd ander not vnd anfechtung sind*, Wittenberg 1545 (VD 16 L 3463)*.

Die Bekenntnisschriften der evangelisch-lutherischen Kirche, 7th edn, Göttingen 1976

Lothar Graf zu Dohna and Richard Wetzel, eds, *Johann von Staupitz, Sämtliche Schriften: Abhandlungen, Predigten, Zeugnisse*, 2 vols, Berlin and New York 1979, 1987.

Mathaeus Dresser, *De festis diebus Christianorum, Judaeorum et ethnicorum liber*, Leipzig 1588 (VD 16 D 2707)*.

Albrecht Dürer, *Memoirs of Journeys to Venice and the Low Countries*, tr. Rudolf Tombo, Auckland 1913 (repr. Hamburg 2014)*.

Johannes Eck, *Ains Juden büechlins verlegung darin ain Christ, gantzer Christenhait zu schmach, will es geschehe den Juden vnrecht in bezichtigung der Christen kinder mordt··· ; hierin findst auch vil histori, was übels vnd bücherey die Juden in allem teütschen Land,* *vnd ändern Künigreichen gestift haben*, Ingolstadt 1541 (VD 16 E 383)*.

Johannes Eck, *Doctor Martin ludders Underricht an Kurfursten von Sachssen. disputation zu Leypszig belangent : vnnd D. Eckius briue. von der selbigen Autor*, Augsburg 1520 (VD 16 L 6831)*.

Johannes Eck, *Epistola Iohan. Eckii Theologi, de ratione studiorum suorum*, Ingolstadt 1543 (VD 16 E 364)*.

Ein erbermlich geschicht So an dem frommen christlichen man Tauber von Wien ···gescheen ist, Magdeburg 1524 (VD 16 ZV 5338)*.

Andreas Engel, *Kurzer / Jedoch gewisser vnd gründtlicher Bericht / von Johan Hilten / vnd seinen Weissagungen*, Frankfurt an der Oder 1597 (VD 16 ZV 5013)*.

Karl Euling, ed., *Chronik des Johan Oldecop*, Stuttgart 1891.

Evangelische Predigerseminar Wittenberg, ed., *'Vom Christlichen abschied aus diesem tödlichen leben des Ehrwirdigen Herrn D Martini Lutheri'. Drei zeitgenössische Texte zum Tode D Martin Luthers*, Stuttgart 1996.

Tibor Fabiny, *Martin Luther's Last Will and Testament. A facsimile of the original document*, Dublin 1982.

Carl Eduard Förstemann, ed., *Neues Urkundenbuch zur Geschichte der evangelischen Kirchenreformation*, Hamburg 1842.

Edward J. Furcha, ed. and tr., *The Essential Carlstadt*, Waterloo, Ontario 1995.

Joseph Greving, 'Colloquium Cochlaei cum Luthero Wormatiae olim habitum', in Otto Clemen, ed., *Flugschriften aus den ersten Jahren der Reformation*, vol. 4, Halle 1911, repr. Nieuwkoop 1967.

Johann Christian August Grohmann, ed., *Annalen der Universität zu Wittenberg*, 3 vols, Meissen 1801-2 (repr. Osnabrück 1969).

Argula von Grumbach, *Eyn Antwort in gedichtsweyß, ainem aus der hohen Schul zu Ingolstadt, auff ainen spruch, newlich von jm außgangen*, Nuremberg 1524 (VD 16 G 3660)*.

Argula von Grumbach, 'Wie eyn Christliche fraw des adels···', in Peter Matheson, ed., *Argula von Grumbach, Schriften*, Gütersloh 2010.

Johann Eberlin von Günzburg, *Ein vermanung aller christen das sie sich erbarmen uber die klosterfrawen: Thuo kein Tochter in ein kloster du lassest dann diss büchlein vor: Der .III. bundtgnosz*, Basle 1521 (VD 16 E 100)*.

Johann Eberlin von Günzburg, *The Fifteen Confederates*, Geoffrey Dipple, ed. and tr., Cambridge 2014.

Johann Eberlin von Günzburg, *Vo(m)* misbrauch Christlicher freyheyt*, Grimma 1522 (VD 16 E 149)*.

Kenneth Hagen, 'An addition to the Letters of John Lang. Introduction and Translation', *Archiv für Reformationsgeschichte* 60, 1969, 27-32.

Wilfried Härle, Johannes Schilling, Günther Wartenberg and Michael Beyer (eds), *Martin*

Luther. *Lateinisch-Deutsche Studienausgabe*, Leipzig 2006-.

Johann Hasenberg, *Lvdvs lvdentem lvdervm lvdens*···, Landshut 1530 (VD 16 H 714)*.

Hermann Helmbold, ed., *Chronik Eisenachs bis 1409*, Eisenach 1914.

Ulrich Hutten, *Ulrichs von Hutten verteütscht clag / an Hertzog Friderich zu Sachsen. Des hayligen Roemischen Reichs Ertzmarschalck vñ Churfürsten Landgrauen in Türingen / vnd Marckgrauen zu Meissen*, Augsburg 1521 (VD 16 H 6251)*.

Valentin Ickelsamer, *Clag ettlicher Brieder, an alle Christen, von der großen Ungerechtigkeyt und Tyranney, so Endressen Bodenstein*··· *vom Luther*··· *geschicht*, Augsburg 1525 (VD 16 I 32)*.

Justus Jonas, *Das der freie wille nichts sey*, Wittenberg 1526 (VD 16 L 6674)*.

Justas Jonas and Michael Coelius, *Vom Christlichen abschied*···, in Peter Freybe, ed., *Vom Christlichen Abschied aus diesem tödlichen Leben des Ehrwirdigen Herrn D. Martini Lutheri: Drei zeitgenössische Texte zum Tode D. Martin Luthers*, Stuttgart 1996.

Andreas Karlstadt, *Auszlegung vnnd Lewterung etzlicher heyligenn geschrifften/So dem menschen dienstlich vnd erschieszlich seint zu Christlichem lebẽ. kurtzlich berurth vnd angetzeichẽt in den figurn vnd schrifften der wagen*, Leipzig 1519 (VD 16 B 6113)*.

Andreas Karlstadt, *Anzeyg etlicher Hauptartickeln Christlicher leere Jn wölchen Doct. Luther den Andresen Carolstat durch falsche zusag vnd nachred verdechtig macht*, Augsburg 1525 (VD 16 B 6099)*.

Andreas Karlstadt, *Auslegung dieser wort Christi. Das ist meyn leyb / welcher füreuch gegeben würt. Das ist mein bluoth / welches für euch vergossen würt*, Basle 1524 (VD 16 B 6111)*.

Andreas Karlstadt, *De Coelibatv, Monachatv, et Vidvitate*, Basle 1521 (VD 16 B 6123)*.

Andreas Karlstadt, *Endschuldigung D. Andres Carlstadt des falschen namens der aufrür, so yhm ist mit vnrecht auffgelegt. Mit eyner vorrhede Doct. Martini Luthers*. Wittenberg, 1525 (VD 16 B 6152)*.

Andreas Karlstadt, *Erklärung wie Karlstadt seine Lehre vom hochwürdigen Sakrament und andere geachtet haben will*, Strasbourg 1525 (VD 16 B 6162)*.

Andreas Karlstadt, *Missiue von der aller hochsten tugent gelassenhait*, Augsburg 1520 (VD 16 B 6170)*.

Andreas Karlstadt, *Von abtuhung der Bylder / Vnd das keyn Betdler vnther den Christen seyn sollen*, Wittenberg 1522, (VD 16 B 6215)*.

Andreas Karlstadt, *Von anbettung und ererbietung der tzeychen des newen Testaments*, Wittenberg 1521 (VD 16 B 6218)*.

Andreas Karlstadt, *Uon gelubden vnterrichtung Andres Bo. von Carolstadt Doctor Außlegung, des xxx. capitel Numeri, wilches von gelubden redet*, Wittenberg 1521 (VD 16 B 6245)*.

Andras Karlstads, *Die Messe. Von der Hochzeyt D. Andre Carolstadt. Vnnd der Priestern / so sich Eelich verheyratteno*, Augsburg 1522 (VD 16 M 5492)*.

Andreas Karlstadt, *Was gesagt ist Sich gelassen vnd was das wort gelassenhait bedeüt vnd wa es* *in hailiger geschrifft begriffen*, Augsburg 1523 (VD 16 B 6256)*.

Gustav Kawerau, ed., *Der Briefwechsel des Justus Jonas*, 2 vols, Halle 1884-5.

Kayserlicher maiestat Einreyttung zu Augspurg, den X. tag Junij. Im M.CCCCC. vnd XXX Jar···, Nuremberg 1530 (VD 16 K 37)*.

Hermann von Kerssenbrock, *Narrative of the Anabaptist Madness. The Overthrow of Münster, the famous Metropolis of Westphalia*, ed. and tr. Christopher Mackay, Leiden 2007.

Joachim K. F Knaake, ed., *Johann von Staupitzens sämtliche Werke*, 2 vols, Potsdam 1867.

Theodor Kolde, ed., *Analecta Lutherana. Briefe und Actenstücke zur Geschichte Luthers. Zugleich ein Suppl. zu den bisherigen Sammlungen seines Briefwechsels*, Gotha 1883.

Erich König, *Konrad Peutingers Briefwechsel*, Munich 1923.

Königliche Bayerische Akadamie der Wissenschaften, Historische Kommission (ed.), *Die Chroniken der schwäbischen Städte. Augsburg*, 9 vols, Leipzig 1865-96.

Michael Kuen, *Lucifer Wittenbergensis*, Landsberg 1747.

Christian Lehmann, *Historischer Schauplatz derer natürlichen Merckwürdigkeiten in dem Meißnischen Ober-Ertzgebirge*, Leipzig 1699 (VD 17 3:302104H)*.

Simon Lemnius, *M. Simonis Lemnii Epigrammaton Libri III*, (s.l.)*1538 (VD 16 L 1133)*.

Johannes Lening, *Dialogus das ist ein freundtlich Gesprech Zw eyer personen, davon, Ob es Göttlichem, Natürlichen, Keyserlichem, und Geystlichem Rechte gemesse oder entgegen sei, mehr denn eyn Eeweib zugleich zu haben. Vnnd wo yemant zu diser zeit solchs fürnehme ob er als eyn vnchrist zuuerwerffen vnd zuuerdammen sei oder nit*, Marburg 1541 (VD 16 L 1174)*.

Litaneia Germanorvm, Augsburg 1521 (VD 16 ZV 25246)*.

Anton Margaritha, *Der gantz jüdisch Glaub: mit sampt einer gründlichen vnd warhafftigen anzaygunge, aller Satzungen, Ceremonien, Gebetten*···, Augsburg 1530 (VD 16 M 972)*.

Johannes Mathesius, *Historien von dem Leben und den Schicksalen des grossen Reformators Doctor Martin Luther Im Jahre 1565 in 17 Predigten beschrieben*, 1566 (repr. Leipzig 1806).

Johannes Mathesius, *Sarepta oder Bergpostill*, Nuremberg 1562 (VD 16 M 1439)*.

Peter Matheson, ed., *The collected works of Thomas Münzter*, Edinburgh 1988.

Johann Friedrich Mayer, *De Catharina Lutheri coniuge dissertatio*, Hamburg 1699 (VD 17 3:019103C)*.

Johann Mayer, *Des unsterblichen Gottes-Gelehrten Herrn D. Johann Friedrich Mayers Unsterbliches Ehren-Gedächtnis Frauen Catharinen Lutherin einer gebohrnen von Bora*,··· Frankfurt and Leipzig 1724.

Andreas Meinhardi, *Über die Lage, die Schönheit und den Ruhm der hochberühmten, herrlichen Stadt Albioris, gemeinhin Wittenberg genannt*, Leipzig 1508, Martin Treu, tr., Leipzig 1986.

Philipp Melanchthon, *Vita Lutheri*, Frankfurt am Main 1555 (VD 16 M 3428)*.

Melanchthons Briefwechsel. Kritische und kommentierte Gesamtausgabe, eds. Heinz Scheible und Christine Mundhenk. Stuttgart-Bad Cannstatt, 1977 ff.

Philipp Melanchthons Briefwechsel-Regesten on line, Heidelberger Akademie der Wissenschaften.

Mathis Miechowa, *Tractat von baiden Sarmatien vnd andern anstossenden landen, in Asia vnd Europa, von sitten vnd gepraeuchen der voelcker so darinnen wonen*, Augsburg 1518 (VD 16 M 5189)*.

Clarence H. Miller, ed., *Erasmus and Luther. The Battle over Free Will*, tr. Clarence H. Miller and Peter Macardle, with an Introduction by James D. Tracy, Indianapolis 2012.

Walter Möllenberg, ed., *Urkundenbuch zur Geschichte des Mansfeldischen Saigerhandels im 16. Jahrhundert*, Halle 1915.

Lothar Mundt, *Lemnius und Luther*, 2 vols, Bern and Frankfurt am Main 1983.

Thomas Müntzer, *Außgetrückte emplössung des falschen Glaubens der vngetrewen welt*, Nuremberg 1524 (VD 16 M 6745)*.

Thomas Müntzer, *Auszlegung des andern vnterschyds Danielis*, Allstedt 1524 (VD 16 M 6746)*.

Thomas Müntzer, *Briefwechsel*, ed. Siegfried Bräuer, Helmar Junghans, Manfred Kobuch, Leipzig 2010.

Thomas Müntzer, *Hoch verursachte Schutzrede und antwort wider das Gaistloße Sanfft lebende fleysch zu Wittenberg*, (Nuremberg)* 1524 (VD 16 M 6747)*.

Thomas Müntzer, *Prager Manifest*, ed. Friedrich de Boor with introduction by Hans-Joachim Rockar, Leipzig 1975.

Thomas Müntzer, *Quellen zu Thomas Müntzer*, ed Wieland Held and Siegfried Hoyer, Leipzig 2004.

Friedrich Myconius, *Geschichte der Reformation*, ed. Otto Clemen, Leipzig 1914 repr. Gotha 1990.

Friedrich Myconius, *EPISTOLA SCRIPTA AD D. Vitum Theodorum··· DE CONCORDIA inita VVitebergae inter D. D. Martinum Lutherum, & Bucerum anno 36*, Leipzig 1581 (VD 16 M 7350)*.

Johannes Nas, *Quinta Centvria, Das ist Das fuenfft Hundert der Euangelischen warheit*, Ingolstadt 1570 (VD 16 N 105)*.

Christian Gotthold Neudecker, ed., *Die handschriftliche Geschichte Ratzeberger's über Luther und seine Zeit*, Jena 1850.

Christian Gotthold Neudecker and Ludwig Preller, eds, *Georg Spalatin's historischer Nachlass und Briefe*, Jena 1851.

Newe ordnung der Stat Wittenberg, MDXXII. jar, Bamberg 1522 (VD 16 W 3698)*.

Newe zeytung von den Wydertaufferen zu Münster, Nuremberg 1535 (VD 16 N 876)*.

Heinirch L. Nickel, ed., *Das Hallesche Heiltumbuch von 1520*, Halle 2001.

Andreas Osiander, *Ob es war vn(d)* glaublich sey, daß die Juden der Christen kinder heymlich* erwürgen, vnd jr blut gebrauchen : ein treffenliche schrifft, auff eines yeden vrteyl gestelt, Nuremberg 1530 (VD 16 O 1079)*.

Christian Franz Paullini, *Historia Isenacensis*, Frankfurt 1698 (VD 17 3:300044V)*.

Franz Posset, ed., *The Front-Runner of the Catholic Reformation: The Life and Works of Johann von Staupitz*, Aldershot 2003.

Wilhelm Reindell, ed., *Doktor Wenzeslaus Linck aus Colditz*, vol. 1, Marburg 1892.

Wilhelm Reindell, ed., *Wenzel Lincks Wercke*, vol. 1, Marburg 1894.

David Richter, *Genealogia Lutherorum; oder historische Erzehlung von D. Mart. Lutheri··· heutigen Anverwandten;··· Hochzeits-Tag, und seines··· Gemahls Famille;··· jetziger Posterität··· also verfertiget, dass die teutschen Opera Lutheri··· ergäntzet und··· continuiret, auch mit··· Kupfern gezieret worden*, Berlin and Leipzig 1733.

Johannes Rubius, *Eyn neu buchlein von d'loblichen disputation offentlich gehalten vor fursten vnd vor hern vor hochgelarten vnd vngelarten yn der warden hochgepreusten stat Leyptzick inn reymen weisz*, Leipzig 1519 (VD 16 R 3409)*.

Friedrich Wilhelm Schirrmacher, ed., *Briefe und Akten zum Marburger Religionsgespräch (1529) und zum Augsburger Reichstag (1530)*, Gotha, 1876 (repr. Bonn 2003).

Wolfram Schneide-Lastin, ed., *Johann von Staupitz. Salzburger Predigten 1512. Eine textkritische Edition*, Tübingen 1990.

Scriptorum publice propositorum a gvbernatoribus studiorum in Academia Wittenbergensi, vol. 3, Wittenberg 1559 (VD 16 W 3761)*.

Otto Seitz, ed., *Der authentische Text der Leipziger Disputation (1519) aus bisher unbenutzten Quellen*, Berlin 1903.

Ronald J. Sider, ed. and tr., *Karlstadt's Battle with Luther. Documents in a Liberal-Radical Debate*, Eugene, OR, 2001.

So an dem frommen christlichen man Tauber von Wien··· gescheen ist, Magdeburg 1524 (VD 16 ZV 5338)*.

Franz von Soden and J. R. F. Knaake, eds, *Christoph Scheurls Briefbuch. Ein Beitrag zur Geschichte der Reformation und ihrer Zeit*, 2 vols, Potsdam 1867, 1872 (repr. Aalen 1962).

Georg Spalatin, *Annales Reformationis Oder Jahr-Bücher von der Reformation Lvtheri*, ed. Ernst Salomon Cyprqian, Leipzig 1718.

Cyriakus Spangenberg, *Mansfeldische Chronica. Der Erste Theil*, Eisleben 1572 (VD 16 S 7635)*.

Cyriakus Spangenberg, *Mansfeldische Chronik*, Book 4, Part 1, Naumburg 1912, 2007.

Johann Staupitz, *Ein buchlein von der nachfolgung des willigen sterbens*, Leipzig 1515 (VD 16 S 8697)*.

Johann Staupitz, *Ein seligs newes Jar/ von der lieb gottes*, Leipzig 1518 (VD 16 S 8708)*.

Johann Staupitz, *Ein nutzbarliches büchlein von der entlichen volziehung ewiger fuersehung*, Nuremberg 1517 (VD 16 S 8703)*.

Johann Staupitz and Johann Arndt, *Zwey alte gestreiche Büchlein / Doctoris Johannis von Staupitz / Das Erste. Von der holdseligen Liebe Gottes. Das Ander. Von unserm H. Christlichen Glauben ; Zu erweckung der Liebe Gottes*··· *in allen Gottseligen Hertzen*, Magdeburg 1605 (VD 17 1:072800G)*.

Stiftung Luthergedenkstätten in Sachsen-Anhalt, ed., *Passional Christi und Antichristi*, Wittenberg 1998.

Johann Stumpf, *Beschreibung des Abendmahlsstreites*, ed. Fritz Büsser, Zurich 1960.

Petrus Sylvius, *Die Letzten zwey beschilisslich und aller krefftigest büchleyn M. Petri Sylvii, so das Lutherisch thun an seiner person*···, Leipzig 1534 (VD 16 P 1296)*.

Andreas Topp, *Historia der Stadt Eisenach (1660), (= Junckers Chronik* 1710 *Teil* 2, *Historie der Stadt Eisenach)*, 1916.

Elizabeth Vandiver, Ralph Keen and Thomas D. Frazel, eds and trs, *Luther's Lives. Two Contemporary Accounts of Martin Luther*, Manchester 2002.

Vitae Germanorum Theologorum, Frankfurt 1620 (VD 17 1:001326M)*.

Christian Walch, *Wahrhaftige Geschichte der seligen Frau Catharina von Bora, D. Mart. Luthers Ehegattin*, Halle 1751-4.

Gerhard Westerburg, *Vom Fegefewer vnd Standt der verscheyden selen eyn Christliche Meynung*, Cologne 1523 (VD 16 W 2215)*.

Georg Witzel, *Apologia: das ist: ein vertedigs rede Georgij Wicelij widder seine auffterreder die Luteristen*···, Leipzig 1533 (VD 16 H 3842)*.

Adolf Wrede, ed., *Deutsche Reichstagsakten, Jüngere Reihe*, vol. 2, Gotha 1896.

인용된 이차 자료

Gadi Algazi, 'Habitus, familia und forma vitae: Die Lebensweisen mittelalterlicher Gelehrten in muslimischen, jüdischen und christlichen Gemeinden vergleichend betrachtet', in Frank Rexroth, ed., *Beiträge zur Kulturgeschichte der Gelehrten im späten Mittelalter*, Ostfildern 2010.

David Bagchi, *Luther's Earliest Opponents: Catholic Controversialists, 1518-1525*, Minneapolis 1991.

Janos Bak, ed., *The German Peasant War of 1525*, London 1976.

Katharina Bärenfänger, Volker Leppin and Stefan Michel, eds, *Martin Luthers Tischreden*, Tübingen 2013.

Hermann Barge, *Andreas Bodenstein von Karlstadt*, 2 vols, Leipzig 1980 (repr. Leipzig 2007).

Fritz Bellmann, Marie-Luise Harksen and Roland Werner, eds, *Die Denkmale der Lutherstadt Wittenberg*, Weimar 1979.

Josef Benzing, *Lutherbibliographie. Verzeichnis der gedruckten Schriften Martin Luthers bis zu dessen Tod*, 3 vols, Baden-Baden 1965-6.

Gerd Bergmann, *Kommunalbewegung und innerstädtische Kämpfe im mittelalterlichen Eisenach*, Eisenach 1987.

Peter Blickle, *The Revolution of 1525: The German Peasants' War from a New Perspective*, tr. Thomas A. Brady and H. C. Erik Midelfort, Baltimore and London 1981 (Munich and Vienna 1975).

Hartmut Bobzins, "Aber itzt··· hab ich den Alcoran gesehen Latinisch···" Gedanken Martin Luthers zum Islam', in Hans Medick and Peer Schmidt, eds, *Luther zwischen den Kulturen. Zeitgenossenschaft-Weltwirkung*, Göttingen 2004.

Thomas Brady, *German Histories in the Age of Reformations, 1400-1650*, Cambridge 2009.

Siegfried Bräuer, 'Die Stadt Mansfeld in der Chronik des Cyriakus Spangenberg', in Rosemarie Knape, ed., *Martin Luther und Eisleben*, Leipzig 2007.

Martin Brecht, *Martin Luther*, 3 vols, tr. James L. Schaaf, Minneapolis 1985-93 (Stuttgart 1981-7).

Christopher Boyd Brown, *Singing the Gospel. Lutheran Hymns and the Success of the Reformation*, Cambridge, MA 2005.

Ulrich Bubenheimer, *Consonantia Theologiae et Iurisprudentiae. Andreas von Karlstadt als Theologe und Jurist zwischen Scholastik und Reformation*, Tübingen 1977.

Ulrich Bubenheimer, *Thomas Müntzer. Herkunft und Bildung*, Leiden 1989.

Ulrich Bubenheimer, 'Gelassenheit und Ablösung. Eine psychohistorische Studie über Andreas Bodenstein von Karlstadt und seinen Konflikt mit Martin Luther', *Zeitschrift für Kirchengeschichte* 92, 1981, 250-68.

Ulrich Bubenheimer, 'Luthers Stellung zum Aufruhr in Wittenberg 1520-22 und die frühreformatorischen Wurzeln des landesherrlichen Kirchenregiments', *Zeitschrift der Savigny-Stiftung für Rechtsgeschichte, Kanonistische Abteilung* 102, 1985, 147-214.

Ulrich Bubenheimer, 'Scandalum et ius divinum. Theologische und rechtstheologische Probleme der ersten reformatorischen Innovationen in Wittenberg 1521/22', *Zeitschrift der Savigny-Stiftung für Rechtsgeschichte, Kanonistische Abteilung* 90, 1973, 263-342.

Amy Nelson Burnett, *Karlstadt and the Origins of the Eucharistic Controversy. A Study in the Circulation of Ideas*, Oxford 2011.

Bruno Bushart, *Die Fuggerkapelle bei St. Anna in Augsburg*, Munich 1994.

Livia Cardenas, *Friedrich der Weise und das Wittenberger Heiltumsbuch. Mediale Repräsentation zwischen Mittelalter und Neuzeit*, Berlin 2002.

Carl Christensen, *Princes and Propaganda: Electoral Saxon Art of the Reformation*, Kirksville 1992.

Harry Clark, 'The Publication of the Koran in Latin: A Reformation Dilemma', *The Sixteenth Century Journal*, 15/1, 1984, 3-12.

Claus Peter Clasen, *Anabaptism. A Social History, 1525-1618: Switzerland, Austria, Moravia, South and Central Germany*, Ithaca 1972.

Otto Clemen, 'Die Leidensgeschichte der Ursula Toplerin', *Zeitschrift für bayerische Kirchengeschichte* 7, 1932, 161-70.

Cranach-Stiftung, ed., *Lucas Cranach d. Ä. und die Cranachhöfe in Wittenberg*, Halle 1998.

Allyson F. Creasman, 'The Virgin Mary against the Jews: Anti-Jewish Polemic in the Pilgrimage to the Schöne Maria of Regensburg, 1519-25', *The Sixteenth Century Journal*, 33/4, 2002, 963-80.

Gerrit Deutschländer, 'Spalatin als Prinzenerzieher', in Armin Kohnle, Christina Meckelnborg and Uwe Schirmer, eds, *Georg Spalatin. Steuermann der Reformation*, Halle 2014.

Hans-Jürgen Döhle, 'Schwein, Geflügel und Fisch-bei Luthers zu Tisch', in Harald Meller, ed., *Luther in Mansfeld: Forschungen am Elternhaus des Reformators*, Halle 2007.

Richard van Dülmen, *Reformation als Revolution. Soziale Bewegung und religiöser Radikalismus in der deutschen Reformation*, Munich 1977, Frankfurt am Main 1987.

Warren Alexander Dym, *Divining Science. Treasure Hunting and Earth Science in Early Modern Germany*, Leiden and Boston 2011.

Mark U. Edwards, Jr., *Printing, Propaganda, and Martin Luther*, Los Angeles and London 1994.

Mark U. Edwards, Jr., 'Luther as Media Virtuoso and Media Persona', in Hans Medick and Peer Schmidt, eds, *Luther zwischen den Kulturen. Zeitgenossenschaft-Weltwirkung*, Göttingen 2004.

Johannes Ehmann, *Luther, Türken und Islam*, Göttingen 2008.

Friedrich Engels, *The Peasant War in Germany*, tr. M. J. Olgin, London 1927 (1850).

Erik H. Erikson, *Young Man Luther. A Study in Psychoanalysis and History*, New York 1958, 1962. (『청년 루터』CH북스)

Edith Eschenhagen, 'Beiträge zur Sozial- und Wirtschaftsgeschichte der Stadt Wittenberg in der Reformationszeit', *Lutherjahrbuch* 9, 1927, 9-118.

Thomas Eser, *Hans Daucher*, Munich and Berlin 1996.

Lucien Febvre, *Martin Luther*, ed., tr., and afterword by Peter Schöttler, Frankfurt 1996 (Paris 1928).

Michael Fessner, 'Das Montanwesen in der Grafschaft Mansfeld vom ausgehenden 15. bis zur zweiten Hälfte des 16. Jahrhunderts', in Angelika Westermann, ed., *Montanregion als Sozialregion. Zur gesellschaftlichen Dimension von 'Region' in der Montanwirtschaft*, Husum 2012.

Michael Fessner, 'Die Familie Luder in Möhra und Mansfeld', in Harald Meller, ed., *Fundsache Luther: Archäologen auf den Spuren des Reformators*, Stuttgart 2008.

Michael Fessner, 'Die Familie Luder und das Bergwerks- und Hüttenwesen in der Grafschaft Mansfeld und im Herzogtum Braunschweig-Wolfenbüttel', in Rosemarie Knape, ed., *Martin Luther und Eisleben*, Leipzig 2007.

Michael Fessner, 'Luthers Speisezettel. Die Versorgung der Grafschaft Mansfeld mit Lebensmitteln, Gütern und Waren', in Harald Meller, ed., *Luther in Mansfeld,*

Forschungen am Elternhaus des Reformators, Halle 2007.

Adam S. Francisco, *Martin Luther and Islam. A Study in Sixteenth-Century Polemics and Apologetics*, Leiden and Boston 2007.

Günther Franz, *Der deutsche Bauernkrieg*, Darmstadt 1956 (Berlin 1933).

Peter Freybe (ed), *Luther und seine Freunde*, Wittenberg 1998.

Hanns Freydank, *Martin Luther und der Bergbau*, Eisleben 1939.

Hanns Freydank, 'Vater Luther der Hüttenmeister', in Hermann Etzrodt and Kurt Kronenberg, eds, *Das Eisleber Lutherbuch 1933*, Eisleben 1933.

Erich Fromm, *The Fear of Freedom*, London 1942, 2001. (『자유로부터의 도피』 휴머니스트)

Hans-Jürgen Goetz, *The Anabaptists*, tr. Trever Johnson, London 1996 (Munich 1980).

Martin Greschat, *Martin Bucer. A Reformer and His Times*, tr. Stephen E. Buckwalter, Louisville 2004 (Munich 1990).

Hartmann Grisar and Franz Heege, *Luthers Kampfbilder*, 4 vols, Freiburg im Breisgau 1923.

Sabine Haag, Christiane Lange, Christof Metzger and Karl Schuetz, eds, *Dürer, Cranach, Holbein. Die Entdeckung des Menschen: Das deutsche Porträt um 1500*, Munich 2011.

Philip Haberkern, "'After Me There Will Come Braver Men': Jan Hus and Reformation Polemics in the 1530s", *German History*, 27/2, 2009, 177-95.

Mark Häberlein, *The Fuggers of Augsburg. Pursuing Wealth and Honor in Renaissance Germany*, Charlottesville 2012 (Stuttgart 2006).

Bernd Hamm, *Frömmigkeitstheologie am Anfang des 16. Jahrhunderts: Studien zu Johannes von Paltz und seinem Umkreis*, Tübingen 1982.

Peter Claus Hartmann, 'Albrecht von Brandenburg. Erzbischof und Kurfürst von Mainz, Erzbischof von Magdeburg und Administrator des Bistums Halberstadt', in Andreas Tacke, ed., *Der Kardinal Albrecht von Brandenburg. Renaissancefürst und Mäzen*, vol. 2, Regensburg 2006.

Hans-Peter Hasse, 'Bücherzensur an der Universität Wittenberg im 16. Jahrhundert', in Stefan Oehmig (ed.), *700 Jahre Wittenberg. Stadt, Universität, Reformation*, Weimar 1995.

Markus Hein and Armin Kohnle, eds, *Die Leipziger Disputation 1519*, Leipzig 2011.

Antje Heling, *Zu Haus bei Martin Luther*, Wittenberg 2003.

Scott Hendrix, 'Toleration of the Jews in the German Reformation: Urbanus Rhegius and Braunschweig 1535-1540', in Scott Hendrix, ed., *Tradition and Authority in the Reformation*, Aldershot 1996.

Scott Hendrix and Susan Karant-Nunn, eds, *Masculinity in the Reformation Era*, Kirksville, MO 2008.

Gunnar Heydenreich, *Lucas Cranach the Elder. Painting Materials, Techniques and Workshop Practice*, Amsterdam 2007.

Kat Hill, *Baptism, Brotherhood, and Belief in Reformation Germany. Anabaptism and Lutheranism, 1525-1585*, Oxford 2015.

Historische Commission für die Provinz Sachsen und das Herzogtum Anhalt, *Bau-und Kunst-Denkmäler der Provinz Sachsen*, vol. 18, *Der Mansfelder Gebirgskreis*, Halle 1893 (repr. Naumburg 2001).

Andreas Hornemann, 'Zeugnisse der spätmittelalterlichen Annenverehrung im Mansfelder Land', in Rosemarie Knape, ed., *Martin Luther und der Bergbau im Mansfelder Land*, Eisleben 2000.

Irmgard Höss, *Georg Spalatin, 1484-1545: Ein Leben in der Zeit des Humanismus und der Reformation*, Weimar 1956, 1989.

Ronnie Po-Chia Hsia, *The Myth of Ritual Murder. Jews and Magic in Reformation Germany*, New Haven and London 1988.

Ronnie Po-Chia Hsia, 'Münster and the Anabaptists', in Ronnie Po-Chia Hsia, ed., *The German People and the Reformation*, Ithaca and London 1988.

Erwin Iserloh, *Johannes Eck (1486-1543). Scholastiker, Humanist, Kontroverstheologe*, Münster 1981.

Erwin Iserloh, *Luther zwischen Reform und Reformation. Der Thesenanschlag fand nicht statt*, Münster 1966.

Erwin Iserloh, *Luthers Thesenanschlag: Tatsache oder Legende?*, Wiesbaden 1962.

Günter Jankowski, *Mansfeld Gebiet-Geschlecht-Geschichte. Zur Familiengeschichte der Grafen von Mansfeld*, Luxembourg 2005.

Günter Jankowski, ed., *Zur Geschichte des Mansfelder Kupferschieferbergbaus*, Clausthal-Zellerfeld 1995.

Horst Jesse, *Leben und Wirken des Philipp Melancthon. Dr. Martin Luthers theologischer Weggefährte*, Munich 2005.

Daniel Juette, 'Schwang Luther 1517 tatsächlich den Hammer? Die berühmtesten und folgenreichsten Thesen der neueren Weltgeschichte-handwerklich gesehen', *Frankfurter Allgemeine Zeitung*, 18 June 2014.

Helmar Junghans, *Die Reformation in Augenzeugenberichten*, Munich 1973 (Düsseldorf 1967).

Helmar Junghans, *Wittenberg als Lutherstadt*, Berlin 1979, 1982.

Helmar Junghans, 'Luthers Einfluss auf die Wittenberger Universitätsreform', in Irene Dingel and Günther Wartenberg, eds, *Die Theologische Fakultät Wittenberg 1502 bis 1602. Beiträge zur 500. Wiederkehr des Gründungsjahres der Leucorea*, Leipzig 2002.

Friedhelm Jürgensmeier, 'Kardinal Albrecht von Brandenburg (1490-1545). Kurfürst, Erzbischof von Mainz und Magdeburg, Administrator von Halberstadt', in Horst Reber, ed., *Albrecht von Brandenburg. Kurfürst-Erzkanzler-Kardinal. 1490-1545. Zum 500. Geburtstag eines deutschen Renais-sencefürsten*, Mainz 1990.

Paul Kalkoff, *Ablass und Reliquienverehrung an der Schlosskirche zu Wittenberg unter Friedrich dem Weisen*, Gotha 1907.

Paul Kalkoff, *Briefe, Depeschen und Berichte über Luther vom Wormser Reichstage 1521*, Halle

Paul Kalkoff, *Die Depeschen des Nuntius Aleander vom Wormser Reichstage 1521*, Halle 1886, 1897.

Susan Karant-Nunn, *The Reformation of Feeling. Shaping the Religious Emotions in Early Modern Germany*, Oxford 2010.

Susan Karant-Nunn, *Luther's Pastors: The Reformation in the Ernestine Countryside*, Philadelphia 1979.

Susan Karant-Nunn, 'The Masculinity of Martin Luther', in Scott Hendrix and Susan Karant-Nunn, eds, *Masculinity in the Reformation Era*, Kirksville, MO 2008.

Ingrid Kasten, "'Was ist Luther? Ist doch die lere nitt meyn': Die Anfänge des Luther-Mythos im 16. Jahrhundert", in Vaclav Bok and Frank Shaw, eds, *Magister et amicus: Festschrift für Kurt Gärtner zum 65. Geburtstag*, Vienna 2003.

Thomas Kaufmann, *Luthers Juden*, Stuttgart 2014.

Thomas Kaufmann, *Luthers 'Judenschriften'*, Tübingen 2011.

Thomas Kaufmann, '*Türckenbüchlein*'. *Zur christlichen Wahrnehmung 'türkischer Religion' in Spätmittelalter und Reformation*, Göttingen 2008.

Thomas Kaufmann, 'Argumentative Impressionen: Bucers Bericht von der Heidelberger Disputation', in Thomas Kaufmann, ed., *Der Anfang der Reformation: Studien zur Kontextualität der Theologie, Publizistik und Insze-nierung Luthers und der reformatorischen Bewegung*, Tübingen 2012.

Thomas Kaufmann, 'Theologisch-philosophische Rationalität: Die Ehre der Hure. Zum vernünftigen Gottesgedanken in der Reformation', in Thomas Kaufmann, ed., *Der Anfang der Reformation: Studien zur Kontextualität der Theologie, Publizistik und Inszenierung Luthers und der reformatorischen Bewegung*, Tübingen 2012.

Thomas Kaufmann, 'Zwei unerkannte Schriften Bucers und Capitos zur Abendmahlsfrage aus dem Herbst 1525', *Archiv für Reformationsgeschichte* 81, 1990, 158-88.

Gustav Kawerau, *Johann Agricola von Eisleben. Ein Beitrag zur Reformationsgeschichte*, Berlin 1881.

Rolf Kiessling, *Bürgerliche Gesellschaft und Kirche in Augsburg im Spätmittelalter. Ein Beitrag zur Strukturanalyse der oberdeutschen Reichsstadt*, Augsburg 1971.

Rosemarie Knape, ed., *Martin Luther und der Bergbau im Mansfelder Land*, Eisleben 2000.

Rosemarie Knape, ed., *Martin Luther und Eisleben*, Leipzig 2007.

Marion Kobelt-Groch, *Aufsässige Töchter Gottes. Frauen im Bauernkrieg und in den Täuferbewegungen*, Frankfurt am Main 1993.

Ernst Koch, "'Deutschlands Prophet, Seher und Vater'. Johann Agricola und Martin Luther. Von den Enttäuschungen einer Freundschaft", in *Luther und seine Freunde*, Wittenberg 1998.

Joseph Leo Koerner, *The Moment of Self-Portraiture in German Renaissance Art*, Chicago and London 1993.

Walter Köhler, *Zürcher Ehegericht und Genfer Konsistorium*, 2 vols, Leipzig 1932, 1942.

Armin Kohnle, Christina Meckelnborg and Uwe Schirmer, eds, *Georg Spalatin. Steuermann der Reformation*, Halle 2014.

Armin Kohnle, 'Die Leipziger Disputation und ihre Bedeutung für die Reformation', in Markus Hein and Armin Kohnle, eds, *Die Leipziger Disputation 1519*, Leipzig 2011.

Robert Kolb, *Martin Luther as Prophet, Teacher, and Hero: Images of the Reformer*, 1520-1620, Grand Rapids, MI 1999.

Robert Kolb, *Martin Luther: Confessor of the Faith*, Oxford 2009.

Robert Kolb, *Nikolaus von Amsdorf (1483-1565). Popular Polemics in the Preservation of Luther's Legacy*, Nieuwkoop 1978.

Robert Kolb, 'Augsburg 1530: German Lutheran Interpretations of the Diet of Augsburg to 1577', *Sixteenth Century Journal*, 11, 1980, 47-61.

Theodor Kolde, *Analecta Lutherana*, Gotha 1883.

Ulrich Köpf, 'Martin Luthers Beitrag zur Universitätsreform', *Lutherjahrbuch* 80, 2013, 31-59.

Heinrich Kramm, *Studien über die Oberschichten der mitteldeutschen Städte im 16. Jahrhundert: Sachsen, Thüringen, Anhalt*, 2 vols, Cologne 1981.

Josef Kremer, *Beiträge zur Geschichte der klösterlichen Niederlassungen Eisenachs im Mittelalter*, Fulda 1905.

Natalie Krentz, *Ritualwandel und Deutungshoheit. Die frühe Reformation in der Residenzstadt Wittenberg (1500-1533)*, Tübingen 2014.

Karl Krumhaar, *Versuch einer Geschichte von Schloß und Stadt Mansfeld*, Mansfeld 1869.

Jens-Martin Kruse, Universitätstheologie und Kirchenreform. *Die Anfänge der Reformation in Wittenberg 1516-1522*, Mainz 2002.

Sachiko Kusukawa, *The Transformation of Natural Philosophy: The Case of Philip Melanchthon*, Cambridge 1995.

Stefan Laube, *Von der Reliquie zum Ding. Heiliger Ort-Wunderkammer-Museum*, Berlin 2011.

Stefan Laube, 'Das Lutherhaus-eine Museumsgeschichte', (http://www.stefanlaube.homepage.t-online.de/StudieTOTAL.pdf)*(현재는 접속 불가)°.

Stefan Laube, 'Klosett oder Klosterzelle?', *Frankfurter Allgemeine Zeitung* 4 April 2015, Feuilleton.

Volker Leppin, *Martin Luther. Gestalten des Mittelalters und der Renaissance*, Darmstadt 2006.

Volker Leppin, 'Text, Kontext und Subtext. Eine Lektüre von Luthers Coburg-briefen', in Dietrich Korsch and Volker Leppin, eds, *Martin Luther-Biographie und Theologie*, Tübingen 2010.

Wolfgang Liebehenschel, 'CURRICULUM VITAE der Mutter Martin Luthers. Die Herkunft der Mutter Martin Luthers', in Rosemarie Knape, ed., *Martin Luther und der Bergbau im Mansfelder Land*, Eisleben 2000.

Carter Lindberg, *The European Reformations*, Oxford 1996.

Andreas Lindner, 'Martin Luther im Erfurter Augustinerkloster 1505-1511', in Lothar Schmelz and Michael Ludscheidt, eds, *Luthers Erfurter Kloster. Das Augustinerkloster im Spannungsfeld von monastischer Tradition und protestantischem Geist*, Erfurt 2005.

Kurt Löcher, 'Martin Luthers Eltern-Ein Bildnispaar Lucas Cranachs von 1527 auf der Wartburg', in Rosemarie Knape, ed., *Martin Luther und der Bergbau im Mansfelder Land*, Eisleben 2000.

Bernhard Lohse, *Martin Luther's Theology. Its Historical and Systematic Development*, tr. Roy A. Harrisville, Edinburgh 1999 (Göttingen 1995). (『마틴 루터의 신학』 한국신학연구소)

Ingetraut Ludolphy, *Friedrich der Weise. Kurfürst von Sachsen 1463-1525*, Göttingen 1984 (repr. Leipzig 2006).

Heinrich Lutz, *Conrad Peutinger*, Augsburg 1958.

Inge Mager, "'das war viel ein andrer Mann.' Justas Jonas-Ein Leben mit und für Luther", in *Luthers Freunde*.

Richard Marius, *Martin Luther: The Christian between God and Death*, Cambridge, MA 1999, 2004.

Gerhard Markert, *Menschen um Luther. Eine Geschichte der Reformation in Lebensbildern*, Augsburg 2008.

Harald Meller, ed., *Fundsache Luther: Archäologen auf den Spuren des Reformators*, Stuttgart 2008.

Harald Meller, ed., *Luther in Mansfeld: Forschungen am Elternhaus des Reformators*, Halle 2007.

Walter Mück, *Der Mansfelder Kupferschieferbergbau in seiner rechtsgeschichtlichen Entwicklung*, 2 vols, Eisleben 1910.

Nikolaus Müller, *Die Wittenberger Bewegung 1521 und 1522. Die Vorgänge in und um Wittenberg während Luthers Wartburgaufenthalt. Briefe, Akten u. dgl. und Personalien*, Leipzig 1911.

Michael Mullett, *Luther*, London and New York 2004.

Lothar Mundt, *Lemnius und Luther. Studien und Texte zur Geschichte und Nachwirkung ihres Konflikts (1539-9)*, 2 vols, Bern, Frankfurt am Main and New York 1983.

Anne-Marie Neser, *Luthers Wohnhaus in Wittenberg. Denkmalpolitik im Spiegel der Quellen*, Leipzig 2005.

David Nirenberg, *Anti-Judaism. The History of a Way of Thinking*, London 2013.

Heiko A. Oberman, *Luther. Man between God and the Devil*, tr. Eileen Walliser-Schwarzbart, Yale 1989 (Berlin 1982). (『루터—하나님과 악마 사이의 인간』 한국신학연구소)

Heiko A. Oberman, *Masters of the Reformation: The Emergence of a New Intellectual Climate in Europe*, tr. Dennis Martin, Cambridge 1981 (Tübingen 1977).

Heiko A. Oberman, *The Roots of Anti-Semitism in the Age of Renaissance and Reformation*, tr. James I. Porter, Philadelphia 1984 (Berlin 1981).

Heiko A. Oberman, "'Iustitia' Christi and 'iustitia Dei'. Luther and the Scholastic Doctrines of

Justification", *Harvard Theological Review* 59/1, 1966, 1-26.

Stefan Oehmig, ed., *700 Jahre Wittenberg. Stadt, Universität, Reformation*, Weimar 1995.

Stefan Oehmig, 'Die Wittenberger Bewegung 1521/22 und ihre Folgen im Lichte alter und neuer Fragestellungen. Ein Beitrag zum Thema (Territorial-)Stadt und Reformation', in Stefan Oehmig, ed., *700 Jahre Wittenberg. Stadt, Universität, Reformation*, Weimar 1995.

Stefan Oehmig, 'Zur Getreide- und Brotversorgung der Stadt Erfurt in den Teuerungen des 15. und 16. Jahrhunderts', in Ulman Weiss, ed., *Erfurt 742-1992: Stadtgeschichte, Universitätsgeschichte*, Weimar 1992.

Rebecca Wagner Oettinger, *Music as Propaganda in the German Reformation*, Aldershot 2001.

Peter von der Osten-Sacken, *Martin Luther und die Juden. Neu untersucht anhand von Anton Margarithas "der gantz Jüdisch glaub" (1530/31)*, Stuttgart 2002.

Joachim Ott and Martin Treu, eds, *Luthers Thesenanschlag-Faktum oder Fiktion*, Leipzig 2008.

John S. Oyer, *Lutheran Reformers against the Anabaptists; Luther, Melanchthon and Menius, and the Anabaptists of Central Germany*, The Hague 1964.

Steven Ozment, *The Serpent and the Lamb. Cranach, Luther and the Making of the Reformation*, New Haven and London 2011.

John Roger Paas, *The German Political Broadsheet, 1600-1700*, 12 vols, Wiesbaden 1985-2014.

David Paisey and Giulia Bartrum, 'Hans Holbein and Miles Coverdale: A New Woodcut', *Print Quarterly* 26/3, 2009, 227-53.

Andrew Pettegree, *The Book in the Renaissance*, New Haven and London 2010.

Andrew Pettegree, *Brand Luther. 1517, Printing, and the Making of the Reformation*, London and New York 2015.

Josef Pilvousek and Klaus-Bernward Springer, 'Die Erfurter Augustiner-Eremiten: eine evangelische "Brüdergemeinde" vor und mit Luther (1266-1560)', in Lothar Schmelz and Michael Ludscheidt, eds, *Luthers Erfurter Kloster. Das Augustinerkloster im Spannungsfeld von monastischer Tradition und protestantischem Geist*, Erfurt 2005.

Marjorie Elizabeth Plummer, *From Priest's Whore to Pastor's Wife. Clerical Marriage and the Process of Reform in the Early German Reformation*, Farnham 2012.

Franz Posset, *The Front-Runner of the Catholic Reformation. The Life and Works of Johann von Staupitz*, Aldershot 2003.

George Richard Potter, *Zwingli*, Cambridge 1976.

Samuel Preus, *Carlstadt's Ordinaciones and Luther's Liberty: A Study of the Wittenberg Movement, 1521-22*, Cambridge, MA 1974.

Hans-Jürgen Prien, *Luthers Wirtschaftsethik*, Göttingen 1992.

Helmut Puff, *Sodomy in Reformation Germany and Switzerland 1400-1600*, Chicago 2003.

Alisha Rankin, *Panaceia's Daughters. Noblewomen as Healers in Early Modern Germany*, Chicago and London 2013.

Matthäus Ratzeberger, *Luther und seine Zeit*, Jena 1850.

Katharina Reinholdt, *Ein Leib in Christo werden. Ehe und Sexualität in Täufertum der frühen Neuzeit*, Göttingen 2012.

Heimo Reinitzer, *Gesetz und Evangelium. Über ein reformatorisches Bildthema, seine Tradition, Funktion und Wirkungsgeschichte*, 2 vols, Hamburg 2006.

Stefan Rhein, "Philipp Melanchthon und Eobanus Hessus. Wittenberger Reformation und Erfurter 'Poetenburg'", in Ulman Weiß, ed., *Erfurt. Geschichte und Gegenwart*, Weimar 1995.

Iris Ritschel, 'Friedrich der Weise und seine Gefährtin', in Andreas Tacke, '… *wir wollen der Liebe Raum geben'. Konkubinate geistlicher und weltlicher Fürsten um 1500*, Göttingen 2006.

William Walker Rockwell, *Die Doppelehe des Landgrafen Philipp von Hessen*, Marburg 1904.

Philipp Robinson Rössner, *Martin Luther. On Commerce and Usury (1524)*, ed., with intro. and trans., London 2015.

Lyndal Roper, *The Holy Household*, Oxford 1989.

Lyndal Roper, *Oedipus and the Devil. Witchcraft, Religion and Sexuality in Early Modern Europe*, London 1994.

Lyndal Roper, 'Luther Relics', in Jennifer Spinks and Dagmar Eichberger, eds., *Religion, the Supernatural and Visual Culture in Early Modern Europe*, Leiden 2015.

Lyndal Roper, "Martin Luther's Body: the 'Stout Doctor' and his Biographers", *American Historical Review* 115, no. 2, 2010, 351-84.

Lyndal Roper, 'The seven-Headed Monster: Luther and Psychology', in Sally Alexander and Barbara Taylor, eds, *History and Psyche. Culture, Psychoanalysis and the Past*, London 2012.

Lyndal Roper, "'To his most Learned and Dearest Friend': Reading Luther's Letters", *German History* 28, 2010, 283-95.

Alan Ross, *Daum's Boys: Schools and the Republic of Letters in Early Modern Germany*, Manchester 2015.

Friedrich Roth, 'Die geistliche Betrügerin Anna Laminit von Augsburg (c. 1480-1518)', *Zeitschrift für Kirchengeschichte* 43/2, 1924, 335-417.

Miri Rubin, *Gentile Tales. The Narrative Assault on Late Medieval Jews*, New Haven and London 1999.

Miri Rubin, *Mother of God: A History of the Virgin Mary*, London 2009.

Hans-Christoph Rublack, 'Gravamina und Reformation', in Ingrid Batori, ed., *Städtische Gesellschaft und Reformation*, Stuttgart 1980.

Ulinka Rublack, 'Grapho-Relics: Lutheranism and the Materialization of the Word', *Past and Present*, Supplement 5, 2010, 144-66.

Erika Rummel, *The Confessionalization of Humanism in Reformation Germany*, Oxford 2000.

Rebecca Sammel, *'The Passio Lutheri*: Parody as Hagiography', *Journal of English and*

Thomas Schauerte, *Dürer. Das ferne Genie. Eine Biographie*, Stuttgart 2012.

Otto Scheel, *Dokumente zu Luthers Entwicklung*, Tübingen 1929.

Otto Scheel, *Martin Luther. Vom Katholizismus zur Reformation*, 2 vols, Tübingen 1917.

Helmut Scherf, *Bau- und Kunstdenkmale in Stadt und Kreis Eisenach*, Eisenach 1981.

Heinz Schilling, *Martin Luther: Rebell in einer Zeit des Umbruchs*, Munich 2012.

Heinrich Schleiff and Michael Sussmann, 'Baugeschichte des Erfurter Augustinerklosters-aus der Vergangenheit in die Zukunft', in Lothar Schmelz and Michael Ludscheidt, eds, *Luthers Erfurter Kloster. Das Augustinerkloster im Spannungsfeld von monastischer Tradition und protestantischem Geist*, Erfurt 2005.

Bjoern Schlenker, 'Archäologie am Elternhaus Martin Luthers', in Harald Meller, ed., *Luther in Mansfeld, Forschungen am Elternhaus des Reformators*, Halle 2007.

Bjoern Schmalz, *Georg Spalatin und seine Wirken in Altenburg (1525-1545)*, Beucha 2009.

Christoph Schubart, *Die Berichte über Luthers Tod und Begräbnis. Texte und Untersuchungen*, Weimar 1917.

Christiane Schulz, 'Spalatin als Pfarrer und Superintendent in Altenburg', in Armin Kohnle, Christina Meckelnborg and Uwe Schirmer, eds, *Georg Spalatin. Steuermann der Reformation*, Halle 2014.

Ernest Schwiebert, *Luther and His Times: The Reformation from a New Perspective*, Saint Louis 1950.

Tom Scott, *Thomas Müntzer. Theology and Revolution in the German Reformation*, Basingstoke 1989.

Tom Scott and Bob Scribner (eds and trs), *The German Peasants' War: A History in Documents*, Atlantic Highlands 1991.

Robert W. Scribner, *Popular Culture and Popular Movements in Reformation Germany*, London 1987.

Robert W. Scribner, 'Civic Unity and the Reformation in Erfurt', in Robert W. Scribner, ed., *Popular Culture and Popular Movements in Reformation Germany*, London 1987.

Robert W. Scribner, 'Die Eigentümlichkeit der Erfurter Reformation', in Ulman Weiss, ed., *Erfurt 742-1992: Stadtgeschichte, Universitätsgeschichte*, Weimar 1992.

Robert W. Scribner and Gerhard Benecke, eds, *The German Peasant War of 1525: New Viewpoints*, London 1979.

Johann Karl Seidemann, *Erläuterungen zur Reformationsgeschichte*, Dresden 1844.

Isaiah Shachar, *The Judensau. A Medieval Anti-Jewish Motif and its History*, London 1974.

Jonathan Sheehan, 'Sacred and Profane: Idolatry, Antiquarianism and the Polemics of Distinctions in the Seventeenth Century', *Past and Present* 192, 2006, 35-66.

Ronald J. Sider, *Andreas Bodenstein von Karlstadt. The Development of his Thought 1517-25*, Leiden 1974.

Ian Siggins, *Luther and His Mother*, Philadelphia 1981.

Ian Siggins, 'Luther's Mother Margarethe', *Harvard Theological Review* 71, 1978, 125-50.

Quentin Skinner, *The Foundations of Modern Political Thought*, 2 vols, Cambridge 1978.

Rainer Slotta and Siegfried Müller, 'Zum Bergbau auf Kupferschiefer im Mansfelder Land', in Rosemarie Knape, ed., *Martin Luther und der Bergbau im Mansfelder Land*, Eisleben 2000.

Jeannette C. Smith, 'Katharina von Bora through five centuries: a historiography', *Sixteenth Century Journal* 30/3, 1999, 745-74.

Philip M. Soergel, *Miracles and the Protestant Imagination: The Evangelical Wonder Book in Reformation Germany*, Oxford 2010.

Carl P. E. Springer, 'Luther's Latin Poetry and Scatology', *Lutheran Quarterly* 23/4, 2009, 373-87.

Govind P. Sreenivasan, *The Peasants of Ottobeuren, 1487-1726: A Rural Society in Early Modern Europe*, Cambridge 2004.

Andreas Stahl, 'Baugeschichtliche Erkenntnisse zu Luthers Elternhaus in Mansfeld', in Rosemarie Knape, ed., *Martin Luther und Eisleben*, Leipzig 2007.

Andreas Stahl, 'Die Grafschaft und die Stadt Mansfeld in der Lutherzeit', in Harald Melker (ed.), *Luther in Mansfeld. Forschungen am Elternhaus des Reformators*, Halle 2007.

Andreas Stahl, 'Historische Bauforschung an Luthers Elternhaus. Archivalische Voruntersuchungen und erste Baubeobachtungen', in Harald Meller, ed., *Luther in Mansfeld, Forschungen am Elternhaus des Reformators*, Halle 2007.

James Stayer, *Anabaptists and the Sword*, Lawrence 1972.

James Stayer, *The German Peasants' War and Anabaptist Community of Goods*, Montreal 1991.

David C. Steinmetz, *Luther and Staupitz: An Essay in the Intellectual Origins of the Protestant Reformation*, Durham, NC 1980.

Hans-Georg Stephan, 'Keramische Funde aus Luthers Elternhaus', in Harald Meller, ed., *Luther in Mansfeld, Forschungen am Elternhaus des Reformators*, Halle 2007.

Dieter Stievermann, 'Sozialer Aufstieg um 1500: Hüttenmeister Hans Luther und sein Sohn Dr Martin Luther', in Rosemarie Knape, ed., *Martin Luther und der Bergbau im Mansfelder Land*, Lutherstadt Eisleben 2000.

Kirsi Stjerna, *Women and the Reformation*, Oxford 2009.

Barbara Stollberg-Rilinger, *Des Kaisers alte Kleider. Verfassungsgeschichte und Symbolsprache des Alten Reiches*, Munich 2008.

Manfred Straube, 'Soziale Struktur und Besitzverhältnisse in Wittenberg zur Lutherzeit', *Jahrbuch für Geschichte des Feudalismus* 9, 1985, 145-88.

Karl Friedrich von Strenge and Ernst Devrient, eds, *Die Stadtrechte von Eisenach, Gotha und Waltershausen*, Gotha 1909.

Jane Strohl, 'Luther's new view on marriage, sexuality and the family', *Lutherjahrbuch* 76,

2009, 159-92.

W. D. J. Cargill Thompson, *Studies in the Reformation. Luther to Hooker*, ed. C. W. Dugmore, London 1980.

Gabriele von Trauchburg, *Häuser und Gärten Augsburger Patrizier*, Munich and Berlin 2001.

Martin Treu, '···*von daher bin ich*'. *Martin Luther und der Bergbau im Mansfelder Land, Rundgang durch die Ausstellung*, Eisleben 2000.

Martin Treu, 'Die Leucorea zwischen Tradition und Erneuerung-Erwägungen zur frühen Geschichte der Universität Wittenberg', in Heiner Lueck, ed., *Martin Luther und seine Universität*, Cologne 1998.

Martin Treu, *Katharina von Bora*, Wittenberg 1995.

Martin Treu, Rolf-Torsten Speler and Alfred Schellenberger, eds, *Leucorea. Bilder zur Geschichte der Universität*, Wittenberg 1999.

Martin Treu, 'Urkunde und Reflexion. Wiederentdeckung eines Belegs von Luthers Thesenanschlag', in Joachim Ott and Martin Treu (eds), *Luthers Thesenanschlag*, Leipzig 2008.

Patrice Veit, *Das Kirchenlied in der Reformation Martin Luthers: eine thematische und semantische Untersuchung*, Wiesbaden 1986.

Günter Vogler, 'Eisleben und Nürnberg zur Zeit Martin Luthers. Beziehungen zwischen zwei Wirtschaftspartnern', in Rosemarie Knape, ed., *Martin Luther und Eisleben*, Leipzig 2007.

Hans Volz, *Martin Luthers Thesenanschlag und dessen Vorgeschichte*, Weimar 1959.

Lee Palmer Wandel, *The Eucharist in the Reformation: Incarnation and Liturgy*, Cambridge and New York 2006.

Paul Wappler, *Thomas Müntzer in Zwickau und die 'Zwickauer Propheten'*, Gütersloh 1966.

Martin Warnke, *Cranachs Luther: Entwürfe für ein Image*, Frankfurt 1984.

Günther Wartenberg, 'Martin Luthers Beten für Freunde und gegen Feinde', *Lutherjahrbuch* 75, 2008, 113-24.

Günther Wartenberg, 'Die Mansfelder Grafen und der Bergbau', in Rosemarie Knape, ed., *Martin Luther und der Bergbau im Mansfelder Land*, Eisleben 2000.

Günther Wartenberg, 'Martin Luthers Kindheit, Jugend und erste Schulzeit in frühen biografischen Darstellungen des Reformators', in Rosemarie Knape, ed., *Martin Luther und Eisleben*, Leipzig 2007.

Christine Weide, *Georg Spalatins Briefwechsel. Studien zu Überlieferung und Bestand (1505-1525)*, Leipzig 2014.

Reinhold Weier, "Die Rede des Mosellanus 'Über die rechte Weise, theologisch zu disputieren'", *Trierer Theologische Zeitschrift* 83, 1974, 232-45.

Ulman Weiss, *Die frommen Bürger von Erfurt. Die Stadt und ihre Kirche im Spätmittelalter und in der Reformationszeit*, Weimar 1988.

Jennifer Welsh, *Anna Mater Matronarum: The Cult of St. Anne in Medieval and Early Modern Europe*, Farnham forthcoming 2016.

Ulrich Wenner, 'Fundgrubner, Berckhauer und Schlacktreiber: Montanwortschatz bei Martin Luther', in Rosemarie Knape, ed., *Martin Luther und der Bergbau im Mansfelder Land*, Eisleben 2000.

Ekkehard Westermann, *Das Eislebener Garkupfer und seine Bedeutung für den europäischen Kupfermarkt 1460-1560*, Cologne and Vienna 1971.

Ekkehard Westermann, 'Der wirtschaftliche Konzentrationsprozess im Mansfelder Revier', in Rosemarie Knape, ed., *Martin Luther und der Bergbau im Mansfelder Land*, Eisleben 2000.

Ekkehard Westermann, 'Rechtliche und soziale Folgen wirtschaftlicher Konzentrationsprozesse im Mansfelder Revier in der ersten Hälfte des 16. Jahrhunderts', in Günter Jankowski, ed., *Zur Geschichte des Mansfelder Kupferschieferbergbaus*, Clausthal-Zellerfeld 1995.

Vitor Westhelle, 'Luther's Theologia Crucis', in Robert Kolb and Irene Dingel, eds, *The Oxford Handbook of Martin Luther's Theology*, Oxford 2014.

Jared Wicks, *Cajetan und die Anfänge der Reformation*, Münster 1983.

George Huntston Williams, *The Radical Reformation*, Kirksville, MO 1992 (London 1962).

Peter Willicks, 'Die Konflikte zwischen Erfurt und dem Erzbischof von Mainz am Ende des 15. Jahrhunderts', in Ulman Weiss, ed., *Erfurt 742-1992: Stadtgeschichte, Universitätsgeschichte*, Weimar 1992.

Gabriele Wimböck, 'Setting the Scene: Pictorial Representations of Religious Pluralization', in Andreas Höfele, Stephan Laqué Enno Ruge, and Gabriela Schmidt, eds, *Representing Religious Pluralization in Early Modern Europe*, Berlin 2007.

Christian Winter, 'Die Protokolle der Leipziger Disputation', in Markus Hein and Armin Kohnle, eds, *Die Leipziger Disputation 1519*, Leipzig 2011.

Markus Wriedt, *Gnade und Erwählung: Eine Untersuchung zu Johann von Staupitz und Martin Luther*, Mainz 1991.

Charles Zika, *Reuchlin und die okkulte Tradition der Renaissance*, Sigmaringen 1998.

Charles Zika, 'Reuchlin's *De Verbo Mirifico* and the Magic Debate of the late fifteenth century', *Journal of the Warburg and Courtauld Institutes* 39, 1976, 104-38.

Wolfgang Zorn, *Augsburg. Geschichte einer deutschen Stadt*, Augsburg 1972.

Alejandro Zorzin, *Karlstadt als Flugschriftenautor*, Göttingen 1990.

Adolar Zumkeller, *Johannes von Staupitz und seine christliche Heilslehre*, Würzburg 1994.

찾아보기

◆ ◆ ◆ ㄱ

가톨릭교회 개혁(Counter Reformation) 605
『강도질하고 살인하며 도둑질하는 농민 도적 떼 반박』 410
개신파/개신교 222, 258, 298, 331, 335, 348, 386, 399, 421, 428, 579, 630
『"게라센"이라는 말의 의미』 450
"게라센하이트"(Gelassenheit) 169-170, 344-348, 381, 385-387, 397, 417, 427, 450, 451, 619
게르벨, 니콜라우스 308, 393, 439, 473
- 루터의 편지들 308
게브하르트, 만스펠트 백 601
게오르크, 성 49, 50, 78, 214
게오르크, 안할트 제후 517
게오르크, 작센 공 137, 494, 549
- 라이프치히 논쟁 207
- 루터와 종교개혁에 반대 225, 228, 230, 358
- 프랑켄하우젠 전투 승리 407
- 뮌처의 죽음 408
- 루터의 무시 421
- 코흐레우스를 개인 사제로 임명 436
결혼(혼인) 33, 37, 56, 67, 70, 174, 256, 335, 420-468
경건주의 620
고리대금 26, 29, 63-64, 210-211, 256, 592
『고리대금에 관한 짧은 설교』 588-589
고타: 루터의 설교(1515) 128, 131, 145, 280
『공의회와 교회에 관하여』 538
괴테, 요한 볼프강 폰: 『파우스트』 624
"교황 나귀"(나귀로 묘사한 교황) 514
"교황과 추기경"의 탄생 583
『교황권에 관한 마르틴 루터의 오만한 논제를 비판하는 담화』 181
『교회 회의』 579
굴데네프, 비간트 82
귀텔, 카스파르 337, 565, 601
귄츠부르크, 요한 에베를린 폰: 『15개 동맹』 627
귄터, 만스펠트 백 601
귄터, 프란츠 157, 274, 462
"그라바미나" 문서 256
그라이프스발트 대학교 353
그룸바흐, 아르굴라 폰 629-630
그뤼네발트, 마티아스 140
『그리스도의 거룩하고 참된 몸의 고귀한 성례와 형제애에 관한 설교』 247
『그리스도의 몸과 피를 기리는 성찬에 관한 설교』 229, 247
『그리스도인의 자유에 관하여』 251, 264, 265
그린, 한스 발둥: 『루터』 253, 299
글라츠, 카스파르 382, 424
글로크너, 발레리우스 624
"금서 목록" 314

◆ ◆ ◆ ㄴ

나스, 요하네스 76, 93
나움부르크 358
나치 체제 492
나틴, 요하네스 111, 116, 122
『내 사랑하는 독일 사람들에게 보내는 경고』 521, 525
네 도시 신앙고백(Confessio Tetrapolitana) 525

네덜란드 393, 483
네스토리우스파(Nestorians) 538
노르트하우젠 410
노이슈타트 안 데어 오를라, 수도원 145
노이엔하겐, 토마스; 루터와 관계 477
농민전쟁 33, 38, 41, 288, 399, 405, 408, 417, 420, 424, 426, 464, 472, 492, 528, 630
"농민 12개조" 399-403
뇌르트링겐 370, 474
뉘른베르크 화의(1532) 523
뉘른베르크/뉘른베르크 사람 23, 97, 178, 185, 308, 370, 424, 476, 495, 518
 - 금융가와 자본가 47, 59, 62, 601
 - 인문주의자 160, 163, 180
 - 상인과 교역 133, 137, 144, 211, 424
 - 루터와 종교개혁 지지 119, 147, 371, 447, 474, 515-516
 - 의회 358 ▶ 뒤러, 알브레히트

◆ ◆ ◆ ㄷ

던스 스코터스 87, 120, 149, 159, 560
데네, 틸로 487, 558
데카르트주의 542
데타플, 자크 르페브르 151
도른레, 안나 카스퍼 550
도미니크 수도회 25, 95, 125, 156, 178, 181, 182, 189, 205, 226, 246, 281, 460
『독일 민족의 그리스도인 귀족에게』 234, 252, 254, 259, 260, 293, 312, 332, 336, 524
『독일 신학』 125
『독일 신학』 125, 168-170, 237-238, 344, 438, 620
『독일인의 호칭 기도』 282
동광(銅鑛) 600
되링, 크리스티안 145, 253, 279, 357
되블린 271
될쉬, 요한 331

뒤러, 알브레히트 139, 186
 - "네 사도"(1528) 626
 - 뉘른베르크 란다우어 제단화 625-626
 - "탐욕"(1507) 256
 - "자화상"(1500) 302, 625
뒤르, 요한 410
드라흐슈테트 박사 60, 604
드라흐슈테트가(家) 59
드레셀, 미하엘 146
드레푸르트, 헤르만 79
드렉셀, 토마스 354
디트리히, 파이트 511, 553, 561

◆ ◆ ◆ ㄹ

라미니트, 안나 118-119
라부스, 루트비히 84
라스페, 하인리히 폰 79
라우그루넨베르크, 요한 141, 151
라우터바흐, 안톤 76
라이니케, 한스 50, 71, 72
라이프치히 31, 137, 207, 271, 280
 - 금융가 58
 - 작센을 관할하는 고등법원 74
 - 대학교 85, 137, 150, 207
 - "환락을 즐기는 여인들" 222
라이프치히 논쟁 204, 206-225, 234, 246, 306, 344, 397, 440, 515
『라이프치히에서 온 소식』 436
라인하르트, 마르틴 376, 393
라체베르거, 마테우스 601, 610
란트슈페르거, 요한 473
랑, 마테우스, 잘츠부르크 대주교 243-244, 512
랑, 요하네스
 - 루터와 함께한 에르푸르트 대학교 86
 - 에르푸르트 수도원 원장 145
 - 루터와 우정 146
 - 비텐베르크 대학교 148

- 루터 자신의 논제 전송 151
- 루터의 종교개혁 저술들 254
- 루터의 보름스 여행에 1굴덴 지원 279
- 에르푸르트의 소요 333
- 결혼 426
- 루터의 편지들 164

랑엔만텔, 크리스토프 188
레겐스부르크의회 551, 579
레기우스, 우르바누스 161, 205, 207, 473, 499, 597
레나누스, 베아투스 179
레닝, 요하네스 578
레오 10세, 교황 64, 93, 111, 112, 173, 181-183, 191, 196, 198, 200, 202, 237, 241, 264-265
레이덴, 얀 판 532-533
렘니우스, 지몬 568-572
- "수사가 거느린 창녀들의 전쟁"(Monachopornomachia) 570

렘링겐 628
로니커, 요한 246
로마 111-116
- 원형경기장 112
- 성 요한 라테란 대성당 113-114
- 성 베드로 대성당 28, 29, 112
- 산타 마리아 델라니마 111

"로마 교황의 선언"(교황 칙서, 1521) 271
로이터, 암브로지우스 558
로이터스하우젠 628
로이힐린, 요하네스 153, 205, 226, 594
로터, 멜히오르 214
로텐부르크 옵 데어 타우버 414
로트, 슈테판 458
로트만, 베른하르트 532
로하우 418
롬바르두스, 페트루스 270
뢰러, 게오르크 487, 553, 561
루더, 마르가레테(루터의 어머니) 65, 67
루더, 야콥 60
루더, 하이네 114
루더, 한스(루터의 아버지) 47, 50, 53, 425
- 겉모습 65-66
- 루터 교육 71
- 루터와 관계 31, 36, 48
- 루터의 결혼 425-426
- 파산 498
- 죽음 72

루뱅 249, 271
루베아누스, 크로투스 86
루비우스, 요하네스 222
루터, 마르가레테(딸) 68, 433
루터, 마르틴
| 1483-1522 |
- 출생 30
- 어린 시절 31, 35, 46, 47, 70
- 동생 60
- 학교생활 71, 73, 81
- 성경과 첫 만남 75
- 에르푸르트 대학교 46
- 에르푸르트 수도원 94
- 엄격한 금욕주의 86, 95, 102, 104, 242
- "안페흐퉁엔"(Anfechtungen) 109, 119, 159, 240, 442, 480, 558, 574, 633
- 슈타우피츠와 관계 25, 31, 103
- 첫 미사 81, 92, 107, 480, 719
- 비텐베르크 대학교 28, 31, 110, 120
- 로마 사절 111
- 안나 라미니트 방문 116-118
- 비텐베르크로 귀환 361
- 박사 학위 축하 88
- 아우구스티누스 수도회 수사들의 공격 122-123
- 멜란히톤 138
- 크라나흐, 랑, 링크, 슈팔라틴과 나눈 우정 120, 146
- 지역 주임 사제 128, 145
- 뉘른베르크 인문주의자들을 소개 147

773

- 성경 교수 151
- 시편 번역 153
- 비텐베르크의 유력 인물 154
- 고타 설교 128, 131, 145
- 로마서 연구 시작 131
- 힐텐의 예언 82-84
- 스콜라주의 반박 논제 157
- 95개 논제 게시 159
- 개명(改名) 165
- 종교개혁 발견 165-168
- 『독일 신학』 전체 출간 168-171
- 하이델베르크 논쟁 172-174
- 에크와 균열 179
- 로마 소환 182
- 생명의 위협 183
- 교황 사절과 아우크스부르크에서 만남 183
- 교황에게 항소 196
- 『면벌부와 은혜에 관한 설교』 181, 198
- 『아우크스부르크 행전』 출간 198
- 순교 예상 199
- 선제후의 지지 필요 201
- 에크와 벌인 라이프치히 논쟁에서 패배 220
- 평신도의 양형영성체 주장 228
- 형제회 공격 229
- 다작(多作) 저자 230
- 평신도의 지지 230-231
- 영적 변화와 독창성 발휘 시기 235-239
- 성무일도 중단 236
- 교황 칙서의 정죄 241
- 논박에 열중 246
- 가톨릭교회 공격 논문 출간 251
- 교황 칙서 소각과 조롱 267-268
- 파문 271
- 선제후의 지지 273
- 보름스의회 32, 274
- 질병 281
- 독일 기사들의 지지 292
- 코흐레우스의 속임수 295

- 그리스도와 동일시 301
- 카를 5세의 법률상의 보호 박탈 형 30, 303
- 선제후의 바르트부르크 성 은닉 32, 72, 304
- 변비 고생과 마귀의 공격 309
- 신약성경 번역 322
- 소식 갈구 333
- 비텐베르크 비밀 방문 334
- 폭동 335
- 츠비카우 선지자들 336
- 선제후 조력 358
- 비텐베르크로 귀환 361
- 사순절 첫 주간 설교(Invocavit Sermons) 362
- 비텐베르크 종교개혁 368
- 예나 설교 372
- 흑곰 여관에서 카를슈타트와 논쟁 373
- 카를슈타트의 서적 인쇄소를 검열 381
- 뮌처와 편지 교환 382
- 칼라 설교 389
- 오를라뮌데 사람들과 논쟁 390
- 농민전쟁 399
- 결혼 33, 423
- 아버지가 됨 425
- 카타리나와 관계 ► 보라, 카타리나 폰
- 자유의지에 관해 에라스뮈스와 논쟁 438
- 수도원의 환대 463
- 아우크스부르크 개신파 473
- 성찬 상징설 주장자들과의 논쟁에서 드러나는 종말의 묵시적 분위기 475
- 완전한 붕괴 고통 478
- 카이저의 순교 483
- 역병 희생자 돌봄 486-487
- 작센 교회 개혁 489
- 성찬 상징설 주장자들과 싸움 489
- 외콜람파디우스 및 츠빙글리와 마르부르크에서 논쟁 489
- 카를 5세에게 저항 거부 501
- 치질 고통 505

- 아우크스부르크의회 506
- 코부르크 성 체류 520
- 구약성경 번역 521
- 『아우크스부르크의회에 모인 성직자에게 권면』 출간 496
- 아버지의 죽음 498
- 부처 502
- 두통으로 고생 503
- 아우크스부르크 신앙고백 502
- 가톨릭 신학자들과 논쟁 507
- 비텐베르크로 귀환 520

| 1522-1546 |
- 새로운 교회 시작 489
- 『내 사랑하는 독일 사람들에게 보내는 경고』 출간 521, 525
- 츠빙글리의 죽음 526
- 재세례파 527
- 성찬 상징설 주장자들과 만남 528
- 예수 승천 대축일 설교 536
- 성찬 상징설 주장자들 계속 공격 539
- 공의회주의 거부 551
- 레겐스부르크의회(Diet of Regensburg)에 배제 551
- 건강 악화, 다혈질 552
- 비텐베르크 친구와 동맹 554
- 선제후의 세금 면제 557
- 아그리콜라 561
- 렘니우스 568
- 대중의 공경을 더 이상 받지 못함 571
- 만성 두통으로 고생 573
- 비텐베르크를 떠나지 말라는 설득 576
- 교황 공격 27, 579
- 만스펠트 여행 600
- 백들 간의 분쟁 해결을 위해 아이스레벤으로 마지막 여행 601
- 마지막 네 설교 603
- 일상 604
- 질병과 죽음 605
- 죽은 뒤에 뜬 석고 마스크 612
- 장례 613
- 유산 615

| 겉모습·성격·개성 |
- 분노 222
- 겉모습(▶ 크라나흐, 루카스) 305, 329-330, 519
- 성격 70
- 경쟁심 104
- 확신 43-33
- 용기 30, 32, 35
- 에너지 156
- 형식에 무관심 43
- 편지와 글쓰기 42-43
- 열정적인 친구 관계 36-37
- 아버지와 관계 89, 318-319
- 어머니와 관계 74-75, 76-77
- 무자비함 177
- 죄책감 104
- 영성 85
- 완고함 35
- 인쇄술 활용 198-199
- 목소리/노래 부르기 85, 215

| 견해 |
- 내세 543-544
- "안페흐퉁엔" 106-109
- 아리스토텔레스/아리스토텔레스주의 262-263, 446
- 아우구스티누스 158-159, 342-343
- 세례 528-529, 556
- 탁발 101, 173, 184
- 성경 176, 257
- 중혼 545-546
- 자본주의 211
- 고해 371
- 양심 289-290, 294-295
- 마귀 62, 309-310, 424
- 질투 131, 223

- 성찬/성만찬/주의 만찬/미사 228, 476-477, 541-542
- 믿음 166-167, 199, 516
- 자유 390, 399-400
- 자유의지 238, 542
- "게라센하이트" 345-347
- 젠더의 역할 53-54
- 하나님 321-322, 440-441
- 대부모 530
- 은혜 542, 633
- 사냥 306
- 질병 504
- 근친상간 454
- 면벌부 190-191, 229
- 유대인 124-125, 391, 603
- 결혼 312-313, 452-456, 549-550
- 순교 345
- 마리아 89-90
- 광업 61-62
- 수도원주 311-312, 315-316
- 수도서원 257, 317-318, 627-628
- 금전 대여업 63-64
- 교황제 228-229, 251
- 보속 159-160
- 철학 175, 264, 510
- 정치 100-101, 355, 491-492
- 일부다처제 532
- 기도 238
- 쿠란 586
- 성물 138
- 로마 112
- 성례 193, 234, 451-452
- 스콜라주의 173-174, 342-343
- 성/육체성(물성) 314-315, 430, 549-550
- 죄 130, 263
- 슬라브족 134
- 고난 174
- 튀르크인 493, 596

- 그리스도의 보고(寶庫) 191-193
- 병자성사 534
- 고리대금 63-64
- 여자 433-434, 459-460
- 하나님의 말씀 288-289, 297, 528

루터, 마르틴(아들) 68, 433, 606, 619, 748
루터, 막달레나(딸) 433, 544
루터, 엘리자베트 67
루터, 카타리나 ▶ 보라, 카타리나 폰 33, 67, 423, 426, 432-433, 560, 618
루터, 파울(아들) 68, 114, 433, 465, 602, 606, 619
루터, 한스(아들) 542-544, 562, 602, 618-619
루터교/루터파 170, 469, 500-501
- 대부모 530
- 성찬 상징설 주장자의 조롱 541
- 반유대주의 588-599
- 루터의 죽음 606-610
- 카를 5세의 "잠정 조치" 615-616
- 나치 체제 492
"루터를 헤라클레스로 묘사" 215, 221, 270, 685
루트비히 4세, 튀링겐의 78
루프트, 한스 467, 557, 565
뤼벡 510, 559
뤼헬, 요한 407-408, 411
- 루터의 편지들 410, 424, 429, 705, 708, 719
리보니아 370
리크니츠 474
린데만, 안토니우스 49
린데만가(家) 49
링크, 벤체스라우스 120, 146, 154, 184, 195, 242, 244, 276, 343, 411, 426, 553
- 루터의 편지들 350

◆ ◆ ◆   ㅁ

『마귀의 제도인 로마 교황제 반박』 579

마그데부르크 71, 111, 271
- 종교개혁 370-371
- 유대인 592-593
마르부르크 회담(1529) 489
마르샬크, 니콜라우스 275
"마르틴 루터의 설사"(Dysenteria Martini Lutheri) 570
마르틴, 성 161, 214
마리아, 동정녀 25, 64, 332
마리아주의(Marianism)
마이센 228, 247-248
- 주교 228, 247
마인츠 100-101, 271, 358, 404
마인하르디, 안드레아스 148
마인하르트, 크리스토프 412
마켄로트, 도로테아(Luder 출생) 60
마태수난곡(St. Matthew Passion) 624
마테지우스, 요하네스 75, 101
막시밀리안, 신성로마제국 황제 182, 186
만스펠트
- 인구 49
- 광업 도시 46, 62, 67, 71
- 성 게오르크 교회 40
- 루더의 집 48-49
- 양조업 57
- 성(城) 51
- 만스펠트 백 46-47, 600-601
- 라틴어 학교 73
- 여관(술집) 57
만스펠트 백 부인 605
만텔, 요하네스 487
만투아누스, 밥티스타 81
말로, 크리스토퍼 624
메니우스, 유스투스 528
메르제부르크 271
메리 1세, 잉글랜드 546
메밍겐 399, 403
메취, 요제프 457

멘델스존, 펠릭스 624
멜란히톤, 필리프
- 비텐베르크 대학교 그리스어 교수 임명 138, 199, 275
- 루터와 라이프치히 방문 213
- 라이프치히 논쟁 218, 221
- 루터와 관계 245, 296, 311, 320-321, 560
- 교황 칙서 소각 267, 268
- 『신학의 일반적인 근본 개념들』 311, 315
- 결혼 145, 316-317, 422
- 『그리스도와 적그리스도의 수난 이야기』를 크라나흐와 함께 출간 326, 580
- 양형영성체 329
- 대학교 평의회 330-331
- 사적 미사 반박 339
- 강의 명성 353
- "츠비카우 선지자들"에게 우유부단 354-355
- 루터의 비텐베르크 귀환 361-362
- 카를슈타트 348, 364, 376
- 루터와 설교 여행 410
- 수사의 결혼 옹호 413
- 루터의 변화 반감(反感) 429
- 카이저 483
- 역병 피난 486
- 아우크스부르크의회 495, 502
- 아우크스부르크 종결 83-84, 495, 502-503, 506-520
- 루터 관계 악화 517-518
- 재세례파 처형 지지 531
- 성찬에 관한 루터의 견해 540-541
- 이혼 견해 546-548
- 헤센 백 필리프의 결혼식 참석 548
- 레겐스부르크의회 551
- 종교개혁의 지도자 551, 615-616
- 아그리콜라 564, 565
- 렘니우스 568, 569
- 루터와 간극 573-575, 576-577
- 쿠란 서문 작성 586

- 유대인 592-593, 597
- 루터의 죽음 609-610, 612
- 루터의 『일생』 인쇄 612
- 루터에 관하여 21, 37, 72-73, 465-466, 634
- 루터의 편지들 199, 282-283, 312, 317, 320, 321, 498, 505, 507, 509, 511-512, 517

멜러슈타트, 마르틴 폴리히 폰 149, 342
면벌부(대사부) 22, 25-28, 64, 112, 124, 138, 160, 162, 164-165, 173-174, 178, 181, 191-193, 207, 216, 228-229, 260, 271, 327, 343, 497
『모든 그리스도인에게 봉기와 폭동을 경계하길 바라는 마르틴 루터의 신실한 책망』 334
모라비아 591
모리츠, 작센 공 601-602, 613-614
모스하우어, 파울 71
모어, 토머스 161
모어, 한스 475
모젤라누스, 페트루스 214, 225
모차르트, 볼프강 아마데우스 624
모하우, 안나 폰 348
몬타누스, 요하네스 헤시우스 223
뫼라 48-49
무르너, 토마스 249, 260, 369
- 『큰 바보 루터』 250
『무명인(無名人)의 편지』 226-227
『무엇이 죄악들인지, 하나님의 고유한 단일한 뜻이 가지는 다양성에 관하여』 448
무티안, 콘라트 86, 275
뮌스터, 재세례파 532-534
뮌스터러, 제발트 465
뮌처, 토마스 382-383, 411, 464
- 프라하 선언 384
- 알슈테트 설교자 384
- 카를슈타트와 한통속이라는 루터의 규정 373, 382, 396, 527-528
- 결혼에 관하여 413, 420, 451, 461
- 농민전쟁 288, 402-403, 405-406, 410, 420, 527-528

- 처형 408
- 루터의 공격 169-170, 481-482, 539
- 동독 학계의 연구 38, 41, 705
뮐러, 카스파르 411
뮐베르크 전투(1547) 614
뮐하우젠 388, 405, 412, 413
미코니우스, 프리드리히 26, 83, 133, 213
밀티츠, 칼 폰 111, 237, 278

◆ ◆ ◆   ㅂ

바르트부르크 성, 루터 체류 355
『바벨론 포로가 된 교회에 관하여』 234, 253, 259, 262, 455
바오로 3세, 교황 579
바울 109-110, 114, 124, 131, 166-167, 315, 437, 478, 504, 626, 630
바움가르트너, 히에로니무스 424, 511, 514, 518, 708, 726, 728
바이마르 388, 392, 574, 704, 740
- 아우구스티누스 수도회 수도원 184
바이어, 레온하르트 172, 184, 713, 732
바이어, 크리스티안 357, 506
『바이에른에서 복음 때문에 화형당한 레온하르트 카이저 씨에 관하여』 486
바젤 179, 196, 231, 253, 284, 308, 392, 417, 470, 537, 586, 609
바흐, 요한 제바스티안 623, 624
- 찬송 624
- 마태수난곡 624
반(反)유대주의 ▶ 유대인; 루터, 마르틴-견해
반(反)율법주의자 220, 567
『반(反)율법주의자 반박』 565
『반역을 꾀하는 영에 관하여 작센 제후(諸侯)께 올리는 편지』 385
발라, 로렌조 151
발하우젠 410
베네딕도 수도회 125, 126, 188, 242, 427

778

베르다우 설교자 554
베르렙쉬, 한스 폰 306
베르트하임 628, 703
베른 537
베른하르디, 바르톨로메우스 155, 157, 426, 428
베스켄도르프, 페터 557, 558, 569
베스터부르크, 게르하르트 380, 392
베크만, 오토 197
베토벤, 루트비히 판 624
베틴 전쟁 74
베후스, 히에로니무스 294-295
벤드인(Wends) 134
벨러, 페터 558
벨러, 히에로니무스 558
보덴호 403, 404
보라, 카타리나 폰 33, 67, 423-438, 442
 - 암스도르프 424, 560
 - 결혼 33, 423-438
 - 루터와 관계 432-434
 - 루터 대적의 공격 435-438
 - 수도원에 "루터 대문" 추가 463
 - 루터와 함께 남아 역병 희생자 돌봄 487
 - 아그리콜라의 아내 돌봄 562
 - 루터 장례식 611
 - 말년 613-616
 - 루터의 편지들 574-577, 603
보름스 칙령(1521) 303, 305, 523-524
보름스의회(1521) 31-32, 35, 72, 254, 256, 273-294
볼타, 가브리엘레 델라 194
볼프람스도르프, 콘라트 폰 605
부겐하겐, 요하네스 246, 426, 458, 476, 478, 479, 487, 510, 553, 559, 560, 566, 612, 708, 718, 719, 722, 736, 749
부세, 헤르만: 『복된 마르틴 루터의 수난』 301
 - 『진리의 승리』 369
부처, 마르틴 41, 178, 281

 - 츠빙글리의 설득 395
 - 루터에게 성찬 상징설 주장자들과 협상 설득 473
 - 헤센 백 필리프의 중혼 문제 중재자 502
 - 다혈질 574
 - 쿠란 586
 - 반유대주의 597
 - 에크 608
 - 잉글랜드에서 말년 유배 생활 619
 - 루터의 편지들 540
브란덴부르크 271
 - 유대인 597
부흐푸러, 미하엘 380
"분트슈" 운동 378
불린, 앤 546
불링거, 하인리히 593
뷔르츠부르크 173
뷔르템베르크 404
 - 뷔르템베르크 공 116, 562, 723
브라운, 요하네스 82, 85, 123, 124, 159, 661
브라운슈바이크 335, 407, 559, 597
브라운슈바이크, 하인리히 공 408, 735
브라이자흐 404
브란덴부르크 271
브란덴부르크 공 517
브렌츠, 요하네스 502, 510, 675, 713, 725
브룬펠스, 오토 393, 394, 474
브뤽, 그레고르 폰 566, 574, 577, 686
브리스거, 에버하르트 463, 710
블라우러, 토마스 279, 693, 697
블랑켄펠트, 카타리나 458, 459
비첼, 게오르크 556, 601, 610, 660
비텐베르크 대학교 23, 31, 110, 120, 122, 138, 142, 148-150, 199, 207, 245, 267, 284, 342, 352, 368, 381-382, 463-464, 558, 563, 577, 591, 611, 618
 - 책 소각 271, 568
 - 학부 교수 자리 155

- 학생 축제 148-149, 268-269
- 교과(과정) 149, 156, 353

비텐베르크/비텐베르크 사람들 158, 214, 216, 221, 320, 362, 447, 471, 508, 534, 537, 547, 553, 575-576, 725, 731, 739, 741
- 만성 재단 331, 340, 341-344, 347, 357, 364, 397
- 아우구스티누스 수도회 수도원 133, 137, 145-146, 154-155, 337
- 궁성 교회 22, 27, 139, 140, 141, 611, 649
- 크라나흐 공방 580, 613, 620, 652, 669, 680
- 프리드리히의 성물 컬렉션 137, 138, 139, 685
- 유대인 134-136
- 루터의 교황 칙서 소각 267-269
- 루터의 장례식 610-612
- 수녀 421-423
- 교구 교회 조각 135-136
- 역병 465, 472, 486-488
- 종교개혁 32, 38, 132, 140, 146, 164-166, 169, 252, 279, 336, 339, 353, 355-361, 364-371, 524, 554, 557
- 성찬 상징설 주장자 34, 700, 704, 712, 719, 720, 724, 729, 731, 740, 741
- 튀르크세(Türkensteuer) 556-557
- 대학교 ▶ 비텐베르크 대학교

비트, 헤르만 폰 데어 575
빈, 튀르크의 공격(1529-1530) 493, 506, 507
빌리칸, 테오발트 179, 474, 675, 717
빌트, 파이트 188
빔피나, 콘라트 181
빙클러, 게오르크 482-483

◆ ◆ ◆ ㅅ

『사적 미사 폐지에 관하여』 534
『사탄의 모든 학교와 지옥의 모든 문들 반박 명제』 521

30년 전쟁(1618-1648) 522, 618
새 길(via moderna) 87-88
살베, 하인리히 81
살베가(家) 81-82, 84-85
성공회 619
성공회 공동기도서 619
『성례에 관한 짧은 신앙고백』 539, 732
성모의 종 수도회 95
성물 26-28, 66, 137-141
성찬 상징설 주장자(sacramentarians) 551, 563, 576, 594
세라롱가 189, 191
『세속 권력에 관하여: 어디까지 순종해야 하는가』 491-492
『세속 권위에 관하여』 631
쇼이얼, 크리스토프 147, 163, 189, 242, 342, 672, 681
- 루터의 편지들 160, 164, 180
『수도서원에 관하여』 317, 320, 348
"수사 송아지"(송아지로 묘사한 수사) 513-514
수소, 하인리히 125
순수 루터파(Gnesio-Lutherans) 617
쉬를렌츠, 니콜라우스 568
쉴릭, 팔케나우 백 볼프 591
쉴링, 하인츠:『마르틴 루터』 40
슈르프, 히에로니무스 154-155, 331, 361
슈말칼덴 동맹 613, 617, 631
슈말칼덴 성 교회 326
슈말칼덴 전쟁(1546-1547) 618
『슈바벤 농민의 12개조에 대한 평화 권면』 401
슈바벤 동맹 403, 404
슈베르트페거, 요하네스 326
슈벵크펠트, 카스파르 416, 474, 477
슈와베, 페터 279, 282
슈타우피츠, 요한 폰
- 비텐베르크 대학교 설립 조력 31, 149-150
- 잘츠부르크 설교 126

- 루터의 멘토이자 고해신부 25, 75, 106, 116, 118, 123, 163, 232, 238, 240, 243-245
- 루터의 아침 기도 면제 103
- 루터의 유혹에 관하여 108
- 아우구스티누스 수도원 통합 시도 111, 116, 127-129, 329
- 루터의 박사 학위에 관한 농담 122
- 루터의 고타 설교 126, 131, 145, 280, 661
- 면벌부 비판 25
- 뉘른베르크 사람들의 칭송 147, 163, 231
- 설교의 핵심인 "게라센하이트" 169
- 하이델베르크 논쟁 정리 172-173
- 루터의 논제 헌정 199
- 루터와 카예탄 추기경의 만남 187-188, 189-190, 191
- 루터의 수도서원 해소 194
- 루터와 견해 공유 232, 235, 264
- 당분간 루터의 출간 중단 권고 254
- 루터의 교황 칙서 소각 소문 청취 268
- 루터와 관계 변화 238-246
- 파문받은 루터를 버림 240-241
- 베네딕트 수도회 수사 242-243
- 그의 지위를 물려받은 루터 151
- 죽음 426-427
- 『하나님의 사랑에 관하여』재출간 75, 620

슈타이나흐(Steinach) 정련 회사 72
슈토르흐, 니콜라우스 354, 383
슈톨베르크 382, 410
슈투름, 카스파르 279
슈튀브너, 마르쿠스 354
슈트라우스, 야콥 477
슈티펠, 미하엘 462, 477
슈팔라틴, 게오르크 146-147, 274-275
    - 로이힐린에 관한 루터의 조언 청구 156
    - 루터와 카예탄 추기경의 만남 183-184, 189, 277
    - 루터의 『그리스도의 몸과 피를 기리는 성찬에 관한 설교』출간에 분개 248-249

- 루터에게 폭넓은 시각 제공 259
- 『바벨론 포로가 된 교회에 관하여』에 충격 260
- 루터의 교황 칙서 소각 267-268
- 보름스의회 278, 279, 282
- 루터의 의지 308-309, 355, 359
- 비텐베르크 대학교 등록 학생 감소 근심 353
- 폐링어에게 감동받음 378
- 뮌처에게 관심 385
- 카를슈타트 416
- 프리드리히 현공의 죽음 418-419
- 루터의 결혼 권면 422-423
- 사랑 423-424
- 루터의 결혼식에 초대 431
- 결혼 431-432
- 설교자 432
- 질병 480
- 아우크스부르크의회 495
- 아우크스부르크 신앙고백에 관하여 506
- 알텐부르크 553
- 루터의 편지들 172, 183, 192, 197, 199, 200, 201, 217, 238, 247, 276, 278, 306, 308, 332, 334, 429, 431-432, 480, 505

슈팡엔베르크, 키리아쿠스 338, 650
슈팽글러, 라차루스 309
    - 『성경의 신성한 진리를 사랑하는 고귀한 사람이 제시하는 변증과 그리스도인다운 답변』230-232
슈파이어 370
    - "수사 악령들" 512-513
슐도르프, 마르크바르트 456
스콜라주의/스콜라주의자 149, 151, 156, 165, 173, 176, 190
스쿨테투스, 히에로니무스, 브란덴부르크 주교 22
스크리브너, 밥 41
스트라스부르 23, 97, 169, 253, 299, 301, 371,

404
슬라브족 134
『식탁 담화』 555
『신약성경에 나오는 상징들을 숭배하고 공경하는 것에 관하여』 339
십일조, 교회 400-402

◆ ◆ ◆ ㅇ

아그리콜라, 게오르크: De re metallica 55, 665
아그리콜라, 슈테판 473
아그리콜라, 요하네스 249, 383, 384, 451, 464, 465, 495, 499, 511, 553, 560, 561, 562, 563, 564, 565, 566, 567, 568, 672, 699, 702, 705, 716, 722, 723, 725, 731, 738, 739, 740, 743
 - 루터 684, 691, 719, 731, 739, 743
아달베르트, 작센 대주교 97
아담, 멜히오르 159, 659
아델만스펠덴, 베른하르트 아델만 폰 188, 298, 696
아델만스펠덴, 콘라트 아델만 폰 188
아르놀디, 바르톨로메우스 88
아른트, 요한 620, 667
아리스토텔레스/아리스토텔레스주의 87, 88, 149, 156, 158, 205, 262, 263, 542, 664, 674, 680
아우구스티누스 수도회 23, 25, 31, 90, 95, 96, 102, 110, 111, 114, 116, 118, 120, 123, 128, 145 ▶ 에르푸르트 ▶ 비텐베르크
아우구스티누스/아우구스티누스주의 104, 237, 264, 438, 666
 -『참된 회개와 거짓 회개에 관하여』 155
아우리파버, 요한 76, 606, 658, 670, 678, 690, 719
아우어스발트, 파비안 폰:『레슬링 기술』 572
아우크스부르크 28, 31, 34, 117, 161
 - 안나 라미니트 116, 117, 118
 - 갈멜 수도회 수도원 186

 - 푸거가(家) 28
 - 성 안나 교회 186, 676
 - 의회(1518) 182, 188
 - 루터와 교황 사절 만남 182-188
 - 루터의 항소장 대성당 정문 게시 196
 - 종교개혁 370
 - 개신파 개혁 운동 472-475
 - 의회(1530) 72, 495-499
 - 합의서 525
 - 개신파 개혁 운동의 종언 614
아우크스부르크 신앙고백 83, 502, 506, 510, 517, 537
『아우크스부르크 행전』 198, 200, 677
아우크스부르크 화의(1555) 34, 202, 522, 618
『아우크스부르크의회에 모인 성직자에게 권면』 496-497
아이스레벤 30, 47, 107, 136, 563
 - 아우구스티누스 수도회 수도원 337
 - 안드레아스 교회 601, 611
아이제나흐 49, 77-85, 95, 247, 259, 359, 405, 531, 535
 - 학교 74
아이프, 가브리엘 폰 주교 161
아인지델른, 후고 폰 357
아일렌부르크 329
아퀴나스, 토마스 87, 150, 189, 210, 270
 -『신학대전』 182
 - 토마스 아퀴나스 추종자 201, 205, 342
아퀼라, 카스파르 496
"안나 라미니트" 116-118
안나, 만스펠트 백 부인 605
안나, 성 66, 85, 90, 116, 117, 176, 186, 199, 656, 676
안나베르크 64, 133
안나베르크, 성 64
『안식일주의자들 반박』 591
안할트, 제후 517, 732
알고이 403, 404

782

알데그레버, 하인리히: "얀 판 레이던" 533
알레안드로, 지롤라모 249, 270, 271, 272, 277, 283, 286, 299, 685, 686, 687, 688, 690
알브레히트, 마인츠 대주교 22, 28, 29, 139, 179, 458, 672, 746
 - 루터의 95개 논제 181, 196
 - 성물 컬렉션 138, 613
 - 루터 기만 시도 281
 - 농민전쟁 404
 - 정부(情婦)와 결혼 권고 429
 - 빙클러의 살인 483
 - 렘니우스 569
 - 『마인츠 대주교인 추기경에게 보내는 편지』 521, 728
알브레히트, 만스펠트 백 51, 406, 408, 419, 562, 600, 601, 652, 711, 738, 745
알슈테트 373-389, 394, 405-406, 410, 412, 413, 460, 461, 704, 715
알텐부르크 274, 306, 365, 431, 432, 437, 553, 677, 691, 709, 710
알펠트, 아우구스틴 폰 246, 249, 683
암브로지우스(하인) 606
암스도르프, 니콜라우스 폰 362, 590, 678, 679, 690, 701, 708, 713, 719, 741, 747
 - 비텐베르크의 강의 158
 - 루터 편지 수령 197
 - 에크에 관하여 221
 - 루터와 함께한 보름스 여정 279
 - 츠빌링의 사적 미사 공격 327
 - 루터의 비텐베르크 귀환(1522) 361
 - 루터의 『평화 권면』 411
 - 카타리나 폰 보라 424
 - 독신으로 남다 560
 - 루터에 대한 충성 476
 - 멜란히톤의 확신 없음을 루터에게 경고 575
 - 루터의 방문 576
 - 루터의 비텐베르크 귀환을 설득하라는 선제후의 권면 576
 - 루터의 유산에서 이탈 거부 615
 - 루터의 편지들 244, 411, 425
에그라누스, 요하네스 176, 383
에라스뮈스, 데시데리위스 151, 174, 178
 - 루터의 논제를 모어에게 전송 161
 - 에크의 공격 207
 - 요나스의 추종 442
 - 루터와 논전 432, 438, 439
 - 죽음 607
 - 『격언집』 440
 - 『자유의지에 관한 설교 혹은 대화』 439
에르베, 프리츠 531
에르츠산맥 137
에르푸르트 41, 50, 82-90, 95-101, 158, 176
 - 아우구스티누스 수도회 수도원 31
 - 대학교 30, 46, 71, 82, 223
에른스트 2세, 만스펠트 백 460
에른스트, 만스펠트 백 601-602
에릭슨, 에릭: 『청년 마르틴 루터』 35, 93
에버, 파울 555
에버바흐, 필리프 353
에셴하겐, 에디트 42
에스티캄피아누스, 요하네스 156, 383
에크, 요하네스 161, 163
 - "단검표"에서 루터 논제 논박 179
 - 아우크스부르크에서 고리대금 주제로 논쟁 210
 - 『독일 신학』 폄하 237
 - 카를슈타트 205, 344, 351
 - 에라스뮈스 공격 225
 - 라이프치히 논쟁 204-225, 231
 - 무너진 평판 225-227
 - 아그리콜라의 풍자 249
 - 그의 작품에 대한 루터의 무시 261
 - 책 소각 269
 - 학생들에게 쫓김 271
 - 코흘레우스 295
 - 파문 위협받은 이들을 용서 298, 309

- 카이저의 순교 483, 484
- 아우크스부르크 신앙고백 논박 507
- 루터의 공격 521
- 유대인 비판 설교 598
- 죽음 608

에크하르트, 마이스터 125
엘리자베트, 성 78, 81
엘스니히 554
엠저, 히에로니무스 212-213, 246, 270, 249, 261
여호수아서 302
역병 60, 74, 91, 335, 354, 465, 486-488, 618
『연옥 폐지』 521
예나 372-373, 376, 380-381, 392, 415, 486
『예수 그리스도가 유대인으로 태어나셨다는 사실』 588
옛 길(via antiqua) 87, 149, 156
오를라뮌데 341, 372, 378, 380-382, 387, 389, 390
오베르만, 헤이코 40
오비디우스:『메타모르포세스』 81-82
오스만튀르크 182, 581-582, 584, 596
오지안더, 안드레아스 476, 526, 593, 597
오컴, 윌리엄 87, 88, 446
오포리누스, 요하네스 586
옥센파르트, 히에로니무스 딍어스하임 249, 269
올데르숨 370, 700
올데코프, 요하네스 152
외콜람파디우스, 요하네스 470, 476, 477, 489
윔러, 니켈 51
요아힘, 브란덴부르크 선제후 458-459
요겔, 로스하임의 590
요한 알브레히트 612
요한 프리드리히, 작센 선제후, 작센 공 123, 274, 614, 618, 685
- 루터의 조언 274, 278
- 루터의 비텐베르크 귀환 361

- 뮌처 384, 387
- 농민 봉기 405, 418
- 비텐베르크 수도원을 루터에게 선사 463
- 루터의 요청 472
- 카이저 483
- 루터에게 역병 피난 명령 486
- 루터와 종교개혁 지지 489, 517, 523, 524
- 카를 5세에 대한 불안 494, 495
- 아우크스부르크의회(1530) 502
- 작센 개신과 교회 설립 도움 524, 529
- 루터 세금 대납 557
- 아그리콜라 561
- 비텐베르크를 떠나겠다는 루터의 결심 577
- 튀르크에 맞선 십자군 요구 거부 582
- 자구행위(自救行爲) 허락 590
- 루터 장례식 611
- 뮐베르크 전투 뒤 투옥 614
- 모리츠 공에게 작위 양도 614
- 루터의 편지들 123, 445, 494

요한 게오르크, 만스펠트 백 601
요나스, 유스투스 207, 225, 327
- 에라스뮈스 추종 442
- 에크 조롱 225
- 사적 미사를 공격한 츠빌링 지지 327
- 카를슈타트 약혼 증인 348
- 결혼 422
- 비텐베르크에 도착해 루터 상봉(1522) 361
- 에라스뮈스에 관한 견해 변화 442
- 카를슈타트 아들의 대부모 471
- 루터의 쓰러짐 기록(1527) 478-480
- 비텐베르크로 역병 피난 486
- 아우크스부르크의회 495-502, 505-509
- 자식과 아내의 죽음 457, 554
- 루터의 반유대주의 소논문을 라틴어로 번역 597
- 루터의 죽음 기록 605-612
- 루터의 편지들 511, 517

요한수난곡(St. John Passion) 624

"우니제니투스"(Unigenitus, 교황 칙서) 191, 192
우르반(심부름꾼) 172
우리엘, 마인츠 대주교 99
우징엔, 베른하르트 폰 88, 175, 189
울름 97, 137, 474, 614
울리히, 뷔르템베르크 공 116, 404, 562
유대인 34, 74, 124, 134-136, 226, 231, 391, 513, 587-604 ▶ 루터, 마르틴-견해
『유대인과 그들의 거짓말에 관하여』 591, 593, 596, 598
유명론 87
『"이것은 내 몸이다"라는 그리스도의 이 말씀은 지금도 광신자들에 맞서 굳건히 서 있다』 481
이솝 우화 82
이저로, 에르빈 21-22
이켈자머, 발렌틴 394
인문주의/인문주의자 21, 23, 31, 82, 86, 88, 147, 149, 156, 165, 180, 227, 275, 440, 571
인쇄/인쇄소 198, 211-212, 230, 384
잉골슈타트 대학교 205, 629

◆ ◆ ◆ ㅈ

『면벌부와 은혜에 관한 설교』 162, 181
자우제트리츠 554
작센 교구 순회 감찰 489
"작은 한스"(루터의 삼촌) 57
작은 형제회 81
잘레, 마르가레테 폰 데어 546
잘츠부르크, 성 베드로 수녀원 126
잠, 콘라트 474
재세례주의/재세례파 169, 402, 451, 452, 472, 502, 527, 619, 677, 699, 724, 729, 730, 734
『정체가 드러난 에크』 225, 227, 231
제그레나 348, 471, 472
젤네커, 니콜라우스 593
조피, 브라반트의 77
종교개혁 1, 23, 30-31, 32-33, 36, 143, 188, 398, 412, 634-635
- 책 소각 164-165
- 인문주의 438-439
- 후스 94-95
- 슈팔라틴 147
- 논쟁, 논제 ▶ 비텐베르크
『종된 의지에 관하여』 440, 444
"주여, 일어나소서"(Exsurge Domine, 교황 칙령, 1520) 267, 298
"주의 식탁에서"(교황 칙서) 269
지베르거, 볼프 464
지킹엔, 프란츠 폰 292
『지향성에 관하여』 342

◆ ◆ ◆ ㅊ

차이츠 564
- 아그리콜라의 설교 564
차하리아스, 안드레아스 94
첼, 마테우스 538, 733
취리히 392, 394, 395, 402, 417, 448, 452, 470, 471, 474, 526, 537, 538, 556
췰스도르프 435, 576, 603
츠비카우 370, 383, 413
"츠비카우 선지자들" 354, 355, 383, 701
츠빌링, 가브리엘 311, 327-331, 339, 350, 355-367, 422, 698, 708, 724
츠빙글리, 울리히 41, 113, 395, 448, 470
- 성만찬 113, 395, 448, 470, 499
- 루터파의 출간 금지 475
- 마르부르크 회담 489-490
- 아우크스부르크의회 502, 506-507, 525
- 전투에서 부상 526
- 죽음 526-527
- 루터의 네스토리우스 이단 비판 538
츠빙글리파 499-501, 516-517, 537, 539, 547, 621, 723, 731-732, 740

◆ ◆ ◆　　　　　　　　　　　　　ㅋ

카르투시오 수도회 95, 664
카를 5세, 신성로마제국 황제 34, 686
- 보름스의회 273
- 보름스 칙령 서명 303
- 파비아 전투 승리 404
- 종교개혁 적대 491
- 저항 491-495
- 아우크스부르크의회(1530) 495
- 교회 공의회 약속 551
- 레겐스부르크의회 579
- 슈말칼덴 전쟁에서 프로테스탄트 격파 613
- "잠정 조치" 시행 615
- 루터파 인정 618
카를슈타트, 안드레아스 150
- 비텐베르크 대학교 32
- 루터에게 박사 학위 수여 154
- 루터와 관계 35
- "게라센하이트" 169, 170, 344-348, 381, 417, 450, 451, 619
- 에크의 "단검표"에 대응하여 406개 논제 인쇄 180
- 만화 제작("카를슈타트의 마차") 208-209, 351
- 에크의 도전으로 라이프치히 논쟁 205-206, 212-217
- 루터의 교황 칙서 소각(1520) 267
- 수도서원을 공격하는 소논문과 새로운 신학 견해 312, 339
- 결혼 옹호 313
- 비텐베르크 종교개혁에서 큰 역할 32, 339, 355-356, 627
- 『신약성경에 나오는 상징들을 숭배하고 공경하는 것에 관하여』 출판 339
- 양형영성체 거행으로 선제후에게 도전 340
- 결혼 348, 349, 354, 361
- 형상 제거와 탁발에 관한 논문 332
- 루터의 바르트부르크 귀환에 관한 침묵 233
- 지역 개혁 운동이 그의 사상을 실천 367
- 오를라뮌데 사제 372
- 뮌처와 소원(疏遠) 390
- 루터와 흑곰 여관에서 논쟁 372-373
- 루터 오를라뮌데 도착 390
- 작센에서 추방 392
- 성찬에 관한 그의 견해 지지자들 394
- 루터의 적의 396
- 농민전쟁에 관한 루터의 비판 403
- 농민의 위협 413
- 루터의 피난처 제공 462-463
- 억지 취소 482
- 루터와 적대감 426
- 자유의지에 관하여 438
- 형상에 관해 루터와 갈등 469-470
- 성찬 446
- 아들 세례 471
- 금서가 된 그의 성찬 관련 저작 314
- 도저히 회복할 수 없었던 루터와 간극 484
- 죽음 539
- 유산 619
카를슈타트, 안드레아스(아들) 471
카예탄, 추기경 182
- 루터와 만남 182-184, 187, 189-203
카우프만, 마르가레테(루터 태생) 60
카우프만, 하인츠 60
카이저, 레온하르트 483-486, 507, 515
카타리누스, 암브로지우스 246
카펠 전투(1531) 526, 527, 607
카피토, 볼프강 178, 393, 502, 535, 536, 677, 683, 691, 698, 704, 733
칸크리누스, 주레다부스: 『수사들의 새롭고 놀라운 도하(渡河)』 513
칼라 389
칼뱅, 장 40, 168, 264, 433, 452, 470, 522, 542
칼뱅주의 39, 346, 352, 469, 618, 722
칼브, 울리히 뤼라인 폰: 광업 관련 책 63
캄페지오, 로렌조 추기경 500, 512

캐서린, 아라곤의 546
케른, 요도쿠스 460-461
켈라리우스, 요하네스 223, 224
켈러, 미하엘 473, 499, 537
켐베르크 416, 471, 611
코르다투스, 콘라트 310
코부르크 173, 495, 657, 733
 - 코부르크 성 72, 475, 505, 534, 558
코타, 우르줄라 85
코페, 레온하르트 421, 430
코흐레우스, 요하네스
 - 루터 적대시 76, 92, 660
 - 카를슈타트에 관하여 178
 - 루터에 관하여 222, 227
 - 농민전쟁으로 루터 비난 288-289
 - 루터를 속여 안전통행증 포기 시도 295
 - 지식인 집단에서 추방 296-298
 - 카를슈타트의 피로연 349
 - 게오르크 공의 사제 436
 - 루터 풍자 436
 - 루터 전기 689, 691
 - 『독일지략』 163
 - "얀 후스의 비극" 570, 709
콘스탄츠 공의회(1414-1418) 94
콘타리니, 가스파로 추기경 551
쾨니히스베르크 393
쾰른
 - 도미니크 수도회 156
 - 신학자 249
 - 대학교 137
쾰리우스, 미하엘 605, 606
쿠란 586
쿠인틸리아누스 353
큉, 한스 40
크니퍼돌링, 베른하르트 532
크라나흐, 루카스
 - 루터의 편지들 285, 303, 307
 - "부겐하겐"(1532) 560

 - "어린이들에게 축복하는 그리스도"(1538) 621
 - "한스 루더"(1527) 66
 - "카를슈타트의 마차"(1519) 208-209
 - "카타리나 폰 보라"(1526) 426
 - "율법과 은혜"(1529) 623
 - "루터"(1520·1526·1532·1546·1548) 253, 254, 426, 462, 466, 616
 - "마르가레테 루더"(1527) 65, 74
 - "마르틴 루터와 필리프 멜란히톤"(1546) 12
 - "그리스도가 달리신 십자가상 앞에 무릎 꿇은 루터와 작센 선제후" 467
 - "융커 외르크로 위장한 루터"(1522) 305
 - "임종 자리의 루터"(1546) 608
 - "적그리스도의 기원" 587
 - "수사의 기원" 585
 - "그리스도와 적그리스도의 수난 이야기"(멜란히톤과 함께,1521) 327
 - "쇼이얼" 148
 - "십자가에 경의를 표시하는 게오르크 슈팔라틴" 277
 - "루터 진상"(眞像) 466
크라나흐, 루카스(1515-1586): "마르틴 루터" 617
크라나흐, 한스 543
크라우트발트, 발렌틴 416-417, 474, 477
크라프, 카타리나 317
크라프, 한스 145
크라프가(家) 559
크란츠, 알베르트 161
크랜머, 토머스 619
크레스, 안톤 116
크루치거, 카스파르 553, 561
클레르보의 베르나르 125
클레베, 공작 532
킹 제임스 성경(King James Bible) 324-325

ㅌ

타울러, 요하네스 125, 168, 237
탁발 거부 332, 336, 350-353, 367, 660, 662 ▶ 루터, 마르틴-견해
테첼, 요하네스 25-26, 28-29, 64, 176, 181, 271
　-『주장』 164
토르가우 465, 590, 274
토마스, 마르쿠스 354
토플러, 우르줄라 460
툰, 프리드리히 폰 283
『튀르크를 대적하는 기도 권면』 539, 586, 742
『튀르크를 대적하는 병사에게 하는 설교』 539
『튀르크를 대적하는 전쟁에 관하여』 582, 742
튀르크인 ▶ 오스만튀르크 182, 493, 506, 556-557, 581-597
튀링겐 78, 96, 404, 406, 414
　- 재세례파 452
튀빙겐
　- 아우구스티누스 수도회 수도원 116
　- 중세 후기와 종교개혁 연구소 40
　- 대학교 40, 137
트루트페터, 요도쿠스 88, 175, 179
　-『논리학대전』 175
　- 루터의 편지들 175-176, 177
트루흐제스, 로지나 폰 464
트리어 284, 293, 300
트리엔트공의회 605

ㅍ

파리 대학교 223
파비아 전투(1525) 404
파사우 화의(1552) 618
파사판트, 루트비히 폰 562
"파우스투스 박사" 624-625
파이퍼, 하인리히 405, 408
파일리취, 필리프 폰 283
파펜하임, 울리히 폰 283
페르디난트 1세, 독일(훗날 황제) 500, 506, 526
페링어, 디폴트 377-379
페첸슈타이너, 요하네스 279
페퍼코른, 요하네스 226
페핑어, 데겐하르트 173
페핑어, 우르줄라 242
펠리칸, 콘라트 161
포르스터, 요한 537, 555
포메라니아 공 214
포이팅어, 콘라트 188, 205, 211, 291, 298
폴너, 클라우스 60
푸거, 야콥 211
푸거가(家) 29, 63, 185-187, 211
푸르텐나겔, 루카스 612
프라이, 클라우스 169
프라이부르크 404
프란체스코 수도회 78, 80, 95, 137, 332
프랑수아 1세, 프랑스 202, 551
프랑켄 404
프랑켄하우젠 406, 407, 408, 409, 412
프랑크푸르트 297, 300
　- 도서전(1526) 444
　- 의회(1539) 597
　- 유대인 590
프레쇼프, 헝가리 575
프레히트, 마르틴 179
프로벤, 요한 196, 444
프로쉬, 요하네스 186, 473
프로이트, 지크문트 290, 321
프롤레스, 안드레아스 96
프롬, 에리히:『자유로부터의 도피』 36
프뢰셸, 제바스티안 215, 218
프리드리히 2세, 선제후 293
프리드리히 3세, 작센 선제후("현공") 27, 32, 42, 101
　- 비텐베르크 대학교 설립 137

788

- 슈팔라틴 146, 274, 275
- 루터 지지 101, 274
- 성물 컬렉션 139
- 루터와 카예탄 추기경 만남 182-190
- 루터의 『아우크스부르크 행전』 출간 저지 시도 198
- 교황의 황금 장미 수령 202
- 루터 보호 201
- 카를슈타트와 에크 논쟁 206
- 성찬에 관한 루터 요구 경청 228
- 슈타우피츠 240
- 루터의 교황 칙서 소각 경고 268
- 보름스의회에서 루터 발언 기회 확보 273, 278, 286, 287
- 바르트부르크 성에 루터 은닉 32, 304
- 비텐베르크 종교개혁 332-350
- 루터의 귀환 355, 361-364
- 카를슈타트 추방 392, 416
- 농민전쟁 405
- 죽음 405, 418-419, 426
- 루터의 편지들 192, 197, 282

프리에리아스, 실베스터 181, 246
플라키우스, 마티아스/플라키우스파 617
플라티나, 바르톨로메오 217
피르크하이머, 빌리발트 227, 309
필리프, 만스펠트 백 601
필리프, 헤센 백
- 후텐 포위 293
- 마르부르크 회담 주선 489, 492-493
- 아우크스부르크의회 499, 502, 517
- 츠빙글리 526
- 뮌스터 포위 공격 532-533
- 루터의 중혼 묵인 545-546, 547-548, 574
- 아그리콜라 562-563
- 반유대주의 텍스트 수령 592-593
- 뮐베르크 전투 포로 614
필리프파 617

◆ ◆ ◆ ㅎ

『하늘의 예언자들 반박』 391, 396, 439, 450, 527, 696, 701, 702, 703, 712, 740
하우스만, 니콜라우스 384, 476
- 루터의 편지들 477, 716
하이네, 요하네스 555
하이데, 요아힘 폰 데어 435-436
하이델베르크 논쟁 173, 178, 179
하이델베르크 대학교 178, 205
하이델베르크가(家) 59
하인리히, 작센 공 549
하젠베르크, 요한 435
- "Lvdvs lvdentem lvdervm lvdens" 436, 437
하페리츠, 지몬 464
할레
- 루터 반신상 614
- 마르틴 루터가 죽은 뒤에 뜬 석고 마스크 612, 613
함부르크 50, 161, 559
헤로스트라토스 199-200
헤센 523
- 재세례파 452
헤수스, 에오바누스 86
헤스, 요한; 루터와 관계 477
헤트슈테트 56-57
헨리 8세 545-546, 547, 551
"헨리코 형제" 483
헬트, 콘라트 330
헬트룽겐 409
『형언할 수 없는 이름과 그리스도의 혈통에 관하여』 593, 596, 598
호르눙, 볼프 458
호이어, 만스펠트 백 601
호프만, 멜히오르 532
호흐스트라텐, 야콥 반 226, 270
홀바인, 한스 118, 270, 439

후버, 카스파르 473
후스, 얀 94, 218, 228, 300, 567, 570
후스파 77

후텐, 울리히 폰 241-242, 283, 369, 474
히에로니무스, 성 153-154, 207
힐텐, 요한 82-83